И.Ф. Жданова, Э.Л. Вартумян

АНГЛО-РУССКИЙ ЭКОНОМИЧЕСКИЙ СЛОВАРЬ

Москва
"Русский язык"
1995

ББК 65.5
Ж 42

Жданова И.Ф., Вартумян Э.Л.

Ж42 Англо-русский экономический словарь — М.: Рус.яз., 1995. — 873 с.

ISBN 5-200-02278-9

Англо-русский экономический словарь содержит около 60 000 слов и словосочетаний и предназначен для широкого круга специалистов. Может быть полезен также для преподавателей, студентов и аспирантов экономических факультетов вузов.

Наряду с общеэкономической терминологией в словаре широко представлены термины коммерческой, финансово-банковской и биржевой сфер, валютного рынка и рынка ценных бумаг, маркетинга и менеджмента, страхования и налогообложения. Словарь снабжен указателем на русском языке.

$$\text{Ж} \frac{4602030000-029}{015(01)-95} \text{ без объявления}$$

ББК 65.5+81.2 Англ-4

ISBN 5-200-02278-9   © Издательство «Русский язык», 1995

Репродуцирование (воспроизведение) данного издания любым способом без договора с издательством запрещается

«Распространение издания разрешается только на территории СНГ».

«This edition is for sale CIS territory only»

ПРЕДИСЛОВИЕ

Настоящий Англо-русский экономический словарь содержит около 60 000 терминов и терминологических словосочетаний и предназначен для широкого круга специалистов. Может быть использован также преподавателями, студентами и аспирантами экономических факультетов вузов.

Словарь охватывает различные аспекты экономической деятельности. Наряду с общеэкономической терминологией в нем широко представлены термины коммерческой, финансово-банковской и биржевой сфер, валютного рынка и рынка ценных бумаг, маркетинга и менеджмента, страхования и налогообложения, внешнеэкономической деятельности, а также других областей, связанных с экономикой.

Словарь составлен на основе современной английской и американской специальной литературы, лексикографических изданий, материалов международных симпозиумов и конференций, журнальных и газетных статей.

Все замечания и предложения просим направлять по адресу: 103012 Москва, Старопанский пер., 1/5, издательство «Русский язык».

О ПОЛЬЗОВАНИИ СЛОВАРЕМ

В качестве заголовочных слов в Словаре выступают различные части речи. Однокоренные существительные, прилагательные и глаголы представлены отдельными словарными статьями.

Словарная статья организована в следующем порядке:

1. Заголовочное слово с указанием части речи и переводом на русский язык. При необходимости даются пометы или толкование. При переводе разные значения термина обозначаются цифрами. Взаимозаменяемые варианты даются в круглых скобках. Близкие значения разделяются запятой. При наличии более существенных различий употребляется точка с запятой.

2. Атрибутивные словосочетания.

После знака ◇ даются:

3. Устойчивые сочетания различной структуры.

4. Глагольные словосочетания.

Факультативная часть как английского термина, так и перевода дается в квадратных скобках.

Авторы стремились облегчить пользование Словарем соответствующей его организацией.

В основу организации Словаря положен алфавитно-гнездовой принцип. Заголовочные слова расположены в алфавитном порядке. Словосочетания в словарной статье даны в строго выдержанной структурной последовательности; в каждой структурной подгруппе словосочетания даны в алфавитном порядке.

Ссылки на синонимичные варианты даются только при непосредственном следовании одного синонима за другим; в остальных случаях синонимы даются с переводом.

Пометы, ограничивающие сферу применения термина или одного из его значений даются, как правило, в переводе заголовочного слова. В самой словарной статье пометы даны для уточнения значения словосочетания.

В ряде случаев для раскрытия содержания термина или терминологического сочетания авторы прибегают к толкованию, которое дается курсивом в скобках.

УСЛОВНЫЕ СОКРАЩЕНИЯ

Русские

авиа — авиация
амер. — американизм
бирж. — биржевые операции
брит. — английский термин
бухг. — бухгалтерский термин
ж.-д. — железнодорожное дело
лат. — латинский
мат. — математика
мор. — морское дело
напр. — например
обыкн. — обыкновенно
см. — смотри
сокр. — сокращение
стат. — статистика
страх. — страховой термин
с.-х. — сельское хозяйство
трансп. — транспорт
фр. — французский
ф. ст. — фунт стерлингов
юр. — юридический термин
и т.п. — и тому подобное
какой-л. — какой-либо
кого-л. — кого-либо
кто-л. — кто-либо

Английские

adj — adjective — прилагательное
n — noun — существительное
v — verb — глагол
pl — plural — множественное число
p.p. — past participle — причастие
prep — preposition — предлог
B/L — bill of lading — коносамент
L/C — letter of credit — аккредитив
smb — somebody — кто-либо
smth — something — что-либо

Условные обозначения, встречающиеся в экономической литературе

a — at — при
° — degree — градус
% — per cent — процент
‰ — per mille, per thousand — промилле, на тысячу
— number, numbered — номер, за номером
@ — therefore — следовательно
because — так как, потому что
& — and — и
© — copyright — авторское право
x — by — на, по
' — 1. minutes — минуты 2. feet — футы
" — 1. seconds — секунды 2. inches — дюймы
4to quarto — формат в 1/4 листа
8vo octavo — формат в 1/8 листа
£ — pound sterling — фунт стерлингов
IrL — Irish pound — ирландский фунт
L NZ — New Zealand pound — новозеландский фунт
LS — South African pound — южноафриканский фунт
$ — dollar — доллар
A $ — Australian dollar — австралийский доллар
Can $ — Canadian dollar — канадский доллар
HK $ — Hong Kong dollar — гонконгский доллар
S $ — Singapore dollar — сингапурский доллар

АНГЛИЙСКИЙ АЛФАВИТ

Aa	Gg	Nn	Uu
Bb	Hh	Oo	Vv
Cc	Ii	Pp	Ww
Dd	Jj	Qq	Xx
Ee	Kk	Rr	Yy
Ff	Ll	Ss	Zz
	Mm	Tt	

A

ABANDON *v* отказываться; оставлять
ABANDONMENT *n* 1. *юр.* отказ (*от права, иска*) 2. *страх.* абандон
product ~ прекращение выпуска продукции или ее сбыта
~ of an application отказ от заявки
~ of a claim отказ от претензии
~ of indemnity отказ от возмещения
~ of option *бирж.* отказ от опциона
~ of a patent отказ от патента
ABATE *v* снижать, сбавлять; делать скидку
ABATEMENT *n* снижение; скидка
price ~ снижение цены
tax ~ налоговая скидка
~ of a patent аннулирование патента
~ of a suit прекращение производства по делу
◇ to make ~ делать скидку, сбавлять цену
ABILIT|Y *n* 1. способность 2. *pl* способности, дарование
competitive ~ конкурентоспособность
managerial ~ies организаторские способности
productive ~ продуктивная способность
reproductive ~ репродуктивная способность
service ~ of a product эксплуатационная пригодность изделия
◇ ~ to pay платежеспособность
~ to work работоспособность; трудоспособность
ABLE-BODIED *adj* трудоспособный
ABOARD *prep* на борту
◇ to get ~ погрузить на борт

to take ~ *см.* to get ~
ABOLISH *v* отменять; аннулировать
ABOLISHMENT *n* отмена
~ of a tariff отмена тарифа
~ of a tax отмена налога
ABOLITION *n* отмена; аннулирование

~ of currency restrictions отмена валютных ограничений
~ of a duty отмена пошлины
~ of a quota отмена квоты
~ of a tariff отмена тарифа
~ of a tax отмена налога
ABRASION *n* потеря веса монеты в результате снашивания в процессе обращения
ABROGATE *v* отменять, аннулировать (*закон и т. п.*)
ABROGATION *n* отмена, аннулирование (*закона и т. п.*)
ABSCOND *v* скрываться (*от суда, следствия*)
ABSENCE *v* отсутствие
~ from work прогул
~ of choice отсутствие выбора
~ of patentability отсутствие патентоспособности
~ without leave прогул
ABSENT *adj* отсутствующий
ABSENTEE *n юр.* 1. лицо, проживающее за пределами своего постоянного места жительства 2. лицо, уклоняющееся от посещения, явки и т. п.
ABSENTEEISM *n* абсентеизм (*уклонение от участия в выборах, посещения собраний и т. п.*)
ABSORB *v* поглощать; покрывать (*расходы*)
ABSORBING *n* покрытие (*расходов*)
~ of charges покрытие расходов
~ of costs *см.* ~ of charges
ABSORPTION *n* 1. поглощение 2. покрытие, «принятие на себя»
cost ~ отнесение издержек на счет производства
freight ~ включение транспортных расходов в цену
~ of market емкость рынка
ABSTRACT *n* 1 краткий обзор, конспект 2. выписка

7

statistical ~ краткий статистический обзор
~ of account выписка из счета
~ of a record выписка из протокола, записи
~ of title документ на право владения
ABUNDANCE *n* изобилие; достаток, богатство
ABUNDANT *adj* обильный, имеющийся в изобилии
ABUSE *n* злоупотребление
~ of authority злоупотребление властью
~ of confidence злоупотребление доверием
~ of credit злоупотребление кредитом
~ of invention злоупотребление изобретением
~ of monopoly злоупотребление монопольной властью
~ of a patent злоупотребление правом на патент
~ of power злоупотребление властью
~ of taxation злоупотребление налоговым обложением
ABUSE *v* злоупотреблять
ACCELERATION *n* ускорение; акселерация
ACCEPT *v* 1 принимать; одобрять 2. акцептовать (*вексель*)
ACCEPTABLE *adj* приемлемый, допустимый
◇ mutually ~ взаимоприемлемый
ACCEPTANCE *n* 1. акцепт, акцептование 2. акцептованный вексель, тратта 3. принятие 4. приемка (*изделий; оборудования*)
accomodation ~ дружеский акцепт
banker's ~ 1) банковский акцепт 2) акцептованная банком тратта
brand ~ предпочтение, отдаваемое определенной марке товара
collateral ~ гарантийный акцепт
complete ~ полный акцепт
conditional ~ условный акцепт
consumer ~ акцептование покупателем
credit ~ кредитный акцепт
dollar ~ акцептованная тратта, подлежащая оплате в долларах
draft ~ акцепт тратты
eligible ~ акцептованный вексель, приемлемый для переучета
eligible banker's ~ приемлемый банковский акцепт
full ~ полный акцепт

general ~ акцептование тратты без оговорок; безусловный акцепт
partial ~ частичный акцепт
preliminary ~ предварительный акцепт
prime banker's ~ акцептованный банком первоклассный вексель
prior ~ предварительный акцепт
prompt ~ срочное акцептование
qualified ~ условный акцепт; акцептование тратты с оговорками, ограниченный акцепт
rebated ~ тратта, оплаченная досрочно (*за вычетом процентов*)
registered ~ учтенный акцепт
special ~ условный акцепт; акцептование тратты с оговорками
sterling ~ акцептованная тратта, подлежащая оплате в ф. ст.
subsequent ~ последующий акцепт
tacit ~ молчаливый акцепт
trade ~ торговая акцептованная тратта
uncovered ~ тратта, акцептованная без покрытия
~ against documents акцепт против документов
~ of a bid принятие предложения (*на аукционе, бирже*)
~ of a bill вексельный акцепт; акцептование векселя
~ for honour гарантийный акцепт; акцептование опротестованной тратты третьим лицом
~ of commercial papers акцепт коммерческих документов
~ of a commission принятие поручения к исполнению
~ of conditions принятие условий
~ of a deposit прием вклада
~ of documents for collection принятие документов на инкассо
~ of a draft акцепт тратты
~ of goods сдача-приёмка товара
~ of an offer принятие предложения
~ of a proposal *см.* ~ of an offer
~ of recommendations принятие рекомендаций
~ supra protest акцептование опротестованного векселя третьим лицом для спасения кредита векселедателя или индоссанта
~ under rebate тратта, оплаченная досрочно (*за вычетом процентов*)
~ with reserve признание с оговоркой
◇ to discount a banker's ~ учитывать банковский акцепт
to effect ~ производить акцепт векселя

to make ~ *см.* to effect ~
to obtain ~ получить акцепт
to provide with an ~ акцептовать
to refuse ~ отказать в акцепте
to signify ~ акцептовать
ACCEPTED *adj* 1. акцептованный 2. общепринятый
ACCEPTING *n* акцептование
ACCEPTOR *n* акцептант
ACCESS *n* доступ
free ~ свободный доступ
full ~ полный доступ
legal ~ предусмотренное законом право какого-л. лица осматривать объекты собственности
market ~ доступ к рынкам
unobstructed ~ беспрепятственный доступ
~ to raw material resources доступ к источникам сырья
to gain ~ получать доступ
to have ~ иметь доступ
to obtain ~ *см.* gain ~
ACCESSIBLE *adj* доступный
ACCESSION *n* 1. вступление (*в права, должность*) 2. прирост; увеличение
ACCESSOR|Y *n* 1. комплектующая деталь 2. *pl* принадлежности 3. *pl* оснастка
office ~ies канцелярские принадлежности
production ~ies технологическая оснастка
ACCIDENT *n* несчастный случай; авария
industrial ~ несчастный случай на производстве
traffic ~ несчастный случай на транспорте
◇ ~ prone лицо, часто попадающее в катастрофы или дорожные происшествия
to meet with an ~ попасть в катастрофу, попасть в аварию
to prevent an ~ предотвращать аварию
ACCIDENT-FREE *adj* безаварийный
ACCOMODATE *v* 1. приспосабливать 2. снабжать; сужать 3. помогать, оказывать содействие
◇ ~ with money давать деньги взаймы
~ economic growth способствовать экономическому росту
ACCOMMODATION *n* 1. помещение 2. удобство 3. ссуда
bank ~ банковская ссуда
credit ~ выдача кредита; кредит

hotel ~ номер в гостинице; размещение в гостинице
public ~ места общественного пользования
ACCOMPANYING *adj* сопроводительный
ACCOMPLISH *v* выполнять; завершать; достигать
ACCOMPLISHMENT *n* выполнение, завершение; достижение
~ of a plan выполнение плана
~ of a programme завершение программы
ACCORD *n* соглашение
government ~ правительственное соглашение
ACCOUNT *n* 1 счет; запись на счет 2. отчет (*финансовый*) 3. *англ.* период, когда биржевые сделки заключаются с закрытием позиции в расчетный день; *амер.* запись брокера о сделках, совершенных по поручению клиента 4. *pl* отчетность 5. *pl* бухгалтерские счета 6. *pl* деловые книги
accumulation ~ счет накопления
adjustment ~ корректировочный счёт
advance ~ ссудный счет
aggregate ~s сводные счета
annual ~ 1) годовой расчет 2) годовой отчет
appropriation ~ счет ассигнований; часть баланса фирмы, отражающая распределяемую прибыль
assets ~ счет активов
balance ~ балансовый счет
bank ~ счет в банке, банковский счет
bank giro ~ банковский счет в системе жиросчетов
banking ~ счёт в банке, банковский счёт
bank's central settlement ~ центральный расчетный счет банка
bear ~ *бирж.* обязательства брокера по ценным бумагам при игре на понижение
below-line balance ~ внебалансовый счет
bills ~ счет векселей
blocked ~ блокированный счет
book ~ контокоррент
budget ~ 1) бюджетный счет 2) банковский счет, по которому клиент оплачивает относительно крупные суммы
bull ~ *бирж.* обязательства брокера по

9

ценным бумагам при игре на повышение

business ~s бухгалтерские счета; счета предприятий
call ~ онкольный счет
capital ~ 1) счет капитала; счет основных средств 2) счет движения капиталов
cash ~ счет кассы, кассовый (наличный) счет
certified ~ заверенная выписка
charge ~ кредит по открытому счету
charges ~ счет расходов
checking ~ *амер.* текущий счет
clearing ~ клиринговый счет, расчетный счет (*по клирингу*)
closed ~ закрытый счет
closing ~ 1) сводный счет 2) *pl* годовая отчетность компании
combined ~s комбинированные счета
common stock capital ~s счета учета акционерного капитала по обыкновенным акциям
company's liquidation ~ счет невостребованных сумм при ликвидации компании
compound interest ~ 1) процентный счет 2) сберегательный вклад
consolidated ~s сводные счета; консолидированные счета
consumers ~ счет потребителей
control ~ контрольный счет
correspondent ~ корреспондентский счет
corresponding ~s корреспондирующие счета
cost ~ счет издержек
credit ~ кредитный счет
creditor's ~ счет кредитора
cumulative ~ кумулятивный счет
current ~ текущий счет в банке; контокоррент
debit ~ счет с дебетовым сальдо
debtor's ~ счет дебитора
demand deposit ~ бессрочный вклад
departmental ~ счет подразделения
depreciation ~ счет амортизационных фондов
depreciation adjustment ~ счет фонда отчислений на износ основного капитала
depreciation reserve ~ счет резерва на амортизацию
detailed ~ детализированный счет
discretionary ~ брокерский счет

disbursement ~ дисбурсментский счет; счет расходов
dividend ~ счет дивидендов
domestic ~s счета расчетов внутри страны
dormant ~ неактивный счет
drawing ~ открытый счет
dummy ~ условный счет
end month ~ *бирж.* расчет на конец месяца
end next ~ *бирж.* расчет на конец следующего месяца
exchange stabilization ~ фонд стабилизации валюты
expense ~ счет расходов; счет подотчётных сумм
external ~ баланс внешних расчетов
external payments ~ платежный баланс
extra-budgetary ~s внебюджетные средства
final ~ 1) заключительный баланс 2) итоговый отчет
financial ~ финансовый отчет
fixed assets ~ счет основного капитала
foreign transactions ~ текущий счет по заграничным операциям
general ~ счет в главной бухгалтерской книге
giro ~ жиросчет; жирорасчет
government ~s правительственные счета
government receipts and expenditures ~ счет государственных доходов и расходов
group ~s счета холдинговой компании и ее филиалов
impersonal ~ безличный счет
imprest ~s авансовые счета; подотчетные суммы
income ~ счет доходов
income statement ~ счет прибылей и убытков
inland ~ счет резидента данной страны
interest ~ счет процентов
interest-free ~ беспроцентный счет
interim ~ промежуточный счет
invalid ~ счет, по которому не производятся операции
inventory ~ счет товарно-материальных запасов
investments ~ счет капиталовложений
itemized ~ детализированный счет
joint ~ общий счет
liabilities ~ счет обязательств
loan ~ ссудный счет

loan repayment ~ счет просроченных ссуд
long ~ *бирж.* обязательства брокера по ценным бумагам при игре на повышение
loro ~ счет лоро
loss and gains ~ счет прибылей и убытков
manufacturing ~ счет производственных затрат
margin ~ маржинальный счет *(счет клиента у брокера, по которому можно совершать сделки с маржей)*
mid-month ~ расчет на середину месяца
monthly ~ ежемесячный отчет
mutual currency ~ **of the International Monetary Fund** взаимный валютный счет МВФ
national ~ 1) отчет об исполнении государственного бюджета 2) *pl* национальные счета
national income ~s счета национального дохода
nominal ~ 1) счет приходов и расходов 2) номинальный счет
non-resident ~ счет нерезидента
nostro ~ счет ностро
NOW ~ счет «НАУ»
numbered ~ номерной депозитный счет, сохраняющий анонимность вкладчика
off-balance ~ внебалансовый счет
on-call ~ онкольный счет
open ~ открытый счет
operating ~s текущие счета
outlay ~s счета расходов; расходные статьи
outstanding ~ 1) неоплаченный счет 2) незавершенный расчет
over-and-short ~ промежуточный счет, вспомогательный счёт
overdrawn ~ счет, по которому допущен овердрафт
overdue payments ~ счет просроченных ссуд
overhead ~s счета накладных расходов
partnership ~ счёт товарищества
personal ~ лицевой счет
preferred stock capital ~ счет акционерного капитала по привилегированным акциям
production account ~ счет продукции; производственный счет
profit ~ счет прибылей

profit-and-loss ~ счет прибылей и убытков
proforma ~ предварительный счет
property ~ счет основного капитала
public ~ отчет об исполнении государственного бюджета
purchases ~ счёт закупок
quarterly ~ счет за квартал
quota ~s квотные счета
real ~s реальные счета
realization ~ счет реализации
reconciled ~s согласованные счета
registered ~ регистровый счет
reserve ~ резервный счет
resident ~ резидентский счет
rest of the world ~ счет расходов между странами; счет заграничных операций
retained contribution ~ 1) счет отчислений от прибыли 2) счет удержанных взносов
revenue ~ счет поступлений; счет доходов
rubricated ~ целевой счет
running ~ текущий счет
sales ~ отчет о продаже товара
savings ~ сберегательный счет
securities ~ счет ценных бумаг
segregated ~ отдельный счет
separate ~ *см.* **segregated** ~
settled ~ урегулированный (оплаченный) счет
settlement ~ расчетный счет
short ~ *бирж.* обязательства брокера по ценным бумагам при игре на понижение
social ~s общественные счета, социальные счета
special ~ особый счет, специальный счет
special fund ~ счет фонда специального назначения
specified ~ специфицированный счет
sterling ~ счет в фунтах стерлингов
stock ~ счет ценных бумаг
stock change ~ счет движения запасов ценных бумаг
stretching ~ просроченный счет
subsidiary ~ вспомогательный счет
summary ~ заключительный баланс
sundry ~s *бухг.* «прочие статьи»
surplus ~ счет излишков; счет прибылей
suspense ~ 1) счет сомнительных дебиторов 2) счет переходящих сумм

trade payable ~ счет расчетов с поставщиками
trade receivable ~ счет расчетов с покупателями
transfer ~ счет безналичных расчетов
transferable ~ переводный счет
trust ~ доверительный счет, траст-счет
uncollective ~ неинкассируемая задолженность
unsettled ~ неоплаченный счет
variance ~s счета отклонений (*по нормативам*)
vostro ~ счет востро
yearly ~ ежегодный отчет
~ of an agent отчет агента
~ of charges счет расходов; счет накладных расходов
~ of disbursements *англ.* счет расходов
~ of expenses счет расходов
~ of overheads счет накладных расходов
~ of a payee счет ремитента
~ of redraft рикамбио (*обратный вексель*)
◇ **~s due to customers** кредиторская задолженность клиентам по открытому счету
~s payable счета к оплате
~s receivable счета к получению
~ sales отчет о продаже товара
for ~ за счет кого-л.
for ~ and risk за счет и риск
on ~ в счет причитающейся суммы
to adjust an ~ исправлять счет
to audit ~s проводить ревизию счетов
to balance the ~s подводить баланс
to block an ~ блокировать счет
to charge an ~ дебетовать счет
to charge off an ~ списывать со счета
to charge to an ~ относить за счет
to check an ~ проверять счет
to close an ~ закрывать счет
to credit an ~ кредитовать счет
to debit an ~ дебетовать счет
to draw money from an ~ снимать деньги со счета
to draw on an ~ брать деньги со счета
to draw up an ~ выставлять счет
to enter to an ~ зачислять сумму на счет
to establish an ~ открывать счет
to examine ~s проводить ревизию счетов
to falsify an ~ подделывать счет
to freeze an ~ блокировать (замораживать) счет

to have an ~ with a bank иметь счет в банке
to keep an ~ вести счет
to keep an ~ with a bank иметь счет в банке
to maintain an ~ вести счет
to make out an ~ выписывать счет
to open an ~ открывать счет
to operate an ~ вести счет
to overdraw an ~ выписывать чек сверх остатка на текущем счету
to pay an ~ платить по счету
to pay into an ~ записывать на счет
to pay on ~ авансировать
to rectify an ~ исправлять счет
to release a blocked ~ разблокировать счет
to render an ~ представлять счет
to settle an ~ 1) оплачивать счет 2) согласовывать сумму на счете
to set up an ~ открывать счет
to square ~s расплачиваться, рассчитываться
to transfer to an ~ перевести на счет в банке
to verify an ~ проверять счет
to write off an ~ списывать со счета
ACCOUNTABILITY *n* отчетность; подотчетность; учет
economic ~ экономическая ответственность
material ~ материальная ответственность
~ of an organization подотчетность организации
ACCOUNTABLE *adj* подотчетный; ответственный
ACCOUNTANCY *n* бухгалтерский учет
ACCOUNTANT *n* квалифицированный бухгалтер
budget ~ бухгалтер-контролер (*по смете*)
certified public ~ дипломированный бухгалтер высшей квалификации; аудитор
chartered ~ *см.* **certified public ~**
chief ~ главный бухгалтер
cost ~ бухгалтер-калькулятор
management ~ главный бухгалтер-аналитик
managerial ~ *см.* **management ~**
public ~ дипломированный бухгалтер
senior ~ старший бухгалтер
tax ~ бухгалтер по налогообложению
◇ **~ general** главный бухгалтер
~ in charge *см.* **~ general**

ACCOUNTING *n* 1. учет; бухгалтерский учет 2. счетоводство 3. официальная отчетность
activity ~ функциональный бухгалтерский учет
bank ~ банковская бухгалтерия (отчетность)
banking ~ бухгалтерский учет банка
bank cost ~ анализ операционной деятельности банка
business ~ бухгалтерский учет коммерческих операций
chinese ~ фальшивое счетоводство
composite property ~ смешанный метод учета основного капитала
cost ~ 1) производственный учет 2) счет издержек; форма учета производственных издержек
depletion ~ 1) учет издержек и доходов по отдельным видам ресурсов 2) учет истощения природных ресурсов
depreciation ~ амортизационный метод бухгалтерского учета
distribution cost ~ учет издержек в торговле
economic ~ хозрасчет
enterprise ~ бухгалтерский учет на предприятии
financial ~ финансовая отчетность; бухгалтерский учет предприятия
fiscal ~ налоговый учет
group property ~ групповой метод учета основного капитала
historical-cost ~ метод учета, при котором в бухгалтерские книги и балансовую отчетность вносится первоначальная стоимость активов компании
income ~ 1) учет доходов 2) исчисление дохода
inventory ~ учет запасов товарно-материальных ценностей
machine ~ машинный учет
management ~ управленческий учет
money ~ денежный учет
payroll ~ начисление заработной платы (*рабочим*)
public ~ государственный учет
routine ~ оперативный учет
salary ~ начисление заработной платы (*служащим*)
statistical ~ статистическая отчетность
ACCREDITATION *n* аккредитация
~ of agencies аккредитация организаций
◊ to obtain ~ получить аккредитацию
to prolong ~ продлевать аккредитацию

ACCRETION *n* увеличение фонда за счет роста основного капитала и процентов
ACCRUAL *n* накопление
interest ~ начисление процентов по кредитам
tax ~s накопление налоговых сумм; налоговые начисления
ACCRUE *v* нарастать; накапливаться
ACCRUED *adj* наросший; накопленный
ACCUMULATE *v* накапливать; накапливаться
ACCUMULATED *adj* наросший; накопленный
ACCUMULATION *n* накопление; наращивание
accelerated ~ ускоренное накопление
capital ~ накопление капитала; накопление основных средств
equity ~ увеличение собственных средств
export-oriented ~ накопление, базирующееся на экспортных поступлениях
industrial ~ промышленное накопление
information ~ сбор данных
inventory ~ накопление товарно-материальных запасов
money ~ накопление денег
non-productive ~ непроизводственное накопление; накопление основных фондов
production ~ производственное накопление
productive ~ *см.* production ~
profit ~ накопление прибылей
total ~ валовое накопление
wealth ~ накопление богатств
~ of assets накопление активов
~ of capital накопление капитала
~ of commodities накопление товарных запасов
~ of financial assets увеличение финансовых активов
~ of funds накопление денежных средств
~ of interest накопление процентов
~ of reserve создание резервов
~ of risk *страх.* кумуляция рисков
ACCUMULATIVE *adj* кумулятивный
ACCURACY *n* точность, правильность
absolute ~ абсолютная точность
adequate ~ требуемая точность
available ~ достигнутая точность
comparative ~ сравнительная точность

ACH

design ~ расчетная точность
forecast ~ точность прогноза
functional ~ функциональное соответствие
high ~ высокая точность
measurement ~ точность измерения
obtainable ~ достижимая точность
playback ~ погрешность воспроизведения
rated ~ номинальная погрешность
relative ~ относительная точность
required ~ требуемая точность
requisite ~ необходимая точность
statistical ~ статистическая точность
working ~ практическая точность
~ of calculations правильность расчетов
~ of documents правильность документов
~ of estimation точность оценки
~ of prices правильность цен
~ of records правильность записей
~ of payment of credit своевременность возмещения кредита
~ of a statement правильность заявления
ACHIEVE v достигать; добиваться
ACHIEVEMENT n достижение
economic ~s экономические достижения
engineering ~s технические достижения
latest ~s новейшие достижения
scientific ~s достижения науки
technical ~s технические достижения
technological ~s достижения в области технологии
ACKNOWLEDGE v 1. признавать; допускать 2. подтверждать (получение)
ACKNOWLEDGED adj:
◇ generally ~ общепризнанный
ACKNOWLEDGEMENT n 1. признание 2. подтверждение (получения)
official ~ официальное подтверждение
partial ~ частичное признание
~ of copyright признание авторских прав
~ of debt подтверждение долга
~ of obligations признание обязательств, подтверждение обязательств
~ of receipt подтверждение получения
~ with reserve признание с оговоркой
ACQUIRE v приобретать

ACT

ACQUIREE n приобретаемая фирма, банк
ACQUISITION n 1. приобретение; поглощение (фирм) 2. сбор данных
cross-border ~ приобретение в других странах
data ~ сбор данных
exchange ~ биржевое приобретение
foreign ~ of domestic business приобретение отечественных предприятий иностранцами
image ~ получение изображений
information ~ сбор информации
patent ~ приобретение патента
~ of a license приобретение лицензии
~ of property приобретение собственности
ACQUIT v 1. освобождать (от обязательства) 2. расплачиваться (о долге)
ACQUITTANCE n 1. освобождение (от обязательств) 2. уплата (долга)
~ of a debt уплата долга
ACROSS-THE-BOARD adj всесторонний, всеобъемлющий
ACT n 1. акт; закон 2. акт, документ 3. действие
anti-racketeering ~ постановление, направленное на борьбу против рэкетиров
antitrust ~s антитрестовские законы
arbitration ~ закон об арбитраже
commercial ~ коммерческий акт
design ~ закон о промышленных образцах
general average ~ аварийный акт
illegal ~ 1) незаконное действие 2) неправомерный акт
juridic ~ юридический акт
juridical ~ см. juridic ~
juristic ~ юридическое действие
lawful ~ правомерное действие
legal ~ правовой акт
legislative ~ законодательный акт
normative ~ нормативный акт
patent ~ патентный закон
restrictive trade practices ~ закон об ограничительной деловой практике
shipping ~ закон о судоходстве
standard ~ нормативный акт
tariff ~ тарифный закон
trademark ~ закон о товарных знаках
voluntary ~ добровольный акт
~ in law юридическое действие; подготовка юридических документов
~ of God стихийное бедствие

ACT

~ of protest акт вексельного протеста
~ of purchase акт купли
~ of sale акт продажи
~ of seizing акт конфискации
~ of state акт государственной власти
~ of war военные действия
◊ promulgate an ~ опубликовать закон

ACTING *n* активная деятельность
~ in concert совместные, согласованные действия на бирже

ACTING *adj* исполняющий обязанности

ACTION *n* 1. действие 2. решение; постановление 3. иск; судебное дело
administrative ~ административное решение
authorized ~ санкционированное действие
civic ~ гражданский иск
civil ~ *см.* civic ~
counter ~ встречный иск
enforcement ~s принудительные действия
follow-up ~ контроль сроков исполнения
illegal ~ противоправное действие
industrial ~ забастовка
job ~ прекращение работы; забастовка
joint ~ 1) совместный иск 2) совместные действия
legal ~ 1) судебный иск 2) законное действие
military procurement ~ выдача военных заказов на производство продукции и услуги
nullity ~ иск о признании недействительным
official ~ официальное действие
one-way ~ одностороннее действие
patent ~ патентный иск
prejudicial ~s действие, наносящее ущерб
real ~ вещный иск
recourse ~ регрессный иск
strike ~ забастовка
summary ~ суммарное действие
urgent ~ срочное действие
vexatious ~ преднамеренное злоупотребление юридическими нормами с целью затяжки судебного процесса или введения суда в заблуждение
~ at law судебный иск
~ for annulment иск о признании недействительным
~ for compensation требование о возмещении убытков

ACT

~ for damages иск о возмещении убытков
~ for declaration of rights иск о признании прав
~ for infringement иск о нарушении
~ for invalidation иск о признании недействительным
~ for nullity *см.* ~ for invalidation
~ in contract иск из договора
~ in rem вещный иск
~ on a bill иск по векселю
◊ to bring an ~ возбуждать иск
to dismiss an ~ отказать в иске
to enter an ~ возбуждать иск
to institute an ~ *см.* to enter an ~
to justify an ~ обосновывать иск
to lay an ~ возбуждать иск
to put an ~ *см.* to lay an ~
to win an ~ выигрывать дело

ACTIVE *adj* активный; оживленный

ACTIVIST *n* активист; сторонник активных мер

ACTIVIT|Y *n* 1. активность 2. деятельность, работа 3. *pl* действия, деятельность (в какой-л. области)
advertising ~ рекламная деятельность
agent's ~ies деятельность агента (посредника)
air freight ~ воздушные перевозки
ancillary ~ вспомогательный вид деятельности
business ~ 1) деловая активность 2) торгово-промышленная деятельность 3) *pl* деловые операции
civil engineering ~ гражданское строительство
cleanup ~ies подготовительные работы
commercial ~ies коммерческая деятельность
communication ~ работа средств связи
competitive ~ конкурентная борьба
construction ~ строительство
creative ~ творческая деятельность
defense ~ военное производство
defense industry ~ оборонно-промышленная деятельность
demand stimulation ~ies деятельность по стимулированию спроса
development ~ опытно-конструкторская работа
diversified ~ies многообразная деятельность
domestic ~ экономическая деятельность внутри страны
drilling ~ буровые работы

economic ~ 1) экономическая деятельность 2) деловая активность
economical ~ *см.* economic ~
environmental ~ деятельность по охране окружающей среды
financial ~ies финансовая деятельность
foreign trade ~ внешнеторговая деятельность
freight traffic ~ грузоперевозки
home construction ~ жилищное строительство
integration ~ies интеграционная деятельность
joint ~ совместная деятельность
labour ~ трудовая деятельность
labour-intensive ~ трудоемкая работа
leasure ~ деятельность в свободное время
lending ~ies операции по кредитованию
low economic ~ низкий уровень экономической активности
management ~ управленческая деятельность
manned space ~ies пилотируемые космические полеты
manufacturing ~ обрабатывающее производство; функционирование обрабатывающей промышленности
military ~ оборонно-промышленная деятельность
military space ~ies работы в области военного использования космоса
nonproductive ~ непроизводительная деятельность
nuclear ~ ядерная активность
overall business ~ общая деловая активность
practical ~ практическая деятельность, практика
primary ~ основная деятельность
priority ~ приоритетный вид деятельности
procurement ~ies закупочная деятельность
production ~ производственная деятельность
productive ~ *см.* production ~
promotional ~ мероприятия, направленные на стимулирование сбыта; рекламная деятельность
publicity ~ рекламная деятельность
quick yielding ~ies экономическая деятельность с быстрой экономической отдачей

rationalization ~ рационализаторская деятельность
research ~ научно-исследовательская работа
research-and-development ~ научно-исследовательская и опытно-конструкторская работа
residual ~ остаточная [радио]активность
risky ~ рискованная деятельность
rural ~ies сельскохозяйственные работы
sales ~ деятельность, связанная с продажей; сбыт
secondary ~ второстепенный вид деятельности
service ~ies обслуживание; услуги
space commercial ~ies коммерциализация космоса
speculative ~ спекулятивная деятельность
surveillance ~ надзор
trade ~ торговая деятельность, деловая (коммерческая) деятельность
trading ~ торговая деятельность
vigorous ~ активная деятельность
~ies of a commission работа комиссии
◇ to coordinate ~ координировать деятельность
to direct ~ies руководить действиями
to expand ~ies расширять деятельность
to facilitate ~ies помогать осуществлению деятельности
to resume ~ies возобновлять деятельность
to supervise ~ies курировать деятельность
to suspend ~ies приостанавливать деятельность
ACTUAL *adj* 1. действительный; фактически существующий 2. современный; актуальный
ACTUALS *n pl* 1. наличные деньги 2. фактически существующие товары
◇ against ~ *бирж.* обменная сделка, «обмен за наличные»
ACTUARY *n страх.* актуарий
AD *n сокр. от* ADVERTISEMENT реклама, объявление
dealers' ~s реклама в розничной торговле
double page ~ реклама на две страницы
front page ~ реклама на титульном листе
full page ~ реклама на всей полосе

illuminated ~ световая реклама
newspaper ~ газетное объявление
scheduled ~ плановая реклама
travel ~s реклама путешествий
wall ~ настенная реклама
◇ to broadcast ~s передавать рекламу по радио
to post up ~s вывешивать объявления
to put up ~s *см.* to post up ~s
ADAPTATION *n.* 1. адаптация, приспособление 2. переделка
price ~ пересмотр цен
product ~ адаптация продукта
ADD *v* добавлять, прибавлять; приписывать
ADDENDUM *n* дополнение
~ to a contract дополнение к контракту
ADDING *n* сложение; суммирование
ADDITION *n* 1. прибавление; дополнение; надбавка; приписка 2. *pl* прирост основного капитала
~s to capacity прирост производственных мощностей
~s to capital прирост капитала
~s to existing plants расширение существующих предприятий
~s to fixed assets прирост основных фондов
~s to surplus отчисления в резервный капитал
ADDITIONAL *adj* добавочный, дополнительный
ADD-LISTER *n* счетная машина, записывающая на ленте произведенные операции
ADDRESS *n* 1. адрес 2. обращение, выступление
business ~ адрес фирмы, адрес предприятия
cable ~ телеграфный (телексный) адрес
code ~ условный адрес
complete ~ полный адрес
correct ~ правильный адрес
cover ~ условный адрес
exact ~ точный адрес
forwarding ~ адрес пересылки
full ~ полный адрес
heading ~ адрес в начале письма
inaugural ~ 1) обращение при вступлении в должность; 2) речь на открытии выставки, музея и т. п.
incomplete ~ неполный адрес
incorrect ~ неправильный адрес
inside ~ внутренний адрес

legal ~ юридический адрес
office ~ адрес предприятия
postal ~ почтовый адрес
proper ~ правильный адрес
return ~ обратный адрес
telegraphic ~ телеграфный адрес
ADDRESS *v* адресовать; направлять
ADDRESSEE *n* адресат
ADEQUACY *n* соответствие, адекватность
~ in quality соответствие качества
~ of packing правильность упаковки
~ of return достаточность дохода
ADEQUATE *adj* достаточный; отвечающий требованиям; соответствующий
ADHERE *v* придерживаться; соблюдать (*решение, условия*)
ADHERENCE *n* соблюдение (*решений, правил*)
~ to contract specifications соблюдение условий контракта
ADJOURN *v* откладывать (*собрание, поездку; юр. слушание дела*)
ADJOURNMENT *n* отсрочка
~ of payment отсрочка платежа
ADJUDGE *v* решать в судебном порядке
ADJUDICATION *n* 1. судебное решение 2. присуждение (*напр. компенсации по суду*)
~ of a dispute решение спора
ADJUST *v* 1. приспосабливать; приводить в соответствие 2. исправлять, корректировать 3. налаживать, регулировать 4. устанавливать сумму, выплачиваемую по страховому полису
ADJUSTABLE *adj* регулируемый; регулирующийся
ADJUSTED *adj* скорректированный; с внесенными поправками
◇ ~ for seasonal variations с устранением сезонных колебаний
~ for taxation с учетом налогов
seasonally ~ с устранением сезонных колебаний
ADJUSTER *n* 1. монтажник; регулировщик 2. диспашер
average ~ аварийный диспашер
claims ~ диспашер по искам
fire-loss ~ диспашер по искам, связанным с пожарами
senior ~ старший диспашер
◇ to appoint an ~ назначать диспашера
ADJUSTING *n:*
~ of the average составление диспаши
ADJUSTMENT *n* 1. согласование, при-

ведение в соответствие 2. регулирование, выравнивание 3. исправление; корректировка; поправка 4. наладка; регулировка
agricultural ~ регулирование сельского хозяйства
automatic ~ автоматическая регулировка
average ~ *мор. страх.* диспаша
claims ~ *см.* average ~
cost-of-living ~ поправка на рост прожиточного минимума
downward ~ поправка в сторону уменьшения
exchange rate ~ регулирование валютного курса
exchange rates ~ выравнивание валютных курсов
field ~ эксплуатационная наладка
gearing ~ поправка на долю заёмного капитала
income ~ регулирование доходов
industrial ~ перестройка промышленности
interestrate ~ регулирование нормы процента
inventory valuation ~ поправка на переоценку товарно-материальных запасов
minor ~ незначительное исправление
money-wage ~ регулирование денежных выплат по заработкам
par value ~ перестройка валютных паритетов
premium ~ *страх.* согласование премии
price ~ корректировка цен
price level ~ поправка на изменение цен
quantity ~ изменение количества
scale ~ регулировка масштаба
seasonal ~ поправка на сезонные колебания
stock ~ управление запасами
structural ~ структурная перестройка
translation ~s перенос исправлений
upward ~ поправка в сторону увеличения
variance ~ регулирование отклонений
~ for change in the account поправка на изменение в счете
~ for seasonal variations поправка на сезонные колебания
~ for variation in the price levels поправка на изменение в уровне цен

~ for turnover of staff поправка на изменения в штатном составе
~ of an account исправление, корректировка счета
~ of the average составление диспаши
~ of the balance sheet исправление баланса
~ of a claim урегулирование претензии
~ of a machine регулировка механизма
~ of a record исправление записи
~ of a schedule корректировка графика
~ on site регулировка на месте
◊ to draw up an ~ составлять диспашу
to make an ~ 1) вносить исправление 2) составлять диспашу
to prepare an average ~ подготавливать диспашу
ADMINISTER *v* управлять, вести дела
ADMINISTRATION *n* 1. управление делами 2. администрация; ведомство 3. *амер.* правительство 4. руководство
aviation ~ авиационное ведомство
business ~ управление частными предприятиями и компаниями
contract ~ контроль за исполнением контракта
customs ~ таможенное управление
fair ~ администрация ярмарки
fiscal ~ налоговое ведомство
harbour ~ управление порта
local ~ местные власти
municipal ~ муниципальные власти
personnel ~ управление кадров
plant ~ руководство предприятием
port ~ управление порта
price ~ регулирование цен
project ~ руководство проектом
public ~ управление государственными органами
railway ~ железнодорожное ведомство
salary and wage ~ ведомство, занимающееся вопросами оплаты труда
tax ~ налоговое ведомство
transport ~ транспортное управление
~ for personnel управление кадров
~ of arbitration отправление арбитражного разбирательства
~ of the budget исполнение бюджета
~ of estates юридическая акция по решению имущественных вопросов умершего лица его личным представителем
~ of a fair администрация ярмарки
~ of labour management arbitration

ADM

рассмотрение трудовых конфликтов в арбитражном порядке
~ of a project руководство проектом
ADMINISTRATIVE *adj* административный; управленческий
ADMINISTRATOR *n* администратор; управляющий; административное должностное лицо
ADMIRALTY *n* *англ.* морское министерство, адмиралтейство
ADMISSIBILITY *n* допуск, допустимость
  merchandise ~ допуск товара (*в страну*)
ADMISSIBLE *adj* допустимый, приемлемый
ADMISSION *n* 1. допуск; доступ 2. признание (*правильным, действительным и т. п.*)
  temporary ~ разрешение на ввоз товара, предназначенного для реэкспорта
  ~ of a claim признание претензии
  ~ of liability признание финансовой ответственности
  ~ of responsibility признание ответственности
  ~ to quotation допуск к регистрации на бирже (*о ценных бумагах*)
ADMIT *v* признавать, допускать
ADMITTANCE *n* 1 доступ; вход 2. признание 3. разрешение на ввоз товара
  ~ of quality одобрение качества
ADMIXTURE *n* примесь
ADOPT *v* 1. принимать (*резолюцию и т. п.*) 2. перенимать (*методы*) 3. усыновлять; удочерять
ADOPTED *adj* 1. общепринятый 2. усыновленный; удочеренный
ADOPTION *n* 1. принятие 2. усыновление
ADULT *n* взрослый, совершеннолетний
ADULTERATE *v* фальсифицировать (*о продуктах питания*)
ADULTERATED *adj* испорченный (*примесями*), разбавленный
ADULTERATION *n* фальсификация, подмешивание (*о продуктах питания*)
AD VALOREM в соответствии со стоимостью
ADVANCE *n* 1. улучшение; прогресс; развитие 2. повышение, рост (*цен, курсов и т. п.*); продвижение (*по службе*) 3. аванс 4. ссуда
  bank ~ банковская ссуда
  cash ~ денежный аванс

ADV

collateral ~ ссуда под обеспечение
economic ~ рост экономики
freight ~ авансовая оплата фрахта
money ~ денежная ссуда
outstanding ~s непогашенные авансы
price ~ рост цен
secured ~ ссуда под обеспечение
sufficient ~ достаточный аванс
technological ~s достижения в области технологии
uncovered ~ ссуда без обеспечения
~ against bills ссуда в счет векселей
~ against goods ссуда под товар
~ against hypothecation of goods ссуда под залог товара
~ against payment аванс в счет платежей
~ against pledge of goods ссуда под залог товара
~ against promissory notes ссуда в счет векселей
~ against securities ссуда под ценные бумаги
~ against stocks *см.* ~ against securities
~ as earnest money аванс-задаток
~ in the cost of living рост стоимости жизни
~ of funds предоставление ссуды
~ of royalties выплата части авторского гонорара (*обычно при подписании договора*)
~ of salary повышение зарплаты (*служащим*)
~ of wages повышение зарплаты (*рабочим*)
~ on crops аванс под урожай
~ on current account кредит по контокоррентному счету
~ free of interest беспроцентная ссуда
◇ in ~ досрочно; заблаговременно
to grant an ~ предоставлять аванс
to make an ~ *см.* to grant an ~
to obtain an ~ получать аванс
to pay an ~ платить аванс
to pay in ~ платить авансом
to receive an ~ получать аванс
to repay an ~ погашать аванс
ADVANCE 1. развиваться; делать успехи 2. повышать (*цену и т. п.*); повышаться, расти 3. выдвигать (*предложение и т. п.*) 4. авансировать 5. ссужать деньги, давать ссуду
ADVANCED *adj* передовой, прогрессивный; современный

ADVANCEMENT *n* прогресс, успех; развитие
economic ~ экономическое развитие
ADVANCING *n* предоставление аванса
ADVANTAGE *n* 1. преимущество 2. выгода; польза; льгота
added ~ дополнительное преимущество
additional ~ *см.* added ~
basic ~ основное преимущество
common ~ общая выгода
comparative ~s сравнительные преимущества
distinct ~ определенное преимущество
economic ~ хозяйственная выгода; экономическое преимущество
equal ~ равная выгода
financial ~ финансовая выгода
incidental ~ незначительное преимущество
main ~ основное преимущество
major ~ *см.* main ~
manifold ~s многочисленные премущества
marketing ~s маркетинговые преимущества
maximum ~ максимальное преимущество
mutual ~ взаимная выгода
natural ~s естественные преимущества (*напр. месторасположения и т. п.*)
net ~s чистые преимущества
numerous ~s многочисленные преимущества
preferential ~s преференциальные льготы
price ~s ценовые преимущества
prime ~ важнейшее преимущество
singular ~ исключительное преимущество
tax ~s налоговые льготы
◊ for mutual ~ для взаимной выгоды
to assess ~ оценивать преимущество
to derive ~ извлекать выгоду
to evaluate ~ оценивать преимущество
to gain an ~ получать преимущество
to give ~s давать преимущества
to provide ~s *см.* to give ~s
to score an ~ получать преимущество
to turn to ~ извлекать выгоду
to use to ~ использовать с выгодой
ADVANTAGEOUS *adj* выгодный; благоприятный
ADVENTURE *n* 1. смелое, рискованное предприятие 2. коммерческая спекуляция

ADVERSE *adj* 1. неблагоприятный 2. пассивный (*о балансе*)
ADVERTISE *v* 1. давать объявление, объявлять 2. рекламировать
ADVERTISED *adj* рекламируемый
ADVERTISEMENT *n* объявление; реклама
audio ~ акустическая реклама
audio-visual ~ аудио-визуальная реклама
bank ~ банковская реклама
book ~ информация о новых книгах
broadside ~ широкоформатная реклама
classified ~s классифицированные (*расположенные по рубрикам*) объявления
dealers' ~ дилерская реклама
film-based ~ рекламный киносюжет
full page ~ рекламное объявление на всю полосу
illustrative ~ иллюстративная реклама
moving ~ движущаяся реклама
newspaper ~ газетная реклама
outdoor ~ наружная реклама
printed ~ печатная реклама
radio ~ рекламное объявление по радио
trade ~ коммерческая реклама
wall ~ настенное объявление
~ in the press реклама в прессе
~ of bids объявление о торгах
~ of goods реклама товаров
~ of tenders объявление о торгах
◊ to insert an ~ помещать объявление (*в газете*)
to place an ~ давать объявление
to put in an ~ помещать объявление (*в газете*)
ADVERTISER *n* рекламодатель
industrial ~ рекламодатель промышленных товаров
regional ~ региональный рекламодатель
ADVERTISING *n* реклама; рекламирование
advance ~ предварительная реклама
auxiliary ~ вспомогательная реклама
bank ~ банковская реклама
billboard ~ реклама на стендах
black-and-white ~ черно-белая реклама
broadcast ~ реклама по радио
cinema ~ кинореклама, реклама в кино
classified ~ рубричная реклама

colour ~ цветная реклама
combined ~ совместная реклама
commercial ~ коммерческая реклама
commodity ~ товарная реклама
consumer ~ реклама потребительских товаров
cooperative ~ коллективная реклама
corporate ~ реклама фирмы
coupon ~ реклама с купоном
current ~ текущая реклама
decent ~ ненавязчивая реклама
direct ~ прямая потребительская реклама
direct-mail ~ реклама по почте
display ~ графическая реклама
domestic ~ внутренняя реклама
electrical ~ световая реклама
export ~ внешнеторговая реклама
farm ~ сельскохозяйственная реклама
film ~ кинореклама
follow-up ~ повторная реклама
graphic ~ графическая реклама
illuminated ~ световая реклама
indirect ~ скрытая реклама; косвенная реклама
individual ~ индивидуальное рекламирование
industrial ~ промышленная реклама
informational ~ информативная реклама
informative ~ см. informational ~
inside-the-store ~ реклама на месте продажи-покупки
international ~ международная реклама
joint ~ совместная реклама
keyed ~ планируемые рекламные мероприятия (с целью дать рекламодателю основания для определения наиболее эффективных, «ключевых» форм рекламы)
legal ~ легальная реклама
local ~ местная реклама
long-term ~ долгосрочное рекламирование
low-pressure ~ ненавязчивая реклама
magazine ~ журнальная реклама
mail-order ~ реклама по почте; реклама посылочных операций
mass ~ широкая рекламная кампания с использованием всех видов и форм рекламы
media ~ реклама в средствах массовой информации
misleading ~ реклама, вводящая в заблуждение

national ~ национальная реклама
newspaper ~ газетная реклама
outdoor ~ наружная реклама
package ~ реклама по упаковке
patent ~ реклама патента
persuasive ~ убедительная реклама
point-of-purchase ~ реклама на месте продажи-покупки
point-of-sale ~ см. point-of-purchase ~
poster ~ плакатная реклама
press ~ реклама в прессе
prestige ~ престижная реклама
prestigious ~ см. prestige ~
product ~ реклама изделий или продукции
professional ~ реклама товаров и услуг
promotional ~ реклама мероприятий по стимулированию сбыта
radio ~ реклама по радио
regional ~ местная реклама
regular ~ систематическое рекламирование
retail ~ реклама розничной торговли
sales ~ реклама по продаже, сбытовая реклама
scheduled ~ плановая реклама
screen ~ кинореклама
seasonal ~ сезонная реклама
semi-display ~ рубрично-изобразительная реклама
short-term ~ краткосрочное рекламирование
slide ~ реклама при помощи диапозитивов
specialty ~ реклама с помощью сувениров
street ~ уличная реклама
subliminal ~ «подсознательное» рекламирование
trade ~ торговая реклама
transit ~ реклама на транспорте
transport ~ см. transit ~
TV ~ телевизионная реклама
~ of goods реклама товаров
~ on difficult marketing реклама труднореализуемого товара
~ to business реклама в адрес деловых кругов или отдельных предприятий
◇ to arrange ~ организовывать рекламу
to do ~ делать рекламу
to finance ~ финансировать рекламу
to handle ~ регулировать рекламу
to promote ~ способствовать рекламе

ADVICE n 1. совет; консультация 2. извещение, уведомление 3. авизо
  advance ~ заблаговременное извещение
  bank's ~ извещение банка
  banker's ~ *см.* bank's ~
  collection ~ извещение об инкассо, инкассовое извещение
  credit ~ кредитовое авизо
  debit ~ дебетовое авизо
  draft ~ извещение о выставлении тратты
  early ~ заблаговременное извещение
  express ~ срочное авизо
  forwarding ~ уведомление об отправке
  forwarding agent's ~ извещение экспедиторов
  incoming ~ входящее авизо
  legal ~ юридическая консультация
  outgoing ~ исходящее авизо
  payment ~ извещение о платеже
  preliminary ~ предварительное авизо
  railway ~ железнодорожное авизо
  remittance ~ уведомление о денежном переводе
  shipping ~ уведомление об отгрузке
  transfer ~ авизо о переводе
  transport ~ транспортное извещение
  ~ of acceptance авизо об акцепте
  ~ of a bank извещение банка
  ~ of collection инкассовое авизо
  ~ of delivery извещение о доставке
  ~ of dispatch извещение об отправке
  ~ of a draft извещение о выставлении тратты
  ~ of a letter of credit авизо об открытии аккредитива
  ~ of non-acceptance авизо о неакцепте
  ~ of non-payment авизо о неплатеже
  ~ of payment извещение о платеже
  ~ of shipment уведомление об отправке
  ~ on production консультация по производственным вопросам
  ◇ under ~ при уведомлении
  to cancel the ~ аннулировать авизо
  to send an ~ высылать авизо
ADVISABILITY n целесообразность
ADVISE v 1 советовать, рекомендовать 2. консультировать 3. извещать, уведомлять; авизовать
  ◇ ~ fate «информируйте о судьбе» (*форма обращения одного банка к другому об оплате чека*)
ADVISER n советник; консультант
  economic ~ экономический советник

  financial ~ финансовый советник
  government ~ правительственный советник
  investment ~ инвестиционный консультант
  publicity ~ советник по рекламному делу
  special ~ специальный советник
  tax ~ консультант по вопросам налогообложения
  technical ~ технический советник
  trade ~ торговый советник
ADVISING n консультация, консультирование
ADVISORY *adj* консультативный
ADVOCATE n адвокат, защитник
AFFAIR n 1. дело 2. *pl* дела, занятия
  current ~s текущие дела; текущие события
  foreign ~s внешние дела
  home ~s внутренние дела
  ◇ man of ~s лицо, обученное ведению дел (*особенно в сфере финансовых операций*)
AFFIDAVIT n письменное показание под присягой, аффидевит
AFFILIATE n дочернее общество; компания-филиал
  banking ~ филиал банка
AFFILIATE v вступать в близкие экономические отношения, становиться тесно связанными
AFFILIATED *adj* дочерний, являющийся филиалом
AFFILIATION n присоединение к другой компании
AFFIRM v 1. подтверждать 2. делать заявление
AFFIRMATION n 1. подтверждение 2. заявление, утверждение
AFFIX v 1. поставить (*подпись*) 2. приложить (*печать*)
AFFLUENCE n богатство, финансовое благополучие
AFFREIGHT v фрахтовать (*судно*)
AFFREIGHTER n фрахтователь
AFFREIGHTMENT n фрахтование (*судна*)
AFLOAT *adv* *мор.* на плаву
AFLOAT *adj* располагающий денежными средствами для ведения дела
AFTERCROP n 1. второй урожай 2. последующая сельскохозяйственная культура
AFTER-DATE *adj* датированный более поздним числом

AFTER-MARKET *n* рынок запчастей
AFTER-PAYMENT *n* дополнительный платеж, доплата
AFTER-RIPENING *n* с.-х. послеуборочное дозревание
AFTER-SALE *adj* послепродажный
AGE *n* 1. возраст; продолжительность, срок жизни 2. срок службы
  adult ~ совершеннолетие
  juvenile ~ подростковый возраст
  legal ~ совершеннолетие
  limiting ~ *страх.* предельный возраст
  maximum ~ максимальный срок службы (*оборудования*)
  mean ~ средний возраст
  middle ~ *см.* mean ~
  old ~ старческий возраст
  retirement ~ пенсионный возраст
  ~ of receivables срок дебиторской задолженности
AG[E]ING *n* 1. старение 2. созревание; дозревание
  moral ~ моральное старение
  natural ~ естественное старение
  service ~ старение в процессе эксплуатации
  weathering ~ старение под воздействием атмосферных условий
  ~ of data старение информации
  ~ of equipment старение оборудования
  ~ of information старение информации
AGENCY *n* 1. агентство, представительство; орган, организация, учреждение 2. посредничество
  advertising ~ рекламное агентство
  credit ~ кредитбюро, предоставляющее за плату сведения о фирмах
  customs ~ таможенное агентство
  employment ~ агентство по трудоустройству
  estate ~ имущественное агентство
  exclusive ~ агентское представительство с исключительными правами
  executing ~ исполнительный орган
  facilitating ~ посредническая организация
  full service ~ агентство с полным циклом услуг
  government ~ государственное агентство
  initiating ~ организация-инициатор
  insurance ~ страховое агентство
  law enforcement ~ судебный исполнительный орган
  market research ~ организация по изучению рынка
  mercantile ~ торговое агентство
  mutual ~ совместное представительство
  news ~ информационное агентство
  paying ~ организация, производящая выплаты
  press ~ агентство печати
  private ~ частная организация
  procurement ~ закупочная организация
  public relations ~ агентство по связи с общественностью
  publicity ~ рекламное агентство
  purchasing ~ торговое посредничество
  rating ~ специальное агентство, определяющее кредитоспособность заемщиков или качество ценных бумаг
  sales promotion ~ агентство по стимулированию сбыта
  shipping ~ экспедиторское агентство
  ship's ~ судовое агентство
  sole ~ представительство с исключительными правами, монопольное агентство
  status enquiry ~ коммерческая организация, дающая за плату информацию о финансовом положении компании
  technical ~ техническое агентство
  tourist ~ туристическое агентство
  trade ~ торговое агентство
  transport ~ транспортное агентство
  travel ~ туристическое агентство
  ~ of a broker посредничество брокера
  ◇ to establish an ~ создавать агентство
  to run an ~ руководить агентством
  to take up an ~ брать на себя посредничество
  to undertake the exclusive ~ брать права монопольного агента
AGENDA *n* повестка дня
AGENT *n* агент, представитель; посредник; комиссионер; поверенный
  accredited ~ официальный представитель компании
  acquisition ~ страховой агент
  active ~ действующий агент
  advertising ~ агент по рекламе
  authorized ~ уполномоченный представитель
  average ~ аварийный комиссар
  break bulk ~ агент по разгруппировке груза
  business ~ посредник в делах
  buying ~ агент по закупкам; агент по импорту

cargo ~s транспортное агентство
carrier ~ транспортный агент
chartered ~ зарегистрированный агент
charterer's ~ агент фрахтователя
chartering ~ фрахтовый агент
commercial ~ торговый агент
commission ~ комиссионер
consignment ~ консигнационный агент
credit ~ страховой агент
del credere ~ комиссионер, берущий на себя делькредере
distributing ~ агент по продаже, сбытовой агент
employment ~ агент по найму
estate ~ агент по продаже недвижимости
exclusive ~ агент с исключительными правами
export ~ экспортный агент
firm's ~ агент фирмы
fiscal ~ финансовый агент
forwarding ~ экспедитор
freight ~ фрахтовый агент, брокер по фрахтованию судов
general ~ генеральный агент (*агент, получивший все права от своего принципала*)
import ~ агент по импорту
insurance ~ страховой агент
lessor's ~ агент арендодателя
Lloyd's ~ агент ассоциации «Ллойд»
managing ~ агент-распорядитель
marine ~ морской агент
marketing ~ сбытовой агент
monopoly ~ монопольный агент
official ~ официальный агент
patent ~ патентный поверенный
paying ~ посредник в платежах
purchasing ~ торговый посредник, закупщик
real estate ~ агент по продаже недвижимости
redemption ~ организация, занимающаяся изъятием долговых обязательств
regional sales ~ районный сбытовой агент
reliable ~ надежный агент
road haulage ~ агент по автоперевозкам
sales ~ сбытовой агент
selling ~s торговое агентство
shipowner's ~ агент судовладельца
shipping ~ экспедитор
social insurance ~ страховой агент
sole ~ монопольный агент
special ~ специальный агент

specialized ~ агент определенной отрасли хозяйства
supplier ~ компания-поставщик
supply ~ агент по снабжению
trade ~ торговый посредник
transfer ~ трансфертный агент
travel ~ агент бюро путешествий
travelling ~ коммивояжер
trustworthy ~ кредитоспособный агент
vendor ~ компания-поставщик
~ for an inventor поверенный изобретателя
~ for sales агент по запродажам
~ of necessity агент, который формально не наделен какими-л. полномочиями, но может предпринимать действия в интересах другого лица в условиях крайней необходимости
~s of production факторы производства
◊ to act as an ~ выступать в качестве агента
to appoint an ~ назначать агента
to authorize to act as an ~ уполномочить выступать в качестве агента
to employ an ~ нанимать агента
to operate as an ~ выступать в качестве агента
to reward an ~ награждать агента
to secure an ~ получать агента
AGGLOMERATION *n* укрупнение, интеграция
AGGRAVATE *v* ухудшать; осложнять
AGGRAVATION *n* ухудшение; осложнение
~ of competition обострение конкуренции
AGGREGATE *n* совокупность, совокупная величина
assets ~ совокупная величина активов
economical ~ совокупные экономические величины
output ~ совокупный продукт
AGIO *n* ажио, лаж; премия; разница между курсами валют
AGREE *v* 1. соглашаться 2. договариваться 3. соответствовать
AGREEABLE *adj* приемлемый, подходящий; соответствующий
AGREED *adj* согласованный
◊ mutually ~ взаимосогласованный
AGREEMENT *n* 1. соглашение; договор; контракт 2. договоренность
after-sales servicing ~ соглашение о послепродажном обслуживании
agency ~ агентское соглашение

arbitration ~ арбитражное соглашение
area ~ коллективный договор, охватывающий компании определенного региона
assignment ~ договор о переуступке прав
average demurrage ~ соглашение о плате за простой (*вагонов, судов*)
bank ~ межбанковское соглашение
barter ~ бартерное соглашение
best-efforts ~ соглашение, по которому банк-инвестор предоставляет брокерские услуги при реализации займа
bilateral ~ двустороннее соглашение
blanket ~ аккордное соглашение
bonus ~ бонусное соглашение
brokerage ~ договоренность о брокерской комиссии
business ~ деловое соглашение
cartel ~ картельное соглашение
clearing ~ клиринговое соглашение
collateral ~ дополнительное соглашение
collective ~ коллективный договор
commercial ~ торговое соглашение
compensation ~ компенсационное соглашение
complete ~ полная договоренность
consignment ~ консигнационное соглашение
contractual ~ контракт
coproduction ~ соглашение о совместном производстве
credit ~ кредитное соглашение
credit trading ~ договор о продаже в кредит
cross-licensing ~ соглашение об обмене лицензиями
double taxation ~ соглашение о двойном налогообложении
Dutch ~ соглашение, выгодное только для одной стороны
early ~ первоначальное соглашение
economic ~ хозяйственный договор
economic cooperation ~ соглашение об экономическом сотрудничестве
engineering ~ договор на инжиниринг
financial ~ финансовое соглашение
foreign economic ~ внешнеэкономический договор
framework ~ «рамочный» контракт (обязательство экспортера произвести «контрпокупку» в товарообменной операции в течение обусловленного срока)
franchise ~ соглашение о праве продажи продукции предприятия в определенном районе на льготных условиях
free-trade ~ соглашение о праве свободной торговли
general ~ генеральное соглашение
General ~ on Tariffs and Trade Генеральное соглашение по тарифам и торговле
gentlemen's ~ джентльменское соглашение
global ~ соглашение глобального характера
government ~ межправительственное соглашение
hire purchase ~ договор о продаже на условиях рассрочки платежа
interbank ~ межбанковское соглашение
intergovernmental ~ межправительственное соглашение
international ~ международное соглашение
international commodity ~ международное товарное соглашение
interstate ~ межгосударственное соглашение
joint venture ~ договор о совместном предприятии
knock-for-knock ~ соглашение между компаниями, страхующими автотранспорт, о возмещении ущерба только своим полисодержателям без учета стороны, ответственной за аварию
lease ~ соглашение об аренде
leasing ~ *см.* lease ~
licence ~ лицензионное соглашение
licensing ~ *см.* licence ~
loan ~ соглашение о предоставлении ссуды
long-standing ~ долгосрочное соглашение
long-term ~ *см.* long-standing ~
maintenance ~ соглашение по техническому обслуживанию
management ~ управленческое соглашение
market sharing ~ соглашение о разделе рынка
matched sale-purchase ~ *амер.* продажа ценных бумаг Федеральной резервной системы с обязательством выкупить их в определенный срок по той же цене
monetary ~ валютное соглашение
multilateral ~ многостороннее соглашение
mutual ~ взаимное соглашение

national ~ национальное соглашение
negotiated ~ соглашение, достигнутое в результате переговоров
one-time ~ разовый договор
operating ~ договор на эксплуатацию
original ~ первоначальное соглашение
package ~ комплексное соглашение
partnership ~ соглашение партнеров
patent ~ патентное соглашение
payment[s] ~ платежное соглашение
preferential ~ преференциальное соглашение
preliminary ~ предварительная договоренность
price fixing ~ соглашение об установлении и поддержании цен на определенном уровне
private ~ частное соглашение
production cooperation ~ соглашение о совместном производстве
provisional ~ временное соглашение, предварительное соглашение
project ~ соглашение о проекте
reciprocal ~ взаимное соглашение, договор на основе взаимности
reciprocity ~ см. reciprocal ~
recourse ~ соглашение о выплате компенсации при определенных условиях
rental ~ договор об аренде
repurchase ~ соглашение о выкупе проданного товара при определенных условиях
revolving credit ~ соглашение о возобновлении кредита
salvage ~ договор о спасании
service ~ соглашение об обслуживании
servicing ~ соглашение о техническом обслуживании
ship's agency service ~ договор об агентировании судна
short-term ~ краткосрочное соглашение
sole agency ~ монопольное агентское соглашение
standby ~s резервные соглашения
standard ~ типовое соглашение
sublicence ~ соглашение о сублицензии
submission ~ соглашение о передаче спора в арбитраж
tacit ~ молчаливое соглашение
tariff ~ таможенное соглашение; соглашение о тарифах
tax exemption ~ соглашение об освобождении от налогообложения

temporary ~ временное соглашение
tenancy ~ договор об аренде помещения
tentative ~ предварительная договоренность
threshold ~ соглашение о повышении зарплаты в случае, если инфляция превысит определенный уровень
trade ~ торговое соглашение
trade-and-payments ~ торгово-платежное соглашение
trademark ~ договор о товарных знаках
trust ~ договор об учреждении траста
trusteeship ~ соглашение о принятии доверительных функций
unilateral ~ односторонний договор
working ~ рабочее соглашение
~ in force действующее соглашение
~ of intent соглашение о намерении
~ on cooperation соглашение о сотрудничестве
~ on delivery соглашение о поставках
~ on supply см. ~ on delivery
~ on tariffs and trade соглашение о торговле и тарифах
~ on tourism соглашение о туризме
~ on trade and navigation соглашение о торговле и морском судоходстве
~ to sell контракт на продажу
◊ to accede to an ~ достичь договоренности
to achieve ~ см. to accede to an ~
to amend a trade ~ внести изменения в торговое соглашение
to annul an ~ аннулировать договор
to attain ~ достичь договоренности
to break an ~ нарушать договор
to cancel an ~ аннулировать договор, расторгать соглашение
to bring an ~ into force вводить соглашение в действие
to come to an ~ договориться
to conclude an ~ заключать договор
to confirm an ~ ратифицировать договор
to contract out of an ~ освобождаться от обязательств по договору
to dissolve an ~ расторгать соглашение
to enter into an ~ заключать соглашение
to finalize an ~ окончательно оформить соглашение
to infringe an ~ нарушать договор
to initial an ~ парафировать договор
to join an ~ присоединяться к договору

to keep an ~ соблюдать договор
to make an ~ заключать договор, вступать в соглашение
to observe an ~ соблюдать договор
to prolong an ~ продлевать договор
to ratify an ~ ратифицировать договор
to reach ~ достичь договоренности
to renew an ~ возобновлять договор
to repudiate an ~ аннулировать договор
to rescind an ~ *см.* to repudiate an ~
to revise an ~ пересматривать соглашение
to revoke an ~ аннулировать договор
to sign an ~ подписать договор
to terminate an ~ прекращать действие договора
to violate an ~ нарушать договор
AGRIBUSINESS *n* агропромышленный комплекс
AGRICULTURAL *adj* сельскохозяйственный; земледельческий
AGRICULTURE *n* сельское хозяйство; земледелие
commercial ~ товарное сельскохозяйственное производство
diversified ~ многоотраслевое хозяйство
efficient ~ эффективное сельское хозяйство
extensive ~ экстенсивное сельское хозяйство
high ~ интенсивное сельское хозяйство
inefficient ~ слаборазвитое сельское хозяйство
intensive ~ интенсивное сельское хозяйство
irrigated ~ орошаемое земледелие
large-scale ~ крупное земледелие
livestock ~ животноводство
AGRICULTURER *n* 1. агроном 2. фермер
AGRICULTURIST *n см.* **ACRICULTURER**
AGROCHEMICALS *n pl* сельскохозяйственные химикаты, химическое удобрение
AID *n* 1. помощь; содействие 2. *pl* вспомогательные средства
cash ~ денежная помощь
credit ~ кредитная помощь, кредит
dealer ~s рекламные материалы (*образцы, каталоги, брошюры и т. п.*)
economic ~ экономическая помощь
financial ~ финансовая помощь
first ~ первая помощь

foreign ~ иностранная помощь
free ~ безвозмездная помощь
material ~ материальная помощь
medical ~ медицинская помощь
mutual ~ взаимная помощь
pecuniary ~ денежная помощь
technical ~ техническая помощь
~s to trade деятельность, содействующая развитию торговли (*реклама, банковские и прочие услуги, страхование, транспорт*)
◇ to provide ~ предоставлять помощь
to render ~ оказывать помощь
AID-TYING *n* «связанная» помощь, обусловленность предоставления помощи определенными требованиями (*в основном об использовании средств на закупку товаров и услуг в стране-доноре*)
AIM *n* цель, намерение; замысел
AIR *n* 1. воздух; атмосфера 2. воздушное пространство
conditioned ~ кондиционированный воздух
contaminated ~ загрязненный воздух
exhaust ~ отработанный воздух
◇ to go on ~ выходить в эфир
AIRBUS *n* аэробус
AIRCARGO *n* авиационный груз
AIR-CONDITIONER *n* кондиционер
AIRCRAFT *n* самолет; воздушное судно
business ~ служебный самолет
cargo ~ грузовой самолет
chartered ~ зафрахтованное воздушное судно
combination ~ воздушное судно для смешанных перевозок
convertible ~ грузопассажирское воздушное судно
freight ~ грузовой самолет
short-range ~ самолет местных авиалиний
short takeoff and landing ~ воздушное судно короткого взлета и посадки
transport ~ транспортный самолет
AIRFREIGHT *n* авиафрахт
AIRLINE *n* 1. авиалиния, воздушная трасса 2. авиакомпания
cargo ~ грузовая авиалиния
regional ~ местная авиалиния
scheduled ~ регулярная авиалиния
AIRLINER *n* авиалайнер
AIRMALL *n* авиапочта
first-class ~ почтовые авиаотправления (*гл. обр. письма*)

AIR

second-class ~ почтовые авиаотправления (*гл. обр. печатные издания*)
◇ by return ~ обратной почтой
to deliver by ~ доставлять авиапочтой
to dispatch by ~ посылать авиапочтой
to forward by ~ *см.* to dispatch by ~

AIRPLANE *n* самолёт

AIRPORT *n* аэропорт
  alternate ~ запасной аэропорт
  commercial ~ коммерческий аэропорт
  customs ~ таможенный аэропорт
  domestic ~ внутренний аэропорт
  international ~ международный аэропорт
  passenger ~ пассажирский аэропорт
  transfer ~ транзитный аэропорт
  ~ of destination аэропорт назначения
  ~ of entry таможенный аэропорт
  ◇ to upgrade the ~ модернизировать аэропорт

AIRPROOF *adj* герметичный, воздухонепроницаемый

AIR-ROUTE *n* авиалиния

AIRTIGHT *adj* воздухонепроницаемый

AIRWAY *n* авиалиния, воздушная трасса

AIRWORTHINESS *n* годность к эксплуатации в воздухе

AIRWORTHY *adj* годный для эксплуатации в воздухе

ALIEN *n* иностранец

ALIENAGE *n* статус иностранца

ALIENATE *v* отчуждать (*имущество*)

ALIENATION *n* отчуждение (*имущества*)

ALIGNMENT *n* блок, группировка

ALIMENT *n* алименты; содержание

ALLOCATE *v* 1. предназначать; ассигновывать 2. выделять; отчислять; предоставлять 3. распределять, размещать (*капитал*)

ALLOCATION *n* 1. назначение; ассигнование 2. выделение; отчисление 3. распределение (*сумм, кредитов*); размещение (*капитала*) 4. классификация
  additional ~s дополнительные ассигнования
  advertising ~s ассигнования на рекламу
  budget ~s бюджетные ассигнования
  budgetary ~ *см.* budget ~s
  centralized ~s централизованные ассигнования
  cost ~s распределение прямых затрат

ALL

  currency ~ квотирование валюты; распределение валюты
  current ~s текущие отчисления
  financial ~s бюджетные ассигнования
  foreign exchange ~ квотирование иностранной валюты
  income ~ распределение доходов
  overhead ~ распределение накладных расходов
  percentage ~s процентные отчисления
  proportional ~ пропорциональное распределение
  resources ~ распределение ресурсов
  site ~ распределение выставочной площади
  space ~ распределение площади торгового зала
  storage ~ распределение запасов
  supplementary ~s дополнительные ассигнования
  undrawn ~s неиспользованные ассигнования
  ~ of capital размещение капитала
  ~ of charges распределение расходов
  ~ of costs распределение расходов
  ~ of credit предоставление кредита
  ~ of credit facilities *см.* ~ of credit
  ~ of currency квотирование валюты
  ~ of duties распределение обязанностей
  ~ of exhibition space распределение выставочной площади
  ~ of expenses распределение расходов
  ~ of funds выделение денежных средств
  ~ of labour распределение рабочей силы
  ~ of money размещение капитала
  ~ of priorities распределение приоритетов
  ~ of profits распределение прибылей
  ~ of responsibilities распределение обязанностей
  ~ of shares распределение акций
  ~ of stocks *см.* ~ of shares
  ~ to reserve отчисление в резерв
  ◇ to cut ~s сокращать ассигнования
  to increase ~s увеличивать ассигнования
  to reduce ~s сокращать ассигнования

ALLOCATUR *n* налоговый сертификат, подтверждающий расходы

ALLONGE *n* аллонж

ALLOT *v* 1. выделять; предназначать 2. распределять

ALLOTMENT *n* 1. выделение, распреде-

ление; назначение 2. ассигнования 3. доля, часть 4. участок, сдаваемый в аренду 5. выделение акций пайщику
bank loan ~ предоставление займа банком; распределение банковских ссуд
income ~ распределение прибылей
proportional ~ пропорциональное распределение
space ~ выделение площади
~ **of exhibition space** распределение выставочной площади
~ **of profits** распределение прибылей
~ **of shares** распределение акций
~ **of stocks** *см.* ~ **of shares**

ALLOW *v* 1. разрешать; давать разрешение 2. давать; предоставлять (*деньги, скидку и т. п.*)

ALLOWABLE *adj* допустимый, допущенный (*напр. к продаже*)

ALLOWANCE *n* 1. скидка или надбавка (*с учетом чего-л., напр. скидка на утечку и т. п.*) 2. скидка; уценка 3. денежное пособие 4. разрешение; норма (*на ввоз товаров*) 5. *тех.* допуск
accommodation ~ квартирные
advertising ~ скидка для компенсации затрат на рекламу
assignment ~ подъемные
bonus ~ надбавка к цене за повышенное качество, бонификация
cash ~ скидка за наличный расчет
children's ~ пособие многодетным семьям
cost-of-living ~ индексация заработной платы в связи с изменением прожиточного минимума
daily ~ суточные
dependency ~ денежное пособие или налоговые льготы на иждивенцев
depletion ~ налоговая льгота на доходы с невосполняемых природных ресурсов
depreciation ~ скидка на амортизацию
duty-free ~ норма на беспошлинный ввоз товаров
expense ~ ассигнование по смете
family ~ пособие многодетным семьям
hospitality ~ деньги на представительские расходы
housing ~ командировочные
investment ~ налоговые льготы на инвестирование капитала
language ~ надбавка за знание иностранного языка
living ~ стипендия

loss ~ скидка с цены или веса в связи с утечкой или порчей товара, рефакция
per diem ~ суточные
promotion ~ скидка с цены для компенсации услуг по продвижению товара на рынок
provisional ~ временный оклад
quality ~ скидка за более низкое качество
reject ~ допустимый уровень брака
relocation ~ подъемные
remedy ~ допустимое отклонение веса и пробы монеты от стандарта, ремедиум
sales ~ скидка с продаж
sales promotion ~ скидка за услуги по продвижению товара на рынок
spoilage ~ норма естественной убыли
standard expense ~ нормативный расход
subsistence ~ суточные
tax ~ налоговые льготы
trade ~ розничная скидка
trade-in ~ скидка с цены при покупке новой вещи в обмен на старую; зачётная скидка
travelling ~ командировочные расходы
weight ~ скидка с веса на тару
~ **for cash** скидка за наличный расчет
~ **for contingencies** скидка на непредвиденные расходы
~ **for damage** компенсация за ущерб
~ **for depreciation** отчисления на амортизацию
~ **for draft** скидка на провес
~ **for moisture** скидка за влажность
~ **for substandard goods** скидка за недоброкачественный товар
~ **of credit** предоставление кредита
~ **of credit facilities** *см.* ~ **of credit**
~ **of a trademark** акцептование товарного знака
◊ **to make** ~ **for** делать поправку на

ALL-ROUND *adj* комплексный; разносторонний

ALTER *v* изменять, переделывать

ALTERATION *n* 1. изменение, переделка 2. изменение условий (*договора и т. п.*)
insignificant ~ незначительное изменение
marginal ~ *см.* **insignificant** ~
price ~ изменение цен
slight ~ незначительное изменение

~ in the design изменение в конструкции
~ of norms изменение норм
~ of premises реконструкция помещений
~s to a contract изменения к контракту
◇ to incoporate ~s включать изменения
to introduce ~s вносить изменения
to make ~s см. to introduce ~s
ALTERNATE *adj* запасной
ALTERNATIVE *n* альтернатива
◇ to have no ~ не иметь выбора
to propose an ~ предлагать альтернативу
to reject the ~ отклонять альтернативу
AMALGAMATE *v* объединять, сливать; укрупнять (*предприятия*)
AMALGAMATED *adj* объединенный
AMALGAMATION *n* 1. объединение, слияние 2. интеграция
horizontal ~ объединение или слияние компаний в рамках одной отрасли экономики
industiral ~ слияние промышленных предприятий
lateral ~ объединение или слияние компаний в рамках одной отрасли экономики
vertical ~ объединение или слияние компаний различных отраслей экономики
~ of business слияние компаний
~ of companies см. ~ of business
~ of enterprises слияние предприятий
AMALGAMATOR *n* лицо, которому поручается слияние компаний
AMBASSADOR *n* посол
AMENABILITY *n* *юр.* ответственность (*перед законом*)
~ for violation ответственность за нарушение
~ in respect of a suit ответственность по иску
AMEND *v* изменять, исправлять
AMENDMENT *n* 1. исправление, изменение 2. поправка (*к резолюции, законопроекту и т. п.*) 3. *амер.* дополнение
corrective ~s коррективы
manuscript ~ поправка в рукописи
subsequent ~s последующие поправки
~s in a draft изменения в проекте
~s to a contract поправки к контракту

~s to a letter of credit изменение условий аккредитива
◇ to decline an ~ отклонять поправку
to enter an ~ вносить исправление
to insert an ~ см. to enter an ~
to introduce an ~ см. to enter an ~
to issue an ~ вносить поправку
to make an ~ см. to issue an ~
to pass an ~ принимать поправку
to renew an ~ пересматривать поправку
to vote down an ~ отклонять поправку
AMENITIES *n pl* удобства
social ~ социально-культурное и бытовое обслуживание
AMORTIZATION *n* 1. амортизация, снашивание 2. погашение долга в рассрочку 3. амортизационное списание
accelerated ~ ускоренная амортизация
capital cost ~ амортизационное списание стоимости капитала
emergency ~ амортизация при чрезвычайных обстоятельствах
~ charged to operation амортизационные начисления, относимые на издержки производства
~ of a debt погашение долга в рассрочку
~ of goodwill амортизация разности между ценой приобретения предприятия и его балансовой стоимостью
AMORTIZE *v* амортизировать
AMOUNT *n* 1. количество; объем 2. общая сумма, итог 3. *бухг.* основная сумма и проценты с нее
accession compensatory ~s денежные суммы, представляющие собой разницу между ценами сельхозпродуктов в странах ЕС и в странах, вступающих в ЕС
accruing ~s накапливаемые суммы
aggregate ~ общая сумма
aggregate ~ of capital invested общая сумма инвестиций
available ~ сумма, имеющаяся в наличии
budgeted ~ расход, предусмотренный сметой
capitalized ~s суммы, отнесенные на счет капиталовложений
carrying ~s балансовые показатели
claim ~ исковая сумма
contractual ~ контрактная сумма
equivalent ~ эквивалентная сумма
estimated ~ рассчитанная величина
excessive ~ of goods излишки товаров

face ~ номинальная сумма
fair ~ значительное количество
fractional ~ незначительная сумма
full ~ полная сумма
gross ~ общее количество; валовая сумма
guarantee ~ гарантийная сумма
guaranteed ~ гарантированная сумма
immense ~ огромное количество
invoice ~ сумма счета
lumpsum ~ паушальная сумма
net ~ чистая сумма
nominal ~ номинальная сумма
original ~ первоначальная сумма
outstanding ~ непогашенная сумма
penalty ~ размер штрафа
principal ~ капитал, на который начисляются проценты
remaining ~ оставшаяся сумма, остаток суммы
reserved ~ резервированная сумма
residual ~ остаток суммы
seasonal ~ сезонная потребность в товаре
significant ~ значительное количество
specific ~ of metal металлоемкость
substantial ~ значительное количество
taxable ~ сумма, облагаемая налогом
tradeable ~ минимальное количество товара, необходимое для заключения сделки
uncollected ~s неинкассированные суммы
zero bracket ~ сумма валового дохода
~ of allocations размер ассигнований
~ of balance остаток на счете
~ of business торговый оборот
~ of capital investments размер капиталовложений
~ of a claim сумма иска
~ of commission размер комиссионного вознаграждения
~ of compensation размер компенсации
~ of a contract сумма контракта
~ of currency количество валюты
~ of credit размер кредита
~ of damages размер убытков
~ of debt сумма долга
~ of delivery объем поставки
~ of deposit размер взноса; сумма вклада
~ of a discount размер скидки
~ of drawings сумма денежных требований

~ of drawing under a letter of credit сумма аккредитива
~ of earnest money сумма задатка
~ of expenses сумма затрат
~ of finance объем финансирования
~ of financing см. ~ of finance
~ of a franchise сумма франшизы
~ of general average *страх.* размер общей аварии
~ of housing жилищный фонд
~ of indebtedness размер задолженности
~ of information объем информации
~ of a letter of credit сумма аккредитива
~ of a license fee размер платы за лицензию
~ of a loan размер займа
~ of losses сумма убытков
~ of money сумма денег
~ of an order размер заказа
~ of payment размер платежа
~ of recovery размер взыскания
~ of remuneration размер вознаграждения, сумма вознаграждения
~ of sales сумма запродаж
~ of sampling объем выборки
~ of subscription сумма подписки
~ of stock уставной фонд
~ of turnover сумма оборота
~ of work объем работы
◊ ~ claimed исковая сумма
~ due сумма к получению
~ owed причитающаяся сумма
~ owing недоплаченная сумма, причитающаяся сумма
~ written off сумма, списанная со счета
 double the ~ двойная сумма
to charge an ~ to the debit of an account заносить сумму в дебит счета
to deposit an ~ делать вклад, вносить сумму на счет
to enter an ~ вносить сумму в книгу
to pass an ~ to the credit записать сумму в кредит
to pay an ~ into current account вносить сумму на текущий счет
to recover an ~ взыскивать сумму
to refund an ~ возвращать сумму
to reimburse an ~ *см.* to refund an ~
~s differ «суммы разнятся» (*сумма прописью на чеке или векселе не совпадает с цифрами*)

AMOUNT *v* составлять (*сумму*); равняться

ANALYSER *n:*
cost ~ бухгалтер-калькулятор
ANALYSIS *n* 1. анализ, изучение, исследование 2. статистическая таблица (*цифровой материал*)
accuracy ~ анализ точности
activity ~ анализ деятельности
aggregate ~ часть экономической науки, изучающая совокупность хозяйственных связей, производства всех товаров и услуг в рамках данной экономики
approximate ~ приближенный анализ
balance-sheet ~ анализ баланса
batch ~ анализ партии
break-even ~ анализ безубыточности; анализ критического объема производства
budget ~ анализ исполнения сметы
business ~ анализ хозяйственной деятельности
business cycle ~ анализ экономического цикла
check ~ контрольный анализ
commodity ~ анализ товара
comparative ~ сравнительный анализ
complete ~ полный анализ
computer-aided ~ автоматизированный анализ
consumer ~ анализ потребителя
continuous ~ непрерывный анализ
contrastive ~ сопоставительный анализ
cost ~ анализ издержек
cost-benefit ~ анализ рентабельности
cost-effectiveness ~ анализ экономической эффективности
cost-performance ~ анализ затрат и технических характеристик
cost-sensitivity ~ анализ изменения затрат
critical path ~ метод критического пути (метод сетевого анализа)
cyclical ~ анализ цикла
data ~ анализ данных
decision ~ анализ решений
decision-flow ~ анализ потока решений
demand ~ анализ спроса
demand-supply ~ анализ спроса и предложения
design ~ анализ конструкции
detailed ~ подробный анализ
diagnostic ~ диагностический контроль
discriminant ~ *стат.* дискриминантный анализ
discriminatory ~ *см.* discriminant ~
ecological ~ экологический анализ
economic ~ экономический анализ
economical ~ *см.* economic ~
empirical ~ эмпирический анализ
end-point ~ анализ конечных результатов
engineering ~ технический анализ
engineering-economic ~ технико-экономический анализ
environmental ~ анализ условий окружающей среды; анализ воздействия на окружающую среду
equipment quality ~ анализ качества оборудования
error ~ анализ ошибок
ex ante ~ анализ на основе предполагаемых величин
ex post ~ анализ на основе фактических величин
express ~ ускоренный анализ
factor ~ факторный анализ
failure ~ анализ отказов; анализ неисправностей
feasibility ~ анализ осуществимости
field ~ анализ в эксплуатационных условиях
field complaint ~ анализ эксплуатационных рекламаций
field return ~ *см.* field complaint ~
financial ~ анализ финансового состояния
fiscal ~ финансовый анализ
flow-of-funds ~ анализ денежных потоков
formal ~ формальный анализ
functional-cost ~ функционально-стоимостный анализ
funds ~ анализ фондов
game-theoretic ~ теоретико-игровой анализ
global ~ общий анализ
graphical ~ графический анализ
gross profit ~ анализ валовой прибыли
horizontal ~ горизонтальный анализ
income-expenditure ~ анализ доходов и расходов
input-output ~ анализ затраты—выпуск
interaction ~ анализ взаимодействия
interindustry ~ межотраслевой анализ
job ~ анализ трудовых операций
laboratory ~ лабораторный анализ
least-square *мат.* анализ методом наименьших квадратов
liquidity preference ~ анализ предпочтения ликвидности

long-run ~ долгосрочный анализ
loss ~ анализ убытков
lot ~ анализ партии
maintainability ~ анализ ремонтопригодности
maintenance ~ анализ технического обслуживания
marginal ~ маржинальный анализ
market ~ анализ рынка
market trend ~ анализ рыночных тенденций
mechanical ~ механический анализ
media ~ анализ рекламы
money-flow ~ анализ денежных потоков
motion ~ изучение трудовых движений
motivation research ~ анализ исследования мотиваций
needs ~ анализ потребностей
network ~ сетевой анализ
normative ~ нормативный анализ
numerical ~ численный анализ
observational ~ анализ наблюдений
on-line ~ оперативный анализ
operating ~ анализ хозяйственной деятельности
operation ~ операционный анализ
order ~ анализ заказов
overhead ~ анализ накладных расходов
partial ~ частичный анализ
performance ~ анализ эксплуатационных показателей
performance degradation ~ анализ ухудшения технических характеристик
periodic ~ периодический анализ
pilot ~ предварительный анализ
population ~ демографический анализ
preliminary ~ предварительный анализ
price ~ анализ цен
primary ~ первичный анализ
priority ~ анализ первоочередности
process ~ анализ процесса
product ~ исследование изделия
product quality ~ анализ качества продукта
profit ~ анализ прибылей
qualitative ~ качественный анализ
quality ~ анализ качества
quantitative ~ количественный анализ
queu(e)ing ~ анализ системы массового обслуживания
quick ~ ускоренный анализ
ranging ~ классификационный анализ
rapid ~ экспресс-анализ
ratio ~ анализ на основе расчета коэффициентов по данным отчетности
real-time ~ анализ в реальном масштабе времени
reliability ~ анализ надежности
reliability variation ~ анализ изменения надежности
risk ~ анализ степени риска
safety ~ анализ эксплуатационной безопасности
sales ~ анализ возможностей сбыта; анализ продаж
sales mix ~ анализ смешанных продаж
sample ~ анализ образцов
sampling ~ выборочный анализ; дискретный анализ
scrap-cost ~ анализ издержек из-за брака
sequential ~ последовательный анализ
short-cut ~ сокращенный анализ
short-run ~ краткосрочный анализ
simulation ~ анализ методом моделирования
statement ~ анализ финансового отчета
statistical ~ статистический анализ
stock ~ анализ состояния запасов
structural ~ структурный анализ
subjective ~ субъективный анализ
supply ~ анализ предложений
system's ~ системный анализ
tabular ~ анализ табличных данных
time ~ временной анализ
time-series ~ анализ с помощью временных рядов
total time ~ анализ общего времени
trend ~ анализ изменений
value ~ анализ стоимостных показателей
value engineering ~ анализ конструкции с целью снижения ее стоимости
variance ~ дисперсионный анализ
vector ~ векторный анализ
weather ~ синоптический анализ
worst-case ~ анализ наихудшего случая
X-ray ~ рентгенографический анализ
~ **of economic activity** анализ хозяйственной деятельности
~ **of profitability** анализ прибыльности
~ **of results** анализ итогов
◇ **to carry out** ~ производить анализ
to make ~ *см.* to carry out ~
ANALOGUE *n* аналог
world ~**s** мировые аналоги

ANALYST *n* аналитик-профессионал, эксперт
  business ~ специалист по анализу деловой активности
  computer ~ система диагностического анализа с помощью ЭВМ
  demographic ~ демограф
  economic ~ специалист по экономическим вопросам; экономический обозреватель
  financial ~ специалист по финансовым вопросам
  market ~ специалист по анализу конъюнктуры рынка
  marketing research ~ специалист по маркетингу
  operations [research] ~ специалист по исследованию хозяйственной деятельности
  planning ~ специалист по планированию
  quality control ~ специалист по контролю за качеством
  security ~ специалист по ценным бумагам
  stockbroking ~ специалист по операциям с фондовыми ценностями
ANALYTICAL *adj* аналитический
ANALYZE *v* производить анализ, анализировать
ANCESTOR *n* 1. предок 2. *юр.* предшествующий владелец
ANCHOR *n* якорь
  short ~ *амер.* инструмент казначейства с коротким сроком в операциях по рефинансированию
  ◊ **to heave** ~ поднимать якорь
ANCHORAGE *n* 1. якорный сбор 2. якорная стоянка
  prohibited ~ запрещенная стоянка
ANCILLARY *adj* вспомогательный
ANGLE *n* угол зрения, подход
  selling ~ реклама с целью продвижения товара
ANIMAL *n* животное; зверь
  breeding ~ племенное животное; производитель
  culled ~ выбракованное животное
  fat ~ животное, откормленнное на убой
  fattened ~ *см.* fat ~
  feeder ~ животное, откармливаемое на убой; фидер
  market ~ животное, предназначенное для продажи
  productive ~ продуктивное животное
  replacement ~ производитель; животное для воспроизводства поголовья
  slaughter ~ убойное животное
ANNEX *n* приложение (*к документу*); дополнение
  ~ **to a contract** приложение к контракту
  ~ **to the estimates of income** приложение к смете поступлений
  ~ **to the expenditure estimates** приложение к смете расходов
ANNOUNCE *v* извещать, объявлять
ANNOUNCEMENT *n* объявление, извещение; сообщение
  press ~ сообщение в печати
  ~ **about tenders** извещение о торгах
ANNUAL *adj* ежегодный; годовой, годичный
ANNUALIZATION *n* *бухг.* пересчет в годовое исчисление
ANNUITANT *n* лицо, получающее страховую ренту
ANNUIT|Y *n* 1. ежегодная рента; ежегодный доход 2. страхование ренты и пенсии; аннуитет
  accident ~ ежегодная выплата за увечье
  bank ~**ies** банковские ценные бумаги
  clear ~ рента, не облагаемая налогом
  complete ~ пожизненная рента
  consolidated ~ консолидированная рента, консоль
  contingent ~ условный аннуитет
  deferred ~ отсроченная рента
  government ~ государственная пожизненная рента
  immediate ~ немедленная рента
  life ~ пожизненная рента, пожизненный аннуитет
  non-apportionable ~ неделимый аннуитет
  old age ~ пенсия по старости
  ordinary ~ обычная ежегодная рента
  overdue ~ просроченный аннуитет
  participating ~ участвующий аннуитет
  redeemable ~ терминированный аннуитет
  survivorship ~ рента пережившего супруга
  temporary ~ временная рента
  terminable ~ терминированный аннуитет
  whole life ~ пожизненная рента
  widow's ~ вдовья пенсия, пенсия за мужа
  ◊ ~ **certain** особый аннуитет

to hold an ~ получать ренту
to receive an ~ см. to hold an ~
to settle an ~ on smb. назначать ренту кому-л.
ANNUL v аннулировать, отменять; уничтожать
ANNULMENT n аннулирование, отмена; расторжение; уничтожение
~ of an agreement аннулирование договора
~ of a contract расторжение контракта
~ of a patent аннулирование патента
~ of registration аннулирование регистрации
ANSWER n 1. ответ; возражение 2. решение (*вопроса и т. п.*)
ANSWER v 1. отвечать 2. соответствовать, удовлетворять
ANSWERABLE adj ответственный, несущий ответственность
ANSWER-BACK n обратная сигнализация; ответ
ANTE-DATE v помечать (*документ*) задним числом
ANTE-DATED adj датированный задним числом
ANTICARTEL adj антикартельный
ANTICESSOR n предыдущий владелец
ANTICIPATE v 1. ожидать, предвидеть 2. порочить новизну (*изобретения*)
ANTICIPATION n 1. ожидание, предвидение 2. опорочение новизны изобретения
consumer ~s планы потребителей
investment ~s ожидаемые капиталовложения
patent ~ опорочение патента
~ of an invention опорочение новизны изобретения
~ of payment досрочный платёж
ANTICIPATOR:
~s of business cycle экономические показатели, используемые для прогнозирования деловой конъюнктуры
ANTICIPATORY adj 1. преждевременный, досрочный 2. порочащий новизну изобретения
ANTIDUMPING adj антидемпинговый
ANTIINFLATIONARY adj антиинфляционный
ANTIMONOPOLY adj антимонопольный
ANTITRUST adj антитрестовский
APARTHEID n апартеид
APARTMENT n квартира
APPARATUS n 1. аппарат, прибор 2. аппарат (*штат*)

administrative ~ административный аппарат
interpretation ~ штат переводчиков
teletype ~ телетайп
APPEAL n 1. обжалование, жалоба; *юр.* апелляция 2. привлекательность, притягательность
applicant's ~ жалоба заявителя
consumer ~ привлекательность товара для потребителя
eye ~ внешняя привлекательность
low-price ~ привлекательность товара благодаря его дешевизне
merchandise ~ привлекательность товара
price ~ привлекательность товара благодаря его цене
selective ~ привлекательность большого ассортимента товара
service ~ привлекательность благодаря высококвалифицированному обслуживанию
tax ~ жалоба в связи с неправильным налогообложением
~ of advertising привлекательность рекламы; рекламное обращение
~ to arbitration обращение в арбитраж
~ to a court of cassation обращение в кассационный суд
◇ decision on ~ решение по апелляции
notice of ~ апелляция
to allow an ~ удовлетворять апелляцию
to consider an ~ рассматривать апелляцию
to dismiss an ~ отклонять апелляцию
to file an ~ подавать апелляцию
to hand in an ~ *см.* to file an ~
to lodge an ~ *см.* to file an ~
to satisfy an ~ удовлетворять апелляцию
APPEAL v обжаловать, подавать апелляционную жалобу
APPELLANT n апеллянт
APPELLEE n ответчик по апелляции
APPEND v прилагать (*к документу, письму*)
APPENDIX n приложение (*к документу, письму*); дополнение
contract ~ дополнение к контракту, приложение к контракту
technical ~ техническое приложение
APPLIANCE n прибор (*электрический или радиоэлектронный*)
household ~s бытовые приборы

office ~ конторская техника
APPLICABILITY *n* пригодность
  potential ~ потенциальная пригодность
APPLICABLE *adj* пригодный; применимый
APPLICANT *n* заявитель
  credit ~ лицо, обращающееся за кредитом
  foreign ~ иностранный заявитель
  joint ~s совместные заявители
  junior ~ заявитель с более поздним приоритетом
  patent ~ заявитель патента
  prior ~ предшествующий заявитель
  senior ~ заявитель с более ранним приоритетом
  ~ for an employment лицо, претендующее на вакантную должность
  ~ for shares лицо, желающее приобрести акции
APPLICATION *n* 1. заявка; заявление 2. ходатайство 3. применение; использование; назначение (*прибора и т. п.*)
  additional ~ дополнительная заявка
  advance ~ предварительная заявка
  business ~ использование в коммерческих целях
  cognate ~ родственная заявка
  commercial ~ применение в коммерческих целях
  companion ~ родственная заявка
  complete ~ полная заявка
  convention ~ конвенционная заявка
  copending ~s одновременно рассматриваемые заявки
  design ~ заявка на патентование промышленного образца
  divisional ~ выделенная заявка
  efficient ~ эффективное применение
  evaluated ~ оцененная заявка
  export ~ заявка на экспорт
  extensive ~ широкое применение
  fertilizer ~ внесение удобрений, применение удобрений
  field ~ эксплуатация
  first ~ приоритетная заявка
  import ~ заявка на импорт
  incoming ~s поступающие заявки
  independent ~ независимая заявка
  industrial ~ промышленное применение
  insurance ~ заявление на оформление страхования
  interfering ~ коллидирующая заявка
  joint ~ совместная заявка
  junior ~ заявка с более поздним приоритетом
  legal ~ законное применение
  license ~ заявление на получение разрешения на импорт
  limited ~ ограниченное применение
  loan ~ заявка на получение ссуды
  missing ~ недостающая заявка
  multiple ~ многократное использование
  objectionable patent ~ оспариваемая заявка на патент
  on-the-job ~ применение на месте работы
  original ~ первичная заявка
  parent ~ основная заявка
  patent ~ заявка на патент
  peaceful ~ применение в мирных целях
  pending ~ заявка, находящаяся на рассмотрении
  potential ~ возможное применение
  practical ~ практическое применение
  preliminary ~ предварительная заявка
  previous ~ предшествующая заявка
  prior ~ *см.* previous ~
  provisional ~ предварительная заявка
  reciprocity ~ заявка, основанная на принципе взаимности
  related ~ родственная заявка
  renewal ~ 1) возобновленная заявка 2) заявка на продление действия
  representative ~ типичное применение
  restricted ~ ограниченное применение
  senior ~ заявка с более ранним приоритетом
  single ~ индивидуальная заявка
  specific ~ специфицированная заявка
  territorial ~ область применения
  valid ~ действительная заявка
  vicious patent ~ дефектная заявка на патент
  visa ~ заявка на визу
  wide ~ широкое применение
  ~ for admission заявление на разрешение заниматься какой-л. практикой
  ~ for allotment of shares подписка на акции
  ~ for compensation ходатайство о возмещении убытков
  ~ for credit заявка на получение кредита
  ~ for exhibition space заявка на выставочное место
  ~ for expertise заявка на экспертизу
  ~ for exportation заявка на экспорт

~ for grant заявка на выдачу
~ for grant of a patent ходатайство о выдаче патента
~ for an import permit заявление на получение разрешения на импорт
~ for invention rights заявление на изобретение
~ for a job заявление о приеме на работу
~ for leave заявление о предоставлении отпуска
~ for a license заявка на лицензию
~ for listing заявка о допуске акций на биржу
~ for participation заявка на участие
~ for a patent заявка на патент
~ for payment требование уплаты
~ for a permit заявка на получение разрешения
~ for postponement ходатайство об отсрочке
~ for quotation формальное обращение компании к фондовой бирже о разрешении котировки ее акций
~ for registration ходатайство о регистрации
~ for reissue of a patent заявка на переиздание патента
~ for respite ходатайство об отсрочке
~ for review ходатайство о пересмотре решения
~ for space заявка на место (*на выставке*)
~ for stand reservation заявка на резервирование стенда (*на ярмарке, выставке*)
~ for a visa заявление на выдачу визы
~ of automation применение автоматизации
~ of experience применение опыта
~ of expertise *см.* ~ of experience
~ of funds использование средств
~ of a licence применение лицензии
~ of new technologies привлечение новых технологий
~ of provisions применение положений
~ of a sanction применение санкции
~ to arbitration обращение в арбитраж
◇ upon ~ по заявлению
prices on ~ предоставление ценовой информации по обращению к фирме
to accept an ~ акцептовать заявку
to consider an ~ рассматривать заявку
to disclaim an ~ отказаться от заявки
to draw up an ~ оформлять заявку
to effect an ~ делать заявку
to examine an ~ изучать заявку
to execute an ~ оформлять заявку
to file an ~ подавать заявку
to fill in an ~ заполнять заявку
to find ~ находить применение
to grant an ~ удовлетворять заявку
to interfere with an ~ сталкиваться с заявкой на патент
to invite ~s for shares открывать подписку на акции
to lodge an ~ подавать заявку
to make an ~ делать заявку
to prepare an ~ оформлять заявку
to process a patent ~ рассматривать заявку на патент
to refuse an ~ отклонять заявку
to reject an ~ *см.* refuse an ~
to renew an ~ возобновлять заявку
to submit an ~ подавать заявку
to uphold an ~ подтверждать заявку
to withdraw an ~ отзывать заявку
APPLIED *adj* 1. прикладной 2. применяемый
APPLY *v* 1. обращаться с просьбой, просить 2. применять, использовать 3. применяться, касаться
APPOINT *v* назначать; утверждать
APPOINTED *adj* назначенный
APPOINTMENT *n* 1. назначение 2. должность, пост
business ~ деловая встреча
long-term ~ прием на постоянную работу
permanent ~ постоянная работа
probationary ~ испытательный срок (*при приеме на работу*)
~ of an agent назначение агента
~ of a committee учреждение комитета
~ of a trustee назначение доверенного лица
◇ eligible for ~ подходящий для должности
qualified for an ~ годный к работе
to make an ~ договариваться о встрече
APPORTION *v* распределять; выделять
APPORTIONMENT *n* пропорциональное распределение
~ of appropriations распределение ассигнований
~ of a contract последовательные поставки по контракту
~ of costs распределение расходов
APPRAISAL *n* оценка; экспертиза
acceptability ~ оценка пригодности
applicability ~ *см.* acceptability ~

economic ~ экономическая оценка
insurance ~ страховая оценка
objective ~ объективная оценка
official ~ официальная оценка
performance ~ оценка работы
rural ~ оценка стоимости сельскохозяйственной собственности
soil ~ оценка запасов полезных ископаемых
unbiased ~ объективная оценка
~ of property оценка имущества
~ of a proposal оценка предложения

APPRAISE v оценивать
APPRAISED p. p. оцененный
APPRAISEMENT n оценка
APPRAISER n оценщик
  qualified ~ официальный оценщик
APPRECIABLE adj 1. оценимый, поддающийся оценке 2. заметный; существенный, значительный
APPRECIATE v 1. ценить, оценивать 2. повышать цену
APPRECIATION n 1. высокая цена 2. повышение стоимости активов или цены, удорожание
  capital ~ повышение стоимости капитала
  currency ~ повышение курса валюты
  price ~ прирост стоимости
  ~ of securities увеличение оценки ценных бумаг
APPRENTICE n ученик, подмастерье
APPRENTICESHIP n обучение (ремеслу); ученичество
  ◊ to finish ~ закончить обучение
  to have served ~ пройти обучение
  to serve one's ~ находиться в обучении
APPROACH n 1. подход (к изучению, рассмотрению) 2. подъезд, подъездной путь
  analytical ~ аналитический метод
  alternate ~ иной подход
  empirical ~ эмпирический подход
  experimental ~ экспериментальный подход
  functional ~ функциональный подход
  individual ~ индивидуальный подход
  integrated ~ комплексный подход
  normative ~ нормативный подход
  one-sided ~ односторонний подход
  positive ~ конструктивный подход
  practical ~ практический подход
  priority ~ подход с учетом принципа первоочередности
  sales ~ методы стимулирования сбыта

statistical ~ статистический метод
step-by-step ~ поэтапный подход
systems ~ системный подход
worst-case ~ метод анализа наихудшего случая
unified ~ единый подход

APPROACH v 1. подходить 2. обращаться (с просьбой, предложением)
APPROBATE v одобрять; санкционировать
APPROBATION n одобрение, утверждение; санкция
APPROPRIATE v 1. назначать, ассигновывать; выделять 2. присваивать
  ~ goods to the contract выделять товар для исполнения договора
APPROPRIATION n 1. ассигнование, выделение 2. присвоение
  additional ~s дополнительные ассигнования
  advertising ~s ассигнования на рекламу
  budget ~s бюджетные ассигнования
  budgetary ~s см. budget ~s
  capital ~s ассигнования на капиталовложения
  consolidated ~s общие ассигнования
  deferred ~s капиталовложения, отсроченные на будущие годы
  expenditure ~s ассигнования на статью расходов
  financial ~s бюджетные ассигнования
  itemized ~ детализированные ассигнования
  no-year ~s ассигнования без ограничения срока использования
  original ~ первоначальные ассигнования
  overall ~ общая сумма ассигнований
  private ~ личное присвоение
  segregated ~ строго целенаправленное ассигнование
  special ~s специальные ассигнования
  supplementary ~s дополнительные ассигнования
  ~ of funds выделение средств
  ~ of labour power присвоение рабочей силы
  ~ of labour time присвоение рабочего времени
  ~ of net income использование чистой прибыли
  ~ of payments отнесение платежа к определенному долгу
  ~ of profits распределение прибыли

APPROPRIATION-IN-AID *n* финансовые субсидии
APPROVAL *n* одобрение, утверждение, санкция; разрешение
  complete ~ полное одобрение
  design ~ одобрение конструкции
  engineering ~ утверждение конструкции
  final ~ окончательное утверждение
  general ~ всеобщее одобрение
  import ~ разрешение на импорт
  mutual ~ взаимное одобрение
  positive ~ безусловное одобрение
  preliminary ~ предварительное одобрение
  prior ~ *см.* preliminary ~
  quality ~ одобрение качества
  tacit ~ молчаливое одобрение
  unconditional ~ безусловное одобрение
  universal ~ всеобщее одобрение
  ~ of account признание счета правильным
  ~ of a budget утверждение бюджета
  ~ of a draft принятие проекта
  ~ of a plan одобрение плана; принятие проекта
  ~ of a project принятие проекта
  ~ of a treaty утверждение договора
  ◇ pending ~ в ожидании утверждения
  to get ~ получать одобрение
  to give ~ давать одобрение
  to receive practical ~ проходить апробацию
  to withhold ~ не давать одобрения
APPROVE *v* одобрять, утверждать, санкционировать
APPROXIMATE *adj* приблизительный
APPROXIMATE *v* 1. приближаться, быть приблизительно верным 2. аппроксимировать, приближенно выражать 3. округлять
APPROXIMATION *v* приближение, аппроксимация
APPROXIMATIVE *adj* приблизительный
APTITUDE *n* пригодность
  professional ~ профессиональная пригодность
  special ~ определенные профессиональные навыки и умения
  vocational ~ профессиональная пригодность
AQUICULTURE *n* гидропоника
ARABILITY *n* пригодность к пахоте
ARABLE *adj* пахотный; культивируемый
ARBITER *n* арбитр
ARBITRAGE *n* 1 арбитраж, третейский суд 2. арбитражные операции (*одновременная покупка и продажа валюты*)
  compound ~ сложный арбитраж; многосторонний арбитраж
  currency ~ валютный арбитраж
  direct ~ of exchange двусторонний валютный арбитраж
  interest ~ процентный арбитраж
  simple ~ простой валютный арбитраж
  ~ in funds фондовый арбитраж
  ~ in goods товарный арбитраж
  ~ in securities фондовый арбитраж
  ~ of exchange валютный арбитраж
ARBITRAGEUR *n* лицо, участвующее в арбитражных операциях
ARBITRAGIST *n см.* ARBITRAGEUR
ARBITRAL *adj* арбитражный; третейский
ARBITRARY *adj* произвольный, случайный
ARBITRATE *v* 1. передавать в арбитраж 2. быть третейским судьей 3. решать в арбитражном порядке
ARBITRATION *n* арбитражное разбирательство; арбитраж
  ad hoc ~ специальный арбитраж
  appropriate ~ соответствующий арбитраж
  commercial ~ торговый арбитраж
  compound ~ of exchange многосторонний валютный арбитраж
  compulsory ~ принудительный арбитраж
  direct ~ of exchange двусторонний валютный арбитраж
  industrial ~ промышленный арбитраж
  international ~ международный арбитраж
  isolated ~ изолированный арбитраж
  labour ~ улаживание трудовых конфликтов
  mixed ~ смешанный арбитраж
  simple ~ of exchange простой валютный арбитраж
  state ~ государственный арбитраж
  third-party ~ арбитраж третьей стороны
  tripartite ~ трехсторонний арбитраж
  ~ of exchange валютный арбитраж
  ~ on quality арбитраж по вопросу о качестве
  ◇ without recourse to ~ без обращения в арбитраж
  to administer ~ проводить арбитраж
  to apply to ~ обращаться в арбитраж

to conduct ~ проводить арбитраж
to go to ~ обращаться в арбитраж
to have a recourse to ~ прибегать к арбитражу
to hold ~ проводить арбитраж
to resort to ~ обращаться в арбитраж
to suspend ~ откладывать арбитраж
to turn to ~ обращаться в арбитраж
ARBITRATOR *n* арбитр
  chosen ~ избранный арбитр
  impartial ~ беспристрастный арбитр
  neutral ~ нейтральный арбитр
  presiding ~ председательствующий арбитр
  prospective ~ предполагаемый арбитр
  qualified ~ квалифицированный арбитр
  reserve ~ запасной арбитр
  selected ~ избранный арбитр
  single ~ единоличный арбитр
  sole ~ *см.* single ~
  unbiased ~ беспристрастный арбитр
  ◇ to agree on an ~ согласовать кандидатуру арбитра
  to appoint an ~ назначать арбитра
  to challenge an ~ отводить арбитра
  to choose an ~ избирать арбитра
  to name an ~ называть арбитра
  to nominate an ~ *см.* to name an ~
  to select an ~ избирать арбитра
AREA *n* 1. площадь, территория, участок 2. район, область; зона 3. сфера применения
  accounting ~ учетная площадь
  administrative ~ административная единица
  agricultural ~ сельскохозяйственный район; общая площадь, пригодная для развития сельскохозяйственного производства
  arable ~ пахотная площадь
  assembling ~ сборочная площадка
  blighted ~ трущобы
  bonded ~ бондовая зона
  booming ~ процветающий район
  border ~ приграничный район
  built-up ~ застроенная площадь, застроенная территория
  catchment ~ 1) район обслуживания 2) бассейн (*реки*)
  census ~ район переписи
  coastal ~ прибрежный район
  commercial ~ торговый район
  conflagration ~ район больших пожаров
  consumption ~ район потребления
  crop-producing ~ земледельческий район
  cultivable ~ пахотная площадь
  cultivated ~ обрабатываемая площадь
  currency ~ валютная зона
  customs ~ таможенная зона
  delivery ~ район поставки
  demonstration ~ демонстрационная площадка
  densely populated ~ густонаселенный район
  depressed ~ район экономического бедствия
  developing ~ развивающийся район
  development ~ 1) *см.* developing ~ 2) район комплексного жилищного строительства
  disaster ~ район бедствия
  display ~ выставочная площадь
  distressed ~ бедствующий район
  distribution ~ 1) рынок сбыта 2) амплитуда колебаний цен, в пределах которой изменяется цена ценных бумаг в течение определенного времени
  duty-free ~ беспошлинная зона
  economic ~ экономический район
  effective ~ полезная площадь
  exhibition ~ выставочная площадь, территория выставки
  export ~ район экспорта
  exporting ~ *см.* export ~
  express ~ тарифная зона экспресс-перевозок
  farm ~ пахотная земля и пастбищные угодья
  farming ~ *см.* farm ~
  fishing ~ район рыбного промысла
  forage ~ площадь под фуражными культурами
  forest ~ площадь, занятая лесом
  free trade ~ зона свободной торговли
  frontier ~ пограничная область
  grassland ~ площадь пастбищ и лугов
  ground ~ территория выставки
  growing ~ посевная площадь
  indoor ~ закрытая площадь, закрытое помещение
  industrial ~ промышленный район
  irrigation ~ орошаемая площадь
  labour catchment ~ район, поставляющий рабочую силу
  labour market ~ район рынка рабочей силы
  labour shortage ~ район, испытывающий нехватку рабочей силы
  lettable ~ площадь, сдаваемая внаем

living ~ жилая площадь
major producing ~ основная производственная зона
market ~ район сбыта
marketing ~ *см.* market ~
metric ~ метраж
mixed farming ~ зона смешанного хозяйства
monetary ~ валютная зона
neglected ~ запущенный район
normal working ~ расчетное пространство
offshore ~ район «офф-шор»
open air exhibition ~ территория выставки под открытым небом
operating ~ производственная площадь
outdoor ~ открытая территория, открытая площадка
parking ~ стоянка для машин
pasture ~ пастбищное угодье
planted ~ посевная площадь
ploughed ~ пахотная площадь
populated ~ населенный район
port ~ портовая зона
priority ~ приоритетная область
producing ~ район производства
production ~ производственная площадь
rate ~ тарифная зона
rented ~ арендуемая площадь
residential ~ жилой район
rural ~ сельский район
sales ~ торговая площадь; рынок сбыта
selling ~ *см.* sales ~
service ~ район обслуживания
sheds ~ депо
shopping ~ торговый район
single crop ~ площадь под монокультурой
single currency ~ зона единой валюты
sown ~ посевная площадь
sparsely populated ~ слабо населенный район
stand ~ площадка ярмарочного стенда
storage ~ складская площадь, площадка для складирования
supply ~ район снабжения
terminal ~ зона терминала
thickly populated ~ густо населенный район
tourist resort ~ туристический центр
trade ~ экономическая зона, экономический район
trading ~ *см.* trade ~

transhipment ~ территория для перегрузки транзитных товаров
travel-to-work ~ деловой район города
unbonded ~ зона, свободная от таможенного обложения
underdeveloped ~ слаборазвитый район
underprivileged ~s городские кварталы бедноты
urban ~ городская территория
urbanized ~ *см.* urban ~
usable ~ полезная площадь
useful ~ *см.* usable ~
work ~ площадь торгового предприятия
working ~ производственная площадь, рабочая зона
~ of accountability круг обязанностей; сфера ответственности
~ of ambiguity область неопределенности
~ of application сфера применения
~ of circulation область распространения
~ of development район развития
~ of an exhibition площадь выставки
~ of interests область интересов
~ of marketing район сбыта
~ of production область производства

ARGUMENT *n* 1. довод, аргумент, доказательство 2. спор; дискуссия 3. *мат.* аргумент, независимая переменная
constructive ~ конструктивный довод
flimsy ~ малоубедительный довод
irrefutable ~ неопровержимый довод
rebuttal ~ *юр.* опровергающий довод
refuting ~ *см.* rebuttal ~
sales ~ торговая реклама
selling ~ *см.* sales ~
sound ~ обоснованное доказательство
weighty ~ веский довод
◇ to advance an ~ выдвигать довод
to put forward an ~ *см.* to advance an ~
to refute an ~ опровергать довод
to reinforce an ~ подтверждать довод

ARIEL *n* компьютеризованная система, обеспечивающая возможность проведения операций с ценными бумагами, минуя биржу

ARM *n* отдел, отделение
consulting ~ отдел консультаций

ARRANGE *v* 1. приводить в порядок; систематизировать 2. приходить к соглашению

ARR

ARRANGED *adj* расположенный в определенном порядке; упорядоченный
ARRANGEMENT *n* 1. расположение в определенном порядке; организация; систематизация 2. договоренность, соглашение 3. *pl* мероприятия
administrative ~ административное устройство, административная структура
binding ~ обязывающее соглашение
budgetary ~s бюджетные планы
buy-back ~ компенсационное соглашение
clearing ~ соглашение о клиринге
credit ~ соглашение о предоставлении кредита
exchange ~ система расчетов
exclusive dealer ~ монопольное дилерское соглашение
final ~ окончательная договоренность
financing ~ финансовое соглашение
import ~ регулирование импорта
intergovernmental ~ межправительственное соглашение
international commodity ~ международное товарное соглашение
market-sharing ~ раздел рынков сбыта
multilateral ~ многостороннее соглашение
overdraft ~ соглашение об овердрафте
payments ~ платежное соглашение
personnel ~ штатное расписание
price ~ установление единых картельных цен
preliminary ~ предварительная договоренность
reciprocal ~ взаимное соглашение
risk sharing ~ договоренность о разделе риска
standby ~ соглашение о праве использования кредита в МВФ
verbal ~ устная договоренность
visa ~s формальности, связанные с получением визы
working ~s рабочий механизм
~ of facilities размещение оборудования
~ with creditors договоренность с кредиторами
◇ to enter into an ~ заключать соглашение
to make an ~ оформить договоренность
ARREARS *n pl* 1. долг, задолженность, неуплаченная по счету сумма; недоимки; просрочка (*платежа*)
maintenance ~ задолженность за эксплуатационные расходы

ART

plan ~ задолженность по плану
tax ~ задолженность по уплате налогов
total ~ общая задолженность
~ of interest просроченные проценты
~ of payments задержка платежей, просрочка платежей
~ of a plan задолженность по плану
~ of rent задолженность по квартплате
~ of wages задолженность по зарплате
~ of work задолженность по работе
◇ to be in ~ иметь задолженность
collect ~ инкассировать задолженные суммы
ARREARAGE *n* 1. сумма просроченного долгового обязательства 2. невыплаченные проценты или дивиденды
ARREST *n* арест, задержание
~ of cargo арест на груз, задержание груза
~ of goods арест товара
~ of a vessel задержание судна
ARRIVAL *n* 1. приезд, прибытие; поступление (*товара, материалов и т. п.*) 2. прибывшая партия товара; *pl* новоприбывшие товары *или* новые поступления товаров
aggregated ~ совокупные поступления
bulk ~s *см.* aggregated ~
group ~s *см.* aggregated ~
grouped ~s *см.* aggregated ~
fresh ~s новоприбывшие товары
lost ~s потерянные требования
pooled ~s групповое поступление требований
random ~ случайное поступление требований
single ~ поступление одиночного требования
~ of goods прибытие товара
ARRIVE *v* прибывать; поступать
ARSON *n юр.* поджог
ART *n* 1. искусство 2. область техники 3. способ, метод
industrial ~ прикладное искусство; промышленная эстетика
prior ~ уровень техники (*на определенную дату*)
◇ to be skilled in the ~ быть специалистом в определенной области техники
ARTICLE *n* 1. пункт, параграф, статья 2. договор, соглашение; устав 3. статья (*в печати*) 4. предмет; изделие; товар
advertising ~ рекламная статья
branded ~s марочные изделия
choice ~s отборный товар

competitive ~ конкурентное изделие
complementary ~s комплектующие изделия
completing ~s *см.* complementary ~s
contraband ~ контрабандный товар
cooperative ~s кооперированные изделия
deficient ~ дефицитный товар
domestic ~s предметы домашнего обихода
dutiable ~s товары, облагаемые пошлиной
exhibited ~s изделия, представленные на выставке
export ~s предметы вывоза; экспортный товар
factory-made ~ фабричные изделия
fancy ~s модные товары; предметы роскоши
fashion ~s модные товары
first-class ~s первоклассные товары
fragile ~s хрупкие предметы
gift ~ подарочное изделие
high-class ~ первоклассный товар
high-grade ~ высокосортное изделие
high-quality ~ высококачественный товар
household ~s предметы домашнего обихода
import ~s предметы импорта; импортный товар
imported ~s *см.* import ~s
industrial ~s промышленные товары
industrialized ~ *см.* industrial ~s
limited life ~ изделие с ограниченным сроком службы
low-rate ~s товары, облагаемые низкой пошлиной
luxury ~s предметы роскоши
manufactured ~s промышленные товары
mass-produced ~s товары массового производства
mutually exchanged ~s взаимопоставляемые товары
mutually supplied ~s *см.* mutually exchanged ~s
nonconforming ~s изделия, не удовлетворяющие техническим требованиям
non-infringing ~ патенточистое изделие
operational ~s изделия, находящиеся в эксплуатации
orphan ~ товар, снятый с производства
partnership ~s устав товарищества
patent ~ изделие, охраняемое патентом
patented ~ *см.* patent ~
patentable ~ патентоспособное изделие
proprietary ~ патентованное изделие
saleable ~s ходкие товары
scarce ~ дефицитный товар
season ~ сезонный товар
semifinished ~ полуфабрикат
serially-produced ~s изделия серийного производства
shipping ~s договор о найме на судно
slow-moving ~s неходкие товары
special ~s специальные изделия
special-purpose ~s специализированные изделия
specialized ~ *см.* special-purpose ~s
sport ~s спортивные товары
standard ~s стандартные товары
standardized ~s *см.* standard ~s
staple ~s массовые товары
stock ~s товары, постоянно имеющиеся в запасе; складские товары
stock-produced ~s серийные изделия
superior ~ высококачественное изделие
tax ~ товар, облагаемый пошлиной
taxable ~ товар, подлежащий обложению пошлиной
trade-marked ~ фирменный товар
unmarketable ~ товар, непригодный для торговли
unsaleable ~ неходовой товар
useful ~ полезное изделие
valuable ~s ценные изделия
~s of an agreement пункты соглашения
~s of association устав акционерной компании
~s of consumption предметы потребления
~ of a contract статья контракта
~s of employment трудовой договор
~s of expenditure статьи расходов
~s of exportation предметы экспорта
~s of general consumption предметы широкого потребления
~ of importation предметы импорта
~s of incorporation 1) устав корпорации в США 2) свидетельство о регистрации корпорации
~s of intrinsic value предметы, обладающие действительной ценностью
~ of manufacture изделие промышленного производства, готовое изделие

~s of mass consumption предметы широкого потребления
~ of merchandise предмет торговли, товар
~s of partnership устав товарищества
~s of personal use предметы личного потребления
~s of prime necessity предметы первой необходимости
~s of value товары с объявленной стоимостью
◇ to be out of an ~ не иметь в ассортименте определенного товара
to be short of an ~ не иметь чего-л. на складе
to deal in an ~ торговать товаром
to run out of an ~ израсходовать весь товар

ARTIFACT *n* предмет, свидетельствующий о культуре или экономике определенного периода развития

ARTIFICIAL *adj* искусственный

ARTISAN *n* ремесленник, мастеровой

AS:
  ~ against по сравнению с ...
  ~ is условие поставки товара «как есть»
  ~ per согласно
  ~ per advice в соответствии с уведомлением

ASCERTAIN *v* выяснять, устанавливать

ASCERTAINMENT *n* выяснение, установление
  ~ of damage определение убытка
  ~ of loss *см.* ~ of damage
  ~ of price установление цены
  ~ of quality установление качества

ASK *v* 1. спрашивать 2. просить

ASKED наименьшая цена, по которой продавец готов продать товар или ценные бумаги

ASKED AND BID цены покупателя и продавца

ASPECT *n* аспект, сторона вопроса; точка зрения
  key ~ ключевой вопрос
  technical ~ техническая сторона

ASSAY *n* 1. образец; проба 2. анализ (*количественный*); испытание

ASSEMBLE *v тех.* монтировать, собирать

ASSEMBLER *n* 1. монтажник 2. *вчт.* ассемблер 3. язык ассемблера

ASSEMBLY *n* 1. монтаж, сборка 2. комплект; агрегат 3. собрание
  check ~ контрольная сборка

complex ~ сложная конструкция
consultative ~ совещательное собрание
factory ~ монтаж на заводе-изготовителе
field ~ монтаж на месте
final ~ окончательная сборка
general ~ общее (итоговое) собрание
individual ~ индивидуальная сборка
in-plant ~ заводская сборка
in-works ~ *см.* in-plant ~
legislative ~ законодательное собрание
loss ~ определение страхового возмещения
national ~ национальная ассамблея
part ~ пооперационная сборка
partial ~ *см.* part ~
progressive ~ поточная сборка

ASSEMBLYMAN *n* член законодательного собрания

ASSENT *n* 1. согласие владельца ценной бумаги на изменение условий займа 2. документ, согласно которому право собственности переходит к преемникам умершего лица или лицам согласно его завещанию

ASSERT *v* 1. утверждать, заявлять 2. предъявлять претензию

ASSERTION *n* 1. утверждение 2. заявление (*прав., претензий*); притязание
  ~ of rights отстаивание прав

ASSESS *v* 1. оценивать 2. определять размер (*налога, ущерба, штрафа и т. п.*) 3. облагать налогом или штрафовать

ASSESSABLE *adj* подлежащий обложению налогом

ASSESSMENT *n* 1. оценка 2. обложение налогом 3. размер налога
  arbitrary ~ определение размера налога на основании оценки имущества
  consistent ~ состоятельная оценка
  correct ~ правильная оценка
  data ~ оценка данных
  duty ~ определение размера пошлины
  economic ~ экономическая оценка
  final ~ окончательная оценка
  income tax ~ определение подоходного налога
  job ~ оценка работы
  objective ~ объективная оценка
  qualitative ~ качественная оценка
  quality ~ оценка качества
  quantitative ~ количественная оценка
  preliminary ~ предварительная оценка
  reduced ~ уценка
  rough ~ приблизительная оценка

stock ~ *амер.* требование об уплате взноса за акции
tax ~ определение размера налогового обложения
technology ~ оценка технологий
tentative ~ приблизительная оценка
test ~ оценка результатов испытаний
unbiased ~ объективная оценка
value ~ оценка стоимости
~ of activity оценка деятельности
~ of cargo оценка груза
~ of a claim оценка претензии
~ of contributions оценка вкладов
~ of costs определение затрат; оценка расходов
~ of damage оценка ущерба
~ of damages определение убытков
~ of duty назначение пошлины
~ of efficiency оценка эффективности
~ of expenses оценка расходов
~ of information оценка информации
~ of losses определение убытков
~ of profit определение прибыли
~ of profitability оценка рентабельности
~ of property оценка имущества
~ of value оценка стоимости
~ of work оценка работы
ASSESSOR *n* эксперт по оценке (*недвижимого имущества*); налоговый чиновник
loss ~ специалист по оценке ущерба
nautical ~ эксперт в области происшествий на море
ASSET *n* статья актива (*в балансе*)
to carry on ~ заносить в актив баланса
ASSETS *n* активы; средства; капитал; фонды; имущество, собственность
available ~ свободные активы; ликвидные активы
balance sheet ~ балансовая стоимость активов
basic production ~ основные производственные фонды
blocked ~ замороженные активы
business ~ производственные активы; активы коммерческих предприятий
capital ~ основной капитал; неликвидные активы
carry-over ~ переходящие фонды
cash ~ денежные активы
circulating ~ оборотные средства
clearing ~ клиринговые активы
common property ~ ресурсы общего пользования
concealed ~ скрытые активы
contingent ~ возможные активы
convertible ~ конвертируемые ценности
corporate ~ имущественные ценности акционерного общества
cultural and spiritual ~ культурные и духовные ценности
currency ~ валютные средства
current ~ текущие активы; оборотный капитал, оборотные средства
dead ~ мертвые активы
deferred ~ активы будущих лет
depletable ~ истощающиеся активы
depreciable ~ изнашиваемое имущество; амортизируемые активы
earmarked ~ зарезервированные активы
earning ~ доходные активы
economic ~ хозяйственные ценности
enterprise ~ средства предприятия
equitable ~ специфическая часть активов (имущества) умершего лица, которая может быть использована только на погашение его долгов после судебного решения
external ~ заграничные активы
farm ~ имущество фермы
fictitious ~ фиктивные активы
financial ~ финансовые активы
fixed ~ основной капитал, основные средства
floating ~ оборотные средства
fluid ~ ликвидные активы
foreign ~ заграничные активы
foreign exchange ~ валютные средства
foreign reserves ~ резервные активы за границей
free ~ свободные активы
frozen ~ замороженные активы
fungible ~ взаимозаменяемые активы
government ~ abroad государственные активы за границей
gross ~ общая сумма актива
gross reserve ~ сумма резервных активов
hidden ~ скрытые активы
higher-yielding ~ более прибыльные виды активов
high-risk ~ неликвидные активы
human ~ человеческий капитал
hypothecated ~ заложенные активы
identifiable ~ осязаемые активы
illiquid ~ неликвидные средства
individual ~ имущество предприятия
intangible ~ нематериальные активы

ASS

international liquid ~ международные ликвиды
invisible ~ невидимые активы
legal ~ часть активов (имущества) умершего лица, которыми распоряжаются наследники или специально назначенные лица
liquid ~ ликвидные активы; оборотный капитал
long-lived ~ долгосрочные активы
material ~ товарно-материальные ценности
miscellaneous ~ разные активы
movable ~ движимые материальные ценности
negotiable income producing ~ переуступаемые доходные активы
net ~ чистая сумма активов
net current ~ чистые текущие активы (*оборотный капитал*)
net equity ~ чистая стоимость акционерного капитала
net quick ~ чистые ликвидные активы
nominal ~ активы, условно оцениваемые в балансе; условные активы
nonchargeable ~ *брит.* активы, продажа которых не облагается налогом
nonearning ~s активы, не приносящие дохода
nonliquid ~ неликвидные активы
nonmonetary ~ вещественные активы
nonproductive ~ непроизводственные фонды
nonreproducible ~ невоспроизводимое имущество
operating ~ оперативные активы
original ~ начальный капитал
other ~ прочие активы
owned ~ собственные активы
partnership ~ средства акционерного предприятия
permanent ~ основной капитал
permanent capital ~ актив постоянного капитала
personal ~ личное имущество
pledged ~ заложенное имущество
productive ~ производственные активы
property ~ собственный капитал
quick ~ ликвидные активы
rate-sensitive ~s активы, чувствительные к изменению процентных ставок
ready ~ наличные ценности
real ~ реальные активы; недвижимое имущество
remaining ~ остаточные средства (*напр., в процессе о банкротстве*)

reproducible ~ воспроизводимые средства
reserve ~ резервные активы
residual ~ остаточные средства
retired ~ выбывший основной капитал
short-term ~ краткосрочные активы
short-term liquid ~ краткосрочные ликвидные активы
short-term nonmonetary ~ вещественные активы с коротким сроком использования
sticky ~ труднореализуемые активы
surplus ~ ликвидационная стоимость
tangible ~ материальные активы
tangible capital ~ реальные капитальные активы
total ~ сумма баланса
wasting ~ 1) изнашиваемое имущество 2) растрата имущества
working ~ оборотные средства
~ of a bank средства банка
~ of a company активы компании
~ of an enterprise средства предприятия
◊ ~ and liabilities актив и пассив (*баланса*)
~ held abroad средства за границей
~ on current account средства на текущем счете
~ recievable средства, подлежащие получению
to freeze ~ заморозить средства
to realize ~ превращать активы в деньги
to unfreeze ~ разморозить активы
ASSET-STRIPPING *n* принятие во владение обанкротившегося предприятия, с целью его прибыльной продажи
ASSIGN *n юр.* правопреемник
ASSIGN *v* 1. назначать (*на пост, должность*) 2. ассигновать 3. передавать, переуступать
ASSIGNABLE *adj* 1. ассигнуемый 2. передаваемый, переуступаемый
ASSIGNEE *n* 1. представитель; уполномоченный 2. *юр.* правопреемник; цессионарий
ASSIGNMENT *n* 1. назначение (*на должность*) 2. ассигнование; выделение, распределение 3. задание 4. *юр.* передача, переуступка, цессия
design ~ задание на проектирование
foreign ~ переуступка (*прав*) за границей
gratuitous ~ безвозмездная передача
job ~ распределение работы

patent ~ передача патента
~ in blank уступка акции, облигации и т. п., при которой на документе не указывается имя нового владельца
~ of account передача счета
~ of choses in action переуступка права требования
~ of a claim переуступка претензии
~ of a contract переуступка контракта
~ of copyright переуступка авторского права
~ of customers распределение потребителей
~ of a debt переуступка претензии
~ of exhibition space распределение выставочной площади
~ of interest передача пая, доли
~ of Invention переуступка изобретения
~ of land наделение землей
~ of mortgage передача ипотеки
~ of a patent передача патента
~ of patent rights передача прав на патент
~ of a policy передача страхового полиса
~ of property передача права собственности
~ of rights передача прав
~ of a risk передача риска
~ of shares передача акций, переуступка права собственности на акции
~ of space выделение площади
~ of stock переуступка прав собственности на акции
~ of tasks распределение заданий
~ of wages отчисление из зарплаты (напр. на покрытие платежей в рассрочку)
ASSIGNOR n лицо, совершающее передачу (имущества, права)
ASSISTANCE n помощь, содействие
administrative ~ административная помощь
development ~ содействие в развитии; помощь развивающимся странам
direct ~ прямая помощь
economic ~ экономическая помощь
educational ~ помощь в подготовке специалистов
financial ~ финансовая помощь
investment ~ помощь в инвестировании
medical ~ медицинская помощь
mutual ~ взаимная помощь
mutual economic ~ экономическая взаимопомощь
old age ~ пособие престарелым
personal ~ личная помощь
public ~ социальное обеспечение
social ~ см. public ~
technical ~ техническая помощь
urgent ~ срочная помощь
use ~ помощь в эксплуатации
valuable ~ ценная помощь
◊ to furnish ~ оказывать помощь
to lend ~ см. to furnish ~
to provide ~ предоставлять помощь
to render ~ оказывать помощь
ASSISTANT n помощник
administrative ~ помощник по административным вопросам
bank ~ банковский служащий
manager's ~ помощник управляющего; референт
sales ~ продавец (в магазине)
shop ~ см. sales ~
ASSOCIATE n компаньон, партнер; совладелец
business ~ деловой партнер
ASSOCIATED adj 1. объединенный, соединенный; дочерний 2. ассоциированный
ASSOCIATION n объединение, ассоциация
American Arbitration A. Американская арбитражная ассоциация
arbitration ~ арбитражная ассоциация
bankers' ~ ассоциация банкиров
banking ~ банковская ассоциация
benefit ~ некоммерческая организация, предоставляющая взаимное страхование на случай болезни или несчастного случая
building and loan ~ кредитно-строительное общество
business ~ хозяйственное объединение
carrier ~ ассоциация транспортных фирм
central ~ центральное объединение
clearing house ~ ассоциация членов расчетной палаты
cooperative ~ кооперативное общество
cooperative buying ~ закупочная организация
cooperative marketing ~ сбытовой сельскохозяйственный кооператив
cooperative purchasing ~ закупочная организация
cooperative selling ~ сбытовая организация

ASS

economic ~ хозяйственное объединение
employees' ~ ассоциация служащих
employers' ~ ассоциация предпринимателей
industrial ~ производственное объединение
joint ~ совместное объединение
marketing ~ сбытовая организация
miners' ~ объединение шахтеров
monopoly ~ монополистическое объединение
nonprofit ~ некоммерческая организация
open price ~ система обмена информации о ценах
partnership ~ товарищество
production ~ производственное объединение
professional ~ профессиональное объединение
purchasing ~ закупочная организация
savings and loan ~ ссудо-сберегательная ассоциация
Securities A. *брит.* Ассоциация рынка ценных бумаг
standards ~ ассоциация по вопросам стандартизации
trade ~ торговая ассоциация
vocational ~ профессиональный союз
voluntary ~ добровольное объединение
~ of banks объединение банков
A. of British Factors Ассоциация британских факторинговых компаний
~ of cartels картельное объединение
~ of employers объединение предпринимателей (работодателей)
~ of enterprises объединение предприятий
~ of entrepreneurs объединение предпринимателей
A. of Futures Brokers and Dealers *брит.* Ассоциация брокеров и дилеров по фьючерским операциям
~ of industrialists *см.* ~ of entrepreneurs
◇ in ~ совместно
to form an ~ основать ассоциацию
to join an ~ присоединиться к ассоциации
to withdraw from an ~ выйти из ассоциации
ASSORT *v* подбирать, сортировать, рассортировывать; классифицировать
ASSORTING *n* сортировка

ASS

preliminary ~ предварительная сортировка
ASSORTMENT *n* 1. ассортимент, выбор; набор 2. сортамент; сортимент
diversified ~ многообразный ассортимент
large ~ широкий ассортимент
offered ~ предлагаемый ассортимент
rich ~ богатый выбор
sample ~ коллекция образцов
stock ~ ассортимент товаров на складе
timber ~ лесной сортимент
universal ~ универсальный ассортимент
varied ~ богатый ассортимент
wide ~ широкий ассортимент
~ of commodities ассортимент продукции
~ of goods выбор товара
~ of patterns коллекция образцов
~ of products ассортимент изделий
◇ to agree upon the ~ согласовать ассортимент
to change the ~ изменять ассортимент
to expand the ~ расширять ассортимент
to finalize the ~ согласовать ассортимент
to improve the ~ улучшать ассортимент
to specify the ~ уточнять ассортимент
ASSUME *v* 1. принимать на себя 2. предполагать, допускать
ASSUMPSIT *n* иск об убытках в связи с неисполнением договора (*устного или письменного*)
ASSUMPTION *n* 1. принятие на себя ответственности, обязательства и т. п. 2. предположение, допущение; *pl* ориентировочные расчеты
arbitrary ~ произвольное допущение
inaccurate ~ неточное допущение
rigid price ~ предпосылка жестких цен
valuation ~s ориентировочные данные для оценки
wrong ~ неверное предположение
~ of debt принятие долга
~ of liability взятие на себя обязательства
~ of an obligation *см.* ~ of liability
~ of office вступление в должность
~ of risk принятие риска
ASSURANCE *n* 1. гарантия, заверение 2. страхование (*обыкн. жизни*)
children's endowment ~ страхование к бракосочетанию

endowment ~ страхование на дожитие
life ~ страхование жизни
performance ~ обеспечение технических характеристик
quality ~ гарантия качества
reliability ~ обеспечение надежности

ASSURE v 1. уверять, заверять 2. обеспечивать, гарантировать 3. страховать (*жизнь*)

ASSURED n страхователь, владелец страхового полиса

ASSURER n страховщик

AT:
~ and from *страх.* «в и от» (*страхование судна, находящегося в порту или в море*)
~ best по наилучшей цене; наилучшим образом
~ or better по обусловленной цене или лучше

ATMOSPHERE n атмосфера, обстановка
market ~ настроение рынка
office ~ обстановка в учреждении
shopping ~ обстановка в магазинах

ATTACHÉ v 1. прикреплять; прилагать 2. приписывать

ATTACHÉ n атташе
commercial ~ торговый атташе

ATTACHMENT n 1. прикрепление, присоединение 2. *юр.* наложение ареста
~ of a debt наложение ареста на имущество
~ of a risk *страх.* момент, с которого имущество находится на риске страховщика
◇ to discharge an ~ снимать арест
to levy an ~ налагать арест
to lift an ~ снимать арест
to withdraw an ~ *см.* to lift an ~

ATTAINMENT n достижение, приобретение

ATTEND v посещать

ATTENDANCE n 1. присутствие, посещение 2. уход, обслуживание
medical ~ медицинское обслуживание
record ~ рекордное число посетителей
~ to customs formalities выполнение таможенных формальностей

ATTENTION n уход; обслуживание
medical ~ медицинское обслуживание
prompt ~ быстрое обслуживание
routine ~ ежедневный уход
urgent ~ срочное обслуживание

ATTEST v 1. подтверждать, удостоверять; заверять 2. свидетельствовать

◇ to attest notarially засвидетельствовать нотариально

ATTESTATION n 1. аттестация 2. удостоверение, подтверждение; засвидетельствование
state ~ государственная аттестация
~ of output аттестация продукции
~ of products *см.* ~ of output
~ of signature засвидетельствование подписи

ATTITUDE n позиция, отношение
bearish ~ тенденция к понижению (*биржевых цен, курсов*)
employee ~ отношение служащих (*к администрации*)
hard-line ~ жесткая позиция
waiting ~ выжидательная позиция
wait-and-see ~ *см.* waiting ~

ATTORNEY n поверенный (*в суде*); адвокат
applicant's ~ поверенный заявителя
district ~ *амер.* адвокат в районном суде
joint ~ совместный адвокат
patent ~ патентный поверенный
practising ~ практикующий поверенный
prosecuting ~ прокурор
state ~ государственный прокурор
tax ~ адвокат по делам налогообложения
~ at law поверенный в суде
◇ A. General Генеральный прокурор
by ~ по полномочию
power of ~ доверенность
to hire an ~ нанять адвоката

ATTRACT v привлекать

ATTRACTION n привлечение; притяжение
~ of credit resources привлечение кредитных ресурсов
~ of foreign investments привлечение иностранных инвестиций
~ of money привлечение денежных средств

ATTRACTIVE adj привлекательный, притягательный

ATTRACTIVENESS n привлекательность, притягательность

ATTRIBUTE n отличительная черта; качество, свойство
major ~ основное свойство
minor ~ второстепенное свойство
performance ~s функциональные свойства

quantitative ~ количественный признак
ATTRIBUTE *v* приписывать, считать, относить к чему-л.
ATTRITION *n* истощение; изнашивание (*напр. стоимости активов, капитала*)
AUCTION *n* аукцион
  annual ~ ежегодный аукцион
  commodity ~ товарный аукцион
  compulsory ~ принудительный аукцион
  Dutch ~ «голландский» аукцион
  fur ~ пушной аукцион
  goods ~ товарный аукцион
  international ~ международный аукцион
  livestock ~ продажа живого скота с аукциона
  local ~ местная распродажа сельскохозяйственных продуктов
  mock ~ фиктивный аукцион
  open ~ открытый аукцион
  privatization ~ приватизационный аукцион, продажа земли и предприятий, принадлежащих государству
  public ~ публичные торги
  tea ~ аукцион по продаже чая
  tender ~ закрытые торги
  ~ by tender *см.* tender ~
  ◇ to buy at an ~ покупать на аукционе
  to close an ~ закрывать аукцион
  to conduct an ~ проводить аукцион
  to hold an ~ *см.* to conduct an ~
  to notify the sale by ~ объявлять аукцион
  to open an ~ открывать аукцион
  to participate in an ~ участвовать в аукционе
  to put up for ~ выставлять на аукционе
  to sell at an ~ продавать с аукциона
  to win the ~ купить товар на аукционе, предложив наивысшую цену
AUCTION *v* продавать с аукциона
AUCTIONEER *n* аукционист
AUCTIONEER *v* продавать с аукциона
AUDIT *n* 1. проверка, ревизия 2. заключение аудитора по финансовому отчету
  annual ~ ежегодная ревизия; годичный анализ хозяйственной деятельности
  balance sheet ~ ревизия баланса
  bank ~ ревизия банковской отчетности

cash ~ ревизия кассы, снятие кассовых остатков
  detailed ~ полная ревизия
  external ~ внешняя ревизия
  field ~ работа по проверке на месте
  general ~ общая ревизия
  independent ~ внешняя ревизия
  inside ~ внутренняя ревизия
  interim ~ промежуточная ревизия
  internal ~ внутренняя ревизия
  marketing ~ ревизия маркетинга
  obsolescence ~ анализ потерь из-за устаревания изделий
  operational ~ проверка готовности предприятия к эксплуатации
  organization ~ проверка деятельности организации
  outside ~ внешняя ревизия
  preliminary ~ предварительная ревизия
  quality ~ проверка качества
  social ~ независимая аудиторская проверка
  stores ~ проверка запасов
  tax ~ проверка правильности начисления налогов
  test ~ пробная проверка
  unscheduled ~ незапланированная проверка
  voucher ~ контроль правильности проведения операции с использованием ваучеров
  ◇ to carry out an ~ проводить ревизию
  to make a cash ~ проводить ревизию кассы
AUDITING *n* проведение ревизии
  bank ~ проверка отчетности банка
  industrial ~ проверка экономической деятельности предприятия
  inside ~ внутренняя ревизия
  internal ~ *см.* inside ~
AUDITOR *n* бухгалтер-ревизор, аудитор
  assistant ~ помощник ревизора
  external ~ внешний аудитор
  General A. генеральный ревизор
  independent ~ внешний ревизор
  internal ~ внутренний ревизор
  statutory ~ штатный аудитор
  tax ~ ревизор по вопросам начисления налогов
  travelling ~ выездной бухгалтер-ревизор
AUDITORIAL *adj* ревизионный
AUGMENT *v* увеличивать, прибавлять

AUGMENTATION *n* увеличение, прирост
AUSPICES *n обыкн. pl* покровительство
◇ under the ~ of под покровительством, под эгидой
AUSTERITY *n* 1. строгая экономия 2. строгие меры
AUTARCHY *n* автаркия
AUTHENTIC *adj* подлинный
AUTHENTICATE *v* удостоверять подлинность
AUTHENTICATION *n* удостоверение или засвидетельствование подлинности
~ of signature удостоверение подписи
AUTHENTICITY *n* подлинность, достоверность
AUTHOR *n* автор
AUTHORIT|Y *n* 1. власть 2. полномочие 3. орган, управление 4. *обыкн. pl* власти; администрация; руководство 5. авторитет, крупный специалист
administrative ~ies администрация
agent's ~ полномочия агента
appropriate ~ies компетентные власти
arbitral ~ третейский суд, арбитраж
bank supervisory ~ies орган контроля банковской деятельности
centralized ~ централизованное управление
civil ~ies гражданская власть
competent ~ies компетентные органы
constituted ~ законная власть
control ~ies орган контроля
customs ~ies таможенные власти
discretionary ~ свобода решения
enforcement ~ орган, осуществляющий судебное исполнение
exclusive ~ исключительное полномочие
executive ~ исполнительная власть
exhibition ~ies администрация выставки
fair ~ies администрация ярмарки
federal ~ies федеральные власти
financial ~ies финансовые органы власти
fiscal ~ies *см.* financial ~ies
functional ~ компетентность
general ~ *юр.* генеральная доверенность
governmental ~ies органы государственной власти
harbour ~ies управление порта, портовые власти
health ~ies органы здравоохранения
immigration ~ies иммиграционные власти
judicial ~ies судебная власть
law enforcement ~ies органы судебной исполнительной власти
lawful ~ законная власть
legislative ~ies законодательные власти
licensing ~ орган, имеющий право выдачи лицензий
local ~ies местные власти
managerial ~ руководство
military ~ies военные власти
municipal ~ies местные власти, муниципальные власти
official ~ies официальные власти
operating ~ 1) свидетельство на право производства 2) разрешение на коммерческие перевозки
port ~ портовые власти
price control ~ орган контроля над ценами
public ~ государственная власть
public ~ies органы государственной власти
rating ~ налоговое управление
responsible ~ ответственный орган
special ~ особые полномочия
statutory ~ies законные органы власти
supervisory ~ies органы надзора
supporting ~ies ссылки, цитаты
supreme ~ верховная власть
tax ~ies налоговое управление
taxation ~ies *см.* tax ~
territorial ~ies территориальные власти
transport ~ies транспортное управление
treasury ~ies финансовые органы
unlimited ~ неограниченные полномочия
unrestricted ~ *см.* unlimited ~
~ of an arbitrator полномочия арбитра
◇ to act on ~ действовать на основании полномочий
to act within the limits of ~ действовать в пределах полномочий
to delegate ~ делегировать полномочия
to exceed ~ превышать полномочия
to give ~ наделять полномочиями
to have ~ обладать полномочиями
to transfer ~ передавать полномочия
AUTHORIZATION *n* 1. уполномочивание, наделение полномочиями 2. разрешение 3. выдача разрешения, лицензии
blanket ~ общее разрешение

borrowing ~ разрешение на получение ссуды
capital ~ разрешение на производство капитальных затрат
drawing ~ право выписки векселей
exchange ~ валютное разрешение
expenditure ~ разрешение на производство капитальных затрат
export ~ разрешение на экспорт
government ~ правительственное разрешение
import ~ разрешение на импорт
production ~ разрешение на производство
special ~ специальное разрешение
specific ~ *см.* special ~
undisbursed ~ies неиспользованные ассигнования
written ~ письменное разрешение
~ for credit разрешение на кредит
~ for shipment разрешение на отгрузку
~ to operate разрешение на коммерческие перевозки
AUTHORIZE *v* 1. разрешать 2. уполномочивать
AUTHORIZED *adj* 1. официально разрешенный 2. уполномоченный
AUTHORSHIP *n* авторство
~ to an invention авторство на изобретение
AUTOCAR *n* автомобиль
AUTOMAKER *n* изготовитель автомобилей
AUTOMARKET *n амер.* магазин-автомат
AUTOMAT *n амер.* торговый автомат
AUTOMATE *v* автоматизировать
AUTOMATIC *adj* автоматический, автоматизированный
AUTOMATION *n* автоматизация
all-round ~ комплексная автоматизация
complete ~ полная автоматизация
comprehensive ~ комплексная автоматизация
full ~ полная автоматизация
~ of designing and development автоматизация проектно-изыскательских работ
~ of designing, research and development автоматизация проектных и научно-технических работ
~ of production автоматизация производства
◇ to introduce ~ внедрять автоматизацию
AUTOMATIZATION *n* автоматизация

AUTOMOBILE *n* автомобиль
AUTONOMOUS *adj* автономный
AUTONOMY *n* автономия
administrative ~ административная автономия
AUXILIARY *adj* вспомогательный
AVAIL *n* 1. польза, выгода 2. *pl* вырученная от продажи сумма
net ~s чистая выручка
◇ of no ~ бесполезный
AVAILABILITY *n* 1. пригодность, полезность 2. наличие
currency ~ условие кредитного соглашения, по которому допускается замена валюты кредита на другую
dollar ~ наличие долларов
export ~ экспортные возможности; наличие экспортных товаров
immediate ~ возможность немедленного приобретения
limited ~ ограниченная доступность
operational ~ эксплуатационная готовность
restricted ~ ограниченная доступность
stock ~ наличие запасов
system ~ эксплуатационная готовность системы
use ~ эксплуатационная готовность
~ of capital наличие капитала
~ of credit доступность кредита
~ of documentation наличие документации
~ of equipment пригодность оборудования
~ of funds наличие средств
~ of goods наличие товаров
~ of labour предложение рабочей силы
~ of means наличие средств
~ of money наличие денег
AVAILABLE *adj* наличный, доступный
◇ ~ in sufficiency имеющийся в достаточном количестве
to make ~ предоставлять что-л.
AVAL *n* аваль
AVARICE *n* жадность; скупость
AVERAGE *n* 1. среднее число; среднее арифметическое 2. *страх.* авария 3. *бирж.* индекс курсов ценных бумаг
arithmetical ~ среднее арифметическое
daily ~ курс акций, публикуемый ежедневно
Dow-Jones ~s индексы Доу-Джонса
Dow-Jones industrial ~ промышленный индекс Доу-Джонса
estimated ~ предполагаемое среднее значение

general ~ общая авария
gross ~ *см.* general ~
market ~ средняя рыночная цена
moving ~ скользящее среднее
national price ~ средний уровень цен в стране
overall ~ общее среднее
partial ~ частная авария
particular ~ *см.* partial ~
period ~ среднее за период
petty ~ малая авария
quadratic ~ среднее квадратическое
rough ~ приближенное среднее
sample ~ выборочное среднее
simple ~ среднее арифметическое
statistical ~ статистическое среднее
time ~ среднее по времени
true ~ истинное среднее
unweighted ~ невзвешенное среднее
weighted ~ взвешенное среднее
◇ above the ~ выше среднего
below the ~ ниже среднего
free of all ~ свободно от всякой аварии
free of particular ~ свободно от частной аварии
with ~ с ответственностью за полную аварию
with particular ~ с ответственностью за частную аварию
to adjust the ~ составлять диспашу
to adjust the general ~ between... распределять общую аварию между ...
to make up the ~ составлять диспашу
to recover ~ получать компенсацию за аварию
to settle the ~ составлять диспашу
AVERAGE *v* 1. составлять, равняться в среднем 2. выводить среднюю арифметическую величину 3. скупать или продавать акции в зависимости от изменения курса
~ down скупать акции по мере снижения их курса
~ out усреднять
~ up продавать акции по мере повышения их курса
AVERAGING *n* 1. усреднение 2. *бирж.* покупка (продажа) ценных бумаг для снижения (повышения) средней покупной цены 3 регулярная покупка ценных бумаг на фиксированную сумму
dollar cost ~ усреднение долларовой стоимости
AVERAGING-OUT *n* усреднение
AVERSION *n* неприязнь

risk ~ нежелание инвестора принимать на себя риск
AVERT *v* предотвращать
AVIATION *n* авиация
civil ~ гражданская авиация
commercial ~ коммерческая авиация
AVISO *n* авизо
AVOID *v* 1. избегать, уклоняться 2. отменять, аннулировать
AVOIDANCE *n* 1. уклонение 2. отмена, аннулирование
tax ~ уклонение от налогообложения
~ of a contract расторжение контракта
~ of problems уклонение от задач
AWARD *n* 1. присужденная награда 2. арбитражное решение 3. выдача заказа
arbitral ~ арбитражное решение
arbitration ~ *см.* arbitral ~
arbitrator's ~ *см.* arbitral ~
binding ~ обязательное решение арбитра
compromise ~ компромиссное решение
contract ~ заключение контракта
expert's ~ заключение экспертизы
follow-up production ~ выдача заказа на серийное производство
incentive ~ поощрительная премия
official ~ официальное решение
safety ~ скидка за безаварийность (*при уплате страховых платежей*)
salvage ~ вознаграждение за спасение
unanimous ~ единодушное решение
~ of alimony присуждение алиментов
~ of compensation присуждение компенсации
~ of damages решение суда о возмещении убытков
~ of a contract выдача заказа
~ of sequestration наложение ареста на имущество
~ to inventors вознаграждение изобретателям
◇ to abide by ~ придерживаться решения
to announce an ~ объявлять решение
to carry out an ~ выполнять решение
to enforce an ~ приводить решение в исполнение
to execute an ~ выполнять решение
to issue an ~ выносить арбитражное решение
to make an ~ *см.* to issue an ~
to pass an ~ *см.* to issue an ~
to render an ~ *см.* to issue an ~
AWARD *v* присуждать

B

BAB|J *n*
war ~ies ценные бумаги компаний, занятых изготовлением оружия
◇ ~ and filling рынок, подверженный частым, но небольшим колебаниям цен, не влияющим существенно на их общий уровень

BACK [UP] *v* 1. поддерживать, подкреплять 2. финансировать; субсидировать

BACKDATE *v* датировать задним числом

BACKDATING *n* проведение (датировка) чего-л. задним числом

BACKDROP *n* фон
~ to a conference фон, на котором проходит конференция

BACKER *n* 1. лицо, оказывающее поддержку; спонсор 2. поручитель, авалист
financial ~ кредитор
~ of a bill авалист по векселю

BACKFREIGHT *n* обратный фрахт

BACKGROUND *n* подготовка, образование; квалификация

BACKHAUL *n* доставка порожняка

BACKING *n* 1. поддержка; подкрепление 2. субсидирование; финансирование; обеспечение; покрытие (*оплата*) 3. гарантирование; гарантия
assets ~ финансовое покрытие, имущественное покрытие, обеспечение активами
financial ~ финансирование
gold ~ покрытие золотом
state financial ~ государственная финансовая поддержка
~ of banknotes обеспечение банкнот
~ of currency обеспечение валюты
◇ ~ away отказ от заключенной ранее сделки на фондовой бирже

BACKLIST *n* ассортимент товаров, имеющих спрос, независимо от времени года

BACKLOG *n* задолженность; отставание; резерв; запас
commercial ~ задолженность по торговым операциям
current ~ текущая задолженность
order ~ невыполненные заказы
sizeable ~ значительная задолженность
total ~ общий объем задолженности
~ of business портфель заказов
~ of debts накопившаяся задолженность
~ of demand накопившийся спрос
~ of housing отставание в жилищном строительстве
~ of licences неиспользованные лицензии
~ of outstanding payments просроченные платежи; неуплаченные суммы
~ of unfilled orders невыполненные заказы
~ of work задолженность по работе

BACKSPREAD *n* фондовая арбитражная сделка при меньшем, чем обычно, отклонении цен или курсов

BACK-TO-BACK *adj* компенсационный

BACKUP *n* 1. дублирование, резервирование 2. средства резервирования, резерв

BACKWARD *adj* отсталый

BACKWARDATION *n* бирж. 1. скидка с котировки наличного товара 2. депорт

BACKWARDNESS *n* отсталость
economic ~ экономическая отсталость

BAG *n* 1. мешок; пакет (*бумажный*) 2. портфель; сумка
collapsible ~ складной пакет
damaged ~ поврежденный мешок
defective ~ *см.* damaged ~
folding ~ складной пакет
mail ~ почтовая сумка
pre-slung ~ застропленный мешок
shopping ~ хозяйственная сумка

BAGGAGE *n* багаж

excess ~ излишек багажа
free ~ багаж, провозимый бесплатно
personal ~ ручной багаж
BAGGER *n* упаковщик (*в мешки, пакеты*)
BAGGING *n* 1. упаковка в мешки 2. мешковина
BAIL *n* 1. залог; поручительство 2. поручитель
◇ to stand ~ for smb. внести залог, поручиться за кого-л.
BAILEE *n юр.* депозитарий; хранитель; залогополучатель; арендатор
BAILIFF *n* 1. *юр.* судебный пристав, бейлиф 2. управляющий хозяйством
BAILMENT *n* передача имущества на временное хранение
BAILOR *n* лицо, отдающее вещь на хранение, депонент; залогодатель; арендодатель
BAIT *n* приманка
BALANCE *n* 1. баланс; сальдо; остаток 2. равновесие 3. весы
account ~ остаток на счете
accumulated ~s аккумулированные остатки
active ~ активный баланс; активное сальдо
actual ~ фактический остаток
adverse ~ пассивный баланс
annual ~ годовой баланс
average ~ средний остаток
bank ~ банковский баланс; остаток на банковском счете
basic ~ базисные статьи платежного баланса
beginning ~ остаток на начало периода
blocked ~ блокированный счет (*в банке*)
book ~ сальдо по книгам
budgetary ~ бюджетный баланс
capital and credit ~ баланс движения капиталов и кредитов
capital flow ~ баланс движения капиталов
cash ~ кассовая наличность, остаток кассы
cash ~s held in the bank остаток кассовой наличности, хранимой в банке
clearing ~ сальдо клиринга, баланс платежей по клиринговым расчетам
closing ~ конечное сальдо
commodity ~ баланс товарной торговли
compensating ~ компенсационный остаток

compensatory ~ *см.* compensating ~
conversion ~ конверсионные активы
correspondent ~ остаток на корреспондентском счете
cost-effectiveness ~ соотношение затрат и эффективности
credit ~ кредитовое сальдо
current ~ сальдо текущего счета
current account ~ баланс по текущим операциям
debit ~ дебетовое сальдо
decimal ~ десятичные весы
dormant ~ мертвые активы, мертвый капитал
ecological ~ экологическое равновесие
economic ~ экономическое равновесие
electric ~ электрические весы
electronic ~ электронные весы
ending ~ остаток на конец периода
exchange ~ валютный баланс
export ~ of payments активный платежный баланс
export ~ of trade активный торговый баланс
export-import ~ внешнеторговый баланс
external ~ платежный баланс по внешним расчетам
external trade ~ внешнеторговый баланс
favourable ~ активный баланс
fixed assets ~ баланс основных фондов
food ~ наличие запасов продовольствия по отношению к численности населения
foreign ~ платежный баланс
foreign exchange ~ валютный баланс
foreign trade ~ внешнеторговый баланс
forward ~ перенос остатка на новый счет
free ~ наличные средства
fuel ~ топливный баланс
import ~ of trade пассивный торговый баланс
in-stock ~ остаток товарно-материальных ценностей на складе
interbank ~ взаимные банковские счета
interlacing ~ межотраслевой баланс
intersectoral ~ *см.* interlacing ~
inventory ~ остаток товарно-материальных ценностей
inventory-to-sales ~ соотношение объемов запасов и сбыта
invisible ~ баланс «невидимой» торговли

55

invisible trade ~ баланс неторговых поступлений и платежей
line ~ ритмичность производственного процесса
marginal ~ превышение выручки над предельными затратами, брутто-прибыль
material ~ материальный баланс
monthly ~ ежемесячный баланс
national economic ~ баланс народного хозяйства
negative ~ пассивный баланс
negative ~ of payments пассивный платежный баланс
negative ~ of trade пассивный торговый баланс
net ~ чистый баланс
net credit ~ чистое кредитовое сальдо
net liquidity ~ *амер.* сводный платежный баланс
nostro ~ остаток по счету ностро
opening ~ вступительный баланс; начальное сальдо (*на счете*)
overall ~ 1) итоговый баланс 2) объединенный платежный баланс
overstated book ~ завышенный остаток (*по данным бухгалтерского учета*)
overstated inventory ~s завышенные остатки товарно-материальных ценностей (*по данным учета*)
passive ~ пассивный баланс
passive ~ of trade пассивный торговый баланс
performance ~ отчетный баланс
positive ~ активный баланс
positive ~ of trade активный торговый баланс
post-closing trial ~ проверочный баланс после закрытия счетов
precision ~ точные весы
preclosing trial ~ предварительный баланс
preliminary trial ~ *см.* preclosing trial ~
profit ~ остаток прибыли
profit-and-loss ~ остаток по счету прибылей и убытков
reasonable ~ удовлетворительный баланс
red ~ пассивный баланс
reserve ~ баланс резервов
rough ~ приблизительное сальдо
stock-and-provision ~ равновесие между запасами и снабжением
surplus ~ активное сальдо
trade ~ торговый баланс

transactions cash ~s счета для сделок наличными
trial ~ предварительный баланс, проверочный баланс
turnover ~ оборотный баланс
unamortized ~ непогашенный остаток
understated book ~ заниженный остаток (*по данным бухгалтерского учета*)
unexpended ~ неиспользованный остаток
unfavourable ~ пассивный баланс
unfavourable ~ of payments пассивный платежный баланс
unfavourable ~ of trade пассивный торговый баланс
unpaid ~ непогашенный остаток
visible ~ сальдо по статьям торгового баланса
working ~ «рабочие» остатки на счетах
zero ~ нулевое сальдо
~ between revenue and expenditure flows баланс доходов и расходов
~ in your favour остаток в вашу пользу
~ in red отрицательный остаток
~ of all financial operations баланс всех финансовых операций
~ of an account остаток на счете
~ of accounts баланс текущих расчетов
~ of an amount остаток суммы
~ of bank financing баланс банковского кредитования
~ of claims and liabilities расчетный баланс
~ of commitment сальдо по обязательствам по поставкам
~ of current transactions баланс текущих отчислений
~ of debt остаток долга
~ of external financing баланс финансирования из внешних источников
~ of forces равновесие сил
~ of foreign debt остаток внешней задолженности
~ of income and expenditure баланс доходов и расходов по капиталовложениям
~ of indebtedness остаток непогашенной задолженности
~ of interest остаток процентов
~ of money остаток денег
~ of money income and expenditure баланс денежных доходов и расходов

~ of national income баланс национального дохода
~ of an order остаток по заказу
~ of payments платежный баланс
~ of payments on capital account платежный баланс по капитальным операциям
~ of payments on current account платежный баланс по текущим операциям
~ of savings and investment expenditures соотношение между сбережениями и инвестициями
~ of services баланс услуг
~ of stock on hand остаток наличных запасов
~ of surplus account остаток по счету излишков
~ of trade торговый баланс
~ on deposit остаток на вкладе
~ on hand наличный остаток
◇ ~ brought forward сальдо с переноса
~ carried forward сальдо к переносу
~ due дебетовое сальдо
~ owed остаток долга
~ owing дебетовое сальдо
~ payable см. ~ owing
~ standing to one's credit сальдо на счете в свою пользу
~ standing to one's debit дебетовое сальдо на своем счете
on ~ в итоге
to arrive at the ~ подводить баланс
to audit a ~ ревизовать баланс
to block a credit ~ замораживать актив[ы]; замораживать вклад
to bring into ~ incomes and expenditures сальдировать счета Главной книги
to carry forward the ~ переносить остаток
to deliver the ~ of the goods допоставлять товар
to disturb ~ нарушать равновесие
to draw up a ~ подводить баланс; составлять баланс
to make up a ~ составлять баланс
to offset a ~ сводить баланс
to pay the ~ забалансировать счет
to produce the ~ составлять баланс
to redress the ~ of trade сальдировать торговый баланс
to restore ~ восстанавливать равновесие
to settle a ~ уплатить остаток по счету
to show a ~ отражать сальдо
to strike the ~ подводить баланс
to update the ~ вывести новый остаток на счете
to upset ~ нарушать равновесие
BALANCE v 1. балансировать, сохранять равновесие 2. сбалансировать; сальдировать
BALANCED adj сбалансированный; уравновешенный
BALANCE-SHEET n баланс, балансовый отчет
accounting ~ бухгалтерский баланс
bank ~ банковский баланс
bank's ~ баланс банка
closing ~ заключительный баланс
composite ~ сводный баланс
condensed ~ сжатый (сокращенный) баланс
consolidated ~ сводный баланс, консолидированный баланс
detailed ~ подробный баланс
liquidation ~ ликвидационный баланс
master ~ сводный баланс
normal ~ стандартный образец баланса
◇ to approve a ~ утвердить балансовый отчет
to audit a ~ ревизовать баланс
BALANCING n балансирование; заключение счетов; сальдирование
annual ~ of the books ежегодное заключение счетов
commitment-provision ~ обеспечение ритмичности поставок
line ~ обеспечение ритмичности производственного процесса
progressive ~ текущее балансирование
work force ~ распределение рабочей силы; баланс трудовых ресурсов
~ of cash accounts заключение счета кассы
~ of demand and supply уравновешивание спроса и предложения
~ of payments балансирование платежей
BALE n кипа; тюк
compact ~ плотный тюк
cotton ~ кипа хлопка
odd ~ лишняя кипа
standard ~ стандартная кипа
tight ~ плотный тюк
~ of pulp кипа целлюлозы
~ of wool тюк шерсти
◇ to make up into ~s упаковывать в кипы
to pack in ~s см. make up into ~s

BAL

BALE v упаковывать в тюки, увязывать в кипы
BALLAST n балласт
 ◇ in ~ в балласте, без груза
 to be in ~ идти в балласте
 to sail in ~ см. be in ~
 to take on ~ брать балласт
BALLOON n форма погашения кредитов, при которой последние платежи существенно превышают предыдущие
BALLOON v взвинчивать, вздувать (цены, курсы акций и т. п.)
BALLOONING n взвинчивание
BALLOT n 1. избирательный бюллетень 2. любая форма тайного голосования 3. жеребьевка участников займа
 single ~ выборы с одной баллотировкой
 successive ~s выборы с несколькими баллотировками
BALLOT-RIGGING n фальсификация результатов выборов, подтасовка бюллетеней
BALLYHOO n рекламная шумиха
BALLYHOO v шумно рекламировать
BAN n запрет, запрещение
 government ~ правительственный запрет
 import ~ запрет на импорт
 temporary ~ временный запрет
 ~ on exports запрет на экспорт
 ~ on imports запрет на импорт
 ~ on shipment запрет на отгрузку
 ◇ to impose a ~ налагать запрет
 to kill the ~ on credits отменить запрет на кредит
 to lift a ~ снимать запрет
 to maintain a ~ сохранять запрет
 to place a ~ налагать запрет
 to put under a ~ см. place a ~
 to remove a ~ снимать запрет
BAN v запрещать
BAND n 1. лента; ремень 2. диапазон; полоса
 confidence ~ доверительная область
 currency ~ пределы допустимых колебаний валюты
 error ~ область ошибки
 fluctuation ~ размах колебаний валютного курса
 metal ~ металлическая лента
 packing ~ упаковочная лента
 paper ~ бумажная лента
BANK n 1. банк 2. фонд; общий запас
 acceptance ~ акцептный банк, банк-акцептант

BAN

 account-holding ~ банк-хранитель счета
 advising ~ авизующий банк
 affiliate ~ филиал банка
 agency ~ агентский банк (действующий в качестве агента головного, «материнского» банка)
 agent ~ банк-агент: 1) банк, которому члены международного синдиката поручают кредитные операции 2) учреждение, которому поручена эмиссия облигаций
 agricultural ~ сельскохозяйственный или земельный банк
 associated ~s ассоциированные банки
 authorized ~ уполномоченный банк
 bankers' ~ банк банков (обычно центральный банк)
 big ~ крупный банк
 branch ~ филиал банка
 business ~ коммерческий банк
 card issuing ~ банк, выпускающий кредитные карточки
 central ~ центральный банк
 chartered ~ чартерный банк
 clearing ~ клиринговый банк, клиринг-банк
 closing ~ банк, совершающий заключительную сделку с участием нескольких банков
 collecting ~ банк-инкассатор
 colonial ~ колониальный банк
 commercial ~ коммерческий банк
 confirming ~ банк, подтверждающий аккредитив
 consortium ~ банк, временно созданный несколькими финансовыми учреждениями для проведения крупных финансовых кредитных операций
 continental ~ банк континентальной Европы
 cooperative ~ кооперативный банк
 correspondent ~ банк-корреспондент
 country ~ провинциальный банк
 credit ~ коммерческий банк
 credit-issuing ~ банк, открывающий аккредитив
 creditor ~ банк-кредитор
 data ~ банк данных
 deposit ~ депозитный банк
 development ~ банк развития
 discount ~ учетный банк
 drawee ~ банк-трассат
 drive-in ~ банк, обслуживающий клиентов в автомашинах
 emitting ~ банк-эмитент

European Investment B. Европейский инвестиционный банк
European B. for Reconstruction and Development Европейский банк реконструкции и развития
exchange ~ банк, производящий обмен валюты
exporter's ~ банк экспортера
Export-Import B. Экспортно-импортный банк
Federal Intermediate Credit Banks федеральные банки среднесрочного кредита
Federal Land B. Федеральный земельный банк
Federal Reserve Banks федеральные резервные банки
first-class ~ первоклассный банк
foreign ~ иностранный банк
fringe ~s мелкие банки, предоставляющие ссуды под операции с недвижимым имуществом
importer's ~ банк импортера
incorporated ~. *амер.* акционерный банк
industrial ~ промышленный банк; банк потребительского кредита
international ~ международный банк
International B. for Reconstruction and Development Международный банк реконструкции и развития
International Investment B. Международный инвестиционный банк
interstate ~s межгосударственные банки
investment ~ инвестиционный банк
issuing ~ банк-эмитент
joint stock ~ акционерный банк
labour ~ рабочий банк
land ~ земельный банк
leading ~ ведущий банк
loan ~ ссудный банк
local ~ местный банк
major ~ крупный банк; влиятельный банк
member ~ 1. коммерческий банк, член Ассоциации расчетных палат 2. *амер.* банк, член федеральной резервной системы
mercantile ~ торговый банк
merchant ~ *см.* mercantile ~
mobile ~ передвижной банк
money trading ~ банк потребительского кредита
mortgage ~ ипотечный банк
multinational ~ международный банк

multiple office ~ банк, имеющий разветвленную систему филиалов
municipal ~ муниципальный банк
mutual savings ~ взаимно-сберегательный банк
national ~ национальный банк
negotiating ~ банк, производящий прием и оплату документов
nonmember ~ банк, не входящий в Ассоциацию расчетных палат
nonpar ~ банк, взимающий комиссию при инкассировании чеков
notifying ~ авизующий банк
offshore ~ 1. банк, расположенный в офф-шорном финансовом центре 2. любой банк, находящийся за границей
opening ~ банк, выдающий аккредитив
originating ~ банк, открывающий аккредитив
overseas ~ иностранный банк
parent ~ банк-учредитель
paying ~ банк-плательщик
penny ~ сберегательный банк для мелких вкладчиков
primary ~ основной банк
prime ~ первоклассный банк
private ~ частный банк
private sector ~s банки частного сектора
provident ~ сберегательный банк
provincial ~ провинциальный банк
reference ~ банк, чья ставка по кредитам используется для определения процентной ставки в других финансовых документах с плавающей процентной ставкой
remitting ~ банк-ремитент
reserve ~ резервный банк
rural ~ провинциальный банк
savings ~ сберегательный банк
secondary ~ второстепенный банк
specialized ~ банк специального назначения
state ~ государственный банк
stock exchange ~ банк, финансирующий фондовые операции
stock savings ~ акционерный сберегательный банк
third country ~ банк третьей страны
thrift ~ сберегательный банк
trading ~ коммерческий банк
trustee ~ акционерный ссудный банк
trustee savings ~ опекунский сберегательный банк
wildcat ~ спекулятивный банк

BAN BAR

World B. Международный банк реконструкции и развития
~ of circulation эмиссионный банк
~ of deposit депозитный банк
~ of discount учетный банк
B. of England Английский банк, Банк Англии
~ of issue банк-эмитент
~ of good standing банк, пользующийся солидной репутацией
~ with mixed capital банк со смешанным капиталом
◇ to deposit money with a ~ класть деньги в банк
to draw on a ~ брать деньги из банка
to pay into a ~ вносить деньги в банк
to pay through a ~ платить через банк
to run a ~ управлять банком
BANK v вносить деньги в банк; держать деньги в банке
BANKBOOK n депозитная книжка; сберегательная книжка
BANKER n 1. банкир 2. pl банкирский дом, банк
first-class ~ первоклассный банкир
investment ~ инвестиционный банкир
merchant ~ 1) банк-акцептант 2) торговый банк
paying ~ банкир, на чье имя выписан чек
private ~ частный банкир
BANKING n банковское дело; банковские операции
branch ~ система банковских филиалов
chain ~ банковская цепь
commercial ~ депозитная операция банка
deposit ~ см. commercial ~
free ~ бесплатные банковские операции для постоянных клиентов
group ~ банковские группы
international ~ международное банковское дело
investment ~ инвестиционная деятельность банков
wholesale corporate ~ банковское обслуживание корпораций
BANKNOTE n банкнота
circulating ~s банкноты в обращении
counterfeit ~ фальшивая банкнота
forged ~ см. counterfeit ~
raised ~ см. counterfeit ~
reserve ~ резервная банкнота
◇ ~s by denominations банкноты по купюрам

to issue ~s выпускать банкноты в обращение
BANKRUPT n банкрот, несостоятельный должник
certificated ~ восстановленный в правах банкрот
discharged ~ см. certificated ~
undischarged ~ не восстановленный в правах банкрот
BANKRUPT adj обанкротившийся, несостоятельный, неплатежеспособный
◇ to become ~ обанкротиться
to declare ~ объявлять банкротом
to go ~ обанкротиться
to make ~ доводить до банкротства
BANKRUPTCY n банкротство, несостоятельность
simple ~ простое банкротство
fraudulent ~ злостное банкротство
~ of a bank банкротство банка
◇ file a petition for ~ объявлять банкротство
BANKWIRE n компьютеризованная система обмена деловой информацией, обслуживающая частные банки
BANNED adj запрещенный
BANNING n запрет, запрещение
BAR n 1. слиток, брусок 2. препятствие, преграда; ограничение 3. коллегия адвокатов 4. 1 миллион ф. ст. (в валютных сделках)
export ~ золотой слиток, используемый для внешних расчетов
gold ~ слиток золота
silver ~ серебряный слиток
toll ~ шлагбаум
~ for registration препятствие к регистрации
~ to patentability препятствие к выдаче патента
◇ the Bar коллегия адвокатов
half a ~ валютная сделка на сумму в полмиллиона ф. ст.
BARE-BOAT n судно, зафрахтованное без экипажа, бэрбоут
BARGAIN n 1. торговая сделка, договор о покупке 2. выгодная сделка, выгодная покупка 3. любая сделка на бирже
bad ~ невыгодная сделка
blind ~ покупка «кота в мешке»
chance ~ покупка по случаю
Dutch ~ сделка, выгодная для одной стороны
firm ~ твердая сделка
good ~ выгодная сделка
losing ~ невыгодная сделка

BAR

option ~ сделка на срок
settlement ~ *см.* option ~
time ~ *см.* option ~
~s done количество сделок, совершенных на бирже за определенное время
◊ to arrange a ~ заключать сделку
to bind the ~ скреплять сделку
to buy at a ~ покупать по дешевке
to close a ~ заключать сделку
to conclude a ~ *см.* close a ~
to do a ~ *см.* close a ~
to drive a hard ~ грубо добиваться своих интересов при заключении сделки
to effect a ~ заключать сделку
to make a ~ совершать сделку
to sell over a ~ заключать невыгодную сделку
to settle a ~ совершать сделку
to strike a ~ *см.* settle a ~
to transact a ~ заключать сделку
BARGAIN *v* торговаться; договариваться, вести переговоры
~ for better conditions добиваться лучших условий во время переговоров
~ over (on) a price уторговывать цену
BARGAINING *n* ведение переговоров; заключение торговой сделки
collective ~ переговоры о заключении коллективного договора между профсоюзами и нанимателями; коллективный договор
productivity ~ переговоры по вопросам производительности труда
tariff ~ переговоры по вопросам таможенных тарифов
wage ~ переговоры по вопросам заработной платы
BARGE *n* баржа
cargo ~ грузовая баржа
deep-sea ~ глубоководная баржа
dumb ~ несамоходная баржа
dump ~ саморазгружающаяся баржа
dumping ~ *см.* dump ~
lay ~ баржа для укладки подводных трубопроводов
non-propelling ~ несамоходная баржа
non-selfpropelled ~ *см.* non-propelling ~
river ~ речная баржа
self-propelled ~ самоходная баржа
stevedore ~ лихтер
tank ~ наливная баржа
utility ~ портовая баржа
BARN *n* 1. амбар 2. скотный двор 3. *амер.* сарай
BAROMETER *n* барометр

BAR

business ~ набор экономических показателей, характеризующих состояние рынка
economic ~ экономический барометр
investment ~ инвестиционный барометр
price ~ ценовой барометр
BARRATOR *n* виновный в баратрии
BARRATRY *n* баратрия
BARREL *n* 1. бочка, бочонок 2. баррель (*мера жидких, сыпучих тел*)
leakproof ~ герметически закрытый бочонок
small ~ бочонок
steel ~ железная бочка
tight ~ герметически закрытая бочка
wooden ~ деревянная бочка
◊ to fill a ~ наливать в бочку
BARREL *v* укладывать в бочку; разливать в бочки
BARREN *adj* неплодородный
BARRIER *n* барьер; препятствие; преграда; помеха
customs ~s таможенные барьеры
discriminatory ~s дискриминационные барьеры
legal ~s правовые барьеры
nontariff ~s нетарифные барьеры
protectionist ~s протекционистские барьеры
protectionistic ~s *см.* protectionist ~s
protective ~s защитные барьеры
resistance ~ уровень цены, при отклонении от которого нарушается нормальное функционирование рынка
sales ~ торговые ограничения
status ~ ограничения в отношениях между рабочими и нанимателями, определяемые занимаемым положением
tariff ~s тарифные барьеры
trade ~s торговые ограничения
~s to entry технические и экономические условия, затрудняющие проникновение товара на рынок
◊ to eliminate ~s устранять барьеры
to overcome customs ~s обходить таможенные барьеры
to raise ~s создавать барьеры
to remove ~s устранять барьеры
BARRISTER *n юр.* барристер, адвокат высшего ранга
BARTER *n* бартер, товарообмен
direct ~ of products прямой обмен товарами
BARTER *v* обменивать

BAR

BARTERABLE *adj* заменимый; обмениваемый
BARTERER *n* лицо, осуществляющее обмен
BARTERING *n* обмен, осуществление бартерной сделки
BASE *n* основа, основание; базис; база
  burden ~ база распределения накладных расходов
  container ~ контейнерная база
  data ~ банк данных
  depreciation ~ амортизируемая стоимость основных средств
  exhibition ~ выставочная база
  experimental ~ опытно-экспериментальная база
  export ~ экспортная база
  financial ~ финансовая база
  forecasting ~ база прогнозирования
  gold ~ золотая база
  international monetary ~ международная валютная база
  maintenance ~ база технического обслуживания и текущего ремонта
  maintenance-and-supply ~ ремонтно-складская база
  material and technical ~ материально-техническая база
  military ~ военная база
  overhead ~ база распределения накладных расходов
  price [level] ~ база [уровня] цен
  production ~ производственная база
  rate ~ база для исчисления тарифов
  raw materials ~ сырьевая база
  repair ~ ремонтная база
  resource ~ материальная база
  servicing ~ база обслуживания
  statutory ~ законное основание
  supply ~ база снабжения
  tax ~ база налогового обложения
  ~ of allocation *бухг.* база распределения
  ◊ on a customs-cleared ~ с учетом уплаты таможенной пошлины
  to create a ~ создавать базу
  to set up a ~ *см.* to create a ~
BASE *v* базировать; основывать
BASED *adj* основанный; расположенный
  ◊ London- ~ расположенный в Лондоне
BASELINE *n* базис, основание
BASELOAD *n* базисная электрическая нагрузка
  ~ electrical savings экономия электричества

BAS

BASEMENT *n* цокольный этаж
  bargain ~ помещение в крупных универмагах, где можно приобрести удешевленные товары
BASIC *adj* основной, главный; базисный
BASIN *n* бассейн (*реки, моря*)
  river ~ бассейн реки
BASIS *n* 1. базис; основа; основание 2. *бирж.* разница между ценой по сделке на наличный товар и по сделке на срок
  accrual ~ кумулятивный метод
  accrued expenditure ~ метод кумулятивных затрат; метод периодической бухгалтерской отчетности
  adjusted ~ уточненная база
  annual ~ погодовая основа
  annuity ~ рентная база
  artificial ~ искусственная база решения
  business ~ деловая основа
  cash ~ «кассовая база»; кассовые операции как база бухгалтерского учета
  compensation ~ компенсационная основа
  compensatory ~ *см.* compensation ~
  complementary ~ дополнительный базис
  contract ~ договорная основа
  contractual ~ *см.* contract ~
  cost ~ базис себестоимости
  cost ~ of accounting издержки как основа бухгалтерского учета
  delivery ~ базис поставки
  direct labour cost ~ зарплата рабочих, взятая в качестве базы распределения накладных расходов
  direct labour hours ~ человеко-часы производственной работы, взятые в качестве базы распределения накладных расходов
  direct materials cost ~ стоимость основных материалов, взятые в качестве базы распределения накладных расходов
  earning ~ база (основа) налогообложения
  economic ~ экономический базис
  employment ~ условия найма
  finish-go-home ~ of pay плата по окончании заданной работы
  firm ~ твердая основа
  fiscal ~ базис налогообложения
  give-and-take ~ давальческая основа
  group ~ групповая основа
  job ~ позаказная основа

long-term ~ долговременная основа
material and technical ~ материально-техническая база
monetary ~ денежная основа
mutually advantageous ~ взаимовыгодная основа
mutually beneficial ~ взаимовыгодная основа
nonprofit ~ некоммерческая основа
nonstandard ~ нестандартная основа решения
optimal ~ оптимальная основа решения
paper ~ бумажный стандарт
per capita ~ базис в расчете на душу населения
piece-rate ~ сдельная основа
price ~ базис цены
production ~ производственная база
rate ~ база для исчисления тарифов
sample ~ выборочная основа
solid ~ твердая основа
stable ~ устойчивая основа
starting ~ исходная база
time-rate ~ повременная основа
total ~ **of all assets** общая первоначальная стоимость основного капитала
unit ~ метод начисления износа по каждому отдельному объекту
~ **of an agreement** основа соглашения
~ **of allocation** основа распределения
~ **of assessment** основа оценки
~ **of comparison** основа сравнения
~ **of computation** основа исчисления
~ **of a contract** основа контракта
~ **of delivery** базис поставки
~ **of freight** базис фрахтовой ставки
~ **of prices** базис цен
~ **of valuation** основа определения стоимости
◇ **on a barter** ~ на бартерной основе
on a buy-back ~ на компенсационной основе
on a commission ~ на комиссионной основе
on a compensation ~ на компенсационной основе
on a competitive ~ на конкурентной основе
on a firm price ~ на основе фиксированной цены
on a gratis ~ безвозмездно
on a long-term ~ на долгосрочной основе
on a lump ~ на паушальной основе
on a measurement ~ на основе измерения
on a mutually accepted ~ на взаимоприемлемой основе
on a parity ~ на паритетной основе
on a part barter ~ на полубартерной основе
on a per hour ~ на почасовой основе
on a permanent ~ на постоянной основе
on a pro rata ~ на пропорциональной основе
on a reciprocal ~ на взаимовыгодной основе
on a regular ~ на регулярной основе
on a rental ~ на арендной основе
on a rotating ~ на регулярной основе; на основе поочередности
on a weight ~ по весу
to assume as a ~ принимать за основу
to sell on «open book» ~ продавать товар с записью по открытому счету
to take as a ~ брать за основу
BASKET *n* **1.** корзина **2.** набор; комплект
cardboard ~ картонный короб
consumer goods ~ набор потребительских товаров и услуг
currency ~ корзина валют
household ~ набор хозяйственных товаров
market ~ набор потребительских товаров и услуг, приобретаемых на рынке
plastic ~ целлофановый пакет; пластмассовая корзина
shopping ~ корзина для покупок в магазине самообслуживания
standard ~ стандартный набор товаров
~ **of shares** пакет акций
BATCH *n* **1.** партия (*изделий*) **2.** набор; комплект
bad ~ партия дефектных изделий
development ~ опытная партия
economic ~ экономичный размер партии
good ~ партия изделий хорошего качества
initial ~ 1) опытная партия 2) первая партия изделий
large ~ большая партия; крупная серия
pilot ~ опытная партия
production ~ партия изделий; серия изделий
small ~ маленькая партия; мелкая серия

~ of goods партия товара
◇ in ~es сериями
BATCHWISE *adv* партиями
BATTEN *n* рейка
external ~ рейка для внешней обшивки
wooden ~ деревянная рейка
BAY *n* 1. бухта 2. набережная 3. железнодорожная платформа
loading ~ погрузочная платформа
unloading ~ разгрузочная платформа
BAZAAR *n* 1. базар; благотворительный базар 2. универсальный магазин
charity ~ благотворительный базар
BEAR *n бирж.* «медведь», спекулянт, играющий на понижение
covered ~ спекулянт, продающий акции, имеющиеся у него в наличии, «защищённый медведь»
protected ~ *см.* covered ~
stale ~ проигравший спекулянт
unprotected ~ продавец, не имеющий покрытия
◇ to go a ~ спекулировать на понижение
to sell a ~ *см.* go a ~
to squeeze the ~s вынуждать спекулянтов на бирже покупать акции по высокому курсу, опасаясь еще большего его повышения
BEAR *v* 1. нести (*расходы, убытки*) 2. играть на понижение (*на бирже*)
BEARER *n* 1. предъявитель 2. держатель, владелец
tax ~ налогоплательщик
~ of a bill 1) векселепредъявитель, предъявитель векселя 2) держатель векселя 3) держатель коносамента
~ of a cheque 1) предъявитель чека 2) держатель чека
~ of a draft держатель тратты
~ of risk ответственный за риск
~ of the warrant владелец складского свидетельства
BEARISH *adj бирж.* понижательный
BEAT DOWN *v* сбивать (*цену*)
BEEF *n* мясо, говядина
baby ~ телятина
corned ~ консервированная солонина
dressed ~ разделанная туша
fed ~ крупный рогатый скот мясного направления
◇ ~ on the hoof мясной скот
BEEKEEPER *n* пчеловод
BEEKEEPING *n* пчеловодство
BEET *n* свекла

fodder ~ кормовая свекла
sugar ~ сахарная свекла
BEFORESALE *adj* предпродажный
BEHAVIOUR *n* 1. поведение 2. режим работы 3. состояние; свойства
adaptive ~ приспособленческое поведение
average ~ поведение в среднем
bargaining ~ поведение при ведении переговоров
business ~ поведение при осуществлении предпринимательской деятельности
business spending ~ динамика предпринимательских расходов
competitive ~ поведение в конфликтных ситуациях
consumer ~ поведение потребителей
cost ~ динамика издержек
customer ~ поведение клиентов
demographic ~ демографическое поведение
economic ~ экономическое поведение
employee ~ поведение наемного персонала
group demographic ~ групповое демографическое поведение
income ~ динамика доходов
inventory ~ движение запасов
limiting ~ предельное поведение
long-range ~ поведение в течение длительного периода
long-run ~ *см.* long-range ~
long-term ~ *см.* long-range ~
long-time ~ *см.* long-range ~
market ~ состояние рынка
migratory ~ миграционное поведение
optimal ~ оптимальное поведение
overt ~ общественное поведение
price ~ динамика цен
programmed ~ запрограммированное поведение
queue ~ состояние системы массового обслуживания
rational ~ рациональное поведение
real life ~ поведение в реальных условиях
reckless ~ азартное поведение
reflexive ~ рефлекторное поведение
road ~ дорожная дисциплина
seasonal ~ сезонные изменения
short-range ~ поведение в течение краткого периода времени
short-run ~ *см.* short-range ~
short-term ~ *см.* short-range ~
short-time ~ *см.* short-range ~

BEH   **BEN**   **B**

social ~ социальное поведение
uncooperative ~ конфликтное поведение
~ of cost динамика издержек
~ of economic system динамика экономической системы
~ of individuals поведение отдельных лиц
~ of prices динамика цен
~ of saving and investment динамика сбережений и инвестиций
BEHAVIORAL *adj* бихевиористический
BEHAVIORISM *n* бихевиоризм
BELL *n* колокол
   Lutine B. ~ колокол с «Лутины» (в здании ассоциации страховщиков Ллойда)
BELT *n* пояс, зона; полоса
   confidence ~ доверительная зона
   conveyer ~ лента конвейера
   corn ~ кукурузный пояс
   cotton ~ хлопководческий пояс
   wheat ~ пшеничный пояс
BENCHMARK *n* база *(для сравнения)*
   liquid ~ база ликвидности
BENCHMARK *v* сравнивать
BENEFICIAL *adj* 1. выгодный 2. полезный
BENEFICIARY *n* 1. бенефициар *(наследник по завещанию)* 2. лицо, в пользу которого действует попечитель 3. получатель денег по аккредитиву или страховому полису
   contingent ~ условный бенефициар
   second ~ второй бенефициар
   ~ of credit получатель кредита
   ~ of an insurance policy получатель страхового полиса
BENEFIT *n* 1. преимущество, привилегия; льгота 2. выгода, прибыль 3. польза, благо 4. пенсия, пособие
   accident ~ страховое пособие в связи с несчастным случаем
   additional ~s дополнительные льготы
   cash ~ денежное пособие
   commercial ~ коммерческая выгода
   cost ~ финансовая льгота
   death ~ страховое пособие, выплачиваемое в связи со смертью застрахованного лица
   dependant's ~ иждивенческая пенсия по инвалидности
   disability ~ страховое пособие в связи с утратой трудоспособности
   disablement ~ *см.* disability ~
   economic ~s экономическая выгода
   employee ~s привилегии для служащих
   financial ~ финансовое преимущество
   fringe ~s дополнительные выплаты; дополнительные льготы
   future death ~s страхование на случай смерти
   health ~ польза для здоровья
   immediate ~ немедленная выгода
   incidental ~ побочная выгода
   industrial injuries ~ пособие в связи с производственной травмой
   injury ~ пособие в связи с травмой
   insurance ~ страховое пособие
   intangible ~ скрытая выгода
   maternity ~ деньги за декретный отпуск
   medical ~ пособие по болезни
   medicare ~ *амер.* пособие, выплачиваемое в системе медицинского страхования
   mutual ~ взаимная выгода
   nonwage ~s дополнительные выплаты *(сверх заработной платы)*
   old-age ~ пособие по старости
   pecuniary ~ денежное пособие
   personal ~ личная выгода
   potential ~ потенциальная выгода
   preferential ~ привилегия
   prime ~ важнейшее преимущество
   public assistance ~ пособие по государственному социальному обеспечению
   recognized ~ явная выгода
   residual ~ остаточное действие
   retirement ~ пенсия по старости
   sickness ~ пособие по болезни
   side ~s дополнительные льготы
   social ~ общественная выгода
   strike ~ пособие, выплачиваемое бастующим
   survivors' ~ пособие в связи с потерей кормильца
   unemployment ~ пособие по безработице
   veterans' ~s пособия ветеранам войны
   welfare ~ пособие по социальному обеспечению
   ~ in cash пособие в денежной форме
   ~ in kind пособие в натуральной форме; неденежное вознаграждение наемного персонала
   ◊ to the ~ с выгодой
   to derive a ~ извлекать выгоду
   to draw unemployment ~ получать пособие по безработице

to obtain ~ получать выгоду
BENEFIT v 1. приносить пользу; приносить прибыль 2. получать пользу; извлекать выгоду
BEQUEATH v завещать (*имущество*)
BEQUEST n юр. завещательный отказ недвижимости
BERTH n место стоянки (*судна, самолета*); причал, пристань
  automated ~ механизированный причал
  cargo ~ грузовой причал
  common user ~ неспециализированный причал
  container ~ контейнерный причал
  customs ~ таможенная пристань
  discharging ~ причал для разгрузочных работ
  general cargo ~ причал для различных грузов
  general purpose ~ *см.* general cargo
  loading ~ причал для погрузочных работ
  mechanized ~ механизированный причал
  quay ~ пристань
  railway ~ причал с подъездными железнодорожными путями
  ready ~ готовый причал
  safe ~ безопасный причал
  tidal ~ приливный причал
  unloading ~ причал для разгрузочных работ
  ◊ to give a ~ предоставить причал
  to moor a ~ ставить судно к причалу
  to nominate a ~ назначать причал
  to shift a ~ менять причал
  to tie up to a ~ становиться к причалу
BERTH v причаливать
BERTHAGE n причальный сбор
BERTHING n постановка к причалу; швартовка
BESPOKE adj произведённый по заказу (*в отличие от массового производства*)
BEST adj 1. лучший 2. наиболее выгодный
BETTER v 1. улучшать; совершенствовать 2. превосходить, превышать
BETTERMENT n улучшение; совершенствование; исправление
BIANNUAL adj происходящий два раза в год
BIAS n 1. отклонение; сдвиг; тенденция 2. пристрастие; предубеждение
  class ~ классовая предубеждённость

deflationary ~ тенденция к падению экономической активности
downward ~ тенденция к понижению
human ~ смещение результатов, вносимое человеческим фактором
inflationary ~ инфляционная тенденция
political ~ политическая предвзятость
upward ~ тенденция к повышению
BID n 1. предложение цены (*на аукционе*); заявка (*на торгах*) 2. цена, предложенная покупателем; надбавка к цене (*на аукционе*) 3. предложение (*о заключении контракта*) 4. торги, продажа с торгов
  alternative ~ альтернативное предложение
  best ~ наилучшее предложение
  closing ~ наивысшее предложение (*на аукционе*)
  competitive ~ конкурентное предложение
  first ~ первое предложение
  flexible ~ гибкое предложение
  higher ~ более выгодное предложение
  highest ~ самое выгодное предложение, предложение самой высокой цены
  invited ~s объявленный тендер
  joint ~s совместное выступление в торгах
  last ~ последнее предложение
  low ~ предложение по низкой цене
  lower ~ менее выгодное предложение
  lowest ~ наихудшее предложение, предложение самой низкой цены
  price ~ курс, предлагаемый покупателем ценных бумаг
  sealed ~ закрытые торги
  special ~ специальное предложение цены
  takeover ~ предложение о присоединении компании
  ~ for a contract тендер на получение подряда
  ~ in a closed and sealed envelope предложение, представленное на закрытые торги
  ◊ ~ and asked цены покупателя и продавца
  ~ wanted заявка владельца ценной бумаги о начале торгов
  to ask for ~s приглашать к участию в торгах
  to hit the ~ продавать по цене, предложенной покупателем

BID

   to invite ~s объявлять торги
   to make a ~ делать предложение
   to open and examine ~s рассматривать предложения на закрытых торгах
   to refuse a ~ отказываться от предложения
   to reject a ~ отклонять предложение

BID v 1. называть цену 2. набавлять цену (*на аукционе*) 3. принимать участие в торгах
   ~ the price up набавить цену
   ~ for privatization внести предложение о приватизации

BIDDER n 1. участник торгов; покупатель на аукционе 2. фирма, ведущая переговоры о заключении подряда
   below-cost ~ фирма, сбивающая цену на торгах
   eligible ~ лицо, имеющее право участвовать в торгах
   franchise ~ участник торгов на получение права деятельности в определённой области
   highest ~ лицо, предлагающее самую высокую цену
   private ~s частные покупатели
   successful ~ лицо, предложившее самую высокую цену

BIDDING n 1. назначение цены 2. набавление цены (*на аукционе*) 3. торги 4. предложение о заключении подряда
   advertised ~ открытые торги
   auction ~ аукцион
   closed ~ закрытые торги
   competitive ~ конкурентная заявка
   negotiated ~ закрытые торги
   ◊ ~ up повышение цены покупателя

BIG adj большой, крупный
   Big Five «Большая пятерка» (*5 крупнейших лондонских банков*)
   Big 8 «Большая восьмерка» (*8 крупнейших аудиторских фирм США*)
   Big Three «Большая тройка» (*в Лондоне: 3 крупнейших учетных дома; в США: 3 крупнейших автомобильных корпорации*)

BILATERAL adj двусторонний (*о соглашении*)

BILL n 1. счет 2. список 3. документ (*удостоверение, свидетельство и т.п.*) 4. вексель; тратта 5. *амер.* банкнота, казначейский билет 6. законопроект
   acceptance ~ [of exchange] акцептованная тратта
   accepted ~ акцептованный вексель

BIL

accommodation ~ дружеский вексель
account ~ ведомость бухгалтерского учета
addressed ~ домицилированный вексель; домицилированная тратта
advance ~ вексель, выписанный до отправления груза
after date ~ вексель со сроком платежа, исчисляемым со дня выдачи
after sight ~ вексель (тратта) с оплатой по предъявлении
air ~ авианакладная, авиагрузовая накладная
air ~ of lading *см.* air ~
aircraft ~ of lading *см.* air ~
airfreight ~ *см.* air ~
airway ~ *см.* air ~
appropriation ~ финансовый законопроект
auction ~ каталог аукциона
backed ~ вексель с поручительской надписью
balance ~ вексель для сальдирования
bank ~ банковский вексель; банковская тратта
bankable ~ вексель, могущий быть учтенным (принимаемый к учету)
banker's ~ банковский вексель; банковская тратта
bearer ~ вексель на предъявителя
bearer ~ of lading коносамент на предъявителя
blank ~ бланковый вексель
budget ~ бюджетный законопроект
claused ~ [of exchange] тратта с дополнительными условиями
claused ~ of lading коносамент с оговорками
clean ~ [of exchange] недокументированная тратта
clean ~ of health карантинное свидетельство, фиксирующее отсутствие инфекционных заболеваний на судне или в порту
clean ~ of lading чистый коносамент
clearance ~ квитанция таможни об оплате пошлины
collateral ~ депонированный вексель; простой обеспеченный вексель
collective ~ of lading сборный коносамент
commercial ~ [of exchange] коммерческая тратта; коммерческий вексель
counter ~ встречный вексель
credit ~ вексель, выписанный против открытого аккредитива

cross ~ обратный переводный вексель
currency ~ вексель, выписанный в иностранной валюте
customs ~ таможенная декларация
demand ~ предъявительский вексель
demand ~ [of exchange] предъявительская тратта
dirty ~ of lading нечистый коносамент; коносамент, содержащий оговорки о состоянии или качестве транспортируемого товара
discount ~ учетный вексель
discountable ~ вексель, могущий быть учтенным в банке
dishonoured ~ опротестованный вексель
documentary ~ документированный вексель
documentary ~ [of exchange] документированная тратта
domestic ~ вексель, оплачиваемый в местной валюте
domiciled ~ [of exchange] домицилированный вексель; домицилированная тратта
domiciliated ~ [of exchange] см. domiciled ~ [of exchange]
draft ~ законопроект
drawn ~ выставленная тратта
due ~ 1) вексель, подлежащий оплате 2) амер. документ, подтверждающий обязательство продавца вручить ценные бумаги покупателю
eligible ~s векселя или ценные бумаги, принимаемые Банком Англии для переучета
endorsed ~ индоссированный вексель
exchequer ~ брит. казначейский вексель
expired ~ вексель, по которому наступил срок платежа
extended ~ пролонгированный вексель
ficticious ~ фиктивный вексель
finance ~ финансовый вексель
fine ~ первоклассный вексель
fine bank ~ первоклассный банковский вексель
fine trade ~ первоклассная торговая тратта
first ~ [of exchange] первый экземпляр векселя (тратты)
first-rate ~ первоклассный вексель
foreign ~ [of exchange] иностранная тратта
forged ~ поддельный вексель
foul ~ of health карантинное свидетельство, фиксирующее наличие инфекционного заболевания на судне или в порту
foul ~ of lading коносамент с пометками
freight ~ грузовая накладная
«Freight Collect» ~ of lading коносамент с отметкой «фрахт подлежит уплате грузополучателем»
«Freight Paid» ~ of lading коносамент с отметкой «фрахт уплачен»
garage ~ счет за бензин
gilt-edged ~ вексель, акцептованный и индоссированный первоклассным банком (компанией)
grouped ~ of lading групповой коносамент
guarantee ~ свидетельство о поручительстве
guaranteed ~ гарантированный вексель
hand ~ рекламный листок
honoured ~ оплаченный вексель
hot treasury ~s «горячие» казначейские векселя
in-clearing ~ дебетовый вексель
inelligible ~ вексель, не пригодный для учета
inland ~ вексель, оплачиваемый в местной валюте
inscribed ~ именной вексель
interim ~ временный вексель
investment ~ инвестиционный вексель
inward ~ of lading внутренний коносамент
local ~ местный вексель
long ~ долгосрочный вексель
long-dated ~ см. long ~
long-range ~ см. long ~
long-term ~ см. long ~
master ~ of materials основной список материалов
mature[d] ~ вексель, по которому наступил срок платежа
mercantile ~ коммерческий вексель
negotiable ~ передаваемый вексель
nonnegotiable ~ непередаваемый вексель
noted ~ вексель с нотариальной отметкой об отказе трассата от его акцепта, опротестованный вексель
ocean ~ of lading морской коносамент
omnibus ~ of lading сборный коносамент
on board ~ of lading бортовой коносамент

order ~ ордерный вексель
order ~ of lading ордерный коносамент
ordinary ~ коммерческий вексель
original ~ оригинал векселя
out-clearing ~ кредитовый вексель
outland ~ заграничный вексель
outstanding ~ [of exchange] неоплаченный вексель; неоплаченная тратта
outward ~ of lading внешний коносамент
overdue ~ просроченный вексель
paid ~ [of exchange] оплаченный вексель; оплаченная тратта
past-due ~ просроченный вексель
pawned ~ заложенный вексель
payment ~ вексель к оплате
port ~ of lading портовый коносамент
prime ~ первоклассный вексель
proforma ~ дружеский вексель
prolonged ~ пролонгированный вексель
protested ~ опротестованный вексель
provisional ~ предварительный вексель
raised ~ поддельная денежная купюра
received for shipment ~ of lading коносамент «принято на борт»
rediscounted ~ переучтенный вексель
renewal ~ пролонгированный вексель; пролонгированная тратта
repairs ~ дефектная ведомость
returned ~ возвращенный вексель
second ~ второй экземпляр векселя, секунда
secured ~ обеспеченный вексель; документарная тратта
security ~ *см.* secured ~
shipped ~ of lading бортовой коносамент
shipping ~ свидетельство о погрузке (*заполняется грузоотправителем для возврата таможенной пошлины*)
short ~ краткосрочный вексель
short-dated ~ *см.* short ~
short-term[ed] ~ *см.* short ~
sight ~ предъявительский вексель
single ~ вексель, тратта, выставленные в одном экземпляре
sola ~ *см.* single ~
sole ~ *см.* single ~
straight ~ of lading именной коносамент
suspected ~ of health карантинное свидетельство, не фиксирующее наличие инфекционных заболеваний на судне или в порту, но и не подтверждающее их отсутствие

tax ~ 1) счет на уплату налогов 2) налоговый законопроект
telephone ~ счет за телефон
term ~ срочный вексель
third ~ третий экземпляр векселя, терция
through ~ of lading сквозной коносамент
time ~ дата-вексель
touched ~ of health карантинное свидетельство, не фиксирующее наличие инфекционных заболеваний на судне или в порту, но и не подтверждающее их отсутствие
trade ~ торговый вексель; торговая тратта
transhipment ~ of lading сквозная накладная
treasury ~ *брит.* казначейский вексель
truck ~ of lading автодорожная накладная
unclean ~ of lading нечистый коносамент
uncovered ~ необеспеченный вексель
undiscountable ~ вексель, не могущий быть учтенным
unexpired ~ вексель, срок платежа по которому не истек
uniform ~ of lading стандартный коносамент
unpaid ~ неоплаченный вексель
unsecured ~ необеспеченный вексель
upcoming ~ вексель, срок платежа по которому истекает
usance ~ внешнеторговый вексель
victualling ~ список провианта (*для экипажа судна*)
wage ~ фонд зарплаты
window ~ реклама в витринах
~ after date вексель со сроком платежа, исчисляемым со дня выдачи
~ after sight вексель с оплатой после предъявления
~ at short date краткосрочный вексель
~ at sight вексель с оплатой по предъявлении
~ at usance вексель на срок, установленный торговым обычаем
~ for collection вексель на инкассо
~s in hand портфель векселей
~s in a set комплект векселей
~s in circulation векселя в обращении
~ of acceptance акцептованная тратта
~ of adventure письменная декларация грузоотправителя о том, что отгружен-

69

ные от его имени товары фактически принадлежат другому лицу, которое и несет ответственность за все риски
~ of charges счет расходов
~ of clearance квитанция таможни об оплате пошлины
~ of costs счет расходов, ведомость издержек
~ of credit аккредитив
~ of entry таможенная декларация по приходу
~ of exchange тратта
~ of expenses счет расходов
~ of fare 1) меню 2) тариф
~ of goods номенклатура товаров
~ of health карантинное свидетельство, санитарное свидетельство
~ of indictment обвинительное заключение
~ of lading коносамент
~ of materials список материалов
~ of parcels накладная; фактура
~ of products номенклатура товаров
~ of quantities ведомость материальных и трудовых ресурсов, необходимых для проектирования и строительства здания
~ of redraft обратный вексель, рикамбио
~ of review иск о пересмотре судебного решения
~ of sale купчая; закладная
~ of sight документ импортера, представляемый в таможенные органы для досмотра груза
~ of store *амер.* разрешение на реимпорт
~ of stores *брит.* разрешение на реимпорт
~ of sufferance разрешение на перевозку неочищенных от пошлин грузов из одного порта в другой
~ of victualling заявление капитана судна таможенным властям о части груза, используемого экипажем судна
~ to bearer вексель на предъявителя
~ to the order of another person вексель приказу другого лица
~ to one's own order вексель собственному приказу
~ with recourse обратный вексель
◊ ~s payable 1) счета к оплате 2) векселя и акцепты к уплате 3) кредиторская задолженность
~s receivable 1) счета к получению 2) векселя и акцепты к получению 3) дебиторская задолженность
~ drawn against commodity подтоварный вексель
~s drawn in a set векселя, выписанные в комплекте
~ noted for protest опротестованный вексель
to accept a ~ акцептовать тратту
to accept a ~ for collection принять тратту на инкассо
to accept a ~ for discount принять вексель для учета
to advise a ~ авизовать вексель
to amend a ~ изменить законопроект
to back a ~ давать поручительство по векселю
to cancel a ~ аннулировать вексель
to cash a ~ получать деньги по векселю
to collect a ~ *см.* cash a ~
to cover a ~ обеспечить покрытие векселя
to discharge a ~ выкупать вексель
to discount a ~ учитывать вексель
to dishonour a ~ опротестовывать вексель
to domicile a ~ домицилировать вексель
to draw a ~ [of exchange] выписывать вексель; выставлять тратту
to endorse a ~ индоссировать вексель
to endorse a ~ in blank делать на векселе бланковую передаточную надпись
to foot the ~ платить по счету
to get a ~ protested опротестовать вексель
to give a ~ [of exchange] выставить тратту
to give a ~ on discount сдавать вексель на учет
to give security for a ~ обеспечить покрытие векселя
to guarantee a ~ гарантировать оплату векселя
to have a ~ noted опротестовать вексель
to have a ~ protested *см.* have a ~ noted
to honour a ~ оплачивать вексель, тратту
to issue a ~ [of exchange] выписывать вексель; выставлять тратту
to make a ~ payable to order выписывать ордерный вексель
to make out a ~ выписывать вексель
to meet a ~ погашать вексель

to negotiate a ~ [of exchange] переуступать вексель; переуступать тратту
to note a ~ for protest опротестовать вексель
to pay a ~ оплатить вексель; оплатить тратту
to pay a ~ at maturity оплатить тратту в срок
to pay by means of a ~ платить векселем; платить траттой
to prepare a ~ выставить счет
to present a ~ for acceptance представить тратту для акцепта
to present a ~ for payment представить вексель для оплаты
to prolong a ~ [of exchange] пролонгировать вексель; пролонгировать тратту
to protect a ~ [of exchange] оплачивать вексель; оплачивать тратту
to rediscount a ~ [of exchange] переучитывать вексель; переучитывать тратту
to redraw a ~ выписывать обратный переводный вексель
to remit a ~ for collection передавать вексель на инкассо
to renew a ~ [of exchange] продлевать вексель; пролонгировать тратту
to retire a ~ оплачивать вексель
to return a ~ under protest возвращать вексель с протестом
to settle a ~ оплачивать вексель
to sign a ~ of exchange per procuration подписывать тратту по доверенности
to take a ~ on discount производить учет векселя
to take up a ~ [of exchange] погашать вексель; оплачивать тратту
to withdraw a ~ отзывать вексель
to write out a ~ выписывать вексель
BILLBOARD *n* рекламный щит
BILLBROKER *n* вексельный брокер
BILLHEAD *n* бланк накладной, счета и т. п.
BILLING *n* 1. выписка счета, накладной и т. п., фактурирование 2. реклама в афишах 3. выручка
arrears ~ извещение о задолженности
cycle ~ циклическое фактурирование
product ~ составление перечня изделий
BILLION *n брит.* биллион; *амер.* миллиард
BIMETALLISM *n* биметаллизм

BIMONTHLY *adv* 1. раз в два месяца 2. два раза в месяц
BIN *n* бункер; ящик
BINARY *adj* двоичный (*код, счисление*)
BIND *v* 1. крепить, связывать 2. обязывать (*законом и т. п.*); связывать (*договором*) 3. скреплять, подтверждать (*сделку*)
BINDER *n страх.* временное соглашение, накладывающее на страховую компанию определенные обязательства на период до оформления страхового полиса
BINDING *n* обязывающий, обязательный
BIOECONOMICS *n* биоэкономика
BIOENGINEERING *n* биотехнология
BIOFUELS *n pl* биотопливо
BIOMASS *n* биомасса
BIOTA *n* биота
BIOTECHNOLOGY *n* биотехнология
BIRD *n* птица
battery ~ птица интенсивного содержания
laying ~ курица-несушка
market ~ птица, откормленная на мясо
table ~ *см.* market ~
BIRTHPLACE *n* место рождения
BIRTHRIGHT *n юр.* право по рождению; неотъемлемое право
BIT *n* мелкая монета
long ~ *амер.* монета в 15 центов
short ~ *амер.* монета в 10 центов
BITE *n* выгон, пастбище
early ~ ранний выпас
late ~ поздний выпас
BLACK *n* действия профсоюзов, запрещающие обработку определенных товаров и выполнение некоторых работ
◊ to be in the ~ 1) иметь положительное сальдо; быть платежеспособным 2) иметь прибыль
to go into ~ давать прибыль, стать рентабельным
BLACK *v* 1) бойкотировать 2) запрещать членам профсоюза выполнение некоторых работ
BLACKLEG *n* штрейкбрехер
BLACKLIST *n* черный список
BLACKMAIL *n* шантаж; вымогательство
BLANK *n* 1. бланк 2. пропуск (*незаполненное место*)
application ~ бланк заявки
order ~ бланк заказа
reconcilement ~ бланк для сверки депозитного счета

reconciliation ~ *см.* reconcilement ~ subscription ~ бланк подписки
BLANK *adj* незаполненный (*о документе*), бланковый
BLANKET *adj* глобальный, комплексный, аккордный
BLEED *n* получение денег незаконным путём
BLEND *n* смесь (*напр. разных сортов*)
  own ~ собственная (фирменная) смесь
BLOC *n* блок
  currency ~ валютный блок
  dollar ~ долларовый блок
  economic ~ экономический блок
  exclusive economic ~ закрытый экономический блок
  military ~ военный блок
  restricted economic ~ закрытый экономический блок
  sterling ~ стерлинговый блок
BLOCK *n* 1. пакет (*акций, ценных бумаг*) 2. квартал 3. затор, пробка
  controlling ~ of shares контрольный пакет акций
  road ~ дорожная пробка
  traffic ~ затор в уличном движении
  ~ of data набор данных
  ~ of flats многоквартирный дом
  ~ of houses квартал
  ~ of shares пакет акций
  ~ of stocks *амер.* пакет акций
BLOCK *v* 1. блокировать, задерживать 2. замораживать (*кредиты*)
BLOCKADE *n* блокада
  commercial ~ торговая блокада
  credit ~ кредитная блокада
  customs ~ таможенная блокада
  economic ~ экономическая блокада
  ineffective ~ неэффективная блокада
  maritime ~ морская блокада
  naval ~ *см.* maritime ~
  paper ~ неэффективная блокада
  technological ~ технологическая блокада
  trade ~ торговая блокада
  ◊ to break the ~ прорвать блокаду
  to call off the ~ снять блокаду
  to establish a ~ ввести блокаду
  to impose a ~ *см.* establish a ~
  to lift the ~ снять блокаду
  to raise the ~ *см.* lift the ~
  to set up a ~ ввести блокаду
  to tighten [up] the ~ усиливать блокаду
BLOCKADE *v* блокировать
BLOCKAGE *n* блокада

finance ~ финансовая блокада
BLOCKED *adj* блокированный
BLOCKING *n* блокирование
  ~ of an account блокирование счёта
  ~ of credits блокирование кредитов
BLOW-UP *n* многократно увеличенное фотографическое изображение рекламируемых товаров
BLUE *adj*:
  ◊ ~ button *бирж.* служащий, нанятый фирмой для работы в операционном зале биржи
  ~ chip акции наиболее известных крупных компаний, имеющих высокий курс и стабильно выплачивающие дивиденды
  ~ collar «синий воротничок», рабочий на производстве
BLUEPRINT *n* план, проект, программа
BLUFF *n* блеф, обман, запугивание
BLUNDER *n* грубая ошибка
BOARD *n* 1. правление (*совет*; коллегия 2. *брит.* министерство 3. борт (*корабля*) 4. доска; щит
  administration ~ административный совет
  advertising ~ рекламный совет
  advisory ~ консультативный совет
  Big B. Нью-Йоркская фондовая биржа
  big ~ демонстрационное табло на Нью-Йоркской фондовой бирже
  broker's ~ *амер.* биржа
  council ~ совещание
  editorial ~ редакционный совет
  examining ~ экзаменационная комиссия
  executive ~ исполнительный комитет
  fact-finding ~ комиссия по расследованию
  fascia ~ вывеска
  Federal Farm Loan B. *амер.* Федеральное управление фермерских ссуд
  Federal Maritime B. *амер.* Федеральное управление торгового судоходства
  Federal Reserve B. *амер.* Совет Федеральной резервной системы
  full ~ условие проживания (*ночлег и трёхразовое питание*)
  government patent ~ государственный патентный комитет
  harbour ~ управление порта
  judicial ~ судебная коллегия
  management ~ правление
  managerial ~ дирекция
  managing ~ руководящий орган
  marketing ~ управление по сбыту

municipal ~ муниципальный совет
National Industrial Conference B. Совет Национальной промышленной конференции
product-control ~ отдел технического контроля
product-quality ~ *см.* product-control ~
publicity ~ рекламный щит
quotation ~ табло, на котором демонстрируются текущие котировки цен и курсов
railway ~ управление железной дороги
supervisory ~ наблюдательный совет
Technical Assistance B. Совет технической помощи
Trade and Development B. Совет по торговле и развитию
~ of administration административный совет
B. of Admiralty *брит.* совет адмиралтейства
~ of appeals апелляционная коллегия
~ of arbitration аритражная коллегия
~ of auditors комиссия аудиторов
~ of brokers синдикат маклеров
~ of complaint отдел жалоб
~ of creditors кредиторский совет
B. of Customs and Excise Управление таможенных пошлин и акцизных сборов
~ of directors совет директоров; дирекция
~ of examiners экзаменационная комиссия
~ of governors совет управляющих
B. of Governors of the Federal System *амер.* Совет управляющих Федеральной резервной системы
B. of Health отдел здравоохранения
B. of Inland Revenue *брит.* Главное налоговое управление
~ of justices судейская коллегия
~ of management правление
~ of supervisors наблюдательный совет
B. of Trade *амер.* торговая палата
~ of trustees опекунский совет
~ and lodging условие проживания (*ночлег и питание*)
◇ on ~ на борту; на корабле; *амер.* в вагоне; на самолете
free on ~ франко-борт
on ~ a ship на борту судна
to place on ~ размещать на борту
to put up on the ~ вывешивать на доску

to take on ~ принимать на борт
BOARD *v* садиться на корабль; *амер.* садиться в поезд, на самолет
BOAT *n* 1. лодка; шлюпка; бот 2. судно, корабль
banana ~ специальное судно для перевозки бананов
bare ~ судно, зафрахтованное без экипажа
canal ~ судно внутреннего плавания
cargo ~ грузовое судно
cold storage ~ рефрижераторное судно
express cargo ~ грузовое судно большой скорости
ferry ~ паром
fishing ~ рыболовное судно
freight ~ грузовое судно
hydrofoil ~ судно на подводных крыльях
life ~ спасательная шлюпка
mail ~ почтовое судно
motor ~ моторное судно
packet ~ почтово-пассажирское судно
passenger and cargo ~ грузо-пассажирское судно
pilot ~ лоцманский бот, лоцманское судно
river ~ речное судно
salvage ~ спасательное судно
tow ~ баржа; буксир, буксирное судно
towed ~ *см.* tow ~
water ~ водоналивное судно
BOATAGE *n* плата за пользование буксиром
BOD|Y *n* 1. орган; общество; ассоциация 2. совокупность, комплекс; коллектив
Administrative Advisory Bodies административные консультативные органы
advisory ~ консультативный орган
authorized ~ies компетентные органы
collective ~ коллектив
competent ~ компетентный орган
consultative ~ консультативный орган
controlling ~ контролирующий орган
corporate ~ корпорация
diplomatic ~ дипломатический корпус
directing ~ руководящий орган
economic ~ies хозяйственные органы
executive ~ исполнительный орган
federal health insurance ~ федеральный орган медицинского страхования
finance ~ финансовый орган
fiscal control ~ *см.* finance ~
governing ~ административный совет

BOG   BON

government ~ орган государственной власти
law enforcement ~ies правоохранительные органы
leading ~ies руководящие органы
legislative ~ законодательный орган власти
local ~ies местные органы власти
managerial ~ орган управления
para statal ~ies негосударственные органы, назначаемые правительством
private health insurance ~ies частные организации медицинского страхования
public ~ правительственное учреждение
standing ~ постоянный орган
state ~ies государственные органы
state administration ~ies органы государственного управления
superior ~ вышестоящий орган
supervisory ~ курирующий орган; наблюдательный орган
taxation ~ налоговый орган
~ of power орган власти
~ies of state administration органы государственного управления

BOGIE *n* 1. доля, квота, определенное количество 2. стандарт предприятия

BOGUS *adj* поддельный, фальшивый

BOILER-ROOM *n амер.* незаконная организация, занимающаяся продажей рискованных или дешевых ценных бумаг

BOLSTER *v* поддерживать, укреплять; усиливать

BONA FIDE *лат.* бона фиде, добросовестный

BONANZA *n* выгодное предприятие; «золотое дно»

BONA VACANTIA *лат. юр.* брошенная собственность (*недвижимость, акции и др.*), оставшаяся без владельца и без претендента на нее

BOND *n* 1. долговое обязательство, долговая расписка 2. залог; гарантия, бонд 3. закладная 4. облигация
active ~ облигация с фиксированной процентной ставкой
adjustment ~s облигации, выпускаемые в обмен на старые облигации при рекапитализации корпорации
administration ~ «администрационная» облигация
annuity ~ рентная облигация
arbitrage ~ арбитражная облигация

assumed ~ облигация, выпущенная одной компанией и гарантированная другой
average ~ аварийная подписка, аварийный бонд
baby ~ мелкая облигация, облигация с низким номиналом (*обычно до 500 долларов США*)
bail ~ *мор.* залоговое обязательство
bearer ~ облигация на предъявителя
benchmark government ~s базисные правительственные облигации
blanket ~ бланковая облигация
bottomry ~ бодмерейный договор
bullet ~ еврооблигация, погашаемая только по истечении указанного в ней срока
callable ~ облигация с правом досрочного погашения
called ~ облигация, предъявленная к погашению
classified ~s долговые обязательства, выпущенные разными сериями
collateral ~ *амер.* облигация, обеспеченная другими ценными бумагами
collateral mortgage ~ облигация, обеспеченная закладной
collateral trust ~ облигация, обеспеченная ценными бумагами других компаний
collaterized ~ облигация, обеспеченная другими ценными бумагами
consolidated ~ консолидированная ценная бумага
convertible ~ конвертируемая облигация, которую можно обменять на акцию
corporate ~ промышленная облигация
coupon ~ купонная облигация, облигация на предъявителя
currency ~ *брит.* облигация, погашаемая в валюте страны, где она была выпущена; *амер.* облигация, оплачиваемая в любой валюте
cushion ~s облигации с высокой купонной ставкой и умеренной премией при продаже
customs ~ таможенная закладная
debenture ~ 1) облигация без специального обеспечения 2) таможенный сертификат для обратного получения импортной пошлины
deep-discount ~ облигация, проданная со значительной скидкой
defaulted ~ облигация, не погашенная в срок

deferred ~ облигация с отсроченным платежом
definitive ~ 1) документ, выдаваемый владельцу облигации после ее погашения 2) *амер.* постоянная облигация корпорации
disabled ~ недействительная облигация
discount ~ дисконтная облигация
domestic ~ отечественная облигация
dual currency ~s двухвалютные облигации
equipment ~ облигация, обеспеченная движимым имуществом
escrow ~ облигация, хранящаяся у доверенного лица
Exchequer ~ *брит.* казначейская облигация
extended ~ облигация, пролонгируемая при наступлении срока погашения
external ~ заграничная облигация
farm loan ~s *амер.* облигации, выпускаемые федеральными земельными банками под залог земельных участков
fidelity ~ гарантийное обязательство одного лица перед другим против возможного злоупотребления третьим лицом — хранителем траста
first lien ~ облигация, обеспеченная приоритетной закладной
first mortgage ~ облигация, обеспеченная первой закладной
flat-income ~ *амер.* облигация, цена которой включает всю сумму невыплаченных процентов
floating rate ~ облигация с плавающей ставкой
flower ~ *амер.* облигация, принимаемая по номинальной стоимости в уплату налогов на недвижимое имущество в случае смерти владельца имущества
foreign ~ заграничная облигация
foreign currency ~ облигация, выпускаемая и погашаемая в валюте другой страны
full-coupon ~ облигация с полным купоном
general average ~ аварийная подписка
general mortgage ~ *амер.* облигация, обеспечиваемая полной закладной на собственность корпорации
general obligation ~s долговые обязательства, выпускаемые администрацией штата или муниципалитетом и не облагаемые налогом

gold ~ облигация, обеспеченная золотом
government ~ государственная облигация
guarantee ~ гарантийный талон, гарантийное свидетельство
guaranteed ~ облигация, гарантированная в отношении выплаты основного долга или процентов
high grade ~ первоклассная облигация
high yield ~ облигация с высоким доходом
income ~s доходные облигации; *брит.* облигации с фиксированным процентом, выпускаемые страховыми компаниями; *амер.* облигации, по которым проценты выплачиваются только при наличии прибыли у компании
indemnity ~ поручительство на случай прекращения платежей
index-linked ~ индексированная облигация
industrial ~ облигация промышленной компании
industrial revenue ~ промышленная доходная облигация
instalment ~ рентная облигация
interchangeable ~ облигация, которую можно обменять на другие обязательства
interest bearing ~ процентная облигация
internal ~ облигация внутреннего займа
international ~s международные связи
investment ~s ценные бумаги, приносящие твердый доход
irredeemable ~ облигация, не подлежащая погашению до наступления срока
joint ~ совместная облигация
junior ~s *амер.* облигации с низким рейтингом
junk ~s *амер.* облигации с высокой степенью риска
land ~ сельскохозяйственная закладная
life ~ документ, подтверждающий наличие рентной облигации
Lloyd's bottomry ~ бодмерейный договор ассоциации Ллойда
local ~ *брит.* муниципальная облигация
long ~ долгосрочная облигация
long-dated ~ *см.* long ~
long-term ~ *см.* long ~

lottery ~ лотерейная облигация
matured ~ облигация, подлежащая погашению
maturing ~ *см.* matured ~
medium-term ~s среднесрочные казначейские обязательства
merchandise ~ товары под таможенной пломбой
mortgage ~ облигация, обеспеченная недвижимостью, ипотечная облигация
municipal ~ муниципальная облигация
naked ~ необеспеченная облигация
noncallable ~ облигация, не подлежащая погашению до наступления срока
open-end ~ заем без ограничения общей суммы
option ~ опционный заем
optional ~ облигация с правом досрочного погашения
order ~ ордерное долговое обязательство
outstanding ~ облигация, не погашенная в срок
overdue ~ *см.* outstanding ~
partial ~ частичное долговое обязательство
participating ~ облигация с правом на участие в прибылях
passive ~ беспроцентная облигация
payable ~ облигация, срочная к оплате
performance ~ документ, подтверждающий обязательства продавца в отношении выполнения контракта
perpetual ~ облигация, не имеющая конечного срока погашения
power ~ доверенность на передачу прав собственности на именные облигации
preference ~ облигация с первоочередной выплатой процентов и первоочередным погашением
premium ~ облигация выигрышного займа
premium savings ~s *брит.* выигрышные сберегательные боны
profit sharing ~ облигация с правом участия в прибылях
put ~ облигация с правом продажи обратно эмитенту по номиналу по истечении срока погашения
property ~ обязательство страховой компании, по которому страховая премия инвестируется в фонд собственника
redeemable ~ облигация с правом досрочного погашения

redemption ~s облигации, выпущенные взамен досрочно погашенных
refunding ~s облигации, выпускаемые для погашения ранее выпущенных облигаций
regional ~s муниципальные облигации
registered ~ именная облигация
rescission ~ долговое обязательство в виде облигации, выпускаемое для погашения незаконно выданных гарантий
respondentia ~ бодмерейный договор (*о выдаче ссуды под залог судна или судна и груза*)
retractable ~ облигация с правом продажи обратно эмитенту по номиналу по истечении срока погашения
revenue ~ облигация, обеспеченная доходами от объекта
salvage ~ обязательство возмещения расходов по спасению
samurai ~ долговое обязательство, выпускаемое в Японии иностранным заемщиком, которое может быть куплено нерезидентом
savings ~ сберегательная облигация
second mortgage ~ облигация, обеспеченная второй закладной
secured ~ обеспеченная облигация
senior ~ облигация с преимущественным правом требования
serial ~s облигации, выпускаемые сериями с разными сроками погашения
Series E ~s облигации серии E (*правительственные сберегательные облигации, продаваемые ниже номинала*)
Series N ~s облигации серии H (*правительственные сберегательные облигации, продаваемые по номинальной стоимости*)
short ~ *амер.* краткосрочная облигация
short-dated ~ *см.* short ~
short-term ~ *см.* short ~
sinking-fund ~s облигации, условия выпуска которых предусматривают создание выкупного фонда
state ~s правительственные облигации
straight ~ обычная облигация
straw ~ обесцененное долговое обязательство
stripped ~ облигация, из которой изъяты купоны
subordinated ~s долговые обязательства с более низким статусом, чем дру-

BON

гие долговые обязательства того же эмитента
tax ~ налоговый сертификат
tax-exempt ~ облигация, доход от которой освобождён от налогового обложения
temporary ~ временный сертификат
term ~s срочные облигации
treasury ~s долгосрочные казначейские обязательства
unredeemed ~s невыкупленные облигации
warehouse ~ складская закладная
yankee ~ облигация, выпускаемая в США иностранным заёмщиком и регистрируемая в Комиссии по ценным бумагам и биржам
yearling ~ *брит.* ценная бумага, выпускаемая муниципальными органами сроком на один год
zero coupon ~ бескупонная облигация, облигация с нулевым купоном
◇ **in** ~ не оплаченный пошлиной
out of ~ из бондового склада
to call ~s объявлять о погашении облигаций
to draw ~s **for redemption** погашать облигации
to issue ~s выпускать облигации
to pay off ~s погашать облигации
to pay off ~s **at maturity** погашать облигации при наступлении срока
to place into ~ помещать на таможенный склад до уплаты пошлины
to process goods in ~ обрабатывать не оплаченный пошлиной товар
to redeem ~s погашать облигации
to register ~s регистрировать облигации
to retire ~s изымать облигации из обращения
to secure ~s обеспечивать облигации
to store in ~ хранить под таможенной пломбой
take in ~ принимать [товар] на склад до уплаты таможенной пошлины
take out of ~ уплачивать таможенную пошлину
BONDED *adj* 1. находящийся в залоге на таможенном складе, бондовый 2. облигационный
BONDHOLDER *n* держатель облигаций
BOND-WASHING *n* продажа ценных бумаг до выплаты дивидендов и процентов и обратная покупка после такой выплаты

BONIFICATION *n* надбавка к цене за более высокое качество, бонификация
counter ~ обратная бонификация
export ~ экспортная бонификация
price ~ надбавка к цене
BONUS *n* бонус, премия, вознаграждение; надбавка; добавочный дивиденд
annual ~ годовая премия
anticipated ~ ожидаемый дивиденд
ballast ~ сумма, выплачиваемая для покрытия расходов по плаванию судна с балластом
cash ~ премия, выплачиваемая наличными, денежная премия
cost of living ~ надбавка к заработку в связи с ростом индекса розничных цен
direct ~ прямая премия
efficiency ~ надбавка к зарплате за хорошую работу
end-of-year ~ премия, выплачиваемая в конце года по результатам работы за год
export ~ экспортная премия
import ~ импортная премия
incentive ~ поощрительная премия
indirect ~ добавочная премия
long service ~ надбавка за выслугу лет
lumpsum ~ единовременная премия
merit ~ премия за заслуги
night shift ~ надбавка за работу в ночную смену
no-claims ~ скидка за безаварийность
piece-work ~ аккордная надбавка
premium ~ премиальная надбавка
production ~ премия за хорошую работу
quality ~ премия за качество
reversionary ~ *страх.* дополнительные выплаты нерегулярного характера, добавляемые к страховой сумме при наступлении даты платежа
share ~ дополнительная выплата в форме акций
simple ~ *страх.* выплаты, выраженные в процентах от страховой суммы
special ~ одноразовая надбавка, выплачиваемая за счёт ожидаемых поступлений
task ~ целевая премия
terminal ~ заключительные надбавки, выплачиваемые в последнем году действия страхового полиса
yearly special ~ годовая поощрительная премия
~ **for completion of work ahead of**

~ schedule премия за досрочное выполнение работы
BOOK *n* книга; счетная книга; бухгалтерская книга
~ account ~ бухгалтерская книга; журнал; регистр
~ analysis ~ бухгалтерская книга, где фиксируется учетная информация в форме таблиц и колонок цифр
~ balance ~ балансовая бухгалтерская книга
~ balance sheet ~ *см.* balance ~
~ bank ~ банковская книга
~ bill ~ вексельная книга, книга векселей
~ black ~ список несостоятельных должников
~ blue ~ *брит.* «Синяя книга», правительственный документ
~ brand product ~ перечень товаров определенной фабричной марки
~ business ~ торговая книга
~ cargo ~ грузовая книга
~ cash ~ кассовая книга
~ cash receipts and payments ~ приходно-расходная книга
~ cheque ~ чековая книжка
~ commercial ~ торговая книга; расчетная книга
~ cost ~ 1) расчетная книга 2) товарный прейскурант
~ deposit ~ депозитная книжка; сберегательная книжка
~ depositor's ~ *см.* deposit ~
~ employment ~ расчетная книжка
~ financial ~ конторская (бухгалтерская) книга
~ forward ~ нетто позиция банка по срочным валютным операциям, отражающая как текущие сделки, так и прогноз банка по конкретной валюте
~ instruction ~ руководство
~ invoice ~ книга счетов, счетная (фактурная) книга
~ log ~ журнал учета
~ long order ~ большой портфель заказов
~ memorandum ~ записная книжка
~ option ~ опционный портфель
~ order ~ портфель заказов, книга заказов
~ pattern ~ книга образцов
~ pay ~ расчетная книга
~ paying ~ книга платежей
~ paying-in ~ банковская книжка клиента для регистрации вкладов
~ payroll ~ платежная ведомость
~ petty cash ~ кассовая книга мелких платежей
~ policy ~ список полисов
~ price ~ прейскурант
~ price and product ~ *см.* price
~ prime entry ~ журнал с подробными записями ежедневных сделок купли-продажи
~ purchase returns ~ книга учета возвращенных товаров
~ receipt ~ квитанционная книга
~ receipts ~ приходная книга
~ reference ~ справочник
~ register ~ регистр; реестр, список
~ request ~ книга жалоб
~ sales ~ книга учета продаж
~ sample ~ книга образцов
~ savings [bank] ~ сберегательная книжка
~ signature ~ список подписей (*должностных лиц*)
~ standard cost rate ~ регистр нормативных издержек
~ statement ~ *амер.* балансовая книга
~ statute ~ кодекс, свод законов и юридических актов
~ statutory ~s уставные документы фирмы
~ stock ~ 1) товарная книга, складская книга 2) книга регистрации владельцев акций
~ stockbroker's bargain ~ записная книжка брокера с записями об операциях
~ store ~ список наличных товаров
~ subsidiary ~s вспомогательные книги
~ tariff ~ тарифный справочник; прейскурант тарифов
~ tax ~ перечень налогов
~ till ~ кассовая книга
~ transfer ~ книга регистрации трансфертов
~ trial balance ~ книга предварительных балансов
~ visitors' ~ книга посетителей
~ wage-and-payment ~ расчетная книга
~ warehouse ~ перечень товаров, имеющихся на складе
~ White B. «Белая книга», правительственный документ
~ of accounts счетоводная книга
~ of arrivals перечень вновь поступивших товаров
~ of charges расходная книга
~ of entries книга записей

~ of first entry книга первичных записей
~ of original журнал, книга первичных записей
~ of reference справочная книга
~ of second entry книга дублирующих записей
◊ to balance the ~s сбалансировать бухгалтерские книги; сбалансировать счета
to be on the ~s быть зарегистрированным членом
to close the ~s закрывать бухгалтерские книги
to cook the ~s подтасовывать бухгалтерские данные
to doctor the ~s подделывать бухгалтерские записи
to enter in a ~ заносить в книгу
to keep ~s вести бухгалтерские книги

BOOK *v* 1. заносить в книгу; регистрировать 2. заказывать, размещать заказы; букировать 3. резервировать

BOOKING *n* размещение заказов; букировка
advance ~ предварительный заказ
freight ~ фрахтование тоннажа
~ of cargo букировка грузов
~ of orders размещение заказов

BOOKKEEPER *n* счетовод, бухгалтер
general-ledger ~ бухгалтер, ведущий Главную книгу
head ~ главный бухгалтер
junior ~ младший бухгалтер
senior ~ старший бухгалтер
warehouse ~ складской бухгалтер

BOOKKEEPING *n* бухгалтерия; бухгалтерский учет; счетоводство
bank ~ бухгалтерские операции в банке
Boston ~ система бухгалтерского учета по методу одинарных записей
computerised ~ компьютеризованная система бухгалтерского учета
double-entry ~ система бухгалтерского учета по методу двойной записи
electronic ~ электронная система бухгалтерского учета
single-entry ~ система бухгалтерского учета по методу одинарных записей; простая бухгалтерия
stock ~ складской учет
store ~ складская бухгалтерия
tax ~ налоговая бухгалтерия; налоговая документация
warehouse ~ складская бухгалтерия

BOOKLET *n* буклет, брошюра
advertising ~ рекламный буклет
illustrated ~ иллюстрированный буклет
instruction ~ инструкция по эксплуатации
promotional ~ рекламная брошюра

BOOK-POST *n* бандероль
BOOKSHOP *n* книжный магазин
BOOKSTALL *n* книжный киоск
BOOM *n* 1. бум, быстрый подъем (*деловой активности*) 2. шумная реклама; сенсация; ажиотаж
building ~ строительный бум
capital investment ~ инвестиционный бум
commodity ~ товарный бум
consumer ~ потребительский бум
economic ~ экономический бум
inflationary ~ инфляционный бум
inventory ~ ускоренное накопление товарной продукции на складах
investment ~ инвестиционный бум
price ~ резкий рост цен
speculative ~ спекулятивный бум
stock market ~ биржевой бум
◊ to check the ~ сдерживать бум
to cool off the ~ затормозить резкий экономический подъем
to curb the ~ сдерживать бум

BOOM *v* быстро расти; резко повышаться

BOOM-AND-BUST *n амер.* бум с последующей депрессией

BOOMER *n* 1. биржевой спекулянт 2. *амер.* мигрирующий рабочий

BOOMING *adj* быстро растущий (*о ценах*); повышающийся

BOOMLET *n* незначительный и непродолжительный подъем производства (*товарооборота и т. п.*)

BOONDOGGLE *v амер.* заниматься пустым делом, делать напрасный труд

BOOST *n* повышение
price ~ повышение цен
~ in pay повышение заработной платы

BOOST *v* повышать

BOOSTING *n* повышение; стимулирование
~ of trade стимулирование торговли

BOOTH *n* 1. киоск, палатка 2. стенд на выставке

BOOTLEGGER *n* торговец запрещенными товарами

BOOTLEGGING торговля запрещенными товарами

BORDER *n* граница
  state ~ государственная граница
  ◊ to cross the ~ пересекать границу
BORDEREAU *n* выписка из бухгалтерских документов, бордеро
BORROW *v* занимать, брать взаймы
  ◊ ~ on mortgage брать деньги под закладную
  ~ short брать ссуду на короткий срок
BORROWER *n* заемщик
  bottomry ~ получатель ссуды под залог судна или судна и груза
  commercial ~ торговец-заемщик
  end-use ~ конечный заемщик
  foreign ~ заграничный заемщик
  heavy ~ крупный заемщик
  marginal ~ маргинальный заемщик
  mortgage ~ заемщик по ипотеке
BORROWING *n* заимствование; заем
  bank ~ банковский заем
  domestic ~ внутренний заем
  easy ~ свободное получение займа
  external ~ внешний заем
  internal ~ внутренний заем
  international ~ международный заем
  long-term ~ долгосрочная ссуда
  short-term ~ краткосрочная ссуда
BOSS *n* предприниматель; работодатель, «хозяин»
  gang ~ старший рабочий, десятник
  shift ~ сменный мастер
BOTTLE *n* бутылка, бутыль; баллон
  nonreturn ~ разовая бутылка
  nonreturnable ~ *см.* nonreturn ~
  return ~ бутыль, подлежащая возврату
  returnable ~ *см.* return ~
BOTTLENECK *n* «узкое» место
  capacity ~ недостаток производственных мощностей
  liquidity ~ нехватка ликвидных средств
  manpower ~ нехватка рабочей силы
  mechanical ~ узкое место производства
  ~ in production узкое место в производственном процессе
  ~ in supplies узкое место в снабжении
BOTTOM *n* 1. дно 2. грузовое судно
  double ~ двойное дно
  foreign ~ иностранное судно
  ~ of the barrel осадок, отстой
  ~ of the cycle низшая точка цикла
  ~ of the price низшая точка падения цены
  ◊ at the ~ на дне
  to reach the ~ достигнуть предельно низкого уровня

to touch the ~ *см.* to reach the ~
BOTTOMRY *n* бодмерея
BOUNCE *n* скачок
BOUNCE *v* (*о чеке*) возвращаться в связи с отсутствием средств на счету плательщика
BOUND *n* 1. граница, предел 2. оценка (*случайной величины*)
  a priori ~ априорная оценка
  confidence ~ доверительный предел
  lower ~ 1) нижний предел 2) нижняя оценка
  probability ~ предельная вероятность
  upper ~ 1) верхний предел 2) верхняя оценка
  ~ of error граница погрешности
BOUND *adj* 1. обязанный, вынужденный; обязательный 2. направляющийся куда-л.
  ◊ homeward ~ направляющийся в порт приписки
  inward ~ возвращающийся из плавания
  outward ~ направляющийся за границу
BOUNDARY *n* 1. граница 2. предел
  field ~ земельный надел
  state ~ государственная граница
BOUNTY *n* 1. поощрительная премия; экспортная премия 2. пожертвования в пользу бедных
  forces and services ~ денежное вознаграждение военнослужащим за выслугу лет
  ~ on exportation экспортная премия
  ~ on importation импортная премия
BOURSE *n фр.* фондовая биржа
BOUTIQUE *n* 1. небольшой магазин или отдел в универмаге (*по продаже особенно дорогих товаров для женщин*) 2. небольшая специализированная фирма
  strategy ~s небольшая специализированная фирма, оказывающая консультационные услуги в области разработки стратегии деятельности на уровне корпорации или отдельных фирм
BOX *n* коробка; ящик
  black ~ черный ящик: 1) бортовой накопитель самолета 2) объект исследования
  cardboard ~ картонная коробка
  cash ~ ящик для хранения наличных денег
  collapsible ~ складной ящик
  gift ~ подарочная коробка

insured ~ ценная бандероль
letter ~ почтовый ящик
lined ~ обитый (обшитый) ящик
mail ~ *амер.* почтовый ящик
money ~ копилка
padded ~ обитый (обшитый) ящик
post office ~ абонементный почтовый ящик
safe deposit ~ сейф в банке для хранения ценностей
strong ~ сейф
voting ~ избирательная урна, ящик для бюллетеней
wooden ~ деревянный ящик
◊ to close a ~ запечатывать коробку
to line a ~ with smth обивать изнутри, выстилать чем-л.
to seal a ~ запечатывать коробку
to unpack a ~ распаковывать ящик
BOXCAR *n* крытый товарный вагон
flying ~ *амер.* грузовой самолёт
BOXING *n* упаковка в ящики или коробки
BOY *n* рассыльный, посыльный, бой
errand ~ рассыльный
messenger ~ мальчик-посыльный
office ~ конторский служащий
BOYCOTT *n* бойкот
economic ~ экономический бойкот
financial ~ финансовый бойкот
primary ~ прямой бойкот
secondary ~ косвенный бойкот
◊ to call off a ~ отменять бойкот
to declare a ~ объявлять бойкот
to impose a ~ *см.* to declare a ~
to lift a ~ отменять бойкот
to set up a ~ объявлять бойкот
BOYCOTT *v* бойкотировать
BRACE *v* крепить, скреплять (*скобой, скрепкой*)
BRACING *n* крепление (*скобами*)
wooden ~ деревянная обшивка
BRACKET *n* группа, категория, разряд; рубрика
age ~ возрастная группа
income ~ группа по размерам дохода
pay ~ уровень дохода, соответствующий определённому налоговому разряду
price ~ диапазон цен; ценовая категория
salary ~ разряд заработной платы (*служащих*)
tax ~ разряд налогообложения
wage ~ разряд заработной платы (*рабочих*)

weight ~ группа по весу
BRACKING *n* браковка (*в лесоторговле*)
BRAINPOWER *n* научные кадры; интеллектуальная элита
BRAINSTORMING *n* «мозговая атака», коллективное обсуждение проблем
corporate ~ «мозговая атака» на уровне корпорации
BRAKE *n* тормоз; препятствие
credit ~ ограничение кредитования
BRANCH *n* 1. отрасль (*промышленности, науки*) 2. отделение, филиал 3. ветвь (*родства*)
affiliate[d] ~ филиал
city ~ городское отделение
foreign ~ зарубежное отделение
key ~es базовые отрасли
legal ~ юридический отдел
local ~ местное отделение
manufacturer's retail ~ розничное торговое отделение промышленной фирмы
manufacturer's sales ~ оптовое торговое отделение промышленной фирмы
manufacturing ~ торговое отделение промышленной компании
overseas ~ отделение фирмы за границей
patent ~ патентный отдел
production ~ отрасль производства
sales ~ торговое отделение промышленной фирмы
shell ~es банковские отделения, расположенные в налоговых гаванях
suburban ~ филиал в пригороде
~ of a bank отделение банка
~ of business филиал предприятия
~ of a company филиал фирмы
~ of economy отрасль экономики
~ of farming отрасль сельского хозяйства
~ of industry отрасль промышленности
~ of manufacture отрасль производства
~ of production *см.* ~ of manufacture
~ of trade отрасль торговли
◊ to open a ~ открывать филиал
BRANCH OUT *v* открывать (*филиал, новое предприятие и т. п.*)
BRAND *n* 1. сорт, качество, марка 2. фабричное клеймо; фабричная марка
Crown ~ *брит.* клеймо королевской инспекции
dealer's ~ марка торгового посредника; товарный знак (символ) крупного розничного торговца

distributor's ~ *см.* dealer's ~
good merchantable ~ хороший коммерческий сорт
good ordinary ~ обычный коммерческий сорт
house ~ марка торгового посредника
local ~ марка производителя
manufacturer's ~ марка производителя, рекламируемая в ограниченном регионе
new ~ новый сорт
private ~ марка торгового посредника
specific ~ особый сорт
top-selling ~ наиболее ходовые марки товара
~ of goods марка изделия
◊ goods of the best ~ марочные изделия

BRANDED *adj* марочный
BRANDING *n* присвоение товару торговой марки, товарного знака и т. п.
BRAND-NEW *adj* совершенно новый, с иголочки
BRASH *adj* хрупкий, ломкий
BREACH *n* 1. нарушение (*закона, обязательства*) 2. разрыв (*отношений*)
anticipatory ~ иск одной стороны в договоре к другой, заранее объявившей о том, что она не собирается выполнять взятые обязательства
partial ~ of a contract нарушение некоторых условий контракта
total ~ of a contract полное нарушение условий контракта
~ of an agreement нарушение договора
~ of charter нарушение условий чартера
~ of confidence злоупотребление доверием
~ of a contract нарушение условий контракта
~ of covenant нарушение договора
~ of a law правонарушение
~ of an obligation нарушение обязательства
~ of provisions нарушение положений договора
~ of relations разрыв отношений
~ of secrecy нарушение профессиональной тайны
~ of security *см.* ~ of secrecy
~ of a schedule несоблюдение графика
~ of trust злоупотребление доверием; несоблюдение доверенным лицом своих обязанностей
~ of warranty нарушение гарантии

BREADBASKET *n* главный район возделывания зерновых культур
BREADLINE *n амер.* 1. очередь безработных за благотворительной помощью 2. крайний предел бедности
BREADWINNER *n* кормилец (*семьи*)
BREAK *n* 1. перерыв 2. разрыв отношений 3. быстрое и резкое падение цен 4. скидка с цены в случае покупки определённого количества товара
lunch ~ перерыв на обед
tea ~ короткий перерыв для чашки чаю во время работы
tax ~ налоговая льгота
~ for a commercial перерыв в программе для передачи рекламы
~ of relations разрыв отношений
BREAK *v* 1. ломать; ломаться 2. разориться, обанкротиться 2. нарушать (*закон, правила, обещание*) 4. *бирж.* внезапно упасть в цене
◊ ~ down 1) выйти из строя 2) разделять (*на классы, категории*)
BREAKABLE *adj* ломкий, хрупкий
BREAKAGE *n* 1. поломка; авария 2. убыток, причинённый поломкой 3. компенсация за поломку 4. лом; бой
~ in handling поломка при перевалке
~ in transport поломка при транспортировке
BREAKDOWN *n* 1. поломка, выход из строя (*оборудования*) 2. развал, крах (*экономики*) 3. разбивка, распределение (*по статьям, группам и т. п.*)
cost ~ разбивка по стоимости
detailed ~ подробная разбивка
elemental ~ разбивка рабочего задания на элементы
internal ~ внутренняя поломка
job ~ разбивка рабочего задания на элементы
operation ~ пооперационный перечень работ
price ~ разбивка цен
~ by branches разбивка по разделам
~ by countries разбивка по странам
~ by occupations разбивка по профессиям
~ of capital expenditure распределение (структура) капиталовложений
~ of costs распределение (структура) расходов
BREAKEVEN *n* безубыточность
BREAKING *n* 1. разрыв 2. разбивка
~ into groups разбивка по группам
~ of a blockade прорыв блокады

BREAKING-IN *n* пуск в эксплуатацию
BREAKOUT *n* прорыв (*развитие рыночной конъюнктуры за пределы, когда возникает сопротивление со стороны продавцов или покупателей*)
BREAKTHROUGH *n* крупное достижение в области науки или техники, «прорыв»
BREAKUP *n* расторжение (*договора*); ликвидация (*организации*)
BREED *n* порода (*скота*)
   beef ~ мясная порода
   dairy ~ молочная порода
   draft ~ тягловая порода
BREEDER *n* селекционер; животновод
   cattle ~ скотовод
   plant ~ селекционер
BREEDING *n* разведение (*животных, птиц*)
   animal ~ животноводство
   cattle ~ скотоводство
   dairy ~ молочное скотоводство
   livestock ~ животноводство
   plant ~ растениеводство
   stock ~ животноводство
BRIBE *n* взятка, подкуп
   ◊ to accept a ~ брать взятку
   to offer a ~ предлагать взятку
   to take a ~ брать взятку
BRIBE *v* давать взятку
BRIBERY *n* взяточничество; подкуп
BRIDE *n*:
   war ~s ценные бумаги компаний, занятых изготовлением оружия
BRIDGE *n* мост
   air ~ «воздушный мост» (*регулярное воздушное сообщение между двумя населенными пунктами*)
   toll ~ мост (*как правило, через реку*), пользование которым связано с платежом
BRIDGING-LOAN *n* краткосрочный заем для совершения покупки до получения средств из другого источника
BRIEF *n* 1. *юр.* документ, подготовленный адвокатом для представления суду, в котором собраны все факты, относящиеся к данному делу 2. краткая информация по какому-л. вопросу
BRIEFCASE *n* портфель
BRIEFING *n* инструктаж
   industry ~ производственное совещание
   press ~ пресс-конференция
BRING *v* 1. приносить; привозить, доставлять; подвозить; ввозить 2. приносить доход, прибыль
   ◊ ~ down снижать (*цены*)
   ~ forward *бухг.* переносить на следующую страницу
   ~ through провозить
   ~ up to date обновить, усовершенствовать, модернизировать
BRISK *adj* оживленный (*о спросе*)
BRITTLE *adj* ломкий, хрупкий
BROADCAST *n* радиовещание
   advertising ~ рекламная передача
   farm ~ передача для сельского хозяйства
BROADCAST *v* передавать по радио
BROCHURE *n* брошюра
   advertising ~ рекламная брошюра
   corporate ~ рекламный проспект фирмы
   promotional ~ рекламная брошюра
   technical ~ специальная брошюра
BROILER *n* бройлер, мясной цыпленок
BROKAGE *см.* BROKERAGE
BROKE *adj* разорившийся
BROKEN *adj см.* BROKE
BROKER *n* брокер, маклер; агент; посредник
   accredited ~ аккредитованный брокер
   auction ~ аукционный брокер
   bill ~ вексельный брокер
   blind ~ «слепой брокер» (*действует от своего имени, не раскрывая клиентов*)
   bond ~ облигационный брокер
   bullion ~ маклер по торговле благородными металлами
   buying ~ брокер по покупкам
   charter ~ брокер по фрахтованию
   charterer's ~ брокер фрахтователя
   chartering ~ брокер по фрахтованию
   commercial ~ торговый посредник
   commission ~ брокер-комиссионер
   commission house ~ брокер биржевой фирмы
   curb ~ брокер, ведущий операции на полуофициальной фондовой бирже
   curbstone ~ *см.* curb
   customs ~ агент по таможенной очистке импортных грузов
   discount ~ вексельный брокер
   exchange ~ биржевой брокер
   exchange member ~ брокер - член фондовой биржи
   floor ~ брокер на Нью-Йоркской фондовой бирже, выполняющий поручения других членов биржи

freight ~ маклер по фрахтованию судов
grain ~ брокер по покупке и продаже зерна
independent ~ независимый брокер
inside ~ официальный биржевой брокер
insurance ~ страховой брокер
investment ~ брокер по инвестиционным ценным бумагам
list ~ адресный брокер
Lloyd's ~ агент ассоциации Ллойда
loan ~ посредник в кредите
marine insurance ~ маклер по морскому страхованию
merchandise ~ торговый маклер
money ~ брокер на денежном рынке
nonmember ~ брокер, не являющийся членом биржи
note ~ вексельный брокер
odd lot ~ брокер по торговле небольшими партиями ценных бумаг
outside ~ брокер, не являющийся членом фондовой биржи
personal loan ~ брокер по выдаче ссуд частным лицам
placing ~ фондовый брокер, размещающий ценные бумаги среди брокеров
privilege ~ брокер, предоставляющий особые права в биржевых сделках
produce ~ торговый агент, работающий на рынке сельскохозяйственной продукции
put-and-call ~ брокер по биржевым срочным сделкам с премией
real estate ~ брокер по операциям с недвижимостью
running ~ вексельный брокер, выступающий как посредник
securities ~ брокер по операциям с ценными бумагами
selling ~ брокер по продажам
share ~ биржевой брокер; торговец акциями
ship ~ брокер по фрахтованию судов
shipping ~ см. ship ~
shipowner's ~ брокер судовладельца
stock ~ брокер фондовой биржи
stock exchange ~ см. stock ~
street ~ брокер, не являющийся членом биржи
two-dollar ~ амер. «двухдолларовый» брокер, брокер, выполняющий поручения других членов биржи
◊ to act as a ~ быть брокером

BROKERAGE n 1. брокерские операции 2. брокерская комиссия
bill ~ торговля векселями
buying ~ комиссия за покупку
exchange ~ комиссия за операции с валютой
freight ~ куртаж за фрахт
insurance ~ комиссия за страхование
note ~ торговля векселями
official ~ официальная комиссия
selling ~ комиссия за продажу
~ for meditation куртаж за посредничество

BROKING n 1. брокерские операции 2. профессия брокера
freight ~ маклерская сделка по фрахтованию

BROUGHT-IN-CAPITAL n вложенный капитал

BUBBLE n 1. жульническое предприятие, афера 2. необоснованная скупка ценных бумаг
inflationary ~ инфляционный бум

BUCK n амер. доллар

BUCK v 1. поддержать деньгами; прокладывать путь 2. сопротивляться, противостоять

BUCKET v бирж. заниматься незаконными операциями

BUCKETEER n биржевой брокер, занимающийся незаконными операциями

BUCKSHEE adj бесплатно; бесплатный

BUDGET n бюджет; финансовая смета
ad ~ бюджет рекламы
additional ~ дополнительный бюджет
administrative ~ административная финансовая смета
adverse ~ дефицитный бюджет
advertising ~ смета расходов на рекламу
annual ~ годовой бюджет
approved ~ одобренный бюджет
balanced ~ сбалансированный бюджет
capital ~ 1) смета инвестиций в основной капитал 2) бюджет капиталовложений
capital assets ~ 1) бюджет капиталовложений 2) смета по зданиям, сооружениям и оборудованию
capital expenditure ~ 1) смета инвестиций в основной капитал 2) бюджет капиталовложений
cash ~ наличный бюджет (*смета будущих наличных поступлений и платежей*)
consumer ~ потребительский бюджет

current ~ текущие статьи доходов и расходов бюджета
defence ~ ассигнования на оборону
deficit-free ~ бездефицитный бюджет
department ~ финансовая смета учреждения, цеха и т. п.
double ~ двойной бюджет (*в котором разделены статьи капиталовложений и периодические расходы*)
draft ~ проект бюджета
expense ~ смета расходов
extraordinary ~ чрезвычайный бюджет
family ~ семейный бюджет
federal ~ федеральный бюджет
fixed ~ жесткий бюджет
fixed assets ~ 1) бюджет капиталовложений 2) смета по зданиям, сооружениям и оборудованию
flexible ~ гибкая производственная программа-смета
forecast ~ сметные предположения
formula ~ гибкая производственная программа-смета
government ~ государственный бюджет
household ~ семейный бюджет
labour ~ смета по труду
legislative ~ *амер.* закон о бюджете
local ~ местный бюджет
low ~ небольшой бюджет
manpower ~ перспективный план использования и подготовки рабочей силы
manufacturing overhead ~ смета фабрично-заводских накладных расходов
master ~ главный бюджет
materials ~ смета расходов на приобретение материалов
military ~ военный бюджет
mini ~ мини-бюджет
multiple ~ перспективный скользящий бюджет; ступенчатый план
municipal ~ муниципальный бюджет
national ~ национальный бюджет
operating ~ текущий бюджет
ordinary ~ обычный бюджет
overall ~ свободный бюджет
overhead ~ смета накладных расходов
performance ~ план-смета, составленная с учетом изменения издержек производства
physical ~ смета в натуральных единицах
planning ~ предварительная смета
programme ~ специальная смета, смета для целевой программы

project ~ смета расходов по проекту
proposed ~ представленный бюджет
publicity ~ смета расходов на рекламу
purchase ~ смета затрат на закупки
sales ~ план сбыта
sliding-scale ~ гибкая программа-смета
state ~ государственный бюджет
step ~ ступенчатый государственный бюджет
supplementary ~ дополнительный бюджет
surplus ~ бюджет, в котором доходы превышают расходы
transitional ~ переходный бюджет
unbalanced ~ несбалансированный бюджет
unified ~ унифицированный бюджет
~ **of expenditure** расходный бюджет
~ **of volume and expenditure** план производства и затрат
◇ **to approve the** ~ одобрить бюджет
to balance the ~ сбалансировать бюджет
to bring in the ~ представить бюджет
to cut the ~ сокращать бюджет
to decrease the ~ *см.* to cut the ~
to draw up the ~ составлять бюджет
to increase the ~ увеличивать бюджет
to open the ~ представить бюджет
to pass the ~ утвердить бюджет
to prepare the ~ подготовить бюджет
to present the ~ представить бюджет
to submit the ~ *см.* to present the ~
BUDGET *v* 1. предусматривать в бюджете 2. планировать
BUDGETARY *adj* бюджетный
BUDGETING *n* составление бюджета; составление сметы
capital ~ расчет рентабельности капиталовложений
continuous ~ непрерывное составление сметы
cost ~ планирование затрат
cyclical ~ циклическое финансовое планирование
participative ~ участие руководителей всех уровней в бюджетных процессах
profit ~ составление сметы перспективных доходов
BUDGET-PRICED *adj* недорогой, сходный по цене
BUFFER *n* резервный запас
BUG *n* 1. повреждение, неисправность 2. помеха 3. ошибка
BUILD *v* строить, сооружать

◇ **custom built** построенный по специальному заказу
~ up 1) наращивать, накапливать 2) создавать рекламу
BUILDER *n* 1. строитель 2. подрядчик
BUILDING *n* 1. здание, строение, сооружение 2. строительство
additional ~ пристройка
adjacent ~ соседнее здание
administration ~ административное здание
city ~ градостроительство
consensus ~ достижение согласия
farm ~ сельскохозяйственное строительство
general purpose ~ здание многоцелевого назначения
house ~ жилищное строительство
inventory ~ создание запасов товарно-материальных ценностей
main ~ главное здание
model ~ моделирование
nonresidential ~ 1) нежилое здание 2) строительство нежилых зданий
public ~ общественное здание
residential ~ 1) жилое здание 2) жилищное строительство
ribbon ~ рядовая застройка, застройка без промежутков
road ~ дорожное строительство
stand-alone ~ отдельно стоящее здание
stock ~ накопление запасов
storage ~ склад
temporary ~ временное здание
~ by contract строительство по подряду
BUILD-UP *n* 1. накопление, наращивание 2. реклама
inventory ~ накопление товарно-материальных запасов
performance ~ улучшение технических характеристик
~ of stocks накопление товарных запасов
BULGE *n* повышение курса на бирже; вздутие цен
price ~ резкое повышение цен
BULK *n* 1. масса; большое количество 2. основная масса, бо́льшая часть
data ~ большое количество данных
~ of business основное занятие
~ of the profit основная часть прибыли
◇ **to break ~** 1) распаковывать; разгружать 2) разбивать крупную партию груза на мелкие партии

in ~ навалом, насыпью, наливом; без упаковки
to buy in ~ покупать товар насыпью (навалом, без упаковки)
to load in ~ грузить вповалку (насыпью)
to sell in ~ продавать товар насыпью, наливом
to ship in ~ грузить внавалку (насыпью)
BULKY *adj* громоздкий
BULL *n бирж.* «бык», спекулянт, играющий на повышение
stale ~ «битый» спекулянт (*имеющий потенциальную прибыль, которую он не может реализовать из-за недостатка покупателей*)
◇ **to buy a ~** играть на повышение
to go a ~ *см.* **to buy a ~**
BULLETIN *n* бюллетень
annual ~ ежегодный бюллетень
commercial ~ коммерческий бюллетень
daily ~ ежедневный бюллетень
economic ~ экономический бюллетень
information ~ информационный бюллетень
market intelligence ~ сообщение о рыночной конъюнктуре
monthly ~ ежемесячный бюллетень
patent ~ патентный бюллетень
price list ~ прейскурантный бюллетень
sales ~ торговый бюллетень
trade ~ *см.* **sales ~**
trade group ~ бюллетень, издаваемый коммерческой группой на ярмарке или выставке
◇ **to issue a ~** издавать бюллетень
to publish a ~ *см.* **to issue a ~**
BULLION *n* слиток (*золота или серебра*)
gold ~ слиток золота
silver ~ слиток серебра
BULLISH *adj бирж.* играющий на повышение; повышательный
BUMP *v* снимать (*с должности и т. п.*)
BUMPING *n* обеспечение работой в первую очередь лиц с бо́льшим стажем работы
BUNCH *n* связка, пучок, пачка
BUNCHING *n* скопление, накопление, концентрация
~ of shops into centers концентрация магазинов в торговых центрах
BUNDLE *n* связка
assets ~ набор активов
commodity ~ ассортимент товаров

~ of notes пачка банкнот
~ of papers пакет акций
BUNDLE *v* связывать
BUNKER *n* бункер (*топливная цистерна*)
  free ~ франко-бункер
  fuel ~ нефтяной бункер
  spare ~ запасной бункер
BUNKER *adj* бункерный
BUNKERING *n* заправка топливом, бункеровка
BUOYANCY *n* 1. оживление (*на рынке*) 2. повышательная тенденция (*на бирже*)
  ~ of the economy оживление экономики, экономический рост
  ~ of the market оживление рыночной конъюнктуры
BUOYANT *adj* оживленный; повышательный
BURDEN *n* 1. бремя 2. накладные расходы; косвенные издержки производства
  absorbed ~ часть накладных расходов, отнесенная на незавершенное производство
  applied ~ см. absorbed ~
  debt ~ бремя долгов
  department ~ цеховые накладные расходы
  earned ~ возмещенные накладные расходы
  economic ~ экономическое бремя
  factory ~ фабрично-заводские накладные расходы, производственные накладные расходы
  finance ~ финансовые издержки
  financial ~ финансовое бремя
  financing ~ бремя финансирования
  general ~ административные расходы
  manufacturing ~ производственные накладные расходы
  mortgage ~ проценты по закладной
  over-absorbed ~ превышение начисленной суммы накладных расходов над фактической суммой
  super ~ сверхнакладные расходы
  tax ~ налоговое бремя
  under-absorbed ~ превышение суммы фактических накладных расходов над списанной суммой
BUREAU *n* бюро
  accommodation ~ бюро по квартирному устройству (*на ярмарках, выставках*)
  address ~ адресное бюро
  air travel ~ бюро обслуживания авиапассажиров
  average adjusters' ~ бюро диспашеров
  Commonwealth B. of Agricultural Economics Бюро экономики сельского хозяйства Содружества Наций
  consultation ~ юридическая консультация
  credit ~ бюро кредитной информации
  credit interchange ~ бюро обмена кредитной информацией
  customs ~ таможенное управление
  design ~ конструкторское бюро
  electronic data processing ~ бюро электронной обработки информации
  employment ~ бюро по найму
  engineering consultation ~ инженерно-консультативное бюро
  exchange ~ пункт обмена валюты
  information ~ информационное бюро
  inquiry ~ справочное бюро
  inspection ~ транспортное контрольное бюро
  National B. of Economics Research *амер.* Национальное бюро экономических исследований
  National B. of Standards *амер.* Национальное бюро стандартов
  patent ~ патентное бюро
  press ~ пресс-бюро
  publicity ~ рекламное бюро
  service ~ бюро обслуживания
  technical inspection ~ бюро технического надзора
  tourist ~ туристическое бюро
  travel ~ *см.* tourist ~
  B. of the Census *амер.* Бюро переписей
  B. of Customs *амер.* таможня
  B. of Labor Statistics *амер.* Бюро статистики труда
BUREAUCRACY *n* бюрократия
BURGLARY *n* кража со взломом
BURLAP *n* джутовая тара
BUSINESS *n* 1. дело, занятие, специальность 2. дело, работа, бизнес 3. торговля, коммерческая деятельность; предпринимательская деятельность 4. сделка 5. компания, предприятие
  advantageous ~ выгодное дело
  advisory ~ консультационная деятельность
  agency ~ посредническая деятельность; посредническая сделка
  annual ~ годовая торговля

arbitrage ~ биржевой арбитраж
backwardation ~ *бирж.* операции по депорту
bad ~ невыгодная сделка
banking ~ банковское дело; банковские операции
bankrupt ~ обанкротившееся предприятие
barter ~ товарообменная сделка
big ~ большой бизнес
bill ~ операции с векселями
branch ~ отделение фирмы
broker's ~ брокерское дело
capital intensive ~ капиталоемкое предприятие
carrier's ~ транспортно-экспедиционное агентство
carrying-over ~ пролонгационная сделка
cash ~ сделка за наличный расчет
collateral loan ~ ломбардная сделка
collection ~ инкассовая сделка
commercial ~ торговля; торговое предпринимательство
competing ~ конкурирующее предприятие
consignment ~ консигнационная сделка
continuation ~ операции по репорту
cooperative ~ кооперация
core ~ основной вид деятельности компании, предприятия
credit ~ кредитная сделка
current ~ текущие дела
defence ~ выполнение военных заказов
entrepôt транзитный бизнес
exchange ~ *бирж.* операции с валютой
export ~ экспортные сделки
fair ~ взаимовыгодная сделка
farm ~ сельскохозяйственное предприятие
flat ~ вялый бизнес
follow-on ~ предпринимательская деятельность, вытекающая и связанная с предыдущей
foreign-owned ~ предприятие, принадлежащее иностранцам
forward ~ сделки на срок
forwarding ~ транспортно-экспедиторские операции
fresh ~ новая сделка
futures ~ *бирж.* фьючерские сделки
general ~ разные дела
good ~ выгодное дело

government ~ выполнение государственных заказов
import ~ импортная сделка; импорт
incorporated ~ акционерная компания
instalment ~ сделка в рассрочку
insurance ~ страховое предпринимательство
joint ~ совместное предпринимательство
last-day ~ сделка на ультимо
liner ~ линейные перевозки
livestock ~ животноводческое хозяйство
loan ~ ссудные операции
local ~ местный бизнес
long-term ~ долгосрочная сделка
losing ~ убыточная сделка
mail-order ~ услуги почтой
margin ~ сделка с маржей
middleman's ~ посредническая торговля
new ~ новое предприятие; новая компания
odd lot ~ *амер.* торговля мелкими партиями ценных бумаг
official ~ официальное дело; служебный вопрос
one-line ~ специализированный магазин
one-man ~ предприятие, в котором работает только один человек
option ~ *бирж.* сделки с премией
overdraft ~ контокоррентная операция
paying ~ выгодное дело
poor ~ плохая сделка
private ~ частное предприятие
produce ~ торговля сельскохозяйственными продуктами и сырьем
profitable ~ выгодная сделка; прибыльный бизнес
prolongation ~ пролонгационная сделка
proprietary ~ производство фирменной продукции
publishing ~ издательское дело
ready money ~ сделка за наличные
reinsurance ~ операции перестрахования
remunerative ~ рентабельное предприятие
retail ~ розничная торговля
route ~ специализированное торговое предприятие по регулярной доставке товара клиентам по определенному маршруту
routine ~ текущие вопросы торговли

seasonal ~ сезонная работа
securities ~ торговля ценными бумагами
shady ~ сомнительная сделка
sharp ~ мошенничество, жульничество
shipment ~ сделки на экспорт
shipping ~ экспедиторское дело
show ~ шоу-бизнес
slack ~ вялый бизнес
small ~ малый бизнес
spot ~ сделка за наличные
stock ~ сделки на фондовой бирже
subsidiary retail ~ филиал предприятия розничной торговли
tramp ~ трамповое судоходство
trust ~ трастовые операции
tug ~ буксировка
two-way ~ двусторонняя сделка
underwriting ~ гарантирование размещения (займа, ценных бумаг)
unincorporated ~ неакционерное предприятие
unprofitable ~ убыточное предприятие
urgent ~ срочное дело
volume ~ торговля крупными партиями, оптовая торговля
well-established ~ солидная фирма
wholesale ~ оптовая фирма
world-wide ~ мировая торговля
~ in futures *бирж.* сделки на срок
~ on a consignment basis консигнационные сделки
~ through agents торговля через агентов
◊ to be engaged in ~ заниматься бизнесом, торговлей
to be in ~ заниматься торговлей
to be out of ~ обанкротиться
to build up a ~ создавать дело
to carry on ~ вести дела
to commence a ~ начать дело
to conduct ~ вести дела, руководить предприятием
to develop ~ развивать дело
to direct a ~ руководить предприятием
to do ~ вести дело, делать дело
to enlarge a ~ расширять дело
to establish a ~ создавать дело
to finance a ~ финансировать дело
to get down to ~ приступать к делу
to give up ~ отказываться от дела
to go into ~ заняться торговлей
to go out of ~ ликвидировать предприятие
to handle ~ руководить предприятием
to launch a ~ открывать новое предприятие
to manage a ~ управлять предприятием
to open a ~ основать предприятие
to operate a ~ управлять предприятием
to participate in a ~ участвовать в деле
to retire from ~ оставить дело; уйти на пенсию
to run a ~ руководить предприятием
to sell out a ~ ликвидировать дело
to send on ~ командировать
to set up a ~ начать дело
to settle ~ улаживать дело
to start a ~ начать дело
to stop ~ прекращать дело
to take over a ~ принимать дело
to transact ~ вести дела
to undertake a ~ принять дело
to wind up ~ ликвидировать дело
to withdraw from ~ выйти из дела
BUSINESSLIKE *adj* деловой
BUSINESSMAN *n* бизнесмен, коммерсант, предприниматель, делец
BUSINESSWOMAN *n* деловая женщина
BUST *n* банкрот
BUST *v* разориться, обанкротиться
BUSTLE *n* суета, суетливость
BUSY *adj* 1. занятой 2. напряженный, интенсивный
◊ to keep ~ обеспечивать работой, загружать
BUY *n* покупка, сделка
bad ~ неудачная покупка
good ~ удачная покупка
~ on close *бирж.* покупка в конце операционного дня
~ on opening *бирж.* покупка в начале операционного дня
BUY *v* покупать
◊ ~ ahead *бирж.* покупать на срок; покупать заранее
~ according to sample покупать по образцу
~ at best покупать необходимый товар без ограничения цены
~ back выкупать
~ by weight покупать по весу
~ cheap покупать дешево
~ firsthand покупать из первых рук
~ for cash покупать за наличные
~ for shares покупать за акции
~ forward *бирж.* покупать на срок
~ earnings покупать акции фирмы, которая потенциально имеет благоприятные перспективы

BUY

~ in 1) скупать акции 2) *бирж.* закрывать сделку
~ into закупать акции предприятия
~ off откупиться от кого-л.
~ out 1) выкупать 2) закупать полностью все предприятие на корню
~ outright покупать с немедленной оплатой наличными
~ over дать взятку
~ a pig in a poke «покупать кота в мешке», купить нечто ненужное
~ a pup купить ненужный предмет; быть обманутым
~ secondhand покупать подержанный товар
~ a spread *бирж.* «откупить маржу» (купить ближайший по сроку контракт и продать контракт на более отдаленный срок)
~ to previous agreement покупать на условиях предыдущего контракта
~ turnover добиться высокого объема оборота, но потерпеть в прибылях
~ up 1) скупать, раскупать 2) скупить как можно больше акций какой-л. компании с целью повышения цены 3) скупить как можно больше акций какой-л. компании с целью добиться контроля над рынком товара

BUY-BACK *n* 1. обратная покупка 2. компенсационная сделка
share ~ скупка корпораций
◊ to enter into ~ заключать компенсационную сделку

BUYER *n* покупатель
auction ~ покупатель на аукционе
average ~ средний покупатель
cash ~ оптовый покупатель, скупающий товар за наличные
chief ~ главный покупатель
commission ~ торговый посредник, комиссионер
domestic ~ местный покупатель
exclusive ~ покупатель, обладающий исключительными правами
feeder ~ скупщик скота для откорма
foreign ~ зарубежный покупатель
heavy ~ крупный покупатель
industrial ~ закупщик для промышленного предприятия
intermediate ~ промежуточный покупатель, посредник
light ~ мелкий покупатель
local ~ местный покупатель
marginal ~ маргинальный покупатель
material ~ сотрудник фирмы, ответственный за закупки сырья и комплектующих
order ~ оптовый покупатель, закупающий товары по заказу потребителей
potential ~ потенциальный покупатель
prime ~ главный покупатель
prospective ~ предполагаемый покупатель
resident ~ 1) местный покупатель 2) маклер в торговом центре, выступающий как закупщик или консультант для розничных торговцев
retail ~ розничный покупатель
syndicate ~ снабженческая фирма
travelling ~ разъездной оптовый покупатель
◊ ~s over *бирж.* преобладание покупателей над продавцами

BUYER-UP *n* скупщик

BUYING *n* закупка, покупка
bulk ~ оптовая закупка
bull ~ *бирж.* покупка при игре на повышение
cash ~ покупка за наличный расчет
central ~ центральная закупка
credit ~ покупка в кредит
direct ~ прямая покупка
forward ~ *бирж.* покупка на срок
fresh ~ недавняя покупка
group ~ сборная закупка
hand-to-mouth ~ покупка для текущего использования в производстве (*без складирования*)
heavy ~ крупные закупки
hedge ~ *бирж.* покупка с целью страхования от возможных потерь, хеджирование
impulse ~ импульсивная покупка (*без предварительного обдумывания*)
instalment ~ покупка в рассрочку
memorandum ~ покупка с оплатой товара после его реализации потребителю
order ~ закупка по заказу
organizational ~ закупки для нужд предприятия
panic ~ панические закупки, паническая скупка товаров
precautionary ~ покупки в запас
preclusive ~ превентивная покупка (*чтобы предотвратить покупку товара или услуг другим покупателем*)
quantity ~ оптовые закупки
reciprocal ~ покупки на взаимной основе
retail ~ покупка в розницу

BUY

scale ~ покупка в период понижения курсов
scare ~ панические закупки, паническая скупка товаров
shop ~ *бирж.* профессиональные покупки
speculative ~ спекулятивные покупки
spot ~ покупка за наличный расчет
support ~ закупки для поддержания цен
unpremeditated ~ импульсивная покупка (*без предварительного обдумывания*)
~ for settlement *бирж.* покупка на срок
~ from stock покупка со склада
~ in cash покупка с немедленной оплатой наличными
~ on credit покупка в кредит
~ on margin покупка ценных бумаг или недвижимости с частичной оплатой за счет кредита
~ on shoestring покупка ценных бумаг с небольшим доходом
◇ ~ back обратная покупка
~ in покупка товара, ценных бумаг и т. п. для покрытия потребностей (*в случае невыполнения контрактных обязательств поставщиком*)
~ out выкуп доли в предприятии, права на что-л. и т. п.
~ outright покупка с немедленной оплатой наличными
BUYOUT *n* выкуп; приобретение контрольного пакета акций
management ~ выкуп контрольного пакета акций компании её управляющими и служащими
BY-BIDDER *n* мнимый покупатель на аукционе
BY-EFFECT *n* побочный эффект
BYLAW (BYELAW) *n* 1. уставные нормы, правила внутреннего распорядка (*фирмы, общества*) 2. подзаконный акт
BYPASS *n* 1. обходной путь 2. обход, покупка товара в обход
BYPASS *v* 1. обходить 2. идти обходными путями для достижения целей
BY-PRODUCT *n* побочный продукт
BYROAD *n* объезд, объездной путь
BYSTREET *n* 1. боковая улица 2. переулок
BYWORK *n* вспомогательные работы

C

CAB *n* такси
CABIN *n* каюта
CABINET *n* кабинет; правительство
CABLE *n* 1. телеграмма 2. кабель
  ciphered ~ шифрованная телеграмма
  express ~ срочная телеграмма
  fibre-optic ~ волоконно-оптический кабель
  flexible ~ гибкий канат
  main ~ магистральный кабель
  official ~ служебная телеграмма
  open language ~ телеграмма открытым текстом
  ordinary ~ обычная телеграмма
  urgent ~ срочная телеграмма
CABLEGRAMME *n* каблограмма (*телеграмма, направленная по подводному кабелю*)
CABLESE *n* специфически лаконичный «телеграфный» язык
CABOTAGE *n* каботаж
CA'CANNY *n* умышленное затягивание работы
ADASTRE *n* кадастр
  land ~ земельный кадастр
CALCULABLE *adj* поддающийся учету, исчислению
CALCULATE *v* 1. вычислять, исчислять, подсчитывать 2. рассчитывать 3. калькулировать, составлять калькуляцию
CALCULATED *adj* вычисленный, подсчитанный; расчетный
CALCULATION *n* 1. вычисление, исчисление, подсчет; расчет 2. смета; калькуляция
  analytical ~ аналитические методы расчета
  approximate ~ приближенное вычисление
  arithmetic ~ арифметические расчеты
  capacity ~ расчет мощности
  checking ~ проверочный расчет
  cost-benefit ~ смета расходов и прибылей
  detailed ~ подробный расчет
  faulty ~ неправильная калькуляция; ошибка в подсчете
  final ~ итоговая калькуляция
  intercensal ~ внепереписное исчисление населения
  interim ~ промежуточная калькуляция
  logarithmic ~ расчеты с помощью таблицы логарифмов
  long-term ~ расчет на длительный период
  loose ~ приблизительный расчет
  numerical ~ числовые расчеты
  overall ~ общий расчет
  planned cost ~ расчет плановых затрат
  post ~ калькуляция фактических затрат
  preliminary ~ предварительная смета
  price ~ калькуляция цен
  progressive ~ of interests прогрессивное исчисление процентов
  quantity ~ количественный учет товарно-материальных ценностей
  rate ~ исчисление размера сбора
  rough ~ ориентировочная смета
  routine ~ обычный расчет
  tentative ~ предварительное исчисление
  trial-and-error ~ вычисление методом проб и ошибок
  ~ of an amount подсчет суммы
  ~ of charges расчет издержек
  ~ of cost калькуляция себестоимости
  ~ of costs калькуляция расходов
  ~ of damage исчисление убытков
  ~ of demurrage калькуляция демереджа
  ~ of efficiency расчет эффективности
  ~ of exchange вычисление курса валюты
  ~ of expenses подсчет расходов
  ~ of interest расчет процентов
  ~ of losses расчет потерь
  ~ of parities расчет паритетов

~ of percentage процентный подсчет
~ of premiums вычисление премий
~ of prices калькуляция цен
~ of probabilities вычисление вероятностей
~ of proceeds расчет доходов
~ of profitability расчет рентабельности, подсчет экономичности
~ of profits расчет прибыли
~ of royalty расчет роялти
~ of time расчет времени
~ of value расчет стоимости
◇ to make a ~ производить расчет

CALCULATOR *n* калькулятор

CALENDAR *n* 1. календарь 2. список ценных бумаг, предлагаемых к продаже
  advertising ~ рекламный календарь
  appointments ~ календарь-памятка
  exhibition ~ календарь выставки
  fair ~ календарь ярмарки

CALIBRATE *v* 1. проверять, выверять 2. калибровать

CALIBRATION *n* 1. проверка 2. калибрование 3. стандартизация

CALL *n* 1. телефонный вызов, звонок 2. визит, посещение; заход (*корабля в порт*) 3. требование (*уплаты долга, взноса и т. п.*); 4. спрос 5. *бирж.* опцион, сделка с предварительной премией 6. право эмитента досрочно погасить ценные бумаги
  bank ~ требование представления банковского счета
  business ~ деловой визит
  collect ~ телефонный разговор, оплачиваемый вызываемым абонентом
  courtesy ~ визит вежливости
  distress ~ сигнал бедствия на море
  double ~ соглашение о выкупном фонде, по которому заемщики имеют право удвоить сумму облигаций, подлежащих выкупу
  duty ~ официальный визит
  emergency ~ срочный телефонный вызов
  local ~ местный телефонный вызов
  long-distance ~ междугородный телефонный разговор
  margin ~ требование гарантийного взноса, дополнительного обеспечения
  official ~ служебный телефонный разговор
  overseas ~ телефонный разговор с зарубежным абонентом
  person-to-person ~ телефонный разговор по предварительному заказу
  personal ~ *брит. см.* **person-to-person** ~
  return ~ ответный визит
  reverse (transfer) charge ~ телефонный разговор, оплачиваемый вызываемым абонентом
  service ~ заявка на техническое обслуживание или ремонт
  toll ~ междугородный телефонный разговор
  trunk ~ *см.* **toll** ~
  urgent ~ срочный телефонный вызов
  variable margin ~ требование о внесении дополнительного обеспечения, выставляемое расчетной палатой ее членам
  ~ **at a port** заход в порт
  ~ **for bids** объявление о тендере
  ~ **for funds** требование уплаты денег
  ~ **for payment** требование платежа
  ~ **for redemption** объявление о погашении облигаций
  ~ **for supply** требование на поставку
  ~ **for tenders** тендер, конкурс на размещение заказа
  ~ **of more** срочная кратная сделка
  ~ **on goods** отзыв товара
  ~ **via operator** телефонный разговор через коммутатор
◇ **at** ~ по требованию
on ~ *см.* **at** ~
subject to ~ подлежащий возврату
to give for the ~ покупать с премией при игре на повышение
to make a ~ наносить визит
to pay a ~ **on shares** делать взнос за акции
to place a ~ заказывать телефонный разговор
to take for the ~ продавать с премией при игре на повышение

CALL *v* 1. *амер.* звонить или говорить по телефону 2. посещать; заходить (*в порт*) 3. требовать (*уплаты*)
◇ ~ **for** требовать; запрашивать
~ **in** требовать возврата
~ **off** отзывать, отменять

CALLABILITY *n* право эмитента облигаций выкупить их до наступления срока погашения

CALLABLE *adj* подлежащий взысканию; подлежащий выкупу

CALL-BACK *n* 1. ответный визит; ответный звонок 2. вызов на работу (по

сле перерыва, локаута и т. п.) 3. возврат
CALLER n посетитель
CALLING n 1. профессия, занятие 2. созыв, вызов
  ◇ ~ the shareholders together созыв акционеров
CAMBISM n техника проведения валютных операций
CAMBIST n специалист по валютным операциям
CAMBISTRY n техника проведения валютных операций
CAMPAIGN n кампания
  advertising ~ рекламная кампания
  bear ~ игра на понижение
  bull ~ игра на повышение
  canvassing ~ рекламная кампания
  combined ~ совместная кампания
  current ~ текущая кампания
  economy ~ кампания по сокращению расходов
  editorial ~ кампания, проводимая в печати
  election ~ предвыборная кампания
  extensive ~ широкая кампания
  international ~ интернациональная кампания
  joint ~ совместная кампания
  marketing ~ кампания по организации и стимулированию сбыта
  press ~ кампания, проводимая в печати
  press advertising ~ рекламная кампания в печати
  promotional ~ кампания по продвижению товара на рынок
  publicity ~ рекламная кампания
  public relations ~ кампания, направленная на освещение деятельности фирмы
  sales ~ кампания по организации и стимулированию сбыта
  selling ~ см. sales ~
  trade press ~ торговая кампания в прессе
  TV ~ телевизионная кампания
  ◇ to carry on a ~ проводить кампанию
  to conduct a ~ см. to carry on a ~
  to enter upon a ~ начать кампанию
  to launch a ~ см. to enter upon a ~
  to start a ~ см. to enter upon a ~
  to support a ~ поддерживать кампанию

to undertake a ~ предпринимать кампанию
to wage a ~ вести кампанию
CAMPUS n территория университета, колледжа и т. п.
CAN n банка
  ◇ to pack in ~s упаковывать в банки
CANAL n канал
  ship ~ судоходный канал
  shipping ~ см. ship ~
CANCEL v аннулировать, отменять; расторгать
  ◇ until cancelled до отзыва
CANCELLATION n аннулирование, отмена; расторжение
  partial ~ частичная отмена
  ~ of an agreement расторжение договора
  ~ of a charter расторжение чартера
  ~ of a contract расторжение контракта
  ~ of a debt погашение задолженности
  ~ of an entry сторно
  ~ of an exhibition отмена выставки
  ~ of a letter of credit аннулирование аккредитива
  ~ of a licence аннулирование лицензии
  ~ of a mortgage аннулирование закладной
  ~ of an order отмена заказа
  ~ of a policy расторжение договора страхования
  ~ of a premium аннулирование премии
  ~ of registration аннулирование регистрации
  ~ of the sale аннулирование продажи
  ~ of securities объявление недействительными потерянных ценных бумаг
  ~ of stocks аннулирование акций
  ~ of a tax отмена налога
  ~ of a trademark аннулирование товарного знака
  ~ of a treaty расторжение договора
CANCELLING n канцеллинг
CANISTER n канистра
CANTEEN n столовая на предприятии
  ◇ to install a ~ открыть столовую
CANVAS n 1. сбор (*заказов, подписки*); собирание (*голосов*) 2. опрос населения 3. холст; брезент; парусина
CANVAS v 1. собирать (*заказы, подписку*); агитировать за кандидата 2. проводить опрос населения
CANVASSER n 1. агент, представитель;

CAN CAP

коммивояжер 2. лицо, проводящее опрос населения
CANVASSING *n* сбор заказов; букировка груза
~ of customers привлечение покупателей
CAPABILIT|Y *n* способность
  arable ~ пахотопригодность
  contractor ~ies возможности подрядчика
  conversion ~ способность к конверсии
  high volume production ~ высокая производительность
  land ~ плодородие почвы
  operating ~ies производственные показатели
  performance ~ технические показатели; техническая характеристика
  process ~ достижимые производственные показатели
  product ~ies характеристика изделия
  production ~ производительная способность
CAPABLE *adj* способный
CAPACIOUS *adj* вместительный
CAPACIT|Y *n* 1. вместимость, емкость, объем 2. способность 3. компетенция; должность, положение 4. *юр.* правоспособность; дееспособность 5. мощность 6. производительность
  absorbing ~ (*of the market*) поглощающая способность (*рынка*)
  absorptive ~ (*of the market*) *см.* absorbing ~ (*of the market*)
  active ~ дееспособность
  aggregate ~ суммарная мощность
  annual ~ годовая производительность
  available ~ имеющаяся мощность
  average ~ средняя мощность
  bale ~ кубатура грузовых помещений на судне
  borrowing ~ кредитоспособность (*заемщика*)
  bunker ~ емкость топливных цистерн
  business ~ степень надежности предприятия
  cargo ~ грузовая вместимость
  cargo-carrying ~ *см.* cargo ~
  carrying ~ провозная способность
  channel ~ пропускная способность канала
  competitive ~ конкурентоспособность
  consuming ~ потребительная способность
  contractual ~ 1) договорные возможности 2) *юр.* правоспособность

credit ~ кредитоспособность
cubic ~ объемная вместимость
daily ~ суточная производительность
deadweight ~ полная грузоподъемность судна
deadweight carrying ~ грузоподъемность судна брутто
deadweight loading ~ грузоподъемность судна нетто
delivery ~ возможности поставки
designed ~ проектная мощность
discharge ~ пропускная способность; разгрузочные возможности
disposing ~ завещательная возможность
dual ~ сочетание функций брокера и принципала на фондовой бирже
earning ~ трудоспособность
effective ~ фактический объем производства
enterprise ~ мощность предприятия
estimated ~ проектная мощность
excess ~ избыточная производственная мощность
expected annual ~ ожидаемый годовой объем производства
factory ~ производственная мощность предприятия
field ~ производительность поля
financial ~ финансовые возможности
freight ~ провозная способность
freight-carrying ~ грузоподъемность
freight-hauling ~ провозная способность
fresh ~ новая мощность
full operating ~ полная производительность при полной загрузке мощностей
grazing ~ производительность пастбища
guaranteed ~ гарантированная мощность; гарантированная производительность
handling ~ оборот (*в порту*)
hourly ~ часовая производительность
idle ~ неиспользованная мощность
indicated ~ номинальная мощность
industrial ~ производственная мощность отрасли
labour ~ производительность труда
land ~ производительность земли
legal ~ *юр.* дееспособность
lending ~ кредитоспособность (*кредитора*)
limited legal ~ ограниченная дееспособность
load ~ загрузочная мощность

95

load-carrying ~ грузоподъемность (*о наземном транспорте*)
load-lifting ~ грузоподъемность (*о самолете*)
machine ~ производительность оборудования
manufacturing ~ производственная мощность
market ~ емкость рынка
maximum ~ максимальная мощность
memory ~ объем памяти (*ЭВМ*)
milking ~ молочность
net ~ 1) чистая вместимость 2) чистая грузоподъемность
nominal ~ номинальная мощность
operating ~ действующая мощность
operational ~ *см.* operating ~
output ~ производительность
overload ~ производительность выше номинальной
paying ~ платежеспособность
peak ~ пиковая мощность
planned ~ проектная мощность
plant ~ производственная мощность предприятия
plough ~ производительность пахотного орудия
population carrying ~ потенциальная численность населения
port ~ пропускная способность порта
practical ~ практическая производственная мощность
producing ~ производственная мощность
production ~ *см.* producing ~
productive ~ *см.* producing ~
profit-earning ~ прибыльность
project ~ мощность объекта
projected ~ проектная мощность
purchasing ~ покупательная способность
rated ~ расчетная мощность; расчетная производительность
readily convertible ~ies легко конвертируемые производственные мощности
relative ~ относительная производительность
reserve ~ резервная мощность
seating ~ вместимость (*зала*)
spare ~ резервная мощность
specific ~ удельная производительность
spending ~ покупательная способность (*населения*)
standard ~ средняя мощность
storage ~ объём памяти (*ЭВМ*)

store ~ складская емкость
surplus ~ избыточная мощность
tank ~ емкость цистерны
taxable ~ налогоспособность
theoretical ~ теоретическая производственная мощность
total ~ суммарная мощность; общая производительность
traffic ~ пропускная способность
transport ~ транспортная емкость
ultimate ~ полная мощность
unused ~ неиспользованная мощность
useful ~ полезная производительность
warehousing ~ вместимость складских помещений
working ~ трудоспособность; работоспособность
yearly ~ годовая производительность
yielding ~ урожайность
~ for growth способность к росту
~ for work трудоспособность
~ of a car вместимость вагона
~ of a plant мощность завода
~ per unit мощность на производственную единицу
~ to contract a loan право заключить заем
~ to incur liability гарантия, гарантирование
~ to pay платежеспособность
~ to work трудоспособность
◊ **in a consultative ~** в качестве консультанта
in a managerial ~ в качестве руководителя
in an official ~ в официальном качестве
in a professional ~ в качестве специалиста
in a supervisory ~ в качестве контролера
in an unofficial ~ в неофициальном качестве
to achieve the guaranteed ~ достичь гарантийной производительности
to attain the guaranteed ~ *см.* to achieve the guaranteed ~
to raise competitive ~ of goods повышать конкурентоспособность товаров
to reach the designed ~ достичь проектной мощности
to reach the guaranteed ~ достичь гарантийной производительности
to work at ~ работать на полную мощность
to work to ~ *см.* to work at ~

to work below ~ работать с неполной загрузкой
CAPITA *лат*.:
per ~ на душу населения
CAPITAL *n* 1. капитал; фонды 2. основная сумма 3. столица
account ~ ликвидный капитал
accumulated ~ накопленный капитал
active ~ активный капитал
actual ~ действительный капитал
added ~ дополнительный капитал
additional ~ *см.* added ~
additional paid-in ~ сверхноминальная стоимость капитала
advanced ~ авансированный капитал
aggregate ~ совокупный капитал
agricultural ~ сельскохозяйственный капитал
applied ~ используемый капитал
associated ~ ассоциированный капитал
authorized ~ акционерный капитал, разрешенный к выпуску
available ~ наличный капитал
bank ~ банковский капитал
banking ~ *см.* bank ~
barren ~ мертвый капитал
basic ~ основной капитал
bond ~ капитал, полученный от размещения облигационного займа
borrowed ~ заемный капитал
business ~ капитал предприятия
callable ~ капитал, могущий быть востребованным
called ~ объявленный капитал
called-up ~ часть стоимости акции, оплачиваемая при выпуске акций
circulating ~ оборотный капитал
commercial ~ торговый капитал
commodity ~ товарный капитал
constant ~ постоянный капитал
consumed ~ потребляемый капитал
contributed ~ оплаченный акционерный капитал
current ~ оборотный капитал
dead ~ мертвый капитал
debenture ~ заемный капитал
debt ~ привлеченный капитал
declared ~ капитал, отраженный в документах
depreciable ~ амортизируемый капитал
disposable ~ свободный капитал
dormant ~ мертвый капитал
durable ~ постоянный капитал; производственные товары длительного пользования
employed ~ используемый капитал
endowment ~ донорский капитал
entrepreneur's ~ предпринимательский капитал
equity ~ собственный капитал (*в форме акций*)
expended ~ израсходованный капитал
farm ~ сельскохозяйственный капитал
fictitious ~ фиктивный капитал
financial ~ финансовый капитал
fixed ~ основной капитал; активы длительного пользования
flight ~ краткосрочный капитал, переведенный («сбежавший») из одной страны в другую в течение небольшого промежутка времени под влиянием экономических или политических факторов
floating ~ оборотный капитал
fluid ~ *см.* floating ~
foreign ~ иностранный капитал
frozen ~ замороженный капитал
functioning ~ функционирующий капитал
gross working ~ валовой оборотный капитал
idle ~ мертвый капитал
immobilized ~ замороженный капитал
impaired ~ капитал, уменьшившийся по сравнению с объявленным (*из-за покрытия убытков*)
individual ~ индивидуальный капитал
industrial ~ промышленный капитал
initial ~ первоначальный капитал
intangible ~ нематериальный капитал
interest-bearing ~ капитал, приносящий проценты
international ~ международный капитал
invested ~ инвестированный капитал
investment ~ инвестиционный фонд, фонд для капитальных вложений
issued ~ выпущенный акционерный капитал
joint ~ капитал общества
latent ~ скрытый капитал
legal ~ законный капитал
liquid ~ ликвидный капитал
live ~ оборотный капитал
loan ~ ссудный капитал
locked-in ~ блокированный капитал
long-term ~ долгосрочный капитал
mercantile ~ торговый капитал
merchant's ~ *см.* mercantile ~

CAP

monetary ~ денежный капитал
money ~ *см.* monetary ~
monopoly ~ монополистический капитал
net working ~ чистый оборотный капитал
nominal ~ акционерный капитал, разрешенный к выпуску
nonwage ~ постоянный капитал
official ~ государственный капитал
opening ~ начальный капитал
operating ~ оборотный капитал
ordinary ~ обыкновенный капитал
original ~ первоначальный капитал
outside ~ заемный капитал
owned ~ собственный капитал
ownership ~ *см.* owned ~
paid-in ~ оплаченный капитал; оплаченная часть акционерного капитала
paid-up ~ *см.* paid-in ~
partner's ~ вложенный капитал
partnership ~ капитал общества
personified ~ персонифицированный капитал
potential ~ потенциальный капитал
private ~ частный капитал
privately owned ~ *см.* private ~
production ~ производственный капитал
productive ~ *см.* production ~
proprietary ~ собственный капитал
real ~ реальный капитал
redundant ~ избыточный капитал
registered ~ зарегистрированный капитал
released ~ высвободившийся капитал
rented ~ арендованный капитал
requisite ~ необходимый капитал
reserve ~ резервный капитал, резервный фонд
risk ~ рисковый капитал
seed ~ рисковое финансирование на начальной стадии осуществления проекта
share ~ акционерный капитал
shareholder ownership ~ собственный капитал акционерной компании
short-term ~ краткосрочный капитал
short-term working ~ краткосрочный оборотный капитал
social ~ общественный капитал
social overhead ~ капитал, вложенный в инфраструктуру
spare ~ свободный капитал
speculative ~ спекулятивный капитал
state ~ государственный капитал

CAP

stated ~ объявленный капитал
stock ~ акционерный капитал
stockholder ownership ~ собственный капитал акционерной компании
subscribed ~ подписной капитал; акционерный капитал, выпущенный по подписке
subscriber ~ акционерный капитал
sunk ~ амортизированный основной капитал
supplementary ~ дополнительный капитал
surplus ~ избыточный капитал
temporary working ~ переменный оборотный капитал
tenant's ~ собственный капитал арендатора
tied up ~ блокированный капитал
total social ~ совокупный общественный капитал
trading ~ торговый капитал
uncalled ~ невостребованный капитал
unemployed ~ неиспользуемый капитал
unpaid ~ неоплаченная часть акционерного капитала
unproductive ~ непроизводительный капитал
unrealized ~ мертвый капитал
usury ~ ростовщический капитал
variable ~ переменный капитал
venture ~ венчурный капитал, рисковый капитал
vested ~ инвестированный капитал
wage ~ 1) переменный капитал 2) капитал, расходуемый на заработную плату
watered ~ разводненный капитал
working ~ оборотный капитал
~ of average composition капитал среднего строения
~ of circulation капитал обращения
~ of a company капитал компании
~ of a corporation капитал акционерного общества
~ of higher composition капитал высшего строения
~ of lower composition капитал низшего строения
◇ ~ locked up in land капитал, вложенный в земельную собственность
~ paid in full полностью оплаченный капитал
◇ to allocate ~ ассигновывать капитал
to attract ~ привлекать капитал

CAP

to attract foreign investment ~ привлекать иностранные инвестиции
to break into one's ~ расходовать свой капитал
to commit ~ вкладывать капитал
to contribute ~ *см.* to commit ~
to convert into ~ превращать в капитал
to create ~ from savings создавать капитал за счет сбережений
to expend ~ расходовать капитал
to furnish ~ предоставлять капитал
to increase the original ~ увеличивать первоначальный капитал
to invest ~ вкладывать капитал
to procure ~ доставать капитал
to provide ~ предоставлять капитал
to put ~ into a business вкладывать капитал в дело
to raise ~ добывать капитал
to recall ~ востребовать капитал
to recover ~ получать капитал обратно
to regroup ~ перераспределять капитал
to sink ~ вкладывать капитал
to spend ~ расходовать капитал
to tie in ~ вкладывать капитал
to tie up ~ использовать капитал
to touch ~ расходовать капитал
CAPITAL *adj* главный, основной; капитальный
CAPITAL-INTENSIVE *adj* капиталоемкий
CAPITALISM *n* капитализм
CAPITALIST *n* капиталист
CAPITALISTIC *adj* капиталистический
CAPITALIZATION *n* капитализация
  market ~ рыночная капитализация
  ~ of reserves капитализация резервов
  ~ of surplus value капитализация прибавочной стоимости
CAPITALIZE *v* капитализировать, превращать в капитал
CAPITALIZING *n* капитализация
CAPTAIN *n* капитан
  ~ of industry промышленный магнат
CAPTION *n* 1. надпись 2. подпись под фотографией
CAPTIVE *adj* входящий в другую отрасль промышленности
CAPTURE *v* захватывать
CAR *n* 1. автомобиль 2. железнодорожный вагон
  advertising ~ вагон с рекламой
  baggage ~ *амер.* багажный вагон
  ballast ~ балластный вагон

CAR

  business ~ служебный вагон
  consolidated ~ прямой сборный вагон
  demonstration ~ демонстрационный вагон
  empty ~ порожний вагон
  flat ~ вагон-платформа с пониженной грузовой площадкой
  ferry ~ сборный вагон
  freight ~ грузовой вагон
  gondola ~ открытый товарный вагон, полувагон
  goods ~ товарный вагон
  gravel ~ *амер.* балластный вагон
  «green» ~ «зеленый» (*антитоксичный*) автомобиль
  groupage freight ~ сборный грузовой вагон
  large capacity ~ большегрузный вагон
  leased ~ 1) арендованный автомобиль 2) арендованный вагон
  light railway ~ облегченный вагон (*узкой колеи дороги*)
  mail ~ почтовый вагон
  merchandise ~ сборный вагон
  passenger ~ пассажирский вагон
  platform ~ вагон-платформа
  postal ~ почтовый вагон
  railroad ~ *амер.* железнодорожный вагон
  railway ~ железнодорожный вагон
  railway service ~ служебный вагон
  refrigerator ~ вагон-холодильник
  repair ~ вагон-мастерская
  saloon ~ 1) вагон-люкс 2) лимузин
  scale ~ вагон-весы
  self-clearing ~ саморазгружающийся вагон
  self-propelled ~ автономный вагон
  side-dump ~ вагон с боковой разгрузкой
  sleeping ~ спальный вагон
  stock ~ вагон для перевозки скота
  street ~ трамвайный вагон
  tank ~ вагон-цистерна
  through ~ вагон прямого сообщения
  tipping ~ саморазгружающийся вагон
  trailer ~ прицепной вагон
  trap ~ грузовой вагон, используемый в пределах сортировочной станции для сбора и подвоза мелких отправок к частным подъездным путям
  underloaded ~ недогруженный вагон
  ◊ to load a ~ загружать вагон
  to offload a ~ разгружать вагон
  to unload a ~ *см.* to offload a ~

CARD *n* 1. карточка 2. билет 3. формуляр; ярлык
  account ~ перечень счетов, план счетов
  accounting ~ *см.* account ~
  balance ~ карта остатков
  bank charge ~ перечень комиссионных за банковские операции
  business ~ визитная карточка
  calling ~ *амер. см.* business ~
  cheque ~ чековая карточка
  clearance ~ *амер.* свидетельство об окончании учебного заведения
  clock ~ хронокарта
  commodity ~ список товаров
  company ~ карточка, используемая для оплаты расходов за счет компании
  credit ~ кредитная карточка
  debit ~ дебетовая карточка
  fair ~ пропуск на ярмарку
  file ~ регистрационная карточка
  gold ~ кредитная карточка «АЕ», Америкен Экспресс и «Барклейз бэнк»
  identification ~ удостоверение личности
  identity ~ *см.* identification ~
  instruction ~ 1) карта рабочих операций 2) инструкция
  inventory ~ карточка складского учета
  invitation ~ пригласительный билет
  issue ~ карта выдачи (*материалов, товаров т. п.*)
  job ~ 1) рабочая карточка, табель 2) смета; счет
  job order ~ учетная карточка заказов
  job order cost ~ карточка затрат заказа
  ledger ~ карточка бухгалтерского учета
  mailing ~ адресная карточка
  master ~ главная перфокарта
  material control ~ контрольная карта материалов
  material requisition ~ карта учета заявок на материалы
  National Insurance ~ карточка социального страхования
  pattern ~ карточка образцов
  permanent ~ постоянный пропуск
  perpetual inventory ~ карточка текущего учета материальных ценностей, карточка складского учета
  personal ~ личное дело
  plan-record ~ карточка учета основных средств
  plastic ~ любая платежная карточка
  process ~ карта технологического процесса
  professional ~ удостоверение специалиста
  ration ~ продовольственная карточка
  receipt ~ приходная карта
  record ~ учетная карточка; регистрационная карточка
  register ~ регистрационная карточка
  report ~ отчетный бланк
  requisition ~ карта требований
  reservation ~ бланк заявки
  route ~ маршрутная карта
  sample ~ карточка образцов
  shipping ~ расписание отправлений судов
  show ~ карточка образцов
  signature ~ карточка с образцами подписей
  stock ~ карточка учета запасов
  stock status ~ карточка учета состояния запасов
  stocktaking ~ карточка учета запасов
  store ~ *амер.* рекламная карточка с описанием товара
  summary ~ итоговая карточка
  time ~ табель, карточка учета рабочего времени
  visiting ~ визитная карточка
  visitor's ~ пропуск на ярмарку или выставку
  working ~ профсоюзный билет
  ~ of accounts план счетов; перечень счетов
CARE *n* уход; обслуживание
  institutional ~ социальное обеспечение
  medical ~ здравоохранение
CAREER *n* карьера
CAREFUL *adj* тщательный; точный
CARETAKER *n* управляющий домом; сторож; дворник
CARGO *n* груз
  additional ~ добавочный груз, догрузка; попутный груз
  air ~ воздушный груз
  bag ~ мешковый груз
  bagged ~ груз в мешках
  bale ~ грузы в тюках или мешках
  barrel ~ груз, упакованный в бочках
  bulk ~ насыпной, навалочный или наливной груз
  bulky ~ громоздкий груз, объемный груз
  cartonised ~ груз, упакованный в коробки

chilled ~ груз в холодильнике, рефрижераторный груз
commercial ~ коммерческий груз
container ~ контейнерный груз
containerized ~ см. container ~
conventional ~ конвенциональный груз
crated ~ груз в обрешетке
damaged ~ поврежденный груз
dangerous ~ опасный груз
deadweight ~ тяжеловес
deck ~ палубный груз
directed ~ адресованный груз
dry ~ сухой груз
export ~ экспортный груз
exported ~ см. export ~
express ~ груз большой скорости
fast ~ см. express ~
floating ~ груз в пути; морской груз
foreign ~ иностранный груз
fragile ~ бьющийся груз
frozen ~ замороженный груз
general ~ генеральный груз, сборный груз
heavy ~ тяжеловесный груз
heavy-lift ~ см. heavy ~
heavyweight ~ см. heavy ~
high-value ~ ценный груз
hold ~ трюмный груз
homeward ~ обратный груз
import ~ импортный груз
imported ~ см. import ~
inbound ~ импортируемый груз
inflammable ~ легковоспламеняющийся груз, огнеопасный груз
inward ~ импортируемый груз
jettisoned ~ груз, выброшенный за борт
joint ~ сборный груз
legal ~ дозволенный груз
light ~ легкий груз
loose ~ незатаренный груз, неупакованный груз, груз россыпью
measurement ~ обмерный груз
misdirected ~ неправильно адресованный груз, засланный груз
mixed ~ смешанный груз, разнородный груз
nondelivered ~ непоставленный груз
oil ~ нефтегруз
optional ~ опционный груз; груз без порта назначения
outbound ~ экспортный груз
out-of-gauge ~ негабаритный груз, негабарит
outward ~ экспортный груз

oversized ~ негабаритный груз, негабарит
packed ~ упакованный груз
packaged ~ см. packed ~
palletised ~ пакетированный груз
perishable ~ скоропортящийся груз
railway ~ железнодорожный груз
return ~ обратный груз
short-landed ~ невыгруженный груз
short-shipped ~ недогруженный груз
stacked ~ штабелированный груз
strained ~ груз, выброшенный на берег
time ~ срочный груз
total ~ весь груз
transhipment ~ груз, доставляемый с перевалкой
transit ~ транзитный груз
uncovered ~ груз без упаковки
undeclared ~ необъявленный груз
undocumented ~ бездокументный груз
underdeck ~ трюмный груз
unpacked ~ груз без упаковки
unpackaged ~ см. unpacked ~
unwrapped ~ см. unpacked ~
valuable ~ ценный груз
~ in bags груз в мешках
~ in barrels бочковый груз
~ in bulk груз без упаковки
~ within loading gauge габаритный груз
◊ ~ out and home грузы в прямом и обратном направлениях
to accept ~ принимать груз
to carry ~ перевозить груз
to close for ~ прекращать принятие грузов
to collect ~ забирать груз
to damage ~ повреждать груз, наносить ущерб грузу
to delay ~ задерживать груз
to deliver ~ доставлять груз; выдавать груз
to detain ~ задерживать груз
to direct ~ направлять груз
to discharge ~ выгружать груз
to dispatch ~ отправлять груз
to examine ~ осматривать груз
to fasten ~ крепить груз
to forward ~ отправлять груз
to handle ~ производить транспортную обработку груза
to hand over ~ выдавать груз
to jettison ~ выбрасывать груз за борт
to load ~ отгружать груз
to make up ~es собирать разнородные отправки

to misdirect ~ неправильно адресовать груз
to off-load ~ разгружать груз
to pick up ~ забирать груз
to protect ~ предохранять груз
to readdress ~ переадресовывать груз
to receive ~ принимать груз
to release ~ выдавать груз со склада
to reload ~ осуществлять перевалку груза
to remove ~ разгружать груз
to retain ~ оставлять груз [за собой]
to route ~ направлять груз
to safeguard ~ предохранять груз
to salvage ~ спасать груз
to separate ~ проводить сепарацию груза
to sling ~ зацеплять груз стропом
to store ~ размещать груз на складе
to stow ~ размещать груз в трюме
to survey ~ осматривать груз
to take ~ принимать груз
to take in ~ брать груз
to take out ~ разгружать груз
to tranship ~ осуществлять перевалку груза
to unitise ~ объединять грузовые единицы
to unload ~ разгружать груз
to warehouse ~ складировать, размещать груз на складе
to weigh ~ взвешивать груз
CARLOAD n 1. партия груза на вагон 2. вагон (*вес или объем груза*)
◇ by the ~ вагонами
less than ~ партия груза меньше грузовместимости вагона
CARLOADINGS n pl погрузки; число погруженных вагонных грузов
CARMAN n возчик, водитель, машинист локомотива
bonded ~ перевозчик товаров, находящихся под таможенной пломбой, с одного склада на другой
CARNET n международный таможенный документ, разрешающий временный беспошлинный ввоз некоторых товаров
TIR ~ «ТИР-карнет», таможенное свидетельство для международных перевозок
CARRIAGE n 1. перевозка, транспортировка; подвозка, доставка 2. стоимость перевозки или доставки 3. пассажирский вагон
air ~ авиаперевозка

bulk ~ перевозка навалом, насыпью или наливом; бестарная перевозка
cargo ~ грузовые перевозки
compartment ~ купейный вагон
composite ~ вагон смешанного класса
container ~ контейнерные перевозки
export-import ~ экспортно-импортные перевозки
extra ~ дополнительная плата за провоз
freight ~ грузовые перевозки
general cargo ~ перевозки генеральных грузов
hard-seated ~ жесткий вагон
highway ~ дорожные перевозки
inland ~ внутренние перевозки
intermodel ~ смешанные перевозки
land ~ перевозки сухопутным транспортом
long-distance ~ перевозки на большие расстояния, дальние перевозки
long-haul ~ *см.* long-distance ~
mixed ~ смешанные перевозки
mixed cargo ~ перевозки генеральных грузов
multimodel ~ смешанные перевозки
package freight ~ перевозки пакетированных грузов
passenger ~ пассажирский вагон
railway ~ железнодорожный вагон
sea ~ морские перевозки
surface ~ наземные перевозки, перевозки сухопутным транспортом
tare ~ перевозка пустой тары
timber ~ вагон-лесовоз
through ~ 1) вагон прямого сообщения 2) сквозная перевозка
water ~ водные перевозки
~ by air воздушные перевозки
~ by land сухопутные перевозки
~ by rail железнодорожные перевозки
~ by road автодорожные перевозки
~ by sea морские перевозки, водные перевозки
~ by water водные перевозки
~ of cargo перевозки грузов
~ of goods перевозки товаров
~ of freight перевозки грузов
~ of passengers перевозки пассажиров
◇ cash on delivery перевозка с наложенным платежом
~ forward неоплаченная перевозка; перевозка подлежит оплате покупателем
~ paid оплаченная перевозка; за перевозку уплачено

to contract for the ~ заключить договор перевозки
to effect ~ осуществлять перевозку
to pay ~ оплачивать перевозку
to provide ~ обеспечивать перевозку
CARRIAGE-FREE *adv* с оплаченной перевозкой; доставка оплачена
CARRIED *adj бухг.* перенесенный
CARRIER *n* 1. транспортное агентство, транспортная организация; перевозчик 2. транспортное средство 3. транспортная линия
air ~ 1) авиационный перевозчик 2) авиалиния
bulk ~ судно для перевозки массовых грузов, балкер
cargo ~ компания грузовых перевозок
cellular ~ ячеистый контейнеровоз
combination ~ компания грузо-пассажирских перевозок
common ~ транспортная организация общего пользования
container ~ контейнеровоз
contract ~ трамповое судно
deepsea ~ океанский перевозчик
established ~ солидная, общепризнанная транспортная компания
feeder ~ фидерный перевозчик
first ~ первый перевозчик
freight ~ грузовая транспортная компания
highway ~ компания автодорожных перевозок
inland ~ внутренний перевозчик
insurance ~ страховая компания
intermediate ~ 1) транспортная компания транзитного сообщения 2) транзитная линия
interstate ~ транспортная компания межштатных перевозок
intrastate ~ транспортная компания внутриштатных перевозок
lift-on, lift-off ~ контейнеровоз с вертикальной погрузкой
lighter ~ лихтеровоз
line-haul ~ 1) линейная транспортная компания 2) магистральная железнодорожная линия
liquified gas ~ газовоз
local ~ компания местных перевозок
lumber ~ лесовоз
motor ~ 1) автотранспортная компания 2) автотранспортная линия
ocean ~ океанский перевозчик
official ~ официальный перевозчик
oil ~ нефтевоз

ore ~ танкер-рудовоз
ore/oil ~ судно для перевозки насыпных и наливных грузов
pipeline ~ компания трубопроводного транспорта
private ~ 1) частная транспортная компания 2) частная транспортная линия
public ~ транспортная организация общего пользования
rail ~ железнодорожная транспортная компания
reinsurance ~ страхования компания, осуществляющая перестрахование
road ~ автодорожный перевозчик
ro-ro container ~ контейнеровоз-ролкер
sea ~ морской перевозчик
short-haul ~ компания местных перевозок
subsequent ~ последующий перевозчик
surface ~ компания сухопутного транспорта
timber ~ лесовоз
~ of freight компания грузового транспорта
~ of property *амер. см.* ~ of freight
CARRY *n* 1. перевозка 2. *бирж.* стоимость финансирования срочной позиции
negative ~ отрицательный результат хранения ценной бумаги (*когда стоимость хранения превышает доход по ней*)
positive ~ положительный результат хранения ценной бумаги
CARRY *v* 1. перевозить; переносить; транспортировать 2. приносить (*доход*) 3. хранить (*ценные бумаги*) 4. *бухг.* заносить
◊ ~ at ... стоить ...
~ at cost less ... оцениваться по себестоимости за вычетом...
~ as liability *бухг.* заносить в пассив за вычетом баланса
~ by air перевозить авиатранспортом
~ by road перевозить на автомобиле
~ forward *бухг.* переносить на другую страницу
~ inwards ввозить
~ out выполнять, осуществлять
~ outwards вывозить
~ over *бухг.* переносить на другую страницу
CARRY-BACK *n* 1. возврат 2. *бухг.* пе-

ренос убытков на более ранние периоды
loss ~ *см.* CARRY-BACK 2.
CARRY-FORWARD *n* 1. *бухг.* перенос 2. *бухг.* перенос убытков на будущие периоды
loss ~ *см.* CARRY-FORWARD 2.
CARRYING *n* провоз
CARRYING-OUT *n* выполнение, осуществление
~ of an analysis проведение анализа
~ of obligations выполнение обязательств
~ of a programme реализация программы
~ of requirements выполнение требований
~ of work выполнение работ
CARRY-OVER *n бухг.* переходящий остаток; перенос
CART *n* ручная тележка
shopping ~ тележка для товаров в магазине самообслуживания
CARTAGE *n* 1. автотранспортная перевозка грузов 2. плата за автотранспортную перевозку
CARTEL *n* картель
allocation ~ контингентирующий картель
compulsory ~ принудительный картель
export ~ экспортный картель
open ~ открытый картель
price ~ ценовой картель
sales ~ сбытовой картель
voluntary ~ добровольный картель
CARTELIZATION *n* картелизация
CARTELIZE *v* картелировать
CARTING *n* доставка груза автотранспортом
CARTON *n* коробка
collapsible ~ складная коробка
export ~ экспортная коробка
folding ~ складная коробка
gift ~ подарочная коробка
heavy-duty ~ прочная коробка
standard ~ стандартная коробка
CARTONISED *adj* пакетированный
CARTWHEEL *n амер.* серебряный доллар
CASE *n* 1. случай; обстоятельство 2. *юр.* судебное дело 3. ящик; коробка; место груза
arbitration ~ арбитражное дело
border-line ~ пограничный случай
civil ~ *юр.* гражданское дело
criminal ~ уголовное дело

display ~ витрина
patent ~ патентное дело
sample ~ ящик с образцами
skeleton ~ ящик типа обрешетки
◊ ~ at issue спорный вопрос
in ~ of need в случае необходимости
to conduct a ~ вести дело
to dismiss a ~ прекращать дело
to plead a ~ вести дело
to sit on a ~ слушать дело
to try a ~ разбирать дело
to win a ~ выигрывать дело
CASH *n* 1. наличные деньги, наличность 2. статья в балансе, фиксирующая банкноты, монеты, чеки и прочие активы, приравненные к наличности 3. наличная сделка
adverse ~ дефицит кассовой наличности
counter ~ наличность в кассе банка
earmarked ~ целевой банковский вклад
hard ~ звонкая монета
imprest ~ кассовая наличность
incoming ~ деньги, поступающие в кассу
loose ~ мелкие деньги
net ~ платеж наличными без скидки
non-earning ~ наличные деньги, не приносящие дохода
outcoming ~ деньги, выплачиваемые кассой
petty ~ мелкие деньги
prompt ~ немедленный платеж наличными
ready ~ наличный расчет
reserve ~ резервная наличность
spare ~ свободная наличность
spot ~ немедленный платеж наличными
till ~ наличность в кассе банка
vault ~ наличность, хранимая в сейфе
~ against documents наличными против документов
~ at bankers денежная наличность в банках
~ before delivery наличными до поставки товара
~ in advance аванс наличными
~ in hand наличность кассы
~ on delivery оплата при доставке, наложенный платеж
~ on hand наличность кассы
~ on receipt of merchandise платеж наличными при получении товара

~ with order наличными при выдаче заказа
◊ for ~ за наличный расчет
for ready ~ за немедленный расчет наличными
in ~ за наличный расчет
~ down немедленная оплата товаров и услуг по их получении
~ only только наличными
to audit ~ проводить ревизию кассы
to balance the ~ составлять кассовый баланс
to be out of ~ быть не при деньгах, не иметь денег
to buy for ~ покупать за наличные
to check ~ проводить ревизию кассы
to convert into ~ переводить в наличность
to pay ~ платить наличными
to purchase for ~ покупать за наличные
to reckon up the ~ подсчитывать кассу
to sell for ~ продавать за наличные
CASH v получать деньги по векселю, чеку
CASH-AND-CARRY n продажа за наличный расчет без доставки
CASHDESK n касса в магазине
CASHFLOW n 1. приток денежных средств 2. разница между всеми наличными платежами и поступлениями
CASHIER n кассир
CASHING n получение денег; инкассирование
CASHLESS adj безналичный
CASH-POOR adj без достаточного количества денег
CASING n затаривание
~ of goods затаривание груза
CASK n бочка
small ~ бочонок
CASSATION n юр. кассация
◊ to dismiss a ~ отклонять кассацию
to file a ~ подавать кассацию
to reject a ~ отклонять кассацию
to submit a ~ подавать кассацию
CASUAL n временный рабочий; случайный покупатель
CASUALTY n несчастный случай; авария
big ~ крупная авария
CAT:
~s and dogs сомнительные ценные бумаги
CATALOGUE n каталог
card ~ картотека, карточный каталог

classified ~ систематический указатель
complete ~ полный каталог
comprehensive ~ см. complete ~
detailed ~ детальный каталог
exhibition ~ выставочный каталог
fair ~ каталог ярмарки
firm ~ фирменный каталог
general ~ общий каталог
illustrated ~ иллюстрированный каталог
job evaluation ~ тарифно-квалификационный справочник
machinery ~ каталог по машинному оборудованию
parts ~ каталог запчастей
price ~ прейскурант
priced ~ каталог с ценами
product ~ каталог продукции
sale ~ аукционный каталог
standard ~ типовой каталог
subject ~ предметный каталог
trade ~ сборник тарифов
~ of a firm каталог фирмы
~ of products каталог продукции
~ of sale каталог аукциона
~ of samples каталог образцов товара
◊ to compile a ~ составлять каталог
to distribute ~s раздавать каталоги
to issue a ~ выпускать каталог
to list in a ~ включать в каталог
to produce a ~ выпускать каталог
CATALOGUE v вносить (включать) в каталог
CATEGORIZE v распределять по категориям; классифицировать
CATEGOR|Y n категория; разряд
customer ~ категория клиентов
eternal ~ вечная категория
higher ~ies of workers привилегированный слой рабочих
historical ~ историческая категория
item ~ категория изделия
job ~ характер работы
marginal ~ маргинальная группа
occupational ~ профессиональная группа
price ~ категория цены
programme ~ характер программы
quality ~ степень качества, сорт
service ~ категория обслуживания
stock ~ вид запасов
wage ~ тарифный разряд
CATER v поставлять продукцию; обслуживать
CATERER n 1. поставщик провизии 2.

фирма, обслуживающая мероприятия (*в ресторане или на дому*)

CATERING *n* общественное питание
industrial ~ снабжение столовой на предприятии
mass ~ снабжение населения продовольствием
public ~ система общественного питания

CATTLE *n* крупный рогатый скот
beef ~ крупный рогатый скот мясного направления
breeder ~ племенной скот
butcher ~ убойный скот
culled ~ бракованный скот
dairy ~ молочный скот
draft ~ рабочий скот
feeder ~ скот, проданный на откорм
pasture ~ скот на пастбищном содержании
slaughter ~ убойный скот

CAUCUS *n* 1. партийное собрание 2. *амер.* предвыборный митинг сторонников какой-л. партии

CAUSE *n* 1. причина, основание 2. дело
accident ~ причина несчастного случая
assignable ~ неслучайная причина
chance ~ случайная причина
charitable ~ благотворительность
immediate ~ непосредственная причина
principal ~ основная причина
sufficient ~ достаточная причина
~ for an action основание для предъявления иска
~ of accident причина несчастного случая
~ of death причина смерти
~ of delay причина задержки
~ of dismissal причина увольнения
~ of trouble причина неисправности

CAUSE *v* служить поводом; вызывать; причинять

CAUTION *n* осторожность, осмотрительность

CAVEAT *n* 1. предупреждение, предостережение 2. ходатайство о приостановке судебного дела 3. ходатайство о невыдаче патента другому лицу
◇ ~ emptor *лат.* «пусть покупатель будет осмотрителен», качество товара на риске покупателя
to enter a ~ подавать ходатайство

CAVEATOR *n* 1. лицо, протестующее против чего-л. 2. лицо, ходатайствующее о невыдаче патента другим лицам

CEASE *v* прекращать

CEDE *v* уступать, передавать, цедировать

CEILING *n* 1. максимум, предел, потолок 2. максимальная цена
authorizations ~ предел банковского финансирования
credit ~ предел банковского кредита
full-employment ~ предел занятости
interest rate ~ потолок процентной ставки
lending ~ предельный размер ссуды
price ~ лимит цен
production ~ потолок объема производства
rate-of-return ~ потолок нормы прибыли
retail price ~ предел повышения розничных цен
wage ~ предельный уровень заработной платы
~ for foreign ownership предельный размер собственности, принадлежащей иностранцам
◇ to hit the ~ достичь потолка
to impose a ~ установить предел

CELL *n* 1. ячейка; ячейка памяти (ЗУ) 2. элемент
solar ~s солнечный элемент; фотоэлемент

CELLARAGE *n* 1. плата за хранение товаров (*напр. вин*) в подвальных помещениях 2. место в подвальных помещениях

CENSUS *n* перепись
agricultural ~ сельскохозяйственная перепись
complete ~ полная перепись
compulsory ~ обязательная перепись
de facto ~ учет переписи наличного населения
de jure ~ учет переписи постоянного населения
distribution ~ официальная перепись по предприятиям оптовой и розничной торговли и сферы услуг
general ~ всеобщая перепись
industrial ~ промышленная перепись
livestock ~ перепись скота
mail ~ перепись населения, проводимая по почте
partial ~ выборочная перепись
pilot ~ пробная перепись
population ~ перепись населения
production ~ официальная перепись

по основным отраслям обрабатывающей промышленности
sample ~ выборочная перепись
traffic ~ перепись транспортных средств
CENTER *n* 1. центр 2. центр, бюро
advertising ~ рекламный центр
business ~ деловой центр
bying ~ торговый центр
commercial ~ коммерческий центр
community ~ помещение для проведения культурных и общественных мероприятий
computer ~ вычислительный центр
computing ~ *см.* computer ~
coordination ~ координационный центр
cost ~ учетно-калькуляционное подразделение
cultural ~ культурный центр
data processing ~ центр обработки данных
distribution ~ центр распределения
economic ~ хозяйственный центр
economic information ~ центр экономической информации
engineering ~ технический центр
exhibition ~ выставочный центр
financial ~ финансовый центр
industrial ~ промышленный центр
information ~ информационный центр
manufacturing ~ центр обрабатывающей промышленности
nonprofit ~ некоммерческий центр
pool ~ пул
producing ~ производственный участок
production ~ *см.* producing ~
profit ~ *амер.* самостоятельное подразделение, деятельность которого оценивается полученной прибылью
profit-and-loss ~ подразделение на самостоятельном балансе
publicity ~ рекламный центр
research ~ научно-исследовательский центр
service ~ центр обслуживания
shopping ~ торговый центр
trading ~ *см.* shopping ~
training ~ центр обучения
welfare ~ благотворительный центр
world trade ~ центр международной торговли
CENTRAL *adj* центральный
CENTRALIZATION *n* централизация
~ of capital централизация капитала
CENTRALIZE *v* централизовать, концентрировать
CENTRE *n* 1. центр 2. центр, бюро
CEREALS *n pl* 1. съедобные зерновые 2. семена зерновых злаков
CERTIFICATE *n* 1. удостоверение, свидетельство; сертификат 2. акт 3. аттестат; паспорт
acceptance ~ акт приемки
accountant's ~ заключение ревизора о состоянии финансовой отчетности компании
assay ~ сертификат качества (*о металлах*)
audit ~ заключение ревизора о состоянии финансовой отчетности компании
author's ~ авторское свидетельство
average ~ аварийный сертификат
balance ~ сальдовый сертификат
bank's ~ сертификат банка
bearer ~ сертификат на предъявителя
birth ~ свидетельство о рождении
cargo ~ грузовой сертификат
carrier's ~ сертификат экспедитора
classification ~ классификационное свидетельство
clearance ~ свидетельство о таможенной очистке
consular ~ консульский сертификат
cross-border ~ сертификат, свидетельствующий о переходе товара через границу
currency ~ казначейский сертификат
customs ~ таможенное свидетельство
death ~ свидетельство о смерти
debenture ~ свидетельство о возврате таможенной пошлины
duty-free entry ~ свидетельство на право беспошлинного ввоза
employment ~ разрешение на работу
equipment trust ~ сертификат траст-компании кредитования купли-продажи оборудования
exemption ~ сертификат, освобождающий от уплаты налога
factory ~ заводской паспорт
floating rate ~ of deposit депозитный сертификат с плавающей ставкой
forwarding agent's ~ of receipt расписка экспедитора (*в получении груза*)
gold ~ золотой сертификат
handing-over ~ сертификат о передаче объекта
health ~ карантинное свидетельство
import ~ импортный сертификат
inspection ~ акт осмотра

insurance ~ страховое свидетельство
interim ~ временное свидетельство
inventor's ~ авторское свидетельство на изобретение
load-line ~ свидетельство о грузовой марке
loan ~ долговая расписка
machine ~ паспорт машины
manufacturer's ~ заводской сертификат
measurement ~ *мор.* мерительное свидетельство
medical ~ медицинский сертификат
mill's test ~ акт испытаний
moisture ~ сертификат влажности
money market ~ сертификат денежного рынка
mortgage ~ залоговый сертификат
negotiable ~ of deposit передаваемый вкладной сертификат
ownership ~ свидетельство о праве собственности
paper ~ бумажный сертификат
participation ~ сертификат участия
passenger ~ пассажирское свидетельство
phytosanitary ~ фитопатологическое свидетельство
protest ~ документ об опротестовании векселя
provisional ~ временный сертификат
quality ~ сертификат качества
quarantine ~ карантинный сертификат
rabies ~ сертификат о прививке против бешенства
registered ~ именной сертификат
registration ~ регистрационный сертификат
release ~ for shipment разрешение на отгрузку
sampling ~ свидетельство об отборе проб
sanitary ~ санитарное свидетельство
sanitation ~ *см.* sanitary ~
savings ~ сберегательный сертификат
scrip ~ временный сертификат акции или облигации
share ~ акционерный сертификат, свидетельство на акцию
silver ~ серебряный сертификат
stock ~ *амер.* акционерный сертификат, свидетельство на акцию
survey ~ акт осмотра
taking-over ~ сертификат о приемке объекта
tax ~ налоговый сертификат

tax reserve ~s налоговые резервные сертификаты
technical inspection ~ акт технического осмотра
test ~ сертификат испытаний
thrift ~ сберегательный сертификат
time ~ of deposit срочный вкладной сертификат
tonnage ~ *мор.* мерительное свидетельство
treasury ~ казначейский сертификат
trustee's ~ сохранная расписка
vaccination ~ свидетельство о прививке
veterinary ~ ветеринарное свидетельство
voting trust ~ сертификат, выдаваемый при образовании голосующего траста
warehouse ~ складское свидетельство
weight ~ весовой сертификат
wharfinger's ~ расписка товарной пристани в приеме груза для отправки
works' test ~ акт заводского испытания
~ of acceptance акт приемки
~ of accounts аудиторский сертификат
~ of age разрешение на работу несовершеннолетним
~ of airworthines свидетельство о пригодности к выполнению полетов
~ of allotment документ о распределении
~ of analysis свидетельство о проведенном анализе
~ of authenticity свидетельство о подлинности
~ of authority разрешение на право производства операций
~ of beneficial interest сертификат бенефициара
~ of completion of work свидетельство об окончании работ
~ of convenience and necessity свидетельство общественной полезности и необходимости
~ of clearance разрешение на вывоз
~ of damage свидетельство о повреждении товара
~ of delivery документ, подтверждающий поставку
~ of deposit депозитный сертификат
~ of disinfection свидетельство о дезинфекции
~ of examination акт осмотра
~ of fair wear-and-tear акт об износе

~ of fitness удостоверение о пригодности к эксплуатации
~ of free pratique свидетельство о снятии карантина
~ of guarantee гарантийное свидетельство
~ of health справка о здоровье
~ of hypothecation залоговое письмо
~ of incorporation разрешение на создание корпорации
~ of indebtedness сертификат задолженности
~ of inspection акт осмотра
~ of insurance страховой сертификат
~ of measurements сертификат измерений
~ of nationality гражданство
~ of naturalization свидетельство о натурализации
~ of origin свидетельство о происхождении
~ of ownership свидетельство о праве собственности; регистровое свидетельство
~ of participation сертификат участия
~ of pledge залоговый сертификат
~ of protest акт о протесте
~ of qualification удостоверение о квалификации
~ of quality сертификат качества
~ of readiness свидетельство о готовности товара
~ of redemption свидетельство о погашении
~ of registration of design свидетельство о регистрации промышленного образца
~ of registry судовой патент
~ of sampling сертификат отбора проб
~ of seaworthiness сертификат о годности к плаванию
~ of shipment свидетельство об отгрузке
~ of species сортовое свидетельство
~ of stock сертификат на акцию
~ of survey сертификат осмотра судна; сертификат сюрвейера
~ of title удостоверение о праве собственности
~ of valuation заявление о стоимости груза
~ of weight сертификат веса
◊ to award a ~ выдавать сертификат
to give a ~ см. to award a ~
to grant a ~ см. to award a ~
to hold a ~ держать сертификат
to issue a ~ выписывать сертификат
to present a ~ представлять сертификат
to submit a ~ см. to present a ~
CERTIFICATION n 1. выдача удостоверения, свидетельства 2. удостоверение, свидетельство 3. акт засвидетельствования
~ of products сертификация (аттестация) продукции
~ of signature засвидетельствование подписи
CERTIFY v 1. удостоверять, подтверждать 2. утверждать, разрешать
◊ certified to in writing по письменному удостоверению
CERTIFYING n:
~ of products сертификация продукции
CESS n 1. особая форма налога локального характера или с конкретного объекта (*напр., на услуги, чай*) 2. поземельный налог
CESSATION n прекращение
~ of activity прекращение деятельности
~ of circumstances прекращение действия обстоятельств
~ of deliveries прекращение поставок
~ of membership выход из членов, прекращение членства
~ of payment прекращение платежей
~ of service прекращение служебной деятельности, увольнение со службы
~ of a trademark прекращение действия товарного знака
~ of work прекращение работы
CESSER n *юр.* невыполнение или прекращение выполнения обязанности
~ of action *юр.* приостановление рассмотрения дела
CESSION n 1. уступка, передача 2. *юр.* цессия, уступка (*прав, имущества*)
~ of rights передача прав
~ of a patent уступка патента
CESSIONARY n правопреемник
CHAFFAGE n повреждение грузов во время перевозки из-за плохого закрепления (*трение, удары и т. п.*)
CHAIN n 1. цепь, цепочка 2. сеть магазинов цепного подчинения
banking ~ «цепная» банковская сеть, объединение банков путем переплетения капиталов и системы участий
bookshop ~ сеть книжных магазинов
daisy ~ операции между дилерами на

фондовой бирже с целью создания видимости деловой активности
department store ~ сеть универсальных магазинов
discount store ~ сеть магазинов по продаже удешевленных товаров
full-line ~ торговая сеть с широким ассортиментом товаров
hotel ~ сеть гостиниц
local ~ местная торговая сеть
preference ~ последовательность предпочтений
speciality ~ сеть специализированных магазинов
supermarket ~ сеть универсальных магазинов
voluntary ~ сеть закупочных организаций
~ **of command** система менеджмента, при которой права и ответственность делегируются от высших к низшим уровням руководства
~ **of distribution** сбытовая (распределительная) цепь

CHAIR *n* 1. председатель (*собрания*) 2. кафедра (*в высшем учебном заведении*)
to be in the ~ председательствовать
to put in the ~ избрать председателем
CHAIR *v* 1. быть председателем 2. возглавлять

CHAIRMAN *n* председатель
deputy ~ заместитель председателя
honorary ~ почетный председатель
shop ~ председатель профсоюзной организации
vice ~ заместитель председателя
~ **of the arbitration commission** председатель арбитражной комиссии
~ **of the board** председатель правления компании
~ **of the board of directors** председатель совета директоров
~ **of a company** председатель правления акционерного общества
◇ **to act as** ~ председательствовать, вести собрание
CHAIRMANSHIP *n* должность председателя, председательство
◇ **under the** ~ под председательством
CHALK UP *v* 1. брать на заметку 2. добиваться, достигать чего-л.
CHALLENGE *n* 1. вызов; трудная работа, сложная проблема 2. *юр.* отвод (*присяжным, составу суда*)
~ **to an arbitrator** отвод арбитра
◇ **to face the** ~ сталкиваться с проблемой
to meet the ~ принимать вызов
to sustain a ~ удовлетворять отвод
CHALLENGE *v* 1. бросать вызов 2. заявлять отвод

CHAMBER *n* 1. палата 2. камера
arbitration ~ арбитражная палата
barrister's ~ контора адвокатов
cold-storage ~ рефрижераторная камера
cooling ~ холодильная камера
council ~ зал заседаний
freezing ~ морозильная камера
Gilded C. верхняя палата парламента; палата лордов в британском парламенте
Lower C. нижняя палата парламента; палата общин в британском парламенте
refrigirating ~ холодильная камера
Upper C. верхняя палата парламента
~ **of commerce** торговая палата
~ **of shipping** палата по судоходству
~ **of trade** торговая палата
CHAMPERTY *n юр.* незаконное вмешательство в судебный процесс лица, не имеющего отношения к делу по существу

CHANCE *n* 1. случай; случайность 2. возможность, вероятность
pure ~ чистая случайность
~ **of profit** выгодный случай
~**s of success** шансы на успех
CHANCELLOR *n* канцлер
Lord C. лорд-канцлер (*спикер палаты лордов; высшее судебное должностное лицо; член кабинета*)
C. of the Exchequer канцлер казначейства, министр финансов
CHANDLER *n* лавочник, мелочной торговец
corn ~ хлеботорговец
ship ~ судовой поставщик

CHANGE *n* 1. перемена, изменение 2. размен (*денег*); обмен (*на другую валюту*) 3. сдача 4. мелочь, мелкие деньги 5. биржа
cyclical ~**s** циклические колебания
design ~**s** проектные изменения
dimensional ~ изменение размера
engineering ~ техническое изменение
environmental ~ изменение окружающих природных условий
gradual ~ постепенное изменение

CHA

insignificant ~ незначительное изменение
inventory ~ изменение стоимости товарно-материальных запасов
irregular ~s нерегулярные изменения
long-term ~ долгосрочное изменение
loose ~ разменная монета; мелкие деньги
major ~ существенное изменение; основное изменение
marginal ~s незначительные изменения
market ~s изменения на рынке
merchandising ~ изменение методов торговли
monetary ~s изменения в денежном обращении
net ~ чистое изменение цены
net ~ in business inventory изменение стоимости товарно-материальных запасов в текущих ценах
one-sided ~ одностороннее изменение
operational ~s функциональные изменения
parameter ~ коррекция параметров
partial ~ частичное изменение
persistent ~ непрерывное изменение
population ~ изменение численности, состава и размещения населения
prescribed ~ предписанное изменение
price ~ изменение цен
programme ~ изменение программы
progressive ~ прогрессирующее изменение
pronounced ~ резкое изменение
proportional ~ пропорциональное изменение
prospective ~s перспективные изменения
quality ~ качественное изменение
qualitative ~ *см.* quality ~
quantitative ~ количественное изменение
radical ~s коренные изменения
random ~ случайное изменение
rapid ~ быстрое изменение
rate ~ 1) изменение ставки зарплаты 2) изменение нормы выработки
regular ~s регулярные изменения
sharp ~ резкое изменение
salary ~ изменение заработной платы
slight ~ незначительное изменение
social ~s изменения в социальном положении
staff ~s кадровые изменения
step ~ ступенчатое изменение

CHA

strategic ~ изменение стратегии
structural ~ структурное изменение
subsequent ~s последующие изменения
sudden ~ внезапное изменение
technical ~s технические изменения
technological ~s технологические изменения
territorial ~s территориальные изменения
unilateral ~ одностороннее изменение
volumetric ~ изменение в объеме
zone ~ зональное изменение
~ in the cost изменение стоимости
~ in the index изменение индекса
~ in liquidity изменение ликвидности
~ in the market изменение конъюнктуры рынка
~ in position перемена места (*службы*)
~s in prices изменения в ценах
~ in process изменение технологического процесса
~ in quality изменение качества
~ in the staff изменение в кадровом составе
~s in taxation изменения в налогообложении
~ in values изменение стоимости
~ of address изменение адреса
~ of domicile перемена постоянного местожительства
~ of employment перемена места работы
~ of flight изменение рейса
~ of market sentiment изменение настроения рынка
~ of occupation перемена рода деятельности, перемена работы
~ of personnel изменение в кадровом составе
~ of place of work изменение места работы
~ of population демографические изменения
~ of position перемена места службы
~ of rates изменение курса
~ of residence перемена местожительства
~ of schedule *амер.* изменение расписания
~ of state изменение состояния
~ of timetable изменение расписания
~ of title передача права собственности
~ of voyage изменение рейса
◊ on ~ на бирже

subject to ~ without notice без обязательства
to effect structural ~s осуществлять структурные сдвиги
to entail ~s вызывать изменения
to involve ~s *см.* to entail ~s
to undergo ~s претерпевать изменения
CHANGE *v* 1. менять, изменять; меняться, изменяться 2. обменивать
◇ ~ over переходить (*на другой процесс, режим*)
CHANGE-OVER *n* переход (*на что-л., к чему-л.*)
currency ~ изменение золотого содержания валюты
labour ~ изменение в составе рабочей силы
~ to automation переход к автоматизации
~ to convertibility переход к конвертируемости
~ to cost-accounting переход на хозрасчёт
~ to a new model переход на другую модель
~ to new products переход на выпуск новой продукции
CHANGING *n* 1. изменение 2. размен; обмен
~ of money размен денег
CHANNEL *n* 1. источник, средство; канал 2. канал связи
allocated ~ канал, выделенный для обслуживания
banking ~s банковские каналы
busy ~ занятый канал
distribution ~s каналы распределения
exponential ~ канал с экспоненциальным распределением времени обслуживания
free ~ свободный канал
full ~ занятый канал
idle ~ свободный канал
independent ~ независимый канал
information ~ канал информации
liaison ~s каналы связи
lossless ~ канал, обслуживающий все поступающие требования
market ~s рынки сбыта
occupied ~ занятый канал
official ~s официальные каналы
parallel ~s параллельные каналы
sales ~s каналы сбыта
service ~ канал обслуживания
special service ~ специализированный канал обслуживания

supply ~ канал снабжения
teletype ~ канал телетайпной связи
trade ~s торговые каналы
unofficial ~s неофициальные каналы
variable ~ канал с переменными характеристиками
~s of commerce торговые связи
~s of communication каналы связи
~s of distribution каналы сбыта, каналы распределения
~s of marketing каналы сбыта
~ of trade торговые связи
◇ by the official ~ официально; в служебном порядке
~ with priorities канал обслуживания с приоритетным выбором
to go through official ~ проходить по официальным инстанциям
to pass the usual ~s проходить по обычным каналам
CHARACTER *n* 1. характер; качество 2. характерная особенность 3. репутация, характеристика
dual ~ двойственный характер
economic ~ экономически значимый признак, экономический характер
social ~ общественный характер
CHARACTERISTIC *n* 1. характерная черта; особенность 2. характеристика 3. признак
cultural ~ характеристика культурного уровня
descriptive ~ описательная характеристика
financial ~s характеристика финансового положения
economic ~ характеристика экономического положения
educational ~ характеристика образовательного уровня
item ~s характеристика изделия
job ~s характер работы
linear ~ линейная характеристика
manufacturing ~s технологические характеристики
operational ~s эксплуатационные характеристики
qualitative ~s качественная характеристика
quality ~s характеристика качества
quantitative ~s количественная характеристика
performance ~s эксплуатационные характеристики
personal ~ характеристика лица
product ~s характеристика изделия

running ~s рабочие характеристики
technical ~s технические характеристики
utility ~ характеристика полезности
working ~s рабочие характеристики
CHARGE n 1. цена, плата 2. pl расходы, издержки 3. налог; сбор; начисление 4. долговое обязательство; дебет
acceptance ~ комиссия за акцептование
accrued ~s 1) начисленные проценты 2) понесенные, но неоплаченные расходы
activity ~s 1) сборы по банковским операциям 2) банковские издержки
actual ~s фактические расходы
additional ~ прибавка к цене
additional ~s дополнительные расходы
administrative ~ административный сбор (за услуги органов управления)
admission ~ входная плата
amendment ~ плата за изменение условий
amortization ~s амортизационные отчисления
average ~s расходы, связанные с аварией; аварийные расходы
back ~s обратные расходы
baggage ~ плата за перевозку багажа
bank ~s издержки по банковским операциям, банковские расходы; банковская комиссия
banking ~s см. bank ~
basic ~ основной тариф
berth ~ причальный сбор
boatmen in ~ плата швартовщикам
cable ~s телеграфные расходы
cancellation ~ начисление за аннулирование
capital ~s начисления на счет процентов на капитал и сумм погашения долга
carriage ~s расходы по перевозке
carrying ~ 1) стоимость хранения наличного товара 2) pl транспортные расходы
checking ~s расходы по проверке грузов в порту
collecting ~s расходы по инкассо
collection ~ см. collecting ~
commission ~ комиссионные
commission ~ for a L/C комиссионные за открытие аккредитива
constant ~s постоянные затраты
consular ~ консульский сбор

container ~ плата за пользование контейнером
crane ~ плата за пользование подъемным краном
customs-clearance ~s таможенные сборы (за таможенную очистку)
daily ~ суточная плата
decoration ~s художественно-оформительские расходы
deferred ~s будущие расходы, расходы будущих периодов
delivery ~ плата за доставку; pl издержки по доставке
demurrage ~s расходы в связи с простоем судна
departmental ~s цеховые накладные расходы
depreciation ~s 1) суммы начисленного износа 2) амортизационные отчисления
designing ~s издержки по проектированию
detention ~s издержки из-за вынужденной задержки
direct ~s переменные издержки; прямые издержки
discharging ~ плата за разгрузку
discount ~s расходы по дисконтированию
discounting ~s см. discount ~s
disinfection ~ дезинфекционный сбор
distribution ~s торговые расходы
dock ~s доковые сборы
documentation ~s сборы по оформлению документации
encashment ~s расходы по инкассо (инкассированию)
engineering ~ плата за предоставление инжиниринговых услуг
establishment ~s организационные расходы
estimated ~s смета затрат
excess ~ дополнительный сбор
excess baggage ~ плата за излишний вес багажа
excess weight ~ см. excess baggage ~
exorbitant ~ чрезмерный расход
extra ~ дополнительная плата, доплата; прибавка к цене, наценка
extra ~s дополнительные расходы
finance ~ полная стоимость кредита
financing ~ 1. плата за финансирование 2. pl финансовые издержки
fiscal ~s налоговые сборы

fixed ~s постоянные расходы; постоянные издержки
flat ~ общая плата
fluctuating ~s переменные расходы
forwarding ~s расходы по отправке груза, экспедиционные расходы
freight ~s плата за провоз груза
frontier ~ пограничный сбор (при пересечении границы по железной дороге)
general average and salvage ~s расходы по общей аварии и спасению судна
handling ~s расходы на обработку груза, плата за грузовые операции
haulage ~s плата за буксировку; плата за перевозку груза
hauling ~s плата за перевозку груза
heavy ~s высокая плата
heavy lifting ~s доплата за тяжеловесный груз
heavy rental ~s высокая стоимость аренды
hiring ~ плата за прокат
hotel ~s расходы на гостиницу
import ~ налог на импорт
incidental ~s дополнительные затраты
incurred ~s понесённые издержки; произведённые затраты
indirect ~s косвенные расходы
industry track ~s амер. сбор за пользование железнодорожной веткой
insurance ~ страховой сбор; pl расходы по страхованию
interest ~ начисление процентов
interest ~s on capital начисление процентов на капитал
lading ~s расходы на погрузку
land ~ налог с земельной собственности
landing ~s стоимость выгрузки в порту, лэндинг
late ~ пени за задержку платежа
levelling ~s расходы по выравниванию груза в трюмах
lighter ~s плата за пользование лихтерами
loading ~s расходы на погрузку
loan ~s плата за кредит
local ~s местные сборы
lock ~s плата за пользование шлюзом
mailing ~s почтовые сборы
maintenance ~s 1) эксплуатационные расходы 2) расходы по техническому обслуживанию
management ~s затраты на содержание управленческого персонала

minimum ~ минимальная стоимость фрахта (на линейных судах)
moderate ~ умеренная плата
monthly ~ ежемесячная плата
mortgage ~s ставки по ипотечной задолженности
night ~ ночной тариф
nonrecurring ~ разовый расход
overhead ~s накладные расходы
overtime ~s плата за сверхурочную работу
packing ~s плата за упаковку
packaging ~s см. packing ~s
particular ~s особые расходы
penalty ~ штраф
per diem ~ плата на базе суточных ставок
period ~s издержки отчётного периода
port ~s портовые сборы
porterage ~ плата за переноску груза
postal ~s почтовые расходы
prior ~s выплаты по долговым обязательствам, векселям и т. п., подлежащим удовлетворению в первую очередь
proforma ~s ориентировочные расходы
protest ~ комиссия за оформление протеста; pl расходы по протесту
quay handling ~s сборы за обработку груза на пристани
quay landing ~s сборы за разгрузочные работы на пристани
quay loading ~s сборы за погрузочные работы на пристани
railway ~ железнодорожный сбор
rate ~ надбавка к тарифу
reconsigning ~ плата за переадресовку груза
recovery ~s расходы по инкассации
redraft ~s расходы по обратному переводному векселю
reduced ~ плата за услуги по льготному тарифу
remittance ~ комиссия за перевод по почте
rent ~s расходы на аренду, плата за прокат
rental ~ арендная плата
repairing ~s плата за ремонт
reweighing ~s плата за повторное взвешивание
river ~ речной сбор
salvage ~s расходы по спасению груза
separate ~ отдельная плата, особая плата

service ~ плата за обслуживание
service ~ on a loan начисление процентов по займу
shifting ~ плата за перешвартовку
shipping ~s издержки по отправке груза
siding ~ сбор за пользование железнодорожной веткой
special ~ специальный сбор
standard ~ обычный сбор
standing ~s постоянные издержки; постоянные расходы с фиксированными сроками платежей
stevedoring ~ плата за грузовые операции; *pl* стивидорные расходы
storage ~ плата за хранение груза; *pl* расходы по хранению груза, складские расходы
storing ~ *см.* storage ~
sue ~s судебные расходы
supplementary ~s добавочные расходы
surrender ~ сбор за отказ от страхового полиса
survey ~s сбор за осмотр груза или грузовых помещений
taring ~s расходы по тарированию
telephone ~s телефонные расходы
telex ~s телексные расходы
terminal ~ плата за обработку груза на железнодорожной станции
towage ~s буксирные расходы
towing ~s плата за буксировку
transhipment ~ сбор за перегрузку
transit ~ сбор за транзитный провоз
transport ~s транспортные расходы
transportation ~ плата за перевозку груза; *pl* транспортные расходы
trimming ~s расходы по размещению груза на судне
trust ~s комиссионные платежи по доверительным операциям
unloading ~ плата за разгрузку; *pl* расходы по разгрузке
valuation ~s расходы по оценке товара
variable ~s переменные эксплуатационные расходы
veterinary ~s расходы на ветеринарное обслуживание
waggon hire ~ плата за пользование вагоном
warehouse ~ плата за хранение груза; *pl* складские расходы
warehousing ~ *см.* warehouse ~
weighbridge ~ плата за пользование мостовыми весами
weighing ~s плата за взвешивание

wharfage ~s пристанские сборы
winchmen ~ плата за судовую лебедку
~s against revenue расходы, покрываемые за счет соответствующих доходов
~ for admission плата за вход
~s for advertising расходы на рекламу
~s for carriage расходы по перевозке
~ for clearance сбор за таможенную очистку груза
~ for coining пошлина за чеканку
~ for collection сбор за инкассо
~s for conveyance транспортные расходы
~ for credit комиссия за предоставление ссуды
~ for delivery плата за доставку
~ for engineering плата за проектно-конструкторские работы
~ for freight плата за фрахт
~ for interest начисление процентов на капитал
~s for noting расходы по протесту
~s for the opening of a L/C расходы, связанные с открытием аккредитива
~s for overtime work плата за сверхурочную работу
~s for services расходы на обслуживание
~s for services and facilities плата за услуги и пользование оборудованием
~s of advertising затраты на рекламу
~ on assets плата за фонды
~ on imports ввозная пошлина
~ on land налог на земельную собственность
~ on property налог на собственность
◇ at a ~ за плату
at no ~ бесплатно
without ~ *см.* at no ~
all ~s born за покрытием всех расходов
all ~s deducted за вычетом всех расходов
all ~s included включая все затраты
~s forward расходы подлежат оплате грузополучателем
~s paid in advance расходы оплачены
free of ~ бесплатно
less ~s за вычетом расходов
to be in ~ of руководить
to bear ~s нести расходы
to calculate ~s калькулировать расходы
to collect ~s взимать комиссию
to compute ~s рассчитывать издержки

to defray the ~s покрывать расходы
to impose ~s облагать пошлиной (сборами)
to incur ~s нести расходы; произвести расходы
to reverse ~s предъявить счет за междугородный разговор вызываемому абоненту
CHARGE v 1. назначать цену, плату; взимать 2. начислять издержки 3. записывать на счет; дебетовать
◊ ~ off списывать со счета; списывать в расход
~ up завышать цену, запрашивать
CHARGEABLE adj 1. относимый за счет; подлежащий оплате 2. подлежащий обложению налогом
◊ ~ to fixed-assets account относимый на счет капитальных затрат
CHARGE D'AFFAIRES n дип. поверенный в делах
~ ad hoc постоянный поверенный в делах
~ ad interim временный поверенный в делах
~ in pied постоянный поверенный в делах
~ pro tempore временный поверенный в делах
CHARGE-OFF n списание со счета
loan ~ списание ссуды со счета
CHARGING n начисление; взимание, взыскание
penalty ~ начисление штрафа
~ of demurrage взыскание демерреджа
~ of a discount взимание дисконта
~ of fees взимание сборов
~ of interest начисление процентов
~ of royalty взимание роялти
~ to an account занесение на счет
CHARITABLE adj благотворительный
CHARITY n 1. благотворительность 2. благотворительное общество 3. благотворительная деятельность
CHART n диаграмма, схема; таблица; график
action ~ функциональная диаграмма
alignment ~ номограмма
assembly ~ технологическая карта сборки
band ~ ленточная диаграмма
bar ~ столбцовая диаграмма
break-even ~ график определения точки критического объема производства
calendar progress ~ календарный график работ

cell ~ блок-схема
circular ~ круговая диаграмма
control ~ контрольная карта; контрольный график
corporate ~ устав компании
correction ~ таблица корректировки
cost ~ таблица затрат
costing record ~ график затрат
cycle ~ периодический график
data ~ таблица данных
data flow ~ схема прохождения данных
design ~ расчетный график
flow ~ 1) график последовательности операций; технологическая карта; маршрутная карта 2) блок-схема
flow process ~ календарный график технологического процесса
functional ~ функциональная схема
Gantt ~ график Гантта, календарный график выполнения работ, планово-контрольный график
graphic ~ график; кривая зависимости
information ~ наглядная информация
layout ~ план размещения оборудования
machine ~ паспорт машины (станка)
man-and-machine ~ технологическая карта операций, выполняемых рабочим и машиной
manufacturing stage ~ схема производственного процесса
material flow ~ карта расхода материалов
multiple activity ~ таблица операций, выполняемых параллельно
nomographic ~ номограмма
operational analysis ~ карта послеоперационного анализа производственного процесса
operation flow ~ график последовательности операций; технологическая карта
operation process ~ операционно-технологическая карта
order control ~ карта контроля за движением заказов
ordering ~ схема движения заказов
organization ~ схема организационной структуры
pie ~ секторная диаграмма
price ~ таблица цен
process ~ 1) технологическая карта; маршрутная карта 2) блок-схема процесса

process control ~ график контроля производственного процесса
production stage ~ график выпуска продукции
profit-volume ~ график зависимости прибыли от производственного процесса
programme flow ~ график выполнения программы
progress ~ график выполнения работ, планово-контрольный график; маршрутная карта
quality control ~ график контроля качества
route ~ маршрутная карта
schedule ~ график выполнения работ, календарный график
service ~ карта записи результатов технического обслуживания
sliding ~ скользящий график
stock ~ график состояния запасов
strip ~ ленточная диаграмма
time ~ временная диаграмма
variability ~ схема изменчивости
~ of accounts план счетов бухгалтерского учета

CHARTER *n* 1. устав 2. чартер, чартер-партия
bank ~ банковский чартер
bare-boat ~ чартер бэрбоут (*на фрахтование судна без экипажа*)
bare-hull ~ *см.* bare-boat ~
bare-pole ~ *см.* bare-boat ~
berth ~ причальный чартер; чартер, в котором не указывается тип перевозимого груза
berthing ~ *см.* berth ~
broad ~ широкий чартер
clean ~ чистый чартер
coal ~ угольный чартер
corporate ~ устав корпорации
daily hire ~ чартер с посуточной оплатой
deadweight ~ чартер на перевозку груза, за которую фрахт оплачивается по весу
demise ~ димайз-чартер
dry cargo ~ сухогрузный чартер
foundation ~ устав компании
freight ~ грузовой чартер
full ~ полный чартер
general ~ генеральный чартер
grain ~ зерновой чартер
harbour ~ портовый чартер
lump ~ лумпсум-чартер
lumpsum ~ *см.* lump ~

long-term ~ долгосрочный чартер
marine ~ морской чартер
net ~ чартер на условиях «судно не несет расходы по погрузке, укладке, размещению и выгрузке груза»
open ~ открытый чартер
partial ~ частичный чартер
port ~ портовый чартер
river ~ речной чартер
round-trip ~ чартер фрахтования судна на рейс в оба конца
single-trip ~ рейсовый чартер
special ~ специальный чартер
standard ~ типовой чартер
state ~ *амер.* чартер, выданный властями штата
timber ~ лесной чартер
time ~ тайм-чартер
trip ~ рейсовый чартер
uniform ~ типовой чартер
voyage ~ рейсовый чартер
wood ~ лесной чартер
~ by demise димайз-чартер
~ for part cargo частичный чартер
~ of accounts план счетов бухгалтерского учета
~ of incorporation устав корпорации
~ of a joint venture устав совместного предприятия
◊ to annul a ~ расторгать чартер
to cancel a ~ *см.* to annul a ~
to grant a ~ давать концессию
to hold a ~ владеть чартером
to take on ~ фрахтовать

CHARTER *v* фрахтовать, брать судно внаем по чартеру; сдавать судно внаем по чартеру
◊ ~ out отфрахтовывать судно

CHARTERED *adj* зафрахтованный
CHARTERER *n* фрахтователь
CHARTERING *n* фрахтование
time ~ фрахтование в тайм-чартер
voyage ~ рейсовое фрахтование
~ of a vessel фрахтование судна
~ of a voyage фрахтование рейса
~ on consecutive voyages фрахтование на последовательные рейсы
~ on a round trip фрахтование на круговой рейс

CHARTER-PARTY *n* чартер, чартер-партия
CHARTISM *n* метод анализа рыночной конъюнктуры на базе графиков
CHARTIST *n* экономист-аналитик, специалист по прогнозу рыночной конъюнктуры

CHARWOMAN *n* уборщица
CHASER *n*:
  progress ~ рабочий, в обязанности которого входит обеспечение бесперебойного производственного процесса
CHATTELS *n pl* движимое имущество
CHEAP *adj* дешёвый
CHEAPEN *v* удешевлять
CHEAPENING *n* удешевление
CHEAPNESS *n* дешевизна
CHECK *n* 1. проверка, контроль 2. галочка, метка (*знак проверки*) 3. *амер.* чек 4. номерок; корешок; ярлык
  accuracy ~ проверка точности
  baggage ~ багажная квитанция
  close ~ строгий контроль
  computation ~ проверка вычислений
  control ~ контрольная проверка
  cycle ~ периодическая проверка
  experimental ~ экспериментальная проверка
  field ~ проверка на месте
  functional ~ проверка работы
  inventory ~ проверка состояния товарно-материальных запасов
  officer's ~ чек, выписанный на банк и подписанный служащим банка
  operational ~ регламентная проверка
  performance ~ проверка технических характеристик
  periodic ~ периодическая проверка
  quality ~ проверка качества, контроль качества
  quantity ~ проверка количества, контроль количества
  regular ~ регулярная проверка
  routine ~ плановая проверка
  spot ~ выборочная проверка
  stock ~ проверка состояния запасов
  visual ~ визуальный осмотр
  weight ~ проверка веса
  ~ of cash ревизия кассы
  ~ of goods проверка товара
  ~ of work проверка работы
  ~ on bacteriological quality проверка на стерильность
  ~ on site проверка на месте
  ◇ to carry out a ~ осуществлять проверку
  to perform a ~ *см.* to carry out a ~
CHECK *v* контролировать, проверять, проводить осмотр; ревизовать
  ◇ ~ in 1) сдавать под расписку 2) регистрироваться
  ~ off подчёркивать (*нужный предмет в списке*)

~ out 1) платить по счёту в гостинице и т. п. 2) фиксировать
~ up on проверять
~ with соответствовать
~ weigh производить контрольное взвешивание
CHECKBOOK *n* чековая книжка
CHECKING *n* проверка; контроль
  additional ~ дополнительная проверка
  data ~ проверка данных
  efficiency ~ проверка эффективности
  error ~ проверка на ошибки
  fault ~ поиск дефектов
  function ~ функциональная проверка
  marginal ~ проверка предельного значения
  mechanical ~ механический контроль
  record ~ проверка записи
  tape ~ проверка записи на магнитной ленте
  total ~ общий контроль
  transfer ~ контроль передачи
  ~ of an account проверка счёта
  ~ of baggage проверка багажа
  ~ of the cash account ревизия кассы
  ~ of goods проверка товара
  ~ of quality проверка качества
  ~ of weight проверка веса, весовой контроль
  ~ of work проверка работы
  ◇ to do ~ осуществлять проверку
CHECKLIST *n* контрольный список
CHECKOFF *n* вычет, удержание из заработной платы
  automatic ~ автоматический вычет
CHECKOUT *n* проверка, контроль
  final ~ контроль готовых изделий
  mechanical ~ проверка машин
  ◇ to perform final ~ проводить окончательную проверку
CHECK-OVER *n* проверка, повторная проверка
CHECKPOINT *n* контрольно-пропускной пункт
CHECKUP *n* технический осмотр; проверка состояния; ревизия
CHECK-WEIGHING *n* проверка веса, весовой контроль
CHEMICALS *n pl* химикаты
  ozone-depleting ~ химические вещества, сокращающие озоновый слой
CHEQUE *n* чек
  accepted ~ акцептованный чек
  assignment ~ чек, оплачиваемый по почте
  bad ~ опротестованный чек

bank ~ банковский чек
banker's ~ *см.* bank ~
bearer ~ чек на предъявителя
blank ~ бланковый чек
cancelled ~ 1) недействительный чек 2) оплаченный чек; погашенный чек
cashier's ~ банковский чек
certified ~ удостоверенный чек
clearing ~ чек по клиринговым расчетам
cross ~ кроссированный чек
crossed ~ *см.* cross ~
dishonoured ~ опротестованный чек
forged ~ поддельный чек
gift ~ подарочный чек, изготовленный на декоративной бумаге (*напр., для подношений в денежной форме*)
house ~ чек для платежей в рамках данного банка
international ~ туристский чек
kite ~ фиктивный чек
marked ~ чек, подтвержденный банком
memorandum ~ чек, датированный задним числом
multiple-payment ~ чек на производство нескольких платежей
negotiable ~ чек, переданный по индоссаменту
nonnegitable ~ именной чек
open ~ открытый чек
order ~ ордерный чек
out-of-date ~ просроченный чек
outstanding ~ неоплаченный чек
paid ~ оплаченный чек
personal ~ именной чек
personilized ~ чек, на котором указаны имя и номер счета клиента
postdated ~ чек, датированный более поздним числом
protested ~ опротестованный чек
raised ~ *амер.* поддельный чек
redemption ~ чек, выдаваемый при погашении облигаций
returned ~ возвращенный чек
rubber ~ фиктивный чек
self ~ чек, предъявленный в банк, на который он выписан
sola ~ чек, выписанный в одном экземпляре
stale ~ просроченный чек
stopped ~ чек, по которому приостановлен платеж
teller's ~ чек, выписанный банком на другой банк и подписанный кассиром банка, выписавшего чек

traveller's ~ дорожный чек
treasurer's ~ банковский чек
uncrossed ~ некроссированный чек
voucher ~ *амер.* чек-расписка
~ in settlement чек в погашение
~ on account чек в счет суммы
◇ to cancel a ~ аннулировать чек
to cash a ~ получать деньги по чеку
to collect a ~ *см.* to cash a ~
to draw a ~ выписывать чек
to endorse a ~ индоссировать чек
to issue a ~ выписывать чек
to make out a ~ *см.* to issue a ~
to negotiate a ~ выплачивать по чеку
to pay by ~ платить чеком
to protest a ~ опротестовывать чек
to write out a ~ выписывать чек
CHIEF *n* руководитель; заведующий
CHILD *n* ребенок
adopted ~ усыновленный ребенок
dependent ~ ребенок, находящийся на иждивении семьи
illegitimate ~ незаконнорожденный ребенок
legitimate ~ законнорожденный ребенок
natural ~ внебрачный ребенок
CHIT *n* 1. краткая записка любого содержания 2. письменный отзыв и характеристика какого-л. лица
CHOICE *n* 1. выбор, отбор 2. выбор, ассортимент 3. возможность выбора, альтернатива
asset ~ выбор активов
consumer ~ потребительский выбор
first ~ первый сорт
free ~ свободный выбор
great ~ большой выбор
occupational ~ выбор профессии
optimal ~ оптимальный выбор
optimum ~ *см.* optimal ~
poor ~ бедный выбор
random ~ случайный выбор
vocational ~ выбор профессии
wide ~ широкий выбор
wrong ~ ошибочный выбор
~ of an agent выбор агента
~ of assortment определение ассортимента
~ of a buyer выбор покупателя
~ of exhibits отбор экспонатов
~ on samples выбор по образцам
◇ at ~ на выбор
to make ~ делать выбор
CHOOSE *v* выбирать, отбирать, подбирать

CHOSE *n юр.* движимая вещь; любое имущество, исключая денежную собственность
◊ ~ in action движимое имущество, на которое имеет право, но еще не владеет им его собственник
~ in possession вещное имущественное право

CIPHER *n* шифр
◊ in ~ зашифрованный; шифром

CIPHERING *n* шифровка

CIRCLE *n* 1. сфера, область 2. круг (*людей*), группа
banking ~s финансовые круги, банковские круги
business ~s деловые круги
commercial ~s коммерческие круги
economic ~s экономические круги
financial ~s финансовые круги
inner ~s правящие круги
leading ~s руководящие круги
official ~s официальные круги
ruling ~s правящие круги
stock exchange ~s биржевые круги
wide ~s широкие круги

CIRCUIT *n* 1. кругооборот, обращение 2. сеть; линия связи; канал
feedback ~ цепь обратной связи
full time ~ длительная связь
logic ~ логическая схема

CIRCULAR *n* 1. циркуляр 2. рекламный проспект, рассылаемый по домам
advertising ~ рекламный циркуляр
bond ~ объявление о размещении облигационного займа
information ~ информационный бюллетень
office ~ служебная инструкция
◊ to release a ~ опубликовать циркуляр

CIRCULATE *v* циркулировать; находиться в обращении

CIRCULATION *n* 1. циркуляция; обращение 2. распространение; передача 3. тираж (*изданий*)
bank ~ общая стоимость банковских векселей в обращении
bond ~ распространение облигаций
coin ~ обращение металлических денег
commodity ~ товарооборот
currency ~ денежное обращение
fiduciary ~ фидуциарное обращение
franchise ~ договорный тираж
gold ~ обращение золота
large ~ большой тираж
mass ~ массовый тираж
money ~ денежное обращение
newspaper ~ тираж газеты, печатного издания
paper ~ обращение бумажных денег
readership ~ тираж газеты, печатного издания
simple ~ of commodities простое товарное обращение
uncovered ~ необеспеченное обращение денежных знаков
wide ~ большой тираж
~ of banknotes обращение банкнот
~ of bills вексельное обращение
~ of capital обращение капитала
~ of commodities товарное обращение
~ of costs распределение отклонений издержек (*от нормативных*)
~ of money обращение денег
~ of notes вексельное обращение
◊ in ~ в обращении
out of ~ изъятый из обращения
to bring into ~ пускать в обращение
to extract money from ~ изымать деньги из обращения
to put into ~ пускать в обращение
to recall from ~ изымать из обращения
to withdraw from ~ *см.* to recall from ~

CIRCUMSTANCES *n pl* обстоятельства, положение дел
aggravating ~ отягчающие обстоятельства
attendant ~ сопутствующие обстоятельства
easy ~ обеспеченность, обеспеченное материальное положение
emergency ~ чрезвычайное обстоятельство
extraordinary ~ *см.* emergency ~
extreme ~ *см.* emergency ~
financial ~ финансовое положение
force majeure ~ форс-мажорные обстоятельства
pecuniary ~ денежные обстоятельства
strained ~ стесненное материальное положение
surrounding ~ сопутствующие обстоятельства
unforseen ~ непредвиденные обстоятельства

CIRCUMVENT *v* 1. обманывать, вводить в заблуждение 2. перехитрить

CIRCUMVENTION *n* 1. обман, введение в заблуждение 2. хитрость

CITATION *n* 1. ссылка на автора 2.

ссылка на прецедент или статью закона
CITE *v* 1. ссылаться 2. цитировать
CITIZEN *n* 1. гражданин; гражданка 2. житель города
  naturalized ~ натурализованный гражданин
  stateless ~ лицо без гражданства
CITIZENSHIP *n* гражданство
CITY *n* город (*большой*)
  capital ~ главный город, столица
  reserve ~ *амер.* город, в котором расположен федеральный резервный банк
  satellite ~ город-спутник
  ◊ the C. финансовая и деловая часть Лондона, именуемая иначе The Square Mile («*квадратная миля*»)
CIVIC *adj* гражданский
CIVIL *adj см.* CIVIC
CIVILIAN *n* 1. штатский; гражданское лицо 2. гражданское население
CLAIM *n* 1. требование; претензия, притязание 2. иск; претензия; рекламация 3. заявление, утверждение 4. патентная формула
  accessory ~ дополнительная претензия
  additional ~ *см.* accessory ~
  admitted ~ признанная претензия
  broad ~ широкая формула изобретения
  clearing ~ претензия по клирингу
  compensation ~ требование о возмещении убытков
  conflicting ~s противоречивые требования
  contingent ~ непредвиденное требование
  contract ~ претензия по контракту
  contractual ~ *см.* contract ~
  correct ~ обоснованная претензия
  counter ~ встречная претензия
  damage ~ рекламационный акт
  default ~ иск о нарушении
  demurrage ~ иск о возмещении демереджа
  dependent ~ зависимый пункт формулы изобретения
  dormant ~ непредъявленная претензия
  draft ~ предварительная редакция формулы изобретения
  drawback ~ требование возврата таможенной пошлины
  fair ~ справедливая претензия
  first ~ основной пункт формулы изобретения
  foreign currency ~ валютное требование
  freight ~ требование о возмещении убытков грузоотправителя
  groundless ~ необоснованная претензия
  heavy ~ серьезная претензия
  hypothecary ~ требование по ипотеке
  income ~ притязание на доход
  insurance ~ заявление о выплате страхового возмещения
  interfering ~ коллидирующая формула изобретения
  invalid ~ недействительное притязание
  just ~ справедливая претензия
  justifiable ~ законное требование
  justified ~ обоснованная претензия
  lawful ~ законная претензия
  legal ~ правовое притязание
  legitimate ~ законная претензия
  litigious ~ спорное требование
  main ~ 1) основной пункт формулы изобретения 2) основное притязание
  maintenance ~ требование о возмещении эксплуатационных расходов
  maritime ~ претензия, базирующаяся на морском праве
  monetary ~ денежная претензия
  money ~ *см.* monetary ~
  mortgage ~ требование по ипотеке
  narrow ~ 1) узкая формула изобретения 2) ограниченное притязание
  nonstatutory ~ незаконное притязание
  official ~ официальная претензия
  omnibus ~ 1) общая формула изобретения 2) общее притязание
  overbroad ~ чрезмерно расширенная формула изобретения
  patent ~ формула изобретения
  payment ~ претензия по платежу
  pecuniary ~ денежная претензия
  portal ~s требование зарплаты за время, потраченное на выполнение побочных работ до или после рабочего времени
  preceding ~ предшествующее притязание
  preferential ~ преимущественное требование
  principal ~ первоначальный иск
  prior ~ преимущественное требование
  priority ~ приоритетное требование
  process ~ формула изобретения на способ
  product ~ формула изобретения на продукт

product liability ~ претензия по качеству продукции
quality ~ претензия по качеству
quantity ~ претензия по количеству
reasonable ~ обоснованная претензия
residual ~ оставшаяся часть требований
salvage ~ требование уплаты вознаграждения за спасение
settled ~ урегулированная претензия
shortage ~ претензия по недостаче товара
stale ~ просроченная претензия
statute ~ *см.* stale ~
statutory ~ законное притязание
supplementary ~ дополнительное притязание
tax ~ требование уплаты налога
total ~ общая сумма претензий
unjustified ~ необоснованная претензия
unsettled ~ неурегулированная претензия
valid ~ действительная претензия
wage ~ требование повышения заработной платы
warranty ~ претензия по гарантийным обязательствам
well-grounded ~ обоснованная претензия
~ for compensation требование о возмещении убытков
~ for damage иск за причиненный ущерб
~ for damages иск о возмещении убытков
~ for indemnification заявление о выплате страхового возмещения
~ for indemnity требование о возмещении убытков
~ for infringement иск о нарушении
~ for losses иск за причиненный ущерб
~ for money денежное требование
~ for refund ходатайство о возврате (*денег, налогов и т. п.*)
~ of ownership притязание на право собственности; имущественный иск
~ of priority 1) преимущественная претензия 2) заявление об установлении приоритета
~ to priority притязание на приоритет
~ to property взыскание на имущество
~ under a contract претензия по контракту
◊ ~ arising under customs laws претензия, связанная с таможенным законодательством
to abandon a ~ отказываться от требования, иска, претензии
to acknowledge a ~ признавать иск
to admit a ~ *см.* to acknowledge a ~
to advance a ~ обосновывать претензию
to allow a ~ применять пункт патентной формулы
to assert a ~ заявлять претензию
to assign a ~ передавать требование
to bring a ~ возбуждать иск
to conflict with a ~ противоречить формуле изобретения
to conform with a ~ отвечать требованию
to contest a ~ оспаривать иск
to decline a ~ отказывать в требовании; отклонять претензию
to defeat a ~ прекращать производство по претензии
to disallow a ~ не признавать требования
to dismiss a ~ отказывать в иске
to dispute a ~ оспаривать иск
to enter a ~ обосновывать претензию
to establish a ~ *см.* to enter a ~
to file a ~ предъявлять иск
to frame a patent ~ составлять формулу изобретения
to give up a ~ отказываться от иска
to handle ~s рассматривать претензии об убытках
to justify a ~ обосновывать претензию
to lay a ~ предъявлять претензию
to lodge a ~ *см.* to lay a ~
to make a ~ *см.* to lay a ~
to meet a ~ удовлетворять иск, требование, претензию
to offset against a ~ производить зачет требования
to pay a ~ удовлетворять требование о возмещении убытков
to prosecute a ~ возбуждать иск
to put forward a ~ выдвигать притязание
to put in a ~ заявлять претензию
to recognize a ~ признавать претензию
to reject a ~ отклонять иск, требование, претензию
to relinquish a ~ отказываться от притязания, требования
to repudiate a ~ отказывать в иске, требовании

to resign a ~ отказываться от требования
to revoke a ~ отзывать претензию
to satisfy a ~ удовлетворять иск, претензию
to settle a ~ урегулировать претензию
to set up a ~ предъявлять притязание
to substantiate a ~ обосновывать претензию
to surrender a ~ отказываться от требования
to sustain a ~ оставлять в силе претензию
to turn down a ~ отвергать требование
to waive a ~ отказываться от иска, претензии
to withdraw a ~ см. to waive a ~
CLAIM v 1. требовать 2. заявлять, утверждать
◇ ~ back требовать обратно
CLAIMANT n 1. претендент 2. истец
CLAIMER n см. CLAIMANT
CLASH n столкновение, конфликт; разногласие
~ of interests столкновение интересов
CLASS n 1. класс; разряд; категория 2. класс, качество, сорт
age ~ возрастной класс
business ~ класс предпринимателей
economy ~ второй класс (*на международных авиалиниях*)
first ~ первый класс
industrial ~ промышленный класс
intermediate ~ промежуточный класс
job ~ разряд работы
labouring ~ рабочий класс
landed ~es землевладельцы
leasure ~ праздный класс
lower middle ~es мелкая буржуазия
middle ~ средний слой общества
nonproducing ~es непроизводительные классы
occupational ~ профессиональная группа
priority ~ тип приоритета
privileged ~es привилегированные классы
productive ~ производительный класс
productivity ~ класс продуктивности
professional ~es профессиональные (*научные*) слои, интеллигенция
proprietary ~es имущие классы
quality ~ класс бонитета
ruling ~ правящий класс
salary ~ разряд заработной платы (*служащих*)

second ~ второй класс (*на железной дороге и судах*)
social ~ общественный класс
tariff ~ тарифный разряд
tax ~ разряд налогообложения
tourist ~ второй класс (*на морских судах*)
underprivileged ~es ущемленные в своих интересах слои общества
upper ~es высшие слои общества
wage ~ разряд заработной платы (*рабочих*)
wage-working ~ класс наемных рабочих
working ~ рабочий класс
~ of accounts раздел номенклатуры счетов
~ of customers категория клиентов
~ of goods класс товара
~ of insurance вид страхования
~ of risk категория риска
~ of trade отрасль торговли
~ of unit категория требования
~ of a vessel класс судна
CLASS v классифицировать, распределять
CLASSER n сортировщик
CLASSIFICATION n классификация; сортировка
ABC ~ трехразрядная классификация товарно-материальных запасов
account ~ классификация счетов
asset ~ классификация активов
commodity ~ номенклатура товаров
customs ~ таможенная классификация
export ~ классификация экспортных товаров
freight ~ классификация грузов
import ~ классификация импортных товаров
international commodity ~ международная номенклатура товаров
International Patent C. ~ Международная классификация изобретений
International Standard Industrial C. ~ Международная стандартная отраслевая классификация
job ~ 1) классификация рабочих заданий 2) классификация ставок зарплаты
Kendall's ~ классификация Кендалла
land ~ классификация почв
land use ~ классификация земель по характеру их использования
locality ~ зонально-территориальная тарификация

material ~ классификация материалов
multiple ~ многосторонняя классификация
object ~ классификация объектов бухгалтерского учета
occupational ~ классификация по профессиям
official ~ официальная классификация
professional ~ классификация по профессиям
quantitative ~ of assets количественная классификация активов
salary ~ тарификация заработной платы
service ~ классификация услуг
soil quality ~ классификация почв
Standard International Trade C. ~ Международная стандартная торговая классификация
systematic ~ of products номенклатура изделий
tariff ~ тарификация
tentative ~ временная классификация
~ of accounts классификация счетов
~ of applications классификация заявок
~ of defects классификация дефектов
~ of expenditures распределение затрат
~ of expenses *см.* ~ of expenditures
~ of goods классификация товаров
~ of patents классификация изобретений
~ of ships классификация судов

CLASSIFIED *adj* 1. классифицированный, систематизированный 2. секретный, засекреченный

CLASSIFY *v* классифицировать; сортировать

CLAUSE *n* 1. статья, пункт, условие 2. оговорка, клаузула
abandonment ~ оговорка об абандоне
acceleration ~ условие ускоренного платежа по ссуде (*в случае нарушения должником своих обязанностей*)
additional ~ дополнительное условие
all risks ~ оговорка о всех рисках
anchor-and-chain ~ *мор. страх.* включение в страховой полис статьи, освобождающей страхователя от платежей при потере якоря и якорной цепи
appraisal ~ *страх.* условие об оценке ущерба
arbitration ~ оговорка об арбитраже
assignment ~ *страх.* условие о переуступке

average ~ пункт о пропорциональном распределении страховой ответственности
bailee ~ условие об ответственности страховщика за убытки, произошедшие во время хранения товара на складе
bearer ~ условие о предъявлении
berth ~ оговорка, статья в чартере, согласно которой срок найма судна начинается со дня начала погрузки
berthing ~ оговорка об ответственности за простой судна в ожидании причала
blanket ~ общая оговорка
both-to-blame collision ~ оговорка о смешанной ответственности при столкновении (*судов*)
breakage ~ оговорка о поломке
bunker ~ бункерная оговорка
bunkering ~ *см.* bunker ~
cancellation ~ оговорка о канцеллинге
cancelling ~ *см.* cancellation ~
capital ~ пункт об уставном капитале акционерного общества
cesser ~ оговорка о прекращении ответственности фрахтователя
cession ~ оговорка о праве фрахтователя переуступить фрахтовый договор другому лицу
collateral ~ дополнительное условие
collision ~ оговорка о столкновении (*судов*)
compensation ~ оговорка о возмещении
competition ~ оговорка об исключении конкуренции
competitive ~ *см.* competition ~
contestable ~ *страх.* условия, при которых страховой полис может быть оспорен или аннулирован
continuation ~ оговорка о пролонгации
contract ~ пункт контракта
contracting-out ~ оговорка об освобождении от обязательств
cost ~ оговорка о затратах
cost of living ~ оговорка о скользящей заработной плате
craft ~ оговорка о покрытии риска (*при доставке груза на портовых плавучих средствах*)
currency ~ валютная оговорка
detrimental ~ in a bill of lading отметка в коносаменте
deviation ~ условие в чартере о возможности захода судна в другие порты, кроме порта назначения

dispatch ~ оговорка о диспаче
duration ~ оговорка о сроке действия полиса
escalation ~ оговорка о скользящей цене
escalator ~ *см.* escalation ~
escape ~ пункт договора об освобождении от ответственности
exception ~ оговорка об исключениях (*в чартере*)
exchange ~ валютная оговорка
exchange-rate ~ курсовая оговорка
expiration ~ пункт о наступлении срока платежа
extended cover ~ оговорка о расширенном страховании
extraterritorial sales ~ экстерриториальная оговорка
first refusal ~ оговорка о праве первого выбора
fluctuation ~ пункт о колебании цен
force majeure ~ пункт о действии непреодолимой силы
free from particular average ~ пункт об освобождении от частной аварии
freight ~ условие о фрахтовой ставке и порядке выплаты фрахта
frustration ~ оговорка о расстройстве рейса
general average ~ пункт об общей аварии
gold ~ золотая оговорка
gold-bullion ~ золотослитковая оговорка
gold-coin ~ золотомонетная оговорка
gold-value ~ золотовалютная оговорка
grounding ~ *страх.* оговорка о посадке судна на мель
guarantee ~ пункт договора о гарантиях
ice ~ ледовая оговорка
Inchmaree ~ *мор. страх.* условие страхования рисков, связанных не только с морскими опасностями
infant industry ~ положение о начальной стадии развития промышленности, которое обусловливает введение протекционистских тарифов на импорт
institute cargo ~s условия страхования грузов, разработанные Институтом лондонских страховщиков для морского страхования
insurance ~ оговорка о страховании
interpretation ~ оговорка о толковании
Jason ~ *мор. страх.* оговорка Джейсона (*о риске, который не может быть предусмотрен*)
jurisdiction ~ судебная оговорка
label ~ условие об ответственности страховщика за порчу ярлыков
lien ~ оговорка о праве удержания
lighter ~ оговорка о пользовании лихтерами
lighterage ~ оговорка о лихтерном сборе
maintenance-of-membership ~ пункт о сроке членства (*в профсоюзной организации*)
minimum turnover ~ оговорка о минимальном обороте
moisture ~ оговорка о влажности
monopoly ~ монопольная оговорка
most favoured nation ~ оговорка о наибольшем благоприятствовании
multiple currency ~ мультивалютная оговорка
negligence ~ оговорка о возмещении убытков, причиненных небрежностью
«no-disposal» ~ оговорка «без передачи»
noncompetition ~ оговорка об исключении конкуренции
nondelivery ~ пункт о непоставке товара
nonwarranty ~ оговорка об отсутствии гарантии
objectives ~ статья в меморандуме об ассоциации, определяющая цели компании
off-hire ~ условие тайм-чартера о прекращении оплаты аренды
omnibus ~ общая оговорка
option ~ оговорка об опционе
optional ~ факультативная оговорка
overside delivery ~ оговорка о сдаче груза на лихтер или другое судно
partial limitation ~ *страх.* оговорка в страховом полисе о выплате полной страховой суммы, если убытки превышают определенную сумму
payment ~ пункт об условиях платежа
penalty ~ штрафная оговорка, оговорка о штрафной неустойке
prepayment ~ пункт о предварительной оплате
price ~ пункт договора о цене
price adaptation ~ пункт о пересмотре цены
price escalation ~ пункт о повышении цены
price fall ~ оговорка о падении цен

price revision ~ оговорка о пересмотре цены
price variation ~ пункт об изменении цены
pro rata distribution ~ *страх.* условие полиса страхования от пожара, обусловливающее распределение страховой суммы пропорционально стоимости здания или участка
protection ~ защитная оговорка
ready berth ~ оговорка о готовности причала
recapture ~ пункт соглашения, предусматривающий возврат владения
reciprocal ~ взаимная оговорка
reinstatement ~ пункт о восстановлении в правах
replacement ~ оговорка о замене товара
rise and fall ~ оговорка о повышении или понижении цены
running down ~ *страх.* пункт о столкновении судов
safeguard ~ защитная оговорка
salvage ~ оговорка об участии страховщика в расходах по спасению
Saturday afternoon ~ оговорка «с 12 часов дня в субботу», применяемая при расчете сталийного времени
SDR ~ оговорка СДР
secrecy ~ оговорка о неразглашении тайны
sister ship ~ защитная оговорка в полисе морского страхования на случай столкновения двух судов, принадлежащих одному судовладельцу
sliding-price ~ оговорка о скользящей цене
special conditions ~ оговорка о специальных условиях
strike ~ оговорка о забастовках
subrogation ~ оговорка о суброгации
substitution ~ оговорка о праве замены судна другим
superimposed ~ дополнительная оговорка
territory ~ территориальная оговорка
transit ~ транзитная оговорка
transport ~ условия транспортировки
tying ~ пункт соглашения, ограничивающий действия партнера
waiver ~ оговорка в договоре морского страхования, обязывающая каждую сторону предпринимать меры для снижения потерь без ущерба для другой стороны

war ~ пункт в договоре страхования, освобождающий страховщика от ответственности за убытки, причиненные военными действиями
warranty ~ пункт договора о гарантиях, гарантийная оговорка
without recourse ~ безоборотная оговорка
~ of an agreement пункт договора
~ of a contract пункт контракта
~ of warranty гарантийная оговорка
◇ to bear a ~ иметь оговорку или пометку
to include a ~ вносить оговорку
to insert a ~ *см.* to include a ~
CLAUSE *v* вносить оговорку
CLAUSED *adj* содержащий оговорки
CLAWBACK *n* возврат ранее данного; изъятие налоговыми органами средств у налогоплательщиков, имевших ранее льготы (*при изменении статуса налогоплательщика или неправомерных действий с его стороны*)
CLEAN *adj* чистый
CLEAN *v* чистить, очищать
◇ to ~ smb out отнять все деньги («обчистить»)
to be cleaned out не иметь ничего (*в частности, денег*)
~ up «срывать» большую прибыль
CLEAR *adj* отчетливый, ясный
CLEAR *v* 1. оплачивать (*счет, расходы*); заплатить долг 2. получать прибыль 3. очищать товар от пошлин 4. распродавать товар по сниженным ценам
CLEARANCE *n* 1. оплата (*счета, долга*); урегулирование претензий 2. очистка от пошлин, пропуск товара через таможню 3. таможенное свидетельство 4. распродажа
customs ~ таможенная очистка; разрешение таможни на ввоз или вывоз товара
export ~ очистка груза на экспорт, разрешение таможни на вывоз
landing ~ разрешение на посадку (*самолета*)
security ~ разрешение службы безопасности
ship's ~ очистка от таможенных формальностей при входе судна в порт
~ of goods получение груза из таможни; пропуск груза через таможню
~ of payments балансирование платежей

CLE

◊ to obtain customs ~ получить разрешение таможни

CLEAR-CUTTING *n*:
~ of a forest вырубка леса

CLEARER *n* клиринговый банк

CLEARING *n* 1. клиринг, безналичные расчеты 2. расчеты по биржевым сделкам 3. распродажа по сниженным ценам
bank ~ банковский клиринг, безналичные расчеты между банками, внутренний клиринг
bilateral ~ двусторонний клиринг
cheque ~ расчет чеком
compulsory ~ принудительный клиринг
credit ~ кредитный клиринг
currency ~ валютный клиринг
general ~ расчеты по чекам, поступившим в расчетную палату накануне, которые производятся банками по всей стране
international ~ международный клиринг
multilateral ~ многосторонний клиринг
securities ~ клиринг ценных бумаг
unilateral ~ односторонний клиринг
~ of an account расчеты по ликвидации сделки
~ of securities взаимный зачет платежей по ценным бумагам
~ on a double account system клиринг по системе двух счетов
~ on a single account system клиринг по системе одного счета
~ with conditional conversion клиринг с условной конверсией
~ with convertible balance клиринг с конвертируемым сальдо
~ with non-convertible balance клиринг с неконвертируемым сальдо
~ with unconditional conversion клиринг с безусловной конверсией

CLEARINGHOUSE *n* расчетная палата

CLERICAL *adj* канцелярский, конторский

CLERK *n* служащий (*в банке, компании; амер. в магазине*)
accounting ~ счетовод
accounts ~ *см.* accounting ~
articled ~ практикант в адвокатской конторе или бухгалтерском отделе
audit ~ счетовод-контролер
authorized ~ служащий фирмы, имеющий право заключать сделки от имени этой фирмы

CLE

bank ~ служащий банка
billing ~ счетовод по счетам к оплате
booking ~ служащий, осуществляющий бронирование
chief ~ руководитель отдела
collecting ~ служащий банка, оформляющий инкассовые операции
correspondence ~ служащий, отвечающий за корреспонденцию
cost ~ служащий, ведущий операционные счета
discount ~ служащий по учетным операциям
dispatch ~ экспедитор
estimating ~ калькулятор
file ~ *амер.* регистратор
filing ~ *брит. см.* file ~
forwarding ~ экспедитор
head ~ начальник бюро (канцелярии)
invoice ~ служащий, оформляющий счета-фактуры
junior ~ второй бухгалтер; младший клерк
ledger ~ младший бухгалтер
ledger accounting ~ *см.* ledger ~
managing ~ распорядитель
office ~ конторский служащий
order ~ служащий по приему заказов
payroll ~ бухгалтер по расчету заработной платы
procurement ~ служащий отдела материального снабжения
production ~ делопроизводитель планово-производственного отдела
progress ~ технолог
registering ~ регистратор
sales ~ продавец
schedule ~ учетчик
selling ~ продавец
settlement ~ банковский служащий по зачету
shipping ~ экспедитор
shop ~ делопроизводитель в цехе
statistical ~ учетчик-статистик
stock ~ конторский работник на складе
tally ~ тальман
unsalaried ~ служащий, работающий на добровольных началах
wages ~ бухгалтер по заработной плате
walk[s] ~ инкассатор; банковский курьер
window ~ *амер.* почтовый служащий (*осуществляющий обслуживание через окно*)

CLI

CLIENT *n* клиент; заказчик; комитент
  bank ~s клиенты банка
  large ~ крупный клиент
  major ~s основные клиенты
  potential ~ возможный клиент
  prospective ~ *см.* potential ~
  substantial ~ солидный клиент
  ~ of long standing давний клиент
CLIENTELE *n* клиентура
CLIMATE *n* климат
  business ~ деловой климат
  credit ~ ситуация с предоставлением кредитов
  economic ~ экономический климат, состояние экономики
  human ~ рабочая обстановка
  international ~ международный климат
  price ~ ситуация с ценами
  rigorous ~ суровый климат
  sales ~ положение со сбытом
  working ~ рабочая обстановка
CLIMB *n* повышение
CLIMB *v* повышаться, подниматься
CLINCH *v* 1. заключать сделку 2. разрешать спор; решать вопрос
CLIP *n* 1. быстрый темп 2. клип 3. *pl* киноматериалы
CLIP *v* обрезать; урезать
CLIP-JOINT *n* ресторан (*ночной клуб*), взимающий высокие цены
CLIPPING *n* газетная вырезка
CLIQUE *n* биржевые спекулянты, «клика»
  bear ~ биржевые спекулянты, играющие на понижение
  bull ~ биржевые спекулянты, играющие на повышение
CLOSE *n* закрытие биржи; конец операционного дня
  ~ of business окончание работы
  ~ of exchange закрытие биржи
  ~ of a season закрытие сезона
  ◇ at the ~ «к закрытию», приказ совершить сделку перед самым закрытием
CLOSE *v* закрывать
  ◇ ~ down ликвидировать, закрывать (*предприятие*)
  ~ out продавать; ликвидировать (*ценные бумаги*)
  ~ up закрывать (*магазин*)
CLOSEDOWN *n* прекращение работы
CLOSE-OUT *n* распродажа по случаю закрытия предприятия
CLOSING *n* закрытие; ликвидация

CLU

  bear ~ обратная покупка «медведями» товаров, валюты и ценных бумаг
  fiscal ~ подведение итогов за отчетный период
  interim ~ промежуточное закрытие (*счетов на конец месяца*)
  month-end ~ расчеты по сделкам с ценными бумагами в конце текущего или начале следующего месяца
  premature ~ преждевременное закрытие
  ~ of accounts закрытие счетов
  ~ of an auction закрытие аукциона
  ~ of books закрытие бухгалтерских книг
  ~ of an enterprise закрытие предприятия
  ~ of an exhibition закрытие выставки
  ~ of a fair закрытие ярмарки
  ~ of stock закрытие операций на бирже
  ~ of transfer books прекращение регистрации трансфертов
CLOSING-DOWN *n* ликвидация
  ~ of a company ликвидация компании
  ~ of a joint venture ликвидация совместного предприятия
CLOSING-OUT *n бирж.* сделка, закрывающая «длинную» или «короткую» позицию
CLOSURE *n* закрытие
  coal ~ закрытие угольных шахт
  yearly ~ годовое заключение счетов; годовой отчет
  ~ of an enterprise закрытие предприятия
  ~ of an exhibition закрытие выставки
  ~ of a fair закрытие ярмарки
CLOTHE *v* обшивать тканью (*посылки, тюки, грузы*)
CLOTHING *n* 1. обшивка тканью 2. одежда
  protective ~ спецодежда
  ready-made ~ готовая одежда
  trade ~ спецодежда
CLUB *n* клуб
  benefit ~ некоммерческая организация, предоставляющая взаимное страхование на случай болезни или несчастного случая
  book ~ клуб любителей книги
  buying ~ объединение розничных торговцев
  chain ~ банковский клуб; ассоциация, объединение банков и других финансовых институтов

exhibitors' ~ клуб участников выставки
investment ~ группа инвесторов, объединяющих свои ресурсы для покупки ценных бумаг в больших количествах
savings ~ сберегательное общество
CLUSTER n группа, скопление
COACH n 1. вагон 2. *амер.* лимузин
  double-decker ~ двухэтажный железнодорожный вагон
  motor ~ моторный вагон
  passenger ~ пассажирский вагон
COALER n углевоз
COALITION n коалиция, союз
  customer ~ объединение клиентов
  government ~ правительственная коалиция
COALMINER n шахтер
COALPIT n угольная шахта
COAPPLICANT n созаявитель
COASTAL adj прибрежный; каботажный
COASTER n каботажное судно
COASTGUARDS n pl береговая охрана
COASTING n каботажное судоходство
COASTWISE adj каботажный
COAT n:
  black ~ работник умственного труда
COBENEFICIARY n собенефициар
COCKET n свидетельство об уплате таможенной пошлины
COCREDITOR n один из кредиторов
CODE n 1. кодекс, свод законов 2. кодекс, правила, нормы, принципы 3. код
  alphabetic ~ алфавитный код
  alphanumeric ~ алфавитно-цифровой код
  antidumping ~ антидемпинговый кодекс
  cable ~ телеграфный код
  cipher ~ *см.* **cable ~**
  Civil C. Гражданский кодекс
  Commercial C. свод законов о торговле
  distribution ~ план распределения
  enumerator ~ код, применяемый при переписи населения
  geographic ~ географический код
  highway ~ правила уличного движения
  identifying ~ опознавательный код
  industrial ~ промысловый устав
  industry ~ отраслевой кодекс
  Internal Revenue C. *амер.* кодекс законов о налогообложении
  international ~ международный код
  International C. of Signals Международный код сигналов (*для передачи сообщений на море*)
  labour ~ кодекс законов о труде
  letter ~ буквенный кодекс
  mailing ~ код почтового отправления
  material ~ код материалов
  merchant marine ~ кодекс торгового мореплавания
  merchant shipping ~ *см.* **merchant marine ~**
  occupation ~ код видов работ
  occupational ~ код профессий и занятий
  order ~ код заказа
  patent ~ закон о патентах
  postal ~ почтовый код
  project ~ код проекта
  safety ~ правила безопасности
  security ~ *см.* **safety ~**
  standard ~ правила технической эксплуатации
  telegraphic ~ телеграфный код
  teletype ~ телетайпный код
  Uniform Commercial C. *амер.* Унифицированный кодекс законов о торговле
  Uniform Traffic C. правила автомобильного движения
  United States C. *амер.* Официальный свод федеральных законов
  vendor ~ код подрядчика
  C. of Commercial Law Свод законов о торговле
  ~ of conduct кодекс поведения
  C. of Conduct on Technology Transfer кодекс поведения по передаче технологии
  ~ of ethics моральный кодекс
  ~ of international law кодекс международного права
  ~ of laws свод законов
  ~ of practice правила рабочего поведения
  ◊ **to enact a ~** издать указ
CODEBTOR n один из должников по ссуде
CODED adj шифрованный
CODER n кодирующее устройство
CODETERMINE v совместно определять, совместно обусловливать
CODICIL n *юр.* дополнительное распоряжение к завещательному документу
CODIFICATION n кодификация
CODIFY v кодировать; кодифицировать
CODING n кодирование; шифровка
COEFFICIENT n коэффициент

average capital ~ средняя капиталоемкость
behavior ~ коэффициент поведения
capital ~ коэффициент капиталоемкости
confidence ~ коэффициент доверия
constant ~ постоянный коэффициент
correlation ~ коэффициент корреляции
cost ~ коэффициент затрат
discount ~ коэффициент дисконтирования
efficiency ~ коэффициент полезного действия
elasticity ~ коэффициент упругости
input ~ коэффициент затрат
labour ~ трудоемкость
output ~ коэффициент использования
partial correlation ~ коэффициент частичной корреляции
performance ~ коэффициент полезного действия
quality ~ показатель качества
rank correlation ~ коэффициент ранговой корреляции
regression ~ коэффициент регрессии
safety ~ коэффициент безопасности
scatter ~ коэффициент разброса
service loss ~ коэффициент простоя вследствие обслуживания
technological ~ технологический коэффициент
time-varying ~ изменяющийся во времени коэффициент
variable ~ переменный коэффициент
waiting-loss ~ коэффициент простоя вследствие ожидания
weighing ~ весовой коэффициент
~ of agreement показатель соответствия
~ of contingency показатель сопряженности
~ of correction коэффициент коррекции
~ of correlation коэффициент корреляции
~ of cross-elasticity коэффициент перекрестной эластичности
~ of discharge коэффициент расхода
~ of elasticity коэффициент упругости
~ of equivalence коэффициент эквивалентности
~ of expansion коэффициент расширения
~ of loading коэффициент загрузки
~ of loss коэффициент простоя
~ of multiple correlation коэффициент мультикорреляции
~ of multiple regression коэффициент мультирегрессии
~ of occupation коэффициент использования
~ of overall outlays коэффициент полных затрат
~ of performance коэффициент полезного действия
~ of utilization коэффициент загрузки
~ of variability коэффициент изменчивости
~ of variation *см.* ~ of variability
COEMPTION *n* покупка всего имеющегося товара
COEXIST *v* сосуществовать
COEXISTENCE *n* сосуществование
CO-FINANCING *n* совместное финансирование
COGNIZANCE *n* подсудность, юрисдикция
COGNIZANT *adj* знающий, осведомленный
COHABITATION *n* *юр.* совместное проживание, сожительство
COHERENCE *n* согласованность, связанность, последовательность
COHERITAGE *n* совместное наследие
COHESION *n* связь; согласие
COHORT *n* группа людей, контингент, когорта
COIN *n* монета
base ~ 1) *англ.* фальшивая монета 2) *амер.* разменная монета
clipped ~ монета с обрезанными краями
counterfeit ~ фальшивая монета
current ~ монета, находящаяся в обращении
defaced ~ деформированная монета
effective ~ звонкая монета
foreign ~ иностранная монета
free ~ свободная чеканка
fractional ~ разменная монета
gold ~ золотая монета
legal ~ законное платежное средство
light ~ изношенная монета
minor ~ мелкая разменная монета
silver ~ серебряная монета
small ~ разменная монета
spurious ~ фальшивая монета
standard ~ стандартная монета (*со стандартным содержанием металла*)
token ~ разменная монета
worn ~ изношенная монета

~s of different denominations монеты разного достоинства
◇ to clip a ~ обрезать монету
to counterfeit a ~ подделывать монету
to impair a ~ см. to counterfeit a ~
to mint a ~ чеканить монету
to retire ~s from circulation изымать монеты из обращения
to test a ~ for weight проверять соответствие веса монеты установленному весу
to withdraw ~s from circulation изымать монеты из обращения
COINAGE n 1. чеканка монет 2. металлические деньги
COINER n 1. чеканщик монет 2. фальшивомонетчик
COINING n чеканка монет
~ of money чеканка монет
COINSURANCE n сострахование
COINSURE v участвовать в страховании одного и того же риска совместно с другим или несколькими страховщиками
COLD-RESISTANT adj морозостойкий
COLDSTORE v хранить на хладокомбинате
COLLABORATE v сотрудничать
COLLABORATION n сотрудничество
close ~ тесное сотрудничество
financial ~ финансовое сотрудничество
~ on a project сотрудничество в осуществлении проекта
COLLABORATOR n сотрудник
COLLAPSE n крах, крушение
economic ~ экономический крах
financial ~ финансовый крах
~ of a bank банкротство банка
~ of confidence кризис доверия
~ of credit system крах кредитной системы
~ of currency крах валюты
~ of the market крах биржи
~ of sales развал системы сбыта
COLLATE v сравнивать, сопоставлять; сличать
COLLATERAL n дополнительное обеспечение, залог
banking ~ банковское обеспечение
commercial ~ коммерческое обеспечение
commodity ~ товарное обеспечение
industrial ~ обеспечение в виде промышленных акций
marketable ~ обеспечение, которое можно реализовать на рынке

pledged ~ ценности, внесенные в качестве обеспечения кредита
~ on a loan обеспечение займа
◇ as ~ в качестве обеспечения
on ~ под двойное обеспечение
acceptable as ~ приемлемый в качестве обеспечения
eligible as ~ амер. см. acceptable as ~
to furnish ~ предоставить обеспечение
to lend on ~ давать ссуду под залог
to serve as ~ служить обеспечением
COLLATERAL adj побочный, второстепенный
COLLATERIZE v обеспечивать, гарантировать (кредит, заем)
COLLEAGUE n сослуживец, коллега
COLLECT v 1. собирать 2. взимать; взыскивать 3. инкассировать; получать деньги (по векселю, чеку) 4. забирать
◇ ~ on delivery оплата при доставке, наложенный платеж
COLLECTABLE adj могущий быть взысканным
COLLECTIBLE n предмет коллекционирования и инвестирования капитала (марки, открытки, монеты и т. п.)
COLLECTION n 1. сбор, собирание 2. денежный сбор; взимание, взыскание 3. инкассо 4. получение денег (по векселю, чеку) 5. коллекция
bond coupon ~ инкассо облигационных купонов
charity ~ сбор денег в благотворительных целях
coupon ~ инкассация купона
custom[s] ~ таможенный сбор
debt ~ взыскание долгов
direct ~ прямое инкассо
documentary ~ документарное инкассо
documented ~ см. documentary ~
draft ~ инкассо тратты
foreign ~ инкассо по заграничным операциям
immediate ~ срочное инкассо
par ~ инкассация по номиналу
postal ~ выемка почтовых отправлений
registered ~ учтенное инкассо
rent ~ взимание арендной платы
sample ~ коллекция образцов
supplementary ~ дополнительный сбор
tax ~ сбор налогов
~ against bank cable notification инкассо против телеграфного извещения банка
~ of a bill инкассо векселя

~ of charges взимание сборов
~ of a cheque получение денег по чеку
~ of commercial papers инкассо коммерческих документов
~ of data сбор данных
~ of debts инкассация долгов
~ of documents инкассо против документов
~ of a draft инкассо тратты
~ of duties взимание пошлин
~ of fees взимание сборов
~ of freight взыскание фрахта
~ of letters получение почты (*писем*)
~ of luggage получение багажа
~ of mail получение почты
~ of outstanding debts взимание неоплаченных долгов
~ of payments инкассо платежей
~ of premiums сбор страховых взносов
~ of rates взимание платы за коммунальные услуги
~ of samples коллекция образцов
~ of taxes сбор налогов
~ with immediate payment инкассо с немедленной оплатой
~ with prior acceptance инкассо с предварительным акцептом
~ with subsequent acceptance инкассо с последующим акцептом
◇ ~ and delivery расходы, связанные со сбором и доставкой товаров, корреспонденции и т. п.
~ at source взимание налогов при начислении суммы
~ by hand инкассо через посыльного
~ in arrears задолженный платеж
~ on delivery наложенный платеж
to effect ~ осуществлять инкассо
to present for ~ представлять на инкассо

COLLECTIVE *n* коллектив
  production ~ производственный коллектив
  work ~ трудовой коллектив

COLLECTOR *n* инкассатор
  debt ~ уполномоченный инкассатор долгов
  district ~ районный уполномоченный налоговый инспектор
  tax ~ налоговый инспектор
  ticket ~ билетный контролер
  ~ of customs таможенник

COLLEGE *n* колледж; *амер.* высшее учебное заведение
  business ~ коммерческий колледж
  commercial ~ *см.* business ~

technical ~ технический колледж
university ~ университетский колледж

COLLEGIUM *n* коллегия

COLLIDE *v* 1. сталкиваться 2. вступать в противоречие, в конфликт

COLLIER *n* 1. горнорабочий, шахтер 2. угольщик (*судно*)

COLLIERY *n* предприятие угольной промышленности, шахта

COLLISION *n* столкновение
  ~ of interests столкновение интересов
  ~ of ships столкновение судов
  ~ of trains столкновение поездов
  ~ of vessels столкновение судов

COLLUDER *n* компания, вступившая в монополистический сговор

COLLUSION *n* тайный сговор, тайное соглашение

COLONIAL *adj* колониальный

COLONIALISM *n* колониализм

COLONIZATION *n* колонизация

COLONIZE *v* колонизировать

COLONIZER *n* 1. колонист 2. колонизатор

COLONY *n* колония

COLOUR *n* цвет

COLUMN *n* колонка
  advertisement ~ колонка рекламных объявлений (*в газете*)
  advertising ~ *см.* advertisement ~
  amount ~ колонка денежных сумм
  analysis ~ *бухг.* записи в колонках цифр с целью выделения аналогичных расходов по отдельным колонкам
  commercial ~ газетная полоса, посвященная вопросам торговли
  double ~ двухколонная запись
  financial ~ финансовая колонка (*в газете*)
  summary ~ сводная колонка
  total ~ колонка итоговой записи

COLUMNIST *n* журналист, обозреватель

CO-MANAGER *n* соуправляющий

COMBINATION *n* 1. сочетание, комбинация 2. союз, объединение, общество
  business ~ объединение компаний
  buying ~ закупочная организация
  close ~ тесный союз между фирмами
  contract ~ объединение фирм на базе контракта
  corporate ~ объединение корпораций
  horizontal ~ горизонтальное комбинирование
  input ~ комбинация структуры затрат

least-cost ~ комбинация с наименьшими издержками
least-outlay ~ *см.* least-cost ~
loose ~ объединение фирм со слабой зависимостью
ownership ~ концерн
price ~ ценовой картель
production ~ производственный картель
trade ~ объединение торговцев
vertical ~ вертикальное комбинирование

COMBINE *n амер.* картель; синдикат; объединение
 interlocking ~ 1) система взаимных участий 2) интеграция концернов
 purchasing ~ закупочное объединение
 ~ of producers союз изготовителей
COMBO *n* комбинированное судно для перевозки руды, нефти или массовых грузов
COMBUSTIBLE *adj* горючий
COMBUSTIBLES *n pl* огнеопасные грузы
COMBUSTION *n* горение, воспламенение
 ~ of cargo возгорание груза
COME *v*:
 ◊ ~ down понижаться (*о ценах, курсах*)
 ~ from происходить
 ~ in поступать (*о документах*)
 ~ out 1) выходить из печати 2) забастовать
 ~ to составлять, равняться
 ~ up повышаться, расти, увеличиваться
COMEBACK *n* возврат, возвращение
COMMAND *n* власть; контроль
 ~ of finance распоряжение финансами
 ~ of the market господство на рынке
 ◊ to be in ~ распоряжаться
 to have at one's ~ иметь в своем распоряжении
COMMENCE *v* начинать; начинаться
COMMENCEMENT *n* начало
 ~ of unloading начало разгрузки
 ~ of work начало работы
COMMENSURABILITY *n* соизмеримость; пропорциональность
COMMENSURABLE *adj* соизмеримый; пропорциональный
COMMENT *n* комментарий, примечание; замечание
 press ~ комментарий в прессе
 to make a ~ сделать замечание; дать комментарий

COMMERCE *n* торговля, коммерция
 domestic ~ внутренняя торговля
 foreign ~ внешняя торговля
 internal ~ внутренняя торговля
 international ~ международная торговля
 interstate ~ *амер.* торговля между штатами
 intrastate ~ *амер.* торговля в пределах одного штата
 maritime ~ морская торговля
 passive ~ вид торговли, при которой внешнеторговые грузы данной страны перевозятся на судах, принадлежащих другим государствам
 sea-borne ~ морская торговля
 wholesale ~ оптовая торговля
 world ~ мировая торговля
 world-embracing ~ *см.* world ~
 world-wide ~ *см.* world ~

COMMERCIAL *n* 1. рекламная радио- или телепередача; рекламный ролик 2. коммивояжер 3. *pl бирж.* акции торговых компаний, котирующиеся на фондовой бирже
COMMERCIAL *adj* 1. торговый, коммерческий 2. доходный, прибыльный; рентабельный 3. промышленного значения 4. серийный 5. рыночный
COMMERCIALIZATION *n* 1. коммерциализация 2. реализация (*распродажа*)
COMMERCIALIZE *v* извлекать прибыль
COMMISSION *n* 1. доверенность, полномочие 2. поручение 3. комиссионное вознаграждение, комиссионные 4. комиссия, комитет 5. введение в строй
 acceptance ~ комиссия за акцепт
 accepting ~ акцептная комиссия
 acquisition ~ комиссия за заключение новых договоров страхования
 address ~ адресная комиссия
 advising ~ комиссия за авизо
 agency ~ агентская комиссия, агентское вознаграждение
 agent's ~ *см.* agency ~
 agreed ~ согласованная комиссия
 arbitration ~ арбитражная комиссия
 bank ~ комиссионные банку, банковская комиссия
 bankers' ~ *см.* bank ~
 banking ~ *см.* bank ~
 booking ~ плата за букировку

broker's ~ брокерское вознаграждение, брокераж
budget ~ бюджетная комиссия
buying ~ комиссия за закупку
certifying ~ аттестационная комиссия
collecting ~ комиссия за инкассо
collection ~ комиссия за сбор страховых взносов
commitment ~ 1) комиссия за обязательство предоставить кредит 2) комиссия за предоставление бюджетного кредита
conciliation ~ согласительная комиссия
consultative ~ консультативная комиссия
control ~ контрольная комиссия
coordinating ~ координационная комиссия
del credere ~ комиссия за делькредере
economic ~ экономическая комиссия
Economic C. for Africa Экономическая комиссия ООН для Африки
Economic C. for Asia and the Far East Экономическая комиссия ООН для стран Азии и Дальнего Востока
Economic C. for Europe Экономическая комиссия ООН для стран Европы
Economic C. for Latin America Экономическая комиссия ООН для стран Латинской Америки
evaluating ~ оценочная комиссия
exchange ~ комиссия за перевод (*валюты*)
expert ~ экспертная комиссия
extra ~ дополнительное вознаграждение
federal ~ *амер.* федеральный комитет
fixed ~ твердая комиссия
flat ~ единообразная ставка комиссии
freight ~ фрахтовая комиссия
government ~ правительственная комиссия
interim ~ временная комиссия
joint ~ смешанная комиссия
liquidation ~ ликвидационная комиссия
management ~ операционная комиссия
maritime ~ морская комиссия
negotiated ~ договорное комиссионное вознаграждение брокеру
net ~ чистая комиссия
opening ~ комиссия за открытие аккредитива
overdraft ~ комиссия за овердрафт
overriding ~ комиссия брокеру за посреднические услуги в размещении облигаций
percentage ~ процентная комиссия
port ~ портовый орган надзора
public service ~ *амер.* независимый орган надзора за предприятиями общественного пользования в ряде штатов
rates and disputes ~ расценочно-конфликтная комиссия
reinsurance ~ перестраховочные комиссионные, комиссия за перестрахование
resale ~ комиссия за перепродажу
return ~ возвращенное комиссионное вознаграждение
sales ~ комиссионные за продажу
sectoral ~ отраслевая комиссия
Securities and Exchange C. *амер.* Комиссия по ценным бумагам и биржам
selling ~ комиссионные за продажу
special ~ специальная комиссия
split ~ раздробленная комиссия
standing ~ постоянная комиссия
state ~ государственная комиссия
Tariff C. *амер.* Комиссия по тарифным ставкам
tax ~ налоговый комитет
trade ~ торговая комиссия
transport ~ транспортно-экспедиторская комиссия
tripartite ~ трехсторонняя комиссия
trust ~ трастовая комиссия
~ for acceptance комиссия за акцепт
~ for cashing комиссия за инкассо
~ for collecting *см.* **~ for cashing**
~ for collection *см.* **~ for cashing**
~ for guarantee комиссионное вознаграждение за гарантию
~ for an obligation комиссия за обязательство
~ for promotion efforts комиссия за содействие в организации сбыта
~ for services комиссия за услуги
~ of experts экспертная комиссия
~ on earnings комиссия с поступлений
~ on guarantee вознаграждение за аваль
~ on sales комиссионные за продажу
~ on a transaction комиссионные за сделку
◊ ~ deducted за вычетом комиссии
free of ~ без уплаты комиссионных
less ~ за вычетом комиссии
liable to ~ подлежащий уплате комиссионных

to appoint a ~ образовывать комиссию
to be on the ~ быть членом комиссии
to buy on ~ осуществлять комиссионную сделку, покупать на комиссионных началах
to calculate a ~ исчислять комиссию
to charge a ~ взимать комиссию
to charge ...% ~ взимать ...% комиссионных
to come into ~ вступать в строй
to compute a ~ исчислять комиссию
to discharge a ~ выполнять поручение
to establish a ~ создавать комиссию
to estimate ~ подсчитывать комиссионные
to fix a ~ назначать комиссионное вознаграждение
to go beyond ~ превышать полномочия
to pay ~ платить комиссию
to put into ~ вводить в эксплуатацию
to sell on ~ осуществлять комиссионную сделку, продавать на комиссионных началах
to set up a ~ создавать комиссию
to sit on a ~ заседать в комиссии

COMMISSION *v* **1.** вводить в строй, действие **2.** назначать (*на пост, должность*)

COMMISSIONER *n* **1.** специальный уполномоченный, комиссар **2.** член комиссии
average ~ аварийный комиссар
government ~ уполномоченный правительства
Lord Commissioners of the Treasury лорды представители Казначейства
Post and Haven C. уполномоченный порта
special ~ специальный уполномоченный
trade ~ торговый уполномоченный

COMMISSIONING *n* ввод в строй; сдача в эксплуатацию
plant ~ пуск завода
~ of an enterprise ввод в действие предприятия
~ of a plant пуск завода в эксплуатацию

COMMIT *v* **1.** поручать **2.** брать на себя обязательство

COMMITMENT *n* **1.** поручение; вручение; передача **2.** обязательство **3.** портфель ценных бумаг
accounting ~ передача счета
advance ~ обязательство предоставить ссуду
business ~s служебные обязанности
buy-back ~ компенсационное обязательство
capital ~s инвестиционные обязательства
contract ~s обязательства по контракту, договорные обязательства
contractual ~ контрактное обязательство
corporate ~s корпорационные обязательства
credit ~ обязательство предоставить кредит
exchange ~s валютные обязательства
forward ~s срочные обязательства
international ~s международные обязательства
investment ~s инвестиционные обязательства
mutual ~s взаимные обязательства
open-end ~s открытые обязательства
prior ~ первоочередное обязательство
production ~s производственные обязательства
purchase ~s обязательства по заказам
stock exchange ~s обязательства по биржевым сделкам
treaty ~s договорные обязательства
~ of finance финансовое обязательство
~s on delivery обязательства по поставкам
~s under an agreement обязательства по договору
~s under a contract обязательства по контракту
◊ without any ~s без обязательств
to enter into a ~ взять на себя обязательство
to fail to meet one's ~s не выполнять обязательства
to incur a ~ брать на себя обязательство
to make no ~s не связывать себя обязательствами
to meet ~s выполнять обязательства
to shirk a ~ уклоняться от выполнения обязательства
to shrink away from a ~ *см.* to shirk a ~
to undertake a ~ принимать на себя обязательство
to violate a ~ нарушать обязательство

COMMITTEE *n* комитет, комиссия
ad hoc ~ специальный комитет
administrative ~ управленческий комитет

135

advisory ~ консультативный комитет
appropriation ~ бюджетная комиссия
arbitration ~ арбитражная комиссия
auditing ~ ревизионная комиссия
budget ~ бюджетная комиссия
conciliation ~ согласительный комитет
consultative ~ консультативный комитет
control ~ контрольная комиссия
coordinating ~ координационный комитет
drafting ~ редакционный комитет
economic ~ экономический комитет
executive ~ исполнительный комитет
exhibition ~ выставочный комитет
expert ~ экспертная комиссия
factory ~ фабрично-заводской комитет
fair ~ ярмарочный комитет
finance ~ финансовый комитет
financial ~ *см.* finance ~
government ~ правительственная комиссия
grievance ~ согласительная комиссия (*напр., при трудовых конфликтах*)
intergovernmental ~ межправительственный комитет
interim ~ временный комитет
investigating ~ следственная комиссия
joint ~ объединенная комиссия
Law C. правовой комитет
liaison ~ посредническая комиссия
management ~ управленческий комитет
managerial ~ *см.* management ~
managing ~ руководящий комитет
mediation ~ посредническая комиссия
mixed ~ смешанная комиссия
organizing ~ организационный комитет
parliamentary ~ парламентская комиссия
permanent ~ постоянный комитет
planning ~ плановая комиссия
preparatory ~ подготовительный комитет
quality ~ комиссия по качеству
quotation ~ котировальный комитет фондовой биржи
safety ~ комитет по технике безопасности
selection ~ отборочный комитет
sessional ~ сессионная комиссия
shop ~ цеховой комитет
special ~ специальный комитет
standardization ~ комитет по стандартизации

standing ~ постоянный комитет
state ~ государственная комиссия
steering ~ руководящий комитет
stock exchange ~ биржевой комитет
strike ~ стачечный комитет
subsidiary ~ подведомственная комиссия
supervisory ~ наблюдательная комиссия
tender ~ тендерный комитет
working ~ рабочая комиссия
works ~ рабочий комитет
~ of control контрольная комиссия
~ of inquiry следственная комиссия
~ on grants and fellowships комитет финансовой помощи и стипендий
~ on legal questions юридический комитет
◇ to appoint a ~ организовывать комитет
to be on the ~ быть членом комитета
to constitute a ~ учреждать комитет
to establish a ~ *см.* to constitute a ~
to set up a ~ *см.* to constitute a ~
to sit on the ~ быть членом комитета

COMMODIT|Y *n* 1. предмет потребления, товар 2. продукт
agricultural ~ сельскохозяйственный товар
basic ~ies основные сырьевые товары
bulk ~ies навалочный груз, груз насыпью; бестарный груз
cash ~ *бирж.* наличный товар
consumable ~ies потребительские товары; товары широкого потребления
consumer ~ies *см.* consumable ~ies
damaged ~ поврежденный товар
diversified ~ies *амер.* разнообразные товары
essential ~ies товары первой необходимости
export ~ies экспортные товары
farm ~ сельскохозяйственный товар
finished ~ готовая продукция
food ~ies продовольственные товары
high-value ~ ценный груз
import ~ies импортные товары
imported ~ies *см.* import ~ies
individual ~ies отдельные товары
intangible ~ies услуги
intermediate ~ промежуточный продукт
marketable ~ies продукты, имеющие легкий сбыт
money ~ денежный товар
natural ~ натуральный продукт

COM

nonreproducible ~ies невоспроизводимый товар
nonsensitive ~ies товар, не подверженный конъюнктурным колебаниям
physical ~ реальный товар
primary ~ies 1) товары первой необходимости 2) основные виды сырья
rare ~ies редкий товар
raw ~ies сырьевые товары
ready ~ies готовые изделия
realized ~ies реализованные товары
scarce ~ дефицитный товар
staple ~ies предметы первой необходимости; массовые товары
surplus ~ies товарные излишки
trademark ~ изделие с товарным знаком
valuable ~ ценный груз
~ in short supply дефицитный товар
~ of commerce предмет торговли
~ies of equal worth *амер.* равноценные товары
~ies with a strong seasonal pattern товары строго сезонного характера
◇ to advertise ~ies рекламировать товар
to make ~ies производить товары
to manufacture ~ies *см.* to make ~ies
to produce ~ies *см.* to make ~ies
to sell ~ies продавать товар
COMMON *n* 1. общинная земля; общинный выгон 2. право на совместное пользование
COMMON *adj* 1. общий; совместный 2. общеизвестный, общепринятый 3. обыкновенный, обычный
COMMONER *n англ.* человек незнатного происхождения
COMMONWEALTH *n* 1. государство; республика; *амер.* штат 2. содружество, федерация
COMMOTION *n* беспорядки, волнения
civil ~ насильственное нарушение гражданского мира
COMMUNICATE *v* 1. сообщать, передавать 2. общаться
COMMUNICATION *n* 1. передача, сообщение; информация; обмен информацией 2. сообщение, связь
aerial ~ воздушное сообщение
cable ~ телеграфная связь
data ~ передача информации
external ~s внешние контакты
internal ~s внутренние контакты
long-distance ~ междугородное сообщение; междугородные перевозки; междугородная телефонная связь
long-range ~ *см.* long-distance ~
official ~ официальное сообщение
on-line ~ связь в диалоговом режиме
personal ~s личные контакты
postal ~ почтовое сообщение
press ~ информация в прессе
radio ~s сообщение по радио
railway ~ железнодорожное сообщение
telefax ~ телефаксная связь
telephone ~ телефонная связь
telex ~ телексная связь
ultra-high speed ~ сверхскоростная передача информации
wireless ~ сообщение по радио
COMMUNIQUE *n* коммюнике
joint ~ совместное коммюнике
press ~ газетное сообщение, коммюнике
◇ to issue a ~ опубликовывать коммюнике
to publish a ~ *см.* to issue a ~
to release a ~ *см.* to issue a ~
COMMUNITY *n* 1. общество 2. сообщество; объединение; содружество
business ~ деловые круги
economic ~ экономическое сообщество
European Atomic Energy C. Европейская комиссия по атомной энергии
European Coal and Steel C. Европейское объединение угля и стали
local ~ местные жители
rural ~ сельские жители
COMMUTE *v* совершать регулярные поездки, ездить на работу из пригорода в город
COMMUTER *n* лицо, совершающее регулярные поездки
COMPANION *n* компаньон
COMPANY *n* компания; общество; фирма; предприятие
affiliated ~ дочерняя компания
air ~ авиакомпания
airline ~ *см.* air ~
alien ~ *амер.* иностранная торговая фирма
allied ~ дочерняя компания, подконтрольная компания
associated ~ *см.* allied ~
assurance ~ страховая компания
bank holding ~ банковская холдинговая компания
bloated ~ раздутая компания
blue-chip ~ компания, пользующаяся первоклассной репутацией

bogus ~ фиктивная компания
bubble ~ *см.* bogus ~
building ~ строительная компания
cable ~ компания, предоставляющая услуги в области телеграфной связи
carrying ~ компания грузового транспорта
chartered ~ *англ.* компания, созданная на основании королевского указа
close ~ закрытое акционерное общество
closed-end ~ инвестиционная компания закрытого типа
closed-end investment ~ *см.* closed-end ~
commercial ~ торговая компания
commercial credit ~ финансовая компания
commission ~ комиссионная фирма
competitive ~ конкурентная компания
consumer finance ~ *амер.* компания потребительского кредита
controlled ~ контролируемая компания
controlling ~ компания, владеющая контрольным пакетом акций других компаний, холдинговая компания
daughter ~ дочерняя компания
defunct ~ несуществующая компания
designing ~ компания-проектировщик
development ~ строительная компания
distributing ~ распределительная компания
domestic road haulage ~ компания внутренних дорожных перевозок
engineering ~ машиностроительная фирма
export ~ экспортирующая фирма
farming ~ сельскохозяйственная компания
finance ~ финансовая компания
foreign ~ иностранная компания
forwarding ~ транспортно-экспедиционная компания
hire-purchase ~ компания, предоставляющая услуги при покупке товаров в кредит
holding ~ холдинговая компания
home ~ отечественная компания
immediate holding ~ холдинговая компания, имеющая контрольный пакет акций другой компании, которая в свою очередь может контролироваться третьей компанией
incorporated ~ объединенная компания
industrial ~ промышленная компания
inland navigation ~ речное пароходство
instalment credit ~ компания по финансированию продаж в рассрочку
insurance ~ страховая компания
investment ~ инвестиционная компания
issuing ~ эмиссионная компания
joint-stock ~ акционерная компания
leading ~ ведущая фирма
leased ~ *амер.* арендованная фирма
leasing ~ лизинговая компания
life assurance ~ общество по страхованию жизни
life insurance ~ *см.* life assurance ~
limited-liability ~ компания с ограниченной ответственностью
liner ~ линейная компания
listed ~ компания, акции которой зарегистрированы на фондовой бирже
mail-order ~ посылочная компания
management ~ частная компания, управляющая инвестиционным обществом
managing ~ *см.* management ~
manufacturing ~ фирма-изготовитель
mixed ~ смешанная компания
mortgage ~ ипотечный банк
multiindustry ~ многоотраслевая компания
multinational ~ международная компания
mutual insurance ~ компания взаимного кредитования
national ~ отечественная компания
nationalized ~ национализированная компания
navigation ~ судоходная компания
nominee ~ доверенная компания
nonoperating ~ 1) недействующая компания 2) арендная компания
nonprofit-making ~ некоммерческое предприятие
ocean ~ морское пароходство
one-man ~ компания, акции которой принадлежат одному лицу
open-end investment ~ инвестиционная компания открытого типа
operating ~ фирма-производитель
overseas ~ заграничная фирма
packaging ~ упаковочная фирма
packing ~ *см.* packaging ~
parent ~ материнская компания
personal loan ~ компания, предоставляющая ссуды частным лицам

predecessor ~ компания-предшественник
private ~ частная компания
producer ~ фирма-производитель, фирма-продуцент
product ~ производственная компания
property ~ компания, специализирующаяся на операциях с недвижимостью и земельными участками
proprietary ~ *англ.* частное торговое предприятие; *амер.* холдинговая компания
public ~ государственная компания
public limited ~ компания, акции которой предлагаются всем покупателям и свободно обращаются на фондовой бирже
public utility ~ предприятие коммунальных услуг
quoted ~ компания, акции которой зарегистрированы на фондовой бирже
railway ~ железнодорожная компания
real estate ~ компания по операциям с недвижимым имуществом
registered ~ зарегистрированная компания
reinsurance ~ компания, осуществляющая перестрахование
rival ~ конкурирующая компания
sales ~ сбытовая организация
sales finance ~ *амер.* компания по финансированию продаж в рассрочку
salvage ~ спасательное общество
securities ~ инвестиционный банк
separate ~ отдельная компания
service ~ компания по обслуживанию
shipping ~ судоходная компания; пароходство
short-line ~ фирма, выпускающая изделия ограниченного ассортимента
sister ~ сестринская компания
state ~ государственная компания
statutory ~ *брит.* компания коммунальных услуг, зарегистрированная особым актом парламента
steamship ~ судоходная компания; пароходство
stevedoring ~ стивидорная компания
stock ~ акционерное общество
subsidiary ~ подконтрольная компания
sub-subsidiary ~ компания, являющаяся филиалом дочерней компании
supplier ~ компания-поставщик
surety ~ компания-гарант
trade ~ торговое общество, торговая компания
trading ~ *см.* trade ~
transport ~ транспортная компания
trucking ~ компания грузового автотранспорта
trust ~ траст-компания
unlimited ~ компания с неограниченной ответственностью
unregistered ~ незарегистрированная компания
vendor ~ компания-поставщик
warehouse ~ складское общество
well-established ~ компания, имеющая хорошую репутацию
wild cat ~ компания, занимающаяся аферами
◊ to close down a ~ ликвидировать компанию
to constitute a ~ основывать компанию
to dissolve a ~ ликвидировать компанию
to establish a ~ основывать компанию
to form a ~ основывать компанию, учреждать компанию
to liquidate a ~ ликвидировать компанию
to promote a ~ учреждать компанию
to register a ~ регистрировать компанию
to represent a ~ представлять компанию
to sell out a ~ ликвидировать дело
to set up a ~ создавать компанию
to start a ~ основывать компанию
to wind up a ~ ликвидировать дело
COMPARABILITY *n* сопоставимость
COMPARABLE *adj* сравнимый, сопоставимый
COMPARATIVE *adj* сравнительный
COMPARE *v* сравнивать, сопоставлять
COMPARISON *n* сравнение, сопоставление
country-by-country ~ сравнение по странам
intereconomy ~ сравнение экономики по странам
interfactory ~ сравнение заводов
interfirm ~ сравнение деятельности фирм
lot-by-lot ~ сравнение партий изделий
~ of costs сопоставление затрат
~ of indices сравнение показателей
COMPATIBILITY *n* 1. совместимость 2. взаимозаменяемость
equipment ~ совместимость оборудования
COMPEL *v* принуждать

COMPENSATE v возмещать, компенсировать
COMPENSATION n 1. возмещение, компенсация 2. вознаграждение 3. товарообменные операции на базе одного контракта
accrued personnel ~ задолженность по заработной плате
adequate ~ достаточная компенсация
equivalent ~ эквивалентная компенсация
fair ~ достаточная компенсация
full ~ полная компенсация
inadequate ~ недостаточная компенсация
insufficient ~ *см.* inadequate ~
insurance ~ страховое возмещение
legal ~ законная компенсация
legitimate ~ *см.* legal ~
loss ~ компенсация убытка
monetary ~ денежная компенсация
money ~ *см.* monetary ~
nonrecurring ~ однократное возмещение (*убытков*)
partial ~ частичная компенсация
pecuniary ~ денежная компенсация
reasonable ~ достаточная компенсация
sufficient ~ *см.* reasonable ~
unemployment ~ пособие по безработице
~ for breakage возмещение за поломку
~ for costs возмещение издержек, возмещение расходов
~ for damage возмещение ущерба
~ for damages возмещение убытков
~ for expenses возмещение расходов
~ for expropriation возмещение за экспроприацию
~ for losses компенсация за убытки
~ for shortage возмещение недостачи
~ in full полное возмещение
~ in kind возмещение натурой
~ of claims against liabilities возмещение требований за счет обязательств
~ of value возмещение стоимости
◇ as ~ в качестве компенсации
by way of ~ *см.* as ~
without ~ безвозмездно
~ due причитающаяся компенсация
to assess the ~ устанавливать компенсацию
to claim ~ требовать компенсацию
to demand ~ *см.* to claim ~
to get ~ получать компенсацию
to give ~ давать компенсацию
to make ~ *см.* to give ~

to pay ~ компенсировать
to receive ~ получать компенсацию
COMPENSATORY adj компенсационный
COMPETE v 1. конкурировать 2. соревноваться
COMPETENCE n компетенция
~ of arbitration компетенция арбитража
~ of an arbitration commission компетенция арбитражной комиссии
~ of the parties *юр.* дееспособность сторон
◇ with ~ в пределах компетенции
to be beyond ~ выходить за пределы компетенции
to be within ~ входить в компетенцию
to come within ~ *см.* to be within ~
to fall under ~ *см.* to be within ~
to fall within ~ *см.* to be within ~
COMPETENT adj 1. компетентный 2. *юр.* дееспособный; правомочный
COMPETITION n 1. соревнование, состязание 2. конкуренция
active ~ активная конкуренция
actual ~ реально существующая конкуренция
animated ~ оживленная конкуренция
bona fide ~ честная конкуренция
business ~ деловая конкуренция
buyers' ~ конкуренция среди покупателей
commercial ~ торговая конкуренция
cutthroat ~ ожесточенная конкуренция
destructive ~ разрушительная конкуренция
direct ~ прямая конкуренция
fair ~ честная конкуренция
fierce ~ ожесточенная конкуренция
foreign ~ зарубежная конкуренция
free ~ свободная конкуренция
global ~ глобальная конкуренция
import ~ импортная конкуренция
indirect ~ косвенная конкуренция
interindustry ~ межотраслевая конкуренция
interseller ~ конкуренция среди продавцов
intrabranch ~ внутриотраслевая конкуренция
intraindustry ~ *см.* intrabranch ~
keen ~ острая конкуренция
latent ~ скрытая конкуренция
market ~ рыночная конкуренция
monopolistic ~ монополистическая конкуренция

nonprice ~ неценовая конкуренция
open ~ открытый конкурс
price ~ ценовая конкуренция
predatory ~ хищническая конкуренция
product ~ конкуренция на продуктовом рынке
pure ~ чистая конкуренция
qualitative ~ конкуренция по качеству
quality ~ *см.* qualitative ~
quasi ~ квазиконкуренция
rigorous ~ жестокая конкуренция
ruthless ~ *см.* rigorous ~
sellers' ~ конкуренция среди продавцов
severe ~ жестокая конкуренция
spirited ~ активная конкуренция
stiff ~ жестокая конкуренция
unfair ~ нечестная конкуренция
unrestrained ~ неограниченная конкуренция
unworkable ~ неэффективная конкуренция
workable ~ эффективная конкуренция
world ~ мировая конкуренция
~ in selling effort конкуренция в области организации и стимулирования сбыта
~ on the world market конкуренция на мировом рынке
◇ to avoid ~ избегать конкуренции
to be drawn into ~ быть втянутым в конкуренцию
to be in ~ with smb конкурировать с кем-л.
to defy ~ выдерживать конкуренцию
to eliminate ~ устранять конкуренцию
to encounter ~ наталкиваться на конкуренцию
to engage in ~ конкурировать
to enter in ~ вступать в соревнование
to face ~ сталкиваться с конкуренцией
to meet ~ выдерживать конкуренцию
to meet with ~ сталкиваться с конкуренцией
to mitigate ~ смягчать конкуренцию
to provoke ~ создавать конкуренцию
to restrain ~ ограничивать конкуренцию
to stand ~ выдерживать конкуренцию
to step up ~ усиливать конкуренцию
to sustain ~ выдерживать конкуренцию
to win ~ выигрывать конкуренцию
to withstand ~ выдерживать конкуренцию

COMPETITION-FREE *adj* бесконкурентный
COMPETITIVE *adj* конкурентный, конкурентоспособный
COMPETITIVENESS *n* конкурентоспособность
product ~ конкурентоспособность изделия
~ of goods and services конкурентоспособность товаров и услуг
COMPETITOR *n* конкурент
aggressive ~ конкурент, ведущий жестокую борьбу
domestic ~ местный конкурент
foreign ~ иностранный конкурент
major ~s главные конкуренты
would-be ~ потенциальный конкурент
◇ to beat a ~ побить конкурента
to keep ~s out of the market не допускать конкурентов на рынок
to outbid a ~ предложить более высокую цену, чем конкурент
to outmanoeuvre a ~ перехитрить конкурента
to undercut a ~ продавать по более низким ценам, чем конкурент
to undersell a ~ *см.* to undercut a ~
COMPILATION *n* 1. составление (*справочников*) 2. собирание (*статистических данных*)
COMPILE *v* 1. составлять (*справочники*) 2. собирать (*факты, данные и т. п.*)
COMPILER *n* компилятор
COMPLAIN *v* 1. жаловаться 2. *юр.* подавать жалобу, иск
COMPLAINT *n* жалоба; претензия; рекламация
customer ~ претензия потребителя
field ~ эксплуатационная рекламация
quality ~ претензия по качеству
quantity ~ претензия по количеству
~ on deficiency рекламация в отношении количества
~ on prices претензия по ценам
◇ to consider a ~ рассматривать жалобу
to file a ~ подавать жалобу
COMPLEMENT *n* 1. дополнение 2. комплект 3. штат, личный состав
COMPLEMENTARY *adj* дополнительный, добавочный
COMPLETE *v* 1. заканчивать, завершать 2. укомплектовывать 3. заполнять (*о документе*)
COMPLETE *adj* 1. полный, законченный 2. укомплектованный

COMPLETENESS *n* 1. полнота; законченность 2. комплектность
~ of claims полнота пунктов формулы изобретения
~ of deliveries полнота поставок
~ of documents полнота документов
~ of equipment комплектность оборудования
~ of services полнота услуг
~ of technical documentation комплектность технической документации
~ of work завершение работы
COMPLETION *n* 1. завершение, окончание; доработка 2. заполнение (*документа*)
job ~ завершение работы
satisfactory ~ удовлетворительное завершение
service ~ завершение обслуживания
successful ~ успешное завершение
~ of a contract завершение контракта
~ of a course завершение курса обучения
~ of delivery завершение поставки
~ of documents оформление документов
~ of equipment комплектность оборудования
~ of negotiations завершение переговоров
~ of an order завершение выполнения заказа
~ of a plan завершение плана
~ of proceedings завершение производства по делу
~ of a programme завершение программы
~ of purchases завершение закупок
~ of talks завершение переговоров
~ of tests окончание испытаний
~ of a voyage окончание рейса
~ of work завершение работы
COMPLEX *n* комплекс; совокупность
agro-industrial ~ агропромышленный комплекс
exhibition ~ выставочный комплекс
ferry ~ паромный комплекс
foreign economic ~ внешнеэкономический комплекс
hotel ~ гостиничный комплекс
industrial ~ промышленный комплекс
machine-building ~ машиностроительный комплекс
manufacturing ~ производственный комплекс
military-industrial ~ военно-промышленный комплекс
petrochemical ~ нефтехимический комплекс
port ~ портовый комплекс
projection ~ демонстрационный комплекс
shopping ~ торговый комплекс
COMPLEXITY *n* сложность
COMPLIANCE *n* соответствие, согласие
~ with regularities соблюдение инструкций
~ with a schedule соответствие графику
COMPLICATE *v* осложнять, запутывать
COMPLICATED *adj* сложный
COMPLICATION *n* осложнение
unforeseen ~s непредвиденные обстоятельства
COMPONENT *n* 1. компонент, составная часть 2. деталь, комплектующее изделие
batch ~s серийные изделия
constant ~ of capital постоянная часть капитала
cost ~ составляющая затрат
cyclical ~ периодическая составляющая
high quality ~s высококачественные компоненты
organic ~s of capital органические составные части капитала
random ~ случайная составляющая
separate ~ отдельный компонент
specific ~ специфический компонент
systematic ~ систематическая составляющая
trend ~ составляющая тренда
variable ~ of capital переменная часть капитала
COMPOSITE *n* 1. композит, сложная смесь 2. композитные материалы
COMPOSITION *n* 1. состав, структура 2. компромиссное соглашение должника с кредитором
age ~ возрастной состав населения
average ~ of capital среднее строение капитала
organic ~ of capital органическое строение капитала
population ~ структура населения
technical ~ of capital техническое строение капитала
total ~ общий состав
value ~ of capital стоимостное строение капитала

COM

~ of capital структура капитала
~ of a delegation состав делегации
~ of investment структура инвестиций
~ of labour force структура рабочей силы
~ of management состав правления
~ of output структура производства
~ of trade структура торговли

COMPOUNDING *n* расчет будущей стоимости сегодняшнего движения денег

COMPREHENSIVE *adj* всесторонний, исчерпывающий; комплексный

COMPROMISE *n* компромисс
workable ~ возможный компромисс
◇ to agree to a ~ договариваться о компромиссе
to arrange a ~ договариваться о компромиссе
to arrive at a ~ достигать компромисса
to reach a ~ достигать компромисса

COMPROMISE *v* 1. пойти на компромисс 2. компрометировать, дискредитировать

COMPTOMETER *n* калькулятор

COMPTROLLER *n* 1. *амер.* контролер 2. главный бухгалтер-контролер
~ of currency валютный контролер
C. General начальник Главного контрольно-финансового управления США
C. of the Currency главный бухгалтер-контролер

COMPULSORY *adj* обязательный; принудительный

COMPUTATION *n* 1. вычисление, подсчет, расчет 2. смета
approximate ~ приблизительный подсчет
check ~ контрольный расчет
compound ~ of interest начисление сложных процентов
interest ~ расчет процентов
statistical ~s статистические вычисления
~ of cost расчет стоимости
~ of duties начисление таможенных пошлин
~ of foreign exchange расчет в инвалюте
~ of prices расчет цен
~ of time расчет времени
~ of yield определение выхода продукции

COMPUTE *v* вычислять, считать, подсчитывать; делать выкладки

COMPUTER *n* вычислительная машина, компьютер, ЭВМ

CON

analogue ~ аналоговая вычислительная машина
business ~ ЭВМ для решения деловых или коммерческих задач
commercial ~ 1) ЭВМ для решения коммерческих задач 2) серийная ЭВМ
desktop ~ настольная ЭВМ
digital ~ цифровая вычислительная машина
electronic ~ электронная вычислительная машина, ЭВМ
general-purpose ~ универсальная ЭВМ
high-speed ~ быстродействующая ЭВМ
multipurpose ~ универсальная ЭВМ
one-address ~ одноадресная ЭВМ
parallel ~ параллельная ЭВМ
process control ~ ЭВМ для управления технологическим процессом
programme-controlled ~ вычислительная машина с программным управлением
real-time ~ ЭВМ, работающая в реальном масштабе времени
scientific ~ ЭВМ для научных задач
single-purpose ~ специальная вычислительная машина
special-purpose ~ специализированная ЭВМ

COMPUTERIZE *v* внедрять вычислительную технику

CONCEAL *v* скрывать; утаивать

CONCEALMENT *n* сокрытие, утаивание
material ~ сокрытие важных обстоятельств
~ of assets сокрытие имущественных ценностей
~ of income сокрытие доходов
~ of revenue *см.* ~ of income

CONCENTRATE *n* 1. концентрат 2. концентрированный корм 3. пищевой концентрат
feed ~s пищевые концентраты

CONCENTRATION *n* концентрация
banking ~ концентрация банков
market ~ рыночная концентрация
plant ~ концентрация производства
population ~ концентрация населения
~ of capital концентрация капитала
~ of economic power концентрация экономической власти
~ of financial resources концентрация финансовых ресурсов
~ of industry концентрация промышленности
~ of material resources концентрация материальных ресурсов

~ of means of production концентрация средств производства
~ of production концентрация производства
CONCEPT *n* идея, общее представление; концепция
marketing ~ концепция маркетинга
product ~ концепция совершенствования товара
production ~ концепция совершенствования производства
provisional ~ предварительная концепция
system ~ системный подход
zero-defects ~ принцип бездефектности
~ of dominance принцип доминирования
~ of value понятие стоимости
◇ to develop a ~ развивать концепцию
CONCEPTION *n* идея, понятие; концепция
basic ~ основная концепция
~ of business cycle понятие экономического цикла
CONCEPTUAL *adj* понятийный
CONCEPTUALISATION *n* разработка концепции
◇ to an early ~ stage на ранней стадии разработки концепции
CONCERN *n* концерн
banking ~ банковский концерн
borrowing ~ компания, получающая кредит
brokerage ~ брокерская фирма
business ~ торговое предприятие
dummy ~ мнимое предприятие
going ~ функционирующее предприятие
industrial ~ промышленный концерн
international ~ международный концерн
investment banking ~ инвестиционная компания
large ~ крупный концерн
major ~ *см.* large ~
manufacturing ~ компания обрабатывающей промышленности
medium-sized ~ среднее предприятие
multinational ~ многонациональный концерн
nationalized ~ национализированное предприятие
paying ~ прибыльное предприятие
privately owned ~ частное предприятие

shaky ~ ненадежная фирма
trading ~ торговое предприятие
unincorporated ~ неакционерная фирма
◇ to have a ~ in a business быть участником предприятия
CONCESSION *n* 1. уступка; скидка (*в цене*), льгота 2. концессия 3. вознаграждение банкам, организующим продажу новых ценных бумаг
forced ~ вынужденная уступка
foreign ~ иностранная концессия
mineral ~ концессия на добычу минерального сырья
mining ~ концессия на эксплуатацию шахт
nontariff ~s нетарифные уступки
price ~ уступка в цене
railway ~ железнодорожная концессия
reciprocal ~s взаимные уступки
special ~s специальные уступки
tariff ~s тарифные уступки
tax ~s налоговые уступки, налоговые льготы
~ of land аренда земли
◇ to apply for a ~ ходатайствовать о предоставлении концессии
to award a ~ предоставлять концессию
to grant a ~ *см.* to award a ~
to lease ~ сдавать в концессию
to make a ~ делать уступку
to negotiate a ~ договариваться об уступке
to obtain a ~ получать концессию
to renew a ~ возобновлять концессию
to withdraw a ~ лишать концессии
CONCESSIONAIRE *n* концессионер
CONCESSIONARY *adj* концессионный
CONCESSIONER *n* концессионер
CONCILIATE *v юр.* примирять
CONCILIATION *n юр.* примирение; примирительная процедура
CONCLUDE *v* 1. заканчивать, завершать 2. заключать (*сделку*) 3. делать вывод, приходить к заключению
CONCLUSION *n* 1. окончание, завершение 2. заключение (*контракта*) 3. вывод, заключение
expert's ~ заключение эксперта
false ~ ложный вывод
final ~ окончательное заключение
groundless ~ необоснованный вывод
hasty ~ поспешный вывод
practical ~ практический вывод
precise ~ точный вывод

CON   CON   C

preliminary ~ предварительное заключение
unfounded ~ необоснованный вывод
well-founded ~ обоснованный вывод
wrong ~ неправильное заключение
~ of an agreement заключение договора
~ of a bargain заключение торговой сделки
~ of business заключение сделки
~ of a commission of experts заключение экспертизы
~ of a contract заключение контракта
~ of a deal заключение сделки
~ of a transaction *см.* ~ of a deal
~ of a treaty заключение договора

CONCLUSIVE *adj* 1. заключительный 2. убедительный

CONCOURSE *n* главный вестибюль, зал
airport ~ главный вестибюль аэровокзала

CONCUR *v* 1. соглашаться; одобрять 2. действовать сообща

CONCURRENCE *n* согласованность (действий)

CONCURRENT *adj* 1. согласованный 2. совместный

CONDEMN *v* 1. *юр.* признавать виновным 2. признавать негодным, забраковывать

CONDEMNATION *n* осуждение

CONDITION *n* 1. состояние, положение 2. *pl* обстоятельства, условия, обстановка; режим 3. условие, оговорка 4. общественное положение
abnormal ~s ненормальные условия
actual operating ~s фактические условия эксплуатации
additional ~s дополнительные условия
adverse ~s неблагоприятные условия
apparent ~ очевидное состояние
as-received ~ состояние при поставке
atmospheric ~s атмосферные условия
auxiliary ~ дополнительное условие
average ~s типичные условия
basic ~s основные условия
boom ~s бум
business ~s деловая конъюнктура
climatic ~s климатические условия
commercial ~s коммерческие условия
competitive ~s равноправные условия
credit ~s 1) условия кредита 2) кредитная конъюнктура
critical ~s критические условия
debenture ~s условия продажи облигаций

defective ~ дефектное состояние
design ~s проектные условия; расчетные условия
desired ~s желаемые условия, заданные условия
economic ~s хозяйственная конъюнктура; экономические условия
emergency ~s аварийный режим
end-service ~ состояние изделия при окончании эксплуатации
end-use ~ *см.* end-service ~
environmental ~s условия окружающей среды
equal ~s равные условия
equilibrium ~s условия равновесия
express ~s особо выделенные условия
extreme ~s экстремальные условия
faulty ~ неисправное состояние
favourable ~s благоприятные условия
feasibility ~s условия осуществимости
financial ~s финансовые условия
first-order ~s условия первого порядка; необходимые условия
general ~s общие условия
general ~s of a contract общие условия контракта
guarantee ~s условия гарантии
housing ~s жилищные условия
implied ~ подразумеваемое условие
inequitable ~ неравноправное условие
inflationary ~s инфляционная конъюнктура
insurance ~s условия страхования
job ~s условия работы
labour ~s условия труда
lease ~s условия сдачи в аренду
letter of credit ~s условия аккредитива
licence ~s условия лицензии
limiting ~ ограничивающее условие
living ~s жилищные условия
loan ~s условия займа
local ~s местные условия
main ~ основное условие
maintenance ~s условия технического обслуживания
marginal ~s предельные условия
market ~ состояние рынка, конъюнктура рынка
market ~s *см.* market ~
marketing ~s *см.* market ~
meteorological ~s метеорологические условия
moderate operating ~s нормальные условия эксплуатации
normal ~s нормальные условия
obligatory ~s обязательные условия

145

CON

operable ~ рабочее состояние; эксплуатационное состояние
operating ~ 1) *см.* operable ~ 2) *pl.* рабочий режим; эксплуатационный режим
operation ~s *см.* operating ~ 2)
operational ~s *см.* operating ~ 2)
optimal ~s оптимальные условия
outside ~ внешнее состояние
peak ~ максимально лучшие условия
perfect ~ отличное состояние
permanent ~ длительное состояние
plant ~s заводские условия
policy ~s условия страхования
poor ~ плохое состояние
practical ~s практические условия
precedent ~ *юр.* предварительное условие
preferential ~s преимущественные условия; льготный режим
preliminary ~ предварительное условие
prescribed ~s предусмотренные условия
prevailing ~s преобладающие условия
prevalent market ~s господствующая конъюнктура
prior ~ предварительное условие
production ~s производственные условия
project ~s проектные условия
proper ~ надлежащее состояние
purchase and sale ~s условия купли-продажи
queue ~ состояние системы массового обслуживания
rated ~s расчетные условия
readiness ~ состояние готовности
realistic ~s реальные условия
realizability ~ условие реализуемости
reasonable ~s приемлемые условия
regular service ~s нормальные условия эксплуатации
running ~s 1) рабочие условия 2) эксплуатационный режим
safety ~s техника безопасности
saturation ~ состояние полной занятости
second-order ~s условия второго порядка
service ~s 1) эксплуатационный режим 2) условия обслуживания
serviceable ~ исправное состояние
shop ~s производственные условия
side ~ дополнительное условие
site ~s территориальные условия
social ~s социально-бытовые условия

soil ~ почвенные условия
sound ~ здоровое состояние
special ~s специальные условия
special policy ~s особые условия страхования
stabilized production ~s стабильные условия производства
stable monetary ~s стабильная денежная конъюнктура
standard ~s стандартные условия
stand-by ~ состояние эксплуатационной готовности
starting ~s начальные условия
stipulated ~s предусмотренные условия
storage ~s условия хранения
strict budgetary ~s жесткие условия бюджета
strict technical ~s жесткие технические условия
stringent ~s строгие условия
suitable ~s подходящие условия
suitable shipping ~s надлежащее состояние транспорта
surplus ~ превышение предложений над спросом
technical ~s технические условия
technological ~s технологические условия
test ~s условия испытаний
top ~ наилучшее состояние
trading ~s условия торговли
traffic ~s условия движения транспорта
transport ~s транспортные условия
unequal ~s неравноправные условия
unfair ~s несправедливые условия
unfavourable ~s неблагоприятные условия
uniform ~s единые условия
unsatisfactory ~s неудовлетворительные условия
unsound financial ~ неблагоприятное финансовое положение
unstable market ~s неустойчивая рыночная конъюнктура
usable ~ исправное состояние
use ~s условия пользования
usual ~s обычные условия
working ~s условия работы
~s of acceptance условия акцептования
~ of cargo состояние груза
~s of a contract условия контракта
~s of delivery условия поставки

~s of employment условия работы по найму
~s of financing условия финансирования
~ of goods состояние товара
~s of a guarantee условия гарантии
~s of life условия жизни
~s of the market состояние рынка, положение на рынке
~s of marketing условия сбыта
~ of packages состояние груза
~s of participation условия участия
~s of payment условия платежа
~s of sale условия продажи
~s of service условия работы
~s of supply условия поставки
~s of transport условия перевозки
~s of work условия работы
◊ in damaged ~ в поврежденном состоянии
in good ~ в хорошем состоянии
in serviceable ~ в исправном состоянии
in undamaged ~ в неповрежденном состоянии
in working ~ в рабочем состоянии
on ~ при условии
out of ~ в плохом состоянии
under existing ~s при существующих условиях
under the given ~s при данных условиях
under production ~s в производственных условиях
to adhere to ~s соблюдать условия
to alter ~s изменять условия
to attach ~s ставить что-л. в зависимость от условий
to bargain for better ~s вести переговоры с целью добиться лучших условий
to break ~s нарушать условия
to change ~s изменять условия
to conform to ~s соответствовать условиям
to create favourable ~s создавать благоприятные условия
to follow ~s выполнять условия
to fulfil ~s *см.* to follow ~s
to implement ~s *см.* to follow ~s
to impose ~s *см.* to follow ~s
to improve ~s улучшать условия
to include ~s включать условия
to incorporate ~s *см.* to include ~s
to infringe ~s нарушать условия
to lay down ~s назначать условия

to meet ~s 1) выполнять условия 2) удовлетворять условиям
to modify ~s изменять условия
to observe ~s соблюдать условия
to revise ~s пересматривать условия
to set forth ~s выдвигать условия
to stipulate ~s предусматривать условия
to superimpose ~s включать дополнительно условия
to violate ~s нарушать условия
to yield to ~s принимать условия
CONDITION *v* 1. обусловливать 2. приводить в надлежащее состояние
CONDITIONAL *adj* условный
CONDITIONALITY *n* условия получения кредита от Международного валютного фонда
◊ to fulfil ~ выполнять поставленные условия
CONDITIONING *n* приведение товара в соответствие с установленными нормами
CONDOMINIUM *n* совместное владение собственностью
CONDUCIVE *adj* способствующий, благоприятный
CONDUCT *n* поведение
market ~ поведение на рынке
professional ~ профессиональное поведение
CONDUCTING *n* ведение; проведение
~ business ведение дела
~ a case *юр.* ведение дела
~ correspondence ведение корреспонденции
~ an operation проведение операции
CONFEDERACY *n* конфедерация; союз государств
CONFEDERATION *n* конфедерация, союз
C. of British Industry Конфедерация британской промышленности
CONFERENCE *n* 1. конференция, совещание 2. картельное соглашение между судовладельцами
annual ~ ежегодная конференция
commercial ~ торговые переговоры
freight ~ *мор.* линейная конференция
industrial ~ торговые переговоры
liner ~ линейная конференция
press ~ пресс-конференция
production ~ производственное совещание
professional ~ конференция специалистов

147

CON

regional ~ региональная конференция
representative ~ представительная конференция
shipping ~ судоходная конференция
specialized ~ специализированная конференция
summit ~ конференция на высшем уровне
top level ~ *см.* summit ~
trade ~ конференция по торговле
training ~ конференция по вопросам образования
United Nations C. on Trade and Development Конференция ООН по торговле и развитию
world trade ~ конференция по международной торговле
~ on marketing совещание по маркетингу
◇ to attend a ~ принимать участие в конференции
to call a ~ созывать конференцию
to convene a ~ *см.* to call a ~
to convoke a ~ *см.* to call a ~
to disrupt a ~ срывать конференцию
to hold a ~ проводить конференцию
to participate in a ~ участвовать в конференции
to sit in ~ заседать; совещаться
CONFIDENCE *n* доверие
mutual ~ взаимное доверие
◇ to abuse ~ злоупотреблять доверием
to justify ~ оправдывать доверие
to lose ~ потерять доверие
to shatter ~ поколебать доверие
to win ~ завоевывать доверие
CONFIDENTIAL *adj* конфиденциальный, секретный
CONFIDENTIALITY *n* конфиденциальность
CONFIRM *v* 1. подтверждать 2. утверждать; ратифицировать
CONFIRMATION *n* 1. подтверждение 2. утверждение; ратификация
bank ~ банковское подтверждение
booking ~ подтверждение заказа
cable ~ телеграфное подтверждение
contract ~ подтверждение контракта
direct ~ прямое подтверждение
formal ~ официальное подтверждение
guarantee ~ подтверждение гарантии
mail ~ почтовое подтверждение
order ~ подтверждение заказа
sales ~ подтверждение получения заказа
telex ~ подтверждение телексом

CON

verbal ~ устное подтверждение
written ~ письменное подтверждение
~ of acceptance подтверждение приемки
~ of booking подтверждение заказа
~ of a counter-offer подтверждение контроферты
~ of feasibility подтверждение возможности (осуществимости)
~ of nomination подтверждение о номинировании
~ of obligations подтверждение обязательств
~ of an offer подтверждение предложения (оферты)
~ of an order подтверждение заказа
~ of payment подтверждение платежа
~ of a price подтверждение цены
~ of a proposal подтверждение предложения
~ of reservation подтверждение заказа (*на авиабилет*)
~ of shipment подтверждение отгрузки
~ of signature удостоверение подписи
~ of a visa подтверждение визы
CONFISCATE *v* конфисковать; реквизировать; арестовывать
CONFISCATION *n* конфискация; реквизиция; изъятие; арест
CONFLICT *n* конфликт, столкновение
armed ~ вооруженное столкновение
labour ~ трудовой конфликт
trademark ~ конфликт товарных знаков
~ of interests конфликт интересов
~ of jurisdiction *юр.* спор о подведомственности
~ of laws коллизия правовых норм
~ of patent rights столкновение патентных прав
◇ to avoid a ~ избегать конфликтов
to be in ~ противоречить чему-л.
to resolve a ~ урегулировать конфликт
to settle a ~ *см.* to resolve a ~
CONFLICTING *adj* конфликтующий
CONFORM *v* соответствовать
CONFORMANCE *n* соответствие
CONFORMITY *n* соответствие
~ of documents соответствие документов
~ of goods to the standard соответствие товара стандарту
~ of quality соответствие качества
◇ to be in ~ соответствовать
CONFRERE *n* коллега
CONFUSE *v* смешивать, спутывать

CONFUSION n 1. беспорядок; путаница, неразбериха 2. общественные беспорядки, волнения
~ of trademarks путаница в товарных знаках

CONGELATION n:
~ of homogeneous human labour сгусток однородного человеческого труда
~ of human labour сгусток человеческого труда
~ of surplus labour time застывшее прибавочное время

CONGESTED adj 1. перенаселенный 2. перегруженный

CONGESTION n 1. перенаселенность 2. перегруженность 3. скопление; затор; «пробка»
port ~ перегруженность порта
road ~ перегруженность дорог
traffic ~ скопление транспорта
urban ~ перенаселенность городов
~ of cargo скопление грузов
~ of population перенаселенность
~ of ships скопление судов

CONGLOMERATE n конгломерат; диверсифицированная компания, имеющая филиалы, торгующие разными товарами и услугами
industrial ~ промышленный конгломерат
merchandising ~ розничный конгломерат
retail ~ скопление розничных магазинов

CONGLOMERATION n концентрация
~ of population концентрация населения

CONGREGATION n собрание

CONGRESS n конгресс
annual ~ ежегодный конгресс
economic ~ экономический конгресс
international ~ международный конгресс
scientific ~ научный конгресс
Trades Union C. Конгресс тред-юнионов
world ~ всемирный конгресс
◇ to attend a ~ участвовать в работе конгресса
to hold a ~ проводить конгресс
to register at a ~ зарегистрироваться на конгрессе

CONGRESSMAN n член конгресса

CONJECTURE n предположение

CONJOINT adj объединенный; совместный

CONJUNCTURE n конъюнктура; стечение обстоятельств

CON-MAN n мошенник

CONNECT v соединять, связывать

CONNECTION n 1. связь; контакт 2. pl связи, знакомства
business ~s деловые связи
direct water ~ прямое водное сообщение
foreign ~s зарубежные связи
interbranch ~s межотраслевые связи
mercantile ~s торговые связи
railway ~ железнодорожное сообщение
telephone ~ телефонная связь
trade ~s торговые связи
train ~ железнодорожное сообщение
trunk ~ междугородная телефонная связь
◇ to break off a ~ порвать связь
to enter into business ~s устанавливать деловые отношения
to establish business ~s устанавливать деловые связи
to make new ~s устанавливать новые связи
to sever ~s порвать отношения

CONNOISSEUR n знаток

CONSCIENCE n 1. совесть 2. сознание
public ~ общественное сознание

CONSCIOUSNESS n сознание
class ~ классовое сознание
cost ~ понимание значения себестоимости
national ~ национальное самосознание

CONSCRIPT n новобранец, призванный на военную службу

CONSCRIPTION n 1. воинская повинность 2. призыв на военную службу
~ of labour трудовая повинность

CONSECUTIVE adj последовательный, последующий

CONSECUTIVES n pl количество рейсов, выполненных за время действия данного фрахтового контракта

CONSENSUS n согласие, единодушие, консенсус
social ~ общественное согласие
~ in cyclical movements согласованность в циклической динамике
◇ to achieve ~ достигать согласия

CONSENT n согласие
common ~ общее согласие
implicit ~ молчаливое согласие
implied ~ см. implicit ~
mutual ~ взаимное согласие
prior ~ предварительное согласие

reciprocal ~ взаимное согласие
tacit ~ молчаливое согласие
◇ by mutual ~ по взаимному согласию
to give ~ давать согласие
to obtain ~ получать согласие
CONSENT *v* соглашаться
CONSEQUENCE *n* 1. следствие; последствие, результат 2. вывод, заключение 3. значение, возможность
far-reaching ~ далеко идущие последствия
financial ~s финансовые последствия
legal ~s правовые последствия
◇ to answer for the ~s нести ответственность за последствия
to take the ~s *см.* to answer for the ~s
CONSERVANCY *n* охрана природы
CONSERVATION *n* 1. сохранение 2. охрана природы 3. консервирование (*плодов и т. п.*)
land ~ правильное содержание земель
nature ~ охрана природы
soil ~ правильное содержание почв
water ~ охрана водных ресурсов
~ of the assets хранение имущественных ценностей
~ of the environment охрана окружающей среды
~ of nature охрана природы
~ of value сохранение стоимости
CONSERVATIONIST *n* специалист по охране природы
CONSERVATIVE *adj* 1. консервативный 2. охранный
CONSIDER *v* 1. рассматривать, обсуждать 2. учитывать, принимать во внимание 3. полагать, считать
CONSIDERATION *n* 1. рассмотрение; обсуждение 2. возмещение, компенсация 3. стоимость сделки на бирже до уплаты комиссионных, гербового сбора и налогов 4. сумма вознаграждения, уплачиваемая одной стороной сделки другой (*в обмен на обязательство что-л. сделать*)
cost ~s соображения в пользу снижения торговых издержек
infringement ~ рассмотрение дела о нарушении
make-or-break ~ критерий целесообразности создания чего-л.
money ~ денежное удовлетворение, вознаграждение
nominal ~ формальная компенсация
pecuniary ~s денежная компенсация

short-run ~s краткосрочные соображения, соображения о сегодняшнем дне
~ for a licence вознаграждение за выдачу лицензии
~ of a claim рассмотрение претензии
~ of a dispute разбирательство спора
~ of an inquiry рассмотрение запроса
◇ in ~ of принимая во внимание
for a ~ за вознаграждение
to be under ~ находиться на рассмотрении
to give ~ to рассматривать, обсуждать
to submit for ~ представлять на рассмотрение
to take into ~ принимать во внимание
CONSIGN *v* посылать на консигнацию
CONSIGNATION *n* 1. консигнация 2. отправка товара на консигнацию
CONSIGNEE *n* грузополучатель; адресат груза; консигнатор
CONSIGNMENT *n* 1. груз; партия товаров 2. консигнация
additional ~ дополнительная партия
balance ~ оставшаяся партия груза
bulk ~ крупная партия
cash on delivery ~ посылка наложенным платежом
collective ~ сборный груз
equal ~ равная партия
export ~ экспортная партия
fresh ~ вновь поступившая партия
groupage ~ генеральный груз
high-value ~ ценный груз
incoming ~ поступающая партия
large ~ большая партия
mixed ~ сборный груз
outgoing ~ отправляемая партия
part-load ~ штучный груз
pitch ~ партия товара, выброшенного на рынок
primary ~ первая партия
retail ~ штучные грузы
return ~ обратная доставка
returnable ~ возвратная консигнация
sample ~ посылка образцов
seized ~ конфискованная партия
separate ~ отдельная партия
shipped ~ отгруженная партия
small ~s мелкие партии
total ~ вся партия
trial ~ пробная партия
unreturnable ~ безвозвратная консигнация
valuable ~ ценный груз
~ for approval партия товара с образцами, посланная для одобрения

CON

~ for inspection *см.* ~ for approval
~ in specie пересылка наличных денег
~ of goods партия товара
~ on approval партия товара, посланная для одобрения
◊ ~ on на условиях консигнации
to accept a ~ принимать партию товара
to deliver on ~ поставлять на консигнацию
to dispatch a ~ отправлять партию
to make up a ~ составлять партию груза
to reject a ~ отказываться от партии
to release a ~ разрешать отправку партии товара
to send on ~ посылать на консигнацию
to ship a ~ отгружать партию
CONSIGNOR *n* грузоотправитель; адресант (*груза*); консигнант
CONSISTENCY *n* 1. последовательность, логичность 2. согласованность
~ in quantities стабильность в количествах товаров
CONSISTENT *adj* 1. последовательный, логичный 2. совместимый, согласующийся
CONSOLIDATE *v* 1. объединять; объединяться 2. консолидировать
CONSOLIDATED *adj* 1. объединенный, сводный 2. консолидированный
CONSOLIDATION *n* 1. объединение 2. консолидация 3. конверсия краткосрочной задолженности в долгосрочную 4. ухудшение рыночной конъюнктуры
corporate ~ объединение корпораций
farm ~ укрупнение ферм
industrial ~ концентрация промышленности
patent ~ объединение патентов
railroad ~ слияние железных дорог
~ of banks слияние банков
~ of corporations объединение корпораций
~ of the market укрепление рынка
~ of mortgages консолидация закладных
~ of prices укрепление цен
~ of shares объединение акций
CONSOLS *n pl* консоли, консолидированная рента (*в Англии*)
CONSORTIUM *n* 1. консорциум 2. объединение независимых компаний для выполнения какого-л. проекта

CON

international ~ международный консорциум
rival ~ конкурирующий консорциум
~ of banks банковский консорциум
~ of contractors консорциум подрядчиков
◊ to enter into a ~ вступать в консорциум
to establish a ~ образовывать консорциум
to form a ~ *см.* to establish a ~
to retire from a ~ выходить из консорциума
to withdraw from a ~ *см.* to retire from a ~
CONSTANT *n* постоянная величина, константа
floating point ~ константа с плавающей запятой
group ~ групповая константа
order-cycle ~ постоянный интервал между заказами
proportionality ~ коэффициент пропорциональности
CONSTITUENCY *n* 1. избиратели 2. избирательный округ 3. клиентура
CONSTITUENT *n* составная часть, компонент
constant ~ постоянная составная часть
variable ~ переменная составная часть
~s of capital составные части капитала
CONSTITUTE *v* 1. учреждать, основывать 2. составлять
CONSTITUTION *n* 1. конституция 2. состав, строение
Federal C. федеральная конституция (*США*)
financial ~ принципы организации финансово-кредитного дела
soil ~ состав почвы
CONSTITUTIONAL *adj* конституционный
CONSTRAINT *n* ограничение, сдерживающий фактор
active ~ жесткое ограничение
artificial ~ искусственное ограничение
budget ~ бюджетное ограничение
direct ~ прямое ограничение
engineering ~s технические ограничения
functional ~ функциональное ограничение
fundamental ~ фундаментальное ограничение
global ~ глобальное ограничение

manpower ~ ограничение на использование рабочей силы
moral ~ моральное ограничение
natural ~ естественное ограничение
practical ~s практические ограничения
profit ~ ограничение прибыли
resource ~s ограничения на ресурсы
◊ to impose ~s вводить ограничения

CONSTRUCT v строить, сооружать, конструировать

CONSTRUCTION n 1. строительство 2. конструкция, сооружение; постройка, здание
building ~ строительство зданий
capital ~ капитальное строительство
complex ~ комплексное строительство
comprehensive ~ см. complex ~
contract ~ подрядное строительство
durable ~ конструкция длительного пользования
housing ~ жилищное строительство
incompleted ~ незавершенное строительство
infrastructure ~ строительство инфраструктуры
joint ~ совместное строительство
new ~ новостройка
nonresidential ~ нежилищное строительство
operative ~ функционирующая конструкция
project ~ строительство объекта
public ~ государственно-муниципальное строительство
residential ~ жилищное строительство
road ~ дорожное строительство
site ~ строительство на площадке
standardized ~ типовое строительство
turnkey ~ строительство «под ключ»
~ in progress незавершенное строительство
~ of farm roads дорожное строительство в сельской местности
~ of new capacities создание новых производственных мощностей
~ of a plant строительство завода
◊ ~ put in place завершенный строительный объект
to credit ~ кредитовать строительство

CONSTRUCTIVE adj 1. строительный, конструктивный 2. созидательный, творческий

CONSTRUCTOR n конструктор

CONSTRUE v истолковывать, объяснять

CONSUL n консул

CONSULAGE n консульский сбор

CONSULAR adj консульский

CONSULT v консультироваться; советоваться

CONSULTANCY n консультационная фирма
business ~ фирма, консультирующая по коммерческим вопросам
computer ~ фирма-консультант в области вычислительной техники
management ~ фирма, консультирующая по вопросам менеджмента
one-man ~ фирма (в лице одного специалиста), оказывающая консультационные услуги
real estate ~ фирма, консультирующая по вопросам недвижимости
small niche ~ небольшая специализированная консультационная фирма

CONSULTANT n консультант, эксперт
advertising ~ консультант по рекламе
business ~ консультант по коммерческим вопросам
design ~ консультант по дизайну
engineering ~ консультант по инженерно-техническим вопросам
exploration ~ консультант по исследованиям
legal ~ консультант по юридическим вопросам
management ~ консультант по менеджменту
marketing ~ консультант по маркетингу
outside ~ приглашенный консультант
prime ~ главный консультант
professional ~s консалтинговая фирма
public relations ~ специалист по связям с общественностью
scientific ~ научный консультант
specialized ~ консультант, специализирующийся по определенным вопросам
tax ~ консультант по вопросам налогообложения
technical ~ технический консультант

CONSULTATION n консультация
legal ~ юридическая консультация
mutual ~s взаимные консультации
reciprocal ~s см. mutual ~s
technical ~ техническая консультация
~ on economic matters консультация по экономическим вопросам
~ on trade консультация по вопросам торговли
◊ on ~ в соответствии с договоренностью

to give a ~ давать консультацию
  to hold a ~ консультироваться
CONSULTATIVE *adj* консультативный
CONSULTING *n* консалтинг
  management ~ консалтинг по менеджменту
CONSUMABLE *adj* потребляемый, расходуемый
CONSUME *v* потреблять, расходовать
CONSUMER *n* потребитель
  average ~ средний потребитель
  bulk ~ крупный потребитель
  direct ~ непосредственный потребитель
  final ~ конечный потребитель
  heavy ~ крупный потребитель
  household ~s частные потребители
  individual ~ отдельный потребитель
  industrial ~ промышленный потребитель
  large-scale ~ оптовый потребитель
  rational ~ рациональный потребитель
  retail ~ розничный потребитель
  small-scale ~ мелкий потребитель
  solvent ~ платежеспособный потребитель
  ultimate ~ конечный потребитель
CONSUMERISM *n* защита потребителей
CONSUMPTION *n* 1. потребление 2. расход; затраты
  aggregate ~ суммарное потребление
  annual ~ годовое потребление
  average ~ среднее потребление
  capital ~ 1) использование капитала, списание стоимости капитала на расходы 2) износ основных производственных фондов 3) потребление инвестиционных товаров, средств производства
  catering ~ общественное питание
  conspicuous ~ потребление с целью привлечь внимание
  current ~ текущее потребление
  domestic ~ внутреннее потребление
  energy ~ энергоемкость
  excess ~ сверхсметные расходы
  expected ~ предполагаемое потребление
  final ~ конечное потребление
  fuel ~ потребление топлива
  government ~ государственное потребление
  home ~ внутреннее потребление
  household ~ личное потребление
  individual ~ *см.* household ~
  induced ~ производное потребление
  industrial ~ промышленное потребление
  internal ~ внутреннее потребление
  limited ~ ограниченное потребление
  local ~ местное потребление
  luxury ~ расточительное потребление
  mass ~ широкое потребление
  material ~ расход материала
  metal ~ металлоемкость
  monthly ~ ежемесячное потребление
  national ~ национальное потребление
  nominal ~ номинальное потребление
  nonproductive ~ непроизводительное потребление
  oil ~ потребление топлива
  optional ~ потребление для удовлетворения прихоти; потребление, не являющееся жизненно необходимым
  overall ~ общий объем потребления
  own ~ потребление для удовлетворения нужд производства
  per capita ~ потребление на душу населения
  permanent ~ постоянный расход
  personal ~ личное потребление
  power ~ энергоемкость
  private ~ личное потребление
  productive ~ производственное потребление
  public ~ потребление для удовлетворения коллективных потребностей населения
  rated ~ номинальный расход
  restricted ~ ограниченное потребление
  social ~ общественное потребление
  specific ~ of materials материалоемкость
  total ~ общее потребление, суммарный расход
  ultimate ~ конечное потребление
  unproductive ~ непроизводственное потребление
  wasteful ~ расточительное потребление
  world ~ мировое потребление
  yearly ~ годовое потребление
  ~ of labour power потребление рабочей силы
  ~ of raw materials расход сырья и материалов
  ◇ unfit for ~ непригодный для использования
CONTACT *n* 1. связь, контакт 2. *pl* отношения, связи
  bilateral ~s двусторонние контакты
  business ~s деловые контакты, деловые связи

close ~s тесные контакты
commercial ~s торговые контакты
direct ~s прямые связи
economic ~s экономические отношения
external ~s внешнеэкономические отношения
indirect ~s непосредственные контакты
informal ~s неофициальные контакты
initial ~s начальные контакты
international ~s международные отношения
international economic ~s международные экономические отношения
personal ~s личные контакты
technical ~s технические контакты
unofficial ~s неофициальные контакты
◊ to broaden ~s расширять связи
to consolidate ~s укреплять контакты
to develop ~s развивать отношения
to establish ~s устанавливать связи
to expand ~s расширять контакты
to extend ~s *см.* to expand ~s
to keep ~s поддерживать контакты
to maintain business ~s поддерживать деловые отношения
to make ~s устанавливать контакты
to promote ~s развивать отношения
to strengthen ~s укреплять контакты

CONTAINER *n* контейнер; тара
arctic ~ арктическая тара
bulk carriage ~ контейнер для перевозки сыпучих грузов
cardboard ~ картонная тара
cargo ~ грузовой контейнер
closed ~ закрытая тара
disposable ~ разовая тара
empty ~ пустой контейнер
40-foot ~ 40-футовый контейнер
freight ~ грузовой контейнер
general purpose ~ универсальный контейнер
high-capacity ~ большегрузный контейнер
large-tonnage ~ крупнотоннажный контейнер
marine cargo ~ контейнер для морской транспортировки груза
merchant-packed ~ контейнер, упакованный поставщиком
moisture-proof ~ влагонепроницаемый контейнер
non-returnable ~ тара, не подлежащая возврату
open-top ~ открытая тара; контейнер с открытым верхом

packaged-freight ~ контейнер для упакованных грузов
plastic ~ полимерная тара
polyethelene ~ полиэтиленовая тара
railway ~ железнодорожный контейнер
refrigerated ~ контейнер-холодильник
reinforced ~ усиленный контейнер
returnable ~ многооборотная тара
reusable ~ возвратная тара
sealed ~ опечатанный контейнер
shipping ~ грузовой контейнер
special ~ специализированный контейнер
standardized freight ~ стандартный грузовой контейнер
supersize ~ большегрузный контейнер
throwaway ~ тара, не подлежащая возврату; разовая тара
transit ~ транспортная тара; контейнер для транзитных перевозок
tropical ~ тропическая тара
20-foot ~ 20-футовый контейнер
unit ~ стандартный контейнер
universal ~ универсальный контейнер
unrefrigerated ~ неохлаждаемый контейнер
~ for combined road-water-rail transportation контейнер для смешанных автомобильно-водно-железнодорожных перевозок
~ on a flat car контрейлер
◊ to fill a ~ загружать контейнер
to handle ~s обрабатывать контейнеры
to load a ~ загружать контейнер
to pack a ~ укладывать в контейнер
to seal a ~ опечатывать контейнер
to stow a ~ загружать контейнер
to stuff a ~ *см.* to stow a ~
to unload a ~ разгружать контейнер
to unpack a ~ распаковывать контейнер

CONTAINERIZATION *n* контейнеризация
CONTAINERIZED *adj* контейнеризованный
CONTAINERSHIP *n* контейнеровоз
CONTAMINATION *n* загрязнение
environmental ~ загрязнение окружающей среды
mild ~ слабое загрязнение
radioactive ~ радиоактивное загрязнение
sample ~ загрязнение образцов
severe ~ сильное загрязнение

CONTANGO *n* 1. *бирж.* надбавка к цене наличного товара при заключении сделки на более отдаленный срок, контанго 2. отсрочка расчета по фондовой сделке, репорт 3. надбавка к цене за отсрочку 4. возможные расходы при прогнозировании финансовых сделок

CONTENT *n* 1. объем, вместимость, емкость 2. *pl* содержимое
  caloric ~ калорийность
  gold ~ золотое содержание
  information ~ информация
  job ~ объем работы
  labour ~ per unit of output затраты труда на единицу выпуска продукции
  moisture ~ влажность
  organic matter ~ содержание органических веществ
  specific ~ of metal металлоемкость
  storage ~s товары на складе
  toxic ingredient ~ содержание токсического вещества
  water ~ влажность
  work ~ объем работы
  ◊ ~ of a document содержание документа
  ~ of a parcel содержание груза

CONTEST *n* 1. спор 2. соревнование, состязание 3. конкурс
  international ~ международный конкурс
  open ~ открытый конкурс
  sales ~ конкуренция продавцов
  ~ about wages борьба за размер заработной платы

CONTEST *v* 1. оспаривать, опровергать 2. участвовать в конкурсе

CONTESTANT *n* 1. конкурент 2. участник соревнования

CONTINENTAL *adj* континентальный

CONTINGENCY *n* 1. случай; непредвиденное обстоятельство 2. *pl* непредвиденные расходы
  life ~ риск, связанный со сроком службы (*машины*)

CONTINGENT *n* доля; квота; контингент
  annual ~ годовой контингент
  fair ~ ярмарочный контингент
  female ~ женский контингент
  global ~ глобальный контингент
  individual ~s индивидуальные контингенты
  male ~ мужской контингент
  sales ~ контингент продавцов

CONTINUITY *n* 1. непрерывность 2. преемственность
  ~ of reproduction непрерывность воспроизводства

CONTINUOUS *adj* непрерывный, бесперебойный

CONTRABAND *n* контрабанда
  to confiscate ~ конфисковывать контрабанду
  to run ~ заниматься контрабандой
  to seize ~ конфисковывать контрабанду

CONTRACT *n* 1. договор, соглашение, контракт 2. подряд 3. единица торговли на срочных биржах (*стандартное соглашение о купле-продаже*)
  acceptable ~ приемлемый контракт
  agency ~ договор поручения; агентское соглашение
  aleatory ~ алеаторный договор; рисковый договор
  arrival ~ контракт, по которому товар переходит в распоряжение покупателя после его прибытия в место назначения
  associate ~ параллельный договор
  awarded ~ полученный подряд; выданный подряд
  back ~s отдаленные контракты
  bare ~ «голый» контракт (*контракт, по которому не предусмотрены денежные претензии*)
  blanket ~ аккордное соглашение
  bottomry ~ бодмерейный договор
  brokerage ~ маклерский договор
  broker's ~ *амер.* агентский договор
  building ~ подряд на строительство
  chartering ~ договор фрахтования
  civil law ~ гражданско-правовой договор
  classified ~ засекреченный контракт
  collective ~ коллективный договор
  collective bargaining ~ коллективный договор о тарифных ставках
  commercial agency ~ договор о торговом посредничестве
  commodity ~ контракт на поставку товара
  compensation ~ контракт на компенсационных условиях
  completion-type ~ контракт с оплатой по выполнении
  consensual ~ устный контракт, заключаемый по взаимному согласию
  consignment ~ договор консигнации
  construction ~ контракт подряда
  consultancy ~ контракт на предоставление консультационных услуг

cost-plus-fixed-fee ~ контракт с оплатой издержек плюс твердая прибыль
cost-plus-percentage-fee ~ контракт с оплатой издержек плюс процент от суммы издержек
defense ~ контракт на поставку военной продукции
design engineering ~ контракт инженерного проектирования
development ~ контракт на разработку
developmental ~ *см.* development ~
draft ~ проект контракта
exclusive ~ ограничительный контракт, обязывающий покупателя покупать товар только у данного поставщика
exclusive sale ~ договор об исключительном праве на продажу
executed ~ полностью выполненный контракт
executory ~ незавершенный контракт
export ~ экспортный контракт
fixed-price ~ контракт с твердой ценой
fixed-price ~ with redetermination контракт с корректировкой фиксированной цены
fixed-price redeterminable prospective ~ контракт с фиксированной начальной ценой, корректируемой на определенных этапах его выполнения
fixed-term ~ срочный контракт
flat fee ~ контракт с заранее установленной ценой
formal ~ юридический документ, скрепленный печатью (*составляется, как правило, при передаче прав собственности на землю, акций и т. п.*)
forward ~ форвардный контракт (*контракт купли-продажи с поставкой и расчетом в будущем*)
frame ~ «рамочный» контракт (*предусматривает обязательство экспортера произвести контрпокупку в товарообменной операции в обусловленный срок*)
freight ~ договор на перевозку
futures ~ фьючерсный контракт
general ~ генеральный контракт
general freight ~ генеральный договор о фрахтовании судна
global ~ глобальный контракт
government ~ правительственный контракт
hire ~ договор аренды
hire purchase ~ контракт о покупке в рассрочку

illegal ~ незаконный контракт; контракт, противоречащий действующим законам
implied ~ «подразумеваемый» контракт
import ~ импортный контракт, контракт на импорт
incentive ~ поощрительный контракт
indemnity ~ гарантийный договор, договор гарантии от убытков
infant's ~ контракт, заключенный лицом моложе 18 лет
initial ~ первоначальный контракт
instalment ~ контракт с платежом в рассрочку
insurance ~ договор страхования
labour ~ трудовой договор
lease ~ договор аренды
license ~ лицензионный договор
licensing ~ *см.* license ~
life ~ пожизненный договор
life insurance ~ договор страхования жизни
loading ~ договор на погрузку
long-term ~ долгосрочный контракт
maintenance ~ контракт на техобслуживание
manufacturing ~ контракт на производство продукции
marine insurance ~ договор морского страхования
maritime ~ договор морской перевозки
military ~ военный контракт
model ~ типовой контракт
money lending ~ контракт на ссуду денег
monopoly ~ монопольный договор
naked ~ «голый» контракт (*контракт, по которому не предусмотрены денежные претензии*)
nude ~ *см.* naked ~
official ~ официальный контракт
offset ~ сделка «оффсет»
onerous ~ несправедливый контракт (*контракт, по которому обязанности одной из сторон слишком обременительны*)
open ~ контракт, формально не подписанный, но обязательный к исполнению обеими сторонами
open-end ~ контракт без оговоренного срока действия
operating ~ действующий контракт
original ~ первоначальный контракт
out-sourcing ~ контракт «на откуп», заключаемый крупной фирмой со специализированными организациями на

выполнение некоторых внутрифирменных функций (*напр., бухгалтерский учет, телефонная и компьютерная сети*)
outstanding ~ невыполненный контракт
packing ~ контракт на упаковку товара
parol ~ устный договор
passage ~ договор на переправу
patent ~ патентный договор
patent-granting ~ соглашение о выдаче патента
period ~ долгосрочный договор
permanent rent ~ договор о долгосрочной аренде
preliminary ~ предварительное соглашение
prime ~ глобальный контракт
process-transfer ~ контракт о передаче технологии
production sharing ~ контракт «продакшн шэринг»
profitable ~ выгодный контракт
public ~ государственный подряд
purchase ~ контракт купли-продажи
quasi ~ квазиконтракт
reciprocal ~ контракт на основе взаимности
reciprocity ~ *см.* reciprocal ~
reinsurance ~ договор перестрахования
rent ~ договор аренды
repair ~ контракт на производство ремонтных работ
research and development ~ контракт на выполнение научных исследований и разработок
risk ~ контракт на условиях риска, рисковый контракт
sale ~ контракт на продажу
salvage ~ договор о спасении (*судна*)
semi-turnkey ~ контракт на условиях «полу-под-ключ»
service ~ договор на техобслуживание
sham ~ фиктивный договор
share-rental ~ договор на основе смешанной аренды
share tenancy ~ *см.* share-rental ~
shipment ~ контракт, по которому товар переходит в распоряжение покупателя сразу после отгрузки
short-term ~ краткосрочный договор
simple ~ контракт, формально не подписанный, но обязательный к исполнению обеими сторонами
single ~ единый подряд

sold ~ биржевая записка о заключении контракта
specialty ~ юридический документ, скрепленный печатью (*составляется, как правило, при передаче прав собственности на землю, акций и т. п.*)
spot ~ *бирж.* договор на реальный товар
standard ~ типовой контракт
stand rent ~ договор на аренду стенда
stockbroker's ~ брокерская записка о заключении сделки
stock-option ~ документ, дающий покупателю право купить или продать определенное количество акций по установленной цене в течение определенного периода
supplementary ~ дополнительное соглашение
team ~ бригадный контракт
tenancy ~ договор аренды
terminal ~ срочный контракт
time and materials ~ контракт с оплатой стоимости затрат рабочего времени и материалов
total package procurement ~ всеобъемлющий контракт
towing ~ договор морской буксировки
trade union ~ договор с профсоюзами о ставках зарплаты
turnkey ~ договор на строительство «под ключ»
tying ~ контракт на продажу товара с принудительным ассортиментом
«umbrella» ~ контракт «амбрелла»
uncompleted ~ незавершенный контракт
underwriting ~ договор страхования
unilateral ~ контракт, по которому одна сторона уже выполнила свои обязательства
valid ~ контракт, составленный в соответствии с действующим законодательством
verbal ~ устный договор
void ~ недействительный контракт
voidable ~ оспоримый контракт
work ~ трудовой договор
written ~ письменный договор
yellow dog ~ *амер.* трудовой договор, по которому рабочим запрещается вступать в какой-л. профсоюз
~ **by deed** соглашение, скрепленное печатью
~ **by tender** тендер

~ for construction договор о строительстве
~ for custody договор о хранении
~ for delivery договор на поставку
~ for freight договор о фрахтовании судна
~ for labour and materials договор на предоставление рабочей силы и материалов
~ for public works договор на выполнение общественных работ
~ for purchase договор на закупку
~ for a single shipment контракт на разовую поставку
~ for space контракт на аренду выставочной площади
~ for technical service контракт на техобслуживание
~ of affreightment контракт морской перевозки
~ of agency агентский договор
~ of annuity договор пожизненной ренты
~ of carriage договор перевозки
~ of consignment договор консигнации
~ of employment договор найма
~ of guarantee 1) договор о поручительстве 2) контракт о гарантиях
~ of indemnity договор гарантии от убытков
~ of insurance договор страхования
~ of novation договор новации
~ of pledge договор о залоге
~ of purchase контракт купли-продажи
~ of representation договор о представительстве
~ of sale контракт купли-продажи
~ of service договор найма
~ of suretyship договор поручительства
◇ according to the ~ в соответствии с условиями контракта
as per ~ согласно контракту (договору)
subject to ~ при условии заключения договора
to annul a ~ аннулировать договор (контракт)
to award a ~ заключать договор; выдавать подряд
to be under ~ быть обязанным по контракту
to break a ~ нарушать договор
to cancel a ~ аннулировать договор (контракт)

to come under a ~ подпадать под действие контракта
to commit a breach of ~ нарушать контракт
to complete a ~ исполнять контракт
to conclude a ~ заключать договор (контракт)
to draw up a ~ составлять договор (контракт)
to enforce a ~ приводить контракт в исполнение
to enter into a ~ вступать в договор
to execute a ~ выполнять договор (контракт)
to fulfil a ~ см. to execute a ~
to hold a ~ иметь контракт, работать по контракту
to implement a ~ выполнять договор (контракт)
to infringe a ~ нарушать договор (контракт)
to initial a ~ парафировать договор (контракт)
to make a ~ заключать контракт
to perform a ~ выполнять договор (контракт)
to place a ~ заключать контракт
to prepare a ~ подготавливать контракт
to repudiate a ~ аннулировать (расторгать) договор (контракт)
to rescind a ~ см. to repudiate a ~
to revoke a ~ см. to repudiate a ~
to secure a ~ обеспечивать получение контракта
to sign a ~ подписывать контракт
to stipulate by a ~ предусматривать контрактом
to take out an insurance ~ заключать договор страхования
to tender for a ~ участвовать в торгах
to terminate a ~ прекращать действие договора (контракта)
to violate a ~ нарушать договор (контракт)
to withdraw from a ~ выходить из договора

CONTRACT v 1. заключать контракт, договор 2. сокращать; сокращаться
◇ as contracted согласно договоренности
~ for арендовать
~ out 1) сдавать в аренду 2) освобождаться от обязанностей
~ out of an agreement освобождаться от обязанностей по договору

CONTRACTING *n* контрактация
 forward ~ заключение сделок на срок
CONTRACTING-OUT *n* отказ от какого-л. права в обмен на другие преимущества
CONTRACTION *n* 1. сокращение, суживание 2. заключение
 ~ of credit сокращение кредитов
 ~ of a loan заключение займа
 ~ of the market сокращение рынка
CONTRACTOR *n* 1. [фирма-]подрядчик 2. участник договора
 associate ~ субподрядчик
 building ~ строительный подрядчик
 cartage ~ транспортная фирма
 defense ~ военный подрядчик
 engineering ~ фирма-подрядчик
 exhibition ~ организатор выставки
 general ~ генеральный подрядчик
 government ~ фирма, выполняющая государственный подряд
 haulage ~ подрядчик при перевозке
 incompetent ~ некомпетентный подрядчик
 independent ~ независимый подрядчик
 joint ~ совместный подрядчик
 main ~ основной подрядчик
 outside ~ независимый подрядчик
 prime ~ генеральный подрядчик
 ◇ to act as a ~ выступать в качестве подрядчика
 to select a ~ выбирать подрядчика
CONTRACTUAL *adj* контрактный, договорный
CONTRADICTION *n* 1. противоречие; несоответствие 2. опровержение
CONTRIBUTE *v* 1. способствовать, содействовать 2. делать вклад 3. участвовать
CONTRIBUTION *n* 1. содействие 2. вклад 3. взнос; сбор 4. участие
 additional ~ дополнительный вклад
 average ~ аварийный взнос
 budget ~s взносы в бюджет
 capital ~ доля участия в капитале
 compulsory ~ обязательный взнос
 counterpart ~ параллельный взнос
 employee's ~ взнос на социальное страхование
 employer's ~ взнос предпринимателя на социальное страхование работников предприятия
 financial ~ участие в финансировании
 flat ~ единообразный взнос
 fresh ~ дополнительный вклад
 general average ~ взнос по общей аварии
 initial ~ первоначальный взнос
 insurance ~ страховой полис
 major ~ крупный вклад
 mandatory ~ обязательный взнос
 material ~ натурально-вещественный вклад
 monetary ~ денежный вклад
 monetary and materials ~s денежные и материальные вклады
 profit ~ валовая прибыль
 pro rata ~ долевой вклад
 social insurance ~ взнос в фонд социального страхования
 superannuation ~ взнос в пенсионный фонд
 tax-deductible ~s вклад, облагаемый налогом
 voluntary ~ добровольный взнос
 ~ in cash вклад в денежной форме
 ~ in kind вклад в натуральной форме
 ~ to the authorized fund вклад в уставный фонд
 ~ to partnership capital долевой взнос участника общества
 ◇ to assess the ~ оценивать размер вклада
 to make a ~ делать взнос, вклад
 to pay a ~ платить свою долю
CONTRIBUTOR *n* участник
 voluntary ~ добровольно страхующийся
 ~ of capital участник в капитале акционерного общества
CONTRIBUTORY *n* лицо, вносящее долевой взнос
CONTROL *n* 1. управление, руководство 2. контроль, проверка; надзор 3. управление; регулирование; регулировка
 accounting ~ бухгалтерский контроль, бухгалтерская отчетность
 administrative ~ административный контроль
 air traffic ~ обеспечение безопасности полетов; диспетчерская служба
 arms ~ контроль над вооружениями
 automatic ~ автоматическое управление; автоматическое регулирование
 biological ~ биологический контроль
 birth ~ регулирование рождаемости
 border ~ пограничный контроль
 budgetary ~ бюджетное регулирование
 central ~ централизованное управление
 check-in ~ регистрация поступлений

complete ~ сплошной контроль
computer ~ управление с помощью ЭВМ
constant ~ постоянный контроль
consumer credit ~ контроль над потребительским кредитом
contamination ~ контроль за стерильностью
continuous ~ непрерывный контроль
cost ~ контроль за уровнем издержек
credit ~ кредитное регулирование; кредитный контроль со стороны государства, официальное ограничение кредитования
crop pest ~ борьба с вредителями сельскохозяйственных растений
currency ~ валютный контроль
current ~ текущий контроль
customs ~ таможенный контроль
cycle ~ периодический контроль
depletion ~ ограничение на добычу нефти, газа или других видов минерального сырья
direct ~ непосредственный контроль
economic ~ экономический контроль
effective ~ оперативный контроль
environmental ~ контроль за состоянием окружающей среды
exchange ~ валютное регулирование
export ~ экспортный контроль
feedback ~ управление с обратной связью
financial ~ финансовый контроль
fiscal ~ *см.* financial ~
follow-up ~ контроль сроков исполнения
foreign ~ иностранное владение
foreign exchange ~ валютный контроль
functional ~ функциональное управление
government ~ государственный контроль
humidity ~ контроль за влажностью
import ~ импортный контроль
individual ~ личный контроль
information ~ информационный контроль
insurance ~ контроль за страховыми операциями
internal ~ внутренний контроль
internal administrative ~ внутренний административный контроль
interoperational ~ промежуточный контроль производственного процесса
inventory ~ управление запасами

labour ~ рабочий контроль
lax ~ слабый контроль
machine ~ механизированное управление
managerial ~ административное управление
mandatory ~ обязательный контроль
manual ~ ручное управление
manufacturing ~ управление производственным процессом
market ~ господство на рынке
marketing ~ управление маркетингом
material ~ 1) система контроля над запасами сырья и комплектующих 2) система контроля за качеством закупаемых материалов
material quality ~ контроль качества материалов
maximum-minimum inventory ~ управление запасами по двум уровням
monetary ~ валютный контроль
monopoly ~ контроль монополий
numerical ~ числовое программное управление
on-site ~ контроль на местах
operational ~ оперативный контроль
order ~ контроль за движением заказов
ordering and stock ~ контроль за движением заказов и состоянием запасов
order intake ~ контроль за поступлением заказов
output ~ контроль за выпуском продукции
outside ~ внешний контроль
overall ~ полный контроль
partial ~ частичный контроль
passport ~ паспортный контроль
percentage ~ выборочный контроль
pest ~ борьба с вредителями сельскохозяйственных растений
pollution ~ контроль над загрязнением окружающей среды
population ~ регулирование рождаемости
price ~ регулирование цен
process ~ управление технологическим процессом
product ~ контроль изделий
production ~ управление производственным процессом
product quality ~ контроль качества продукции
product status ~ контроль состояния продукции
programme ~ программное управление

progress ~ контроль за ходом работ
property ~ контроль имущества
public ~ общественный контроль
quality ~ контроль качества
quantity ~ контроль количества
regular ~ регулярный контроль
rent ~ регулирование квартирной платы (*государством*)
routine ~ текущий контроль
running ~ *см.* routine ~
selection ~ выборочный контроль
selective ~ *см.* selection ~
selective credit ~ выборочный кредитный контроль
selective price ~ выборочное регулирование цен
sequential ~ последовательный контроль
shipping ~ контроль за поставками
shop floor ~ цеховое управление производственным процессом
shortage ~ устранение дефицита
social ~ общественный контроль
special ~ специальный контроль
standard ~ нормальный контроль
standard cost ~ контроль издержек на основе стандартных норм
state ~ государственный контроль
statistical ~ статистический контроль
statutory ~ меры контроля, основанные на законе
stock ~ 1) управление запасами 2) управление складами
stores ~ управление запасами
strict ~ строгий контроль
supervisory ~ диспетчерский контроль
supplier ~ контроль со стороны поставщика
technical ~ технический контроль
tight ~ жесткий контроль
traffic ~ дорожно-транспортный контроль
uniform ~ единообразный контроль
unit stock ~ контроль запасов по каждому товару
vehicle exhaust ~ контроль за выхлопными газами автомобильных двигателей
wage ~ регулирование ставок заработной платы
wage-price ~ контроль над ценами и заработной платой
work ~ контроль за работой
workers' ~ рабочий контроль
working ~ число акций, необходимое

для осуществления контроля за деятельностью корпорации
~ of goods received проверка поступившего товара
~ of investment контроль за инвестициями
~ of materials and supplies inventories 1) управление запасами 2) контроль за товарно-материальными ценностями
~ over export and import контроль за экспортом и импортом
~ over prices контроль над ценами
◇ to bring under ~ ставить под контроль
to carry out ~ осуществлять контроль
to drop ~ отменять контроль
to effect ~ осуществлять контроль
to establish ~ устанавливать контроль
to exercise ~ осуществлять контроль
to get beyond ~ выйти из-под контроля
to get out of ~ *см.* to get beyond ~
to have ~ иметь право распоряжаться чем-л.
to maintain ~ осуществлять контроль
to perform ~ *см.* to maintain ~
to place under ~ передавать под контроль
to set up ~ устанавливать контроль
CONTROL *v* 1. управлять, руководить 2. контролировать, проверять 3. регулировать, контролировать
CONTROLLER *n* 1. бухгалтер-аналитик 2. контролер; ревизор 3. главный бухгалтер-контролер
assistant ~ заместитель главного бухгалтера-контролера
budget ~ руководитель комиссии, ответственный за бюджетное регулирование в организации
expense ~ бухгалтер-контролер
factory ~ заводской контролер
financial ~ финансист-контролер
~ of a company контролер корпорации
CONURBATION *n* 1. конурбация 2. большой город с пригородами
population ~ скопление населения
CONVENE *v* созывать, собирать
CONVENIENCE *n* удобство
CONVENTION *n* 1. соглашение, конвенция 2. обычай 3. собрание, съезд
air navigation ~ конвенция по воздушным перевозкам
commercial ~ торговое соглашение
consular ~ консульская конвенция

customs ~ таможенная конвенция
double taxation ~ соглашение о двойном налогообложении
European C. on the International Classification of Patents for Invention Европейское соглашение о международной классификации изобретений
finance ~ финансовое соглашение
Hague C. Гаагская конвенция
half-year ~ *бухг.* «приобретение на середину года»; начисление половины нормы износа
international ~ международная конвенция
monetary ~ конвенция по денежным вопросам
Paris C. Парижская конвенция
party ~ партийный съезд
price ~ соглашение по ценам
tax ~ соглашение о налогообложении
universal ~ международное соглашение
~ on tariffs таможенная конвенция
◇ to accede to a ~ присоединяться к конвенции
to conclude a ~ заключать конвенцию
to join a ~ присоединяться к конвенции
to ratify a ~ ратифицировать конвенцию
to sign a ~ подписывать конвенцию

CONVENTIONAL *adj* 1. обычный, общепринятый 2. конвенционный

CONVERSION *n* 1. конверсия; переход на новую систему; переход на выпуск новой продукции 2. пересчет, перевод (одних единиц в другие); обмен (валюты) 3. незаконное распоряжение чужой собственностью
bond ~ конверсия займа
data ~ преобразование данных
economic ~ экономические преобразования
gold ~ обмен золота
industrial ~ конверсия промышленности
metric ~ перевод в метрическую систему
professional ~ изменение рода деятельности
reverse ~ обратная конверсия
skill ~ переквалификация
~ of the balance into convertible currency конверсия сальдо в свободно конвертируемую валюту
~ of commodity capital into money capital превращение товарного капитала в денежный капитал
~ of currency обмен валюты
~ of currency at par пересчет валюты по паритету
~ of debts перевод (конверсия) долга
~ of industries конверсия промышленности
~ of a loan конверсия займа
~ of money into capital превращение денег в капитал
~ of occupations трудоустройство в связи с конверсией предприятия
~ of securities реализация ценных бумаг
~ of surplus value into capital превращение прибавочной стоимости в капитал
◇ to make ~ обменивать (валюту)

CONVERT *v* 1. конвертировать, перестраивать 2. пересчитывать; обменивать

CONVERTIBILITY *n* обратимость, конвертируемость (валюты, ценных бумаг)
currency ~ конвертируемость валюты
full ~ полная обратимость
limited ~ ограниченная обратимость
partial ~ частичная обратимость
restricted ~ ограниченная обратимость
~ of currency конвертируемость валюты

CONVERTIBLE *adj* обратимый, конвертируемый
◇ freely ~ свободно конвертируемый
readily ~ *см.* freely ~

CONVERTIBLES *n pl* ценные бумаги, которые могут быть обменены на другие

CONVEY *v* 1. перевозить, транспортировать 2. передавать

CONVEYANCE *n* 1. перевозка, транспортировка 2. перевозочное, транспортное средство 3. передача 4. *юр.* передача прав, имущества
chargeable ~ платная перевозка
fraudulent ~ *юр.* отчуждение имущества, направленное на обман кредиторов
public ~s общественный транспорт
voluntary ~ передача правового титула без встречного удовлетворения
~ by aircraft воздушная перевозка
~ by land наземная перевозка
~ by rail железнодорожная перевозка
~ of cargo транспортировка грузов

~ of goods *см.* ~ of cargo
~ of property передача права собственности
~ of title передача правового титула
CONVEYANCER *n* адвокат, готовящий документы о передаче прав собственности
CONVEYER *n* **1.** перевозчик **2.** *юр.* лицо, передающее кому-л. недвижимость **3.** конвейер
band ~ ленточный конвейер
belt ~ *см.* band ~
CONVEYING *n* перевозка
bulk ~ бестарная перевозка
CONVOCATION *n* **1.** созыв (собрания) **2.** собрание
CONVOY *n* **1.** сопровождение **2.** автоколонна
◇ to sail with ~ *мор.* идти в сопровождении конвоя
COOKING *n* подделка, фальсификация
~ of a balance sheet завуалирование баланса
~ of accounts подделка счетов
COOK UP *v* подделывать, фабриковать
COOLING-OFF *n* приведение в нормальное состояние, «охлаждение»
COOPERANT *n* кооперант
COOPERATE *v* **1.** сотрудничать **2.** взаимодействовать **3.** кооперироваться, объединяться
COOPERATION *n* **1.** сотрудничество **2.** взаимодействие **3.** кооперация
all-round ~ всестороннее сотрудничество
bilateral ~ двустороннее сотрудничество
broad ~ широкое сотрудничество
business ~ деловое сотрудничество
close ~ тесное сотрудничество
compensatory ~ сотрудничество на компенсационной основе
consumer ~ потребительская кооперация
contract-based ~ сотрудничество на подрядных условиях
credit ~ кредитная кооперация
diversified ~ разностороннее сотрудничество
economic ~ хозяйственное взаимодействие, экономическое сотрудничество
effective ~ плодотворное сотрудничество
equal ~ равноправное сотрудничество
equitable ~ *см.* equal ~

extensive ~ крупномасштабная кооперация
financial ~ финансовое сотрудничество
fiscal ~ сотрудничество в вопросах налогообложения
foreign economic ~ внешнеэкономическое сотрудничество
fruitful ~ плодотворное сотрудничество
growing ~ растущее сотрудничество
industrial ~ промышленное сотрудничество
integrated ~ комплексное сотрудничество
interfirm ~ межфирменная кооперация
international ~ международное сотрудничество
interplant ~ межзаводская кооперация
interstate ~ межгосударственное сотрудничество
intrabranch ~ внутриотраслевая кооперация
intrasectoral ~ *см.* intrabranch ~
investment ~ инвестиционное сотрудничество
large-scale ~ широкое сотрудничество
long-term ~ долговременное сотрудничество
manufacturing ~ сотрудничество в области производства
marketing ~ сотрудничество в области маркетинга
monetary ~ сотрудничество в области валютных отношений
multilateral ~ многостороннее сотрудничество
mutually beneficial ~ взаимовыгодное сотрудничество
production ~ производственная кооперация
scientific ~ научное сотрудничество
simple ~ простая кооперация
team ~ бригадная работа
technological ~ техническое сотрудничество
~ by contract сотрудничество на подрядных условиях
~ in agriculture сельскохозяйственная кооперация
~ in production производственная кооперация
~ in science научное сотрудничество
~ on a commercial basis сотрудничество на коммерческой основе
~ on a compensation basis сотрудничество на компенсационной основе

~ on a project сотрудничество в осуществлении проекта
~ on a turnkey basis сотрудничество на условиях «под ключ»
◇ to broaden ~ расширять сотрудничество
to carry on ~ сотрудничать
to develop ~ развивать сотрудничество
to effect ~ осуществлять сотрудничество
to expand ~ расширять сотрудничество
to extend ~ *см.* to expand ~
to intensify ~ расширять сотрудничество
to maintain ~ поддерживать сотрудничество
to undermine ~ подрывать сотрудничество

COOPERATIVE *n* 1. кооперативное общество, кооперация 2. кооператор 3. кооперативный магазин
agricultural ~ сельскохозяйственный кооператив
buying ~ закупочный кооператив
common services ~ сервис-кооператив
consumers' ~ потребительский кооператив
credit ~ кредитный кооператив
farmers' ~ сельскохозяйственный кооператив
handicrafts ~ ремесленный кооператив
horticultural ~ садоводческий кооператив
industrial ~ промышленный кооператив
marketing ~ сбытовой кооператив
producers' ~ производственный кооператив
production ~ *см.* producers' ~
purchasing ~ снабженческий кооператив
retail ~ потребительский кооператив
sellers' ~ сбытовой кооператив
service ~ сервис-кооператив
trading ~ сбытовой кооператив
wholesale ~ оптовый кооператив
◇ to set up a ~ учредить кооператив

COOPERATOR *n* кооператор
COORDINATE *v* координировать; согласовывать
COORDINATION *n* координирование, координация, согласование
export sales ~ координация экспорта
overall ~ общая координация
vertical ~ координация по вертикали
~ of plans координация планов
~ of programmes *см.* ~ of plans
~ of schedules *см.* ~ of plans
◇ to ensure ~ обеспечивать координацию

COORDINATOR *n* координатор
export sales ~ координатор экспортных продаж
project ~ проектный координатор

COOWNER *n* совместный владелец, совладелец
COOWNERSHIP *n* совместное владение
COPARTNER *n* совместный владелец; кооперант
COPARTNERSHIP *n* партнерство
COPRODUCE *v* производить совместно
COPRODUCTION *n* совместное производство
COPROPRIETOR *n* совладелец
COPROPRIETORSHIP *n* совладение
COPY *n* 1. копия, дубликат 2. экземпляр
advance ~ сигнальный экземпляр
advertising ~ рекламный текст, текстовая реклама
attached ~ прилагаемая копия
attested ~ заверенная копия
authenticated ~ *см.* attested ~
carbon ~ копия через копирку
certified ~ заверенная копия
checking ~ контрольный экземпляр
Chinese ~ слепое подражание
clean ~ чистая копия, чистовик
complimentary ~ рекламный, бесплатный, подарочный экземпляр
enclosed ~ прилагаемая копия
exact ~ точная копия
executed ~ оформленный экземпляр
exemplified ~ копия документа, заверенная соответствующим образом
fair ~ чистовая копия
faithful ~ верная копия
final ~ чистовой экземпляр
free ~ бесплатный экземпляр
identical ~ тождественный экземпляр
legalized ~ легализованная копия
major ~ основной экземпляр
negotiable ~ действительный экземпляр
nonnegotiable ~ недействительный экземпляр
notarized ~ нотариально заверенная копия
office ~ копия, остающаяся в делах
official ~ официальная копия
order ~ копия заказа
original ~ оригинал
photostatic ~ фотостатическая копия

preliminary ~ сигнальный экземпляр
registered ~ оформленный экземпляр
single ~ единственный экземпляр
true ~ верная копия
unique ~ уникальный экземпляр
Xerox ~ ксероксная копия
~ of a bill дубликат векселя
~ of a contract копия контракта
~ of a document копия документа
◇ to attest a ~ заверять копию
to certify a ~ *см.* to attest a ~
to collate a ~ with the original сверять копию с подлинником
to legalize a ~ заверять копию
to make a ~ делать копию
to reproduce a ~ *см.* to make a ~

COPYRIGHT *n* авторское право

COPYWRITER *n* составитель рекламных объявлений

CORN *n* зерно, зерновые хлеба; *амер., австрал.* кукуруза, маис

CORNER *n бирж.* скупка товара со спекулятивными целями, корнер
cotton ~ скупка хлопка
market ~ рыночный корнер

CORNER *v* скупать товар со спекулятивными целями

CORNERER *n бирж.* скупщик

CORNERSTONE *n* краеугольный камень

CORPORATE *adj* корпоративный, корпорационный

CORPORATION *n* корпорация, объединение; *амер.* акционерное общество
aggregate ~ корпорация, состоящая из нескольких пайщиков
agro-industiral ~ агро-промышленная корпорация
alien ~ иностранная корпорация
banking ~ объединение банков
business ~ *амер.* торговая или промышленная корпорация
chartered ~ разрешенная корпорация
civil ~ предприятие профессиональной направленности
close[d] ~ акционерное общество закрытого типа
discount ~ учетный дом
domestic ~ отечественная корпорация
dummy ~ *амер.* фиктивное общество
eleemosynary ~ благотворительная корпорация
farming ~ акционерное сельскохозяйственное общество
financial ~ финансовая корпорация
foreign ~ иностранная корпорация
government ~ государственное акционерное общество
government-oriented private ~ *амер.* частная корпорация, выполняющая государственные заказы
industrial ~ промышленная корпорация
insurance ~ страховое общество
international ~ международная корпорация
manufacturing ~ промышленное предприятие
member ~ корпорация, являющаяся членом биржи
membership ~ зарегистрированное общество
moneyed ~ *амер.* кредитно-банковское учреждение
multinational ~ многонациональная корпорация
municipal ~ муниципальная корпорация
nonprofit ~ некоммерческая корпорация
nonresident ~ *амер.* компания, главная резиденция которой находится за пределами США
nonstock ~ неакционерное общество
private ~ частная корпорация
privately owned ~ *см.* private ~
private stock ~ *амер.* акционерное общество с небольшим числом акционеров
public ~ государственная корпорация
publicly held ~ акционерная корпорация с широким владением акциями
public service ~ государственная компания общественного обслуживания
quasi ~ квазикорпорация
quasi-public ~ квазигосударственная корпорация
sole ~ единоличная корпорация
state-owned ~ государственная корпорация
state-run ~ *см.* state-owned ~
statutory ~ *брит.* корпорация, учрежденная актом парламента
stock ~ акционерная корпорация
subsidiary ~ дочерняя корпорация
trading ~ торговая корпорация
transnational ~ транснациональная корпорация
trustee ~ опекунская корпорация

wholly owned government ~ полностью государственная корпорация
CORPORATIVE *adj* корпоративный
CORPUS *n* основной акционерный капитал общества с ограниченной ответственностью
CORRECT *v* исправлять, корректировать; вносить поправку
◊ ~ for вводить поправку на что-л.
corrected for inflation с поправкой на инфляцию
CORRECTION *n* исправление, корректировка; поправка
continuity ~ поправка на непрерывность
error ~ исправление ошибки
finite sampling ~ поправка на конечность выборки
net balance ~ исправление сальдо
prompt ~ срочное исправление
seasonal ~ поправка на сезонные колебания
Sheppard's ~ поправка на группировку
statistical ~ статистическая поправка
~ of a defect исправление дефекта
~ of an error исправление ошибки
~ of a record исправление записи
◊ to apply a ~ вносить исправление
to make a ~ *см.* to apply a ~
CORRECTIVE *adj* поправочный
CORRECTNESS *n* правильность, точность
~ of calculations правильность расчетов
~ of payment правильность платежа
CORRELATE *v* согласовывать, приводить в соответствие; приводить в какое-л. соотношение
CORRELATION *n* соответствие; соотношение
cross ~ кросскорреляция, взаимная корреляция
direct ~ положительная корреляция
interclass ~ межгрупповая корреляция
intraclass ~ внутригрупповая корреляция
intrasample ~ внутривыборочная корреляция
inverse ~ отрицательная корреляция
joint ~ совместная корреляция
linear ~ линейная корреляция
multiple ~ множественная корреляция
nonsense ~ бессмысленная корреляция
normal ~ нормальная корреляция
partial ~ частная корреляция

rank ~ ранговая корреляция
sample ~ выборочная корреляция
serial ~ сериальная корреляция
skew ~ искаженная корреляция
total ~ полная корреляция
CORRESPOND *v* 1. соответствовать, отвечать 2. переписываться
CORRESPONDENCE *n* 1. соответствие 2. корреспонденция, переписка
business ~ коммерческая корреспонденция, деловая переписка
commercial ~ *см.* business ~
contract ~ переписка по контракту
official ~ официальная переписка
one-to-one ~ взаимно-однозначное соответствие
perfect ~ *см.* one-to-one ~
preliminary ~ предварительная корреспонденция
previous ~ предыдущая корреспонденция
unambiguous ~ взаимно-однозначное соответствие
~ of documents соответствие документов
◊ to carry on ~ вести переписку
to enter into ~ вступать в переписку
to mail ~ отправлять корреспонденцию
to maintain ~ поддерживать переписку
CORRESPONDENT *n* корреспондент
foreign ~ иностранный корреспондент
newspaper ~ корреспондент газеты
special ~ специальный корреспондент
CORRUPT *adj* продажный; коррумпированный
CORRUPTION *n* продажность; коррупция
COSIGNATORY *n* одна из подписавшихся сторон; контрагент, участник в договоре
COSIGNER *n* сопоручитель
COSPONSORSHIP *n* совместное финансирование
COST *n* 1. цена; стоимость; себестоимость 2. *pl* расходы, издержки, затраты
accident ~s аварийные затраты, аварийные издержки
acquisition ~ покупная цена; стоимость приобретения
actual ~ 1) фактическая стоимость 2) *pl* фактические расходы
added ~ 1) дополнительная стоимость 2) *pl* дополнительные расходы
additional ~ 1) добавочная стоимость 2) *pl* дополнительные расходы

adjusted historical ~ восстановительная стоимость
administration ~s административные расходы, расходы по содержанию административного аппарата
administrative ~s управленческие расходы
administrative and operational services ~s расходы по административному и оперативному обслуживанию
advertising ~s расходы на рекламу
after ~s дополнительные расходы
after-shipment ~s расходы, возникающие после отправки груза
aggregate ~s совокупные издержки
agreed ~ договорная цена
airfreight ~ стоимость авиафрахта
allocable ~s фактические издержки
allowable ~s допустимые издержки
alternative ~s альтернативные издержки производства
amortization ~s амортизационные расходы
amortized ~ перенесенная стоимость
ancillary ~s дополнительные затраты
annual ~s годовые расходы
anticipated ~s прибавочные издержки
arbitration ~s арбитражные расходы
assembly ~s стоимость монтажа
assessed ~ оценочная стоимость
average ~ 1) удельная стоимость единицы продукции 2) pl средние расходы
average ~ per unit средние издержки на единицу продукции
avoidable ~s устранимые издержки
back-order ~s издержки из-за задалживания заказов
basic ~ 1) первоначальная стоимость 2) pl основные издержки
billed ~ фактурная стоимость
book ~ балансовая стоимость
borrowing ~ стоимость займа
break-even ~s издержки нулевой прибыли
budgeted ~s сметные издержки
building ~s расходы по строительству
burden ~s накладные расходы
calculated ~s сметные расходы
capacity ~s издержки, зависящие от уровня мощности производства
capital ~s затраты основного капитала, капитальные затраты
carriage ~s расходы на перевозку
carrying ~s 1) текущие расходы 2)

расходы по хранению нереализованных товаров
changeover ~s расходы перехода на производство новой модели
cleaning ~s расходы на уборку
clerical ~s конторские расходы
closing ~s расходы, связанные с передачей недвижимости от продавца к покупателю
collection ~s издержки по инкассо
combined ~ общие расходы
commercial ~ 1) коммерческая стоимость 2) торговые издержки
committed ~s фиксированные (постоянные) издержки
common staff ~s общие расходы по персоналу
comparative ~s сравнительные издержки
competitive ~s конкурентные издержки
competitive marginal ~s конкурентные предельные издержки
conditional ~ условная стоимость
consequential ~s аварийные расходы
constant ~ 1) постоянная стоимость 2) pl постоянные затраты
construction ~s затраты на строительство
contract ~ стоимость контракта
contractual ~s расходы по контрактам
controllable ~s регулируемые издержки
court ~s судебные издержки
crane ~s плата за пользование краном
credit ~s расходы по кредиту
cumulative ~s совокупные издержки
current ~s текущие издержки
current outlay ~s затраты наличных средств; текущие издержки
current standard ~ текущая норма издержек
cycle inventory ~s расходы на периодическое пополнение запасов
declining ~s снижающиеся издержки
decorating ~s расходы на художественно-оформительские работы
decreasing ~s снижающиеся издержки
defect ~s издержки из-за неисправности
deficiency ~s издержки, связанные с дефицитом
degressive ~s снижающиеся издержки
delivery ~s расходы по доставке
departmental ~s цеховые издержки
depleted ~ 1) остаточная стоимость 2)

pl издержки, оставшиеся после амортизационных отчислений
depreciable ~ амортизируемая стоимость
depreciated ~s издержки, остающиеся после амортизационных отчислений
depreciation ~s амортизационные расходы
designing ~s издержки по проектированию
deterioration ~s издержки за-за ухудшения показателей
development ~s издержки на разработку
differential ~s дополнительные издержки
direct ~s прямые расходы
direct labour ~s 1) прямые затраты труда 2) производственная зарплата
direct operating ~s прямые эксплуатационные расходы
direct payroll ~s производственная зарплата
discretionary fixed ~s дискреционные фиксированные расходы
dismantling ~s расходы на демонтаж
distribution ~s издержки обращения
downtime ~s издержки из-за простоя
economic ~s экономические издержки; оптимальные издержки
engineering ~s технические расходы
environmental ~s расходы, связанные с охраной окружающей среды
equipment capital ~s капитальные затраты на оборудование
erection ~s затраты на строительные работы
escapable ~s устранимые издержки
estimated ~s сметные расходы
evaluation ~ оценочная стоимость
excess ~ 1) сверхсметная стоимость 2) *pl* дополнительные расходы
excessive ~s чрезмерные расходы
exhibition ~s выставочные расходы
exploration ~s расходы на исследование
extra ~s дополнительные расходы
extra and extraordinary ~s дополнительные и чрезвычайные расходы
extraordinary ~s чрезвычайные расходы
fabrication ~ стоимость изготовления
factor ~ рыночная цена товара за вычетом всех непроизводственных издержек

factor ~s затраты на факторы производства
factory ~s производственные накладные расходы
failure ~s издержки из-за отказа в работе оборудования
farm production ~s издержки в сельскохозяйственном производстве
farmer's ~ цена производителя
farming ~s издержки в сельскохозяйственном производстве
feed ~s затраты на корма
fertilizing ~s затраты на внесение удобрений
final ~ конечная стоимость
financial ~s финансовые расходы
financing ~s издержки финансирования
first ~ фабричная цена; себестоимость
fixed ~s фиксированные расходы; постоянные издержки
flat ~ себестоимость
food ~s затраты на корма
freight ~s расходы по перевозке
fuel ~s расходы на топливо
full ~s полные издержки
general ~s общие расходы
guarantee ~s расходы по гарантийным обязательствам
harvesting ~s расходы по уборке урожая
haul ~s расходы на транспортировку
haulage ~s *см.* **haul** ~s
heavy ~s большие расходы
hidden ~s скрытые издержки
high ~ 1) высокая стоимость 2) *pl* большие расходы
hiring ~s расходы по найму рабочей силы
historical ~ первоначальная стоимость активов; цена приобретения
hospitality ~s представительские расходы
hotel ~s расходы на гостиницу
hourly ~s почасовые затраты
idle capacity ~s непроизводительные расходы
idle time ~s издержки из-за простоя
implicit ~s вмененные издержки
imputed ~s *см.* **implicit** ~s
incidental ~s побочные расходы
increasing ~s возрастающие издержки
incremental ~s дополнительные издержки
incremental ~s **of circulation** дополнительные издержки обращения

incremental ~s of service дополнительные издержки обслуживания
incurred ~s понесенные издержки
indirect ~s косвенные расходы
indirect labour ~s издержки на непроизводственную рабочую силу
indirect payroll ~s непроизводственная заработная плата
indirect production ~s накладные расходы производства
individual ~s одноэлементные затраты
industrial ~s издержки в промышленности
industry-average ~s среднеотраслевые издержки
initial ~ первоначальные затраты
inland freight ~ стоимость перевозки внутри страны
inspection ~s расходы по приемке
installation ~s 1) стоимость монтажа 2) затраты на монтажные работы
insurance ~s расходы по страхованию
intangible ~s издержки нематериального характера
integrated ~ суммарная стоимость
inventoriable ~s издержки производства
inventory ~ 1) стоимость товарно-материальных запасов 2) *pl* складские расходы
inventory acquisition ~s затраты на приобретение материалов
inventory possession ~s складские расходы
investigation ~s расходы на исследование
investment ~s затраты на капитальные вложения
invoice ~ фактурная стоимость
joint ~ 1) совместная стоимость 2) *pl* совместные затраты
labour ~s издержки на рабочую силу; расходы на зарплату
landed ~ цена импортного товара СИФ плюс все дополнительные издержки, включая таможенные сборы
launching ~s расходы на освоение новых видов продукции
layoff ~s затраты, связанные с увольнением
legal ~s судебные издержки
legitimate ~s допустимые издержки
life cycle ~s издержки за срок службы (изделия)
life repair ~ стоимость ремонта за полный срок эксплуатации

liquidation ~ ликвидационная стоимость
living ~s стоимость жизни
loading ~s погрузочные расходы
loan ~ стоимость займа
long-run average ~s средние долговременные издержки
long-run marginal ~s предельные затраты при изменении технологии
low ~s низкая себестоимость
lumpsum ~s единовременные затраты
machining ~ стоимость обработки
maintenance ~s эксплуатационные расходы; расходы на техническое обслуживание и текущий ремонт
maintenance-and-repair ~s расходы на поддержание оборудования в работоспособном состоянии
management ~s произвольные издержки, связанные с решением руководства
man-power ~ 1) стоимость рабочей силы 2) *pl* расходы, связанные с затратой труда работников
manufacturing ~ 1) заводская себестоимость 2) *pl* издержки производства
marginal ~s предельные издержки
marginal-factor ~s предельные издержки, связанные с приобретением
maritime ~s расходы на морскую транспортировку
marketing ~s издержки сбыта
material ~s материальные затраты
material handling ~s общие затраты материалов
merchandising ~s издержки сбыта
miscellaneous ~s прочие расходы
mixed ~ смешанная стоимость
mounting ~s стоимость монтажа
net ~ чистая стоимость
nominal ~ нарицательная стоимость
nonmanufacturing ~s непроизводственные издержки
obsolescence ~s издержки на моральный износ
one-off ~s of acquiring land, buildings and equipment суммарные расходы на приобретение земельного участка, зданий и оборудования
one-shot ~s единовременные расходы
operating ~s эксплуатационные расходы
operation ~s издержки производства
operational ~s *см.* operation ~s
opportunity ~s 1) издержки в результате принятого альтернативного курса

COS

2) потери прибыли в результате неиспользования альтернативного курса
order ~ стоимость выполнения заказа
ordering ~ *см.* order ~
order initiation ~ стоимость подачи заказа
ordinary ~s обыкновенные расходы
organization ~s организационные расходы
organizational ~s *см.* organization ~s
original ~ первоначальная стоимость
original ~ **of the assets** первоначальная стоимость активов
out-of-pocket ~s 1) прямые издержки 2) издержки, связанные с наличными выплатами
overall ~ полная стоимость
overhead ~s накладные расходы
overtime ~s затраты на сверхурочную работу
own ~s себестоимость
owning ~s издержки владения
packaging ~ стоимость упаковки
packing ~ *см.* packaging ~
past ~s прошлые издержки
past sunk ~s произведенные издержки
payroll ~ 1) стоимость рабочей силы 2) *pl* расходы на рабочую силу
penalty ~ 1) убыток 2) *pl* расходы по устранению дефектов
period ~s расходы определенного периода
piece ~s издержки на единицу продукции
planned ~s плановые затраты
postponable ~s издержки, которые могут быть отложены
predetermined ~s нормативные издержки
preproduction ~s расходы на освоение и подготовку производства
prime ~ себестоимость
processing ~s расходы на обработку
procurement ~s затраты на материально-техническое снабжение
product ~ себестоимость продукции
production ~s издержки производства
progress-generating ~s затраты, способствующие повышению эффективности производства
progressive ~s прогрессивные расходы
prohibitive ~s чрезмерно высокие издержки
project ~s проектные расходы
projected ~s запланированные расходы
publicity ~ s затраты на рекламу

COS

purchase ~s затраты на приобретение
purchasing ~s *см.* purchase ~s
pure ~s **of circulation** чистые издержки обращения
quality ~s затраты на обеспечение качества
quality-inspection ~s затраты на проверку качества
real ~ 1) чистая стоимость 2) *pl* издержки производства в натуральном исчислении
recoverable ~ остаточная стоимость
recurring ~s периодические затраты
reduction ~s 1) снижение себестоимости 2) уменьшение издержек
reimbursable ~ рамбурсированная стоимость
relative ~ относительная стоимость
relevant ~s издержки будущего периода
removal ~s расходы по вывозу; расходы по ликвидации объекта
renewal ~ стоимость замены
reoperating ~s расходы на переделку, издержки на исправление брака
reoperation ~s *см.* reoperating ~s
reorder ~ стоимость повторного заказа
repair ~s расходы на ремонт
replacement ~ восстановительная стоимость
replacement depreciation ~ износ, начисленный по восстановительной стоимости
replenishment ~ стоимость пополнения запасов
reproduction ~ 1) полная восстановительная стоимость 2) *pl* затраты на воспроизводство
research ~s расходы на исследовательские работы
reservation ~s затраты на предварительный заказ (*билетов, мест и т. п.*)
rework ~s издержки на исправление брака
rising ~s растущие расходы
road maintenance ~s затраты на дорожные работы
running ~s эксплуатационные расходы; производственные затраты
run-on ~s дополнительные расходы
salvage ~ 1) ликвидационная стоимость 2) *pl* расходы по спасению
scheduled ~s плановые затраты
scrap ~ стоимость забракованной продукции

selling ~s торговые издержки
semi-variable ~s полупеременные издержки
service ~s расходы на обслуживание
setting-up ~s издержки на наладочные работы
setup ~s издержки на оформление заказов
shadow ~s скрытые затраты
shelter ~s складские расходы
shipping ~s расходы на транспортировку
shortage ~s издержки, связанные с дефицитом
single ~ 1) себестоимость единицы продукции 2) pl издержки производства на единицу продукции
social ~s расходы на общественные нужды
social marginal ~s общественные предельные издержки
sorting ~s расходы на рассортировку
special ~s дополнительные расходы
specification ~s нормативные затраты
spoilage ~s издержки вследствие брака или порчи продукции
staff ~s расходы по персоналу
stand ~s расходы на содержание выставочного стенда
standard ~s нормативные затраты
standard direct labour ~s нормативные прямые трудовые затраты
standard direct materials ~ норматив основных материальных затрат
standard factory overhead ~ норматив заводских накладных расходов
standing ~s постоянные затраты
start-up ~s издержки освоения нового производства
stocking ~ стоимость запасов
stockout ~s издержки из-за дефицита
storage ~s затраты на хранение
sunk ~s невозвратные издержки; неокупаемые капиталовложения
supervision ~s расходы на контроль
supplementary ~s косвенные издержки; дополнительные расходы
tangible ~s издержки материального характера
target ~ 1) плановая стоимость 2) pl плановые затраты
tentative ~ ориентировочная стоимость
total ~ 1) полная себестоимость 2) pl совокупные расходы
training ~ 1) стоимость обучения 2) pl расходы на обучение

transfer ~s расходы на транспортировку
transhipment ~s расходы по перевалке
transport ~s транспортные расходы
transportation ~s см. transport ~s
travel ~s дорожные расходы, путевые расходы
travelling ~s см. travel ~s
trim ~s расходы на укладку груза (в трюме)
true ~ 1) истинная себестоимость 2) pl действительные издержки
trust ~ стоимость доверительных услуг
unamortized ~ чистый капитал
unavoidable ~s постоянные издержки
underwriting ~ стоимость подписки на ценные бумаги
unit ~ 1) себестоимость единицы продукции 2) pl издержки производства на единицу продукции
unloading ~s расходы по разгрузке
unrecovered ~ остаточная стоимость
unscheduled ~s внеплановые затраты, сверхплановые расходы
upkeep ~s эксплуатационные расходы
upward ~s растущие расходы
utility's ~s расходы на коммунальные услуги
variable ~s переменные издержки
variable capital ~s затраты переменного капитала
wage ~s издержки на зарплату
war ~s военные расходы
warehousing ~s складские расходы
welfare ~s социально-культурные расходы
wintering ~s расходы на зимнее содержание скота
working ~ 1) стоимость обработки 2) pl эксплуатационные расходы
~s for bunker расходы на бункеровку
~s for storing расходы на хранение
~s of administration расходы по содержанию администрации, административные расходы
~ of appraisal оценочная стоимость
~ of arbitration 1) стоимость арбитража 2) pl расходы по арбитражу
~ of borrowing стоимость займа (кредита)
~ of boxing стоимость упаковки в ящики
~ of bunker стоимость бункера
~ of capital стоимость капитала
~ of capital deeping затраты на интенсивное увеличение капитала

~ of carriage стоимость перевозки
~ of carry бирж. 1) стоимость удерживания товара 2) *pl* издержки по поддержанию инвестиционной позиции
~ of carrying inventory издержки хранения товарно-материальных запасов
~ of civil engineering work стоимость выполнения строительных работ
~ of congestion стоимость транспортной перегрузки
~ of construction стоимость строительства
~ of a contract стоимость контракта
~ of credit стоимость кредита
~ of delivery стоимость доставки
~ of demonstration стоимость демонстрации (показа)
~ of discounting стоимость учета
~ of education стоимость образования
~ of equipment стоимость оборудования
~ of filing стоимость подачи заявки
~ of financing стоимость финансирования
~ of fixed capital стоимость основного капитала
~ of goods стоимость товара
~ of haulage плата за перевозку (за доставку)
~ of hotel accommodation плата за гостиницу
~s of idleness издержки из-за простоя
~ of installation стоимость монтажа
~ of insurance стоимость страхования
~s of inventory расходы на проведение инвентаризации, инвентаризационные расходы
~ of labour стоимость труда
~ of a license стоимость лицензии
~ of living стоимость жизни
~ of manpower стоимость рабочей силы
~ of manufacture стоимость изготовления, стоимость производства
~ of manufacturing *см.* ~ of manufacture
~s of material стоимость материала
~s of material inputs стоимость материальных затрат
~ of obtaining funds расходы, связанные с получением финансирования
~s of operations производственные затраты
~ of an order стоимость заказа
~ of packaging стоимость упаковки
~ of packing *см.* ~ of packaging

~ of postage стоимость пересылки по почте
~s of production издержки производства; затраты на производство
~ of product sold стоимость проданного товара
~ of a project стоимость проекта
~ of publication стоимость публикации
~ of reclamation стоимость мелиорации
~ of reinsurance стоимость перестрахования
~s of reliability затраты на обеспечение надежности
~ of renting стоимость аренды
~s of routine maintenance расходы по текущему ремонту
~s of sales издержки реализации
~ of scrap стоимость отходов
~ of service стоимость обслуживания; стоимость услуг
~ of servicing *см.* ~ of service
~s of shipping стоимость перевозки
~ of a suit стоимость иска
~s of supervision расходы на надзор
~ of tare стоимость тары
~s of trackage *ж.-д.* расходы по перевозке
~s of transportation расходы по перевозке
~ of work стоимость работ
◇ above ~ выше себестоимости
at ~ по себестоимости
at extra ~ за особую плату
below ~ ниже себестоимости
less ~s за вычетом издержек
next to ~ почти по себестоимости
under ~ ниже себестоимости
with ~s включая расходы
without regard to ~ не принимая во внимание расходы
exclusive of ~s исключая издержки
free of ~ бесплатно
~ or market, whichever is lower оценка складских запасов на базе стоимости при покупке или текущей рыночной стоимости, в зависимости от того, какая из них меньше
to absorb ~s покрывать расходы
to assess ~s оценивать расходы
to assume ~s принимать на себя расходы
to award ~s against smb. присуждать кому-л. судебные издержки
to bear ~s нести расходы

to calculate ~s калькулировать расходы; подсчитывать затраты
to charge ~ ставить в счет издержки
to compute the ~ вычислять стоимость
to cover the ~ покрывать стоимость
to curtail ~s сокращать расходы
to cut down ~s *см.* to curtail ~s
to cut production ~s снижать себестоимость продукции
to decrease the ~ снижать стоимость
to defray the ~s оплачивать расходы
to determine the ~ оценивать стоимость
to entail ~s повлечь расходы
to estimate ~s оценивать расходы
to exceed the ~ превышать стоимость
to impose ~s обязывать оплатить расходы
to increase ~ повышать стоимость
to incur ~s нести расходы
to inflict economic and social ~s повлечь экономические и социальные издержки
to involve ~s повлечь расходы
to itemize ~s распределять расходы
to keep down ~s не увеличивать расходы
to meet the ~ покрывать стоимость
to offset the ~s возмещать затраты
to prune away ~s снижать расходы, наводить экономию
to recompense the ~ возмещать стоимость
to recoup the ~ *см.* to recompense the ~
to recover ~s взыскивать издержки
to reduce ~s снижать расходы
to refund the ~ возвращать стоимость
to revise the ~ пересматривать стоимость
to save ~s экономить расходы
to share the ~ разделять затраты
to split up the ~ делить расходы
to write off capital ~s списывать капитальные затраты

COST *v* 1. стоить 2. назначать цену, расценивать
COST-CONSCIOUS *adj* понимающий значение издержек; осознающий значение бережливости
COST-EFFECTIVE *adj* с наименьшими затратами
COST-EFFECTIVENESS *n* эффективность затрат
COSTING *n* калькуляция себестоимости
absorption ~ калькуляция стоимости с полным распределением затрат
batch ~ 1) попартионная калькуляция издержек 2) калькуляция издержек с целью определения оптимального с точки зрения прибыльности количества изделий
conventional ~ калькуляция стоимости с полным распределением затрат
historical ~ калькуляция по прошлым издержкам
marginal ~ калькуляция стоимости по прямым издержкам
material ~ установление материальных затрат
process ~ калькуляция издержек производства по процессам
product ~ калькуляция себестоимости продукта
responsibility ~ составление сметы расходов по определенной сфере деятельности
terminal ~ *бухг.* калькуляция стоимости строительных и инженерных контрактов
~ of purchases смета закупок

COST-PLUS *n* издержки-плюс (*прибыль как процент сверх издержек*)
COST-PUSH *n* рост издержек производства
COSURETY *n* сопоручитель
COTENANCY *n* соаренда
COTENANT *n* соарендатор
COTENURE *n* совместное владение недвижимостью, землей
COUNCIL *n* 1. совет 2. совещание
administrative ~ административный совет
advisory ~ совет
borough ~ городской совет (*небольшого городка*)
city ~ муниципалитет
common ~ городской совет; общинный совет
county ~ *англ.* совет графства
district ~ районный совет
Economic and Social C. Экономический и социальный совет
joint industrial ~ объединенный производственный совет
local ~ местный совет
municipal ~ муниципальный совет
research ~ научный совет
Security C. Совет безопасности
supervisory ~ наблюдательный совет
town ~ городской совет

Wages C. *брит.* Совет по заработной плате
Whitley Councils *брит.* Советы Уитли (*отраслевые советы рабочих и предпринимателей*)
works ~ экономический комитет
COUNCILLOR *n* член совета; советник
borough ~ член городского совета
county ~ член совета графства
town ~ член городского совета
COUNSEL *n* 1. обсуждение, совещание 2. *юр.* адвокат; юрисконсульт
corporation ~ *амер.* юрисконсульт корпорации
defense ~ защитник (*в суде*)
patent ~ патентный поверенный
public relations ~ консультант по вопросам связи с общественностью
tax ~ советник по вопросам налогообложения
~ for the defense защитник (*в суде*)
~ for the plaintiff адвокат со стороны истца
COUNSELLOR *n* 1. советник 2. адвокат; защитник
commercial ~ коммерческий советник
investment ~ консультант по инвестированию
job ~ специалист по профессиональной ориентации
trade ~ торговый советник
vocational ~ консультант по выбору профессии
~ of the embassy советник посольства
COUNT *n* 1. счет; подсчет 2. *юр.* пункт обвинения или искового заявления
population ~ перепись населения
stock ~s инвентаризация запасов
COUNT *v* 1. считать; подсчитывать 2. считать, полагать
COUNTER *n* прилавок (*в магазине*); стойка
bargain ~ длинный стол в магазинах, где покупатель сам может выбрать дешевые товары
check-out ~ контрольно-кассовый пункт (*в магазине самообслуживания*)
information ~ стол информации
paying ~ расходная касса
shop ~ прилавок
over the ~ через брокера; на внебиржевом рынке
COUNTERCLAIM *n* встречный иск; встречное требование

◇ to advance a ~ выдвигать встречное требование
to file a ~ заявлять встречный иск
to make a ~ предъявлять иск
to meet a ~ удовлетворять встречное требование
to reject a ~ отклонять встречное требование
to repudiate a ~ *см.* to reject a ~
to satisfy a ~ удовлетворять встречное требование
COUNTERFEIT *adj* поддельный, подложный
COUNTERFEITING *n* 1. подделка 2. контрафакция
COUNTERFOIL *n* корешок (*чека, квитанции*); талон
cheque ~ корешок чека
COUNTER-INSURANCE *n* перестрахование
COUNTERMAND *n* отмена, аннулирование
~ of an order отмена заказа
COUNTERMAND *v* отменить приказ клиента биржевому брокеру
COUNTER-MEASURE *n* контрмера
COUNTEROFFER *n* контрпредложение, контроферта
COUNTERPART *n* 1. копия; дубликат 2. контрагент
COUNTERPARTY *n* *юр.* противная сторона
COUNTERPROPOSAL *n* контрпредложение
COUNTER-PURCHASE *n* встречная закупка
COUNTERSALE *n* встречная продажа
COUNTERSIGN *v* контрассигновать, скреплять подписью; ставить вторую подпись (*на документе*)
COUNTERSIGNATORY *n* *юр.* контрассигнант
COUNTERSIGNATURE *n* *юр.* подпись в порядке контрассигнования
COUNTER-STATEMENT *n* возражение по протесту
COUNTERSTOCK *n* подклейка, аллонж
COUNTERSURETY *n* обратное поручительство
COUNTERTRADE *n* встречная торговля
COUNTERTALLY *n* талон
COUNTERVAIL *v* компенсировать, уравновешивать
COUNTERVALUE *n* эквивалент
COUNTING *n* счет
double ~ двойной счет

COUNTR|Y *n* 1. страна 2. родина, отечество 3. местность, территория
agrarian ~ аграрная страна
agricultural ~ сельскохозяйственный район
backward ~ отсталая страна
borrowing ~ страна-заемщик
Commonwealth ~ *брит.* страна-член Британского Содружества
creditor ~ страна-кредитор
debtor ~ страна-должник
exhibiting ~ страна-участник выставки
exporting ~ страна-экспортер
foreign ~ зарубежная страна
home ~ родина, отечество
host ~ страна-устроитель
importing ~ страна-импортер
industrial ~ промышленная страна
industrialized ~ *см.* industrial ~
industrially advanced ~ промышленно развитая страна
lending ~ страна-кредитор
manufacturing ~ страна-изготовитель
maritime ~ приморский край; прибрежная местность
member ~ страна-участник
overseas ~ies заокеанские страны
participating ~ страна-участник
primary producing ~ сырьевая страна
processing ~ страна с развитой обрабатывающей промышленностью
producer ~ страна-продуцент
producing ~ страна-изготовитель
purchasing ~ страна-покупатель
raw material producing ~ сырьевая страна
supplying ~ страна-поставщик
transit ~ страна транзита
~ of birth родина
~ of destination страна назначения
~ of dispatch страна отправления
~ of exportation страна экспорта
~ of exports *см.* ~ of exportation
~ of importation страна импорта
~ of issue страна-эмитент
~ of manufacture страна-изготовитель
~ of origin страна происхождения
~ of production страна-производитель
COUNTRYSIDE *n* сельская местность
COUNTY *n* графство
administrative ~ графство как административная единица
COUPON *n* купон; отрывной талон
bond ~ облигационный купон
bond interest ~ купон к облигации на выплату процентов
dividend ~ купон на получение дивиденда
interest ~ процентный купон
long ~ 1) купонный доход 2) облигация сроком свыше 10-15 лет
matured ~ купон, по которому наступил срок платежа
premium ~ *амер.* премиальный купон
reply ~ квитанция на почтовое отправление с оплаченным ответом
unmatured ~ купон, по которому срок платежа еще не наступил
zero ~ нулевой купон
◇ cum ~ с купоном
to cash a ~ получать деньги по купону
to detach a ~ отрывать купон
COURIER *n* курьер, посыльный; нарочный
diplomatic ~ дипломатический курьер
COURSE *n* 1. курс, направление 2. ход, течение 3. курс обучения 4. курс валюты 5. линия поведения 6. *pl* курсы
adult education ~s курсы для взрослых
advanced ~ продвинутый курс
basic ~ основной курс (*лекций*)
beginner's ~ курс для начинающих
complete ~ полный курс
compulsory ~ обязательный курс
condensed ~ ускоренный курс
crash ~ *см.* condensed ~
full ~ полный курс
initial ~ начальный курс
management training ~ курс обучения для менеджеров
postgraduate ~s аспирантура
programmed instruction ~ программированный курс обучения
refresher ~ курс переподготовки
sandwich ~ курс технического обучения, состоящий из лекционных занятий и практики на предприятии
training ~ курс обучения
~ of business ход дела
~ of business cycle ход экономического цикла
~ of commerce развитие торговли
~ of instruction ход обучения
~ of lectures курс лекций
~ of manufacture ход производственного процесса
~ of studies курс обучения
~ of trade развитие торговли
~ of training курс обучения
◇ to attend a ~ посещать курс
to enroll for a ~ записываться на курс

COU

to hold a ~ вести курс
to set up a ~ организовывать курс
to take a ~ заниматься на курсе
COURT *n* 1. суд 2. двор; площадка
Admiralty C. подразделение Верховного Суда, рассматривающее дела по морским судам и происшествиям
arbitral ~ арбитражный суд
arbitration ~ *см.* arbitral ~
bankruptcy ~ суд по делам о несостоятельности
civil ~ гражданский суд
commercial ~ коммерческий суд
High C. of Justice *брит.* Высокий суд правосудия
industrial ~ промышленный суд
International C. of Justice Международный суд (*в системе ООН*)
labour ~ *амер.* суд по трудовым вопросам
law ~ общий суд
maritime ~ морской суд
motor ~ *амер.* мотель
ordinary ~ общий суд
patent ~ патентный суд
Permanent C. of Arbitration Постоянная палата третейского суда
probate ~ суд по делам о наследствах
Supreme C. Верховный суд
Supreme C. of Judicature *брит.* Верховный суд
Tax C. of the USA Налоговый суд США
trial ~ *амер.* суд первой инстанции
C. of Appeal апелляционный суд
~ of appellate jurisdiction *см.* C. of Appeal
~ of arbitration арбитражный суд
~ of cassation кассационный суд
~ of common law суд общего права
C. of Common Pleas суд общегражданских исков
~ of first instance суд первой инстанции
~ of inquiry следственная комиссия
~ of justice суд, судебный орган
~ of last resort суд последней инстанции
~ of law суд, действующий по нормам статутного или общего права
◊ to apply to ~ обращаться в суд
to bring smb into ~ привлекать кого-л. к суду
to testify before a ~ выступать в суде в качестве свидетеля
COURTAGE *n* куртаж, комиссия

COV

COURTESY *adj* бесплатный
COVARIANCE *n* ковариация
population ~ ковариация совокупности
trend ~ ковариация тренда
COVENANT *n* 1. соглашение, договор; договор за печатью 2. условие или статья договора 3. обязательство, вытекающее из договора
financial ~ условие договора, обязывающее заемщика поддерживать некоторые финансовые показатели
negative ~ условие договора, которое ограничивает возможность одной из сторон предпринять определенное действие
particular ~s особые условия, особые обязательства
positive ~ условие договора, обязывающее стороны к выполнению определенных действий
protective ~s защитные условия в кредитном соглашении
restrictive ~ условие договора, которое ограничивает возможность одной из сторон предпринять определенные действия
COVER *n* 1. уплата, покрытие 2. страхование; страховка 3. крышка, обертка; чехол 4. конверт
additional ~ дополнительное обеспечение
adequate ~ достаточное покрытие, достаточное обеспечение
air-tight ~ воздухонепроницаемое покрытие
assets ~ покрытие активами задолженности фирмы
canvas ~ брезентовое покрытие
cash ~ денежное обеспечение
dividend ~ дивидендное покрытие
extended ~ расширенное страхование
financial ~ условие в финансовом соглашении, обязывающее заемщика поддерживать некоторые финансовые показатели
foreign exchange ~ валютное покрытие
forest ~ лесонасаждения
forward ~ срочное покрытие валютного риска
full ~ полное покрытие
gold ~ покрытие золотом
grass ~ травяной покров
inadequate ~ недостаточное покрытие
insurance ~ объем страховой ответственности
life ~ страхование жизни

nonmarine ~ неморское страхование
open ~ открытый полис
patent ~ патентное обеспечение
provisional ~ предварительное покрытие
registered ~ заказное письмо
requisite ~ требуемое покрытие
tarpaulin ~ брезентовое покрытие
watertight ~ водонепроницаемое покрытие
~ for a debt покрытие долга
~ of assurance резервный капитал для покрытия
~ of credit обеспечение кредита
~ of a letter of credit покрытие аккредитива
~ of money обеспечение денег
~ of notes обеспечение банкнот
~ on risks страхование рисков
◇ to furnish ~ предоставлять страхование
to provide with ~ предоставлять покрытие
COVER v 1. покрывать, обеспечивать денежное покрытие 2. страховать 3. покрывать, накрывать
◇ covered by бухг. оплаченный, покрытый за счет
to be held covered быть застрахованным
~ up обшивать (о посылке, грузе)
COVERAGE n 1. покрытие, оплата; обеспечение 2. общая сумма риска, покрытая договором страхования 3. охват 4. зона действия
adequate ~ достаточное покрытие
assets ~ покрытие активами задолженности фирмы
complete ~ полное покрытие
gold ~ покрытие золотом наличного денежного обращения
inadequate ~ недостаточное покрытие
insurance ~ страховое покрытие
interest ~ процентное покрытие
land ~ территория, занятая сооружениями
manpower ~ обеспечение рабочей силой
medical payments ~ страхование от несчастных случаев пассажиров автотранспорта
world-wide ~ пункт в страховом полисе, который обеспечивает страхование в любом месте земного шара
COVERING n покрытие

bear ~ обратная покупка «медведями» товаров, валюты и ценных бумаг
cloth ~ парусиновая обшивка
metal ~ металлическая обшивка
outer ~ наружное покрытие
plastic ~ пленочное покрытие
plywood ~ фанерная обшивка
short ~ покрытие краткосрочных обязательств
~ of the balance погашение накопившегося сальдо
~ of expenses покрытие расходов
CRACK n трещина
CRAFT n 1. ремесло 2. промысел 3. судно
artistic ~s художественные ремесла
domestic ~ кустарный промысел
marine ~ морское судно
river ~ речное судно
rural ~s сельские ремесла
CRAFTSMAN n ремесленник; мастер
CRANAGE n крановый сбор, плата за пользование краном
CRANE n кран
breakdown ~ аварийный кран
bridge ~ мостовой кран
charging ~ загрузочный кран
container ~ контейнерный кран
dock ~ доковый кран
emergency ~ аварийный кран
erecting ~ монтажный кран
floating ~ плавучий кран
frame ~ портальный кран
gantry ~ см. frame ~
harbour ~ береговой кран
hoisting ~ подъемный кран
lifting ~ грузоподъемный кран
loading ~ загрузочный кран
mobile ~ передвижной кран
overhead travelling ~ мостовой кран
portal ~ портальный кран
quay ~ береговой кран
wrecking ~ аварийный кран
CRASH n 1. авария 2. крах, банкротство
bank ~ банкротство банка
economic ~ экономический крах
stock market ~ крах фондовой биржи
CRAATE n упаковочная клеть или корзина; обрешетка
battened ~ досчатая обрешетка
bulky ~ громоздкая упаковочная клеть
collapsible ~ разборная обрешетка
returnable ~ многооборотная обрешетка
wooden ~ деревянная клеть

~ on a skid обрешетка на салазках
CRATING *n* упаковка в ящики
CREATE *v* создавать
CREATION *n* создание
  debt ~ создание задолженности
  demand ~ создание спроса
  work ~ создание рабочих мест
  ~ of a corporation создание корпорации
  ~ of credit кредитование
  ~ of currency создание платежных средств
  ~ of demand создание спроса
  ~ of money денежная эмиссия
  ~ of a mortgage передача в залог
  ~ of new materials создание новых материалов
  ~ of new resources создание новых ресурсов
  ~ of reserves создание резервов
CREATIVE *adj* творческий
CREATIVITY *n* творческая способность, творческая жилка
CRÈCHE *n* детские ясли
CREDENTIALS *n pl* **1.** мандат; удостоверение личности **2.** верительные грамоты **3.** рекомендательное письмо
  ◇ to present ~ представить удостоверение личности
CREDIT *n* **1.** кредит **2.** *бухг.* кредит, правая сторона счета **3.** аккредитив **4.** доверие
  acceptance ~ акцептный кредит
  accommodation ~ кредит для покрытия временной потребности в средствах
  agricultural ~ сельскохозяйственный кредит
  assignment ~ кредит, предоставленный на базе переуступки требования
  averaged rate ~ кредит по усредненной ставке
  back-to-back ~ компенсационный кредит
  bank ~ банковский кредит
  banker's ~ *см.* bank ~
  banking ~ *см.* bank ~
  blank ~ бланковый кредит
  blocked ~ блокированный кредит
  book ~ коммерческий кредит в форме открытого счета
  bridging ~ кредит на временные нужды
  buyer ~ кредит покупателю
  cash ~ кредит в наличной форме
  clean ~ бланковый кредит

  clearing ~ технический кредит (*по клирингу*)
  collateral ~ ломбардный кредит; кредит, под обеспечение легко реализуемых ценностей
  commercial ~ коммерческий кредит
  commercial bank ~ коммерческий банковский кредит
  commercial documentary ~ документарный товарный аккредитив
  commodity ~ подтоварный кредит
  company ~ фирменный кредит
  consumer ~ потребительский кредит
  countervailing ~ компенсационный кредит
  currency ~ валютный кредит
  current account ~ контокоррентный кредит
  deferred ~ отсроченный кредит
  direct ~ прямой кредит
  discount ~ дисконтный кредит
  documentary ~ документарный кредит
  dollar ~ кредит в долларах
  draft ~ кредит в форме тратты
  drawing ~ *см.* draft ~
  evergreen ~ возобновляемый кредит
  export ~ экспортный кредит
  exporter's ~ кредит экспортера
  export promotion ~ кредит для содействия экспорту
  extended ~ пролонгированный кредит
  external ~ внешний кредит
  external trade ~ внешнеторговый кредит
  farm ~ сельскохозяйственный кредит
  financial ~ финансовый кредит
  fixed ~ кредит на финансированную сумму
  frozen ~ блокированный кредит
  global ~ лимит кредита
  government ~ государственный кредит
  guarantee ~ кредит с гарантией, гарантийный кредит
  import ~ импортный кредит, кредит на импорт
  importer's ~ кредит импортера
  import promotion ~ кредит для содействия импорту
  individual ~ отдельный кредит
  industrial ~ промышленный кредит
  instalment ~ кредит с погашением в рассрочку
  insurer's ~ кредит страховщика
  intergovernmental ~ межгосударственный кредит

interim ~ *амер.* промежуточный займ
intermediate-term ~ среднесрочный кредит
interstate ~ межгосударственный кредит
investment ~ инвестиционный кредит
irrevocable ~ безотзывный аккредитив
limited ~ ограниченный кредит
lombard ~ ломбардный кредит
long-term ~ долгосрочный кредит
low-interest ~ дешевый кредит
margin ~ кредит по операциям с маржей
marginal ~ предельный кредит
maximum ~ максимальный кредит
medium-term ~ среднесрочный кредит
mercantile ~ торговый кредит
mixed ~ смешанный кредит
monetary ~ денежный кредит
mortgage ~ ипотечный кредит
mutual ~ взаимный кредит
noninstalment ~ кредит с разовым погашением, разовый кредит
noninterest bearing ~ беспроцентный кредит
on-call ~ онкольный кредит
open ~ бланковый кредит
open account ~ кредит по открытому счету
overdue ~ просроченный кредит
packing ~ аккредитив для оплаты неотгруженных товаров
paper ~ вексельный кредит
personal ~ индивидуальный заем
preferential ~ льготный кредит
public ~ государственный кредит
reciprocal ~s взаимные кредиты
rediscount ~ кредит в форме переучета; *амер.* кредит в форме учета
refinance ~ *брит.* кредит иностранному покупателю, открываемый в отделении иностранного банка в Лондоне
reimbursement ~ акцептно-рамбурсный кредит
reserve ~ резервный кредит
retail ~ кредит розничной торговле
revocable ~ отзывный кредит
revolving ~ автоматически возобновляемый кредит
rollover ~ ролловер кредит (*кредит, с периодически пересматриваемой процентной ставкой*)
rural ~ сельскохозяйственный кредит
secondary ~ вторая часть аккредитива
secured ~ обеспеченный кредит

self-liquidating ~ самоликвидирующийся кредит
shaky ~ сомнительный кредит
short-term ~ краткосрочный кредит
social ~ социальный кредит
soft ~ льготный кредит
standby ~ резервный кредит
starting ~ начальный кредит
state ~ государственный кредит
state-guaranteed ~ государственный кредит с гарантией
sterling ~ кредит в фунтах стерлингов
supermarginal ~ кредит сверх установленного лимита
supplier's ~ кредит поставщика
swing ~ свинговый кредит
syndicate ~ кредит, предоставленный консорциумом банков
tax ~ налоговая скидка; отсрочка уплаты налога
temporary ~ промежуточный заем
term ~ срочный кредит
tied ~ связанный кредит; целевой кредит
tight ~ стесненный кредит
total ~ сумма кредита
trade ~ торговый кредит
uncovered ~ необеспеченный кредит
unlimited ~ неограниченный кредит
unsecured ~ необеспеченный кредит
unused ~ неиспользованный кредит
used ~ использованный кредит
usurer's ~ ростовщический кредит
working ~ кредит предприятия
~ **against goods** подтоварный кредит
~ **against securities** кредит под ценные бумаги
~ **against shipped goods** кредит под отгруженные товары
~ **at the bank** кредит в банке
~ **for dependents** *амер.* минимальная сумма кредита для членов семьи, не облагаемая налогом
~ **in foreign currency** кредит в иностранной валюте
~ **in kind** кредит в натуральной форме
~ **on easy terms** кредит на льготных условиях
~ **on favourable terms** *см.* ~ **on easy terms**
~ **on goods** кредит под товар, товарный кредит
~ **on landed property** кредит под земельную собственность
~ **on mortgage** кредит под недвижимость, ипотечный кредит

~ on property *см.* ~ on mortgage
~ on real estate *см.* ~ on mortgage
~ on real property *см.* ~ on mortgage
~ on securities кредит под ценные бумаги
~ with the bank кредит в банке
◊ ~ and debit кредит и дебет
against ~ в счет кредита
on ~ в кредит
under ~ на основании кредита
to advance a ~ предоставлять кредит
to allot a ~ предоставлять кредит; распределять кредиты
to allow a ~ предоставлять кредит
to apply for a ~ обращаться за кредитом
to arrange a ~ договориться о предоставлении кредита
to block a ~ блокировать кредит
to buy on ~ покупать в кредит
to call in a ~ погашать кредит
to cancel a ~ *см.* to call in a ~
to clear the ~ производить расчет по кредиту
to draw a ~ использовать кредит
to establish a ~ открывать кредит
to exceed the ~ превышать кредит
to extend a ~ продлевать кредит
to freeze a ~ блокировать кредит
to furnish a ~ предоставлять кредит
to give a ~ *см.* to furnish a ~
to grant a ~ выделять кредит
to lend a ~ предоставлять кредит
to lodge a ~ открывать кредит
to obtain a ~ получать кредит
to open a ~ открывать кредит
to prolong a ~ продлевать срок действия кредита
to provide a ~ предоставлять кредит
to redeem a ~ погашать кредит
to refuse ~ отказывать в кредите
to reimburse a ~ погашать кредит
to reject ~ отказывать в кредите
to renew a ~ возобновлять кредит
to repay a ~ погашать кредит
to resume a ~ возобновлять кредит
to sell on ~ продавать в кредит
to supply a ~ предоставлять кредит
to suspend ~ прекращать кредитование
to take on ~ покупать в кредит
to tighten ~ сдерживать рост кредитов
to use a ~ использовать кредит
to utilize a ~ *см.* to use a ~
to withdraw a ~ закрывать кредит

CREDIT *v* кредитовать счет; записать (*сумму*) в кредит счета
CREDITABILITY *n* кредитоспособность
CREDITING *n* кредитование; зачисление на счет
 bank ~ банковское кредитование
 currency ~ валютное кредитование
 direct ~ прямое кредитование
 fixed-date ~ срочное кредитование
 foreign trade ~ кредитование внешней торговли
 long-term ~ долгосрочное кредитование
 medium-term ~ среднесрочное кредитование
 mutual ~ взаимное кредитование
 purpose-oriented ~ целевое кредитование
 reciprocal ~ взаимное кредитование
 short-term ~ краткосрочное кредитование
 swing ~ предел взаимного кредитования
 target-oriented ~ целевое кредитование
 ~ of industry кредитование промышленности
 ~ of operations кредитование операций
 ~ of trade кредитование торговли
 ◊ ~ an amount to an account зачисление в кредит счета
 ~ an account with an amount *см.* ~ an amount to an account
 to restrict ~ ограничивать кредитование
 to suspend ~ прекращать кредитование

CREDIT-NOTE *n* кредит-нота
CREDITOR *n* кредитор, заимодавец
 acceptance ~ акцептный кредитор
 bankruptcy ~ кредитор банкрота
 bankrupt's ~ *см.* bankruptcy ~
 bill ~ кредитор по векселю
 bond ~ кредитор по долговому или денежному обязательству
 book ~ кредитор по расчетной книге
 equally ranking ~s кредиторы с равными правами требования
 general ~ генеральный кредитор
 joint ~ совокупный кредитор
 judgement ~ кредитор по постановлению суда
 long-term ~ кредитор, предоставляющий долгосрочный кредит
 mortgage ~ кредитор по ипотеке

CRE

ordinary ~ обычный кредитор
paid-off ~ удовлетворенный кредитор
partnership ~ кредитор товарищества
preferential ~ привилегированный кредитор
preferred ~ *см.* preferential ~
principal ~ главный кредитор
private ~ частный кредитор
privileged ~ привилегированный кредитор
secured ~ кредитор, получивший обеспечение
short-term ~ кредитор, предоставляющий краткосрочный кредит
sundry ~s различные кредиторы
trade ~ кредитор, предоставляющий коммерческий кредит
unsecured ~ необеспеченный кредитор
CREDITWORTHINESS *n* платежеспособность
CREEP *n* очень медленное движение
cost ~s постепенное повышение расходов
wage-cost ~ постепенное повышение расходов на оплату труда
CREW *n* команда; экипаж; бригада
crash ~ аварийная бригада
full-time ~ бригада, занятая полное время
ground ~ наземный обслуживающий персонал
inventory ~ бригада инвентаризаторов
maintenance ~ бригада технического обслуживания
multiple-skill ~ комплексная бригада
repair ~ ремонтная бригада
CRIME *n* преступление
CRIMINAL *adj* преступный, уголовный
CRISIS *n* (*pl* crises) кризис
acute ~ острый кризис
agricultural ~ аграрный кризис
balance of payments ~ кризис платежного баланса
bank ~ кризис банковской системы
cabinet ~ правительственный кризис
commercial ~ экономический кризис; торгово-промышленный кризис
credit ~ кредитный кризис
currency ~ валютный кризис
cyclical ~ циклический кризис
dollar ~ долларовый кризис
economic ~ экономический кризис
exchange ~ валютный кризис
financial ~ финансовый кризис
foreign exchange ~ валютный кризис
industrial ~ промышленный кризис

CRO

international ~ международный кризис
monetary ~ денежный кризис
periodical ~s периодические кризисы
protracted ~ затяжной кризис
recurrent ~s периодические кризисы
sales ~ кризис сбыта
world ~ мировой кризис
~ of overproduction кризис перепроизводства
~ of underconsumption недопотребление, отставание уровня потребления от возможностей производства
◇ to avert a ~ предотвращать кризис
to get over a ~ преодолевать кризис
to go through a ~ испытывать кризис
to pass a ~ *см.* to go through a ~
to undergo a ~ *см.* to go through a ~
CRITERION *n* (*pl* criteria) мерило, критерий
classification ~ представление о классификации
control ~ порядок контроля
cost-effectiveness ~ критерий эффективности затрат
decision ~ критерий выбора решения
dominance ~ критерий доминирования
economic ~ экономический критерий
economic effectiveness ~ критерий экономической эффективности
estimation ~ оценочный критерий
general ~ общий критерий
main ~ основной критерий
optimality ~ критерий оптимальности
prime ~ основной критерий
quality ~ критерий качества
reliability ~ критерий надежности
stability ~ критерий стабильности
utility ~ критерий полезности
workable ~ рабочий критерий
~ of estimation критерий оценки
~ of independence критерий независимости
~ of success критерий успеха
~ of sufficiency критерий достаточности
◇ to serve as a ~ служить критерием
CRITICAL *adj* критический; *амер.* дефицитный
CRITICISM *n* 1. критика 2. критическая статья
CROFT *n* 1. приусадебный участок 2. небольшая ферма; мелкое хозяйство
CROFTER *n* мелкий арендатор или фермер (*в Шотландии*)
CROFTING *n брит.* парцеллярное земледелие

CROOK n мошенник, обманщик
CROP n 1. урожай 2. сельскохозяйственная культура; pl зерновые культуры
agricultural ~ сельскохозяйственная культура
agricultural export ~ экспортная сельскохозяйственная культура
basic ~s основные культуры
bumper ~ рекордный урожай
cash ~ товарная культура; сельскохозяйственная продукция, предназначенная на продажу за наличные
catch ~ промежуточная культура
cereal ~ зерновая культура
cleaning ~ почвоочищающая культура
commercial ~ товарная культура
companion ~ сопутствующая культура
complementary ~ дополнительная (дополняющая) культура
controlled ~ культура с ограниченной площадью обработки
cultivated ~ возделываемая культура
current ~ урожай данного сезона
dominant ~s основные культуры
economic ~ рентабельная культура
export ~ экспортная культура
fallow ~ парозанимающая культура
feed ~ кормовая культура
fiber ~ волокнистая культура
field ~ полевая культура
food ~ продовольственная сельскохозяйственная культура
forage ~ кормовая культура
forcing ~ выгоночная культура
foregoing ~ предшествующая культура
fresh-market truck ~ товарная культура для рынка
grain ~ зерновая культура
green ~ культура на зеленый корм
growing ~ урожай на корню
high-labour-requirement ~ трудоемкая сельскохозяйственная культура
high-protein fodder ~s фуражные культуры с высоким содержанием протеина
high-yielding ~ высокопродуктивная культура
horticultural ~ садоводческая культура
hothouse ~ тепличная культура
industrial ~ техническая культура
intensive ~ интенсивная культура
irrigated ~ орошаемая культура
labour-consuming ~ трудоемкая культура
labour-intensive ~ см. labour-consuming ~

leading ~ ведущая культура
main ~ основная культура
money ~ товарная культура
multiharvest ~ культура, созревающая несколько раз в сезон
oil ~ масличная культура
orchard ~ плодовая культура
perennial ~ многолетняя культура
poor-quality ~ малоурожайная культура
preceding ~ предшествующая культура
prime ~ первоклассный урожай
principal ~ главная культура
quickly growing ~ скороспелая культура
record ~ рекордный урожай
rotating ~ севооборотная культура
rotation ~ см. rotating ~
sale ~ товарная культура
seed ~ семенная культура
shipping ~ экспортная культура
short-duration ~ скороспелая культура
soil amendment ~ почвоулучшающая культура
soil-depleting ~ почвоистощающая культура
soil improving ~ почвоулучшающая культура
soil improvement ~ см. soil improving
spring ~ яровая культура
standing ~ сельскохозяйственная культура на корню
summer ~ яровая культура
truck ~ 1) товарная овощная культура 2) урожай товарных овощных культур
tuber ~ клубневая культура
waygoing ~ урожай на корню, который арендатор может убирать и после окончания срока аренды
winter ~ озимая культура
◊ out of ~ незасеянный, под паром
under ~ засеянный
to sell the ~ standing продавать урожай на корню
CROPPAGE n валовой сбор урожая
CROPPER n арендатор-издольщик; фермер (в *США*)
CROPPING n выращивание сельскохозяйственных культур
cash ~ выращивание товарных культур
continuous ~ длительное возделывание культуры
field ~ полеводство
glasshouse ~ тепличное растениеводство

irrigated ~ орошаемое земледелие
multiple ~ выращивание более одного урожая с поля в год
rainfed ~ дождевое полеводство
rotation ~ севооборот
sale ~ товарное сельскохозяйственное производство
CROSS v перечеркивать; кроссировать
CROSS-ACCEPTANCE n махинации с векселями
CROSS-BILL n обратный вексель, рекамбио
CROSS-CHECK v перепроверять
CROSS-DEMAND n встречный иск; встречное требование
CROSS-ELASTICITY n перекрестная эластичность
CROSS-GUARANTY n перекрёстная гарантия
CROSSHAULING n дальние встречные перевозки
CROSSING n 1. кроссирование (*чека*) 2. *бирж.* кроссирование (*одновременная покупка и продажа через одного брокера одного и того же пакета акций*)
general ~ общее кроссирование
special ~ специальное кроссирование
~ of a cheque кроссирование чека
CROSS-LICENSING n перекрестное лицензирование
CROSS-LISTING n *бирж.* котировка ценной бумаги одновременно на нескольких фондовых биржах
CROSS-PLOT n сводный график
CROSS-REFERENCE n перекрестная ссылка
CROSSROAD n 1. пересекающая дорога 2. перекресток
CROSS-SHAREHOLDINGS n перекрестное владение акциями (*разных компаний*)
CROWD n 1. группа людей 2. брокеры, проводящие операции в операционном зале биржи
CRUDE n 1. сырая нефть 2. нефть, принадлежащая компаниям, за добычу которой внесены налоги и концессионные платежи
heavy ~ тяжелая нефть
light ~ легкая нефть
sour ~ нефть с высоким содержанием серы
sweet ~ нефть с небольшим содержанием серы
CRUISE n рейс (*судна*)
CRUMBLING n разрушение, распад

~ of prices медленное снижение курсов ценных бумаг
CRUNCH n:
back-office ~ ошибка или отсрочка в осуществлении операций
capacity ~ недостаточность производственных мощностей
credit ~ нехватка кредитов
CRUSH
back-office ~ ошибка или отсрочка в осуществлении операций
CULL n 1. отбор; отбраковка 2. *pl* отбракованный нагульный скот
CULTIGEN n культурный сорт
CULTIVABLE adj пригодный для возделывания
CULTIVATE v обрабатывать, возделывать; выращивать
CULTIVATION n 1. обработка; культивация, возделывание 2. разведение, выращивание
extensive ~ 1) экстенсивная обработка 2) экстенсивное выращивание
intensive ~ 1) интенсивная обработка 2) интенсивное выращивание
rice ~ возделывание риса
soil ~ обработка почвы
CULTURAL adj 1. обрабатываемый 2. искусственно выращиваемый
CULTURE n 1. сельскохозяйственная культура 2. разведение
bee ~ пчеловодство
gravel ~ гидропоника
pond ~ прудовое хозяйство
CUM *лат.* с
~ all владение акциями со всеми дополнительными выгодами
~ capitalization продажа акций с правом покупателя приобретать акции новых выпусков той же компании
~ dividend продажа акций с правом получения очередных дивидендов
~ interest продажа ценной бумаги с правом получения текущих процентных выплат
~ new продажа акций с правом покупателя приобретать акции новых выпусков той же компании
~ rights продажа акций с предоставлением покупателю всех прав акционеров
CUMULATE v накапливать
CUMULATION n накопление; кумуляция
CUMULATIVE adj накопленный; кумулятивный

CURB *n* 1. сдерживание, ограничивание 2. *амер.* неофициальная фондовая биржа
◊ to buy on the ~ покупать вне биржи
CURB *v* сдерживать, ограничивать
CURBING *n* сдерживание, ограничивание
~ of production свертывание производства
CURRENC|Y *n* 1. денежное обращение 2. валюта, деньги
accounting ~ валюта расчета
adjustable ~ эластичное денежное обращение
agreed ~ валюта сделки; согласованная валюта
agreement ~ международный клиринг
appreciated ~ ревальвированная валюта
article eight ~ «валюта статьи 8», т. е. свободно конвертируемая валюта (*согласно ст. 8 устава МВФ основным признаком обратимости валют считается отсутствие ограничений по текущим операциям*)
automatic ~ денежное обращение, автоматически приспосабливающееся к потребностям торговли
base ~ базисная валюта, валюта, по отношению к которой котируются прочие валюты (*напр., доллар США, японская йена или англ. ф. ст.*)
blocked ~ блокированная валюта
cheap ~ валюта с низкой покупательной способностью
cheque ~ обращение чеков
clearing ~ валюта клиринга
collective ~ коллективная валюта
common ~ единая валюта
controlled ~ регулируемая валюта
convertible ~ конвертируемая валюта
convertible in gold ~ валюта, обратимая в золото
counterfeit ~ поддельная валюта
credit ~ валюта кредита
decimal ~ десятичная денежная система
deposit ~ 1) деньги на депозите 2) деньги банковского оборота
depreciated ~ обесцененная валюта
depreciating ~ обесценивающаяся валюта
devalued ~ обесцененная валюта
domestic ~ местная валюта
double ~ двойная валюта
elastic ~ эластичное денежное обращение
emergency ~ платежные средства, выпускаемые во время финансового кризиса
exotic ~ экзотическая валюта
exporter's ~ валюта страны-экспортера
falling ~ падающая валюта
fiat ~ies валюты, не обеспеченные золотом
fiduciary ~ деньги, не обеспеченные металлическим резервом
floating ~ плавающая валюта
fluctuating ~ колеблющаяся валюта
forced ~ деньги с принудительным курсом
foreign ~ иностранная валюта
fractional ~ *амер.* разменная монета
free ~ свободно конвертируемая валюта
freely convertible ~ *см.* free ~
freely floating ~ свободно плавающая валюта
full-bodied ~ металлическая монета из золота или серебра
fully convertible ~ свободно конвертируемая валюта
general asset ~ банкноты без специального обеспечения
gold ~ золотая монета
green ~ «зеленая валюта» (*условная валюта, используемая при применении тарифов, предусмотренных Единой сельскохозяйственной политикой ЕС*)
hand-to-hand ~ свободная наличность
hard ~ свободно конвертируемая валюта
home ~ местная валюта
inconvertible ~ неконвертируемая валюта
international ~ ключевая валюта
intervention ~ валюта финансовой интервенции (*используемая для поддержания курса*)
irredeemable ~ неконвертируемая валюта
jointly floating ~ совместно плавающая валюта
key ~ ключевая валюта
lawful ~ законная валюта
leading ~ ключевая валюта
local ~ местная валюта
major ~ies основные валюты
managed ~ регулируемая валюта
metallic ~ металлические деньги

mixed ~ смешанная денежная система (*обращаются как бумажные деньги, так и монеты из различных маталлов*)
national ~ национальная валюта
nonconvertible ~ неконвертируемая валюта
overvalued ~ валюта с завышенным курсом
paper ~ бумажные деньги
pegged ~ валюта, привязанная к валюте другой страны
quotation ~ валютная котировка
redeemable in gold ~ валюта, обратимая в золото
reference ~ валюта, на которой базируется валютная оговорка
regulated ~ регулируемая валюта
reporting ~ валюта, в которой составляется отчет
reserve ~ резервная валюта
revalued ~ ревальвированная валюта
scarce ~ дефицитная валюта
shaky ~ неустойчивая валюта, падающая валюта
silver ~ серебряные деньги
small denomination ~ денежные знаки мелких достоинств
soft ~ неконвертируемая валюта
sound ~ твердая валюта
standard ~ стандартная валюта
third-country ~ валюта третьей страны
trading ~ ключевая валюта
transaction ~ валюта сделки
treasury ~ казначейские деньги
unstable ~ неустойчивая валюта
vehicle ~ ключевая валюта
~ in circulation валюта в обращении
~ of account валюта счета
~ of a bill валюта векселя
~ of a contract валюта контракта
~ of credit валюта кредита
~ of exchange clause валюта оговорки
~ of money денежное обращение
~ of payment валюта платежа
~ of price валюта цены
◊ to appreciate ~ повышать курс валюты
to back ~ обеспечивать валюту
to compute in ~ вычислять в валюте
to control ~ регулировать валюту
to convert ~ конвертировать валюту
to debase ~ обесценивать валюту
to depreciate ~ *см.* to debase ~
to devalorize ~ девалоризировать валюту
to devaluate ~ девальвировать валюту
to devalue ~ *см.* to devaluate ~
to dump ~ выбрасывать валюту на рынок
to earn ~ зарабатывать валюту
to exchange ~ обменивать валюту
to pay in ~ платить валютой
to remit ~ переводить валюту (*на счет*)
to revalorize ~ ревальвировать валюту
to revalue ~ *см.* to revalorize ~
to transfer ~ переводить валюту (*на счет*)
CURRENT *adj* 1. текущий; современный 2. находящийся в обращении
CURTAIL *v* сокращать, урезывать, уменьшать
CURTAILING *n* сокращение, уменьшение; свертывание
~ of cooperation свертывание сотрудничества
~ of economic ties свертывание экономических связей
~ of imports сокращение импорта
CURTAILMENT *n* сокращение, уменьшение, урезывание
budget ~ сокращение бюджета
import ~ сокращение импорта; ограничение импорта
production ~ свертывание производства
~ of expenses сокращение расходов
~ of production сокращение производства
~ of spending сокращение расходов
CURVE *n* 1. кривая 2. график; диаграмма
birth ~ кривая рождаемости
consumer indifference ~ кривая безразличия потребителя
consumption ~ кривая потребления
cost ~ кривая зависимости изменения издержек от объема производства
demand ~ кривая спроса
distribution ~ кривая распределения
effectiveness ~ кривая эффективности
efficiency ~ кривая производительности
empirical ~ эмпирическая кривая
equal product ~ кривая равновеликих количеств продукции
failure ~ кривая отказов (*выхода из строя*)
fatigue ~ кривая усталости
growth ~ кривая роста
«J» ~ графическое изображение реак-

ции торгового баланса на девальвацию
limit age ~ кривая пределов долголетия
marginal cost ~ кривая предельных издержек
marginal output ~ кривая предельной производительности
operating characteristic ~ кривая эксплуатационных характеристик
outlay ~ кривая расходов
output ~ кривая производительности
performance ~ рабочая характеристика
Phillips ~ кривая Филипса
price-consumption ~ кривая зависимости потребления от изменения цены товара
price-demand ~ кривая зависимости цены от спроса
probability ~ кривая распределения вероятностей
production ~ кривая выработки
production indifference ~ кривая равновеликих количеств продукции
production possibility ~ кривая производственных возможностей
production transformation ~ кривая трансформации производства
productivity ~ кривая производительности
record ~ записанная кривая
risk ~ кривая риска
sales ~ кривая сбыта
storage-discharge ~ кривая регулирования запасов
supply ~ кривая предложений
survival ~ кривая выживаемости (*элементов основного капитала*)
survivor ~ *см.* survival ~
wage ~ график тарифных ставок
yield ~ кривая доходов

CUSHION *n* 1. подкладка, подстилка (*для груза*) 2. ослабление, смягчение 3. *амер.* деньги, отложенные на чёрный день
◊ to thin down price ~s сократить денежные запасы

CUSHIONING *n* смягчение
◊ ~ the effects of inflation смягчение влияния инфляции

CUSTODIAN *n* 1. смотритель; комендант 2. опекун

CUSTODY *n* 1. опека 2. хранение
collective ~ of securities совместное хранение в банке разнородных ценных бумаг одного или нескольких клиентов

customs ~ хранение на таможне
safe ~ хранение (*в сейфе*)
~ of goods хранение товара
~ of property охрана собственности
~ of securities хранение ценных бумаг
◊ to give into ~ сдать на хранение
to hold in ~ хранить
to keep in safe ~ *см.* to hold in ~
to take into ~ принять на хранение

CUSTOM *n* 1. обычай; обыкновение 2. клиентура, покупатели 3. таможенная пошлина
banking ~ обычаи в банке
business ~ деловая практика
commercial ~ торговый обычай
established ~s установленные правила
exchange ~s биржевые правила
export ~s правила экспорта
international ~ международный обычай
local ~ местный обычай
market ~ рыночный обычай
mercantile ~ торговый обычай
port ~ портовый обычай
stock exchange ~s правила фондовой биржи
trade ~ торговый обычай
uniform ~s унифицированные правила
~s in trade обычаи в торговле
◊ ~s and rules of merchant shipping обычаи и правила торгового мореплавания
~s and usage of the stock exchange обычаи и правила фондовой биржи
to observe ~s соблюдать обычаи

CUSTOMABLE *adj* облагаемый таможенной пошлиной

CUSTOMARY *adj* обычный; стандартный

CUSTOM-BUILT *adj* 1. построенный по специальному заказу; сделанный на заказ

CUSTOMER *n* покупатель; заказчик; клиент; комитент
bank ~ клиент банка
big ~ крупный покупатель
cash ~ покупатель, расплачивающийся наличными
chance ~ случайный покупатель
charge ~ покупатель, имеющий кредит в магазине
commercial ~ коммерческий потребитель
contractual ~ покупатель по контракту
defaulting ~ неисправный покупатель

direct ~ покупатель, делающий покупки непосредственно на предприятии
exacting ~ требовательный покупатель
favoured ~ привилегированный покупатель
final ~ конечный потребитель
first-priority ~ клиент с наиболее высоким приоритетом
foreign ~ иностранный покупатель
head ~ главный заказчик
high-priority ~ клиент с высоким приоритетом
individual ~s индивидуальные заказчики
large ~ крупный покупатель
major ~ 1) главный заказчик 2) крупный покупатель
ordinary ~ обычный клиент
permanent ~ постоянный покупатель; постоянный заказчик
potential ~ потенциальный покупатель
prospective ~ возможный заказчик
regular ~ постоянный покупатель; постоянный заказчик
small-scale ~ мелкий потребитель
standing ~ давний покупатель
traditional ~ постоянный заказчик
would-be ~ возможный покупатель
◇ to service ~s обслуживать покупателей

CUSTOMHOUSE *n* таможня
maritime ~ морская таможня
railway ~ железнодорожная таможня

CUSTOM-MADE *adj* сделанный на заказ

CUSTOMS *n pl* (The C.) Таможня, Таможенное управление
◇ to bring through ~ провозить через таможню
to go through ~ проходить через таможню
to pass through ~ *см.* to go through ~
to take through ~ провозить через таможню

CUSTOM-TAILORED *adj* сделанный на заказ

CUT *n* сокращение, снижение; уменьшение
budget ~ сокращение бюджета
dividend ~ уменьшение дивиденда
job ~s сокращение рабочих мест
price ~ снижение цены
relief ~ сокращение пособий
salary ~ снижение зарплаты
tariff ~ снижение тарифных ставок
tax ~ снижение налога

wage ~ снижение зарплаты
~s in the budget сокращение бюджета
~s in expenditures сокращение расходов
~s in public expenditure сокращение государственных расходов
~s in taxes снижение налогов

CUT *v* сокращать, снижать; уменьшать
◇ ~ down снижать, сокращать

CUTBACK *n* снижение, сокращение; уменьшение
arms ~ сокращение вооружений
credit ~ сокращение кредита
military ~ сокращение военных расходов
production ~ сокращение объема производства
~ in production сокращение производства
~ of spending сокращение расходов

CUTOFF *n* 1. ограничение 2. выключение, отключение

CUTTING *n* снижение, сокращение
cost ~ снижение расходов
credit ~ сокращение кредита
price ~ снижение цены
rate ~ снижение расценок
selective price ~ выборочное снижение цен
~ of allocations сокращение ассигнований
~ of prices снижение цен
~ of transportation costs сокращение транспортных расходов
~ of wages снижение зарплаты

CYBERNETIC *adj* кибернетический
CYBERNETICS *n* кибернетика

CYCLE *n* цикл, период
access ~ цикл выборки; цикл обращения (к памяти)
accounting ~ цикл учета
budget ~ цикл финансовых операций
building ~ экономический цикл в строительстве
business ~ экономический цикл, цикл деловой активности
capital ~ кругооборот капитала
cash-flow ~ наличный оборот
classical ~ классический цикл
delivery ~ цикл поставки
design ~ этап проектирования
development ~ этап разработки
economic ~ экономический цикл
industrial ~ промышленный цикл
inspection ~ цикл проверки
inventory ~ цикл движения запасов

investment ~ инвестиционный цикл
life ~ жизненный цикл
machine ~ машинный цикл
operating ~ операционный цикл
order ~ интервал между подачами заказов
price ~s циклы в динамике цен
production ~ производственный цикл
product life ~ жизненный цикл товара
reequipment ~ цикл переоснащения
reinvestment ~ инвестиционный цикл
replacement ~ цикл замены
replenishment ~ цикл пополнения запасов
rotation ~ ротация севооборота
running ~ рабочий цикл
service ~ цикл обслуживания
time ~ время обработки изделия
total ~ итог
trade ~ экономический цикл
waiting ~ цикл ожидания
work ~ рабочий цикл; цикл технологической операции

CYCLICAL *adj* циклический
CYCLING *n* образование цикла
CYLINDER *n* баллон
   steel ~ стальной баллон
   ◇ to charge a ~ заполнять баллон
   to fill a ~ *см.* to charge a ~

D

DAILY *n* ежедневная газета
DAILY *adj* ежедневный; суточный
DAIRY *n* 1. молочная ферма, молочное хозяйство 2. маслодельня; сыроварня 3. молочный магазин 4. молочный скот
DAIRYMAN *n* 1. владелец молочной фермы 2. работник молочной фермы 3. продавец молочных продуктов
DAMAGE *n* 1. повреждение, поломка; порча; ущерб, убыток 2. *pl* возмещение ущерба, убытков, компенсация за убытки
accident ~ повреждение в результате несчастного случая
accident ~ to fixed capital потери основных фондов в результате стихийных бедствий
accidental ~ случайное повреждение
actual ~ 1) нанесенный ущерб 2) фактические убытки
aircraft ~ повреждение самолета
anticipatory ~s возмещение будущих убытков
chafing ~ повреждение трением
compensatory ~s возмещение в размере понесенных убытков
concealed ~ скрытое повреждение
consequential ~s косвенные убытки
considerable ~ значительное повреждение
contemptuous ~s убытки, присуждаемые истцу, когда он прав формально, но решение суда носит характер осуждения его действий
crop ~ частичная гибель урожая
discretionary ~s дискреционные убытки
disproportionate ~s несоразмерные убытки
environmental ~ вред, нанесенный окружающей среде
excessive ~s чрезмерно высокие убытки
exemplary ~s типичное, показательное денежное возмещение
extensive ~ значительное повреждение; большой ущерб
external ~ внешнее повреждение
external packing ~ повреждение внешней упаковки
fair ~s соразмерные убытки
frost ~ повреждение от действия мороза
gale ~ ущерб, нанесенный штормом
general ~s генеральные убытки
grave ~ серьезное повреждение
great ~ большой ущерб
heavy ~ значительное повреждение; крупный ущерб
hidden ~ скрытое повреждение
indirect ~ косвенный ущерб
insect ~ повреждение насекомыми
irreparable ~ непоправимый ущерб
liquidated ~s заранее оцененные убытки
loading ~ повреждение при погрузке
lumpsum ~s паушальная сумма убытков
maintenance ~ повреждение при техническом обслуживании
major ~ большой ущерб
marginal ~ предельные убытки
material ~ материальный ущерб
mechanical ~ механическое повреждение
minimal ~ минимальный ущерб
minor ~ незначительный ущерб
mitigated ~s уменьшение судом размера возмещения ущерба (*смягченный приговор по возмещению ущерба*)
monetary ~ денежный ущерб
money ~s денежная компенсация убытков
mould ~ повреждение плесенью
negligible ~ незначительное повреждение

DAM

nominal ~s ничтожное возмещение убытков
ordinary ~s генеральные убытки
part ~ частичное повреждение
partial ~ см. part ~
pecuniary ~ денежное возмещение, денежная компенсация ущерба
punitive ~s штрафные убытки
real ~s общий размер возмещаемого ущерба, включая генеральные и фактические убытки
recoverable ~ 1) устранимое повреждение 2) pl убытки, подлежащие взысканию в судебном порядке
rust ~ повреждение из-за ржавчины
sea ~ повреждение на море; повреждение морской водой
sentimental ~ убыток, оцениваемый страхователем на основе индивидуальных соображений
serious ~ серьезное повреждение
severe ~ см. serious ~
slight ~ незначительное повреждение
special ~ фактический убыток, определяемый особыми обстоятельствами дела
specific ~ см. special ~
stevedore ~ повреждение при погрузке
stipulated ~s заранее оцененные убытки
substantial ~s значительные убытки
surface ~ поверхностное повреждение
sweat ~ повреждение в результате запотевания
transit ~ повреждение (груза) в пути
transport ~ см. transit ~
treble ~ возмещение ущерба в тройном размере
unliquidated ~s заранее не оцененные убытки
vibration ~ повреждение из-за вибрации
warehouse ~ повреждение при хранении на складе
water ~ ущерб, нанесенный водой
weather ~ ущерб, нанесенный неблагоприятной погодой
wet ~ ущерб, нанесенный сыростью
~s at large заранее не оцененные убытки
~ by collision повреждение в результате столкновения
~ by hooks повреждение крюками
~ by jettison ущерб от выбрасывания груза за борт
~ by rodents повреждение грызунами

DAM

~ by sea water повреждение морской водой
~ by water повреждение водой
~ during transportation повреждение в пути
~s for detention компенсация за задержку судна в порту сверх срока
~ from handling operations повреждение при переработке груза
~ in storage повреждение при хранении
~ in transit повреждение в пути
~ through deprivation of use порча из-за неиспользования
~ to cargo повреждение груза
~ to equipment повреждение оборудования
~ to goods повреждение товара
~ to the marking повреждение маркировки
~ to packing повреждение упаковки
~ to persons телесное повреждение
~ to property повреждение имущества
~ to roads повреждение дорог
◇ liable for ~s ответственный за убытки
to adjust ~s устанавливать сумму убытков
to ascertain ~s см. to adjust ~s
to assess the ~ оценивать ущерб
to assess ~s устанавливать сумму убытков
to avoid ~ избегать повреждения
to award ~s присуждать убытки
to cause ~ вызывать повреждение
to claim ~s требовать возмещения убытков
to declare ~ заявлять о повреждении
to determine the extent of ~s определять сумму убытков
to discover ~ обнаруживать повреждение
to do ~ наносить ущерб
to eliminate the ~ устранять повреждение
to estimate the ~ оценивать размер ущерба
to experience ~ нести ущерб
to fix ~s определять сумму убытков
to indemnify against ~ to property страховать имущество от ущерба
to indemnify for the ~ компенсировать ущерб
to indemnify for ~s возмещать убытки
to inflict ~ наносить ущерб

to obtain ~s получать компенсацию за убытки
to patch the ~ устранять повреждение
to pay ~s платить убытки
to protect against (from) ~ предохранять от повреждения
to receive ~s получить возмещение убытков
to recover ~s *см.* to receive ~s
to refund ~s возмещать убытки
to remedy the ~ устранять повреждение
to repair the ~ *см.* to remedy the ~
to repair ~s возмещать убытки
to safeguard from ~ предохранять от повреждения
to subject to ~ подвергать порче
to sue for ~s возбуждать иск об убытках
to suffer ~ нести ущерб
to sustain ~ *см.* to suffer ~

DAMAGE *v* портить; причинять ущерб, убыток
DAMAGEABLE *adj* легко портящийся
DAMP *n* 1. сырость, влажность 2. застой
DAMP *adj* сырой; влажный
DAMP *v* приводить к застою (*в торговле, производстве*)
DAMPNESS *n* сырость, влажность
DANGEROUS *adj* опасный, рискованный
DASH *n* примесь (*сыпучая, жидкая*)
DATA *n pl* факты, данные, информация
accurate ~ точная информация
actual ~ фактические данные
additional ~ дополнительная информация
aggregate capital ~ совокупные данные о капитале
ambiguous ~s неопределенные данные
annual ~ годовые данные
anticipations ~ ожидаемые данные
assets-size ~ данные о размерах активов
balance ~ балансовые данные
balance sheet ~ *см.* balance ~
basic ~ исходные (базисные) данные
biographical ~ анкетные данные
booking ~ бухгалтерские данные
book-keeping ~ *см.* booking ~
budget ~ бюджетные данные
business ~ коммерческая информация
calculation ~ расчетные данные
calculated ~ *см.* calculation ~
census ~ данные переписи
collected ~ сводка данных

comparative ~ сравнительные данные
complete ~ полные данные
comprehensive ~ исчерпывающие данные
confidential ~ конфиденциальная информация
control ~ контрольные данные
correct ~ правильные данные
corrected ~ исправленные данные, откорректированные данные
correlated ~ коррелированные данные
cost ~ 1) данные о расходах 2) данные об издержках производства
cumulative ~ сводные данные
current ~ текущая информация
deseasonalized ~ данные без учета сезонных колебаний
design ~ 1) расчетные данные 2) конструктивные данные
economic ~ экономические данные, экономическая информация
engineering ~ 1) техническая информация 2) техническая документация
estimated ~ сметные данные
exact ~ точная информация
factual ~ фактические данные
final ~ окончательные данные
group ~ сгруппированные данные
historical ~ данные за прошлые годы
identification ~ опознавательные данные
immigration ~ данные об иммиграционных потоках
incoming ~ поступающая информация
incomplete ~ неполные данные
incorrect ~ неправильные данные
initial ~ исходные (первоначальные) данные
input ~ исходные данные
main ~ основные данные
management ~ управленческая информация
manufacturing ~ 1) данные о выпуске продукции 2) технологические данные
master ~ основные данные
measurement ~ нормативы
missing ~ недостающие данные
monthly ~ ежемесячные данные
necessary ~ необходимые данные
numerical ~ цифровые данные
observational ~ данные наблюдений
official ~ официальные данные
on-line ~ оперативные данные
operating ~ эксплуатационные данные
operational ~ *см.* operating ~

original ~ исходные (первоначальные) данные
output ~ выходные данные
performance ~ показатели производительности
performance-test ~ данные протокола испытаний
personal ~ анкетные данные; биографические данные
pertinent ~ информация по существу вопроса
plant specialization ~ показатели специализации предприятия
precise ~ точная информация
predicted ~ прогнозируемые данные
preliminary ~ предварительные данные
pricing ~ данные о ценах
primary ~ первичные данные
principal ~ основные данные
priority ~ приоритетные данные
private ~ информация частного характера
process ~ данные о ходе (развитии) процесса
production ~ 1) данные о ходе производственного процесса 2) технологические данные
provisional ~ предварительные данные
public ~ открытая информация
qualitative ~ качественные данные
quality ~ показатели качества
quantal ~ количественные данные
quantitative ~ см. quantal ~
ranked ~ упорядоченные данные
rated ~ расчетные данные
rating ~ номинальные характеристики
raw ~ необработанные данные; исходные данные
reduced ~ обработанные данные
reference ~ справочные данные
regular ~ систематизированные данные
regional ~ региональные данные
relevant ~ информация по существу вопроса
restricted ~ секретная информация
sales ~ торговая статистика; данные по реализации товара
sample ~ выборочные данные
scientific ~ научная информация
seasonal ~ данные о сезонных изменениях
secondary ~ вторичные данные
service ~ эксплуатационные данные
shipping ~ данные об отгрузке товара
smoothed ~ сглаженные данные

social ~ данные о социальном составе населения
source ~ данные об источнике (о происхождении); исходные данные
specified ~ уточненные данные
standard time ~ система нормативов времени
stand-test ~ данные стендовых испытаний
starting ~ исходные данные
statistical ~ статистические данные
status ~ данные о состоянии
summarized ~ итоговые данные, сводные данные
summary ~ сводные данные
supplementary ~ дополнительная информация
supplied ~ поставляемая информация
survey ~ материалы обследования
survivor ~ данные о «выживаемости» оборудования
synthetic ~ смоделированные данные
systematical ~ систематизированные данные
tabulated ~ табличные данные
technical ~ технические данные, техническая информация, технологическая информация
tentative ~ предварительные данные
test ~ данные испытаний
trade off ~ информация об обмене
transaction ~ информация о сделке
ungrouped ~ несгруппированные данные
valid ~ достоверные данные
variable ~ меняющиеся данные
working ~ рабочие данные
◊ to check ~ проверять данные
to collect ~ собирать данные
to exchange ~ обмениваться данными
to furnish ~ выдавать данные
to handle ~ обрабатывать данные
to include ~ включать данные
to process ~ обрабатывать данные
to provide ~ предоставлять данные
to share ~ обмениваться данными
to submit ~ представлять данные
to turn out ~ выдавать данные
to update ~ обновлять данные

DATE n 1. дата, число, день 2. время; срок, период
accrual ~ день истечения срока, день исполнения обязательства
actual ~ см. accrual ~
alongside ~ дата, с которой начинает-

ся подача грузов к борту судна для погрузки
application ~ дата заявки
arrival ~ дата прибытия
average ~ срок полного урегулирования всех платежей между должником и кредитором
average due ~ *см.* average ~
bid ~ дата представления заявки на участие в торгах
billing ~ дата счета
border crossing ~ дата пересечения границы
"broken„ ~ «неправильная дата», неполный период сделки
cancellation ~ дата аннулирования
cancelling ~ канцеллинг
closing ~ последний срок для приема груза судном; дата закрытия
"cock, ~ неполный период сделки
commissioning ~ дата пуска в эксплуатацию
completion ~ срок завершения
contract ~ срок, оговоренный в контракте
convenient ~ удобная дата
coupon ~ срок получения денег по купону
crucial ~ критический период
cutoff ~ дата окончания
data ~ срок получения данных
dated ~ *амер.* дата, с которой начинается начисление процентов по облигациям
decisive ~ решающий день
declaration ~ последний срок объявления опциона
delivery ~ срок поставки
departure ~ дата отправления
depreciation ~ срок амортизации
dispatch ~ срок отправки
due ~ срок платежа
effective ~ 1) дата вступления в силу соглашения 2) дата начала размещения займа
effective ~ **of a contract** дата вступления контракта в силу
end ~ дата окончания срока
ending ~ конечная дата
estimated ~ приблизительная дата
expected ~ предполагаемая дата
expiration ~ дата окончания срока
expiry ~ *см.* expiration ~
filing ~ дата подачи заявления
final ~ окончательный срок
final ~ **for payment** окончательный срок платежа
finishing ~ срок окончания
fixed ~ установленная дата
initial ~ начальный срок
interest ~ срок уплаты процентов
invoice ~ дата выписки счета
issuing ~ дата выпуска (*ценных бумаг*)
key ~ основной срок
licence expiration ~ дата истечения срока действия лицензии
loading ~ дата погрузки
mailing ~ дата отправки корреспонденции
maturity ~ срок уплаты
odd ~**s** нестандартные сроки совершения операций на валютных рынках
operational ~ дата пуска в эксплуатацию
order ~ дата заказа
original ~ первоначальный срок
patent ~ дата выдачи патента
posting ~ дата записи
priority ~ приоритетная дата
prompt ~ день платежа
publication ~ дата публикации
record ~ день регистрации
redemption ~ дата выкупа (погашения, изъятия)
reference ~ исходная дата
release ~ дата выпуска (*продукции*)
remittance ~ дата поступления перевода
rough ~ приблизительная дата
sailing ~ дата отправления судна
schedule ~ плановый срок; плановый период
scheduled ~ запланированный срок
shipment ~ дата отгрузки
shipping ~ *см.* shipment ~
short ~**s** стандартный период для депозитов на еврорынке
start-up ~ дата пуска в эксплуатацию
target ~ установленный срок
tax-filing ~ срок подачи налоговой декларации
termination ~ день истечения срока
trade ~ день заключения или исполнения сделки
value ~ дата валютирования
vesting ~ дата вхождения в силу нового закона
~ **of acceptance** дата акцепта
~ **of an agreement** дата вступления в силу соглашения

193

DAT

~ of appeal дата подачи апелляции
~ of application дата подачи заявки
~ of arrival дата прибытия
~ of balance sheet день, на который составляется баланс
~ of birth дата рождения
~ of cancellation дата расторжения
~ of check дата проверки
~ of a claim дата претензии
~ of coming into effect время вступления в силу
~ of a contract дата подписания контракта
~ of delivery дата поставки
~ of departure дата отправления
~ of dispatch дата отправки
~ of entering into force время вступления в силу
~ of entry дата поступления
~ of filing дата подачи заявки
~ of grant дата выдачи (*документа*)
~ of an insurance policy дата выдачи страхового полиса
~ of an invoice дата выписки счета
~ of issuance дата выдачи (*документа*); дата выпуска (*ценных бумаг*)
~ of issue *см.* ~ of issuance
~ of a letter дата письма
~ of licensing дата выдачи лицензии
~ of mailing дата отправки корреспонденции
~ of manufacture дата изготовления
~ of maturity дата наступления срока
~ of an offer дата предложения
~ of an order дата заказа
~ of payment дата платежа
~ of posting *бухг.* дата записи
~ of a postmark дата почтового штемпеля
~ of a post office stamp *см.* ~ of a postmark
~ of a protocol дата подписания протокола
~ of publication дата публикации
~ of readiness дата готовности
~ of receipt дата получения
~ of record дата, фиксирующая начало официального владения ценными бумагами, дающего право на получение дивиденда
~ of retirement дата выбытия (*основного капитала*)
~ of shipment дата отгрузки
~ of signing дата подписания
~ of a test дата испытания
◇ after ~ после выдачи

DAY

at an early ~ в ближайшее время
by the due ~ своевременно
from ~ после выдачи
out of ~ устарелый; старомодный
to ~ до сегодняшнего дня
up to ~ до настоящего времени
with blank due ~ несрочный
without ~ без указания даты
to be up to ~ быть на уровне современных требований
to bear a ~ датироваться
to bring up to ~ обновлять, совершенствовать
to fix a ~ назначать срок
to go out of ~ устаревать, выходить из моды
to keep up to ~ держать в курсе дел; совершенствовать
to put a ~ ставить дату
to stipulate a ~ обусловливать срок
DATE *v* датировать
◇ ~ ahead переносить на более ранний срок
~ back датировать задним числом
DATING *n* 1) датировка; датирование 2) пролонгация коммерческого кредита сверх согласованных сроков
advance ~ датирование более поздним числом
cycle ~ хронология цикла
forward ~ датирование более поздним числом
post ~ *см.* forward ~
DAY *n* день, сутки
account ~ расчетный день
accounts closing ~ день закрытия счетов
active ~s рабочие дни
appointed ~ назначенный день
business ~ рабочий день, время работы банков, компаний, рынков
calendar ~ календарный день
carry-over ~ *бирж.* первый день ликвидационного периода; расчетный день для новых операций
closing ~ день закрытия
consecutive ~s последовательные дни
consulting ~ консультационный день
contango ~ первый день расчетного периода на Лондонской фондовой бирже
cumulative ~s кумулятивные дни
current ~ расчетный день на Лондонской фондовой бирже, когда имеют место расчеты по всем сделкам, за-

ключенным в операционный период (*5-й день расчетного периода*)
dated ~ дата, с которой рассчитываются проценты по новым облигациям
declaration ~ 1) день объявления дивиденда 2) последний день, когда держатель опциона должен объявить о своем решении принимать или отвергать его
delivery ~ день поставки
demurrage ~s дни демерреджа
departure ~ день отправления
dispatch ~s дни диспача
drawing ~ день выписки (*чека, векселя*)
dressing ~ оформительский день (*на выставке*)
final ~ последний день
first notice ~ первый день уведомления
fixed ~ назначенный день
free ~ нерабочий день
full ~ полный день
grace ~s льготные дни
half-quarter ~ середина квартала
half-time working ~ сокращенный рабочий день
inactive ~s нерабочие дни
Independence D. *амер.* День независимости
labour ~ рабочий день
last ~ of the month последний день месяца
last notice ~ последний день для уведомления
last trading ~ последний день для совершения сделок в текущем месяце
lay ~s сталийные дни
loading ~s дни погрузки
make-up ~ день составления данных
making-up ~ *бирж.* день расчета по репортным операциям
market ~ рыночный день
meeting ~ день встреч
name ~ *брит. бирж.* день зачета взаимных требований
nonbusiness ~ нерабочий день
nonpayment ~ день неплатежа
nonworking ~ нерабочий день
notice ~ день уведомления
opening ~ день открытия
option ~ *брит.* день расчетов по сделкам с премией
pay ~ 1) день выдачи зарплаты 2) расчетный день 3) *бирж.* ликвидационный день

previous ~ предыдущий день
prompt ~ наступление срока поставки
quarter ~s первые дни квартала
reception ~ приемный день
reversible ~ реверсивный день
reversible lay ~s реверсивное сталийное время
running ~s последовательные дни; *мор.* сплошные дни (*подсчет дней чартер-партии, включая субботу, воскресенье и праздники*)
scheduled ~ день, предусмотренный графиком
settling ~ день расчета
settlement ~ *см.* settling ~
term ~s срок платежа
ticket ~ *бирж.* второй день ликвидационного периода
trade ~s дни работы ярмарки, отведенные для бизнесменов
weather permitting ~s погожие дни
weather working ~s погожие рабочие дни
working ~ рабочий день
~ of arrival день прибытия
~ of departure день отправления
~ of dispatch день отправки
~ of entry день поступления
~ off выходной день
~s of grace льготные дни
~ of indemnity *бирж.* заявление клиента о гарантиях возмещения банку убытков
~ of maturity день истечения срока
~ of nonpayment день неплатежа
~ of payment день платежа
~s of respite дни отсрочки
~ of rest нерабочий день
~s saved сэкономленные дни
~ of subscription день подписки
~s on demurrage дни демерреджа
◇ by the ~ посуточно, подённо
on alternate ~s по чередующимся дням
per ~ за день
this ~ в этот день
this ~ week через неделю
up to this ~ до сегодняшнего дня
to appoint a ~ назначить день
to fall on a ~ приходиться на день
to fix a ~ назначить день
to pay by the ~ платить посуточно
to work half ~ работать неполный рабочий день

DAYMAN *n* подёнщик

DAYWORK *n* 1. повременная работа 2. дневная выработка
DEAD *adj* 1. мертвый 2. непригодный, потерявший силу 3. вышедший из употребления
DEADBEAT *n* клиент, оформивший заказ и не оплативший его
DEADHEAD *n* 1. человек, имеющий право на бесплатный проезд 2. ж.-д. порожняк 3. незагруженный грузовик 4. бесперспективный сотрудник
DEADLINE *n* предельный срок (*исполнения работы*)
  midnight ~ предельный срок в полночь
  printing ~ подписание в печать
  ~ **for application** срок подачи заявки
  ~ **for a claim** срок для предъявления претензии
  ~ **on shipment** крайний срок отгрузки
DEADLOCK *n* тупик; безвыходное положение; застой
  ◇ **to break the** ~ находить выход из тупика
  to come to a ~ заходить в тупик
DEADWEIGHT *n* полная грузоподъемность судна, дедвейт
DEAL *n* 1. некоторое количество 2. сделка, соглашение
  back-to-back ~ компенсационная сделка
  barter ~ бартерная сделка
  block ~ крупная сделка
  business ~ коммерческая сделка, торговая сделка
  cash ~ кассовая сделка
  commercial ~ коммерческая сделка
  compensation ~ компенсационная сделка
  compensatory ~ *см.* **compensation** ~
  exchange ~ обменная сделка
  fair ~ честная (справедливая) сделка
  foreign exchange ~ валютная сделка
  futures ~ *бирж.* фьючерсная сделка
  lending ~ заимствование валюты
  licence ~ лицензионная сделка
  option ~ *бирж.* сделка с премией
  option ~ **for the call** *бирж.* сделка с предварительной премией
  option ~ **for the put** *бирж.* сделка с обратной премией
  package ~ комплексная сделка
  parallel ~ параллельная сделка
  profitable ~ выгодная сделка
  re-export ~ реэкспортная сделка
  side ~ побочная сделка, сделка «на стороне»
  slot charter ~ сделка по слот-чартеру
  smooth ~ сделка без убытка
  square ~ честная сделка
  trade ~ торговая сделка
  unprofitable ~ невыгодная сделка
  ◇ **a great** ~ множество
  to carry out a ~ заключать сделку
  to do a ~ *см.* **to carry out a** ~
  to effect a ~ *см.* **to carry out a** ~
  to implement a ~ осуществлять сделку
  to make a ~ заключать сделку
  to negotiate a ~ *см.* **to make a** ~
  to transact a ~ осуществлять сделку
DEAL *v* распределять; выдавать
  ~ **in** заниматься чем-л.; торговать
  ~ **with** заниматься чем-л.; иметь дело с кем-л., чем-л.
DEALER *n* 1. торговец 2. дилер, торговый агент, посредник 3. биржевик, биржевой брокер
  authorized ~ официальный дилер
  broker ~ брокерская фирма, действующая как собственно брокер (*посредник*), так и дилер (*принципал*)
  currency ~ валютный брокер
  diamond ~ торговец алмазами
  exchange ~ биржевой дилер
  gem ~ торговец драгоценными камнями
  illicit ~ торговец, занимающийся нелегальной торговлей
  junk ~ торговец подержанными вещами
  licensed ~ дилер с лицензией
  market ~ рыночный торговец
  money ~ денежный маклер
  odd-lot ~ *амер. бирж.* дилер по покупке и продаже ценных бумаг мелкими партиями
  option ~ дилер, осуществляющий сделки с премией
  provision ~ магазин продовольственных товаров
  retail ~ розничный торговец
  second-hand ~ дилер по продаже подержанного имущества
  small ~ мелкий торговец
  speculative ~ биржевой спекулянт
  stock ~ *амер.* скотопромышленник
  wholesale ~ оптовый торговец
  ~ **in articles** торговец товарами
  ~ **in commodities** *см.* ~ **in articles**
  ~ **in products** *см.* ~ **in articles**
  ~ **in securities** дилер по операциям с ценными бумагами
  ~ **in stocks** биржевой дилер

DEALER-IMPORTER n торговец-импортер

DEALING n 1. сделка 2. pl деловые отношения 3. pl торговые сделки
account ~ купля-продажа ценных бумаг в течение одного операционного периода
after-hours ~s сделки, совершенные после официального закрытия рынка
cash ~ сделки с оплатой на следующий день
clandestine ~s подпольные сделки
commission ~s комиссионные сделки
currency ~s валютные сделки
current ~s операции с ценными бумагами в течение операционного периода
Exchange ~s биржевые сделки
exclusive ~s обязательство продажи продукции через определенные торговые организации
foreign exchange ~s валютные операции, валютные сделки
forward ~ срочная сделка, сделка с оплатой в будущем
forward exchange ~ срочная сделка в инвалюте
future ~ фьючерсная сделка
money ~s денежные сделки
new time ~ сделка, заключенная в последние два дня текущего ликвидационного периода и зачитываемая в счет следующего ликвидационного периода
option ~s бирж. сделки с премией
retail ~ розничная торговля
round ~ честная сделка
securities ~s торговля ценными бумагами
spot exchange ~s биржевые сделки с наличной инвалютой
stock exchange ~s сделки на фондовой бирже
◊ ~ around the clock совершение сделок круглосуточно (используя рынки в разных временных зонах)
~ for the account сделки на срок
~ for cash сделки за наличные
~ for a fall игра на понижение
~ for new time сделка, заключенная в последние два дня текущего ликвидационного периода с расчетом в следующем ликвидационном периоде
~ for a rise игра на повышение
~ in futures срочные сделки
~ in real estate торговля недвижимостью

~ in shares торговля акциями
~ within the account сделка, в течение одного ликвидационного периода
DEAR adj дорогой, дорогостоящий
DEARNESS n дороговизна
DEARTH n 1. недостаток, нехватка 2. дороговизна
DEATH n смерть
DEBASE v понижать качество или ценность; портить
DEBASEMENT n снижение качества или ценности
~ of the coinage фальсификация монет
DEBATE n дискуссия, обсуждение, дебаты
budget ~ обсуждение бюджета
general ~ общие прения
DEBATE v обсуждать, дискутировать
DEBENTURE n 1. облигация акционерной компании 2. письменное долговое обязательство 3. ссуда, обеспеченная активами компании 4. удостоверение таможни на возврат пошлин, дебентура
all-moneys ~ долговое обязательство на все денежные ресурсы компании
bearer ~ облигация на предъявителя
consumers' ~ амер. потребительская облигация для продажи широкой публике
convertible ~ конвертируемая облигация
customs ~ удостоверение таможни на возврат пошлины
fixed ~ долговое обязательство, обеспеченное каким-л. видом активов компании
floating ~ облигация, обеспеченная активами компании
fractional ~ парциальная облигация
guaranteed ~ долговое обязательство, по которому гарантируются выплаты процентов
irredeemable ~ облигация, которая не может быть погашена
mortgage ~ долговое обязательство в виде облигации, обеспеченное закладной на недвижимость
naked ~ необеспеченное долговое обязательство
nonredeemable ~ облигация, которая не может быть погашена
participating ~ облигация, дающая право участия в прибылях

197

perpetual ~ облигация, которая не может быть погашена по требованию
prior-lien ~ долговое обязательство, предусматривающее выплату процентов по первому требованию и погашение долга
redeemable ~ облигация, погашаемая при наступлении срока
registered ~ именная облигация
secured ~ облигация, обеспеченная активами компании
simple ~ необеспеченная облигация
unsecured ~ облигация, не обеспеченная активами компании
◊ to issue ~s выпускать облигации
to redeem a ~ погашать облигацию

DEBIT n дебет
bank ~s сумма дебетовых списаний по депозитным счетам частных лиц, компаний и корпораций, обычно ежедневно определяемая банком
direct ~s списание продавцом стоимости проданных товаров со счета покупателя по специальному соглашению с банком
~ of an account дебет счета
◊ ~ and credit дебет и кредит
to the ~ of an account в дебет счета
to be on the ~ находиться в дебете
to charge an amount to the ~ of an account записать сумму в дебет счета

DEBIT v дебетовать; записывать, вносить в дебет

DEBITING n дебетование

DEBT n долг; задолженность; обязательство
accruing ~ растущий долг
accumulated ~ накопленный долг, накопившаяся задолженность
active ~ невыплаченный долг
assignable ~ долг, который может быть формально передан третьей стороне
bad ~s безнадежные долги
bank ~ долг, задолженность банку
bill ~ долг по векселю
blocked ~ замороженный долг
bond ~ долг по облигациям
bonded ~ консолидированный (фундированный) долг
book ~ задолженность компании согласно бухгалтерским записям
bottomry ~ бодмерейная задолженность
business ~ коммерческий долг
clearing ~ задолженность по клирингу

collateral ~ задолженность по ломбардной ссуде
commercial ~ торговая задолженность
company ~s долги фирмы
consolidated ~ консолидированный долг
contract ~ долг по контракту
corporation ~s долги корпорации
crown ~ *брит.* задолженность британской короне
current ~ текущий долг
deferred ~ отсроченный долг
doubtful ~ сомнительный долг
dubious ~ *см.* doubtful ~
due ~ долг, по которому наступил срок платежа
effective ~ суммарная задолженность компании
equalization ~ компенсационный долг
external ~ внешний долг
fixed ~ долг, рассчитанный на длительный период времени
floating ~ краткосрочная задолженность
foreign ~ внешний долг
frozen ~ замороженный долг
funded ~ консолидированный долг
government ~ государственный долг
gross ~ общий долг
heavy ~ большой долг
hypothecary ~ ипотечная задолженность
interest-bearing ~ процентный долг
internal ~ внутренняя задолженность
irrecoverable ~ безнадежный долг; безвозвратный долг
joint ~ общий долг
joint and several ~ общий и отдельный долг
judgement ~ присужденный долг
liquid ~ ликвидная задолженность
liquidated ~ установленный (фиксированный) долг
living ~ *брит.* часть государственного долга, израсходованная на инфраструктуру и отрасли промышленности, находящиеся в собственности государства
long-term ~ долгосрочный долг
matured ~ долг, по которому наступил срок платежа
money ~ денежный долг
mortgage ~ ипотечная задолженность
national ~ государственный долг
net ~ чистая задолженность

net bonded ~ чистый облигационный долг
nonrecoverable ~ безвозвратный долг
nonrepayable ~ *см.* nonrecoverable ~
old ~ старый долг
ordinary ~ бухгалтерская задолженность
outstanding ~ неуплаченный долг, непогашенный долг
paid ~ погашенный долг
past ~ просроченный долг
permanent ~ консолидированный долг
plain ~ прямой долг
preferential ~ долг, погашаемый в первую очередь
privileged ~ *см.* preferential ~
productive ~ *брит.* часть государственного долга, израсходованная на инфраструктуру и отрасли промышленности, находящиеся в собственности государства
provable ~s доказуемые долги
public ~ государственный долг
recoverable ~ долг, могущий быть взысканным
recourse ~ долг с правом регресса
residual ~ остаток долга
secured ~ обеспеченный долг
short-term ~ краткосрочный долг
speciality ~ долг, зафиксированный в контракте
stale ~ просроченный долг
state ~ государственный долг
total ~ общая сумма долга, общая задолженность
undischarged ~ непогашенный долг
unfunded ~ неконсолидированный долг
unified ~ консолидированный долг
unpaid ~ неуплаченный долг
unrecoverable ~ безвозвратный долг
unsecured ~ необеспеченная задолженность
unserviced ~ непогашенная задолженность
~ at law долг, установленный по закону
~s in arrears непогашенный долг
~s in foreign countries зарубежные долги
~s of a business enterprise долги делового предприятия
~ of deferred maturity долгосрочное долговое обязательство
~ on a bill задолженность по векселю
~s on loans долги по займам

~ on pawn долг, обеспеченный залогом
~ under a contract долг по контракту
◊ ~s owing and accruing настоящие и растущие долги
~s owing by and ~s owing to долг, неуплаченный кем-л. и неуплаченный кому-л.
~s receivable дебиторская задолженность
~s repayable in annual installments долги, подлежащие погашению ежегодными взносами
without ~s без долгов
to acknowledge a ~ признавать долг
to acquit a ~ погашать долг
to amortize a ~ погашать долг в рассрочку
to assume a ~ брать на себя долг
to attach a ~ накладывать арест на долг
to be in ~ быть в долгу
to be involved in ~s иметь задолженность
to call a ~ требовать уплаты долга
to cancel a ~ аннулировать долг
to collect a ~ инкассировать долг
to contract ~s брать в долг, делать долги
to cover a ~ покрывать долг
to discharge a ~ погашать долг
to extinguish a ~ *см.* to discharge a ~
to get into ~s влезать в долги
to have ~s иметь долги
to incur ~s влезать в долги
to liquidate a ~ ликвидировать задолженность
to make over a ~ передавать долг
to meet a ~ выплачивать долг
to pay a ~ *см.* to meet a ~
to pay off a ~ возмещать долг
to recover a ~ взыскивать долг
to redeem a ~ погашать долг
to reimburse a ~ возмещать долг
to release from a ~ освобождать от уплаты долга
to remit a ~ *см.* to release from a ~
to repay a ~ выплачивать долг
to repudiate a ~ отказываться от уплаты долга
to run into ~s влезать в долги
to service a ~ погашать долг
to settle a ~ выплачивать долг
to sink a ~ погашать долг
to sue for a ~ предъявлять иск в связи с долгом
to write off a ~ списывать долг

DEBTEE n кредитор
DEBTOR n 1. должник, дебитор 2. дебет, приход (*в торговых книгах*) 3. дебетовая сторона счета
  acceptance ~ должник по векселю
  bill ~ *см.* acceptance ~
  bond ~ заемщик по облигационному займу
  claim ~ должник по иску
  common ~ банкрот, находящийся под конкурсом
  defaulting ~ должник, нарушивший обязательство
  insolvent ~ несостоятельный должник
  joint ~ совокупный должник
  joint and several ~ *см.* joint ~
  judgement ~ должник по постановлению суда
  loan ~ заемщик
  primary ~ основной должник
  principal ~ главный должник
  sundry ~s разные дебиторы
DEBUG v устранять неполадки или неисправности
DEBUGGING n устранение неполадок или неисправностей
DECARTELIZATION n декартелизация
DECASUALIZATION n ликвидация текучести рабочей силы
DECAY n 1. гниение, разложение 2. ослабление, упадок
DECEASED n умерший
DECEDENT n *амер.* умерший
DECEIT n обман
DECENTRALIZATION n децентрализация
  industrial ~ промышленная децентрализация
  ~ of decision making децентрализация принятия решений
  ~ of management децентрализация управления
DECEPTION n обман
DECIDE v решать, принимать решение
DECILE n десятая часть; десятка
DECIMAL *adj* десятичный
DECIMALIZATION n переход на десятичную систему
DECISION n 1. решение; постановление 2. *юр.* решение; определение
  administrative ~ решение администрации
  adverse ~ неблагоприятное решение
  alternative ~ альтернативное решение
  arbitral ~ арбитражное решение
  arbitrary ~ произвольное решение
  arbitration ~ арбитражное решение
  arbitrator's ~ *см.* arbitration ~
  bidding ~ решение об участии в тендере
  brand extension ~ стратегия расширения границ марки
  business ~ решение по коммерческим вопросам
  committee ~ групповое решение
  compulsory ~ обязательное решение
  court ~ решение суда
  draft ~ проект решения
  early ~ заблаговременное решение
  executive ~ решение по текущим вопросам
  expert's ~ решение экспертизы
  favourable ~ положительное решение
  final ~ окончательное решение
  judicial ~ судебное решение
  justified ~ обоснованное решение
  logical ~ логичное решение
  make-or-buy ~ решение о собственном производстве или закупке изделий
  management ~ решение руководства
  managerial ~ *см.* management ~
  marketing ~ решение о рынках сбыта
  motivated ~ мотивированное решение
  negative ~ отрицательное решение
  operative ~ оперативное решение
  optimal ~ оптимальное решение
  optimum ~ *см.* optimal ~
  original ~ первоначальное решение
  policy ~ стратегическое решение
  positive ~ положительное решение
  preliminary ~ предварительное решение
  production ~ производственное решение
  prompt ~ быстрое решение
  purchase ~ решение о закупке
  reasonable ~ разумное решение
  reorder ~ решение о размещении повторного заказа
  savings ~ решение, касающееся сбережений
  sensible ~ разумное решение
  sequential ~ последовательное принятие решений
  speedy ~ быстрое решение
  spending ~ решение о расходах
  strategic ~ стратегическое решение
  terminal ~ окончательное решение
  timely ~ своевременное решение
  trade-off ~ компромиссное решение
  unanimous ~ единодушное решение
  unilateral ~ одностороннее решение

unmotivated ~ немотивированное решение
wrong ~ ошибочное решение
~ of arbitration арбитражное решение
~ of the Arbitration Commission решение Арбитражной комиссии
~ of the Board of Appeals решение Апелляционного суда
~ of a commission of experts заключение экспертизы
~ of the court решение суда
~ of a question решение по вопросу
~ on appeal решение по апелляции
~ on an application решение по заявке
~ under risk решение, связанное с риском
◊ to affirm a ~ подтверждать решение
to appeal against a ~ обжаловать решение
to arrive at a ~ находить решение
to await a ~ ожидать решения
to carry out a ~ выполнять решение
to cancel a ~ аннулировать решение
to come to a ~ принимать решение
to confirm a ~ подтверждать решение
to delay a ~ медлить с решением
to enforce a ~ приводить решение в исполнение
to execute a ~ исполнять решение
to give a ~ решать
to hold a ~ юр. выносить судебное решение
to hold over a ~ откладывать решение
to implement a ~ выполнять решение
to kick against a ~ протестовать против решения
to leave to smb's ~ оставлять на чье-л. решение
to make a ~ выносить решение
to obey a ~ подчиняться решению
to pass a ~ выносить решение
to perform a ~ выполнять решение
to reach a ~ решать
to rescind a ~ отменять решение
to submit for ~ представлять на решение
to submit to a ~ подчиняться решению
to take a ~ выносить решение
to wait for a ~ ожидать решения
DECISION-MAKING n принятие решения
DECISION-TAKING n см. DECISION-MAKING
worker ~ принятие решения рабочим коллективом
DECK n палуба

bridge ~ самая высокая палуба судна
ship's ~ палуба судна
tonnage ~ верхняя (или вторая снизу) палуба судна
◊ off ~ с палубы
on ~ на палубе
under ~ под палубой
to load on ~ грузить на палубу
to place on ~ см. to load on ~
DECK-LOADED adj погруженный на палубу
DECLARATION n 1. декларация (документ) 2. объявление, заявление 3. таможенная декларация
captain's ~ декларация капитана
closing ~ окончательное страховое объявление
currency ~ валютная декларация
customs ~ таможенная декларация
export ~ экспортная декларация
final ~ окончательное страховое объявление
goods ~ грузовая декларация
income tax ~ декларация о подоходном налоге
inventor's ~ подписка об авторстве патента
master's ~ декларация капитана
provisional ~ предварительное страхование
purchase ~ декларация о закупке
rates ~ тарифная декларация
shipper's ~ декларация грузоотправителя
sworn ~ декларация, удостоверенная в подлинности
tariff ~ тарифная декларация
tax ~ налоговая декларация
~ of bankruptcy объявление о неплатежеспособности
~ of a boycott объявление бойкота
~ of cancellation заявление об аннулировании
~ of a consignor декларация грузоотправителя
~ of contents декларация о содержимом
~ of damage заявление о повреждении
~ of default объявление о неплатежах
~ of dividends объявление о выплате дивидендов
~ of general average декларация об общей аварии
~ of imports импортная декларация
~ of inability to pay debts объявление о неплатежеспособности

~ of insolvency *см.* ~ of inability to pay debts
~ of intention объявление о намерении
~ of nullity объявление о признании недействительным (*патента*)
~ of options *бирж.* объявление опционов
~ of priority декларация приоритета
~ of property имущественная декларация
~ of trust декларация об учреждении траста
~ of validity объявление о действительности (*патента*)
◊ ~ inwards *мор.* таможенная декларация по приходу
~ outwards *мор.* таможенная декларация по отходу
to file a ~ of bankruptcy объявлять неплатежеспособным
to fill in a ~ заполнять декларацию
DECLARE *v* 1. заявлять; объявлять 2. декларировать (*груз на таможне*)
~ due объявлять о наступлении срока платежа
DECLINE *n* 1. падение; спад 2. понижение, снижение; сокращение 3. ухудшение
business ~ спад деловой активности
inventory price ~ снижение стоимости товарно-материальных запасов
population ~ убыль населения
the pound's ~ снижение курса фунта стерлингов
price ~ снижение цен
seasonal ~ сезонное падение
slight ~ незначительное снижение
steady ~ неуклонное снижение
steep ~ чрезмерное (резкое) снижение
technical ~ изменение цен на рынке под воздействием внутренних факторов рынка
~ in birth rate сокращение рождаемости
~ in business activity спад деловой активности
~ in capacities сокращение производственных мощностей
~ in demand падение спроса
~ in earnings снижение доходов
~ in economic activity спад экономической активности
~ in efficiency снижение эффективности
~ in exports падение экспорта

~ in output снижение производительности
~ in performance *см.* ~ in output
~ in prices снижение цен
~ in production сокращение производства
~ in productivity снижение производительности
~ in quotations снижение курсов ценных бумаг
~ in rates понижение курса
~ in reserves сокращение запасов
~ in value снижение стоимости
◊ to suffer a ~ претерпевать снижение
DECLINE *v* 1. падать; понижаться, снижаться 2. приходить в упадок; ухудшаться 3. отклонять; отказываться
DECLINING *n* отклонение, отказ
DECODE *v* расшифровывать
DECODER *n* декодирующее устройство
DECODING *n* расшифровка
DECOMPOSITION *n* разложение
~ of labour process разложение процесса труда
~ of process of production расчленение процесса производства
DECONCENTRATE *v* децентрализовать
DECONCENTRATION *n* децентрализация; деконцентрация
DECONTROL *n* освобождение от контроля; снятие контроля
price ~ снятие контроля над ценами
~ of imports снятие контроля над импортом
DECORATE *v* декорировать; украшать; оформлять
DECORATION *n* оформление (*художественное*)
interior ~ оформление интерьера
loud ~ крикливое оформление
show-case ~ оформление витрины
stand ~ оборудование стендов (*на выставке*)
~ of an exhibition оформление выставки
~ of a pavilion оформление павильона
DECREASE *n* уменьшение; понижение; спад
actual ~ фактическое понижение
capacity ~ сокращение производственной мощности
rate ~ снижение тарифной ставки
yield ~ падение урожайности
~ in business activity спад деловой активности

~ in demand падение спроса
~ in imports сокращение импорта
~ in interest понижение интереса
~ in production сокращение производства
~ in profitability снижение производительности
~ in profits сокращение прибыли
~ in rates снижение тарифных ставок
~ in risk уменьшение риска
~ in sales падение сбыта
~ in value снижение стоимости
DECREASE v 1. уменьшать 2. уменьшаться; снижаться
DECREE n 1. указ, распоряжение; закон 2. *юр.* постановление, решение
DEDUCT v вычитать, удерживать; отчислять
DEDUCTIBLE *adj* подлежащий вычету
DEDUCTIBILITY n возможность вычета
DEDUCTION n 1. вычет, удержание; отчисление 2. скидка; уступка
block ~ единый вычет
bonus ~ бонусное отчисление
compulsory ~ принудительный вычет
currency ~ валютное отчисление
depreciation ~ 1) вычет суммы износа при налогообложении 2) *pl* амортизационные отчисления
fixed ~s постоянные вычеты
income ~ вычет из облагаемого дохода
interest ~s процентные вычеты
loss ~ удержание убытка
percentage ~ процентное отчисление
progressive ~ прогрессивное удержание
proportional ~ пропорциональное удержание
special ~ специальный вычет
standard ~ стандартный вычет из облагаемого дохода
tare ~ вычет веса тары
tax ~ удержание налогов
~ from income вычет из прибыли
~ from payments удержание из платежей
~ from salary вычет из зарплаты
~ from wages *см.* ~ from salary
~ of an amount удержание суммы
~ of charges вычет расходов
~ of expenses *см.* ~ of charges
~ of franchise удержание франшизы
~ of interest вычет процентов
~ of taxes удержание налогов
◇ with the ~ of за вычетом
to increase ~s увеличивать вычеты

to make a ~ удерживать
DEED n юридический документ, скрепленный подписями и печатью, в котором излагаются соглашение, обязательства и права сторон
administrator's ~ административный акт
assignment ~ акт правопередачи
committee ~ документ, выданный комиссией по продаже имущества, назначенной судом
executor's ~ акт, подписанный исполнителем завещания
foundation ~ акт об учреждении компании
holding ~ документ, удостоверяющий переход земли к новому владельцу
mortgage ~ ипотечный акт
notarial ~ документ, подготовленный нотариатом
purchase ~ документ, удостоверяющий покупку
sheriff's ~ документ о передаче права проданной собственности на основе норм общего права
tax ~ документ, удостоверяющий продажу имущества из-за неуплаты налогов
title ~ документ, удостоверяющий право владения
transfer ~ акт о передаче права собственности по ценной бумаге
trust ~ документ об учреждении доверительной собственности
valid ~ документ, скрепленный подписями и печатью
warranty ~ документ о передаче недвижимости, содержащий обычные условия гарантии правового титула
~ of acceptance акт приемки
~ of arrangement соглашение между должником и кредитором о погашении долга без объявления должника банкротом
~ of assignment акт о передаче несостоятельным должником своего имущества в пользу кредитора
~ of cession акт о цессии
~ of conveyance акт о передаче правового титула
~ of covenant обязательство в форме документа, скрепленного подписями и печатью
~ of inspectorship документ, по которому должник передает свое дело под

ответственность лица, назначенного кредиторами
~ of partnership договор о партнерстве
~ of property акт передачи собственности
~ of protest акт вексельного протеста
~ of real estate акт о передаче недвижимости
~ of settlement акт распоряжения имуществом в чью-л. пользу
~ of suretyship договор поручительства
~ of transfer документ, подтверждающий переход права собственности на ценные бумаги
~ of trust документ об учреждении доверительной собственности
~ of variation соглашение о варьировании ассортимента товаров

DEFALCATION *n* растрата

DEFAULT *n* невыполнение обязательств; нарушение обязательств по платежам, неуплата
credit ~ неуплата задолженности по кредиту
cross ~ 1) перекрестное невыполнение торговых и финансовых обязательств 2) условие кредитного соглашения, по которому невыполнение заемщиком обязательств по любому кредитному соглашению рассматривается как невыполнение обязательств по данному соглашению
loan ~ неуплата задолженности по займам
protracted ~ длительная неплатежеспособность
~ at trial неявка в суд
~ of appearance *см.* ~ at trial
~ of a contract нарушение условий контракта
~ of credit неуплата задолженности по кредиту
~ of interest неуплата процентов
~ of a treaty неисполнение договора
~ in delivery задержка поставки
~ in payment задержка платежа; неуплата
~ on commitments неисполнение обязательств
~ on interest неуплата процентов
~ on obligations неисполнение обязательств
◊ to be in ~ просрочить платеж

DEFAULTER *n* 1. сторона, не выполняющая обязанностей или обязательств 2. банкрот 3. растратчик

DEFECT *n* дефект; изъян; неисправность
alleged ~ предполагаемый дефект
apparent ~ явный дефект
claimed ~ заявленный дефект
critical ~ опасный дефект
detected ~ обнаруженный дефект
discovered ~ *см.* detected ~
established ~ установленное повреждение
grave ~ серьезный дефект
hereditary ~ наследственный дефект
hidden ~ скрытый дефект
incidental ~ случайный дефект
inherent ~ внутренний дефект, внутренний порок; порок, свойственный товару
initial ~ первоначальный дефект
internal ~ внутренний дефект
invisible ~ невидимый дефект
latent ~ скрытый дефект
major ~ значительный дефект
manufacturing ~ производственный дефект
manufacturing works ~ дефект завода-изготовителя
material ~ дефект материала
minor ~ мелкий дефект
natural ~ естественный дефект
obvious ~ явный дефект
outer ~ внешний дефект
outside ~ *см.* outer ~
patent ~ явный дефект
petty ~ мелкий дефект
principal ~ главный недостаток
quality ~ порок качества
repairable ~ устранимый дефект
serious ~ серьезный дефект
slight ~ незначительный дефект
small ~ *см.* slight ~
subsurface ~ дефект, находящийся под поверхностью
surface ~ поверхностный дефект
visible ~ явный (видимый) дефект
visual ~ внешний дефект
zero ~s бездефектность
undetected ~ необнаруженный дефект
~ in design дефект в конструкции
~ in goods дефект товара
~ in material дефект материала
~ in packing дефект упаковки
◊ without ~s бездефектный
free from ~s свободный от недостатков
to conceal a ~ скрывать дефект

to correct a ~ устранять дефект, исправлять повреждение
to detect a ~ обнаруживать дефект
to discover a ~ *см.* to detect a ~
to eliminate a ~ устранять дефект
to find a ~ обнаруживать дефект
to have ~s иметь дефекты
to make good a ~ устранять дефект, исправлять повреждение
to rectify a ~ *см.* to make good a ~
to remedy a ~ *см.* to make good a ~
DEFECTIVE *adj* неисправный, поврежденный, дефектный
DEFENCE *n* (*амер.* defense) защита
national ~ оборона страны
~ from claims защита от притязаний
~ of a licensed right защита лицензионного права
DEFEND *v* 1. защищать 2. отстаивать, поддерживать
DEFENDANT *n юр.* ответчик
~ in a case ответчик по иску
~ in a dispute ответчик в споре
~ in a law suit ответчик по иску
DEFENSIVE *adj* 1. защитный 2. оборонительный
DEFER *v* откладывать, отсрочивать
DEFERMENT *n* отсрочка
appropriations ~ отсрочка ассигнований
tax ~ отсрочка уплаты налога
~ of payment отсрочка платежа
◇ to grant a ~ дать отсрочку
DEFERRAL *n* отсрочка
~ of taxes отсрочка налоговых платежей
DEFERRED *adj* отсроченный
DEFERRING *n* перенос затрат или поступлений на счета будущего периода
DEFICIENCY *n* 1. нехватка, недостаток, дефицит 2. недостаток, порок
assets ~ нехватка активов
commodity ~ дефицит товаров
operation ~ неудовлетворительная эксплуатация
protein ~ белковая недостаточность
water ~ водный дефицит
~ of demand недостаточность спроса
~ of goods нехватка товаров
~ in goods *см.* ~ of goods
~ in receipts дефицит поступлений
~ in the proceeds недостаток выручки
~ in weight недостача в весе
◇ to compensate for a ~ компенсировать недостачу

to make good a ~ *см.* to compensate for a ~
to make up for a ~ *см.* to compensate for a ~
DEFICIENT *adj* недостаточный; недостающий
DEFICIT *n* дефицит
balance of payments ~ дефицит платежного баланса
balance of trade ~ дефицит торгового баланса
budget ~ бюджетный дефицит
budgetary ~ *см.* budget ~
cash ~ кассовый дефицит
chronic ~ хронический дефицит
current ~ текущий дефицит
current account ~ дефицит текущего счета
dollar ~ долларовый дефицит
exchange ~ валютный дефицит
external ~ внешний дефицит
financial ~ финансовый дефицит
fiscal ~ бюджетный дефицит
foreign exchange ~ дефицит валюты
foreign trade ~ внешнеторговый дефицит
minor ~ незначительный дефицит
operational ~ операционный дефицит
outstanding ~ непокрытый дефицит
overall ~ общая сумма дефицита
payments ~ дефицит платежного баланса
persistent ~ хронический дефицит
short-term ~ краткосрочный дефицит
trade ~ дефицит торгового баланса
~ of the balance of payments дефицит платежного баланса
~ of the balance of trade дефицит торгового баланса
~ of goods дефицит товаров
~ in foreign exchange дефицит валюты
◇ to balance a ~ сальдировать дефицит
to compensate for a ~ покрывать дефицит
to correct a ~ *см.* to compensate for a ~
to cover a ~ *см.* to compensate for a ~
to incur a ~ иметь дефицит
to make good a ~ компенсировать дефицит
to make up a ~ *см.* to make good a ~
to meet a ~ *см.* to make good a ~
to offset a ~ *см.* to make good a ~
to operate at a ~ работать с убытками
to reduce a ~ сокращать дефицит

to run a ~ иметь дефицит
to settle a ~ покрывать дефицит
to show a ~ закрывать счет с отрицательным сальдо
DEFINE v 1. определять; характеризовать 2. устанавливать
DEFINITE adj определенный
DEFINITION n определение; толкование
  industry ~ определение границ промышленной отрасли
  model ~ построение модели
  problem ~ постановка задачи
  ~ of grade определение сорта
  ~ of quality определение качества
DEFLATE v 1. сокращать выпуск денежных знаков 2. снижать цены
DEFLATION n дефляция
  price ~ снижение цен
  profit ~ снижение уровня прибыли
DEFLATIONARY adj дефляционный
DEFLATOR n дефлятор
DEFORESTATION n вырубка леса
DEFORMATION n деформация
DEFRAUD v обманывать; вводить в заблуждение
DEFRAUDING n обман
  ~ of income сокрытие дохода
DEFRAY v оплачивать (покрывать) расходы
DEFRAYAL n оплата, платеж
  ~ of charges покрытие расходов
  ~ of costs см. ~ of charges
  ~ of expenses см. ~ of charges
DEGENERATION n 1. упадок 2. ухудшение свойств
  product ~ ухудшение качества изделия
DEGRADATION n деградация, ухудшение
DEGREE n 1. степень 2. положение; звание; ученая степень
  college ~ диплом об окончании высшего учебного заведения
  doctor's ~ ученая степень доктора наук
  high ~ высокая степень
  honorary ~ почетная степень
  low ~ низкая степень
  ~ of accuracy степень точности
  ~ of association степень связанности
  ~ of automation степень автоматизации
  ~ of belief степень доверия
  ~ of competition степень конкуренции
  ~ of cover степень обеспечения
  ~ of crowding плотность заселения

  ~ of damage степень повреждения
  ~ of dependence степень зависимости
  ~ of depreciation степень износа
  ~ of efficiency коэффициент полезного действия
  ~ of fabrication степень готовности продукции
  ~ of finishing см. ~ of fabrication
  ~ of fitness степень годности
  ~ of integration степень интеграции
  ~ of labour exploitation степень эксплуатации труда
  ~ of liquidity степень ликвидности
  ~ of mechanization степень механизации
  ~ of mutual confidence степень взаимодоверия
  ~ of patent cover степень патентного обеспечения
  ~ of precision степень точности
  ~ of preference степень предпочтения
  ~ of priority порядок приоритета
  ~ of quality степень качества
  ~ of randomness степень случайности
  ~ of rationality уровень рациональности
  ~ of risk степень риска
  ~ of self-sufficiency степень самостоятельности, степень самообеспеченности
  ~ of service уровень обслуживания
  ~ of substitution степень замещения
  ~ of training уровень подготовки
  ~ of urgency степень настоятельности
  ~ of utilization степень использования
  ~ of utilization of production potential степень использования производственного потенциала
  ~ of wear and tear степень износа
  ◇ to a certain ~ до некоторой степени
  to a lesser ~ в меньшей степени
DEGRESSION n 1. снижение; спад 2. пропорциональное снижение (*налога*)
DEGRESSIVE adj пропорционально уменьшающийся (*налог*)
DEINDUSTRIALIZATION n деиндустриализация
DELAY n 1. задержка, приостановка; запаздывание 2. промедление; просрочка 3. отсрочка
  actual ~ фактическая задержка
  avoidable ~ устранимая потеря времени
  balancing ~ компенсирующая задержка
  debtor's ~ отсрочка в погашении долга

extensive ~ большая задержка
external ~ задержка из-за внешних обстоятельств
forced ~ вынужденная задержка
induced ~ *см.* forced ~
information ~ задержка в получении информации
internal ~ задержка, связанная с внутренними обстоятельствами
long ~ большая задержка
major ~ *см.* long ~
needless ~ неоправданная задержка
partial ~ частичная задержка
protracted ~ длительная задержка
shipping ~ задержка в погрузке
short ~ кратковременная задержка
temporary ~ временная задержка
time ~ *см.* temporary ~
transport ~ задержка на транспорте
unavoidable ~ неизбежная задержка
unjustified ~ неоправданная задержка
~ in delivery задержка поставки
~ in the execution of work задержка в выполнении работы
~ in opening a L/C задержка в открытии аккредитива
~ in payment просрочка платежа
~ in the performance of a contract задержка в исполнении контракта
~ in repayment просрочка погашения
~ in shipment задержка отгрузки
~ in supplying задержка поставки
~ in transportation задержка в перевозке
~ in unloading задержка в разгрузке
◊ without ~ без задержки
to accommodate ~s с учетом задержек
to cause a ~ вызывать задержку
to create a ~ *см.* to cause a ~
to eliminate a ~ устранять задержку
to entail a ~ вызывать задержку
to grant a ~ предоставлять отсрочку
to obtain a ~ in payment получать отсрочку платежа
to prevent a ~ предотвращать задержку

DELAY *v* 1. задерживать 2. отсрочивать, переносить

DELAYED *adj* задержанный

DEL CREDERE делькредере (*поручительство*)
◊ to assume ~ принимать на себя делькредере, поручаться
to stand ~ *см.* to assume ~

DELEGATE *n* делегат, представитель

government ~ правительственный делегат
trade union ~ делегат от профсоюза
workers' ~ представитель рабочих
~ to a conference делегат конференции
◊ to elect as ~ избирать делегатом

DELEGATE *v* 1. делегировать, посылать 2. уполномочивать

DELEGATION *n* 1. делегация 2. передача (*полномочий*)
foreign ~ иностранная делегация
government ~ правительственная делегация
large ~ большая делегация
representative ~ представительная делегация
top-level ~ делегация руководящих деятелей
trade ~ торговая делегация
~ of authority передача полномочий
~ of experts делегация специалистов
~ of power передача власти
~ of specialists делегация специалистов
◊ to head a ~ возглавлять делегацию
to receive a ~ принимать делегацию

DELETE *v* вычеркивать, стирать

DELETION *n* вычеркивание, стирание

DELINQUENCY *n* неуплата по долговому обязательству; просрочка
tax ~ банкротство налогоплательщика

DELINQUENT *adj* неуплаченный; просроченный
◊ to be ... days ~ просрочивать уплату на ... дней

DELISTING *n* исключение акций из биржевого списка по решению биржи или самой компании

DELIVER *v* 1. передавать, вручать 2. доставлять; подвозить 3. поставлять; снабжать
◊ ~ additionally поставлять дополнительно
~ ahead of schedule поставлять досрочно
~ free of charge поставлять бесплатно
free delivered доставка франко

DELIVERABLE *adj* доставляемый; подлежащий доставке

DELIVER|Y *n* 1. доставка 2. поставка; сдача; выдача; передача
above-plan ~ сверхплановая поставка
accomplished ~ завершенная поставка
actual ~ фактическая поставка
additional ~ дополнительная поставка

airfreight ~ поставка самолетом
anticipated ~ ожидаемая поставка
bad ~ нарушение правил поставки
bulk ~ бестарная перевозка
cargo ~ доставка груза
cash ~ поставка наличного товара
compensation ~ies компенсационные поставки
complete ~ комплектная поставка
continued ~ продолжающаяся поставка
contractual ~ies поставки по контракту
cooperated ~ies кооперационные поставки
cooperation ~ies поставки по кооперации
cooperative ~ies кооперационные поставки
counter ~ies встречные поставки
credit ~ies поставки в кредит
deficient ~ недопоставка
delayed ~ задержанная поставка; затягивание сроков поставки
direct ~ прямая поставка
distant ~ отсроченная поставка
door-to-door cargo ~ доставка груза на условиях «от двери до двери»
doorstep ~ бесплатная доставка на дом
early ~ досрочная поставка
estimated ~ ожидаемая поставка
excess ~ сверхпоставка
expected ~ ожидаемая поставка
expedited ~ ускоренная поставка
expedicious ~ срочная поставка
export ~ экспортная поставка
express ~ срочная доставка; срочная поставка
fast ~ быстрая поставка
final ~ окончательная поставка
first ~ первоначальная поставка
forward ~ будущая поставка
free ~ доставка франко
free home ~ бесплатная доставка на дом
free-of-charge ~ бесплатная поставка
fresh ~ies поставки новых товаров; новые поставки
full ~ полная поставка
future ~ будущая поставка
good ~ поставка в соответствии с условиями контракта
goods ~ поставка товара
home ~ доставка на дом
immediate ~ немедленная поставка; немедленная доставка

incomplete ~ некомплектная поставка, неполная поставка, недопоставка
incorrect ~ неправильная поставка
instantaneous ~ размер разовой поставки
lagged ~ поставка с запозданием
late ~ см. lagged ~
legal ~ юр. сдача; передача
local ~ местная поставка
mail ~ доставка почты
monthly ~ ежемесячная поставка
mutual ~ies взаимные поставки
obligatory ~ies обязательные поставки
overdue ~ просроченная поставка
overside ~ сдача груза с одного судна на другое
packaged ~ комплектная поставка
part ~ частичная сдача
partial ~ см. part ~
pool ~ амер. доставка товара на грузовиках в магазины одной компании
postal ~ доставка почты
projected ~ планируемая поставка
prior ~ досрочная поставка
precise ~ своевременная поставка
prompt ~ немедленная поставка; срочная поставка
punctual ~ доставка в срок, своевременная доставка
quarterly ~ies квартальные поставки
quick ~ быстрая поставка
ready ~ поставка готовой продукции
reciprocal ~ies взаимные поставки
recorded ~ заказная корреспонденция
regular ~ies регулярные поставки
regular way ~ бирж. амер. поставка проданных ценных бумаг покупающему брокеру с расчетом на 5-й день после заключения сделки
repeated ~ies многократные поставки
return ~ies взаимные поставки
safe ~ сохранная доставка
sales ~ доставка проданного товара
scheduled ~ies плановые поставки
short ~ неполная поставка, недопоставка
slow ~ срыв срока поставки
spaced ~ies поставки через равные промежутки времени
special ~ срочная доставка
spot ~ немедленная поставка
state ~ies государственные поставки
subsequent ~ies последующие поставки
timely ~ своевременная поставка
trial ~ пробная поставка

truck ~ доставка грузовиком
~ against acceptance выдача против акцепта
~ against a letter of commitment выдача против обязательственного письма
~ against payment выдача против платежа
~ against trust receipt выдача против сохранной расписки
~ ahead of schedule досрочная поставка
~ by consignments поставка партиями
~ by instalments поставка по частям; сдача по частям
~ by lots поставка партиями
~ by road поставка автомашинами
~ by waggon поставка в вагоне
~ in advance досрочная поставка
~ in the agreed assortment поставка в согласованном ассортименте
~ in equal lots поставка равными партиями
~ of additional goods допоставка, поставка дополнительного количества
~ of the balance of goods допоставка, поставка оставшегося товара
~ of cargo выдача груза
~ of documents представление документов; вручение документов
~ of equipment поставка оборудования
~ of goods выдача груза; подвозка груза; сдача груза
~ of information предоставление информации
~ of materials поставка материалов
~ of a patent выдача патента
~ of wrong goods ошибочная поставка
~ on call поставка по требованию
~ on commission сдача на комиссию
~ on consignment см. ~ on commission
~ on credit поставка в кредит
~ on demand поставка по требованию
~ on request см. ~ on demand
~ to destination поставка до пункта назначения
~ies under a contract поставки по контракту
◇ against ~ в счёт поставки
cash on ~ оплата при доставке
payable on ~ с уплатой при доставке
ready for ~ готовый к поставке
to accelerate ~ ускорять поставку
to accept ~ принимать поставку
to arrange for ~ организовывать поставку
to begin ~ начинать поставку

to cancel ~ аннулировать поставку
to collect on ~ оплата при доставке
to commence ~ начинать поставку
to complete ~ завершать поставку
to conclude ~ см. to complete ~
to continue ~ies продолжать поставки
to coordinate ~ies координировать поставки
to delay ~ задерживать поставку
to discontinue ~ies прекращать поставки
to effect ~ осуществлять поставку
to ensure ~ обеспечивать поставку
to estimate ~ оценивать поставку
to expedite ~ ускорять поставку
to fulfil ~ies выполнять поставки
to guarantee ~ies гарантировать поставки
to hold up ~ies приостанавливать поставки
to insure ~ страховать поставку
to maintain ~ies продолжать поставки
to make ~ осуществлять поставку
to meet ~ см. to make ~
to offer ~ предлагать поставку
to pay for ~ оплачивать доставку
to postpone ~ откладывать поставку
to proceed with ~ приступать к поставке
to put off ~ переносить срок поставки
to receive ~ принимать поставку
to refuse to take ~ отказываться от поставки
to require ~ требовать поставку
to resume ~ies возобновлять поставки
to schedule ~ies планировать поставки
to sell for future ~ продавать с поставкой в будущем
to sell for spot ~ продавать с немедленной поставкой
to send collect on ~ посылать наложенным платежом
to speed up ~ ускорять поставку
to start ~ies начинать поставки
to stop ~ies прекращать поставки
to suspend ~ приостанавливать поставку
to take ~ принимать поставку

DEMAND *n* 1. требование 2. потребность, нужда 3. спрос
accumulated ~ накопившаяся потребность
active ~ оживлённый спрос
actual ~ фактический спрос
additional ~ дополнительные потребности

after-market ~ вторичный спрос
aggregate ~ совокупный спрос; общий объём спроса на товары и услуги на данном рынке
alternate ~ спрос на взаимозаменяемые товары
animated ~ оживленный спрос
annual ~ ежегодные потребности
anticipated ~ ожидаемый спрос
average monthly ~ средняя ежемесячная потребность
back-ordered ~ задолженный спрос
borrowing ~ потребность в кредите
brisk ~ оживленный спрос
capital ~ потребность в капитале
cash ~ требование наличных денег
claimant's ~s требования истца
competitive ~ конкурентный спрос
complementary ~ спрос на взаимодополняющие товары и услуги
composite ~ *см.* complementary ~
conflicting ~s противоречивые требования
considerable ~ значительный спрос
consumer ~ потребительский спрос
consumer's ~ спрос населения
counter ~ встречное требование
current ~ существующий спрос; текущая потребность
declining ~ снижающийся спрос
decreasing ~ *см.* declining ~
deferred ~ накопившийся спрос
derived ~ производный спрос
diminishing ~ снижающийся спрос
domestic ~ внутренний спрос
effective ~ платежеспособный спрос
effective consumer ~ *см.* effective ~
effectual ~ *см.* effective ~
elastic ~ эластичный спрос
emergency ~ экстренный спрос
end-product ~ спрос на конечный продукт
excess ~ избыточный спрос; чрезмерное требование
excessive ~ *см.* excess ~
expected ~ ожидаемый спрос
export ~ спрос на экспорт
external ~ внешний спрос
fair ~ оживленный спрос
falling ~ падающий спрос
final ~ конечный спрос
fixed ~ устойчивый спрос
fluctuating ~ колеблющийся спрос
general ~ общая потребность
generalized ~ обобщенный спрос
great ~ большой спрос

growing ~ растущий спрос
heavy ~ большой спрос
home ~ внутренний спрос
housing ~ нехватка жилья
immediate ~ срочный спрос
import ~ спрос на импорт
increased ~ возросший спрос
increasing ~ растущий спрос
independent ~ независимый спрос
individual ~ личный спрос
inelastic ~ неэластичный спрос, жесткий спрос
investment ~ инвестиционный спрос
job ~ спрос на работу
joint ~ совмещенный спрос
justified ~ обоснованное требование
keen ~ большой спрос
labour ~ спрос на рабочую силу
limited ~ ограниченный спрос
liquidated ~ требование на определенную сумму
lively ~ живой спрос
loan ~ спрос на займы
lost ~ упавший спрос
local ~ местный спрос
market ~ рыночный спрос
maximum ~ максимальный спрос
maximum likely ~ максимально возможный спрос
maximum possible ~ *см.* maximum likely ~
maximum reasonable ~ максимально допустимый спрос
minimum ~ минимальный спрос
monthly ~ ежемесячная потребность
moving ~ скользящий спрос
nondefence ~ спрос, не связанный с военными потребностями
onerous ~ чрезмерное требование
one-time ~ разовая потребность
overall ~ общий спрос
peak ~ максимальный спрос
pent-up ~ неудовлетворенный спрос
persistent ~ постоянный спрос
plaintiff's ~s требования истца
planned ~ планируемый спрос
poor ~ малый спрос
potential ~ потенциальный спрос
price-dependent ~ спрос, зависящий от цен
primary ~ спрос на товары первой необходимости
product ~ спрос на продукцию
prospective ~ будущий спрос
reasonable ~ обоснованное требование

related ~ спрос на сопутствующие товары
replacement ~ спрос, связанный с необходимостью возмещения
resource ~ спрос на сырьевые товары
rival ~ конкурентный спрос
sagging ~ снижающийся спрос
salary ~ требование повышения заработной платы
satisfied ~ удовлетворенный спрос
saturated ~ насыщенный спрос
scanty ~ небольшой спрос
seasonal ~ сезонный спрос
slack ~ вялый спрос
slight ~ малый спрос
sluggish ~ вялый спрос
small ~ малый спрос
social ~ общественный спрос
solvent ~ платежеспособный спрос
stable ~ устойчивый спрос
stagnant ~ застойное состояние спроса
stationary ~ устойчивый спрос
steady ~ *см.* stationary ~
steep ~ завышенное требование
substantial ~ значительный спрос
summed ~ суммарная потребность
tax ~ платежное извещение налогового органа об уплате налога
uncovered ~ непокрытая потребность
unsatisfied ~ неудовлетворенный спрос
unsaturated ~ ненасыщенный спрос
urgent ~ срочное требование
wage ~ требование повышения заработной платы
weighted moving ~ повышенный скользящий спрос
world ~ мировой спрос
world market ~ конъюнктура спроса на мировых рынках
~ for advances спрос на кредит
~ for capital спрос на капитал
~ for consumer goods спрос на товары массового потребления
~ for credit спрос на кредит
~ for currency спрос на валюту
~ for equipment спрос на оборудование
~ for gold спрос на золото
~ for money потребность в деньгах
~ for payment требование платежа
~ for product спрос на продукцию
~ for raw materials потребность в сырье; спрос на сырьевые товары
~ for refund требование возвращения (*денег*)
~ for return требование о возврате
~ for service потребность в обслуживании
~ for space потребность в площади
~ of goods потребность в товаре
~s on the market потребности рынка
◊ on ~ по требованию
to advance ~s выдвигать требования
to be in ~ пользоваться спросом
to comply with ~ соответствовать требованиям
to continue in ~ продолжать пользоваться спросом
to cut ~s сокращать потребности
to decline a ~ отклонять требование
to determine ~s определять потребности
to enforce ~s добиваться выполнения требований
to exceed the ~ превышать спрос
to fill a ~ удовлетворять спрос
to find ~ on the market находить спрос на рынке
to forecast ~ прогнозировать спрос
to grant ~s удовлетворять требованиям
to have ~ иметь спрос
to lay down ~s выдвигать требования
to make ~s *см.* to lay down ~s
to meet the ~ удовлетворять спрос
to meet ~s удовлетворять требованиям
to put forward ~s выдвигать требования
to reduce ~s сокращать потребности
to reject a ~ отвергать требование
to satisfy the ~ удовлетворять спрос
to satisfy ~s удовлетворять требованиям
to stimulate the ~ стимулировать спрос
to supply a ~ удовлетворять спрос
to turn down a ~ отвергать требование
DEMAND *v* требовать, предъявлять требование
DEMANDER *n* покупатель; потребитель
DEMARCATION *n* разграничение; отграничение
~ of a stand граница стенда (*на выставке*)
DEMARKETING *n* демаркетинг
DE-MERGER *n* разделение объединившихся ранее предприятий
DEMESNE *n* 1. владение недвижимостью 2. недвижимое имущество 3. участок, прилегающий к дому
DEMISE *n юр.* сдача недвижимости в аренду
DEMO *n* демонстрация; публичный показ товара

DEMOGRAPHIC adj демографический
DEMOGRAPHICS n демографические показатели
DEMOGRAPHY n демография
  applied ~ прикладная демография
  descriptive ~ дескриптивная демография
  economic ~ экономическая демография
  formal ~ теоретическая демография
  housing ~ жилищная демография
  migration ~ демография миграции
  pure ~ теоретическая демография
  regional ~ региональная демография
  social ~ социальная демография
DEMONETIZATION n 1. лишение монеты стандартной стоимости 2. изъятие монеты из обращения
  gold ~ демонетизация золота
DEMONSTRATE v демонстрировать, показывать
DEMONSTRATION n демонстрация, показ
  bearish ~ тенденция к понижению
  field ~ испытание в полевых условиях
  flight ~ демонстрация полета
  on-site ~ показ на строительной площадке
  practical ~ практическая демонстрация
  preproduction ~ демонстрация производственного образца до начала производства
  store ~ амер. демонстрация (товара) продавцом в магазине
  ~ for customers демонстрация (товара) для покупателей
  ~ of an invention демонстрация изобретения
  ~ of equipment демонстрация оборудования
  ~ of exhibits демонстрация экспонатов
  ◊ to arrange a ~ устраивать демонстрацию
DEMURRAGE n 1. простой (судна, вагона) 2. плата за простой, демерредж
  eventual ~ возможный простой
  railroad ~ плата за простой груза на ж.-д. станции сверх срока
  ~ of a car простой вагона
  ~ of a container простой контейнера
  ◊ to be on ~ находиться на простое
  to charge ~ взимать демерредж
  to claim ~ требовать уплаты за простой
  to pay ~ выплачивать демерредж

DENATIONALIZATION n денационализация
DENATIONALIZE v денационализировать
DENATURALIZATION n лишение гражданства, денатурализация
DENATURALIZE v лишать гражданства, денатурализовать
DENIAL n 1. отрицание, опровержение 2. отказ; отклонение (просьбы)
  ~ of export privileges лишение экспортных привилегий
  ~ of a licence отказ в выдаче лицензии
  ~ of patentability отрицание патентоспособности
  ~ of responsibility отказ от ответственности
DENOMINATION n 1. достоинство, стоимость (денежных знаков); купюра 2. класс, тип, категория 3. вероисповедание 4. наименование
  large ~s крупные купюры
  small ~s мелкие купюры
  ~ of an applicant наименование заявителя
  ~ of goods название товара
  ◊ in ~s of... купюрами по...
DENOTATION n обозначение
  letter ~ буквенное обозначение
DENSITY n плотность
  birth ~ плотность рождений
  conditional ~ плотность условного распределения
  downtime ~ плотность распределения времени простоя
  dwelling unit ~ плотность жилищной застройки
  housing unit ~ см. dwelling unit ~
  joint ~ плотность совместного распределения
  maximum potential ~ наибольшая потенциальная плотность
  occupation time ~ плотность распределения времени занятости
  optimum ~ оптимальная плотность
  packing ~ плотность информации
  pollution ~ интенсивность загрязнения
  population ~ плотность населения
  prior ~ априорная плотность
  probability ~ плотность распределения вероятности
  rainfall ~ интенсивность атмосферных осадков
  residential ~ густота заселения жилого района

sales ~ товарооборот на единицу площади
stock ~ плотность поголовья
storage ~ плотность товаров на складах
traffic ~ интенсивность перевозок
~ of an ad плотность рекламы
DENUNCIATION *n* денонсация, денонсирование, расторжение
unilateral ~ односторонняя денонсация
~ of a treaty денонсация договора
DENY *v* 1. отрицать; отвергать 2. отказывать
DEPART *v* 1. уезжать; покидать 2. отклоняться, отступать
DEPARTMENT *n* 1. отдел; отделение; подразделение; служба 2. департамент; управление; *амер.* министерство, ведомство
accounting ~ [главная] бухгалтерия
accounts ~ *см.* accounting ~
administrative ~ административный отдел
advice ~ отдел авизо
advertising ~ рекламный отдел
analysis ~ отдел статистики
appeals ~ отдел жалоб
audit ~ ревизионно-контрольный отдел
auditing ~ *см.* audit ~
auxiliary ~ вспомогательное подразделение
bank ~ отдел банка
bespoke ~ *брит.* отдел заказов
billing ~ отдел фактурирования
bond ~ *амер.* отдел ценных бумаг с твердым процентом
bookkeeping ~ бухгалтерия
branch ~ отраслевое ведомство
business ~ отдел обслуживания клиентов
cash ~ касса (*в банке*)
certification ~ отдел удостоверения чеков (*в банке*)
claims ~ *страх.* отдел требований о возмещении убытков
collection ~ инкассовый отдел
common service ~ общезаводской отдел
contract ~ отдел контрактов
cost ~ калькуляционный отдел
coupons paying ~ отдел оплаты купонов
custody ~ *брит.* отдел вкладов и текущих счетов
delivery ~ отдел доставки товаров
deposit ~ отдел вкладов

design ~ конструкторское бюро
development ~ опытно-конструкторский отдел
discount ~ отдел учетных операций
distribution ~ отдел сбыта
drafting ~ конструкторское бюро
employees' ~ отдел кадров
employment ~ *см.* employees' ~
engineering ~ 1) технический отдел 2) конструкторский отдел
examination ~ отдел экспертизы
examination ~ *см.* examining ~
exchange ~ валютный отдел
executive ~ исполнительный орган
export ~ экспортный отдел
field service ~ отдел технического сотрудничества
filing ~ архив; регистрационный отдел
finance ~ финансовый отдел
finance-and-accounts ~ отдел финансов и отчетности
finance-and-economy ~ финансово-экономический отдел
foreign exchange ~ валютный отдел
forwarding ~ экспедиция
functional ~ производственный отдел
general accounting ~ центральная бухгалтерия
general bookkeeping ~ *см.* general accounting ~
general service ~ хозяйственный отдел
goods ~ служба приема грузов к отправке
government ~ *брит.* министерство
indirect ~ обслуживающий отдел
information ~ отдел справок; бюро информации
inquiry ~ отдел справок
inspection ~ отдел технического контроля
internal audit ~ отдел внутренней ревизии
inventory ~ инвентарный отдел
labour and wages ~ отдел труда и зарплаты
law ~ юридический отдел
leased ~ отдел или часть отдела магазина, которые сдаются в аренду
legal ~ юридический отдел
lost and found ~ бюро находок
maintenance ~ отдел техобслуживания и ремонта
manufacturing ~ производственный отдел
manufacturing engineering ~ технологический отдел

marketing ~ отдел маркетинга
marking ~ отдел маркировки товаров
materials ~ отдел материально-технического снабжения
merchandise development ~ отдел разработки новых товаров
methods and procedures ~ организационный отдел
new business ~ отдел развития
nonproductive ~s обслуживающие цеха и отделы
operating ~ отдел предприятия; цех завода
operational ~ оперативный отдел
order ~ отдел заказов
organization ~ организационный отдел
outpatients' ~ поликлиника
packing ~ отдел фасовки и упаковки
patent ~ патентный отдел
payroll ~ отдел заработной платы
personnel ~ отдел кадров
planning ~ плановый отдел
preproduction ~ отдел подготовки производства
pricing ~ конъюнктурный отдел
process ~ бюро технологических процессов
processing ~ *см.* process ~
procurement ~ отдел снабжения
production ~ производственный отдел
production control ~ отдел производственного контроля
production scheduling and control ~ планово-производственный отдел
promotion ~ *амер.* рекламный отдел
protocol ~ протокольный отдел
publication ~ издательский отдел
publicity ~ рекламный отдел
purchasing ~ отдел закупок; отдел снабжения
quality control ~ отдел контроля качества
receiving ~ отдел приемки
record ~ регистратура
requisitioning ~ отдел заявок (*на материалы*)
Revenue D. *брит.* Налоговое управление
sales ~ отдел сбыта
sales order ~ отдел заказов
savings ~ отдел сберегательных вкладов
scheduling ~ отдел календарного планирования
securities ~ фондовый отдел банка
selling ~ отдел сбыта

service ~ отдел обслуживания; предприятие сферы обслуживания
shipping ~ отдел отгрузки продукции
shop-training ~ отдел профессиональной подготовки на рабочих местах
staff ~ отдел кадров
staff training ~ отдел подготовки кадров
standards ~ отдел стандартов
State D. *амер.* Министерство иностранных дел
statistics ~ отдел статистики
stock ~ *брит.* отдел ценных бумаг (*в банке*)
storage ~ отдел хранения
stores ~ отдел материальных запасов
subcontractors ~ отдел субподрядов
supply ~ отдел снабжения
technical ~ технический отдел
thrift ~ *амер.* отдел сберегательных вкладов (*в банке*)
traffic ~ транспортный отдел
training ~ отдел подготовки кадров
transport ~ транспортный отдел
transportation ~ *см.* transport ~
trust ~ отдел доверительных операций
visa ~ отдел виз
wages ~ отдел заработной платы
work study ~ технико-нормировочное бюро
D. of Agriculture *амер.* Министерство сельского хозяйства
D. of Commerce *амер.* Министерство торговли
D. of Economic Affairs *брит.* Министерство экономики
D. of Health, Education and Welfare *амер.* Министерство здравоохранения, образования и социального обеспечения
D. of Industry *брит.* Министерство промышленности
D. of Justice *брит.* Министерство юстиции
D. of Labor *амер.* Министерство труда
D. of Overseas Trade *брит.* Департамент внешней торговли
D. of State *амер.* Министерство иностранных дел
D. of the Interior *амер.* Министерство внутренних ресурсов
D. of the Navy *амер.* Министерство военно-морских сил
D. of the Treasury *амер.* Министерство финансов

D. of Transportation *амер.* Министерство транспорта
◊ **to establish a ~** создавать отдел
to make up a ~ укомплектовывать отдел
to reequip a ~ обновлять оборудование цеха

DEPARTMENTAL *adj* ведомственный; относящийся к отделу, департаменту, министерству

DEPARTMENTALIZATION *n* 1. подразделение на отделы 2. распределение общезаводских расходов по цехам

DEPARTURE *n* 1. отъезд; вылет; отход; отправление 2. отклонение, отступление
  scheduled ~ запланированное отправление; запланированный вылет
  ~ from accepted standards отклонение от нормы
  ~s from equilibrium отклонения от равновесия
  ~ from a schedule отклонение от графика

DEPEND *v* 1. зависеть 2. полагаться, рассчитывать

DEPENDABILITY *n* надежность

DEPENDABLE *adj* надежный

DEPENDANT *n* 1. иждивенец 2. подчиненный

DEPENDENCE *n* зависимость
  casual ~ причинная зависимость
  complete ~ полная зависимость
  financial ~ финансовая зависимость
  increasing ~ растущая зависимость
  linear ~ линейная зависимость
  partial ~ частичная зависимость
  personal ~ личная зависимость

DEPENDENCY *n* 1. зависимость 2. зависимая страна
  total ~ полная зависимость

DEPENDENT *n* иждивенец

DEPLETE *v* истощать, исчерпывать (*запасы, ресурсы*)

DEPLETION *n* истощение, исчерпывание, исчерпание
  inventory ~ исчерпание запасов
  soil ~ истощение почвы
  stock ~ исчерпание запасов
  ~ of capital истощение капитала
  ~ of fertility истощение плодородия
  ~ of foreign exchange истощение запасов валюты

DEPLOYMENT *n* размещение

manpower ~ подбор и расстановка кадров
~ of labour *см.* **manpower ~**

DEPOPULATION *n* депопуляция, снижение численности населения
  rural ~ уменьшение численности сельского населения

DEPORT *n* депорт

DEPOSIT *n* 1. вклад в банке; депозит 2. взнос 3. задаток, залог 4. месторождение
  account ~s кредитовое сальдо по счету
  alternate ~ счет на двух лиц
  bank ~ банковский депозит
  call ~ вклад до востребования
  cash ~ вклад наличными деньгами; денежный взнос
  checkable ~s вклады, по которым можно выписывать чеки; текущие счета или договорные счета
  checking ~ вклад до востребования
  coal ~s месторождения угля
  current account ~ вклад на текущий счет
  demand ~ бессрочный депозит; депозит на текущем счете; вклад до востребования
  derivative ~ производный депозит
  dollar ~ долларовый депозит
  fixed ~ срочный вклад; срочный депозит
  foreign ~ банковский депозит, принадлежащий иностранцу
  general ~ обычный депозит
  general average ~ взнос по общей аварии
  government ~ правительственный депозит
  guarantee ~ гарантийный депозит
  idle ~ неиспользуемый депозит
  import ~s импортные депозиты
  initial ~ первоначальный взнос
  insured ~ застрахованный депозит
  interest bearing ~ процентный вклад
  joint ~ совместный банковский счет
  long-term ~ долгосрочный вклад
  mineral ~ месторождение полезных ископаемых
  minimum ~ минимальный вклад
  nonfixed ~ вклад до востребования
  noninterest bearing ~ беспроцентный вклад
  oil ~ месторождение нефти
  on-call ~ *амер.* бессрочный вклад
  ore ~ месторождение руды
  personal ~ вклад частного лица

primary ~ первичный депозит
prior import ~s предварительный взнос до получения лицензии на импорт
private ~ вклад частного лица
property ~ имущественный вклад
public ~s депозиты государственных учреждений
refundable ~ возмещаемый взнос
reserve ~ резервный депозит
returnable ~ возвратный вклад
rich ~ богатое месторождение
safe ~ хранение ценностей и документов в сейфе
savings ~ сберегательный вклад
short-term ~ краткосрочный вклад
sight ~ бессрочный вклад; вклад на предъявителя
small savers' ~s вклады мелких вкладчиков
split ~ депозит, часть суммы которого можно снимать по чеку наличными
special ~ специальный депозит
specific ~ см. special ~
subscription ~ вклад по подписке
term ~ срочный вклад
time ~ см. term ~
total ~s сумма вкладов
transferable ~ переводимый депозит
voluntary ~ добровольный вклад
~ at call бессрочный вклад
~ at notice вклад с уведомлением
~ at long notice вклад с длительным уведомлением
~ at short notice вклад с краткосрочным уведомлением
~s by customers заемные средства банка
~ in escrow условный депозит; мнимый вклад
~ of a cheque залог чека
~ of money денежный вклад
~ on call бессрочный вклад
~ on current account вклад на текущем счете
~ with a bank вклад в банк
~ with a fixed period вклад на срок
◊ ~s and drawings взносы средств на счет и снятия средств со счета
on ~ на хранении
~ to cancel the claim депозит в погашение требования
to credit a ~ to an account учитывать взнос
to draw on ~ получать сумму с депозита

to enter a ~ in an account производить взнос
to extinguish a ~ снимать депозит
to have a ~ at the bank иметь депозит в банке
to have on ~ иметь на вкладе
to hold a ~ иметь вклад
to make a ~ производить взнос; делать вклад
to pay a ~ выплачивать деньги по депозиту
to place money on ~ вносить деньги в депозит
to receive a ~ at interest принимать вклад под процент
to release a ~ разблокировать депозит
to retain a ~ удерживать депозит
to take a ~ принимать вклад; принимать взнос
to transfer money on (from) ~ перечислять деньги на депозит (с депозита)
to withdraw a ~ отзывать вклад
DEPOSIT v 1. положить в банк или сберегательную кассу; депонировать 2. делать взнос 3. давать задаток
DEPOSITARY n 1. хранитель; доверенное лицо 2. депозитарий 3. склад, хранилище
corporate ~ трастовое учреждение, являющееся хранителем ценных бумаг и другого имущества
general ~ амер. банк, уполномоченный принимать суммы в пользу казначейства (является членом Федеральной резервной системы)
limited ~ амер. банк, который может принимать правительственные депозиты с определенными ограничениями (является членом Федеральной резервной системы)
special ~ амер. банк, уполномоченный принимать суммы в пользу казначейства (не является членом Федеральной банковской системы)
DEPOSITING n депонирование
~ of an amount депонирование денежной суммы
DEPOSITION n внесение денег, взнос; вклад
DEPOSITOR n вкладчик; депозитор
savings bank ~ владелец сберегательного вклада
DEPOSITORY n 1. склад, хранилище 2. банк-хранилище; банк-депозитарий

authorized ~ банк-депозитарий, уполномоченный законом
general ~ *амер.* банк, которому разрешено осуществление операций с депозитами Казначейства (*является членом Федеральной банковской системы*)
government ~ банк-хранитель правительственных фондов
night ~ вечерняя касса
reserve ~ банк-хранитель резерва
state ~ банк-хранитель государственных фондов

DEPOSIT-TAKER *n* депозитарий
DEPOT *n* склад, хранилище
aircraft ~ авиационный склад
cargo ~ грузовой склад
container ~ контейнерное депо, специализированное место для обработки контейнеров
freight ~ грузовой склад
intermediate ~ промежуточный склад
livestock ~ скотобаза
maintenance ~ база техобслуживания и текущего ремонта
open ~ открытое хранилище
overhaul ~ ремонтная база
package ~ *амер.* склад для хранения генерального груза
parcels ~ *см.* package ~
parts ~ склад запчастей
repair ~ ремонтная база
spare ~ склад запчастей
supply ~ торговая база
◊ to maintain a spares ~ иметь склад запчастей

DEPRECIABLE *adj* амортизируемый
DEPRECIATE *v* 1. обесценивать 2. обесцениваться, падать в цене 3. снашиваться
DEPRECIATED *adj* обесцененный
DEPRECIATION *n* 1. обесценение; снижение стоимости 2. скидка на порчу товара 3. амортизация; физический или моральный износ
accelerated ~ ускоренная амортизация
accrued ~ аккумулированные списания
accumulated ~ *см.* accrued ~
annual ~ годовая сумма амортизационных списаний
capital ~ амортизация капитала
compensating ~ компенсирующий метод начисления износа
composite rate ~ групповая амортизация

composite-life ~ *см.* composite rate ~
currency ~ обесценение валюты
declining balance ~ метод дегрессивной амортизации
decreasing balance ~ *см.* declining balance ~
degressive ~ дегрессивная амортизация
disallowed ~ избыточная сумма начислений на износ
exchange ~ обесценение валюты
flat rate ~ равномерная амортизация
functional ~ функциональный износ
functional moral ~ моральный износ
group ~ групповое снижение стоимости
group-rate ~ *см.* group ~
historic-cost ~ начисление износа по первоначальной стоимости
increasing ~ увеличивающийся износ
inflationary ~ инфляционное обесценение
linear rate ~ равномерное начисление износа
market ~ падение рыночной стоимости
moral ~ моральный износ
ordinary ~ нормальная амортизация
physical ~ физический износ
replacement-cost ~ начисление износа по восстановительной стоимости
straight-line ~ равномерное начисление износа
~ due to usage механический износ в процессе эксплуатации
~ of capital амортизация капитала; обесценение капитала
~ of cargo обесценение груза
~ of currency обесценение валюты
~ of deposits обесценение вкладов
~ of equipment обесценение оборудования
~ of exchange обесценение валюты
~ of gold обесценение золота
~ of money обесценение денег
~ through inflation обесценение в результате инфляции

DEPRESS *v* понижать, снижать
DEPRESSION *n* 1. депрессия; застой; кризис 2. уменьшение; понижение
business ~ спад деловой активности; застой в торговле
economic ~ экономический кризис
farm ~ аграрный кризис
trade ~ застой в торговле
world ~ кризис мировой экономики

~ of economic activity спад деловой активности
~ of the market вялость рынка
~ of prices *бирж.* снижение курсов ценных бумаг
DEPRIVATION *n* 1. лишение 2. потеря; утрата
~ of rights лишение прав
DEPTH *n* глубина
~ of market «глубина рынка» (*показатель масштаба деловой активности, не вызывающей значительных изменений цен*)
DEPUTY *n* 1. представитель; депутат 2. заместитель
◊ to act as ~ представлять кого-л.
DERATE *v* освобождать (*промышленность*) от местных налогов
DERATION *v* прекращать нормирование; отменять карточную систему
DERATIONING *n* прекращение нормирования; отмена карточной системы
DEREGULATION *n* уменьшение государственного вмешательства в экономику
DESCRIBE *v* описывать
DESCRIPTION *n* 1. описание 2. вид, род
activity ~ описание деятельности; описание операции
brief ~ краткое описание
complete ~ полное описание
concise ~ краткое описание
correct ~ правильное описание
detailed ~ подробное описание
double ~ двойное описание
exact ~ точное описание
exhaustive ~ полное описание
job ~ описание рабочего задания
partial ~ частичное описание
patent ~ описание изобретения к патенту
process ~ описание процесса
production ~ характер продукции
task ~ описание рабочего задания
technical ~ техническое описание
~ by length описание по длине
~ by volume описание по объёму
~ by weight описание по весу
~ of an article наименование изделия
~ of cargo наименование груза
~ of contents оглавление, содержание
~ of defects описание дефектов
~ of design описание конструкции
~ of discovery описание открытия

~ of equipment описание оборудования
~ of freight наименование груза
~ of goods описание товара
~ of hazards описание риска
~ of an invention описание изобретения
~ of occupation перечень профессий
~ of origin описание происхождения
~ of products описание изделий
~ of risk описание риска
~ of securities характер ценных бумаг
~ of shipment описание груза
◊ to amend a ~ вносить исправления в описание
to give a ~ давать описание
DESIGN *n* 1. план, проект 2. чертёж, эскиз; конструкция 3. художественное оформление; дизайн
advertisement ~ набросок объявления
advertising ~ художественное оформление рекламы; дизайн рекламного объявления
approved ~ утверждённый проект
artistic ~ художественное оформление
basic ~ базовая конструкция
biased ~ смещённый план
civil engineering ~ строительная часть проекта
computer ~ проект вычислительной машины
computer-aided ~ автоматизированное проектирование
conceptual ~ эскизный проект
conventional ~ типовой образец, типовой проект
custom ~ индивидуальный проект
customer ~ *см.* custom ~
economic ~ 1) экономический расчёт 2) экономически целесообразная конструкция
economical ~ *см.* economic ~
engineering ~ инженерное проектирование
equipment ~ конструкция оборудования
experimental ~ экспериментальный проект
form ~ форма бланка
graphic ~ графическая форма, графическое оформление
hardware ~ конструкция аппаратуры, конструкция устройства
individual ~ индивидуальный проект
industrial ~ 1) промышленный образец

2) проектирование промышленного образца
item ~ проектирование изделия
optimum ~ оптимальная конструкция
panel ~ схема отбора, используемая для создания панели
patented ~ запатентованный образец; запатентованный дизайн
preliminary ~ предварительный проект
product ~ проектирование изделия
prototype ~ разработка опытного образца
questionnaire ~ структура построения анкеты для опроса потребителей
registered ~ запатентованный дизайн
revised ~ переработанный проект
sample ~ составление выборки
sketch ~ эскизный проект
standard ~ 1) типовой проект 2) типовое проектирование
survey ~ план обследования
technical ~ технический проект
type ~ типовой проект
unique ~ уникальный проект
~ of an exhibition оформление выставки
~ of a machine конструкция машины
~ of a pavilion оформление павильона
~ of sampling inquiry план выборочного обследования
~ of statistical inquiry план статистического обследования
~ to characteristics проектирование согласно заданным характеристикам
~ to cost проектирование соответственно предусмотренной стоимости
◇ ~ and development техническое проектирование
to approve a ~ утверждать проект
to build from a standard ~ строить по типовому проекту
to develop a ~ 1) разрабатывать конструкцию 2) разрабатывать проект
to improve a ~ улучшать конструкцию
to make ~s конструировать
to refine a ~ улучшать (совершенствовать) конструкцию
to work out a ~ разрабатывать конструкцию
DESIGN v 1. планировать, проектировать 2. проектировать, разрабатывать 3. предназначать
DESIGNATE v 1. определять, устанавливать 2. обозначать, называть
DESIGNATION n обозначение; знак
letter ~ буквенное обозначение

DESIGNER n 1. конструктор, проектировщик 2. дизайнер; модельер
advertisement ~ составитель рекламы
chief ~ главный конструктор
deputy chief ~ заместитель главного конструктора
general ~ генеральный конструктор, генеральный проектировщик
industrial ~ дизайнер, художник-конструктор
landscape ~ специалист по садово-парковой архитектуре
leading ~ ведущий конструктор
principal ~ генеральный конструктор
structural ~ инженер по строительным конструкциям
DESIGNING n планирование, конструирование; проектирование
automated ~ автоматизированное проектирование
product ~ проектирование изделия
DESK n 1. стол 2. бюро; прилавок 3. амер. специальное операционное подразделение Федерального резервного банка Нью-Йорка
cash ~ касса
cashier's ~ касса (в магазине)
check ~ отдел бухгалтерии банка (проводки чеков)
information ~ справочное бюро
inquiry ~ см. information ~
pay ~ касса
reception ~ регистратура (в гостинице)
DESKILLING n 1. сокращение количества квалифицированных рабочих на предприятии 2. деквалификация
~ of jobs упрощение технологических операций
~ of labour деквалификация рабочих
DESTABILIZATION n дестабилизация
economic ~ дестабилизация экономики
~ of economy см. economic ~
DESTINATION n место назначения; пункт назначения
final ~ конечный пункт назначения
inland ~ место назначения (внутри страны)
seaboard ~ прибрежный пункт назначения
ultimate ~ конечный пункт назначения
DESTRUCTION n разрушение, разорение
environmental ~ разрушение окружающей среды
~ of property порча имущества

DETACH v 1. разделять; отделять 2. отрывать; отцеплять
DETACHMENT n 1. разъединение; отделение 2. отцепление
DETAIL n 1. деталь, подробность; частность 2. деталь (*машины*)
  additional ~s дополнительные подробности
  appropriate ~s соответствующие подробности
  full ~s все подробности
  pertinent ~s подробности, относящиеся к делу
  specific ~s характерные детали
  technical ~s технические детали
  updated ~s усовершенствованные детали
  ◇ in ~ подробно, детально
  to give ~s сообщать подробности
  to go into ~s входить в подробности
DETAILING n детализация товара
DETAIN v 1. задерживать 2. *юр.* незаконно удерживать, присваивать
DETECT v находить, обнаруживать
DETECTION n обнаружение
  ~ of a defect обнаружение дефекта
DETENTION n 1. задержка 2. *мор.* задержка, простой (*судна*) 3. возмещение за задержку судна
  legal ~ законное задержание
  temporary ~ временное задержание
  ~ of cargo задержка груза
  ~ of a vessel задержание судна
  ~ of wages задержка выдачи заработной платы
DETERGENT n моющее средство
DETERIORATE v ухудшаться; портиться
DETERIORATION n 1. ухудшение 2. порча, повреждение; износ
  data ~ старение информации
  quality ~ ухудшение качества
  ~ by corrosion порча из-за коррозии
  ~ in demand снижение спроса
  ~ in quality снижение качества
  ~ of the competitive positions ослабление конкурентных позиций
  ~ of the economic situation ухудшение конъюнктуры
  ~ of equipment износ оборудования
  ~ of goods порча товара
  ~ of information старение информации
  ~ of the quality of products ухудшение качества изделий
  ~ of relations ухудшение отношений
  ◇ to protect from ~ предохранять от порчи

DETERMINANT n решающий фактор; показатель
  demographic ~ демографический показатель
  environmental ~ решающий фактор окружающей среды
  ~ of fertility решающий фактор, определяющий плодовитость
DETERMINATION n 1. определение, установление 2. окончание; конец
  income ~ определение уровня дохода
  price ~ установление уровня цен
  trend ~ определение тенденции
  value ~ определение стоимости
  ~ of an amount определение количества
  ~ of applicability определение пригодности
  ~ of capacity определение мощности
  ~ of a compensation определение размера компенсации
  ~ of costs определение расходов
  ~ of damages определение убытков
  ~ of expenses определение расходов
  ~ of extent of protection определение объема охраны прав
  ~ of the goal определение цели
  ~ of the interest rate определение нормы процента
  ~ of a lease прекращение аренды
  ~ of liability определение ответственности
  ~ of losses определение убытков
  ~ of output определение мощности
  ~ of prices установление уровня цен; калькуляция цен
  ~ of requirements определение потребностей
  ~ of responsibility определение ответственности
  ~ of royalty определение размера роялти
  ~ of quality определение качества
  ~ of quantity определение количества
  ~ of wages определение уровня заработной платы
DETERMINE v 1. определять, устанавливать 2. оканчивать, заканчивать
DETRIMENT n ущерб, вред
  ◇ without ~ без ущерба
DETRIMENTAL adj причиняющий ущерб; вредный
DEVALORIZATION n понижение курса валюты, девалоризация
  ~ of currency понижение курса валюты

DEVALORIZE v девалоризовать валюту
DEVALUATE v девальвировать
DEVALUATION n девальвация
  competitive ~ конкурентная девальвация
  currency ~ девальвация валюты
  impending ~ предстоящая девальвация
  ~ of currency девальвация валюты
  ~ of exchange *см.* ~ of currency
  ~ of goods уценка товара
  ~ of paper money обесценение бумажных денег
DEVALUE v девальвировать
DEVALUED adj девальвированный
DEVELOP v 1. развивать, совершенствовать; расширять 2. развиваться, расти; расширяться 3. выводить (*сорт или породу*) 4. разрабатывать
DEVELOPED adj 1. развитой 2. разработанный
DEVELOPER n 1. разработчик 2. застройщик
  private ~ частная фирма-застройщик
  ~ of a process разработчик процесса
DEVELOPMENT n 1. развитие, совершенствование, доводка 2. разработка; проектирование 3. разработка; освоение 4. застройка; строительство 5. выведение (*сорта*) 6. *pl* событие
  accelerated ~ ускоренное развитие
  advanced ~ разработка образца
  agricultural ~ сельскохозяйственное развитие
  balanced ~ сбалансированное развитие
  business ~ коммерческое развитие
  commercial ~ *см.* business ~
  economic ~ рост экономики
  engineering ~ 1) разработка опытного образца 2) доводка опытного образца
  executive ~ подготовка руководящих кадров
  exploratory ~ экспериментальная разработка
  export ~ развитие экспорта
  general ~ общее развитие
  housing ~ жилищное строительство
  industrial ~ развитие промышленности
  inflationary ~ развитие инфляции
  land ~ освоение земель
  long-run ~ долговременное развитие
  long-term ~ *см.* long-run ~
  management ~ повышение квалификации руководящего персонала
  management system ~ развитие системы управления
  market ~ расширение рынка
  marketing ~ расширение рынка сбыта
  marketing strategy ~ разработка стратегии маркетинга
  model ~ разработка новой конструкции
  natural ~ естественное развитие
  new product ~ разработка товара-новинки
  oilfield ~ освоение месторождений нефти
  operational ~ доводка
  operational system ~ доработка в эксплуатации
  peaceful ~ мирное развитие
  personnel ~ работа с персоналом
  planned ~ планомерное развитие
  population ~ рост численности населения
  price ~ рост цен; движение цен
  priority ~ опережающее развитие
  product ~ разработка товара; совершенствование товара
  property ~ застройка района
  prototype ~ разработка опытного образца
  public ~ застройка земельных участков с целью повышения их инвестиционной привлекательности
  rapid ~ бурное развитие
  recent ~ 1) новостройка 2) новая разработка, новинка
  recreational ~ строительство клубов, ресторанов, театров и т. п.
  regular ~ планомерное развитие
  residential ~ жилищное строительство
  resource ~ разработка полезных ископаемых
  rural ~ сельское строительство
  satellite ~s строительство городов-спутников
  social ~ социальное развитие
  systematic ~ планомерное развитие
  technological ~ развитие технологии
  trade ~ развитие торговли
  unbalanced ~ диспропорциональное развитие
  uneven ~ неравномерное развитие
  world economic ~ развитие мировой экономики
  ~ of contacts развитие контактов
  ~ of cooperation развитие сотрудничества
  ~ of economic cooperation развитие экономического сотрудничества
  ~ of economic resources освоение экономических ресурсов

~ of economic ties развитие экономических связей
~ of the economy развитие экономики
~ of export развитие экспорта
~ of information science развитие информатики
~ of industry развитие промышленности
~ of labour productivity повышение производительности труда
~ of land 1) застройка земельных участков 2) мелиорация земли
~ of a market освоение рынка
~ of methods разработка методики
~ of the national economy развитие народного хозяйства
~ of natural resources освоение природных богатств
~ of new equipment разработка нового оборудования
~ of a process разработка процесса
~ of a product разработка изделия
~ of production развитие производства
~ of a production process разработка технологии производства
~ of a project разработка проекта
~ of tourism развитие туризма
~ of trade развитие торговли
~ of trade relations развитие торговых связей
~ of vocational competence повышение квалификации
◊ to authorize ~ давать разрешение на строительство
to encourage ~ содействовать развитию
to facilitate ~ см. to encourage ~
to further ~ см. to encourage ~
to promote ~ см. to encourage ~
DEVIATE v отклоняться, уклоняться
DEVIATION n отклонение, отступление
acceptable ~ приемлемое отклонение
accumulated ~ накопленное отклонение
admissible ~ допустимое отклонение
allowable ~ см. admissible ~
average ~ среднее отклонение
cumulated ~ накопленное отклонение
deliberate ~ преднамеренное уклонение
design ~ проектное отклонение
maximum ~ максимальное отклонение
mean ~ среднее отклонение
permissible ~ допустимое отклонение
probable ~ вероятное отклонение
quality ~ отклонение качества

relative ~ относительное отклонение
significant ~ значительное отклонение
standard ~ среднеквадратическое отклонение
tolerable ~ допустимое отклонение
~ from parity отклонение от паритета
~ from a plan отклонение от плана
~ from the rated value отклонение от установленной нормы
~ from the route отклонение от маршрута
~ from a sample отклонение от образца
~ from standard отклонение от стандарта
DEVICE n 1. устройство, приспособление; прибор 2. прием; средство
advertising ~s рекламные средства
automatic ~ автоматический прибор
automation ~ см. automatic ~
check protecting ~s защитные элементы чека
electronic ~ электронное устройство
labour saving ~ приспособление, экономящее труд
measuring ~ измерительный прибор
protection ~ защитное устройство
recording ~ регистрирующее устройство; записывающее устройство
sales promotion ~s методы продвижения товара
weighing ~ прибор для взвешивания
DEVOLUTION n 1. передача (*обязанностей*) 2. переход (*имущества*)
~ of estate переход имущества
DIAGNOSTIC adj диагностический
DIAGNOSTICS n диагностика, выявление ошибок или неисправностей
DIAGRAM n диаграмма; схема; график
block ~ блок-схема; структурная схема
circle ~ круговая диаграмма
column ~ столбиковая диаграмма
erection ~ монтажная схема
flow ~ 1) блок-схема 2) схема последовательности операций
instalation ~ схема установки оборудования
logical ~ логическая схема
maintenance ~ график технического обслуживания
plant flow ~ схема производственного процесса
scatter ~ диаграмма разброса (*результатов анализа*)
timing ~ временная диаграмма
vector ~ векторная диаграмма

DIARY *n* журнал (*для записей*)
DIE *v* затихать; затухать; прекращать существование
◊ ~ **away** ослабевать, постепенно исчезать
DIET *n* диета, пищевой режим
DIFFER *v* отличаться; различаться
DIFFERENCE *n* 1. разница; различие, отличие 2. разногласие; расхождение
acceptable ~ приемлемое отклонение
age-to-age ~s различия между возрастными группами
balanced ~s уравновешенные различия
cash ~ разница в ценах
double ~ двойная разница
exchange ~ курсовая разница
external ~ внешнее отличие
genetic ~ генетическое различие
great ~ большая разница
gross ~ суммарная разность
important ~ важное различие
income ~ разница в доходах
major ~s основные различия
minor ~ незначительная разница
net ~ чистая разность
price ~ разница в ценах
real or fancied product ~s реальные или воображаемые различия в продуктах
regional ~s региональные различия (*в оплате труда*)
significant ~ значительное различие; значительное расхождение
small ~s небольшие разногласия
tariff ~ тарифная разница
weighing ~ разница в массе
~ **in the amount** разница в сумме
~ **in assortment** расхождение в ассортименте
~ **in colour** отклонение в цвете
~ **in the cost** разница в стоимости
~ **in costs** разница в издержках
~ **in currency rates** валютная разница
~ **in exchange** разница в курсах
~s **in positions** разница в позициях
~ **in prices** разница в ценах; расхождение цен (*на однородную продукцию*)
~ **in quality** разница в качестве
~ **in quantity** разница в количестве
~ **in quotations** разница в курсах
~ **in rates** 1) различие в курсах 2) разница в темпах роста
~ **in the rate of exchange** разница в курсах
~ **in value** разница стоимости
~ **in weight** разница в массе

~ **of opinion** разногласия во взглядах
~ **of potentials** разность экономических потенциалов
~ **of principle** принципиальное разногласие
◊ **to adjust a** ~ урегулировать разногласие
to arrange a ~ *см.* **to adjust a** ~
to claim the ~ требовать разницу
to contain ~s содержать различия
to cover the ~ покрывать разницу
to eliminate ~s устранять различия
to equalize the ~ устранять разницу
to iron ~s сглаживать разногласия
to level out ~s сглаживать различия
to meet the ~ уплачивать разницу
to overcome ~s преодолевать разногласия
to pay the ~ уплачивать разницу
to reflect the ~ отражать разницу
to repay the ~ выплачивать разницу
to resolve ~s разрешать разногласия
to settle ~s урегулировать разногласия
to smooth out ~s сглаживать разногласия
to solve ~s разрешать разногласия
to speculate for ~s спекулировать (играть) на разнице в курсах
to speculate in ~s *см.* **to speculate for** ~s
to split the ~ делить разницу пополам
DIFFERENT *adj* различный; отличный
DIFFERENTIAL *n* 1. разница 2. дифференциальный тариф 3. разница в оплате труда (*напр. мужчин и женщин*) 4. *pl* скидки (или надбавки) в случае, если качество поставленного товара ниже (или выше) базисного качества
age ~ разница в оплате труда в зависимости от возраста
cost ~s различия в издержках
earnings ~s разница в доходах
freight ~ разница в оплате за провоз грузов
geographical ~ территориальная разница в оплате труда
grade price ~ наценка за качество
interest rate ~s разница в процентной ставке различных стран
night ~ надбавка за работу в ночную смену
port ~ разница в тарифах перевозки грузов между конкурирующими портами
price ~s различия в ценах
price-for-weight ~ наценка за вес

productivity ~s различия в производительности
regional ~ региональные различия
shift ~ надбавка к заработной плате за работу в вечернюю или ночную смену
tariff ~ различие в ставках таможенных пошлин
wage ~ разница в зарплате

DIFFERENTIATE v 1. дифференцировать; разграничивать 2. дифференцироваться

DIFFERENTIATION n дифференциация; разграничение
price ~ дифференциация цен
product ~ дифференциация продукции
wage ~ дифференциация зарплаты

DIFFICULT|Y n 1. трудность 2. затруднение; препятствие 3. pl амер. разногласия
capacity ~ies трудности из-за недостатка производственных мощностей
economic ~ies экономические трудности
exchange ~ies валютные затруднения
export ~ies затруднения с экспортом
financial ~ies финансовые трудности
fiscal ~ies см. financial ~ies
huge ~ies большие затруднения
import ~ies затруднения с импортом
marketing ~ies затруднения в сбыте
monetary ~ies валютные затруднения
pecuniary ~ies денежные затруднения
sales ~ies затруднения в сбыте
~ in deliveries затруднения в поставках
~ in selling затруднения в сбыте
~ in supplying трудности с поставками
◇ to encounter ~ies испытывать затруднения
to experience ~ies см. to encounter ~ies
to have ~ies быть в затруднении
to get into financial ~ies испытывать финансовые затруднения
to make ~ies создавать трудности
to meet with ~ies испытывать затруднения
to run into ~ies см. to meet with ~ies

DIFFUSE v 1. растрачивать, расходовать 2. распространять

DIFFUSION n распространение
~ of innovations распространение нововведений
~ of investment распыление инвестиций
~ of profits распределение прибыли

DIGEST n краткое изложение; резюме

DIGIT n 1. цифра 2. разряд
binary ~ 1) двоичная цифра 2) двоичный разряд
carry ~ бухг. цифра переноса
decimal ~ 1) десятичная цифра 2) десятичный разряд

DIGITAL adj цифровой

DIGRESSION n отступление, отклонение, отход

DILAPIDATION n 1. ветхое состояние 2. pl необходимый ремонт в конце срока аренды 3. стоимость ремонта
~ of the world market упадок мировой торговли

DILUTION n 1. ослабление; подрыв 2. замена части квалифицированных рабочих неквалифицированными 3. уменьшение долевого участия акционеров в распределении чистого дохода
capital ~ разводнение акционерного капитала
job ~ упрощение сложных технологических операций
labour ~ замена квалифицированных рабочих неквалифицированными
~ of common stock уменьшение балансовой оценки стоимости обычной акции и прибыли, приходящейся на одну акцию

DIMENSION n размер; габариты; величина
actual ~s фактические размеры
basic ~s базисные размеры
capital ~ размер капитала
case ~s размеры ящика
essential ~s базисные размеры
external ~ наружный размер
imperial ~s размеры в дюймах
inner ~ внутренний размер
inside ~ см. inner ~
internal ~ см. inner ~
main ~s основные размеры
major ~s главные размеры
metric ~ размер в метрической системе единиц
mounting ~s установочные размеры
outside ~ наружный размер
overall ~ габаритный размер
package ~s размеры места (груза)
physical ~s фактические размеры
principal ~s основные размеры
product ~s размеры изделия
standard ~ стандартный размер
working ~s рабочие размеры

DIM   **DIR**   **D**

~s of equipment размеры оборудования
◊ in metric ~s в метрических размерах
to maintain ~s сохранять размеры
DIMINISH v 1. уменьшать, сокращать 2. уменьшаться, сокращаться
DIMINUTION n уменьшение, сокращение
~ of costs сокращение расходов
~ of expenses *см.* ~ of costs
~ of profits уменьшение прибыли
~ of value обесценение
DIP n незначительное изменение цен на бирже
economic ~ кратковременная задержка в развитии рыночной конъюнктуры
DIPLOMAT n дипломат
career ~ профессиональный дипломат
foreign ~ иностранный дипломат
DIRECT v 1. руководить, управлять 2. предписывать, давать указания 3. адресовывать
DIRECTION n 1. руководство, управление 2. указание, распоряжение, предписание 3. *pl* инструкции; директивы
competent ~ квалифицированное руководство
contrary ~s противоречивые распоряжения
forward ~ заблаговременное указание
government ~s правительственные распоряжения
proper ~s правильные указания
~s for use руководство по применению
◊ under the ~ of под чьим-л. руководством
to do on ~ делать по указанию
to give ~s давать указания
DIRECTIVE n директива, указание
management ~ руководящий документ
DIRECTOR n 1. директор 2. руководитель 3. член правления акционерного общества
acting ~ исполняющий обязанности директора
alternate ~ *см.* acting ~
assistant ~ заместитель директора
bank ~ директор банка; *амер.* член правления банка
budget ~ руководитель сметной группы
business ~ коммерческий директор
commercial ~ *см.* business ~
corporate ~ член правления акционерного общества

deputy ~ заместитель директора
deputy ~ general заместитель генерального директора
deputy managing ~ *см.* deputy ~ general
executive ~ 1) исполнительный директор 2) *pl* директорат, правление
finance ~ финансовый директор
financial ~ *см.* finance ~
general ~ генеральный директор
general ~ of sales генеральный директор по сбыту
inside ~ директор-администратор
managing ~ генеральный директор; директор-распорядитель
marketing ~ директор по вопросам маркетинга
outside ~ приглашенный директор
personnel ~ начальник отдела кадров
programme ~ руководитель программы
purchasing ~ руководитель отдела снабжения
research ~ руководитель научно-исследовательской лаборатории
safety ~ начальник отдела техники безопасности
sales ~ руководитель отдела сбыта
staff ~ начальник отдела кадров
technical ~ технический директор
vice ~ заместитель директора
~ of contracts руководитель отдела контрактов
~ of an enterprise директор предприятия
~ of a factory директор завода
~ of materials руководитель отдела снабжения
~ of operations начальник производства
~ of a plant директор завода
~ of plant operations начальник производства
~ of procurement руководитель отдела снабжения
~ of quality assurance начальник отдела контроля качества
~ of sales promotion руководитель отдела сбыта
~ of studies руководитель научно-исследовательских работ
~ of supplies руководитель отдела снабжения
~ of the works директор завода
DIRECTORATE n дирекция, правление; руководство

construction ~ руководство строительством
general ~ генеральная дирекция
interlocking ~s перекрещивающиеся директораты, когда одно лицо может быть директором многих компаний
DIRECTORSHIP *n* дирекция; руководство
DIRECTORY *n* 1. руководство, справочник 2. адресная книга 3. *амер.* дирекция
  advertising ~ рекламный справочник
  classified ~ торговый справочник
  commercial ~ торговый адресный справочник
  fair ~ ярмарочный справочник
  official ~ официальный справочник
  technical ~ технический справочник
  telephone ~ телефонный справочник
  trade ~ торговый справочник
DIRTY *v* загрязнять, пачкать
DISABILITY *n* 1. нетрудоспособность 2. неплатежеспособность 3. *юр.* недееспособность
  chronic ~ хроническая утрата трудоспособности
  partial ~ частичная утрата трудоспособности
  permanent ~ продолжительная утрата трудоспособности
  physical ~ инвалидность
  temporary ~ временная нетрудоспособность
  total ~ полная нетрудоспособность
DISABLED *adj* нетрудоспособный
DISABLEMENT *n* нетрудоспособность
  total ~ полная нетрудоспособность
  ~ before retirement ранняя нетрудоспособность
DISADVANTAGE *n* 1. невыгодное положение 2. недостаток 3. ущерб; убыток
  ◊ to be at a ~ быть в невыгодном положении
  to sell at a ~ продавать с убытком
DISAGIO *n* дизажио
DISAGREEMENT *n* 1. расхождение, несоответствие 2. разногласие; спор
DISARMAMENT *n* разоружение
  nuclear ~ ядерное разоружение
DISASSEMBLY *n* разборка, демонтаж
  ~ of equipment демонтаж оборудования
DISASTER *n* бедствие, катастрофа
  mining ~ несчастный случай на шахте
  railway ~ крушение на железной дороге

sea ~ несчастье на море
DISBENEFIT *n* ущерб, потери
  economic ~ экономический ущерб
  environmental ~ ущерб, причиненный окружающей среде
  external ~ внешний ущерб
DISBURSE *v* платить, выплачивать; оплачивать
DISBURSEMENT *n* 1. выплата 2. *pl* расходы; издержки; расходы по обслуживанию судна, дисбурсментские расходы
  average ~s аварийные расходы
  bank ~s банковские выплаты
  capital ~s денежные расходы
  consumer ~s потребительские расходы
  loan ~s выплаты по займам
  quarterly ~ квартальная выплата
  ship's ~s расходы по обслуживанию судна
  wage-and-salary ~s расходы на заработную плату
  ~ against obligations выплата по облигациям
  ~ of money выплата денег
DISCARD *v* 1. выбрасывать; отказываться 2. браковать
DISCARDING *n* выбрасывание; исключение
  data ~ исключение данных
DISCHARGE *n* 1. разгрузка, выгрузка 2. выполнение, исполнение 3. уплата, погашение (*долга*) 4. увольнение 5. слив; сброс; выпуск
  early ~ досрочная разгрузка
  effluent ~ сброс сточных вод
  forced ~ вынужденная разгрузка
  free ~ бесплатная разгрузка
  grab ~ грейферная разгрузка
  gross ~ разгрузка брутто (*за счет судна*)
  liner ~ разгрузочные работы за счет владельца судна
  optional ~ опцион выгрузки
  thermal ~ термальный сброс
  warehouse ~ выгрузка на склад
  waste ~ сброс сточных вод
  ~ of bankruptcy освобождение несостоятельного должника от долгов
  ~ of a bill погашение долга по векселю
  ~ of cargo выгрузка груза
  ~ of commitments выполнение обязательств
  ~ of a contract исполнение контракта
  ~ of a debt погашение долга
  ~ of duties выполнение обязательств

~ of engagements *см.* ~ of duties
~ of goods разгрузка товара
~ of liabilities погашение долговых обязательств
~ of a mortgage погашение ипотеки
~ of obligations выполнение обязательств
~ of a ship выгрузка с судна, разгрузка судна
~ of a vessel *см.* ~ of a ship
~ overside разгрузка через борт
◊ in ~ of в счет погашения
to complete ~ заканчивать разгрузку
to delay ~ задерживать разгрузку
to effect ~ производить выгрузку
to grant a ~ освобождать (*от обязанностей; расходов*)
to place a vessel under ~ ставить судно под разгрузку
to postpone ~ задерживать разгрузку
to tie up for ~ становиться под разгрузку

DISCHARGE *v* 1. разгружать, выгружать 2. выполнять, исполнять 3. погашать (*долг*) 4. увольнять 5. сливать; сбрасывать

DISCHARGING *n* 1. разгрузка, выгрузка 2. передача товаров или денежных средств, хранимых долгое время
direct ~ разгрузка судна на другое судно или лихтер
forced ~ вынужденная выгрузка
~ of goods выгрузка груза
~ of a vessel разгрузка судна
◊ to do the ~ производить выгрузку

DISCIPLINE *n* дисциплина
budgetary ~ бюджетная дисциплина
financial ~ финансовая дисциплина
first come, first served ~ обслуживание в порядке поступления («первым пришел, первым обслужен»)
labour ~ трудовая дисциплина
last come, first served ~ обслуживание в обратном порядке («последним пришел, первым обслужен»)
last in, first out ~ *см.* last come, first served ~
line ~ порядок передачи информации по линии связи
mixed ~ дисциплина смешанного типа
polling ~ порядок опроса
preemptive ~ дисциплина с абсолютным приоритетом
priority-service ~ дисциплина с приоритетами
queue ~ очередность обслуживания
random-service ~ случайный выбор на обслуживание
traffic ~ дисциплина на транспорте; дисциплина транспорта
transmission ~ порядок передачи (*информации*)

DISCLAIM *v* не признавать, отрицать

DISCLAIMER *n* отрицание, непризнание (*иска, права*)
~ in bankruptcy отказ лица, ставшего владельцем имущества банкрота, от этого имущества

DISCLOSE *v* 1. открывать, разглашать 2. открывать, обнаруживать

DISCLOSURE *n* 1. раскрытие; разглашение 2. предоставление компанией сведений о своей деятельности
~ of information разглашение информации
~ of an invention раскрытие сущности изобретения
~ of know-how разглашение секретов производства
~ of the process of manufacture *см.* ~ of know-how
~ of specifications разглашение спецификаций
~ of trade secrets разглашение коммерческих секретов
◊ to prevent ~ предотвращать разглашение

DISCONTENT *n* недовольство, неудовлетворенность

DISCONTINUANCE *n* прекращение, приостановление
~ of business прекращение дела
~ of circumstances изменение обстоятельств
~ of a contract аннулирование договора; прекращение действия контракта
~ of subscription прекращение подписки
~ of use прекращение пользования

DISCONTINUATION *n* прекращение, приостановление
~ of circumstances прекращение действия обстоятельств

DISCONTINUE *v* прекращать; прерывать

DISCORD *n* разногласие
◊ to settle a ~ разрешать разногласие

DISCOUNT *n* 1. скидка 2. дисконт, учет векселей 3. учетная ставка
additional ~ дополнительная скидка
adequate ~ достаточная скидка
agreed ~ согласованная скидка

anticipation ~ размер скидки в случае уплаты раньше срока
bank ~ ставка банковского учета
banker's ~ *см.* bank ~
bill ~ учет векселя
breakage ~ скидка на бой товара
case-rate ~ скидка с цены в зависимости от количества товара (*ящиков*)
cash ~ скидка за платеж наличными
commercial ~ коммерческая скидка
commodity ~ товарная скидка
compound ~ сложная скидка
cumulative ~ кумулятивная скидка
customary ~ обычная скидка
dealer ~ дилерская скидка
extra ~ дополнительная скидка, специальная скидка
fair ~ достаточная скидка
favourable ~ выгодная скидка
final ~ окончательная скидка
frequency ~ скидка за частоту публикации
frequent ~s многократные скидки
functional ~ скидка розничным торговцам
general ~ большая скидка
hidden ~ скрытая скидка
high ~ высокая скидка
incentive ~ форма скидки с цены, поощряющая покупателя купить товар до определенного срока или приобрести большее количество изделий
large ~ большая скидка
large order ~ скидка за крупный заказ; скидка для крупного покупателя
maximum ~ максимальная скидка
price ~ ценовая скидка
progressive ~ прогрессивная скидка
prompt cash ~ скидка за немедленный платеж наличными
purchase ~ скидка на покупку
quantity ~ скидка за количество закупаемого товара
resale ~ скидка на перепродажу
retail ~ скидка для розничных торговцев
sales ~ розничная скидка
seasonal ~ сезонная скидка
serial ~ серийная скидка
settlement ~ скидка за платеж наличными
simple ~ простая скидка
special ~ специальная скидка
time ~ скидка за досрочную уплату по векселю или счету
trade ~ скидка розничным торговцам

unearned ~ полученные проценты, срок уплаты которых еще не наступил
volume ~ скидка с объема
~ for bulk purchases скидка при оптовых закупках
~ for cash скидка за платеж наличными
~ for regular buyers скидка для постоянных покупателей
~ in lieu of weighing скидка за право оплатить фрахт за коносаментное количество без взвешивания
~ of acceptance учет акцепта
~ of a bill учет векселя
~ of a draft учет тратты
~ off the price скидка с цены
~ off the value скидка со стоимости
~ on an invoice скидка со счета
~ without recourse покупка ценных бумаг без права оборота на продавца
◊ at a ~ со скидкой
less ~ за вычетом скидки
minus ~ *см.* less ~
without ~ без скидки
to allow a ~ предоставлять скидку
to be at a ~ *бирж.* быть ниже номинальной стоимости
to be subject to a ~ подлежать скидке
to buy at a ~ покупать со скидкой
to calculate a ~ вычислять скидку
to claim a ~ требовать скидку
to deduct a ~ вычитать скидку
to enjoy a ~ пользоваться скидкой
to extend a ~ предоставлять скидку
to give a ~ давать скидку
to give a bill on ~ предъявлять вексель к учету
to grant a ~ предоставлять скидку
to offer a ~ предлагать скидку
to provide a ~ предоставлять скидку
to purchase at a ~ покупать со скидкой
to qualify for a ~ иметь право на скидку
to sell at a ~ продавать со скидкой
to take on ~ учитывать
DISCOUNTABILITY *n* возможность учета (*векселя, тратты*)
DISCOUNTABLE *adj* 1. подлежать скидке 2. быть пригодным к учету
DISCOUNTER *n* дисконтер
bill ~ лицо, учитывающее вексель
DISCOUNTING *n* дисконтирование, учет (*векселей*)
bank ~ учет векселя в банке
bill ~ учет векселей

commercial ~ скидка с цены при досрочной оплате товара
~ of a bill учёт векселя
~ of drafts учёт тратт
DISCOVER v 1. делать открытие 2. обнаруживать, находить
DISCOVERY n 1. открытие 2. обнаружение
~ of a defect обнаружение дефекта
~ of shortage обнаружение недостачи
◇ to adapt a ~ внедрять открытие
to make a ~ делать открытие
to patent a ~ патентовать открытие
DISCREDIT n 1. недоверие 2. лишение коммерческого кредита
DISCREDIT v 1. потерять доверие 2. утратить кредит
DISCREPANC|Y n несоответствие, расхождение; различие
apparent ~ видимое расхождение
considerable ~ значительное различие
price ~ расхождение в ценах
~ between demand and supply разрыв между спросом и предложением
~ in assortment отклонение по ассортименту
~ in a document неточность в документе
~ in quantities расхождение в количестве
~ in weight разница в массе
~ of prices ножницы цен
◇ to investigate ~ies исследовать разногласия
to resolve ~ies разрешать разногласия
to settle ~ies урегулировать разногласия
to show ~ies показывать расхождение
DISCRETION n 1. осмотрительность, осторожность 2. полномочия
banker's ~ банковская тайна
price ~ свобода решения при установлении уровня цен
professional ~ профессиональная тайна
DISCRETIONARY adj предоставленный на усмотрение, дискреционный
DISCRIMINATE v 1. отличать, различать 2. дискриминировать
DISCRIMINATION n 1. различение, разграничение 2. дискриминация, ограничение в правах
credit ~ кредитная дискриминация
economic ~ экономическая дискриминация

employment ~ дискриминация при найме на работу
flag ~ нежелание использовать корабли других государств для перевозки своих товаров
job ~ дискриминация при предоставлении работы
price ~ ценовая дискриминация
tariff ~ таможенная дискриминация
tax ~ налоговая дискриминация
trade ~ торговая дискриминация
~ in economic relations дискриминация в экономических отношениях
~ in trade дискриминация в торговле
◇ to eliminate ~ ликвидировать дискриминацию
DISCRIMINATORY adj дискриминационный
DISCUSS v обсуждать, согласовывать
DISCUSSION n 1. обсуждение, дискуссия 2. переговоры
business ~ деловые переговоры
constructive ~ конструктивное обсуждение
instructive ~ полезное обсуждение
open ~ открытое обсуждение
preliminary ~ предварительные переговоры
previous ~ предшествующие переговоры
technical ~s технические переговоры
useful ~ полезное обсуждение
◇ under ~ на обсуждении
to drag out a ~ затягивать обсуждение
to enter into ~ начинать обсуждение
to hold ~s обсуждать
to participate in a ~ участвовать в обсуждении
to put forward for ~ предлагать на обсуждение
to recall ~s отменять обсуждение
to submit for ~ выносить на обсуждение
to stop a ~ прерывать обсуждение
to suspend a ~ см. to stop a ~
DISEASE n болезнь
epizootic ~ эпизоотическое заболевание
industrial ~ профессиональное заболевание
livestock ~ болезнь животных
occupational ~ профессиональное заболевание
DISECONOM|Y n неэкономичность; рост расходов (издержек производства)

DIS

external ~ies ухудшение экономичности под воздействием внешних факторов
internal ~ies ухудшение экономичности под воздействием внутренних факторов
~ies of scale рост издержек по мере расширения объема производства
DISEQUILIBRIUM *n* 1. нарушение равновесия 2. несбалансированность платежей
economic ~ нарушение экономического равновесия
fundamental ~ серьезное нарушение равновесия платежного баланса
DISGUISE *v* скрывать, не показывать (*планы, баланс и т. п.*)
DISHOARDING *n* расходование накопленных товаров или сбережений
DISHONOUR *n* отказ в акцепте; отказ в платеже (*по векселю или чеку*)
DISHONOUR *v* отказывать в акцепте; отказывать в платеже (*по векселю или чеку*); опротестовывать (*вексель*)
DISINCENTIVE *n* отрицательный стимул
◇ to create a strong ~ создавать отрицательное отношение к чему-л.
DISINFECTION *n* обеззараживание, дезинфекция
~ of cargo дезинфекция груза
DISINFLATION *n* дефляция
DISINFLATIONARY *adj* дефляционный
DISINTEGRATION *n* распад, дезинтеграция
DISINTERMEDIATION *n* отказ от посредников
DISINVESTMENT *n* сокращение капиталовложений
DISLOCATION *n* нарушение; беспорядок
industrial ~ нарушение производственного процесса
DISMANTLE *v* демонтировать; разбирать
DISMANTLEMENT *n* демонтаж; разборка
~ of an exhibition демонтаж выставки
~ of an installation демонтаж установки
DISMISS *v* 1. распускать (*собравшихся*) 2. увольнять (*с работы*) 3. *юр.* прекращать (*дело*); отклонять (*иск*)
DISMISSAL *n* 1. увольнение 2. *юр.* прекращение (*дела*); отклонение (*иска*)
mass ~s массовые увольнения

DIS

unwarranted ~ незаконное увольнение
wrongful ~ *см.* unwarranted ~
~ of an action отказ в иске
~ of a case прекращение дела
~ of a claim отказ в иске
DISMOUNT *v* демонтировать, разбирать
DISMOUNTING *n* демонтаж, разборка
DISORDER *n* беспорядок
DISORGANIZATION *n* дезорганизация
DISPARIT|Y *n* 1. несоответствие, неравенство 2. различие
structural ~ies структурные различия, диспропорции
~ in quality разница в качестве
~ in rates расхождение между тарифами
~ in tariffs *см.* ~ in rates
~ies in wealth неравенство материального положения
~ of gold holdings неравенство золотых запасов
DISPATCH *n* 1. отправка, посылка; рассылка 2. официальное сообщение, депеша 3. премия за более быструю погрузку или выгрузку, диспач
cargo ~ отправка груза
immediate ~ немедленная отправка
onward ~ последующая отправка
prompt ~ немедленная отправка
~ by air отправка самолетом
~ by express transport отправка большой скоростью
~ by post отправка почтой
~ by rail отправка по железной дороге
~ by sea отправка морем
~ of a cable отправка телеграммы
~ of exhibits отправка экспонатов
~ of goods отправка товара
~ of a telex отправка телекса
◇ ~ loading only диспач только за досрочную погрузку
free of ~ свободен от диспача
ready for ~ готовый к отправке
to delay ~ задерживать отправку
to pay ~ выплачивать диспач
to prepare for ~ подготовить к отправке
to receive ~ получать диспач
DISPATCH *v* отправлять, посылать; рассылать
DISPATCHER *n* диспетчер
DISPATCHING *n* диспетчеризация
DISPENSE *v* распределять; раздавать
DISPENSER *n* раздаточное устройство; торговый автомат
cash ~ автоматическое устройство в

банках, выдающее наличность клиенту на основе пластиковой кредитной карточки
coin ~ автомат по размену монет
DISPERSAL n рассеивание; рассредоточение
~ of assets имущественный раздел; рассеивание инвестиций
~ of industry территориальное размещение промышленности
~ of ownership раздел собственности
DISPERSION n 1. рассеивание; рассредоточение 2. распространение
industrial ~ территориальное размещение промышленности
price ~ расхождение цен на однородную продукцию
DISPLACEMENT n 1. перемещение, перестановка 2. замена 3. снятие (*с должности*) 3. *мор.* водоизмещение
economic ~ нарушение (потеря) стабильного положения в экономике
full-load ~ водоизмещение при полном грузе
time ~ сдвиг во времени; перенос срока
weight ~ весовое водоизмещение
worker ~ вытеснение рабочих машинами
~ of funds перемещение капитала
~ of human labour by machinery вытеснение человеческого труда машинами
~ of human skill by mechanical equipment вытеснение квалифицированных рабочих машинами
~ of population расселение
DISPLAY n 1. показ, демонстрация; выставка; экспозиция 2. дисплей
bulk ~ показ (выкладка) большого количества товаров
collective ~ коллективная выставка
cut case ~ показ товара в фабричном ящике, разрезанном пополам
eye-catching ~ привлекающая покупателей выставка товаров
foreign ~ иностранная выставка
full case ~ выставка товара в целом фабричном ящике
goods ~ показ товара, выставка товара
group ~ коллективная выставка
in-store ~ выкладка товара в магазине
interior ~ *см.* in-store ~
joint ~ совместная экспозиция
major ~ крупная выставка
open ~ открытый показ

outdoor ~ выставка на открытом воздухе
permanent ~ постоянная выставка
product ~ показ продукции
sample ~ выставка образцов
shelf ~ выставка товаров на полках
window ~ выставка в витрине
~ at an exhibition выставочная экспозиция
~ of equipment выставка оборудования
~ of exhibits показ экспонатов
~ of goods выкладка товара
~ of an invention демонстрация изобретения
~ of a pavilion экспозиция павильона
~ of samples демонстрация образцов
◊ to exhibit at a ~ экспонировать на выставке
to rearrange the ~ менять экспозицию
to refill the ~ пополнять экспозицию
DISPLAY v 1. показывать, демонстрировать 2. выставлять напоказ
DISPOSABLE *adj* свободный; могущий быть использованным
DISPOSABLES n pl разовая тара
consumer ~ товары (*продовольственные товары и напитки*), покупаемые для немедленного использования
DISPOSAL n 1. передача; избавление *от чего-л.*; реализация 2. право распоряжаться
garbage ~ вывоз мусора
sewage ~ удаление сточных вод
waste ~ удаление отходов
~ of acquisitions передача приобретений
~ of commodities реализация товара
~ of goods *см.* ~ of commodities
~ of products *см.* ~ of commodities
to be at smb's ~ быть в распоряжении кого-л.
DISPOSE OF v распоряжаться; продавать, сбывать
DISPOSITION n 1. расположение, размещение 2. передача; ликвидация 3. *юр.* распоряжение, постановление
cargo ~ расположение груза; размещение груза
~ of cargo *см.* cargo ~
~ of documents назначение документов
~ of facilities размещение оборудования
~ of funds распределение средств
~ of net earnings использование прибыли

~ of personnel размещение персонала
~ of a plant расположение завода
~ of profits использование прибылей
~ of surplus goods ликвидация товарных излишков
DISPOSSESS *v* *юр.* лишать собственности; выселять
DISPOSSESSION *n* *юр.* лишение собственности
DISPROPORTION *n* диспропорция; несоразмерность; непропорциональность
DISPROPORTIONAL *adj* непропорциональный; несоразмерный
DISPUTABLE *adj* спорный
DISPUTE *n* 1. дискуссия, дебаты 2. спор; конфликт
commercial ~ торговый спор
contractual ~ спор по контракту
demarcation ~ демаркационный конфликт
foreign trade ~ внешнеторговый спор
industrial ~ трудовой конфликт
jurisdictional ~ спор о компетенции
labour ~ трудовой конфликт
legal ~ правовой спор
major ~ основной спор
monetary ~ валютно-финансовый спор
patent ~ патентный спор
property ~ имущественный спор
trade ~ трудовой конфликт
wage ~ конфликт по поводу заработной платы
~ of differences конфликт из-за разногласий
~ of a patent оспаривание патента
~ over a claim спор по претензии
~ over inventorship спор об авторстве изобретения
~ over a patent оспаривание патента
~ over sales спор по купле-продаже
◇ to accept a ~ for consideration принимать спор к рассмотрению
to bring a ~ to arbitration передавать спор в арбитражную комиссию
to refer a ~ to arbitration *см.* to bring a ~ to arbitration
to resolve a ~ урегулировать конфликт
to settle a ~ *см.* to resolve a ~
to submit a ~ to arbitration передавать спор в арбитражную комиссию
DISQUALIFICATION *n* лишение права на что-л.; дисквалификация
DISREGARD *n* пренебрежение; игнорирование
~ of instructions игнорирование инструкций, несоблюдение указаний

~ of rules несоблюдение правил
DISREPAIR *n* неисправность; плохое состояние
◇ to fall into ~ обветшать
DISRUPTION *n* срыв; нарушение; разрушение
environmental ~ нанесение ущерба окружающей среде
~ of negotiations срыв переговоров
~ of production перерыв в производстве
~ of a schedule нарушение графика
~ of talks срыв переговоров
~ of work прекращение работы
DISSATISFACTION *n* неудовлетворенность; недовольство
job ~ неудовлетворенность работой
DISSAVE *v* тратить сбережения
DISSAVING *n* трата сбережений
DISSEMINATION *n* распространение
~ of capital распыление капитала
~ of information распространение информации
DISSIPATE *v* проматывать, проживать; расточать; растрачивать
DISSIPATION *n* 1. растрачивание; мотовство 2. утруска
~ of cargo утруска груза
DISSOLUTION *n* 1. расторжение, разрыв; расформирование 2. ликвидация (*дела, предприятия*)
~ of a company ликвидация компании
~ of partnership *см.* ~ of a company
DISSOLVE *v* 1. расторгать, разрывать 2. отменять, аннулировать 3. ликвидировать
DISSONANCE *n* разногласие; несоответствие
cognitive ~ покупательская неудовлетворенность
DISTANCE *n* расстояние
carrying ~ расстояние перевозки, транспортный путь
conveying ~ *см.* carrying ~
transportation ~ *см.* carrying ~
DISTANTS *n pl* отсроченные поставки
DISTILLATE *n* дистиллят
DISTILLATION *n* дистилляция, перегонка
DISTILLERY *n* спиртоводочный завод
DISTINCTION *n* 1. отличие, различие 2. отличительный признак
patentable ~ патентоспособное отличие
~ in kind качественное различие
◇ without ~ без различия
to draw ~s проводить различия

to make ~s делать различия
DISTINCTIVE *adj* отличительный
DISTINCTIVENESS *n* отчетливость, ясность
DISTINGUISHING *adj* различительный
DISTORTION *n* деформация
price ~ искажение цен
DISTRAINT *n* наложение ареста на имущество в обеспечение долга
DISTRESS *n* 1. нищета, нужда 2. бедствие 3. наложение ареста на имущество 4. имущество, взятое в обеспечение выполнения обязательства
commercial ~ угнетенное состояние торговли
economic ~ экономические затруднения
DISTRIBUTE *v* 1. распределить 2. распространять; рассылать 3. размещать (*займ, ценные бумаги*) 4. продавать
DISTRIBUTION *n* 1. распределение 2. распространение; рассылка 3. размещение (*займа, ценных бумаг и т. п.*) 4. продажа
age ~ распределение населения по возрастным группам
daily ~ ежедневное распределение
demand ~ распределение спроса
empirical ~ эмпирическое распределение
equitable ~ справедливое распределение
even ~ равномерное распределение
exchange ~ биржевое размещение
exclusive ~ продажа на правах исключительности
exclusive sales ~ монопольное распределение
expense ~ распределение расходов
food ~ продажа продовольственных товаров
frequency ~ плотность распределения
functional ~ функциональное распределение
future risk ~ распределение будущего риска
general ~ общее распределение
geographic ~ территориальное распределение
income ~ распределение доходов
labour cost ~ распределение расходов по заработной плате
limiting ~ предельное распределение
local ~ местное распределение
mass ~ распределение массовых товаров
material ~ распределение материалов
occupational ~ распределение населения по профессиям
overhead ~ распределение накладных расходов
payoff ~ распределение платежей
payroll ~ распределение фонда заработной платы
physical ~ товародвижение
primary ~ первичное размещение
probability ~ распределение вероятностей
product ~ распределение продукции
production ~ *см.* product ~
regional ~ распределение по районам
sales ~ распределение сбыта
sample ~ выборочное распределение
sampling ~ *см.* sample ~
secondary ~ вторичное распределение; вторичное предложение ценных бумаг для продажи
services ~ распределение услуг
sex ~ группировка населения по полу
spatial ~ территориальное распределение
standardized ~ стандартизованное распределение
statistical ~ статистическое распределение
tentative ~ предварительное распределение
territorial ~ территориальное распределение
total ~ окончательное распределение прибылей и выплата дивидендов
ultimate ~ конечное распределение
wearout life ~ распределение срока амортизации
weight ~ распределение массы
wholesale ~ оптовое распределение
~ of arbitration costs распределение расходов по арбитражу
~ of arbitration expenses *см.* ~ of arbitration costs
~ of charges распределение расходов
~ of costs *см.* ~ of charges
~ of dividends выплата дивидентов
~ of documents распространение документов
~ of duties распределение обязанностей
~ of earnings распределение прибыли
~ of expenses распределение расходов
~ of free samples рассылка (раздача) бесплатных образцов
~ of goods продажа товара

DIS

~ of income распределение доходов
~ of leaflets распространение листовок
~ of loans размещение займов
~ of population размещение населения
~ of products распределение товаров
~ of profits распределение прибылей
~ of property распределение собственности
~ of risk распределение риска
~ on a percentage basis процентное распределение
~ through a network of agents распределение через сеть агентов
◇ cum ~ с последующим распределением прибылей или выплат дивидендов
to develop ~ расширять продажи
to handle ~ заниматься распределением
to organize ~ организовывать продажу товаров
DISTRIBUTIVE *adj* распределительный
DISTRIBUTOR *n* **1.** агент по продаже, дистрибьютер **2.** распределительная организация **3.** оптовый торговец
industrial ~ оптовая база снабжения промышленных предприятий
local ~ местный агент по сбыту
petty ~ розничный торговец
retail ~ *см.* petty ~
sole ~ монопольный агент
stock ~ стокист
wholesale ~ оптовый торговец
DISTRIBUTORSHIP *n* **1.** оптовая продажа, оптовое распределение **2.** агентство
exclusive ~ монопольная продажа, монопольное распределение
sole ~ *см.* exclusive ~
DISTRICT *n* **1.** район, область **2.** округ; участок
administrative ~ административный район
agricultural ~ сельскохозяйственный район
backcountry ~ отдаленная сельская местность
business ~ деловой район города
central ~ центральный район
commercial ~ торговый район
coastal ~ прибрежный район
congested ~ перенаселенный район
customs ~ район таможни
downtown business ~ деловой район города

DIV

manufacturing ~ промышленный район
outlying business ~ торговый район на окраине города
postal ~ почтовый район
residential ~ жилой район
rural ~ сельский район
shopping ~ торговый район
taxing ~ налоговый округ
territorial ~ административная единица
urban ~ городской район
DISTURB *v* нарушать, срывать, расстраивать
DISTURBANCE *n* **1.** нарушение, срыв **2.** *pl* волнения, беспорядки
business ~ 1) нарушение деловой активности 2) помехи в торговле
economic ~ нарушение хода экономического развития
ecosystem ~s нарушения в экологии
labour ~s рабочие беспорядки
short-run ~ кратковременное нарушение
systematic ~s систематические нарушения
~ of the balance нарушение равновесия
DISUSE *n* выход из употребления
DISUTILITY *n* неудобство; бесполезность
DIVERGE *v* отклоняться (*от нормы, стандарта*)
DIVERGENCE *n* отклонение (*от нормы, стандарта*)
quality ~ отклонение качества (*от стандарта*)
~ from accepted standards отклонение от установленной нормы
~ of prices from value отклонение цены от стоимости
DIVERGENCY *см.* DIVERGENCE
DIVERSE *adj* различный; разнообразный
DIVERSIFICATION *n* диверсификация
asset ~ диверсификация активов
economic ~ экономическая диверсификация
liabilities ~ диверсификация пассивов (обязательств)
liquidity ~ диверсификация с целью обеспечения ликвидности
~ of activity диверсификация деятельности
~ of economy диверсификация экономики
~ of exports диверсификация экспорта

DIV **DIV** **D**

~ **of foreign economic relations** диверсификация внешнеэкономических отношений
~ **of industrial production** диверсификация промышленного производства
~ **of liquid assets** диверсификация ликвидных активов
~ **of a product** диверсификация продукта
~ **of production** диверсификация производства
~ **of risk** распределение риска
~ **of trade** диверсификация торговли
DIVERSIFIED *adj* 1. разнообразный 2. многоотраслевой
DIVERSIFY *v* 1. разнообразить, диверсифицировать 2. *амер.* вкладывать капитал в разнообразные предприятия
DIVERSION *n* 1. отклонение 2. отвлечение 3. изменение маршрута, переадресовка
~ **of a vessel** переадресовка судна
DIVERSITY *n* 1. разнообразие 2. отличие, различие
DIVEST *v* лишать (*права собственности, полномочий*)
DIVESTITURE *n* 1. отторжение 2. отказ от участия 3. изъятие капиталовложений 4. распродажа активов 5. *юр.* лишение прав
DIVESTMENT *n см.* **DIVESTITURE**
DIVIDE *v* 1. делить 2. классифицировать, подразделять 3. распределять (*прибыль; время*)
DIVIDEND *n* 1. дивиденд 2. доля, часть
accrued ~ накопленный дивиденд; дивиденд, который еще не объявлен и не выплачен
accumulated ~ *см.* **accrued** ~
annual ~ годовой дивиденд
bond ~ дивиденд в форме облигаций
cash ~ денежный дивиденд
commodity ~ товарный дивиденд, дивиденд в форме товара
cumulative ~ кумулятивный дивиденд
declared ~ объявленный дивиденд
deferred ~s отсроченные дивиденды
extra ~ дополнительный дивиденд
final ~ дивиденд, выплачиваемый в конце финансового года
gross ~ брутто-дивиденд
interim ~ временный (промежуточный) дивиденд
limited ~ ограниченный дивиденд
midyear ~ дивиденд, выплачиваемый в середине года

net ~ нетто-дивиденд
omitted ~ невыплаченный дивиденд
optional ~ дивиденд, выплачиваемый по желанию деньгами или акциями
ordinary ~ обычный дивиденд
participating ~ привилегированный дивиденд (*выплачиваемый в первую очередь*)
passed ~ невыплаченный дивиденд
patronage ~ дивиденд, выплачиваемый пропорционально покупкам (*в кооперативном предприятии*)
preference ~ привилегированный дивиденд
preferential ~ *см.* **preference** ~
preferred ~ *см.* **preference** ~
property ~ доля имущества
quarterly ~ квартальный дивиденд
scrip ~ дивиденд, выплачиваемый в форме краткосрочного векселя или расписки
sham ~ ложный дивиденд
share ~ дивиденд, выплачиваемый акциями
special ~ дополнительный дивиденд
statutory ~ дивиденд, определенный уставом
stock ~ дивиденд, выплачиваемый акциями
surplus ~ дополнительный дивиденд
taxable ~s дивиденды, облагаемые налогом
unclaimed ~ невостребованный дивиденд
unpaid ~ невыплаченный дивиденд
wage ~ плата за оказанные услуги
year-end ~ дивиденд, выплачиваемый в конце года
~s **in arrears** задолженность по дивидендам
~ **on account** предварительный дивиденд
~s **on investments** дивиденды на вложенный капитал
~ **on shares** дивиденд по акциям
~ **per share** дивиденд, выплачиваемый держателям простых акций
~ **payable** дивиденд к оплате
◇ **cum** ~ с включением дивиденда
ex ~ без дивиденда
~ **off** *амер.* без дивиденда
~ **on** с включением дивиденда
to cut a ~ выплачивать меньший дивиденд по сравнению с предыдущим
to declare a ~ объявлять о выплате дивидендов

to omit a ~ не выплачивать дивиденд
to pass a ~ *см.* to omit a ~
to pay a ~ выплачивать дивиденд
DIVISION *n* 1. деление, разделение 2. расхождение во мнениях, разногласия 3. отдел; отделение; сектор 4. округ
administrative ~ административный округ
agency ~ подразделение агентской фирмы
Antitrust D. *амер.* антитрастовский отдел Министерства юстиции
audit ~ отдел контроля
bank ~ отдел банка
export ~ экспортный отдел
financial ~ финансовый отдел
geographic ~ географический район
industrial ~ промышленное отделение
in-factory ~ of labour внутризаводское разделение труда
in-plant ~ of labour *см.* in-factory ~ of labour
international ~ of labour международное разделение труда
legal ~ юридический отдел
manufacturing ~ производственный отдел
manufacturing engineering ~ технологический отдел
marketing ~ маркетинговая служба
operating ~ производственный отдел
packing ~ отделение упаковки
parts and accessories distribution ~ отдел реализации комплектующих деталей
personnel ~ отдел кадров
political ~ административно-территориальное деление
statistical research ~ отдел статистических исследований
~ of income распределение доходов
~ of labour разделение труда
~ of markets раздел рынков
~ of a patent разделение патента
~ of profits распределение прибылей
~ of property раздел имущества
~ of value распределение стоимости
DIVISOR *n* делитель
interest ~ процентный делитель
DIVULGE *v* разглашать
D-MARK *n* немецкая марка
DOCK *n* 1. док 2. судоремонтный завод 3. пирс, причал 4. погрузочная платформа
commercial ~ коммерческий док
disused ~ заброшенный док

dry ~ сухой док
floating ~ плавучий док
free ~ франко-док (*условные поставки*)
freight ~ грузовая платформа
general ~ док общего назначения; док для обработки генеральных грузов
graving ~ ремонтный док
harbour ~ портовый док
loading ~ погрузочная платформа
repairing ~ ремонтный док
wet ~ мокрый док
◊ ex ~ с пристани (*условие поставки*)
to bring a vessel into a ~ вводить судно в док
to deliver to a ~ доставлять в док
to enter a ~ входить в док
to lie in a ~ стоять в доке
DOCK *v* 1. вводить (*судно*) в док 2. входить в док
DOCKAGE *n* плата за стоянку в доке
DOCKER *n* докер, портовый рабочий
DOCKET *n* 1. ярлык, этикетка (*с адресом грузополучателя*) 2. *бирж.* декларация продавца 3. квитанция об уплате таможенной пошлины
sale ~ *бирж.* продажная квитанция
trademark ~ реестр товарных знаков
DOCKYARD *n* верфь
DOCTRINE *n* доктрина
economic ~ экономическая доктрина
DOCUMENT *n* документ; свидетельство
accompanying ~s сопроводительные документы
accounting ~ расчетный документ
application ~s заявочные документы
assembly ~s монтажная документация
authentic ~ подлинный документ
bank ~ банковский документ
basic ~ первичный документ
bearer ~ документ на предъявителя
bidding ~s тендерные документы
book ~s расчетные документы
budgetary ~s бюджетные документы
calculation ~s расчетная документация
certifying ~ удостоверяющий документ
clean shipping ~s чистые погрузочные документы
clearance ~ разрешение таможни на ввоз или вывоз
concluding ~ итоговый документ
confidential ~ секретный документ
constituent ~s учредительные документы
contractual ~ договорный документ

DOC

customs ~s таможенные документы
design ~s проектная документация
entry ~s таможенные документы
erection ~s монтажная документация
export ~s экспортные документы
final ~ итоговый документ
financial ~ финансовый документ
foundation ~s учредительные документы
freight ~s грузовые документы
guidance ~ руководящий документ
import ~s документы на импорт
"in" and "out" ~s входная и выходная документация
incoming ~s поступающая документация
insurance ~s страховые документы
interdepartmental ~s межведомственные документы
legal ~ нормативно-правовой документ
missing ~ недостающий документ
negotiable ~ передаваемый денежный документ
normative ~ нормативный документ
original ~s оригиналы документов
patent ~ патентный документ
payment ~s платежные документы
priority ~ приоритетный документ
procurement ~ документ на поставку продукции
publicity ~s рекламные документы
regulatory ~ нормативный документ
settlement ~s расчетные документы
shipping ~s отгрузочные документы
ship's ~s судовые документы
source ~ первичный документ
standardized ~ нормативный документ
statutory ~s уставные документы
supporting ~ вспомогательный документ, подтверждающий документ
supporting financial ~s разъяснительные финансовые документы
technical ~s технические документы
tender ~s тендерные документы; тендерная документация
title ~ товарораспорядительный документ
trade ~ товарный документ
transport ~ транспортный документ
transportation ~s товаросопроводительные документы
treaty ~s договорные документы
undated ~ бессрочный документ
vessel's ~s судовые документы
warehouse ~s складские документы
working ~ рабочий документ

DOC

~s against acceptance выдача документов против акцепта
~s against payment документы за наличный расчет
~s for collection документы на инкассо
~s for payment документы для оплаты
~s for shipment документы на отгрузку
~s of association учредительные документы
~s of carriage перевозочные документы
~ of title товарораспорядительный документ
◊ to accept a ~ принимать документ
to attest a ~ удостоверять документ
to check a ~ проверять документ
to compile a ~ оформлять документ
to complete a ~ см. to compile a ~
to deliver a ~ выдавать документ
to dispose of ~s распоряжаться документами
to draw up a ~ составлять документ; оформлять документ
to duplicate a ~ размножать документ
to enclose a ~ прилагать документ
to endorse a ~ расписываться на обороте документа
to examine a ~ рассматривать документ
to execute a ~ оформлять документ
to falsify a ~ подделывать документ
to file ~s 1) представлять документы 2) регистрировать документы, составлять досье
to forward ~s отправлять документы
to furnish a ~ предоставлять документ
to hand in a ~ вручать документ
to hand in a ~ against receipt вручать документ под расписку
to hand over a ~ передавать документ
to honour a ~ оплачивать документ
to initial a ~ визировать документ
to inspect a ~ проверять документ
to issue a ~ выдавать документ
to legalize a ~ узаконивать документ
to lodge a ~ представлять документ
to make out a ~ выписывать (оформлять) документ
to make up a ~ составлять документ
to pass a ~ передавать документ
to prepare a ~ подготавливать документ
to present a ~ представлять документ
to produce a ~ см. to present a ~
to provide a ~ предоставлять документ

to refuse a ~ не принимать документ
to register a ~ регистрировать документ
to reject a ~ не принимать документ
to release a ~ выдавать документ
to retire a ~ оплачивать документ (*о банке*)
to scrutinize a ~ проверять документ
to submit a ~ представлять документ
to support by ~s подтверждать документами
to suppress a ~ скрывать документ
to surrender a ~ передавать документ
to take up ~s принимать документы
to tamper with ~s подделывать документы
to tender ~s предъявлять документы
to transfer ~s by endorsement передавать документы по индоссаменту
to verify ~s проверять документы
to witness a ~ засвидетельствовать документ

DOCUMENT *v* документировать, подтверждать документами

DOCUMENTARY *adj* документальный, документарный

DOCUMENTATION *n* документация
complete ~ полная документация
construction ~ проектная документация
customs ~ таможенная документация
design ~ проектная документация
estimate ~ сметная документация
final ~ окончательная документация
full ~ полная документация
patent ~ патентная документация
project ~ проектная документация
shipping ~ товаросопроводительная документация
technical ~ техническая документация
transport ~ транспортная документация
transportation ~ товаросопроводительная документация
◇ to compile ~ оформлять документацию
to complete ~ *см.* to compile ~
to deliver ~ представлять документацию
to draw up ~ составлять документацию
to elaborate ~ разрабатывать документацию
to execute ~ оформлять документацию
to furnish ~ предоставлять документацию

to hand in ~ представлять документацию
to issue ~ оформлять документацию
to make out ~ *см.* to issue ~
to make up ~ составлять документацию
to prepare ~ подготавливать документацию
to present ~ представлять документацию
to produce ~ *см.* to present ~
to provide ~ предоставлять документацию
to submit ~ представлять документацию
to work out ~ разрабатывать документацию

DODGE *n* уловка, обман
tax ~ уклонение от уплаты налогов

DODGE *v* уклоняться, увиливать

DODGER *n* 1. лицо, уклоняющееся от уплаты налогов 2. *амер.* рекламный листок

DODGING *n* уклонение
tax ~ уклонение от уплаты налогов

DOG *n*
bird ~ агент фирмы, подыскивающий заказы

DOGSBODY *n* чернорабочий

DOLE *n* пособие по безработице
◇ to be on the ~ получать пособие по безработице
to go on the ~ быть безработным; отмечаться на бирже труда

DOLLAR *n* доллар
accounting ~ расчетный доллар
Asian ~ азиатские доллары (*банковские депозиты, размещенные в Сингапуре и используемые за пределами США*)
federal ~s государственные средства
half ~ полдоллара
gold ~ золотой доллар
investment ~s объем капиталовложений в долларах
offset ~ расчетный доллар
sales ~s объем продаж в долларах

DOLLARIZATION *n* долларизация (*все более широкое использование доллара при указании цен на товары, в бухгалтерском учете и т. п.*)

DOMAIN *n* область, сфера деятельности
economic ~ экономическая сфера
maritime ~ морская сфера
public ~ государственная собственность
stability ~ сфера стабилизации

strategy ~ область стратегии
~ of study область изучения
DOMESTIC *adj* 1. внутренний 2. местный; отечественный
DOMICILE *n* 1. *юр.* постоянное местожительство, домицилий 2. место платежа по векселю, домицилий
DOMICILED *adj* домицилированный
DOMICILIARY *adj юр.* домицильный; по месту жительства
DOMICILIATE *v* указать место платежа по векселю, домицилировать
DOMINANCE *n* господство, преобладание, доминирование
  complete ~ полное доминирование
  market ~ лидирующее положение на рынке
  mixed ~ смешанное доминирование
  pure ~ чистое доминирование
DOMINANT *adj* доминирующий
DOMINATE *v* доминировать
DOMINATION *n* господство
  monopoly ~ господство монополий
  world ~ мировое господство
DONATE *v* передавать в дар
DONATION *n* дар; пожертвование; благотворительный вклад
  ◊ to make a ~ передать что-л. в дар
DONEE *n* лицо, получившее дар
DONOR *n* даритель
DOTATION *n* 1. дотация 2. пожертвование 3. вклад
DOUBLE *n* двойное количество
DOUBLE *v* удваивать, увеличивать вдвое
DOUBLE-CROSS *n* 1. обман, хитрость 2. обманщик, двурушник
DOUBLE-DEALING *n* обман, бесчестное поведение
DOUBLE-DECKER *n* 1. двухпалубное судно 2. двухэтажный автобус или троллейбус
DOWN *n* 1. падение 2. неудача; крах
DOWN *adj* 1. падающий, ухудшающийся 2. *амер.* наличный
  ◊ cash ~ попасть в еще худшее финансовое положение
DOWNFALL *n* разорение
DOWNGRADE *n* 1. упадок 2. перевод в более низкую категорию
DOWNGRADE *v* 1. переводить в более низкую категорию 2. понижать в должности 3. снижать разряд
DOWNHILL *v* попадать в худшее финансовое положение
DOWNMARKET *n* дешевый рынок

DOWNSWING *n* резкое снижение
  cyclical ~ циклический спад производства
DOWNTIME *n* 1. простой 2. время простоя
  production ~ перерыв в выпуске продукции
  scheduled ~ плановый простой
  total ~ общее время простоя
  unscheduled ~ внеплановый простой
DOWNTOWN *n* деловой район города
DOWNTREND *n* тенденция к снижению
DOWNTURN *n* спад деловой активности; понижение конъюнктуры
  economic ~ экономический спад
  ~ in prices понижение цен
DRAFT *n* 1. проект, эскиз 2. тратта, переводный вексель 3. скидка на провес 4. осадка судна
  acceptance ~ акцептованная тратта
  accepted ~ *см.* acceptance ~
  appropriate ~ полная осадка судна
  arrival ~ тратта, оплачиваемая по прибытии товара
  bank ~ тратта, выставленная банком, банковская тратта
  banker's ~ *см.* bank ~
  clean ~ недокументированная тратта
  commercial ~ коммерческая тратта
  counsel ~ краткосрочное казначейское обязательство
  currency ~ тратта в иностранной валюте
  demand ~ тратта с оплатой по предъявлении
  documentary ~ документированная тратта
  dollar ~ тратта с платежом в долларах
  extra ~ прибавка к весу
  final ~ окончательный проект
  first ~ черновой набросок
  full ~ полная осадка судна
  insurance ~ страховой вексель
  loaded ~ полная осадка судна
  long ~ долгосрочная тратта
  long-dated ~ *см.* long ~
  long-sighted ~ *см.* long ~
  long-term ~ *см.* long ~
  maximum ~ предельная осадка судна
  outstanding ~ неоплаченная тратта
  paid ~ оплаченная тратта
  permissible ~ допустимая осадка судна
  preliminary ~ предварительный проект
  reimbursement ~ рамбурсная тратта
  return ~ обратный переводный вексель, ретур

rough ~ черновик
short ~ краткосрочная тратта
short-dated ~ *см.* short ~
short-sighted ~ *см.* short ~
short term[ed] ~ *см.* short ~
sight ~ тратта с оплатой по предъявлении
sterling ~ тратта с оплатой в фунтах стерлингов
time ~ срочная тратта, тратта к оплате с отсрочкой
unaccepted ~ неакцептованная тратта
valid ~ действительная тратта
~ at the port осадка в порту
~ at sight тратта на предъявителя
~ for acceptance тратта для акцептования
~ of a contract проект контракта
~ of a document проект документа
~ of a port осадка в порту
~ on reserves использование резервов
~ under rebate тратта, оплаченная (*досрочно*) с вычетом процентов
◇ ~ drawn on a bank тратта, выставленная на банк
~ drawn under a Letter of Credit тратта, выставленная на основании аккредитива
to accept a ~ акцептовать тратту
to advise of a ~ извещать о выставлении тратты
to collect a ~ инкассировать тратту
to draw a ~ выставлять тратту
to exchange ~s обменивать тратты
to honour a ~ оплачивать тратту
to issue a ~ выставлять тратту
to make a ~ of составлять проект
to make a ~ on smb. выставлять тратту на кого-л.
to make out a ~ *см.* to make a ~ on smb
to negotiate a ~ продавать тратту
to pay by (through) a ~ платить траттой
to pay against a ~ платить против представления тратты
to present a ~ предъявлять тратту
to protect a ~ акцептовать тратту
to rediscount a ~ переучитывать тратту
to renew a ~ возобновлять тратту
to sight a ~ акцептовать тратту
to take up a ~ *см.* to sight a ~
DRAFTING *n* составление (*документа*)
patent ~ составление описания изобретения к патенту

DRAFTSMAN *n* 1. составитель документа 2. чертежник
DRAG *n* помеха; ограничение
fiscal ~ финансовый тормоз
DRAGOMAN *n* гид и переводчик туристской организации
DRAIN *n* отлив, утечка
brain ~ «утечка мозгов»
dollar ~ утечка долларов
foreign ~ утечка капитала за границу
manpower ~ утечка рабочей силы
~ of gold отлив золота
~ on the dollar holdings натиск на долларовые запасы
~ on reserves использование запасов
DRAW *v* 1. выписывать (выставлять) (*тратту, чек*) 2. добывать (*информацию*) 3. получать (*зарплату, проценты*); извлекать (*доход*) 4. снимать деньги со счета
~ away отвлекать (*рабочую силу*)
~ back возвращать (*пошлину*)
~ out составлять (*документ*)
~ up оформлять (*документ*); разрабатывать
to draw at long date выставлять долгосрочную тратту
to draw at short date выставлять краткосрочную тратту
DRAWBACK *n* 1. недостаток 2. возврат (*пошлины*) 3. уступка (*в цене*)
~ on customs duties возврат таможенной пошлины
~s on exported products возмещение за экспортированные товары
◇ to eliminate ~s устранять недостатки
to itemize ~s указывать на недостатки
DRAWDOWN *n* 1. получение средств от финансовых учреждений 2. использование средств
DRAWEE *n* лицо, на которое выставлена тратта, трассат
DRAWER *n* лицо, выставившее тратту, трассант
bankrupt ~ обанкротившийся трассант
~ of a bill трассант
~ of a cheque чекодатель
DRAWING *n* 1. выписка (*тратты, чека*) 2. снятие денег со счета 3. получение ссуды; заимствование 4. чертеж 5. лотерея
cash ~s 1) снятие со счета наличных средств 2) заимствование наличных средств
net ~s чистые заимствования

patent ~ чертеж к описанию изобретения к патенту
personal ~ снятие денег с личного счета
premium ~ розыгрыш лотереи
prize ~ см. premium ~
~ from an account снятие средств со счета
~ of a bill выписка тратты
~ of a draft выписка тратты
~ of samples отбор образцов
~ on current account снятие средств с текущего счета

DRAWING-UP n разработка; составление (*документа*)
~ of an application оформление заявки
~ of documents оформление документов
~ of a plan разработка плана

DRAYAGE n 1. безрельсовая перевозка 2. плата за безрельсовую перевозку

DRESS v 1. выделывать; отделывать; обрабатывать 2. оформлять (*выставку и т. п.*)

DRESSER n декоратор; оформитель витрин

DRESSING n 1. оформление; отделка 2. удобрение, обработка (*земли*)
full ~ внесение полной дозы удобрения
low ~ подкормка растений небольшими дозами
stand ~ оборудование стендов
window ~ 1) оформление витрины 2) «причесывание баланса», представление счетов в более выгодном свете, чем они есть на самом деле 3) меры компании с целью представить себя в наиболее выгодном свете
~ of an exhibition оформление выставки

DRIFT n 1. направление развития, тенденция 2. сдвиг; смещение; отклонение
wage ~ разница между основной заработной платой и фактическими доходами
~ from the land миграция сельского населения в города
~ of labour приток рабочей силы
~ of scientists abroad эмиграция научных работников
~ upward повышательная тенденция

DRILLING n бурение
appraisal ~ пробное бурение

DRIVE n 1. тенденция, направление 2. *амер.* кампания

economy ~ борьба за режим экономии
export ~ кампания по увеличению экспорта
high-quality ~ борьба за высокое качество
production ~ кампания за повышение производительности
sales ~ кампания по стимулированию сбыта
~ of profits погоня за прибылью
~ to privatise кампания по приватизации
◊ to begin a ~ начать кампанию
to enter upon a ~ см. to begin a ~
to launch a ~ см. to begin a ~
to open a ~ см. to begin a ~
to start a ~ см. to begin a ~

DRIVE v 1. отбрасывать, теснить 2. вести (*дело*) 3. водить машину

DROP n падение, снижение, понижение
great ~ значительное снижение
heavy ~ см. great ~
price ~ понижение биржевого курса
~ in demand падение спроса
~ in employment сокращение занятости
~ in investment сокращение капиталовложений
~ in prices падение цен
~ in quality понижение качества
~ in rates снижение тарифных ставок (*за перевозку*)
~ in reserves сокращение резервов

DROP v падать, снижаться, понижаться

DROUGHT n засуха

DROUGHTY adj засушливый

DRUG n 1. лекарство 2. наркотик 3. залежавшийся товар
~ in the market товар, не имеющий спроса на рынке

DRUGSTORE n 1. аптека 2. *амер.* аптека-закусочная

DRUM n барабан, ящик для упаковки

DRY adj сухой

DRY-DOCK v ставить судно в сухой док

DRYLOT n *амер.* загон для откорма скота

DUAL adj 1. двойной 2. двойственный

DUAL-PURPOSE adj двойного назначения

DUE adj 1. должный, надлежащий 2. ожидаемый 3. причитающийся, подлежащий выплате
◊ past ~ просроченный
till ~ до срока платежа

when ~ при наступлении срока платежа
~ at call сроком по требованию
in ~ course в свое время
to be ~ 1) быть должным 2) подлежать выплате 3) ожидаться
to fall ~ наступать (*о сроке платежа*)
DUES *n pl* сборы, пошлины, налоги
  administration ~ административные сборы
  anchor ~ якорный сбор
  anchorage ~ *см.* anchor ~
  ballast ~ балластный сбор
  berth ~ причальный (пристанский) сбор
  berthing ~ *см.* berth ~
  boatmen ~ боцманский сбор
  buoy ~ бакенский сбор
  canal ~ сбор за проход через канал
  cargo ~ грузовой сбор
  channel ~ сбор за проход через канал
  customs ~ таможенный сбор
  dock ~ доковый сбор
  drydock ~ сбор за пользование сухим доком
  fixed ~ постоянные (фиксированные) сборы
  floating dock ~ сборы за пользование плавучим доком
  frontier ~ пограничные сборы (*за переезд через границу*)
  harbour ~ портовые сборы
  light ~ маячный сбор
  lock ~ шлюзовой сбор
  market ~ 1) куртаж 2) плата за стоянку
  member's ~ членский взнос
  membership ~ *см.* member's ~
  mooring ~ швартовый сбор
  pier ~ причальный (пристанский) сбор
  port ~ портовые сборы
  preferential ~ преференциальные пошлины
  public ~ государственные налоги
  quarantine ~ карантинный сбор
  quay ~ сбор за пользование пристанью
  registration ~ регистрационный сбор
  river ~ речной сбор
  sanitary ~ санитарный сбор
  surveyor ~ сюрвейерский сбор
  tonnage ~ грузовой сбор
  towage ~ буксирный сбор
  transit ~ транзитная пошлина
  tug-boat ~ плата за буксировку
  union ~ профсоюзный взнос
  weight ~ весовой сбор

wharf ~ причальный (пристанский) сбор
wharfage ~ *см.* wharf ~
~ for the crossing of frontiers сборы при пересечении границы
~ from banks счета «ностро»
~ on cargo грузовой сбор
~ on imported goods пошлина на импортные товары
~ to banks счета «лоро»
◊ to charge ~ начислять сбор
to levy ~ взимать сборы
to pay ~ оплачивать сборы
DULL *adj* 1. вялый, застойный (*о рыночной конъюнктуре*) 2. неходкий (*о товаре*)
DULLNESS *n* вялость, застой
~ of economic activity застой в экономической деятельности
~ of the market вялость рынка
DULY *adv* должным образом, соответственно
DUMP *v* наводнять рынок дешевыми товарами, устраивать демпинг
DUMPING *n* 1. вывоз товаров по бросовым ценам, демпинг 2. предложение крупного пакета ценных бумаг по низким ценам
  currency ~ валютный демпинг
  exchange ~ *см.* currency ~
  hidden ~ скрытый демпинг
  price ~ ценовой демпинг
◊ to offset ~ сбалансировать демпинг
DUNNAGE *n* подстилочный материал для укладки груза
DUOPOLY *n* дуополия, рынок, где главенствуют только два продавца товара или услуг; монополия двух конкурирующих компаний
DUOPSONY *n* дуопсония, рынок, где только два покупателя определенного товара
DUPLICATE *n* дубликат, копия
  certificate ~ дубликат сертификата
  warrant ~ документ, подтверждающий беспошлинный ввоз товаров
  waybill ~ дубликат транспортной накладной
  ~ of a bill дубликат векселя
  ~ of a certificate дубликат сертификата
  ~ of exchange дубликат векселя
◊ to make out in ~ изготовить в двух экземплярах
DUPLICATION *n* 1. дублирование 2. копирование 3. дубликат; копия

DURABILITY *n* прочность; износостойкость; срок службы (*машины*)
~ of fixed capital продолжительность жизни основного капитала
DURABLE *adj* 1. прочный; долговечный 2. длительного пользования
DURABLES *n pl* товары длительного пользования
consumer ~ потребительские товары длительного пользования
household ~ хозяйственно-бытовые товары длительного пользования
producer ~ производственные товары длительного пользования
DURATION *n* 1. продолжительность, длительность 2. срок
average ~ of life средняя продолжительность жизни
entire ~ полный срок
estimated ~ рассчитанная продолжительность
maximum ~ максимальная продолжительность
probable ~ of life вероятная продолжительность жизни
~ of an advertisement длительность рекламы
~ of an agreement срок соглашения
~ of an auction срок работы аукциона
~ of a business cycle продолжительность экономического цикла
~ of circumstances продолжительность обстоятельств
~ of a contract срок действия контракта
~ of cover гарантийный период
~ of disablement продолжительность нетрудоспособности
~ of erection work продолжительность монтажных работ
~ of an exhibition продолжительность проведения выставки
~ of a fair продолжительность ярмарки
~ of lease продолжительность срока аренды
~ of a licence срок действия лицензии
~ of life продолжительность жизни
~ of a loan срок займа
~ of a patent срок действия патента
~ of a period продолжительность периода
~ of present employment стаж на последнем месте работы
~ of stay продолжительность пребывания
~ of storage длительность хранения
~ of a test продолжительность испытания
~ of a trademark срок действия товарного знака
~ of training продолжительность обучения
~ of use продолжительность использования
~ of a visit срок визита
~ of work продолжительность работы
DURESS *n* принуждение, давление
DUSTPROOF *adj* герметичный
DUTIABLE *adj* облагаемый налогом или пошлиной
DUT|Y *n* 1. долг; обязанность 2. пошлина, сбор, налог 3. производительность; мощность 4. работа; режим работы
additional ~ добавочная пошлина
ad valorem ~ адвалорная пошлина
agent's ~ies обязанности агента
anti-dumping ~ антидемпинговая пошлина
basic ~ основной сбор
bound ~ies фиксированные пошлины
combined ~ смешанная пошлина
compensatory ~ компенсационная пошлина
compound ~ смешанная пошлина
conventional ~ конвенционная пошлина
countervailing ~ компенсационная пошлина, уравнительная пошлина
currency protecting ~ валютная пошлина
customs ~ таможенная пошлина
death ~ies налоги на наследство
differential ~ дифференциальная пошлина
discriminating ~ дискриминационная пошлина
discriminatory ~ *см.* discriminating ~
entrance ~ ввозная пошлина
estate ~ налог на наследство
excess profits ~ налог на сверхприбыль
excise ~ акциз
export ~ экспортная пошлина
extra ~ добавочная пошлина
financial ~ фискальная таможенная пошлина
fiscal ~ *см.* financial ~
fixed ~ специфическая пошлина
heavy ~ высокая пошлина
high ~ *см.* heavy ~
import ~ импортная пошлина

increment value ~ налог на прирост стоимости
infant-industry ~ покровительственная пошлина для молодых (новых) отраслей промышленности
key industry ~ покровительственная пошлина для ведущих отраслей промышленности
levied ~ взимаемая пошлина
licence ~ лицензионная пошлина
low ~ низкая пошлина
matching ~ компенсационная пошлина, уравнительная пошлина
maximum ~ максимальная пошлина
mill ~ заводской режим работы
minimum ~ минимальная пошлина
mixed ~ смешанная пошлина
motor vehicle ~ налог на автомашины
night ~ ночной режим работы
official ~ies служебные обязанности
penalty ~ штраф
policy ~ гербовый сбор по полисам
port ~ies портовые сборы
preferential ~ преференциальная пошлина
primage ~ таможенная пошлина на импортируемые товары
prohibitive ~ запретительная пошлина
protective ~ покровительственная пошлина
retaliatory ~ карательная пошлина
revenue ~ фискальная пошлина
seasonal ~ сезонная пошлина
special ~ особая пошлина
specific ~ специфическая пошлина
stamp ~ гербовая пошлина
stamp ~ on bills of exchange гербовый сбор по векселям
stamp ~ on a contract гербовый сбор с контракта
stamp ~ on securities гербовый сбор по ценным бумагам
succession ~ налог на наследственную недвижимость
supplementary ~ добавочная пошлина
tonnage ~ грузовой сбор
transit ~ транзитная пошлина
weight ~ весовой сбор
~ for consignee's account пошлина за счет грузополучателя
~ for revenue фискальная пошлина
~ies of an agent обязанности агента
~ies of an arbitrator обязанности арбитра
~ies off не оплаченный пошлиной; без оплаты пошлины
~ies of parties обязанности сторон
~ies of the principal обязанности принципала
~ on оплаченный пошлиной
~ on cargo таможенная пошлина на груз
~ on entry ввозная пошлина
~ on exports экспортная пошлина
~ on imported goods пошлина на импортные товары
~ on imports импортная пошлина
~ on luxury goods пошлина на предметы роскоши
~ per article поштучная пошлина
~ under a contract обязательство по контракту
◊ off ~ в свободное время
on ~ в служебное время
exempt from ~ свободный от пошлины
free from [of] ~ см. exempt from ~
liable to ~ облагаемый пошлиной
subject to ~ см. liable to ~
to abolish ~ies отменять пошлины
to allocate ~ies распределять обязанности
to assess a ~ установить пошлину
to calculate a ~ исчислять пошлину
to charge a ~ начислять пошлину
to collect ~ies взимать пошлины
to discharge one's ~ies выполнять обязанности
to establish a ~ установить пошлину
to evade customs ~ies уклоняться от уплаты таможенных пошлин
to fix a ~ установить пошлину
to impose ~ies облагать налогами (пошлиной)
to increase ~ies повысить пошлины
to introduce a ~ вводить пошлину
to lay a ~ установить пошлину
to levy a ~ см. to lay a ~
to pay a ~ уплачивать пошлину
to perform ~ies выполнять обязанности
to reduce ~ies понизить пошлины
to refund the ~ вернуть уплаченную пошлину
to take up one's ~ies приступить к выполнению обязанностей
DUTY-FREE *adj* свободный от пошлины
DUTY-PAID *adj* оплаченный пошлиной
DWELLING *n* жилое помещение, дом
conventional ~ обычное жилище

overcrowded ~ перенаселенное жилое помещение
permanent ~ постоянное место жительства
private-type ~ частное жилище
rented ~ арендуемое жилое помещение
tenure ~ *см.* rented ~
vacant ~ свободное жилое помещение
DWINDLE *v* сокращаться, уменьшаться

DWINDLING *n* сокращение
~ of **assets** сокращение капитала
DYNAMICS *n* динамика
economic ~ экономическая динамика
industrial ~ промышленная динамика
population ~ динамика населения
~ of **prices** динамика цен
DYNAMITER *n* энергичный торговец, продающий ненадежные ценные бумаги

E

EAGLE *n* старинная американская золотая монета в 10 долларов
EARMARK *v* 1. помечать 2. предназначать, ассигновать, резервировать (*средства*)
EARMARKED *adj* забронированный, зарезервированный (*о средствах*)
EARMARKING *n* ассигнование для определенных целей
EARN *v* 1. зарабатывать 2. получать, заслуживать
EARNER *n* 1. работающий (*кормилец семьи*) 2. источник дохода
   dollar ~ источник получения долларов
   profit ~ источник дохода
   salary ~ служащий
   wage ~ рабочий
EARNEST *n* задаток
   return ~ возвращенный задаток
EARNINGS *n pl* 1. заработок 2. доход, прибыль; поступления
   after-tax ~ доход после уплаты налогов
   annual ~ годовой доход
   available ~ прибыль компании, распределяемая между держателями обыкновенных акций
   average ~ средняя зарплата
   average hourly ~ средняя почасовая зарплата
   average monthly ~ среднемесячная зарплата
   bonus ~ премия
   cash ~ денежные поступления
   commission ~ комиссионные
   company ~ прибыль компании
   crop ~ урожайность
   currency ~ валютные поступления
   daily ~ дневной заработок
   direct ~ доход головной компании
   dollar ~ поступления долларов
   excess ~ сверхприбыль
   exchange ~ валютные поступления
   export ~ экспортные поступления, доходы от экспорта
   farmer's ~ фермерский доход
   foreign trade ~ доход от внешней торговли
   freight ~ поступления от фрахта
   fully diluted ~ per share полностью разбавленный доход в расчете на акцию
   gross ~ валовый доход
   hidden ~ скрытый доход
   hourly ~ почасовая оплата
   imputed ~ вмененный доход
   incentive ~ поощрительное вознаграждение
   incidental ~ побочный заработок
   individual ~ личный доход
   invisible ~ поступления от невидимых статей экспорта
   marginal ~ предельный доход
   monopoly ~ монопольная прибыль
   net ~ чистый доход; чистая прибыль
   net ~ after taxes чистая прибыль после вычета налогов
   net operating ~ per share чистый доход на акцию
   operating ~ текущие поступления
   pensionable ~ основной оклад, учитываемый при начислении пенсии
   percentage ~ прибыль в процентах от номинальной стоимости капитала
   personal ~ личный доход
   piecework ~ сдельная заработная плата
   ploughed back ~ капитализированная прибыль
   pretax ~ доход до уплаты налогов
   primary ~ первоначальный доход
   primary ~ per share доход на акцию
   product ~ per operative доход от производства продукции в расчете на одного рабочего
   professional ~ заработок на договорной основе
   railway ~ поступления от железнодорожных перевозок
   real ~ реальная зарплата

retained ~ нераспределенная прибыль
royalty ~ доход от роялти
scanty ~ мизерный заработок
share ~ дивиденд по акциям
subsidiary ~ дополнительные доходы
substantial ~ значительные поступления
volatile ~ непостоянные доходы
weekly ~ еженедельная зарплата
~ **before interest and taxes** доходы до вычета налогов и процентов
~ **before taxes** прибыли корпорации после выплаты процентов, но до уплаты налогов
~ **per hour** почасовая зарплата
~ **per share** доход на акцию
◊ **to drive up** ~ увеличивать доходы
to suffer loss of ~ получать сокращенную зарплату

EASE *n* 1. смягчение; снятие ограничений, ослабление 2. медленное или незначительное снижение рыночных цен
monetary ~ снятие денежных ограничений

EASE *v* ослаблять, смягчать; упрощать
◊ **to** ~ **off** медленно понижаться
EASEMENT *n* 1. преимущество 2. *юр.* сервитут
EASING *n* ослабление, смягчение
~ **in money rates** снижение учетных ставок
~ **of the capital market** оживление рынка капитала
~ **of credit** предоставление льгот по кредиту
~ **of imports** облегчение импорта
~ **of inflation** ослабление инфляции
~ **of interest rates** снижение процентных ставок
EASY *adj* 1. легкий, нетрудный 2. выгодный 3. застойный (*о рынке*); не имеющий спроса (*о товаре*)
ECOLOGICAL *adj* экологический
ECOLOGY *n* экология
ECONOMETRIC *adj* эконометрический
ECONOMETRICIAN *n* специалист по эконометрике
ECONOMETRICS *n* эконометрика
ECONOMIC *adj* 1. экономический 2. рентабельный
ECONOMICAL *adj см.* **ECONOMIC**
ECONOMICS *n* 1. экономика; народное хозяйство 2. экономическая наука
agrarian ~ экономика сельского хозяйства
agricultural ~ *см.* **agrarian** ~

applied ~ прикладная экономика
business ~ экономический анализ
consumer ~ экономика потребления
dynamic ~ теория экономической динамики
engineering ~ инженерная экономика
farm ~ экономика сельского хозяйства
global ~ экономика мирового хозяйства
industrial ~ экономика промышленности
international ~ экономика мирового хозяйства
Keynesian ~ кейнсианская экономическая теория
labour ~ экономика труда
managerial ~ *амер.* экономика и организация производства
mathematical ~ математическая экономика
planned ~ плановая экономика
pure ~ «чистая» экономическая теория
regional ~ экономика районного хозяйства
research ~ экономика научных исследований
rural ~ экономика сельского хозяйства
statistical ~ экономическая статистика
~ **of defence** военная экономика
~ **of education** экономика образования
~ **of growth** экономика развития
~ **of production** экономика производства
ECONOMIST *n* экономист
business ~ промышленный экономист
farm ~ экономист по сельскому хозяйству
forest ~ экономист по лесному делу
group ~ главный экономист
senior ~ старший экономист
ECONOMIZE *v* экономить; экономно использовать
ECONOMIZING *n* экономия; экономное хозяйствование
~ **on material** экономия материала
ECONOM|Y *n* 1. хозяйство, экономика 2. экономия, бережливость 3. сбережения
advanced ~ развитая экономика
agricultural ~ экономика сельского хозяйства
atomistic ~ атомистическая экономика
backward ~ отсталая экономика
barter ~ бартерная экономика
black ~ теневая экономика; черный рынок

ECO

burgeoning informal ~ нарождающееся хозяйство
business ~ предпринимательская экономика
capitalist ~ капиталистическая экономика
cash ~ денежное хозяйство (*в противоположность натуральному*)
city ~ городское хозяйство
closed ~ закрытая экономика
command ~ командная экономика, административно-командная экономика
commercial ~ предпринимательская экономика
commodity ~ товарная экономика
competitive ~ies конкурирующие экономики
controlled ~ контролируемая экономика
decentralized exchange ~ децентрализованная рыночная экономика
defence ~ военная экономика
dependent ~ зависимая экономика
developed ~ развитая экономика
developing ~ развивающаяся экономика
directed ~ контролируемая экономика
diversified ~ многоотраслевая экономика
domestic ~ внутренняя экономика
engineering ~ инженерная экономика
exchange ~ рыночная экономика
external ~ies экономия, обусловленная внешними факторами
farm ~ экономика сельского хозяйства
free enterprise ~ экономика свободного предпринимательства
global ~ экономика мирового хозяйства
grain ~ зерновое хозяйство
home ~ внутренняя экономика
industrial ~ промышленная экономика
integrated ~ параллельное хозяйство; комплексное хозяйство
internal ~ies экономия, обусловленная внутренними факторами
international ~ мировая экономика
local ~ies местное хозяйство
managed ~ плановое хозяйство
market ~ рыночная экономика
market-directed ~ рыночно-управляемая экономика
market-driven ~ *см.* market-directed ~
mature ~ зрелая экономика
maximum ~ максимальная экономия
military ~ военная экономика

ECO

mixed ~ смешанная экономика
multi-branch ~ многоотраслевая экономика
municipal ~ городское хозяйство
national ~ национальная экономика
natural ~ натуральное хозяйство
open ~ экономика свободного предпринимательства
payable ~ рентабельное хозяйство
paying ~ *см.* payable ~
planned ~ плановое хозяйство
political ~ политическая экономия
profitable ~ рентабельное хозяйство
rigid ~ строгая экономия
rural ~ экономика сельского хозяйства
scale ~ies экономия, обусловленная ростом масштаба производства
self-subsistent peasant ~ натуральное крестьянское хозяйство
shadow ~ теневая экономика
sick ~ застойная экономика
single crop ~ монокультурная экономика
stable ~ устойчивая экономика
stagnant ~ застойная экономика
stationary ~ устойчивая экономика
steady ~ *см.* stationary ~
struggling ~ies слабые хозяйства
thriving ~ процветающая экономика
underground ~ теневая экономика
unstable ~ неустойчивая экономика
well-balanced ~ устойчивая экономика
world ~ мировая экономика, мировое хозяйство
~ of abundance бездефицитная экономика
~ies of scale экономия, обусловленная ростом масштаба производства
~ of scarcity дефицитная экономика
~ies of regions экономика отдельных районов
~ of space экономия места
~ of time экономия времени
◇ **to ensure ~** гарантировать экономию
to promote the regional ~ содействовать развитию экономики отдельных районов
to regenerate the ~ восстанавливать хозяйство
to reorganize the ~ перестраивать экономику
to restruct the ~ *см.* to reorganize the ~
to restructure the ~ *см.* to reorganize the ~

ECO   **EFF**

to revive the ~ оживлять экономику
ECO-SYSTEM *n* экологическая система
EDGE *n амер.* преимущество
  competitive ~ конкурентное преимущество
EDGE *v* незначительно понижаться (*о ценах, курсах*)
  ~ down *см.* EDGE
EDIT *v* редактировать, готовить к печати
EDITION *n* издание
  abridged ~ сокращенное издание
  first ~ первое издание
  limited ~ лимитированное издание
  new ~ новое издание
  previous ~ предыдущее издание
  revised ~ пересмотренное и исправленное издание
  special ~ специальное издание
  subscription ~ подписное издание
EDITOR *n* редактор
EDUCATION *n* образование; обучение
  adult ~ образование для взрослых
  business ~ коммерческое образование
  college ~ высшее образование
  compulsory ~ обязательное образование
  elementary ~ начальное образование
  free ~ бесплатное образование
  general ~ общее образование
  graduate ~ аспирантура
  high ~ среднее образование
  higher ~ высшее образование
  in-service ~ обучение без отрыва от производства
  management ~ образование в области менеджмента
  postgraduate ~ аспирантура
  primary ~ начальное образование
  private ~ *амер.* обучение в частной школе
  professional ~ профессиональное образование; профессиональное обучение
  public ~ *амер.* государственное образование
  secondary ~ среднее образование
  specialized ~ профессионально-техническое образование; специальная подготовка
  technical ~ техническое образование
  trade ~ профессиональное обучение
  university ~ университетское образование
  vocational ~ профессиональное обучение
EDUCATIONAL *adj* образовательный

EFFECT *n* 1. результат; влияние, воздействие 2. осуществление, выполнение 3. эффект 4. *pl* личная собственность
  age ~ эффект возраста
  beneficial ~ положительный результат; положительное влияние
  boomerang ~ обратный эффект, эффект бумеранга
  climatic ~ влияние климатических условий
  collateral ~ побочный эффект
  cumulative ~ общий эффект
  direct ~ прямое (непосредственное) воздействие
  disastrous ~ гибельное воздействие
  economic ~ экономическая эффективность
  environmental ~ влияние окружающей среды
  feedback ~ эффект обратной связи
  feedback ~s of income upon investments обратное влияние дохода на инвестиции
  ill ~ вредное влияние, вредное воздействие
  income ~ эффект дохода
  neighbourhood ~s внешние эффекты
  positive ~ положительный эффект
  potential inflationary ~ потенциальное влияние инфляции
  price distorting ~ эффект искажения цены
  publicity ~ воздействие рекламы
  scale ~ эффект масштаба
  seasonal ~s сезонные колебания
  spillover ~ побочный эффект
  substitution ~ эффект замещения
  surplus ~ эффект превышения
  technical ~ технический эффект
  vanity ~ эффект престижа
  ~ of circumstances действие обстоятельств
  ~ of a patent действие патента
  ~ of registration юридическая сила регистрации
  ~ of taxation эффект налогообложения
  ~ of war последствия войны
  ◊ to carry into ~ выполнять; вводить в действие
  to come into ~ вступать в силу
  to give ~ вводить в действие
  to have ~ on the market влиять на рынок
  to take ~ давать желаемый результат
  to put into ~ вводить в действие

to yield an economic ~ обеспечивать экономический эффект
EFFECT *v* 1. осуществлять; совершать; выполнять 2. заключать, оформлять (сделку)
EFFECTING *n* заключение, оформление (сделки)
~ of an insurance contract заключение договора страхования
~ of payment осуществление платежей
EFFECTIVE *adj* 1. действительный; действенный, эффективный 2. действующий, имеющий силу
◇ ~ from ... вступающий в силу с ...
to be economically ~ давать экономический эффект
to become ~ приобретать силу
EFFECTIVENESS *n* эффективность
advertising ~ эффективность рекламы
commercial ~ коммерческая эффективность
cost ~ рентабельность, прибыльность
economic ~ экономическая эффективность
facility ~ эффективность работы устройства
forecasting ~ эффективность прогнозирования
general ~ общая эффективность
operational ~ эксплуатационная эффективность
organizational ~ эффективность организационной структуры
queue ~ эффективность системы массового обслуживания
supply ~ эффективность снабжения
system ~ эффективность системы
~ of an advertisement эффективность рекламы
~ of exports эффективность экспорта
~ of licensing эффективность лицензирования
~ of modifications эффективность изменений
~ of patenting эффективность патентования
~ of supply эффективность снабжения
EFFECTUAL *adj* эффективный, действенный; целесообразный
EFFICIENCY *n* 1. эффективность, действенность 2. производительность, продуктивность 3. коэффициент полезного действия 4. умение; подготовка; квалификация
advertising ~ действенность рекламы
average ~ 1) средняя производительность 2) средний коэффициент полезного действия
commercial ~ промышленный коэффициент полезного действия
cost ~ рентабельность, эффективность затрат
economic ~ экономическая эффективность
economical ~ *см.* economic ~
enterprise ~ эффективность предприятия
farm labour ~ производительность труда в сельском хозяйстве
feeding ~ эффективность использования кормов
feed-use ~ *см.* feeding ~
feed-utilization ~ *см.* feeding ~
high ~ высокая производительность
increased ~ возросшая производительность
industrial ~ экономическая эффективность промышленного производства
irrigation ~ эффективность орошения
labour ~ производительность труда
learning ~ эффективность обучения
low ~ низкая производительность
manufacturing ~ эффективность производства
marginal ~ of capital investment предельная эффективность капиталовложений
maximum ~ максимальная производительность
mean ~ средняя производительность
net ~ общий (результирующий) коэффициент полезного действия
normal ~ обычная производительность
operating ~ 1) эффективность эксплуатации 2) эксплуатационный коэффициент полезного действия
operative ~ коэффициент занятости
optimum ~ оптимальная эффективность
peak ~ максимальная производительность
performance ~ уровень производительности
power ~ коэффициент полезного действия
production ~ эффективность производства
productive ~ продуктивность, производительность
relative ~ относительная эффективность

statistical ~ статистическая эффективность
technical ~ производительность промышленного оборудования
total ~ полная производительность
working ~ производительность; мощность
X-~ эффективность, обусловленная не поддающимися четкому определению качествами (*напр.* мотивация)
~ of cooperation эффективность сотрудничества
~ of an invention эффективность изобретения
~ of investments эффективность капиталовложений
~ of labour производительность труда
~ of payments эффективность осуществления платежей
~ of production эффективность производства
◊ to improve ~ улучшать производительность
to increase ~ увеличивать производительность
to obtain maximum ~ добиваться максимальной производительности
to raise ~ повышать производительность

EFFICIENT *adj* 1. эффективный, действенный 2. квалифицированный 3. рациональный

EFFLUENT *n* 1. сток, сброс 2. *pl* сточные воды
industrial ~ сброс промышленных сточных вод
sewage ~ канализационный сток
waste ~ сброс сточных вод

EFFORT *n* усилия, старания; меры
best ~ продажа ценных бумаг или товаров по максимально достижимой цене
design ~ конструкторская работа
development ~ опытно-конструкторская работа
engineering ~ *см.* development ~
marketing ~ ассигнования на маркетинг товара или услуги
promotional ~ стимулирование сбыта
publicity ~ меры по организации рекламы
research ~ научно-исследовательская работа
scientific ~ научная работа
selling ~ организация и стимулирование сбыта

stabilization ~ меры по стабилизации
EJECT *v* 1. увольнять 2. *юр.* выселять
ELABORATE *v* детально разрабатывать
ELABORATED *adj* разработанный
ELABORATION *n* детальная разработка (*плана, проекта и т. п.*)
~ of an application document разработка заявочного документа
~ of a design разработка проекта
~ of a design concept проектно-конструкторская разработка
~ of design documentation разработка проектной документации
~ of measures разработка мероприятий
~ of a manufacturing process разработка технологии производства
~ of a plan разработка плана
~ of a production process разработка технологии производства

ELASTIC *adj* эластичный, гибкий
ELASTICITY *n* эластичность
cross ~ перекрестная эластичность
cross ~ of demand перекрестная эластичность спроса
cross price ~ перекрестная эластичность цен
demand and supply ~ эластичность спроса и предложения
fixed ~ постоянная эластичность
income ~ of demand эластичность спроса от доходов
margin ~ изменение соотношения прибыли и издержек в зависимости от изменения объема продаж
price ~ ценовая эластичность
price ~ of demand ценовая эластичность спроса
price ~ of supply ценовая эластичность предложения

ELECT *v* выбирать, избирать
ELECTION *n* выборы
board ~ выборы правления
direct ~s прямые выборы
indirect ~s многостепенные выборы
municipal ~ муниципальные выборы

ELEMENT *n* элемент; компонент; составная часть
basic ~ основной элемент
cost ~ элемент стоимости
cost-implicit ~s элементы неявных издержек
credit ~ элемент кредита
decision ~ элемент решения
game ~ элемент игры
logic ~ логический элемент

machine ~ машинный элемент
manual ~ ручной элемент
novelty ~ элемент новизны
operation ~ элемент производственной операции
requisite ~s реквизиты
restricted ~ регламентированный элемент
risk ~ элемент риска
sampling ~ элемент выборки
time ~ фактор времени
~ of chance элемент случайности
~ of costs элемент издержек производства
~s of tax элементы налога
ELEMENTARY *adj* элементарный, простой
ELEEMOSYNARY *adj* 1. благотворительный 2. безвозмездный
ELIGIBILITY *n* 1. право на избрание 2. приемлемость 3. положительные качества
ELIGIBLE *adj* 1. имеющий право быть избранным 2. приемлемый
ELIMINATE *v* 1. устранять, исключать 2. ликвидировать
ELIMINATION *n* 1. исключение 2. уничтожение, ликвидация
dead order ~ исключение заказа
intercompany ~ внутрифирменное исключение взаиморасчетов
trend ~ нейтрализация тенденции
~ of a defect исправление дефекта
~ of competition устранение конкуренции
~ of errors исправление ошибок
~ of preferences устранение преимуществ
~ of problems устранение трудностей
EMBARGO *n* 1. эмбарго; запрещение, запрет 2. наложение ареста на судно или груз
arms ~ эмбарго на ввоз оружия
exchange ~ эмбарго на инвалюту
export ~ эмбарго на экспорт
government ~ правительственный запрет
import ~ эмбарго на импорт
temporary ~ временный запрет
trade ~ эмбарго на торговлю
transit ~ запрещение транзитного провоза
~ on exports запрет на экспорт
~ on foreign exchange эмбарго на инвалюту
~ on imports запрет на импорт

◇ to be under an ~ быть под запретом
to impose an ~ налагать запрет
to lay an ~ налагать арест (*на судно*)
to lift an ~ снимать запрет, снимать эмбарго
to place an ~ налагать арест, запрет
to raise an ~ снимать эмбарго
to remove an ~ *см.* to raise an ~
to take off an ~ *см.* to raise an ~
EMBARK *v* 1. грузить 2. грузиться 3. предпринимать что-л.
EMBARKATION *n* посадка или погрузка (*на корабль*)
EMBASSY *n* посольство
EMBEZZLE *v* растрачивать; присваивать (*чужие деньги*)
EMBEZZLEMENT *n* растрата; хищение; присвоение чужих денег или имущества
EMBODYMENT *n* 1. осуществление, реализация 2. овеществление, материализация
~ of an invention осуществление изобретения
~ of labour овеществление труда
~ of technical know-how реализация технического опыта и знаний
EMEND *v* исправлять ошибки в тексте
EMERGENCY *n* 1. непредвиденный случай 2. чрезвычайные обстоятельства
◇ in case of ~ в случае аварии
EMIGRANT *n* эмигрант
EMIGRATE *v* эмигрировать
EMIGRATION *n* эмиграция
EMISSION *n* выпуск, эмиссия (*денег, ценных бумаг*)
above par ~ выпуск по курсу выше номинала
par ~ выпуск по номинальной стоимости
EMIT *v* выпускать (*деньги*); эмитировать
EMOLUMENT *n* вознаграждение; компенсация
casual ~s случайные выплаты
director's ~s вознаграждение (*денежное и иное*), получаемое директорами компаний
official ~s оклад (*служащих*)
EMPHYTEUSIS *n* долгосрочная аренда земли
EMPIRICAL *adj* эмпирический
EMPLOY *v* 1. нанимать на работу 2. применять, употреблять, использовать
EMPLOYEE *n* рабочий; служащий; работающий по найму

alien ~ иностранный рабочий
bank ~ служащий банка
executive ~ руководящий работник
full-time ~ служащий, занятый полную рабочую неделю
government ~ государственный служащий
highly trained ~ работник высокой квалификации
hourly paid ~ рабочий с почасовой оплатой
key ~ руководящий работник
leading ~ *см.* key ~
long-service ~ работник с большим стажем работы
management ~ служащий отдела управления
managerial ~ *см.* management ~
manufacturing ~ рабочий, занятый в обрабатывающей промышленности
municipal ~ служащий муниципалитета
office ~ конторский служащий
part-time ~ служащий, занятый неполную рабочую неделю
permanent ~ постоянный работник
probationary ~ стажер
public ~ государственный или муниципальный служащий
regular ~ постоянный работник
salaried ~ служащий, получающий жалованье
wage ~ рабочий, получающий заработную плату

EMPLOYER *n* наниматель, работодатель

EMPLOYMENT *n* 1. работа (*по найму*), служба 2. занятие, профессия 3. занятость 4. прием (*на работу*) 5. использование, применение

actual ~ фактическая занятость
agricultural ~ работа по найму в сельском хозяйстве
casual ~ случайная занятость
civil ~ занятость в государственном аппарате
contractual ~ работа по контракту
farm ~ работа по найму в сельском хозяйстве
full ~ полная занятость
full-time ~ занятость в течение полного рабочего дня
gainful ~ доходное занятие
government ~ занятость в государственном аппарате
irregular ~ нерегулярная занятость
partial ~ частичная занятость
part-time ~ *см.* partial ~
permanent ~ постоянная занятость
probationary ~ испытательный срок на работе
public ~ занятость в государственном или муниципальном аппарате
regular ~ постоянная занятость
remunerative ~ самостоятельная деятельность, приносящая доход
seasonal ~ сезонная занятость
stable ~ стабильная занятость
sideline ~ побочная работа
total ~ общая занятость
wage earning ~ оплачиваемая работа
~ of capital инвестирование капитала
~ of labour использование рабочей силы
~ of machinery применение машин
~ of manual labour применение ручного труда
~ of a patent использование патента
~ of personnel наем персонала
~ of staff *см.* ~ of personnel
~ of resources использование ресурсов
~ of technology применение технологии
◇ to be in ~ работать, служить
to discharge from ~ освобождать от работы, увольнять
to find ~ находить работу
to give ~ обеспечивать занятость
to insure ~ обеспечивать занятость
to obtain ~ получать работу
to secure ~ обеспечивать занятость
to seek ~ искать работу
to take ~ поступать на работу

EMPORIUM *n* торговый центр; рынок
EMPOWER *v* уполномочивать
EMPTIES *n pl* 1. порожняя тара 2. порожняки
EMPTY *adj* пустой, порожний
ENACTMENT *n* 1. принятие закона, введение закона в силу 2. указ; постановление
~ of a law введение закона в силу
ENCASH *v* получать наличными, инкассировать
ENCASHMENT *n* 1. получение наличными, инкассация 2. поступление наличных
◇ to effect ~ осуществлять инкассацию
ENCLOSE *v* вкладывать (*в конверт*); прилагать
ENCLOSURE *n* приложение (*к письму, документу*)

ENCOURAGE v поощрять, поддерживать; стимулировать
ENCOURAGEMENT n поощрение, поддержка; стимулирование
economic ~ экономическое стимулирование
export ~ стимулирование экспорта
~ of export см. export ~
~ of investments стимулирование инвестиций
ENCUMBER v 1. затруднять, препятствовать 2. обременять долгами
ENCUMBRANCE n 1. затруднение 2. юр. закладная 3. долг, обязательство (с обеспечением имуществом)
excessive ~ большой долг
◊ without ~ юр. без обременения
free from ~ не обремененный долгами
END n 1. конец, окончание 2. цель 3. результат, следствие
closed ~ компания, имеющая фиксированную структуру капитала
open ~ инвестиционная компания открытого типа
~ of a fair окончание ярмарки
~ of a month конец месяца
~ of a season закрытие сезона
~ of a visit завершение визита
~ next бирж. конец следующего месяца
~ this бирж. конец текущего месяца
END v 1. заканчивать 2. прекращать
ENDORSE v делать передаточную надпись, индоссировать
◊ ~ back передавать обратно путем индоссамента
~ in blank сделать бланковый индоссамент
ENDORSEE n индоссатор, жират
ENDORSEMENT n 1. передаточная надпись, индоссамент, жиро 2. подпись на обороте (документа) 3. подтверждение
absolute ~ неограниченный индоссамент
acceptance ~ надпись об акцепте
accommodation ~ дружеский индоссамент
bill ~ вексельный индоссамент
blank ~ бланковый индоссамент
cheque ~ индоссамент на чеке
conditional ~ условный индоссамент
direct ~ передаточная надпись на векселе, жиро
facultative ~ особая форма вексельного индоссамента, исключающая некоторые обязательства индоссанта
general ~ бланковый индоссамент
incomplete ~ неполный индоссамент
joint ~ совместный индоссамент
limited ~ ограниченный индоссамент
payment ~ надпись об уплате
procuration ~ индоссамент по доверенности
qualified ~ специальный индоссамент
restrictive ~ ограниченный индоссамент
special ~ именной индоссамент
subsequent ~ последующий индоссамент
unconditional ~ безусловный индоссамент
~ for collection передаточная надпись только для инкассо
~ in blank бланковая надпись
~ in favour of a bank индоссамент в пользу банка
~ in full полный индоссамент
~ of a decision подтверждение решения
~ of a drawee индоссамент векселедержателя
~ of a project принятие проекта
~ of a writ for an account индоссамент с требованием отчетности
~ to the bearer индоссамент на предъявителя
~ without recourse безоборотный индоссамент
~ without recourse to me индоссамент «без оборота на меня»
~ supra protest индоссамент для спасения кредита
◊ to bear an ~ иметь индоссамент
to place an ~ поставить индоссамент
to transfer by ~ передавать (документ) по индоссаменту
ENDORSER n индоссант, жирант
blank ~ бланкоподписатель
previous ~ предыдущий индоссант
prior ~ см. previous ~
subsequent ~ последующий индоссант
ENDORSING n совершение индоссамента
ENDOW v 1. материально обеспечивать, делать вклад 2. предоставлять (права, привилегии)
ENDOWMENT n 1. вклад 2. дар, пожертвование; фонд 3. дарование, талант
ability ~ способности

capital ~ 1) наличие капитала 2) донорский капитал, переводимый головной компанией своему филиалу
education ~ специальное страхование для обеспечения оплаты обучения ребенка (*в школе или университете*)
initial ~ первоначальный фонд
natural ~ природные способности
resource ~ обеспеченность ресурсами

ENFORCE *v* 1. принуждать 2. *юр.* взыскивать 3. *юр.* приводить в исполнение

ENFORCEMENT *n* 1. принуждение 2. *юр.* принудительное взыскание 3. *юр.* приведение в исполнение
law ~ приведение закона в силу
~ of a claim предъявление претензии
~ of a law введение закона в силу
~ of a lien удержание имущества за долги

ENGAGE *v* 1. нанимать (*на работу*) 2. заниматься чем-л.

ENGAGEMENT *n* 1. дело, занятие 2. *обыкн. pl* обязательство
bear ~s обязательства биржевиков, играющих на понижение
bull ~s обязательства биржевиков, играющих на повышение
current ~s текущие обязательства
dealer's ~ дилерское обязательство
running ~s текущие обязательства
short ~s обязательства биржевиков, играющих на понижение
trial ~ испытательный срок при приеме на работу
~ of personnel наем персонала
~ of staff *см.* ~ of personnel
◇ without ~ без обязательства
to break an ~ нарушать обязательство
to carry out an ~ выполнять обязательство
to enter into an ~ брать на себя обязательство
to fulfil ~s выполнять обязательства
to keep ~s *см.* to fulfil ~s
to meet ~s *см.* to fulfil ~s
to perform ~s *см.* to fulfil ~s

ENGINEER *n* 1. инженер; конструктор 2. инженер-механик 3. *амер.* машинист
budget ~ *амер.* бухгалтер-контролер исполнения сметы
business ~ *амер.* инженер по эксплуатации
chief ~ главный инженер
civil ~ инженер-строитель

commissioning ~ руководитель пуско-наладочных работ
construction ~ инженер-строитель
consulting ~ инженер-консультант
customer ~ инженер по техобслуживанию
design ~ инженер-конструктор
development ~ разработчик
efficiency ~ специалист по научной организации труда
erecting ~ инженер-строитель
factory ~ инженер завода
field ~ инженер-эксплуатационник
industrial ~ инженер-технолог
instrumentation ~ специалист по приборам
leading ~ ведущий инженер
machine ~ инженер-механик
maintenance ~ инженер-эксплуатационник
management ~ инженер по организации производства
managing ~ ведущий инженер
mechanical ~ инженер-механик
plant ~ инженер завода
process ~ инженер-технолог
processing ~ *см.* process ~
production ~ *см.* process ~
resident ~ специалист, проживающий в данной стране
safety ~ инженер по технике безопасности
sales ~ инженер, занимающийся вопросами сбыта
service ~ инженер по обслуживанию
shift ~ сменный инженер
test ~ инженер-испытатель
testing ~ *см.* test ~

ENGINEERING *n* 1. техника 2. технология 3. разработка; проектирование 4. инжиниринг 5. *брит.* машиностроение
civil ~ гражданское строительство
consultative ~ консультативный инжиниринг
consulting ~ *см.* consultative ~
contracting ~ договорный инжиниринг
cost ~ анализ технологии изготовления изделия
customer ~ технические выездные работы
design ~ инженерное проектирование
environmental ~ 1) охрана окружающей среды, энвироника 2) моделирование эксплуатационных условий
equipment ~ техника использования оборудования

factory ~ техника монтажа и эксплуатации оборудования
financial ~ разработка новых видов финансово-кредитных инструментов
general ~ комплексный инжиниринг
human ~ инженерная психология
industrial ~ организация производства
management ~ *см.* industrial ~
manufacturing ~ 1) машиностроение 2) технология машиностроения
marine ~ судостроительная техника
mechanical ~ 1) общее машиностроение 2) технология машиностроения
methods ~ методика
process ~ 1) технологическая разработка процесса 2) технология производства
product ~ конструирование изделия
production ~ технология производства
quality control ~ техника контроля качества
research ~ научно-исследовательские работы
safety ~ техника безопасности
system ~ проектирование систем
time-and-motion ~ рациональная организация труда
ENHANCE *v* увеличивать; повышать
ENHANCEMENT *n* увеличение; повышение
~ in value увеличение стоимости
~ of efficiency повышение эффективности
~ of prices повышение цен
ENLARGE *v* увеличивать; расширять
ENLARGEMENT *n* 1. увеличение, расширение 2. развитие, рост
balance sheet ~ расширение баланса
job ~ укрупнение технологических операций
~ of output развитие производства
~ of a quota увеличение квоты
ENLIST *v* 1. заносить в список 2. вступать (*в члены*); зачислять (*в организацию*)
ENLISTING *n* внесение в реестр
ENLISTMENT *n* зачисление, вступление (*в организацию*)
ENQUIRY *n см.* INQUIRY
ENRICH *v* 1. обогащать 2. улучшать; витаминизировать
ENRICHMENT *n* 1. обогащение 2. витаминизация
ENROLL *v* 1. вносить в список; регистрировать 2. записываться (*в организацию*); вступать в члены

ENROLLMENT *n* 1. внесение в список; регистрация 2. запись, прием (*в члены организации*)
ENSURE *v* 1. обеспечивать; гарантировать 2. ручаться
ENTER *v* 1. входить, вступать 2. вписывать, заносить (*в список*); регистрировать; зачислять 3. подавать таможенную декларацию
~ inwards подавать декларацию по приходу (*судна*)
~ short декларировать не полностью
ENTERPRISE *n* 1. предприятие 2. предпринимательство
agro-industrial ~ агропромышленное предприятие
artisan ~ кустарное предприятие
auxiliary ~ подсобное предприятие
business ~ деловое предприятие
collective ~ коллективное предприятие
commercial ~ коммерческое предприятие
competitive ~ конкурирующее предприятие
cooperating ~ организация-смежник
cooperative ~ кооперативное предприятие
domestic ~ отечественное предприятие
export ~ экспортирующее предприятие
family-owned ~ семейное предприятие
farm ~ фермерское хозяйство
farming ~ *см.* farm ~
foreign ~ иностранное предприятие
foreign trade ~ внешнеторговое предприятие, внешнеторговая организация
free ~ 1) частное предприятие 2) частное предпринимательство
government ~ государственное предприятие
government-owned ~ *см.* government ~
group ~ кооперативное предприятие
income-producing ~ доходное предприятие
incorporated ~ акционерная компания
independent ~ независимое предприятие
industrial ~ промышленное предприятие
insurance ~ страховая организация
integrated ~ комплексное предприятие
joint ~ совместное предпринимательство
large ~ крупное предприятие
large-scale ~ *см.* large ~
leading ~ ведущее предприятие
main ~ основная отрасль

medium-sized ~ среднее предприятие
mixed ~ смешанное предприятие
monopoly ~ монопольное предприятие
motor transport ~ автотранспортное предприятие
multi-activity ~ многоотраслевое предприятие
multinational ~ многонациональная корпорация
municipal ~ предприятие коммунально-бытового хозяйства
mushroom ~ спекулятивное предприятие
national ~ национальное предприятие
nationalized ~ национализированное предприятие
operating ~ действующее предприятие
parent ~ головное предприятие
partner ~ предприятие-партнер
private ~ частное предприятие
privately-owned ~ см. private ~
processing ~ предприятие обрабатывающей промышленности
profitable ~ рентабельное хозяйство
public ~ государственное предприятие
publicly-owned ~ см. public ~
related ~ предприятие, связанное с другим производством
remunerative ~ доходное предприятие
risky ~ рискованное предприятие
rival ~ конкурирующее предприятие
shipping ~ судоходное предприятие
small ~ малое предприятие
small-scale ~ мелкое предприятие
state ~ государственное предприятие
state-owned ~ см. state ~
subordinate ~ подведомственное предприятие
subsidiary ~ подсобное предприятие
subsidized ~ субсидируемое предприятие, дотируемое предприятие
trade ~ торговое предприятие
trading ~ см. trade ~
transnational ~ транснациональная компания
unincorporated ~ неакционерная фирма
unprofitable ~ нерентабельное предприятие
wholesale ~ оптовое предприятие
◇ to abandon an ~ отказываться от предприятия
to close down an ~ закрывать предприятие
to establish an ~ учредить предприятие

to hold an ~ владеть предприятием
to launch an ~ основывать предприятие
ENTERPRISER *n* предприниматель
ENTERPRISING *n* предпринимательство, предприимчивость
ENTERTAIN *v* принимать; угощать гостей
ENTERTAINMENT *n* 1. прием гостей 2. развлечение; гостеприимство
ENTITLE *v* 1. давать право 2. называть, давать название
ENTITLEMENT *n* 1. право (*на помощь, пособие, сделку и т. п.*) 2. наименование 3. сумма, подлежащая возмещению
import ~ свидетельство на право импорта
overhead ~ сумма накладных расходов, подлежащая возмещению
ENTITY *n* 1. экономическая единица, самостоятельная компания, хозяйственная организация 2. юридическое лицо
accounting ~ учетное подразделение, имеющее самостоятельный баланс
economic ~ хозяйственная единица
geographical ~ географическая единица
legal ~ физическое или юридическое лицо
ENTRANCE *n* 1. вход; въезд 2. вступление (*в организацию и т. п.*) 3. доступ
~ to the harbour вход в порт
~ to the market выход на рынок
ENTRANT *n* вступающий (*в организацию*); нанимающийся (*на работу*)
new ~s новая компания, вступающая в данную отрасль
ENTREPÔT *n* склад для транзитных грузов
ENTREPRENEUR *n* предприниматель
honest ~ честный предприниматель
small-scale ~ мелкий предприниматель
ENTREPRENEURSHIP *n* предпринимательство
ENTRUST *v* поручать; доверять
ENTR|Y *n* 1. вход, въезд 2. вступление, вхождение 3. занесение, запись (*в список, книгу и т. п.*) 4. бухгалтерская проводка 5. таможенная декларация
adjusting ~ корректирующая запись
balance sheet ~ запись в балансе
blind ~ запись в главной бухгалтерской книге без пояснения, «слепая» запись

book ~ 1) бухгалтерская запись, бухгалтерская проводка 2) регистрация сделок (операций)
bookkeeping ~ *см.* book ~
captain's ~ грузовая декларация капитана
cash ~ запись в приходно-расходной книге
closing ~ выведение остатка; закрытие счета
combined ~ сложная бухгалтерская запись
compound ~ *см.* combined ~
compound journal ~ *см.* combined ~
correcting ~ дополнительная бухгалтерская проводка
credit ~ запись в кредит счета
customs ~ таможенная декларация
debit ~ запись в дебит счета
debit ~ for interest запись процентов в дебит счета
draft ~ второй экземпляр записи
exhibition ~ таможенная декларация на ввоз выставочного груза
export ~ экспортная декларация
free ~ беспошлинный ввоз
illegal ~ нелегальный ввоз
import ~ импортная декларация
journal ~ запись в журнале
ledger ~ запись в Главной бухгалтерской книге
material ~ поступление материалов
net ~ фактический прирост
newly launched ~ies новые товары, выпускаемые на рынок
offsetting ~ сторнирующая запись
opening ~ вступительная запись
original ~ 1) первоначальная запись 2) основная бухгалтерская запись
red-ink ~ красное сторно
reversing ~ обратная (исправительная) запись
single ~ одинарная запись
subsequent ~ добавочная запись
summarizing ~ суммирующая запись
transit ~ транзитная декларация
warehouse ~ декларация о грузе, подлежащем хранению на приписном складе
year-end ~ заключительная бухгалтерская запись
~ for duty-free goods декларация на беспошлинный груз
~ for home use таможенная декларация на груз, подлежащий использованию в данной стране
~ for warehousing декларация о грузе, подлежащем хранению на приписном складе
~ in an erection journal запись в монтажном журнале
~ in a log book *см.* ~ in an erection journal
~ in a protocol внесение в протокол
~ in a register регистрация
~ into service вступление в должность
~ inwards декларация по приходу
~ of materials ввоз материалов
~ of merchandise ввоз товаров
~ of payments received учет денежных поступлений
~ on an account *бухг.* проводка по счету
~ on the credit side *бухг.* кредитовая проводка
~ on the debit side *бухг.* дебетовая проводка
~ outwards декларация по отходу
◊ upon ~ по поступлении (*напр. денег*)
to adjust an ~ исправлять запись
to cancel an ~ аннулировать запись
to check an ~ 1) проверять запись 2) отмечать запись галочкой
to correct an ~ исправлять запись
to make an ~ вносить запись
to pass an ~ делать проводку по счету
to post an ~ *см.* to pass an ~
to rectify an ~ исправлять запись
to revoke an ~ аннулировать запись
ENUMERATE *v* 1. перечислять 2. переписывать (*население*)
ENUMERATION *n* 1. перечисление; перечень, реестр 2. перепись (*населения*)
census ~ перепись населения
check ~ контрольная перепись
~ of documents перечень документов
~ of goods перечень товаров
ENVELOPE *n* 1. конверт 2. обертка
pay ~ конверт с заработной платой
reply-paid ~ конверт с маркой и обратным адресом («с оплаченным ответом»)
return ~ конверт с обратным адресом
sealed ~ запечатанный конверт
stamped ~ конверт с маркой
window ~ конверт с прозрачной полоской, через которую виден адрес, напечатанный на письме
◊ to address an ~ надписать адрес на конверте

ENVIRONMENT *n* окружающая среда; окружающая обстановка
  business ~ деловая обстановка; деловая среда
  competitive ~ конкурентное окружение
  controlled ~ регулируемая среда
  economic ~ экономическая обстановка
  industrial ~ производственная среда
  inflationary ~ инфляционная обстановка
  healthy ~ здоровая среда
  manufacturing ~ производственная среда
  marketing ~ маркетинговая среда
  natural ~ естественная среда
  polluted ~ загрязненная окружающая среда
  social ~ общественные условия
  urban ~ городская среда
  working ~ рабочая обстановка
ENVIRONMENTAL *adj* относящийся к окружающей среде
ENVIRONMENTALIST *n* специалист в области охраны окружающей среды
ENVISAGE *v* предусматривать, намечать
EQUAL *adj* 1. равный, одинаковый 2. равноправный
  ◇ to be ~ быть равным, равняться
  to make ~ уравнивать
EQUALITY *n* 1. равенство 2. равноправие
  ~ of pay равенство в оплате
  ~ of rights равноправие
  ~ in economic relations равноправие в экономических отношениях
EQUALIZATION *n* уравнивание
  freight ~ уравнивание платы за перевозку грузов
  price ~ выравнивание цен
  ~ of costs of production выравнивание издержек производства
  ~ of dividends выравнивание дивидендов
  ~ of rate of profit уравнивание нормы прибыли
  ~ of seasonal demand уравнивание сезонных колебаний спроса
EQUALIZE *v* уравнивать, выравнивать
EQUATE *v* равнять, приравнивать
EQUATION *n* 1. выравнивание, уравнивание 2. уравновешенность, сбалансированность; согласованность 3. *мат.* уравнение
  accounting ~ 1. бухгалтерская сбалансированность; балансовая увязка 2. счетная формула
  adjustment ~ равенство спроса и предложения
  balance ~ балансовая увязка
  balance sheet ~ *см.* balance ~
  behaviour ~ уравнение поведения, бихевиористское уравнение
  costs ~ уравнение издержек
  demand ~ уравнение спроса
  difference ~ разностное уравнение
  empirical ~ эмпирическое уравнение
  equilibrium ~ уравнение равновесия
  inventory ~ выравнивание складских запасов
  investment ~ уравнение инвестиций
  linear ~ линейное уравнение
  market-clearing ~ равенство спроса и предложения
  matrix ~ матричное уравнение
  nonlinear ~ нелинейное уравнение
  price ~ цена равновесия (*при совпадении спроса и предложения*)
  price-costs ~ уравнение, связывающее цены с издержками производства
  process ~ уравнение производственного процесса
  production ~ уравнение производства
  production possibility ~ уравнение возможностей производства
  profit ~ уравнение дохода
  quantity ~ уравнение количества (*напр. денег в обращении*)
  queue ~ уравнение ожидания очереди
  reciprocal ~ обратное уравнение
  theoretical ~ теоретическое уравнение
  working ~ рабочая формула
  ~ of demand and supply равенство спроса и предложения
  ~ of payments средний срок платежей
  ~ of prices выравнивание цен
EQUILIBRIUM *n* равновесие, сбалансированность
  balance-of-payments ~ равновесие платежного баланса
  competitive ~ конкурентное равновесие
  disturbed ~ нарушенное равновесие
  domestic ~ равновесие внутренней экономики
  dynamic ~ динамическое равновесие
  economic ~ экономическое равновесие
  economical ~ *см.* economic ~
  exchange ~ балансирование платежей (*между двумя валютами*)
  external ~ равновесие внешнеэкономических операций

general ~ общее равновесие
least-costs ~ равновесие при минимизации издержек
long-period ~ долгосрочное равновесие
long-run ~ *см.* long-period ~
market ~ рыночное равновесие
mobile ~ неустойчивое равновесие
monetary ~ денежное равновесие
partial ~ частичное равновесие
perfect ~ совершенное равновесие
population ~ демографическое равновесие
short-period ~ краткосрочное равновесие
short-run ~ *см.* short-period ~
stable ~ устойчивое равновесие
static ~ статическое равновесие
statistical ~ статистическое равновесие
supply-and-demand ~ равновесие спроса и предложения
uniform ~ единообразное равновесие
unstable ~ неустойчивое равновесие
unsteady ~ *см.* unstable ~
~ of the labour market равновесие спроса и предложения на рынке рабочей силы
~ of sales and purchases равновесие покупок и продаж
~ of supply and demand равновесие предложения и спроса
◊ to restore ~ восстанавливать равновесие

EQUIP *v* оборудовать; снаряжать; оснащать

EQUIPMENT *n* оборудование; снаряжение; оснащение
advanced ~ современное оборудование
agricultural ~ сельскохозяйственное оборудование
accessory ~ вспомогательное оборудование
ancillary ~ *см.* accessory ~
assembly line ~ оборудование на линии сборки
audiovisual ~ аудиовизуальное оборудование
automated ~ автоматизированное оборудование
automatic ~ автоматическое оборудование
auxiliary ~ вспомогательное оборудование
basic ~ основное оборудование
business ~ производственное оборудование
capital ~ основное оборудование

capitalized ~ капитальное оборудование
cargo-handling ~ погрузочно-разгрузочное оборудование
carrier ~ транспортные средства
cine ~ кинооборудование
clerical ~ конторское оборудование
commercial ~ коммерческое оборудование
competitive ~ конкурентоспособное оборудование
complete ~ комплектное оборудование
complex ~ сложное оборудование
construction ~ строительное оборудование
contract ~ оборудование, поставленное по контракту
damaged ~ повреждённое оборудование
data transmission ~ аппаратура передачи данных
delivered ~ поставляемое оборудование
defective ~ дефектное оборудование
durable ~ оборудование длительного пользования
efficient ~ высокопроизводительное оборудование
electric ~ электрооборудование
electrical ~ электротехническое оборудование
electronic ~ электронное оборудование
emergency ~ аварийное оборудование
erected ~ установленное оборудование
erecting ~ монтажное оборудование
exhibition ~ выставочное оборудование
factory ~ заводское оборудование; цеховое оборудование
farm ~ сельскохозяйственные машины и оборудование
fast-wearing ~ быстроизнашивающееся оборудование
fire-fighting ~ противопожарное оборудование
first-rate ~ первоклассное оборудование
food-packaging ~ оборудование для упаковки пищевых продуктов
handling ~ погрузочно-разгрузочное оборудование
heavy ~ тяжеловесное оборудование
heavy-duty ~ оборудование для тяжёлых условий работы
high-fi (hi-fi) ~ высококачественное оборудование
high-precision ~ особо точная техника

high quality ~ высококачественное оборудование
high-technology ~ наукоемкое оборудование
hoisting and conveying ~ подъемно-транспортное оборудование
home ~ оборудование отечественного производства
idle ~ бездействующее оборудование
imported ~ импортное оборудование
incomplete ~ некомплектное оборудование
industrial ~ промышленное оборудование
installed ~ установленное оборудование
labour-displacing ~ оборудование, вытесняющее рабочую силу
labour-saving ~ оборудование, обеспечивающее сокращение трудовых затрат
lifting ~ подъемное оборудование
loading ~ погрузочное оборудование
loading-unloading ~ погрузочно-разгрузочное оборудование
main ~ основное оборудование
maintenance ~ ремонтное оборудование; оборудование технического обслуживания
manufacturing ~ технологическое оборудование
materials-handling ~ погрузочно-разгрузочное оборудование
mechanical ~ машинное оборудование
metallurgical ~ металлургическое оборудование
miscellaneous ~ разрозненное оборудование
missing ~ недостающее оборудование
modern ~ современное оборудование
modified ~ модифицированное оборудование
morally obsolete ~ морально устаревшая техника
mounted ~ установленное оборудование
nondurable ~ оборудование с коротким сроком службы
nonstandard ~ нестандартное оборудование
nuclear ~ оборудование атомного реактора
obsolete ~ устаревшее оборудование
office ~ конторское оборудование
operating ~ заводское оборудование
operative ~ действующее оборудование
optional ~ оборудование, поставляемое по особому заказу; оборудование, не входящее в основной комплект
ordered ~ заказанное оборудование
outdated ~ устаревшее оборудование
overhaul ~ ремонтное оборудование
oversize[d] ~ негабаритное оборудование
packing ~ упаковочное оборудование
patent ~ патентованное оборудование
peripheral ~ периферийное оборудование
permanent ~ оборудование длительного пользования
plant ~ заводское оборудование
port ~ портовое оборудование
portable ~ переносное оборудование
power-generating ~ энергетическое оборудование
process ~ технологическое оборудование
process control ~ оборудование технологического контроля
producers' durable ~ оборудование длительного пользования
production ~ производственное оборудование
productive ~ высокопроизводительное оборудование
purchased ~ поставляемое оборудование
rapidly-wearing ~ быстроизнашивающееся оборудование
repair ~ ремонтное оборудование
rental ~ оборудование, сдаваемое в аренду
replaceable ~ заменяемое оборудование
revenue ~ коммерчески эксплуатируемое оборудование
ro-ro ~ оборудование для горизонтальной погрузки и выгрузки
quick-wearing ~ быстроизнашивающееся оборудование
safety ~ оборудование для обеспечения безопасности
second-hand ~ подержанное оборудование
secondary ~ см. second-hand ~
semi-automatic ~ полуавтоматическое оборудование
service ~ сервисное оборудование
serial ~ серийное оборудование
shop ~ торговое оборудование
short-lived ~ оборудование с коротким сроком службы

short-shipped ~ недопоставленное оборудование
sophisticated ~ сложное оборудование
specialized ~ специализированное оборудование
special-purpose ~ оборудование специального назначения
stand ~ оборудование стендов
standard ~ стандартное оборудование
standby ~ запасное оборудование
storage ~ складское оборудование
technical ~ техническое оборудование
technological ~ технологическое оборудование
third generation ~ оборудование третьего поколения
transport ~ транспортные средства
transportation ~ *см.* transport ~
unique ~ уникальное оборудование
unserviceable ~ оборудование, пришедшее в негодность
up-to-date ~ современное оборудование
used ~ подержанное оборудование
weighing ~ оборудование для взвешивания
working ~ действующее оборудование
worn-out ~ изношенное оборудование
~ **of high quality** высококачественное оборудование
~ **of home manufacture** оборудование отечественного производства
~ **of new generations** оборудование новых поколений
~ **of serial production** оборудование серийного производства
~ **on display** экспонируемое оборудование
◊ **to assemble** ~ монтировать оборудование
to buy ~ закупать оборудование
to check ~ проверять оборудование
to deal in ~ торговать оборудованием
to deliver ~ поставлять оборудование
to design ~ проектировать оборудование
to dismantle ~ демонтировать оборудование
to erect ~ монтировать оборудование
to improve ~ улучшать оборудование
to install ~ устанавливать оборудование
to lease ~ сдавать оборудование в аренду
to manufacture ~ изготавливать оборудование
to market ~ торговать оборудованием
to modify ~ модифицировать оборудование
to mount ~ монтировать оборудование
to obtain ~ приобретать оборудование
to pack ~ упаковывать оборудование
to procure ~ приобретать оборудование
to produce ~ производить оборудование
to purchase ~ закупать оборудование
to put ~ **into operation** вводить оборудование в эксплуатацию
to reject defective ~ отказываться от дефектного оборудования
to rent ~ арендовать оборудование
to repair ~ ремонтировать оборудование
to retain ~ оставлять оборудование за собой
to secure ~ обеспечивать оборудование
to sell ~ продавать оборудование
to service ~ обслуживать оборудование
to ship ~ отгружать оборудование
to supply ~ поставлять оборудование
to upgrade ~ улучшать оборудование
to use ~ использовать оборудование
to utilize ~ *см.* to use ~

EQUITABLE *adj* справедливый; беспристрастный

EQUITY *n* **1.** справедливость; беспристрастность **2.** акционерный капитал; доля в акционерном капитале предприятия **3.** обыкновенная акция **4.** собственный капитал; собственные средства **5.** маржа
carrot ~ акции компании, предоставленные менеджерам и служащим для повышения их материальной заинтересованности
core ~ базовый капитал
external ~ внешняя стоимость капитала компании (*от новой эмиссии простых акций*)
internal ~ внутренняя стоимость капитала компании (*от нераспределенных доходов*)
owner's ~ уставной капитал, собственный акционерный капитал
residual ~ остаточное право
shareholders' ~ капитал акционеров, акционерный капитал; собственный капитал
stockholders' ~ *см.* shareholders' ~
~ **in assets** превышение средств предприятия над его обязательствами

EQU

~ **of redemption** право выкупа заложенного имущества
◇ **to balance ~ and debt** сбалансировать собственные и заемные средства
EQUIVALENCE *n* эквивалентность; равноценность
  strategic ~ стратегическая эквивалентность
EQUIVALENT *n* эквивалент
  actuarial ~ актуарный эквивалент, страховой эквивалент
  cash ~ фактическая стоимость
  coal ~ условное топливо (*в пересчете на уголь*)
  dollar ~ эквивалент в долларах
  money ~ денежный эквивалент
  particular ~ особенный эквивалент
  protein ~ белковый эквивалент
  purchasing power ~ эквивалент покупательной способности
  universal ~ всеобщий эквивалент
  ~ of gold эквивалент золота
  ~ of money эквивалент в деньгах
EQUIVALENT *adj* равноценный; эквивалентный
  ◇ **behaviorally ~** эквивалентный по поведению
ERECT *v* 1. строить, сооружать 2. монтировать, устанавливать
ERECTION *n* 1. сооружение, постройка 2. монтаж; сборка
  factory ~ монтаж завода
  overall ~ полный монтаж
  part ~ пооперационная сборка
  partial ~ *см.* **part ~**
  plant ~ монтаж завода
  rapid ~ быстрый монтаж
  site ~ монтаж на строительной площадке
  timely ~ своевременный монтаж
  ~ of equipment монтаж оборудования
ERECTOR *n* монтажник
ERGONOMICS *n* эргономика
EROSION *n* эрозия; разрушение
  soil ~ эрозия почвы
  ~ of wages снижение реальной заработной платы
ERRATUM *n*, *pl* **errata** опечатка
ERRONEOUS *adj* ошибочный
ERROR *n* ошибка, погрешность
  accidental ~ случайная ошибка
  accounting ~ ошибка в бухгалтерской записи
  admissible ~ допустимая ошибка
  allowable ~ *см.* **admissible ~**

ERR

  ascertainment ~ ошибка выборочного обследования
  average ~ средняя ошибка
  biased ~ постоянная ошибка
  book-keeping ~ ошибка бухгалтерского учета
  calculation ~ ошибка в расчетах
  casual ~ случайная ошибка
  clerical ~ канцелярская ошибка
  compensating ~s компенсирующие ошибки
  composite ~ суммарная ошибка
  computational ~ ошибка в расчетах
  computing ~ *см.* **computational ~**
  conspicuous ~ видимая ошибка
  constant ~ постоянная ошибка
  crude ~ грубая ошибка
  cumulative ~ систематическая ошибка (*при контроле качества*)
  data ~ ошибка в данных
  decision ~ ошибочное решение
  detectable ~ обнаруживаемая ошибка
  detected ~ обнаруженная ошибка
  dynamic ~ динамическая ошибка
  estimation ~ ошибка оценивания
  fabrication ~ ошибка изготовления
  forecast ~ ошибка прогнозирования
  forecasting ~ *см.* **forecast ~**
  gross ~ грубая ошибка
  inherited ~ предвнесенная ошибка
  initial ~ начальная ошибка
  in-process ~ ошибка, допущенная в процессе производства
  inspection ~ ошибка, допущенная при приемочном контроле
  instrumental ~ ошибка прибора
  interpolation ~ ошибка интерполяции
  interpretation ~ ошибка в интерпретации данных
  introduced ~ допущенная ошибка
  linear ~ линейная ошибка
  line transmission ~ ошибка в передаче данных
  machine ~ аппаратная ошибка
  manufacturing ~ ошибка изготовления
  mean ~ средняя погрешность
  measuring ~ ошибка измерения
  methodic ~ ошибка метода
  observation ~ ошибка наблюдения
  obvious ~ явная ошибка
  parity ~ ошибка четности
  percentage ~ ошибка, выраженная в процентах
  permissible ~ допустимая ошибка
  prediction ~ ошибка прогнозирования
  probable ~ вероятная ошибка

programme ~ ошибка программы
programming ~ *см.* programme ~
random ~ случайная ошибка
random sampling ~ ошибка случайной выборки
reasonable ~ допустимая ошибка
relative ~ относительная ошибка
repetitive ~ повторяющаяся ошибка
sample ~ ошибка выборки
sampling ~ *см.* sample ~
serious ~ серьезная ошибка
single ~ единичная ошибка
statistical ~ статистическая ошибка
systematic ~ систематическая ошибка
tolerated ~ допустимая ошибка
total ~ общая ошибка
typing ~ ошибка, допущенная машинисткой
~ in calculating ошибка в расчете
~ in calculation *см.* ~ in calculating
~ in mean ошибка в среднем значении
~ in rounding off ошибка кругления
~ in survey ошибка обследования
~ of estimate ошибка оценки
~ of measurement ошибка измерения
◊ ~s and omissions excepted исключая ошибки и пропуски
in ~ по ошибке
to check for ~ проверять на наличие ошибок
to commit an ~ совершать ошибку
to correct an ~ исправлять ошибку
to locate an ~ находить ошибку
to make an ~ делать ошибку
to put right an ~ исправлять ошибку
to rectify an ~ *см.* to put right an ~
to trace an ~ находить ошибку

ESCALATION *n* 1. шкала 2. шкала надбавок и скидок 3. эскалация
annual ~ ежегодное повышение
price ~ увеличение цен
~ in prices *см.* price ~
~ of costs увеличение издержек
◊ subject to ~ подлежащий увеличению

ESCALATOR *n* скользящая шкала
cost-of-living ~ индекс стоимости жизни

ESCHEAT *n* 1. выморочное и конфискованное имущество 2. переход в казну выморочного имущества

ESCROW *n* 1. документ, условно депонированный у третьего лица до выполнения определенного условия 2. трехстороннее соглашение
◊ in ~ на хранении

ESPIONAGE *n* шпионаж
industrial ~ промышленный шпионаж

ESPLEES *n* доход с земли

ESSENCE *n* сущность, существо
~ of a contract сущность контракта
~ of an invention сущность изобретения

ESSENTIAL *adj* 1. обязательный, необходимый 2. существенный

ESSENTIALS *n pl* предметы первой необходимости

ESTABLISH *v* 1. основывать, учреждать 2. открывать (*аккредитив*)

ESTABLISHMENT *n* 1. основание; создание, учреждение 2. учреждение, организация 3. господствующая верхушка, правящие круги; истэблишмент
banking ~ банковское учреждение
branch ~ филиал
business ~ 1) деловое предприятие 2) деловые круги
commercial ~ деловое предприятие
defence ~ военный комплекс
educational ~ учебное заведение
financial ~ кредитная организация
government ~ государственное предприятие
industrial ~ промышленное предприятие
manufacturing ~ предприятие обрабатывающей промышленности
mercantile ~ торговая организация
military ~ военный комплекс
new ~ новое учреждение
operating ~ действующее предприятие
privately-operated ~ предприятие, руководимое частной компанией
publicly-owned ~ государственное предприятие
research ~ научно-исследовательская организация
scientific ~ научное учреждение
service ~ предприятие обслуживания
wholesale ~ оптовая организация
~ of a business создание делового предприятия
~ of business relations установление деловых отношений
~ of a common customs tariff установление общего таможенного тарифа
~ of a company образование компании
~ of credit открытие кредита
~ of a customs union создание таможенного союза
~ of an order установление порядка

~ of a partnership создание товарищества
~ of a procedure установление порядка (процедуры)
~ of relations установление отношений
~ of a standard of prices установление масштаба цен
~ of a tariff установление тарифа
~ of trust 1) установление доверия 2) учреждение траста

ESTATE *n* 1. поместье, имение 2. имущество, состояние 3. сословие
bankrupt's ~ имущество банкрота
building ~ земельный участок, отведенный под строительство
corporate ~ имущество компании
encumbered ~ заложенная недвижимость
fifth ~ пятое сословие (*ученые*)
fourth ~ четвертое сословие (*пресса*)
freehold ~ безусловное право собственности на недвижимость
housing ~ населенный пункт
immovable ~ недвижимое имущество
industrial ~ территория, отведенная для промышленных предприятий
joint ~ совместная собственность
leasehold ~ право пользования земельной собственностью на условиях аренды
life ~ пожизненное владение имуществом
noble ~ дворянское сословие
personal ~ личное имущество
real ~ недвижимое имущество
third ~ третье сословие (*буржуазия*)
trading ~ промышленный парк для размещения новых производств
trust ~ имущество, управляемое по доверенности
workers' housing ~ рабочий поселок
◇ net real ~, plants and equipment чистая недвижимость, сооружения и оборудование

ESTIMATE *n* 1. оценка 2. смета, предварительный подсчет; калькуляция 3. сметные предположения
annual ~ годовая оценка
approved ~ утвержденная смета
approximate ~ приблизительная оценка
benchmark ~ ориентировочная оценка
budget ~s бюджетная смета; бюджетные предположения
budgetary ~ бюджетная смета
capital ~s оценочные данные о капитале
census based ~ оценка, сделанная на материалах переписи
consistent ~ состоятельная оценка
contractor's ~ смета на строительство
cost ~ оценка издержек
crop ~ оценка урожая
crude ~ грубая оценка
current ~ текущая оценка
designing ~s проектно-сметная документация
detailed ~ подробная смета
engineering ~ проектная оценка
expenditure ~s смета расходов
full ~ полная смета
high ~ высокая оценка
inconsistent ~ несостоятельная оценка
low ~ заниженная оценка
midyear ~ оценка по состоянию на середину года
normalized ~ нормированная оценка
numerical ~ числовая оценка
official ~ официальная оценка
original ~ первоначальная смета
pay-off ~ оценка платежей
population ~ оценка численности населения
preliminary ~ предварительная смета
price ~ калькуляция цен
probability ~ оценка вероятности
production ~ оценка затрат на производство
provisional ~ предварительная смета
requirements ~ оценка потребностей
risk ~ оценка риска
rough ~ грубая оценка
sample ~ выборочная оценка
smoothed ~ сглаженная оценка
statistical ~ статистическая оценка
supply ~ оценка объема поставки
theoretical ~ теоретическая оценка
time ~ временная оценка
time ~s определение времени на изготовление одной детали (*штучного времени*)
value-put-in-place ~ оценочная стоимость выполненных работ
wrong ~ ошибочная оценка
~ of charges калькуляция расходов
~ of costs *см.* ~ of charges
~ of damage оценка ущерба
~ of economies оценка экономии
~ of expenditure смета расходов
~ of expenses *см.* ~ of expenditure

~ **of funds** смета на денежные ассигнования
~ **of income** смета поступлений
~ **of profits** оценка возможной прибыли
~ **of requirements** оценка потребностей
◇ **at a rough** ~ по приблизительным подсчетам
by ~ по предварительному подсчету
to draw up an ~ составлять смету
to give an ~ 1) дать оценку 2) предоставить предварительный расчет
to make up an ~ составлять смету
to prepare the ~**s** составлять проект государственного бюджета
to revise an ~ пересматривать смету
ESTIMATE *v* 1. оценивать 2. приблизительно подсчитывать; составлять смету
ESTIMATED *adj* 1. предполагаемый; приблизительный 2. сметный; расчетный
ESTIMATING *n* оценка; расчет, калькуляция
cost ~ калькуляция стоимости
ESTIMATION *n* оценка; расчет, подсчет; калькуляция; смета
confidence ~ оценка доверия
consistent ~ состоятельная оценка
corrected ~ исправленная оценка
cost ~ калькуляция расходов
crude ~ грубая оценка
fiducial ~ фидуциарная оценка
grade ~ оценка качества
interval ~ интервальная оценка
maximum likelihood ~ оценка по методу максимального правдоподобия
preliminary ~ предварительная оценка
rough ~ грубая оценка
~ **of duties** исчисление пошлин
~ **of expenses** калькуляция расходов
~ **of indebtedness** расчет задолженности
◇ **to give an** ~ давать оценку
ESTIMATOR *n* 1. оценка 2. оценщик
admissible ~ допустимая оценка
biased ~ смещенная оценка
consistent ~ состоятельная оценка
inconsistent ~ несостоятельная оценка
unbiased ~ несмещенная оценка
ESTOPPEL *n юр.* лишение стороны права ссылаться на что-л. или отрицать что-л.
EUROBANK *n* евробанк
EUROBOND *n* еврооблигация
EUROCAPITAL *n* еврокапитал

EUROCARD *n* еврокарточка (*кредитная карточка*)
EUROCHEQUE *n* еврочек
EUROCLEAR *n* евроклиринг
EUROCREDIT *n* еврокредит
EUROCURRENCY *n* евровалюта
EURODOLLAR *n* евродоллар
EUROEQUITY *n* евроакция
EUROFEDS *n pl* еврофедеральные средства (*евродоллары, поступающие на счета не по традиционным каналам межбанковских расчетов, а по каналам Федвайер*)
EUROLINES *n pl* линии кредита, предоставляемые банками клиентам в евровалюте
EUROMARKET *n* еврорынок
EUROMONEY *n* евроденьги
EUROPORTS *n* порты стран ЕС
EVADE *v* избегать; уклоняться (*от исполнения долга, обязанностей и т. п.*)
EVADER *n* лицо, уклоняющееся от уплаты (*долга, налога и т. п.*)
tax ~ лицо, уклоняющееся от уплаты налога
EVALUATE *v* 1. оценивать, устанавливать стоимость 2. оценивать, определять качество
EVALUATION *n* 1. оценка, определение стоимости 2. определение качества 3. аттестация
approximate ~ приблизительная оценка
capacity ~ определение производственных возможностей
data ~ оценка данных
feasibility ~ оценка осуществимости
job ~ 1) оценка сложности работы 2) оценка произведенной работы
operations ~ оценка производственных операций
performance ~ оценка произведенной работы
policy ~ оценка методики
procedure ~ *см.* **policy** ~
project ~ оценка проекта
requirements ~ оценка потребностей
risk ~ оценка риска
statistical ~ статистическая оценка
stock ~ оценка наличности товара (*на складе*)
subjective ~ субъективная оценка
~ **of a bid** оценка заявки
~ **of financial position** оценка финансового положения

~ of information оценка информации
~ of an invention оценка изобретения
~ of patentability оценка патентоспособности
~ of a proposal оценка предложения
~ of quality оценка качества
◊ to make ~ давать оценку

EVASION n 1. уклонение (*от уплаты, исполнения долга и т. п.*) 2. обход (*закона*)
fiscal ~ уклонение от уплаты налогов
tax ~ *см*. fiscal ~
~ of customs duties уклонение от уплаты таможенных пошлин
~ of a law обход закона
~ of regulations несоблюдение правил
~ of taxes уклонение от уплаты налогов

EVEN v выравнивать, сглаживать
◊ ~ up выравнивать рыночную позицию

EVEN *adj* равномерный
◊ at ~ без процентов

EVENING-OUT n выравнивание, уравнивание

EVENING-UP n покупка и продажа с целью балансирования рыночной позиции

EVENT n 1. событие 2. случай 3. мероприятие
annual ~ ежегодное мероприятие
current ~s текущие события
hospitality ~ протокольное мероприятие
insured ~ страховой случай
protocol ~ протокольное мероприятие
publicity ~ рекламное мероприятие

EVENTUAL *adj* 1. возможный 2. конечный, окончательный

EVICTION n *юр.* 1. выселение 2. лишение имущества по суду

EVIDENCE n 1. данные, факт[ы] 2. доказательство; свидетельское показание
additional ~ дополнительное доказательство
circumstantial ~ косвенное доказательство
documentary ~ документальное доказательство
expert ~ заключение экспертизы
historical ~ исторические факты
material ~ вещественное доказательство
sworn ~ показание под присягой
◊ to present ~ предоставлять доказательство

EVOLUTION n развитие; эволюция
~ of a project ход осуществления проекта

EX *prep* 1. с; франко 2. без, исключая
~ ante ожидаемый, предполагаемый
~ all без привилегий
~ bonus без права на бесплатное получение акций
~ cap без капитализации
~ capitalization *см.* ~ cap
~ coupon без купона
~ dividend без дивиденда
~ factory франко-завод, франко-фабрика, с завода, с фабрики
~ gratia без обязательств
~ mill франко-завод, с завода
~ new *бирж.* котировка акций без включения права на приобретение новых акций
~ post реализованный, реальный
~ quay франко-набережная, франко-причал
~ rights без прав
~ scrip без права на бесплатное получение акций
~ ship франко-судно, с судна
~ store франко-склад
~ warehouse *см.* ~ store
~ warrants без купонов
~ works франко-завод, с завода

EXACT v взыскивать

EXACTING *adj* трудный, требующий особого внимания

EXACTION n взыскание
~ of a fine взыскание пени
~ of a penalty взыскание штрафа
~ of resources изъятие средств

EXACTNESS n точность

EXAGGERATE v преувеличивать

EXAMINATION n 1. осмотр 2. исследование, изучение 3. экзамен 4. проверка; рассмотрение; экспертиза 5. *юр.* следствие
bank ~ проверка отчетности банка
careful ~ тщательное рассмотрение
close ~ тщательный осмотр
control ~ контрольная экспертиза
court ~ судебное разбирательство
cross ~ перекрестный допрос
customs ~ таможенный досмотр
fair ~ объективная экспертиза
final ~ окончательный осмотр
follow-up ~ повторная экспертиза
formal ~ формальная экспертиза
independent ~ независимая экспертиза
medical ~ медицинский осмотр

outer ~ внешний осмотр
patent ~ патентная экспертиза
periodical ~ периодический осмотр
preliminary ~ предварительная экспертиза
prompt ~ срочная экспертиза
quality ~ проверка качества
quarantine ~ карантинный досмотр
random ~ выборочный контроль
repeated ~ повторная экспертиза
sanitary ~ санитарный досмотр
specialized ~ специальная экспертиза
state ~ государственная экспертиза
strict ~ тщательная экспертиза
superficial ~ наружный осмотр
technical ~ техническая экспертиза
thorough ~ всестороннее исследование
urgent ~ срочная экспертиза
visual ~ внешний осмотр
~ as to feasibility экспертиза на осуществимость
~ as to patentability экспертиза на патентоспособность
~ for novelty экспертиза на новизну изобретения
~ of accounts ревизия счетов
~ of an application экспертиза заявки
~ of the books ревизия бухгалтерских записей
~ of cargo проверка груза
~ of a claim рассмотрение претензии
~ of documents проверка документов
~ of equipment осмотр оборудования
~ of an inquiry рассмотрение запроса
~ of luggage проверка багажа
~ of materials проверка материалов
~ of samples осмотр образцов
~ of a ship досмотр судна
~ of stocks проверка запасов
◊ upon ~ по рассмотрении
to admit to an ~ допускать к экзамену
to carry out an ~ 1) проводить таможенный досмотр 2) проводить экспертизу
to conduct an ~ проводить экспертизу
to exempt from customs ~ освобождать от таможенного досмотра
to hold an ~ проводить экзамен
to make an ~ осуществлять проверку
to pass an ~ сдавать экзамен; выдерживать экзамен
to resume an ~ возобновлять экспертизу
to stop an ~ прекращать экспертизу
to subject to an ~ подвергать экспертизе

to waive an ~ отказываться от экспертизы
to withhold an ~ приостанавливать экспертизу
EXAMINE v 1. рассматривать 2. проверять; исследовать 3. экзаменовать
EXAMINER n 1. ревизор; контролер, инспектор 2. эксперт 3. браковщик
bank ~ официальный ревизор банка
chief ~ старший эксперт
classification ~ специалист по классификации изобретений
patent ~ эксперт патентного ведомства
EXAMINER-IN-CHIEF n главный эксперт
EXAMPLE n пример
practical ~ пример практического осуществления (*изобретения*)
specific ~ конкретный пример
typical ~ типичный пример
◊ to give an ~ привести пример
to follow the ~ следовать примеру
EXCAMBION n контракт по обмену имуществом
EXCEED v 1. превышать 2. превосходить
EXCEEDING n 1. превышение 2. просрочка
~ of the limits of authority превышение полномочий
~ of the time limit просрочка
EXCELLENCE n 1. совершенство; мастерство 2. превосходство
technical ~ превосходство в технике
EXCEPTION n исключение
◊ as an ~ в виде исключения
with the ~ за исключением
without ~ без исключения
EXCEPTIONAL adj исключительный
EXCERPT n отрывок; выписка; выдержка
~ from the minutes выписка из протокола
~ from the protocol см. ~ from the minutes
EXCESS n 1. избыток, излишек 2. превышение
~ of capital избыток капитала
~ of credit избыток кредита
~ of demand over supply превышение спроса над предложением
~ of imports over exports превышение импорта над экспортом
~ of investments избыток капиталовложений
~ of population избыток населения

~ of provisions излишки запасов
~ of receipts over expenses превышение доходов над расходами
~ of supply over demand превышение предложения над спросом
~ of weight превышение веса
◊ in ~ в избытке
EXCESSIVE *adj* чрезмерный
EXCHANGE *n* 1. обмен 2. размен (*денег*) 3. иностранная валюта 4. операции с иностранной валютой 5. переводный вексель, тратта 6. курс иностранной валюты 7. биржа 8. биржевые операции 9. коммутатор
American Stock E. Американская фондовая биржа
bank ~ безналичный расчет между банками
Baltic E. (Baltic Mercantile and Shipping Exchange) Балтийская товарная и фондовая биржа
Chicago Board Options E. Чикагская фондовая биржа
Coffee, Sugar and Cocoa E. *амер.* Биржа кофе, сахара и какао
commercial ~ торговля; товарооборот
commodity ~ товарная биржа
corn ~ зерновая биржа
cotton ~ хлопковая биржа
currency ~ обмен валюты
currency-free ~ безвалютный обмен
direct ~ прямой курс
direct ~ of commodities непосредственный обмен товарами
dollar ~ девизы в долларах; курс доллара
domestic ~ любые платежные документы, обращающиеся в данной стране
employment ~ биржа труда
external ~ курс девиз
fair ~ справедливый обмен
financial futures ~ биржа финансовых фьючерсов
foreign ~ иностранная валюта; долговые обязательства в иностранной валюте
foreign trade ~ внешнеторговый обмен
forward ~ валюта, покупаемая или продаваемая на срок
free ~ свободная валюта
freely convertible ~ свободно конвертируемая валюта
freight ~ фрахтовая биржа
futures ~ фьючерсный рынок; срочная товарная или фондовая биржа, на которой торговые операции ведутся на базе стандартных контрактов
goods ~ 1) обмен товарами, товарообмен 2) товарная биржа
grain ~ хлебная биржа
indirect ~ косвенный курс валюты
intermodal ~ перевалка грузов
international ~ международная фондовая биржа
international commodity ~ международная товарная биржа
labour ~ биржа труда
London Commodity E. Лондонская товарная биржа
London International Financial Futures E. Лондонская международная биржа финансовых фьючерсов
London Metal E. Лондонская биржа металлов
London Stock E. Лондонская фондовая биржа
long ~ трехмесячный вексель
lumber ~ *амер.* лесная биржа
merchandise ~ товарный обмен
metal ~ биржа металлов
monetary ~ денежный курс
mutual ~ взаимный обмен
national securities ~ фондовая биржа
National Stock E. *брит.* Национальная фондовая биржа
New York Commodity E. Нью-Йоркская товарная биржа срочных сделок
New York Cotton E. Хлопковая биржа Нью-Йорка
New York Futures E. Нью-Йоркская биржа срочных сделок
New York Insurance E. Нью-Йоркская страховая биржа
New York Mercantile E. Нью-Йоркская товарная биржа
New York Stock E. Нью-Йоркская фондовая биржа
nominal ~ номинальный курс
nonequivalent ~ неэквивалентный обмен
official ~ официальный курс (*валюты*)
patent ~ обмен патентами
pegged ~ 1) искусственно поддерживаемый курс валюты 2) фиксация курса национальной денежной единицы относительно иностранных валют или валютных индексов
produce ~ биржа сельскохозяйственных товаров
reciprocal ~ взаимный обмен

recognized ~ официальная биржа
registered ~ *амер.* зарегистрированная фондовая биржа
reinsurance ~ договор перестрахования
shipping ~ фрахтовая биржа
short ~ краткосрочный вексель
specialized ~ специализированная биржа
stock ~ фондовая биржа
technological ~ технологический обмен
trade ~ торговый обмен
two-way ~ двусторонний обмен
unequal ~ неэквивалентный обмен
variable ~ неустойчивый курс
wool ~ биржа по шерсти
~ as per endorsement обмен по курсу, указанному на обороте векселя
~ at par обмен по паритету
~ at the rate of ... обмен по курсу ...
~ for physical обменная сделка на бирже, «обмен за наличные»
~ of commodities товарообмен
~ of correspondence обмен корреспонденцией
~ of currency обмен валюты
~ of delegations обмен делегациями
~ of experience обмен опытом
~ of exhibitions обмен выставками
~ of goods обмен товарами
~ of information обмен информацией
~ of know-how обмен ноу-хау
~ of knowledge обмен знаниями
~ of opinions обмен мнениями
~ of patents обмен патентами
~ of products обмен продуктами
~ of services обмен услугами
~ of shares обмен акций
~ of specialists обмен специалистами
~ of views обмен мнениями
◇ in ~ for в обмен на
with ~ *амер.* с прибавлением расходов по инкассированию (*надпись на чеке или тратте*)
listed on the ~ котирующийся на бирже
negotiable on the ~ *см.* listed on the ~
quoted on the ~ *см.* listed on the ~
to allot ~ выделять валюту
to be on the stock ~ быть членом фондовой биржи
to broaden ~ расширять обмен
to encourage ~ поощрять обмен
to expand ~ расширять обмен
to force up the ~ искусственно повышать курс валюты
to give in ~ давать в обмен
to make an ~ производить обмен
to promote ~ поощрять обмен, содействовать обмену
to receive in ~ получать в обмен
EXCHANGE *v* 1. обменивать 2. обмениваться 3. разменивать (*деньги*) 4. обменивать валюту
EXCHANGEABILITY *n* обратимость, конвертируемость
currency ~ конвертируемость валюты
EXCHANGEABLE *adj* годный для обмена
EXCHEQUER *n брит.* казначейство
EXCISE *n* акциз
universal ~ универсальный акциз
EXCLUDE *v* исключать; изымать
EXCLUSION *n* исключение
dividend ~ *амер.* исключение небольших сумм дивидендов из обложения федеральным налогом
~ from practice исключение из практики
~ of liability исключение ответственности
~ of members исключение членов (*из организации*)
EXCLUSIVE *adj* исключительный, особый; монопольный
EXCLUSIVENESS *n* исключительность
~ of a right исключительность права
EXCLUSIVITY *n* исключительное право
EXCUSE *n* 1. оправдание 2. отговорка, предлог
good ~ уважительная причина
legitimate ~ *см.* good ~
EXECUTE *v* 1. исполнять, выполнять, осуществлять 2. оформлять (*документ*)
EXECUTION *n* 1. исполнение, выполнение 2. оформление; выполнение формальностей
careful ~ тщательное выполнение
defective ~ небрежное исполнение
early ~ досрочное выполнение
exact ~ точное исполнение
high-quality ~ высококачественное выполнение
improper ~ ненадлежащее исполнение
negligent ~ небрежное исполнение
project ~ исполнение проекта
proper ~ должное исполнение
single order ~ выполнение по особому заказу
sound ~ высококачественное выполнение

special ~ выполнение по особому заказу
technical ~ техническое выполнение
timely ~ своевременное выполнение
tropical ~ тропическое исполнение
~ by outcry *бирж.* товарообменные сделки, заключаемые устно в пределах биржевого круга
~ of an agreement выполнение соглашения
~ of an application оформление заявки
~ of an award исполнение арбитражного решения
~ of commitments выполнение обязательств
~ of a contract выполнение контракта
~ of a decision исполнение решения
~ of documents оформление документов
~ of documentation оформление документации
~ of an examination проведение экспертизы
~ of formalities выполнение формальностей
~ of instructions выполнение инструкций
~ of obligations выполнение обязательств
~ of an order выполнение заказа
~ of a patent оформление патента
~ of a plan выполнение плана
~ of a programme выполнение программы
~ of a project исполнение проекта
~ of rights осуществление прав
~ of work выполнение работ
~ ahead of time досрочное исполнение
◇ in ~ of a contract в исполнение контракта
to guarantee ~ гарантировать выполнение
to hinder the ~ препятствовать осуществлению
to take on for ~ принимать к выполнению

EXECUTIVE *n* 1. исполнительная власть 2. руководитель, администратор
account ~ делопроизводитель, ведущий счета клиентов
business ~ заведующий хозяйственной частью
chief ~ директор-распорядитель; руководитель высокого ранга
economic ~ хозяйственный руководитель

high ~ руководитель высокого ранга
junior ~ руководитель низшего ранга
sales ~ руководитель отдела сбыта
senior ~ руководитель высшего ранга
top ~ *см.* senior ~

EXECUTOR *n* исполнитель завещания, душеприказчик

EXEMPT *v* освобождать (*от налогов, пошлин, обязанностей*)

EXEMPT *adj* освобожденный, не подлежащий чему-л.
~ from duties освобожденный от уплаты (*пошлины, налога*), беспошлинный
~ from paying taxes *см.* ~ from duties
~ from tariffs on imported goods свободный от уплаты налогов на импортные товары

EXEMPTION *n* 1. освобождение (*от пошлин, налогов*) 2. льгота; привилегия
customs ~ освобождение от уплаты таможенной пошлины
dependency ~ освобождение иждивенцев от подоходного налога
old age ~ *амер.* не облагаемый налогом минимум доходов у определенной возрастной группы населения
personal ~ сумма, не облагаемая налогом в индивидуальных случаях
tax ~ налоговая льгота
~ from charges освобождение от уплаты налогов
~ from duties освобождение от пошлин
~ from liability освобождение от ответственности
~ from payment освобождение от платы
~ from rent освобождение от арендной платы
~ from responsibility освобождение от ответственности
~ from taxes освобождение от уплаты налогов
~ from taxation освобождение от налогообложения

EXERCISE *n* осуществление, применение, использование
automatic ~ автоматическое исполнение опционных контрактов при наступлении их сроков
~ of functions выполнение заданий
~ of an invention осуществление изобретения
~ of power применение (использование) власти
~ of a profession применение специальности

~ of rights осуществление прав
EXERCISE v осуществлять, применять, использовать
EXHAUST v истощать, исчерпывать (*ресурсы*)
EXHAUSTION n истощение
~ of the soil истощение почвы
~ of stocks истощение запасов
EXHIBIT n 1. экспонат 2. показ, экспозиция; выставка
collective ~ коллективная экспозиция
competitive ~ конкурентоспособный экспонат
model ~ типовой образец
major ~ главный экспонат
star ~ лучший экспонат
traditional ~s традиционная экспозиция
working ~ действующий экспонат
~s at an exhibition экспонаты на выставке
~s in a pavilion экспонаты павильона
◊ to arrange ~s размещать экспонаты
to display ~s выставлять экспонаты
to feature ~s *см.* to display ~s
to present ~s представлять экспонаты
to put ~s on display выставлять экспонаты
to put ~s on view *см.* to put ~s on display
to show ~s показывать экспозицию
EXHIBIT v выставлять, показывать, экспонировать (*на выставке*)
EXHIBITION n выставка; демонстрация, показ
advertising ~ рекламная выставка
agricultural ~ сельскохозяйственная выставка
annual ~ ежегодная выставка
branch ~ отраслевая выставка
collective ~ коллективная выставка
consumer goods ~ выставка товаров широкого потребления
engineering ~ техническая выставка
export ~ показ экспортных образцов
foreign ~ иностранная выставка
forthcoming ~ предстоящая выставка
general-purpose ~ универсальная выставка
industrial ~ промышленная выставка
international ~ международная выставка
jubilee ~ юбилейная выставка
major ~ крупная выставка
mobile ~ передвижная выставка
national ~ национальная выставка
outdoor ~ выставка на открытом воздухе
permanent ~ постоянная выставка
private ~ закрытая выставка
publicity ~ рекламная выставка
rotating ~ передвижная выставка
sample ~ выставка образцов
selling ~ выставка-продажа
specialized ~ специализированная выставка
standing ~ постоянная выставка
trade ~ отраслевая выставка
trade and industrial ~ торгово-промышленная выставка
travelling ~ передвижная выставка
universal ~ универсальная выставка
world ~ всемирная выставка
~ of equipment выставка оборудования
~ of inventions выставка изобретений
~ of samples выставка образцов
◊ to arrange an ~ организовывать выставку
to attend an ~ посещать выставку
to close an ~ закрывать выставку
to decorate an ~ оформлять выставку
to dismantle an ~ демонтировать выставку
to dismount an ~ *см.* to dismantle an ~
to dress an ~ оформлять выставку
to hold an ~ проводить выставку
to inaugurate an ~ открывать выставку
to open an ~ *см.* to inaugurate an ~
to organize an ~ организовывать выставку
to participate in an ~ участвовать в выставке
to run an ~ проводить выставку
to schedule an ~ составлять график работы выставки
to sponsor an ~ финансировать выставку
to take part in an ~ участвовать в выставке
to tour an ~ осматривать выставку
to visit an ~ посещать выставку
EXHIBITIONER n участник выставки, экспонент
EXHIBITOR n *см.* EXHIBITIONER
collective ~ коллективный экспонент
direct ~ прямой экспонент
domestic ~ отечественный экспонент
first-time ~ экспонент, впервые выступающий на выставке
foreign ~ зарубежный экспонент
home ~ отечественный экспонент

individual ~ индивидуальный экспонент
local ~ отечественный экспонент
main ~ основной экспонент
major ~ *см.* main ~
national ~ отечественный экспонент
permanent ~ постоянный экспонент
regual ~ *см.* permanent ~
EXIGENCY *n* 1. острая необходимость 2. *pl* потребности, нужды
EXIGENT *adj* неотложный, срочный; настоятельный
EXIST *v* жить, существовать
EXISTENCE *n* жизнь, существование
EXIT *n* 1. выход 2. выезд
fire ~ пожарный выход
~ of materials вывоз материалов
EXODUS *n* массовый выезд; бегство
rural ~ массовый уход из деревень
~ of capital утечка (отлив) капитала
~ of gold утечка золота
EXORBITANT *adj* чрезмерный, непомерный
EXPAND *v* 1. расширять, развивать 2. расширяться, развиваться, расти
EXPANSION *n* 1. рост, развитие, расширение 2. увеличение 3. экспансия
balanced ~ планомерное расширение
business ~ экономический подъем
business cycle ~ циклический экономический подъем
capital expenditure ~ рост объема капиталовложений
capital investment ~ *см.* capital expenditure ~
credit ~ расширение кредита
cumulative ~ кумулятивный рост
cyclical ~ циклический экономический подъем
delivery ~ увеличение поставок
diagonal ~ диагональное расширение (*расширение деятельности компании за счет использования побочных продуктов, присоединения родственных предприятий и т. п.*)
domestic credit ~ показатель кредитной активности страны
economic ~ экономическая экспансия
enterprise ~ расширение предприятия
foreign trade ~ внешнеторговая экспансия
industrial ~ развитие промышленности
monetary ~ рост денежной массы
output ~ расширение (увеличение) производства

rapid ~ быстрое расширение, быстрый рост
sales ~ расширение объема торговли
territorial ~ расширение зоны действия
trade ~ торговая экспансия
vertical ~ of demand вертикальное расширение спроса
~ of the assortment расширение ассортимента товаров
~ of consumption увеличение потребления
~ of cooperation расширение сотрудничества
~ of credit relations расширение кредитных отношений
~ of currency расширение денежного обращения
~ of currency relations расширение валютных отношений
~ of demand увеличение спроса
~ of deposits увеличение вкладов
~ of economic relations расширение экономических отношений
~ of an enterprise расширение предприятия
~ of exchange расширение обмена
~ of export расширение экспорта (*списка экспортируемых товаров*)
~ of imports расширение импорта (*списка импортируемых товаров*)
~ of international cooperation расширение международного сотрудничества
~ of multilateral contacts расширение многосторонних контактов
~ of operations расширение масштаба производства
~ of production расширение производства
~ of production volume *см.* ~ of production
~ of the range of goods расширение ассортимента товаров
~ of relations расширение связей
~ of sales расширение продаж
~ of trade расширение торговли
~ of value возрастание стоимости
◊ to achieve ~ добиваться расширения
EXPECT *v* ожидать, рассчитывать, предполагать
EXPECTANCY *n* 1. ожидание 2. вероятность
life ~ средняя вероятная продолжительность жизни
working life ~ предполагаемая продолжительность трудовой деятельности
EXPECTATION *n* ожидание

average ~ of life средняя вероятная продолжительность жизни
inflationary ~ ожидание роста цен
market ~ ожидаемый объём сбыта
mathematical ~ математическое ожидание
price ~ ожидание изменения цен
profit ~ ожидаемые прибыли
sales ~s предполагаемый объём сбыта
service time ~ математическое ожидание времени обслуживания
~ of loss предполагаемые убытки
~ of profits ожидаемые прибыли
~ of working life предполагаемая продолжительность трудовой деятельности
◇ in ~ в ожидании
to exceed ~s превзойти ожидания

EXPEDIENCY *n* 1. целесообразность 2. своевременность
economic ~ экономическая целесообразность
technological ~ технологическая целесообразность
~ of a project целесообразность проекта

EXPEDIENT *adj* целесообразный
EXPEDITE *v* ускорять
EXPEDITER *n* диспетчер
chief ~ главный экспедитор
vendor ~ сотрудник, отвечающий за поставку комплектующих изделий и материалов

EXPEDITION *n* посылка, отправка
EXPEND *v* тратить, расходовать
EXPENDABLE *adj* 1. потребляемый, расходуемый 2. одноразового потребления

EXPENDITURE *n* 1. расход, расходование; трата, потребление 2. статья расхода 3. расходы, затраты, издержки
accrued ~s аккумулированные затраты
actual gross ~s валовая сумма фактических расходов
additional ~s дополнительные расходы
administrative ~s административные расходы
advertising ~s расходы на рекламу
agricultural ~s расходы на сельское хозяйство
armament ~s расходы на военные нужды
brand advertising ~s затраты на рекламу марки или марочного товара
budget ~s бюджетные расходы

budget loan ~s бюджетные расходы, финансируемые за счёт займов
business ~s расходы предпринимателей
capital ~s капиталовложения; инвестиции
capital ~s on equipment затраты капитала на приобретение оборудования
capital goods ~s *см.* capital ~s on equipment
cash ~s денежные затраты
consumption ~s потребительские расходы
cumulative ~s общие затраты
current ~s текущие расходы
defence ~s расходы на оборону
design ~s расходы на проектирование
development ~s расходы на капитальное строительство
environmental ~s расходы на охрану окружающей среды
estimated ~s сметные расходы
excess ~s чрезмерные расходы
extra ~s дополнительные затраты
extra budgetary ~s сверхбюджетные расходы
extraordinary ~s чрезвычайные расходы
federal ~s расходы федерального бюджета
fixed capital ~s капиталовложения в основной капитал
foreign ~ расход иностранной валюты
general average ~s общеаварийные расходы
general government ~s общая сумма бюджетных расходов правительства
government ~s правительственные расходы
government capital ~s капитальные расходы правительства
government loan ~s государственные расходы, финансируемые за счёт займов
health ~s расходы на медицинское обслуживание и здравоохранение
housing ~s расходы на жилищное строительство
indirect ~s косвенные затраты
induced ~s производные расходы
initial ~s первоначальные расходы
initial capital ~s расходы на техническое оснащение
internal administrative ~s расходы на администрацию
investment ~s капиталовложения

labour ~ использование рабочей силы
maximum ~s максимальные расходы
military ~s военные расходы
minimum ~s минимальные расходы
non-productive ~s непроизводительные расходы
non-recurrent ~s разовые расходы
non-recurring ~s *см.* non-recurrent ~s
operating ~s текущие расходы
operational ~s *см.* operating ~s
passenger service ~s расходы по обслуживанию пассажиров
personal consumption ~s личные потребительские расходы
planned ~s плановые расходы, плановые затраты
port ~s портовые расходы
productive ~s производительные расходы
promotional ~s расходы на рекламу
public ~s государственные расходы
public capital ~s государственные капиталовложения
publicity ~s рекламные расходы
recoverable ~ остаточная реализуемая стоимость
recurrent ~s текущие расходы
recurring ~s *см.* recurrent ~s
research ~s расходы на научные исследования
research and development ~s расходы на научные исследования и разработки
revenue ~s доходные расходы
routine ~s ежедневные расходы
ruinous ~s разорительные расходы
running ~s текущие расходы
social security ~s расходы на социальное страхование
total ~s полные расходы
transfer ~s трансфертные расходы
unallocable ~s неразделимые расходы
unproductive ~s непроизводительные расходы
waste ~ непроизводительная трата
wasteful ~s расточительные расходы
welfare ~s расходы на социальное обеспечение
work time ~s затраты рабочего времени
~ of capital расход капитала
~ of human labour затраты человеческого труда
~ of labour power расходование рабочей силы
~s charged to a capital account затраты, относимые на счет капиталовложений
~s charged to a depreciation reserve затраты, относимые за счет амортизационного фонда
~s on personnel расходы на заработную плату персонала
~s on selling effort расходы по сбыту
~s per unit of output расходы на единицу продукции
◇ free of all ~s свободно от расходов
to allocate ~s распределять расходы
to authorize ~s утверждать расходы
to cut ~s сокращать расходы
to draw in ~s *см.* to cut ~s
to meet ~s оплачивать расходы
to overestimate ~s завышать расходы
to prescribe ~ устанавливать сумму расходы
to reduce ~s сокращать расходы
to restrict ~s ограничивать ассигнования; ограничивать расходы
to undertake ~s брать на себя расходы

EXPENSE *n* 1. расход; трата 2. *pl* расходы, издержки, затраты
absorbed ~s 1) часть накладных расходов, отнесенных на незавершенное производство 2) издержки, отнесенные на операционный счет
accommodation ~s квартирные расходы
accompanying ~s сопутствующие расходы
accrued ~s накопившиеся расходы
actual ~s фактические расходы
additional ~s дополнительные расходы; непредвиденные расходы
administration ~s административные расходы, расходы по управлению
administrative ~s *см.* administration ~s
advertising ~s расходы на рекламу
agreed ~s согласованные расходы
amortization ~s расходы на амортизацию статьи баланса
annual ~s годовые расходы
anticipated ~s предусмотренные издержки
arbitration ~s арбитражные расходы
auditing ~s расходы по ревизии
average ~s средние расходы
banking ~s банковские расходы
bloated operating ~s раздутые эксплуатационные расходы
board ~s расходы по погрузке и выгрузке судовыми средствами
budget ~s смета расходов

EXP

budgeted ~s сметные расходы
building ~s строительные издержки
business ~s служебные расходы
cable ~s телеграфные расходы
calculated ~s подсчитанные расходы
capitalized ~s капитализируемые расходы
carriage ~s расходы по перевозке
cash ~s денежные расходы
city's operating ~s муниципальные эксплуатационные расходы
clerical ~s канцелярские расходы
collecting ~s расходы по инкассо
collection ~s *см.* collecting ~s
commercial ~s торговые издержки
compensation ~s компенсационные расходы
considerable ~s значительные расходы
constant ~s постоянные издержки
contract ~s расходы по контракту
contractual ~s *см.* contract ~s
controllable ~s регулируемые расходы
current ~s текущие расходы
current operating ~s текущие эксплуатационные расходы
customs ~s таможенные расходы
daily ~s суточные расходы
dead ~s бесполезные расходы
deferred ~s расходы будущих периодов
delivery ~s расходы по доставке
depreciation ~s амортизационные отчисления; начисленный износ
direct ~s прямые издержки
discharging ~s расходы по разгрузке
discount ~s расходы по дисконтированию
distribution ~s издержки сбыта
encashment ~s расходы по инкассо
entertainment ~s представительские расходы
equipment maintenance ~s расходы на содержание и эксплуатацию оборудования
estimated ~s расходы, предусмотренные сметой
exceptional ~s исключительные расходы
excess ~s сверхсметные расходы
executive ~s административные расходы, расходы по управлению
extra ~s дополнительные расходы
extraordinary ~s чрезвычайные расходы
everyday ~s мелкие расходы
factory ~s производственные издержки

EXP

financial ~s финансовые расходы
financing ~s расходы по финансированию
fixed ~s постоянные издержки
foreign exchange ~s инвалютные расходы
formation ~s организационные расходы при регистрации новой компании
forwarding ~s расходы по пересылке товаров
fringe benefit ~s отчисления на социальные нужды
freight ~s расходы по перевозке
general ~s общие расходы
general average ~s общеаварийные расходы
harbour ~s портовые сборы
hauling ~s расходы по перевозке
heavy ~s большие расходы
high ~s *см.* heavy ~s
hotel ~s расходы на гостиницу
identifiable additional ~s дополнительные расходы, которые могут быть определены
idle plant ~s издержки в связи с простоем оборудования
incidental ~s побочные расходы
income tax ~ подоходный налог на издержки
incurred ~s понесенные издержки
indirect ~s косвенные издержки
initial ~s 1) начальные расходы 2) издержки пускового периода
installation ~s расходы по установке
insurance ~s расходы по страхованию
interest ~s затраты на выплату процентов по облигациям
law ~s судебные издержки
legal ~s *см.* law ~s
living ~s расходы на жизнь
loading ~s погрузочные расходы
lodging ~s квартирные расходы
mail ~s почтовые расходы
maintenance ~s расходы на текущее обслуживание и ремонт
management ~s управленческие расходы
manufacturing ~s производственные расходы
marketing ~s расходы на организацию сбыта
material ~s материальные затраты
maximum ~s максимальные расходы
medical ~s расходы на медицинское обслуживание
minimum ~s минимальные расходы

miscellaneous ~s различные накладные расходы
moving ~s расходы, связанные с переездом на новое место
noncontrollable ~s нерегулируемые расходы
nonoperating ~s расходы, не связанные с основным видом деятельности
nonproductive ~s непроизводительные расходы
office ~s конторские расходы
operating ~s текущие расходы; эксплуатационные расходы
organizational ~s организационные расходы
out-of-pocket ~s карманные расходы
overall ~s общие расходы
overhead ~s накладные расходы
packing ~s расходы по упаковке
particular ~s особые расходы
per capita ~s расходы на душу населения
period ~s издержки отчетного периода
permissible ~s допустимые издержки
personal ~s личные расходы
personal consumption ~s затраты на личное потребление
petty ~s мелкие расходы
planned ~s плановые расходы
pocket ~s карманные расходы
postage ~s почтовые расходы
postal ~s *см.* postage ~s
preliminary ~s предварительные расходы
prepaid ~s заранее оплаченные расходы
preparation ~s расходы на подготовительные работы
processing ~s издержки обработки
production ~s производственные расходы
promotion ~s затраты на стимулирование сбыта
promotional ~s *см.* promotion ~s
protest ~s расходы по протесту
public ~s государственные расходы
publicity ~s рекламные расходы
quality ~s затраты на обеспечение качества
reasonable ~s обоснованные расходы
recovery ~s расходы по инкассо
recurrent ~s повторяющиеся расходы, периодические расходы
recurring ~s *см.* recurrent ~s
reimbursable ~s возмещаемые затраты

relocation ~s расходы, связанные с перемещением
removal ~s 1) расходы по вывозу 2) расходы по переезду
removing ~s расходы по переезду
repair ~s ремонтные расходы
representation ~s представительские расходы
rework ~s расходы по исправлению бракованных изделий; расходы по доводке
running ~s текущие расходы
salvage ~s расходы по спасению груза
selling ~s торговые расходы
service ~s расходы по обслуживанию
shipping ~s расходы по перевозке
ship's ~s судовые расходы
special ~s особые расходы
standing ~s постоянные издержки
starting ~s пусковые расходы
stationary ~s канцелярские расходы
stevedoring ~s расходы на обработку грузов в порту
storage ~s расходы по хранению
subsistence ~s 1) расходы на пропитание 2) командировочные расходы
substituted ~s замененные расходы
sundry ~s разные расходы; прочие расходы
telephone ~s телефонные расходы
telex ~s телексные расходы
testamentary ~s завещательные расходы, расходы по оформлению наследства
total ~s общие (суммарные) расходы
towage ~s расходы по буксировке
trade ~s торговые расходы
transhipment ~s расходы по перевалке
transport ~s транспортные расходы
transportation ~s *см.* transport ~s
travelling ~s путевые расходы; командировочные расходы
trimming ~s расходы по размещению груза на судне
uncontrollable ~s нерегулируемые расходы
unforeseen ~s непредвиденные расходы
unloading ~s расходы по разгрузке
unproductive ~s непроизводительные расходы
unreasonable ~s неоправданные расходы
unscheduled ~s сверхплановые расходы

unwarranted ~s неоправданные расходы
upkeep ~s затраты на техническое обслуживание и ремонт
variable ~s переменные затраты
warranty ~s затраты на гарантийный ремонт
wheeling ~s повторяющиеся расходы
working ~s производственные расходы
~s for the account of расходы за счет кого-л.
~s for protesting a bill издержки по опротестованию векселя
~s in foreign exchange инвалютные расходы
~s of the carrier расходы фрахтовщика
~s of carriage расходы по перевозке
~s of circulation издержки обращения
~s of discharge расходы по разгрузке
~s of haulage расходы по перевозке
~s of the insured расходы страхователя
~s of collection расходы по инкассированию
~s of the parties расходы сторон
~s of production издержки производства
~s of protest расходы по протесту
~s of reproduction издержки воспроизводства
~s of shipping расходы по перевозке
~s of trackage ж.-д. см. ~s of shipping
~s of transhipping расходы по перегрузке
~s of transportation расходы по перевозке
~s on charter расходы по чартеру
~s on collection расходы по инкассированию
~s on erection work расходы по монтажу
~s on insurance расходы по страхованию
~s on materials расходы на материалы
~s on patenting procedure расходы на патентование
~s on repairs расходы на ремонт
~s on scientific research расходы на научно-исследовательские работы
~s on selling расходы по организации сбыта
~s on storage расходы по хранению
~s on technical service расходы на техобслуживание

~s per head of population расходы на душу населения
◇ at the ~ of за счет кого-л.
at great ~ за большую плату
at the owner's ~ and risk за счет и риск судовладельца
at the firm's ~ за счет фирмы
less ~s за вычетом расходов
minus ~s см. less ~s
free of ~s без расходов
free of all ~s свободно от всех расходов
~s charged forward с наложенным платежом за расходы
~s deducted за вычетом расходов
~s prepaid расходы оплачены заранее
to absorb ~s принимать на себя расходы, оплачивать расходы
to advance ~s оплачивать расходы заранее
to allocate ~s распределять расходы
to apportion ~s см. to allocate ~s
to assess ~s оценивать расходы
to assume ~s принимать на себя расходы
to avoid extra ~s избегать дополнительных затрат
to bear ~s нести расходы
to calculate ~s калькулировать затраты
to cause ~s вызывать расходы
to charge ~s to the account of smb относить расходы за чей-л. счет
to compensate for ~s компенсировать расходы
to cover ~s покрывать расходы
to curtail ~s сокращать расходы
to cut down ~s см. to curtail ~s
to defray ~s покрывать расходы
to double ~s увеличивать расходы вдвое
to duplicate ~s см. to double ~s
to entail ~s вызывать расходы
to estimate ~s оценивать расходы
to experience extensive ~s нести большие расходы
to go to ~ тратиться
to halve ~s делить расходы пополам
to increase ~s увеличивать расходы
to incur ~s нести расходы
to indemnify for ~s компенсировать расходы
to involve ~s вызывать расходы
to itemize ~s распределять расходы по статьям
to limit ~s лимитировать расходы
to meet ~s возмещать расходы

to offset ~s *см.* to meet ~s
to participate in ~s делить расходы
to pay ~s оплачивать расходы
to pile up ~s увеличивать расходы
to place ~s to smb's charge относить расходы на чей-л. счет
to pool ~s делить расходы
to prepay ~s оплачивать расходы заранее
to put to great ~ вводить в большой расход
to recognize ~s определять расходы
to recompense ~s компенсировать расходы
to recover ~s получать возмещение расходов
to reduce ~s сокращать расходы
to refund the ~s получать возмещение расходов
to reimburse smb for ~s компенсировать кому-л. расходы
to repay ~s *см.* to reimburse smb for ~s
to save ~s экономить расходы
to share ~s делить расходы
to spare no ~ не жалеть расходов
to split ~s делить расходы
EXPENSIVE *adj* дорогой, дорогостоящий
EXPENSIVENESS *n* дороговизна
EXPERIENCE *n* опыт
  accumulated ~ накопленный опыт
  acquired ~ приобретенный опыт
  advanced ~ передовой опыт
  background ~ предыдущий опыт
  business ~ опыт в делах
  considerable ~ значительный опыт
  extensive ~ большой опыт
  first-hand ~ личный опыт
  foreign ~ зарубежный опыт
  great ~ большой опыт
  "hands-on" ~ практический опыт
  managerial ~ управленческий опыт
  marketing ~ опыт в организации продаж (сбыта)
  operating ~ производственный опыт
  operational ~ *см.* operating ~
  past ~ прошлый опыт
  personal ~ личный опыт
  practical ~ практический опыт
  previous ~ предшествующий опыт
  production ~ производственный опыт
  progressive ~ передовой опыт
  sales ~ опыт запродаж
  service ~ опыт эксплуатации
  technical ~ технический опыт
  valuable ~ ценный опыт

vast ~ большой опыт
wide ~ *см.* vast ~
work ~ рабочий опыт
◇ of little ~ малоопытный
  with little ~ *см.* of little ~
  by ~ по опыту, из опыта
  from ~ *см.* by ~
  to accumulate ~ накапливать опыт
  to adopt ~ перенимать опыт
  to gain ~ приобретать опыт
  to gather ~ накапливать опыт
  to have ~ иметь опыт
  to inherit ~ наследовать опыт
  to know by ~ знать по опыту
  to make use of ~ использовать опыт
  to master ~ овладевать опытом
  to obtain ~ приобретать опыт
  to pass on ~ передавать опыт
  to share ~ делиться опытом
  to test by ~ проверять на опыте
  to transfer ~ передавать опыт
  to use ~ использовать опыт
EXPERIENCED *adj* опытный
EXPERIMENT *n* опыт, эксперимент
  check ~ контрольный эксперимент
  control ~ *см.* check ~
  sampling ~ выборочный эксперимент
  ◇ to make an ~ производить эксперимент
EXPERIMENTAL *adj* экспериментальный, опытный
EXPERT *n* 1. специалист 2. эксперт
  accounting ~ специалист по бухгалтерскому учету
  advertising ~ специалист по рекламе
  commercial ~ коммерческий эксперт
  commodity ~ товаровед
  court ~ судебный эксперт
  credit ~ специалист по кредитам
  design ~ эксперт по промышленным образцам
  economic ~ эксперт по экономическим вопросам
  technical ~ технический эксперт
  traffic ~ транспортный эксперт
  transport ~ *см.* traffic ~
  ~ on legal questions юрисконсульт
  ~ on merchandise товаровед
  ◇ to call an ~ привлекать эксперта
  to consult an ~ консультироваться с экспертом
EXPERTISE *n* 1. специальные знания, опыт 2. экспертиза
  assumed ~ приобретенный опыт
  patent ~ патентная экспертиза
  promotional ~ внедренческий опыт

specialist ~ опыт специалиста
technical ~ техническая экспертиза
◊ to carry out an ~ проводить экспертизу
to develop ~ совершенствовать опыт
to require technical ~ нуждаться в технической экспертизе
EXPIRATION *n* окончание, истечение (*срока*)
~ of a contract истечение срока действия договора
~ of a guarantee period окончание срока гарантии
~ of insurance истечение срока страхования
~ of a lease истечение срока аренды
~ of a patent истечение срока действия патента
~ of a period истечение срока
~ of a policy прекращение действия полиса
~ of a term истечение срока
~ of time-limit *см.* ~ of a term
~ of validity истечение срока действия
~ of a warranty истечение срока гарантии
◊ at the ~ по истечении
upon ~ *см.* at the ~
EXPIRE *v* оканчиваться, истекать (*о сроке*)
EXPIRY *n* истечение, окончание (*срока*)
~ of a contract истечение срока действия соглашения
~ of a patent истечение срока действия патента
~ of a period истечение срока
~ of the period of limitation истечение срока исковой давности
~ of a term истечение срока
~ of validity истечение срока действия
◊ after the ~ of the time-limit после окончания срока
on ~ по истечении
EXPLOIT *v* 1. эксплуатировать 2. использовать в своих интересах 3. разрабатывать (*месторождения*)
EXPLOITATION *n* 1. эксплуатация 2. использование в своих интересах 3. разработка (*месторождений*)
labour ~ эксплуатация труда
patent ~ использование запатентованного изобретения
wasteful ~ хищническая разработка (*полезных ископаемых*)
~ of consumers эксплуатация потребителей

~ of a licence использование лицензии
EXPLORATION *n* исследование; изучение
market ~ изучение конъюнктуры рынка
EXPLORE *v* исследовать; изучать
EXPLOSION *n* бурный рост
information ~ рост потока информации
population ~ демографический взрыв
EXPORT *n* 1. вывоз, экспорт, экспортирование 2. *pl* предметы вывоза; статьи экспорта
agricultural ~ вывоз продукции сельского хозяйства
capital ~ отток капитала из страны, «бегство капитала»
considerable ~ значительный экспорт
controlled ~s регулируемый экспорт
currency ~ вывоз валюты
direct ~ прямой экспорт
duty-free ~ беспошлинный экспорт
food ~s экспорт продовольствия
gold ~ экспорт золота
gross ~s валовой экспорт
growing ~s растущий экспорт
heavy ~ значительный экспорт
increasing ~s растущий экспорт
indirect ~ косвенный экспорт
invisible ~s невидимый экспорт
net ~s чистый экспорт
nonagricultural ~ несельскохозяйственный экспорт
pipeline ~ экспортирование по путепроводам
subsidized ~ субсидируемый экспорт
technical ~ экспорт техники
temporary ~s временный вывоз
total ~s весь объём экспорта
traditional ~ традиционный экспорт
unpaid ~s неоплаченный экспорт
unrequitted ~s *см.* unpaid ~s
visible ~s экспорт товаров
world-wide ~s экспорт по всему миру
~ of capital вывоз капитала
~ of foodstuffs экспорт продовольствия
~ of gold вывоз золота
~ of goods вывоз товаров
~ of high technology products экспорт наукоёмкой продукции
~ of licences экспорт лицензий
~ of machinery and equipment экспорт машин и оборудования
~ of services экспорт услуг
~ of technology экспорт технологии
◊ to ban ~ запрещать вывоз

to be available for ~ иметься в наличии для экспорта
to be engaged in the ~ of заниматься экспортом
to be packed for ~ быть упакованным для экспорта
to curtail ~s сокращать экспорт
to decrease ~s см. to curtail ~s
to expand ~s расширять экспорт
to facilitate ~s способствовать экспорту
to finance ~ финансировать экспорт
to handle ~ экспортировать, заниматься экспортом
to increase ~s увеличивать объем экспорта
to pack for ~ упаковывать на экспорт
to prohibit ~ запрещать экспорт
to put restrictions on ~ ограничивать экспорт
to reduce ~s сокращать экспорт
EXPORT v вывозить, экспортировать
EXPORTABLE adj экспортный
EXPORTATION n вывоз, экспортирование
duty-free ~ беспошлинный вывоз
~ of equipment экспорт оборудования
~ of goods экспорт товаров
◇ to arrange for ~ оформлять экспорт
EXPORTER n экспортер
exclusive ~ исключительный экспортер
general ~ генеральный экспортер
quay ~ экспортер с причала
sole ~ единственный экспортер
~ of foodstuffs экспортер продовольственных товаров
~ of industrial goods экспортер промышленных товаров
~ of primary goods экспортер сырьевых товаров
~ of raw materials см. ~ of primary goods
EXPOSITION n выставка; экспозиция; демонстрация
collective ~ коллективная экспозиция
joint ~ совместная экспозиция
graphic ~ графическая экспозиция
national ~ национальная экспозиция
traditional ~ традиционная экспозиция
◇ to arrange an ~ организовывать экспозицию
to hold an ~ устраивать экспозицию
to show an ~ показывать экспозицию
EXPOSURE n 1. зависимость, незащищенность 2. риск потенциальных убытков
cross currency ~ отсутствие у фирмы необходимой валюты для обслуживания долга
interest rate ~ открытая процентная позиция
noise ~ шумовое воздействие
occupational noise ~ влияние производственного шума
~ of goods for sale выкладка товаров для продажи
EXPRESS n 1. срочное почтовое отправление 2. амер. срочная пересылка (товаров, денег)
◇ by ~ с нарочным, с посыльным
EXPROPRIATION n 1. конфискация; отчуждение 2. лишение права собственности
~ of property лишение права собственности на имущество
EXPULSION n исключение; выселение; увольнение
EXPUNGE v исправлять, подчищать (текст документа)
EXTEND v 1. распространять, расширять 2. продлевать; пролонгировать 3. предоставлять (займ, кредит, помощь, услуги)
EXTENSION n 1. распространение, расширение 2. продление; пролонгация 3. предоставление (займа, кредита, помощи, услуг)
capacity ~ расширение производственных мощностей
credit ~ предоставление кредита
enterprise ~ расширение предприятия
factory ~ расширение завода
loan ~ предоставление займа
major ~ значительное продление
plant ~ расширение завода
route ~ продление транспортной линии
telephone ~ 1) параллельный телефонный аппарат 2) добавочный номер
trade ~ расширение торговли
~ in validity продление срока действия
~ of an agreement продление соглашения
~ of the assortment расширение ассортимента товаров
~ of a bill продление векселя
~ of a business расширение фирмы
~ of capacities расширение производственных мощностей

~ of contacts расширение связей
~ of cooperation расширение сотрудничества
~ of credit продление кредита
~ of credit facilities *см.* ~ of credit
~ of deliveries продление срока поставок
~ of a delivery schedule *см.* ~ of deliveries
~ of the delivery time отсрочка поставки
~ of a draft пролонгация тратты
~ of economic relations расширение экономических отношений
~ of an enterprise расширение предприятия
~ of financial resources предоставление средств
~ of funds *см.* ~ of financial resources
~ of a guarantee продление срока гарантии
~ of a guarantee period *см.* ~ of a guarantee
~ of international cooperation расширение международного сотрудничества
~ of a labour permit продление срока действия разрешения на работу (*для иностранцев*)
~ of a Letter of Credit продление аккредитива
~ of a loan предоставление займа
~ of moratorium продление моратория
~ of a patent продление срока действия патента
~ of the range of goods расширение ассортимента товаров
~ of a registration period продление срока регистрации
~ of relations расширение связей
~ of service расширение обслуживания
~ of space увеличение площади
~ of tenancy продление срока аренды
~ of the tenor of a draft продление срока тратты
~ of a term продление срока
~ of ties расширение связей
~ of time рассрочка
~ of the time of payment продление срока платежа
~ of trade расширение торговли
~ of a visa продление визы

◊ to agree on an ~ договариваться о продлении
to confirm an ~ подтверждать продление
to give an ~ предоставлять продление
to grant an ~ *см.* to give an ~
EXTENSIVE *adj* 1. обширный, большой 2. экстенсивный
EXTENT *n* 1. объём 2. степень, мера 3. размер, величина
~ of business объём деловых операций
~ of a claim размер иска
~ of commission размер комиссионного вознаграждения
~ of compensation размер компенсации
~ of competition степень конкуренции
~ of cover размер страховки
~ of credit размер кредита
~ of damage 1) размер повреждения 2) размер ущерба
~ of damages размер убытков
~ of devaluation размер девальвации
~ of insurance размер страховой премии
~ of interest размер процента
~ of liability объём ответственности; степень ответственности
~ of a licence объём лицензии
~ of loss размер потери
~ of a patent объём патентных прав
~ of reduction размер уценки
~ of remuneration размер вознаграждения
~ of responsibility степень ответственности
~ of risk степень риска
~ of work объём работы
◊ to the ~ of в размере
EXTERNAL *adj* 1. наружный, внешний 2. внешний, иностранный
EXTERNALITY *n* 1. внешняя сторона 2. внешняя причина

environmental ~ ущерб, причиняемый в результате воздействия на окружающую среду
negative ~ отрицательный внешний эффект
positive ~ положительный внешний эффект
EXTINCTION *n* вымирание; исчезновение (*с земли*)
~ of species исчезновение видов
EXTINGUISHMENT *n* погашение (*долга*)

debt ~ погашение долга; удовлетворение обязательства
EXTRA *n часто pl* **1.** особая плата, приплата; наценка **2.** побочные расходы
EXTRA *adj* дополнительный, добавочный
EXTRA-BUDGETARY *adj* сверхсметный
EXTRA-CONTRACTUAL *adj* внедоговорный
EXTRACT *n* выписка (*из документа*)
  contract ~ выписка из контракта
  ~ from a protocol выписка из протокола
  ~ of an account выписка из счета
EXTRAFINE *adj* высококачественный
EXTRAORDINARY *adj* чрезвычайный
EXTRAPOLATE *v* экстраполировать
EXTRAPOLATION *n* экстраполяция
EXTRAVAGANT *adj* **1.** чрезмерный, затратный **2.** высокий (*о ценах*)
EXTRAWEIGHT *n* тяжеловес
EXTREME *adj* крайний, предельный
EXTREME *n* крайность; крайняя степень
  sample ~ крайнее значение выборки
EXUBERANCE *n* **1.** изобилие, богатство **2.** процветание
EYEWASH *n* обман, очковтирательство
EYEWITNESS *n* свидетель, очевидец

F

FABRIC *n* 1. ткань, материя 2. изделие, фабрикат 3. структура, устройство
  cotton ~ хлопчатобумажная ткань
  glass ~ стеклоткань
  jersey ~ трикотажное полотно
  proofed ~ прорезиненная ткань
  pure wool ~ чистошерстяная ткань
  rubberized ~ прорезиненная ткань
  silk ~ шелковая ткань
  synthetic textile ~ синтетическое трикотажное полотно
  tire ~ корд, кордовая ткань
  varnished ~ лакоткань
  water-proof ~ непромокаемая ткань
  wrinkle-free ~ несминаемая ткань
  ~ of society структура общества

FABRICATE *v* 1. производить, изготовлять; собирать из готовых узлов, монтировать 2. подделывать (напр. чек)

FABRICATION *n* 1. производство, изготовление 2. сборка из готовых узлов 3. подделка, фальшивка
  continuous-running ~ непрерывное производство
  flexible ~ гибкое автоматизированное производство
  in-house ~ собственное производство
  routine ~ серийное производство
  shop ~ изготовление сборных элементов в заводских условиях
  site ~ изготовление сборных элементов на месте

FACE *n* лицевая сторона
  ~ of a cheque лицевая сторона чека

FACE-VALUE *n* 1. номинальная, нарицательная стоимость (банкноты, акции и т.п.) 2. видимая цена

FACILITATE *v* облегчать, помогать, способствовать

FACILIT|Y *n* обыкн. *pl* 1. удобства; средства обслуживания; возможности, благоприятные условия; льготы 2. денежные средства; кредит; схема кредитования 3. оборудование; устройства; технические средства; аппаратное обеспечение; производственные мощности 4. сооружения; производственные помещения; предприятия 5. канал связи
  acceptance ~ 1) кредитная акцептная программа 2) краткосрочное кредитование путем акцепта и продажи векселей
  advance factory ~ies новейшее производственное оборудование
  airport ~ies оборудование аэропорта
  air traffic ~ies оборудование воздушного транспорта
  approved delivery ~ies согласованное место поставки
  auxiliary ~ies вспомогательные средства
  baggage ~ies багажное отделение
  bank ~ies банковские услуги; банковские операции
  banking ~ies *см.* bank ~ies
  capital ~ies 1) основной капитал 2) недвижимость
  cargo handling ~ies погрузочно-разгрузочные средства
  catering ~ies предприятия общественного питания
  cold storage ~ies средства холодильного хранения
  commercial ~ies торговые предприятия
  communication(s) ~ies средства связи
  community ~ies районные предприятия бытового обслуживания
  computer ~ies вычислительный центр
  cr ch ~ies дошкольные учреждения
  credit ~ies кредиты; источники кредитования
  customs ~ies таможенные льготы
  designing ~ies проектно-конструкторская база
  discounting ~ies учет векселей
  distribution ~ies сеть сбытовых агентов

dockage ~ies док
editing ~ies программно-аппаратные средства редактирования
educational ~ies средства обеспечения учебного процесса
emergency ~ies объекты ускоренной амортизации
extended fund ~ кредиты МВФ, выдаваемые странам-членам этой организации
fabrication ~ies 1) производственные мощности 2) производственные помещения
factory conveyance ~ies внутризаводской транспорт
field-test ~ies оборудование для эксплуатационных испытаний
financing ~ финансирование, иструменты и средства кредитования
freight handling ~ies погрузочно-разгрузочные средства
government ~ies государственные предприятия
ground ~ies наземные механические средства аэропортов
handling ~ies погрузочно-разгрузочные средства, перевалочные средства
harbour ~ies портовые сооружения
health ~ies медицинские учреждения
housing ~ies жилищные условия
idle ~ies бездействующие предприятия
industrial ~ies 1) производственные мощности 2) промышленные предприятия
industrial conveyance ~ies промышленный транспорт
in-house ~ies оборудование для собственного производства
inventory storage ~ies складские сооружения
laboratory ~ies лабораторный комплекс
leasure ~ies условия для отдыха
lifting ~ies погрузочно-разгрузочные средства
living ~ies жилищные условия
loading ~ies погрузочные устройства
loan ~ies займы
long-term credit ~ies долгосрочный кредит
maintenance ~ies оборудование для технического обслуживания
management ~ies средства управления
manufacturing ~ промышленное предприятие, завод
manufacturing ~ies 1) производственное оборудование; производственные мощности 2) производственные помещения
marketing ~ies условия и средства торговли
minimum ~ies минимальные услуги
modern ~ies современные удобства
office ~ies служебные помещения
off-loading ~ies разгрузочные средства
overdraft ~ies предоставление овердрафта
overhead ~ies предприятия инфраструктуры
parking ~ies гаражи
passenger ~ies обслуживание пассажиров (*напр. в аэропортах*)
payment ~ies средства платежа
plant ~ies промышленные предприятия; промышленные сооружения
plant storage ~ies заводской склад
pollution control ~ies очистные сооружения
port ~ies портовые сооружения
port handling and receiving ~ies портовые средства по переработке грузов
processing ~ies оборудование технологических процессов
production ~ies 1) производственная база, производственные фонды; производственные мощности 2) производственные помещения; промышленные предприятия
production and technical ~ies производственно-техническая база
public ~ies общественные здания
R & D ~ies условия и возможности для проведения исследовательской работы и составления разработок
reciprocal credit ~ies взаимный кредит
recreational ~ies условия для отдыха и развлечений
refrigeration ~ies холодильное оборудование
repair ~ies ремонтное оборудование
research ~ies условия для проведения исследований
sales ~ies возможности продажи
service ~ies средства обслуживания; вспомогательные службы
shipping ~ies транспортные средства
shopping ~ies магазины
short landing ~ies малая посадочная полоса
short take-off ~ies малая взлетная полоса
sports ~ies спортивные сооружения

standby ~ies 1) резервные кредиты 2) резервное оборудование
storage ~ies склад, складские сооружения
subsidiary ~ies подконтрольное предприятие
telecommunication[s] ~ies средства телефонной и телеграфной связи
terminal ~ies оборудование терминала; станционные устройства
test ~ies испытательное оборудование
testing ~ies *см.* test ~ies
transfer ~ies перевозочные средства
transport ~ies транспортные средства
transportation ~ies *см.* transport ~ies
unloading ~ies разгрузочные средства
vacant ~ies свободный канал связи
warehouse ~ies склад, складские сооружения
waste treatment ~ies предприятия по переработке отходов
water ~ies система водоснабжения
water treating ~ies водоочистное оборудование
waterworks ~ies водохозяйственная система
wholly-owned ~ies предприятия, находящиеся в полной собственности
workshop ~ies условия работы цеха
~ies for credit buying кредиты на закупку
~ for inspection средства для инспектирования
◇ **to enjoy credit ~ies** пользоваться кредитом
to furnish necessary ~ies предоставлять необходимые условия
to grant ~ies предоставлять услуги
to provide ~ies предоставлять средства; создавать условия
to provide transport ~ies обеспечивать перевозку
to strengthen production ~ies укреплять производственную базу
FACSIMILE *n* факсимиле
FACT *n* 1. факт, обстоятельство 2. *pl* данные
◇ **to establish ~s** устанавливать факты
to distort ~s искажать факты
FACTOR *n* 1. фактор, движущая сила 2. фактор; агент; комиссионер 3. коэффициент
aircraft safety ~ уровень безопасности полётов
amortization ~ коэффициент амортизации

annual growth ~ коэффициент ежегодного роста
availability ~ коэффициент готовности
break-even load ~ коэффициент безубыточности
capacity ~ коэффициент производительности
climatic ~ климатический фактор
constant ~ 1) постоянно действующий фактор 2) постоянный коэффициент
consumption ~ норма потребления
conversion ~ коэффициент пересчёта; переводной коэффициент
cost ~ коэффициент стоимости
damage ~ степень порчи
defective ~ показатель дефектности
demographic ~ демографический фактор
design ~ расчётный коэффициент
discount ~ коэффициент дисконтирования; скидка
duty ~ коэффициент использования оборудования
ecological ~ экологический фактор
economic ~ экономический фактор
efficiency ~ коэффициент полезного действия
engineering ~s технические параметры
environmental ~ экологический фактор
external ~ внешний фактор
feedback ~ коэффициент обратной связи
financial ~ финансовый фактор
forecasting ~ фактор прогнозирования
growth ~s факторы экономического роста
human ~ человеческий фактор
internal ~s внутренние факторы экономического роста
key ~ основной фактор
leverage ~ коэффициент увеличения прибыли
limiting ~ ограничивающий фактор
load ~ коэффициент нагрузки; коэффициент загрузки автотранспорта
load-term ~ долговременный фактор
lost ~ коэффициент потерь
market ~ рыночный фактор
monetary ~ денежный фактор
natural ~ природный фактор
operating ~ коэффициент использования оборудования
operating ~s рабочие характеристики
operational ~s рабочие (эксплуатационные) характеристики

output ~ коэффициент выработки; коэффициент отдачи
performance ~ коэффициент полезного действия
plant-load ~ коэффициент нагрузки оборудования
principal ~ основной фактор
production ~s производственные факторы
productivity ~ коэффициент производительности труда
psychological ~ психологический фактор
quality ~ показатель качества
readiness ~ коэффициент готовности
recovery ~ показатель оцениваемых запасов нефти или газа
reliability ~ коэффициент надежности
risk ~ фактор риска
safety ~ 1) коэффициент безопасности 2) коэффициент надежности
scale ~ коэффициент пересчета
seasonal ~ сезонный фактор
service ~ эксплуатационный коэффициент
short-term ~ кратковременный фактор
social ~ социальный фактор
socioeconomic ~ социально-экономический фактор
sociological ~ социологический фактор
statistical ~ статистический показатель
stowage ~ удельный погрузочный объем
technical ~ технический фактор
time ~ фактор времени
usage ~ коэффициент использования
use ~ *см.* usage ~
utilization ~ *см.* usage ~
wear ~ коэффициент износа
weight ~ весовой коэффициент
work ~ рабочий норматив
◊ to assess ~s оценивать факторы

FACTORAGE *n* комиссионные фактору

FACTORING *n* 1. факторинг 2. перепродажа права на взыскание долгов
discount ~ дисконтирование счетов-фактур
export ~ экспортный факторинг

FACTORY *n* фабрика; завод
aircraft ~ авиационный завод
branch ~ производственное отделение
canning ~ консервный завод
central ~ головное предприятие
chemical ~ химический завод
fully-automatic ~ полностью автоматизированный завод

heavy engineering ~ завод тяжелого машиностроения
knitting ~ трикотажная фабрика
loss-making ~ убыточная фабрика
milk processing ~ молокозавод
overhaul ~ ремонтный завод
pilot ~ 1) головное предприятие 2) опытный завод
poultry ~ птицефабрика
privately-owned ~ частное предприятие
producer ~ завод-изготовитель
spinning ~ прядильная фабрика
supplier['s] ~ завод поставщиков
weaving ~ ткацкая фабрика
◊ ex ~ франко-завод
ex vendor's ~ франко-завод продавца
to close a ~ закрывать фабрику
to modernize a ~ модернизировать фабрику
to run a ~ руководить предприятием
to shut down a ~ закрыть предприятие

FAIL *v* 1. терпеть неудачу, не удаваться 2. выходить из строя, переставать действовать 3. обанкротиться; прекратить платежи 4. не сделать, не выполнить что-л.
~ a test не выдерживать испытания
~ to meet liabilities (obligations) не выполнять обязательств
◊ the bill ~ed законопроект не прошел

FAILING *n* 1. неудача 2. отказ, перебой в работе
key ~ основной недостаток

FAILING *prep* за неимением, в случае отсутствия

FAILURE *n* 1. неудача, провал 2. неисправность, отказ в работе 3. повреждение; выход из строя; авария 4. банкротство, несостоятельность 5. невыполнение, неосуществление
banking ~ банкротство банка
business ~ коммерческий крах
commercial ~ торговый (коммерческий) крах
crop ~ неурожай
end ~ полный отказ
field ~ эксплуатационный отказ
major ~ серьезная неисправность
misuse ~ выход из строя из-за неправильной эксплуатации
packing ~ недостаток упаковки
◊ ~ to appear неявка
~ to cover financial obligations непокрытие финансовых обязательств
~ to deliver the goods непоставка товара

~ to honour a bill неоплата векселя
~ to meet an obligation невыполнение обязательства
~ to pay неоплата, непоступление платежа

FAIR *n* 1. ярмарка; выставка-ярмарка 2. местный рынок
annual ~ ежегодная ярмарка
autumn ~ осенняя ярмарка
exports goods ~ ярмарка экспортных товаров
goods ~ товарная ярмарка
horizontal ~ горизонтальная выставка
industrial ~ промышленная ярмарка
international ~ международная ярмарка
inventions ~ ярмарка изобретений
jubilee ~ юбилейная ярмарка
local ~ местная ярмарка
national ~ национальная выставка
novelties ~ выставка новинок
producer's ~ ярмарка изготовителей, организованная для промышленных фирм
regional ~ региональная ярмарка
sample ~ ярмарка образцов
specialized ~ отраслевая (специализированная) ярмарка
spring ~ весенняя ярмарка
trade ~ торговая ярмарка
traditional ~ традиционная ярмарка
world ~ всемирная ярмарка
◊ to arrange a ~ устраивать ярмарку
to hold a ~ проводить ярмарку
to participate in a ~ принимать участие в ярмарке
to tour a ~ осматривать ярмарку

FAIR *adj* 1. честный, справедливый (*о цене, сделке*) 2. достаточный (*о количестве*)

FAIRWAY *n* фарватер

FAITH *n* честность; лояльность
good ~ добросовестность
utmost good ~ *страх.* обязательство страхуемого сообщать максимально правдивую информацию
◊ in good ~ добросовестно

FAITHFULNESS *n* 1. достоверность 2. честность, правдивость
representational ~ достоверность представленного материала

FAKED *adj* поддельный, фальсифицированный

FALL *n* падение, понижение; спад
sharp ~ резкое падение
steep ~ *см.* sharp ~

~ in demand падение спроса
~ in the exchange rate падение курса валюты
~ in prices снижение цен
~ in profits понижение прибыли

FALL *v* падать, понижаться
~ away уменьшаться, сокращаться
~ back on обращаться за помощью, поддержкой
~ behind отставать
~ down потерпеть неудачу
~ due наступать (*о сроке*)
~ foul of 1) *мор.* столкнуться 2) ссориться
~ in истекать (*о сроке векселя, долга*)
~ in with соглашаться на совместные действия
~ on evil days хлебнуть горя; впасть в нищету
~ on hard times *см.* ~ on evil days
~ on one's feet удачно выйти из затруднительного положения
~ outside выходить за пределы (*условий*)
~ through провалиться; обанкротиться
~ under the hammer продаваться через аукцион («*с молотка*»)
~ within jurisdiction подпасть под юрисдикцию
~ short of не хватать

FALLING-OFF *n* снижение; спад; упадок
~ in demand понижение спроса
~ in sales сокращение объёма продаж
~ of orders сокращение числа заказов
~ of production спад производства

FALL-OFF *n* падение, понижение (конъюнктуры)

FALL-OUT *n* сопутствующий результат, последствия

FALSE *adj* поддельный

FALSIFICATION *n* подделка
~ of an account подделка счёта
~ of a document подделка документа

FALSIFY *v* подделывать

FAMILIARIZATION *n* ознакомление
~ with acitivities ознакомление с деятельностью
~ with an assortment ознакомление с ассортиментом
~ with a document ознакомление с документом

FAMILY *n* 1. семья 2. семейство
broken ~ неполная семья
childless ~ бездетная семья
computer ~ семейство ЭВМ

job ~ группа родственных профессий
low-income ~ семья с низким доходом
~ of funds объединение инвестиционных фондов под контролем одной корпорации

FAMINE *n* голод
  currency ~ валютный голод
  dollar ~ долларовый голод
  goods ~ товарный голод
  money ~ денежный голод
  paper ~ бумажный дефицит

FANCY *n* вкус, склонность
  public ~ вкусы покупателей

FANCY *adj* модный; высокого качества

FANNIE MAE = Federal National Mortgage Association Федеральная национальная ипотечная ассоциация

FAQ (Free Alongside Quay) франко-набережная

FARE *n* 1. плата за проезд; тариф 2. пассажир
  air ~ стоимость проезда самолетом
  bus ~ стоимость проезда автобусом
  charter class ~ чартерный пассажирский тариф
  coach ~ тариф туристического класса
  combination ~ комбинированный тариф
  discount ~ льготный тариф
  economy class ~ стоимость билета второго класса
  first-class ~ стоимость билета первого класса
  flat ~ фиксированная плата за проезд
  incentive ~ поощрительный тариф
  multizone ~ плата за проезд по зонам
  one-way ~ плата за проезд в один конец
  promotional ~ льготный тариф
  rail ~ плата за проезд по железной дороге
  railway ~ *см.* **rail** ~
  return ~ проезд в оба конца
  single ~ плата за проезд в один конец
  taxi ~ плата за проезд в такси
  through ~ сквозной тариф

FARM *n* ферма, фермерское хозяйство
  animal ~ животноводческая ферма
  broiler ~ бройлерная ферма
  cash ~ товарная ферма
  corporate ~ сельскохозяйственное объединение
  crop-growing ~ растениеводческая ферма
  dairy ~ молочная ферма
  family ~ семейная ферма
  fish ~ рыбное хозяйство
  fur ~ звероводческая ферма
  grain-growing ~ зерновое хозяйство
  hog-breeding ~ свиноводческая ферма
  livestock-breeding ~ животноводческая ферма
  marginal ~ маржинальная ферма
  mixed ~ многоотраслевое хозяйство
  pilot ~ опытное хозяйство
  poultry ~ птицеводческая ферма
  rented ~ арендованная ферма
  seed ~ семеноводческое хозяйство
  specialized ~ специализированная ферма
  tenant ~ арендованная ферма

FARM *v* 1. заниматься сельским хозяйством 2. обрабатывать землю 3. сдавать в аренду

FARMER *n* 1. фермер 2. арендатор

FARMHOLD *n* земля, принадлежащая фермеру

FARMING *n* 1. занятие сельским хозяйством; фермерское хозяйство; земледелие 2. сдача в аренду; откуп
  commercial ~ товарное сельское хозяйство
  crop ~ земледелие
  dairy ~ молочное животноводство
  depression ~ убыточное хозяйство
  diversified ~ многоотраслевое хозяйство
  extensive ~ экстенсивное земледелие
  organic ~ органическое земледелие

FARM-OUT *n* выполнение части производственного процесса субподрядчиком
  fish ~ рыбное хозяйство
  fur ~ звероводческое хозяйство
  grain ~ зерновое хозяйство
  high ~ интенсивное земледелие
  intensive ~ *см.* **high** ~
  irrigated ~ орошаемое земледелие
  large-scale ~ крупное сельскохозяйственное производство
  livestock ~ животноводство
  low ~ экстенсивное земледелие
  mechanized ~ механизированное сельское хозяйство
  mixed ~ многоотраслевое хозяйство
  power ~ механизированное хозяйство
  rotation ~ севооборотное хозяйство
  sheep ~ овцеводство
  tax ~ откуп налогов
  vegetable ~ овощеводство

FARMING-OUT *см.* **FARM-OUT**

FARMLAND *n* приусадебный участок; земля фермера

FARMSTEAD *n* ферма со службами
FARMYARD *n* двор фермы
FAS (Free Alongside Ship) фас, франко-вдоль борта судна
FASHION *n* 1. стиль, мода 2. образ; вид
  ◊ to be in ~ быть в моде
  to come into ~ входить в моду
  to go out of ~ выйти из моды
  to set the ~ вводить в моду
FASHIONABLE *adj* модный
FAST *adj* 1. скорый, быстрый 2. прочный
  ◊ to make ~ привязывать лодку, пришвартовывать судно
FASTEN *v* 1. связывать, скреплять 2. привязывать, прикреплять
  ~ with **cables** крепить тросом
  ~ with **iron band** крепить металлической лентой
  ~ with **ropes** связывать веревками
  ~ with **screws** крепить винтами
  ~ with **wire** крепить проволокой
FASTENER *n* крепежная деталь
FASTENING *n* связывание; крепление, закрепление
  load ~ крепление груза
  ~ of **goods** закрепление груза
FASTEST-SELLING *adj* быстро продающийся, ходкий
FAST-SELLER *n* ходкий товар
FAT *n* жир, сало
  ◊ ~s and **oils** жиры и масла
FATTEN *v* 1. откармливать (*на убой*) 2. удобрять (*землю*)
FATTENING *n* откорм, нагул
FAUCET *n* водопроводный кран; вентиль
FAULT *n* 1. дефект, недостаток 2. неисправность, перебой в работе 3. ошибка 4. вина
  concealed ~ скрытый дефект
  design ~ дефект в конструкции
  grave ~ серьезный недостаток
  minor ~ мелкий недостаток
  serious ~ серьезный недостаток
  ~ of **management** ошибка администрации
  ~ of **packing** дефект упаковки
  ◊ to be at ~ быть виновным
  to **clear** a ~ устранять недостаток
  to **detect** a ~ обнаружить дефект
  to **find** a ~ отыскивать неисправность
  to **locate** a ~ определять место повреждения
  to **rectify** a ~ устранять дефект
FAULT DETECTION *n* дефектоскопия

FAULT-FINDING *n* нахождение неисправности; обнаружение повреждения
FAULTLESS *adj* безаварийный, бесперебойный; бездефектный
FAULTY *adj* 1. имеющий недостатки, дефектный; бракованный 2. поврежденный, испорченный; неисправный 3. ошибочный, неправильный
FAVOUR *n* 1. услуга, одолжение 2. поддержка; помощь; содействие
  ◊ **in** ~ **of** в чью-л. пользу; на чье-л. имя
FAVOUR *v* 1. благоприятствовать, содействовать 2. оказывать предпочтение 3. проявлять любезность
  ◊ ~ **smb with an order** разместить заказ у кого-л.
FAVOURABLE *adj* благоприятный; льготный
  ◊ to be ~ благоприятствовать; приносить выгоду
FAX *n* факс
FAX *v* посылать по факсу
FEASIBILITY *n* 1. осуществимость 2. годность 3. возможность, вероятность
  economic ~ экономическое обоснование
  practical ~ практическая осуществимость
  ~ of **creating a free trade area** возможность создания зоны свободной торговли
  ~ of a **plan** реальность плана
  ~ of an **operation** выполнимость операции
  ~ of a **project** осуществимость проекта
FEASIBLE *adj* осуществимый, реальный
FEATURE *n* особенность, характерная черта; признак, свойство
  call ~ право досрочного выкупа ценных бумаг
  design ~ особенность проекта
  distinguishing ~ отличие
  integral ~ присущее свойство
  outstanding ~ главная характерная черта
FEATURE *v* 1. показывать 2. рекламировать
  ~ **exhibits** выставлять экспонаты
  ~ **goods** экспонировать товар
FEDERAL *adj* 1. федеральный 2. *амер.* правительственный
FEDERATE *v* 1. объединять на федеративных началах 2. объединяться в федерацию

FEDERATION *n* федерация, союз, объединение
  employers' ~ федерация нанимателей
  professional ~ профессиональная ассоциация
  F. **of the European Community** Банковская федерация Европейского сообщества

FEE *n* 1. гонорар; вознаграждение; комиссия, плата за услуги 2. взнос 3. сбор, пошлина 4. земельная собственность или недвижимость, полученные по наследству
  additional ~ дополнительный сбор
  administration ~ сбор за оформление документов
  administrative ~ *см.* administration ~
  admission ~ вступительный взнос
  advance ~ аванс
  agency ~ агентское вознаграждение (*за обслуживание судна в порту*)
  agent's ~ вознаграждение агенту (*за посреднические операции*)
  annual ~ годовой взнос; годовая пошлина
  application ~ заявочная пошлина, регистрационный сбор
  appraisal ~ комиссия за оценку
  arbitration ~ арбитражный сбор
  arbitrator's ~ гонорар арбитра
  assignment ~ пошлина за правопередачу
  auction ~ аукционный сбор
  booking ~ регистрационный сбор с участников ярмарки
  broker's ~ брокерская комиссия
  cargo ~ грузовой сбор
  chartering ~ фрахтовый сбор
  clearing ~ комиссионные по клиринговым расчетам
  C.O.D. (**cash on delivery**) ~ сбор за наложенный платеж
  collection ~ сбор за инкассо
  commitment ~ 1) комиссионные, выплачиваемые финансовому институту за обязательство предоставить кредит 2) стоимость резервации
  consular ~ консульский сбор
  consultant ~ оплата консультанта
  consultation ~ плата за консультацию
  contractor ~ вознаграждение подрядчику
  court ~s судебные издержки
  current ~s текущие отчисления
  customs ~s таможенные сборы
  director's ~s директорское вознаграждение
  discharging ~ плата за разгрузку
  doctor's ~ гонорар врача
  entrance ~ вступительный взнос; регистрационный сбор
  extra ~ добавочная пошлина
  facility ~ комиссия за предоставление кредита, уплачиваемая банку
  factoring ~ комиссия факторинговой компании
  filing ~ регистрационная пошлина
  finder's ~ плата за посреднические услуги в предоставлении займа
  fixed ~ фиксированное вознаграждение
  flat ~ единообразная ставка пошлины
  front end ~s комиссионные платежи за организацию займа
  guarantee ~s банковская комиссия за гарантию
  handling ~ плата за транспортную обработку грузов
  import ~ ввозной сбор
  incentive ~ поощрительное вознаграждение
  initial ~ первоначальный взнос
  installation ~ плата за установку
  insurance ~ страховой сбор
  insurance survey ~ сбор за страховую экспертизу
  issue ~ пошлина за выдачу патента
  landing ~ плата за посадку и высадку; сбор за разгрузку
  licence ~ лицензионный платеж
  listing ~ регистрационный сбор; стоимость получения биржевой котировки
  litigation ~ судебная пошлина
  management ~ комиссия, уплачиваемая инвестиционной компанией брокеру за предоставленные услуги
  membership ~ членский взнос
  nonrefundable ~ безвозвратный платеж
  notarial ~ нотариальная пошлина
  official's ~ жалование служащего
  origination ~ комиссия банку за организацию кредита
  packaging ~ плата за упаковку
  packing ~ *см.* packaging ~
  parcel ~ бандерольный сбор
  parcel registration ~ сбор за заказное отправление
  participation ~ комиссия за участие
  passport ~ паспортный сбор
  patent ~ патентная пошлина

pick-up ~ плата за вывоз
pilot ~ лоцманский сбор
pilotage ~ *см.* pilot ~
port ~s портовые сборы
procuration ~ платеж за услуги по предоставлению займа
protest ~ комиссия за оформление протеста
public accounting ~s гонорар за внешнюю ревизию
publication ~ пошлина за публикацию
quarantine ~ карантинный сбор
registration ~ регистрационный сбор, заявочная пошлина
remittance ~ комиссия за денежный перевод
renewal ~ возобновительная пошлина (*за возобновление регистрации документа*)
rental ~ арендная плата
revival ~ возобновительная пошлина (*за возобновление регистрации документа*)
safe custody ~ плата за хранение
sanitary ~ санитарный сбор
school ~s плата за обучение (*в школе*)
service ~ плата за услуги
stand ~ стоимость аренды стенда
standard ~ единообразная ставка
storage ~ плата за хранение груза
submission ~ сбор за участие (*в тендере*)
subscription ~ взнос по подписке
transfer ~ комиссия за трансферт
tuition ~ плата за обучение
unloading ~ плата за разгрузку
warehouse ~ плата за хранение на складе
weighing ~ весовой сбор
~ for a design пошлина за промышленный образец
~s for arbitration services арбитражные расходы
~s for consultance services вознаграждение за консультационные услуги
~ for a patent пошлина за патент
~ for paying a cheque сбор за выплату по чеку
~ for a trademark пошлина за товарный знак
~ for [the] use плата за пользование
~s in a case *юр.* сборы по делу
~ of an average adjuster вознаграждение диспашеру
~ on a loan плата за предоставление ссуды

~ per article лицензионный платеж с единицы изделия
◊ at a nominal ~ по номинальной стоимости
for a ~ за плату, за вознаграждение
~s receivable платежи к получению
to apportion ~s соразмерно распределять денежные сборы
to be liable to a ~ подлежать обложению сбором (пошлиной)
to be remunerated with a ~ получать вознаграждение
to charge a ~ начислять комиссию; взимать пошлину
to collect ~s взимать сборы (пошлины)
to estimate a ~ исчислять вознаграждение
FEED *n* фураж, корм
FEEDBACK *v* обратная связь
data ~ обратный поток информации
field ~ обратный поток от пользователей
user ~ информация от потребителей
FEEDER *n* 1. местная авиалиния 2. железнодорожная ветка
FEEDSTOCK *n* сырье, исходный материал
FEEDSTUFF *n* корм; кормовой продукт
FEELER *n* пробный шар; зондирование почвы
FEELING *n* атмосфера; настроение
~ of a market настроение рынка
FEE-SIMPLE *n* 1. безусловное право собственности 2. земельная собственность, полученная в наследство, с полной свободой распоряжения
FERRY *n* 1. переправа 2. паром 3. перегон самолетов
air-cushion ~ судно на воздушной подушке
car ~ автомобильная переправа
combined train-car ~ железнодорожно-автомобильная переправа
hydrofoil ~ судно на подводных крыльях
multi-purpose ~ универсальный паром
passenger ~ пассажирский паром
rail ~ железнодорожный паром
railway ~ *см.* rail ~
train ~ *см.* rail ~
transport ~ транспортный паром
vehicle ~ автомобильная переправа
FERRY *v* 1. перевозить, переправлять 2. перегонять (*самолеты*)
FERRY-BOAT *n* паром

FERRY-BRIDGE *n* железнодорожный паром
FERRY-VESSEL *n* судно-паром
FERTILE *adj* плодородный; изобильный
FERTILITY *adj* плодородие; изобилие
FERTILIZATION *n* удобрение; внесение удобрений
FERTILIZE *v* удобрять, вносить удобрения
FERTILIZER *n* удобрение
  artificial ~ искусственное удобрение
  chemical ~ химическое удобрение
  mineral ~ минеральное удобрение
FEVER *n* рыночная лихорадка
FEVERISH *adj* лихорадочный
FIB (Free Into Bunker) франко-бункер
FIBER *n* волокно
  artificial ~ искусственное химическое волокно
  chemical ~ химическое волокно
  glass ~ стекловолокно
  high-strength ~ высокопрочное волокно
  man-made ~ химическое волокно
  optical glass ~ оптическое волокно
  synthetic ~ синтетическое химическое волокно
  textile ~ текстильное волокно
FIBERGLASS *n* стекловолокно
FICTITIOUS *adj* фиктивный
FIDUCIARY *n* доверенное лицо
FIDUCIARY *adj* 1. основанный на доверии, фидуциарный 2. доверенный, порученный
FIELD *n* 1. область, сфера деятельности 2. месторождение 3. *нефт.* промысел
  application ~ область применения
  coal ~ месторождение угля, угольный бассейн
  commercial ~ рентабельное месторождение
  consultancy ~ область консультационных услуг
  gas ~ месторождение газа
  gold ~s золотые прииски
  information technology ~ область информационной технологии
  manufacturing ~ область производства
  marginal ~ минимально эффективное месторождение
  nonproductive ~ непроизводительная область
  offshore ~ морское месторождение полезного ископаемого
  oil ~ нефтяной промысел
  priority ~ приоритетная область

~ of activities сфера деятельности
~ of cooperation область сотрудничества
~ of knowledge область знаний
FIELDMAN *n* разъездной представитель
FIGURE *n* 1. цифра 2. показатель; коэффициент 3. диаграмма, рисунок, чертеж 4. *разг.* цена 5. фигура, личность
  accountable ~s отчетные показатели
  actual ~ фактическая цифра
  adjusted ~s цифры с поправкой на сезонные колебания
  advance ~s предварительные данные
  approximate ~ приблизительная цифра
  attendance ~ количество посетителей
  balance sheet ~ статья баланса
  big ~ *бирж.* фигура (*неизменное число в котировке*)
  capacity ~s показатели производственной мощности
  comparable ~ сравнительные цифры
  consumption ~ показатель потребления
  cost ~s показатели себестоимости
  engineering and economic ~s технические и экономические показатели
  estimated ~s оценочные показатели; контрольные цифры
  eventual ~ конечная цифра
  guarantee ~s гарантийные данные; гарантийные показатели
  gross ~s валовые цифры
  high ~ высокая цена
  income ~s сумма дохода
  key ~ основной показатель; контрольные цифры
  leading ~s ведущие представители
  low ~ низкая цена
  official ~s официальные данные
  outturn ~s показатели выработки
  overall ~s общие данные
  planned ~s контрольные цифры
  planning ~s плановое задание
  performance ~s эксплуатационные характеристики, показатели производительности
  preliminary ~s предварительные данные; предварительное количество
  production ~s производственные показатели
  productivity ~s показатели производительности
  provisional ~s предварительные цифры; условные показатели
  recent ~s последние данные
  round ~ круглая цифра

scheduled ~s контрольные цифры
significant ~ значащая цифра
specific ~ удельная величина
stock ~s фактическое наличие товара на складе
summary ~s сводные показатели
target ~s плановое задание; контрольные цифры
up-to-date ~s новейшие данные; последние цифры
◇ according to official ~s по официальным данным
in ~s в цифровом выражении

FILE n 1. подшитые документы; дело; досье 2. картотека, архив 3. файл
application ~ заявочное досье, портфель заявок
bank central ~ центральный архив банка
card index ~ картотека
credit ~ картотека кредитной информации
customer ~ клиентская картотека
data ~ файл данных
directory ~ каталог
follow-up ~ картотека невыполненных заказов
main ~ основной архив
master ~ 1) см. main ~ 2) главный файл
patent ~ патентная картотека, патентный реестр
personnel ~ личные дела
tax ~ налоговая документация
◇ application on ~ зарегистрированная заявка

FILE v 1. регистрировать и хранить документы в определённом порядке 2. подавать документы 3. принимать заказ к исполнению

FILIATION n филиал

FILING n 1. подача документов 2. регистрация документов
assignee ~ подача заявки правопреемником
bankruptcy ~ объявление о банкротстве
open ~ открытая подача заявки
~ for a patent подача заявки на патент
~ of a claim предъявление иска
~ of a petition in bankruptcy возбуждение дела о банкротстве

FILL v 1. наполнять; насыпать; наливать 2. амер. выполнять (*заказ*) 3. занимать (*должность*) 4. исполнять биржевой приказ клиента

~ in sacks насыпать в мешки
◇ ~ or kill *бирж.* исполнить или аннулировать (*о немедленной купле или продаже ценной бумаги*)
~ in заполнять (*о документе*)
~ out *см.* ~ in
~ up 1. наполнять; наливать (*до краёв*) 2. пополнять, восполнять
~ up the stock пополнять запасы

FILLING n 1. загрузка, наполнение, насыпка 2. *амер.* выполнение
sack ~ затаривание в мешки
~ of orders выполнение заказов

FILLIP n толчок, стимул
◇ to give a ~ дать толчок, стимулировать

FILM n 1. фильм 2. кинолента 3. плёнка
advertising ~ рекламный фильм
documentary ~ документальный фильм
training ~ учебный фильм

FINAL adj 1. заключительный, конечный 2. окончательный, итоговый

FINALIZATION n 1. завершение 2. окончательное решение

FINALIZE v 1. завершать, заканчивать 2. окончательно договориться, согласовать

FINANCE n 1. финансы, финансовое дело 2. pl финансы; доходы; деньги
additional ~ выделение дополнительных средств
borrowed ~s привлечённые финансовые средства
corporate ~ финансы акционерной компании
export ~ финансирование экспорта
front-end ~ финансирование на первом этапе выполнения экспортного контракта
haircut ~ *амер.* заём на сумму меньше полной стоимости обеспечения
high ~ 1) крупные финансовые операции 2) спекулятивное использование чужих денег 3) максимально возможные займы
import ~ финансирование импорта
long-term ~ долгосрочное финансирование
medium-term ~ среднесрочное финансирование
preshipment ~ предварительное финансирование
public ~s государственные финансы
◇ Ministry of F. Министерство финансов

Minister of F. министр финансов
to provide ~ обеспечивать финансирование

FINANCE *v* финансировать
◇ ~ in whole финансировать полностью

FINANCIAL *adj* финансовый
FINANCIER *n* финансист
FINANCING *n* финансирование
  additional ~ дополнительное финансирование
  agrarian reform ~ финансирование аграрной реформы
  asset-based ~ обеспечение активами
  back-to-back ~ взаимное финансирование
  bridge ~ временное финансирование
  budgetary ~ бюджетное финансирование
  capital ~ финансирование капиталовложений
  compensatory ~ компенсационное финансирование
  contract ~ финансирование проекта под залог коммерческого контракта
  credit ~ кредитное финансирование
  debt ~ финансирование за счет займов
  deficit ~ дефицитное финансирование
  development ~ финансирование развития
  direct ~ прямое финансирование
  domestic ~ внутреннее финансирование
  equity ~ финансирование за счет собственных средств; мобилизация капитальных ресурсов путем выпуска акций
  export ~ финансирование экспорта
  external ~ внешнее финансирование
  foreign ~ *см.* external ~
  government ~ государственное финансирование
  import ~ финансирование импорта
  interim ~ промежуточное финансирование
  internal ~ внутреннее финансирование
  international ~ международное финансирование
  investment ~ финансирование инвестиций
  irretrievable ~ безвозвратное финансирование
  irrevocable ~ *см.* irretrievable ~
  joint ~ совместное финансирование
  lease ~ лизинговое финансирование
  long-term ~ долгосрочное финансирование
  medium-term ~ среднесрочное финансирование
  mixed ~ смешанное финансирование
  offshore ~ финансовые операции «офф-шор»
  outside ~ внешнее финансирование
  participation ~ долевое финансирование
  project ~ проектное финансирование
  public ~ государственное финансирование
  secondary ~ вторичное финансирование
  short-term ~ краткосрочное финансирование
  state ~ государственное финансирование
  stock ~ финансирование с помощью выпуска акций
  trade ~ финансирование торговли
  ~ of acquisition финансирование приобретений
  ~ of apprpriations финансирование ассигнований
  ~ of construction финансирование строительства
  ~ of feasibility studies финансирование работы по составлению технико-экономического обоснования
  ~ of imports финансирование импорта
  ~ of a project финансирование проекта
  ◇ to arrange for ~ договариваться о финансировании
  to handle ~ финансировать

FINDINGS *n pl* 1. полученные данные 2. выводы (*комиссии*)
  customs ~ досмотровая роспись
  expert ~ заключение экспертизы
  inspection ~ результаты испытаний

FINE *n* пеня, штраф
  contractual ~ договорный штраф
  ◇ liable to a ~ подлежащий обложению штрафом
  to impose a ~ налагать штраф
  to pay a ~ платить пеню, штраф

FINE *v* штрафовать
FINE высококачественный
FINENESS *n* проба, чистота драгоценных металлов
FINISH *n* 1. отделка, отделочное покрытие 2. чистовая обработка 3. доводка
FINISH *v* 1. отделывать 2. производить чистовую обработку 3. производить доводку

FIN

FINISHING *n* чистовая обработка, отделка; доделка; доработка
  faultless ~ безупречная обработка
FINISHWORK *n* чистовая отделка
FINK *n* штрейкбрехер
FIRE *v* увольнять
FIREPROOF *adj* огнестойкий, противопожарный
FIRE-PROTECTING *adj* огнестойкий
FIRE-RESISTANT *adj* огнестойкий, огнеупорный
FIRM *n* фирма
  accountancy ~ бухгалтерская фирма
  accredited brokerage ~ аккредитованная брокерская фирма
  affiliated ~ дочерняя фирма
  agency ~ агентская фирма, посредническая фирма
  auditing ~ аудиторская фирма
  auditor ~ *см.* **auditing ~**
  banking ~ банковская фирма, банк
  bankrupt ~ обанкротившаяся фирма
  blue chip ~ процветающая фирма
  broker['s] ~ брокерская фирма
  business ~ торговая фирма; коммерческое предприятие
  civil engineering ~ строительная фирма
  commercial ~ торговая фирма
  competing ~ конкурирующая фирма
  competitive ~ *см.* **competing ~**
  competitor ~ конкурирующее предприятие
  consultancy ~ консультационная фирма
  consultation ~ *см.* **consultancy ~**
  consulting ~ *см.* **consultancy ~**
  consulting engineering ~ инженерно-консультационная фирма
  contracting ~ фирма-участница договора
  correspondent ~ брокерская фирма, имеющая корреспондентские отношения с другой брокерской фирмой
  dealer ~ дилерская фирма
  engineering ~ инжиниринговая фирма
  entrant ~ начинающая фирма
  executive search ~ фирма, занимающаяся подбором кандидатур на руководящие должности
  export ~ экспортная фирма
  financial ~ финансовая фирма
  foreign ~ иностранная фирма
  forwarding ~ экспедиторская фирма
  individual ~ отдельная фирма
  industrial ~ промышленная фирма

FIR

  investment banking ~ инвестиционный банк
  joint ~ совместная фирма
  joint commercial ~ совместная торговая фирма
  large ~ крупная фирма
  law ~ юридическая фирма
  leading ~ ведущая фирма
  local ~ местная фирма
  long ~ мошенническая фирма, созданная с целью незаконного обогащения
  mail order ~ посылочная фирма
  major ~ крупная фирма
  marketing ~ маркетинговая фирма
  member ~ фирма-член биржи
  moderate-sized ~ средняя фирма
  outside ~ фирма, не входящая в данную отрасль
  participating ~ фирма-участница
  patent law ~ патентная фирма
  principal ~ крупнейшая фирма
  private ~ частная фирма
  public accounting ~ консультационно-ревизорская бухгалтерская фирма
  purchasing ~ фирма-покупатель
  renowned ~ фирма, пользующаяся хорошей репутацией
  reputable ~ *см.* **renowned ~**
  retail ~ розничная фирма
  rival ~ конкурирующая фирма
  search ~ фирма, занимающаяся подбором специалистов по заявкам организаций
  small ~ мелкая фирма
  specialized ~ специализированная фирма
  state ~ государственная фирма
  trade ~ торговая фирма
  trading ~ *см.* **trade ~**
  universal ~ универсальная фирма
  wholesale ~ оптовая фирма
  ◊ **to close down a ~** ликвидировать фирму
  to direct a ~ руководить фирмой
  to dissolve a ~ ликвидировать фирму
  to establish a ~ организовать фирму
  to found a ~ основать фирму
  to handle a ~ руководить фирмой
  to liquidate a ~ ликвидировать фирму
  to register a ~ зарегистрировать фирму
  to represent a ~ представлять фирму
  to run a ~ руководить фирмой
  to set up a ~ основывать фирму
  to wind up a ~ ликвидировать фирму
FIRST *n* 1. оригинал, первый экземпляр

2. *pl* товар первого сорта, высокого качества
~ of exchange оригинал векселя
FIRST-CLASS *adj* первоклассный
FIRST COME, FIRST SERVED 1. «первого первым и обслуживают», обслуживание в порядке поступления 2. «первым поступил — первым продан» (*метод оценки запасов при инвентаризации*) 3. *бухг.* «первая партия на приход — первая в расход»
FIRST-GRADE *adj* первосортный
FIRST IN, FIRST OUT 1. «первого первым и обслуживают», обслуживание в порядке поступления 2. «первым поступил — первым продан» (*метод оценки запасов при инвентаризации*) 3. *бухг.* «первая партия на приход — первая в расход»
FIRST IN, LAST OUT «прибыл первым, обслужен последним», обслуживание в обратном порядке
FIRST-RATE *adj* первоклассный
FISCAL *n* 1. сборщик налогов 2. судебный исполнитель
FISCAL *adj* финансовый; бюджетный
FISHING *n* рыболовство
FISHMONGER *n* торговец рыбой
FISHMONGERY *n* рыбная торговля
FIT *adj* годный; соответствующий требованиям
◊ ~ for shipment готовый к отгрузке
FIT *v* 1. годиться, соответствовать 2. приспосабливать
◊ ~ into plans включать в планы
~ out оснащать, экипировать
FITNESS *n* пригодность, соответствие требованиям
~ of the goods годность товара
FITTER *n* монтер
FITTING *n* 1. установка (*оборудования*); сборка; монтаж 2. подгонка
FIX *n* установление, назначение, фиксация
gold ~ установление цены на золото на свободном рынке
FIX *v* 1. укреплять; прикреплять; фиксировать 2. устанавливать, назначать (*цену, скидку, ставки*)
FIXATION *n* 1. фиксирование, закрепление 2. установление цен
FIXED *adj* фиксированный
FIXING *n* фиксация; установление
gold ~ ежедневная фиксация цены золота членами рынка на основе спроса и предложения

price ~ фиксация цен
rate ~ нормирование
~ of a currency to the dollar установление курса валюты к доллару
~ of work quota нормирование труда
FIXITY *n* устойчивость, стабильность
FIXTURE *n* 1. фрахтование; фрахтовая сделка 2. *pl* арматура; инвентарь; принадлежности
manufacturing ~s производственная оснастка
office ~s оборудование для офисов
production ~s производственная оснастка
~ of a voyage фрахтование рейса
◊ to install ~s устанавливать арматуру
FLAG *n* флаг
vessel's ~ флаг судна
~ of convenience «удобный флаг» (*флаг государства, в котором выгодно регистрировать суда из-за низких налогов*)
~ of necessity *см.* ~ of convenience
FLAG *v* ослабевать, уменьшаться (*об интересе, спросе*)
FLAME-PROOF *adj* огнестойкий
FLARING *n* сжигание газа в факеле (*при добыче нефти из морских скважин*)
FLASH *n* краткое сообщение в газете, «молния»
news ~ экстренное сообщение
FLASK *n* баллон; бутыль, фляга
FLAT *n* 1. транспортный стеллаж, поддон 2. вагон-платформа
cargo ~ грузовой поддон
Lancashire ~ ланкаширский поддон (*специальная платформа для подъема груза на грузовик или борт корабля*)
plywood ~ фанерный поддон
FLAT *adj* 1. неоживленный, вялый (*о торговле*) 2. единообразный (*о ставке налога, тарифа*) 3. одинаковый (*о цене*) 4. разовый
◊ to borrow ~ занимать деньги без процентов
loaned ~ *бирж.* взятый взаймы без уплаты процентов (*о ценных бумагах*)
FLAT-CAR *n* железнодорожная платформа
container ~ железнодорожная платформа для погрузки контейнеров
FLATION *n* отсутствие инфляции и дефляции, период устойчивых цен
FLATNESS *n* вялость, застой

FLATRACK n погрузочный поддон
  fixed-end ~ поддон с жесткой стенкой
  folding-end ~ поддон со складной стенкой
FLATTEN v *разг.* разорять
  ~ **out** выравниваться (*о ценах*)
FLAVOUR n приятный запах или вкус; букет
FLAW n дефект, изъян; порок
  ~ **detection** дефектоскопия
FLAWLESS adj без изъяна; безупречный
FLEECE v оставить без денег, обчистить до последней копейки
FLEET n 1. флот 2. парк транспортных средств
  air ~ воздушный флот
  fishing ~ рыболовный флот
  laid-up ~ прикольный флот
  marine ~ морской флот
  merchant ~ торговый флот
  oil tanker ~ нефтеналивной танкерный флот
  river ~ речной флот
  tanker ~ танкерный флот
  truck ~ парк грузовых автомобилей
FLEXIBILITY n 1. гибкость 2. подвижность, приспособляемость
  price ~ эластичность цен
  wage ~ изменяемость ставки зарплаты
  ~ **of an organization** гибкость организации
  ~ **of production** гибкость производства
FLEXIBLE adj 1. гибкий 2. эластичный 3. универсальный
FLEXITAINER n эластичный контейнер
FLIER n 1. *амер.* рекламный листок 2. биржевая авантюра
FLIGHT n 1 полет; рейс самолета 2. бегство; отлив, утечка
  additional ~ дополнительный рейс
  advance-booked ~ специальный рейс
  capital ~ бегство капитала
  charter ~ чартерный рейс
  extra-section ~ дополнительный рейс
  ferry ~ перегон самолета
  homeward ~ обратный рейс
  large-scale capital ~ крупномасштабное бегство капитала
  off-peak ~s непиковые рейсы
  off-season ~s несезонные рейсы
  regular ~ очередной рейс
  return ~ обратный рейс
  special ~ специальный рейс
  ~ **of capital** бегство капиталов
  ~ **of currency** утечка валюты

FLOAT n 1. свободное колебание курса, плавающий курс 2. выпуск ценных бумаг 3. плот, паром
  clean ~ колебание курса валюты в зависимости от спроса и предложения
  dirty ~ искусственно поддерживаемый плавающий курс валюты, «грязное» колебание
  joint ~ свободное колебание ряда курсов валют
  managed ~ колебание курса валюты под воздействием интервенции центрального банка
FLOAT v 1. свободно колебаться (*о курсах*) 2. вводить плавающий или свободно колеблющийся курс валюты 3. выпускать (*заем, акции*); размещать (*ценные бумаги*) 4. образовывать, пускать в ход (*предприятие*)
FLOATAGE n плата за паромную переправу вагонов
FLO[A]TATION n размещение (*о займах*)
  ~ **of a bond issue** размещение облигаций
  ~ **of loans** размещение займов
FLOATER n 1. полис страхования имущества, находящегося в разных местах 2. облигация с плавающей ставкой
FLOATING n 1. свободное колебание курса валюты, плавающий курс 2. размещение (*о займах ценных бумагах*)
  clean ~ плавающий курс, определяемый спросом и предложением
  dirty ~ плавающий курс, определяемый действиями центральных банков
  free ~ **of capital** свободное движение капитала
  ~ **of a bond issue** размещение облигаций
  ~ **of loans** размещение займов
FLOOD n 1. поток 2. наводнение
  high ~ высокая вода
FLOODING n затопление, переполнение
  ~ **of the market** затоваривание рынка
FLOOR n 1. операционный (торговый) зал фондовой биржи 2. производственная площадь 3. минимальный уровень (*цен, ставок*)
  production ~ производственное помещение
  residential ~ жилая площадь
  shop ~ главный цех предприятия
  trading ~ операционный зал биржи
  ◊ **on the** ~ в торговом зале биржи

to hold sterling above its ~ поддерживать ф.ст. выше его минимального уровня
to sell off the ~ продавать с выставки (*образцы, экспонаты*)
FLOORSPACE *n* площадь
~ **of a pavilion** площадь павильона
FLOORWALKER *n амер.* дежурный администратор торгового зала
FLOP *n* провал, неудача
FLOTSAM *n* плавающий груз, смытый или выброшенный в море во время кораблекрушения
FLOW *n* поток, прилив, наплыв
cash ~ движение платежей, движение ликвидности
commodity ~ поток товаров
consumer ~ поток потребителей
data ~ поток информации
discounted cash ~ 1) сумма, полученная в результате дисконтирования потока наличных средств 2) определение эффективности инвестиционных проектов путем сравнения дисконтированных ожидаемых поступлений с настоящей стоимостью инвестиций
funds ~ движение фондов
goods ~ поток товаров
information ~ информационный поток
manufacturing ~ движение общезаводских затрат
material ~ движение материалов
negative cash ~ превышение наличных выплат компании над поступлениями
net cash ~ чистое движение ликвидности
receipt ~ поток доходов
traffic ~ транспортный поток
transportation ~ *см.* **traffic ~**
~ **of capital** движение капитала; приток капитала; перелив капитала (*между отраслями или странами*)
~ **of credit** движение кредита
~ **of dollars** приток долларов
~ **of exports** экспортный поток
~ **of funds** движение денежных средств
~ **of goods** поток товаров
~ **of low-cost funds** приток дешевого капитала
~ **of money** денежный поток
~ **of new product** поток новой продукции
~ **of output** выпуск продукции
~ **of resources** приток ресурсов
~ **of traffic** поток транспорта

~ **of visitors** поток посетителей
~ **of work** трудовой процесс
FLOWBACK *n* обратный поток
FLOWLINE *n* поток на производстве
FLUCTUATE *v* колебаться, быть неустойчивым
~ **in cost** колебаться в стоимости
~ **in value** *см.* ~ **in cost**
FLUCTUATING *adj* колеблющийся, неустойчивый
FLUCTUATION *n* колебание, неустойчивость
accidental ~s колебания случайного характера
acute ~s резкие колебания
business ~s колебания деловой конъюнктуры; колебания деловой активности
chance ~s случайные колебания
constant ~s постоянные колебания
credit ~s кредитные колебания
currency ~s колебания курса валюты
cyclical ~s циклические колебания
demand ~s колебания спроса
economic ~s экономические колебания
erratical ~s колебания случайного характера
excessive ~s чрезмерные колебания
exchange ~s колебания курса
foreign exchange ~s валютные колебания
investment ~s колебания инвестиций
leaping ~s скачкообразные колебания
local ~s местные колебания
market ~s колебания рыночной конъюнктуры; колебания цен на рынке
periodic ~s периодические колебания
price ~s колебания цен
random ~s колебания случайного характера
sales ~s колебания сбыта
seasonal ~s сезонные колебания
short-term ~s кратковременные колебания
slight ~s небольшие колебания
sustained ~s устойчивые колебания
temporary ~s временные колебания
trade ~s торговые колебания
~s in cost колебания в стоимости
~s in the parity of currency колебания курса валют
~s in prices колебания цен
~s in the rate of exchange колебания курса
~s in revenue колебания в доходах
~s in turnover колебания оборота

~ of currencies to the dollar колебания курсов валют к доллару
~s of the market конъюнктурные колебания
~s of supply and demand колебания спроса и предложения

FLUID *adj* 1. жидкий, текучий 2. ликвидный

FLURRY *n* кратковременная паника на бирже, вызванная неожиданной информацией

FLUX *n* течение, поток; прилив
~ of money прилив денег

FLYER *n*:
high ~ спекулятивная акция с высокой ценой или резким повышением цены

FLYSHEET *n* рекламная листовка

FOAM *n* вспененный материал; пенопласт
rubber ~ пенорезина
soft ~ мягкий пенопласт
◊ line with ~ проложить пенопластом

FOB (Free On Board) франко-борт

FOCUS *v* сосредоточивать внимание

FODDER *n* корм, фураж

FODDER *adj* кормовой

FOLD *v* складывать, сгибать

FOLDER *n* 1 папка, скоросшиватель 2. *амер.* брошюра, проспект

FOLIO *n* лист бухгалтерской книги

FOLLOW *v* 1. следить за чем-л. 2. руководствоваться, соблюдать
◊ ~ up наблюдать, контролировать

FOLLOW-ON *n* новое изделие; усовершенствованный процесс

FOLLOW-UP *n* 1. контроль сроков исполнения 2. новые данные, дополнительная информация 3. *амер.* повторное рекламное письмо

FOOD *n* продовольственные продукты
domestic ~ продовольственные товары отечественного производства
prepacked ~ расфасованные пищевые продукты
processed ~ переработанные продукты
staple ~s основные продукты питания
◊ to freeze ~ замораживать пищевые продукты

FOOD *adj* продовольственный

FOODSTUFFS *n pl* пищевые продукты, продовольствие; корма
chilled ~ охлажденные пищевые продукты
crude ~ необработанные пищевые продукты

high quality ~ высококачественное продовольствие
luxury ~ деликатесы
manufactured ~ обработанные пищевые продукты
poor ~ некачественные пищевые продукты
staple ~ основные продовольственные продукты

FOOTER *n* предмет длиной в ... футов
20-~ 20-футовый контейнер
40-~ 40-футовый контейнер

FOOTING *n* 1. положение 2. *pl* итог (*столбца цифр*); заключительная строка баланса
balance sheet ~s суммарные активы или пассивы
◊ to secure a ~ закрепиться, обосноваться (*в чем-л. новом*)

FOOTPATH *n* дорожка
~ for visitors маршрут движения (*на ярмарке, выставке*)

FORCE *n* 1. сила, действие 2. действенность 3. сила (*часть общества*) 4. *pl* вооруженные силы
driving ~ движущая сила
economic ~s экономические факторы
economical ~s *см.* economic ~s
experienced labour ~ квалифицированная рабочая сила
labour ~ рабочая сила
legal ~ законная сила
market ~s рыночные силы
monetary ~s денежные факторы
natural ~s естественные силы
political ~ политические силы
productive ~s производительные силы
regular labour ~ постоянный состав рабочих; рабочие кадры
sales ~s торговый персонал
skilled labour ~ квалифицированная рабочая сила
task ~ оперативная группа
unqualified labour ~ неквалифицированная рабочая сила
unskilled labour ~ *см.* unqualified labour ~
work ~ численность рабочих на предприятии
◊ to acquire the ~ of law приобретать силу закона
to be in ~ иметь силу
to come into ~ вступать в силу
to enter into ~ *см.* to come into ~
to keep in ~ сохранять в силе
to maintain in ~ *см.* to keep in ~

to remain in ~ оставаться в силе
FORCE v заставлять, принуждать
~ the market оказывать давление на рынок
◇ ~ down prices сбивать цены
~ up prices, exchange повышать цены, курсы
FORCE MAJEURE *фр.* форс-мажор
◇ to declare ~ заявлять о форс-мажорных обстоятельствах
to foresee ~ предвидеть форс-мажорные обстоятельства
FORECAST *n* прогноз
accurate ~ точный прогноз
adjusted ~ уточненный прогноз
all-round ~ комплексный прогноз
business cycle ~ прогноз цикла деловой активности
cash ~ смета будущих наличных поступлений и платежей
consumption ~ прогноз потребления
cost ~ прогнозирование затрат
daily ~ суточный прогноз
demand ~ прогноз спроса
economic ~ экономический прогноз
favourable ~ благоприятный прогноз
investment ~ прогноз инвестиций
judgemental ~ прогноз на основе экспертных оценок
long-range ~ долгосрочный прогноз
long-term ~ *см.* long-range ~
marketing ~ прогноз рыночной конъюнктуры
medium-range ~ среднесрочный прогноз
normative ~ нормативный прогноз
perfect ~ точный прогноз
qualitative ~ качественный прогноз
quantitative ~ количественный прогноз
realistic ~ реалистический прогноз
sales ~ прогноз сбыта (*товара в целом или отдельной товарной единицы*)
scientific ~ научный прогноз
short-range ~ краткосрочный прогноз
short-term ~ *см.* short-range ~
technological ~ научно-технический прогноз
tentative ~ предварительный прогноз
traffic ~ прогноз перевозок
weather ~ прогноз погоды
weighted ~ взвешенный прогноз
FORECAST v делать прогноз, прогнозировать
FORECASTING *n* прогнозирование
business ~ прогнозирование деловой активности
crop ~ прогноз урожая
cyclic ~ периодическое прогнозирование
economical ~ экономическое прогнозирование
internal ~ внутрифирменное прогнозирование
long-range ~ долгосрочное прогнозирование
long-term ~ *см.* long-range ~
market ~ прогнозирование конъюнктуры
seasonal ~ прогнозирование сезонных колебаний
short-range ~ краткосрочное прогнозирование
short-term ~ *см.* short-range ~
technological ~ прогнозирование научно-технического прогресса
~ of demand прогнозирование спроса
FORECLOSE v лишать права выкупа заложенного имущества
FORECLOSURE *n* лишение права выкупа заложенного имущества
FOREIGN *adj* 1. иностранный; заграничный, зарубежный 2. внешний
FOREIGN ECONOMIC *adj* внешнеэкономический
FOREIGN-MADE иностранного производства
FOREMAN *n* мастер; бригадир; десятник; прораб
chief ~ старший мастер
head ~ *см.* chief ~
job ~ бригадир; мастер участка
maintenance ~ мастер по ремонту оборудования
production ~ производственный мастер; начальник цеха
shift ~ сменный мастер
transportation ~ мастер транспортного цеха
FOREMANSHIP *n* руководство бригадой
FORESTALL v 1. предупреждать; опережать 2. скупать товары; препятствовать поступлению товаров на рынок
~ the entry of competitors препятствовать проникновению конкурентов
FORFAITING *n* форфейтинг
FORFEIT *n* 1. штраф 2. конфискация; лишение права 3. потеря права 4. конфискованная вещь
◇ to be liable to ~ подлежать конфискации

FORFEIT *adj* конфискованный
FORFEIT *v* лишаться права на что-л.
FORFEITURE *n* 1. лишение (*прав, имущества*) 2. потеря (*прав, имущества*)
~ **of shares** конфискация акций
~ **of undeclared goods** конфискация незаявленного груза
FORGE *v* подделывать
FORGED *adj* поддельный
FORGER *n* лицо, подделывающее документ; фальшивомонетчик
FORGERY *n* подделка
~ **of a cheque** подделка чека
~ **of a document** подделка документа
~ **of a trademark** подделка торгового знака
FORKLIFTER *n* автопогрузчик
FORM *n* 1. форма 2. вид, форма 3. бланк, форма, образец; анкета 4. *pl* оправдательные документы
accounting ~ расчетная карточка; счет
advice of dispatch ~ бланк извещения об отгрузке товара
application ~ 1) бланк заявки 2) бланк подписки на заем
bank ~ банковский бланк
bill of exchange ~ вексельный бланк
bill of lading ~ форма коносамента
blank ~ чистый бланк
business ~ коммерческий бланк; бланк делового документа
business letter ~ форма делового письма
cable ~ бланк телеграммы
charter ~ форма чартера
charter-party ~ форма чартер-партии
cheque ~ бланк чека
claims ~ образец претензии
clean ~ чистый бланк
C.O.D. ~ бланк посылки наложенным платежом
commodity ~ товарная форма
contract ~ форма типового контракта
declaration ~ бланк декларации
document ~ бланк документа
documentary bill lodgement ~ бланк инкассового поручения по документарной тратте
draft ~ вексельный бланк
entry ~ формуляр заявки на участие в ярмарке
equivalent ~ **of commodity** эквивалентная форма товара
equivalent ~ **of value** эквивалентная форма стоимости

expanded ~ **of value** развернутая форма стоимости
express parcel ~ бланк срочного почтового отправления
extended ~ расширенная форма
filled-in ~ заполненный бланк
filled-out ~ *см.* **filled-in** ~
filled-up ~ *см.* **filled-in** ~
giro inpayment ~ бланк жирочека
indent ~ бланк заказа
inpayment ~ бланк приходного ордера
inquiry ~ бланк запроса
ledger account ~ *бухг.* форма счета в Главной книге
legal ~ **of a firm** юридическая форма фирмы
letter ~ бланк письма; образец письма
money order ~ бланк денежного перевода
multistep ~ многоступенчатая форма отчетности
order ~ бланк заказа
order confirmation ~ бланк подтверждения заказа
ordering ~ форма заказа
organizational ~s организационные формы
parcel ~ бланк на почтовую посылку
patent ~ патентный паспорт
payment order ~ бланк платежного поручения
postal order ~ бланк почтового перевода
preregistration ~ бланк предварительной регистрации
printed ~ печатный бланк
printed order ~ печатный бланк заказа
receipt ~ квитанция
registration ~ регистрационная карточка
repair request ~ бланк заявки на ремонт
report ~ форма отчета
requisition ~ бланк заявки
simple commodity ~ простая товарная форма
single-step ~ одноступенчатая форма отчетности
standard ~ стандартный бланк
statutory ~ официальная форма отчета
tabular ~ табличная форма; таблица
tax ~ бланк налоговой декларации
telegraph ~ телеграфный бланк
transfer ~ бланк денежного перевода
validated ~ узаконенная форма
value ~ форма стоимости

~ of action форма иска
~ of cooperation форма сотрудничества
~ of documents форма документов
~ of management форма управления
~ of ownership форма собственности
~ of ownership of capital форма собственности на капитал
~ of payment форма расчета
~ of property ownership форма имущественной собственности
in written ~ в письменной форме
◊ to complete a ~ заполнять бланк
to fill in a ~ см. to complete a ~

FORM v организовывать; создавать, учреждать
~ a company учредить компанию
~ a consortium организовать консорциум
~ a syndicate организовать синдикат
~ contacts наладить контакты

FORMAL adj 1. официальный 2. выполненный по установленной форме 3. формальный

FORMALIT|Y n формальность
admission ~ies вступительные формальности
bank ~ies банковские формальности
border ~ies пограничные формальности
customhouse ~ies таможенные формальности
customs ~ies см. customhouse ~ies
frontier ~ies пограничные формальности
legal ~ies юридические формальности
necessary ~ies необходимые формальности
port ~ies портовые формальности
quarantine ~ies карантинные формальности
visa ~ies формальности, связанные с получением визы
◊ to carry out ~ies выполнять формальности
to complete customs ~ies выполнять таможенные формальности
to comply with ~ies соблюдать формальности
to disregard ~ies нарушать формальности
to do ~ies выполнять формальности
to execute ~ies см. to do ~ies
to fulfil ~ies см. to do ~ies
to go through ~ies см. to do ~ies
to ignore ~ies нарушать формальности
to infringe ~ies см. to ignore ~ies
to observe ~ies соблюдать формальности
to simplify ~ies упрощать формальности
to violate ~ies нарушать формальности

FORMATION n 1. образование, формирование 2. формация, структура
assets ~ образование активов (фондов)
capital ~ 1) процесс создания и роста капитала 2) капиталовложения
price ~ ценообразование
social ~ общественно-экономическая формация
~ of the average rate of profit образование средней нормы прибыли
~ of a company образование компании
~ of a contract заключение контракта
~ of supply образование запаса

FORMULA n формула; формулировка
approximation ~ приближенная формула
assumption ~ исходная формула
basic ~ основная формула
chemical ~ химическая формула
complicated ~ сложная формула
compromise ~ компромиссная формулировка
design ~ расчетная формула
empirical ~ эмпирическая формула
exact ~ точная формула
interest accrual ~ формула вычисления процентов
lot-size ~ формула определения размера партии
order-quantity ~ формула определения размера заказа
prediction ~ формула прогнозирования, предсказания
price ~ формула цены
price escalation ~ формула эскалации цен
price range ~ амплитуда колебаний цен
price revision ~ формула пересмотра цен
price risk ~ ценовой риск
working ~ рабочая формула

FORMULATE v формулировать

FORMULATION n 1. формулирование 2. формулировка
budget ~ подготовка бюджета
concept ~ разработка концепции
policy ~ выработка политики

FORTUITY n мор. авария, несчастный случай

FORTUNE n 1. богатство 2. счастливый случай, шанс
FORWARD adj 1. передовой, прогрессивный 2. *бирж.* срочный, на определенный срок; будущий
FORWARD adv вперед
  carriage ~ стоимость перевозки подлежит оплате получателем
  charges ~ плата вперед, предоплата
  to date ~ датировать поздним числом
FORWARD v 1. посылать, отправлять 2. пересылать, препровождать; рассылать
  ◊ ~ by air посылать авиапочтой
  ~ on переправлять дальше
FORWARDER n экспедиционное агентство, экспедитор
  ◊ to act as ~ выступать в качестве экспедитора
FORWARD FORWARD n одновременная покупка и продажа одной валюты на разные сроки
FORWARDING n 1. отправка; пересылка; рассылка 2. транспортно-экспедиторские операции
  freight ~ экспедирование грузов
FOSTER v способствовать развитию, поощрять
  ~ relationship способствовать развитию отношений
FOT (Free Of Tax) не облагаемый налогом
FOUND v основывать, учреждать
FOUNDATION n 1. основание, учреждение 2. фундамент, основание; основы, принципы 3. фонд
  economic ~ экономическая основа
  legal ~ правовые основы
  ~ of a business основание торговой фирмы
  ~ of a claim обоснование претензии
  ◊ to lay the ~[s] положить начало, заложить фундамент
FOUNDER n основатель, учредитель
FOUNDING n основание, учреждение
FRACTION n 1. дробь 2. доля (*часть*)
  cost ~ элемент издержек
  decimal ~ десятичная дробь
  defective ~ доля дефектных изделий
  sampling ~ доля выборки
FRACTIONAL adj 1. дробный 2. частичный, неполный
FRAGILE adj хрупкий, ломкий; непрочный
FRAME n 1. структура 2. каркас, рама; обрешетка
  bracing ~ каркасная обрешетка

  skeleton ~ рама обрешетки
  ~ on a skid обрешетка на салазках
  ~ of a government структура правительства
  ~ of a legal system структура законодательства
  ~ of a society социальная система
  ~ of reference компетенция, круг прав, обязанностей
FRAMEWORK n основа, структура; рамки
  draft ~ проект структуры
  formal ~ формальная основа
  institutional ~ конституционная основа
  social ~ социальная структура
  ~ of partnership структура товарищества
  ◊ within the ~ of в рамках, в пределах
FRANCHISE n 1. льгота, привилегия 2. *страх.* франшиза
  conditional ~ условная франшиза
  unconditional ~ безусловная франшиза
  ◊ to be subject to a ~ предусматривать франшизу
FRANCHISE OUT v предоставлять право деятельности в определенном районе
FRANCHISER n 1. лицо или компания, имеющие привилегии 2. компания, имеющая патент на какую-л. деятельность
FRANCO adj франко, свободный от расходов
  ~ border франко-граница
  ~ domicile франко-местожительство
  ~ frontier франко-граница
FRANK v франкировать (*письмо*)
FRANKING n франкирование
FRAUD n обман, мошенничество
  cross-border ~ контрабанда
  election ~ подделка результатов голосования
  electoral ~ *см.* election ~
  insurance ~ страховое мошенничество
FRAUDSTER n обманщик, мошенник
FREE adj 1. незанятый, свободный 2. освобожденный от пошлин, налогов 3. бесплатный 4. беспошлинный 5. свободный от расходов по доставке
  ~ airport франко-борт самолета
  ~ alongside quay франко-набережная
  ~ alongside ship франко-вдоль борта судна
  ~ border [station] франко-граница
  ~ bunker франко-бункер

~ carriage франко-железнодорожная станция назначения
~ carrier франко-перевозчик
~ customer's warehouse франко-склад покупателя
~ discharge свободно от расходов по выгрузке
~ departure station франко-станция отправления
~ dock франко-док
~ exhibition франко-выставка
~ factory франко-завод
~ harbour франко-гавань
~ list список товаров, не облагаемых пошлиной
~ overside франко-строп судна в порту разгрузки
~ port of departure франко-порт отправления
~ pratique *мор.* свободная практика
~ purchaser's door бесплатная доставка на дом
~ at ship's rail свободно от рейлингов судна
~ for import свободно для ввоза
~ into barge франко-баржа
~ of address свободно от адреса
~ of all average свободно от всякой аварии
~ of all risks свободно от всяких рисков
~ of average свободно от аварии
~ of charge бесплатный; бесплатно
~ of dispatch свободно от уплаты диспача
~ of duty свободно от пошлины; беспошлинный
~ of import duties свободно от таможенных пошлин
~ of particular average свободно от частной аварии
~ of responsibility свободно от ответственности
~ of risk свободно от риска
~ of tax не облагаемый налогом
~ of turn свободно от ожидания очереди
~ on board франко-борт
~ on board truck франко-грузовик
~ on car франко-вагон
~ on lorry франко-грузовик
~ on the quay франко-набережная
~ on rail франко-вагон
~ on truck франко-грузовик
~ on waggon франко-вагон

◇ air pollution ~ без загрязнения воздуха
~ delivered доставка франко
~ in погрузка за счет фрахтователя, фри-ин
~ in and stowed свободно от расходов по погрузке и укладке (штивке), фри-ин со штивкой
~ in and trimmed фри-ин с размещением
~ out выгрузка за счет фрахтователя
~ in and out погрузка и выгрузка оплачиваются фрахтователем
for ~ бесплатно
FREE *v* освобождать
FREE-LANCE *adj* нештатный, работающий без контракта
FREE-LANCE *v* работать не по найму
FREEZE *n* замораживание; блокирование
price ~ замораживание цен
rent ~ замораживание арендной платы
wage ~ замораживание зарплаты
FREEZE *v* замораживать; блокировать
FREEZING *n* замораживание, блокирование
food ~ замораживание пищевых продуктов
product ~ *см.* food ~
~ of assets замораживание средств
~ of capital замораживание капитала
~ of funds замораживание средств
~ of prices замораживание цен
FREIGHT *n* 1. перевозка грузов 2. фрахт, плата за перевозку 3. фрахт, груз
additional ~ попутный груз
ad valorem ~ фрахт «ад валорем»
advance ~ аванс фрахта
air ~ воздушные перевозки
back ~ обратный фрахт
base ~ базисный фрахт
bulk ~ навалочный (наливной, насыпной) груз
carload ~ груз, перевозка которого оплачивается по вагонному тарифу; повагонный груз
cartonised ~ груз в коробках
chance ~ попутный груз
charter ~ фрахт по чартеру
commercial ~ коммерческий груз
container ~ контейнерный груз
containerized ~ *см.* container ~
contract ~ контрактный груз
conventional ~ конвенциональный груз
cross ~ встречные перевозки

dead ~ мертвый фрахт
directed ~ адресованный груз
distance ~ дистанционный фрахт
double ~ двойной фрахт
export ~ экспортный груз
express ~ груз большой скорости
fast ~ *см.* express ~
forward ~ фрахт, уплачиваемый в порту выгрузки
fragile ~ бьющийся (хрупкий) груз
gross ~ брутто фрахт
home ~ обратный груз, обратный фрахт
homebound ~ *см.* home ~
homeward ~ *см.* home ~
import ~ импортный груз
inland ~ речной фрахт
in-transit ~ плата за транзитный провоз грузов; транзитный груз
less-than-carload ~ мелкая партия груза
long-distance ~ груз, перевозимый на дальние расстояния
lost ~ погибший груз
lumpsum ~ аккордный фрахт
missing ~ недостающий груз
mixed ~ генеральный груз
motor ~ груз, перевозимый автотранспортом
nondelivered ~ непоставленный груз
ocean ~ морской фрахт
ordinary ~ груз малой скоростью
original ~ первоначальный груз
out-and-home ~ фрахт в оба конца
outbound ~ экспортный фрахт; экспортный груз
outgoing ~ фрахт в один конец
outward ~ экспортный фрахт
package ~ пакетированный груз, упакованный груз
packaged ~ *см.* package ~
palletised ~ *см.* package ~
perishable ~ скоропортящийся груз
phantom ~ плата за фиктивную перевозку
priority ~ срочный груз
pro rata ~ пропорциональная часть фрахта, уплачиваемая при доставке в порт, расположенный недалеко от согласованного порта выгрузки
return ~ обратный груз, обратный фрахт
revenue ~ груз, перевозка которого оплачивается по тарифу
river ~ речной фрахт
sea ~ морской фрахт

shipping ~ трамповый фрахт
short-distance ~ груз, перевозимый на близкие расстояния
slow ~ груз малой скорости
small ~ малогабаритный груз
small-size ~ *см.* small ~
through ~ сквозной фрахт
time ~ срочный груз
tramp ~ трамповый фрахт
unclaimed ~ невостребованный груз
undeclared ~ незаявленный груз
unitized ~ мелкие отправки, упакованные в одно грузовое место, попутный груз
~ per rail car стоимость фрахта за вагон
~ within loading gauge габаритный груз
◊ ~ both ways фрахт в оба конца
~ collect груз подлежит уплате получателем в порту назначения
~ forward *см.* ~ collect
~ paid to фрахт оплачен до
~ prepaid фрахт оплачен в порту погрузки
to earn ~ получать фрахт
to handle ~ перекладывать грузы
to increase ~ повышать фрахт
to incur ~ нести расходы по фрахту
to let to ~ отфрахтовывать
to pay ~ уплачивать фрахт
to receive ~ получать фрахт
to take in ~ брать фрахт
FREIGHT *v* 1. грузить 2. фрахтовать
FREIGHTAGE *n* 1. фрахтование 2. перевозка, транспортировка грузов 3. грузовместимость 4. стоимость перевозки, фрахт
road ~ автоперевозки
FREIGHTER *n* 1. фрахтовщик; грузоотправитель 2. грузовое судно
FREQUENCY *n* частота, частотность
flow ~ повторяемость расходов
loss ~ частота страховых случаев
replenishment ~ периодичность пополнения запасов
~ of deliveries периодичность поставок
~ of sampling частота выборки
FREQUENT *adj* многократный, частый
FRICTION *n* трения, разногласия
economic ~ экономические трения
FRINGES *n pl* дополнительные льготы
FRONTIER *n* граница; предельный уровень
state ~ государственная граница

technical ~ граница применения техники
technical change ~ граничные возможности технологических изменений
FRONTIER *adj* пограничный
FROSTPROOF *adj* морозостойкий
FROST-RESISTANT *adj* см. **FROSTPROOF**
FROZEN *adj* замороженный; блокированный
FRUGALITY *n* экономность
FRUSTRATE *v* расстраивать, срывать
~ plans нарушать планы
~ talks срывать переговоры
FRUSTRATION *n* 1. расстройство (планов) 2. прекращение обязательства из-за невозможности его выполнения; невозможность выполнения договора
FUEL *n* топливо, горючее
bunker ~ бункерное топливо
derived ~ вторичное топливо
diesel ~ дизельное топливо
domestic ~ местное топливо
fossil ~ ископаемое топливо
household ~ топливо коммунально-бытового назначения
liquid ~ жидкое топливо
solid ~ твердое топливо
waste ~s отходы, используемые в качестве топлива
FUEL *v* заправлять топливом
FUELING *n* бункеровка судна
FULFILMENT *n* исполнение; осуществление, реализация
early ~ досрочное исполнение
~ of an agreement выполнение договора
~ of an assignment выполнение задания
~ of commitments выполнение обязательств
~ of a contract выполнение контракта
~ of customs formalities выполнение таможенных формальностей
~ of obligations исполнение обязательств
~ of an order исполнение заказа
~ of a programme выполнение программы
~ of a schedule выполнение графика
~ of targets реализация заданий
FULL-PAY *n* полная ставка
FULL-SCALE *adj* в натуральную величину
FULL-TIME *n* полный рабочий день
FULL-TIMER *n* рабочий, занятый полную рабочую неделю
FUNCTION *n* функция
analytic ~ аналитическая функция
agricultural production ~s производственные функции в сельском хозяйстве
agent's ~s функции агента
audit ~ ревизия
behavioral ~ бихевиористская функция
business ~ хозяйственная деятельность
capital ~ функция капитала
cognitive ~ познавательная функция
constraint ~ функция ограничений
consumption ~ функция потребления
correction ~ поправочная функция
cost ~ функция издержек
cost control ~ контролирование издержек производства
criterion ~ оценочная функция
damage ~ функция экологического ущерба; функция убытков
decision ~ решающая функция
defective ~ дефектная функция
demand ~ функция спроса
deposit ~ функция приема депозитов
distribution ~ функция распределения
dual ~ двойственная функция
effectiveness ~ функция эффективности
efficiency ~ функция коэффициента полезного действия
effort ~ функция затраты усилий
empirical ~ эмпирическая функция
employment ~ функция занятости
entrepreneurial ~ предпринимательская функция
evaluation ~ оценочная функция
fabrication ~s производственная деятельность
goal ~ целевая функция
inventory ~s операции с товарно-материальными ценностями
investment ~ инвестиционная функция
linear ~ линейная функция
loan ~ функция выдачи ссуд
loan demand ~ функция спроса на кредит
long-run supply ~ долговременная функция предложения
loss ~ функция потерь
market demand ~ функция рыночного спроса
marketing ~s маркетинговые функции
market supply ~ функция рыночного предложения

material control ~ функция контроля за движением материалов
money ~s функции денег
objective ~ целевая функция
payoff ~ платежная функция; функция выигрыша
penalty ~ штрафная функция
preference ~ функция предпочтения
production ~ производственная функция
profit ~ функция прибыли
remuneration ~ функция вознаграждения
replenishment ~ функция пополнения запасов
response ~ функция отдачи (реагирования)
return ~ функция прибыли
risk ~ функция риска
sales ~ функция сбыта
service ~ функция обслуживания
short-run supply ~ краткосрочная функция предложения
social ~s протокольные мероприятия
social preference ~ функция общественного предпочтения
stores ~s операции с материально-производственными запасами
supply ~ функция предложения
supporting service ~ функция защитной службы
target ~ целевая функция
time ~ функция времени
trust ~s трастовые функции
utility ~ функция полезности
variable cost ~ функция переменных издержек
welfare ~ функция благосостояния
~s of an arbitrator функции арбитра
~s of a fiscal agent функции финансового агента

FUNCTIONAL *adj* официальный; деловой

FUNCTIONARY *n* должностное лицо

FUNCTIONING *n* функционирование

FUND *n* 1. запас, резерв, фонд 2. фонды, денежные средства 3. государственные ценные бумаги 4. сберегательная или инвестиционная организация
accumulation ~ фонд накопления
actual ~ действительный капитал
additional ~s дополнительные фонды
advisory ~s средства в банке или иной финансовой организации, которые банк может инвестировать от имени клиента

amortization ~ амортизационный фонд
authorized ~ уставный фонд
available ~s наличные средства
balanced ~ инвестиционная компания открытого типа
bank ~s банковские средства
basic ~ базовый фонд
bonus ~ премиальный фонд
borrowed ~s заемные средства
budgetary ~s бюджетные средства
burial ~ фонд пособий, выдаваемых на похороны
capital ~ фонд основного капитала
cash ~ денежный фонд
claims settlement ~ резерв для выплаты страхового возмещения
clearing house ~s платежи, осуществляемые через клиринговую расчетную систему
closed-end ~s инвестиционные фонды закрытого типа
common stock ~ инвестиционный фонд открытого типа по операциям с акциями
common-trust ~ общий траст-фонд
compensation ~ компенсационный фонд
consolidated ~ консолидированный фонд
consumption ~ фонд потребления
contingency ~s средства на непредвиденные расходы
contingent ~ резерв на непредвиденные расходы
contract ~ контрактные средства
co-op share ~ паевый фонд
corporate liquid ~ ликвидные средства корпораций
cover ~s покрытие
credit ~s кредитные средства
currency ~ валютный фонд
debt ~s заемные средства
deposit ~s средства на депозитных счетах
depreciation ~ амортизационный фонд
development ~ фонд развития
diversified common trust ~ общий траст-фонд с диверсифицированными активами
dividend reserve ~ резервный фонд для выплаты дивидендов
economic incentive ~ фонд экономического стимулирования
economic stimulation ~ *см.* economic incentive ~
emergency ~[s] резервный фонд

emergency reserve ~ *см.* emergency ~[s]
employee benefit trust ~ траст-фонд для выплат служащим компании
endowment ~ благотворительный фонд
equalization ~ фонд валютного регулирования
equalized ~ *см.* equalization ~
equity ~s собственные средства
equity common trust ~ общий траст-фонд с активами из корпоративных акций
escrow ~s резерв для выплаты налогов и страховых взносов в качестве условия предоставления займа под залог имущества
exchange stabilization ~ фонд стабилизации валюты
expense ~ начальный резервный фонд для покрытия текущих расходов
extra-budgetary ~s внебюджетные средства
federal ~s избыточные резервные фонды в коммерческих банках, предлагаемые в качестве займов другим банкам
fiduciary ~s суммы, находящиеся в доверительном управлении
financing ~s фонды финансирования
floating ~s оборотные средства
floating ~s in circulation фонды обращения
footloose ~s средства, свободно переливаемые из одной страны в другую
foreign ~s иностранный капитал
fresh ~s новые, дополнительные средства
front-end load ~ *бирж.* фронтальный фонд
frozen ~s замороженные средства
general ~ общий фонд
go-go ~ фонд капиталовложений с высокой долей риска; общий инвестиционный траст-фонд для получения высокого прироста стоимости путем спекулятивных операций
gold settlement ~ фонд для расчетов по золоту
good ~s *амер.* денежные средства, к которым возможен немедленный доступ
government ~s правительственные фонды
guaranty ~ гарантийный фонд
hard-currency ~s валютные фонды
house ~s ресурсы (финансовые инструменты) клиринговой палаты

illiquid ~s неликвидные средства
imprest ~ 1) фонд текущих расходов 2) фонд подотчетных сумм
income ~ инвестиционная компания с высоким уровнем текущего дохода
indemnification ~ компенсационный фонд
indivisible ~s неделимые фонды
insufficient ~s недостаток средств; недостаточное покрытие
insurance ~ страховой фонд
interest-sensitive ~s фонды, чувствительные к изменениям процентной ставки
internal ~s собственные средства
International Monetary F. Международный валютный фонд
investment ~[s] инвестиционный фонд
labour ~ рабочий фонд
lendable ~s резерв для предоставления займов
liquid ~s ликвидные средства, ликвиды
liquid foreign exchange ~s валютные ликвиды
liquidity ~ фонд ликвидности
loan ~s ссужаемые средства
loanable ~s ссудный капитал
long-term ~s долгосрочный капитал
low-cost ~s дешевые деньги
material incentive[s] ~ фонд материального поощрения
monetary ~ валютный фонд
money market ~ фонд денежного рынка
mutual ~ 1) взаимный фонд 2) инвестиционная компания открытого типа
mutual mortgage insurance ~ фонд, куда вносятся страховые взносы по ипотечной задолженности и другие специфические доходы и который используется для покрытия убытков
no-load ~ *амер.* взаимный фонд, акции которого продаются непосредственно населению с уплатой небольшой комиссии организатору
offshore ~ инвестиционный фонд, зарегистрированный в стране, где действуют налоговые льготы
open-end ~s инвестиционные фонды открытого типа
outside ~s привлеченные средства
overnight ~s фонд для предоставления краткосрочных (однодневных) кредитов
pay-roll ~ фонд заработной платы

pension ~ пенсионный фонд
petty cash ~ фонд мелких сумм
policy reserve ~ резерв страховых взносов
professional health insurance ~ фонд медицинского страхования для профессиональных заболеваний
provident ~ *страх.* резервный фонд неоплаченных убытков
private ~s частный капитал
public ~s государственные средства
public consumption ~s общественные фонды потребления
purchase ~ 1. обязательство заемщика выкупить определенное количество ценных бумаг в течение определенного периода, если их цена упадет ниже курса выпуска 2. выкупной фонд
redemption ~ фонд погашения
registered ~ уставный фонд
relief ~ фонд помощи
renewal ~ 1) фонд на модернизацию и замену 2) фонд текущего ремонта
research-and-development ~ средства на исследовательскую работу и конструкторско-технологические разработки
reserve ~s резервные фонды, резервный капитал
revolving ~ возобновляемый фонд
shareholders' ~ краткосрочный капитал
short-term ~s краткосрочный капитал
sinking ~ фонд погашения; выкупной фонд
social consumption ~s общественные фонды потребления
social security ~ фонд социального обеспечения
stabilization ~ фонд валютного регулирования
standards of emergency ~s норма обязательных резервов банков
standby ~s резервные средства
state ~s государственные средства
sufficient ~s достаточное покрытие
superannuation ~ пенсионный фонд
surplus ~s резервный фонд
tied-up ~s денежные средства, инвестированные в ценные бумаги
trust ~ траст-фонд
uncollected ~s неинкассированные суммы
unpaid liability ~s фонд для непогашенных обязательств
utility or other-enterprise ~ фонд, предназначенный для финансирования, строительства и эксплуатации коммунальных предприятий
volatile ~s горячие деньги
wages ~ фонд заработной платы
welfare ~ благотворительный фонд
working capital ~ фонд для внутреннего обслуживания деятельности производственного или сервисного характера
working time ~ фонд рабочего времени
~s of a bank банковские средства
~s of an enterprise фонды предприятия
~ for development of production фонд развития производства
~ for expansion of production *см.* ~ for development of production
~ for technological improvement фонд технического развития
◊ to allocate ~s ассигновать, размещать средства
to appropriate ~s *см.* to allocate ~s
to attract ~s привлекать средства
to be pressed for ~s испытывать затруднения в средствах
to borrow ~s занимать деньги
to create ~s создавать фонд
to deposit ~s вносить деньги в банк
to earmark ~s предназначать, ассигновать средства
to establish a ~ создавать фонд
to extend ~s предоставлять средства
to freeze ~s замораживать средства
to generate ~s создавать фонды
to grant ~s предоставлять средства
to invest ~s инвестировать средства, инвестировать фонды
to make ~s available предоставлять средства
to obtain ~s добывать средства
to provide ~s предоставлять средства
to raise ~s привлекать финансовые ресурсы
to redistribute ~s перераспределять средства
to release ~s высвобождать средства
to repatriate ~s переводить денежные средства в свою страну
to set aside ~s создавать фонды
to set up a ~ создавать фонд
to transfer ~s передавать средства; переводить деньги
to withdraw ~s изымать капитал; снимать деньги (*со счета*)

FUND *v* 1. вкладывать капитал в ценные бумаги 2. финансировать

FUNDAMENTAL *adj* основной
FUND-HOLDER *n* владелец фондовых ценностей
FUNDING *n* финансирование; консолидирование
   government ~ правительственное финансирование
   maximum ~ максимальное финансирование
   special purpose ~ целевое финансирование
   state ~ фондирование
   ~ from international agencies финансирование с помощью международных организаций
   ◇ to cut off ~ прекратить финансирование
FUND-RAISING:
   ~ programmes программа сбора средств; мобилизация капитала
FUND RECEIVER *n* заемщик
FUNGIBILITY *n* взаимозаменяемость; *бирж.* обмен сделок на однородные товары с поставкой в одно и то же время
FURNISH *v* 1. снабжать, предоставлять 2. доставлять, поставлять
FURNISHER *n* поставщик
FURNISHING *n* 1. предоставление 2. оборудование; принадлежности
   ~ of a guarantee представление гарантии
   ~ of know-how предоставление ноу-хау
FUSION *n* слияние, объединение
   ~ of business объединение компаний
   ~ of groups слияние [финансовых] групп
   ~ of markets интеграция рынков
FUTURES *n pl бирж.* сделки на срок, фьючерсные сделки
   currency ~ валютные фьючерсы
   equity ~ фьючерсные сделки на обыкновенные акции
   financial ~ финансовые фьючерсные сделки

G

GADGET *n* 1. техническая новинка 2. что-л. ненужное; ерунда
GADGETEERING *n* выпуск на рынок новых технических приспособлений
GAGE *n* 1. измерительный прибор 2. калибр; мера 3. залог
GAIN *n* 1. прибыль; выигрыш 2. *pl* доходы; выручка; прибыль; заработок 3. *pl* достижения 4. увеличение, рост, прирост
   backlog ~ увеличение портфеля заказов
   capital ~ прирост капитала
   clear ~ чистая прибыль
   contingent ~ возможная прибыль
   economic ~ хозяйственная выгода
   exceptional ~s исключительная прибыль
   expected ~s ожидаемая прибыль
   extraordinary ~s случайные поступления
   fraudulent ~s незаконные доходы
   marginal ~ предельный доход
   market share ~s увеличение доли на рынке
   monopoly ~s монопольные прибыли
   net ~ чистая прибыль
   net capital ~ чистый прирост капитала
   net long-term capital ~ чистый долгосрочный прирост капитала
   net realized capital ~ чистый реализованный прирост капитала
   paper ~ оценочная прибыль
   potential ~s потенциальные выгоды
   productivity ~ увеличение производительности
   total ~ общий доход
   ~s for the year годовой доход
   ~s in equity увеличение собственного капитала
   ~ in weight увеличение веса, привес
   ~ in yield увеличение выработки; увеличение добычи
   ~ per unit of time *с.-х.* увеличение живого веса на единицу времени
   ◇ to show a ~ иметь прибыль
GAIN *v* 1. получать; приобретать 2. извлекать (*прибыль, выгоду*)
GAINER *n* ценная бумага с растущим курсом
GAINFUL *adj* доходный, прибыльный; выгодный
GAININGS *n pl* доходы; заработок; прибыль
GAINLESS *adj* неприбыльный, недоходный
GALE *n* шторм
GAMBLE *n* рискованное предприятие, авантюра
GAMBLE *v* спекулировать; играть на бирже
   ◇ ~ away проигрывать
   ~ in stocks спекулировать акциями
   ~ on a rise in prices спекулировать на повышении цен
GAMBLER *n* биржевой спекулянт
GAMBLING *n* игра на бирже, спекуляция
   ~ in futures биржевая сделка на разницу; биржевая игра на разницу
   ~ on the stock exchange биржевая спекуляция
GAME *n* игра
   advantageous ~ благоприятная игра
   attrition ~ игра на истощение
   autonomous ~ автономная игра
   auxiliary ~ вспомогательная игра
   bargaining ~ игра с торгом
   bluffing ~ игра с блефом
   bunco ~ любая мошенническая игра
   business ~ деловая игра
   cautious ~ осторожная игра
   coalition ~ коалиционная игра
   competitive ~ конкурентная игра
   composite ~ составная игра
   cooperative ~ коалиционная игра
   decomposable ~ разложимая игра
   differential ~ дифференциальная игра
   discounted ~ дисконтированная игра
   economic ~ экономическая игра

economic ruin ~ игра на разорение
equivalent ~ эквивалентная игра
executive ~ административная игра
fair ~ справедливая игра
free ~ игра без ограничений
guessing ~ игра на отгадывание
heuristic ~ эвристическая игра
homogeneous ~ однородная игра
inessential ~ несущественная игра
infinite ~ бесконечная игра
isomorphic ~ изоморфная игра
iterated ~ повторная игра
majority ~ мажоритарная игра
management ~ деловая игра
market ~ рыночная игра
mixed ~ смешанная игра
multiperson ~ игра с несколькими участниками
multistage ~ многошаговая игра
noncooperative ~ бескоалиционная игра
nonsimmetric ~ несимметричная игра
normalized ~ нормированная игра
no-solution ~ игра, не имеющая решения
n-person ~ игра с n-количеством участников
one-sided ~ односторонняя игра
original ~ исходная игра
positional ~ позиционная игра
pursuit-evasion ~ игра «преследование — уклонение»
quota ~ долевая игра
rational ~ рациональная игра
reasonable ~ разумная игра
rectangular ~ матричная игра
recursive ~ рекурсивная игра
semidiscrete ~ полудискретная игра
separable ~ разделимая игра
simple ~ простая игра
simulation ~ моделирующая игра
smoothed ~ сглаженная игра
solvable ~ разрешимая игра
stock market ~ игра на фондовой бирже
symmetrical ~ симметричная игра
tactical ~ тактическая игра
truncated ~ усеченная игра
two-person ~ игра с двумя участниками
two-sided ~ двухсторонняя игра
unconstrained ~ игра без ограничений
unfair ~ несправедливая игра
unhomogeneous ~ неоднородная игра
unsolvable ~ неразрешимая игра

GAME-PLAYING n проведение игры

GAMING n см. **GAME-PLAYING**

GANG n бригада
erection ~ монтажная бригада, монтажники
stevedore ~ бригада портовых рабочих
~ of longshoremen см. stevedore ~

GANNT-CHART n учетно-плановый график, график Ганта

GAP n 1. интервал, промежуток 2. расхождение; разрыв 3. дефицит
budget ~ бюджетный дефицит
deflationary ~ дефляционный разрыв
dollar ~ долларовый дефицит
GNP (gross-national-product) ~ разрыв между потенциально возможным уровнем национального продукта и реальным валовым национальным продуктом
inflation ~ инфляционный разрыв
inflationary ~ см. inflation ~
management ~ несоответствие между уровнем управления и объектом управления
price ~ разрыв в уровне цен
technological ~ технологический разрыв
trade ~ дефицит торгового баланса
underutilization ~ потери из-за недогрузки (*мощностей*)
yield ~ разница между процентными ставками по долгосрочным и краткосрочным операциям
~ between demand and supply разрыв между спросом и предложением
~ between exports and imports разрыв между экспортом и импортом
◇ to reduce the ~ сокращать разрыв
to bridge the ~ ликвидировать разрыв
to close the ~ см. to bridge the ~

GAPPING n расхождение сроков банковских требований и обязательств

GARAGE n одна из секций операционного зала Нью-Йоркской фондовой биржи

GARAGE v переводить активы или пассивы в другое место в целях уменьшения налогов

GARDENING n садоводство
chemical ~ гидропоника
market ~ товарное садоводство или огородничество
truck ~ товарное овощеводство

GARNISHER n лицо, у которого находится имущество или деньги должника

GARNISHMENT n решение суда об

удержании части заработной платы сотрудника в пользу третьего лица
GAS *n* 1. газ 2. бензин
  associated ~ попутный газ
  dry natural ~ газ с небольшим количеством сопутствующих жидкостей
  greenhouse ~ «тепличный» газ
  natural ~ природный газ
  noxious exhaust ~ токсичный выхлопной газ
  sour ~ газ с высоким содержанием серы
  town ~ коммунальный (бытовой) газ
  wet natural ~ влажный природный газ
GASOLINE *n* газолин
GATE *n* 1. вход; выход; *ав.* выход на посадку 2. входная плата 3. количество зрителей
  lock ~ минимальная импортная цена в рамках Единой сельскохозяйственной политики ЕС
GATEWAY *n* перевалочный (перегрузочный) пункт
GATHER *v* 1. собирать 2. собираться 3. снимать, собирать (*урожай*)
GATHERING *n* 1. собирание 2. собрание, митинг 3. уборка (*урожая*)
  data ~ сбор данных
  ◊ **to attend a** ~ посещать собрание
GAUGE *n* 1. измерительный прибор 2. калибр; мера 3. *ж.-д.* ширина колеи
  broad ~ широкая колея
  narrow ~ узкая колея
  standard ~ стандартная колея
GAUGE *v* измерять, оценивать, градуировать
GAVEL *n* молоток (*аукциониста*)
GAZETTE *n* газета; официальный орган печати
  commercial ~ журнал деловых кругов
  official ~ официальный бюллетень, ведомость
GEAR *n* механизм
GEAR *v* 1. приводить в движение 2. направлять по определенному плану 3. подчинять, приспосабливать к чему-л.
GEARING *n* соотношение между собственными и привлеченными средствами компании
  capital ~ *см.* GEARING
GENEPOOL *n* генетический ряд, генофонд
GENERAL *adj* общий, всеобщий
GENERALIZE *v* обобщать, делать общие выводы

GENERATE *v* 1. порождать, вызывать 2. производить, образовывать
GENERATION *n* 1. поколение 2. производство; генерирование; формирование
  income ~ формирование доходов
  new ~**s of equipment** техника новых поколений
  previous ~ предшествующее поколение
  subsequent ~ последующее поколение
  ~ **of machines** поколение машин
  ~ **of profits** формирование прибыли
GENETICS *n* генетика
GENUINE *adj* подлинный, настоящий
GENUINENESS *n* подлинность, истинность
  ~ **of documents** подлинность документов
  ~ **of signature** подлинность подписи
GEOPONICS *n* общее земледелие
GERIATRIC *adj* гериатрический, относящийся к пожилому и старческому возрасту
GERIATRICS *n* гериатрия
GERONTOLOGIST *n* геронтолог
GERONTOLOGY *n* геронтология
GESTATION *n* 1. созревание (*плана, проекта*) 2. созревание вложений (*в основные фонды*)
GIFT *m* 1. дар, подарок 2. передача в дар
GILT *n* 1. позолота 2. первоклассная ценная бумага
  long ~ долгосрочная первоклассная ценная бумага
  long-dated ~ *см.* **long** ~
  medium-dated ~ среднесрочная первоклассная ценная бумага
GILT-EDGED *adj* «с золотым обрезом», первоклассный, особо надежный
GIRO *m* жирорасчет
GIROBANK *n* жиробанк
GIROCHEQUE *n* жирочек
GIVE *v* давать; выдавать; передавать; предоставлять
  ◊ ~ **away** 1) отдавать 2) разглашать
  ~ **back** возвращать
  ~ **rise** вызывать, возбуждать
  ~ **up** отказываться от чего-л.
GIVE-AND-TAKE *n* взаимные уступки
GIVEAWAY *n* товар, отдаваемый дешево или даром в рекламных целях
GIVER *n* даритель, дающий
  ~ **for a call** покупатель в срочной сделке при игре на повышение

~ for a put продавец в срочной сделке при игре на понижение
~ of a bill векселедатель
~ of an option лицо, предлагающее опцион

GIVE-UP *n* потери при продаже и покупке ценных бумаг с разным уровнем дохода

GLOBAL *adj* широкий, глобальный

GLUT *n* избыток; перенасыщение; перепроизводство
dollar ~ избыток долларов
general ~ общее перепроизводство
oil ~ перенасыщение рынка нефти
worldwide ~ мировое перепроизводство
~ in the market перенасыщение рынка
~ of money избыток денег
~ of supply перенасыщение рынка

GLUT *v* заваливать, затоваривать *(товарами)*; перенасыщать *(рынок)*

GO *v* 1. работать, действовать 2. иметь хождение, быть в обращении
◊ ~ back on подводить, обманывать
~ bad портиться; ухудшаться
~ cheap продаваться дешево
~ down понижаться *(о ценах)*
~ off 1) продаваться 2) портиться, гнить
~ out of business ликвидировать предприятие
~ slow намеренно работать в замедленном темпе *(форма протеста)*
~ up повышаться *(о ценах)*

GO-AHEAD *n* 1. прогресс; движение вперед 2. разрешение; утверждение

GOAL *n* цель, задача
defined ~ определенная цель
exploratory development ~ цель поисковой разработки
production ~ производственная задача
sales ~ потребности сбыта
top priority ~ первоочередная задача

GOBBLE UP *v* хватать; быстро поглощать

GO-BETWEEN *n* посредник

GOLD *n* 1. золото 2. золотые монеты
alloyed ~ легированное золото
bar ~ золото в слитках
base ~ золото низкой пробы
coined ~ золотые монеты
earmarked ~ золото, депонированное иностранными банками в Федеральном резервном банке Нью-Йорка
fine ~ высокопробное золото
ingot ~ золото в слитках
monetary ~ монетарное золото
nonmonetary ~ немонетарное золото
paper ~ «бумажное» золото
pure ~ чистое золото
rolled ~ накладное золото
standard ~ золото установленной пробы
sterling ~ чистое золото
~ in bars золото в слитках
~ in bullions *см.* ~ in bars
~ in coins золото в монетах
◊ redeemable in ~ обмениваемый на золото
to convert into ~ обменивать на золото
to hold ~ earmarked for foreign account хранить золото, предназначенное для внешних расчетов
to pay in ~ платить золотом
to repatriate ~ возвращать (репатриировать) золото *(в страну)*
to sell for ~ продавать на золото

GOLDBRICK *n* обман, надувательство

GOLDFINCH *n* золотая монета

GOLD-VALUE *adj* золотовалютный

GOOD *adj* 1. хороший, годный 2. доброкачественный 3. надежный; кредитоспособный
◊ ~ this month «действителен в течение месяца» *(приказ клиента брокеру)*
~ this week «действителен в течение недели» *(приказ клиента брокеру)*
~ through «годен до...» *(приказ клиента брокеру)*
~ until cancelled «действителен до отмены» *(приказ клиента брокеру)*

GOOD *n* 1. добро, благо 2. польза 3. *pl* товар, товары; изделия 4. *pl* груз; багаж
abandoned ~s товар, не имеющий владельца; брошенный груз
acceptable ~s приемлемый товар
advertised ~s рекламируемый товар
afloat ~s товар в пути *(на море)*
agricultural ~s сельскохозяйственные товары
assorted ~s сортированные товары
auction ~s аукционный товар
back-to-school ~s товары для школьников *(к началу учебного года)*
bale ~s груз в кипах
baled ~s *см.* bale ~s
barter ~s бартерный товар
basic ~s основные товары
bonded ~s груз, не оплаченный пошлиной
branded ~s марочные изделия

bulk ~s наливной груз; насыпной груз; навалочный груз
bulky ~s громоздкий груз; тяжеловес
bundle ~s товар в связках
bundled ~s *см.* **bundle ~s**
canned ~s консервированные товары
capital ~s товары производственного назначения
cased ~s груз в ящиках
choice ~s отборный товар
commercial ~s предметы торговли
competitive ~s конкурентные товары
competitively priced ~s *см.* **competitive ~s**
complementary ~s взаимодополняющие товары
consignment ~s консигнационный товар
consumable ~s потребительские товары
consumer ~s *см.* **consumable ~s**
consumption ~s *см.* **consumable ~s**
contraband ~s контрабандный товар
contract ~s проданный товар
convenience ~s товары повседневного спроса
cotton ~s хлопчатобумажные товары
covered ~s товары в упаковке
crated ~s груз в обрешетке
critical ~s *амер.* дефицитный товар
cultural and household ~s товары культурно-бытового назначения
custom made ~s товар, изготовленный по заказу
cut-price ~s товар, продающийся по сниженным ценам
damaged ~s поврежденный груз
damaging ~s опасный груз
dangerous ~s *см.* **damaging ~s**
defective ~s дефектный товар
defence ~s товары военного назначения
delayed ~s задержанный груз
deliverable ~s товар, подлежащий сдаче
delivered ~s поставленный товар
diplomatic ~s товары для дипломатического корпуса
dispatched ~s отгруженные товары
distressed ~s некондиционные товары, продаваемые по очень низкой цене
domestic ~s предметы домашнего обихода
dry ~s сухой товар
durable ~s товары длительного пользования

duty-free ~s товары, не облагаемые пошлиной
easy-to-sell ~s реализуемый товар
economic ~ экономическое благо
eligible ~s приемлемый товар
essential ~s товары первой необходимости
ethical ~s медицинские препараты, рекламируемые только в медицинских газетах и журналах
exchange ~s биржевые товары
exchangeable ~s товары, подлежащие обмену
exhibition ~s выставочные товары
explosive ~s взрывоопасный груз
export ~s экспортные товары
exported ~s экспортируемые товары
express ~s груз большой скорости
factored ~s комиссионные товары; товары, перепроданные на комиссионной основе
fair ~s ярмарочные товары
fancy ~s модные товары
farm ~s сельскохозяйственные товары
fashion ~s модные высококачественные товары
fast-moving ~s ходовые товары
fast-selling ~s *см.* **fast-moving ~s**
faulty ~s дефектный товар; поврежденный товар
final ~s готовые изделия
finished ~s *см.* **final ~s**
first class ~s первоклассные изделия
first order ~s товары широкого потребления
fixed price ~s товары, продающиеся по твердой розничной цене
foreign ~s иностранные товары
foreign-made ~s *см.* **foreign ~s**
fragile ~s бьющиеся товары
free ~s товар, не подлежащий обложению пошлиной
frozen ~s замороженные товары
gift ~s подарочные изделия
groupage ~s сборный груз
half-finished ~s полуфабрикаты
hard ~s товары длительного пользования
hazardous ~s опасный груз
heavy ~s тяжелый груз
heavyweight ~s *см.* **heavy ~s**
high-grade ~s высокосортные товары
high-priced ~s дорогостоящие товары
high-quality ~s высококачественные товары

high-technology ~s высокотехнологичные товары
home-made ~s товары отечественного производства
household ~s хозяйственные товары
import ~s импортные товары
imported ~s *см.* import ~s
impulse ~s товары импульсного спроса
inbound ~s импортируемый груз
incoming ~s поступающий товар
indestructible ~s прочные товары
industrial ~s промышленные товары
industrialized ~s *см.* industrial ~s
inferior ~s товары низкого качества
inflammable ~s легковоспламеняющийся груз
insured ~s застрахованный товар
intermediate ~s полуфабрикаты
internationally tradeable ~s товар, пользующийся международным спросом
investment ~s инвестиционные (капитальные) товары
inward ~s импортируемый груз
labour-intensive ~s трудоемкий товар
large-scale ~s товары массового потребления
late ~s товар, доставленный с опозданием
light ~s легковесный груз
liquid ~s жидкий груз
long-lived ~s товары длительного пользования
loose ~s груз без упаковки
low-grade ~s низкосортный товар
low-price ~s товары, продаваемые по сниженной цене
low value added primary ~s сырьевые товары с низкой добавленной стоимостью
luxury ~s предметы роскоши
Manchester ~s хлопчатобумажные товары
manufactured ~s промышленные товары
marked ~s отличный товар; товар, получивший приз
marked-down ~s уцененный товар
marketable ~s быстро реализуемый товар
mass production ~s товары массового производства
measurement ~s обмерные грузы
merchant ~s предметы торговли
miscellaneous ~s различные товары
missing ~s недостающий груз

new ~s новые товары
nondurable ~s товары недлительного пользования
noncompetitive ~s неконкурентоспособные товары
nonfood ~s непродовольственные товары
nonessential ~s товары не первой необходимости
nonhazardous ~s неопасный груз
nonsensitive ~s товар, не подверженный сезонным колебаниям
nontraditional ~ нетрадиционные товары
novelty ~s новые товары
off-guage ~s негабаритный груз
official ~s представительские товары
ordered ~s заказной товар
outbound ~s товар, отправляемый за границу
outgoing ~s отправляемые товары
out of time ~s просроченный товар
output ~s выпускаемый продукт
outward ~s товар, отправляемый за границу
over-dimensioned ~s негабаритный груз
over-priced ~s товар с завышенной ценой
oversized ~s негабаритный груз
packaged ~s *см.* packed ~s
packed ~s груз в упаковке; упакованные товары
packed-up ~s фасованный товар
packeted ~s груз в пакетах
palleted ~s груз на поддонах
palletised ~s *см.* palleted ~s
parcel ~s штучный груз
parity ~s эквивалентный товар
past due ~s просроченный товар
patent ~s патентованные товары
perishable ~s скоропортящийся груз
perishing ~s *см.* perishable ~s
piece ~s штучный товар
pledged ~s заложенный товар
point-of-purchase ~s товары импульсного спроса
popular ~s товар, пользующийся большим спросом
prepackaged ~s фасованный товар
prepacked ~s *см.* prepackaged ~s
prestige ~s престижные товары
price-maintained ~s товары, цены на которые устанавливаются законом о розничной продаже
primary ~s сырьевые товары

priprivate ~s товары индивидуального потребления
processed ~s готовые изделия
producer durable ~s товары производственного назначения
producer's ~s *см.* producer durable ~s
production ~s *см.* producer durable ~s
professional ~s измерительные приборы и научная аппаратура
prohibited ~s товары, запрещенные для экспорта
protected ~s товар в упаковке
proprietary ~s фирменный товар; марочные изделия
public ~ общественное благо, общественные интересы
public ~s товары и услуги, предоставляемые для общественного потребления
quality ~s высококачественные товары
quota ~s товар, на который установлен контингент
realized ~s реализованный товар
received ~s полученный товар
received for shipment ~s товар, принятый для отправки
reexport ~s реэкспортные товары
reexported ~s *см.* reexport ~s
refrigerated ~s замороженный товар
rejected ~s забракованный товар
remote ~s товары длительного пользования
repaired ~s отремонтированные товары
replaced ~s замененный товар
reproducible ~s воспроизводимые товары
retail ~s розничные товары
return ~s возвращаемые товары
sale ~s распродаваемые товары
salvaged ~s спасенный груз
saved ~s *см.* salvaged ~s
scarce ~s дефицитный товар
seasonal ~s сезонные товары
secondhand ~s подержанные товары
secondrate ~ второсортные товары
selected ~s отборный товар
semidurable ~s товары с ограниченным сроком пользования
semifinished ~s полуфабрикаты
semimanufactured ~s *см.* semifinished ~s
serially produced ~s товары серийного производства
shipped ~s отгруженный товар

shopping ~s товары предварительного выбора
short-delivered ~s недопоставленный товар
short-shipped ~s неотгруженный товар
similar ~s сходные товары
slow-moving ~s неходовые товары
soft ~s 1) потребительские товары кратковременного пользования 2) текстильные товары
sold ~s проданный товар
sophisticated ~s сложные товары
specialty ~s товары особого спроса
spoiled ~s испорченный товар
spot ~s *бирж.* товар, готовый к сдаче; наличный товар
spring ~s товары весеннего ассортимента
stacked ~s штабелированный груз
standardized ~s стандартные товары
staple ~s массовые товары
storage ~s складированный товар
store ~s магазинные товары
stranded ~s груз, выброшенный на берег
strategic ~s стратегические товары
substandard ~s недоброкачественный (некондиционный) товар
substitutional ~s взаимозаменяемые товары
superior ~s товар высшего качества
surplus ~s товарные излишки
technical consumer ~s технические товары народного потребления
textile ~s текстильные товары
top-quality ~s марочные изделия
tradeable ~s ходовой товар
trademarked ~s марочные товары, фирменные товары
traditional export ~s товары традиционного экспорта
transit ~s транзитные товары
transportable ~s груз, годный для транспортировки
truck-packaged ~s товар, упакованный для перевозки автотранспортом
unaccepted ~s непринятый товар
unaddressed ~s неадресованный груз
unbonded ~s разбондированные товары
unclaimed ~s невостребованный груз
uncovered ~s товар без упаковки
undamaged ~s неповрежденный товар
undeclared ~s незаявленный груз
undelivered ~s непоставленный товар

unfinished ~s незавершённое производство
uninsured ~s незастрахованный груз
unmarketable ~s товар, непригодный для торговли
unmerchantable ~s *см.* unmarketable ~s
unordered ~s незаказанный товар
unpacked ~s неупакованный товар
unprotected ~s товар без упаковки
unsaleable ~s товар, непригодный для торговли
unshipped ~s неотгруженный товар
unsold ~s непроданный товар
unwrapped ~s товар без упаковки
utility ~s потребительские товары
varied ~s разнообразные товары
wage ~s товары, приобретаемые на заработную плату
warehouse ~s складской груз
weight ~s тяжёлый груз
wet ~s жидкий груз
~s for bulk shipment товары для отправки навалом
~s for immediate delivery товар с немедленной сдачей
~s from stock товар со склада
~s in bales товар в тюках
~s in bond груз, не оплаченный пошлиной, бондовый груз
~s in bulk товар без упаковки
~s in grain form насыпной товар
~s in powder form порошковый товар
~s in process товары, находящиеся в процессе производства
~s in short supply дефицитный товар
~s in stock товарные запасы
~s in store складской груз
~s in transit товар в пути
~s of the best brands марочные изделия
~s of damaging nature опасный товар
~s of dangerous character *см.* ~s of damaging nature
~s of equal value равноценные товары
~s of equal worth *см.* ~s of equal value
~s of first priority товары первой необходимости
~s of foreign make товары иностранного производства
~s of foreign origin товары иностранного происхождения
~s of high quality товары высокого качества
~s of inferior quality товары низкого качества
~s of inflammable nature легковоспламеняющийся груз
~s of low quality товары низкого качества
~s of poor quality *см.* ~s of low quality
~s of prime necessity товары первой необходимости
~s of sound quality доброкачественный товар
~s of superior quality товары высшего качества
~s of top quality *см.* ~s of superior quality
~s on consignment товары, присланные на консигнацию
~s on hand наличный товар
~s out of season несезонные товары
~s under arrest груз, находящийся под арестом
~s under customs bond груз, не оплаченный пошлиной
~s under customs seal грузы, пломбированные таможней
~s intended for shipment товары, предназначенные к отгрузке
~s light in weight лёгкий груз
~s subject to deterioration товар, подверженный порче
◇ to accept ~s принимать груз
to accept ~s for carriage принимать груз к перевозке
to advertise ~s рекламировать товар
to buy ~s покупать товары
to carry ~s перевозить товары
to charge ~s in an invoice указывать стоимость товара в накладной
to claim ~s востребовать груз
to clear ~s очищать товар от пошлины
to collect ~s получать товар; забирать товар
to consign ~s отправлять товар на консигнацию
to convey ~s перевозить грузы
to declare ~s декларировать груз
to declare ~s waste браковать товар
to delay ~s задерживать груз
to deliver ~s доставлять груз; поставлять товар
to deliver ~s at the disposal of smb передавать груз кому-л.
to deliver ~s on sale or return поставлять товар на условиях консигнации
to demonstrate ~s экспонировать товар
to detain ~s задерживать груз
to discharge ~s выгружать груз
to dispatch ~s отправлять груз

to dispose of ~s продавать товар
to distribute ~s продавать товар; распределять товар
to effect transhipment of ~s осуществлять перевалку груза
to enter ~s for customs clearing декларировать товар на таможне
to enter ~s for home consumption заявлять груз для внутреннего потребления
to examine ~s осматривать груз
to exchange ~s обменивать товары
to exhibit ~s экспонировать товары
to export ~s экспортировать товары
to feature ~s экспонировать товары
to forward ~s отправлять груз
to furnish with ~s снабжать товаром
to grade ~s сортировать грузы
to handle ~s производить транспортную обработку груза
to hand over ~s выдавать груз
to have ~s on trial апробировать товар
to hold ~s in store держать товар на складе
to import ~s импортировать товар
to inspect ~s осматривать груз
to insure ~s застраховать товар
to introduce ~s внедрять товар (на рынок)
to investigate ~s исследовать товар
to invoice ~s выписывать счет на товар
to keep ~s держать товар; оставлять товар у себя
to keep ~s in stock держать товар на складе
to land ~s выгружать груз, товар
to launch ~s выбрасывать товар на рынок
to load ~s грузить товар
to make ~s производить товары
to make ~s ready for shipment подготавливать товар к погрузке
to make ~s upon order подбирать товар в соответствии со спецификацией заказа
to make up ~s изготавливать товар
to manufacture ~s см. to make up ~s
to mark ~s маркировать товар
to mortgage ~s закладывать товар
to move ~s to the market внедрять товар на рынок
to need ~s нуждаться в товаре
to obtain ~s получать товар
to obtain ~s free of tax приобретать товар без уплаты налогов

to obtain possession of ~s получать товар
to offer ~s предлагать товар
to off-load ~s разгружать груз
to order ~s заказывать товар
to pack ~s упаковывать товар
to palletise ~s перевозить грузы на поддонах
to pay for ~s оплачивать товар
to pick up ~s забирать (вывозить) груз
to place ~s at the disposal of smb предоставлять товар в распоряжение кого-л.
to place ~s on the market продавать товар на рынке
to pledge ~s with a bank закладывать товар в банке
to present ~s экспонировать товар
to press ~s on smb навязывать товар кому-л.
to price ~s указывать цену товара
to produce ~s изготавливать товар
to protect ~s защищать груз
to provide ~s снабжать товарами
to purchase ~s покупать товары
to push ~s навязывать товар
to put ~s on the market внедрять товар на рынок
to readdress ~s переадресовывать груз
to recall ~s отзывать товар
to receive ~s получать груз
to reconsign ~s переадресовывать груз
to reject ~s отказываться от товара
to redeem pledged ~s выкупать заложенный товар
to reexport ~s перепродавать товар, реэкспортировать товар
to release ~s разрешать товар к отгрузке
to reload ~s осуществлять перевалку груза
to remove ~s разгружать груз
to render ~s marketable возвращать поврежденному товару товарный вид
to require ~s иметь потребность в товаре
to resell ~s перепродавать товар
to retain ~s оставлять товар у себя
to return ~s возвращать товар
to safeguard ~s предохранять груз
to salvage ~s спасать груз
to search for ~s искать товар
to secure ~s 1) предохранять товары 2) обеспечивать товар
to sell ~s продавать товары

to sell ~s retail продавать товар в розницу
to sell ~s wholesale продавать товар оптом
to sell out ~s распродавать товар
to send ~s on consignment отправлять товар на консигнацию
to ship ~s отгружать товар
to show ~s to advantage выгодно демонстрировать товар
to stack ~s штабелировать грузы
to stock ~s держать товар на складе
to store ~s см. to stock ~s
to submit ~s to a careful examination проводить тщательный осмотр товара
to supply ~s поставлять товар
to survey ~s осматривать груз
to tag ~s маркировать груз
to take ~s принимать груз
to take ~s on commission брать, принимать товар на комиссию
to take ~s on sale см. to take ~s on commission
to take ~s out of pledge выкупать товар из залога
to take stock of ~s переучитывать товар
to tally ~s сверять принимаемый товар
to test ~s испытывать товар
to throw ~s on the market выбрасывать товар на рынок
to trace ~s следить за движениями товара
to trade in ~s торговать товаром
to transfer ~s перегружать товар
to transfer ~s to a warehouse перевозить груз на склад
to tranship ~s перегружать товар
to transport ~s перевозить грузы
to turn out ~s выпускать товар
to turn ~s over to smb передавать товар кому-л.
to unload ~s выгружать груз, товар
to value ~s оценивать товар
to warehouse ~s складировать товар
to withdraw ~s from the market снимать товар с продажи на рынке
to withdraw ~s from a warehouse вывозить товар со склада
GOODWILL n 1. доброжелательность; добрая воля 2. условная стоимость репутации и деловых связей фирмы, «гудвилл» 3. денежная оценка неосязаемого капитала
customer ~ доброжелательное отношение покупателей

self-generated ~ образовавшиеся неосязаемые активы
~ of business денежная оценка репутации фирмы
GOUGING n обман, надувательство
price ~ амер. надувательство в ценах
GOVERN v руководить, направлять; регулировать
GOVERNMENT n 1. правительство 2. pl государственные ценные бумаги
federal ~ федеральное правительство
local ~ местная власть, местное самоуправление
member ~ государство-член какой-л. организации
municipal ~ муниципалитет
national ~ национальное правительство
provisional ~ временное правительство
signatory ~ государство, подписавшее [международный] документ
state ~ амер. правительство штата
GOVERNMENTAL adj правительственный; государственный
GOVERNMENT-CONTROLLED adj находящийся под государственным контролем
GOVERNMENT-OWNED adj принадлежащий правительству; государственный
GOVERNOR n 1. губернатор 2. заведующий; управляющий
GOVERNOR-ELECT n новый губернатор (только что избранный, но еще не вступивший в должность)
GRACE n отсрочка; льгота
~ for payment отсрочка платежа
◇ to grant a ~ предоставлять отсрочку
GRADE n 1. степень 2. качество, сорт
base ~ базисный сорт
choice ~ отборный сорт
combined ~ смешанный сорт
commercial ~ товарный сорт
commodity ~ см. commercial ~
contract ~s стандартная система показателей качества товара, поставляемого по срочным контрактам
deliverable ~ степень пригодности к поставке
engineering ~ промышленное качество
executive ~ ступень руководства
high ~ высокое качество, высший сорт
industrial ~ технический сорт
inferior ~ низкое качество
job ~ категория работы; степень сложности работы

labour ~ *см.* job ~
low ~ низкое качество; низкий сорт
market ~ рыночный сорт
merit ~ уровень качества
pay ~ разряд заработной платы
poor ~ низкое качество
prime ~ высший сорт
sample ~ самое низкое качество товара, приемлемое при поставке по срочному контракту
standard ~ стандартный сорт
superior ~ высший сорт
technical ~ технический сорт
tenderable ~s степень пригодности к сдаче
top ~ высший сорт
various ~s различные сорта
~ for payment разряд оплаты

GRADE *v* сортировать

GRADER *n* 1. сортировщик 2. сортировальная машина

GRADING *n* 1. сортировка; отбраковка 2. классификация
job ~ классификация работ по сложности
workers ~ группировка рабочих по разрядам
~ of accuracy степень точности
~ of commodities сортировка товаров; отбраковка товара
~ of goods *см.* ~ of commodities
~ of premiums ставки страховых платежей
~ of service 1) качество обслуживания 2) класс обслуживания

GRADUAL *adj* постепенный; последовательный

GRADUATE *v* 1. окончить высшее учебное заведение 2. градуировать 3. калибровать

GRADUATION *n* 1. окончание высшего учебного заведения 2. *амер.* вручение диплома или присвоение ученой степени 3. градуировка 4. калибровка
fertility ~ шкала плодовитости
high school ~ выпускные экзамены в средней школе
scale ~ тарификация

GRAFT *n* 1. взятка 2. взяточничество

GRAFTER *n* взяточник

GRAIN *n* зерно
cash ~ товарное зерно
coarse ~ зерно низкого качества
commodity ~ товарное зерно
conditioned ~ кондиционированное зерно
damaged ~ поврежденное зерно
feed ~ кормовое (фуражное) зерно
food ~ продовольственное зерно
infested ~ зараженное зерно
marketable ~ товарное зерно
seed ~ семенное зерно
standing ~ хлеб на корню

GRAIN-BULKER *n* зерновоз

GRAIN-CARRIER *n* *см.* **GRAIN-BULKER**

GRANT *n* 1. дар 2. *юр.* дарственная, документ о передаче прав 3. единовременная выплата 4. дотация, субсидия 5. *pl* стипендия
aid ~ субсидия
birth ~ пособие при рождении ребенка
confinement ~ *см.* birth ~
death ~ выплата пособия на похороны
educational ~ субсидия на образование
exchequer ~ государственное пособие (*из государственной казны*)
federal ~ субсидия федерального правительства
government ~ государственная помощь
investment ~ инвестиционная субсидия
land ~ выделение правительством земельного участка
licence ~ выдача лицензии
maintenance ~ единовременное пособие на содержание
maternity ~ пособие при рождении ребенка
monetary ~ денежное пособие, финансовая помощь
money ~ денежная выплата
production ~ дотация на нужды промышленности
state ~ государственная субсидия
training ~ субсидия на обучение
~ of a licence выдача лицензии
~ of a patent выдача патента
~ of probate утверждение завещания
~ of registration выдача документа о регистрации

GRANT *v* 1. дарить 2. давать дотацию, субсидию

GRANT-AID *n* целевая субсидия органам местного самоуправления

GRANT-AIDED *adj* существующий на субсидию

GRANT-ELEMENT *n* грант-элемент

GRANTER *n* лицо, получающее субсидию
◇ ~ of a licence лицензиат

GRANT-IN-AID *n* целевая субсидия органам местного самоуправления

GRANTING *n* предоставление
  patent ~ выдача патента
  ~ of an agency appointment предоставление агентских полномочий
  ~ of an allowance предоставление скидки
  ~ of a concession предоставление концессии
  ~ of credit предоставление кредита
  ~ of credit facilities *см.* ~ of credit
  ~ of a discount предоставление скидки
  ~ of financial resources предоставление финансовых средств
  ~ of funds *см.* ~ of financial resources
  ~ of a guarantee предоставление гарантии
  ~ of a licence предоставление (выдача) лицензии
  ~ of a loan предоставление займа
  ~ of a power of attorney предоставление доверенности
  ~ of state credits предоставление государственных кредитов

GRANTOR *n* даритель; цедент
  credit ~ кредитор
  ~ of a licence лицензиар
  ~ of the option лицо, предлагающее опцион
  ~ of real estate лицо, продающее земельный участок

GRAPH *n* график, диаграмма
  bar ~ гистограмма; столбцовая диаграмма
  circular ~ круговая диаграмма
  computer ~ график, построенный с помощью ЭВМ
  line ~ линейный график
  sales ~ диаграмма хода продаж
  schedule ~ календарный график
  time ~ временная диаграмма
  value ~ диаграмма полезности

GRASSLAND *n* сенокоснопастбищное угодье
  permanent ~ постоянное сенокоснопастбищное угодье
  rotational ~ сенокоснопастбищное угодье с чередованием посевных трав
  temporary ~ временное сенокоснопастбищное угодье

GRASSROOTS *n* простые люди, широкие массы

GRASSROOTS *adj* стихийный, возникший в народе; массовый

GRATIS бесплатно, безвозмездно, даром

GRATUITOUS *adj* бесплатный, безвозмездный

GRATUITY *n* денежное пособие, премия

GRAZING *n* **1.** содержание скота на пастбище **2.** пастбище
  high-quality ~ высококачественное пастбище
  rough ~ малопригодное пастбище
  strip ~ полосовой выпас

GREENBACK *n* доллар США

GREENBELT *n* зеленый пояс (*вокруг города*)

GREENFIELD *n* новое предприятие

GREENGROCER *n* торговец зеленью, овощами и фруктами

GREENGROCERY *n* овощная лавка

GREENHOUSE *n* теплица, оранжерея

GREENMAIL *n* «зеленая почта»; перекупка акций по цене ниже рыночной

GRID *n* **1.** решетка **2.** сеть (*дорог, станций*) **3.** энергетическая система

GROCER *n* торговец бакалейными товарами

GROCERY *n* **1.** бакалейная лавка **2.** бакалейные товары

GROSS *n* **1.** масса **2.** гросс (12 дюжин)
  by the ~ оптом, большими партиями
  in ~ *см.* by the ~

GROSS *adj* валовой; брутто
  ~ for net брутто за нетто

GROUND *n* **1.** земля, почва **2.** площадка, спортивная площадка **3.** основание, причина, мотив
  building ~ строительная площадка
  common ~ 1) общинная земля 2) общее основание
  demonstration ~ демонстрационная площадка
  exhibition ~ площадь выставки
  fair ~ площадь ярмарки
  fishing ~ район рыбного промысла
  hunting ~ охотничье угодье
  legal ~ юридическое основание
  pleasure ~ парк отдыха
  reasonable ~ разумное основание
  show ~ территория выставки
  statutory ~ законное основание
  testing ~ площадка для проведения испытаний
  ~ for an action основание для предъявления иска
  ~ for a claim основание для предъявления претензии
  ~ for a complaint *см.* ~ for a claim
  ~ for dismissal основание для увольнения
  ~ for opposition основание для возражения

GRO

◇ to break new ~ предпринимать что-л. новое
to establish ~s выдвигать основания
to gain ~ продвигаться вперед
to lose ~ идти назад, отступать
to use ~s использовать площадку
GROUNDAGE *n* сбор за стоянку в порту
GROUNDING *n* 1. основание, обоснование 2. *ав.* запрещение подниматься в воздух 3. временное снятие с эксплуатации
GROUNDLESS *adj* необоснованный, несостоятельный
GROUNDLESSNESS *n* беспричинность, необоснованность
GROUNDWATER *n* грунтовая вода, подпочвенная вода
GROUNDWORK *n* 1. основа, фундамент 2. фон
GROUP *n* группа; организация
   administration ~ административная группа
   advisory ~ группа консультантов
   affiliate ~ of corporations концерн
   age ~ возрастная группа
   allied trade ~ родственная группа; филиал
   buyers' ~ группа покупателей
   campaign ~ группа, организующая кампанию
   consumer ~ группа потребителей
   design ~ группа проектировщиков
   development ~ группа развития
   economic ~ экономическая группа; хозяйственная группа
   environmental ~ группа, занимающаяся проблемами окружающей среды
   ethnic ~ этническая группа
   examining ~ группа экспертов
   geographical ~ группа населения, сформированная по территориальному признаку
   high status ~ группа, занимающая высокое общественное положение
   income ~ группа населения, имеющего одинаковый доход
   interest ~ группа, объединенная общими интересами
   loaning ~ кредитная группа
   low status ~ группа, занимающая низкое общественное положение
   management ~ группа управления
   manufacturing ~ производственная группа
   minority ~ меньшинство
   national ~ группа, сформированная по национальному признаку
   nomadic ~ кочевая группа
   noncompeting ~ неконкурирующая группа
   occupational ~ профессиональная группа
   policy ~ группа, разрабатывающая политику
   population ~ группа населения
   pressure ~ группа, объединенная общими интересами и оказывающая нажим на политиков и общественность
   producers' ~ производственная группа
   product ~ of a corporation промышленное отделение корпорации
   professional ~ профессиональная группа
   purchasing ~ закупочная группа
   research ~ исследовательская группа
   retailers' buying ~ объединение розничных торговцев
   social status ~ общественная группа
   socioeconomic ~ социально-экономическая группа
   spending ~ покупатели
   study ~ рабочая группа
   task ~ целевая группа
   trade ~ отраслевая группа
   umbrella ~ группа, объединяющая более мелкие группы
   vintage ~ возрастная группа единиц оборудования
   wage rate ~ группа одного разряда заработной платы
   working ~ рабочая группа
   ~ of actions комплекс мероприятий
   ~ of banks банковская группа
   ~ of companies концерн
   G. of Ten Группа десяти
   G. of Twenty Группа двадцати
   G. of 77 Группа 77
GROUPING *n* группировка; классификация
   interest ~ группировка по интересам
   multistage ~ многоступенчатая группировка
   multistep ~ см. multistage ~
   religious ~ группировка по вероисповеданию
   socioeconomic ~ группировка по социально-экономическому положению
   ~ of exhibits распределение экспонатов по группам
   ~ of products группировка товаров

GRO   GUA   G

GROW *v* расти, увеличиваться; усиливаться

GROWING *n* 1. рост 2. выращивание
  continuous corn ~ ежегодный засев зерновыми
  forage ~ выращивание кормовых культур
  seed ~ семеноводство

GROWTH *n* 1. рост, развитие 2. выращивание, культивирование
  agricultural ~ увеличение сельскохозяйственной продукции
  arrested ~ приостановившийся рост
  balanced ~ сбалансированный рост
  damped ~ замедленный рост
  economic ~ экономическое развитие
  efficient ~ эффективный рост
  export-led ~ рост на основе развития экспортной базы
  faster ~ опережающее развитие
  industrial ~ развитие промышленности
  internal ~ of a company рост фирмы за счет новых капиталовложений
  job ~ рост занятости
  marginal ~ предельный рост
  monetary ~ увеличение денежной массы
  natural population ~ естественный прирост населения
  projected ~ прогнозируемый рост
  stable ~ устойчивый рост
  stunted ~ задержанный рост
  sustained ~ устойчивый рост
  total population ~ общее увеличение численности населения
  traffic ~ рост интенсивности транспортного движения
  unabated ~ непрерывный рост
  unbalanced ~ несбалансированный рост
  uneven ~ неравномерное развитие
  zero ~ нулевой рост
  ~ by merger рост за счет слияния компаний
  ~ in the living standard рост уровня жизни
  ~ of capital увеличение капитала
  ~ of cities рост городов
  ~ of consumption рост потребления
  ~ of deficit рост дефицита
  ~ of demand повышение спроса
  ~ of income рост дохода
  ~ of indebtedness увеличение задолженности
  ~ of investments рост инвестиций
  ~ of population увеличение численности населения
  ~ of profits увеличение прибыли
  ~ of purchases рост закупок
  ~ of taxes рост налогов
  ~ of technology технологический прогресс
  ~ of trade рост торговли
  ~ of the wage level рост уровня заработной платы
  ◊ to slow economic ~ замедлять экономический рост

GUARANTEE *n* 1. гарантия; поручительство 2. залог 3. поручитель, гарант 4. лицо, которому дается гарантия
  additional ~ добавочная гарантия
  bank ~ банковская гарантия
  banker's ~ *см.* bank ~
  collective ~ коллективная гарантия
  conditional ~ условная гарантия
  continuing ~ общая гарантия
  contract ~ договорная гарантия
  contractual ~ *см.* contract ~
  credit ~ гарантия кредита
  dividend ~ гарантия выплаты дивидендов
  exchange rate ~ гарантия возмещения потерь при колебании курса
  export ~ экспортная гарантия
  export credit ~ гарантия экспортных кредитов
  export risk ~ гарантия экспортного риска
  extended ~ продленная гарантия
  financial ~ финансовая гарантия
  general ~ общая гарантия
  gold ~ золотое обеспечение
  government ~ правительственная гарантия
  implied ~ подразумеваемая гарантия
  insurance ~ страховая гарантия
  irrevocable ~ безотзывная гарантия
  joint ~ коллективная гарантия
  legal ~ правовая гарантия
  limited ~ ограниченная сроком гарантия
  long-term ~ долгосрочная гарантия
  maintenance ~ гарантия технического обслуживания
  money back ~ гарантия возврата платы
  mortgage ~ ипотечная гарантия
  performance ~ гарантия основных показателей
  rate ~ гарантия возмещения потерь при колебаниях курса
  reliable ~ надежная гарантия

revocable ~ отзывная гарантия
quality ~ гарантия качества
sales ~ гарантия продаж
seller's ~ гарантия продавца
short-term ~ краткосрочная гарантия
specific ~ специальная гарантия
standard ~ стандартная гарантия
tender ~ тендерная гарантия
unconditional ~ безусловная гарантия
underwriter's ~ гарантия страховщика
underwriting ~ гарантия размещения ценных бумаг
vendor's ~ гарантия продавца
~ for credits гарантия кредитов
~ of a bill вексельное поручительство, аваль
~ of confidentiality ~ обеспечение конфиденциальности
~ of delivery гарантия поставки
~ of merchantability гарантия пригодности для торговли
~ of operation гарантия работы (машин)
~ of payment гарантия платежа
~ of property имущественная гарантия
~ of quality гарантия качества
~ of the safety of goods гарантия сохранности товара
~ of solvency гарантия кредитоспособности
◇ under the ~ по гарантии
with ~ с гарантией
without ~ без гарантии
to annul a ~ аннулировать гарантию
to apply a ~ применять гарантию
to be covered by a ~ входить в гарантию
to cancel a ~ аннулировать гарантию
to extend a ~ *амер.* предоставлять гарантию
to furnish a ~ *см.* to extend a ~
to give a ~ давать гарантию
to grant a ~ предоставлять гарантию
to have a ~ иметь гарантию
to issue a ~ оформлять гарантию
to maintain a ~ выполнять обязательства по гарантии
to obtain a ~ получать гарантию
to offer a ~ предлагать гарантию
to receive a ~ получать гарантию
to release from a ~ освобождать от гарантии

to rescind a ~ аннулировать гарантию
GUARANTEE *v* 1. гарантировать, давать гарантию 2. ручаться
GUARANTOR *n* поручитель, гарант
primary ~ главный поручитель
~ for a loan гарант займа
~ of a bill гарант по векселю
GUARANTY *n см.* **GUARANTEE**
GUARD *n* охрана
coast ~ береговая охрана
customs ~ *амер.* служащие таможни
fair ~s дежурный персонал ярмарки
GUARD *v* охранять
GUARDIAN *n* опекун
testamentary ~ опекун по завещанию
GUIDANCE *n* руководство
design ~ руководство проектированием
occupational ~ профессиональная ориентация
technical ~ техническое руководство
vocational ~ профессиональная ориентация
◇ under smb's ~ под чьим-л. руководством
to provide ~ обеспечивать руководство
to serve as ~ служить руководством
GUIDE *n* 1. экскурсовод; гид 2. ориентир, указатель 3. руководитель 4. руководство; путеводитель
exhibition ~ путеводитель по выставке
fair ~ путеводитель по ярмарке
information ~ справочник
market ~ коммерческий справочник
occupational ~ профессиональный справочник
practical ~ практическое руководство
tourist ~ туристический справочник
travel ~ справочник путешественника
GUIDE *v* 1. направлять, руководить 2. служить ориентиром
GUIDELINE *n* директива
depreciation ~s нормативные сроки начисления амортизации
GUILD *n* 1. организация, союз 2. гильдия
merchants' ~ торговая гильдия
trade ~ ремесленная гильдия
GUSHER *n* мощный выброс нефтяного фонтана
GYRATION *n* резкое колебание конъюнктуры рынка

H

HABERDASHER *n* 1. торговец галантерейными товарами 2. *амер.* торговец предметами мужского туалета
HABERDASHERY *n* 1. галантерейные товары 2. галантерейный магазин
HABIT *n* привычка; обычай; обыкновение
  buying ~s покупательские привычки
  consumer's ~s потребительские привычки
  paying ~s платежные обычаи
  payment ~s *см.* paying ~s
  shopping ~s покупательские привычки
HABITABLE *adj* обитаемый; жилой; удобный для жилья
HABITANT *n* житель
HABITAT *n* 1. место обитания 2. естественная среда
HABITATION *n* 1. проживание 2. место жительства 3. поселок
HACKNEY-CARRIAGE *n* такси
HAGGLE *v* торговаться; спорить
HAGGLER *n* торгаш
HALF *n* половина
  return ~ корешок билета для обратного проезда
  ◇ to go halves войти в долю; делить пополам
  to reduce by ~ сокращать наполовину
HALF-LIFE *n* период до выкупа половины стоимости облигаций
HALF-PAY *n* оплата в половинном размере; половинный оклад, полставки
HALFPENNY *n* полпенса
HALF-PRICE *n* полцены
  ◇ at ~ за полцены
HALF-STOCK *n амер.* половинная акция
HALF-TIME *n* 1. неполный рабочий день; неполная рабочая неделя 2. плата за неполный рабочий день, за неполную рабочую неделю
  ◇ to work ~ работать неполный рабочий день или неполную рабочую неделю

HALF-TIMER *n* рабочий, занятый неполную рабочую неделю
HALF-WEEKLY *adv* дважды в неделю
HALF-YEARLY *adj* полугодовой
HALF-YEARLY *adv* дважды в год
HALL *n* зал
  assembly ~ зал для проведения собраний и заседаний
  cinema ~ кинозал
  conference ~ конференц-зал
  counter ~ кассовый зал
  demonstration ~ демонстрационный зал
  exhibition ~ выставочный зал
  market ~ крытый рынок
  town ~ ратуша
  trading ~ временная приостановка торговли на бирже
  transit ~ транзитный зал
HALLMARK *n* проба, пробирное клеймо
HALT *n* остановка, место для остановки
HALVE *v* делить пополам; уменьшать наполовину
HAMMER *n* молоток
  ◇ to come under the ~ продаваться с молотка
HAMMER *v* 1. *бирж.* объявлять банкротом 2. сбивать цены
  ◇ ~ the market сбивать цены путем продажи акций
HAMMERED *adj бирж.* «объявлен банкротом»
HAMMERING *n* объявление банкротом
HAMPER *v* мешать, препятствовать; затруднять
HAND *n* 1. контроль; власть 2. *часто pl* рабочий, работник 3. *pl* экипаж (*судна*)
  factory ~ фабричный рабочий
  farm ~ сельскохозяйственный рабочий
  hidden ~ «невидимая рука» (*механизм регулирования рыночного хозяйства*)
  hired ~ наемный рабочий
  invisible ~ «невидимая рука» (*меха-

низм регулирования рыночного хозяйства)
leading ~ бригадир
office ~s *амер.* конторский персонал
second ~ подсобный рабочий
warehouse ~ работник склада
whip ~ 1) контрольный пост 2) господствующее положение 3) перевес
◇ at first ~ из первых рук
by ~ 1) с нарочным 2) ручным способом
in ~ в руках; в чьем-л. распоряжении
on ~ на руках; в наличии; *амер.* под рукой, рядом
under the ~ of smb за подписью кого-л.
to be on ~ быть в наличии
to change ~s перейти в другие руки
to get out of ~ выйти из-под контроля
to hang on ~ не иметь сбыта
to have a ~ in smth участвовать в чем-л.
to join ~s объединяться, действовать сообща
to remain on ~ оставаться в наличии
to set one's ~ to поставить подпись
HAND *v* передавать, вручать
~ down 1) передавать, вручать; пересылать 2) передавать из поколения в поколение
~ in вручать, подавать
~ out раздавать
~ over передавать
HANDBILL *n* рекламный листок
HANDBOOK *n* руководство; справочник
HANDICAP *n* помеха, препятствие
insurmountable ~ непреодолимое препятствие
HANDICRAFT *n* 1. ремесло; ручная работа 2. мастерство ремесленника
HANDICRAFTSMAN *n* ремесленник
HANDING *n* вручение
~ in подача, вручение
~ over передача
HANDLE *n бирж.* «фигура» (*общее число в обозначении котировки курса покупателя и продавца*)
HANDLE *v* 1. *амер.* обращаться с чем-л. 2. обрабатывать (*документы, груз*) 3. *амер.* торговать 4. грузить; выгружать
HANDLER *n:*
material ~ рабочий, занятый на транспортной обработке грузов
HANDLING *n* 1. обращение с чем-л. 2. переработка грузов; погрузочно-разгрузочные работы

additional ~ дополнительная обработка (*груза*)
automatic ~ of cheques автоматизированная обработка чеков
bulk ~ разгрузка груза, транспортируемого навалом
careless ~ небрежное обращение
cargo ~ обработка груза
cheque ~ обработка чеков
crane ~ крановая перегрузка
data ~ обработка данных
double ~ двойная транспортная обработка
efficient ~ квалифицированное обращение
expedited ~ передача с посыльным
extra ~ дополнительная обработка груза
freight ~ погрузочно-разгрузочные работы
individual ~ индивидуальная обработка груза
information ~ обработка информации
lo-lo cargo ~ вертикальная обработка грузов
manual ~ ручная обработка груза
materials ~ 1) перемещение грузов в рамках предприятия и между предприятиями 2) транспортная обработка материалов
mechanical ~ механическая обработка
negligent ~ небрежное обращение
palleted materials ~ переработка грузов на поддонах
rough ~ грубое обращение (*с грузом*)
shipboard ~ обработка грузов судовыми средствами
special ~ особое обращение
unitized ~ контейнерные перевозки грузов
unloading ~ обращение с грузом при разгрузке
~ of an application обработка заявки
~ of cargo обработка груза
~ of containers обработка контейнеров
~ of goods обработка груза
~ of a machine обращение с машиной
~ of work проведение работ
HANDMADE *adj* ручной работы
HANDMILKING *n* ручное доение
HANDOUT *n* 1. текст заявления для печати 2. бесплатная, благотворительная раздача
HANDRAIL *n* поручень
HANDSEL *n* 1. залог, задаток 2. первый платеж при уплате в рассрочку

HANDSHAKE n рукопожатие
  electronic ~ *амер.* фондовая сделка, исполняемая брокером по просьбе, полученной через Межрыночную торговую систему
  golden ~ большое выходное пособие служащему, которого хотят уволить
HANDWORK n ручная работа
HARBOUR n 1. гавань, порт 2. убежище
  free ~ вольная гавань
  inland ~ речной порт
  outer ~ аванпорт
  quarantine ~ карантинная гавань
  tidal ~ приливной порт
  ~ of refuge порт вынужденного захода
  ◇ to call at a ~ входить в порт, гавань
  to enter a ~ *см.* to call at a ~
  to leave a ~ покидать порт
  to put into a ~ входить в порт
HARD *adj* 1. трудный, тяжелый; требующий напряжения 2. звонкий (*о монете*)
HARDEN v повышаться (*о ценах*); стабилизироваться (*о ценах, рынке*)
HARDENING n медленная стабилизация, укрепление конъюнктуры
  ~ of the market стабилизация рынка
HARDENING *adj* 1. повышательный 2. стабилизирующий
HARDSHIP n *обыкн. pl* 1. трудности 2. лишения, нужда
  financial ~s финансовые затруднения
HARD-TO-SELL *adj* труднореализуемый
HARDWARE n 1. стационарное производственное оборудование 2. аппаратура 3. арматура из металлов 4. аппаратные средства (*в вычислительной технике*)
  basic ~ основное производственное оборудование
  metalware ~ металлоизделия
  process plant ~ оборудование перерабатывающих предприятий
  special-purpose ~ специализированная аппаратура
HARM n вред, ущерб
HARMONIZATION n согласование; согласованность
  tax ~ согласование различных видов налогового обложения
HARMONIZE v согласовывать, приводить в соответствие
HARMONY n согласованность, соответствие; соразмерность
HARNESS v покорять; делать полезным

HARNESSING n покорение; использование
  ~ of renewable resources использование возобновляемых источников энергии
HARSHNESS n суровость, жестокость
  ~ of competition жестокость конкуренции
HARVEST n 1. жатва; уборка хлеба; сбор (*фруктов и овощей*) 2. урожай
  bumper ~ небывалый урожай
  grain ~ урожай зерновых
  hand ~ ручной сбор урожая
  machine ~ машинный сбор урожая
  poor ~ бедный урожай
  standing ~ урожай на корню
HARVESTER n уборочная машина, комбайн
HARVESTING n уборка урожая
HATCH n люк
  cargo ~ грузовой люк
  freight ~ *см.* cargo ~
  loading ~ *см.* cargo ~
  main ~ главный люк
  workable ~ рабочий люк
  ◇ to batten down a ~ задраивать люк
  to cover a ~ *см.* to batten down a ~
  to open a ~ открывать люк перед разгрузкой
  to unload a ~ разгружать люк
HATCHWAY n *см.* HATCH
HAUL n 1. перевозка, транспортировка, рейс 2. маршрут перевозки
  inland ~ внутренняя перевозка
  line ~s линейные перевозки
  long ~s дальние перевозки
  out-and-back ~ встречная перевозка
  rail ~ железнодорожная перевозка
  short ~s короткопробежные перевозки
HAUL v 1. перевозить, транспортировать; подвозить, доставлять 2. буксировать
HAULAGE n 1. буксировка 2. доставка; транспортировка 3. стоимость транспортировки
  bulk ~ бестарная перевозка
  long distance road ~s дальние (междугородные) перевозки на грузовиках
  road ~ грузовая автоперевозка
  through ~ сквозная перевозка; транзит
  ~ of goods подвозка груза; перевозка груза
HAULING n перевозка, транспортировка
  contract ~ контрактная перевозка
  cross ~ встречная перевозка

HAVEN *n* 1. гавань 2. убежище
   tax ~ налоговая гавань, налоговое убежище
HAVE-NOTS *n pl* нищие, бедняки
HAWK *v* торговать вразнос; торговать на улицах
HAWKER *n* уличный торговец
HAWKING *n* уличная торговля
HAYMAKING *n* сенокос; заготовка сена
HAY-TIME *n* время сенокоса
HAZARD *n* риск, опасность
   accident ~ риск несчастного случая
   business ~ торговый риск
   fire ~ опасность возникновения пожара
   occupational ~ риск профессионального заболевания
   operational ~ опасность несчастного случая на производстве
   radiation ~ радиационная опасность
   safety ~ нарушение правил техники безопасности
HAZARDOUS *adj* рискованный, опасный
HEAD *n* 1. верх 2. заглавие, заголовок 3. глава, руководитель, начальник 4. стадо; стая
   department ~ начальник отдела; начальник управления
   divisional ~ руководитель отделения
   executive ~ руководитель
   group ~ руководитель группы
   production ~ руководитель производства
   managing ~ управляющий
   ~ of an agency руководитель учреждения
   ~ of a delegation руководитель делегации
   ~ of a department начальник отдела; начальник управления
   ~ of an enterprise руководитель предприятия
   ~s of expenditure статьи расходов
   ~ of the government глава правительства
   ~ of a group руководитель группы
   ~ of the household глава хозяйства
   ~ of an organization руководитель организации
   ~ of the state глава государства
   ◇ per ~ на душу населения
HEAD *v* 1. возглавлять 2. направлять
HEADING *n* заглавие, заголовок; рубрика
   bill ~ заголовок счета (*платежного требования*)

   letter ~ шапка фирменного бланка
   minimum group ~ наименьшее деление групп отраслей промышленности и экономики
   tariff ~ позиция тарифа
HEADLINE *n* газетный заголовок
HEADMAN *n* глава; начальник
HEADMASTER *n* директор школы
HEADQUARTERS *n* главное управление; штаб-квартира
HEALTH *n* 1. здоровье 2. благосостояние; процветание
   public ~ общественное здравоохранение
HEARING *n* слушание (*дела*)
   arbitration ~ арбитражный процесс
   ~ of bankruptcy слушание дела о банкротстве
   ~ of a case слушание дела
   ~ of a dispute разбирательство спора
   ~ of a witness допрос свидетеля
   ◇ to fix a ~ назначать день слушания
   to hold a ~ проводить разбирательство дела
HEARTH *n* домашний очаг
HEAT *n* тепло; теплота
   solar ~ солнечное тепло
HEATING *n* отопление
HEAVEN *n* 1. небеса 2. рай
   tax ~ «налоговый» рай
HEAVINESS *n* депрессия, вялость
   ~ of economic activity вялость хозяйственной деятельности
   ~ of the market вялость рынка
HEAVY *adj* 1. тяжелый, тяжеловесный 2. крупный, большой 3. трудный 4. обильный, богатый
HEAVY-DUTY *adj* 1. сверхмощный 2. сверхпрочный 3. облагаемый высокой таможенной пошлиной
HEDGE *n бирж.* хедж; хеджирование
   buying ~ хеджирование покупкой
   cross ~ перекрестное хеджирование
   long ~ покупка фьючерсных контрактов (*в ожидании фактических покупок на рынке за наличный расчет*)
   perfect ~ хеджирование, исключающее возможность прибыли или потерь, зависящих от колебаний конъюнктуры
   rolling ~ хеджирование с помощью возобновляемой срочной операции
   selling ~ хеджирование продаж
   short ~ продажа фьючерсных контрактов
HEDGER *n* хеджер
   commercial ~ коммерческий хеджер

HEDGING *n* хеджирование
  selective ~ селективное хеджирование
HEIR *n* наследник
  collateral ~ наследник по боковой линии
  direct ~ прямой наследник
  immediate ~ *см.* direct ~
  joint ~ сонаследник
  testamentary ~ наследник по завещанию
  true ~ законный наследник
HEIRLOOM *n* наследственная, фамильная вещь; фамильная ценность
HELP *n* 1. помощь 2. помощник
  credit ~ кредитная помощь
  field ~ техническая помощь на месте эксплуатации
  gratuitous ~ безвозмездная помощь
  mutual ~ взаимная помощь
  skilled ~ квалифицированный работник
  urgent ~ срочная помощь
  ◊ ~ wanted требуются (*работники*)
  to come to ~ приходить на помощь, выручать
  to furnish ~ оказывать помощь
  to lend ~ *см.* to furnish ~
  to need ~ нуждаться в помощи
  to offer ~ предлагать помощь
  to provide ~ предоставлять помощь
  to require ~ нуждаться в помощи
  to resort to ~ прибегать к помощи
HELPER *n* 1. помощник 2. подсобный рабочий
HERBAGE *n* 1. травяной покров; пастбище 2. *юр.* право пастбища
HERBICIDE *n* гербицид
HERD *n* стадо, гурт
  beef ~ стадо мясных коров
  breeding ~ племенное стадо
  dairy ~ молочное стадо
HEREDITABLE *adj* наследственный, наследуемый
HEREDITAMENT *n юр.* имущество, могущее быть предметом наследования
  corporeal ~ реально, физически существующее имущество (*земля, здания и т. п.*)
  incorporeal ~ право получения дохода от недвижимого имущества без права собственности на него
  industrial ~ земля и здания, используемые в промышленных целях
HEREDITARY *adj* наследственный, передаваемый по наследству
HEREDITY *n* наследственность

HERITAGE *n* 1. наследство 2. наследие 3. традиция
HERRING *n:*
  red ~ отвлекающий маневр
HICCUP *n* внезапное изменение конъюнктуры в противоположную сторону от долгосрочной тенденции
HIERARCHY *n* иерархия
HIGGLE *v* 1. торговаться, выторговывать мелкие уступки 2. торговать вразнос
HIGGLER *n* торговец вразнос, разносчик
HIGGLINE *n* уторговывание цены продавцом и покупателем
HIGH *n* высшая точка, высший уровень; максимум
  all-time ~ наивысшая точка за весь период
  new ~ новый высший уровень
  year's ~ наиболее высокий уровень в течение года
HIGH *adj* 1. высокий 2. дорогой, высокий 3. лучший, высший
  ◊ to be ~ быть на высоком уровне
HIGH-CAPACITY *adj* высокопроизводительный; мощный
HIGH-CLASS *adj* высококачественный
HIGH-DUTY *adj* высокопроизводительный
HIGH-EFFICIENCY *adj* с высоким коэффициентом полезного действия
HIGHFLYERS *n pl бирж.* ценные бумаги, продающиеся по спекулятивной цене
HIGH-GRADE *adj* высококачественный
HIGH-PERFORMANCE *adj* высокоэффективный
HIGH-PRICED *adj* дорогой (*о товаре, услуге*)
HIGH-PRODUCTIVE *adj* высокопроизводительный
HIGH-QUALITY *adj* высококачественный
HIGHROAD *n* 1. шоссе, автомагистраль 2. торговый путь
HIGHS *n pl бирж.* ценные бумаги, котировки которых достигли наивысшего уровня
HIGH-VALUE *adj* ценный, драгоценный
HIGHWAY *n* 1. шоссе, автомагистраль 2. торговый путь
  arterial ~ автомагистраль
  express ~ автострада
  federal ~ федеральная дорога
  four-lane ~ четырехрядная дорога
  public ~ государственные коммуникации

toll ~ платная автомобильная дорога
HIGH-YIELD *adj* высокопродуктивный
HIGH-YIELDING *adj* см. **HIGH-YIELD**
HIKE *n* 1. рост, резкий подъем (*цен*) 2. прибавка, увеличение (*зарплаты*)
  pay ~s увеличение выплат
  price ~ повышение цен
  tax ~s рост налогов
  wage ~s увеличение зарплаты
HINDER *v* мешать, препятствовать
HINDRANCE *n* помеха, препятствие
HINTERLAND *n* 1. район, тяготеющий к торгово-промышленному центру 2. внутренний район страны, через который проходят торговые потоки
HIRE *n* 1. наем; прокат 2. плата за наем; плата за прокат
  car ~ прокат автомобилей
  charter ~ фрахт по чартеру
  container ~ прокат контейнеров
  film ~ прокат фильмов
  lighter ~ прокат лихтеров
  tugboat ~ плата за буксировку
  ~ of goods прокат товаров
  ~ of labour прием на работу, набор рабочих
  ◊ for ~ напрокат
  on ~ *см.* for ~
  to be for ~ сдаваться напрокат
  to be on ~ *см.* to be for ~
  to pay a ~ платить за прокат
  to take on ~ брать напрокат
  to work by ~ работать по найму
  to work for ~ *см.* to work by ~
HIRE *v* 1. нанимать 2. брать напрокат
  ◊ ~ out сдавать внаем
HIRER *n* 1. наниматель 2. берущий напрокат
HIRING *n* наем
  ~ of labour наем рабочей силы
  ~ of personnel наем персонала
  ~ of services трудовое соглашение
  ~ of staff наем персонала
HIRING-OUT *n* прокат товаров
HISTOGRAM *n* гистограмма
HISTORY *n* история
  case ~ 1) история развития 2) история болезни 3) типичный пример
  credit ~ досье заемщика
  economic ~ история народного хозяйства
  employment ~ послужной список
  ~ of a case справка по делу
HIT *n* успех; удача
HIT *v* бирж. «поймать котировку» (*продать валюту по курсу покупателя, котируемому другим дилером*)
HITCH *n* помеха; препятствие
HIVE-OFF *n* 1 создание новой компании путем отпочковывания от материнской корпорации 2. выдача субконтрактов
HOARD *n* тайный склад; скрытые запасы
HOARD *v* 1. запасать; копить 2. тайно хранить
HOARDER *n* укрыватель товаров; спекулянт
HOARDING *n* накопление; тезаврация
  advertising ~ тумба (*обычно из дерева*) на которой прикрепляются рекламные материалы, доска для афиш и объявлений
  gold ~ тезаврация золота
  labour ~ придерживание рабочей силы
  ~ of money накопление денег
HOGSHEAD *n* бочонок; бочка
HOIST *n* подъемное устройство, лифт
HOISTING *n* подъем (*груза*)
  load ~ подъем груза
  ~ of cargo *см.* load ~
HOLD *n* 1. трюм 2. хранилище 3. владение
  after ~ задний трюм
  capacious ~ вместительный трюм
  cargo ~ грузовой трюм
  forward ~ передний трюм
  free ~ неполный трюм
  full ~ полный трюм
  ship's ~ трюм
  ◊ to discharge from the ~ выгружать из трюма
HOLD *v* 1. владеть, иметь; держать 2. иметь силу (*о законе*) 3. занимать должность 4. проводить, устраивать
  ~ back 1) сдерживать; удерживать 2) колебаться; уклоняться
  ~ down удерживаться (*в должности*), не потерять место
  ~ firm to the price твердо держаться цены
  ~ in pawn хранить в качестве залога
  ~ in pledge *см.* ~ in pawn
  ~ off откладывать
  ~ on trust хранить по доверенности
  ~ out держаться, не уступать
  ~ over 1) откладывать (*решение*) 2) откладывать про запас; резервировать
  ~ responsible считать ответственным
  ~ up останавливать, задерживать
HOLDBACK *n* препятствие, задержка
HOLDER *n* *юр.* владелец, держатель; предъявитель

account ~ владелец счета
advance ~ авансодержатель
allotment ~ владелец садового участка
bill of lading ~ держатель коносамента
bona fide ~ добросовестный владелец
bond ~ держатель облигаций
cash ~ владелец кассового остатка
copyright ~ владелец авторского права
coupon ~ владелец купона
debenture ~ владелец долгового обязательства
dummy stock ~ подставной владелец акций
insurance ~ держатель страхового полиса
job ~ имеющий работу
joint ~ совместный владелец
land ~ землевладелец
lawful ~ законный владелец
lease ~ арендатор
legal ~ законный владелец
licence ~ владелец лицензии
loan ~ займодержатель
mala fide ~ недобросовестный держатель
option ~ держатель опциона
patent ~ владелец патента
permit ~ владелец разрешения
policy ~ держатель страхового полиса
previous ~ предыдущий держатель
registered ~ зарегистрированный держатель ценных бумаг
security ~ владелец ценных бумаг
small ~ мелкий землевладелец
stand ~ владелец стенда (*на выставке*)
subsequent ~ последующий владелец
~ for value *юр.* держатель на возмездных началах; векселедержатель
~ in due course правомерный (законный) держатель
~ of an account владелец счета
~ of an annuity пенсионер
~ of a banking account владелец банковского счета
~ of a bill держатель векселя
~ of a bill of exchange держатель тратты
~ of a cheque чекодержатель
~ of a draft держатель тратты
~ of documents держатель документов
~ of a L/C владелец аккредитива
~ of a licence лицензиат
~ of a pledge держатель залога
~ of a patent владелец патента
~ of a power of attorney владелец доверенности

~ of a scholarship получающий стипендию
~ of shares акционер
~ of stockes *амер. см.* ~ of shares
~ of a trademark владелец товарного знака
~ of voting stock владелец акции, дающей право голоса
HOLDING *n* 1. арендованный участок земли 2. арендованное имущество 3. вклад; *pl* вклады; авуары 4. запас 5. склад, хранилище 6. владение (*акциями*) 7. проведение
agricultural ~ сельскохозяйственное предприятие
asset ~s имущество
bill ~s портфель векселей
bond ~ владение облигациями
capital ~s вклады капитала
cash ~s денежные авуары
currency ~s наличность в валюте
discount ~s портфель учтенных векселей
dollar ~s долларовая наличность
foreign ~s иностранные активы
foreign exchange ~s наличность в валюте
gold ~s золотой запас
horticultural ~ небольшое садоводческое предприятие
inventory ~s 1) содержание запасов 2) товарно-материальные запасы
land ~ землевладение; земельная собственность
majority ~ лицо или организация, владеющие более 50% акционерного капитала
monetary ~ денежный резерв
net ~s чистый запас
paper ~s ценные бумаги; владение ценными бумагами
permanent ~s постоянное участие в капитале других компаний
property ~s имущественные ценности
security ~s портфель ценных бумаг
share ~s владение акциями
small ~ небольшой земельный участок
stock ~ хранение запасов
~ of an auction проведение аукциона
~ of capital владение капиталом
~ of foreign exchange наличность в валюте
~ of an exhibition проведение выставки
~ of land землевладение
~ of securities for own account ценные

бумаги банка, находящиеся на хранении у банков-корреспондентов
~ of shares владение акциями
~ of stock *амер. см.* ~ of shares
~ of a tender проведение тендера
~ of wealth имущественное владение
HOLDING BACK *n* выдержка, задерживание
~ on sales выдержка товара до подходящей конъюнктуры рынка
HOLDING-OUT *n* мошенничество, обман
HOLDING-OVER *n* отсрочка расчета по фондовой сделке до следующего расчетного периода
HOLDOVER *n* 1. *амер.* должностное лицо, переизбранное на новый срок 2. ценные бумаги (*чек, вексель*), не погашенные из-за неправильного оформления
HOLD-UP *n* задержка
production ~ простой в производстве
traffic ~ затор в уличном движении
~ of work прекращение работы
HOLE *n* 1. отверстие 2. шахта; шурф 3. скважина 4. затруднительное положение
dry ~ сухая или непродуктивная скважина
~ in the wall небольшое предприятие
◇ in the ~ 1) в безвыходном положении 2) *амер.* в долгу
HOLIDAY *n* 1. праздник; нерабочий день 2. *также pl* отпуск; каникулы
annual ~s очередной отпуск
bank ~s нерабочие дни банка
legal ~ установленный законом нерабочий день
official ~s официальные праздники
paid ~s оплачиваемый отпуск
public ~ установленный законом нерабочий день
stock exchange ~ нерабочий день на фондовой бирже
~s with pay оплачиваемый отпуск
~s without pay отпуск без оплаты содержания
◇ to be on ~ находиться в отпуске
to observe ~s отмечать праздники
to take a ~ брать отпуск
HOLOGRAPH *n* рукописный документ
HOME *n* 1. дом, жилище 2. родина
old people's ~ дом для престарелых
~ for the aged *см.* old people's ~
HOME *adj* 1. внутренний, отечественный; местный 2. местного производства; отечественного производства

HOMECRAFT *n* кустарный промысел
HOMOGENITY *n* однородность, единообразие
price ~ единообразие цен
HOMOGENEOUS *adj* однородный
HOMEGROWN *adj* отечественного производства (*о с.-х. продукции*)
HOMEMADE *adj* 1. *см.* HOMEGROWN 2. кустарный; домашнего изготовления
HOMEOWNER *n* домовладелец
HOME-PRODUCED *adj* отечественного производства
HOMESTEAD *n* усадьба; ферма
HOMEWORK *n* надомная работа; кустарный промысел
HONORARIUM *n* гонорар
HONOUR *n* 1. честь (*этика*) 2. хорошая репутация
HONOUR *v* 1. акцептовать (*тратту*); оплачивать (*тратту, чек*) 2. выполнять (*обязательства*)
HOPPER *n* 1. самосвал, вагон с опрокидывающимся кузовом 2. судно или баржа с устройством для сброса земли или песка
HOPPING *n*:
job ~ «прыганье», частый переход с одной работы на другую
HORIZON *n* 1. горизонт, кругозор 2. *pl* перспективы
consumer planning ~ плановый горизонт потребителя
expectational ~ горизонт ожиданий
forecasting ~ горизонт прогнозирования
planning ~ период планирования
time ~ период времени
unbounded ~ неограниченный период планирования
HORIZONTAL *adj* горизонтальный
HORSEPOWER *n* лошадиная сила; мощность в лошадиных силах
HORTICULTURE *n* садоводство
HOSIERY *n* трикотажные изделия
HOSPITAL *n* больница
HOSPITALIZATION *n* госпитализация
HOSPITALIZE *v* госпитализировать
HOTLINE *n* 1. прямая телефонная связь между главами государств 2. телефон доверия
HOUR *n* 1. час 2. время, период; срок 3. время работы; рабочий день
actual ~s фактические часы работы
actual ~s worked фактически отработанные часы
actually worked ~s *см.* actual ~s worked

allowed ~s допустимое время
attendance ~s присутственные часы
banking ~s рабочие часы банка
business ~ 1) часы работы предприятия 2) часы торговли
busy ~s часы работы; часы наибольшей нагрузки
closing ~s время закрытия
consultation ~ приемные часы
counter business ~s время работы с посетителями (*в учреждении*)
crush ~s часы пик
cumulative ~s накопившиеся часы
dinner ~ обеденное время
direct labour ~s часы непосредственной работы
exchange ~s часы работы биржи
idle ~s часы простоя
indirect labour ~s затраты времени подсобных рабочих
lunch ~ перерыв на обед
machine ~ машинный час
man ~ рабочий час, человеко-час
normal ~s нормальное рабочее время
off ~s нерабочие часы
office ~s часы работы
official ~s присутственные часы
opening ~s время открытия
operating ~s часы работы
operation ~s продолжительность работы в часах
overtime ~ сверхурочные часы
peak ~s часы пик; период наибольшей нагрузки
regular ~s нормальное рабочее время
running ~s 1) время работы машины 2) продолжительность работы
rush ~s часы пик
shop ~s часы торговли
short ~s неполный рабочий день
slack ~s часы неполной нагрузки
stock exchange ~s часы работы биржи
straight time equivalent ~s эквивалент в обычном рабочем времени
worked ~s наработанные часы
working ~s часы работы
~s of attendance служебные часы
~s of labour часы работы, рабочее время
~s of operation *см.* ~s of labour
~s of work часы работы, рабочее время
◇ after official ~s после закрытия биржи
before ~s до открытия биржи
by the ~ почасовой
per ~ за час

~s worked наработанные часы
HOUSE *n* 1. дом, здание 2. дом, жилище 3. семья; хозяйство 4. палата 5. фирма; торговый дом 6. Лондонская фондовая биржа
acceptance ~ *амер.* акцептный банк; акцептный дом
accepting ~ *брит.* акцептный банк
apartment ~ многоквартирный дом
automated clearing ~ автоматизированная клиринговая палата
banker's clearing ~ банковская расчетная палата
banking ~ здание банка
bond ~ инвестиционный банк
branch ~ филиал
brokerage ~ брокерская фирма
business ~ коммерческий дом
clearing ~ расчетная палата
commercial ~ коммерческий дом
commission ~ *амер.* биржевая брокерская фирма
confirming ~ комиссионная фирма
cooperative apartment ~ жилищное товарищество
discount ~ учетный дом
dwelling ~ жилой дом
export ~s торговые дома, специализированные фирмы, занимающиеся международной торговлей
export commission ~ экспортная фирма
fashion ~ дом моды
finance ~ финансовая компания
financial ~ *см.* finance ~
freight ~ грузовой склад
importing ~ импортная фирма
issue ~ эмиссионный дом, эмиссионный банк
issuing ~ *см.* issue ~
licensed ~ кафе, закусочная с правом на продажу спиртных напитков
London Bankers' Clearing H. Лондонская расчетная палата
Lower H. *брит.* нижняя палата (*парламента*)
mail-order ~ посылочная фирма
mooring ~ причал
New York Stock Exchange Clearing H. Расчетная палата Нью-Йоркской фондовой биржи
packing ~ упаковочная фирма
prefabricated ~ сборный дом
private ~ собственный дом, частный дом
public ~ пивная; трактир
publishing ~ издательство

rooming ~ небольшая гостиница, пансион
safe ~ солидная фирма
securities ~ фирма, торгующая ценными бумагами
settlement ~ расчетная палата
shipping ~ судоходная компания
State ~ *амер.* здание парламента (*в отдельных штатах*)
store ~ склад
substandard ~ нестандартное помещение
supply ~ фирма-поставщик
switch ~ фирма, специализирующаяся на товарообменных сделках
tenement ~ дом, сдающийся в аренду
trading ~ торговая фирма
treasure ~ казначейство
underwriting ~ эмиссионный банк
Upper H. верхняя палата (*парламента*)
wholesale ~ оптовая фирма
wire ~ *амер.* биржевая брокерская фирма, имеющая внутреннюю коммуникационную сеть

HOUSEHOLD *n* 1. семья 2. домашнее хозяйство
farm ~ крестьянское хозяйство
individual ~ индивидуальное хозяйство
multigeneration ~ семья из представителей нескольких поколений
private ~ частное хозяйство

HOUSEHOLDER *n* 1. домовладелец 2. съемщик квартиры или дома 3. глава семьи

HOUSEHOLDWARE *n* предметы домашнего обихода

HOUSEKEEPING *n* домашнее хозяйство; домоводство

HOUSEWARES *n pl амер.* посуда; хозяйственные принадлежности

HOUSEWORKER *n* надомник

HOUSING *n* 1. жилищные условия; обеспеченность жильем 2. жилищное строительство
inadequate ~ неудовлетворительные жилищные условия
public ~ государственное жилищное строительство
rental ~ арендный жилищный фонд
residential ~ жилищное строительство
~ of exhibits размещение экспонатов

HOVER *v* колебаться в незначительных пределах

HOVERCRAFT *n* судно на воздушной подушке

HUB *n* центр внимания, интереса или деятельности
business ~ деловой центр, центр коммерческой деятельности

HUCKSTER *n* мелочной торговец; разносчик

HULL *n* 1. остов, корпус судна 2. *мор. страх.* страховой полис, покрывающий только судно, но не груз

HUMAN *adj* 1. свойственный человеку 2. социальный, общественный

HUMANE *adj* человечный, гуманный

HUMANISM *n* гуманность; гуманизм

HUMANITY *n* человечество

HUMID *adj* влажный

HUMIDITY *n* влажность, сырость
air ~ влажность воздуха
maximum ~ максимальная влажность
relative ~ относительная влажность

HUNT *n* 1. охота 2. охотничье угодье 3. поиски
job ~ поиски работы

HUNTER *n* охотник
bargain ~ покупатель, ищущий возможность купить товары или ценные бумаги по сниженным ценам

HUNTING *n* 1. охота 2. поиски
bargain ~ поиски возможности купить товары или ценные бумаги по сниженным ценам
legacy ~ охота за наследством

HUSBAND *n:*
ship's ~ агент, распоряжающийся судном по доверенности владельца

HUSBANDMAN *n* фермер

HUSBANDRY *n* 1. земледелие; сельское хозяйство 2. бережливость, экономия
animal ~ животноводство
cattle ~ скотоводство
dairy ~ молочное животноводство
grain ~ зерновое хозяйство
livestock ~ животноводство
pasture ~ пастбищное хозяйство
poultry ~ птицеводство
sheep ~ овцеводство

HYDROFOIL *n* судно на подводных крыльях

HYPERDEFLATION *n* гипердефляция

HYPEREMPLOYMENT *n* чрезмерная занятость

HYPERINFLATION *n* гиперинфляция

HYPERMARKET *n* супермаркет

HYPOTHECARY *adj* ипотечный

HYPOTHECATE *v* закладывать

HYPOTHECATION *n* ипотечный залог, ипотека

I

IDEA *n* идея, представление, понятие
  publicity ~ рекламная идея
  sales promotional ~ идея о способе стимулирования сбыта
  selling ~ план организации сбыта
  ◊ to give an ~ давать представление
  to have an ~ иметь представление
IDENTICAL *adj* идентичный, тождественный
IDENTIFICATION *n* 1. идентификация; установление подлинности 2. определение, выяснение
  ~ of goods идентификация товара
  ~ of needs определение потребностей
  ~ of a product установление подлинности изделия
IDENTIFY *v* идентифицировать; устанавливать подлинность
IDENTITY *n* 1. идентичность 2. подлинность
  accounting ~ бухгалтерская сбалансированность
  balance sheet ~ тождество баланса
  corporate ~ фирменный стиль
  price ~ идентичность цен
  ~ of interests тождественность интересов
  ~ of a plane принадлежность самолета
  ~ of a vessel принадлежность судна
  ~ to the original идентичность оригиналу
IDLE *adj* 1. бездействующий; простаивающий 2. незанятый, неработающий
  ◊ to be ~ 1) бездействовать; простаивать 2) быть безработным
  to lie ~ бездействовать; простаивать
  to run ~ работать на холостом ходу
  to stand ~ простаивать; бездействовать
IDLENESS *n* бездействие; простой
  enforced ~ вынужденное бездействие
  part-time ~ частичная безработица
ILLEGAL *adj* незаконный, запрещенный
ILLEGALITY *n* незаконность, противозаконность

ILLEGIBILITY *n* неразборчивость, нечеткость (*при чтении*)
ILLEGIBLE *adj* нечеткий, неразборчивый
ILLEGITIMACY *n* незаконность; неузаконенность
ILLEGITIMATE *adj* незаконный; неузаконенный
ILLICIT *adj* незаконный, недозволенный; противоправный
ILLIQUID *adj* неликвидный
ILLIQUIDITY *n* отсутствие ликвидности
ILLITERACY *n* неграмотность
ILLITERATE *adj* безграмотный, необразованный
ILLNESS *n* болезнь, заболевание
  occupational ~ профессиональное заболевание
  professional ~ *см.* occupational ~
ILLUSTRATE *v* иллюстрировать
ILLUSTRATION *n* иллюстрация
IMAGE *n* имидж, престиж, репутация (*организации, фирмы и т.п.*)
  brand ~ зрительный образ какого-л. марочного товара
  company ~ репутация компании
  ~ of a product имидж товара
IMBALANCE *n* 1. отсутствие равновесия, неустойчивость 2. несоответствие; расхождение
  growing ~ растущая несбалансированность
  order ~ *бирж.* диспропорция между поручениями на продажу и покупку
  ~ in external payments несбалансированность внешних платежей
  ~ in payments неравновесие платежей
  ~ in trade несбалансированность торговли; расхождение между стоимостью импорта и экспорта
  ~ of economy диспропорция в экономике
  ~ of payments неравновесие платежей

~ of trade несбалансированность торговли
IMITATE v 1. подражать, копировать 2. подделывать
IMITATION n 1. подражание, копирование 2. имитация; подделка
~ of trademarks подделка торговых знаков
IMMEDIATE adj 1. непосредственный, прямой 2. немедленный; срочный, безотлагательный
IMMIGRANT n иммигрант, переселенец
naturalized ~ натурализованный иммигрант
permanent ~ иммигрант, прибывший на постоянное жительство
refugee ~ беженец
◊ to admit ~s допускать иммигрантов
IMMIGRATE v иммигрировать
IMMIGRATION n иммиграция
IMMINENCE n неизбежность
~ of a fall in prices неизбежность падения цен
IMMINENT adj неизбежный
IMMOVABLE adj юр. недвижимый
IMMOVABLES n pl недвижимое имущество
IMMUNIT|Y n 1. неприкосновенность 2. освобождение (от налогов, платежей) 3. льгота; привилегия
diplomatic ~ дипломатический иммунитет
fiscal ~ освобождение от уплаты налога
~ from suit гражданский иммунитет
~ from taxation освобождение от налогов
~ from taxes см. ~ from taxation
◊ to enjoy ~ies пользоваться иммунитетом
to grant ~ предоставлять иммунитет
IMPACT n влияние, воздействие
economic ~ экономическое влияние
environmental ~ воздействие на окружающую среду
industry ~ влияние на промышленность
severe ~ сильное воздействие
~ of advertising воздействие рекламы
~ of publicity см. ~ of advertising
~ of tax налоговое влияние
IMPAIRMENT n ухудшение
~ of capital уменьшение капитала
IMPARTIAL adj объективный, беспристрастный

IMPEACH v сомневаться в чьих-л. намерениях (мотивах)
IMPEACHMENT n импичмент (процедура привлечения к уголовной ответственности высших должностных лиц)
IMPECUNIOUS adj бедный, нуждающийся, безденежный
IMPEDE v препятствовать, мешать, задерживать
IMPEDIMENT n помеха, препятствие, задержка
~ to export затруднение с экспортом
~ to import затруднение с импортом
IMPERFECT adj плохой, дефектный
IMPERFECTION n 1. несовершенство 2. недостаток, дефект
IMPLEMENT n 1. орудие, инструмент 2. pl принадлежности, инвентарь
agricultural ~s сельскохозяйственный инвентарь
farm ~s см. agricultural ~s
manual ~s орудия ручного труда
mechanical ~s механические орудия
~s of production орудия производства
~s of trade орудия ручного (ремесленного) труда
IMPLEMENT v выполнять, осуществлять, реализовывать
IMPLEMENTATION n выполнение, реализация; внедрение
budget ~ исполнение бюджета
efficient ~ эффективное выполнение
project ~ осуществление проекта
successful ~ успешное осуществление
~ of an agreement исполнение договора
~ of a budget исполнение бюджета
~ of a contract выполнение контракта
~ of a guarantee выполнение гарантийных обязательств
~ of a law введение закона в силу
~ of a plan выполнение плана
~ of a process осуществление процесса
~ of a programme выполнение плана
~ of a project осуществление проекта
~ of rights осуществление прав
~ of a treaty исполнение договора
IMPLICIT adj 1. подразумеваемый 2. безоговорочный, безусловный
IMPORT n 1. импорт, ввоз 2. обыкн. pl импортные, ввозимые товары; статьи импорта
consumer ~s импорт потребительских товаров
direct ~ прямой импорт

dutiable ~ импорт, облагаемый пошлиной
food ~ импорт продовольственных товаров
free ~ беспошлинный ввоз
gross ~ импорт брутто
heavy ~s значительный импорт
indirect ~ косвенный импорт
invisible ~s невидимый импорт
liberalized ~ of goods ввоз товаров без импортных ограничений
major ~s основные статьи импорта
merchandise ~s импорт товаров
net ~s чистый импорт
principal ~s основные статьи импорта
prohibited ~s товары, запрещенные к импорту
protected ~ импорт товаров, на которые существует протекционистская пошлина
rapidly rising ~ быстро растущий импорт
retained ~s импорт товаров для внутреннего потребления
temporary ~ временный импорт
token ~ символический импорт (незначительных количеств товара)
total ~s объём импорта
visible ~s товарный импорт
~s for consumption импорт товаров для внутреннего потребления
~s in bond импортные товары, не оплаченные пошлиной
~ of commodities импорт товаров
~ of currency импорт валюты
~ of foodstuffs импорт продовольственных товаров
~ of goods импорт товаров
~ of licences импорт лицензий
~ of machinery and equipment импорт машин и оборудования
~ of services импорт услуг
~ of raw materials импорт сырьевых товаров
◇ to ban ~s запрещать импорт товаров
to expand ~s расширять импорт
to finance ~ финансировать импорт
to prohibit ~s запретить импорт товаров
to reduce ~s сокращать импорт
to regulate ~s регулировать импорт
to stop ~ прекратить импорт
IMPORT v ввозить, импортировать
IMPORTATION n ввоз, импорт; импортирование

clandestine ~ нелегальный импорт
duty-free ~ беспошлинный импорт
temporary ~ временный импорт
~ of equipment импорт оборудования
~ of foodstuffs импорт продовольственных товаров
~ of goods импорт товаров
~ of machinery and equipment импорт машин и оборудования
~ of raw materials импорт сырьевых товаров
IMPORTER n импортёр
direct ~ непосредственный импортёр
exclusive ~ импортёр с исключительными правами
general ~ генеральный импортёр
major ~ основной импортёр
sole ~ исключительный импортёр
~ of foodstuffs импортёр продовольственных товаров
~ of industrial goods импортёр промышленных товаров
~ of raw materials импортёр сырьевых товаров
IMPOSE v 1. облагать (налогом, сбором) 2. навязывать
IMPOSITION n 1. обложение (налогом, сбором) 2. навязывание
~ of a duty введение пошлины
~ of an embargo объявление эмбарго
~ of a fine наложение штрафа
~ of moratorium установление моратория
~ of a penalty наложение штрафа
~ of surcharge on imports введение дополнительного налога на импорт
~ of a tax введение налога
IMPOSSIBILITY n невыполнимость, неосуществимость
~ of performance невозможность выполнения
IMPOST n налог, пошлина, сбор
IMPRACTICABILITY n невыполнимость
IMPRACTICABLE adj невыполнимый, неосуществимый
IMPRESS n 1. отпечаток, оттиск 2. штемпель, печать, клеймо
IMPRESS v штемпелевать; клеймить
IMPRESSION n оттиск, отпечаток
~ of a seal оттиск печати
IMPREST n аванс, подотчётная сумма
IMPROPER adj неправильный; ошибочный; ненадлежащий
IMPROVE v 1. улучшать, совершенствовать 2. повышаться в цене

IMPROVEMENT *n* улучшение; усовершенствование
dynamic ~s быстрые улучшения
land ~s улучшение застройки земельного участка
leasehold ~s повышение стоимости арендованной собственности
livestock ~ улучшение поголовья скота
operations ~ усовершенствование производственного процесса
pasture ~ улучшение пастбищ
patentable ~s патентоспособные улучшения
policy ~ совершенствование стратегии
potential ~ потенциальное улучшение
price ~ повышение цен или курсов ценных бумаг
process ~ совершенствование технологии; совершенствование производственного процесса
product ~ усовершенствование продукции
professional ~ повышение квалификации
quality ~ улучшение качества
stage ~ поэтапное улучшение
technical ~ техническое усовершенствование
unpatented ~ незапатентованное изменение
~ **in the economic conditions** оживление конъюнктуры
~ **in exchange** повышение курса
~ **in prices** повышение цен
~ **in one's qualification** повышение квалификации
~ **in the quality of production** повышение качества продукции
~ **in one's skill** повышение квалификации
~ **in techniques** совершенствование технологии
~ **of business conditions** улучшение деловой конъюнктуры
~ **of a design** улучшение конструкции
~ **of the economic situation** улучшение конъюнктуры
~ **of the economy** оздоровление экономики
~ **of land** мелиорация земель
~ **of living conditions** улучшение условий жизни
~ **of production** совершенствование продукции
~ **of quality** повышение качества
~ **of relations** улучшение отношений
~ **of a schedule** улучшение графика
~ **of a technological process** совершенствование технологического процесса
~ **of working conditions** улучшение условий труда
◊ **to bring about** ~ приводить к улучшению
to show ~ иметь признаки улучшения (курса)
IMPROVING *n* улучшение
IMPUTABLE *adj* приписываемый; относимый за счет чего-л.
IMPUTATION *n* приписывание, вменение
IMPUTE *v* приписывать, вменять
IMPUTED *adj* 1. вмененный 2. условно начисленный
INABILITY *n* неспособность; невозможность; несостоятельность
~ **to pay** неплатежеспособность
INACCESSIBLE *adj* недоступный
INACCURACY *n* неточность, ошибка, неправильность
INACCURATE *adj* неточный, ошибочный, неправильный
INACTIVE *adj* бездеятельный, пассивный; бездействующий; вялый
INADEQUACY *n* несоответствие требованиям; недостаточность; неполноценность
~ **in quality** несоответствие качества
INADEQUATE *adj* не отвечающий требованиям; недостаточный; неполноценный
INADMISSIBLE *adj* недопустимый, неприемлемый
INALIENABLE *adj* неотъемлемый
INAPPLICABLE *adj* непригодный; неподходящий
INAPPROPRIATE *adj* неуместный, неподходящий; несоответствующий
INAPT *adj см* **INAPPROPRIATE**
INAUGURATE *v* 1. торжественно вводить в должность 2. торжественно открывать
INAUGURATION *n* 1. торжественное введение в должность 2. торжественное открытие
~ **of an exhibition** церемония открытия выставки
INBOUND *adj* прибывающий; возвращающийся из плавания
INCAPABILITY *n* 1. неспособность 2. *юр* неправоспособность
INCAPABLE *adj* 1. неспособный 2. *юр* неправоспособный

INCAPACITATE v делать неспособным, непригодным
◇ **to be ~d** быть нетрудоспособным
INCAPACITY n неспособность, непригодность; нетрудоспособность
permanent ~ постоянная нетрудоспособность
~ for employment нетрудоспособность
~ for work см. **~ for employment**
◇ **~ to sue** ограничение права предъявлять иск
~ to vote ограничение права участия в выборах
INCENTIVE n 1. побудительный мотив, стимул 2. поощрение
additional ~ стимулирующая надбавка
economic ~ экономический стимул; экономическое стимулирование
economical ~ см. **economic ~**
export ~s меры по стимулированию экспорта
financial ~ финансовый стимул
fiscal ~s налоговые стимулы
investment ~s стимулы для капиталовложений
material ~s материальное стимулирование
moral ~s моральное стимулирование
nonfinancial ~ нефинансовый стимул
price ~s ценовые стимулы
production ~s производственные стимулы
tax ~s налоговые стимулы
~ to economy стимул к экономии
◇ **to create an ~** стимулировать
INCEPTION n начало, начинание
~ of the insurance начало ответственности страховщика
~ of service начало обслуживания
INCH n 1. дюйм 2. очень небольшое расстояние, время или количество
INCHOATE adj зачаточный, рудиментарный
INCIDENCE n сфера действия; охват
~ of a tax охват налоговым обложением
~ of taxation см. **~ of a tax**
INCIDENTAL adj случайный, побочный
INCIDENTALS n pl побочные расходы
IN-CLEARINGS n pl чеки, поступающие в банк в результате клиринговых расчетов в расчетной палате
INCLUDE v 1. включать в состав 2. учитывать при подсчете, зачислять в счет платы
INCLUSION n включение

~ of a condition включение условия
~ of a provision включение оговорки
INCOME n 1. доход; заработок, доходы; поступления 2. амер. прибыль
accrued ~ накопленный доход
accumulated ~ см. **accrued ~**
actual ~ фактический доход; фактические поступления
additional ~ дополнительный доход
adjusted ~ скорректированный доход
after-tax ~ доход после уплаты налогов, чистый доход
aggregate ~ совокупный доход
annual ~ годовой доход
assessable ~ доход, подлежащий обложению налогом
average ~ средний доход
average annual ~ среднегодовой доход
before-tax ~ доход до уплаты налогов
business ~ доходы от торговли
capital ~ доход от капитала
cash ~ денежный доход
casual ~ случайный доход
combined ~ общий доход
constant ~ постоянный доход
consumer ~ доходы потребителей
current ~ текущий доход
deferred ~ доходы будущих периодов
derivative ~ производный доход
discretionary ~ дискреционный доход
disposable ~ доход после уплаты налогов и сборов, чистый доход
disposable personal ~ чистый личный доход
dividend ~ доход от дивидендов
earned ~ 1) трудовой доход 2) совокупность всех видов доходов, облагаемых подоходным налогом
excessive ~ чрезмерный доход
expected ~ ожидаемый доход
export ~ поступления от экспорта
extra ~ дополнительный доход
extraordinary ~ см. **extra ~**
factor ~ доход комиссионера
family ~ семейный доход
farm ~ фермерский доход
financial ~ финансовые доходы
fixed ~ твердый доход
foregone ~ упущенный доход
franked ~ дивиденды, полученные одной компанией от другой
gross ~ валовой доход
gross national ~ валовой национальный доход
gross operating ~ валовая выручка от продажи

guaranteed minimum ~ минимальный гарантированный доход
habitual ~ обычный доход
hidden ~ скрытый доход
household ~ семейный доход
imputed ~ исчисленный доход
individual ~ личный доход
interest ~ процентный доход
investment ~ доход от капиталовложений
invisible ~ доход от невидимых статей экспорта
labour ~ трудовой доход
large ~ высокий доход
licensing ~ лицензионные поступления
life ~ пожизненный доход
low ~ низкий доход
manufacturing ~ доходы предприятий обрабатывающей промышленности
marginal ~ маржинальный доход
minimum ~ минимальный доход
miscellaneous ~ прочие поступления
money ~ денежный доход
national ~ национальный доход
net ~ чистый доход; чистая прибыль
net ~ before exemptions чистый доход до вычета налогов
net ~ of society чистый доход общества
net ~ per share чистый доход в расчёте на одну обыкновенную акцию
net interest ~ чистый процентный доход
nominal ~ номинальный доход
nonoperating ~ доход от неосновной деятельности предприятия
nontaxable ~ доходы, не облагаемые налогом
nontrading ~ доход от некоммерческой деятельности
notional ~ теоретический доход
operating ~ производственная прибыль
other ~ прочий доход; прочие поступления
ownership ~s имущественные доходы
per capita ~ доход на душу населения
per head ~ см. per capita ~
permanent ~ постоянный доход
personal ~ личный доход
premium ~ доход страховой организации от страховых взносов
pretax ~ доход до вычета налогов
primary ~ первичный доход; основной доход
private ~ частные доходы

professional ~ доходы лиц свободных профессий
property ~ доход от собственности; имущественный доход
psychic ~ нематериальный доход
real ~ реальный доход
regular ~ регулярный доход
relative ~ относительный доход
rent ~ рентный доход, поступления от арендной платы
rental ~ см. rent ~
rentier ~ доход рантье
retained ~ нераспределённая прибыль
sales ~ поступления от продаж
service ~ поступления от продажи услуг
settled ~ твёрдый доход
social ~ общественный доход
spendable ~ доход к распределению
steady ~ устойчивый доход
supplementary ~ дополнительный доход
take home ~ зарплата после вычета налогов и сборов, чистый заработок
taxable ~ доход, облагаемый налогами
tax-free ~ доход, не облагаемый налогами
total ~ совокупный доход
trading ~ доход от коммерческой деятельности
transitory ~ нерегулярный доход
unearned ~ нетрудовой доход
unexpected ~ непредвиденный доход
wage and salary ~ трудовой доход
yearly ~ годовой доход
~ from affiliates поступления от дочерних компаний
~ from business доход от предпринимательской деятельности
~ from capital доход от капитала
~ from investment of capital доход от капиталовложений
~ from operations доход от операций
~ from property доход от собственности
~ from rentals доход от аренды
~ from sales поступления от продаж
~ from self-employment доход от индивидуальной деятельности
~ from work трудовой доход
~ in foreign currency доход в валюте
~ in kind доход в натуральной форме
~ of an enterprise доход предприятия
~ of investment доходы от инвестиций
~ per head доход на душу населения

◊ ~ and expenditure доходы и расходы
~ and expense см. ~ and expenditure
~ exempt from taxes доход, не облагаемый налогом
~ liable to tax доход, облагаемый налогом
to bring ~ приносить доход
to declare ~ декларировать доход
to draw ~ получать доход
to ensure ~ обеспечивать доход
to gain ~ получать доход
to split the ~ делить доходы
to tax ~ облагать доходы налогами

INCOMING *adj* поступающий; прибывающий

INCOMINGS *n pl* поступления; доходы
currency ~ поступления валюты
foreign exchange ~ см. currency ~

INCOMPATIBILITY *n* несовместимость; несоответствие

INCOMPATIBLE *adj* несовместимый; несочетающийся

INCOMPETENCE *n* некомпетентность

INCOMPETENT *adj* некомпетентный, несведущий

INCOMPLETE *adj* 1. неполный 2. незавершенный, незаконченный

INCOMPLETENESS *n* неполнота; незавершенность

INCONSISTENCY *n* 1. несовместимость; несоответствие 2. непоследовательность; противоречие

INCONSISTENT *adj* 1. несовместимый; несоответствующий 2. непоследовательный; противоречивый

INCONVENIENCE *n* неудобство

INCONVENIENT *adj* неудобный; затруднительный

INCONVERTIBILITY *n* необратимость, отсутствие конвертируемости

INCONVERTIBLE *adj* необратимый, неконвертируемый

INCORPORATE *v* 1. включать; присоединять 2. регистрировать как корпорацию 3. оформлять в качестве юридического лица

INCORPORATED *adj* зарегистрированный как корпорация

INCORPORATION *n* 1. регистрация в качестве юридического лица 2. корпорация

INCREASE *n* 1. рост, увеличение 2. прирост; надбавка
across-the-board ~ одновременное повышение зарплаты

actual ~ 1) действительное увеличение 2) действительный прирост
additional ~ дополнительная надбавка
average ~ среднее повышение; средний прирост
continuous ~ непрерывный рост
cost ~ увеличение стоимости
cost-of-living ~ рост стоимости жизни
flat ~ единообразное повышение
general price ~ повышение общего уровня цен
inventory ~s увеличение запасов на складе
limited ~ ограниченное увеличение
merit ~ надбавка к зарплате за успешную работу
natural ~ естественный прирост
overall ~ общее увеличение
overall percentage ~ общее увеличение в процентном выражении
pay ~ повышение зарплаты
percentage ~ увеличение процента
permitted ~ допустимое увеличение
population ~ рост населения
price ~ рост цен
rate ~ повышение тарифа
rated ~ процентная надбавка (*к зарплате*)
seasonal price ~ сезонное повышение цен
sharp ~ резкое увеличение
single ~ разовое увеличение
steady ~ неуклонное повышение
substantial ~ значительное увеличение
tax ~ повышение налогов, рост налогов
top ~ максимальная прибавка
wage ~ увеличение зарплаты
weight ~ увеличение веса
~ in the bank rate повышение ставки банковского учетного процента
~ in business activity 1) повышение деловой активности 2) оживление конъюнктуры
~ in capacity расширение производственных мощностей
~ in capital investments увеличение капиталовложений
~ in charges повышение сборов
~ in the cost повышение стоимости
~ in costs рост издержек
~ in demand повышение спроса
~ in duties повышение налогов
~ in earnings 1) повышение дохода 2) увеличение прибыли
~ in efficiency увеличение производительности

343

INC

~ in employment рост занятости
~ in expenses увеличение расходов
~ in imports увеличение импорта
~ in inventory holdings увеличение товарно-материальных запасов
~ in investments рост инвестиций
~ in labour productivity повышение производительности труда
~ in manpower увеличение численного состава (*рабочих*)
~ in output увеличение производства
~ in pay повышение зарплаты
~ in performance повышение производительности
~ in population рост численности населения
~ in prices повышение цен
~ in production рост объема производства
~ in productivity увеличение производительности
~ in profits увеличение прибыли
~ in the rate рост курса
~ in rates повышение ставок
~ in salary повышение зарплаты
~ in stocks прирост основного капитала
~ in tariff увеличение тарифа
~ in taxes увеличение налогов
~ in trade рост торговли
~ in traffic рост уличного движения
~ in value увеличение стоимости
~ in the volume of trade увеличение объема торговли
~ in wages повышение зарплаты
~ in weight увеличение веса
~ of a bid увеличение цены на аукционе
~ of capital рост капитала
~ of capital stock увеличение основного капитала
~ of consumption рост потребления
~ of dividends увеличение дивидендов
~ of exports увеличение экспорта
~ of hazard повышение опасности
~ of imports увеличение импорта
~ of interest увеличение процента
~ of premium повышение размера страховых взносов
~ of production capacities наращивание производственных мощностей
~ of purchasing power повышение покупательной способности
~ of a quota увеличение квоты
~ of receipts рост поступлений
~ of rent повышение арендной платы

IND

~ of risk увеличение риска
~ of salary увеличение зарплаты
~ of sales расширение сбыта
~ of tariff rates увеличение ставок таможенного тарифа
~ of wages увеличение зарплаты
◊ to absorb a price ~ покрывать увеличение цены
to be on the ~ расти, увеличиваться
to show an ~ показать увеличение
INCREASE *v* 1. увеличивать 2. увеличиваться, возрастать
INCREMENT *n* увеличение; прирост; надбавка
annual ~ ежегодная надбавка (*к зарплате*)
monthly ~ ежемесячная надбавка
multiyear ~ многолетняя прибыль
national income ~ прирост национального дохода
pension ~ увеличение пенсии
performance-related ~ повышение ставок зарплаты в зависимости от качества работы
salary ~ надбавка к зарплате
unearned ~ 1) добавленная стоимость 2) увеличение стоимости имущества в связи с изменением экономических условий
wage ~ надбавка к зарплате
~ in profit прирост прибыли
~s of assets увеличение активов; прирост активов
~ of capital приращение капитала
~ of value прирост стоимости
INCREMENTAL *adj* дополнительный
INCUR *v* терпеть (*убытки*), нести (*потери*)
INDEBTED *adj* 1. находящийся в долгу 2. обязанный кому-л.
INDEBTEDNESS *n* 1. задолженность 2. сумма долга
bank ~ задолженность банку
bonded ~ обязательства по облигационному займу
consumer ~ потребительская задолженность
credit ~ кредиторская задолженность
♦debit ~ дебиторская задолженность
excessive ~ чрезмерная задолженность
external ~ внешняя задолженность
fixed ~ долгосрочная задолженность
foreign ~ внешняя задолженность
heavy ~ чрезмерная задолженность
internal ~ внутренняя задолженность
money ~ денежная задолженность

net ~ чистая задолженность
short-term ~ задолженность по краткосрочным кредитам
~ against an invoice задолженность по счету
~ of a firm задолженность фирмы
~ under credits задолженность по кредитам
~ under a currency transaction задолженность по валютной операции
~ due to a bank задолженность банку
to incur ~ влезать в долги

INDEMNIFICATION *n* возмещение убытков, компенсация
capital ~ компенсация капитальных затрат
~ of the cost возмещение стоимости
~ of value *см.* ~ of the cost
◇ to claim ~ требовать выплаты возмещения

INDEMNIFY *v* 1. возмещать (*убытки*), компенсировать 2. страховать

INDEMNITY *n* 1. гарантия от убытков 2. возмещение (*расходов*); компенсация (*убытков*)
accrued ~ наросшая сумма компенсации
banker's ~ банковская гарантия
cash ~ денежное возмещение
double ~ выплата страховой суммы в двойном размере
insurance ~ страховое возмещение
~ for losses возмещение убытков
◇ to fix ~ определять размер возмещения убытков
to pay ~ уплатить компенсацию
to receive ~ получать компенсацию

INDENT *n* индент (*заказ комиссионеру на покупку определенного товара*)
closed ~ индент на покупку товара у определенного изготовителя
open ~ индент на покупку товара без указания изготовителя

INDENTURE *n* 1. контракт или соглашение 2. соглашение о выпуске облигационного займа 3. договор между учеником и мастером
tripartite ~ контракт в трех экземплярах
trust ~ контракт между эмитентом ценной бумаги и ее держателем
◇ to be bound by ~s находиться на обучении у мастера
to bind by ~s отдавать в учение

INDEPENDENCE *n* независимость, самостоятельность

complete ~ полная независимость
conditional ~ условная независимость
judicial ~ судебная независимость
mutual ~ взаимная независимость

INDEPENDENT *adj* 1. независимый, самостоятельный 2. имеющий самостоятельный доход; имеющий независимое состояние

INDEPENDENTS *n pl* 1. независимая организация 2. независимый работник 3. лицо, имеющее самостоятельный доход, независимое состояние

INDEX *n* (*pl* INDICES) 1. индекс, указатель 2. алфавитный указатель; каталог
adjusted ~ скорректированный индекс
aggregative ~ совокупный показатель
alphabetical ~ алфавитный указатель
annual ~ ежегодный указатель
applicable ~ соответствующий индекс
birth rate ~ общий коэффициент рождаемости
calendar year ~ показатель за календарный год
capacity ~ индекс производственной мощности
card ~ картотека
class ~ of patents указатель класса изобретений, классификатор
classified ~ систематический указатель
commodity ~ указатель товаров
composite ~ составной индекс (*полученный на базе разнородных показателей*)
consolidated ~ сводный указатель
consumer confidence ~ индекс потребительской уверенности
consumer price ~ индекс потребительских цен
cost of living ~ индекс стоимости жизни
crop yield ~ индекс урожайности
currency-basket ~ индекс валютной корзины
demerit ~ показатель ухудшения качества
density ~ показатель плотности
designation ~ шифр изделия
development ~ показатель роста
Dow-Jones ~ индекс Доу-Джонса
downtime ~ показатель времени простоя
dummy ~ условный индекс
economic indices экономические показатели
engineering and economic indices эко-

номические и технологические показатели
Financial Times Stock Indices *брит.* фондовые индексы газеты «Файнэншл Таймз»
fixed weight ~ индекс, рассчитываемый на основе неизменного веса
food price ~ индекс цен на продовольственные товары
free ~ свободный индекс
freight ~ фрахтовый индекс
FT ~ индекс промышленных акций, рассчитываемый газетой «Файнэншл Таймз»
FT-SE ~ индекс, рассчитываемый газетой «Файнэншл Таймз» совместно с Лондонской фондовой биржей
general ~ общий индекс
group ~ групповой индекс
guarantee ~ гарантийный показатель
hedonic price ~ гедонистический индекс цен
hi-lo ~ средний индекс отдельных акций, высшие и низшие пределы стоимости которых ежедневно меняются
identifying ~ опознавательный индекс
individual ~ индивидуальный индекс
industrial production ~ индекс промышленного производства
Lloyd's Shipping ~ список морских судов, издаваемый компанией Ллойда, Регистр Ллойда
market ~ индекс рынка
maturity ~ *амер.* срочная картотека
migration ~ коэффициент миграции
mobility ~ коэффициент подвижности
Nielsen Drug (Food) I. индекс Нильсена (*смены ассортимента продовольственных магазинов*)
NYSE common stock ~ индекс Нью-Йоркской фондовой биржи
ocean freight rate ~ индекс морских фрахтовых ставок
outgoing product quality ~ показатель выходного качества изделия
output ~ индекс выпуска продукции
patent ~ патентный указатель
performance ~ показатель качества работы
population concentration ~ показатель плотности населения
postal ~ почтовый индекс
preliminary ~ предварительный индекс
price ~ индекс цен
primary ~ первичный индекс
priority ~ показатель приоритета

processability ~ показатель технологичности
production ~ индекс объема производства
product quality ~ показатель качества готового изделия
purchasing power ~ индекс покупательной способности
qualitative ~ показатель качества
quality ~ *см.* qualitative ~
quantitative ~ количественный показатель
retail price ~ индекс розничных цен
risk ~ *страх.* кумуляционная карта
seasonal ~ индекс сезонных изменений
seasonally corrected ~ индекс с поправкой на сезонные изменения
share ~ индекс курсов акций
share price ~ *см.* share ~
socioeconomic ~ социально-экономический показатель
stock exchange ~ индекс фондовой биржи
tariff ~ указатель тарифов
total ~ общий индекс
trade ~ торговый показатель
tramp freight ~ справочник грузовых тарифов для трамповых судов
trend-adjusted ~ индекс с поправкой на тренд
unadjusted ~ индекс без поправки
unit-value ~ индекс единицы стоимости
unweighted ~ невзвешенный индекс
utility ~ индекс полезности
value ~ индекс стоимости
variability ~ показатель изменчивости
volume ~ индекс физического объема
wage ~ индекс заработной платы
weighted ~ взвешенный индекс
wholesale price ~ индекс оптовых цен
~ **of applicants** указатель заявителей
~ **of applications** указатель заявок
~ **of companies** указатель фирм
~ **of competitiveness** индекс конкурентоспособности
~ **of consumption** индекс потребления
~ **of cost of living** индекс стоимости жизни
~ **of effectiveness** показатель эффективности
~ **of employment** показатель занятости
~ **of goods** список товаров
~ **of industrial production** индекс объема промышленного производства

~ of leading indicators индекс опережающих индикаторов
~ of licences указатель лицензий
~ of manufacturing capacity индекс производственной мощности обрабатывающей промышленности
~ of prices индекс цен
~ of production индекс производства
~ of productivity индекс производительности
~ of real wages индекс реальной заработной платы
~ of seasonal variation показатель сезонных изменений
~ of securities индекс курсов ценных бумаг
~ of share prices индекс курсов акций
~ of stocks *см.* ~ of share prices
~ of trademarks указатель товарных знаков
~ of trade sections указатель отделов
◊ to compile a card ~ составлять картотеку
to enter on a card ~ вносить в картотеку
to serve as an ~ служить показателем
INDEXATION *n* индексация
complete ~ полная индексация
finance ~ финансовые показатели
INDEXING *n* индексация
INDEX-LINKED *adj* подлежащий индексации (*о зарплате или цене*)
INDICATE *v* указывать, показывать
INDICATION *n* 1. признак; указание 2. показатель 3. показание (*прибора*)
remote ~ дистанционная индикация
time ~ указание срока
~ of origin указание происхождения
~ of price указание цены
~ of quantity указание количества
~ of requirements указание потребностей
~ of weight отметка о весе
◊ to give an ~ давать представление
to read the ~ снимать показания прибора
INDICATIVE *adj* указывающий, свидетельствующий; индикативный
INDICATOR *n* 1. указатель 2. показатель, признак
availability ~ подтверждение наличия
business cycle ~ индикатор экономического цикла
capacity ~ показатель производственной мощности
coincident ~ индикатор совпадения

composite ~ комбинированный показатель
cost ~ стоимостный показатель
current dollar ~ долларовый показатель, выраженный в текущих ценах
deflated ~s показатели, выраженные в постоянных ценах
economic ~ экономический показатель
economical ~ *см.* economic ~
finance ~ финансовый показатель
financial and economic ~s финансово-экономические показатели
lagging ~ запаздывающий индикатор экономической активности
leading ~ опережающий индикатор
nonpecuniary ~ показатель неденежного характера
pecuniary ~ показатель, выраженный в текущих ценах
physical ~s натуральные показатели
plan ~s плановые показатели
priority ~ показатель приоритета
qualitative ~ показатель качества
quality ~ *см.* qualitative ~
quantitative ~ количественный показатель
real ~s показатели, выраженные в постоянных ценах
social ~s показатели общественного развития
tax ~ указатель налоговой ставки
value ~ стоимостный показатель
INDICTMENT *n* обвинительное заключение
INDIGENOUS *adj* местный, туземный
INDIRECT *adj* косвенный, непрямой
INDISPENSABLE *adj* необходимый; обязательный
INDIVIDUAL *n* человек, личность, лицо
INDIVIDUAL *adj* 1. индивидуальный 2. отдельный, частный
INDIVISIBLE *adj* неделимый; единый
INDORSE *v см.* ENDORSE
INDORSEE *n см.* ENDORSEE
INDORSEMENT *n см.* ENDORSEMENT
INDORSER *n см.* ENDORSER
INDUCE *v* побуждать, склонять; стимулировать
INDUCEMENT *n* стимул, побуждение
financial ~ финансовое поощрение
selling ~s стимулирование сбыта
INDUSTRIAL *adj* 1. промышленный 2. производственный
INDUSTRIALIST *n* промышленник, предприниматель

INDUSTRIALIZATION *n* индустриализация

INDUSTRIALIZE *v* проводить индустриализацию

INDUSTRIALS *n pl бирж.* ценные бумаги промышленных компаний

INDUSTR|Y *n* 1. промышленность, индустрия 2. отрасль промышленности
 advertising ~ индустрия рекламы
 agricultural ~ сельскохозяйственное производство
 agricultural processing ~ промышленность по переработке сельскохозяйственной продукции
 aircraft ~ авиационная промышленность
 allied ~ies смежные отрасли промышленности
 armament ~ военная промышленность
 artisan ~ кустарное производство
 automobile ~ автомобильная промышленность
 automotive ~ *см.* automobile ~
 auxiliary ~ 1) смежные отрасли промышленности 2) вспомогательные отрасли
 aviation ~ авиационная промышленность
 basic ~ 1) тяжелая промышленность 2) основная отрасль
 building ~ строительная промышленность
 capital goods ~ промышленность, производящая средства производства
 capital-intensive ~ капиталоемкая отрасль промышленности
 catering ~ система предприятий общественного питания
 chemical ~ химическая промышленность
 clothing ~ швейная промышленность
 coal ~ угольная промышленность
 construction ~ строительная промышленность
 construction materials producing ~ промышленность строительных материалов
 consumer goods ~ промышленность, производящая потребительские товары
 continuous process ~ies отрасли промышленности с непрерывным производством
 cottage ~ надомное производство
 dairy ~ молочная промышленность
 defence ~ военная промышленность
 discretionary purchase ~ промышленность, выпускающая товары немассового спроса
 diversified ~ многоотраслевая промышленность
 domestic ~ отечественная промышленность
 durable goods manufacturing ~ отрасль обрабатывающей промышленности, выпускающая товары длительного пользования
 electronic ~ электронная промышленность
 engineering ~ машиностроительная промышленность
 extraction ~ добывающая промышленность
 extractive ~ *см.* extraction ~
 fabricating ~ies машиностроительная и родственные отрасли промышленности
 fish ~ рыбное хозяйство
 food ~ пищевая промышленность
 food canning ~ консервная промышленность
 food processing ~ пищевая промышленность
 forest ~ лесная промышленность
 foundry ~ литейная промышленность
 fuel-producing ~ies отрасли топливной промышленности
 gas ~ газовая промышленность
 handicraft ~ кустарное производство
 heavy ~ тяжелая промышленность
 highly developed ~ высокоразвитая промышленность
 high-tech ~ наукоемкая отрасль промышленности
 high-technology ~ *см.* high-tech ~
 home ~ отечественная промышленность
 infant ~ новая отрасль промышленности
 insurance ~ страхование
 investment goods ~ промышленность, производящая средства производства
 iron ~ железорудная промышленность
 key ~ ведущая отрасль промышленности
 labour-intensive ~ трудоемкая отрасль
 large-scale ~ крупная промышленность
 leasure ~ индустрия досуга
 leather goods ~ кожевенная промышленность
 light ~ легкая промышленность
 linked ~ смежная отрасль
 livestock ~ промышленное животноводство

local ~ местная промышленность
machine ~ машиностроение
machinery-building ~ *см.* machine ~
machinery-producing ~ *см.* machine ~
machine-tool ~ станкостроительная промышленность
manufacturing ~ обрабатывающая промышленность
metallurgical ~ металлургическая промышленность
metallurgy ~ *см.* metallurgical ~
metal processing ~ металлообрабатывающая промышленность
metal working ~ *см.* metal processing ~
mineral ~ добывающая промышленность
mining ~ *см.* mineral ~
motor ~ автомобильная промышленность
munitions ~ военная промышленность
nationalized ~ национализированная промышленность
native ~ отечественная промышленность
nondurable ~ies отрасли промышленности, выпускающие товары краткосрочного пользования
nondurable goods manufacturing ~ies *см.* nondurable ~ies
nonmanufacturing ~ies необрабатывающие отрасли
nuclear ~ ядерная промышленность
oil ~ нефтедобывающая отрасль промышленности
oil extraction ~ *см.* oil ~
oil processing ~ нефтеперерабатывающая отрасль промышленности
packaging ~ тароупаковочное производство
packing ~ *амер.* консервная промышленность
petrochemical ~ нефтехимическая промышленность
petroleum ~ нефтеперерабатывающая промышленность
petroleum-refining ~ *см.* petroleum ~
petty ~ мелкое производство
pharmaceutical ~ фармацевтическая промышленность
pottery ~ керамическая промышленность
poultry ~ птицеводство
power ~ энергетическая промышленность

primary ~ добывающая промышленность
private ~ частное производство
privatised ~ приватизированное производство
process ~ 1) обрабатывающая промышленность 2) *pl* перерабатывающие отрасли
processing ~ *см.* process ~
producer goods ~ промышленность, производящая средства производства
public ~ies государственные предприятия
public utility ~ies коммунально-бытовые отрасли промышленности
publishing ~ издательское дело
raw materials ~ добывающая промышленность
regional ~ местная промышленность
related ~ смежная отрасль промышленности
rural ~ сельскохозяйственное производство
seasonal ~ сезонная отрасль
secondary ~ обрабатывающая промышленность
service ~ies сфера услуг
sheltered ~ покровительствуемая отрасль промышленности
shipbuilding ~ судостроительная промышленность
shiprepairing ~ судоремонтная промышленность
small ~ мелкое производство
small-scale ~ мелкосерийное производство
state ~ государственная отрасль промышленности
steel ~ сталелитейная промышленность
sunrise ~ies новые, прогрессивные отрасли экономики
sunset ~ies традиционные отрасли экономики, постепенно теряющие свою роль
supply ~ заводы-субпоставщики
tertiary ~ies производство услуг
textile ~ текстильная промышленность
timber ~ лесная промышленность
tool-making ~ станкоинструментальная промышленность
trade ~ отрасль торговли
transport ~ транспорт
transportation ~ *см.* transport ~
travel ~ индустрия туризма

truck ~ автомобильная промышленность
weaving ~ ткацкая промышленность
wine ~ виноделие
wood ~ лесная промышленность
woodwork and timber ~ деревообрабатывающая промышленность
◊ to develop ~ развивать промышленность
to expand ~ см. to develop ~
to reorganize ~ перестраивать промышленность
to streamline ~ рационализировать промышленность

INEFFECTIVE *adj* неэффективный
INEFFICIENCY *n* неэффективность
INEFFICIENT *adj* неэффективный
INELASTIC *adj* неэластичный, негибкий
INELASTICITY *n* неэластичность
INEQUALITY *n* неравенство; разница
feasible ~ допустимое неравенство
fundamental ~ существенное различие
opposite ~ обратное неравенство
reverse ~ см. opposite ~
strict ~ строгое неравенство
weak ~ слабое неравенство
INEQUITABLE *adj* несправедливый
INEXPEDIENCE *n* нецелесообразность, неуместность
INEXPEDIENT *adj* нецелесообразный, неуместный; невыгодный
INEXPENSIVE *adj* недорогой, дешевый
INEXPERIENCED *adj* неопытный
INFEASIBILITY *n* неосуществимость, невыполнимость
INFEASIBLE *adj* невыполнимый, неосуществимый
INFERENCE *n* вывод, заключение
normative ~s нормативные выводы
unfounded ~ необоснованное заключение
INFERIOR *adj* 1. низкий (*по положению*) 2. низкий, плохой (*по качеству*)
INFERIORITY *n* недоброкачественность
INFESTATION *n*:
weed ~ засоренность полей
INFINITE *adj* бесконечный, безграничный
INFINITY *n* бесконечно большое число, бесконечно большое количество
INFIRMITY *n* 1. немощь, слабость 2. физический недостаток
INFLAMMABLE *adj* легко воспламеняющийся, горючий

INFLATE *v* 1. взвинчивать, вздувать цены 2. производить инфляцию
INFLATION *n* инфляция
anticipated ~ ожидаемая инфляция
controlled ~ контролируемая инфляция
cost ~ инфляция, вызванная ростом издержек производства
cost-price ~ см. cost ~
cost-push ~ см. cost ~
credit ~ кредитная инфляция
creeping ~ ползучая инфляция
demand ~ инфляция, вызванная превышением спроса над предложением
demand-pull ~ инфляция, вызванная избыточным спросом на товары и услуги
excessive ~ чрезмерная инфляция
expected ~ ожидаемая инфляция
galloping ~ безудержная инфляция, гиперинфляция
hidden ~ скрытая инфляция
induced ~ индуцированная инфляция
long-term persistent ~ длительная устойчивая инфляция
open ~ открытая инфляция
paper money ~ инфляция бумажных денег
pent-up ~ сдерживаемая инфляция
persistent ~ устойчивая инфляция
price-controlled ~ инфляция, сдерживаемая регулированием цен
product ~ инфляция, связанная с потоком новых товаров, продаваемых по более высоким ценам
profit ~ инфляция, связанная с увеличением доли прибыли в ценах
profit-push ~ см. profit ~
repressed ~ подавленная инфляция
runaway ~ гиперинфляция
steady ~ устойчивая инфляция
supressed ~ подавленная инфляция
tax-push ~ инфляция, связанная с ростом налогов
uncontrollable ~ стремительная инфляция
uncontrolled ~ см. uncontrollable ~
wage ~ инфляция, связанная с ростом заработной платы
wage-push ~ см. wage ~
~ of capital assets инфляционный рост капитальных активов
~ of currency инфляция, связанная с чрезмерной эмиссией наличных денег
◊ to arrest ~ приостанавливать инфляцию

to avert ~ предотвращать инфляцию
to curb ~ сдерживать инфляцию
to halt ~ приостанавливать инфляцию
to restrain ~ ограничивать инфляцию
to slow down ~ замедлять инфляцию
INFLATIONARY *adj* инфляционный
INFLATOR *n* инфлятор
INFLATORY *adj* инфляционный
INFLEXIBILITY *n* неэластичность
INFLEXIBLE *adj* неэластичный, негибкий
INFLICT *v* 1. причинять (*ущерб*) 2. налагать (*наказание*)
INFLICTION *n* 1. причинение (*ущерба*) 2. наложение (*наказания, штрафа*)
~ of damage причинение ущерба
INFLOW *n* приток, прилив; наплыв
capital ~ прилив капитала
cash ~ приток поступлений
gold ~ прилив золота
~ of applications поступление заявок
~ of capital прилив капитала
~ of earnings приток доходов
~ of foreign currency валютные поступления
~ of gold прилив золота
~ of money прилив денег
~ of orders наплыв заказов
~ of visitors наплыв посетителей
INFLUENCE *n* влияние, воздействие
monetary ~ влияние денег
price ~ влияние цен
seasonal ~ влияние сезонных колебаний
INFLUX *n* приток, прилив; наплыв
~ of capital приток капитала
~ of foreign exchange прилив валюты
~ of funds приток средств
~ of gold прилив золота
~ of money прилив денег
~ of visitors наплыв посетителей
◇ ~ and reflux прилив и отлив
INFORM *v* сообщать; информировать
INFORMAL *adj* неофициальный
INFORMATION *n* информация, сведения, данные
accounting ~ учетная информация
accurate ~ точная информация
acquired ~ полученная информация
additional ~ дополнительная информация
adequate ~ достаточная информация; достоверная информация
advance ~ предварительные данные
a priori ~ априорная информация
available ~ имеющаяся информация

background ~ исходная информация
back-up ~ уточняющая информация
bulk ~ большое количество информации
business ~ деловая информация
classified ~ секретная информация
collected ~ накопленная информация
commercial ~ коммерческая информация
complete ~ полная информация
comprehensive ~ исчерпывающая информация
confidential ~ секретная информация
cost ~ информация об издержках производства
credit ~ информация о кредитоспособности
critical ~ важная информация
customer ~ информация о покупательском спросе
delivery ~ информация по поставке
design ~ проектно-конструкторская информация
detailed ~ подробные сведения, подробная информация
economic ~ экономическая информация
engineering ~ техническая информация
exact ~ точная информация
exhaustive ~ исчерпывающая информация
export ~ экспортная информация
factual ~ фактическая информация
feedback ~ информация с обратной связью
financial ~ сведения о финансовом положении
first-hand ~ информация из первоисточника
full ~ полная информация
general ~ общие сведения
helpful ~ полезная информация
immediate ~ информация из первоисточника
important ~ важная информация
inadequate ~ недостоверная информация
incomplete ~ неполная информация
input ~ входная информация
inside ~ информация из первоисточника
insufficient ~ недостаточная информация
internal ~ внутренняя информация
know-how ~ информация о ноу-хау

legal ~ юридическая информация
management ~ управленческая информация; административная информация
market ~ информация о состоянии рынка
mutual ~ взаимная информация
null ~ отсутствие информации
official ~ официальное сообщение
on-line ~ оперативная информация; прямая связь с банком данных
output ~ выходная информация
patent ~ патентная информация
perfect ~ полная информация
pertinent ~ информация, относящаяся к делу; существенная информация
practical ~ практическая информация
precise ~ точная информация
preliminary ~ предварительная информация
price ~ информация о ценах
pricing ~ см. price ~
prior ~ предшествующая информация
processed ~ обработанные данные
product ~ информация о товаре
proprietary ~ информация, являющаяся собственностью фирмы
reciprocal ~ взаимная информация
redundant ~ избыточная информация
relative ~ относительная информация
relevant ~ информация, относящаяся к делу; существенная информация
reliable ~ надежные сведения
requested ~ запрашиваемая информация
required ~ см. requested ~
sample ~ выборочная информация
scientific ~ научная информация
secret ~ секретная информация
service ~ служебная справка
source ~ 1) исходная информация 2) информация из первоисточника
statistical ~ статистические сведения
strictly confidential ~ засекреченная информация
subjective ~ субъективная информация
sufficient ~ достаточная информация
supplementary ~ дополнительная информация
tariff ~ информация о таможенных пошлинах
technical ~ технические данные
technological ~ технологическая информация
unclassified ~ несекретная информация

up-to-date ~ новейшая информация
useful ~ полезная, ценная информация
valuable ~ см. useful ~
visual ~ визуальная информация
vital ~ жизненно важная информация
◊ to acquire ~ получать информацию
to analyse ~ анализировать информацию
to apply for ~ обращаться за справками
to ask for ~ запрашивать информацию
to assess ~ оценивать информацию
to collect ~ собирать информацию
to compile ~ см. to collect ~
to contain ~ содержать информацию
to digest ~ разбираться в полученных сведениях
to disclose ~ разглашать информацию
to dissiminate ~ распространять информацию
to enclose ~ прилагать данные
to estimate ~ оценивать информацию
to evaluate ~ см. to estimate ~
to exchange ~ обмениваться информацией
to furnish ~ предоставлять информацию
to gather ~ собирать сведения
to get ~ получать информацию
to give ~ передавать информацию
to obtain ~ получать информацию
to pass ~ передавать информацию
to process ~ обрабатывать информацию
to provide ~ предоставлять информацию
to receive ~ получать информацию
to render ~ давать справку
to request ~ запрашивать информацию
to seek ~ искать информацию; наводить справки
to send ~ посылать информацию
to share ~ обмениваться информацией
to spread ~ распространять информацию
to submit ~ предоставлять информацию
to supply ~ см. to submit ~
to take ~ добывать информацию
to transfer ~ передавать информацию
to transmit ~ см. to transfer ~
to update ~ обновлять информацию

INFORMATIONAL *adj* информативный

INFORMATIVE *adj* см. **INFORMATIONAL**
INFRASTRUCTURE *n* инфраструктура
  basic ~ основная инфраструктура
  port ~ инфраструктура порта
  production ~ производственная инфраструктура
  social ~ социальная инфраструктура
  well-developed ~ развитая инфраструктура
INFRINGE *v* нарушать, не соблюдать
INFRINGEMENT *n* нарушение, несоблюдение
  gross ~ грубое нарушение
  law ~ нарушение закона, правонарушение
  patent ~ нарушение патента
  ~ of an agreement нарушение договора
  ~ of conditions нарушение условий
  ~ of the constitution нарушение конституции
  ~ of a contract нарушение договора
  ~ of a copyright нарушение авторского права
  ~ of a law нарушение закона, правонарушение
  ~ of an obligation нарушение обязательства
  ~ of a patent нарушение патента
  ~ of a patent right нарушение патентного права
  ~ of registration нарушение условий регистрации
  ~ of a right нарушение права
  ~ of rules несоблюдение правил
  ~ of territorial sovereignty нарушение территориального суверенитета
  ~ of a trademark нарушение товарного знака
  ~ of a treaty нарушение договора
INFRINGER *n* нарушитель
  ~ of a patent нарушитель патента
INGOING *adj* входящий; прибывающий
INGOT *n* слиток
  ~ of gold слиток золота
INGREDIENT *n* составная часть; компонент
  chief ~s основные компоненты
INGRESS *n* проникновение
  ~ of sea water проникновение морской воды
INHABIT *v* жить; населять
INHABITANT *n* житель, обитатель
INHERENT *adj* 1. присущий, свойственный 2. неотъемлемый

INHERIT *v* наследовать, получать в наследство
  ~ jointly унаследовать совместно
INHERITANCE *n* 1. наследование 2. наследство
  genetical ~ генетическая наследственность
  ◇ to come into an ~ получить наследство
  to enter upon an ~ вступать в права наследства
  to take by ~ наследовать
INITIAL *adj* начальный; исходный
INITIAL *v* парафировать
INITIATE *v* 1. начинать; приступать к чему-л. 2. проявлять инициативу
INITIATION *n* основание, учреждение
INITIATIVE *n* инициатива
  business ~ предпринимательская инициатива
  private ~ инициатива частного предпринимателя
  shopfloor ~ инициатива снизу (*от рабочих*)
  ◇ on one's own ~ по своей инициативе
  to advance the ~ выступать с инициативой
  to back the ~ поддерживать инициативу
  to lose the ~ утрачивать инициативу
  to show the ~ проявлять инициативу
  to support the ~ поддерживать инициативу
  to take up the ~ подхватить инициативу
INITIATOR *n* инициатор
INJECTION *n* введение; инжекция; «впрыскивание»
  ~ of money «впрыскивание» денег
INJUNCTION *n* 1. судебный запрет 2. предписание, приказ
INJURE *v* портить; причинять вред, ущерб
INJURY *n* 1. вред, ущерб 2. телесное повреждение
  accidental ~ повреждение в результате несчастного случая
  bodily ~ телесное повреждение, травма
  disabling ~ травма, приводящая к потере трудоспособности
  employment ~ производственная травма
  industrial ~ см. employment ~

mechanical ~ механическое повреждение
personal ~ телесное повреждение, травма
radiation ~ облучение
serious ~ серьезное повреждение
~ to a person телесное повреждение, травма
~ to property материальный ущерб
◇ ~ caused by an accident повреждение в результате несчастного случая
~ resulting from an accident *см.* ~ caused by an accident
to inflict an ~ причинять ущерб
to receive an ~ получать повреждение
to suffer an ~ *см.* to receive an ~
to sustain an ~ нести ущерб

INLAND *adj* внутренний (*о торговле и т.п.*)

INNOVATE *v* вводить новшества; рационализировать

INNOVATION *n* нововведение, новшество; новинка
bunching ~s скачкообразные нововведения
capital-saving ~ капиталосберегающее нововведение
labour-saving ~ трудосберегающее нововведение
product ~ новинка
technical ~ техническая новинка
technological ~ технологическое нововведение
~ in manufacture новинка производства
~ in production *см.* ~ in manufacture
~ in technology технологическое нововведение
◇ to advertise an ~ рекламировать новинку
to introduce ~s вводить новшества
to patent an ~ запатентовать новинку

INNOVATIVE *adj* новаторский; прогрессивный

INNOVATOR *n* новатор

INNUMERABLE *adj* неисчислимый, бесчисленный

INOPERATIVE *adj* 1. недействующий, бездействующий 2. *юр.* не имеющий законной силы

INPAYMENT *n* платеж, взнос; *pl* денежные поступления

INPUT *n* 1. ввод; подача; загрузка 2. потребляемая мощность 3. затраты
capital ~s затраты капитала
fertilizer ~ расход удобрений

fixed ~ постоянные затраты
labour ~ затраты труда
primary ~ первичные затраты
productive ~ производственные затраты
total ~ общие затраты
work ~ затраченная работа

INQUIRE *v* спрашивать; запрашивать; наводить справки

INQUIRY *n* 1. запрос 2. наведение справок; опрос 3. *юр.* расследование (*дела*)
bank ~ запрос банка
consumer ~ опрос потребителей
credit ~ запрос о кредитоспособности
demographic ~ демографическое обследование
detailed ~ подробный запрос
field ~ обследование на месте
firm's ~ запрос фирмы
key ~ основной запрос
market ~ исследование рынка
official ~ официальный запрос
original ~ первоначальный запрос
parliamentary ~ парламентский запрос
pilot ~ пробное обследование
postal ~ корреспондентский опрос
preliminary ~ предварительный опрос
price ~ запрос о ценах
sample ~ выборочное обследование
sampling ~ *см.* sample ~
single-round ~ обследование в один этап
specific ~ специальный запрос
status ~ запрос о финансовом положении
statistical ~ статистическое исследование
telephone ~ телефонный опрос; опрос по телефону
telexed ~ запрос, переданный по телексу
~ by telephone запрос по телефону
~ for delivery запрос на поставку
◇ ~ on ~ по заявке
to confirm an ~ подтверждать запрос
to consider an ~ рассматривать запрос
to examine an ~ *см.* to consider an ~
to make an ~ делать запрос
to pass an ~ передавать запрос
to pursue an ~ рассматривать запрос
to submit an ~ передавать запрос
to warrant an ~ подтверждать запрос

INSECURE *adj* ненадежный; непрочный

INSECURITY *n* ненадежность; непрочность

INSERT *n* 1. вставка 2. рекламный вкладыш
  package ~ вкладыш в упаковку
  ~ into a package *см.* package ~
INSERT *v* вкладывать
INSERTION *n* 1. вставка; включение 2. объявление (*в газете и т.п.*)
INSET *n* 1. вставка; вклейка 2. рекламный вкладыш
  loose ~ рекламный листок (*вложенный в журнал, газету*)
INSIDER *n* инсайдер
INSOLVENCY *n* неплатежеспособность, несостоятельность, банкротство
  bank ~ неплатежеспособность банка
  financial ~ неплатежеспособность
  national ~ прекращение государственных платежей
  ~ of a debtor несостоятельность должника
INSOLVENT *adj* неплатежеспособный; несостоятельный
INSPECT *v* 1. осматривать; досматривать 2. проверять; инспектировать; ревизовать
INSPECTION *n* 1. осмотр; досмотр 2. проверка; инспектирование; ревизия 3. приемка; приемочный контроль
  acceptance ~ контроль при приемке
  building ~ строительный надзор
  complete ~ полная проверка
  curtailed ~ сокращенная проверка
  customs ~ таможенный контроль
  cyclic ~ периодический контроль
  end-item ~ контроль готовых изделий
  equipment ~ проверка оборудования
  factory ~ заводской контроль
  field ~ эксплуатационный контроль
  final ~ окончательная проверка
  follow-up ~ последующая проверка
  general ~ общая проверка
  in-process ~ контроль в процессе производства
  labour ~ производственный контроль; рабочий контроль
  luggage ~ досмотр багажа
  material ~ проверка материалов
  medical ~ санитарный надзор
  minute ~ тщательный осмотр
  normal ~ обычная проверка
  on-site ~ проверка на месте
  on-the-spot ~ *см.* on-site ~
  outer ~ внешний осмотр
  partial ~ частичный контроль
  percentage ~ выборочный контроль
  periodical ~ периодический осмотр
  predelivery ~ осмотр товара до поставки
  preliminary ~ предварительный осмотр
  preproduction ~ контроль до начала производства
  preventive ~ профилактический осмотр
  process ~ производственный контроль
  product ~ контроль качества продукции
  quality ~ проверка качества; экспертиза по качеству
  quantity ~ проверка количества
  quarantine ~ карантинный надзор
  random ~ выборочная проверка
  routine ~ плановая проверка
  sampling ~ выборочный контроль
  sanitary ~ санитарный надзор
  selective ~ выборочная проверка
  site ~ осмотр строительной площадки
  source ~ проверка на заводе-изготовителе
  storage ~ проверка хранения
  subsequent ~ последующий осмотр
  superficial ~ наружный осмотр
  surveyor's ~ сюрвейерный осмотр
  technical ~ инспекционная проверка
  total ~ сплошной контроль
  vendor ~ проверка товара поставщиком
  veterinary ~ ветеринарный осмотр
  visual ~ визуальный осмотр
  ~ at the manufacturing plant инспекция на заводе-изготовителе
  ~ in production conditions проверка в производственных условиях
  ~ of accounts ревизия счетов
  ~ of books and accounts ревизия бухгалтерских книг
  ~ of cargo досмотр груза
  ~ of deeds ознакомление с документацией
  ~ of documents проверка документов
  ~ of equipment осмотр оборудования
  ~ of goods проверка товара
  ~ of luggage осмотр багажа
  ~ of the manufacturing process контроль производственного процесса
  ~ of materials проверка материалов
  ~ of a patent application ознакомление с заявкой на патент
  ~ of products осмотр изделий
  ~ of property осмотр земельного участка
  ◇ to carry out ~ осуществлять проверку

to conduct ~ инспектировать
to expedite ~ ускорять осмотр
to make ~ проводить проверку
to pass ~ пройти осмотр, проверку
to perform ~ осуществлять проверку
to waive ~ отказываться от права на осмотр
INSPECTOR *n* инспектор; контролер; ревизор; приемщик
bank ~ контролер банка
chief ~ главный инспектор
customs ~ таможенный инспектор
source ~ инспектор заказчика на заводе-изготовителе
tax ~ налоговый инспектор
◊ I. General генеральный ревизор
INSTABILITY *n* неустойчивость
economic ~ экономическая неустойчивость
exchange-rate ~ неустойчивость валютного курса
monetary ~ нестабильность денег
~ of credit нестабильность кредита
~ of currency неустойчивость валюты
~ of currency exchange rate неустойчивость валютного курса
~ of the monetary system неустойчивость валютной системы
~ of prices неустойчивость цен
INSTALL *v* устанавливать, монтировать
INSTALLATION *n* 1. установка, монтаж 2. *pl* сооружения
factory ~ заводская сборка
military ~s военные объекты
plant ~ заводская сборка
sanitary ~s санитарное оборудование
stand ~ монтаж стенда
telephone ~ установка телефона
~ of equipment установка оборудования; монтаж оборудования
~ of exhibits монтаж выставки
◊ to complete ~ заканчивать монтаж
to supervise ~ руководить монтажом
INSTAL[L]MENT *n* 1. взнос в счет уплаты 2. часть, партия
advance ~ авансовый взнос
annual ~ годовой взнос
delinquent ~ неуплаченный очередной взнос
due ~ очередной взнос
equal ~s равные взносы
final annual ~ последний годовой взнос
first ~ первый взнос
initial ~ первоначальный взнос
last ~ последний взнос

monthly ~ ежемесячный взнос
next ~ очередной взнос
overdue ~ просроченный взнос
past due ~ *см.* overdue ~
subsequent ~ последующий взнос
yearly ~ ежегодный взнос
~ of principal платеж в погашение основной суммы займа
~s to the budget взносы в бюджет
◊ by ~s в рассрочку; частями
to make the initial ~ платить первоначальный взнос
to pay by ~s выплачивать взносами, по частям
to pay off in ~s *см.* to pay by ~s
INSTANCE *n* частный случай
isolated ~ единичный случай
rare ~ редкий случай
single ~ единичный случай
solitary ~ *см.* single ~
INSTANT *n* мгновение, момент
INSTANT *adj* немедленный; безотлагательный
INSTITUTE *n* институт; учреждение
American I. of Bankers Американский институт банкиров
American I. of Certified Public Accountants Американское общество дипломированных общественных бухгалтеров-ревизоров
American I. of Public Opinion Американский институт общественного мнения
British I. of Management Британский институт управления
finance ~ финансовое учреждение
law ~ юридический институт
Marketing Science I. Институт маркетинговых исследований (США)
market research ~ конъюнктурный институт
research ~ научно-исследовательский институт
INSTITUTE *v* учреждать, основывать
INSTITUTION *n* 1. учреждение; организация; объединение; общество 2. учебное заведение
affiliated ~ филиал
banking ~ банковский институт
British Standards I. Британский институт стандартов
charitable ~ благотворительная организация
credit ~ кредитная организация
depository ~ депозитное учреждение
educational ~ учебное заведение

endowed ~ благотворительный фонд
financial ~ финансовое учреждение
government ~ государственное учреждение
legal ~ правовое учреждение
lending ~ кредитное учреждение, кредитная организация
marketing ~ маркетинговая организация
nonprofit ~ некоммерческая организация
pecuniary ~s финансовые институты
public ~ государственное учреждение
public educational ~ государственное учебное заведение
quasi-banking ~ квазибанковский институт
research ~ научно-исследовательское учреждение
scientific ~ научное учреждение
state ~ государственное учреждение
thrift ~ сберегательное учреждение
trust ~ трастовое учреждение

INSTITUTIONAL *adj* учрежденный, установленный

INSTRUCT *v* 1. обучать 2. инструктировать, давать инструкции 3. поручать

INSTRUCTION *n* 1. обучение, подготовка 2. *обыкн. pl* инструкции, указания; распоряжения 3. поручение
acceptance ~s инструкции об акцепте
adjustment ~s инструкции по наладке
assembly ~s инструкции по монтажу
banker's ~s банковское поручение
buyer's banking ~s указания покупателя по банковскому переводу
credit ~s аккредитивное поручение
customer's ~s to the bank инструкция клиента банку
customs ~s таможенные предписания; таможенные инструкции
customs clearance ~s *см.* customs ~s
delivery ~s инструкции по поставке
detailed ~s подробные инструкции
disposal ~s распоряжение о продаже
erection ~s инструкции по монтажу
explicit ~s подробные инструкции
faulty ~ ошибочная инструкция
final ~s окончательные инструкции
forwarding ~s погрузочные инструкции
free ~ бесплатное обучение
general ~s общие указания
handling ~s инструкции по обращению с товаром
incomplete ~s неполные инструкции
incorrect ~s ошибочные инструкции
installation ~s инструкции по монтажу
irrevocable ~s безотзывные инструкции
job ~ инструкция по выполнению работы
loading ~s погрузочное поручение
maintenance ~s инструкции по техническому уходу
manufacturer's ~s заводская инструкция
manufacturing ~s инструкции по изготовлению
marking ~s указания относительно маркировки
operating ~s руководство по эксплуатации
operation ~s *см.* operating ~s
operation and maintenance ~s инструкции по уходу и эксплуатации
oral ~s устные распоряжения
packing ~s инструкции по упаковке
payment ~ распоряжение о платеже
precise ~s точные инструкции
preliminary ~ предварительная подготовка
prepayment ~s распоряжение о предоплате
price ~ указание цен
procurement ~ инструкция по закупкам
proper ~s надлежащие инструкции
routing ~s путевые инструкции
safety ~s инструкции по технике безопасности
sampling ~ инструкция по выборочному контролю
seller's banking ~s инструкции продавца по банковскому переводу
service ~s 1) инструкция по эксплуатации 2) инструкция по техническому обслуживанию
servicing ~s *см.* service ~s
setting-up ~s инструкции по наладке
shipping ~s погрузочные инструкции
specific ~s точные инструкции
standing ~s постоянные инструкции
start-up ~s инструкции по пуску в эксплуатацию
stowage ~s инструкции по укладке груза на судне
technical ~s технические инструкции
unclear ~s неточные инструкции
user ~ обучение пользователей
working ~s рабочие инструкции
~s for repairs инструкции по ремонту

INS

~s for payment инструкции о платеже
~s for use инструкции по применению
◊ ~ to advise распоряжение об авизовании
~ to issue a letter of credit распоряжение об открытии аккредитива
~ to open a letter of credit *см.* ~ to issue a letter of credit
according to ~s в соответствии с инструкциями; согласно указаний
as per ~s *см.* according to ~s
under the ~s на основании указаний
to act on ~s действовать согласно инструкциям
to ask ~s просить указаний
to carry out ~s выполнять указания; выполнять инструкции
to comply with ~s *см.* to carry out ~s
to confirm ~s подтверждать инструкции
to contravene ~s действовать в нарушение инструкций
to depart from ~s нарушать инструкции
to disregard ~s игнорировать инструкции
to execute ~s выполнять указания; выполнять инструкции
to follow ~s следовать указаниям; соблюдать инструкции
to give ~s давать инструкции
to obey ~s соблюдать инструкции; выполнять указания
to observe ~s *см.* to obey ~s
to provide ~s давать инструкции
to receive ~s получать инструкции
to reconsider ~s пересматривать инструкции
to revise ~s *см.* to reconsider ~s
to submit ~s представлять инструкции
to transfer ~s передавать инструкции
to violate ~s нарушать инструкции
INSTRUCTOR *n* инструктор; руководитель
chief ~ главный инструктор
research ~ научный руководитель
INSTRUMENT *n* 1. инструмент; прибор 2. орудие, средство 3. *юр.* документ; акт 4. кредитно-финансовый инструмент
assignable ~ передаваемый документ
authentic ~ подлинный документ
bearer ~ документ на предъявителя
commercial ~ коммерческий вексель
control and measuring ~s контрольно-измерительные приборы

credit ~s кредитные инструменты
damage control ~ аварийный инструмент
debt ~ долговая расписка, долговое обязательство
electronic ~ электронный прибор
exchange ~s девизы, иностранная валюта
financial ~s финансовые инструменты
fiscal ~s инструменты фискальной политики
forged ~ подделанный документ
inchoate ~ незаконченный финансовый документ; вексель, подписанный только одной стороной
measuring ~ измерительный прибор
monetary ~s инструменты кредитно-денежной политики
mortgage ~ ипотечное свидетельство
negotiable ~ оборотный, обращающийся документ
nonnegotiable ~ непередаваемый документ
precision ~ точный прибор
proprietary ~ патентованный прибор
special ~ специальный прибор
statutory ~ 1) законодательный акт 2) делегирование полномочий законодательного органа, дающее право издавать приказы, имеющие силу законов
testamentary ~ завещательный документ
trust ~ акт учреждения доверительной собственности (траста)
~ of acceptance документ об акцепте
~ of accession акт о присоединении к договору
~ of credit policy инструмент кредитной политики
~ of debt долговое обязательство
~ of indebtedness *см.* ~ of debt
~ of labour средство труда
~ of liquidity средство обеспечения ликвидности
~ of payment платежное средство
~s of production орудия производства
~ of title правовой титул
~ of transfer документ о правопередаче
INSTRUMENTAL *adj* 1. служащий орудием, средством 2. способствующий
INSTRUMENTATION *n* оснащение измерительной аппаратурой; приборное оснащение
monitoring ~ приборы и средства для мониторинга

~ **of production processes** оснащение производственного процесса оборудованием
INSUFFICIENCY *n* недостаточность; недостаток
  packing ~ недостатки упаковки
INSUFFICIENT *adj* недостаточный; неполный; несоответствующий
INSULATE *v* отделять, изолировать
INSULATION *n* обособление; изоляция
INSURABLE *adj* страхуемый
INSURANCE *n* 1. страхование 2. страховая премия 3. страховой полис
  accident ~ страхование от несчастных случаев
  additional ~ добавочное страхование
  aircraft ~ авиационное страхование
  all-in ~ общее страхование
  all-loss ~ *амер.* страхование от всех рисков
  all-risk ~ *см.* all-loss ~
  annuity ~ пенсионное страхование
  automobile ~ *амер.* автотранспортное страхование, авто-каско
  automobile liability ~ страхование гражданской ответственности владельцев автотранспорта
  aviation ~ авиационное страхование
  baggage ~ страхование багажа
  blanket ~ групповое страхование
  block ~ страхование нескольких видов рисков
  burglary ~ страхование от кражи со взломом
  business ~ страхование от простоя производства
  business interruption ~ страхование на случай перерыва производства из-за стихийных бедствий
  capital ~ страхование капиталов
  cargo ~ страхование грузов
  casualty ~ страхование от несчастного случая
  catastrophe ~ *см.* casualty ~
  children's endowment ~ страхование детей до определенного срока
  child's ~ страхование детей
  civil commotion ~ страхование рисков, связанных с общественными беспорядками
  collateral ~ добавочное страхование
  collective ~ коллективное, групповое страхование
  combination policy ~ комбинированный полис страхования
  comprehensive ~ общее страхование
  compulsory ~ обязательное страхование
  compulsory ~ **against third party risks** обязательное страхование гражданской ответственности
  concurrent ~ двойное страхование
  construction risks ~ страхование строительных рисков
  contingency ~ страхование на случай возникновения чрезвычайных обстоятельств
  contract guarantee ~ страхование на случай невыполнения одной из сторон контрактных обязательств
  cooperative ~ кооперативное страхование
  credit ~ кредитное страхование, страхование кредитных операций
  credit life ~ кредитное страхование жизни
  credit risk ~ страхование кредитных рисков
  currency risk ~ страхование валютного риска
  current ~ действующий договор страхования
  deposit ~ страхование депозитов
  disability ~ страхование на случай потери трудоспособности
  disablement ~ *см.* disability ~
  disbursements ~ страхование дисбурсментских расходов
  double ~ двойное страхование
  employer's liability ~ страхование пособий, выплачиваемых рабочим в случае потери трудоспособности в результате несчастного случая
  employment ~ страхование служащих
  endowment ~ страхование до определенного срока, страхование-вклад
  excess ~ страховой полис, по которому страховая сумма выплачивается только в том случае, если размер ущерба или убытка превышает ее
  export ~ экспортное страхование
  export credit ~ страхование экспортных кредитов
  extended term ~ страхование, действующее в течение ограниченного периода после прекращения уплаты взносов
  extra risk life ~ страхование лиц опасных профессий за счет предприятий
  fidelity ~ страхование от финансовых потерь, связанных со злоупотреблениями служащих
  fidelity guarantee ~ *см.* fidelity ~

fire ~ страхование от пожара
first loss ~ страхование по первому риску
fleet policy ~ страхование автотранспорта, принадлежащего компании
floater policy ~ страхование движимого имущества
freight ~ страхование фрахта
full ~ страхование от всех рисков
full value ~ страхование в полную стоимость
graded premium life ~ долгосрочное страхование жизни, по условиям которого страховой взнос увеличивается в течение первых лет до определенного уровня
group ~ групповое страхование
group creditor ~ полис группового страхования должников, выдаваемый кредитору
group life ~ групповое страхование жизни
guarantee ~ гарантийное страхование
health ~ страхование на случай болезни
home owner's policy ~ комплексное страхование домашнего имущества
hospitalization ~ страхование медицинских расходов
household ~ комплексное страхование домашнего имущества
hull ~ страхование корпуса судна
industrial ~ производственное страхование
industrial life ~ индустриальное страхование жизни
inland transportation ~ страхование перевозок внутри страны
inland waterways ~ страхование внутренних водных перевозок
liability ~ страхование ответственности
life ~ страхование жизни
limited payment life ~ страхование жизни с ограниченным количеством страховых взносов
limited policy ~ страховой полис, ограниченный конкретными страховыми случаями
livestock ~ страхование животных
loan ~ страхование займов
loss-on-exchange ~ страхование риска курсовых потерь
luggage ~ страхование багажа
maintenance ~ эксплуатационное страхование
marine ~ морское страхование

medical ~ страхование медицинских расходов
miners' ~ страхование шахтеров
mortgage ~ страхование ипотечной задолженности
mortgage redemption ~ страхование погашения ипотечной задолженности
motor ~ страхование автомашины
motor car ~ *см.* motor ~
motor vehicle ~ *см.* motor ~
motor vehicle passenger ~ страхование автопассажиров
mutual ~ взаимное страхование
national ~ государственное страхование
obligatory ~ обязательное страхование
ocean ~ морское страхование
ocean marine ~ *амер.* морское страхование
old age ~ страхование по старости
old age and survivor ~ *см.* old age ~
open ~ страхование движимого имущества
ordinary ~ обычное страхование жизни
ordinary life ~ *см.* ordinary ~
overlapping ~ общая страховая сумма двух или более полисов или договоров страхования, заключенных с разными компаниями, которые частично перекрывают некоторые риски
package ~ групповое страхование
paid-up ~ полностью оплаченный страховой полис
partial ~ частичное страхование
participating ~ страхование с участием в прибылях компании
partnership ~ страхование жизни партнеров фирмы
personal ~ личное страхование
personal accident and sickness ~ страхование от несчастных случаев и болезни
personal liability ~ страхование личной ответственности
pluvial ~ страхование от убытков в результате плохой погоды (*особенно сильных дождей*)
private ~ индивидуальное страхование
private health ~ индивидуальное медицинское страхование
products guarantee ~ страхование на случай претензий со стороны покупателей в связи с низким качеством или дефектами товара
products liability ~ страхование ответ-

ственности за производимую продукцию
professional indemnity ~ страхование профессиональной ответственности
property ~ имущественное страхование
property damage ~ страхование имущества от повреждений
provisional ~ предварительное страхование
public liability ~ страхование общественной ответственности
real estate ~ страхование недвижимого имущества
reciprocal ~ *амер.* взаимное страхование
renewable term ~ страхование жизни, возобновляемое на определенный срок
rent ~ страхование ренты
replacement ~ страхование имущества, при котором возмещение выплачивается в размере стоимости нового имущества
residence contents ~ страхование домашнего имущества
retirement income ~ страхование пенсии по старости
riots ~ страхование рисков, связанных с общественными беспорядками
risk ~ страхование риска
robbery ~ страхование от кражи
sea ~ морское страхование
sea cargo ~ страхование морских грузов
sickness ~ страхование на случай болезни
social ~ социальное страхование
specific ~ страховой полис с подробным перечнем страхуемого имущества
state ~ государственное страхование
stock ~ страхование акционерной компании
straight life ~ страхование жизни с пожизненной уплатой взносов
strike ~ страхование от забастовок
subsequent ~ последующее страхование
substandard ~ страхование лиц по повышенным ставкам
supplementary ~ добавочное страхование
technical risk ~ страхование технических рисков
term ~ страхование на ограниченный срок
theft ~ страхование от кражи
third party ~ страхование лица, не являющегося страхователем или страховщиком
third party liability ~ *см.* **third party** ~
time ~ страхование на срок
title ~ страхование против дефектов правового титула
transit ~ транзитное страхование
transport ~ транспортное страхование
traveller's accident ~ страхование туристов
unemployment ~ страхование по безработице
voluntary ~ добровольное страхование
war ~ страхование от военных рисков
war risk ~ *см.* **war** ~
weather ~ страхование от убытков в результате плохой погоды
whole life ~ пожизненное страхование на случай смерти
workmen's compensation ~ страхование пособий, выплачиваемых рабочим в случае потери трудоспособности в результате несчастного случая на производстве
~ **against all construction risks** страхование на условиях «все риски строительства»
~ **against all risks** страхование от всех рисков
~ **against breakage** страхование от поломки
~ **against breakdown** *см.* ~ **against breakage**
~ **against burglary and theft** страхование от кражи
~ **against commercial risks** страхование коммерческих рисков
~ **against default** страхование от риска неуплаты
~ **against loss by redemption** страхование от курсовых потерь при выкупе ценных бумаг
~ **against natural calamities** страхование от стихийных бедствий
~ **against natural hazards** *см.* ~ **against natural calamities**
~ **against risk** страхование риска
~ **against robbery** страхование от кражи
~ **against total loss** страхование от полной гибели
~ **against war risks** страхование от военных рисков
~ **of building** страхование строений
~ **of cargo** страхование грузов

~ of credit страхование кредита
~ of freight страхование фрахта
~ of goods страхование товара; страхование груза
~ of merchandise *см.* ~ of goods
~ of movable property страхование движимого имущества
~ of valuables страхование драгоценностей
~ of a vessel страхование судна
~ on a contingency basis страхование на случай возникновения чрезвычайных обстоятельств
~ on a premium basis страхование с уплатой страховых взносов
~ with limited premium страхование с уплатой сниженных взносов
~ with participation in the profits страхование с участием в прибылях компании
~ without participation in the profits страхование без участия в прибылях компании
◇ ~ free of particular average страхование без включения случаев частной аварии
to arrange ~ организовать страхование
to back up ~ субсидировать страхование
to cancel ~ аннулировать страхование
to carry an ~ быть застрахованным
to cover ~ производить страхование
to effect ~ *см.* to cover ~
to furnish ~ предоставлять страхование
to issue ~ производить страхование
to make ~ *см.* to issue ~
to place an ~ *см.* to issue ~
to provide ~ предоставлять страхование
to reinstate an ~ восстанавливать страхование
to suspend ~ приостанавливать страхование
to take out an ~ заключать договор страхования, застраховать
to undertake ~ брать на себя обязательство страхования

INSURANT *n* страхователь
INSURE *v* 1.страховать, застраховывать 2. страховаться, застраховываться
INSURED *n* страхователь; застрахованный
INSURER *n* страховщик
INTACT *adj* неповреждённый
INTAKE *n* 1. набор (*служащих*); пополнение 2. количество поступивших в учебное заведение 3. потребляемая мощность
actual ~ фактическое потребление
annual ~ годовое потребление
food ~ потребление пищи
industrial ~ привлечение рабочей силы
labour power ~ *см.* industrial ~
water ~ забор свежей воды
~ of orders поступление заказов

INTANGIBLE *adj* неосязаемый, нематериальный
INTANGIBLES *n pl* нематериальные активы
INTEGRAL *n* нечто целое, неделимое
~ of past investments сумма прошлых инвестиций
INTEGRAL *adj* неотъемлемый
INTEGRATE *v* объединять в единое целое; увеличивать
INTEGRATION *n* объединение; интеграция; укрупнение
agro-industrial ~ агропромышленная интеграция
backward ~ вертикальная интеграция
circular ~ «круговая» интеграция
diagonal ~ диагональная интеграция
economic ~ экономическая интеграция
forward ~ вертикальная интеграция
horizontal ~ горизонтальная интеграция
lateral ~ *см.* horizontal ~
progressive ~ постепенная интеграция
regional ~ региональная интеграция
vertical ~ вертикальная интеграция
◇ to effect ~ осуществлять интеграцию

INTEGRITY *n* честность
INTELLECTUAL *n* интеллигент; *pl* интеллигенция
INTELLIGENCE *n* информация, сообщение
competitive ~ анализ деятельности конкурентов
marketing ~ маркетинговая разведка
money ~ биржевая информация
stock exchange ~ *см.* money ~

INTEND *v* 1. намереваться 2. предназначать, определять для чего-л.
INTENSE *adj* напряжённый, интенсивный
INTENSIFICATION *n* интенсификация
~ of investment интенсификация инвестиций
~ of labour интенсификация труда

~ of production интенсификация производства
INTENSIFY *v* усиливать
INTENSITY *n* 1. интенсивность 2. напряженность
capital ~ капиталоемкость
cultivation ~ интенсивность обработки почвы
farming ~ интенсивность сельского хозяйства
labour ~ трудоемкость; интенсивность труда
power ~ энергоемкость
production ~ интенсивность производства
research ~ интенсивность научно-исследовательской работы
traffic ~ интенсивность уличного движения
work ~ интенсивность труда
~ of advertising интенсивность рекламы
~ of exploitation степень эксплуатации труда
~ of farming интенсивность сельского хозяйства
~ of labour интенсивность труда
~ of work интенсивность работы
INTENSIVE *adj* интенсивный
◇ capital ~ капиталоемкий
INTENT *n* намерение, цель
INTENTION *n* намерение; стремление; цель
buying ~s намерения покупателей
export ~s экспортные планы
import ~s импортные планы
INTERACT *v* взаимодействовать
INTERACTION *n* взаимодействие
investment ~ инвестиционное взаимодействие
~ between nations взаимодействие между странами
~ of supply and demand взаимодействие спроса и предложения
INTERAGENCY *n* посредничество
INTERBANK *n* межбанковский рынок валютных сделок
INTERBOURSE *adj* межбиржевой
INTERCHANGE *n* взаимный обмен
credit ~ взаимный обмен кредитами
patent ~ обмен патентами
~ of data обмен информацией
~ of experience обмен опытом
~ of information обмен информацией
~ of patents обмен патентами

INTERCHANGEABILITY *n* взаимозаменяемость
INTERCHANGEABLE *adj* взаимозаменяемый
INTERCOASTAL *adj* каботажный
INTERCONNECTION *n* 1. взаимосвязь 2. объединение энергосистем
INTERCORPORATION *adj* межфирменный
INTERCOURSE *n* деловое общение; связь (*между странами*)
commercial ~ торговые сношения (связи)
diplomatic ~ дипломатические отношения
economic ~ экономические отношения
friendly ~ дружеские отношения
trade ~ торговые связи
~ in trade *см.* trade ~
◇ to open ~ устанавливать отношения
INTERDEPARTMENTAL *adj* межведомственный
INTERDICT *n* запрет, запрещение
INTERDICTION *n* 1. запрет, запрещение 2. лишение дееспособности
~ of commerce запрещение торговли
INTEREST *n* 1. интерес; заинтересованность 2. *обыкн. pl* практическая заинтересованность, интересы; выгода, польза 3. ссудный процент; проценты, доход с капитала 4. *обыкн. pl* группа лиц, объединенных общими интересами 5. капиталовложения, участие в капитале
accrued ~ процентный доход, который еще не выплачен
accrued ~ payable счет накопленных процентов к оплате
accrued ~ receivable счет накопления процентов к получению
accruing ~ накапливающиеся проценты
accumulated ~ накопленные проценты
added ~ *см.* accumulated ~
advance ~ аванс процентов
annual ~ годовой процент
anticipated ~ ожидаемые проценты
apparent ~ явный интерес
assurable ~ страхуемый интерес
average ~ средняя норма процента
back ~ невзысканный процент
baloon ~ более высокие процентные ставки по облигациям с отдаленными сроками погашения
bank ~ банковский процент
banking ~s банковские круги

INT

basic ~s жизненные интересы
beneficial ~ 1) договорная выгода 2) выгода, получаемая бенефициаром
business ~s деловые круги
buyers' ~ интересы покупателей
buying ~ покупательский спрос
capital ~ долевое участие в капитале
capitalized ~ капитализированный процент
colliding ~s противоречащие интересы
commercial ~s торговые интересы
common ~ общий интерес
compound ~ сложные проценты
conflicting ~s противоречащие интересы
considerable ~ значительный интерес
controlling ~ контрольный пакет акций
conventional ~ обычный процент
credit ~ кредитные проценты
current ~ текущая ставка процента
daily ~ ежедневная ставка процента
debit ~ сальдовый процент
default ~ пеня за просрочку платежей
deferred ~ отсроченный процент
direct ~ прямой интерес
due ~ процент срочный к уплате
earned ~ полученные проценты
economic ~ экономические интересы
equity ~ участие в акционерном капитале компании
exact ~ процент, начисленный на базе 365 дней
excessive ~ чрезмерный процент
exorbitant ~ см. excessive ~
explict ~ реально выплачиваемый процент
financial ~ участие в финансировании капиталовложений
financial ~s 1) финансовые интересы 2) финансовые круги
fixed ~ фиксированная процентная ставка
foreign ~s иностранные капиталовложения
fundamental ~s жизненные интересы
government ~s государственные капиталовложения
gross ~ общий процент на капитал (до вычета налога)
high ~ высокий процент
illegal ~ незаконный процент
implicit ~ скрыто выплачиваемый процент
imputed ~ вмененный процент
industrial ~s 1) промышленные капиталовложения 2) влиятельные промышленные круги
insurable ~ страхуемый интерес
interim ~ промежуточный процент
investment ~ инвестиционный интерес
joint ~ общий интерес
keen ~ повышенный интерес
landed ~s землевладельцы
legal ~ процент, установленный законом
legitimate ~ законный интерес
life ~ пожизненное право
loan ~ ссудный процент
long ~ 1) проценты по долгосрочным займам 2) долгосрочные запасы или контракты на фьючерсном рынке
low ~ низкий процент
main ~ основной интерес
major ~ см. main ~
majority ~ степень участия в капитале компании, дающая право владения контрольным пакетом акций
minimum ~ минимальный процент
minority ~ доля меньшинства
moneyed ~s финансовые круги
monopoly ~s монополистические круги
mortgage ~ процент по закладной
mutual ~s взаимные интересы
national ~s общегосударственные, национальные интересы
net ~ чистый процентный доход
nominal ~ номинальный процент
open ~ бирж. открытая позиция, нетто-процент
open policy ~ процент по невалютированному полису
ordinary ~ обычный процент
outstanding ~ процент к уплате
overnight ~ процент по однодневным вкладам
paid ~ выплаченные проценты
particular ~ особый интерес
partner's ~ доля участия в акционерном капитале
partnership ~ см. partner's ~
pecuniary ~ финансовые интересы
personal ~ личный интерес
plus accrued ~ «плюс начисленные проценты» (о цене облигации, включающей проценты, начисленные от даты последнего платежа)
potential ~ потенциальный интерес
primary ~ главный интерес
private ~s интересы частного предпринимателя

professional ~ профессиональный интерес
prolongation ~ пролонгационный процент
property ~s имущественные интересы
public ~ государственный интерес
pure ~ нетто-процент
royalty ~ процент роялти
running ~ текущая ставка процента
semiannual ~ проценты, выплачиваемые раз в полгода
senior ~ более раннее участие
short ~ 1) ставка процента по краткосрочным вкладам 2) количество акций, необходимое для покрытия сделки, совершенной ранее без покрытия
simple ~ простые проценты
specific ~ особый интерес
state ~s государственные интересы
stated ~ объявленный процент
statutory ~ процент, установленный законом
sustained ~ устойчивый интерес
trading ~s торговые интересы
true ~ нетто-процент
unpaid ~ неуплаченные проценты
usurious ~ ростовщические проценты
vested ~ принадлежащее имущество
vested ~s 1) имущественные права, закрепленные законом 2) капиталовложения 3) крупные предприниматели
vital ~s жизненные интересы
~ for the credit granted процент за предоставленный кредит
~ for default пеня за просрочку платежа
~ in a business участие в предприятии
~s of the state государственные интересы
~ on an amount процент с суммы
~ on arrears процент по задолженности; процент на остаток суммы
~ on bank loans процентная ставка банка
~ on bonds процент по облигационным займам
~ on capital процент на капитал
~ on the credit процент за кредит
~ on credit balances процент по кредитовому сальдо
~ on debit balances процент по дебетовому сальдо
~ on debts процент по задолженности
~ on deposits проценты по вкладам, доход со вкладов
~ on equities процент на акции
~ on loans проценты по займам
~ on losses проценты по погашению убытков
~ on mortgage процент по закладной
~ on principal процент на капитал
~ on savings проценты по вкладам
~ on a sum процент на сумму
~ per annum годовой процент
◇ capital and ~ капитал и проценты
principal and ~ см. capital and ~
as ~ в виде процентов
at ~ под проценты
cum ~ включая проценты
less ~ за вычетом процента
with ~ включая проценты
without ~ исключая проценты
bearing ~ процентный
bearing no ~ без процентов; беспроцентный
no charge for ~ без процентов
to accumulate ~ накапливать проценты
to act for public ~s действовать в интересах государства
to act in the ~s of smb действовать в интересах кого-л.
to add the ~ to the capital добавлять проценты к капиталу
to affect the ~s затрагивать интересы
to be of ~ представлять интерес
to bear ~ включать проценты
to borrow at ~ занимать под проценты
to calculate ~ вычислять проценты
to capitalize ~ капитализировать проценты
to carry ~ приносить проценты
to charge ~ взимать проценты; начислять проценты
to collect ~ взимать проценты
to compute ~ вычислять проценты
to debit ~ дебетовать проценты
to draw ~ получать проценты
to earn ~ приносить проценты
to have an ~ in smth быть заинтересованным в чем-л.
to hold financial ~s in smth иметь финансовый интерес в чем-л.
to make ~ on a loan получать проценты по ссуде
to pay ~ выплачивать проценты
to protect ~s защищать интересы
to receive ~ получать проценты
to recover ~ см. to receive ~
to represent the ~s представлять интересы
to show ~ проявлять интерес

to take an ~ in smth заинтересоваться чем-л.
to yield ~ приносить проценты
INTEREST-BEARING *adj* процентный, приносящий проценты
INTEREST-FREE *adj* беспроцентный
INTERFERE *v* мешать, препятствовать
INTERFERENCE *n* 1. вмешательство 2. помеха
unlawful ~ незаконное вмешательство
weather ~ помехи погоды
INTERGOVERNMENTAL *adj* межправительственный
INTERIM *adj* временный, промежуточный
INTERINDUSTRIAL *adj* межотраслевой; межпроизводственный
INTERINDUSTRY *adj* см. **INTERINDUSTRIAL**
INTERIOR *adj* внутренний; расположенный внутри страны
INTERLOCK *v* соединять, сцеплять
INTERLOCKING *adj* переплетающийся
INTERMEDIARY *n* посредник
financial ~ финансовый посредник
marketing ~ маркетинговый посредник
◊ to act as ~ выступать в качестве посредника
INTERMEDIATE *adj* 1. промежуточный 2. посреднический
INTERMEDIATION *n* посредничество
INTERMEDIATOR *n* посредник
INTERMISSION *n* перерыв; временное прекращение
INTERNAL *adj* внутренний
INTERNATIONAL *adj* международный
INTERNATIONALIZATION *n* интернационализация
~ of currency интернационализация валюты
INTERPENETRATION *n* взаимопроникновение
international ~ of capital взаимопроникновение капитала разных стран
INTERPOLATE *v* интерполировать
INTERPOLATION *n* интерполяция
INTERPRET *v* 1. толковать, интерпретировать 2. переводить
INTERPRETATION *n* 1. толкование, интерпретация 2. перевод (*устный*)
contract ~ толкование контракта
extensive ~ *юр.* расширительное толкование
liberal ~ *см.* extensive ~
restrictive ~ *юр.* ограничительное толкование

statutory ~ *юр.* законодательное толкование
strict ~ *юр.* ограничительное толкование
INTERPRETER *n* переводчик
INTERROGATION *n* опрос
INTERRUPT *v* 1. прерывать; приостанавливать 2. вмешиваться
INTERRUPTION *n* 1. перерыв; приостановка 2. вмешательство
~ in work перерыв в работе
◊ without ~ без перерыва
INTERSTATE *adj* межгосударственный
INTERVAL *n* интервал; промежуток
age ~ возрастной интервал
game ~ интервал игры
inspection ~ интервал между проверками
lead time ~ 1) интервал между разработкой нового изделия и его изготовлением 2) интервал между получением заказа и его выполнением
optimum replacement ~ оптимальный интервал между очередным пополнением запасов
order ~ интервал между последовательными заказами
replenishment ~ интервал между пополнениями запасов
sampling ~ интервал между выборками
time ~ интервал времени, временной интервал
◊ ~ allowed for claims срок для подачи претензии; срок для обжалования
INTERVENTION *n* 1. вмешательство 2. интервенция
currency ~ валютная интервенция
economic ~ экономическая интервенция
forward ~ форвардная интервенция центрального банка с целью воздействия на курсы валют
government ~ вмешательство правительства
multicurrency ~ интервенция с использованием нескольких валют
INTERVIEW *n* интервью
depth ~ опрос покупателей с целью изучения их поведения
exit ~ заключительная беседа (*после окончания срока работы, учебы и т.п.*)
field ~ опрос путем обхода
focus-group ~ целевой опрос
follow ~ вторичный опрос

informal ~ неофициальное обследование
nondirective ~ неподготовленное интервью (*без заранее подготовленных вопросов*)
personal ~ личный опрос
qualitative ~ опрос покупателей с целью изучения их поведения
sales ~ переговоры о возможности продажи
sample ~ выборочный опрос
◇ to arrange an ~ организовывать интервью
to give an ~ давать интервью
to grant an ~ *см.* to give an ~
to obtain an ~ брать интервью
INTERVIEWEE *n* лицо, дающее интервью
INTERVIEWER *n* интервьюер, анкетер
INTERZONAL *adj* межзональный
INTRACOMPANY *adj* внутрифирменный
INTRAFACTORY *adj* внутризаводской
INTRAPLANT *adj см.* **INTRAFACTORY**
INTRODUCE *v* 1. вводить; включать 2. внедрять 3. ввозить 4. представлять
INTRODUCTION *n* 1. введение; включение 2. внедрение 3. представление
commercial ~ промышленное внедрение
industrial ~ *см.* commercial ~
market ~ выпуск товара на рынок
product ~ внедрение продукции
~ into industry внедрение в промышленность
~ of alterations внесение изменений
~ of a common customs tariff введение общего таможенного тарифа
~ of goods into the market продвижение товара на рынок
~ of modifications внесение изменений
~ of new technology внедрение новой технологии
~ of norms введение норм
~ of products внедрение продукции
~ of quotas введение квот
~ of technology внедрение технологии
INVALID *adj* 1. непригодный 2. *юр.* недействительный, не имеющий законной силы
INVALIDATE *v юр.* объявлять недействительным; лишать законной силы
INVALIDATION *n юр.* объявление о недействительности; аннулирование
~ of a trademark аннулирование товарного знака

~ of securities аннулирование ценных бумаг
INVALIDITY *n* 1. недействительность; несостоятельность 2. нетрудоспособность; инвалидность
complete ~ полная нетрудоспособность
partial ~ частичная нетрудоспособность
temporary ~ временная нетрудоспособность
~ of a contract недействительность контракта
~ of a patent недействительность патента
~ of a trademark недействительность товарного знака
INVALUABLE *adj* бесценный
INVARIABLE *adj* неизменный, постоянный
INVARIANCE *n* неизменность, инвариантность
INVENT *v* изобретать
INVENTION *n* изобретение, открытие
cognate ~s родственные изобретения
dependent ~ зависимое изобретение
genuine ~ действительное изобретение
labour-saving ~ трудосберегающее изобретение
labour-using ~ трудоемкое изобретение
patentable ~ патентоспособное изобретение
patented ~ запатентованное изобретение
preceding ~ предшествующее изобретение
prior ~ *см.* preceding ~
registered ~ зарегистрированное изобретение
unpatentable ~ непатентоспособное изобретение
◇ to advertise an ~ рекламировать изобретение
to apply an ~ применять изобретение
to demonstrate an ~ демонстрировать изобретение
to describe an ~ описывать изобретение
to develop an ~ разрабатывать изобретение
to display an ~ демонстрировать изобретение
to introduce an ~ внедрять изобретение
to patent an ~ патентовать изобретение

to promote an ~ способствовать внедрению изобретения
to protect an ~ охранять изобретение
to use an ~ использовать изобретение
INVENTOR *n* изобретатель
INVENTOR|Y *n* 1. инвентаризационная опись 2. список, каталог 3. инвентарь; наличные товары 4. запас 5. *амер.* товарно-материальные запасы 6. *амер.* переучет; инвентаризация
actual ~ фактический уровень запасов
aggregate ~ совокупный запас
annual ~ годовая инвентаризация
available ~ies наличные запасы
beginning ~ запас товарно-материальных ценностей на начало учетного периода
beginning-of-year ~ *см.* beginning ~
book ~ инвентарный учет товарно-материальных запасов
buffer ~ резервный запас
business ~ies коммерческие товарные запасы
closing ~ запас товарно-материальных ценностей на конец учетного года
composite ~ смешанный запас (*изделий разных наименований*)
continuous ~ текущий учет товарно-материальных ценностей; постоянная инвентаризация
ending ~ запас на конец учетного года
end-of-year ~ *см.* ending ~
excessive ~ сверхплановые запасы
extra ~ избыточные запасы
finished goods ~ies запасы готовой продукции
goods-in-process ~ объем продукции, находящейся в производстве; полуфабрикаты
gross ~ общий уровень запасов
in-process ~ объем продукции, находящейся в производстве
input ~ запасы используемых материалов
manpower ~ список личного состава; учет кадров
manufacturing supplies ~ запас вспомогательных производственных материалов
merchandise ~ список товаров
nonstandard ~ сверхнормативный запас
on-hand ~ies наличные запасы
opening ~ запас товарно-материальных ценностей на начало учетного года

peak ~ максимальный уровень товарных запасов
perpetual ~ текущий учет товарно-материальных ценностей; постоянная инвентаризация
personnel ~ учет кадров
raw materials ~ запас материалов
reserve ~ резервный запас
retail ~ запас товаров в розничной торговле
running ~ текущий учет товарно-материальных ценностей; постоянная инвентаризация
spare parts ~ запас запчастей
warehouse ~ складские запасы
wholesale ~ запас товаров в оптовой торговле
work-in-process ~ полуфабрикаты
~ies by dealers and distributors запасы товаров, находящиеся в наличии у дилеров и агентов
~ by quantity инвентаризация по количеству
~ in stock наличный запас
~ies on hand *см.* ~ in stock
◊ to build up ~ies создавать товарно-материальные запасы
to draw up an ~ составлять опись
to maintain minimum ~ поддерживать минимальный уровень запасов
to make an ~ составлять опись
to take an ~ инвентаризировать
INVEST *v* помещать, вкладывать (*деньги, капитал*), инвестировать
~ heavily увеличивать капиталовложения
INVESTIGATION *n* 1. исследование, изыскание 2. расследование; следствие 3. рассмотрение (*дела*)
consumers ~ изучение потребительского спроса
credit ~ обследование кредитоспособности
experimental ~ экспериментальное исследование
extensive ~ широкое исследование
infringement ~ рассмотрение дела о нарушении
judicial ~ судебное расследование
market ~s конъюнктурные исследования
statistical ~s статистические исследования
violation ~ рассмотрение дела о нарушении

◊ to carry out ~s проводить исследования, изыскания
to complete ~s завершить исследование
to conduct ~s проводить исследования
to institute ~s начинать расследование
to make ~s проводить исследования

INVESTIGATOR n 1. следователь 2. испытатель

INVESTING n вложение (*денег, капитала*), инвестирование
formula ~ инвестирование по формуле
~ of capital вложение капитала

INVESTMENT n 1. капиталовложение, помещение капитала, инвестирование 2. капиталовложения, инвестиции 3. капитальные затраты
additional ~ дополнительные капиталовложения
agricultural ~ инвестиции в сельское хозяйство
authorized ~ разрешенные инвестиции
autonomous ~ автономные инвестиции
blue chip ~ капиталовложения крупных компаний
business ~ капиталовложения предприятий
capital ~ 1) капиталовложения, инвестиции 2) вложения в капитальные активы
capital-productive ~ продуктивные капиталовложения
cash ~ денежные вложения
community ~ инвестиции в инфраструктуру и сферу услуг
construction ~s капиталовложения в строительство
consumer capital ~s капиталовложения потребителей
direct ~ прямые инвестиции
direct cash ~ прямые денежные инвестиции
direct foreign ~ прямые зарубежные инвестиции
domestic ~ внутренние инвестиции
equipment ~ капиталовложения в оборудование
equity ~s паевые вложения в акции
excessive ~s чрезмерные инвестиции
financial ~ 1) финансовые инвестиции 2) вложения в ценные бумаги
fixed ~ долгосрочные капиталовложения
fixed capital ~ вложения в основной капитал

fixed interest ~ капиталовложения с фиксированным процентом
fixed yield ~ капиталовложения с фиксированным доходом
foreign ~ зарубежные инвестиции
government ~s государственные капиталовложения
gross ~s валовые капиталовложения
high ~s большие капиталовложения
high-grade ~s первоклассные инвестиции
induced ~ производные инвестиции
industrial ~ промышленные инвестиции
initial ~ первоначальные капиталовложения
intangible ~ интеллектуальные инвестиции
interest-inelastic ~s неэластичные инвестиции (*слабо реагирующие на изменение процентной ставки*)
inventory ~ инвестиции в товарно-материальные запасы
inward ~ зарубежные инвестиции, привлеченные в данную страну
joint ~ совместные инвестиции
joint capital ~ *см.* joint ~
legal ~ разрешенные законом инвестиции
liquid ~s ликвидные инвестиции
long-dated ~ долгосрочные инвестиции
long-lived ~ инвестиции с длительным сроком амортизации
long-range ~ долгосрочные инвестиции
long-term ~ *см.* long-range ~
media ~ ассигнования на средства рекламы
negative ~ отрицательные инвестиции, изъятие капитала
net ~s чистые инвестиции
new ~ новые капиталовложения
original ~ первоначальные капиталовложения
over ~ чрезмерные инвестиции
overseas ~ зарубежные инвестиции
owner's ~ собственные капиталовложения
permanent ~ долгосрочные инвестиции
personal ~ 1) финансовые инвестиции 2) вложения в ценные бумаги
planned ~s плановые капиталовложения
portfolio ~ портфельные инвестиции
prime ~ первоклассные инвестиции
private ~s частные инвестиции

productive ~ продуктивные капиталовложения
profitable ~ прибыльное инвестирование
property ~s имущественные инвестиции
public ~s государственные инвестиции
real ~s 1. реальные инвестиции (*в земельные участки, машины и оборудование, запасы сырья и т.п.*) 2. инвестиции в инфраструктуру и сферу услуг
real estate ~ инвестиции в недвижимость
remunerative ~ прибыльные капиталовложения
replacement ~ капиталовложения на модернизацию
risk ~s рискоинвестиции
safety-stock ~ создание резервных запасов
secure ~ надежное капиталовложение
short ~ краткосрочные инвестиции
short-lived ~ инвестиции с коротким сроком амортизации
short-range ~ краткосрочные инвестиции
short-term ~ *см.* short-range ~
speculative ~ спекулятивные инвестиции
state ~s государственные капиталовложения
tangible ~s инвестиции в материальные активы
tax-free ~s освобожденные от налогов капитальные вложения
total ~s суммарные капиталовложения
trade ~s инвестиции, осуществляемые с целью сохранения стабильности и дальнейшего развития деятельности фирмы
trust ~ *амер.* инвестиции, осуществляемые от лица траста
trustee ~ *брит. см.* trust ~
unprofitable ~ убыточные инвестиции
unquoted ~s инвестиции в акции, не котирующиеся на официальной фондовой бирже
~s abroad инвестиции за границей
~s in companies долевое участие в капитале компаний
~s in material assets инвестиции в материальные ценности
~s in production капиталовложения в производство

~s in a project капиталовложения в проект
~ in research and development инвестиции в исследования и научно-технические разработки
~ in securities инвестиции в ценные бумаги
~ of capital капиталовложения, инвестиции
~ of finance вложение денежных средств
~ of funds размещение средств
~ of money размещение капитала
◊ to attract ~s привлекать капиталовложения
to carry out ~s производить капиталовложения
to check ~s ограничивать капиталовложения
to curtail ~s сокращать капиталовложения
to effect ~s осуществлять капиталовложения
to increase ~s увеличивать капиталовложения
to make ~s производить капиталовложения
to promote ~s увеличивать капиталовложения
to restrict ~s ограничивать капиталовложения
INVESTOR *n* вкладчик, инвестор
equity ~ владелец акций
foreign ~ иностранный вкладчик
institutional ~ учреждение-вкладчик
large ~ крупный вкладчик
portfolio ~ инвестор в ценные бумаги
private ~ частный вкладчик
INVISIBLE *adj* невидимый
INVISIBLES *n pl* невидимые статьи
INVITATION *n* приглашение
closed ~ for tenders объявление о закрытых торгах
restricted ~ for tenders *см.* closed ~ for tenders
~ for tenders объявление торгов
~ to an auction приглашение на аукцион
~ to a reception приглашение на прием
◊ ~ to bid приглашение принять участие в торгах
~ to tender приглашение на участие в торгах
~ to treat приглашение начать деловое

сотрудничество, обсудить предложение на поставку товара
to offer an ~ приглашать
INVITE v приглашать
INVOICE n счет, счет-фактура, фактура
certified ~ заверенный счет
commercial ~ коммерческая фактура
consignment ~ консигнационная фактура
consular ~ консульская фактура
customs ~ таможенная фактура
detailed ~ подробный счет
duplicate ~ дубликат счета
export ~ экспортная фактура
final ~ окончательный счет
forwarding ~ экспедиторский счет
no-charge ~ ориентировочная фактура
original ~ оригинал счета-фактуры
paid ~ оплаченный счет
past due ~ просроченный счет
preliminary ~ предварительная фактура
proforma ~ ориентировочный счет
provisional ~ предварительный счет
purchase ~ счет на закупленные товары
quarterly ~ счет за квартал
repairs ~ счет за ремонт
sales ~ счет за проданные товары
shipping ~ отгрузочная накладная
specified ~ подробный счет
specimen ~ примерная фактура
supplementary ~ дополнительный счет
transportation ~ счет за провоз грузов
◇ as per ~ согласно счету
to draw up an ~ оформлять счет
to issue an ~ выставлять, выписывать счет
to make out an ~ *см.* to issue an ~
to pass an ~ предъявлять счет к оплате
INVOICE-LICENCE n фактура-лицензия
INVOICING n фактурирование
INVOLVE v 1. вызывать (*последствия*) 2. вовлекать, вмешивать 3. осложнять
INVOLVEMENT n 1. затруднительное положение 2. денежное затруднение
IRRECOVERABLE adj невозместимый
IRREDEEMABLE adj 1. не подлежащий выкупу, погашению 2. неразменный
IRREDEEMABLES n pl не подлежащие погашению акции или займы
IRREGULAR adj нерегулярный, беспорядочный
IRREGULARITY n неправильность; отклонение от нормы

IRREGULARS n pl второсортные изделия
IRREMOVABLE adj неустранимый
IRREPARABLE adj непоправимый
IRRESPONSIBILITY n безответственность
IRRESPONSIBLE adj безответственный; несерьезный
IRREVOCABLE adj безотзывный
ISOLATE v изолировать; обособлять
ISOLATION n изоляция, разобщение
ISSUANCE n 1. выдача; оформление (*документации*) 2. *амер.* издание, выпуск
~ of an author's certificate выдача авторского свидетельства
~ of inventory items выдача товарно-материальных ценностей
~ of a law *амер.* опубликование закона
~ of a letter of credit выдача аккредитива
~ of a licence выдача лицензии
~ of materials *амер.* выдача материалов
~ of a patent выдача патента
~ of shares выпуск акций
~ of a visa выдача визы
ISSUE n 1. выпуск, издание 2. номер (*газеты, журнала*) 3. выдача, выписка (*документа*); выставление (*тратты*) 4. выпуск (*денег, акций*), эмиссия 5. *pl* доходы, прибыль 6. спорный вопрос
above par ~ выпуск акций или ценных бумаг по курсу выше номинала
authorized ~ выпуск ценных бумаг, ограниченный уставом корпорации
bank-eligible ~s выпуск облигаций казначейством США, которые могут немедленно покупаться коммерческими банками
bond ~ выпуск облигаций
bonus ~ выпуск бесплатных акций для распределения среди членов компании
capital ~ эмиссия ценных бумаг
capitalization ~ выпуск бесплатных акций для акционеров компании с превращением резервов компании в капитал
conversion ~ выпуск новых акций с целью замены акций, срок погашения которых приближается
currency ~ выпуск денег в обращение
current ~ текущая эмиссия
debenture ~ эмиссия долговых обязательств
equity ~ выпуск новых акций

fiduciary ~ фидуциарный выпуск
first ~ первый выпуск
foreign bond ~ выпуск заграничных облигаций
fringe ~ пункт трудового соглашения, предусматривающий дополнительные льготы
government ~ казначейская эмиссия
industrial ~ выпуск облигаций промышленных компаний
internal ~ выпуск на внутреннем рынке страны
international debt ~ выпуск долговых обязательств, размещаемых за пределами страны заемщика
new ~s новые выпуски
note ~ эмиссия банкнот
outstanding ~ неразрешенный вопрос
oversubscribed ~ выпуск акций в меньшем количестве, чем поступило заявок
par-priced ~ ценные бумаги, выпускаемые по номинальной цене
patent ~ выдача патента
presold ~ эмиссия, распространенная до объявления купонной ставки по ней
pressing ~ неотложная проблема
previous ~ предыдущее издание
public ~ выпуск акций, предлагаемых к продаже для всех желающих
rights ~ выпуск акций для распределения среди акционеров, дающий им право приобретения новых акций в соответствии с количеством акций, которые они уже имеют
scrip ~ свободный выпуск акций
seasoned ~ выпущенные в обращение ценные бумаги, пользующиеся популярностью, по которым совершаются операции на вторичном рынке
second ~ второй выпуск
senior ~ ценные бумаги с фиксированным доходом, дающие их держателям преимущественное право
share ~ выпуск акций
stock ~ см. share ~
unresolved ~ неразрешенная проблема
unsettled ~ см. unresolved ~
unsolved ~ неурегулированная проблема
~ at a discount выпуск акций или ценных бумаг со скидкой
~ at a premium выпуск акций или ценных бумаг по цене выше номинала
~ at par выпуск акций или ценных бумаг по номинальной стоимости
~ below par выпуск акций или ценных бумаг по цене ниже номинала
~ by tender продажа акций нового выпуска на аукционе
~ of an acceptance выдача акцепта
~ of an author's certificate выдача авторского свидетельства
~ of banknotes эмиссия банкнот
~ of a bill выдача векселя
~ of a bill of exchange см. ~ of a bill
~ of bonds выпуск облигаций
~ of capital stock выпуск акций или ценных бумаг
~ of a certificate выдача свидетельства
~ of a cheque выписка чека
~ of currency выпуск бумажных денег
~ of debentures выпуск облигаций
~ of a draft выставление тратты
~ of guarantee выдача гарантии
~ of an invoice выставление счета
~ of a law издание закона
~ of a letter of credit выставление, выдача аккредитива
~ of a loan выпуск займа
~ of money выпуск бумажных денег
~ of a patent выдача патента
~ of a permit выдача разрешения
~ of securities эмиссия ценных бумаг
~ of shares выпуск акций
~ of stocks см. ~ of shares
~ of a visa выдача визы
◇ at ~ спорный
to be at ~ with расходиться во мнениях
to be in ~ быть предметом обсуждения
to float a bond ~ выпускать облигации, размещать облигационный заем
to reopen an ~ размещать дополнительное количество ценных бумаг вместо выпуска новых обязательств
to settle an ~ разрешать проблему
to underwrite an ~ размещать выпуск ценных бумаг на рынке
ISSUE v 1. выпускать, пускать в обращение 2. выписывать, выдавать, выставлять
◇ when issued предполагаемая цена еще не выпущенных акций
ISSUER n эмитент
ISSUING n выдача; выпуск
~ note ~ выпуск банкнот
~ of an order выдача заказа
~ of a policy выдача страхового полиса
~ of securities выпуск ценных бумаг
~ of a visa выдача визы
ITEM n 1. пункт, параграф, статья 2.

предмет в списке, позиция 3. статья (*импорта; экспорта*) 4. изделие
accessory ~ дополнительная позиция
accrued ~s начисления
additional ~ дополнительная позиция
agenda ~ пункт повестки дня
associated ~s комплектующие изделия
bad ~ дефектное изделие
balance sheet ~s статьи баланса
balancing ~ балансирующая статья в платежном балансе
booking ~ бухгалтерская запись
bought ~ покупное изделие
budget ~ статья бюджета
bulky ~ громоздкое изделие
capital ~ единица капитального оборудования
cash ~ денежный документ, подлежащий проводке по счету
catalogue ~ позиция в каталоге
commodity ~ позиция товарной номенклатуры
consumer ~s потребительские товары
contract ~ 1) поставляемое изделие 2) пункт контракта
cost ~ статья расходов
credit ~ кредитовая статья
customable ~s товары, облагаемые пошлиной
debit ~ дебетовая статья
delayed ~ отложенная позиция; операция прошлого отчетного периода, для определения результата которой недостает данных
demand ~s ходкие товары
direct-store-delivery ~s товары, доставляемые в магазин с места производства
duty-free ~s товары, не облагаемые пошлиной
effective ~ годное изделие
end ~ конечное изделие
exhibition ~ выставочное имущество
expense ~ статья расходов
export ~ статья экспорта
fancy ~s предметы роскоши
faster-moving ~s ходовые товары
faulty ~ неисправное изделие
fungible ~s взаимозаменяемые товары или финансовые инструменты
general ~s общие данные
high margin ~s товары, приносящие высокую прибыль
high quality ~s высококачественные изделия

high turnover ~s изделия массового производства
import ~s статьи импорта
impulse ~ изделие импульсного спроса
individual ~ отдельный предмет, штука
inventory ~ 1) инвентарный объект 2) статья в учетном регистре товарно-материальных ценностей
invisible ~s of expenditure невидимые статьи расходов
key ~s главные позиции
low volume ~s изделия мелкосерийного производства
luxury ~s предметы роскоши
made ~ изготовленное изделие
merchandise ~ товарная статья
monetary ~ денежная сумма
news ~ новость, сообщение
noncapital ~ промежуточный или потребительский товар
noncash ~ долговые документы, подлежащие инкассированию
nonfood ~ непродовольственные товары
off-balance sheet ~ внебалансовые статьи (*бухгалтерского баланса*)
one-of-a-kind ~ единичное изделие
open ~ открытая позиция
optional ~ необязательная позиция
packed ~s упакованные изделия
power ~s ходовые товары
production line ~ серийное изделие
prohibited ~s предметы, запрещенные к вывозу
purchased ~ покупное изделие
representative ~ типичное изделие
residual ~ оставшаяся позиция
restrictive proprietary ~ патентованное изделие
revenue ~s статьи дохода
routine ~ обычное изделие
sale-priced ~s товары по сниженным ценам
serially-produced ~s изделия серийного производства
short-delivered ~s недопоставленные позиции
slow-moving ~s неходовые товары
stable ~ основной товар
staple ~ товары первой необходимости
stocked ~ товар на хранении
stock-keeping ~ *см.* stocked ~
subcontract ~ изделие, поставляемое субподрядчиком
superior ~ изделие высшего качества
suspense ~s статьи, разграничиваю-

щие учет затрат и поступлений между смежными отчетными периодами
tariff ~ тарифная позиция
transit ~ чек, выписанный на иногородний банк
undelivered ~s непоставленные товары
visible ~s of trade видимые статьи торговли
~ of account запись по счету
~ of the agenda пункт повестки дня
~ of an agreement пункт соглашения
~ of a bill статья в счете
~ of the balance sheet статья баланса
~ of the budget статья бюджета
~s of consumption предметы потребления
~ of a contract пункт контракта
~ of equipment единица оборудования
~ of expense статья расходов
~s of general consumption предметы широкого потребления
~s of import статьи импорта
~s of mass consumption предметы широкого потребления
~s of personal-use предметы личного потребления
~ of a plan статья плана
~s of trade предметы торговли
◇ to enter an ~ into an account вносить статью в счет
to enter an ~ into the ledger вносить запись в бухгалтерскую книгу
to list ~s перечислять пункты
to pass an ~ to an account вносить статью в счет
to specify ~s перечислять позиции
to split up ~s разбивать статьи
to strike an ~ off the list вычеркивать позицию из списка
to strike out an ~ вычеркивать статью
to subdivide ~s подразделять статьи
ITEMIZE *v* **1.** перечислять по пунктам **2.** разбивать по позициям
ITINERARY *n* маршрут
salesman's ~ маршрут торгового представителя
~ of a visit программа визита
◇ to plan an ~ составлять маршрут

J

JACKET *n* обложка; суперобложка; обертка
  colourful ~ красочная обертка
  voucher ~ конверт-ваучер
  ~ of a book обложка книги
JAM *n* давка; затор
  traffic ~ «пробка», затор в уличном движении
JAWBONE *n амер.* нажим сверху на деловые, банковские круги или на потребителей
JERQUE *v* производить таможенный досмотр судовых грузов
JERRY-BUILT *adj* построенный на скорую руку
JETSAM *n* груз, выброшенный при аварии за борт
  ◇ **flotsam and ~** 1. обломки кораблекрушения 2. ненужные вещи 3. бездомные бродяги, бомжи
JETTISON *n* выбрасывание груза за борт
JETTISON *v* выбрасывать груз за борт
JETTY *n* пристань, пирс, волнорез
JOB *n* 1. работа, дело, труд 2. место службы 3. обрабатываемая деталь
  blank-wall ~ бесперспективная должность
  bonus ~ сдельная работа
  component ~ отдельная производственная операция
  contract ~ 1) работа по трудовому соглашению 2) заказ на производство продукции
  extra ~ дополнительная работа
  full-time ~ работа в течение полного рабочего дня
  odd ~ случайная работа
  one-of-a-kind ~ одноразовый заказ
  part-time ~ работа в течение неполного рабочего дня
  permanent ~ постоянная работа
  piecework ~ сдельная работа
  production ~ изготовление продукции
  provisional ~ временная работа
  put-up ~ обман, жульничество; подлог
  selling ~ работа по продаже
  summer ~ работа в летние каникулы
  temporary ~ временная работа
  vacant ~ вакансия
  ~ on a contract basis работа по трудовому соглашению
JOBBER *n* 1. *бирж.* спекулянт 2. *амер.* оптовый торговец
  bill ~ вексельный спекулянт
  desk ~ оптовый торговец, выполняющий заказы розничных торговцев
  land ~ торговец, спекулирующий на продаже земли
  money ~ меняла
  rack ~ оптовый торговец, поставляющий в супермаркет некоторые товары
  stock ~ *бирж.* спекулянт
JOBBING *n* 1. случайная работа; нерегулярная работа 2. сдельная работа 3. *бирж.* спекуляция
  bill ~ спекуляция векселями
  land ~ спекуляция землей
  stock ~ спекулятивная сделка на фондовой бирже
  ~ in contangoes репортная сделка
JOBHOLDER *n* 1. человек, имеющий постоянную работу 2. государственный служащий
JOBLESS *adj* безработный
JOBSITE *n* рабочая площадка
JOIN *v* соединяться; присоединяться
JOINT *adj* объединенный; общий; совместный
JOINTLY *adv* совместно
  ◇ **~ and severally** совместно и порознь
  ~ owned в совместном владении
  to be ~ liable быть солидарно ответственным
  to be ~ and severally *см.* **to be ~ liable**
JOINT-STOCK *adj* акционерный
JOURNAL *n* 1. журнал 2. *бухг.* журнал; регистр; ведомость

bought ~ книга учета покупок
cash ~ кассовый журнал
erection ~ монтажный журнал
export ~ экспортный журнал
factory ~ заводской журнал
general ~ главный журнал учета
ledger ~ американский журнал учета
medical ~ медицинский журнал
official ~ официальный журнал
professional ~ профессиональный журнал
purchase ~ журнал учета покупок
purchase returns ~ журнал учета возврата покупок
sales ~ журнал учета продаж
sanitary ~ санитарный журнал
ship's ~ судовой журнал
special ~ вспомогательный журнал
stock transfer ~ журнал операций по трансферту акций
stores requisition ~ журнал учета отпуска и расходования материалов
technical ~ технический журнал
trade ~ отраслевой журнал
transfer ~ *амер.* журнал трансфертов
working ~ журнал работ
~ of a conference бюллетень конференции
◇ to maintain a ~ вести журнал
to post the ~ into the ledger переносить журнальные записи в главную книгу

JOURNALIZE *v* записывать в журнал учета
JOURNALIZING *n* запись сделок в журнал
JOURNEY *n* 1. поездка, путешествие 2. рейс
business ~ деловая поездка
educational ~ научная командировка
homeward ~ обратный рейс
official ~ служебная поездка
outward ~ заграничное путешествие
private ~ частная поездка
return ~ обратный рейс

JUDGE *n* судья
alternate ~ судья, временно исполняющий обязанности
associate ~ *юр.* заседатель
chief ~ председательствующий судья
presiding ~ *см.* chief ~
trial ~ судья первой инстанции

JUDGE *v* 1. судить, выносить приговор 2. считать, полагать
JUDGEMENT *n* 1. слушание дела в суде 2. решение суда 3. суждение, оценка

declaratory ~ *юр.* декларативное решение
final ~ окончательный приговор
previous ~ предыдущее решение суда
summary ~ решение в порядке суммарного производства
value ~ оценочное суждение
~ by default судебное решение в пользу истца вследствие неявки ответчика
~ for costs решение об уплате расходов
~ in rem решение, регулирующее вещные права
~ of the court решение суда
◇ to appeal against a ~ обжаловать приговор
to deliver a ~ выносить решение
to enforce a ~ приводить судебное решение в исполнение
to enter a ~ выносить решение
to execute a ~ приводить судебное решение в исполнение
to give a ~ выносить судебное решение
to pass a ~ *см.* to give a ~
to pronounce a ~ *см.* to give a ~
to recall a ~ отменять приговор
to render a ~ выносить судебное решение
to reserve a ~ откладывать вынесение судебного решения
to reverse a ~ отменять решение суда
to suspend a ~ откладывать вынесение судебного решения

JUDICIAL *adj* судебный; судейский
JUDICIARY *adj см.* JUDICIAL
JUGGERNAUT *n* 1. огромная сила 2. могущественная группа
industrial ~ мощный промышленный комплекс
JUMP *n* скачок, внезапный подъем
~ in imports резкое увеличение импорта
~ in price резкое повышение цен
~ in production подъем производства
JUMP *v* подниматься, подскакивать (*о ценах и т. п.*)
JUNIOR *adj* младший (*по должности*), нижестоящий
JURIDICAL *adj* юридический
JURISDICTION *n* 1. юрисдикция; подсудность 2. сфера полномочий; компетенция
administrative ~ административная подсудность
arbitral ~ арбитраж

contentious ~ юрисдикция по спорам между сторонами
court ~ компетенция суда
exclusive ~ исключительная компетенция
fiscal ~ финансовая компетенция
international ~ международный арбитраж
summary ~ суммарное производство
~ over a dispute подсудность споров
~ over the subject matter подсудность дела
◇ to be subject to the ~ подлежать юрисдикции
to be under the ~ находиться в компетенции
to come under the ~ входить в компетенцию
to confer ~ устанавливать компетенцию
to establish ~ устанавливать компетенцию
to exercise ~ осуществлять юрисдикцию
to have ~ быть уполномоченным

JURISDICTIONAL *adj* подпадающий под юрисдикцию
JURIST *n* юрист
JURISTIC *adj* юридический
JURISTICAL *adj см.* **JURISTIC**
JURY *n* состав присяжных; суд присяжных
JUST *adj* справедливый; обоснованный; законный
JUSTICE *n* 1. справедливость 2. правосудие
JUSTIFICATION *n* 1. оправдание 2. правомерность 3. основание
economic ~ экономическое обоснование
technical ~ техническое обоснование
technological ~ технологическое обоснование
~ of an action обоснование иска
~ of a claim *см.* ~ of an action
~ of a price change обоснованность изменения цены
JUSTIFY *v* 1. оправдывать 2. обосновывать

K

KAFFIRS *n pl* акции южно-африканских золотых рудников
KANGAROOS *n pl* акции западноавстралийских рудников
KEELAGE *n* килевой сбор, портовая пошлина
KEEP *v* 1. держать, хранить 2. иметь в продаже 3. сохранять, не давать портиться 4. вести (*записи, счета*)
 ~ back удерживать, вычитать деньги
 ~ down сдерживать, задерживать (*рост, развитие*)
 ~ firm оставаться устойчивым (*о ценах*)
 ~ in repair содержать в исправности
 ~ ready держать в готовности
 ~ secret держать в секрете
 ~ up держаться на прежнем уровне
 ~ up-to-date быть в курсе событий
KEEPER *n* 1. хранитель 2. владелец
 cash ~ кассир
 hotel ~ владелец гостиницы
 shop ~ владелец магазина
 stock ~ владелец склада
 warehouse ~ *см.* stock ~
KEEPING *n* 1. хранение 2. разведение; содержание
 cost ~ учет затрат; ведение операционных счетов
 record ~ ведение учета; регистрация
 stores ~ хранение на складе
 ~ of documents хранение дел
KERB *n* 1. неофициальная биржа 2. заключение сделок после официального закрытия фирмы
KEY *n* ключ
 classification ~ классификационный ключ
 golden ~ взятка; подкуп
 silver ~ взятка; подкуп
 ◇ to hold the ~s of smth держать что-л. под контролем
KEYBOARD *n* 1. клавиатура 2. коммутатор

KICK *v* активно протестовать против чего-л.
KICKBACK *n* 1. вознаграждение 2. *амер.* взятка
KILLING *n бирж.* крупная операционная прибыль
 to make a ~ получить большую прибыль
KIND *n* сорт; вид; класс; разряд
 ~ of activity вид деятельности
 ~ of business отрасль торговли
 ~ of damage характер повреждения
 ~ of goods род товаров
 ~ of labour вид труда
 ~ of merchandise род товара
 ~ of occupation род профессии
 ~ of profession *см.* ~ of occupation
 ~ of work характер работы
 ◇ equal in ~ and quality одинаковый по характеру и качеству
 in cash or in ~ наличными или натурой
 in ~ натурой
KINDERGARTEN *n* детский сад
KIT *n* комплект, набор
 model ~ образец комплекта инструментов
 repair ~ комплект инструментов для ремонта
 tool ~ комплект инструментов
KITE *n* дутый вексель
 ◇ to fly a ~ получать деньги под дутый вексель
KITING *n* 1. использование фиктивных чеков для получения средств 2. изменение, подделка суммы чека
 ~ of stocks *амер.* взвинчивание курса акций
KNOCK *n:*
 ~ down 1) сбивать цену 2) продавать с молотка, с аукциона
 ~ out сбить цены на аукционе
KNOCKOUT *n* сговор между участниками аукциона не набавлять цены

KNOW-HOW *n* ноу-хау
   disclosed ~ разглашенное ноу-хау
   foreign ~ зарубежный опыт
   general ~ общее ноу-хау
   industrial ~ производственный опыт
   licensed ~ ноу-хау по лицензии
   licensor's ~ ноу-хау лицензиара
   managerial ~ управленческий опыт
   manufacturing ~ ноу-хау на изготовление
   marketing ~ знания и опыт в овладении рынком
   patented ~ патентованное ноу-хау
   technical ~ техническое ноу-хау
   technological ~ технологическое ноу-хау
   undisclosed ~ неразглашенное ноу-хау
   unpatented ~ незапатентованное ноу-хау
   ◇ to use ~ использовать ноу-хау

KNOWLEDGE *n* 1. знание 2. сведения
   business ~ знание дела
   commercial ~ знание торговли
   direct ~ сведения из первоисточника
   empirical ~ знания, приобретенные на основе опыта
   expert ~ специальные знания
   first-hand ~ сведения из первоисточника
   general ~ общеобразовательная подготовка
   job ~ профессиональные знания
   merchandise ~ товароведение
   specialized ~ специальные знания
   technical ~ технические знания
   ◇ to possess ~ иметь опыт

L

LABEL *n* ярлык; этикетка; бирка; наклейка
  address ~ ярлык с указанием адреса
  advertising ~ рекламная этикетка
  back ~ этикетка на задней части упаковки
  baggage ~ багажная бирка
  bar-code ~ этикетка с универсальным товарным кодом
  cargo ~ грузовой ярлык
  customs ~ таможенная наклейка
  forwarding ~ посылочная наклейка
  goods ~ товарный ярлык
  luggage ~ багажная бирка
  machine ~ машинная этикетка
  package ~ бирка места (*багажа или груза*)
  paper ~ бумажная этикетка
  price ~ этикетка с ценой
  recipe ~ этикетка с рецептом
  red ~ красная этикетка (*для пожароопасных грузов*)
  registration ~ наклейка заказного отправления
  ◇ with ~s с этикетками
  without ~s без этикеток
  to apply a ~ прикреплять этикетку, бирку и т. п.
  to attach a ~ наклеивать этикетку
  to fix a ~ прикреплять этикетку, бирку и т. п.

LABEL *v* маркировать; наклеивать этикетку, ярлык

LABELLING *n* маркировка; наклейка этикетки, ярлыка
  information ~ снабжение этикеткой с указанием качества продукта

LABORATORY *n* лаборатория
  equipped ~ оборудованная лаборатория
  research ~ исследовательская лаборатория
  testing and quality control ~ лаборатория для проведения испытаний и контроля качества

LABOUR *n* **1.** труд **2.** работа **3.** рабочие; рабочий класс
  abstract ~ абстрактный труд
  additional ~ дополнительный труд
  associated ~ обобществленный труд
  casual ~ 1) временные рабочие 2) временная работа
  cheap ~ дешевая рабочая сила
  child ~ детский труд
  commodity-producing ~ труд, производящий товар
  common ~ совместный труд, совместная работа
  complicated ~ сложный труд
  compulsory ~ принудительный труд
  concrete ~ конкретный труд
  cooperative ~ 1) совместная работа 2) кооперативный труд
  creative ~ творческая работа, созидательный труд
  direct ~ 1) живой труд 2) основная работа
  dock ~ труд портовых рабочих
  domestic ~ надомная работа
  efficient ~ производительный труд
  emergency ~ временная работа (*в порядке замещения*)
  factory ~ фабричный труд
  farm ~ фермерский труд
  female ~ женский труд
  forced ~ принудительный труд
  foreign ~ иностранные рабочие
  free ~ 1) неорганизованная рабочая сила 2) бесплатный труд
  hand ~ ручной труд
  hard ~ принудительный, каторжный труд
  highly skilled ~ высококвалифицированный труд
  hired ~ наемный труд
  human ~ человеческий труд
  idle ~ неиспользуемая рабочая сила
  indentured ~ работа по контракту

indirect ~ 1) труд подсобных рабочих 2) косвенные трудовые расходы
industrial ~ промышленный труд
inefficient ~ непроизводительный труд
intellectual ~ интеллектуальный труд
juvenile ~ труд подростков
live ~ живой труд
living ~ *см.* live
male ~ мужская рабочая сила
manual ~ ручной труд
marginal ~ предельные затраты на рабочую силу
materialized ~ овеществленный труд
mental ~ умственный труд
migratory ~ 1) рабочие-загородники 2) рабочие-отходники
minimum ~ минимальное количество рабочей силы
nonproductive ~ непроизводительный труд
occasional ~ 1) временная работа 2) временные рабочие
organized ~ организованная рабочая сила
paid ~ оплаченный труд
private ~ частный труд
productive ~ продуктивный труд
shift ~ сменная работа
simple ~ простой труд
skilled ~ квалифицированный труд
social ~ общественный труд
surplus ~ прибавочный труд
union ~ организованная рабочая сила, члены профсоюза
universal ~ всеобщий труд
unorganized ~ неорганизованная рабочая сила
unpaid ~ неоплаченный труд
unskilled ~ неквалифицированный труд
useful ~ полезный труд
voluntary ~ добровольный труд
wage ~ наемный труд
◊ to import ~ нанимать иностранных рабочих
to procure ~ обеспечивать работой; устраивать на работу
to save ~ экономить труд
LABOUR-CONSUMING *adj* трудоемкий
LABOURER *n* рабочий
  agricultural ~ сельскохозяйственный рабочий
  casual ~ временный рабочий
  day ~ поденщик
  farm ~ сельскохозяйственный рабочий
  general ~ разнорабочий

idle ~s незанятые рабочие
migratory ~ 1) рабочий-загородник 2) рабочий-отходник
rural ~ сельскохозяйственный рабочий
seasonal ~ сезонный рабочий
skilled ~ квалифицированный рабочий
unproductive ~ непроизводительный рабочий
unskilled ~ неквалифицированный рабочий
wage ~ наемный рабочий
LABOUR-INTENSIVE *adj* трудоемкий
LABOUR-SAVING *adj* трудосберегающий
LACHES *n юр.* **1.** пропуск законного срока **2.** нерадивость, преступная халатность
LACK *n* **1.** недостаток, нехватка; дефицит; отсутствие
~ of business застой
~ of capacities нехватка мощностей
~ of capital недостаток капитала
~ of cash отсутствие наличности
~ of consideration недостаточное вознаграждение
~ of control отсутствие контроля
~ of coordination отсутствие координации
~ of credit недостаток кредита
~ of demand недостаток спроса
~ of experience недостаток опыта; отсутствие опыта
~ of funds недостаток средств
~ of goods нехватка товаров
~ of information отсутствие информации
~ of knowledge отсутствие знаний
~ of materials недостаток материалов
~ of means недостаток средств
~ of money нехватка денег
~ of necessities отсутствие необходимых средств существования
~ of novelty отсутствие новизны
~ of personnel нехватка кадров
~ of progress отсутствие прогресса
~ of raw materials недостаток сырья
~ of ready cash недостаток наличных средств
~ of ready money недостаток денег
~ of skill отсутствие опыта
~ of staff нехватка персонала
~ of stocks отсутствие запасов
~ of storage недостаток складских помещений
~ of utility отсутствие полезности
◊ for ~ of за отсутствием

LACK v 1. испытывать недостаток, нуждаться 2. недоставать
LADDER n:
skill ~ разряды квалификации
LADE v грузить, отгружать
LADING n 1. груз, фрахт 2. погрузка
LAG n отставание, запаздывание
earnings ~ отставание в получении дохода
economic ~ отставание в экономике
economical ~ см. economic ~
expenditure ~ отставание в расходовании поступлений
time ~ отставание во времени
~ in technology отставание в технологии
◇ to do away with the ~ ликвидировать отставание
LAG v отставать; запаздывать
◇ ~ behind см. LAG
LAGGARD n брит. акция, курс которой ниже среднего индекса фондового рынка
LAGGING n отставание, запаздывание
LAISSEZ-FAIRE n невмешательство
LAMB n «овца», спекулянт, ведущий игру на бирже вслепую
LAND n 1. земля, суша 2. страна 3. почва 4. земельный участок, земельная собственность
arable ~ пахотный участок
barren ~ земля, непригодная для возделывания
building ~ территория, отведенная под строительство
common ~ общинная земля
communal ~ см. common ~
cropped ~ посевная площадь
cultivable ~ земля, пригодная для обработки
derelict ~ заброшенная земля
developed ~ территория, подготовленная к застройке
fallow ~ земля под паром
farm ~ пахотная земля; полевые угодья
farming ~ см. farm ~
fertile ~ плодородная земля
idle ~ бросовая земля
industrial ~ земля, предназначенная для промышленной застройки
irrigated ~ орошаемая земля
leased ~ арендованная земля
leasehold ~ см. leased ~
marginal ~ маржинальная, малопродуктивная земля

plowing ~ амер. пахотная земля
private ~ частная земля
privately-held ~ см. private ~
privately-owned ~ см. private ~
public ~ государственная земля
reclaimed ~ освоенная заброшенная земля
rented ~ арендованная земля
rent paying ~ земля, приносящая ренту
reserved ~ амер. государственная земля, не подлежащая продаже
state ~s государственная земля
underutilized ~ неиспользуемая земля
undeveloped ~ неокультуренная земля
unexploited ~ невозделываемая земля
unproductive ~ непродуктивная земля
unused ~ неиспользуемая земля
urban ~ городская земля
virgin ~ целинная земля
waste ~ пустошь
~ in crop земля под культурой
~ on lease арендованная земля
~ out of crop незасеваемая земля
~ under crop земля под культурой
~ under forest земля, занятая лесным массивом
◇ by ~ сухопутным путем
to lease ~ 1) сдавать землю в аренду 2) арендовать землю
to reclaim ~ осваивать заброшенную землю; осваивать целину
LANDHOLDER n владелец или арендатор земельного участка
LANDING n 1. высадка на берег 2. посадка (самолета) 3. выгрузка
emergency ~ вынужденная посадка
forced ~ см. emergency ~
optional ~ опцион выгрузки
soft ~ плавное снижение курса валюты после подъема до экономически обоснованного уровня
◇ to delay ~ задерживать выгрузку
to postpone ~ см. to delay ~
LANDLESS adj безземельный
LANDLORD n 1. крупный землевладелец 2. домовладелец, сдающий квартиры; хозяин гостиницы и т. п.
ground ~ владелец земли, сданной в долгосрочную аренду
LANDOWNER n землевладелец
LAPSE n 1. прекращение действия 2. истечение срока действия
~ of a claim потеря права претензии
~ of a patent прекращение действия патента

~ of right прекращение, недействительность права
~ of time истечение давности
LAPSE *v* 1. *юр.* терять силу 2. становиться недействительным
LARBOARD *n* левый борт судна
LARCENY *n* кража
LARGE-SCALE *adj* крупномасштабный; крупносерийный
LARGE-SIZE *adj* крупный, крупноформатный
LASTAGE *n* помещение для грузов на судне
LAST COME, FIRST SERVED 1. «прибыл последним, обслужен первым», обслуживание в обратном порядке 2. «последним поступил — первым продан» (*метод оценки запасов при инвентаризации*) 3. *бухг.* «последняя партия на приход — первая в расход»
LAST IN, FIRST OUT *см.* **LAST COME, FIRST SERVED**
LAST IN, LAST OUT «прибыл последним, обслужен последним»
LATENT *adj* скрытый
LAUNCH *n* начало чего-л.; пуск
  product ~ выпуск нового товара
  test market ~ of a new product выпуск нового товара на пробный рынок
LAUNCH *v* 1. начинать, открывать что-л.; начинать действовать 2. выпускать
LAUNCHING *n* начало чего-л.; пуск, запуск
  model ~ запуск новой модели в производство
  ~ of a product запуск нового продукта в производство
LAUNDERING *n*:
  ~ of money отмывание денег
LAW *n* 1. закон 2. право 3. принятый обычай; *обыкн. pl* правила
  administrative ~ административное право
  agrarian ~ земельный закон
  anticartel ~ антикартельный закон
  antitrust ~ антитрестовский закон
  applicable ~ применимый закон
  bank ~ законодательство о банках
  bankruptcy ~ закон о банкротстве
  basic ~ основной закон
  blue sky ~s *амер.* законы, защищающие инвесторов от мошенничества и покупки дешевых, неприбыльных облигаций
  business ~ торговое право
  case ~ прецедентное право
  civil ~ гражданское право
  commercial ~ торговое право
  common ~ *юр.* общее право
  company ~ законы, регулирующие деятельность акционерных компаний
  constitutional ~ государственное право
  consumer's ~ потребительское право
  contract ~ договорное право
  contractual ~ *см.* contract ~
  corporation ~ законодательство о компаниях
  criminal ~ уголовное право
  currency ~ валютное законодательство
  customary ~ обычное право
  customs ~ таможенное законодательство
  design ~ закон о промышленных образцах
  distribution ~ закон распределения
  domestic ~ закон, действующий внутри страны
  economic ~ экономический закон
  economical ~ *см.* economic ~
  emergency ~ чрезвычайный закон
  equipartition ~ закон равномерного распределения
  equity ~ право справедливости
  established ~ действующее право
  exchange ~ вексельное право
  existing ~ существующий закон
  fiscal ~ налоговое право
  foreign ~s иностранные законы
  formal ~ формальное право
  fundamental ~ основной закон
  general economic ~s всеобщие экономические законы
  immigration ~ закон об иммиграции
  industrial relations ~ правила заключения коллективного договора о тарифных ставках
  international ~ международное право
  international monetary ~ международное валютное право
  invention ~ изобретательское право
  inventor's ~ *см.* invention ~
  investment ~s юридические нормы, регламентирующие инвестиционную деятельность
  judiciary ~ прецедентное право; судебная практика
  labour ~s рабочее законодательство
  land ~ земельное право
  lending limitation ~ закон, ограничивающий величину кредита
  licence ~ лицензионное право
  mandatory ~ обязывающий закон

383

marine insurance ~ закон о морском страховании
maritime ~ морское право
mercantile ~ торговое право
merchant ~ см. mercantile ~
merchant shipping ~ морское торговое право
minimum-hour ~ амер. закон о минимальной продолжительности рабочего дня
minimum-wage ~ амер. закон о минимальной заработной плате
natural ~ закон природы
objective ~s объективные законы
Parkinson ~ закон Паркинсона
patent ~ патентное право
private ~ частное право
prohibitory ~ запретительный закон
public ~ государственное право
quarantine ~s карантинные правила
registration ~ закон о регистрации
remedial ~ процессуальное право
resale price maintenance ~s законы о поддержании единых цен
revenue ~ закон о налогообложении
space ~ космическое право
state ~ амер. закон штата
statistical ~ статистический закон
statute ~ закон, принятый высшим законодательным органом страны
strike ~ закон о забастовках
stringent ~ строгий закон
tariff ~ тарифный закон
tax ~ закон о налогообложении
trademark ~ закон о товарных знаках
~s in action действующее законодательство
~s in force см. ~s in action
~ of average profit закон средней нормы прибыли
~ of contracts договорное право
~ of economy of time закон экономии времени
~ of merchants торговое право
~ of mortality закон смертности
~s of nature законы природы
~ of obligations обязательственное право
~s of probability законы вероятности
~ of property имущественное право
~ of the sea морское право
~ of supply and demand закон спроса и предложения
~ of value закон стоимости
◇ at ~ в судебном порядке
in ~ по закону

under the ~ в соответствии с законом
to abide by the ~ подчиняться закону
to abrogate a ~ отменять закон
to adopt a ~ принимать закон
to annul a ~ отменять закон
to apply a ~ применять закон
to break a ~ нарушать закон
to carry a ~ into effect вводить закон в действие
to comply with a ~ соблюдать закон
to effect a ~ вводить закон в силу
to enact a ~ см. to effect a ~
to enforce a ~ см. to effect a ~
to evade a ~ обходить закон
to give effect to a ~ вводить закон в силу
to go beyond a ~ обходить закон
to go to ~ обращаться к закону
to implement a ~ вводить закон в силу
to infringe a ~ нарушать закон
to keep within a ~ соблюдать закон
to lay down a ~ устанавливать закон
to observe ~s соблюдать законы
to offend against a ~ нарушать закон
to pass a ~ принимать закон
to put a ~ into effect вводить закон в силу
to put a ~ into force см. to put a ~ into effect
to repeal a ~ отменять закон
to resort to ~ обращаться к закону
to respect a ~ уважать закон
to transgress a ~ нарушать закон
to violate a ~ см. to transgress a ~
LAW-BREAKING n нарушение закона
LAWFUL adj законный
LAWLESSNESS n незаконность
LAWMAKER n законодатель
LAWSUIT n иск; судебное дело
~ for cancellation иск об аннулировании
LAWYER n юрист; адвокат
company ~ юрисконсульт фирмы
defence ~ защитник (в суде)
patent ~ юрист-патентовед
tax ~ адвокат по вопросам налогообложения
trial ~ защитник в суде
LAY n 1. положение, расположение 2. род занятий, работа
LAY v налагать (штраф), облагать (налогом)
◇ ~ aside откладывать в сторону
~ away резервировать
~ off прекращать работу (предприятия); увольнять (рабочих)

~ out выделять средства на расходы
~ up 1) запасать 2) выводить временно из строя 3) ставить судно на прикол
LAYAWAY *n* отложенный и частично оплаченный товар
LAYOFF *n* 1. прекращение производства 2. увольнение из-за отсутствия работы
temporary ~ временное увольнение
LAYING *n*:
~ of cargo укладка груза (*на судне*)
LAYING-OUT *n* показ
~ of goods выкладка товара
LAYOUT *n* 1. показ 2. планировка, расположение
floor-plan ~ макет экспозиции
functional ~ функциональная схема
general ~ общее расположение
goods ~ выкладка товара
line ~ размещение оборудования для выпуска определённой продукции
machine ~ планировка размещения оборудования
operations ~ карта технологического процесса
overall ~ общее расположение
plant ~ 1) планировка завода 2) планировка размещения оборудования
process ~ схема производственного процесса
product ~ размещение оборудования для выпуска определённой продукции
work ~ планировка рабочего места
workplace ~ *см.* work ~
~ of exhibits расположение экспонатов
~ of a plant планировка завода
LAZARET *n мор.* 1. санпропускник в порту 2. место на судне, используемое в карантинных целях
LEAD *n* 1. руководство 2. указание 3. ключ к решению
◇ ~s and lags ускорение или затягивание сроков проведения расчётов
LEAD *v* руководить, возглавлять; управлять
LEADAGE *n* 1. расстояние от шахты до ближайшей станции железной дороги или порта 2. стоимость доставки угля
LEADER *n* 1. руководитель; лидер 2. товар, продаваемый по сниженной цене для привлечения покупателей
brand ~ наиболее популярный сорт какого-л. продукта
floor ~ руководитель фракции
group ~ руководитель группы
loss ~ товар, продаваемый по сниженной цене для привлечения покупателей
market ~ компания, занимающая ведущее положение на рынке
price ~ лидер по ценам
product quality ~ лидер по показателям качества товара
project ~ руководитель проекта
~ in the manufacture ведущий производитель
~ of a delegation глава делегации
~ of a group руководитель группы
LEADERSHIP *n* руководство; управление
collective ~ коллективное руководство
price ~ лидерство в ценах
wage ~ лидерство в заработной плате (тарифной политике)
◇ under the ~ of под руководством
to carry out ~ осуществлять руководство
LEADING *n* руководство; управление
LEADING *adj* ведущий; руководящий
LEAD-MANAGE *v* возглавлять
LEAF *n* (*pl* LEAVES) лист
supplementary ~ вкладной лист
title ~ титульный лист
LEAFLET *n* рекламная листовка; небольшая брошюра
advertising ~ рекламная листовка
products ~ брошюра с описанием изделий
publicity ~ рекламная листовка
throw-away ~s листовки, раздаваемые на улице, в транспорте
◇ to distribute ~s раздавать листовки; рассылать брошюры
to send out ~s рассылать брошюры
to spread ~s распространять листовки
LEAK *n* утечка
LEAK *v* просачиваться, стать известным
LEAKAGE *n* утечка, просачивание
currency ~ утечка валюты
information ~ утечка информации
~ of cargo утечка груза
~ of information утечка информации
~ of money утечка денежных средств
~ of technology утечка технологии
LEAN *adj* 1. скудный, бедный 2. постный (*о мясе*)
LEAP *n* резкое изменение, скачок
LEARN *v* 1. изучать 2. осваивать, овладевать
LEARNER *n* учащийся
LEARNING *n* 1. изучение 2. знания, эрудиция

LEASE *n* 1. аренда 2. договор об аренде 3. срок аренды
building ~ аренда земли с целью постройки зданий
capital ~ капитальная аренда, аренда оборудования
commercial ~ договор аренды промышленной площади
derivative ~ субаренда
financial ~ финансовая аренда
gross ~ соглашение об аренде, предусматривающее оплату арендодателем всех текущих расходов по обслуживанию его имущества
leveraged ~ предоставление в аренду частей оборудования разным владельцам
long ~ долгосрочная аренда
net ~ соглашение об аренде, предусматривающее оплату арендатором всех текущих расходов по обслуживанию имущества
occupational ~ аренда собственности, позволяющая арендатору владеть ею в течение оговоренного периода
offshore ~ аренда участка континентального шельфа
open-end ~ лизинговое соглашение, по которому предусмотрен дополнительный платеж при возврате арендованного имущества для покрытия изменения его стоимости
operating ~ краткосрочная аренда
perpetual ~ долгосрочная аренда
repairing ~ аренда, согласно которой арендатор обязуется оплачивать ремонтные расходы
service ~ аренда, по которой обеспечиваются финансирование и прочие услуги
short ~ краткосрочная аренда
~ of land сдача земли в аренду
~ of a patent аренда патента
~ of time аренда времени
~ on a percentage-of-sales basis аренда при условии процентных отчислений от продаж
◊ by ~ внаем; напрокат
on ~ *см.* by ~
under ~ на условиях аренды
to draw up a ~ составлять договор об аренде
to extend a ~ продлевать срок аренды
to have on ~ арендовать
to hold on ~ *см.* to have on ~
to let on ~ сдавать в аренду
to renew a ~ возобновлять арендный договор
to surrender a ~ отказываться от аренды
to take a ~ of брать в аренду
to take on ~ *см.* to take a ~ of
LEASE *v* 1. сдавать в аренду, внаем 2. брать в аренду, внаем
◊ ~ on a contract basis сдавать внаем на основании арендного договора
~ out сдавать в аренду
LEASEBACK *n* продажа земли или другой собственности с условием аренды ее продавцом
LEASEHOLD *n* пользование на правах аренды
life ~ пожизненная аренда
LEASEHOLDER *n* арендатор; наниматель; съемщик
LEASER *n* арендатор; съемщик
LEASING *n* долгосрочная аренда, лизинг
consumer goods ~ прокат товаров широкого потребления
container ~ прокат контейнеров
cross border ~ международный лизинг
equipment ~ аренда оборудования
export ~ покупка оборудования лизинговой компанией с последующей сдачей в аренду в другие страны
financial ~ финансовый лизинг
fleet ~ сдача в аренду автопарка
operating ~ краткосрочная аренда
plant ~ аренда комплектной установки
short ~ краткосрочная аренда
truck ~ прокат автомобиля
~ of equipment аренда оборудования
~ of exhibition grounds аренда выставочной площади
LEASURE *n* досуг
LEAVE *n* отпуск
additional ~ дополнительный отпуск
annual ~ ежегодный отпуск
casual ~ отпуск сверх ежегодного
compassionate ~ отпуск по семейным обстоятельствам
educational ~ отпуск для получения образования
maternity ~ отпуск по беременности и родам
paid ~ оплачиваемый отпуск
privilege ~ ежегодный отпуск
sick ~ отпуск по болезни
study ~ отпуск для повышения квалификации
~ of absence отпуск

~ on full pay оплачиваемый отпуск
~ with pay *см.* ~ on full pay
~ without pay отпуск без оплаты содержания
LEAVE *v* 1. оставлять 2. покидать; бросать (*работу*)
◇ left till called for ~ до востребования
LEDGER *n* бухгалтерская книга; бухгалтерский регистр; главная книга
accounts payable ~ книга счетов, подлежащих оплате
bank ~ банковская главная книга
control ~ 1) книга контрольных счетов 2) общая бухгалтерская книга
credit ~ кредитная книга
creditor's ~ книга кредиторов
customer's ~ клиентская книга
debt ~ книга долговых требований
debtor's ~ книга дебиторов
discount ~ книга учтенных векселей
expenses ~ книга накладных расходов
factory ~ заводская бухгалтерская книга
finished goods ~ книга учета наличия готовых изделий
fixed assets ~ книга учета основного капитала
general ~ общая бухгалтерская книга
liability ~ книга учета обязательств
loan ~ книга записи ссуд
nominal ~ книга, содержащая различные счета фирмы
personal ~ книга счетов частных лиц
plant ~ главная бухгалтерская книга предприятия
plant property ~ бухгалтерская книга предприятия по учету основного капитала
property ~ *см.* plant property ~
purchase ~ ведомость всех закупок, производимых компанией
sales ~ журнал отпуска товаров (*оптовым организациям*); регистр продаж
securities ~ книга ценных бумаг
share ~ книга акций
stock ~ 1) *амер. см.* share ~ 2) регистр учета запасов
store ~ складская книга
subscription ~ книга учета подписки на акции
subsidiary ~ главная книга дочерней компании
works ~ заводская бухгалтерская книга

◇ to balance the ~s сбалансировать бухгалтерские книги
to enter an item into the ~ внести запись в главную книгу
to post the journal into the ~ переносить журнальные записи в главную книгу
LEG *n* 1. этап; часть пути 2. устойчивая тенденция движения курсов ценных бумаг
~ of a route перегон пути
~s of a spread две стороны операции спрэд
~ of a tour этап турпоездки
LEGACY *n* 1. наследство 2. *юр.* завещательный отказ
demonstrative ~ завещание, согласно которому деньги выплачиваются из определенной части недвижимости
general ~ завещание, согласно которому деньги выплачиваются со всех активов и имущества
pecuniary ~ денежное завещание
residuary ~ завещание движимости, оставшейся после выплаты долгов и завещательных отказов
specific ~ завещание, согласно которому деньги выплачиваются из определенной части недвижимости
trust ~ наследованное имущество, подлежащее управлению опекуном
LEGAL *adj* 1. юридический, правовой 2. законный
LEGALITY *n* законность
~ of a claim законность претензии
~ of a document законность документа
◇ to acknowledge the ~ признавать законность
to determine the ~ устанавливать законность
LEGALIZATION *n* узаконение, легализация
LEGATE *v* завещать
LEGATEE *n юр.* наследник
residuary ~ наследник имущества, очищенного от долгов и завещательных отказов
substituted ~ последующий наследник
LEGATION *n* миссия
LEGISLATION *n* законодательство
active ~ действующее законодательство
administrative ~ административное законодательство
agricultural ~ сельскохозяйственное законодательство

antidumping ~ антидемпинговое законодательство
antitrust ~ антитрестовское законодательство
banking ~ банковское законодательство
civil ~ гражданское законодательство
commercial ~ торговое законодательство
compulsory licensing ~ законодательство о принудительном лицензировании
consumer ~ законодательство о защите интересов потребителей
consumer protection ~ *см.* consumer ~
current ~ действующее законодательство
domestic ~ местное законодательство
economy ~ хозяйственное законодательство
exceptional ~ исключительное законодательство
factory ~ фабричное законодательство
fiscal ~ налоговое законодательство
industrial ~ промышленное законодательство
industrial property ~ законодательство по охране промышленной собственности
international ~ международное законодательство
labour ~ трудовое законодательство
local ~ местное законодательство
maritime ~ морское законодательство
monetary ~ денежное законодательство
national ~ национальное законодательство
patent ~ патентное законодательство
restrictive ~ ограничительное законодательство
tariff ~ таможенное законодательство
tax ~ налоговое законодательство
trade union ~ профсоюзное законодательство
◇ to initiate ~ осуществлять законодательную инициативу
to comply with ~ подчиняться законам

LEGISLATIVE *adj* законодательный
LEGISLATURE *n* 1. законодательный орган 2. законодательная власть
LEGITIMACY *n* законность
LEGITIMATE *adj* законный
LEND *n* ссуда, заем
LEND *v* давать взаймы
◇ ~ long предоставлять долгосрочную сумму

~ on collateral ссужать под залог
LENDER *n* заимодавец; кредитор
money ~ кредитор
private ~ частный кредитор
~ of capital кредитор
~ of last resort 1) последний кредитор в критической ситуации 2) центральный банк
~ on bottomry кредитор под залог судна или груза
LENDING *n* 1. кредитование 2. ссуда; кредит
bank ~ банковский кредит
banker's ~ *см.* bank ~
direct ~ прямое кредитование
dollar ~ кредит в долларах
international ~ международный кредит
risky ~ рискованное кредитование
sterling ~ кредит в фунтах стерлингов
LENGTH *n* 1. длина 2. расстояние 3. продолжительность
mean ~ of life средняя продолжительность жизни
probable ~ of life вероятная продолжительность жизни
overall ~ габаритная длина
~ of credit срок кредита
~ of deposit срок вклада
~ of a guarantee срок действия гарантии
~ of life продолжительность жизни
~ of service длительность срока службы
~ of stock срок обеспечения запасом
~ of studies период обучения
~ of time промежуток времени
~ of training период обучения
~ of a visit продолжительность визита
~ of warranty срок гарантии
~ of a working-day продолжительность рабочего дня
LESSEE *n* арендатор
long-term ~ долгосрочный арендатор
permanent ~ *см.* long-term ~
principal ~ основной арендатор
~ of a stand арендатор стенда
LESSOR *n* 1. арендодатель 2. фирма-арендодатель
exhibition hall ~ организация, сдающая в аренду выставочный зал
stand ~ арендодатель стенда
~ of exhibition space фирма, сдающая в аренду выставочную площадь
LET *v* сдавать внаем, в аренду
◇ to ~ out 1) *см.* LET 2) открывать (*планы, секрет*)

LETTER *n* письмо
   accompanying ~ сопроводительное письмо
   acknowledgement ~ письмо, подтверждающее получение чего-л.
   advertising ~ рекламное письмо
   airmail ~ письмо, посылаемое авиапочтой
   allocation ~ письменное уведомление подписчику ценных бумаг о количестве выделенных ему акций
   allotment ~ письменное уведомление клиенту фирмы о количестве выделенных ему акций
   back-to-back ~ of credit компенсационный аккредитив
   bank ~ письмо банка
   bid ~ письменное предложение
   business ~ деловое письмо
   call ~ письменное требование уплаты взноса за акции
   cash ~ кассовое письмо
   circular ~ циркулярное письмо
   circular ~ of credit циркулярный аккредитив
   collect ~ *амер.* доплатное письмо
   collection ~ поручение на инкассо
   commercial ~ деловое письмо
   commercial ~ of credit товарный аккредитив
   confirmation ~ письмо-подтверждение
   confirmed ~ of credit подтвержденный аккредитив
   confirming ~ письмо-подтверждение
   congratulatory ~ поздравительное письмо
   cover ~ сопроводительное письмо
   covering ~ *см.* cover ~
   dead ~ недоставленное письмо
   declaration ~ письмо-заявление
   direct ~ of credit прямой аккредитив, адресованный одному банку-корреспонденту
   divisible ~ of credit делимый аккредитив
   documentary ~ of credit документарный аккредитив
   draft ~ черновик письма
   dun ~ письмо с требованием уплаты долга
   dunning ~ *см.* dun ~
   encashment ~ поручение на инкассо
   export ~ of credit экспортный аккредитив
   express ~ срочное письмо
   fixing ~ письмо, подтверждающее фрахтование
   follow-up ~ повторное письмо
   guarantee ~ гарантийное письмо
   indemnity ~ *см.* guarantee ~
   information ~ информационное письмо
   ingoing ~ входящее письмо
   instructive ~ инструктивное письмо
   insured ~ ценное письмо
   in-town ~ местное письмо
   invitation ~ письмо-приглашение
   irrevocable ~ of credit безотзывный аккредитив
   limited ~ of credit ограниченный аккредитив
   market ~ конъюнктурный обзор
   money ~ *амер.* ценное письмо
   official ~ официальное письмо
   order ~ письмо-заказ
   ordinary ~ обычное письмо
   original ~ первоначальное письмо; оригинал письма
   outgoing ~ исходящее письмо
   paid ~ оплаченное письмо
   paid ~ of credit аккредитив с оплаченным покрытием
   patent ~ официальное извещение патентного ведомства
   performance ~ of credit аккредитив, гарантирующий выполнение контракта
   personal ~ личное письмо
   prepaid ~ письмо с наклеенной маркой
   registered ~ заказное письмо
   resignation ~ письменное заявление об отставке
   revocable ~ of credit отзывный аккредитив
   revolving ~ of credit револьверный аккредитив
   rights ~ письмо с уведомлением о выпуске новых акций с правом их приобретения акционерами компании
   sales ~ рекламное письмо
   sight ~ of credit аккредитив с оплатой тратт на предъявителя
   solicitor's ~ письмо адвоката с требованием уплаты долга его клиенту
   special delivery ~ срочное письмо
   straight ~ of credit подтвержденный, безотзывный аккредитив
   transferable ~ of credit переводный аккредитив
   transmittal ~ сопроводительное письмо
   traveller's ~ of credit туристский аккредитив

unconfirmed ~ of credit неподтверждённый аккредитив
unpaid ~ письмо без марки
unstamped ~ письмо с доплатой
~ of advice уведомительное письмо
~ of allotment письменное уведомление клиенту фирмы о количестве выделенных ему акций
~ of apology письмо с извинением
~ of attorney доверенность
~ of authority см. ~ of attorney
~ of authorization см. ~ of attorney
~ of collection поручение на инкассо
~ of commitment гарантийное письмо; письмо-обязательство
~ of condolence письмо с выражением соболезнования
~ of confirmation письмо-подтверждение
~ of congratulation поздравительное письмо
~ of consignment коносамент, транспортная накладная
~ of credit, L/C аккредитив
~ of deposit залоговое письмо
~ of encashment поручение на инкассо
~s of exchange обменные письма
~ of guarantee гарантийное письмо
~ of hypothecation залоговое письмо
~ of identification идентификационное письмо; удостоверение личности
~ of indemnity гарантийное письмо
~ of indent заказ
~ of inquiry запрос
~ of intent письмо о намерении совершить сделку; письмо-обязательство
~ of introduction рекомендательное письмо
~ of lien залоговое письмо
~ of recommendation рекомендательное письмо
~ of reference см. ~ of recommendation
~ of reminder письменное напоминание
~ of renunciation письмо акционера с отказом от права на акции
~ of reply ответное письмо
~ of response см. ~ of reply
~ of thanks благодарственное письмо
~ of transmittal сопроводительное письмо
~ of trust залоговое письмо
◊ by registered ~ заказным письмом
~ chargeable on delivery доплатное письмо

~ to be called for письмо до востребования
to acknowledge receipt of a ~ подтверждать получение письма
to address a ~ адресовать письмо
to cash a ~ of credit получать деньги по аккредитиву
to confirm a ~ подтверждать письмо
to deliver a ~ доставлять письмо
to dispatch a ~ отправлять письмо
to draft a ~ набросать письмо
to establish a ~ of credit открывать аккредитив
to exchange ~s обмениваться письмами
to forward a ~ направлять письмо
to frank a ~ франкировать письмо
to hand in a ~ сдавать письмо
to issue a ~ of credit выставлять аккредитив
to mail a ~ *амер.* отправлять письмо
to open a ~ of credit открывать аккредитив
to post a ~ отправлять письмо
to revoke a ~ of credit отзывать аккредитив
to send a ~ посылать письмо
to sign a ~ подписывать письмо
LETTER v 1. помечать буквами 2. надписывать
LETTERHEAD n штамп фирмы на бланке письма
LETTER-TELEGRAMME n письмо-телеграмма
LETUP n *амер.* прекращение; остановка
LEVEL n уровень
acceptance quality ~ приемлемый уровень качества
average ~ средний уровень
break-even ~ of income нулевой уровень доходов
break-even sales ~ безубыточный уровень продаж
confidence ~ доверительный уровень
consumption ~ уровень потребления
decision-taking ~ уровень, на котором принимаются решения
deflating price ~ снижающийся уровень цен
educational ~ образовательный уровень
emission ~ уровень выхлопных газов (*в воздухе*)
engineering ~ технический уровень
expected earning ~ ожидаемый уровень средней заработной платы

full employment ~ уровень полной занятости
funding ~ размер ассигнований
income ~ уровень дохода
inventory ~ уровень запасов
lethal ~ уровень смертности
market ~ уровень процента на денежном рынке
mean ~ средний уровень
occupational ~ уровень занятости
overall ~ of income общий уровень доходов
pay ~ категория заработной платы
peak ~ высший уровень
performance ~ уровень производительности
preferential ~ льготный уровень
price ~ уровень цен
prime rate ~ уровень «прайм рэйт»
production ~ уровень производства
quality ~ уровень качества
reach ~ уровень охвата
reorder ~ уровень запасов, определяющий необходимость заказа
replenishment ~ уровень пополнения запасов
risk ~ степень риска
salary ~ уровень заработной платы
sales ~ уровень запродаж
skill ~ уровень квалификации
standard ~ стандартный уровень
stock ~ уровень запасов
subsistence ~ прожиточный минимум
tax ~ уровень налогообложения
technical ~ технический уровень
technological ~ уровень научно-технического прогресса
top ~ высший уровень
utility ~ уровень полезности
wage ~ уровень заработной платы
work ~ уровень загрузки предприятия заказами
yield ~ урожайность
~ of achievements уровень достижений
~ of advance уровень прогресса
~ of automation степень автоматизации
~ of business уровень деловой активности
~ of competition уровень конкуренции
~ of compensation амер. уровень зарплаты
~ of consumption уровень потребления
~ of contracting вид подряда
~ of development уровень развития

~ of economic development уровень экономического развития
~ of efficiency степень эффективности
~ of employment уровень занятости
~ of income размер дохода
~ of living уровень жизни
~ of orders уровень поступления заказов
~ of output уровень производительности
~ of prices уровень цен
~ of production уровень производства
~ of profitability уровень рентабельности
~ of profitableness см. ~ of profitability
~ of rates уровень ставок
~ of sales уровень запродаж
~ of supply норма снабжения
~ of service уровень обслуживания
~ of wages уровень зарплаты
◇ at executive ~ на руководящем уровне
at government ~ на правительственном уровне
to increase the price ~ поднимать уровень цен
to maintain a stable ~ поддерживать устойчивый уровень цен
to provide high ~ of service гарантировать высокий уровень обслуживания
to reach peak ~ достигать наивысшего уровня

LEVELLING *n* выравнивание

LEVER *v* рычаг, средство воздействия

economic ~ экономический рычаг

LEVERAGE *n* 1. система рычагов для достижения цели 2. соотношение капиталовложений в ценные бумаги с фиксированным доходом и нефиксированным доходом 3. соотношение между собственными и заемными средствами компании 4. соотношение между размерами товарных запасов и суммой капитала

capital ~ повышение доходности капитала
debit ~ дебетовый прирост доходности
economic ~ экономическое воздействие
economical ~ см. economic ~
financial ~ 1) финансовое регулирование 2) соотношение капиталовложений в ценные бумаги с фиксированным доходом и нефиксированным доходом 3) соотношение между собст-

венным капиталом компании и заемными средствами
  negative ~ убыточное использование заемных средств
  operational ~ зависимость прибыли компании от уровня фиксированных издержек
  positive ~ прибыльное использование заемных средств
LEVERAGE v воздействовать
LEVY n 1. сбор, налог 2. обложение налогом
  capital ~ налог на капитал
  excess profit ~ дополнительный налог на сверхприбыль
  property ~ поимущественный налог
  real estate ~ налог на недвижимость
  special ~ специальный сбор
  supplementary ~ дополнительный налог
  tax ~ налоговый сбор
  variable import ~ пошлина на импортный товар, изменяющаяся при изменении цен в стране
LEVY v 1. собирать налоги 2. облагать налогом
LEVYING n 1. взимание (*налогов, пошлин*) 2. обложение (*налогом, пошлиной*)
  ~ of duties 1) взимание пошлин 2) обложение пошлинами
  ~ of taxes 1) взимание налогов 2) обложение налогом
LIABILIT|Y n 1. ответственность, обязанность 2. обязательство 3. долг, задолженность, денежные обязательства 4. *бухг.* пассив
  absolute ~ неограниченная ответственность
  acceptance ~ies обязательства по акцептам
  accrued ~ies накопившиеся обязательства; начисленные обязательства
  additional ~ies дополнительные обязательства
  business ~ies торговые обязательства
  capital ~ies обязательства по основному капиталу
  carrier's ~ ответственность перевозчика
  civil ~ гражданская ответственность
  collective ~ коллективное обязательство
  common law ~ ответственность, основанная на общем праве

contingent ~ies условные обязательства
contract ~ies контрактные обязательства
contractual ~ies *см.* contract ~ies
corporate ~ ответственность корпорации
corporate profits tax ~ обязанность уплачивать налоги на доходы корпорации
criminal ~ уголовная ответственность
cross ~ies взаимные обязательства
current ~ies текущие обязательства
deferred ~ies отсроченные обязательства
deposit ~ies обязательства по депозитам
direct ~ безусловное обязательство
eligible ~ies приемлемые обязательства
employer's ~ ответственность работодателя
external ~ies внешние обязательства
financial ~ финансовая ответственность
fixed ~ies долгосрочные обязательства
floating ~ies краткосрочные обязательства
foreign ~ies внешние обязательства
full ~ полная ответственность
government ~ ответственность государства
gross ~ies общая сумма пассива
indirect ~ второстепенная ответственность
individual ~ личная ответственность
insurance ~ страховая ответственность
internal ~ies внутренние обязательства
joint ~ 1) совместная ответственность 2) совокупное обязательство
joint and several ~ совокупное и раздельное обязательство
licensee's ~ies обязательства лицензиата
licensor's ~ ответственность лицензиара
legal ~ правовое обязательство
limited ~ ограниченная ответственность
liquid ~ies ликвидные обязательства; ликвидная задолженность
long-term ~ies долгосрочные обязательства
material ~ материальная ответственность
matured ~ies долги, подлежащие уплате

maximum ~ максимальная ответственность
noncontractual ~ внедоговорная ответственность
noncurrent ~ies отсроченные обязательства
net ~ies сумма обязательств за вычетом стоимости легко реализуемого имущества
outstanding ~ies невыполненные обязательства
partnership ~ies обязательства компании
personal ~ личная ответственность
primary ~ первичное обязательство
prime ~ основная ответственность
products ~ ответственность за качество выпускаемой продукции
quick ~ies краткосрочные обязательства
rate-sensitive ~ies обязательства, чувствительные к изменению процентных ставок
reserve ~ обязанность по дополнительным денежным взносам
secondary ~ies косвенные обязательства
secured ~ обеспеченное обязательство
short-term ~ies краткосрочные обязательства
sight ~ бессрочное обязательство
solo ~ индивидуальная ответственность
tax ~ задолженность по налоговым платежам
total ~ies общая сумма обязательств
trade ~ies кредиторская задолженность
unlimited ~ неограниченная ответственность
~ for compensation ответственность за компенсацию
~ for damage ответственность за ущерб
~ for damages ответственность за убытки
~ for debts долговая ответственность
~ for defects ответственность за дефекты
~ for loss ответственность за ущерб (убыток)
~ies for settlements обязанности по расчетам
~ of an acceptor ответственность акцептанта
~ies of a bank обязательства (пассивы) банка
~ of a carrier ответственность перевозчика
~ of a drawer ответственность трассанта
~ of indemnity обязательство возместить убытки
~ of infringement ответственность за нарушение
~ on a bill ответственность по векселю
~ on a charter ответственность по чартеру
~ies to creditors ответственность перед кредиторами
~ies to stockholders ответственность перед акционерами
~ies under a contract обязательства по договору (контаркту)
◊ **without ~** без обязательства
~ to compensate for losses обязательство компенсировать убытки
~ to furnish information обязательство предоставить информацию
~ to indemnify обязательство компенсировать убытки
~ to insure обязательство застраховать
~ to pay customs duties обязательство уплатить таможенную пошлину
~ to provide maintenance обязательство предоставить техобслуживание
to accept ~ взять на себя ответственность
to accrue ~ies накапливать задолженность
to assume ~ брать на себя ответственность
to carry as ~ заносить в пассив баланса
to clear the current ~ покрывать задолженность по счету
to contract ~ies брать обязательства
to create ~ обосновать ответственность
to deny ~ отрицать ответственность
to discharge ~ies выполнять обязательства
to discharge from ~ies освобождать от обязательств
to disclaim ~ снимать с себя ответственность
to establish ~ доказывать ответственность
to exclude ~ исключать ответственность
to exempt ~ освобождать от ответственности
to extend ~ продлевать обязательство

to fail to one's ~ies не выполнять обязательства
to fail to meet ~ies *см.* to fail to one's ~ies
to free from ~ освобождать от обязательства
to incur ~ies влезть в долги
to involve ~ влечь за собой ответственность
to limit ~ ограничивать ответственность
to meet ~ies выполнять обязательства
to modify ~ies изменять обязательства
to release from ~ освобождать от обязательства
to relieve from ~ *см.* to release from ~
to repay ~ies выполнять обязательства
to repudiate ~ отказываться от уплаты долга
to shoulder ~ взять на себя ответственность
to take ~ upon oneself *см.* to shoulder ~
to undertake ~ *см.* to shoulder ~

LIABLE *adj* обязанный; подлежащий чему-л.
~ for compensation обязанный возместить ущерб
~ for damages *см.* ~ for compensation
~ for defects ответственный за дефекты
~ to duty подлежащий обложению пошлиной
~ to a tax подлежащий обложению налогом

LIBERALIZATION *n* либерализация, снятие ограничений
economic ~ либерализация экономики
financial ~ финансовая либерализация
~ of imports либерализация импорта, снятие импортных ограничений
~ of trade либерализация торговли

LIBERATION *n* освобождение
~ of capital высвобождение капитала
~ of funds *см.* ~ of capital

LIBOR *n* (London interbank offered rate) лондонская межбанковская ставка по краткосрочным кредитам, предоставляемым в евровалюте

LICENCE *n* 1. лицензия 2. официальное разрешение
active ~ активная лицензия
assignable ~ лицензия с правом передачи
blanket ~ общая лицензия
bloc ~ генеральная лицензия
building ~ разрешение на строительство
compulsory ~ принудительная лицензия
contractual ~ договорная лицензия
cross ~ перекрестная лицензия
customs ~ таможенная лицензия
driver's ~ водительское удостоверение
exclusive ~ исключительная лицензия
export ~ экспортная лицензия
feedback ~ обратная лицензия
field-of-use ~ лицензия ограниченного пользования
flat ~ безусловная лицензия
free ~ свободная лицензия
general ~ общая лицензия
general import ~ общая импортная лицензия
global ~ глобальная лицензия
import ~ импортная лицензия
individual ~ разовая лицензия
indivisible ~ неделимая лицензия
intermediate advance ~ промежуточная лицензия
know-how ~ лицензия на ноу-хау
lighterage ~ разрешение на разгрузку товаров, облагаемых пошлиной
limited ~ ограниченная лицензия
liquor ~ разрешение на продажу алкогольных напитков
manufacturing ~ лицензия на право производства
nonassignable ~ лицензия без права передачи
nonexclusive ~ неисключительная (простая) лицензия
nonpatent ~ беспатентная лицензия
nontransferable ~ лицензия, не подлежащая передаче
open ~ простая лицензия
open general ~ открытая общая лицензия
operating ~ лицензия на использование
ordinary ~ простая лицензия
package ~ пакетная лицензия
passive ~ пассивная лицензия
patent ~ патентная лицензия
per unit ~ лицензия с выплатой вознаграждения с единицы продукции
price fixing ~ лицензия, предусматривающая ограничение продажной цены
process ~ лицензия на процесс
quantity-based advance ~ лицензия на определенное количество товара
reciprocal ~ взаимная лицензия

reimport ~ лицензия на реимпорт
restrictive ~ ограниченная лицензия
retroactive ~ ретроактивная лицензия
royalty-bearing ~ лицензия, предусматривающая уплату роялти
royalty-free ~ лицензия без уплаты роялти
selling ~ лицензия на право продажи
simple ~ простая лицензия
single ~ разовое разрешение
sole ~ исключительная лицензия
special ~ специальная лицензия
special imprest ~ разрешение на выдачу ссуды
specific import ~ специальная импортная лицензия
territorial limited ~ лицензия, действующая на определенной территории
trademark ~ лицензия на товарный знак
trading ~ лицензия на право торговли
transferable ~ лицензия с правом переуступки
transhipment ~ разрешение на перегрузку товара
valid ~ действительная лицензия
validated ~ лицензия, признанная действительной
value-based advance ~ лицензия, основанная на стоимости товара
voluntary ~ добровольная лицензия
~ for design лицензия на конструкцию
~ for equipment лицензия на оборудование
~ for industrial technology лицензия на технологию производства
~ for an invention лицензия на изобретение
~ for a patent лицензия на патент
~ on a process лицензия на процесс
~ under a patent патентная лицензия
◇ under a ~ по лицензии
~ to manufacture лицензия на право производства
~ to operate концессия
~ to use лицензия на право пользования
to acquire a ~ получать лицензию
to apply for a ~ обращаться за лицензией
to buy a ~ покупать лицензию
to cancel a ~ аннулировать лицензию
to extend a ~ продлевать лицензию
to forfeit a ~ терять право на лицензию
to give a ~ выдавать лицензию
to grant a ~ см. to give a ~
to have a ~ иметь лицензию
to hold a ~ см. to have a ~
to import under a ~ импортировать по лицензии
to issue a ~ выдавать лицензию
to make under a ~ производить по лицензии
to manufacture under a ~ см. to make under a ~
to market a ~ продавать лицензию
to obtain a ~ получать лицензию
to possess a ~ иметь лицензию
to produce under a ~ производить по лицензии
to purchase a ~ покупать лицензию
to refuse a ~ отказывать в лицензии
to renounce a ~ признавать лицензию недействительной
to revalidate a ~ восстанавливать лицензию
to revoke a ~ отзывать лицензию
to secure a ~ получать лицензию
to sell a ~ продавать лицензию
to take out a ~ приобретать лицензию
to take up a ~ см. to take out a ~
to withdraw a ~ отзывать лицензию
LICENCE-FREE *adj* безлицензионный
LICENCE-HOLDER *n* лицензиат
LICENSE *v* давать разрешение; выдавать лицензию
LICENSEE лицензиат
joint ~ солицензиат
LICENSING *n* лицензирование
compulsory ~ принудительное лицензирование
contractual ~ договорное лицензирование
corporate ~ лицензионный маркетинг
cross ~ перекрестное лицензирование
domestic ~ отечественное лицензирование
foreign ~ зарубежное лицензирование
mandatory ~ принудительное лицензирование
multiple ~ выдача параллельных лицензий различным лицензиатам
mutual ~ взаимное лицензирование
overseas ~ зарубежное лицензирование
package ~ патентное лицензирование
~ of a design лицензирование промышленного образца
~ of a patent лицензирование патента
~ of a trademark лицензирование товарного знака

LICENSOR *n* лицензиар
LID *n* крышка
LIEN *n* **1.** *юр.* право удержания имущества до уплаты налога **2.** залоговое право
 bank ~ залоговое право банка, право банка удержать все имущество клиента
 banker's ~ *см.* **bank** ~
 broker's ~ право брокера иметь страховой полис на случай неуплаты клиентом вознаграждения
 cargo ~ залоговое право на груз
 carrier's ~ право перевозчика на удержание груза
 contractual ~ контрактное право удержания
 conventional ~ *см.* **contractual** ~
 factor's ~ залоговое право торгового представителя (фактора)
 floating ~ изменяющийся залог
 general ~ право удержания всего имущества в случае неуплаты долга
 innkeeper's ~ право владельца гостиницы удержать имущество постояльца до уплаты за проживание
 junior's ~ позднейшее залоговое право
 lessor's ~ залоговое право арендодателя
 maritime ~ 1) право удержания груза в обеспечение требований перевозчика 2) морское залоговое право
 particular ~ удержание кредитором имущества должника до уплаты долга
 possessor's ~ *см.* **particular** ~
 purchaser's ~ право покупателя на оплаченный или частично оплаченный товар
 salvor's ~ право лица, спасшего имущество, на его удержание до получения соответствующего вознаграждения
 seaman's ~ право матросов на задержание судна за неуплату заработной платы
 seller's ~ право продавца удерживать товар
 senior ~ первое или более раннее залоговое право
 shipmaster's ~ право капитана на удержание груза
 shipowner's ~ право владельца судна на арест груза в случае неуплаты фрахта
 solicitor's ~ право адвоката на удержание имеющихся в его распоряжении документов клиента до уплаты им гонорара
 tax ~ залоговое право на имущество в обеспечение уплаты налога
 vendor's ~ право продавца удерживать товар
 warehouse-keeper's ~ право владельца склада на получение вознаграждения за хранение товаров
 ~ **on a bill** право удержания векселя
 ~ **on cargo** залоговое право на груз
 ~ **on the cargo for freight** право удержания груза в обеспечение платежа за груз
 ~ **on the goods for freight** *см.* ~ **on the cargo for freight**
 ~ **on a ship** залоговое право на судно
 ~ **on real estate** залоговое право на имущество
 ◊ **to enforce a** ~ использовать право удержания
 to exercise a ~ применять залоговое право на груз
 to waive a ~ отказываться от права на удержание
LIENEE *n* лицо, на имущество которого имеет залоговое право другое лицо
LIENOR *n* лицо, обладающее правом наложить арест на имущество
LIFE *n* **1.** жизнь **2.** срок службы, стаж **3.** срок работы (*машины и т. п.*)
 average ~ 1) средний срок жизни платежа 2) средневзвешенный срок непогашенной части кредита
 business ~ хозяйственная жизнь, экономика
 class ~ срок, за который капитал амортизируется и не облагается налогом
 economic ~ экономичный срок службы
 expected ~ ожидаемый срок службы
 guaranteed service ~ гарантированный срок службы
 limited ~ ограниченный срок
 mechanical ~ **of a machine** длительность эксплуатации машины
 occupational ~ общий стаж работы
 operating ~ срок службы
 patent ~ срок действия патента
 physical ~ физический срок службы
 product ~ долговечность изделия
 product useful ~ срок полезности изделия
 professional ~ трудовая деятельность
 project ~ срок службы проектируемого объекта

property ~ 1) срок службы имущества 2) срок амортизации основного капитала
rated ~ номинальный срок службы
remaining ~ остаточный срок службы
service ~ срок службы
service ~ of a machine длительность эксплуатации машины
serviceable ~ срок годности
shelf ~ срок годности при хранении
stock ~ срок хранения
storable ~ срок годности при хранении
storage ~ *см.* storable ~
useful ~ срок полезности
warranty ~ гарантийная наработка
working ~ трудовая жизнь
~ of a contract срок действия контракта
~ of assets срок службы основных фондов
~ of a lease срок арендного договора
~ of a licence срок действия лицензии
~ of a loan срок займа
~ of a patent срок действия патента
~ of a policy срок действия полиса
~ of stock срок хранения

LIFESPAN *n* продолжительность, срок жизни

LIFETIME *n* 1. продолжительность жизни 2. срок действия, службы
~ of capital продолжительность жизни капитала
~ of a machine срок службы машины

LIFT *n* 1. подъем 2. повышение (*цен*) 3. снятие запрета
heavy ~s тяжеловесный груз

LIFT *v* 1. поднимать 2. повышать (*цену*) 3. снимать (*запрет*)

LIFTIN *n* 1. подъем, поднятие 2. снятие (*запрета*)
load ~ подъем груза
~ of an attachment *юр.* отмена ареста
~ of the boycott отмена бойкота
~ of cargo подъем груза
◊ «~ a leg» *бирж.* закрытие только одной стороны арбитражной операции

LIGHTEN *v* облегчать, смягчать

LIGHTENING *n* облегчение, смягчение
~ of taxation смягчение налогообложения

LIGHTER *n* лихтер
◊ ex ~ с лихтера
~ aboard ship лихтеровоз
to deliver by ~ доставлять на лихтере

LIGHTERAGE *n* 1. погрузка и разгрузка судов с помощью лихтеров 2. плата за пользование лихтером
◊ to pay ~ оплачивать лихтер

LIMIT *n* предел, лимит
age ~ возрастное ограничение
confidence ~ предел доверия
cost ~ предел затрат
credit ~ предельный размер кредита
debt ~ предел задолженности
daylight exposure ~ временные ограничения по совершению банком валютных сделок
daily price ~ амплитуда колебаний цен на срочных биржах в течение одного рабочего дня
daily trading ~ *см.* daily price ~
exemption ~ предел, ниже которого доходы освобождаются от налогообложения
expired time ~ истекший срок
fluctuation ~s пределы колебания
indemnity ~ предельный размер компенсации
intraday ~ лимит, устанавливаемый дилером, осуществляющему валютные операции, на операционный день
lending ~ предел кредитования
loading ~ предел загрузки
loan size ~ предел суммы займа
lower ~ 1) нижний предел колебаний 2) минимальный размер
narrow ~ невысокий предел
position ~ лимит позиции
price ~ лимит цен
prediction ~s пределы прогнозирования
quota ~s предельный размер квот
rigid ~s жесткие пределы
reporting ~ предельный размер позиции на рынке, при превышении которого требуется представление данных о товаре
speed ~ предельная скорость
stop ~ приказ о покупке ценных бумаг по определенному курсу
time ~ срок
trading ~ 1) максимальное количество товара, которое может быть куплено или продано в течение одного дня 2) максимальная разрешенная фьючерсная позиция
underwriting ~ предельная страховая сумма
upper ~ 1) верхний предел колебаний 2) максимальный размер
weight ~ предел веса

~ of credit предел кредита
~ of demand предельный спрос
~ of efficiency предельная производительность
~ of error предельная ошибка
~ of escalation лимит скольжения
~ of indemnity ограниченная ответственность
~ of profitability предел рентабельности
~ of weight ограничение веса
~ of the working day предел рабочего дня
◇ ~ up and down движение вверх и вниз в установленных пределах
beyond the ~ сверх предела
off ~s *амер.* вход воспрещен
within the ~s в пределах
within prescribed ~s в установленных пределах
within the time ~ в срок
to assign a ~ устанавливать предел
to exceed a ~ превышать лимит
to extend a time ~ продлевать срок
to fix a ~ устанавливать предел
to go beyond a ~ превышать предел
LIMIT *v* ограничивать, устанавливать предел
LIMITATION *n* 1. ограничение 2. *юр.* срок давности, исковая давность
contractual ~ of liability ограничение ответственности по контракту
dividend ~ правительственное постановление об ограничении размеров дивидендов
legal ~ исковая давность
licence ~ ограничение лицензии
territorial ~ территориальное ограничение
time ~ ограничение срока
weight ~ ограничение веса
~ of actions исковая давность
~ of assortment ограничение ассортимента
~ of authority ограничение полномочий
~ of birth ограничение рождаемости
~ of competition ограничение конкуренции
~ of dividends ограничение размера дивидендов
~ of exports ограничение экспорта
~ of imports ограничение импорта
~ of liability ограничение ответственности
~ of membersip ограничение членства

~ of output ограничение производства
~ of production *см.* ~ of output
~ of responsibility ограничение ответственности
~ of time ограничение во времени
~ on trade ограничение торговли
◇ to impose ~s накладывать ограничения
LIMITED *adj* 1. ограниченный 2. с ограниченной ответственностью
LIMIT-PRICING *n* метод борьбы с конкурентами путем сокращения цен и увеличения производства на ограниченный период времени
LINE *n* 1. линия 2. граница; предел 3. конвейер, поточная линия 4. линия связи 5. направление, курс 6. род деятельности; отрасль 7. партия товаров; серия изделий
acceptance ~ лимит акцептования
advised ~ утвержденная банком кредитная линия, о которой клиент уведомлен
air ~ воздушная линия
approach ~ подъездной путь
assembly ~ конвейерная линия
automatic ~ автоматическая линия
automated transfer ~ *см.* automatic ~
badly selling ~s товар, не пользующийся спросом
bank ~ кредитная линия, открытая банком клиенту
banking ~ банковская деятельность
base ~ исходный материал
belt ~ 1) поточная линия 2) окружная дорога
bottom ~ итоговая строка в отчете
branch ~ железнодорожная ветка
broker's ~ прямая телефонная связь брокера с клиентом и финансовым учреждением
bus ~ автобусная линия
business ~ отрасль торговли или промышленности
cheap ~ дешевые изделия
coast ~ береговая линия
commodity ~ товарная группа
complete ~ полный ассортимент
conference ~ конференциальная линия; ассоциация судовладельцев, действующих на определенных морских линиях
confirmed ~ подтвержденная кредитная линия, о которой клиент уведомлен
consumer ~s потребительские товары

container ~ контейнерная линия
credit ~ кредитная линия
demand ~ of credit кредитная линия до востребования
distribution ~s каналы распределения
discount credit ~ кредитная линия, согласно которой банк обязуется учитывать векселя в пределах оговоренной суммы
express ~ линия скорых перевозок
exchange ~ абонентская (*телефонная*) линия
extension ~ параллельная телефонная линия (*с добавочным номером*)
feeder ~ фидерная линия
first-class ~s первоклассные товары
flow ~ поточная линия
freight ~ грузовая судоходная линия
freight conference ~ грузовая судоходная конференциальная линия
guidance ~ кредитная линия, предоставляемая банком клиенту
heavy ~s тяжелые товары
higher-margin ~s товары, приносящие повышенную валовую прибыль
high-speed ~ скоростная железнодорожная линия
integrated ~ смешанная линия
intercity bus ~ междугородная автобусная линия
joint ~ смешанная линия (*в морском транспорте*)
liner ~s объединение судовладельцев, заключивших картельное соглашение
load ~ грузовая ватерлиния
local service ~ местная линия
long ~ товарная группа, включающая большое число изделий
main ~ магистральная линия
merchandise ~s товарная группа
navigation ~ судоходная линия
new product ~ линия для производства новой продукции
novelty ~ новый товар
pared product ~s сокращенный ассортимент продукции
pilot ~ опытная линия
Plimsoll ~ грузовая ватерлиния
price ~ шкала цен
product ~ номенклатура продукции, товарный ассортимент
production ~ производственная линия; технологическая линия
quick-selling ~s ходкие товары
railway ~ железнодорожная линия

ready-selling ~s товары, пользующиеся большим спросом
regular ~ регулярная линия
revolving ~ of credit револьверная линия кредита
seasonal ~ of credit сезонная линия кредита
service ~ 1) линия обслуживания 2) абонентская линия
shipping ~ судоходная линия
shore ~ береговая линия
short ~ товарная группа, включающая небольшое количество изделий
side ~ работа по совместительству
slow-moving ~s неходкие товары
steamship ~ пароходство
stock ~s ассортимент запасов
straight ~ линейный метод учета
subsistence ~ прожиточный минимум
traffic ~ грузовая линия
tram ~ трамвайная линия
tramp ~ трамповая судоходная компания
transmission ~ 1) линия электропередачи 2) линия передачи
truck ~ грузовая линия
trunk ~ магистральная линия
waiting ~ очередь
~ for unloading очередь на разгрузку
~ of activity направление деятельности
~ of business отрасль торговли
~ of commerce *см.* ~ of business
~ of communications линия связи
~ of credit кредитная линия
~ of economic development направление развития хозяйства
~ of guarantee гарантийный лимит
~ of industry отрасль промышленности
~ of merchandise 1) товарный ассортимент 2) серия изделий
~ of production специализация производства
◇ above the ~ «над чертой», доходы и расходы государственного бюджета
below the ~ «под чертой», часть бюджета, включающая доходы от погашения задолженности и расходы, финансируемые за счет займов
to go on ~ вступать в эксплуатацию
to stand in ~ стоять в очереди
LINE *v* 1. проводить линию 2. обивать, обшивать изнутри
LINEAGE *n* 1. построчная оплата рекламных объявлений 2. происхождение, родословная
LINEAR *adj* линейный

LIN

LINER *n* лайнер
LINING *n* выравнивание, выпрямление
  price ~ выравнивание цен
LINK *n* связь; связующее звено
  air ~s воздушное сообщение
  beneficial ~s взаимовыгодные связи
  business ~s деловые связи
  close ~s тесные связи
  contractual ~s договорные отношения
  direct ~s прямые связи
  economic ~s экономические связи
  external ~s международные связи
  high speed ~s скоростные железнодорожные магистрали
  international ~s международные связи
  profitable ~s взаимовыгодные связи
  rail ~s железнодорожное сообщение
  road ~s подъездные пути для автотранспорта
  sea ~s морское сообщение
  scientific and technical ~s научно-технические связи
  stable ~s устойчивые связи
  trade ~s торговые связи
  ◇ to establish ~s устанавливать связи
  to set up ~s *см.* to establish ~s
  to strengthen ~s укреплять связи
LINKUP *n* соединение
LIQUID *adj* легко реализуемый, ликвидный
LIQUIDATE *v* 1. ликвидировать (*предприятие*) 2. погашать долг
LIQUIDATION *n* 1. ликвидация (*предприятия*) 2. продажа (*пакета акций, облигаций*) за наличные деньги
  actual ~ фактическая ликвидация
  compulsory ~ принудительная ликвидация
  creditor's voluntary ~ добровольная ликвидация компании
  forced ~ вынужденная ликвидация
  inventory ~ ликвидация запасов
  partial ~ частичная ликвидация
  voluntary ~ добровольная ликвидация компании (*в связи с банкротством*)
  ~ of a company ликвидация компании
  ~ of a consortium ликвидация консорциума
  ~ of a debt погашение долга
  ~ of a fund ликвидация фонда
  ~ of a loan выплата займа
  ◇ to go into ~ обанкротиться
  to put into ~ ликвидировать
LIQUIDATOR *n юр.* ликвидатор
LIQUIDITY *n* ликвидность
  bank ~ ликвидность банков

LIS

  cash ~ наличность
  excess ~ избыточная ликвидность банков
  international ~ международная ликвидность
  official ~ официальная ликвидность
  overall ~ общая ликвидность
  sound ~ высокая ликвидность
  tight ~ ограниченная ликвидность
  ~ of assets ликвидность активов
  ~ of money денежная ликвидность
LIST *n* 1. список; перечень, реестр 2. *бирж.* курсовой бюллетень
  accurate ~ точный список
  address ~ адресный указатель
  agreed ~ согласованный список
  annual ~ годовой информационно-библиографический каталог
  attendance ~ список присутствующих
  banned ~ запретительный список, список запрещенных товаров
  black ~ черный список
  booking ~ перечень забукированных грузов
  cagro ~ список грузов
  cash ~ кассовая ведомость
  check ~ контрольный список
  competitive ~ конкурентный лист
  competitive-bidder's ~ список фирм, подавших заявку на выполнение заказа
  consolidated ~ объединенный список
  control ~ контрольный список
  crew ~ список членов экипажа судна
  customs examination ~ досмотровая роспись
  delivery ~ комплектовочная ведомость
  detailed ~ подробный перечень
  export ~ список экспортных товаров
  forwarding ~ спецификация отправленных товаров
  free ~ список товаров, не облагаемых пошлиной
  freight ~ список отгруженных товаров, список грузов
  general ~ общий список
  hatch ~ люковая записка
  import ~ список импортных товаров
  itemized spares ~ перечень запасных частей
  legal ~ *амер.* легальный список
  loading ~ список грузов к погрузке
  mailing ~ список адресатов
  official ~ ежедневный отчет биржи о ценах сделок
  order ~ перечень заказов

packing ~ упаковочный лист
parts ~ список запасных частей
passenger ~ список пассажиров
patent family ~ список патентов-аналогов
preliminary ~ предварительный список
price ~ прейскурант
priority ~ порядок очередности
quotation ~ биржевой бюллетень
quoted ~ *см.* quotation ~
reference ~ справочный список
regular staff ~ перечень штатных единиц
restrictive ~ ограничительный список
runout ~ список изделий, планируемых к производству
sailing ~ расписание движения судов
ship ~ список членов экипажа судна
ship's stores ~ список судовых запасов
shopping ~ список товаров, предлагаемых к продаже
sick ~ больничный лист
spares ~ список запасных частей
specified ~ подробный перечень
stock ~ список запасов
stock exchange ~ бюллетень курса ценных бумаг на бирже
supplementary ~ дополнительный список
tender ~ список участников торгов
trade ~ адресный справочник торговых фирм
transportation ~ транспортный список
waiting ~ список очередности
~ of applicants список заявителей
~ of applications перечень заявок
~ of arbitrators список арбитров
~ of articles список товаров
~ of assets перечень имущества
~ of balances перечень остатков
~ of bills for collection перечень векселей, переданных на инкассо
~ of bills for discount перечень учтённых векселей
~ of buyers список покупателей
~ of classes of goods перечень товарных групп
~ of commodities список товаров
~ of customers список заказчиков
~ of correspondents список банков-корреспондентов
~ of deposited securities перечень депозитов
~ of drawings перечисление снятий со счета
~ of equipment перечень оборудования
~ of exhibits перечень экспонатов
~ of exhibitors список экспонентов
~ of expenses перечень затрат
~ of exports список импортных товаров
~ of goods список товаров
~ of materials список материалов
~ of members список членов
~ of order receipts список поступивших заказов
~ of outstanding work перечень невыполненных работ
~ of participants список участников
~ of parts список деталей
~ of products перечень изделий
~ of quotations таблица курсов
~ of sailings расписание движения судов
~ of services перечень услуг
~ of shareholders список акционеров
~ of spare parts список запасных частей
~ of stockholders *амер.* список акционеров
~ of stores список судовых запасов
~ of subscribers список подписчиков
~ of trademarks перечень торговых знаков
~ of wares список товаров
◊ to be on the ~ быть в списке
to be on the sick ~ иметь больничный лист
to check a ~ проверять список
to compile a ~ составлять список
to develop a ~ *см.* to compile a ~
to draw up a ~ *см.* to compile a ~
to enter in a ~ вносить в список
to exclude from a ~ исключать из списка
to keep a ~ вести перечень
to make out a ~ составлять список
to make up a ~ *см.* to make out a ~
to prepare a ~ подготавливать список
to remove from a ~ вычёркивать из списка
to scrutinize a ~ проверять список
to strike off a ~ вычёркивать из списка
LIST *v* составлять список; вносить в список
LISTED *adj* 1. перечисленный; прейскурантный 2. внесённый в список
~ on the stock exchange зарегистрированный на фондовой бирже
LISTING 1. внесение в список 2. *бирж.* листинг
backdoor ~ регистрация на фондовой

бирже путем поглощения уже зарегистрированной компании («с черного хода»)
cross ~ одновременная котировка ценных бумаг на нескольких фондовых биржах
detailed ~ подробный перечень
dual ~ котировка ценных бумаг на двух фондовых биржах
specified ~ подробный перечень
staff ~ штатное расписание

LISTLESS вялый (*о рыночных условиях, когда никто не проявляет интереса к покупке или продаже ценных бумаг*)

LISTNERSHIP слушательская аудитория

LITIGATION n гражданский судебный процесс

LIVE v жить

LIVELIHOOD средства к существованию
◇ to earn one's ~ зарабатывать на жизнь

LIVESTOCK n домашний скот

LIVING 1. средства к существованию 2. образ жизни
rural ~ сельская жизнь
urban ~ городская жизнь
◇ to earn one's ~ зарабатывать на жизнь
to make one's ~ *см.* to earn one's ~

LLOYD'S n 1. Ллойдс, морское страховое общество Ллойда 2. Регистр Ллойда

LOAD n 1. груз; загрузка 2. нагрузка 3. партия груза на вагон 4. надбавка к рыночной цене ценной бумаги для покрытия административных расходов
additional ~ добавочная нагрузка
average ~ средняя нагрузка
dead ~ 1) собственный вес; вес порожняка; вес тары 2) постоянная нагрузка
deck ~ палубный груз
design ~ расчетная нагрузка
factory ~ объем выпускаемой продукции
fixed ~ постоянная нагрузка
full ~ полная нагрузка
full container ~ контейнерная партия
machine ~ загрузка оборудования
maximum ~ максимальная нагрузка
minimum ~ минимальная нагрузка
off-gauge ~ негабаритный груз
operating ~ эксплуатационная нагрузка

pallet ~ груз на поддоне
part ~ неполная загрузка
pay ~ оплачиваемый груз
peak ~ максимальная нагрузка; максимальная загрузка
perishable ~ скоропортящийся груз
permissible ~ допустимая нагрузка
permanent ~ постоянная нагрузка
prescribed ~ нормативная нагрузка
production ~ производственная нагрузка
proof ~ нормативная нагрузка
rated ~ номинальная нагрузка
return ~ обратный груз (*с целью избежания порожнего рейса транспортного средства*)
safe ~ допустимая нагрузка
safe working ~ допустимая рабочая нагрузка
service ~ полезная нагрузка
ship ~ судовой груз
standard ~ нормативная нагрузка
tax ~ налоговое обложение
temporagy ~ временная нагрузка
test ~ испытательная нагрузка
trial ~ *см.* test ~
truck ~ 1) повагонный груз 2) *амер.* груз на грузовик
unit ~ упакованный груз для разовой обработки
useful ~ полезная нагрузка
work ~ 1) загрузка предприятия заказами 2) максимальная нагрузка
working ~ *см.* work ~
◇ less than a container ~ груз меньше контейнерного
at ~ под нагрузкой
under ~ *см.* at ~
to endure a ~ выдерживать нагрузку

LOAD v грузить, нагружать
◇ ~ to capacity загружать полностью

LOADER n погрузчик, погрузочное устройство
side ~ автопогрузчик с боковым нагружением
truck ~ автопогрузчик

LOADING n 1. погрузка; загрузка 2. нагрузка
ahead-of-time ~ досрочная погрузка
automatic ~ автоматическая погрузка
bulk cargo ~ погрузка навалом, насыпью
direct ~ перевалка
early ~ досрочная погрузка
front-end ~ более высокая комиссия на начальном этапе сделки

machine ~ 1) загрузка оборудования 2) механическая погрузка
partial ~ частичная загрузка
preschedule ~ досрочная погрузка
pretime ~ *см.* preschedule ~
side ~ загрузка через борт судна
~ for collection costs надбавка на расходы по сбору страховых взносов
~ for contingencies надбавка на расходы по финансированию мероприятий по предупреждению стихийных бедствий
~ for management expenses надбавка для компенсации управленческих расходов
~ in bulk погрузка навалом, насыпью; наливом
~ in turn погрузка в порядке очереди
~ of cargo погрузка груза
~ of general cargo погрузка генерального груза
~ of goods погрузка товара
~ on board car погрузка в вагон
~ on board ship погрузка на борт судна
~ on deck погрузка на палубу
~ on the road погрузка на рейде
~ on transport facilities погрузка на перевозочные средства
~ to a full draft полная загрузка (*судна*)
~ under deck погрузка под палубой
◊ to be in line for ~ ожидать погрузку
to carry out ~ осуществлять погрузку
to commence ~ начинать погрузку
to complete ~ заканчивать погрузку
to control ~ контролировать погрузку
to delay ~ задерживать погрузку
to effect ~ осуществлять погрузку
to make ~ *см.* to effect ~
to monitor ~ контролировать погрузку
to stop ~ прекращать погрузку
to supervise ~ контролировать погрузку
to terminate ~ прекращать погрузку
to tie up for ~ становиться под погрузку
to wait for ~ ожидать очереди на погрузку

LOAD-LIFTER *n* грузоподъемник
LOAN *n* заем, ссуда, кредит
accommodation ~ краткосрочный кредит для преодоления временной нехватки средств
adjustable mortgage ~ ипотека с плавающей ставкой

agricultural ~ ссуда на сельскохозяйственные нужды
amortization ~ долгосрочная ссуда, погашаемая в рассрочку
back-to-back ~ компенсационный кредит
bad ~ ссуда, не погашенная в срок
bank ~ банковский заем
big ~ большой заем
bottomry ~ бодмерейный заем
bridging ~ банковский краткосрочный заем для покрытия необходимости в средствах до получения причитающейся суммы
broker's ~ брокерская ссуда
building ~ заем на строительство
business ~ ссуда, выдаваемая деловым предприятиям
call ~ ссуда до востребования
callable ~ *см.* call ~
cash ~ денежный заем
clearance ~ однодневная ссуда
collateral ~ кредит под обеспечение легко реализуемых ценностей
commercial ~ коммерческий заем
commodity ~ подтоварный кредит
compulsory ~ принудительный заем
consolidated ~ фундированный заем
consumption ~ потребительская ссуда
crown ~ беспроцентная ссуда с погашением до востребования
currency ~ валютный заем
customer's ~ потребительский кредит
daily ~ однодневная ссуда
day ~ утренняя ссуда банка брокеру на покупку ценных бумаг
day-to-day ~ ссуда до востребования
dead ~ неоплаченный заем
dealer ~ дилерский кредит
demand ~ ссуда до востребования
direct ~ прямой заем
disbursed ~ использованный кредит
discount ~ ссуда с заранее выплаченными процентами
discount interest ~ *см.* discount ~
dollar ~ заем в долларах
domestic ~ внутренний заем
droplock ~ среднесрочный кредит по плавающей ставке, автоматически трансформируемый в облигации с фиксированной ставкой в случае снижения процентной ставки до определенного уровня
emergency ~ дотация
Eurocurrency ~ кредит в евровалюте

Eurosyndicated ~s евросиндицированные кредиты
excess ~ ссуда сверх лимита
external ~ *амер.* внешний заем
farm ~ фермерская ссуда
federal ~ *амер.* правительственный заем
fiduciary ~ необеспеченный заем
fixed ~ долгосрочная ссуда
fixed-date ~ срочная ссуда с фиксированной ставкой
fixed rate ~ ссуда с фиксированной ставкой
floated ~ размещенный заем
forced ~ принудительный заем
foreign ~ *амер.* иностранный заем
frozen ~ замороженная ссуда (кредит)
funded ~ облигационный заем
funding ~ консолидированный заем
gold ~ золотой заем
government ~ правительственный заем
hard ~ заем с возвратом в твердой валюте
industrial ~ промышленный кредит
instal[l]ment ~ кредит с платежом в рассрочку
interest bearing ~ процентная ссуда
interest-free ~ беспроцентная ссуда
interim ~ промежуточный заем
intermediate ~ среднесрочная ссуда
internal ~ *амер.* внутренний заем
inventory ~ заем, обеспеченный товарными запасами
investment ~ инвестиционный кредит
large ~ большой заем
local ~ заем, выпущенный местными властями
lombard ~ ломбардный кредит
long ~ долгосрочная ссуда
long-dated ~ *см.* long ~
long-period ~ *см.* long ~
long-sighted ~ *см.* long ~
long-term ~ *см.* long ~
low-interest ~ заем под низкие проценты
margin ~ ссуда под ценные бумаги
medium-term ~ среднесрочный кредит
money ~ денежный кредит
morning ~ ссуда, выдаваемая банками брокеру на расходы по поставкам товара, пока эта ссуда не будет возмещена покупателями
mortgage ~ ипотечный заем
national ~ государственный заем
no-purpose ~ нецелевой кредит
outstanding ~ невозвращенный заем

overdue ~ просроченный заем
overnight ~ однодневная ссуда
parallel ~ параллельная ссуда
participating ~ долевая ссуда
participation ~ *см.* participating ~
permanent ~ бессрочная ссуда
permanent government ~ консолидированный правительственный заем
personal ~ ссуда частному лицу
pledge ~ ссуда, обеспеченная залогом, ссуда под залог
problem ~ просроченный заем
public ~ государственный заем
purpose ~ целевой кредит
receivable ~ заем, выданный под векселя
reconstruction ~ ссуда на реконструкцию
recourse ~ ссуда с правом регресса
redemption ~ ссуда для погашения
repaid ~ погашенная ссуда
seasonal ~ сезонная ссуда
secured ~ ссуда под залог
securities ~ ссуда ценных бумаг
self-liquidating ~ автоматически погашаемая подтоварная ссуда
self-liquidation ~ *см.* self-liquidating ~
short ~ краткосрочная ссуда
short-dated ~ *см.* short ~
short-sighted ~ *см.* short ~
short-time ~ *см.* short ~
sight ~ ссуда до востребования
simple-interest ~ ссуда с выплатой процентов по истечении срока
sinking-fund ~ заем, предусматривающий образование фонда погашения
soft ~ льготная ссуда
stabilization ~ стабилизационный заем
stand-by ~ резервный заем
state ~ государственный заем
sterling ~ заем в английской национальной валюте (фунтах стерлингов)
stock exchange ~ ссуда брокеру фондовой биржи
stock market ~ ломбардный кредит
straight ~ ссуда без обеспечения
syndicate ~ ссуда, предоставляемая банком членам консорциума
tax-exempt ~ ссуда, не облагаемая налогом
term ~ срочная ссуда на фиксированный период времени
tied ~ ссуда при условии закупки товаров или услуг в стране, предоставляющей заем
time ~ срочная ссуда

undersubscribed ~ заем, подписка на который не размещена полностью
undisbursed ~ неиспользованный заем
unsecured ~ необеспеченный заем
utilized ~ использованный заем
weekly ~ недельная ссуда
~ against goods ссуда под залог товара
~ against a guarantee ссуда под гарантию
~ against hypothecation of goods ссуда под залог товара
~ against payment documents ссуда под платежные документы
~ against pledged bills ссуда под залог векселей
~ against pledge of goods ссуда под залог товара
~ against securities ссуда под ценные бумаги
~ against stocks *см.* ~ against securities
~ at call ссуда до востребования
~ at interest ссуда под проценты
~ at notice ссуда с погашением по требованию
~ for a period of ... ссуда на срок ...
~ in sterling заем в ф. ст.
~ of money денежная ссуда
~ on bills of exchange заем, выданный под векселя
~ on call ссуда до востребования
~ on collateral ссуда под [двойное] обеспечение
~ on debentures облигационный заем
~ on easy terms заем на льготных условиях
~ on favourable terms *см.* ~ on easy terms
~ on goods ссуда под залог товара
~ on interest ссуда под проценты
~ on merchandise ссуда под залог товара
~ on mortgage ссуда под залог
~ on pawn заем под залог
~ on securities ломбардный кредит; ссуда под ценные бумаги
~ on the security of bills ссуда под залог векселей
~ without interest беспроцентный заем
~ with strings attached заем с определенными условиями
◊ ~ bearing no interest беспроцентная ссуда
to accommodate with a ~ давать в долг
to allow a ~ предоставлять ссуду
to apply for a ~ обращаться за ссудой

to back a ~ гарантировать заем
to complete a ~ оформлять заем
to contract a ~ получать ссуду
to disburse a ~ погашать заем
to extend a ~ предоставлять заем
to float a ~ размещать заем
to get a ~ получать ссуду
to give a ~ предоставлять заем
to grant a ~ *см.* to give a ~
to guarantee a ~ гарантировать заем
to issue a ~ выпускать заем
to launch a ~ *см.* to issue a ~
to liquidate a ~ погашать ссуду
to make a ~ предоставлять заем
to meet a ~ погашать ссуду
to negotiate a ~ заключать соглашение о займе
to obtain a ~ получать ссуду
to pay a ~ погашать ссуду
to pay off a ~ *см.* to pay a ~
to place a ~ размещать заем
to provide a ~ предоставлять ссуду
to put out on ~ давать во временное пользование
to raise a ~ получать ссуду
to recall a ~ требовать погашения ссуды
to redeem a ~ погашать ссуду
to renew a ~ продлевать заем
to repay a ~ погашать ссуду
to retire a ~ *см.* to repay a ~
to secure a ~ гарантировать заем
to sink a ~ погашать ссуду
to subscribe to a ~ подписываться на заем
to take up a ~ заключать соглашение о займе
to warrant a ~ гарантировать заем
LOAN *v* давать взаймы, ссужать
LOANABLE получаемый или даваемый взаймы
LOANER *n* кредитор; ссудодатель; заимодавец
LOAN-HOLDER *n* займодержатель
LOANING предоставление займа
LOAN-SUBSCRIBER *n* заемщик
LOBBY *n* группа, проталкивающая выгодные для нее законопроект, кандидатуру и т. п., лобби
LOCAL *adj* местный
LOCALE *n* место действия
cost effective ~ место для размещения предприятия, фирмы и т. п., требующее наименьших затрат
hearing ~ место слушания дела

LOCALITY *n* 1. местоположение; местонахождение 2. местность, район
LOCATE *v* размещать, располагать
◇ **to be located** располагаться
LOCATION *n* 1. местоположение; расположение 2. назначение места, размещение 3. *амер.* местожительство
enterprise ~ размещение предприятия
entry ~ место ввоза груза
exhibition ~ место проведения выставки
geographic ~ географическое положение
manufacturing ~s размещение производства
pick-up ~ место вывоза груза
plant ~ размещение предприятия
storage ~s расположение складов
~ of a company местонахождение фирмы
~ of economic activity размещение производства
~ of an enterprise размещение предприятия
~ of an exhibition место проведения выставки
~ of a plant местонахождение завода
~ of shops размещение магазинов
LOCK *n* 1. замок; запор 2. шлюз
customs ~ 1) таможенная пломба 2. таможенный бондовый склад
LOCK *v* запирать
~ in блокировать
~ out увольнять
LOCKAGE *n* 1. прохождение судна через шлюзы 2. шлюзовый сбор
LOCKED *adj* закрытый; запертый
~ in 1) «попавший в ловушку», имеющий потенциальный доход от товара или ценных бумаг, реализация которых уменьшила бы этот доход в результате уплаты налога на прирост капитала 2) зафиксированный (*о ценах, доходе*)
LOCKOUT *n* локаут
LOCKUP помещение капитала в трудно реализуемые бумаги, землю и т. п.; замороженный капитал
LOCO на месте нахождения, локо
LODGE *v* 1. помещать; сдавать на хранение 2. подавать (*жалобу, протест*); предъявлять (*обвинение*)
LODGING *n* 1. помещение; жилье; *обыкн. pl* сдаваемая комната 2. предъявление

~ of a claim предъявление претензии, иска
LODGEMENT *n* 1. подача (*жалобы, заявления*) 2. внесение денег в депозит
~ of amounts депонирование денежных сумм
LOG *n* судовой журнал; *авиа* бортовой журнал; рейсовый журнал водителя автомашины
LOGBOOK *n см.* **LOG**
LOGO логотип
LOMBARD *adj* ломбардный
LONG *n* 1. *бирж.* покупатель ценных бумаг 2. *бирж.* спекулянт, играющий на повышении курсов 3. *pl* британские государственные ценные бумаги со сроком погашения свыше 15 лет
long ~s *см.* **LONG** 3.
LONG *adj* 1. долгий; долгосрочный 2. *бирж.* ожидающий повышения цены
◇ to be ~ of the market придерживать товары или ценные бумаги в ожидании повышения цен
to go ~ of the market *см.* to be ~ of the market
LONG-DATED *adj* долгосрочный
LONGEVITY *n* долговечность, срок службы; долголетие
design ~ расчетная долговечность
guaranteed ~ гарантированная долговечность
human ~ продолжительность жизни человека
operating ~ эксплуатационная долговечность
shelf ~ долговечность при хранении
specified ~ гарантированная долговечность
LONG-DISTANCE *adj* 1. дальний 2. магистральный; междугородный
LONG-RANGE *adj* долгосрочный
LONG-RUN *adj см.* **LONG-RANGE**
LONGSHOREMAN *n* портовый грузчик
LONG-STANDING *adj* длительный, продолжительный
LONG-TERM *adj* долгосрочный
LONG-TIME *adj см.* **LONG-TERM**
LO-LO (lift-on, lift-off) вертикальная обработка грузов
LOOK *n:*
forward ~ сумма нетто срочных позиций в разных валютах
LOOK *v:*
~ down падать (*в цене*)
~ into рассматривать, исследовать

~ up 1) повышаться (*в цене*) 2) улучшаться (*о деловой конъюнктуре*)
LOOPHOLE *n* лазейка (*чтобы обойти закон*); уловка
  tax ~ лазейка в налоговом законодательстве
  ~ it the law пробел в законе
LOOSE *adj* неупакованный; навалочный, россыпью (*о грузе*)
LOOT *v* грабить, мародерствовать
LORRY *n* грузовик
  break-down ~ аварийная машина, автомобиль техпомощи
  heavy ~ тяжелый грузовик
  long-distance ~ грузовой автомобиль для дальних перевозок
LOSE *v* терять
LOSER *n* 1. потерпевший, проигравший 2. акция с падающим курсом
LOSS *n* 1. потеря, утрата 2. *страх.* гибель 3. убыток, ущерб, урон
  abnormal ~es чрезмерные убытки
  absolute total ~ абсолютная полная гибель
  actual ~ фактический убыток
  accidental ~ случайный убыток
  actual insurance ~ фактический страховой убыток
  actual total ~ действительная полная гибель
  anticipated ~ предполагаемый убыток
  average ~es аварийные убытки
  backlog ~ сокращение портфеля заказов
  business ~ снижение деловой активности
  capital ~ убыль капитала, снижение денежной стоимости активов
  cargo ~ потеря товара
  compensated ~ возмещенный убыток
  concealed ~ скрытая утрата
  consequential ~ косвенный убыток
  constructive total ~ конструктивная полная гибель
  conveyance ~ потеря при перевозке
  credit ~es потери по займу
  crop ~ потеря урожая
  currency ~es потери валюты
  dead ~ чистая потеря
  direct ~es прямые потери
  estimated ~es оцененные убытки
  eventual ~es возможные (конечные) убытки
  excessive ~es чрезмерные убытки
  exchange ~es потери на разнице валютных курсов
  expected ~es ожидаемые потери
  field ~es потери урожая при уборке
  financial ~ финансовый убыток
  general average ~es убытки от общей аварии
  gross ~ валовой убыток
  heavy ~es большие убытки
  indemnified ~ страховой убыток
  indirect ~es косвенные убытки
  information ~ потеря информации
  irrecoverable ~es невозместимые потери
  irreparable ~es *см.* irrecoverable ~es
  manufacturing ~es производственные потери
  markdown ~ потери от снижения цен
  market ~es курсовые потери
  material ~ материальный ущерб
  natural ~ естественная убыль
  net ~ чистый убыток
  net long-term capital ~ чистый долгосрочный убыток капитала
  net operating ~ чистый убыток от основной деятельности компании
  net short-term capital ~ краткосрочный прирост убытков
  operating ~ убыток от основной деятельности компании
  operation ~es убытки при эксплуатации
  operational ~ убыток от основной деятельности компании
  opportunity ~es потери в результате неиспользования благоприятной возможности
  paper ~es потенциальные убытки
  partial ~ частичный убыток; частичная гибель
  particular average ~es убытки от частной аварии
  pecuniary ~ денежный убыток
  population ~ убыль населения
  possible ~es возможные убытки
  potential ~es *см.* possible ~es
  production ~es производственные убытки
  pure ~es чистые потери
  recoverable ~es возместимые убытки
  reject ~es потери вследствие брака
  salvage ~es убытки при реализации спасенного имущества
  serious ~es большие убытки
  single ~es единичные убытки
  storage ~es потери при хранении
  substantial ~es значительные убытки

LOS

throughput ~es потери производительности
total ~ 1) общая сумма убытков 2) полная гибель
trivial ~es незначительные потери
trade ~es убытки в результате потери веса товара в пути
trading ~es торговые убытки
working ~es производственные потери
~es by leakage потери в результате утечки
~es by wear and tear потери в результате износа
~es due to drying потери в результате усушки
~es due to idle time потери от простоев
~es due to rejects потери от брака
~es due to shrinkage потери в результате усушки
~es due to spoilage потери от брака
~es due to waiting periods потери от простоев
~es due to wastage потери от брака
~ during discharge убыток, причинённый во время разгрузки
~es during transportation потери при транспортировке
~es for lost profit убытки вследствие упущенной выгоды
~es from misappropriations убытки от хищений
~es in the post потери при пересылке почтой
~ in price убыток от изменения курса ценных бумаг
~es in transit потери при транспортировке
~ in weight потеря веса
~ in value снижение стоимости
~ of anticipated profit потеря ожидаемой прибыли
~ of capital убыль капитала
~ of cargo 1) потеря груза 2) гибель груза
~ of cash денежная потеря
~ of confidence утрата доверия
~ of credit потеря кредита
~ of earning capacity утрата трудоспособности
~ of earnings потеря заработка
~ of efficiency снижение производительности
~es of exchange потери на разнице курсов

LOS

~ of freight 1) потеря груза 2) потеря на фрахте
~ of goods потеря товара
~ of goodwill 1) утрата репутации (*предприятия, фирмы*) 2) финансовые потери в результате утраты репутации
~ of interest потеря процентов
~ of income снижение дохода
~ of markets потеря рынков
~ of money потеря денег
~ of opportunity упущенная выгода
~ of a package потеря места груза
~es of production производственные потери
~ of profit потеря прибыли, ущерб в виде упущенной выгоды
~ of property материальный убыток
~ of revenue снижение дохода
~ of right потеря права
~ of time потеря времени
~ of trust утрата доверия
~ of wages снижение заработной платы
~ of weight during transportation убыль веса во время перевозки
~ of work снижение эффективности работы
~ of working hours потеря рабочего времени
~es on all risks потери по всем рискам
~ on bad debt убытки вследствие неуплаты долговых обязательств
~es on exchange курсовые потери
~ on loans убыток по займам
~ on securities убыток от изменения курса ценных бумаг
◊ ~ and gain прибыли и убытки
~ borne понесённый убыток
~ sustained *см.* ~ borne
at a ~ с убытком
without ~ без потерь
to adjust ~es уточнять убытки
to allow ~es as general average возмещать убытки по общей аварии
to apportion the ~ распределять убыток
to ascertain ~es определять сумму убытков
to assess ~es *см.* to ascertain ~es
to avert ~es предотвращать убытки
to avoid ~es избегать убытков
to bear ~es нести убытки
to carry forward one's ~es пересчитать убытки в счёт будущей прибыли
to cause a ~ наносить ущерб

to compensate for ~es компенсировать убытки
to cover ~es покрывать убытки
to cut ~es списывать убытки со счета
to entail ~es повлечь убытки
to experience ~es нести убытки
to guarantee against ~es гарантировать от убытков
to have ~es нести потери
to incur ~es нести убытки
to indemnify for ~es возмещать убытки
to inflict a ~ наносить ущерб
to make good ~es возмещать убытки
to make up for ~es *см.* to make good ~es
to meet with a ~ нести убыток
to minimize ~es сводить потери к минимуму
to mitigate the ~ уменьшать убыток, сокращать потери
to operate at a ~ работать с убытком
to participate in a ~ участвовать в распределении убытков
to prevent ~es предотвращать убытки
to recover ~es получать возмещение убытков
to repair ~es возмещать потери
to result in a ~ приводить к убытку
to retrieve ~es возмещать убытки
to sell at a ~ продавать с убытком
to set off ~es компенсировать потери
to show a ~ показывать убыток
to stand the ~ нести убыток
to substantiate a ~ *страх.* представлять доказательство понесенного ущерба
to suffer ~es нести потери; терпеть убытки
to sustain ~es *см.* to suffer ~es
to take ~es *см.* to suffer ~es
to yield ~es приносить убытки

LOSS-FREE *adj* безубыточный, без потерь

LOSS-LEADER *n* ценная бумага, сбываемая по низкой цене

LOSSLESS *adj* безубыточный, без потерь

LOST *adj* утерянный
 ◊ to be ~ пропасть, затеряться

LOT *n* 1. партия, серия (*изделий*) 2. *бирж.* лот 3. участок земли
additional ~ дополнительная партия
auction ~ аукционная партия
board ~ лот (*партия ценных бумаг на фондовой бирже*)

broken ~ 1) неполный лот 2) *амер.* ценные бумаги стоимостью ниже 1 000 долларов
building ~ строительный участок
economic ~ экономичный размер партии
equal ~ равная партия
even ~ 1) точный лот 2) пакет акций стоимостью кратной 100
first production ~ первая промышленная партия
fractional ~ *амер. бирж.* пакет менее 100 акций
initial ~ опытная партия
job ~ отдельная партия
large ~ большая партия
odd ~ неполный лот (*менее 100 акций*); нестандартная биржевая сделка
outgoing ~ отправляемая партия товара
parking ~ стоянка для автомашин
pilot ~ опытная партия
production ~ партия изделий
regular ~ стандартная партия
rejected ~ бракованная партия
returned ~ возвращенная партия
round ~ полный лот (*100 акций*)
sample ~ выборочная партия
small ~ небольшая партия
separate ~ отдельная партия
special ~ дополнительная партия
unsold ~ непроданная партия
~ of goods партия товара
~ of products партия изделий
 ◊ by ~s партиями
in ~s *см.* by ~s
in one ~ одной партией
to accept a ~ принимать партию товара
to buy in ~s покупать партиями
to reject a ~ отказываться от партии
to sell in ~s продавать партиями
to ship by ~s отгружать партиями
to split up a ~ разбивать партию

LOTTERY *n* лотерея
state ~ лотерея, выручка от которой принадлежит государству

LOW *n* самый низкий уровень; низшая точка
year's ~ самый низкий уровень в течение года

LOW *adj* низкий, ниже нормы

LOWER *v* снижать, уменьшать

LOWERING *n* снижение, понижение
~ of costs снижение расходов

409

~ of customs duties снижение таможенных пошлин
~ of prices понижение цен
~ of the rate of interest понижение процентной ставки
~ of tariff rates снижение тарифных ставок
LOW-GRADE *adj* низкосортный, низкого качества
LOW-INCOME *adj* малодоходный
LOW-PRICE *adj* дешевый
LOW-RANK *adj* низкосортный, низкого качества
LOYALTY *n* преданность; лояльность
brand ~ приверженность к определенному сорту или марке товара

brand ~ приверженность к определенному сорту или марке товара
customer ~ покупательское постоянство
LUCRATIVE *adj* прибыльный, доходный, выгодный
LULL *n* временное затишье на рынке
LUMBER *n* пиломатериалы
LUMBERER *n* лесопромышленник
LUMBERING *n* лесозаготовки
LUMP *n* груда; большое количество
◇ in the ~ целиком; оптом
LUMPSUM *n* общая сумма нескольких платажей; единовременная (разовая) сумма; паушальный платеж
LUXURY *n* предмет роскоши

M

MACHINE *n* 1. машина, механизм 2. любое транспортное средство 3. аппарат (*организационный*)
accounting ~ бухгалтерская машина
adding ~ суммирующая машина
agricultural ~ сельскохозяйственная машина
automated teller ~ автоматизированный кассовый аппарат
automated telling ~ *см.* automated teller ~
automatic ~ автомат
balancing ~ сальдирующая машина
billing ~ фактурная машина
bookkeeping ~ бухгалтерская машина
borrowed ~ арендуемая машина
business ~ конторская машина
calculating ~ счетная машина
calculation ~ *см.* calculating ~
cash dispensing ~ автомат, выдающий наличные деньги
computing ~ вычислительная машина
damaged ~ поврежденная машина
data processing ~ машина для обработки данных
defective ~ поврежденная машина; машина с дефектом
desk ~ настольная машина
dictating ~ диктофон
duplicating ~ копировально-множительная машина
electronic data processing ~ электронно-вычислительная машина для обработки данных
farm ~ сельскохозяйственная машина
franking ~ франкировальная машина
gluing and sealing ~ машина для заклеивания и запечатывания упаковки
handling ~ погрузочно-разгрузочное устройство
harvesting ~ *с.-х.* уборочная машина
idle ~ бездействующая машина
invoicing ~ фактурная машина
keyboard ~ клавишная машина
labelling ~ этикетировочная машина
labour-saving ~ машина, экономящая труд
leased ~ арендуемая машина
loading ~ погрузочная машина; загрузочное устройство
modern ~ современная машина
multipurpose ~ универсальная машина
multiuniversal ~ многоцелевой станок
office ~ конторская машина
operational ~ машина, готовая к эксплуатации
ordinary ~ простая машина
outdated ~ устаревшая машина
pilot ~ опытный образец машины
playing ~ игровой автомат
pocket adding ~ карманный калькулятор
proof ~ машина для проверки и сортировки депозитов
secondhand ~ подержанная машина
slot ~ торговый автомат
sound ~ исправная машина
tabulating ~ табулятор
teaching ~ обучающая машина
up-to-date ~ современная машина
vending ~ *амер.* торговый автомат
weighing ~ весы
working ~ действующая машина
MACHINE *v* обрабатывать на машине
MACHINE-HOUR *n* машинный час
MACHINE-MADE *adj* машинной работы
MACHINERY *n* 1. машины; оборудование; производственные механизмы; станочный парк 2. аппарат (*организационный*)
administrative ~ административный аппарат
agricultural ~ сельскохозяйственные машины
automatic ~ автоматизированное оборудование
capacity ~ оборудование основного производства

411

MAC

  computing ~ вычислительная техника
  electrical ~ электрооборудование
  harvesting ~ с.-х. уборочные машины
  government ~ правительственный аппарат
  modern ~ передовая техника
  production ~ машинное оборудование производства
  progressive ~ прогрессивная техника
  standard ~ стандартное машинное оборудование
  state ~ государственный аппарат
  up-to-date ~ передовая техника
  working ~ действующее оборудование

MACHINE-TOOL *n* металлорежущий станок

MACHINING *n* обработка (*на станке*)

MACHINIST *n* 1. машиностроитель; инженер 2. механик 3. квалифицированный рабочий

MACROCLIMATE *n* макроклимат

MACRODEMOGRAPHY *n* макродемография

MACROECONOMICS *n* макроэкономика

MACROMARKETING *n* макромаркетинг

MADE-TO-MEASURE *adj* сделанный на заказ

MADE-TO-ORDER *adj см.* **MADE-TO-MEASURE**

MAGAZINE *n* журнал, периодическое издание

  business ~ журнал для деловых людей
  general ~ журнал общего направления для широкого круга читателей
  general interest ~ *см.* general ~
  illustrated ~ иллюстрированный журнал
  information ~ информационный журнал
  professional ~ специальный (*отраслевой*) журнал
  specialized ~ *см.* professional ~
  staff ~ журнал предприятия
  technical ~ технический журнал
  trade ~ отраслевой журнал

MAGISTRATE *n* 1. мировой судья 2. член городского магистрата

MAGNATE *n* магнат, богач

MAGNITUDE *n* величина; размеры

  actual ~ фактическая величина
  anticipated ~ ожидаемая величина
  inflation ~ масштаб инфляции
  ~ of inflation *см.* inflation ~

MAI

  ~ of a licence fee размер платы за лицензию
  ~ of value величина стоимости

MAIL *n* 1. почта, почтовая корреспонденция 2. почта (*система доставки*)

  air ~ авиапочта
  back ~ оплата ответа
  bookpost air ~ бандероль, посылаемая авиапочтой
  captain's ~ капитанская почта
  courier ~ курьерская почта
  daily ~ ежедневная почта
  diplomatic ~ дипломатическая почта
  direct ~ почтовая реклама
  evening ~ вечерняя почта
  first-class ~ *амер.* почтовая служба доставки писем
  fourth-class ~ *амер.* почтовая служба доставки посылок
  incoming ~ входящая почта
  letter ~ почтовая служба доставки писем
  morning ~ утренняя почта
  nonpriority ~ несрочная почта (*перевозимая наземным транспортом*)
  ordinary ~ обычная почта
  outgoing ~ исходящая почта
  priority ~ срочная почта
  registered ~ заказная почта
  sea ~ морская почта
  second-class ~ *амер.* почтовая служба доставки газет
  ship's ~ судовая почта
  surface ~ обычная почта
  third-class ~ *амер.* почтовая служба доставки бандеролей
  unregistered ~ простая почта
  ◇ by air ~ авиапочтой
  by registered ~ заказной почтой
  by return ~ с обратной почтой
  by the next ~ следующей почтой
  by today's ~ сегодняшней почтой
  by unregistered ~ простой почтой
  to deliver the ~ доставлять почту
  to dispatch by ~ отправлять почтой
  to send by ~ посылать почтой

MAIL *v* посылать по почте

MAILING *n* отправка почтой

MAINTAIN *v* 1. поддерживать, сохранять 2. обслуживать; содержать в хорошем состоянии

MAINTAINABILITY *n* 1. ремонтопригодность 2. эксплуатационная надежность 3. восстанавливаемость

MAINTENANCE *n* 1. поддержание 2. техническое обслуживание и ремонт;

регламентные работы 3. уход за оборудованием 4. эксплуатационные расходы
breakdown ~ аварийный ремонт
building ~ содержание зданий
compulsory ~ обязательный уход
contract-service ~ обслуживание по договору
current ~ текущий ремонт
day-to-day ~ повседневный уход
deferred ~ отложенный ремонт
direct ~ прямые расходы на ремонт и обслуживание
equipment ~ уход за оборудованием
general ~ капитальный ремонт
guarantee ~ гарантийное обслуживание
inadequate ~ недостаточный уход
indirect ~ косвенные расходы на ремонт и обслуживание
machine ~ обслуживание машин
major ~ капитальный ремонт
negligent ~ небрежное обращение
off-schedule ~ внеплановый ремонт
planned ~ плановый ремонт
post-delivery ~ фирменный ремонт
preventive ~ профилактический ремонт
price ~ поддержание цен
remedial ~ ремонт
repairing ~ *см.* remedial ~
resale price ~ поддержание розничных цен на определенном уровне
routine ~ профилактический ремонт
running ~ *см.* routine ~
scheduled ~ плановый ремонт
technical ~ техническое обслуживание
~ **of accounts** ведение счетов
~ **of capital** обеспечение сохранности капитала
~ **of equipment** уход за оборудованием
~ **of highways** поддержание дорог
~ **of instruments** уход за приборами
~ **of market share** удерживание доли рынка
~ **of membership** сохранение членства
~ **of order** поддержание порядка
~ **of a plant** эксплуатация завода
~ **of premises** содержание помещений
~ **of stable prices** обеспечение стабильных цен
◊ ~ **and repair** уход и ремонт
to allow easy ~ облегчать техническое уход
MAJOR *adj* 1. главный; крупный 2. совершеннолетний
MAJOR *n амер.* 1. основной предмет специализации в колледже, основная специальность 2. *pl* крупные фирмы
MAJORITY *n* 1. большинство 2. совершеннолетие
absolute ~ абсолютное большинство
bare ~ незначительное большинство
worker ~ рабочее большинство
MAKE *n* 1. модель 2. марка; тип; сорт 3. производство, работа; изготовление
foreign ~ иностранное производство
own ~ собственное производство
standard ~ стандартное исполнение
top-selling ~ наиболее ходовая марка
total ~ общий объем производства
various ~s различные модели
MAKE *v* 1. делать, изготовлять, производить 2. составлять 3. зарабатывать 4. заключать (*соглашение, сделку*)
~ **good** компенсировать, возмещать
~ **out** составлять (*документ*); выписывать (*чек*); выставлять (*счет, тратту*)
~ **over** передавать (*собственность*)
~ **ready** подготавливать
~ **up** 1) составлять; изготовлять 2) завершать
~ **up for** возмещать, компенсировать
MAKER *n* 1. изготовитель; завод-изготовитель; поставщик 2. векселедатель
accommodation ~ лицо, выдавшее дружеский вексель
car ~ фирма-изготовитель автомобилей
components ~ фирма-изготовитель запасных частей
decision ~ лицо, принимающее решение
economic policy ~ лицо, отвечающее за проведение экономической политики
market ~ финансовое учреждение или физическое лицо, осуществляющее котировки курсов ценных бумаг на вторичном рынке
prime ~ лицо, подписавшее оборотный документ
registered competitive market ~ зарегистрированный конкурирующий участник рынка
tariff ~ *амер.* составитель тарифов
~ **of a promissory note** векселедатель
MAKEUP *n* состав, структура
sectoral ~ отраслевая структура
~ **of a delegation** состав делегации
~ **of manpower** структура рабочей силы
~ **of a sum** разбивка суммы

MAKING *n* **1.** производство, изготовление **2.** составление, создание
  anticipatory decision ~ заблаговременное принятие решения
  decision ~ принятие решения
  decision ~ **under risk** принятие решения в условиях риска
  model ~ построение модели
  profit ~ спекуляция (*напр., биржевая*)
  programme ~ подготовка программы
  tariff ~ расчет тарифов
  ◊ ~ **a profit** получение прибыли
  ~ **an entry** внесение записи

MAKING-OUT *n* составление (*документа*); выставление (*счета, тратты*)
  ~ **an invoice** выдача накладной
  ~ **a receipt** выписка квитанции

MAKING UP *n* **1.** составление **2.** подведение итога, баланса
  ~ **for losses** компенсация убытков
  ~ **of a budget** составление сметы
  ~ **of an estimate** *см.* ~ **of a budget**
  ~ **up of monthly reports** составление месячных отчетов
  ~ **up of an order** оформление заказа
  ◊ ~ **the average** составление диспаши
  ~ **the accounts** заключение счетов
  ~ **a balance** составление баланса
  ~ **a balance sheet** *см.* ~ **a balance**
  ~ **the cash** ревизия кассы

MALADJUSTMENT *n* несоответствие; диспропорция
  ~ **of prices** несоответствие в ценах

MALADMINISTRATION *n* плохое управление

MALDISTRIBUTION *n* ошибочное распределение
  ~ **of costs** неправильное распределение затрат

MALFUNCTION *n* неисправность; неисправная работа
  machine ~ неисправность в машине

MALLEABILITY *n* податливость; эластичность; приспосабливаемость
  ~ **of tastes** изменчивость вкусов

MALLEABLE *adj* податливый; эластичный; приспосабливающийся

MAN *n* **1.** человек **2.** *обыкн. pl* рабочие **3.** человек, имеющий определенное занятие
  advertising ~ специалист по рекламе
  city ~ *брит.* финансист; бизнесмен
  committee ~ член комитета
  company ~ служащий фирмы
  confidence ~ мошенник

credit ~ *амер.* профессиональный кредитор
customer's ~ *амер.* сотрудник брокерской фирмы, уполномоченный на работу с клиентами
delivery ~ поставщик
desk ~ дежурный; дежурный администратор; смотритель
full-time ~ работающий полную рабочую неделю
green ~ неопытный работник
idle ~ незанятый работник
key ~ ведущий специалист; незаменимый работник
machine maintenance ~ рабочий по техобслуживанию оборудования
part-time ~ работающий неполную рабочую неделю
professional ~ специалист
publicity ~ специалист по рекламе
sandwich ~ человек-реклама
setup ~ наладчик оборудования
store ~ *амер.* кладовщик, заведующий складом
time-study ~ нормировщик
trained ~ квалифицированный работник
two-job ~ *амер.* человек, работающий по совместительству
working ~ рабочий

MANAGE *v* руководить, управлять; заведовать

MANAGEMENT *n* **1.** управление; заведование; руководство **2.** правление; дирекция; администрация
  administrative ~ административное руководство
  assets ~ управление активами
  automated ~ автоматизированное управление
  automated production ~ автоматизированное управление производством
  bank ~ правление банка
  banking ~ банковское дело
  bottom-up ~ руководство предприятием с участием рабочих
  business ~ управление коммерческими предприятиями
  cash ~ контроль и регулирование денежных операций
  centralized ~ централизованное руководство
  commercial ~ коммерческое руководство
  company ~ правление компании, руководство фирмы

construction ~ руководство строительством
contract ~ контроль за исполнением контракта
corporate ~ руководство акционерного общества
crop ~ руководство растениеводческим хозяйством
day-to-day ~ оперативное управление
debt ~ контроль и регулирование долговых отношений
demand ~ контроль и регулирование спроса
departmental ~ руководство отделом
economic ~ хозяйственное руководство
executive ~ *амер.* административное руководство
exhibition ~ администрация выставки
factory ~ руководство предприятием
farm ~ управление сельскохозяйственным производством
financial ~ управление финансовой деятельностью
general ~ общее руководство
hands-on ~ практическое руководство
higher ~ высшее руководство
industrial ~ руководство промышленным предприятием; экономика и организация производства
interest rate risk ~ управление процентными рисками
inventory ~ управление материально-техническим снабжением
investment ~ управление инвестициями
job ~ руководство работой
joint ~ совместное управление
level ~ низшее звено управления
line ~ среднее звено управления
livestock ~ содержание животных
lower ~ низшее руководство
manpower ~ руководство кадрами
marketing ~ управление маркетингом
material ~ управление материальными ресурсами
middle ~ среднее звено управления
monetary ~ контроль и регулирование денежных операций
on-site ~ руководство на месте
operational ~ оперативное руководство
operative ~ *см.* operational ~
participative ~ управление предприятием с участием работников предприятия
pension fund ~ управление пенсионным фондом
personnel ~ управление кадрами

piecemeal ~ разрозненное (несогласованное) руководство
plant ~ руководство предприятием
port ~ управление портом
portfolio ~ управление ценными бумагами
product ~ руководство производством отдельного товара
production ~ управление производством
project ~ руководство проектом
proper ~ надлежащее ведение хозяйства
property ~ управление собственностью
quality ~ управление качеством
rate ~ регулирование тарифов
records ~ оперативный учет
resource ~ управление ресурсами
senior ~ высшее руководство
staff ~ управление кадрами
stock ~ управление запасами
technical ~ техническое руководство
top ~ высшее руководство, высшее звено управления
upper ~ *см.* top ~
work ~ руководство работой
working ~ дирекция завода
works ~ *см.* working ~
~ of economic activity управление хозяйственной деятельностью
~ of consumer wants управление потребительским спросом
~ of production управление производством
~ of securities управление ценными бумагами
◊ to carry out ~ осуществлять руководство
to take over ~ принимать на себя руководство

MANAGER *n* 1. руководитель; управляющий; менеджер; директор 2. заведующий; администратор
administrative ~ 1) руководитель; управляющий 2) администратор
advertising ~ заведующий отделом рекламы
assistant ~ помощник руководителя
bank ~ управляющий банком
branch ~ 1) руководитель филиала; руководитель отделения 2) начальник участка
business ~ коммерческий директор
chief ~ генеральный директор
clearinghouse ~ управляющий расчетной палатой

commercial ~ коммерческий директор
commissioning ~ руководитель пусконаладочных работ
departmental ~ руководитель отдела
deputy ~ заместитель управляющего
distribution ~ управляющий; начальник отдела сбыта
district ~ директор фирмы, отвечающий за деятельность в определенном районе
division ~ заведующий отделением
divisional ~ *амер. см.* division ~
economic ~ хозяйственный руководитель
employment ~ заведующий отделом найма
engineering ~ 1) технический руководитель 2) главный инженер
exhibition ~ директор выставки
export ~ заведующий отделом экспорта
export sales ~ *см.* export ~
factory ~ руководитель предприятия
factory services ~ управляющий вспомогательными цехами и службами
farm ~ управляющий сельскохозяйственным предприятием
field sales ~ руководитель сбыта на местах
floor ~ управляющий службами на этаже
functional ~ функциональный руководитель
general ~ 1. главный управляющий 2. генеральный директор
industrial traffic ~ руководитель транспортного отдела промышленного предприятия
inventory ~ руководитель службы материально-технического снабжения
labour ~ начальник отдела кадров
lead ~ ведущий менеджер
local ~ руководитель филиала
marketing ~ управляющий маркетингом
material control ~ руководитель службы материально-технического снабжения
middle ~ руководитель среднего звена
office ~ 1) руководитель отделения фирмы 2) руководитель учреждения
operating ~ директор-распорядитель
operations ~ *амер. см.* operating ~
personnel ~ начальник отдела кадров
plant ~ руководитель предприятия
procurement ~ руководитель службы материально-технического снабжения

product ~ управляющий выпуском новой продукции
product development ~ управляющий модернизацией и совершенствованием продукции
production ~ 1) управляющий производством 2) главный технолог
production control ~ начальник производственного отдела
product line ~ управляющий выпуском отдельного вида продукции
project ~ руководитель проекта
promotion ~ *амер.* руководитель рекламного отдела
publicity ~ *см.* promotion ~
quality ~ руководитель, отвечающий за качество
quality control ~ *см.* quality ~
research ~ 1) научный руководитель 2) руководитель научно-исследовательских работ
sales ~ 1) коммерческий директор 2) начальник отдела сбыта
service ~ руководитель, отвечающий за обслуживание потребителей
shop ~ 1) управляющий торговой фирмой 2) коммерческий директор
staff ~ начальник отдела кадров
station ~ начальник железнодорожного вокзала
statistics ~ заведующий отделом статистики
store ~ *амер.* 1. управляющий торговой фирмой 2. коммерческий директор
syndicate ~ управляющий синдикатом
team ~ 1) руководитель группы 2) бригадир
technical ~ 1) технический руководитель 2) главный инженер
top ~ главный управляющий
traffic ~ начальник транспортного отдела
warehouse ~ управляющий складом
works ~ 1) директор завода 2) главный инженер завода
MANAGERESS *n* управляющая
MANAGERIAL *adj* управленческий; административный
MANAGING *n* управление, руководство
MANDATE *n* доверенность, полномочия банкиру на выполнение поручения клиента
MANDATORY *adj* обязательный к исполнению
MAN-DAY *n* человеко-день
MAN-HOUR *n* человеко-час

MAN

~s worked количество отработанных человеко-часов
MANIFEST *n* декларация судового груза
  cargo ~ грузовой манифест
  cattle ~ спецификация отправляемого или отгруженного скота
  inward ~ таможенная декларация на ввоз
  outward ~ таможенная декларация на вывоз
  passenger ~ список пассажиров судна или самолета
  shipping ~ грузовой манифест
  ship's ~ судовой манифест
MANIPULATION *n* махинация, манипулирование
  currency ~ манипуляции с валютой
  fraudulent ~ нечестная деловая практика
  ~ on the stock exchange биржевые спекуляции
MANNER *n* метод, способ; образ действий
  ~ of calculation метод калькуляции
  ~ of payment способ платежа
  ~ of shipment of goods способ отгрузки товара
  ~ of storage of goods способ хранения товара
  ◇ in a professional ~ как специалист, профессионально
  in the usual ~ обычным способом
MANNING *n* укомплектование рабочей силой
MANPOWER *n* 1. рабочая сила 2. личный состав; людские ресурсы
  available ~ имеющаяся в наличии рабочая сила
  engineering ~ инженерно-технические работники
  low-paid ~ дешевая рабочая сила
  maintenance ~ ремонтные рабочие
  rural ~ сельская рабочая сила
  scientific ~ научные кадры
  skilled ~ квалифицированная рабочая сила
  technical ~ технические кадры
  trained ~ рабочие с профессиональной подготовкой
MANUAL *n* руководство; инструкция; справочник; указатель
  accounting ~ руководство по бухгалтерскому учету
  budget ~ руководство по разработке планов и смет

concise ~ краткое руководство
  erection ~ руководство по монтажу
  instruction ~ инструкция по эксплуатации
  maintenance ~ руководство по эксплуатации; руководство по техобслуживанию
  operating ~ руководство по эксплуатации
  operation ~ *см.* operating ~
  operator's ~ *см.* operating ~
  organization ~ руководство по организации
  overhaul ~ руководство по проведению капитального ремонта
  performance ~ руководство по эксплуатации
  process technology ~ руководство по технологии производства
  repair ~ руководство по ремонту
  service ~ руководство по эксплуатации
  servicing ~ *см.* service ~
  shop ~ заводская инструкция; устав предприятия, фирмы
  technical ~ техническое описание
  workshop ~ руководство по ремонту
  ~ of classification руководство по классификации
  ~ of instruction инструкция по эксплуатации
  ~ on repairs руководство по ремонту
  ◇ to prepare a ~ составлять руководство
MANUFACTORY *n* 1. фабрика, завод 2. мастерская
MANUFACTURE *n* 1. производство, изготовление 2. обработка 3. изделие; продукция 4. отрасль обрабатывающей промышленности
  automatic sequence ~ автоматизированное серийное производство
  commercial ~ изготовление продукции на рынок
  domestic ~ 1) отечественное производство 2) собственное производство
  finished ~s готовая продукция, готовые изделия
  home ~ 1) отечественное производство 2) собственное производство
  inhouse product ~ производство продукции по внутренним заказам
  inland ~ отечественная продукция
  joint ~ совместное производство
  large-scale ~ крупносерийное производство

MAN　　　　　　　　MAP

large-lot ~ *см.* large-scale ~
lot ~ изготовление изделий партиями
manual ~ ремесленное изготовление
metal ~ *брит.* металлургия; металлургическая промышленность
metal ~s металлические изделия
multiproduct ~ многономенклатурное производство
serial ~ серийное производство
series ~ *см.* serial ~
short-run ~ мелкосерийное производство
small-scale ~ *см.* short-run
straight ~ производство продукции по государственному заказу на основе готовой технической документации
technical ~ техническое изготовление
wholesale ~ массовое производство
uninterrupted ~ бесперебойное производство
~ by customer's specifications изготовление по спецификации заказчика
~ of equipment изготовление оборудования
~ of products производство продукции
~ of a specimen изготовление образца
~ under a licence изготовление по лицензии
◊ of foreign ~ иностранного производства
to cease ~ прекращать производство
to discontinue ~ *см.* to cease ~
to fail to master ~ не освоить производство
to increase ~ наращивать выпуск продукции
to master ~ осваивать выпуск продукции
to put into ~ пускать в производство
to realize ~ осуществлять производство
to specialize in the ~ of smth специализироваться на производстве чего-л.
MANUFACTURE *v* 1. производить; изготовлять 2. обрабатывать
MANUFACTURED *adj* 1. промышленный, промышленного производства 2. искусственный
MANUFACTURER *n* 1. изготовитель, завод-изготовитель, производитель 2. поставщик
direct ~ непосредственный производитель
domestic ~ местный предприниматель
equipment ~ изготовитель оборудования
foreign ~ иностранный производитель

hardware ~ изготовитель оборудования
household appliance ~ изготовитель бытовых электроприборов
immediate ~ непосредственный производитель
large ~ крупный производитель
leading ~ ведущий производитель; ведущее предприятие
local ~ местный предприниматель
main ~ главный изготовитель
major ~ *см.* main ~
outside ~ зарубежный производитель
pan-global ~ панглобальный производитель
prime ~ головной поставщик
small ~ мелкий предприниматель
~ of branded goods изготовитель фирменных товаров
~ of proprietary products фирма, производящая патентованную продукцию
~ on a contract basis фирма, выполняющая работы по контрактам
~ on a proprietary basis фирма, производящая патентованную продукцию
MANUFACTURER-LICENSOR *n* производитель-лицензиар
MANUFACTURING *n* 1. производство, изготовление 2. обработка
batch ~ изготовление изделий партиями
commercial ~ производство изделий обрабатывающей промышленности на рынок
cycle ~ цикличное производство
extensive ~ массовое производство
production ~ серийное производство
series ~ *см.* production ~
small-lot ~ мелкосерийное производство
small-scale ~ *см.* small-lot ~
~ of high-quality products выпуск высококачественных товаров
~ to order изготовление продукции по заказам
◊ to be engaged in ~ заниматься производством
MANUFACTURING-ORIENTED *adj* связанный с производством
MAN-WEE *n* человеко-неделя
MANY-SIDED *adj* многосторонний
MAP *n* 1. карта 2. таблица
consumption ~ график потребления
cost ~ график затрат
farm ~ карта фермы
indifference ~ карта кривых безразличия потребителя

quality ~ карта качества продукции
resourсe ~ диаграмма ресурсов
MARGIN *n* 1. допускаемый предел 2. запас (*денег, времени, места и т. п.*) 3. прибыль 4. *бирж.* маржа; разница, разность, остаток 5. *бирж.* гарантийный взнос
actuarial ~ актуарная разница, страховая разница
additional ~ *амер.* дополнительный взнос; дополнительное покрытие
bank ~ банковская маржа
budget ~ разница между бюджетными доходами и расходами
budgetary ~ бюджетная наценка
close ~ of profit незначительная прибыль
collateral security ~ разница между текущей стоимостью обеспечения и суммой кредита, требуемой банком для защиты от риска
credit ~ маржа по кредиту
customary ~ for the industry обычная норма прибыли для данной отрасли
deficit ~ предел дефицита
dumping ~ демпинговая разность
excess ~ повышенная маржа
exchange rate ~ предел колебаний валютного курса
fixed ~ твердая наценка
forward ~ разница между курсом валюты по сделкам за наличный расчет и курсом валюты по срочным сделкам
futures ~ гарантийный взнос
gross ~ валовая прибыль, брутто-прибыль
gross ~ over direct costs валовая прибыль за вычетом прямых затрат
gross income ~ коэффициент доходности
gross merchandise ~ валовая прибыль в торговле
gross processing ~ разница между стоимостью исходного сырья и выручки от произведенных из него товаров
gross profit ~ валовая прибыль
high ~ высокая прибыль
historic ~ традиционная розничная скидка
intensive ~ of cultivation предел интенсивного использования земель
interest ~ процентная маржа
lending ~ надбавка сверх согласованной базовой ставки
liquidity ~ предел ликвидности
maintenance ~ маржа, выплачиваемая за пользование депозитом при любых обстоятельствах
manufacturing ~ разница между фабрично-заводской стоимостью изделия и выручкой от его продажи
marketing ~ торговая наценка
maximum ~ максимальная разница
narrow ~ незначительная разница
narrow ~ of profit незначительная прибыль
net profit ~ коэффициент прибыльности
operating ~ текущая прибыль
permissible ~ допустимый предел
price ~ ценовая разница
profit ~ маржинальный доход
profit ~ from operations *амер.* предпринимательская прибыль
profit ~ per unit маржинальный доход на единицу продукции
safety ~ запас прочности; запас надежности
shoestring ~ недостаточная маржа
thin ~ *см.* shoestring ~
trade ~ торговая наценка
transportation ~ транспортная наценка
unit contribution ~ удельная валовая прибыль
usual ~ обычная маржа
wide ~ большая маржа
~ **for unforeseen expenses** резерв на случай непредвиденных расходов
~ **of dumping** демпинговая разность
~ **of fluctuations** предел колебаний
~ **of interest** процентная маржа
~ **of profit** маржа прибыли, отношение брутто-прибыли к нетто-продажам
~ **of slack** запас производственных мощностей
~ **of unused resources** запас неиспользуемых ресурсов
◊ **at the** ~ с разницей
by a wide ~ на значительную величину
on ~ с маржей
to buy on ~ покупать (*акции*) с маржей
to deposit a ~ **in cash** *амер. бирж.* делать гарантийный взнос
to leave a ~ 1) оставлять свободу действий 2) давать прибыль
to sell on ~ *амер. бирж.* продавать (*акции*) с маржей
to speculate on ~ спекулировать на разнице в курсах ценных бумаг

MARGINAL *adj* предельный, маржинальный; минимально эффективный
MARINE *n* морской флот
  mercantile ~ торговый флот
  merchant ~ *см.* mercantile ~
MARITIME *adj* морской
MARK *n* 1. знак, метка 2. клеймо; фабричная марка 3. норма; стандарт 4. *бирж.* цена, расценка 5. *pl бирж.* цены сделок Лондонской фондовой биржи, публикуемые в официальном бюллетене 6. денежная единица Германии
  amended ~ исправленный знак
  annulled ~ аннулированный знак
  bench ~s исходные данные
  bogus ~ поддельный знак
  border ~ пограничный знак
  brand ~ символ марки
  certification ~ сертификационный знак
  check ~ контрольная отметка
  combination ~s комбинированные знаки
  consignee's ~ знак получателя
  deceptive ~ обманчивый знак
  decimal ~ десятичный знак
  design ~ изобразительный знак
  deutsche ~ немецкая марка
  distinction ~ отличительный знак
  distinctive ~ *см.* distinction ~
  distinguishing ~ различительный знак
  emblem ~ фабричная марка
  fraudulent ~ поддельный знак
  guarantee ~ знак гарантии
  identification ~ идентификационный знак
  imitated ~ поддельный знак
  index ~ указатель
  kite ~ знак качества Британского института стандартов
  leading ~s основная маркировка
  manufacturer's ~ заводская марка; заводское клеймо
  manufacturing ~ *см.* manufacturer's ~
  merchandise ~ товарный знак
  mint ~ клеймо монетного двора
  nondistinctive ~ неразличимый товарный знак
  nonregistered ~ незарегистрированный знак
  registered ~ зарегистрированный знак
  service ~ знак обслуживания
  shipper's ~s знаки отправителя
  shipping ~s грузовая маркировка
  signature ~ знак-подпись
  special ~s специальные знаки
  standard ~ пробирное клеймо
  third party ~ знак третьего лица
  top-selling ~ наиболее ходкая марка
  up-dated ~ обновленный товарный знак
  valid ~ действительный знак
  water ~ водяной знак
  ~ of assay пробирное клеймо
  ~ of origin отметка о происхождении
  ~ of quality знак качества
  ◇ to adopt a ~ принимать знак
  to advertise a ~ рекламировать знак
  to bear ~s иметь маркировку
  to be up to the ~ быть на должной высоте
  to make ~s маркировать
  to provide with distinct ~s снабжать отличительными знаками
  to show by ~s отмечать; показывать что-л. отметкой
MARK *v* 1. ставить знак, метку 2. клеймить 3. ставить расценку
  ~ by paint наносить маркировку краской
  ~ through a stencil наносить маркировку по трафарету
  ~ down снижать (*ставки*)
  ~ off 1) отмечать, отсчитывать (*при погрузке или разгрузке*) 2) списывать (*при оплате*)
  ~ out выделять, отличать
  ~ up повышать (*ставки*)
MARKDOWN *n* 1. снижение цены 2. снижение оценочной стоимости 3. переоценка ценных бумаг
MARKER *n* 1. метка; маркер 2. маркировщик
MARKET *n* 1. рынок 2. биржа 3. торговля 4. *амер.* продовольственный магазин
  acceptance ~ рынок, на котором обращаются банковские акцепты
  active ~ 1) активный рынок 2) рынок ходких ценных бумаг
  actuals ~ рынок наличного товара
  advancing ~ растущий рынок
  agricultural ~ сельскохозяйственный рынок
  agricultural commodities ~ рынок сельскохозяйственной продукции
  auction ~ торговля ценными бумагами методом аукциона
  bear ~ *бирж.* рынок, характеризующийся тенденцией падения цен, рынок «медведей»
  bid ~ рынок покупателя
  biddable ~ номенклатура подрядов на торгах

black ~ черный рынок
bond ~ рынок облигаций
boom ~ быстро растущий рынок
bootleg ~ черный рынок, продажа запрещенных алкогольных напитков
brisk ~ оживленный рынок
broad ~ *амер. см.* brisk ~
bull ~ *бирж.* рынок, характеризующийся тенденцией повышения цен, рынок «быков»
buoyant ~ оживленный рынок, характеризующийся ростом цен и увеличением сделок
buyers' ~ рынок покупателей
call money ~ рынок онкольных ссуд
capital ~ рынок заемных средств, рынок капитала
captive ~ «захваченный» рынок (*рынок, монополизированный одной или двумя компаниями*)
car ~ рынок автомобилей
cash ~ рынок наличного товара
central wholesale ~s оптовые рынки сельскохозяйственной продукции
chartering ~ чартерный рынок
closed ~ закрытый рынок
colonial ~ колониальный рынок
commercial paper ~ рынок коммерческих ценных бумаг
commodity ~ товарный рынок
competition-free ~ бесконкурентный рынок
competitive ~ свободный рынок
concentrated ~ насыщенный рынок
congested ~ перенасыщенный рынок
consumer ~ потребительский рынок
control ~ контрольный рынок
corn ~ хлебный рынок, зерновая биржа
covered ~ крытый рынок
credit ~ рынок кредита
curb ~ *амер.* черный рынок; неофициальный рынок ценных бумаг
currency ~ валютный рынок
dead ~ вялый рынок
debt ~ рынок долговых обязательств
demoralized ~ рынок в состоянии депрессии
depressed ~ вялый рынок
difficult ~ труднодоступный рынок
discontinuous ~ рынок несписочных акций
discount ~ учетный рынок; внутренний денежный рынок Англии
distant ~ отдаленный рынок
domestic ~ внутренний рынок

dual exchange ~ валютный рынок с двойным режимом
dull ~ вялый рынок
effective ~ эффективный рынок
either way ~ двусторонний рынок
equity ~ рынок ценных бумаг
Eurocurrency ~ евровалютный рынок
exchange ~ валютная биржа
expanding ~ расширяющийся рынок
export ~ экспортный рынок
external ~ внешний рынок
falling ~ рынок, характеризующийся падением цен
farmers' ~ рынок сельскохозяйственной продукции
farm labour ~ рынок сельскохозяйственной рабочей силы
farm seasonal labour ~ рынок сезонной сельскохозяйственной рабочей силы
financial ~ рынок денег, рынок ценных бумаг
firm ~ рынок с устойчивыми ценами
fixed-interest ~ рынок ценных бумаг с фиксированной ставкой процента
flat ~ вялый рынок
floated ~ перенасыщенный рынок
fluctuating ~ рынок с колеблющимися ценами
food ~ рынок продовольственных товаров
foreign ~ зарубежный рынок
foreign exchange ~ валютный рынок
forward ~ межбанковский рынок срочных валютных операций; срочный товарный рынок
fourth ~ *амер. бирж.* прямая торговля крупными партиями ценных бумаг между институциональными инвесторами
free ~ свободный рынок
freight ~ фрахтовый рынок
futures ~ фьючерсный рынок (*срочная товарная или фондовая биржа, торговые операции на которой ведутся на базе стандартных контрактов*)
gaining ~ растущий рынок
giant ~ торговый центр
gilts ~ рынок первоклассных ценных бумаг
glamor ~ процветающий рынок
glutted ~ насыщенный рынок
gold ~ рынок золота
government ~ государственный рынок
grain ~ хлебный рынок
graveyard ~ мертвый рынок
gray ~ 1) «серый» рынок, неконтроли-

руемый денежный рынок 2) рынок новых облигаций
grey ~ *см.* gray ~
heavy ~ финансовый или товарный рынок с понижательной тенденцией цен из-за превышения предложения над спросом
heterogeneous ~ разнородный рынок
hired agricultural labour ~ рынок наемной сельскохозяйственной рабочей силы
home ~ внутренний рынок
homogeneous ~ однородный рынок
housing ~ рынок жилья
illegal ~ черный рынок
immediate ~ ближайший рынок
inactive ~ застой на рынке, вялый рынок
increasing ~ растущий рынок
industrial ~ рынок товаров промышленного назначения
industrial labour ~ рынок промышленной рабочей силы
inland ~ внутренний рынок
insurance ~ страховой рынок
interbank ~ межбанковский рынок
intermediate ~ промежуточный рынок
internal ~ внутренний рынок
international ~ международный рынок
international monetary ~ международный валютный рынок
inverted ~ рынок срочных товарных сделок, на котором цены на товары с поставкой в более поздние сроки ниже, чем цены на товары с поставкой в более ранние сроки
investment ~ инвестиционный рынок
jerry-built ~ неустойчивый рынок
job ~ рынок труда
kerb ~ *амер.* черный рынок; неофициальный рынок ценных бумаг
labour ~ рынок труда
large ~ большой рынок
lawful ~ официальный рынок
legal ~ *см.* lawful ~
licence ~ рынок лицензий
limited ~ рынок ограниченной ёмкости
liner tonnage ~ рынок линейного тоннажа
liquid ~ ликвидный рынок
liquidity ~ *см.* liquid ~
lively ~ оживленный рынок
livestock ~ скотный рынок
loan ~ рынок ссуд
local ~ местный рынок

locked ~ закрытый рынок (*где курс покупателя равен курсу продавца*)
London discount ~ Лондонский учетный рынок
machine and equipment ~ рынок машин и оборудования
major ~ главный, основной рынок
manpower ~ рынок труда
mass ~ рынок товаров широкого потребления
merchandise ~ товарный рынок
military ~ рынок товаров военного назначения
monetary ~ денежный рынок
money ~ *см.* monetary ~
monopolized ~ монополизированный рынок
narrow ~ ограниченный спрос; неактивный спрос
national ~ национальный рынок
new issue ~ рынок новых эмиссий
off-board ~ 1) рынок незарегистрированных ценных бумаг 2) децентрализованная сеть брокеров и дилеров, оснащенная электронными средствами связи
offered ~ рынок, на котором предложение превышает спрос
one-buyer ~ рынок одного покупателя
one-sided ~ односторонний рынок (*рынок, на котором котируется только курс покупателя или курс продавца*)
one-way ~ *см.* one-sided ~
open ~ открытый рынок
open-air ~ рынок под открытым небом
option ~ рынок по сделкам на срок
organized ~ организованный рынок
outer ~ внешний рынок
outside ~ неофициальная биржа
overbought ~ перенапряженный рынок
oversaturated ~ перенасыщенный рынок
overseas ~ внешний рынок
overstocked ~ перегруженный рынок
over-the-counter ~ 1) рынок незарегистрированных ценных бумаг 2) децентрализованная сеть брокеров и дилеров, оснащенная электронными средствами связи
parallel ~s параллельные рынки
passenger ~ рынок пассажирских перевозок
pegged ~ рынок, поддерживаемый в определенных рамках
physical ~ наличный рынок

piggiback ~ контрейлерный рынок
placement ~ фондовая биржа
potential ~ потенциальный рынок
price-elastic ~ рынок, характеризующийся эластичностью спроса по ценам
primary ~ 1) первичный рынок ценных бумаг 2) рынок сырьевых товаров
primary mortgage ~ первичный ипотечный рынок
produce ~ товарный рынок
professional labour ~ рынок квалифицированной рабочей силы
profitable ~ выгодный рынок
property ~ рынок недвижимости
prospective ~ будущий рынок
protected ~ рынок, защищенный таможенными барьерами от иностранных конкурентов
purchasing ~ рынок покупателей
railroad ~ *амер.* рынок железнодорожных акций
railway ~ *см.* railroad ~
raw materials ~ рынок сырьевых товаров
ready ~ рынок, на котором быстро продаются товары
real ~ действительный рынок
real estate ~ рынок недвижимости
receptive ~ ёмкий рынок
repurchase ~ вторичный рынок ценных бумаг
resale ~ рынок по перепродаже
reseller ~ рынок промежуточных продавцов
reserved ~ рынок, на котором продавцы заключили соглашение об ограничении продаж
restricted ~ *см.* reserved ~
retail public ~ *см.* городской рынок сельскохозяйственной продукции
rigged ~ манипулируемый рынок
rising ~ растущий рынок
roadside ~ *амер.* киоск у автомобильной дороги
rural ~ сельский рынок
sagging ~ рынок, характеризующийся падением цен
sales ~ рынок сбыта
saturated ~ насыщенный рынок
seaboard ~s рынки морского побережья
secondary ~ 1) вторичный рынок ценных бумаг 2) второстепенный рынок
securities ~ фондовая биржа
seller's ~ рынок продавца
sensitive ~ неустойчивый рынок

services ~ рынок услуг
settlement ~ рынок сделок на срок
share ~ фондовый рынок, рынок акций
sheltered ~ рынок, защищенный таможенными барьерами от иностранных конкурентов
shipping ~ фрахтовая биржа
shorthaul ~ рынок короткопробежных перевозок
shrinking ~ сужающийся рынок
sick ~ рынок, характеризующийся падением цен
slack ~ вялый рынок
sluggish ~ *см.* slack ~
soft ~ рынок, характеризующийся падением цен
sophisticated ~ рынок с высоким уровнем конкуренции
speculative ~ спекулятивный рынок
speed ~ *амер.* небольшой продовольственный магазин самообслуживания
spot ~ рынок наличного товара
spot currency ~ рынок наличной валюты
stagnant ~ вялый рынок
stale ~ *см.* stagnant ~
steady ~ устойчивый рынок
stiff ~ *см.* steady ~
stock ~ фондовая биржа
street ~ 1) неофициальная биржа 2) уличный рынок
strong ~ устойчивый рынок
substantial ~ значительный рынок
tanker ~ рынок танкерного флота
tanker freight ~ *см.* tanker ~
technically strong ~ технически сильный рынок
technically weak ~ технически слабый рынок
terminal ~ 1) рынок продажи товаров за наличные 2) *брит.* срочный биржевой рынок
test ~ пробный рынок
thin ~ вялый рынок
third ~ *амер.* третий рынок, внебиржевой рынок продажи зарегистрированных на фондовой бирже ценных бумаг
tight ~ устойчивый рынок
tight money ~ стесненный денежный рынок
tonnage ~ фрахтовый рынок
top-heavy ~ рынок, характеризующийся чрезмерным повышением цен
trade ~ торговый рынок

trading ~ вялый рынок
transport ~ транспортный рынок
travel ~ рынок пассажирских перевозок
two-tier ~ валютный рынок с двойным режимом, двухъярусный рынок
two-tier foreign exchange ~ *см.* two-tier ~
two-tier gold ~ двухъярусный рынок золота
two-way ~ рынок, на котором дилеры котируют курс покупки и курс продажи
uncertain ~ неустойчивый рынок
undersaturated ~ ненасыщенный рынок
uneven ~ неустойчивый рынок
unlisted securities ~ рынок незарегистрированных ценных бумаг
unofficial ~ неофициальный рынок
unorganized ~ неорганизованный рынок
unpredictable ~ непрогнозируемый рынок
unsettled ~ неустойчивый рынок
unsteady ~ *см.* unsettled ~
upscale ~ рынок потребителей с уровнем доходов и образования выше среднего
urban ~ городской рынок
vast ~ большой рынок
volatile ~ неустойчивый рынок с быстро меняющимися ценами
weak ~ вялый рынок
weekly ~ еженедельный рынок
wholesale ~ оптовый рынок
world ~ мировой рынок
world commodity ~ мировой товарный рынок
~ for a product рынок для сбыта товара
~ of foodstuffs рынок продовольственных товаров
~ of inventions рынок изобретений
~ of limited absorptive capacity рынок ограниченной ёмкости
~ off вялое настроение рынка
◇ above the ~ текущая цена, превышающая рыночный уровень
at the ~ 1) по наилучшей цене 2) *амер.* по рыночной цене
at today's ~ на сегодняшней бирже
in the ~ на рынке
in line with the ~ в соответствии с рыночным курсом

in a rising ~ по повышающемуся курсу
on the ~ на рынке
to affect a ~ влиять на рынок
to assess a ~ оценивать рынок
to bang a ~ разрушать рынок бросовыми ценами
to be in the ~ намереваться купить что-л.; выступать на рынке
to be long of the ~ запасаться ценными бумагами (*в ожидании повышения курса*)
to bear the ~ играть на понижение
to black the ~ продавать на чёрном рынке, торговать из-под полы
to boom the ~ повышать курс
to branch out into a new ~ распространяться на новый рынок
to break into the ~ проникать на рынок
to bring on (to) the ~ выпускать на рынок
to broaden a ~ расширять рынок
to build up a ~ создавать рынок
to bull the ~ играть на повышение
to buy at the ~ покупать по наилучшей цене
to come into the ~ выходить на рынок
to command a ~ контролировать рынок
to congest a ~ переполнять рынок
to conquer a ~ завоёвывать рынок
to corner a ~ монополизировать рынок
to create a ~ создавать рынок
to develop a ~ расширять рынок
to divide the ~ делить рынок
to dominate the ~ господствовать на рынке
to enter the ~ выходить на рынок
to evaluate a ~ оценивать рынок
to expand a ~ расширять рынок
to explore a ~ исследовать рынок
to find ~ находить рынок сбыта
to find a ready ~ находить быстрый сбыт
to flood the ~ наводнять рынок товарами
to force the ~ оказывать давление на рынок
to gain access to the ~ получать доступ на рынок
to get access to the ~ *см.* to gain access to the ~
to glut the ~ перенасыщать рынок
to hold a ~ поддерживать рынок
to investigate a ~ исследовать рынок

to launch on the ~ выбрасывать (*товар*) на рынок
to make a ~ котировать курсы покупки и продажи ценных бумаг на вторичном рынке
to manipulate the ~ влиять на рынок
to meet with a ready ~ находить быстрый сбыт
to monopolize the ~ монополизировать рынок
to open up new ~s открывать новые рынки
to oust from the ~ вытеснять с рынка
to overstock the ~ переполнять рынок
to penetrate into the ~ проникать на рынок
to play the ~ спекулировать на бирже
to price oneself out of the ~ устанавливать завышенные цены на рынке
to put on the ~ выпускать на рынок
to regain a ~ возвращать рынок
to retain a ~ сохранять рынок
to rig the ~ влиять на рынок
to rule the ~ господствовать на рынке
to secure a ~ обеспечивать рынок
to seize a ~ захватывать рынок
to segment a ~ сегментировать рынок
to sell at the ~ продавать на рынке
to share ~s делить рынки
to sound the ~ зондировать рынок
to split ~s делить рынки
to spoil the ~ дезорганизовывать рынок
to study a ~ изучать рынок
to suit the ~ годиться для рынка
to take over a ~ захватывать рынок
to test a ~ исследовать рынок
to win a ~ завоевывать рынок
MARKET *v* продавать или покупать на рынке
MARKETABILITY *n* реализуемость, пригодность для продажи
MARKETABLE *adj* 1. годный для продажи 2. быстрореализуемый, ходкий 3. ликвидный
MARKETEER *n* продавец, купец, торговец
black ~ делец черного рынка
MARKETER *n* 1. торговец на базаре 2. покупатель на базаре
MARKETING *n* 1. торговля; продажа; сбыт 2. маркетинг, система сбыта
bank ~ банковский маркетинг
black ~ торговля на черном рынке
commodity ~ сбыт товаров
concentrated ~ концентрированный маркетинг
cooperative ~ сбыт через систему кооперативов
differentiated ~ дифференцированный маркетинг
direct ~ прямой маркетинг
direct-response ~ *см.* direct ~
export ~ экспортный маркетинг, исследование внешнего рынка
global ~ глобальный маркетинг
industrial ~ сбыт промышленной продукции
mass ~ массовый маркетинг
one-step ~ одноступенчатый маркетинг
orderly ~ организованная торговля
organization ~ маркетинг организаций
organized ~ организованная торговля
patent ~ торговля патентами
person ~ маркетинг отдельных лиц
place ~ маркетинг мест
product differentiated ~ целевой маркетинг
social ~ общественный маркетинг
undifferentiated ~ недифференцированный маркетинг
~ of products реализация продукции
MARKETISATION *n* маркетизация
MARKETPLACE *n* рынок (*место, помещение*)
commercial ~ свободный рынок
MARKET-SHARING *n* раздел рынков
MARKING *n* 1. маркировка 2. клеймо; метка 3. указание цены 4. *брит. бирж.* котировка 5. отметка, подтверждающая правильность чего-л.
alphabetical ~ алфавитная маркировка
appropriate ~ соответствующий знак
bulk ~ указание цены для всей партии
cargo ~ маркировка груза
clear ~ отчетливая маркировка
export ~ экспортная маркировка
exterior ~ внешняя маркировка
external ~ *см.* exterior ~
improper ~ неправильная маркировка
incorrect ~ *см.* improper ~
indistinct ~ неясная маркировка
insufficient ~ недостаточная маркировка
legible ~ отчетливая маркировка
special ~ специальная маркировка
transport ~ транспортная маркировка
visible ~ видимая маркировка
~ of goods маркировка товара

MAR MAT

~ of packages маркировка товарных мест
~ of packing маркировка упаковки
~ on a bag маркировка мешка
~ on a container маркировка контейнера
◊ to bear ~ иметь маркировку
to do ~ наносить маркировку
to emboss ~ выбивать маркировку
to make ~ наносить маркировку

MARK-TO-MARKET *n* переоценка активов или срочных биржевых позиций на основе текущих рыночных цен

MARK-TO-MARKET *v* переоценивать активы или срочные биржевые позиции на основе текущих рыночных цен

MARKUP *n* увеличение продажной цены; надбавка, наценка, маржа
import ~ надбавка к импортной цене
price ~ надбавка к цене
~ on retail price надбавка к розничной цене
~ on selling price надбавка к продажной цене
◊ to put a flat ~ on all items устанавливать единую надбавку на все предметы

MART *n* 1. торговый центр 2. аукционный зал
auction ~ аукционный зал
merchandise ~ демонстрационно-торговый комплекс

MASS *n* масса, большое количество
net ~ масса нетто
~ of commodities товарная масса
~ of profits масса прибыли

MASTER *n* 1. владелец; хозяин 2. мастер, знаток своего дела, специалист 3. капитан торгового судна 4. оригинал, образец
depot ~ заведующий складом, кладовщик
dock ~ заведующий доком
harbour ~ капитан порта
port ~ *см.* harbour ~
shift ~ начальник смены
ship's ~ капитан торгового судна
stock ~ электронная система для сбора и распространения информации о ценных бумагах

MASTER *v* овладевать, осваивать

MASTERING *n* освоение
~ of new methods of production освоение новых методов производства
~ of new products освоение новой продукции

MASTERSHIP *n* мастерство

MATCH *n* 1. две противоположные операции, совпадающие по размерам и срокам 2. что-л. подходящее под пару

MATCH *v* 1. соответствовать; сочетаться; подходить (*по величине, цвету, качеству и т. п.*) 2. приводить в соответствие 3. сортировать (*по цвету, величине*)

MATCHING *n* 1. согласование 2. сортировка
◊ ~ expenses against revenues приведение в соответствие расходов и доходов

MATE *n* помощник капитана
chief ~ старший помощник капитана
first ~ *см.* chief ~
master's ~ *см.* chief ~
second ~ второй помощник капитана

MATERIAL *n* 1. материал, вещество 2. данные, факты, материал
advertising ~ рекламный материал
advertising and display ~ рекламный демонстрационный материал
artificial ~ искусственный материал
auxiliary ~ вспомогательный материал
available ~ наличный материал
base ~ основной материал
basic ~ *см.* base ~
building ~ строительный материал
bulk ~s массовые товары
census ~ материал переписи
cheap ~ дешевый материал
classified ~ классифицированный материал
commercial ~ коммерческий материал
competitive ~ конкурентный материал
construction ~ 1) конструкционный материал 2) строительный материал
consumable ~ расходуемый материал
contaminating ~s материалы, загрязняющие окружающую среду
copyright ~ материал, охраняемый авторским правом
covering ~ защитный материал
critical ~ дефицитный материал
crude ~ сырьевой материал
customer's ~ материал заказчика
dangerous ~s опасный груз
defective ~ дефектный, недоброкачественный материал
defence ~s материалы военного назначения
deficient raw ~s дефицитное сырье
descriptive ~ описательный материал; наглядный материал

MAT

direct ~s основные производственные материалы
documentary ~ документальный материал
domestic raw ~s местное сырье, отечественное сырье
durable ~ прочный материал
educational ~ учебный материал
enumeration ~ материал переписи
expendable ~ расходный материал
experimental ~ экспериментальный материал
fabricated ~s изготовленные материалы
faulty ~ недоброкачественный материал
finishing ~ отделочный материал
first-grade ~ первоклассный материал
granular ~ сыпучий материал
high grade ~ высококачественный материал
high-quality ~ *см.* high grade ~
illustrated ~s иллюстрированный материал
illustrative ~s *см.* illustrated ~s
imported raw ~s импортное сырье
improper ~ непригодный материал
indirect ~s косвенные материалы
information ~ информационный материал
initial ~ исходный материал
inventory ~s комплектующие изделия
key ~s основные материалы
key raw ~s основные сырьевые материалы
less costly ~ более дешевый материал
local ~ местный материал
low-grade ~ низкосортный материал
manmade ~s искусственные материалы
mined ~s продукция добывающих предприятий
mineral raw ~s минеральное сырье
nonproductive ~s вспомогательные производственные материалы
nonstandard ~ нестандартный материал
operational ~s эксплуатационные материалы
original ~ исходный материал
original raw ~s исходный сырьевой материал
packaging ~s упаковочные материалы
packing ~s *см.* packaging ~s
plastic ~s пластмассы
primary ~ основной материал; сырье

MAT

printed ~ печатный материал
production ~s производственные материалы
productive ~ основные производственные фонды
promotional ~ рекламный материал
protective ~ защитный материал
publicity ~ рекламный материал
raw ~s сырьевые материалы
rejected ~ брак
roofing ~ кровельный материал
scarce ~ дефицитный материал
sealing ~ прокладочный материал
secondary raw ~s вторичное сырье
selected ~s отобранные материалы
source ~ исходный материал
standard ~ стандартный материал
statistical ~ статистический материал
strategic ~ стратегический материал
strategic raw ~s стратегическое сырье
structural ~s конструкционные материалы
substandard ~ некондиционный материал
superior ~ высококачественный материал
supporting ~ данные; документация
surplus ~ неиспользованный материал
unfit ~ непригодный материал
unused ~ неиспользованный материал
used ~ использованный материал
useless ~ непригодный материал
vegetable raw ~s растительное сырье
war ~s материалы военного назначения
waterproof ~ водонепроницаемый материал
wrapping ~ оберточный материал
~ in short supply дефицитный материал
~s on hand наличный материал
~s on order закупленные материалы
◇ to check ~ проверять материал
to choose ~ подбирать материал
to circulate ~s рассылать материалы
to deliver ~ поставлять материал
to distribute ~s распространять материалы
to economize ~ экономить материал
to economize on ~ экономить на материале
to employ ~ использовать материал
to examine ~ проверять материал
to inspect ~ *см.* to examine ~
to obtain ~ приобретать материал
to present ~ предъявлять материал

427

to process ~ обрабатывать материал
to procure ~ приобретать материал
to provide ~ предоставлять материал
to reject ~ браковать материал
to require ~ нуждаться в материале
to save ~ экономить материал
to save on ~ экономить на материале
to select ~ подбирать материал
to send out ~s рассылать материалы
to store ~ хранить материал
to supply ~ поставлять материал
to use ~ использовать материал

MATERIALITY n существенность

MATHEMATICS n математика; математическая сторона вопроса
  actuarial ~ математический аппарат страхового дела, актуарная математика
  applied ~ прикладная математика
  insurance ~ математика страхового дела
  pure ~ чистая математика

MATRIX n 1. матрица 2. модель 3. таблица

MATTER n 1. материал (*статьи и т. п.*) 2. предмет обсуждения 3. вопрос, дело 4. спорный вопрос 5. почтовые отправления
  administrative ~s административные вопросы
  banking ~ банковское дело
  business ~s деловые вопросы
  commercial ~s коммерческие вопросы
  disputed ~ конфликтное дело
  everyday ~s текущие дела
  export ~s вопросы экспорта
  financial ~ финансовый вопрос
  fiscal ~s финансовое дело
  foreign ~ постороннее вещество; нежелательная примесь
  monetary ~s денежные дела
  money ~s *см.* monetary ~s
  outside ~s посторонние дела
  printed ~ бандероль
  promotion ~ рекламный материал
  restricted ~ материал для служебного пользования
  routine ~ текущие дела
  subject ~ предмет (*договора, спора и т. п.*)
  urgent ~ срочное дело
  ~ for discussion тема для обсуждения
  ~ of bankruptcy дело о банкротстве
  ~ of common concern вопрос, представляющий общую озабоченность
  ~ of common interest вопрос, представляющий взаимный интерес
  ~ of price вопрос цены
  ~ of prime concern дело первостепенной важности
  ~ of principal принципиальный вопрос
  ~s of state государственные вопросы
  ~ under consideration рассматриваемый вопрос
  ◇ to clarify a ~ вносить ясность в вопрос
  to clear up a ~ *см.* to clarify a ~
  to give a ~ prompt attention срочно решать вопрос
  to place a ~ into the hands of smb передавать дело в руки кого-л.

MATURE *adj* 1. зрелый; хорошо обдуманный 2. подлежащий оплате в связи с наступлением срока

MATURE *v* 1. наступать (*о сроке платежа*) 2. подлежать погашению

MATURITY n 1. срок (*платежа*) 2. наступление срока
  acceptance ~ срок акцепта
  balloon ~ заем или кредит, погашение которых осуществляется возрастающими со временем взносами
  current ~ текущий срок
  extendable ~ ценная бумага с правом пролонгирования ее срока
  forward ~ies сроки погашения срочных сделок; даты погашения срочных сделок
  indeterminate ~ неустановленный срок
  intermediate ~ средний срок погашения
  long ~ длительный срок погашения
  obligatory ~ обязательный срок погашения
  original ~ первоначальный срок ценной бумаги
  residual ~ остаточный срок
  ultimate ~ окончательный срок погашения
  ~ of a bill срок векселя
  ~ of a draft срок платежа по тратте
  ~ of a loan срок займа
  ~ of a note срок векселя
  ◇ at ~ при наступлении срока платежа
  before ~ до наступления срока
  by ~ по истечении срока
  on ~ в срок
  prior to ~ до наступления срока платежа
  to pay at ~ платить в срок

to reach ~ наступать сроку платежа
MAVERICK *n стат.* отклоняющееся значение (*на графике*)
suspected ~ отклоняющаяся точка
MAXIMAL *adj* максимальный
MAXIMALITY *n* максимальность
MAXIMIN *n* максимин
MAXIMIZATION *n* максимизация
profit ~ максимизация прибыли
stepwise ~ поэтапная максимизация
utility ~ максимизация полезности
MAXIMIZE *v* доводить до максимума, максимизировать
MAXIMUM *n* максимум, максимальное значение
absolute ~ абсолютный максимум
constrained ~ условный максимум
local ~ локальный максимум
regular ~ регулярный максимум
relative ~ относительный максимум
unconstrained ~ безусловный максимум
weak global ~ слабый глобальный максимум
weak relative ~ слабый относительный максимум
MEAN *n* 1. среднее число; средняя величина 2. *pl* средство; средства; способ; метод 3. *pl* средства; состояние
advertising ~s средства рекламы
ample ~s достаточные средства
arithmetic ~ среднее арифметическое
arithmetical ~ *см.* arithmetic ~
auxiliary ~s вспомогательные средства
budget ~s бюджетные средства
budgetary ~s *см.* budget ~s
conditional ~ условное среднее
conventional ~s обычные средства
credit ~s кредитные средства
current ~ текущее среднее
effective ~s эффективное средство
estimated ~ оценка среднего
financial ~s финансовые средства
geometric ~ среднее геометрическое
harmonic ~ гармоническое среднее
insufficient ~s недостаточные средства
limited ~s ограниченные средства
limiting ~ предельное среднее
long-range ~ среднее по большому интервалу
long-time ~ *см.* long-range ~
monetary ~s денежные средства
moving ~ скользящее среднее
necessary ~s of subsistence необходимые средства к существованию
overall ~ общее среднее

own ~s собственные средства
pecuniary ~s денежные средства
pictorial ~s изобразительные средства
private ~s собственные средства
probabilistic ~ математическое ожидание
progressive ~ прогрессивное среднее
quadratic ~ среднее квадратическое
sample ~ выборочное среднее
scanty ~s ограниченные средства
scattered ~s of production раздробленные средства производства
simple ~ среднее арифметическое
statistical ~ статистическое среднее
theoretical ~ математическое ожидание
time ~ временное среднее
transportation ~s средства передвижения
true ~ истинное среднее
unharmonic ~ негармоническое среднее
unweighted ~ невзвешенное среднее
used-up ~s of production потребленные средства производства
weighted ~ взвешенное среднее
weighted arithmetic ~ взвешенное среднее арифметическое
weighted geometric ~ взвешенное среднее геометрическое
weighted harmonic ~ взвешенное гармоническое среднее
weighted quadratic ~ взвешенное квадратическое среднее
weighted sample ~ взвешенное выборочное среднее
~s of advertising средства рекламы
~s of carriage средства перевозки, перевозочные средства
~s of circulation средства обращения
~s of communication средства связи
~s of construction строительные средства
~s of consumption предметы потребления
~s of control средства контроля
~s of conveyance перевозочные средства
~s of delivery средства доставки
~s of exchange средства обмена
~s of information средства информации
~s of liquidity ликвидные средства
~s of living средства существования
~s of packing упаковочные средства

~s of paying 1) способ платежа 2) средства платежа
~s of payment см. ~s of paying
~s of production средства производства
~s of purchase покупательное средство
~s of subsistence средства существования
~s of transportation средства передвижения
◇ above the ~ выше среднего
at the ~ в среднем
below the ~ ниже среднего
by conventional ~s обычным способом
in the ~ в среднем
without ~s без средств
to live beyond one's ~s жить не по средствам

MEAN *adj* средний

MEASURE *n* 1. мера, система измерений 2. мерка; размер 3. масштаб, мерило, критерий 4. мероприятие
adjustment ~s корректировочные меры
administrative ~ административные меры
antiinflationary ~s антиинфляционные меры
collective ~s коллективные меры
compensating ~s компенсирующие меры
compulsory ~s принудительные меры
confidence-building ~s укрепление доверия
consolidating ~s консолидирующие мероприятия
corrective ~s корректировочные меры
cost-effectiveness ~ показатель эффективности затрат
cubic ~s меры ёмкости, меры объёма жидких и сыпучих тел
dependency ~ показатель иждивенчества
devaluation ~s меры по девальвации
discriminatory ~s дискриминационные меры
drastic ~s крайние меры
dry ~s меры сыпучих тел
economy ~s 1) экономические мероприятия 2) меры экономии
effective ~s эффективные меры, действенные меры
effectiveness ~ показатель эффективности, критерий эффективности
effectual ~s эффективные меры
emergency ~s экстренные меры
enforcement ~s принудительные меры

environmental ~s мероприятия по охране окружающей среды
extreme ~s чрезвычайные (крайние) меры
follow-up ~s последующие мероприятия
government ~s правительственные мероприятия
governmental ~s см. government ~s
health ~ мероприятия по охране здоровья
immediate ~s немедленные меры
imperial ~s имперская система измерений
industrial safety ~s техника безопасности
inefficient ~s неэффективные меры
interim ~s временные меры
legislative ~s законодательные меры
linear ~s линейные меры
liquid ~s меры жидкости
metric ~s метрические меры
money ~ денежный измеритель
performance ~ 1) критерий качества 2) показатель производительности
practical ~s практические меры
precautionary ~s меры предосторожности
preference ~ показатель предпочтения
preparatory ~s подготовительные меры
preventive ~s предупредительные меры
priority ~s первоочередные задачи
proper ~s соответствующие меры
protectionist ~s протекционистские меры
protective ~s 1) см. protectionist ~s 2) мероприятия по охране труда
provisional ~s предварительные меры
publicity ~s рекламные мероприятия
rationing ~s ограничительные меры
reliability performance ~ показатель эксплуатационной надежности
restrictive ~s ограничительные меры
retaliatory ~s ответные меры
safety ~s меры безопасности
security ~s см. safety ~s
square ~s меры площади
standard ~ эталонная мера
status ~ показатель общественного положения
temporary ~s временные меры
timely ~s своевременные меры
trade ~s мероприятия торговой политики
unit ~ единица измерения

urgent ~s безотлагательные меры
utility ~ критерий полезности
volume ~s меры объема
waiting ~ показатель времени ожидания
~s for economic development меры по экономическому развитию
~s for export restraint меры по сдерживанию экспорта
~s for import restraint меры по сдерживанию импорта
~s for labour protection меры по охране труда
~s for sales promotion меры по организации сбыта
~s of area меры площади
~s of assistance мероприятия по оказанию помощи
~s of business cycle показатели экономического цикла
~s of capacity меры ёмкости
~ of coercion мера принуждения
~s of compulsion принудительные меры
~ of concentration показатель концентрации (*производства, населения*)
~ of consumption мера потребления
~s of control контрольные мероприятия
~ of damages размер возмещения убытков
~ of dispersion мера рассеяния
~s of economizing меры экономии
~ of effectiveness показатель эффективности
~ of labour intensity показатель трудоёмкости производства
~s of precaution меры предосторожности
~ of precision мера точности
~ of prices масштаб цен
~ of priority показатель приоритета
~ of producibility показатель технологичности
~ of productivity показатель производительности
~ of quality показатель качества
~ of reliability мера надежности
~ of scatter мера рассеяния
~ of utility критерий полезности
~ of utilization коэффициент использования
~ of value мера стоимости
~s of weight меры веса
~s on labour protection меры по охране труда

◇ made to ~ сделанный на заказ
to apply ~s применять меры
to call off ~s отменять мероприятия
to put ~s into effect осуществлять мероприятия
to take ~s принимать меры
to undertake ~s *см.* to take ~s
to work out ~s разрабатывать меры
MEASURE *v* измерять
MEASUREMENT *n* 1. измерение; замер; обмер 2. *обыкн. pl* размеры 3. система мер
accurate ~ точное измерение
actual ~ фактическое измерение
analogous ~ аналоговое измерение
attitude ~ оценка отношения потребителя
audience ~ статистическая оценка аудитории
business ~ измерение показателей деловой активности
cubic ~s кубатура
direct ~ of migration прямой метод измерения миграции
engineering ~ измерение технических характеристик
income ~ измерение дохода
methods time ~ нормирование времени на выполнение операций
overall ~s общие размеры
packed ~s размеры в упаковке
performance ~ определение качества работы
precise ~s точное измерение
productivity ~ измерение производительности
quality ~ определение качества
quantity ~ определение количества
safety ~ of cargo безопасный размер груза
sickness ~ определение показателей заболеваемости
statistical ~ статистическое измерение
time ~ измерение времени
total ~s общие размеры
utility ~ определение полезности
weight ~ определение веса
work ~ нормирование труда
~s of cargo размер груза
~ of performance определение качества работы
◇ to do ~s производить измерение
to make ~s *см.* to do ~s
to take ~s *см.* to do ~s
MEASURING *n* измерение; контроль; замер; обмер

431

MEA

MEASURING *adj* измерительный
MEAT *n* мясо
  boneless ~ бескостное мясо
  canned ~ *амер.* мясные консервы
  chilled ~ охлажденное мясо
  fresh ~ свежее мясо
  frozen ~ замороженное мясо
  lean ~ нежирное мясо
  smoked ~ копченое мясо
  tinned ~ мясные консервы
  ◇ ~ on hoof мясо в живом весе
MECHANIC *n* 1. механик 2. техник
  instrument ~ 1) механик по приборам 2) слесарь-инструментальщик
  maintenance ~ механик по оборудованию
  master ~ главный механик
MECHANICAL *adj* механический; машинный
MECHANISM *n* механизм
  adjustment ~ механизм выравнивания
  automatic equilibrating ~ механизм автоматического выравнивания
  backup ~ механизм обратных связей
  competitive ~ механизм конкуренции
  cyclical ~ механизм экономического цикла
  demographic ~ механизм демографических процессов
  economic ~ хозяйственный механизм
  economic management ~ механизм хозяйствования
  market ~ рыночный механизм
  price ~ механизм цен
  response ~ механизм реагирования
  working ~ рабочая машина
MECHANIZATION *n* механизация
  all-round ~ комплексная механизация
  complex ~ *см.* all-round ~
  comprehensive ~ *см.* all-round ~
  farm ~ механизация сельского хозяйства
  field ~ механизация полеводства
  full ~ полная механизация
  system ~ комплексная механизация
  ~ of agriculture механизация сельского хозяйства
  ~ of farms *см.* ~ of agriculture
  ~ of labour-intensive processes механизация трудоемких процессов
  ~ of production механизация производства
MECHANIZED *adj* механизированный
MEDIA *n* средства массовой информации

MED

  advertising ~ средства распространения рекламы
  mass ~ средства массовой информации
  out-of-home ~ средства наружной рекламы
  press ~ органы печати
MEDIATE *v* посредничать
MEDIATION *n* посредничество
MEDIATOR *n* посредник
  recommended ~ рекомендованный посредник
MEDIATORY *adj* посреднический
MEDICAID *n* *амер.* «медпомощь», бесплатная медицинская помощь неимущим
MEDICAL *adj* медицинский; санитарный
MEDICINE *n* 1. медицина 2. лекарство
  industrial ~ промышленная гигиена; гигиена труда
  proprietary ~ патентованное лекарственное средство
MEDIOCRE *adj* посредственный, среднего качества
MEDIUM *n pl* также media 1. средство; способ 2. агент, посредник 3. посредничество
  advertising ~ средство распространения рекламы
  circulating ~ средство обращения
  information ~ средство передачи информации
  investment ~ *амер.* объект инвестиций
  mass media средства массовой информации
  national media *амер.* реклама, распространяемая на всю страну
  paying ~ средство платежа
  posting ~ 1) журнал текущего учета 2) первичный документ
  publicity ~ средство рекламы
  purchasing ~ 1) средства для закупок 2) способ организации закупок
  recording ~ 1) журнал текущего учета 2) первичный документ
  sales ~ способ, метод продажи
  storage ~ хранилище
  ~ of circulation средство обращения
  ~ of exchange средство обмена
  ~ of paying средство платежа
  ~ of payment *см.* ~ of paying
MEDIUM-DATED *adj* среднесрочный
MEDIUM-SCALE *adj* среднего размера
MEDIUM-SIZED *adj* *см.* **MEDIUM-SCALE**

MEDIUM-TERM *adj* среднесрочный
MEET *v* 1. удовлетворять, соответствовать 2. оплачивать
MEETING *n* 1. собрание, совещание, заседание 2. встреча
annual ~ ежегодное собрание
annual general ~ ежегодное общее собрание
board ~ заседание правления
briefing ~ брифинг, инструктивное совещание
cabinet ~ заседание кабинета
closed ~ закрытое совещание
committee ~ заседание комитета
company ~ собрание членов компании
coordination ~ координационное совещание
corporate ~ *амер.* собрание членов корпорации
corporation ~ *см.* corporate ~
council ~ заседание совета
creditors' ~ собрание кредиторов
directors' ~ совещание директоров
extraordinary ~ чрезвычайное собрание
extraordinary general ~ чрезвычайное общее собрание
final ~ заключительное заседание
general ~ общее собрание
inaugural ~ собрание, посвященное открытию чего-л.
mass ~ массовое собрание
members' ~ собрание членов, участников
official ~ официальное заседание
open ~ открытое собрание
ordinary ~ регулярное собрание (*напр.*, членов общества)
organization ~ учредительное собрание
panel ~ совещание экспертов
planning ~ конъюнктурное совещание
plenary ~ пленарное заседание
preparatory ~ подготовительное совещание
private ~ закрытое заседание
production ~ производственное совещание
public ~ открытое заседание
regular ~ *амер.* регулярное собрание (*напр.*, членов общества)
sales ~ совещание агентов
shareholders' ~ собрание акционеров
special ~ чрезвычайное заседание
statutory ~ учредительное собрание
stockholders' ~ *амер.* собрание акционеров

strategic ~ конъюнктурное совещание
unofficial ~ неофициальное заседание
~ in camera заседание при закрытых дверях
~ in confidence закрытое совещание
~ of the board of directors совещание директоров правления
~ of a commission заседание комиссии
~ of founding members собрание учредителей
~ of governors собрание правления
~ of representatives собрание представителей
~ of shareholders собрание акционеров
~ of stockholders *амер. см.* ~ of shareholders
◇ to adjourn a ~ откладывать собрание
to break up a ~ закрывать собрание
to call a ~ созывать собрание
to close a ~ закрывать собрание
to convene a ~ созывать собрание
to convoke a ~ *см.* to convene a ~
to declare a ~ adjourned объявлять о переносе собрания
to declare a ~ closed закрывать собрание
to declare a ~ opened открывать собрание
to hold a ~ проводить собрание
to open a ~ открывать собрание
to postpone a ~ отсрочивать собрание
to preside a ~ вести собрание
to resume a ~ возобновлять заседание
to summon a ~ созывать собрание
to take part in a ~ участвовать в совещании
MEGADEALS *n pl* крупные торговые и финансовые сделки
MEGALOPOLIS *n* агломерация городов, мегалополис
MEGAPROJECT *n* крупномасштабный проект
capital intensive ~ капиталоемкий крупномасштабный проект
MELIORATE *v* 1. улучшать 2. мелиорировать
MELIORATION *n* 1. улучшение 2. мелиорация
MELON *n бирж.* 1. сумма необычно высоких прибылей, предназначенных для распределения 2. крупный дополнительный дивиденд
MEMBER *n* член
affiliated ~ принятый в члены

MEM

alien ~ ассоциированный член
alternate ~ выступающий вместо (от имени) кого-л.
associated ~ ассоциированный член
board ~ член правления
cabinet ~ член кабинета
clearing ~s члены клиринговой палаты биржи
clearing house ~s член расчетной палаты (*о банках*)
collegium ~ член коллегии
conference ~ участник конференции
corporate ~ член общества
crew ~ член команды
founder ~ учредитель
full ~ полноправный член
full-fledged ~ *см.* full ~
honorary ~ почетный член
nonvoting ~ член без права голоса
panel ~ участник дискуссии
permanent ~ постоянный член
rank and file ~s рядовые члены
selling group ~s члены группы, занимающейся размещением ценных бумаг
underwriting ~ 1) страховщик 2) член страховой компании
union ~ член союза
~ of the board of directors член правления, член совета директоров
~ of a commission член комиссии
~ of a company член общества (фирмы), акционер
~ of a conference участник конференции
~ of Congress член конгресса
~ of a cooperative society член кооператива
~ of a corporation член корпорации, акционер
~ of a delegation член делегации
~ of Parliament член парламента
~ of a stock exchange член фондовой биржи

MEMBER-COUNTRY *n* страна-участник
MEMBERSHIP *n* членство
closed ~ закрытое членство
free ~ свободное членство
group ~ групповое членство
life ~ пожизненное членство

MEMO *n* памятная записка
MEMORANDUM *n* меморандум, памятная записка
credit ~ квитанция на кредитованную сумму
debit ~ дебет-авизо
insurance ~ страховой меморандум

MER

~ of agreement меморандум о договоре
~ of association уставной документ, устав акционерного общества
~ of deposit документ, выдаваемый банком клиенту, депонировавшему ценные бумаги
~ of insurance страховой меморандум
~ of intent меморандум о намерении
~ of partnership соглашение о сотрудничестве; соглашение о партнерстве
~ of understanding меморандум о соглашении

MERCANTILE *adj* торговый; коммерческий
MERCER *n* торговец текстилем (*гл. обр. шелковыми и шерстяными тканями*)
MERCHANDISE *n* товары
bulk ~ изделия массового производства
buyable ~ товар, который можно купить
fashion ~ модные товары
fast-moving ~ ходовой товар
higher-margin ~ изделия, приносящие высокую прибыль
in-transit ~ транзитный товар
loose ~ товар россыпью
rack ~ товары в отделе промышленных изделий
retail ~ розничные товары
shopworn ~ изделия, потерявшие товарный вид
slow-moving ~ неходовые товары
top-quality ~ изделия высшего качества

MERCHANDISER *n* торговец; торговая фирма
MERCHANDISING *n* 1. торговля 2. содействие продвижению товара на рынке
MERCHANT *n* торговец; купец
commission ~ оптовый торговец, покупающий товары для продажи за комиссионное вознаграждение
export ~ экспортер
forwarding ~ *амер.* экспедитор
futures commission ~ оптовый торговец, покупающий товары для продажи на рынке срочных сделок за комиссионное вознаграждение
import ~ импортер
itinerant ~ разъездной торговец
produce ~ торговец продовольственными товарами
provision ~ *см.* produce ~
wholesale ~ оптовый торговец

MERCHANTABILITY *n* пригодность для продажи
MERCHANTABLE *adj* пригодный для продажи
MERCHANTMAN *n* торговое судно
MERGE *v* 1. сливать, соединять 2. сливаться, соединяться
MERGER *n* слияние, объединение
   conglomerate ~ слияние разнородных предприятий
   downstairs ~ нисходящее слияние (*поглощение филиалом материнской компании*)
   horizontal ~ горизонтальное слияние
   market extension ~ слияние компаний одного профиля, выступающих на разных рынках
   monopoly ~ слияние монополий
   outright ~ прямое слияние
   product extension ~ слияние компаний, связанных по линии производства или сбыта
   stock-swap ~ слияние компаний с обменом акциями между участниками
   vertical ~ вертикальное слияние
   ~ of banks слияние банков
   ~ of business слияние компаний
   ~ of companies *см.* ~ of business
   ~ of enterprises слияние предприятий
MERGING *n* слияние, укрупнение
MERIT *n* достоинство; преимущество; *pl* качества
   inventive ~ достоинство изобретения
   ~ of invention *см.* inventive ~
MESSAGE *n* сообщение; послание
   advertising ~ рекламное сообщение по радио или телевидению
   budget ~ бюджетное послание
   coded ~ шифровка
   confidential ~ секретное сообщение
   sales ~ сообщение, касающееся продажи
   telefax ~ сообщение по факсу
   telephone ~ телефонограмма
   telex ~ телекс
MESSENGER *n* посыльный, курьер
   bank ~ курьер банка
   cash ~ инкассатор
   diplomatic ~ дипломатический курьер
   express ~ нарочный; курьер
METAL *n* металл
   base ~s неблагородные металлы
   nonferrous ~s цветные металлы
   precious ~s драгоценные металлы
   road ~ щебень
   scrap ~ металлический лом; скрап

METALLIC *adj* металлический
METALLISM *n* металлизм
METALLURGICAL *adj* металлургический
METALLURGY *n* металлургия
   ferrous ~ черная металлургия
   nonferrous ~ цветная металлургия
METALWORK *n* изделие металлообрабатывающей промышленности
METHOD *n* метод
   abbreviated ~ сокращенный метод
   accelerated ~ ускоренный метод
   accounting ~ метод бухгалтерского учета
   accrual ~ метод начисления; кумулятивный метод
   actual cost ~ метод оценки по фактическим затратам
   actuarial ~ статистический метод в страховом деле
   adequate ~ подходящий метод
   ad hoc ~ специальный метод
   advanced ~ передовой метод
   advertising ~ метод рекламы
   age-life ~ of depreciation метод начисления износа с учетом оставшегося срока службы
   approximation ~ метод последовательных приближений
   assessment ~ метод оценки
   automated processing ~ автоматизированный метод обработки
   backtracking ~ метод возврата
   balance ~ балансовый метод
   batch ~ of production метод изготовления продукции партиями
   bidding ~s методы выдачи или получения подрядов
   block booking ~ способ закупки блоками
   bookkeeping ~ метод бухгалтерского учета
   branch-and-bound ~ метод ветвей и границ
   by-product ~ of cost accounting метод калькуляции с вычислением издержек производства побочного продукта
   calculation ~ метод расчетов
   capital-intensive ~ of production капиталоемкий метод производства
   case study ~ метод анализа хозяйственных ситуаций
   cash receipts and disbursements ~ of accounting метод бухгалтерского учета по кассовым поступлениям и расходам

complete elimination ~ метод полного исключения
composition ratio ~ метод структурных коэффициентов
continual review ~ метод непрерывной проверки
control ~ метод контроля
conventional ~ традиционный метод
conventional production ~s традиционные методы производства
cost ~ метод оценки
costing ~ *см.* cost ~
cost-saving ~ метод снижения расходов
critical path ~ метод критического пути
depreciation ~ метод начисления амортизации
design ~s методы проектирования
direct ~ of depreciation прямой метод начисления амортизации
direct ~ of standardization прямой метод стандартизации
discounted cash flow ~ метод дисконтированных поступлений наличности
distributing ~ метод распределения; метод сбыта
distribution ~ *см.* distributing ~
double description ~ метод двойного описания
double entry ~ метод двойной записи
duplication ~ копируует
economic ~ экономический метод
economical ~ *см.* economic ~
effective ~ эффективный метод
efficient ~ *см.* effective ~
estimating ~ метод оценивания
evaluation ~ *см.* estimating ~
fabrication ~ технология изготовления
fifo (first in, first out) costing ~ метод оценки по ценам первых закупок
forecasting ~ метод прогнозирования
general ~ общий метод
generalized ~ обобщенный метод
genetic engineering ~ метод генной инженерии
graduation ~ метод сглаживания
graph ~ графический метод
gross ~ валовой метод
gross profit ~ метод валовой прибыли
index ~ метод индексов
industrial ~ промышленный метод
inspection ~ метод контроля
inventory ~ метод управления запасами

irregular ~ of write-off бессистемное списание стоимости
item-by-item ~ постатейный метод
job ~ of cost accounting позаказный метод калькулирования издержек производства
job order ~ of cost accounting *см.* job ~ of cost accounting
joint product ~ of cost accounting метод калькуляции себестоимости продуктов, производимых совместно
kid-glove ~s тонкие методы
labour-hour ~ of depreciation метод начисления амортизации по числу проработанных человеко-часов
least-squares ~ метод наименьших квадратов
«lean» production ~s 1) форма оптимизации 2) метод повышения рентабельности производства путем сокращения производственных площадей и материально-производственных запасов
lifo (last in, first out) costing ~ метод оценки по ценам последних закупок
loading ~ способ погрузки
machine-hour ~ метод распределения накладных расходов пропорционально затраченным машино-часам
machine-hour rate depreciation ~ метод начисления амортизации на один час машинного времени
machining ~ метод обработки
mail questionnaire ~ корреспондентский метод опроса
major category ~ метод главной категории при оценке товарно-производственных запасов
manual ~s методы ручного труда
manufacturing ~ способ производства; технология изготовления
materials moving ~s методы транспортировки материалов
net ~ чистый метод
network ~ сетевой метод
normal ~ обычный метод
numerical ~ численный метод
one-factor-at-a-time ~ метод раздельного исследования факторов
operating ~ метод работы
output ~ of depreciation метод начисления амортизации пропорционально объему выполненной работы
packaging ~ метод, способ упаковки
packing ~ *см.* packaging ~
patentable ~ патентоспособный метод

patented ~ запатентованный способ
payback ~ метод оценки длительности периода окупаемости
periodic inventory ~ метод периодических инвентаризаций
perpetual inventory ~ метод постоянных инвентаризаций
perturbation ~ метод возмущений
physical volume ~ метод исчисления объема в натуральном выражении
playback ~ метод повтора
point ~ точечный метод
prediction ~s методы прогнозирования
present value ~ метод приведения будущих платежей к текущей стоимости
pricing ~ метод калькуляции цен
prime cost ~ метод распределения накладных расходов пропорционально прямым затратам
process ~ of cost accounting попроцессный метод калькулирования
processing ~ метод обработки
production ~s способы, методы производства; технология производства
production ~ of depreciation метод начисления амортизации пропорционально объему выполненной работы
production control ~ метод контроля качества продукции
progressive ~s прогрессивные методы
quality control ~ метод контроля качества
quantitative ~ количественный метод
random observation ~ метод выборочного контроля деятельности
ranking ~ метод упорядочения
reducing balance ~ of depreciation метод снижающейся величины амортизационных отчислений
reinterview ~ метод повторного опроса
replacement ~ of depreciation метод единовременного начисления амортизации по восстановительной стоимости
retirement ~ of depreciation метод разового списания по истечении срока службы объекта
safe ~ надежный метод
sample ~ метод отбора проб; выборочный метод
sampling ~ см. sample ~
saturation ~ метод насыщения
scheduling ~ метод календарного планирования
scientific ~ научный метод
searching ~ поисковый метод
sequential ~ последовательный метод

service output depreciation ~ метод начисления амортизации пропорционально объему выполненной работы
short ~ сокращенный метод
simplex ~ симплексный метод
sinking fund ~ of depreciation метод фонда погашения при начислении амортизации
special ~ особый метод
standard ~ стандартный метод
statistical ~ статистический метод
stochastic approximation ~ метод стохастической аппроксимации
straight line ~ метод пропорционального списания при учете амортизации
straight-line ~ of depreciation см. straight line ~
straight-line flow ~ поточный метод
sum of the digits ~ of depreciation кумулятивный метод списания стоимости
sum of the years ~ of depreciation см. sum of the digits ~ of depreciation
systematic ~ систематический метод
systematical ~ см. systematic ~
table ~ табличный метод
tally sheet ~ штриховой метод
taxation ~ метод налогообложения
teaching ~s методы обучения
team development ~ бригадный метод разработки
test ~ метод проведения испытаний
testing ~ см. test ~
total inventory ~ метод сплошной инвентаризации
trial and error ~ метод проб и ошибок
turnover ~ метод оборачиваемости
unit ~ of depreciation метод начисления амортизации по каждому отдельному объекту
unit of production ~ of depreciation метод начисления амортизации пропорционально объему выполненной работы
variation ~ вариационный метод
variational ~ см. variation ~
working ~ метод работы
working hours ~ of depreciation метод начисления амортизации по числу проработанных человеко-часов
workshop ~ цеховой метод
~ of amortization метод апортизации; метод погашения
~ of analysis метод анализа
~ of assessment метод оценивания
~ of average метод средних значений

~ of calculation метод калькуляции
~ of characteristics метод характеристик
~ of collaboration метод сотрудничества
~ of comparison метод сравнения
~s of construction методы строительства
~ of conveyance способ транспортировки
~ of cooperation метод сотрудничества
~ of delivery метод поставки
~ of depreciation метод начисления амортизации
~ of designated routes метод задания маршрутов
~ of display способ показа
~ of distribution метод распределения; метод сбыта
~ of estimation метод оценивания
~ of evaluation см. ~ of estimation
~ of exclusion метод исключения
~ of feasible directions метод возможных направлений
~ of finance метод финансирования
~ of financing см. ~ of finance
~ of forwarding метод отправки
~ of identification метод идентификации
~ of indirect export метод косвенного экспорта
~ of indirect import метод косвенного импорта
~ of inspection метод приемочных испытаний
~ of leading averages метод ведущих средних
~ of leading variables метод ведущих переменных
~ of levying duties метод взимания пошлин
~s of management методы управления
~ of manufacture способ производства
~ of operation метод работы
~ of ordering метод упорядочения
~ of packaging метод, способ упаковки
~ of packing см. ~ of packaging
~ of payment способ платежа, метод расчетов
~ of planning метод планирования
~ of production способ производства
~ of promotion способ организации рекламы, методы рекламы
~ of quality determination метод определения качества
~s of regulation методы регулирования

~ of reimbursement способ возмещения
~ of sales promotion способ стимулирования сбыта
~ of sampling выборочный метод
~ of settlement порядок расчетов
~ of shipment способ отгрузки
~ of shipping см. ~ of shipment
~ of smoothing метод сглаживания
~ of solution способ решения
~ of stowage способ укладки (*груза*)
~ of stowing см. ~ of stowage
~ of successive approximation метод последовательных приближений
~s of trading методы ведения торговли
~s of training методы обучения
~ of transportation метод транспортировки
~ of working метод работы
◊ cost or market whichever is lower ~ of inventory valuation метод оценки стоимости товарных запасов по минимуму цен (*на базе издержек производства или текущих рыночных цен, какая из них окажется ниже*)
to adopt a ~ перенимать метод
to develop a ~ разрабатывать метод
to employ a ~ использовать метод
to follow a ~ придерживаться метода
to introduce a ~ внедрять метод
to practise a ~ применять метод
to realize a ~ осуществлять метод
to revise a ~ пересматривать метод
to work out a ~ разрабатывать метод

METHODICAL *adj* **1.** систематический **2.** методический

METRIC *adj* метрический

METRICATION *n* переход на метрическую систему

METRIFICATION *n* см. **METRICATION**

METROPOLIS *n* крупный город, центр деловой или культурной жизни

MICROANALYSIS *n* микроанализ

MICROCENSUS *n* микроперепись

MICROCLIMATE *n* микроклимат

MICRODEMOGRAPHY *n* микродемография

MICROECONOMIC *adj* микроэкономический

MICROECONOMICS *n* микроэкономика

MICROEQUILIBRIUM *n* микроэкономическое равновесие

MICROFICHE *n* микрофиша

MIDDLEMAN *n* **1.** комиссионер **2.** по-

MID

средник 3. сторонник умеренных действий
MIDDLING *adj* второсортный
MIDDLINGS *n* товар среднего качества, второсортный товар
MID-MONTH *n* середина месяца, 15-е число месяца
MIGRANT *n* переселенец, мигрант
   international ~ переселенец в другую страну
   refugee ~ беженец
   return ~ возвращенец
   seasonal ~ сезонный работник
MIGRATE *v* мигрировать, переселяться
MIGRATION *n* миграция
   civilian ~ миграция гражданских лиц
   external ~ внешняя миграция
   intercontinental ~ межконтинентальная миграция
   labour ~ миграция рабочей силы
   long-distance ~ переселение в дальние края
   mass ~ массовая миграция
   net ~ чистая миграция
   return ~ обратная миграция
   rural ~ переселение в сельские районы
   seasonal ~ сезонная миграция
   subsidized ~ субсидируемое переселение
   urban-rural ~ переселение из города в сельскую местность
   urban-to-urban ~ переселение из одного города в другой
MIGRATOR *n* переселенец, мигрант
MILE *n* миля
   nautical ~ морская миля (1,853 км)
   sea ~ *см.* nautical ~
   square ~ квадратная миля (2,590 км^2)
   statute ~ британская уставная (статутная) миля (1,609 км)
   ton ~ тонно-миля
MILEAGE *n* расстояние в милях
MILKING *n* чрезмерная эксплуатация чего-л., «дойка»
MILL *n* 1. завод; фабрика 2. прокатный стан; прокатный цех 3. мельница
MINE *n* 1. шахта 2. рудник
   captive ~ рудник, входящий в состав комбината другого профиля
   marginal ~ маржинальный рудник
MINER *n* шахтер
MINERAL *n* 1. минерал 2. руда 3. *pl* минеральное сырье
MINIMAX ~ минимакс
MINIMAXIMIZE *v* минимаксимизировать

MIR

MINIMIZATION *n* минимизация
   conditional ~ условная минимизация
   constrained ~ *см.* conditional ~
   cost ~ минимизация издержек производства
   loss ~ минимизация потерь
   stepwise ~ многошаговая минимизация
   unconstrained ~ безусловная минимизация
MINIMIZE *v* сокращать, сводить к минимуму
MINIMUM *n* минимум, минимальное количество
   absolute ~ абсолютный минимум
   constrained ~ условный минимум
   global ~ глобальный минимум
   guaranteed pay ~ гарантированный минимум заработной платы
   local ~ локальный минимум
   regular ~ регулярный минимум
   relative ~ относительный минимум
   subsistence ~ прожиточный минимум
   unconstrained ~ безусловный минимум
   unrestricted ~ неограниченный минимум
MINING *n* 1. горное дело 2. горнодобывающая промышленность 3. разработка месторождения
   coal ~ угольная промышленность
   metal ~ разработка месторождений металлических руд
   open-day ~ разработка открытым способом
   opencast ~ открытые горные работы
   subsurface ~ подземные работы
MINISTER *n* министр
MINISTRY *n* министерство
MINOR *n* несовершеннолетний
MINOR *adj* второстепенный, незначительный
MINORITY *n* меньшинство
MINT *n* монетный двор
   national ~ государственный монетный двор
MINTAGE *n* чеканка монет
MINUTE *n* 1. минута 2. *pl* протокол (*собрания, заседания*)
   ~s of a meeting протокол собрания; протокол заседания
   ~s of negotiations протокол переговоров
   ~ of proceedings протокол заседаний
   ◇ to keep the ~s вести протокол
   to record in the ~s заносить в протокол
MIRACLE *n* чудо

economic ~ экономическое чудо
MISALIGNMENT *n* устойчивое отклонение валютного курса от уровня фундаментального равновесия
MISALLOCATION *n* ошибка в распределении
MISAPPLICATION *n* 1. неправильное использование 2. злоупотребление
MISAPPROPRIATE *v* незаконно растрачивать
MISAPPROPRIATION *n* незаконное присвоение; растрата; хищение
~ of funds растрата денег
MISCALCULATE *v* ошибаться в расчете
MISCALCULATION *n* ошибка в вычислении; неправильный расчет
MISCLASSIFICATION *n* ошибочная классификация
MISDATING *n* неправильное датирование
MISDELIVERY *n* поставка по ошибке
~ of cargo неправильная сдача груза
MISDESCRIPTION *n* неправильное описание
MISDIRECT *v* неправильно направлять, засылать груз
MISDIRECTION *n* неправильная адресовка
~ of cargo засылка груза в неправильный адрес
~ of freight *см.* ~ of cargo
MISENTER *v* делать ошибочную бухгалтерскую проводку
MISENTRY *n* ошибочная бухгалтерская проводка
MISERY *n* нищета, бедность
MISFEASANCE *n* 1. злоупотребление властью 2. небрежное исполнение закона
MISINFORM *v* неправильно информировать; дезориентировать
MISINFORMATION *n* дезинформация
MISINVESTMENT *n* невыгодные капиталовложения, ошибочные инвестиции
MISMANAGE *v* плохо управлять
MISMANAGEMENT *n* плохое управление; бесхозяйственность
MISMATCH *n* несоответствие; расхождение
interest rate ~ разница в уровнях процентных ставок банка по его активам и пассивам
maturity ~ несовпадение сроков
MISPRINT *n* опечатка
MISREPORTING *n* сообщение неточных или неправильных сведений

MISREPRESENTATION *n* неправильная передача, искажение содержания
MISSION *n* 1. миссия; делегация 2. постоянное представительство
MISTAKE *n* ошибка
calculation ~ ошибка в вычислении
◇ by ~ по ошибке
to admit a ~ признавать ошибку
to correct a ~ исправлять ошибку
to prevent a ~ предупреждать ошибку
to rectify a~ исправлять ошибку
MISUNDERSTANDING *n* недоразумение
MISUSE *n* 1. неправильное применение 2. злоупотребление
~ of authority злоупотребление властью
~ of credit злоупотребление кредитом
~ of a patent злоупотребление правом на патент
~ of power злоупотребление властью
MITIGATION *n* уменьшение, смягчение
~ of damages уменьшение суммы возмещения убытков
MIX *n* 1. структура; состав 2. смесь
customer ~ состав клиентуры
industrial ~ структура промышленности
marketing ~ комплекс маркетинга
merchandise ~ ассортимент товаров
optimum ~ оптимальный ассортимент
portfolio ~ содержание портфеля акций
product ~ структура ассортимента товаров; товарная номенклатура
skill ~ профессиональная структура
~ of statistics смесь сбивающих с толку статистических данных
MIXERS *n pl* спекулятивные ценные бумаги с высокой долей риска
MOBILITY *n* подвижность; мобильность
capital ~ перелив капитала
geographic ~ географическая мобильность
horizontal ~ изменение места жительства
industrial ~ подвижность промышленной рабочей силы
labour ~ подвижность рабочей силы
occupational ~ профессиональная мобильность
population ~ подвижность населения
residential ~ изменение места жительства
social ~ социальная мобильность

structural ~ профессиональная мобильность
territorial ~ перемещение населения
vertical ~ социальная мобильность
MOBILIZATION *n* мобилизация
cash ~ мобилизация наличности
economic ~ мобилизация хозяйства
industrial ~ мобилизация промышленности
money ~ мобилизация наличности
partial ~ частичная мобилизация
peak ~ высшая степень мобилизации
resource ~ мобилизация ресурсов
~ of funds мобилизация финансовых средств
~ of reserves мобилизация резервов
~ of internal resources мобилизация внутренних ресурсов
MODE *n* 1. метод; способ 2. вид; тип; форма
economic ~ экономичный способ
efficient ~ эффективный способ
~ of application способ применения
~ of conveyance способ транспортировки
~ of demonstration способ показа
~ of dispatch способ отправки
~ of distribution способ распределения
~ of forwarding способ отправки
~ of investment способ инвестирования
~ of manufacture способ производства
~ of operation характер работы
~ of payment способ платежа
~ of production способ производства
~ of settlement метод расчетов
~ of shipment способ отгрузки
~ of storage способ хранения
~ of transport вид транспорта; способ транспортировки
~ of transportation *см.* ~ of transport
MODEL *n* 1. модель, образец 2. модель, тип, марка конструкции
activity analysis ~ модель анализа деловой активности
advertising ~ образец рекламы
aggregate econometric ~ агрегированная эконометрическая модель
allocation ~ модель распределения
approved ~ одобренная модель
backlogging ~ модель накопления задолженности
bargaining ~ модель заключения сделки
basic ~ основная модель
basic decision ~ основная модель нахождения решения

behavioral ~ модель поведения
bidding ~ модель предложения
bid price determination ~ модель определения цены предложения
bilateral monopoly ~ модель двусторонней монополии
binomial ~ биномиальная модель
buffer-stock ~ модель с резервным запасом
business cycle ~ модель экономического цикла
closed ~ закрытая модель
collective risk ~ модель коллективного риска
company ~ модель фирмы
competition ~ конкурентная модель
competitive ~ *см.* competition ~
continuous-time ~ модель для непрерывного времени
control ~ модель управления
corporate financial ~ финансовая модель фирмы
cost ~ модель затрат
cost benefit ~ модель затрат и доходов
cost effectiveness ~ модель эффективности затрат
cost minimizing ~ модель минимизации затрат
cut-away ~ модель в разрезе
decision ~ модель выбора решения
decision theory ~ *см.* decision ~
demonstration ~ демонстрационная модель
discreet-time ~ модель для дискретного времени
distributed lag ~ модель с распределенным запаздыванием
double-risk ~ модель с двойным риском
dynamic ~ динамическая модель
dynamic sequential ~ динамическая модель экономики в последовательные периоды времени
econometric ~ эконометрическая модель
economic growth ~ модель экономического роста
estimation ~ модель оценивания
expanded ~ расширенная модель
expected cost ~ модель ожидаемых затрат
expected value ~ модель ожидаемой стоимости
experimental ~ экспериментальная модель
export ~ экспортная модель

MOD

feasibility ~ модель осуществимости
financial ~ финансовая модель
fixed-service-level ~ модель с фиксированным уровнем обслуживания
forecasting ~ модель прогнозирования
full-scale ~ модель в натуральную величину
functional ~ функциональная модель
game ~ модель игры
generalized ~ обобщенная модель
growth ~ модель экономического роста
industrial ~ промышленный образец
in-process inventory ~ модель управления запасами промежуточных продуктов
input-output ~ модель «затраты—выпуск»
inspection ~ модель приемочного контроля
inventory ~ модель управления запасами
jazz ~ дорогостоящая модель легкового автомобиля
large-scale ~ крупномасштабная модель
learning ~ модель обучения
linear ~ линейная модель
long-range transport ~ модель дальнего переноса (загрязняющих веществ)
loss transfer ~ модель с переносом потерь
lot-size ~ модель размера партии
low-volume ~ модель, выпускаемая в ограниченном количестве
macrolevel ~ макромодель
marketing ~ модель сбыта
market split ~ модель деления рынка
master ~ эталонная модель
mathematical ~ математическая модель
maximum reliability ~ модель с максимальной надежностью
migration ~ модель миграции
modern ~ современная модель
multicommodity ~ многопродуктовая модель
multicontract bidding ~ модель конкурса при нескольких предложениях
multiechelon ~ многоступенчатая модель
multiplier ~ модель мультипликатора
multiproduct ~ многопродуктовая модель
multisectoral ~ многосекторная модель
multistage ~ 1) многоступенчатая модель 2) многофазовая модель
network ~ модель сети

MOD

new ~ новая модель
obsolete ~ устаревшая модель
one-commodity ~ однопродуктовая модель
one-product ~ см. one-commodity ~
open ~ открытая модель
out-of-date ~ устаревшая модель
planning ~ модель планирования
prediction ~ модель прогнозирования
preference ~ модель предпочтений
price adjustment ~ модель адаптации цен
price breaks ~ модель нарушения цен
price speculation ~ модель биржевой игры
probability ~ вероятностная модель
production ~ серийная модель
production scheduling ~ модель планирования производства
profitability ~ модель прибыльности
programming ~ модель программирования
queueing ~ модель очереди
reduced ~ упрощенная модель
reduced-scale ~ модель в уменьшенном размере
registered ~ зарегистрированная модель
replacement ~ модель замены
return ~ модель доходов
sampling ~ модель выборки
scale ~ масштабная модель
scheduling ~ модель планирования
service ~ действующий макет
shortage ~ модель дефицита
shortest-route ~ модель выбора кратчайшего пути
simulation ~ имитационная модель
single period ~ однопериодная модель
single product ~ однопродуктовая модель
single purchase ~ модель одноразовой покупки
single-stage ~ одноступенчатая модель
software ~ программная модель
statistical ~ статистическая модель
stockage ~ модель создания запасов
storage ~ модель управления запасами
test ~ экспериментальная модель
trade-cycle ~ модель экономического цикла
traffic ~ модель грузопотока
transportation ~ модель транспортировки
transhipment ~ модель перевалки груза

up-to-date ~ современная модель
utility ~ *амер.* полезная модель
working ~ рабочая модель
◊ to modify a ~ модифицировать модель
to test a ~ испытывать модель
MODEL-BUILDING *n* моделирование
MODELLING *n см.* **MODEL-BUILDING**
MODEM *n* модем
MODERATE *adj* средний, посредственный (*о качестве*)
MODERATE *v* сдерживать; смягчать
MODERATION *n* 1. сдерживание, регулирование 2. умеренность
~ of the business cycle регулирование экономического цикла
MODERATOR *n* арбитр; посредник
MODERNIZATION *n* модернизация
  demographic ~ демографическое развитие
  fundamental ~ коренная модернизация
  social ~ социальное развитие
  technical ~ техническое обновление
  ~ of the economy модернизация экономики
  ~ of an operating enterprise модернизация действующего предприятия
MODERNIZE *v* модернизировать
MODIFICATION *n* модификация, изменение
  contract ~s внесение изменений в контракт
  design ~ изменение в конструкции
  essential ~s существенные изменения
  export ~ экспортное исполнение
  latest ~s последние изменения
  patented ~ запатентованная модификация
  price ~ изменение цен
  statutory ~ законное изменение
  substantial ~ значительное изменение
  ~ in the design изменение в конструкции
  ~ of a business cycle модификация экономического цикла
  ~ of a L/C изменение аккредитива
  ~ of a plan изменение плана
  ~ of prices изменение цен
  ~ of quality изменение качества
  ~ of terms изменение условий
  ~s to a contract изменения к контракту
  ◊ pending ~ до изменения
  to carry out ~s осуществлять изменения

to develop ~s разрабатывать модификации
to finalize ~s 1) договариваться об изменениях 2) окончательно оформлять изменения
to include ~s включать изменения
to introduce ~s вносить изменения
to make ~s *см.* to introduce ~s
to propose ~s предлагать изменения
to require ~s требовать изменений
MODIFY *v* модифицировать, изменять
MOIETY *n* половина; доля
MONETARISM *n амер.* монетаризм
MONETARY *adj* 1. денежный, монетарный 2. валютный
MONETIZATION *n* монетизация, превращение в деньги
  ~ of economy развитие денежных отношений
  ~ of the national debt монетизация государственного долга
  ~ of surplus value превращение прибавочной стоимости в деньги
MONEY *n* 1. деньги, платежное средство 2. (*pl* moneys) монетная система валюты 3. (*pl* moneys, monies) денежные суммы
  accounting ~ счетные деньги
  active ~ деньги в обращении
  adulterated ~ фальшивые деньги
  advance ~ задаток, аванс
  allotment ~ денежная сумма, вносимая клиентом за выделенные ему ценные бумаги
  application ~ денежная сумма в заявке на приобретение новых ценных бумаг
  bad ~ фальшивые деньги
  bank ~ деньги банковского оборота
  bargain ~ задаток (*при заключении сделки*)
  barren ~ деньги, не приносящие дохода
  black ~ незаконно полученные деньги
  bogus ~ фальшивые деньги
  bookkeeping ~ наличные средства на счетах, предназначенные для безналичных расчетов
  borrowed ~ деньги, взятые взаймы
  bottle return ~ деньги, полученные за сданную стеклотару
  call ~ деньги до востребования; процентный денежный вклад, выплачиваемый вкладчику по его требованию
  caution ~ задаток
  central bank ~ банкноты центрального банка

443

MON

charter ~ сумма уплаты за чартерный рейс
cheap ~ дешевые деньги, деньги с низкой покупательной способностью
check book ~ деньги безналичных расчетов
coined ~ монеты
commodity ~ товар, выполняющий функцию денег в странах с неразвитой рыночной экономикой
conduct ~ оплата расходов свидетеля в судебном процессе
conscience ~ анонимная дополнительная плата в счет налогов
convertible ~ разменные бумажные деньги
counterfeit ~ фальшивые деньги
credit ~ кредитные деньги
current ~ деньги, находящиеся в обращении
danger ~ денежная надбавка за риск
day-to-day ~ деньги до востребования; процентный денежный вклад, выплачиваемый вкладчику по его требованию
dead ~ неиспользуемые деньги
dear ~ дорогие деньги, деньги с высокой покупательной способностью
demand ~ ссуда до востребования
deposit ~ депонированные деньги; деньги, кредитуемые банком под проценты на текущий счет клиента
depreciated ~ обесцененные деньги
dispatch ~ диспач
earnest ~ задаток
easy ~ дешевые деньги, деньги с низкой покупательной способностью
effective ~ наличные деньги
elastic ~ эластичная валюта
end ~ деньги для непредвиденных расходов
excess ~ избыток денег
extra ~ дополнительная сумма
fall ~ деньги, выплачиваемые преступниками на судебные издержки
false ~ фальшивые деньги
fiat ~ неразменные бумажные деньги
fiduciary ~ деньги, не обеспеченные металлическим резервом
final ~ все виды депозитов и кредитов, которые могут быть переведены чеком
floating ~ временно не используемые банковские деньги
forfeit ~ денежный штраф
forged ~ фальшивые деньги
fractional ~ разменная монета

MON

fresh ~ дополнительный (новый) заемный капитал
funk ~ «горячие» деньги
gate ~ денежный сбор в спортивных состязаниях
hard ~ 1) наличные деньги 2) металлические деньги
hat ~ дополнительные платежи грузоотправителю
hot ~ «горячие» деньги
housekeeping ~ деньги, затрачиваемые на ведение домашнего хозяйства
hush ~ взятка (за молчание)
idle ~ 1) неиспользуемые деньги 2) свободный капитал
incentive ~ поощрительный платеж
inconvertible paper ~ неразменные бумажные деньги
insurance ~ страховое возмещение
irredeemable paper ~ неразменные бумажные деньги
key ~ плата маклеру за услуги при аренде дома или другого жилого помещения
lawful ~ законное платежное средство
legal tender ~ см. lawful ~
loanable ~ деньги, даваемые или получаемые взаймы
long-term ~s долгосрочные денежные ссуды
lot ~ вознаграждение аукционисту за проданную партию
managed ~ управляемая валюта
medium-term ~s среднесрочные денежные ссуды
metal ~ металлические деньги
mortgage ~ ипотечная сумма
near ~ полуликвидные средства
neutral ~ нейтральные деньги
new ~ сумма, на которую номинальная стоимость ценных бумаг превышает фактическую стоимость выкупаемых бумаг при наступлении срока погашения
nonphysical ~ заменители денег
odd ~ оставшиеся деньги
old ~ существующий (наличный) капитал
option ~ премия
overnight ~ однодневная ссуда
overtime ~ вознаграждение за сверхурочную работу
paper ~ бумажные деньги
passage ~ деньги, уплаченные пассажирами за проезд
pension ~ пенсия

period ~ *брит.* срочные депозиты в банках
pin ~ деньги на мелкие расходы
pocket ~ карманные деньги
prize ~ 1) денежный приз 2) трофейные деньги
promotion ~ учредительские издержки
public ~ денежные средства правительства
purchase ~ покупная сумма
push ~ комиссионные розничным торговцам за «проталкивание» некоторых товаров
quasi ~ квазиденьги, денежные субституты
quick ~ инвестированные денежные суммы, которые могут быть получены назад по требованию
rag ~ обесценившиеся бумажные деньги
ready ~ наличные деньги
real ~ реальные деньги, золотые и серебряные монеты
redemption ~ взносы в счет погашения долга
rent ~ рента
representative ~ бумажные деньги, полностью обеспеченные золотом или серебром
retention ~ 1) гарантийная сумма 2) деньги за выполненную работу, удерживаемые заказчиком до полного удовлетворения качеством работы
returned earnest ~ возвращенный задаток
salvage ~ вознаграждение за спасение
seed ~ начальные инвестиции
short ~ деньги, суженные на короткий срок
slush ~ взятка
smart ~ штраф; неустойка
soft ~ бумажные деньги
spare ~ свободные (лишние) деньги
spending ~ карманные деньги
stable ~ деньги с устойчивой покупательной силой
standard ~ 1) золотые или серебряные монеты из металла установленной пробы 2) основные денежные единицы данной страны
substitute ~ заменители денег
tight ~ ограниченный кредит, стеснение кредита
till ~ запас наличных денег в банке
time ~ ссуда на срок
token ~ 1) символическая сумма денег 2) разменные деньги 3) денежные знаки
trust ~ деньги подопечного
uncovered paper ~ необеспеченные бумажные деньги
universal ~ мировые деньги
up-front ~ задаток, предоплата
vault ~ запас наличных денег в банке
world ~ мировые деньги
~ at call деньги до востребования; процентный денежный вклад, выплачиваемый вкладчику по его требованию
~ at long term долгосрочная денежная ссуда
~ at medium term среднесрочная денежная ссуда
~ at short term краткосрочная денежная ссуда
~ down наличные деньги
~ due неуплаченные деньги; деньги, подлежащие выплате
~ in cash кассовая наличность
~ of account денежная единица страны, в которой ведутся бухгалтерские книги
~ on account счетные деньги
~ on call деньги до востребования; процентный денежный вклад, выплачиваемый вкладчику по его требованию
~ on deposit деньги, кредитуемые под проценты банком на текущий счет клиента
~ on loan денежная ссуда
◊ ~ only только наличными
~s received денежные поступления
short of ~ нуждающийся в деньгах
to accommodate with ~ давать в долг, взаймы
to advance ~ предоставлять ссуду
to advance ~ on securities предоставлять ссуду под залог ценных бумаг
to allocate ~ ассигновывать деньги
to appropriate ~ *см.* to allocate ~
to be pressed for ~ испытывать денежные затруднения
to borrow ~ занимать деньги
to borrow ~ flat занимать деньги без процентов
to borrow ~ at interest занимать деньги под проценты
to borrow ~ on pledge занимать деньги под залог
to borrow ~ on a policy занимать деньги под страховой полис
to call ~ востребовать деньги

to call in ~ *см.* to call ~
to change ~ разменивать деньги
to claim ~ требовать деньги
to coin ~ быстро наживаться
to collect ~ инкассировать деньги
to convert into ~ превращать в деньги
to deposit ~ at (with) a bank вносить деньги в банк, делать вклад
to draw ~ from an account снимать деньги со счета
to draw ~ from a bank брать деньги из банка
to draw ~ out брать деньги со счета
to expend ~ тратить деньги
to extract excess ~ from circulation изымать деньги из обращения
to find ~ for smth находить деньги для какой-л. цели
to forfeit the earnest ~ потерять право на задаток
to furnish ~ снабжать деньгами
to get ~ доставать деньги
to get one's ~ back получать деньги обратно
to grant ~ предоставлять ссуду
to handle ~ заниматься деньгами
to have ~ at (in, with) a bank иметь деньги в банке
to hoard ~ копить деньги
to invest ~ вкладывать деньги
to invest ~ at (with) a bank вкладывать деньги в банк
to invest ~ at interest вкладывать деньги из определенного процента
to issue ~ выпускать деньги в обращение
to keep ~ at (in, with) a bank хранить деньги в банке
to lend ~ давать ссуду
to lend ~ at (on) interest ссужать деньги под проценты
to lend ~ free of interest давать беспроцентную ссуду
to lend ~ on goods ссужать деньги под товары
to lend ~ on an insurance policy ссужать деньги под страховой полис
to lend ~ on mortgage ссужать деньги под закладную
to lend ~ on security ссужать деньги под обеспечение
to lend ~ on stock ссужать деньги под ценные бумаги
to lodge ~ вносить деньги в депозит
to make ~ зарабатывать деньги
to obtain ~ получать ссуду
to pay ~ into an account вносить деньги на счет
to pay ~ into a bank вносить деньги в банк
to pay back ~ выплачивать долг
to pay out ~ выплачивать деньги
to place ~ in escrow вносить деньги на условный счет
to place ~ on deposit вносить деньги в депозит
to push up ~ мобилизовать деньги
to put ~ into a bank вносить деньги в банк
to put ~ on term deposit класть деньги в банк на срочный вклад
to put ~ to reserve зачислять деньги в резерв
to put aside ~ резервировать деньги
to put out ~ расходовать деньги; давать взаймы
to raise ~ доставать деньги
to receive ~ for smth получать деньги за что-л.
to recover one's ~ получать деньги обратно
to redistribute ~ перераспределять средства
to refund ~ возмещать деньги; возвращать деньги
to remit ~ пересылать деньги
to repay ~ возвращать деньги, взятые взаймы
to replace borrowed ~ *см.* to repay ~
to reserve ~ резервировать деньги
to return earnest ~ возвращать задаток
to run into ~ заработать большие деньги, разбогатеть
to save ~ экономить деньги
to send ~ посылать деньги
to set aside ~ резервировать деньги
to sink ~ вкладывать деньги
to spend ~ тратить деньги
to take up ~ доставать деньги
to tie up ~ in land вкладывать деньги в землю
to tie up liquid ~s вкладывать ликвидные средства
to transfer ~ пересылать деньги
to turn into ~ превращать в деньги
to withdraw ~ from an account снимать деньги со счета
to withdraw ~ from a business изымать деньги из дела
to withdraw ~ from circulation изымать деньги из обращения
MONEYLENDER *n* ростовщик

MONEY-MAKING *n* накопительство
MONEY-SAVING *adj* экономный
MONGER *n* розничный торговец, владелец лавки
MONITOR *n* 1. контрольное устройство; контрольно-измерительное устройство 2. монитор
MONITOR *v* 1. осуществлять текущий контроль 2. осуществлять мониторинг
MONITORING *n* текущий контроль; наблюдение
  process ~ контроль за ходом технологического процесса
  ~ of production processes *см.* process ~
  ~ of shipments контроль за поставками
MONOCULTURE *n* монокультура
MONOMETALLISM *n* монометаллизм
MONOPOLIST *n* монополист
MONOPOLISTIC *adj* монополистический
MONOPOLIZATION *n* монополизация
MONOPOLIZE *v* монополизировать
MONOPOLY *n* 1. монополия; исключительное право 2. монополия; монополистическое объединение
  absolute ~ абсолютная монополия
  accidental ~ случайная монополия
  alcohol ~ монополия на спиртные напитки
  allround ~ всеобъемлющая монополия
  bank ~ банковская монополия
  banking ~ *см.* bank ~
  bilateral ~ двусторонняя монополия
  buyers' ~ монополия покупателей
  commercial ~ торговая монополия
  complete ~ полная монополия
  consolidated ~ групповая монополия
  currency ~ валютная монополия
  discriminating ~ монополия, сбывающая одни и те же товары по разным ценам
  ephemeral ~ краткосрочная монополия на рынке
  export ~ экспортная монополия
  financial ~ финансовая монополия
  fiscal ~ фискальная монополия
  foreign exchange ~ валютная монополия
  foreign trade ~ монополия внешней торговли
  government ~ государственная монополия
  group ~ групповая монополия
  import ~ монополия на импорт
  industrial ~ промышленная монополия
  institutional ~ институциональная (узаконенная) монополия
  international ~ международная монополия
  isolated ~ монополия одной компании
  land ~ монополия на землю
  legal ~ законная, разрешенная властями монополия
  multinational ~ транснациональная монополия
  natural ~ естественная монополия
  new-product ~ монополия на новый продукт
  partial ~ частичная монополия
  patent ~ патентная монополия
  perfect ~ наличие только одного продуцента (продавца) или покупателя на рынке
  private ~ частная монополия
  public ~ государственная монополия
  public consumption ~ государственная монополия, регулирующая потребление некоторых продуктов
  pure ~ наличие только одного продуцента (продавца) или покупателя на рынке
  regulated ~ регулируемая монополия
  sales ~ монополия на продажу
  seller's ~ монополия продавца
  shared ~ групповая монополия
  single-firm ~ монополия одной фирмы
  state ~ государственная монополия
  technological ~ монополия на технологию
  temporary ~ временная монополия
  trade ~ торговая монополия
  ~ of issuing money монополия на денежную эмиссию
  ~ of location монополия местоположения
  ◇ to grant a ~ предоставлять монополию
  to have a ~ обладать монополией
  to hold a ~ *см.* to have a ~
MONOPSONY *n* монопсония, рынок одного покупателя
MONTH *n* месяц
  calendar ~ календарный месяц
  contract ~ *бирж.* контрактный месяц, месяц поставки товара по срочной сделке
  current ~ текущий месяц
  delivery ~ *бирж.* месяц выполнения срочных контрактов
  forward ~s *бирж.* месяцы заключения

MON　　　　　　　　　MOR

срочных сделок или срочных контрактов
lunar ~ лунный месяц
next ~ следующий месяц
odd ~ месяц, имеющий 31 день
peak ~ разгар сезона
~ after sight месяц после предъявления
~ of grant месяц выдачи
~ of issuance *см.* ~ of grant
~ of issue *см.* ~ of grant
~ under report отчетный месяц
~ under review *см.* ~ under report
◇ of the present ~ данного месяца
within a ~ в течение месяца
this day ~ этого же числа следующего месяца
to pay by the ~ платить помесячно
MONTHLY *n* ежемесячное издание
MOOD *n* настроение
buying ~ покупательское настроение
~ of the market настроение рынка
MOONLIGHTING *n* работа по совместительству
MOORAGE *n* 1. швартовка 2. место стоянки судна 3. плата за стоянку судна
MORATORIUM *n* мораторий
~ on interest отсрочка выплаты процентов
◇ to announce ~ объявлять мораторий
to declare ~ *см.* to announce ~
to extend ~ продлевать мораторий
to impose ~ вводить мораторий
to join ~ присоединяться к мораторию
to proclaim ~ объявлять мораторий
MORTALITY *n* смертность
adult ~ смертность взрослого населения
age-specific ~ повозрастной коэффициент смертности
biological ~ биологическая смертность
child ~ детская смертность
childhood ~ *см.* child ~
occupational ~ профессиональная смертность
regional ~ смертность населения в определенном районе
relative ~ относительная смертность
MORTGAGE *n* 1. залог; ипотека, закладная 2. ипотечный кредит
adjustable rate ~ ипотека с плавающей ставкой
aggregate ~ совокупная закладная
amortization ~ закладная, погашаемая регулярными взносами
amortized ~ *см.* amortization ~

assets ~ закладная на имущество
blanket ~ совокупная закладная
bulk ~ *амер.* заклад всего инвентаря
chattel ~ закладная на движимое имущество
closed ~ закрытая закладная
closed-end ~ *см.* closed ~
collective ~ совокупная закладная
common ~ закладная на транспортное средство
consolidated ~ совокупная закладная
corporate ~ *амер.* заклад имущества компании
defaulted ~ непогашенная закладная
direct reduction ~ закладная, погашаемая равными месячными взносами
equitable ~ закладная, по которой кредитор не имеет права окончательного распоряжения недвижимостью
farm ~ фермерская закладная
first ~ первая ипотека
flexible rate ~ ипотека с плавающей ставкой
floating ~ совокупная закладная
general ~ *см.* floating ~
junior ~ *амер.* последующая (младшая) ипотека
leasehold ~ закладная арендованной собственности
legal ~ закладная, по которой кредитор имеет право окончательного распоряжения недвижимостью, если должник не в состоянии погасить долг
limited ~ закладная, ограниченная определенной суммой
maritime ~ закладная на судно или яхту
maximum ~ закладная на максимальную сумму
maximum amount ~ *см.* maximum ~
open ~ открытая закладная
open-end ~ *см.* open ~
overlying ~ вторая или третья закладная на недвижимость
paid-off ~ погашенная закладная
puisne ~ *брит.* разновидность незарегистрированной закладной
prior ~ предшествующая закладная
real estate ~ закладная на недвижимость
registered ~ именная закладная
running account ~ закладная с неопределенным пределом
second ~ вторая закладная
senior ~ первая (старшая) закладная

statutory ~ закладная, основанная на законе
subsequent ~ последующая закладная
tacit ~ *амер.* закладная, основанная на законе
underlying ~ закладная с правом приоритета в случае раздела заложенного имущества
unlimited ~ закладная, не ограниченная суммой
unrecorded ~ *амер.* не зарегистрированная закладная
unregistered ~ *см.* unrecorded ~
variable rate ~ закладная с изменяющейся ставкой процента
zero ~ ипотека с нулевым купоном
~ of corporate property закладная на имущество компании
~ of real estate залог недвижимости
~ on real estate закладная под недвижимость
◇ by ~ с помощью залога
~ payable ипотека, подлежащая погашению
~s receivable выплаты по ипотеке
to borrow on ~ получать заем под залог имущества
to call in a ~ требовать погашения закладной
to cancel a ~ аннулировать закладную
to clear a ~ оплачивать закладную
to close a ~ погашать закладную
to discharge a ~ аннулировать закладную
to foreclose a ~ лишать права выкупа заложенного имущества
to give in ~ закладывать
to hold a ~ быть кредитором по закладной
to lend on ~ предоставлять ссуду под залог
to raise a ~ получать ссуду под залог
to record a ~ регистрировать закладную
to redeem a ~ выкупать закладную
to register a ~ регистрировать закладную
MORTGAGE *v* закладывать; получать ссуду под залог недвижимости
MORTGAGEABLE *adj* могущий быть принятым в заклад
MORTGAGEE *n* кредитор по закладной
chattel ~ держатель заклада на движимое имущество
~ of a trademark залог товарного знака
MORTGAGER *n* должник по закладной

chattel ~ должник по закладной на движимое имущество
MOTION *n* 1. движение 2. предложение (*на собрании*)
basic ~ основной элемент движения
cross ~ контр-предложение
fundamental ~ основной элемент движения
procedural ~ предложение по процедуре
substantive ~ предложение по существу вопроса
uniform ~ равномерное движение
working ~ рабочее движение
◇ to bring forward a ~ вносить предложение
to file a ~ подавать письменное предложение
to second a ~ поддерживать предложение
to table a ~ вносить предложение
MOTIVATE *v* обосновывать, стимулировать
MOTIVATION *n* обоснование, мотивировка
buying ~ мотив покупки
MOTIVE *n* повод, мотив
business ~s коммерческие мотивы
buying ~ мотив покупки
interested ~s корыстные мотивы
operative ~ побудительный мотив
profit ~ мотив прибыли
speculative ~ спекулятивный мотив
MOVABLES *n pl* движимое имущество
MOVE *n* 1. движение; перемена места 2. ход (*в игре*) 3. поступок; шаг
account ~ движение средств по счетам
chance ~ случайный ход
forbidden ~ запрещенный ход
limit ~ цена, превысившая разрешенный лимит или упавшая ниже него
personal ~ личный ход
price ~s движение цен
MOVE *v* 1. продавать 2. продаваться, иметь спрос 3. изменяться
~ down понижаться
~ downward *см.* ~ down
~ up повышаться
MOVEMENT *n* 1. движение 2. оживление 3. изменение в ценах 4. переезд, переселение
amalgamation ~ движение за слияние
capital ~ движение капитала
cooperative ~ кооперативное движение
downward ~ понижение
downward price ~s понижение цен

forward ~ общее повышение курсов или цен
free ~ свободное передвижение
free ~ of goods свободное движение товаров
labour ~ рабочее движение
market ~ конъюнктура товарного рынка
monetary ~ движение денег
price ~s движение цен
product ~ движение товара
seasonal ~s сезонные колебания
strike ~ забастовочное движение
trade union ~ профсоюзное движение

MOVER *n* 1. движущая сила 2. инициатор (*предложения, резолюции*) 3. ходовые товары
fast ~s быстро продающиеся товары
prime ~ главная причина
slow ~ медленно продающийся товар
top ~ ходовой товар

MULTICHANNEL *adj* многоканальный
MULTICOMMODITY *adj* многопродуктовый
MULTICURRENCY *adj* мультивалютный
MULTIFUNCTIONAL *adj* многофункциональный
MULTILATERAL *adj* многосторонний
MULTINATIONAL *n* международная, транснациональная корпорация
MULTINATIONAL *adj* многонациональный
MULTIPACK *n* 1. набор продуктов, готовый заказ 2. контейнерная упаковка, содержащая отдельно упакованные единицы, мультипак

MULTIPLE *n* 1. кратное число 2. *pl* аналитические показатели, характеризующие акции
◇ to issue bonds in ~s of ... выпускать облигации суммой, делимой на ...

MULTIPLE-STAGE *adj* многоэтапный
MULTIPLIER *n* мультипликатор
budget ~ мультипликатор государственного бюджета
consumption ~ мультипликатор потребления
dynamic ~ динамический мультипликатор
employment ~ мультипликатор занятости
export ~ мультипликатор экспорта
government ~ мультипликатор государственных расходов
income ~ мультипликатор дохода
investment ~ инвестиционный мультипликатор

MULTIVALUED *adj* многозначный
MUNICIPAL *adj* муниципальный; городской
MUNICIPALS *n pl амер.* ценные бумаги, выпускаемые властями штатов и местными властями
MUTILATED *adj* испорченный, рваный (*о документах, деньгах, ценных бумагах и т. п.*)
MUTUAL *adj* совместный; взаимный

N

NADIR *n* самый низкий уровень
NAIL *n:*
◇ to pay on the ~ платить немедленно, деньги на бочку
NAME *n* 1. название, наименование; обозначение 2. член страхового общества Ллойда
brand ~ заводская марка
business ~ наименование предприятия
collective ~ собирательное название
commercial ~ наименование фирмы
conditional ~ условное наименование
corporate ~ *амер.* наименование акционерного общества
file ~ наименование файла
firm ~ фирменное наименование, название фирмы
firm's ~ *см.* firm ~
item ~ наименование изделия
local ~ местное название
manufacturer's ~ наименование завода-изготовителя
nominee ~ имя, на которое зарегистрирована ценная бумага, номинальный инвестор
registered ~ зарегистрированная торговая марка
ship's ~ название судна
trade ~ 1) наименование фирмы 2) торговое наименование, товарный знак
weight ~ обозначение веса
~ of an article наименование изделия
~ of a beneficiary наименование бенефициара
~ of a company название компании
~ of a firm название фирмы
~ of goods наименование товара
~ of an invention название изобретения
~ of the maker наименование изготовителя
NAME *v* 1. называть 2. указывать; назначать

NAMEPLATE *n* фирменная марка изготовителя
NAP *n:*
◇ to go ~ ставить все на карту, рисковать всеми деньгами
NARRATION *n:*
~ of a journal entry содержание бухгалтерской записи
NARRATIVE *n* изложение (*фактов, событий*), хроника
procedure ~ описание последовательных этапов процесса
NARROW *adj* ограниченный, стесненный
NASCENCY *n* возникновение, появление
NASCENT *adj* появляющийся; находящийся в процессе возникновения
NATAL *adj* относящийся к рождению
NATALITY *n* рождаемость, коэффициент рождаемости
NATION *n* 1. народ, нация 2. страна, государство
creditor ~ страна-кредитор
debtor ~ страна, имеющая задолженность
exporting ~ страна-экспортер
industrial ~ промышленно развитая страна
most favoured ~ наиболее благоприятствуемая нация
source ~ страна-поставщик
NATIONAL *n* гражданин, подданный
nonresident foreign ~ иностранный подданный, не проживающий постоянно в данной стране
resident foreign ~ иностранный подданный, проживающий по месту службы
NATIONALITY *n* 1. национальная принадлежность 2. гражданство, подданство
dual ~ двойное гражданство
ethnic ~ этническая национальность

legal ~ законное гражданство
political ~ гражданство, подданство
NATIONALIZATION *n* национализация
NATIONALIZE *v* национализировать
NATIONALLY *adv* в масштабе всей страны
NATIONWIDE *adj* общегосударственный; общенациональный
NATIVE *n* 1. уроженец 2. коренной житель
NATIVE-BORN *adj* коренной
NATURAL *adj* 1. естественный, природный 2. настоящий, натуральный 3. побочный, внебрачный
NATURALIZATION *n* натурализация, предоставление прав гражданства
NATURALIZE *v* натурализовать
NATURE *n* 1. природа 2. сущность, основное свойство 3. род, сорт, класс, тип
  probabilistic ~ вероятностный характер
  seasonal ~ сезонный характер
  ~ of activity характер деятельности
  ~ of cargo характер груза
  ~ of a complaint суть жалобы
  ~ of contents описание содержимого
  ~ of data характер данных
  ~ of a defect характер дефекта
  ~ of goods характер груза
  ~ of household категория хозяйства
  ~ of an invention сущность изобретения; предмет изобретения
  ~ of a patent предмет изобретения, защищенного патентом
NAUTICAL *adj* морской; навигационный
NAVAL *adj* морской; военно-морской
NAVIGABILITY *n* судоходность
NAVIGABLE *adj* судоходный
NAVIGATING *n* навигационный
NAVIGATION *n* навигация, судоходство
  air ~ воздушная навигация
  coastal ~ каботажное плавание
  coasting ~ *см.* coastal ~
  combined ~ смешанное плавание
  commercial ~ торговое мореплавание
  inland ~ судоходство по внутренним водным путям
  line ~ линейное судоходство
  marine ~ морское судоходство
  maritime ~ *см.* marine ~
  ocean ~ *см.* marine ~
  river ~ речное судоходство
  sea ~ морское судоходство
  tramp ~ трамповое судоходство
  ◊ to open ~ открывать навигацию

NAVIGATOR *n* штурман; мореплаватель
NAVY *n* военно-морской флот
NEARBYS *n pl* ближайшие месяцы поставки товаров по срочному контракту
NEAR-MONEY *n* субституты денег, квазиденьги
NEAR-OPTIMAL *adj* близкий к оптимальному
NECESSAR|Y *n* 1. самое необходимое 2. деньги, средства на что-л.
  ~ies of life предметы первой необходимости
  ◊ to meet the ~ies удовлетворять потребности
  to provide the ~ies найти деньги на что-л.
NECESSARY *adj* необходимый
NECESSIT|Y *n* 1. необходимость, настоятельная потребность 2. предмет первой необходимости
  basic ~ies предметы первой необходимости
  dire ~ жестокая необходимость
  nature-imposed ~ естественная необходимость
  paramount ~ крайняя необходимость
  pressing ~ настоятельная необходимость
  primary ~ies предметы первой необходимости
  prime ~ies *см.* primary ~ies
  urgent ~ настоятельная необходимость
  ~ies of life предметы первой необходимости
NEED *n* 1. надобность, нужда 2. *pl* потребности; запросы 3. недостаток, нехватка
  anticipated ~ ожидаемый спрос на что-л.
  borrowing ~s потребности в кредите
  buyers' ~s запросы потребителей
  capacity ~s потребности в расширении производственной площади
  capital ~s потребности в капитале
  consumer ~s запросы потребителей
  customers' ~ *см.* consumer ~s
  daily ~s повседневные нужды
  domestic ~s потребности внутреннего рынка
  domestic market ~s *см.* domestic ~
  economic ~s хозяйственные нужды
  emergency ~s неотложные потребности
  essential ~s важнейшие потребности
  future ~s будущие потребности

home ~s потребности внутреннего рынка
home market ~s см. home ~s
import ~s потребности в импорте
long-standing ~s давно назревшие потребности
manpower ~s потребности в рабочей силе
material ~s потребности в материалах
personal ~s личные потребности
potential ~s возможные потребности
present ~s текущие потребности
real ~s реальные потребности
social ~s общественные потребности
specific ~s специфические потребности
subsidy ~ потребность в субсидировании
sustaining engineering ~s долгосрочные инженерно-технические запросы
unanticipated ~s непредвиденные расходы
unmet ~s неудовлетворенные потребности
urgent ~s назревшие потребности
vital ~ жизненно необходимые потребности
~s for materials потребности в материалах
~s for money потребности в деньгах
~s of the market потребности рынка
◇ to be in ~ of smth нуждаться в чем-л.
to estimate ~s подсчитывать потребности
to meet the ~s удовлетворять потребности
to review the ~s пересматривать потребности
to satisfy the ~s удовлетворять потребности
to serve smb's ~s удовлетворять чьи-л. потребности
to supply smb's ~s см. to serve smb's ~s

NEGLECT n пренебрежение; халатность, упущение

NEGLIGENCE n небрежность; халатность
contributory ~ неумышленная небрежность

NEGLIGENT adj небрежный, халатный

NEGLIGIBLE adj мелкий, незначительный

NEGOTIABILITY n обращаемость, способность к обращению; возможность передачи

NEGOTIABLE adj оборотный; передаваемый, переуступаемый

NEGOTIATE v 1. вести переговоры; договариваться; обсуждать (условия) 2. получать, заключать (договор, контракт) 3. передавать, переуступать; пускать в обращение (векселя, чеки) 4. получать или платить деньги (по векселю, чеку), инкассировать 5. продавать, реализовывать

NEGOTIATION n 1. (часто pl) переговоры; обсуждение условий 2. передача, переуступка; продажа, учет (векселя, чека)
bilateral ~s двусторонние переговоры
bill ~ учет векселя
business ~ деловые переговоры
commercial ~s коммерческие переговоры
constructive ~ конструктивные переговоры
contract ~ переговоры по контракту
final ~s завершающие переговоры
fringe ~ договоренность между двумя контрагентами об условиях купли-продажи, которые не распространяются на других покупателей
intergovernmental ~s межправительственные переговоры
multilateral ~s многосторонние переговоры
preliminary ~s предварительные переговоры
previous ~s предшествующие переговоры
price ~s переговоры по ценам
private ~s закрытые переговоры
protracted ~s длительные переговоры
sales ~s переговоры о продаже
successful ~s успешные переговоры
tariff ~s переговоры по таможенным тарифам
technical ~s технические переговоры
trade ~s торговые переговоры
◇ ~ against documents выплата против документов
~ of a bill выплата по векселю, учет векселя
~ of a cheque выплата по чеку
~ of a draft выплата по тратте, негоциация тратты
~ of a loan переговоры по займу
to begin ~s начинать переговоры
to be in ~s вести переговоры

NEG   NEW

to boycott ~s бойкотировать переговоры
to break off ~s прерывать переговоры
to cancel ~s прекращать переговоры
to carry on ~s вести переговоры
to conduct ~s *см.* to carry on ~s
to discontinue ~s прекращать переговоры
to effect ~s 1) проводить переговоры 2) производить негоциацию
to enter into ~s вступать в переговоры
to finalize ~s завершать переговоры
to handle ~s вести переговоры
to hold ~s *см.* to handle ~s
to initiate ~s начинать переговоры
to make ~s вести переговоры
to open ~s начинать переговоры
to participate in ~s участвовать в переговорах
to postpone ~s переносить переговоры
to put off ~s *см.* to postpone ~s
to reopen ~s возобновлять переговоры
to restart ~s *см.* to reopen ~s
to resume ~s *см.* to reopen ~s
to settle by ~s решать путем переговоров
to speed up ~s ускорять переговоры
to start ~s начинать переговоры
to stop ~s прекращать переговоры
to suspend ~s прерывать переговоры
to take up ~s начинать переговоры
to transact ~s вести переговоры
to wreck ~s срывать переговоры

NEGOTIATOR *n* 1. участник переговоров 2. посредник

NEST-EGG *n* 1. деньги, откладываемые на будущее 2. деньги на непредвиденные расходы

NET *n* нетто; чистый доход; чистая сумма
~ of amortization за вычетом амортизации
~ of material inputs за вычетом материальных затрат
~ of taxes за вычетом налогов

NET *v* 1. приносить чистый доход 2. получать чистый доход
~ out вычитать; определять нетто-позицию

NETTING *n* взаимное погашение обязательств и активов между филиалами банка или несколькими банками, «неттинг»

NETWORK *n* сеть
agency ~ сеть агентств
air route ~ сеть авиалиний
branch ~ сеть филиалов
cable television ~ сеть кабельного телевидения
commercial ~ торговая сеть
communications-control ~ информационно-управляющая коммуникационная сеть
dealer ~ дилерская сеть
distribution ~ сеть распределения; сбытовая сеть
distributive ~ *см.* distribution ~
marketing ~ *см.* distribution ~
multicommodity ~ многопродуктовая система
rail ~ железнодорожная сеть
railway ~ *см.* rail ~
road ~ сеть автомобильных дорог
route ~ транспортная сеть
sales ~ торговая сеть
scheduling ~ схема календарного планирования
skeleton ~ схематическая сеть
telecommunications ~ система телекоммуникаций
teletype ~ телетайпная связь
television ~ телевизионная сеть
telex ~ телексная связь
trading ~ торговая сеть
transportation ~ транспортная сеть
~ of agents сеть агентов
~ of branch offices сеть филиалов
~ of highways сеть автомобильных дорог
~ of offices сеть контор
~ of railways железнодорожная сеть
~ of services сервисная сеть
~ of trade outlets торговая сеть

NEUTRAL *adj* нейтральный

NEVER-OUTS *n pl* обязательные товары

NEWCOMER *n* новичок, новый человек

NEWS *n* новости
commercial ~ экономические новости
financial ~ биржевые новости
hot ~ сенсационная новость
local ~ местные новости
market ~ биржевые новости
stock exchange ~ *см.* market ~

NEWSLETTER *n* информационный бюллетень

NEWSMAN *n* репортер, корреспондент

NEWSPAPER *n* газета
daily ~ ежедневная газета
economic ~ экономическая газета
financial ~ биржевой бюллетень
mass circulation ~ газета, имеющая массовый тираж

◇ to publish a ~ издавать газету
to put an advertisement in a ~ размещать рекламу в газете
to subscribe to a ~ подписываться на газету
NEWSREEL *n* кинохроника, киножурнал
NICHE *n* ниша; благоприятное положение на рынке товаров и услуг
ecological ~ экологическая ниша
market ~ небольшой сегмент рынка для сбыта определенного товара
NICHE-MARKETING *n* сегментация рынка для маркетинга определенного товара
NICKEL *n амер.* монета в 5 центов
NOMADISM *n* кочевой образ жизни
NOMENCLATURE *n* номенклатура
customs ~ таможенные тарифы
trade ~ торговая номенклатура
uniform ~ единая номенклатура
~ of goods номенклатура товаров
NOMINAL *adj* 1. номинальный; нарицательный 2. именной
NOMINATE *v* 1. назначать на должность 2. определять (*дату*); назначать (*судно*)
NOMINATION *n* назначение
~ of an arbitrator назначение арбитра
~ of a vessel назначение судна
NOMINEE *n* назначенное лицо
NONACCEPTABLE *adj* 1. неприемлемый 2. бракованный
NONACCEPTANCE *n* 1. непринятие 2. отказ от акцепта, неакцептование
~ of an application отклонение заявки
~ of goods непринятие товара
NONAPPLICABILITY *n* непригодность, неприменимость
NONARRIVAL *n* неприбытие
NONASSEMBLED *adj* разобранный, в разобранном виде
NONASSESSABLE *adj* не подлежащий обложению налогами
NONATTENDANCE *n* прогул, невыход на работу; неявка (*на собрание*)
NONAVAILABILITY *n* 1. отсутствие чего-л. 2. неготовность к работе
NONBANK *adj* небанковский
NONCALLABLE *adj* не подлежащий истребованию
NONCARTELIZED *adj* некартелированный
NONCASH *adj* безналичный
NONCOMMERCIAL *adj* некоммерческий; неторговый

NONCOMMISSIONED *adj* неуполномоченный
NONCOMMITAL *adj* не связанный обязательством, без обязательств
NONCOMPETITIVE *adj* 1. неконкурентный 2. неконкурентоспособный
NONCOMPETITIVENESS *n* неконкурентоспособность, отсутствие конкурентоспособности
NONCOMPLETION *n* незаконченность, незавершенность
~ of work незавершенность работы
NONCOMPLIANCE *n* 1. несоответствие, несогласованность 2. несоблюдение
~ with obligations невыполнение обязательств
~ with a plan невыполнение плана
~ with regulations несоблюдение инструкций
~ with rules несоблюдение правил
~ with a statute несоблюдение закона
NONCONFERENCE *adj* не являющийся участником картельного соглашения, некартельный
NONCONFORMITY *n* несоответствие
~ of quality несоответствие качества
NONCONTRACTUAL *adj* внедоговорный
NONCONVERTIBLE *adj* неконвертируемый
NONCOVERAGE *n* неполный охват
NONCUMULATIVE *adj* некумулятивный
NONCYCLIC *adj* нецикличный
NONDEDUCTIBLE *adj* не подлежащий вычету
NONDEFENCE *adj* гражданский, не связанный с обороной
NONDELIVERY *n* непоставка
~ of goods непоставка товара; недоставка груза
NONDISCRETION *n* отсутствие свободы действий
NONDISCRIMINATORY *adj* недискриминационный
NONDURABLES *n pl* товары кратковременного пользования
NONDUTIABLE *adj* не облагаемый пошлиной
NONECONOMIC *adj* внеэкономический
NONESSENTIALS *n pl* товары, не являющиеся предметами первой необходимости
NONEXCLUSIVE *adj* неисключительный
NONEXECUTION *n* невыполнение

NON

~ of an agreement невыполнение договора
~ of a contract невыполнение контракта
NONFEASANCE *n* невыполнение обязательства
NONFOODS *n pl* непродовольственные товары
NONFULFILMENT *n* невыполнение
partial ~ частичное невыполнение
~ of an agreement невыполнение соглашения
~ of an assignment невыполнение задания
~ of a contract невыполнение контракта
~ of obligations невыполнение обязательств
~ of a plan невыполнение плана
NONGRANTING *n* невыдача
~ of a patent невыдача патента
NONIMPORTATION *n* запрет на импорт
NONINSTALMENT *n/attr.* не подлежащий оплате отдельными взносами
NONINTERFERENCE *n* невмешательство
NONLABOUR *adj* нетрудовой
NONLIQUID *adj* неликвидный
NONMANUFACTURING *adj* не относящийся к обрабатывающей промышленности
NONMEMBER *n* не являющийся членом организации, не входящий в организацию
~ of a conference не являющийся участником картельного соглашения
NONMERCHANTABLE *adj* не подлежащий продаже
NONNATIONAL *adj* вненациональный, стоящий вне нации
NONNEGOTIABLE *adj* непередаваемый, без права передачи
NONOBSERVANCE *n* несоблюдение
~ of an agreement несоблюдение соглашения, невыполнение договора
~ of directions несоблюдение правил
~ of instructions несоблюдение инструкций
~ of a schedule несоблюдение графика
~ of the terms of an agreement несоблюдение условий договора
~ of the time несоблюдение срока
~ of the time limit *см.* ~ of the time
NONOFFICIAL *adj* неофициальный

NON

NONOPERATING *adj* неосновной; побочный
NONPARTICIPATING *adj* неучаствующий
NONPATENTABLE *adj* непатентоспособный
NONPAYER *n* неплательщик
NONPAYMENT *n* неуплата; неплатеж
NONPERFORMANCE *n* невыполнение
~ of a contract невыполнение контракта
~ of obligations невыполнение обязательств
~ of an order невыполнение заказа
NONPERISHABLE *adj* непортящийся
NONPRESENTMENT *n* непредъявление
NONPRODUCTION *adj* непроизводственный
NONPRODUCTIVE *adj* 1. непроизводительный 2. *см.* NONPRODUCTION
NONPROFIT *adj* бесприбыльный, некоммерческий
NONQUOTA *adj* неквотированный
NONRANDOM *adj* неслучайный
NONRECOURSE *n* без оборота
NONRECURRENT *adj* единовременный, разовый
NONREFUNDABLE *adj* непогашаемый (*об условии облигационного займа, запрещающем его погашение с помощью нового займа*)
NONREGULAR *adj* нерегулярный
NONREIMBURSABLE *adj* невозмещаемый; невозместимый
NONREPEAT *adj* разовый
NONRESIDENCY *n* непроживание в каком-л. месте
NONRESIDENT *n* временный житель, нерезидент
NONRESPONSE *n* неполучение данных
NONSCHEDULED *adj* нерегулярный (*о транспорте*)
NONSECTORAL *adj* неотраслевой
NONSOLVENCY *n* неплатежеспособность
NONSTANDARD *adj* нестандартный; некондиционный
NONSTOCK *adj* нестандартный
NONSTOP *adj* без остановок
NONSUIT *n* отказ в иске в силу непредставления истцом доказательств
~ of an action отказ в иске
~ of a claim *см.* ~ of an action
NONTARIFF *adj* нетарифный
NONTAXABLE *adj* не облагаемый налогом

NONTRADING *adj* неторговый, некоммерческий

NONTRANSFERABLE *adj* без права передачи, непередаваемый

NONUNION *adj* не состоящий членом профсоюза; неорганизованный

NONUNIONIST *n* не член профсоюза

NONUSE *n* неупотребление, неиспользование
~ of a patent неиспользование патента

NON-USER *n* *юр.* неиспользование права

NONVOTING *adj* 1. не участвующий в выборах 2. не дающий права голоса (*об акциях*)

NONWORKER *n* неработающий (*о человеке*)

NONWORKING *n:*
~ of a patent неиспользование патента

NO-PAR *adj* без нарицательной цены

NORM *n* 1. норма 2. стандарт
depreciation ~ норма амортизации
economic ~s экономические нормативы
family size ~ средний размер семьи
job ~ рабочая норма
legal ~s правовые нормы
loading ~s нормы погрузки
new ~s новые нормы
progressive ~s прогрессивные нормативы
technical ~s технические нормы
~ for consumption норма расхода
◇ to conform with ~s соответствовать нормам
to correspond to ~s *см.* to conform with ~s
to fix ~s стандартизировать
to fulfil the ~ выполнять норму
to introduce ~s вводить нормы
to lay down ~s устанавливать нормы
to overfulfil the ~ перевыполнять норму
to reconsider ~s пересматривать нормы
to revise ~s *см.* to reconsider ~s
to set ~s устанавливать нормы

NORMAL *n* стандартный образец, размер; норматив
input ~s нормативы затрат
price ~s нормативы цен

NORMAL *adj* нормальный, стандартный; типовой

NORMALIZATION *n* нормализация
~ of economic relations оздоровление экономических отношений

NORMALIZE *v* 1. нормализовать 2. приводить к норме, стандартизовать

NORMATIVE *adj* нормативный

NOTARIAL *adj* нотариальный

NOTARIZE *v* нотариально засвидетельствовать

NOTARY *n* нотариус
public ~ государственный нотариус
◇ attested by a ~ удостоверенный нотариально
authenticated by a public ~ заверено государственным нотариусом
certified by a ~ удостоверенный нотариально

NOTATION *n* запись, отметка
«all risks» ~ отметка о «всех рисках»
digital ~ цифровое обозначение
matrix ~ матричная запись
number ~ числовое обозначение
~ on a bill of exchange отметка о протесте на векселе
◇ by ~ путем отметки
to contain a ~ содержать оговорку
to make a ~ сделать оговорку (*в документе*)

NOTCH *n* 1. незначительное изменение курса валют или цены 2. пункт

NOTE *n* 1. *обыкн. pl* заметка, запись 2. примечание; ссылка 3. накладная 4. расписка; долговая расписка; простой вексель 5. кредитный билет 6. банкнота, банковский билет 7. авизо
acceleration ~ долговая расписка с правом досрочной уплаты долга
accommodation ~ выставленный или акцептованный вексель для получения краткосрочного кредита
accompanying ~ сопроводительная накладная
advance ~ предварительное указание
advice ~ извещение об отправке
air consignment ~ авиагрузовая накладная
allotment ~ *мор.* документ, по которому часть заработка моряка перечисляется членам его семьи или на счет в банке
backed ~ *мор.* свидетельство об уплате фрахта
bank ~ банковский билет, банкнота
bank anticipation ~ *амер.* векселя, выпускаемые властями штатов и муниципалитетами в ожидании облигационного выпуска
bearer ~ вексель на предъявителя

bearer mortgage ~ ипотечный документ на предъявителя
bond ~ разрешение таможни на вывоз груза со склада
bond anticipatory ~s краткосрочные кредитные обязательства, выпускаемые с целью привлечения средств для финансирования проектов
booking ~ документ, подтверждающий фрахтование судна, букинг-нот
bought ~ *бирж.* брокерская записка о совершенной сделке, посылаемая покупателю
broker's ~ брокерская записка
broker's contract ~ извещение о выполнении поручения, направляемое брокером клиенту
call ~ вексель с оплатой по предъявлении
cartage ~ транспортная накладная
cash ~ извещение о платеже
circular ~ 1) циркулярное письмо 2) дорожный аккредитив
cognovit ~ письменное признание иска
collateral ~ простой обеспеченный вексель
confirmation ~ письменное подтверждение
confirmatory ~ *амер.* подтверждение получения заказа
consignment ~ транспортная накладная
contract ~ договорная записка
counterfeit bank ~ поддельная банкнота
cover ~ временное свидетельство о страховании, ковернот
covering ~ *см.* cover
credit ~ кредитовое авизо
dandy ~ приказ экспортера экспедитору о погрузке товаров с таможенного склада на судно (*при наличии разрешения таможенных властей*)
debit ~ дебетовое авизо
delivery ~ извещение о доставке
demand ~ вексель с оплатой по предъявлении
detailed debit ~ подробная дебет-нота
dispatch ~ уведомление об отправке
explanatory ~ объяснительная записка
extended ~ пролонгированный вексель
Federal Reserve ~s *амер.* банкноты Федерального резервного банка
floating rate ~ долговое обязательство со сроком погашения 5-7 лет, процентная ставка по которому изменяется в зависимости от условий на рынке
foreign ~ иностранный вексель
forged ~ поддельный вексель
freight ~ 1) перечень отгруженных товаров 2) счет за перевозку
gold ~ вексель, погашаемый золотом
goods received ~ извещение о получении товара
inland ~ местный простой вексель
interest-bearing ~ процентный вексель
international consignment ~ международная накладная
jerque ~ документ о таможенной очистке, выдаваемый капитану судна представителем таможенных властей
joint ~ простой вексель, подписанный двумя или более лицами
joint and several ~ *амер.* вексель с солидарной ответственностью
judgement ~ письменное признание долга
legal ~ 1) письменное извещение банка клиенту о суммах, поступивших на его счет 2) письменное извещение отправителя грузов покупателю о количестве товаров, их описание, о дате отправки и виде транспорта
legal tender ~s казначейские билеты
long-term ~ долгосрочный вексель
mandatory ~ необязательная отметка
mortgage ~ ипотечное обязательство
negotiable ~ передаваемый соло-вексель
noninterest-bearing ~ беспроцентный вексель
optional ~ отметка, обязательная к исполнению
outstanding debit ~ неоплаченная дебет-нота
packing ~ упаковочный лист
prolonged ~ пролонгированный вексель
promissory ~ долговое обязательство, вексель
promissory ~ **to bearer** вексель на предъявителя
prompt ~ памятная записка о сроке платежа
protested ~ опротестованный вексель
real estate mortgage ~ закладная на недвижимое имущество
renewal ~ пролонгированный вексель
risk ~ документ, ограничивающий ответственность транспортного предприятия

road consignment ~ автодорожная накладная
sale ~ брокерская записка о совершенной сделке, посылаемая продавцу
secured ~ обеспеченный вексель
shipper's ~ отметка отправителя
shipping ~ ордер на погрузку
short-term ~ краткосрочный вексель
sight ~ предъявительский вексель
sold ~ брокерская записка о совершенной сделке, посылаемая продавцу
special ~ особая отметка
stock ~ свидетельство долга, обеспеченное ценной бумагой
subrogated ~ простой вексель с заменой кредитора другим лицом
tax ~ *амер.* налоговый сертификат казначейства
technical cover ~ технический ковернот
time ~ вексель без даты
transfer ~ переводный вексель
Treasury ~ казначейские билеты
uncovered ~ необеспеченный вексель
unsecured ~ *см.* uncovered ~
weight ~ сертификат веса
~ for payment вексель, подлежащий оплате
~ in hand простой вексель
~ of charges фактура
~ of entry отметка о регистрации
~ of expenses счет издержек
~ of hand простой вексель
~ of order бланк заказа
~ of protest протест
~ of registration отметка о регистрации
~ «on deck» отметка о палубном грузе
◊ ~s payable *амер.* векселя к оплате
~ payable om demand вексель с оплатой по предъявлении
~s receivable *амер.* векселя к получению
to accept a ~ принимать вексель
to issue ~s выпускать банкноты
to make a ~ делать отметку
to make a promissory ~ выписывать соло-вексель
to recall a debit ~ отзывать дебет-ноту
to redeem bank ~s оплачивать банкноты
NOTE *v* 1. делать заметки, записи 2. протестовать (*вексель*)
◊ to have a bill noted делать отметку на векселе об отказе трассата от акцепта или уплаты

NOTEBOOK *n* тетрадь; записная книжка
NOTEHOLDER *n* держатель векселя
NOTICE *n* извещение, уведомление; предупреждение; объявление; заявление (*об увольнении с работы*); *мор.* нотис
advance ~ предварительное уведомление
allocation ~ письменное уведомление подписчику ценных бумаг о количестве выделенных ему акций
allotment ~ письмо с указанием суммы подписки
arrival ~ уведомление о прибытии
bankruptcy ~ объявление о банкротстве
cancellation ~ уведомление об отмене
captain's ~ нотис капитана
copyright ~ общепринятый символ авторского права
delivery ~ извещение о поставке
due ~ надлежащее уведомление
dunning ~ напоминание должнику с требованием немедленной оплаты
exercise ~ официальное уведомление о намерении осуществить право опциона, предоставленное условиями контракта
expiry ~ последний день осуществления права опциона
exporters' ~ извещение экспортеров
formal ~ официальное извещение
forwarding agent's ~ извещение экспедитора
immediate ~ срочное уведомление
lapse ~ письменное извещение об истечении срока договора страхования
margin ~ требование гарантийного взноса
modification ~ извещение о внесенных изменениях
monthly ~ уведомление за месячный срок
official listing ~ *амер.* официальное извещение о допуске ценных бумаг к биржевой торговле
patent ~ патентная маркировка изделия
preliminary ~ предварительное уведомление
previous ~ предшествующее извещение
prior ~ предварительное уведомление
prompt ~ срочное уведомление

redemption ~ извещение о выкупе (*облигаций*)
renewal ~ напоминание страховой компании с требованием уплаты страховой премии к определенному сроку
shipping ~ ордер на отгрузку
short ~ сокращенный срок уплаты тарифа
sinking-fund ~ извещение об отзыве и погашении ценных бумаг
statement ~ акт-извещение
statutory ~ уведомление, предписанное законом
strike ~ объявление о забастовке
tax assessment ~ платежное извещение налогового органа
timely ~ своевременное уведомление
two weeks' ~ уведомление за две недели
urgent ~ срочное уведомление
withdrawal ~ 1) объявление об изъятии (*вклада*) 2) объявление о погашении (*облигаций*)
written ~ письменное извещение
~ about an auction извещение об аукционе
~ by mail уведомление по почте
~ by post *см.* ~ by mail
~ by telex извещение по телексу
~ in writing письменное извещение
~ of abandonment письменная заявка страхователя к страховщику с требованием выплаты полной суммы потерь
~ of accident сообщение о несчастном случае
~ of appeal заявление об апелляции
~ of appropriation извещение о выделении товара для исполнения договора
~ of arrival извещение о прибытии
~ of assessment платежное извещение налогового органа
~ of cancellation of a contract извещение об аннулировании контракта
~ of a claim 1) заявление об убытках 2) уведомление о предъявлении претензии
~ of consignment извещение об отгрузке
~ of credit кредитовое авизо
~ of damage заявление об убытках
~ of defects извещение о дефектах
~ of delivery извещение о поставке
~ of dishonour протест
~ of dismissal уведомление об увольнении

~ of expected arrival нотис о предполагаемом подходе судна
~ of exportation извещение об отгрузке товара на экспорт
~ of fixture извещение о фрахтовании
~ of funds информация о вкладах
~ of intention *амер.* извещение о банковских концессиях
~ of legal extinction объявление о недействительности чего-л.
~ of legal invalidation *см.* ~ of legal extinction
~ of legal nullification *см.* ~ of legal extinction
~ of losses заявление об убытках
~ of motion формальное уведомление о вопросах на повестке дня собрания
~ of prepayment извещение о предоплате
~ of protest протест
~ of readiness уведомление о готовности
~ of the readiness of the equipment for tests извещение о готовности оборудования к испытаниям
~ of the readiness of the goods for shipment извещение о готовности товара к отгрузке
~ of the readiness to discharge извещение о готовности судна к выгрузке
~ of the readiness to load извещение о готовности судна к погрузке
~ of the readiness to unload извещение о готовности судна к выгрузке
~ of redemption извещение о выкупе (*облигаций*)
~ of rejection заявление об отказе
~ of removal извещение о переезде
~ of suspension of payment извещение о приостановке платежей
~ of termination уведомление об истечении срока
~ of termination of an agreement уведомление об аннулировании соглашения
~ of termination of employment уведомление об увольнении
~ of termination of service *см.* ~ of termination of employment
~ of a vessel's arrival извещение о прибытии судна
~ of withdrawal объявление об изъятии; объявление о погашении; извещение об отзыве (*заявки*)
~ of withdrawal of bonds объявление о погашении облигаций

~ of withdrawal of funds объявление об изъятии вклада
◇ at short ~ с кратковременным уведомлением; за короткий срок
in lieu of ~ вместо предупреждения
subject to ~ подлежащий уведомлению; при условии уведомления
until further ~ впредь до дальнейшего уведомления
without ~ без предупреждения
without further ~ без дальнейшего предупреждения
to file a ~ of opposition подавать протест
to forward a ~ посылать извещение
to give ~ посылать предупреждение, предупреждать
to give in one's ~ подавать заявление об увольнении
to post a ~ вывешивать объявление
to put up a ~ *см.* to post a ~
to receive a ~ получать извещение
to send a ~ посылать извещение
to take ~ обращать внимание

NOTIFICATION *n* 1. извещение, сообщение; предупреждение; нотификация 2. объявление
advance ~ предварительное уведомление
bank ~ банковское уведомление
balance ~ уведомление об остатке (сальдо)
compulsory ~ обязательное уведомление
dispatch ~ уведомление об отправке
formal ~ официальное уведомление
loading ~ уведомление о погрузке
mail ~ уведомление по почте
official ~ официальное уведомление
postal ~ уведомление по почте
preliminary ~ предварительное уведомление
premerger ~ *амер.* извещение о предполагаемом слиянии
urgent ~ срочное уведомление
~ by post извещение по почте
~ by telex извещение по телексу
~ in writing письменное уведомление
~ of an accident извещение о несчастном случае
~ of appropriation извещение о выделении товара для исполнения договора
~ of claim уведомление о предъявлении претензии
~ of defects извещение о дефектах

~ of dispatch уведомление об отправке
~ of a L/C уведомление об открытии аккредитива
~ of loading уведомление о погрузке
~ of payment извещение о платеже
~ of readiness извещение о готовности
~ of shipment извещение об отгрузке
◇ on ~ по уведомлении
pending ~ впредь до уведомления

NOTIFY *v* 1. извещать, уведомлять 2. объявлять

NOTING *n* процедура опротестования векселя

NOVATION *n* 1. новация 2. замена старого контракта новым

NOVELTY *n* 1. новинка, новость 2. *pl* новинки 3. новизна
patentable ~ патентоспособная новизна
technical ~ техническая новинка
technological ~ технологическая новинка
~ of decisions новизна решений
~ of goods новизна товара

NUGGET *n* золотой самородок

NUISANCE *n* неудобство; источник вреда; причинение собственнику недвижимости неудобств в пользовании ею
attractive ~ *юр.* ответственность собственника недвижимости за источник опасности, привлекающий детей
common ~ нарушение общественного порядка; любое действие или халатность, причиняющие ущерб другим членам общества
private ~ неразумное использование собственности, приносящее неудобства другим членам общества
public ~ нарушение общественного порядка

NULL *adj* недействительный; нулевой
◇ ~ and void не имеющий юридической силы

NULLIFICATION *n* 1. аннулирование, признание недействительным 2. нуллификация (*бумажных денег*)
~ of a contract аннулирование контракта
~ of a patent аннулирование патента

NULLIFY *v* 1. аннулировать 2. *юр.* отменять, делать недействительным

NULLITY *n* недействительность (*сделки*)

NUM

~ **of a contract** недействительность контракта
~ **of a treaty** недействительность договора
NUMBER *n* 1. число, количество 2. [порядковый] номер 3. номер, выпуск (*издания*) 4. сумма, цирфа; число
acceptance ~ приемочное число
account ~ номер счета
acquisition ~ номер поступления
additional ~ дополнительный номер
address ~ номер документа
approximate ~ приближенное число
average sample ~ средний объем выборки
back ~ старый номер (*газеты*)
base ~ базисная величина
batch ~ серийный номер
big ~ большое число (*цифры до десятичного знака в котировке ценной бумаги*)
booking ~ номер бухгалтерской записи
catalogue ~ номер по каталогу
check ~ контрольный номер
cheque serial ~ серийный номер чека
code ~ кодовый номер
consecutive ~ номер по порядку
contract ~ номер контракта
control ~ контрольный номер
credit ~ номер аккредитива
customer ~ номер покупателя
equal ~ равное количество
file ~ регистрационный номер
flight ~ номер рейса
fractional ~ дробное число
index ~ индекс, показатель
industry code ~ шифр отрасли экономики
integral ~ целое число
inventory ~ инвентарный номер
inverse ~ обратное число
invoice ~ номер накладной
item ~ номер позиции
job ~ номер заказа
key ~ номер по телеграфному коду
licence ~ *авто* регистрационный номер
livestock ~ поголовье скота
lot ~ номер партии
machine ~ номер машины
maker's ~ номер изготовителя
nomenclature ~ номенклатурный номер
order ~ номер заказа

NUM

ordinal ~ порядковый номер
package ~ номер места
part ~ номер детали
passport ~ номер паспорта
patent ~ номер патента
patent classification ~ номер в классификации изобретений
piece ~ номер изделия
policy ~ номер страхового полиса
postal district ~ индекс почтового отделения
price index ~ индекс цен
priority ~ показатель приоритета
product batch ~ серийный номер изделия
purchase order ~ номер заказа
random ~ случайное число
record ~ рекордное число
reference ~ номер для ссылок
registration ~ регистрационный номер
relative ~ относительная величина
requisition ~ номер заказа
rotation ~ порядковый номер
round ~ округленное число
serial ~ серийный номер
stock ~ номенклатурный номер; складской номер
telephone ~ номер телефона
test ~ кодовый номер
total ~ общее количество
transfer ~ номер трансферта
transmission ~ *см.* **transfer** ~
voucher ~ 1) номер документа 2) номер ваучера
wrong ~ ошибочный номер
~ **of cases** количество мест груза
~ **of complete years** число полных лет (*о возрасте*)
~ **of inhabitants** численность населения
~ **of items** количество позиций
~ **of man-days** число человеко-дней
~ **of a package** номер места груза
~ **of packages** количество мест груза
~ **of pieces** *см.* ~ **of packages**
~ **of transactions** количество сделок
◊ **a great** ~ множество
~ **engaged** номер занят
to decrease the ~ уменьшить количество
to define the ~ определять количество
to determine the ~ *см.* **to define the** ~
to dial a ~ набирать номер телефона

to express in round ~s выражать в круглых числах
to increase the ~ увеличивать количество
to reduce the ~ уменьшать количество
to specify the ~ указывать количество
NUMBER *v* нумеровать
◇ **consecutively numbered** пронумерованный по порядку
NUMBERING *n* нумерация
account ~ нумерация счетов
batch ~ нумерация партий
consecutive ~ последовательная нумерация
NUMERACY *n* множество
NUMERAL *n* цифра
NUMERATION *n* нумерация
consecutive ~ последовательная нумерация
NUMERIC *adj* числовой; цифровой
NUMERICAL *adj см.* **NUMERIC**
NUMEROUS *adj* многочисленный
NURSERY *n* детские ясли; детский сад

O

OATH *n юр.* присяга
  judicial ~ присяга в суде
  ~ of office присяга при вступлении в должность
  ~ on arrival подтверждение под присягой судового манифеста
  ~ on departure показание под присягой, даваемое экспортером таможне
  ~ on entry показание под присягой, даваемое импортером таможне
  ◇ to administer the ~ приводить к присяге
  to break an ~ нарушать присягу
  to certify under ~ свидетельство под присягой
  to deny on ~ отрицать под присягой
  to put on ~ приводить к присяге
  to state on ~ заявлять под присягой
  to take an ~ присягать
  to tender an ~ *см.* to take an ~

OBJECT *n* 1. объект; предмет 2. цель
  immediate ~ ближайшая цель
  pawned ~ заложенная вещь
  secondary ~ побочная цель
  ~ of action цель иска
  ~ of an agreement предмет договора
  ~ of art предмет искусства, художественное изделие
  ~ of a company цель создания компании
  ~ of a contract предмет контракта
  ~ of insurance объект страхования
  ~ of a licence предмет лицензии
  ~ of supply предмет поставки
  ~ of utility предмет потребления

OBJECT *v* возражать, протестовать

OBJECTION *n* возражение, протест
  management ~ возражение руководства
  technical ~ формальное возражение
  valid ~ обоснованное возражение
  ~ to payment протест платежа

OBJECTIVE *n* цель, задача
  noncommercial ~ некоммерческая цель
  primary ~ главная цель
  production ~ производственная задача
  quantitative ~ количественная цель
  sales ~ задача сбыта
  test ~ контрольный уровень
  ~ of an agreement цель соглашения
  ~s of policy хозяйственные задачи

OBLIGATION *n* 1. обязательство 2. обязанность; долг 3. долговое обязательство; долговая расписка 4. облигация
  agent's ~s обязанности агента
  business ~ деловое обязательство
  carried forward ~s переходящие обязательства
  contract ~s контрактные обязательства
  contractual ~s *см.* contract ~s
  counterpart ~s параллельные обязательства
  defaulted ~ невыполненное обязательство
  delivery ~s обязательства по поставкам
  direct ~ прямое обязательство
  external ~s внешние обязательства
  financial ~ финансовое обязательство
  fixed ~ твердое обязательство
  general ~ обязательство общего характера
  guarantee ~ гарантийное обязательство
  implied ~ незафиксированное, но подразумеваемое обязательство
  indirect ~ косвенное обязательство
  international ~s международные обязательства
  joint ~ совместное обязательство; солидарный долг
  know-how ~s обязательства по ноу-хау
  legal ~ правовое обязательство
  legal ~s of the parties обязанности сторон
  long-term ~s долгосрочные обязательства
  maintenance ~s обязательства по техническому обслуживанию
  marketable ~s рыночные обязательства

mutual ~s взаимные обязательства
outstanding ~ невыполненное обязательство
payment ~ платежное обязательство
pecuniary ~s денежные обязательства
primary ~ первичное обязательство
royalty ~s обязательства по выплате роялти
short-term ~s краткосрочные обязательства
statutory ~s обязательства, предписанные законом
take-or-pay ~ обязательство купить товар или выплатить неустойку
~s of an agent обязанности агента
~s of partners обязательства сторон
~s of the principal обязанности принципала
~s under an agreement обязательства по договору
~s under a contract обязательства по контракту
~s under warranty обязательства по гарантии
◇ without ~ без обязательства
to abide by ~s соблюдать обязательства
to acknowledge ~s подтверждать обязательства
to acquit smb from an ~ освобождать кого-л. от обязательства
to adhere to an ~ соблюдать обязательство
to assign ~s распределять обязанности
to assume an ~ принимать на себя обязательство
to be released from an ~ быть освобожденным от обязательства
to be under ~ to smb иметь обязательства по отношению к кому-л.
to bind smb with an ~ связать кого-л. обязательством
to break ~s нарушать обязательства
to carry out ~s выполнять обязательства
to complete contractual ~s завершать выполнение контракта
to comply with ~s выполнять обязательства
to discharge ~s выполнять обязательства; платить по обязательствам
to discharge smb from ~s освобождать кого-л. от обязательств
to enter into an ~ брать (принимать) на себя обязательство
to evade ~s уклоняться от выполнения обязательства

to fail in one's ~s не выполнять обязательства
to fail to meet ~s см. to fail in one's ~s
to fail to perform ~s см. to fail in one's ~s
to free from an ~ освобождать от обязательства
to fulfil ~s выполнять обязательства
to impose an ~ налагать обязательство
to incur an ~ принимать на себя обязательство
to lay ~s налагать обязательства
to lay smb under an ~ связывать кого-л. обязательством
to meet ~s покрывать обязательства, платить по обязательствам
to meet financial ~s выплачивать по обязательствам
to observe ~s соблюдать обязательства
to perform ~s выполнять обязательства
to put smb under an ~ связывать кого-л. обязательством
to release from an ~ освобождать от обязательства
to relieve from an ~ см. to release from an ~
to renounce ~s отказываться от обязательства
to repay one's ~s выполнять обязательства, платить по обязательствам
to shirk an ~ уклоняться от выполнения обязательства
to shrink away from an ~ см. to shirk an ~
to transfer one's ~s передавать свои обязательства
to undertake ~s 1) брать на себя обязанности 2) брать на себя обязательства
to waive ~s отказываться от выполнения обязательств

OBLIGATOR n лицо, принявшее на себя обязательство; должник

OBLIGATORY adj обязательный

OBLIGEE n лицо, по отношению которого принято обязательство; кредитор

OBLIGOR n лицо, принявшее на себя обязательство; должник

OBSERVANCE n соблюдение
strict ~ строгое соблюдение
~ of an agreement исполнение договора; соблюдение соглашения
~ of dates соблюдение сроков
~ of formalities соблюдение формальностей

~ of instructions соблюдение инструкций
~ of liabilities соблюдение обязательств
~ of obligations *см.* ~ of liabilities
~ of regulations соблюдение постановлений
~ of safety precautions соблюдение мер предосторожности
~ of time соблюдение срока
~ of a time limit *см.* ~ of time
OBSERVATION *n* 1. наблюдение, изучение 2. *обыкн. pl* результаты наблюдений 3. замечание
adjusted ~ скорректированное наблюдение
behaviour ~ изучение настроения рынка
direct ~ непосредственное наблюдение
economic ~s результаты экономических наблюдений
examiner's ~s замечания эксперта
experimental ~ экспериментальное определение
final ~ заключительное замечание
general ~s общие замечания
grouped ~s сгруппированные наблюдения
independent ~s независимые наблюдения
indirect ~s косвенные наблюдения
initial ~ первоначальные замечания
mass ~s массовые наблюдения
missed ~ пропущенное наблюдение
missing ~ *см.* missed ~
ordered ~s упорядоченные наблюдения
paired ~s парные наблюдения
partial ~s частичный охват наблюдениями
quantitative ~s количественные наблюдения
random ~ случайное наблюдение
repeated ~ повторное наблюдение
sample ~ выборочное наблюдение
sampling ~ *см.* sample ~
statistical ~ статистическое наблюдение
tied ~s связанные наблюдения
timeless ~ наблюдение, не зависящее от времени
weighted ~ взвешенное наблюдение
◇ to make ~s делать замечания
OBSERVE *v* 1. наблюдать 2. соблюдать 3. делать замечания
OBSOLESCENCE *n* устаревание; моральный износ

contrived ~ намеренно вызываемое устаревание
cultivated ~ *см.* contrived ~
industry ~ устаревание в промышленности
in-plant ~ устаревание в процессе производства
method ~ моральное устаревание метода производства
planned ~ плановая замена устаревших товаров
product ~ моральное устаревание продукции
~ of equipment устаревание оборудования
~ of seasonal goods устаревание сезонных товаров
OBSOLESCENT *adj* устаревающий, выходящий из употребления
OBSOLETE *adj* устарелый, вышедший из употребления
OBSTACLE *n* препятствие, помеха
business ~ помеха в торговле
technical ~ техническое препятствие
◇ to clear ~s преодолевать препятствия
to eliminate ~s устранять препятствия
to impose ~s чинить препятствия
to lift the administrative ~s устранять административные препятствия
to overcome ~s преодолевать препятствия
to present an ~ представлять собой препятствие
to remove ~s устранять препятствия
OBSTRUCT *v* препятствовать
OBSTRUCTION *n* препятствие, затруднение, помеха
trade ~s торговые препятствия
~ of traffic транспортная помеха
◇ to clear ~s преодолевать препятствия
to overcome ~s *см.* to clear ~s
OBTAIN *v* получать, доставать, приобретать
OBTAINABLE *adj* достижимый, доступный
OBTAINING *n* получение, приобретение
~ of credit получение кредита
~ of a licence приобретение лицензии
~ of a patent приобретение патента
OBVERSE *n* лицевая сторона чего-л.
OCCASION *n* 1. благоприятный случай, возможность 2. основание, причина
OCCASION *v* служить причиной, давать повод

OCCUPANCY *n юр.* 1. занятие, завладение 2. владение

OCCUPANT *n* 1. житель, обитатель 2. временный владелец, арендатор
~ of a stand арендатор стенда (*на выставке*)
~ of a vehicle пассажир на транспортном средстве

OCCUPATION *n* 1. владение, пользование 2. профессия; род занятий
basic ~ основное занятие
blue-collar ~ рабочая профессия
chief ~ основное занятие
commercial ~s торговые занятия, профессии
constructional ~s строительные профессии
economic ~ занятие, являющееся источником дохода
extractive ~s профессии рабочих добывающих отраслей
full-time ~ полная занятость
gainful ~ занятие, приносящее доход
main ~ основное занятие
major ~ *см.* main ~
manufacturing ~s промышленные работы, профессии
previous ~ предыдущий род занятий
primary ~ основное занятие
principal ~ *см.* primary ~
secondary ~ дополнительное (побочное) занятие
sedentary ~ сидячий род работы
service ~s профессии работников сферы услуг
subsidiary ~ дополнительное (побочное) занятие
white-collar ~ профессия служащего

OCCUPATIONAL *adj* профессиональный

OCCUPIED *adj* занятый

OCCUPY *v* занимать (*место*)

OCCURRENCE *n* 1. явление 2. месторождение
everyday ~ обычное явление
~ of event insured against страховой случай
~ of the insurance contingency *см.* ~ of event insured against
◊ of frequent ~ часто встречающийся

OCEAN-GOING *adj* океанский (*о судне*)

OCTROI *n фр.* 1. городская пошлина 2. таможня; место взимания пошлины

ODD *adj* 1. нечетный 2. разрозненный; непарный 3. лишний; избыточный

ODDMENTS *n pl* остатки, разрозненные предметы

ODDS *n pl* 1. разница, неравенство 2. преимущество, перевес
◊ ~ and ends 1) остатки; обрывки; обрезки 2) разрозненные вещи

OFF *n бирж.* снижение курсов против предшествующего дня
off-balance *adj* внебалансовый, забалансовый
price ~s рекламирование скидок с цены

OFF-BUDGET *adj амер.* внебюджетный

OFF-COVER *n* отказ в страховом покрытии риска по экспортному кредиту

OFF-DESIGN *adj* непредусмотренный конструкцией

OFFENCE *n* нарушение; *юр.* правонарушение

OFFER *n* предложение, оферта
acceptable ~ приемлемое предложение
additional ~ дополнительное предложение
aggregate ~ совокупное предложение
attractive ~ заманчивое предложение
basic ~ базисное предложение
binding ~ твердое предложение
blind ~ скрытое предложение
cable ~ предложение по телеграфу
capital stock exchange ~ предложение обмена акций
cash ~ предложение покупки за наличные
cash tender ~ *см.* cash ~
commercial ~ коммерческое предложение
comprehensive ~ всеобъемлющее предложение
conditional ~ условное предложение
counter ~ встречное предложение
credit ~ предложение кредита
cut-price ~ предложение по сниженной цене
definite ~ определенное предложение
export ~ экспортное предложение
fair ~ подходящее предложение
favourable ~ приемлемое предложение
final ~ окончательное предложение
firm ~ твердое предложение
foreign ~ предложение из заграницы
free ~ *амер.* предложение без обязательств
general ~ предложение (*о продаже*) любому заинтересованному лицу
genuine ~ серьезное предложение
hidden ~ скрытое предложение

implied ~ подразумеваемое предложение
low ~ предложение по низкой цене
low-priced ~ *см.* low ~
minimum price ~ предложение с указанием минимальных цен
original ~ первоначальное предложение
overall ~ совокупное предложение
preference ~ особо выгодное предложение
preferential ~ *см.* preference ~
premium ~ предложение товара по сниженной цене в целях рекламы
price ~ предложение цены
price cutting ~ предложение по сниженной цене
proforma ~ предварительное предложение
reduced-price ~ предложение по сниженной цене
revised ~ пересмотренное предложение
sampled ~ предложение с приложением образцов
special ~ особое предложение
subscription ~ объявление подписки
telex ~ предложение по телексу
temporary ~ временное предложение
tender ~ *амер.* предложение держателей акций одной корпорации о продаже акций другой компании в течение определенного периода и при определенных условиях
tentative ~ предварительное предложение
total ~ совокупное предложение
unconditional ~ безоговорочное предложение
unsolicited ~ *амер.* предложение без обязательств
valid ~ действительное предложение
~ for cooperation предложение сотрудничества
~ for delivery предложение на поставку
~ for sale предложение на продажу
~ for subscription предложение на подписку
~ for supply предложение на поставку
~ of goods предложение товара
~ of novelties предложение новинок
~ of a price предложение цены
~ of services предложение услуг
~ with samples предложение с приложением образцов

~ without commitment предложение без обязательств
~ without engagement *см.* ~ without commitment
~ without obligation *см.* ~ without commitment
◊ ~ subject to confirmation предложение, действительное при условии его подтверждения продавцом
~ subject to prior sale предложение, действительное при условии, что товар не будет продан до получения ответа
~ to buy предложение купить
~ to purchase *см.* ~ to buy
~ to supply предложение на поставку
to abandon an ~ отказываться от предложения
to accept an ~ принимать предложение
to amend an ~ изменять предложение
to consider an ~ рассматривать предложение
to decline an ~ отклонять предложение
to discuss an ~ обсуждать предложение
to draw up an ~ разрабатывать предложение
to elaborate an ~ *см.* to draw up an ~
to entertain an ~ рассматривать предложение
to evaluate an ~ *см.* to entertain an ~
to examine an ~ *см.* to entertain an ~
to invite an ~ запрашивать предложение
to make an ~ делать предложение
to outline an ~ формулировать предложение в общих чертах
to propose an ~ делать предложение
to refuse an ~ отказаться от предложения
to reject an ~ *см.* to refuse an ~
to request an ~ запрашивать предложение
to revoke an ~ отзывать предложение
to take an ~ принимать предложение
to withdraw an ~ отзывать предложение
to work out an ~ разрабатывать предложение
OFFER *v* предлагать
OFFERED *adj* предложенный
OFFEREE *n* лицо, которому делается предложение
OFFERER *n* лицо, делающее предложение, оферент

OFFERING *n* 1. предложение 2. публичный выпуск новых акций
debt ~ новый выпуск облигаций
initial public ~ пробный выпуск ценных бумаг
merchandise ~ предложение товара
original ~ первоначальное предложение
price ~ предложение цены
public ~ публичный выпуск новых акций
rights ~ выпуск обыкновенных акций для размещения среди акционеров по льготной цене
secondary ~ вторичное предложение ценных бумаг для продажи
shelf ~ выпуск ценных бумаг с упрощенной регистрацией
tonnage ~ предложение тоннажа

OFF-FLOOR *adj* внебиржевой, заключенный не в торговом зале биржи

OFF-GRADE *adj* низкосортный

OFF-HIRE *n* истечение срока найма

OFFICE *n* 1. служба, место, должность 2. ведомство, министерство 3. контора, канцелярия 4. услуга
accountancy ~ бухгалтерия (*помещение*)
administrative ~ административное учреждение
advance booking ~ отдел приема предварительных заказов; касса предварительной продажи билетов
assay ~ правительственное учреждение, официально удостоверяющее содержание золота и серебра в изделиях путем соответствующей маркировки
audit ~ ревизионная контора
booking ~ касса предварительной продажи билетов
box ~ театральная касса
branch ~ филиал предприятия
brokerage ~ брокерская фирма
buyers' ~ контора закупщиков
cash ~ касса
casher's ~ *см.* cash ~
central ~ главная контора
central administration ~ главная контора фирмы
central administrative ~ *см.* central administration ~
central statistical ~ центральное статистическое управление
chief administrative ~ главное административное управление
clearing ~ расчетная палата

Companies Registration O. реестр торговых фирм
consultation ~ консультация
conversion ~ расчетный центр
cost ~ калькуляционный отдел
currency control ~ валютный отдел
customs ~ таможенное учреждение
design ~ отдел проектирования
director's ~ дирекция
dispatch ~ отдел оформления провозных документов
district ~ местное отделение
drawing ~ конструкторское бюро; чертежное бюро
editorial ~ редакционный отдел
employment ~ отдел кадров
exchange ~ пункт обмена иностранной валюты
excise ~ *брит.* акцизное управление
executive ~ исполнительный орган
export ~ экспортный отдел
fair ~ дирекция ярмарки
field ~ периферийное отделение
Foreign O. *брит.* Министерство иностранных дел
freight ~ фрахтовая контора
frontier customs ~ пограничная таможня
general accounting ~ главная бухгалтерия
General Accounting O. *амер.* Главное бюджетно-контрольное управление
General Post O. *брит.* Центральный почтамт
government ~ правительственное учреждение
head ~ главная контора, управление фирмы
Home O. *брит.* Министерство внутренних дел
home ~ главная контора фирмы
import ~ отдел импорта
information ~ справочное бюро; бюро информации
Inland Revenue O. Финансовое управление
inquiry ~ справочное бюро
insurance ~ страховая контора
legal consultation ~ юридическая консультация
life ~ контора страхования жизни
loan ~ кредитное учреждение
mail dispatching ~ почтовая контора
main ~ головная контора
money ~ касса
notarial ~ нотариальная контора

OFF

notary ~ *см.* notarial ~
notary's *см.* notarial ~
open plan ~ большое конторское помещение
order ~ отдел приема заказов
passport and visa ~ отдел паспортов и виз
patent ~ бюро патентов
patent agent's ~ бюро патентных поверенных
patent attorney's ~ *амер. см.* patent agent's ~
pay ~ 1) отдел заработной платы 2) касса
paying ~ *см.* pay ~
post ~ почта
principal ~ главная конторы
public ~ 1) государственная служба 2) государственное учреждение
Public Relations O. отдел связи с общественностью
publicity ~ рекламный отдел
purchasing ~ отдел закупок
receiving ~ приемочная конторы
record ~ архив; регистратура
record-keeping ~ архив; досье
regional ~ районное отделение
register ~ 1) регистратура 2) биржа труда 3) отдел регистрации торговых фирм
registered ~ зарегистрированная контора
registration ~ место регистрации; бюро записи актов гражданского состояния
registry ~ *см.* registration ~
revenue ~ бюро налогов и сборов
representative ~ представительство
sales ~ отдел сбыта
selling ~ *см.* sales ~
shipping ~ экспедиторская контора
shop ~ контора цеха
solicitor's ~ контора адвоката
statutory ~ *амер.* зарегистрированная контора
stock brokerage ~ брокерская фирма
surveyor's ~ строительный надзор
tax ~ налоговое управление
trade fair ~ управление ярмарокой
traffic ~ транспортный отдел
transport ~ *см.* traffic ~
transportation ~ *см.* traffic ~
travel ~ туристско-экскурсионное бюро
treasurer's ~ казначейство
visa ~ отдел виз
◇ to appoint to an ~ назначать на должность

OFF

to assume an ~ вступать в должность
to be in ~ занимать пост
to continue in ~ оставаться в должности
to dismiss from ~ увольнять со службы
to hold an ~ занимать должность
to man an ~ by personnel укомплектовывать контору персоналом
to occupy an ~ занимать должность
to qualify for an ~ иметь право занять должность
to quit ~ *амер.* уходить с работы
to remove from ~ увольнять со службы
to resign one's ~ увольняться со службы
to retire from ~ *см.* to resign one's ~
to share an ~ делить помещение конторы с кем-л.
to stand for an ~ подать заявление о назначении на должность
to start an ~ открывать контору
to succeed smb's ~ приступать к исполнению обязанностей
to succeed smb in ~ сменять кого-л. в должности
to suspend from ~ освобождать на время от должности
to take ~ вступать в должность

OFFICER *n* служащий, сотрудник; должностное лицо; офицер
administrative ~ административный работник
assistant ~ младший сотрудник, помощник
bank ~ банковский служащий
chief administrative ~ главный администратор
chief executive ~ главный исполнительный директор компании
chief financial ~ главный финансовый директор компании
chief operating ~ *амер.* главный операционный директор корпорации
company ~ член административного руководства компании
contracting ~ представитель заказчика
credit ~ должностное лицо, занимающееся оформлением кредитов
customs ~ работник таможни
contracting ~ представитель заказчика
executive ~ руководитель высокого ранга; управляющий делами
fiscal ~ финансовый работник
health ~ служащий отдела здравоохранения; работник санэпидемстанции

legal ~ сотрудник по правовым вопросам
local government ~ работник местного управления
marketing ~ специалист по маркетингу
medical ~ работник системы здравоохранения, врач ведомственного учреждения, школы и т. п.
personnel ~ сотрудник отдела кадров
principal ~ главный сотрудник
public relations ~ сотрудник по связям с общественностью
purchasing ~ работник отдела снабжения
registration ~ служащий бюро регистрации актов гражданского состояния
revenue ~ сотрудник налогового управления
senior ~ старший сотрудник
ship's ~ капитан судна или другое лицо из числа административного руководства судна
tax ~ налоговый инспектор
training ~ сотрудник отдела подготовки кадров; инструктор по спецподготовке
trust ~ работник траст-отдела банка
warehouse ~ работник таможни, инспектирующий товары на бондовом складе
OFFICIAL n должностное лицо; служащий (государственный, банковский)
administration ~s персонал управления
bank ~ банковский служащий
customs ~ работник таможни, сотрудник таможни
departmental ~ амер. служащий министерства
government ~ правительственный чиновник
high ~ высокое должностное лицо
high ranking ~ см. high ~
leading ~ руководящий работник
local ~ чиновник местных органов самоуправления
municipal ~ служащий муниципалитета
senior ~ ответственный работник
top ~ руководящий работник
top level ~ см. top ~
trade union ~ профсоюзный работник
OFFICIAL adj 1. служебный, должностной 2. официальный
OFFICIALISM n формализм; бюрократизм

OFFICIATE v исполнять служебные обязанности
OFF-LICENCE n винный магазин, имеющий разрешение на продажу спиртных напитков навынос
OFF-LINE n автономный режим
OFF-LINE adj автономный, не управляемый ЭВМ
OFF-LOADING n разгрузка
OFF-PEAK n время на транспорте вне часов пик
OFF-PRIME adj амер. ниже прайм-рейт
OFF-SEASON adj несезонный
OFFSET n 1. зачет; компенсация, возмещение, вознаграждение 2. оффсетная сделка
◇ as an ~ against в качестве компенсации
OFFSET v возмещать, компенсировать
OFFSETTING n зачет
~ of counter-claims зачет встречных исков
OFFSHOOT n дочерняя компания, филиал
OFFSHORE adj не подпадающий под национальное регулирование, оффшорный (о финансовых учреждениях)
OFFTAKE n 1. продажа товара 2. количество проданного товара 3. выпуск продукции
OFF-THE-SHELF adj 1. имеющийся в продаже 2. стандартный (о запчастях)
OIL n 1. масло (растительное или минеральное) 2. нефть 3. бункер (топливо)
clean ~ чистая нефть
crude ~ сырая нефть
vegetable ~ растительное масло
OILER n нефтевоз
refuelling ~ танкер-заправщик
OLD-ESTABLISHED adj давно установленный, давнишний
OLD-FASHIONED adj устарелый, вышедший из употребления
OLIGARCHY n олигархия
financial ~ финансовая олигархия
OLIGOPOLY n олигополия
bilateral ~ двусторонняя олигополия
imperfect ~ несовершенная олигополия
natural ~ естественная олигополия
perfect ~ совершенная олигополия
pure ~ чистая олигополия
OLIGOPSONY n олигопсония
OMISSION n пропуск (ошибка)
OMIT v пропускать (не упоминать)

OMNIBUS *adj* всеобъемлющий, обширный; содержащий несколько пунктов
OMNIPOTENCE *n* всемогущество
ON-CALL *n* 1. требование о досрочном погашении кредита 2. право досрочно погасить ценные бумаги
ONCARRIAGE *n* дальнейшая перевозка
ONCARRIER *n* судно, продолжающее перевозку
ONCOST *n* косвенные издержки; накладные расходы
ON-COVER *n* согласие предоставить страховое покрытие риска по экспортному кредиту
ONE-MAN *adj* производимый или обслуживаемый одним человеком
ONEROUS *adj* обременительный
ONE-SIDED *adj* односторонний (*о точке зрения; о соглашении*)
ONE-WAY *adj* односторонний (*о движении*)
ONE-LENDING *n* кредитование за счет кредита (*когда промежуточный заемщик выступает кредитором конечного заемщика*)
ONE-LINE *n* 1. оперативный режим 2. прямая связь с компьютером фирмы
ON-SELLING *n* перепродажа
ONSET *n* начало, наступление
~ of recession наступление спада
OPEN *adj* открытый
OPENCAST *adj* добытый открытым способом
OPEN-END *adj* открытый, без ограничения
OPENING *n* открытие; начало
ceremonial ~ торжественное открытие
delayed ~ задержка начала торгов
formal ~ официальное открытие
job ~ вакансия
official ~ официальное открытие
split ~ бирж. двойная цена на один и тот же товар или ценные бумаги при открытии биржи
~ of an account открытие счета
~ of an auction открытие аукциона
~ of a business открытие новой фирмы, предприятия или магазина
~ of an exhibition открытие выставки
~ of a fair открытие ярмарки
~ of a L/C открытие аккредитива
~ of new channels открытие новых рынков сбыта
~ of new markets *см.* ~ of new channels
~ of a show открытие выставки

◇ at the ~ приказ совершить сделку сразу после открытия биржи
to attend the ~ присутствовать при открытии
OPERATE *v* 1. действовать; работать 2. производить операции 3. эксплуатировать, разрабатывать 4. управлять
~ in the red работать с убытком
~ on part time работать неполное количество часов
privately operated эксплуатируемый частной фирмой
state operated ~ государственный
OPERATING *n* 1. управление 2. эксплуатация
~ of premises эксплуатация помещений
OPERATION *n* 1. действие; работа 2. торговая или финансовая операция; сделка 3. разработка, эксплуатация 4. технологическая операция; процесс; цикл обработки 5. режим работы 6. *амер.* управление 7. *мат.* действие
administration ~ ведение хозяйственных дел
agency ~ посредническая операция
air-express ~ авиатранспортная операция
air-freight ~s грузовые авиаперевозки
air-passenger ~s авиаперевозки пассажиров
assembly ~s сборочные операции
automated ~ 1) автоматическая операция 2) автоматизированное производство
automatic ~ автоматическая работа
auxiliary ~s вспомогательные операции
bank ~ банковская операция
banking ~ *см.* bank ~
barter ~ товарообменная (бартерная) сделка
basic ~ основная операция
bear ~ игра на понижение
bearish ~ *см.* bear ~
black-market ~ операция на черном рынке
boiler-room ~ «котельная» операция (*операция с ценными бумагами, в том числе сомнительными*)
bookkeeping ~ бухгалтерский учет
bull ~ игра на повышение
calculating ~ арифметическая счетная операция
capacity ~s работа на полную мощность

472

cargo ~ грузовая операция
cargo-handling ~s погрузочно-разгрузочные работы
cash ~ биржевая сделка за наличные
census ~ проведение переписи
charter ~s чартерные перевозки
checking ~ проверка, контроль
cheque ~ чековая операция
clearing ~ клиринговая операция; безналичный расчет
commercial ~ коммерческая операция
computer ~ работа ЭВМ
computing ~ счетная операция
concurrent ~ 1) совмещенная работа 2) *pl* совмещенные операции
congested ~ работа в условиях перегрузки
consignment ~ консигнационная операция
construction ~s строительные работы
continuous ~ работа в непрерывном режиме
contract ~s сделки на комиссионной основе
conversion ~ конверсионная операция
credit ~ кредитная операция
current ~ текущая операция
current account ~ операция по текущему счету
customs ~ таможенный досмотр
day-to-day ~s текущая деятельность
dependable ~ надежная работа
deposit ~ депозитная операция
discharging ~s разгрузочные работы
dock ~s портовые операции
documentary credit ~s аккредитивные операции
double-barelled loan ~ муниципальный заем с погашением за счет доходов от финансируемого проекта и гарантированный вышестоящим органом власти
double-shift ~ работа в две смены
efficient ~ эффективная работа
exchange ~ операция с иностранной валютой
exploration ~ исследовательская работа
export ~ экспортная операция
express ~s скорые железнодорожные перевозки
external ~ внешняя операция
fabrication ~ изготовление деталей
fail-safe ~ надежная работа
failure-free ~ бесперебойная работа
farm ~s сельскохозяйственные работы
faultless ~ безаварийная работа

field ~s полевые работы
financial ~ финансовая операция
financing ~ *см.* financial ~
finishing ~ отделочная операция
foreign ~s зарубежные операции
foreign exchange ~ валютная сделка
foreign trade ~s внешнеторговые операции
forward ~ форвардная операция, сделка на срок
full time ~ работа полную смену
full-capacity ~ работа при полной нагрузке
fund exchange ~ фондовая операция
funding ~ операция по конверсии краткосрочной задолженности в долгосрочную
future ~ сделка на срок, сделка с поставкой в будущем
guaranteed ~ гарантируемая сделка
handling ~s погрузочно-разгрузочные работы
harvesting ~s уборочные работы
hedging ~ операция хеджирования
housekeeping ~s вспомогательные операции
incentive ~ работа с поощрительной оплатой
independent ~ независимая операция
individual ~ отдельная операция
initial ~ начальная операция
insurance ~s страховые операции
integrated ~ интегрированное производство
intermediate trade ~ торгово-посредническая операция
international ~ эксплуатация международной линии
inventory ~s операции с товарно-материальными ценностями
invisible ~ невидимая операция
job shop ~ производство продукции по заказам
joint ~ совместная работа
lending ~s кредитные операции
licensing ~ лицензионная операция
loading ~s погрузочные операции
loading and discharging ~s погрузочно-разгрузочные работы
loading and unloading ~s *см.* loading and discharging ~s
loan ~ ссудная операция
loss ~ убыточное предприятие
machine ~ машинная операция
machining ~ цикл технологической обработки

main ~ основная операция
major ~ *см.* main ~
maritime transport ~s морские транспортные операции
marketing ~s маркетинговые операции; организация сбыта
mathematical ~ математическое действие
maximization ~ операция максимизации
mechanized ~ механизированная операция
merchandising ~s торговые операции; перепродажа
minimization ~ операция минимизации
mining ~s добыча полезных ископаемых
monetary ~s денежные операции
multitask ~ многоцелевая операция
multiple shift ~ работа в несколько смен
multishift ~ *см.* multiple shift ~
no-failure ~ безотказная работа
nonproductive ~s непроизводственные операции
normal ~ нормальная эксплуатация
off-balance sheet ~s забалансовые операции (*банка*)
off-line ~ 1) автономный режим 2) обработка в автономном режиме
offshore ~ морской промысел
one-shift ~ работа в одну смену
on-line ~ обработка в системном режиме
open-market ~s операции на открытом рынке
open-pit ~ добыча полезных ископаемых открытым способом
panel ~ панельное обследование
part time ~ работа неполную смену
plant ~ эксплуатация завода
processing ~ операция по переработке
production ~ производственная операция
production-scale ~ операция производственного масштаба
production-type ~ крупносерийное производство
productive ~ продуктивная работа
progressive ~ поточное производство
proper ~ хорошая работа
purchasing ~ закупочная операция
quay ~s обработка грузов на причале
rational ~ рациональный режим работы

real-time ~ работа в реальном масштабе времени
reexport ~ реэкспортная операция
reimport ~ реимпортная операция
reliable ~ надежная работа
remittance ~ переводная операция
resale ~ операция по перепродаже
rescue ~ спасательная операция
routine ~s повседневная работа; регламентные работы
sales ~s сбытовые операции
salvage ~s спасательные операции
seasonal ~s сезонные работы
second shift ~ работа во вторую смену
semi-automated ~ полуавтоматическая операция
serial ~ серийное производство
service ~ обслуживание
settlement ~ расчетная операция
short-term ~ краткосрочная операция
slack ~ функционирование в условиях недогрузки производственных мощностей
small-scale ~s мелкие торговые операции
smooth ~ бесперебойная работа
smoothing ~ операция сглаживания
speculative ~ спекулятивная операция
start-up ~s пусковые работы
steady ~ устойчивый режим работы
stevedoring ~s стивидорные работы
stock exchange ~s фондовые операции
swap ~ операция «своп»
trade ~s торговые операции
trading ~s торговля ценными бумагами ради прибыли
tramp ~s трамповые перевозки
transfer ~s переводные операции
trial ~ пробная операция
trouble-free ~ безаварийная работа
trouble-proof ~ *см.* trouble-free ~
two-shift ~ работа в две смены
turn-key ~ операция «под ключ»
uninterrupted ~ бесперебойная работа
unloading ~s разгрузочные работы
warehousing ~s складские работы
~ in futures сделки на срок
~ of a business работа предприятия
~ of circumstances действие обстоятельств
~ of collection операция по инкассации
~ of economy функционирование экономики
~ of equipment работа оборудования
~ of an exhibition работа выставки

~ of a machine работа машины
~ of a plant работа завода
~ of premises эксплуатация помещений
~s on the stock exchange биржевые операции
◊ in ~ действующий, в действии; эксплуатируемый
under ~ в условиях эксплуатации
to be in ~ быть в действии, работать
to be out of ~ не работать
to begin ~s начинать работу
to bring into ~ вводить в действие
to carry out ~s осуществлять операции
to cease ~s прекращать работу
to close ~s закрывать предприятие
to come into ~ вступать в строй
to commence ~s начинать работу
to conduct ~s выполнять операции
to execute financial ~s выполнять финансовые операции
to go into ~ вступать в строй
to handle ~s заниматься операциями
to hold up ~s приостанавливать работу
to interfere with ~s мешать работе
to interrupt ~s приостанавливать работу
to perform ~s осуществлять операции
to place into ~ вводить в эксплуатацию
to provide normal ~ обеспечивать нормальную работу
to put into ~ пускать в эксплуатацию; вводить в действие
to put out of ~ выводить из эксплуатации
to suspend ~s приостанавливать работу
OPERATIONAL *adj* оперативный
OPERATIVE *adj см.* **OPERATIONAL**
to become ~ вступать в силу
OPERATOR *n* 1. оператор, квалифицированный рабочий 2. механик 3. *амер.* владелец предприятия; фабрикант, промышленник 4. биржевой маклер
bookkeeping machine ~ оператор на бухгалтерской машине
foreign currency ~ валютный брокер
machine ~ оператор станка
plant ~ заводской оператор
qualified ~ квалифицированный рабочий
skilled ~ *см.* qualified ~
stock exchange ~ биржевой спекулянт
unskilled ~ неквалифицированный рабочий

OPINION *n* 1. мнение; взгляд; точка зрения 2. оценка 3. заключение специалиста
accountant's ~ ревизорская оценка
advisory ~ консультативное заключение
banker's ~ банковская информация
buyer's ~ мнение покупателя
concurring ~s совпадение мнений
counsel's ~ заключение адвоката
current ~ общепризнанное мнение
expert's ~ заключение эксперта
lay ~ мнение неспециалиста
public ~ общественное мнение
~ of a commission of experts мнение экспертизы
~ of goods отзыв о товаре
◊ to give an advisory ~ консультировать, давать совет
to render an advisory ~ *см.* to give an advisory ~
to request an advisory ~ запрашивать мнение
OPPORTUNIT|Y *n* удобный случай; благоприятная возможность
commercial ~ies возможности производства продукции для сбыта
company marketing ~ маркетинговые возможности фирмы
employment ~ возможность предоставления работы
investment ~ инвестиционная возможность
lost ~ упущенная выгода
market ~ies возможности рынка
marketing ~ies возможности торговли
profit ~ies возможности получения прибыли
sales ~ies конъюнктура рынка
trade ~ies возможности торговли
training ~ies возможности повышения квалификации
◊ to lose an ~ упустить случай
to miss an ~ *см.* to lose an ~
OPPOSE *v* 1. противиться; противодействовать 2. быть в оппозиции
OPPOSITION *n* 1. противодействие; возражение 2. оппозиция
OPTIMAL *adj* оптимальный
OPTIMIZATION *n* оптимизация
cost ~ оптимизация затрат
dynamic ~ динамическая оптимизация
global ~ глобальная оптимизация
process ~ оптимизация производственного процесса

programme ~ выбор оптимальной программы
OPTIMUM *n* оптимальные условия, оптимальный режим
absolute ~ абсолютный оптимум
approximate ~ приближенный оптимум
conditional ~ условный оптимум
demographic ~ демографический оптимум
economic ~ экономический оптимум
global ~ глобальный оптимум
interior ~ внутренний оптимум
local ~ локальный оптимум
overall ~ полный оптимум
relative ~ относительный оптимум
unconditional ~ безусловный оптимум
OPTION *n* 1. выбор, право выбора или замены 2. опцион, сделка с премией
American ~ опцион, который может быть исполнен в любой момент в течение оговоренного срока, американский опцион
buyer's ~ опцион покупателя
buyer's ~ to double двойной опцион покупателя
call ~ условие контракта (соглашения), дающее право купить определенный товар или ценные бумаги по заранее установленной цене в течение оговоренного срока, опцион «колл»
cargo ~ грузовой опцион
cash ~ наличный опцион
charterer's ~ опцион фрахтователя
covered ~ покрытый опцион (*опцион, обязательства по которому покрыты противоположной наличной или фьючерсной позицией*)
covering ~ покрывающий опцион (*покупка ценных бумаг для покрытия «короткой» продажи*)
currency ~ валютный опцион
deferred premium ~ опцион с отсроченной премией
double ~ двойной опцион
financial ~s финансовые опционы
first ~ право первой руки
foreign exchange ~ валютный опцион
fungible ~s взаимозаменяемые опционы
futures ~ опцион на фьючерсный контракт
geographical ~ географический опцион
index ~ индексный опцион
interest rate ~ процентный опцион

lapsed ~ опционный контракт, срок которого истек
naked ~ непокрытый опцион
net ~ опцион, дающий право покупки имущества по фиксированной цене
prior ~ предварительный выбор
purchase ~ опцион на закупку
put ~ 1) опцион продавца, сделка с обратной премией 2) право владельца облигации предъявить её к погашению досрочно, опцион «пут»
put and call ~ одновременная покупка опционов «пут» и «колл»
seller's ~ опцион продавца
seller's ~ to double двойной опцион продавца
settlement ~ право страховой компании выбора способа страхового возмещения
share ~ опцион на акции
ship's ~ право выбора котировки фрахта по весу или объёму груза
single ~ одиночный опцион
spread ~ одновременная покупка и продажа двух опционов на один финансовый инструмент с разными ценами или сроками исполнения
stock ~ фондовый опцион; акционерный опцион
traded ~s свободно обращающиеся опционы
uncovered ~ непокрытый опцион
zero-premium ~ опцион с нулевой премией
~ for the put опцион на продажу
~ of exchange валютный опцион
~ on a futures contract опцион на фьючерсный контракт
~ on a project опцион по проекту
~ on renewal опцион на возобновление
◇ at buyer's ~ по выбору покупателя
at seller's ~ по выбору продавца
available at ~ поставляемый по выбору заказчика
~ to double двойной опцион
~ to purchase опцион на закупку
to deal in ~s вести биржевые операции с премиями
to declare ~ заявлять опцион
to exercise an ~ использовать опцион
to give an ~ предоставлять опцион
to grant an ~ *см.* to give an ~
to have an ~ on goods иметь право выбора товара
to provide ~s предоставлять право выбора

to take an ~ воспользоваться опционом
OPTIONAL *adj* необязательный; добровольный
◊ ~ at extra cost поставляемый за дополнительную плату
ORDER *n* 1. порядок, последовательность 2. исправность, хорошее состояние 3. заведенный порядок 4. приказ, распоряжение; предписание 5. строй 6. ордер; разрешение 7. заказ; требование
additional ~ дополнительный заказ
adjudication ~ судебное решение об объявлении должника банкротом и передаче его дел в ведение трастовых компаний
administration ~ решение суда по имущественным вопросам умершего банкрота без повторного судебного разбирательства
administrative ~ распоряжение администрации
advance ~ заявка, предварительный заказ
advertising ~ заказ на рекламу
all-or-none ~ *амер.* приказ биржевому брокеру, который должен быть выполнен сразу в полной сумме
alternative ~ альтернативный приказ (*с выбором действий*)
back ~ невыполненный заказ
backlog ~ *см.* back ~
banker's ~ приказ банка о платеже, банковское поручение
banker's standing ~ постоянное распоряжение банку
bank money ~ банковский денежный перевод
bank payment ~ банковское платежное поручение
big ~ большой заказ
blanket ~ общий заказ
board ~ приказ о покупке или продаже в случае, когда цены достигнут определенного уровня
broker's ~ грузовой ордер
buy ~ 1) приказ о покупке 2) приказ клиента биржевому брокеру купить ценные бумаги по определенной цене
buying ~ *см.* buy ~
cable ~ заказ по телеграфу
cash ~ кассовый ордер
cease-and-desist ~ *амер.* приказ контрольного органа федерального банка прекратить незаконную или ошибочную банковскую деятельность

chartering ~ фрахтовый ордер
circular ~ циркуляр
collection ~ поручение на инкассо
collective ~ общее платежное поручение
combination ~ альтернативный приказ (*с выбором действий*)
company ~ заказ фирмы
company work ~s внутренние заказы фирмы
completed collection ~ оформленное инкассо
conditional ~ заказ, связанный определенными условиями
confiscation ~ приказ о конфискации
construction ~ строительный заказ
contingent ~ условный приказ
covering ~ поручение о покрытии
credit ~ кредитное поручение
cyclic ~ циклический порядок
day ~ *амер.* приказ клиента биржевому брокеру, имеющий силу только один день
delivery ~ 1) заказ на поставку 2) ордер на выдачу товара
discretionary ~ приказ клиента биржевому брокеру купить ценную бумагу, дающий свободу выбора времени и цены сделки
dispatch ~ распоряжение об отгрузке
economic ~ экономический строй
either-or ~ альтернативный приказ
established ~ установленный порядок
export ~ экспортный заказ
express ~ срочный заказ
express money ~ *амер.* срочный денежный перевод (*по телеграфу*)
factory ~ заводской заказ-наряд
firm ~ твердый заказ
follow-up ~s последующие заказы
foreign ~ заказ из-за границы
forwarding ~ транспортное поручение
formal ~ оформленный заказ
fresh ~ новый заказ
garnishee ~ судебный приказ, запрещающий банку выплачивать средства со счета клиента до погашения им долга третьему лицу
general ~ генеральный заказ
global economic ~ мировой экономический порядок
good till cancelled ~ приказ клиента биржевому брокеру, действительный до уведомления о его отмене
good working ~ состояние годности к работе

477

government ~ правительственный заказ
heavy ~ большой заказ
import ~ импортный заказ
incoming ~s поступающие заказы
individual ~ индивидуальный заказ
initial ~ первоначальный заказ
international money ~ денежный перевод за границу
job ~ рабочий приказ, наряд-заказ
large ~ большой заказ
limit ~ лимитный приказ, приказ клиента биржевому брокеру с ограничительным условием
limit price ~ приказ клиента биржевому брокеру с ограничительным условием в отношении цены
loading ~ отгрузочное поручение
mail ~ заказ по почте
market ~ заказ на покупку или продажу ценных бумаг
market-if-touched ~ приказ клиента биржевому брокеру о покупке ценных бумаг, если цена достигнет оговоренного уровня
matched ~s взаимозачитывающиеся биржевые приказы
minimum ~ минимальный заказ
money ~ 1) денежный перевод 2) платежное поручение
month ~ приказ клиента биржевому брокеру, действующий в течение месяца
negotiable ~ of withdrawals свободнообращающийся приказ о снятии средств с банковского счета (*вид чека*)
new ~s новые заказы
New International Economic O. Новый международный экономический порядок
no-limit ~ приказ клиента биржевому брокеру без ограничения цены
nonrepeat ~ разовый заказ
nontransferable ~ приказ о платеже, который может отдать только владелец счета
normal ~ обычный порядок
numerical ~ цифровой порядок
odd-lot ~ приказ о покупке нестандартной партии ценных бумаг
off-floor ~ биржевой приказ клиента брокеру
official ~ оформленный заказ
offshore ~s поставки в третьи страны, финансируемые США
omnibus ~ коллективный заказ

open ~ открытый приказ (*еще не выполненный и не отмененный*)
original ~ первоначальный заказ
outstanding ~ невыполненный заказ
payment ~ платежное поручение
perpetual ~ заявка на повторную поставку
pilot ~ опытный заказ
placed ~ размещенный заказ
positive ~s прямые распоряжения
postal ~ почтовый перевод
postal money ~ *см.* postal ~
preliminary ~ предварительный заказ
pressing ~ срочный заказ
priority ~ первоочередной заказ
production ~ производственный заказ
proforma ~ предварительный заказ
publicity ~ заказ на рекламу
purchase ~ поручение на покупку; заказ на поставку
purchasing ~ *см.* purchase ~
rated ~ обязательный заказ
repair ~ заказ на ремонт
receiving ~ приказ суда о назначении правопреемника неплатежеспособного лица или товарищества
regular ~ обычный порядок
remittance ~ поручение на перевод денег
repair ~ заказ на ремонт
replenishment ~ заказ на пополнение запасов
repeat ~ новый заказ
resting ~ приказ клиента брокеру совершить сделку по цене, которая выше текущей
reverse ~ обратный порядок
revocable ~ заказ, от которого можно отказаться
round-lot ~ приказ о покупке стандартной партии ценных бумаг
rush ~ срочный заказ
sample ~ заказ по образцу
sampling ~ поручение на получение образцов со склада
scale ~ рамочный заказ
schedule ~ заказ, разбитый на партии по срокам поставки
second ~ дополнительный заказ
selling ~ 1) приказ о продаже 2) контракт на продажу
sell-stop ~ приказ клиента биржевому брокеру покупать или продавать, когда цена достигнет определенного уровня
sequence ~ последовательный порядок

service ~ заказ на выполнение услуг
shipping ~ отгрузочное поручение; погрузочный ордер
shop ~ заводской заказ-наряд
single ~ разовый заказ
single-component ~ однотоварный заказ
special ~ специальный заказ
split ~ приказ о покупке или продаже ценных бумаг, разбитый на несколько сделок
spread ~ приказ о заключении двух противоположных сделок на равную сумму, но с разными сроками
standard ~ заказ стандартного объема
standing ~ 1) заказ на регулярное производство и поставку изделий 2) письменный приказ клиента банку о проведении регулярных платежей 3) *pl* регламент
state ~ государственный заказ
stock ~ заказ со склада
stock exchange ~ поручение клиента биржевому брокеру
stop ~ приказ клиента биржевому брокеру продавать или покупать, когда цена достигнет определенного уровня
stop limit ~ приказ, ограниченный условиями, приказ «стоп-лимит»
stop loss ~ 1) приказ клиента биржевому брокеру продавать по лучшей цене после ее снижения до определенного уровня 2) обещание перестраховщика покрыть убытки страхуемой компании сверх установленной суммы
stop payment ~ приказ о приостановке платежей
strict ~ строгий приказ
substantial ~ большой заказ
supplementary ~ дополнительный заказ
supporting ~ поручение о покупке акций для поддержания курса
suspended market ~ приказ клиента биржевому брокеру покупать при достижении рыночной цены определенного уровня
swap ~ приказ продать ценные бумаги для использования выручки для покупки других бумаг
tentative ~ заказ, который можно аннулировать; пробный заказ
time ~ приказ клиента биржевому брокеру, действительный в течение определенного времени
transfer ~ приказ о переводе денег

transhipment delivery ~ разрешение на беспошлинный транзит
transportation ~ транспортное поручение
trial ~ пробный заказ
unfilled ~ невыполненный заказ
unfulfilled ~ *см.* unfilled ~
unlimited ~ приказ биржевому брокеру, не ограниченный условиями
urgent ~ срочный заказ
valuable ~ ценный заказ
vesting ~ судебный приказ о передаче правового титула
warehouse ~ разрешение таможни на вывоз груза со склада
warehouse-keeper's ~ *см.* warehouse ~
week ~ заказ на покупку или продажу акций, действующий в течение недели
withdrawal ~ приказ о выплате денег
work ~ наряд на работу
working ~ рабочее состояние
written ~ письменный приказ
~ for account *бирж.* приказ о сделке на срок
~ for collection поручение на инкассо
~ for designing поручение на проектирование
~ for development *см.* ~ for designing
~ for equipment заказ на поставку оборудования
~ for goods заказ на поставку товара
~ for payment платежный ордер, платежное поручение
~ for remittance поручение на перевод денег
~ for sample заказ по образцу
~ for samples заказ на образцы
~ for transfer поручение на перевод денег
~ for work заказ на производство работ
~ from abroad заказ из заграницы
~ of appeal порядок обжалования
~ of attachment наложение ареста на имущество
~ of consideration порядок рассмотрения
~ of day распорядок дня
~ of distribution порядок распределения
~ of events последовательность событий
~ of examination очередность экспертизы
~ of magnitude порядок величины
~ of priority очередность

~ of proceedings *юр.* порядок рассмотрения дела
~ of registration порядок регистрации
~ of succession *юр.* порядок наследования
~ of work порядок работы
~ on a competition basis заказ на конкурсной основе
~s on hand портфель заказов
~ on sample заказ по образцу
◊ according to ~ в соответствии с заказом
against ~ в счет заказа
by ~ по поручению; по распоряжению
in ~ в порядке
in chronological ~ в хронологическом порядке
in consecutive ~ в последовательном порядке
in good ~ and condition в хорошем состоянии
in running ~ годный к эксплуатации
in short ~ *амер.* немедленно
in the inverse ~ в обратном порядке
in working ~ в рабочем состоянии, готовый к эксплуатации
in ~ of priority в порядке очередности
of the ~ of порядка, примерно
on ~ по заказу
out of ~ не в порядке, неисправный
to ~ на заказ
to ~ of the buyer распоряжению покупателя
to ~ of the seller распоряжению продавца
to own ~ собственному приказу
under ~ по заказу
until further ~s до особого распоряжения
with ~ при выдаче заказа
made to ~ сделанный на заказ
~ to buy распоряжение купить
~ to deliver распоряжение о доставке
~ to pay платежное поручение
~ to purchase распоряжение купить
~ to sell распоряжение продать
to accept an ~ принимать заказ
to acknowledge an ~ подтверждать получение заказа
to alter an ~ изменять заказ
to attend to an ~ выполнять заказ
to award an ~ выдавать заказ
to be in ~ быть в порядке
to book an ~ зарегистрировать заказ
to call off an ~ отменять распоряжение
to cancel an ~ отменять заказ

to carry out an ~ выполнять заказ
to collect ~s собирать заказы
to complete an ~ выполнять заказ
to confirm an ~ подтверждать заказ
to countermand an ~ аннулировать заказ
to discharge an ~ отменять распоряжение
to dispatch an ~ выдавать заказ
to draw up an ~ оформлять заказ-наряд
to execute an ~ выполнять заказ
to file an ~ зарегистрировать заказ
to fill an ~ выполнять заказ
to fulfil an ~ *см.* to fill an ~
to get an ~ получать заказ
to give an ~ 1) выдавать заказ 2) отдавать приказ
to handle large ~s выполнять большие заказы
to have an ~ иметь заказ
to have smth on ~ разместить заказ
to honour with an ~ *см.* to have smth on ~
to issue an ~ 1) выдавать заказ 2) отдавать приказ
to lag behind incoming ~s отставать с выполнением поступающих заказов
to lose an ~ потерять заказ
to maintain in good ~ содержать в порядке
to make out an ~ выдавать заказ-наряд
to make to ~ выполнять на заказ
to meet ~s выполнять заказы
to observe the established ~ соблюдать установленный порядок
to obtain an ~ получать заказ
to pass on an ~ передавать приказ
to pay by banker's ~ платить через банк
to pay for an ~ оплачивать заказ
to pay to the ~ of платить приказу
to place an ~ размещать заказ
to pool ~s объединять заказы
to procure an ~ получать заказ
to put in ~ ремонтировать
to receive an ~ получать заказ
to reconsider an ~ пересматривать заказ
to renew an ~ возобновлять заказ
to repeat an ~ *см.* to renew an ~
to revise an ~ пересматривать заказ
to revoke an ~ отменять распоряжение
to rush an ~ выполнять заказ срочно
to secure an ~ получать заказ
to send an ~ посылать заказ

to solicit ~s добиваться заказов
to stick to the ~ придерживаться порядка
to subcontract an ~ передоверять контракт
to suspend an ~ отменять приказ
to take an ~ принимать заказ
to transmit an ~ передавать заказ
to withdraw an ~ 1) аннулировать заказ 2) отменять приказ
ORDER v 1. приказывать; распоряжаться 2. заказывать 3. приводить в порядок
ORDERED adj 1. заказанный 2. упорядоченный
ORDERING n 1. заказ; выдача заказа 2. приведение в порядок
batch ~ подача заказов партиями
cyclic ~ регулярная и ритмичная выдача заказов
domestic ~ заказы от отечественных потребителей
forward ~ выдача срочных заказов, заказы на товары с поставкой в определенный срок
standard batch ~ подача заказов стандартными партиями
stock level ~ подача заказов при определенном уровне запасов
timed ~ заказ с фиксированным сроком
~ of goods заказ на товары
ORDINARY adj обычный
ORGAN n орган
local ~s местные органы власти
~s of government органы государственной власти
~s of power органы власти
~s of the press органы печати
~s of state administration органы государственного управления
ORGANIZATION n 1. организация; устройство 2. организация, объединение
affiliated ~ филиал
arbitration ~ арбитражная организация
bank ~ организационная структура банка
building ~ строительная организация
business ~ организация бизнеса
charitable ~ благотворительная организация
charity ~ см. charitable ~
civic ~ гражданская организация
commercial ~ торговая организация
company ~ 1) организация предприятия 2) структура фирмы

competent ~ компетентная организация
construction ~ строительная организация
consumer ~ потребительская организация
control ~ контролирующая организация
cooperative ~ кооперативная организация
distributing ~ распределительная организация
economic ~ экономическая организация
farm ~ организация сельскохозяйственного производства
founder ~ учредительная организация
functional ~ функциональная организация
geographic ~ организация по географическому признаку
government ~ государственная организация
head ~ головная организация
inspection ~ инспекционная организация
intergovernmental ~ межправительственная организация
international ~ международная организация
international economic ~ международная хозяйственная организация
International Labour O. Международная организация труда
International Trade O. Международная организация по вопросам торговли
interstate ~ межгосударственная организация
joint ~ совместная организация
leading ~ головная организация
lean ~ сокращенная организация (после сокращения штатов или производства)
line ~ линейная система организации руководства; прямое подчинение
loose umbrella ~ широкая свободная организация
market ~ рыночная организация
marketing ~ торгующая организация; сбытовая организация
market management ~ организация службы маркетинга по рыночному принципу
nongovernmental ~ неправительственная организация

nonprofit ~ некоммерческая организация
official ~ официальная организация
overhead ~ вышестоящая организация
parallel ~ параллельная организация
parent ~ головная организация
procurement ~ заготовительная организация
product management ~ организация службы маркетинга по товарному производству
professional ~ профессиональная организация
public ~s общественные организации
purchasing ~ закупочная организация
rational ~ рациональная организация
research ~ научно-исследовательская организация
sales ~ сбытовая организация
selling ~ см. sales ~
staff ~ организация управленческого аппарата
state ~ государственная организация
step-by-step ~ ступенчатая организация
stepwise ~ см. step-by-step ~
specialized ~ специализированная организация
tourist ~ туристская организация
trading ~ торгующая организация
umbrella ~ широкая организация
United Nations O. Организация Объединенных Наций
United Nations Educational, Scientific and Cultural O. Организация Объединенных Наций по вопросам просвещения, науки и культуры
~ of labour организация труда
~ of production организация производства

ORGANIZE v организовывать, устраивать, налаживать
ORGANIZER n организатор; устроитель
ORIENTATION n ориентация, ориентирование
customer ~ ориентация на заказчика
export ~ экспортная ориентация
ORIENTED adj ориентированный; предназначенный
manufacturing ~ связанный с производством
technically ~ ориентированный на решение технических задач
ORIGIN n происхождение; первоисточник
animal ~ животное происхождение

commercial ~ коммерческое происхождение
domestic ~ отечественное происхождение
foreign ~ иностранное происхождение
national ~ национальное происхождение
regional ~ местное происхождение
~ of goods происхождение товара
~ of a product происхождение изделия
◇ to establish the ~ устанавливать происхождение
ORIGINAL n оригинал, подлинник
duplicate ~ второй экземпляр
~ of a document подлинник документа
◇ in the ~ в подлиннике, в оригинале
ORIGINAL adj 1. первоначальный 2. оригинальный, подлинный
ORIGINATE v брать начало, происходить
ORIGINATOR n 1. автор; создатель 2. инициатор
OSCILLATE v колебаться
OSCILLATION n колебание
annual ~s годовые колебания
cyclical ~s циклические колебания
damped ~s затухающие колебания
long-period ~s долговременные колебания
short-period ~s кратковременные колебания
OUST v изгонять; вытеснять; занимать чье-л. место
OUTAGE n 1. перерыв; перебой (в работе) 2. утруска; утечка
power ~ перерыв в подаче энергии
OUTBALANCE v 1. перевешивать 2. превосходить
OUTBID v перебивать цену; перекупать
OUTBIDDING n предложение более высокой цены или более выгодных условий
OUTBOUND adj отправляемый за границу, экспортный
OUTCOME n результат; последствие
eventual ~ конечный результат
successful ~ благоприятный итог
~ of discussions результаты переговоров
~ of an experiment результат испытания
~ of negotiations результаты переговоров
~ of proceedings исход дела
~ of a visit результат визита

OUTCOMPETE v вытеснять, оттеснять на второй план
OUTCRY n:
  open ~ заключение биржевых сделок в торговом зале биржи голосом и жестом
OUTDATED adj устаревший, вышедший из употребления
OUTDISTANCE v обгонять, перегонять
OUTER adj внешний, наружный
OUTFIT n 1. оборудование, аппаратура; оснащение 2. предприятие, учреждение
  large manufacturing ~ крупное промышленное предприятие
  ~ of capital goods комплекс товаров производственного назначения
  ~ of equipment комплекс оборудования
OUTFLOW n отлив; утечка; отток
  capital ~ отлив капитала
  cash ~ отлив наличных денег
  profit ~ отток прибыли
  ~ of capital отлив капитала; утечка капитала
  ~ of currency утечка валюты
  ~ of factor income утечка прибыли факторных компаний
  ~ of funds отлив капитала
  ~ of gold отлив золота
  ~ of money отлив денег
OUTGO n расход
OUTGOINGS n pl издержки, расходы
OUTLAW n 1. лицо, объявленное вне закона 2. организация, объявленная вне закона
OUTLAW v объявлять вне закона
OUTLAY n 1. издержки, расходы, затраты 2. капиталовложения
  advertising ~ расходы на рекламу
  budget ~s бюджетные расходы
  capital ~ расходы на приобретение основного капитала, капитальные затраты
  cash ~ денежные расходы
  cost ~ осуществление затрат
  current ~s текущие издержки, текущие затраты
  direct ~ прямые издержки
  full cost ~ полные издержки
  general ~ общие расходы
  initial ~ первоначальные затраты
  investment ~ капиталовложения
  large-scale ~ of currency большие расходы валюты
  national ~ государственные расходы

  overall ~ общие расходы
  public ~ государственные расходы
  social security ~ выплаты по социальному страхованию
  total ~ общие расходы
  ~ for overtime затраты на сверхурочные
  ~ of currency валютные расходы
  ◊ to finance the ~ финансировать расходы
  to make ~s of money амер. делать вклад
  to recover one's ~ возмещать свои расходы
OUTLAY v тратить, расходовать
OUTLET n 1. рынок сбыта 2. торговая точка
  domestic ~ сбыт внутри страны
  market ~ рынок сбыта
  marketing ~ см. market ~
  mom and pop ~s семейный магазин
  new ~s новые рынки сбыта
  profitable ~ прибыльный сбыт
  retail ~ розничный рынок сбыта
  sales ~ рынок сбыта
  useful ~ рынок, пригодный для сбыта
  water ~ водный путь
  wholesale ~ оптовый рынок сбыта
OUTLINE n 1. набросок 2. план, конспект
  rough ~ ориентировочный план
  ~ of a plan набросок плана
OUTLOOK n перспектива
  business ~ прогнозируемая экономическая конъюнктура
  current ~ перспектива на сегодняшний день
  dismal ~ мрачный прогноз; мрачная перспектива
  economic ~ экономическая перспектива
  gloomy ~ мрачная перспектива
  long-term ~ долгосрочная перспектива
  near-term ~ краткосрочная перспектива
  price ~ ценовые предположения
  short-term ~ краткосрочная перспектива
OUTLYING adj далекий; отдаленный
OUTMODED adj вышедший из моды; устаревший
OUTNUMBER v численно превосходить
OUT-OF-DATE adj устаревший; старомодный
OUT-OF-EQUILIBRIUM adj вышедший из равновесия

OUT

OUT-OF-FASHION *adj* вышедший из моды; устаревший
OUT-OF-PRINT *adj* распроданный, разошедшийся (*об издании*)
OUT-OF-STOCK *adj* распроданный
OUT-OF-TIME *adj* с опозданием, не в срок
OUT-OF-USE *adj* вышедший из употребления
OUT-OF-WORK *adj* безработный
OUTPACE *v* опережать
OUTPORT *n* внешний порт, аванпорт
OUTPRICE *v* переплачивать
OUTPRODUCE *v* превышать по производительности
OUTPUT *n* 1. производительность; выработка; мощность 2. выпуск; продукция; объем производства
actual ~ 1) производительность 2) полезная мощность
agricultural ~ объем сельскохозяйственного производства
annual ~ годовая производительность
average ~ средняя производительность
commercial ~ товарная продукция
continuous ~ непрерывное производство
current ~ текущая производительность
daily ~ суточная производительность
desired ~ требуемая производительность
design ~ расчетная производительность; требуемая производительность
effective ~ 1) фактическая производительность 2) полезная мощность
factory ~ объем промышленного производства
farm ~ объем сельскохозяйственного производства
final ~ максимальная производительность
full ~ *см.* final ~
full employment ~ объем производства при полной занятости рабочих
gross ~ валовой объем производства
guaranteed ~ гарантированная производительность
high ~ высокая производительность
hourly ~ выпуск продукции за час
incidental ~ побочная продукция
industrial ~ объем промышленного производства
large ~ массовое производство
man-hour ~ объем выработки за один рабочий час, производительность за человеко-час

OUT

manufacturing ~ выпуск продукции обрабатывающей промышленности
maximum ~ максимальная производительность
minimum ~ минимальная производительность
net ~ условно-чистая продукция
nominal ~ номинальная производительность
normal ~ обычная производительность
peak ~ максимальный объем производства
per capita ~ выработка на одного рабочего
permanent ~ длительная производительность
physical ~ фактическая производительность
potential ~ проектная производительность
production ~ объем производства
profit-maximizing ~ объем производства, обеспечивающий максимизацию прибыли
rated ~ 1) проектная мощность 2) номинальная производительность
real ~ фактическая производительность
recorded ~ учитываемый выпуск продукции
reduced ~ недостаточная мощность
standard ~ норма выработки
total ~ общая производительность
yearly ~ годовой объем производства
~ **of by-products** выпуск побочной продукции
~ **of products** выпуск продукции
~ **per day** суточная производительность
~ **per hour** часовая производительность
~ **per man-hour** производительность за человеко-час
~ **per man-week** недельная выработка на одного рабочего
~ **per shift** производительность за смену
~ **per worker** выработка на одного рабочего
◊ **to boost** ~ поднимать производительность
to decrease the ~ сокращать выпуск продукции
to expand ~ увеличивать выпуск продукции

OUT

to guarantee the ~ гарантировать объём выпускаемой продукции
to increase ~ увеличивать выпуск продукции; поднимать производительность
to limit ~ ограничивать выпуск продукции
to raise ~ повышать производительность
to reduce the ~ сокращать выпуск продукции

OUTRIGHT *n* срочный валютный курс «аутрайт»
◇ to buy ~ покупка ценных бумаг с уплатой наличными в полном размере

OUTRUN *v* обгонять, опережать

OUTSELL *v* 1. продаваться по более высокой цене, чем другой товар 2. продавать больше, чем конкуренты

OUTSIDER *n* 1. предприятие, не входящее в монополистическое объединение, или компания в торговом мореплавании, не входящая в конференцию, аутсайдер 2. постороннее лицо

OUTSIZE *n* 1. размер больше стандартного, негабарит 2. изделие нестандартного размера

OUTSIZE *adj* больше стандартного размера; нестандартный

OUT-SOURCING *n* заключение соглашений с внешними организациями на выполнение некоторых управленческих функций (*бухгалтерский учет, связь, вычислительная сеть корпорации*)

OUTSTANDING *adj* 1. неуплаченный; просроченный 2. непроданный 3. невыполненный 4. нерешённый; спорный

OUTSTRIP *v* 1. обгонять, опережать 2. превосходить

OUTTURN *n* 1. производительность; выработка 2. выпуск; продукция; объём производства 3. выгрузка; выгруженное количество

OUTWARD *adj* внешний, наружный

OUTWEIGH *v* перевешивать, превосходить в весе

OUTWORKING *n* надомная работа

OUTWORKER *n* надомный рабочий

OVER *adj* излишний, избыточный

OVER *prep* больше, сверх
◇ ~ age отслуживший срок
buyer's ~ цена покупателя, действительная и после окончания работы биржи

OVE

OVERABUNDANT *adj* избыточный

OVERACCUMULATION *n* чрезмерное накопление
~ of capital чрезмерное накопление капитала

OVERACTIVITY *n* сверхактивность

OVERAGE *n* излишек груза по сравнению с указанным в документе

OVERALL *adj* 1. полный, общий 2. всеохватывающий

OVERALLOCATION *n* передача облигаций для распространения на бо́льшую сумму, чем планировалось первоначально

OVERBALANCE *n* перевес, избыток
~ of exports превышение экспорта над импортом

OVERBALANCE *v* перевешивать; превосходить; превышать

OVERBID *v* предлагать более высокую цену, перебивать цену

OVERBOUGHT *adj* характеризующийся чрезмерно высоким курсом (*о ценной бумаге или валюте*)

OVERBURDEN *v* 1. перегружать 2. отягощать

OVERBUY *v* 1. покупать слишком большое количество 2. покупать слишком дорого

OVERCAPACITY *n* избыточная мощность

OVERCAPITALIZATION *n* сверхкапитализация

OVERCAPITALIZED *adj* характеризующийся падением дохода по акциям компании ниже приемлемого уровня, «разводненный»

OVERCERTIFICATION *n* удостоверение банком чека, когда сумма чека превышает остаток на счёте

OVERCHARGE *n* 1. завышенная цена; завышенный расход 2. завышение цены, запрос 3. взимание излишней платы за перевозку грузов 4. перегрузка, нагрузка сверх нормы

OVERCHARGE *v* 1. назначать завышенную цену 2. перегружать

OVERCOMPENSATION *n* чрезмерная компенсация

OVERCONSUMPTION *n* чрезмерное потребление

OVERCROWD *v* переполнять (*помещение*)

OVERCROWDING *n* перенаселение

OVERDEMAND *n* чрезмерный спрос

485

OVERDEPRECIATION *n* чрезмерные амортизационные отчисления
OVERDIMENSIONED *adj* негабаритный
OVERDRAFT *n* кредит по текущему счету, овердрафт
  bank ~ задолженность банку
  daylight ~ дневной овердрафт
  nostro ~ овердрафт ностро
  temporary ~ краткосрочный овердрафт
  unsecured ~ непокрытый овердрафт
  ~ **of credit** превышение кредитного лимита, овердрафт
  ◇ **to clear an** ~ погашать овердрафт
  to have an ~ иметь право произвести овердрафт
  to make an ~ производить овердрафт
OVERDRAW *v* превышать остаток счета в банке
OVERDRAWING *n* превышение остатка счета в банке
  credit ~ превышение кредитного лимита, овердрафт
OVERDUE *adj* просроченный
  ◇ **long** ~ давно просроченный
  when ~ после наступления срока
  to be ~ 1) наступать (*о сроке*) 2) опаздывать
OVERESTIMATE *n* 1. завышение оценки, переоценка 2. преувеличенная смета
OVERESTIMATE *v* 1. оценивать слишком высоко, переоценивать 2. составлять преувеличенную смету
OVERESTIMATION *n* завышенная оценка, переоценка
OVEREXPANSION *n* чрезмерное расширение производства
OVEREXPENDITURE *n* перерасход средств
OVEREXTENDED *adj* с завышенной оценкой
OVEREXTENSION *n* 1. завышенная оценка 2. чрезмерное кредитование 3. покупка ценных бумаг на сумму, превышающую имеющиеся средства 4. чрезмерное расширение производства
OVERFILL *v* переполнять
OVERFILLING *n* переполнение
  ~ **of the market** переполнение рынка
OVERFLOW *n* избыток
  ~ **of population** перенаселение
OVERFREIGHT *n* излишняя плата за провоз
OVERFULFIL *v* перевыполнять
OVERFULFILMENT *n* перевыполнение
OVERFUNDING *n* 1. избыточное финансирование государственного долга 2. увеличение продаж до уровня, не обеспеченного оборотным капиталом 3. излишние фондовые операции брокера по счету клиента
OVERGROWTH *n* чрезмерный рост
OVERHANG *n* 1. наличие крупного потенциального продавца ценных бумаг 2. обращение больших сумм валюты за рубежом без возможности использовать ее в торговле или инвестициях 3. обладание избыточной массой иностранной валюты
OVERHAUL *n* капитальный ремонт
  factory ~ заводской ремонт
  general ~ капитальный ремонт
  guarantee ~ гарантийный ремонт
  major ~ капитальный ремонт
  partial ~ частичный ремонт
  works ~ заводской ремонт
  ~ **of the distribution system** ревизия системы распределения
  ~ **of a programme** пересмотр программы
  ~ **of the system of subsidies** пересмотр системы субсидирования
OVERHAUL *v* 1. капитально ремонтировать 2. тщательно осматривать
OVERHAULING *n* производство капитального ремонта
OVERHEADS *n pl* накладные расходы
  administration ~ административные накладные расходы
  company ~ общефирменные накладные расходы
  departmental ~ цеховые накладные расходы
  factory ~ общезаводские накладные расходы
  general ~ 1) административные накладные расходы 2) общефирменные накладные расходы
  maintenance ~ эксплуатационные расходы
  management ~ административные расходы
  manufacturing ~ производственные накладные расходы
  nonmanufacturing ~ непроизводственные накладные расходы
  standard ~ стандартные накладные расходы
  variable direct ~ прямые переменные накладные расходы
  workshop ~ цеховые накладные расходы

OVERHEATING *n* чрезмерное ускорение экономического развития, экономический бум
~ of the boom перенапряжение конъюнктуры
OVERINDEBTEDNESS *n* чрезмерная задолженность
OVERINSURANCE *n* страхование на сумму, превышающую стоимость страхуемого объекта
OVERISSUE *v* 1. выпуск акций сверх суммы, установленной уставом компании 2. чрезмерная эмиссия банкнот
OVERLAND *adj* сухопутный
OVERLAPPING *n* 1. частичное совпадение 2. частичное перекрытие, пересечение
~ of dates пересечение сроков
OVERLOAD *v* перегружать
OVERLOADING *n* перегрузка
OVERNIGHT *n* сделка на срок до начала следующего рабочего дня или с пятницы до понедельника
OVERPAY *v* переплачивать
OVERPAYMENT *n* переплата
OVERPRICE *v* переоценивать
OVERPRICING *n* завышение цены, переоценка
OVERPRODUCE *v* производить товары в количестве, превышающем спрос
OVERPRODUCTION *n* перепроизводство
chronic ~ хроническое перепроизводство
general ~ общее перепроизводство
industrial ~ промышленное перепроизводство
relative ~ относительное перепроизводство
~ of commodities перепроизводство товаров
OVERRATE *v* переоценивать; завышать стоимость
OVERRATING *n* завышение стоимости; переоценка
OVERRIDE *n* дополнительное вознаграждение, выплачиваемое управленческому персоналу
OVERRIDING *adj* первостепенный; главный
OVERRUN *n* перерасход, превышение стоимости
cost ~ перерасход средств сверх сметы
OVERSAVING *n* чрезмерное накопление
OVERSEAS *adj* заграничный; заокеанский; иностранный

OVERSELL *v* продавать сверх своих запасов
OVERSHOOT *n* 1. превышение, переполнение; перепроизводство 2. чрезмерный рост
OVERSHOOT *v* превышать; превосходить; выходить за установленные пределы
OVERSHOOTING *n* завышение валютного курса
OVERSIDE *adj* грузящийся через борт, бортовой
OVERSIGHT *n* недосмотр, оплошность
OVERSIZE *n* нестандартный рамер
OVERSIZE[D] *adj* слишком большого размера; негабаритный
OVERSOLD *adj* характеризующийся чрезмерно низким курсом (*о ценной бумаге или валюте*)
OVERSPEND *v* тратить слишком много, перерасходовать
OVERSPENDING *n* перерасход
OVERSTAFFED *adj* с раздутыми штатами
OVERSTATE *v* преувеличивать; завышать
OVERSTATING *n* завышение
~ of norms завышение норм
OVERSTATEMENT *n* завышение
OVERSTOCK *n* избыток; излишний запас; затоваривание
OVERSTOCK *v* делать слишком большой запас; затоваривать
OVERSTOCKING *n* затоваривание
market ~ затоваривание рынка
OVERSUBSCRIBE *v* превышать намеченную сумму подписки на ценные бумаги
OVERSUBSCRIPTION *n* подписка на ценные бумаги сверх намеченной суммы
OVERSUPPLY *n* избыточное предложение товаров
~ of goods *см.* OVERSUPPLY
OVERT *adj* открытый (*о рынке*)
OVERTAX *v* облагать чрезмерно высокими налогами
OVER-THE-COUNTER *adj амер.* 1. продаваемый без посредника, внебиржевой 2. продаваемый в розницу
OVERTIME *n* сверхурочное время; сверхурочная работа
clock ~ плата за сверхурочную работу
OVERTIME *adv* сверхурочно
◇ to do ~ выполнять сверхурочную работу

to work ~ работать сверхурочно
OVERTRADING *n* чрезмерное расширение объема торговли, превышающее имеющийся оборотный капитал
OVERUTILIZATION *n* чрезмерное использование
OVERVALUATION *n* 1. завышение оценки, переоценка 2. завышение валютного курса
OVERVALUE *v* давать завышенную оценку, переоценивать
OVERVALUED *adj* переоцененный, с завышенным курсом или стоимостью
OVERVIEW *n* обзор
OVERWEIGH *v* превышать установленный вес, перевешивать
OVERWEIGHT *n* излишек веса; избыточный вес
OVERWORK *n* 1. сверхурочная работа 2. перегрузка, перенапряжение
OVERWRITING *n* спекулятивная чрезмерная продажа опционов в надежде, что они не будут исполнены
OWE *v* быть должным, задолжать
OWN *adj* собственный
OWN *v* владеть, обладать
OWNER *n* 1. собственник 2. владелец
  beneficial ~ реальный владелец ценной бумаги
  bona fide ~ добросовестный владелец
  cargo ~ грузовладелец
  copyright ~ обладатель авторского права
  equitable ~ равноправный собственник
  farm ~ владелец фирмы
  factory ~ владелец завода
  joint ~ совместный владелец
  know-how ~ владелец ноу-хау
  land ~ землевладелец
  lawful ~ законный владелец
  legal ~ *см.* lawful ~
  outright ~ неограниченный собственник
  part ~ совместный владелец
  patent ~ владелец патента
  placement ~ владелец ценных бумаг
  policy ~ владелец страхового полиса
  registered ~ зарегистрированный владелец
  rightful ~ законный владелец
  sole ~ единоличный владелец
  stock ~ владелец акции
  store ~ владелец магазина
  ~ of an account владелец счета
  ~ of a business владелец предприятия

~ of capital собственник капитала
~ of cargo грузовладелец
~ of commodity владелец товара
~ of an estate землевладелец
~ of a firm владелец фирмы
~ of goods владелец товара
~ of an enterprise владелец предприятия
~ of a mortgage держатель залога
~ of a patent владелец патента
~ of patent rights *см.* ~ of a patent
~ of placements владелец ценных бумаг
~ of a plant владелец завода
~ of property владелец собственности
~ of real estate владелец недвижимости
~ of a ship судовладелец
~ of a trademark владелец товарного знака
OWNERSHIP *n* 1. собственность, право собственности 2. владение
absolute ~ полноправное владение собственностью
collective ~ коллективная собственность
common ~ общественная собственность
corporate ~ акционерная собственность
equitable ~ равное право собственности
joint ~ совладение; совместная собственность
part ~ долевое владение
patent ~ право собственности на патент
private ~ частная собственность
public ~ общественная (государственная) собственность
pyramid ~ многоярусная система участия одних компаний в капитале других
share ~ право собственности на акции
state ~ государственная собственность
unlimited ~ неограниченная собственность
~ of capital собственность на капитал
~ of land собственность на землю
~ of the means of production собственность на средства производства
◊ to change ~ перейти в собственность
to pass into the ~ *см.* to change ~
to transfer ~ передавать право собственности

P

PACE *n* скорость, темп
  normal ~ расчетный темп работы
  ◇ at a rapid ~ в ускоренном темпе
  to accelerate the ~ ускорять темп
  to set the ~ задавать темп
  to slow down the ~ замедлять темп

PACK *n* 1. пакет; пачка 2. тюк; связка 3. упаковка
  air-freight ~ упаковка, предназначенная для воздушной транспортировки
  protective ~ защитная упаковка
  unit ~ индивидуальная тара
  vacuum ~ вакуумная упаковка
  ~ of books пачка книг
  ~ of catalogues пачка каталогов

PACK *v* упаковывать
  ~ for export паковать на экспорт
  ~ for overland transportation упаковывать для сухопутной транспортировки
  ~ for overseas transportation упаковывать для морской транспортировки
  ~ for railway transportation упаковывать для железнодорожной транспортировки
  ~ to a specification упаковывать в соответствии со спецификацией

PACKAGE *n* 1. место (*багажа*) 2. тюк; кипа 3. пакет, сверток 4. упаковочная тара, упаковка
  air-tight ~ воздухонепроницаемая упаковка
  budget ~ пакет бюджетных предложений
  cardboard ~ картонная упаковка
  currency ~ корзина валют
  customer size ~ мелкая фасовка товара
  damaged ~ поврежденное место
  defective ~ дефектная упаковка
  dual use ~ тара, которая может использоваться в качестве посуды
  economic ~ комплекс мероприятий в области экономики
  economic policy ~ комплекс мероприятий в области экономической политики
  express ~ срочная посылка
  financial ~ финансирование
  financing ~ *см.* financial ~
  gift ~ подарочная упаковка
  licensing ~ пакетное лицензирование
  marked ~ маркированное место
  oversize ~ негабаритная упаковка
  parcel post ~ почтовая посылка
  pay ~ соглашение с профсоюзом о надбавках к заработной плате
  programme ~ пакет программ
  public ~ комплекс государственных мероприятий
  shipping ~ место груза
  small ~s мелкая тара
  software ~ комплект программного обеспечения
  sound ~ доброкачественная упаковка
  tax ~ комплекс налоговых мероприятий
  technology ~ пакет технических услуг
  tropical ~ тропическая упаковка
  unfit ~ непригодная упаковка
  unwieldy ~ негабаритная упаковка
  wage ~ соглашение по вопросам заработной платы
  water-proof ~ водонепроницаемая упаковка
  ~ of measures пакет мероприятий
  ~ of proposals пакет предложений
  ~ of services пакет услуг
  ◇ to offer a ~ of services предлагать пакет услуг
  to provide a ~ of services предоставлять пакет услуг
  to win a ~ добиться заключения соглашения с профсоюзом

PACKAGE *v* 1. упаковывать 2. расфасовывать

PACKAGED *adj* 1. упакованный; пакетированный 2. комплексный; комплектный

PACKAGING n упаковка; расфасовка; пакетирование
  bad ~ плохая упаковка
  contract ~ контрактная упаковка
  export ~ экспортная упаковка
  nonreturnable ~ безвозвратная упаковка
  standard ~ стандартная упаковка
  strong ~ прочная упаковка

PACKED adj упакованный; расфасованный

PACKER n 1. упаковщик 2. упаковочная фирма

PACKET n 1. пакет; связка 2. группа, собрание
  airmail ~ посылка авиапочтой
  express ~ срочное почтовое отправление
  pay ~ фонд заработной платы рабочих и служащих
  postal ~ бандероль
  sample ~ посылка с образцами
  wage ~ конверт с заработной платой

PACKING n 1. упаковка; упаковочный материал 2. прокладка; прокладочный материал 3. фасовка, расфасовка
  adequate ~ достаточная упаковка
  aerosol ~ аэрозольная упаковка
  air-freight ~ упаковка для перевозки воздушным транспортом
  air-tight ~ воздухонепроницаемая упаковка
  cardboard ~ картонная упаковка
  cargo ~ упаковка груза
  container ~ контейнерная упаковка
  default ~ дефектная упаковка
  defective ~ см. default ~
  export ~ экспортная упаковка
  external ~ наружная упаковка
  extra ~ специальная упаковка
  factory ~ фабричная упаковка
  faulty ~ дефектная упаковка
  freight ~ транспортная упаковка
  import ~ импортная упаковка
  improper ~ неподходящая упаковка
  inside ~ внутренняя упаковка
  insufficient ~ недостаточная упаковка
  intact ~ упаковка без повреждений
  interior ~ внутренняя упаковка
  maritime ~ упаковка для морской перевозки
  metallic ~ металлическая тара
  negligent ~ небрежная упаковка
  nonreturnable ~ безвозвратная упаковка
  original ~ заводская упаковка
  outer ~ наружная упаковка
  outside ~ см. outer ~
  oversize ~ негабаритная упаковка
  plastic ~ пластмассовая тара
  poor ~ недостаточная упаковка
  proper ~ надлежащая упаковка
  returnable ~ многоразовая упаковка
  safe ~ прочная упаковка
  sample ~ образец упаковки
  sea ~ упаковка для морской перевозки
  seaproof ~ см. sea ~
  seaworthy ~ см. sea ~
  short ~ недостаточная упаковка
  soft ~ мягкая упаковка
  special ~ специальная упаковка
  stable ~ прочная упаковка
  standard ~ стандартная упаковка
  strong ~ прочная упаковка
  sufficient ~ достаточная упаковка
  tight ~ герметичная упаковка
  torn ~ разорванная упаковка
  total ~ общая упаковка
  tray ~ упаковка расфасованных товаров на лотках
  tropical ~ тропическая упаковка
  unsuitable ~ неподходящая упаковка
  unwieldy ~ негабаритная упаковка
  waterproof ~ водонепроницаемая упаковка
  weather-resisting ~ герметичная упаковка
  wooden ~ деревянная упаковка
  ~ in bags упаковка в мешки
  ~ in boxes упаковка в ящики
  ~ in cartons упаковка в коробки
  ~ in sacks упаковка в мешки
  ~ on the contract упаковка по контракту
  ~ of goods упаковка товара
  ◇ ~ extra упаковка за счет покупателя
  ~ extra at cost упаковка по себестоимости за счет покупателя
  ~ included включая упаковку
  to carry out ~ осуществлять упаковку
  to damage the ~ повреждать упаковку
  to do ~ осуществлять упаковку
  to handle ~ см. to do ~
  to perform ~ см. to do ~

PAD v 1. прокладывать 2. раздувать, увеличивать

PADDING n прокладка

PAID adj 1. платный 2. оплаченный, уплаченный
  interest ~ оплаченные проценты

PAID-IN adj оплаченный, выплаченный

PAID-UP adj см. **PAID-IN**

PAIR *n* пара
PALLET *n* 1. грузовой поддон; палета 2. транспортный стеллаж
  cargo ~ грузовой поддон
  roll ~ поддон на роликах
  strapped ~ застропленный поддон
  wooden ~ деревянный поддон
  ◇ to rent ~s арендовать поддоны
  to stack ~s складывать поддоны в штабель
PALLETIZATION *n* 1. укладка груза на поддоны 2. перевозка грузов на поддонах
  ~ of cargo укладка груза на поддоны
PALLETIZE *v* укладывать грузы на поддоны, штабелировать грузы на поддоне; пакетировать грузы на поддонах
PANDAN *n* современная китайская золотая монета
PANEL 1. список, перечень; личный состав, персонал 2. группа лиц, давшая согласие участвовать в единовременном опросе или долговременном обследовании 3. комиссия 4. щит для рекламы
  advertising ~ рекламный щит
  arbitration ~ арбитражная комиссия
  audit ~ of shop торговая панель
  consumer ~ потребительская панель
  demonstration ~ демонстрационная панель
  government ~ правительственная комиссия
  information ~ доска информации
  poster ~ доска объявлений
  sample ~ перечень выборочно опрашиваемых
  state ~ государственная комиссия
  store ~ торговая панель
  tripartite ~ трехсторонняя комиссия
  ~ of arbitrators список арбитров
  ~ of candidates список кандидатов
  ~ of reporters список корреспондентов
PAN-GLOBAL *adj* панглобальный
PAN-PIN *n* идентификационный номер владельца кредитной карточки
PAPER 1. бумага 2. документ 3. бумажные деньги 4. ценные бумаги; коммерческие документы; инструменты денежного рынка
  accommodation ~ дружеский вексель
  analysis ~ особо разграфленная бумага для записи цифровых данных
  application ~s заявочные материалы
  background ~s справочные материалы
  bank ~ 1) банкноты 2) векселя и другие ценные бумаги
  bankable ~ первоклассное денежное обязательство
  brown ~ оберточная бумага
  business ~ 1) коммерческий вексель; подтоварный вексель 2) отраслевое издание
  census ~ переписной лист; опросный лист
  commercial ~ коммерческие векселя
  commercial ~s *амер.* свободнообращающиеся обязательства, не имеющие специального обеспечения
  commodity ~ 1) векселя, тратты и другие финансовые документы, используемые при товарном импорте 2) кредиты, обеспеченные товарами (товарораспорядительными документами)
  demand ~ вексель без даты
  direct ~ коммерческие бумаги, проданные эмитентом непосредственно инвесторам
  eligible ~ векселя или ценные бумаги, принимаемые Банком Англии для переучета
  financial ~ финансовая газета; биржевой бюллетень
  fine ~ первоклассная ценная бумага
  fine bank ~ первоклассный банковский вексель
  first-class ~ первоклассный вексель
  gilt-edged ~ первоклассное денежное обязательство
  government ~ правительственная ценная бумага
  identification ~ удостоверение личности
  identity ~ *см.* identification ~
  ineligible ~ векселя или ценные бумаги, непригодные к переучету в центральном банке
  mercantile ~ коммерческий вексель
  one-name ~ простой вексель с одной подписью
  order ~ повестка дня
  packaging ~ упаковочная бумага
  packing ~ *см.* packaging ~
  prime ~ первоклассный вексель
  purchased ~ купленный вексель
  scientific ~ научная работа
  shipper's ~s судовые документы
  shipping ~s *см.* shipper's ~s
  ship's ~s *см.* shipper's ~s
  single-name ~ простой вексель с одной подписью

PAR

 stamped ~ лист бумаги со штемпелем
 state ~s государственные ценные бумаги
 straight ~ соло-вексель
 time ~ срочный вексель
 trade ~ торговый вексель
 trading ~ депозитные сертификаты, предназначенные для продажи на рынках евровалют
 two-name ~ вексель с двумя подписями
 unbankable ~ вексель, непригодный к учету
 waste ~ макулатура
 white ~ первоклассный вексель
 wrapping ~ оберточный материал
PAR *n* 1. равенство 2. номинал; паритет, номинальная стоимость ценных бумаг
 gold ~ of currency золотой паритет
 mint ~ of exchange монетный паритет
 ~ of exchange валютный паритет; вексельный паритет
 ~ of stocks паритет ценных бумаг
 ◇ above ~ выше номинала
 at ~ по номинальной стоимости
 below ~ ниже номинала
 on a ~ на паритетных началах; на одном уровне
 to be at ~ быть на одном уровне
PARACHUTE *n*:
 golden ~ крупные выплаты руководителям в связи с ликвидацией их должности вследствие поглощения их компании другой
PARAGRAPH *n* статья; пункт (*в документе*); параграф
 closing ~ заключительный параграф
 opening ~ вступительный абзац делового письма
PARAMETER *n* параметр
 actual ~ фактический параметр
 adaptation ~ показатель адаптации
 arbitrary ~ производный параметр
 continuous ~ непрерывный параметр
 cost ~ стоимостный показатель
 critical ~ критический параметр
 demand ~ показатель спроса
 demographic ~ демографический параметр
 design ~ расчетный параметр
 desired ~s желаемые параметры
 dimensional ~s размерные параметры
 discrete ~ дискретный параметр
 estimable ~ параметр, поддающийся оценке
 estimated ~ оцениваемый параметр

PAR

 hypothetical ~ гипотетический параметр
 key ~ основной параметр
 manufacturing ~ технологический параметр
 numerical ~ числовой параметр
 operating ~s рабочие параметры; эксплуатационные параметры
 optimal ~ оптимальный параметр
 performance ~ рабочий параметр
 process ~s параметры процесса обработки
 programme ~ параметры программы
 random ~ случайный параметр
 relative ~ относительный параметр
 risk ~ параметр риска
 scale ~ параметр масштаба
 state ~ параметр состояния
 statistical ~ статистический параметр
 technical ~ технический параметр
 technological ~ технологический параметр
 time-dependent ~ параметр, зависящий от времени
 time-varying ~ параметр, изменяющийся во времени
 utilization ~ коэффициент использования
 variable ~ переменный параметр
PARCEL *n* 1. пакет, сверток; пачка, связка 2. посылка 3. партия товара, мелкая партия груза 4. часть пароходного груза, парцель 5. блок акций, которые переходят из рук в руки на фондовом рынке 6. участок (*земли*)
 additional ~ дополнительная партия
 air ~ авиапосылка
 cash on delivery ~ *брит.* посылка наложенным платежом
 collect on delivery ~ *см.* cash on delivery ~
 controlling ~ of shares контрольный пакет акций
 express ~ срочное почтовое отправление
 insured ~ ценная посылка
 money ~ пакет с деньгами
 outgoing ~ отправляемая партия
 postal ~ почтовая посылка
 separate ~ отдельная партия
 shipped ~ отгруженная партия
 small ~ небольшая партия
 special handling ~ *амер.* срочное почтовое отправление
 uninsured ~ незаказное почтовое отправление

PAR

~ of cargo партия груза
~ of goods партия товара
~ of land земельный участок
~ of shares пакет акций
~ with samples посылка с образцами
◇ by ~ 1) отдельными партиями; поштучно 2. посылкой
to forward a ~ отправлять посылку
to post a ~ отправлять посылку

PARIT|Y *n* 1. паритет, равенство 2. валютный паритет
conversion ~ конверсионный паритет
cross ~ обменные курсы валют ЕС, рассчитанные через их курсы к ЭКЮ
currency ~ валютный паритет
exchange ~ *см.* currency ~
exchange rate ~ *см.* currency ~
fixed ~ фиксированный паритет
gold ~ золотой паритет
interest ~ процентный паритет между двумя валютами
mint ~ монетарный паритет
monetary ~ *см.* mint ~
official ~ официальный паритет
pegged ~ искусственно поддерживаемый паритет валюты
price ~ ценовой паритет
purchasing power ~ паритет покупательной силы
sliding ~ скользящий паритет
~ of currencies валютный паритет
~ of the dollar паритет доллара
~ of exchange валютный паритет
~ of prices соотношение цен, ценовой паритет
~ of rates фрахтовый паритет
~ of stocks паритет ценных бумаг
◇ above ~ выше паритета
at ~ по номинальной стоимости, по паритету
below ~ ниже паритета
to fix ~ies of currencies фиксировать курс валют
to stand at ~ оставаться на уровне паритета

PARK *n* парк
industrial ~ промышленный парк
research ~ исследовательский парк
transport ~ транспортный парк

PARKING *n* 1. автостоянка 2. временные инвестиции до принятия основного инвестиционного решения
attendant ~ охраняемая автостоянка
contract ~ длительная стоянка
driver ~ разрешенная стоянка

PAR

PAROL *n* *юр.* устное обязательство, обязательство под честное слово
PARSIMONY *n* экономность, бережливость
PART *n* 1. часть, доля 2. часть, деталь
accessory ~s комплектующие детали
after-guarantee ~s запчасти, поставляемые после истечения гарантийного периода
alternative ~s заменяющие детали
ancillary ~s вспомогательные детали
associated ~s комплектующие детали
auxiliary ~s вспомогательные детали
changing ~ сменная деталь
complementary ~s комплектующие детали
completing ~s *см.* complementary ~s
component ~ *см.* complementary ~s
customary ~s обычные запчасти
damaged ~ поврежденная деталь
expendable ~s расходуемые детали
fast wearing ~s быстроизнашивающиеся детали
faulty ~ неисправная деталь
financial ~ финансовый раздел (*в газете*)
finished ~ обработанная деталь
fractional ~ дробная доля (*числа*)
individual ~ отдельная деталь
integral ~ неотъемлемая часть контракта
interchangeable ~s взамозаменяемые детали
inventory ~ запасная деталь
key ~ важная деталь
machine ~s детали машин
machinery ~s *см.* machine ~s
minor ~s второстепенные детали
rapid-wearing ~s быстроизнашивающиеся детали
quick-wearing ~s *см.* rapid-wearing ~s
recommended spare ~s рекомендуемые запчасти
rejected ~ бракованная деталь
repair ~s запасные детали; запчасти
replacement ~s 1) *см.* repair ~s 2) взаимозаменяемые детали
semi-finished ~s деталь-полуфабрикат
service ~s запчасти
spare ~s *см.* service ~s
standard ~ стандартная деталь
updated ~ улучшенная деталь
warranty ~s гарантийные запчасти
◇ to hold spare ~s иметь запчасти
to keep spare ~s иметь склад запчастей

to stock spare ~s *см.* to keep spare ~s
to store spare ~s хранить запчасти на складе
PARTIAL *adj* частичный, неполный
PARTICIPANT *n* участник
  market ~ участник рынка
  potential ~ потенциальный участник
  prospective ~ предполагаемый участник
  ~ in a conference участник конференции
  ~ in a fair участник ярмарки
  ~ in an exhibition участник выставки
  ~s in negotiations участники переговоров
  ~ in tenders участник торгов
PARTICIPATION *n* участие
  alternating ~ поочередное участие
  business ~ деловое участие
  collective ~ коллективное участие
  combined ~ совместное участие
  direct ~ непосредственное участие
  equity ~ участие в акционерном капитале компании
  financial ~ финансовое участие
  foreign ~ участие иностранных фирм, иностранное участие
  individual ~ индивидуальное участие
  inter-company ~ взаимное участие компаний в капитале друг друга
  joint ~ совместное участие
  large-scale ~ крупное участие
  renewed ~ возобновленное участие
  worker's ~ in management участие рабочих в управлении
  ~ in an auction участие в аукционе
  ~ in construction участие в строительстве
  ~ in an enterprise участие в предприятии
  ~ in an exhibition участие в выставке
  ~ in financing участие в финансировании
  ~ in profits участие в прибылях
  ~ in a project участие в предприятии
  ~ in a show участие в выставке
  ~ in tenders участие в торгах
  ~ in tests участие в испытаниях
  ~ in an undertaking участие в предприятии
  ~ in a venture *см.* ~ in an undertaking
  ◊ to offer ~ предлагать участие
  to withdraw from ~ отказываться от участия
PARTICIPATE *v* участвовать
PARTICIPATOR *n* участник

PARTICULAR *n* 1. деталь, подробность 2. *pl* подробный отчет
PARTICULAR *adj* 1. особый, специфический 2. подробный, детальный
PARTNER *n* 1. участник 2. партнер, компаньон 3. контрагент
  acting ~ активный партнер фирмы
  active ~ *см.* acting ~
  associated ~ ассоциированный партнер
  business ~ деловой партнер
  chief ~ главный партнер
  dependable ~ надежный партнер
  dishonest ~ нечестный партнер
  dormant ~ пассивный партнер
  equal ~s равноправные партнеры
  floor ~ представитель брокерской фирмы
  foreign ~ зарубежный партнер
  future ~ будущий партнер
  general ~ главный партнер
  junior ~ младший компаньон
  limited ~ пассивный партнер с ограниченной ответственностью
  managing ~ управляющий партнер
  market ~ партнер по рынку
  nominal ~ номинальный партнер
  ordinary ~ обычный партнер
  potential ~ потенциальный партнер
  principal ~ главный партнер
  reliable ~ надежный партнер
  responsible ~ ответственный партнер
  risk sharing ~ партнер, берущий на себя часть риска
  safe ~ надежный партнер
  secret ~ тайный партнер
  senior ~ главный компаньон
  sharing ~ партнер
  silent ~ пассивный партнер с неограниченной ответственностью
  sleeping ~ пассивный партнер
  special ~ пассивный партнер с ограниченной ответственностью
  trade ~ партнер по торговле, торговый партнер
  trading ~ *см.* trade ~
  undisclosed ~ тайный партнер
  unlimited ~ партнер с неограниченной ответственностью
  unreliable ~ ненадежный партнер
  working ~ активный партнер
PARTNERSHIP *n* 1. участие 2. товарищество; компания
  commandite ~ товарищество с ограниченной ответственностью
  commercial ~ торговая компания
  general ~ полное товарищество

PAR   PAS   P

illegal ~ незаконная компания
industrial ~ участие рабочих и служащих в прибылях
innovative ~ новые формы участия
limited ~ ограниченное товарищество, товарищество с ограниченной ответственностью
mercantile ~ *амер.* торговое предприятие
new ~ новое предприятие
nontrading ~ неторговое партнерство, профессиональное объединение
ordinary ~ *амер.* обычное торговое предприятие
professional ~ профессиональное объединение
trading ~ торговое партнерство
unlimited ~ товарищество с неограниченной ответственностью, полное товарищество
◊ in ~ with с участием
to be in ~ быть компаньоном
to contract a ~ вступать в товарищество
to dissolve a ~ ликвидировать товарищество
to enter into ~ вступать в товарищество
to establish a ~ организовывать товарищество
to go into ~ входить в товарищество
to join a ~ *см.* to go into ~
to retire from a ~ выходить из товарищества
to withdraw from a ~ *см.* to retire from a ~

PART|Y *n* 1. участник 2. *юр.* сторона
accommodation ~ лицо, гарантирующее дружеский вексель
accredited ~ аккредитованное лицо
adverse ~ противная сторона
beneficiary ~ сторона, получающая выгоды
charter ~ чартер-партия
claiming ~ сторона, заявившая претензию
complaining ~ *см.* claiming ~
conflicting ~ies спорящие стороны
contending ~ies *см.* conflicting ~ies
contesting ~ies *см.* conflicting ~ies
contracting ~ies договаривающиеся стороны
cooperating ~ies сотрудничающие стороны
credited ~ заемщик
counter ~ противная сторона

damaged ~ потерпевшая сторона
defaulting ~ виновная сторона
defeated ~ сторона, проигравшая дело
disputing ~ies спорящие стороны
dissatisfied ~ потерпевшая сторона
guilty ~ виновная сторона
infringing ~ сторона, нарушающая патент
injured ~ потерпевшая сторона
interested ~ заинтересованная сторона
negotiating ~ies участники переговоров
opposing ~ противная сторона
opposite ~ *см.* opposing ~
rescue ~ спасательная экспедиция
responsible ~ ответственная сторона
third ~ третья сторона
working ~ рабочая группа
~ at fault виновная сторона
~ies in a dispute спорящие стороны
~ on a bill сторона в вексельной сделке
~ to an agreement участник договора, сторона в договоре
~ to a bill сторона в вексельной сделке
~ to a case сторона в суде
~ to a contract сторона, подписавшая контракт
~ies to negotiations участники переговоров
~ies to proceedings стороны в судебном разбирательстве
◊ ~ concerned заинтересованная сторона
~ involved *см.* ~ concerned

PASS *n* пропуск, паспорт
complementary ~ пригласительный билет
dock ~ разрешение на выход судна из дока
entry ~ регистрационный бланк
exhibitor's ~ удостоверение участника выставки
staff ~ служебное удостоверение
traffic ~ разрешение на проезд
◊ to issue a ~ выдавать пропуск

PASS 1. удовлетворять (*требованиям, нормам*) 2. проходить (*испытание, досмотр*) 3. принимать (*решение, резолюцию*) 4. утверждать (*план, расход*) 5. заносить (*на счет*), проводить бухгалтерскую запись

PASSAGE *n* 1. переезд, проезд; рейс 2. плата за проезд 3. переход (*из одного состояния в другое*)
air ~ путешествие на самолете

495

ballast ~ переход без груза (*о судне*)
cargo ~ переход с грузом
sea ~ морской рейс
~ **of title** переход права собственности
on ~ в пути следования
◇ **to book one's** ~ покупать билет (*на пароход, самолет*)
PASSBOOK *n* сберегательная книжка
  bank ~ банковская расчетная книжка
  deposit ~ депозитная книжка
  savings ~ сберегательная книжка
PASSENGER *n* пассажир
  air ~ пассажир самолета
  economy ~ пассажир второго класса (*на международных авиалиниях*)
  through ~ транзитный пассажир
  ticketed ~ пассажир с заранее приобретенным билетом
  ◇ **to carry** ~s перевозить пассажиров
  to discharge ~s высаживать пассажиров
  to embark ~s *мор.* принимать пассажиров
  to pick up ~s *авиа см.* **to embark** ~s
  to put down ~s высаживать пассажиров
  to take on ~s принимать пассажиров
PASSING *n* 1. переход 2. пропуск (*оплаты дивиденда*)
  ~ **of the dividend** пропуск оплаты дивиденда
  ~ **of property** переход права собственности
  ~ **of title** *см.* ~ **of property**
  ~ **to an account** зачисление на счет
PASSING OFF *n* незаконное использование торговой марки при сбыте товаров
PASSPORT *n* паспорт
  business ~ служебный паспорт
  diplomatic ~ дипломатический паспорт
  inland ~ отечественный паспорт
  service ~ служебный паспорт
  technical ~ технический паспорт
  travelling ~ заграничный паспорт
  valid ~ действительный паспорт
  ◇ **to endorse a** ~ визировать паспорт
  to extend a ~ продлевать паспорт
  to issue a ~ выдавать паспорт
  to obtain a ~ получать паспорт
  to take out a ~ *см.* **to obtain a** ~
  vise a ~ визировать паспорт
PASTURAGE *n* пастбище, выпас
PASTURE *n см.* **PASTURAGE**
  artificial ~ искусственное пастбище
  fallow ~ неиспользуемое пастбище

irrigated ~ поливное пастбище
natural ~ естественное пастбище
permanent ~ постоянное пастбище
poor ~ низкопродуктивное пастбище
rotation ~ культурное пастбище
seasonal ~ пастбище в севообороте
PATENT *n* патент
  additional ~ дополнительный патент
  apparatus ~ патент на устройство
  article ~ патент на изделие
  basic ~ основной патент
  blocking ~ блокирующий патент
  blocking-off ~ *см.* **blocking** ~
  borderline ~ спорный патент
  broad ~ патент с широкой формулой изобретения
  cancelled ~ аннулированный патент
  comfirmation ~ подтвержденный патент
  competing ~ конкурирующий патент
  confirmation ~ подтвержденный патент
  corresponding ~ патент-аналог
  design ~ патент на промышленный образец
  design letters ~ патентная грамота на промышленный образец
  device ~ патент на устройство
  drug ~ патент на медикамент
  existing ~ действующий патент
  expired ~ патент с истекшим сроком действия
  fencing-in ~ блокирующий патент
  fencing-off ~ *см.* **fencing-in** ~
  foreign ~ иностранный патент
  granted ~ выданный патент
  home ~ отечественный патент
  improvement ~ патент на усовершенствование
  independent ~ независимый патент
  infringing ~ нарушающий патент
  inoperative ~ 1) патент, не имеющий законной силы 2) недействительный патент
  invalid ~ 1) патент, утративший силу 2) недействительный патент
  invalidated ~ *см.* **invalid** ~
  issued ~ выданный патент
  joint ~ совместный патент
  key ~ основной патент
  land ~ *амер.* документ, удостоверяющий пожалование земли правительством
  lapsed ~ патент с истекшим сроком действия
  letters ~ патентная грамота

litigious ~ спорный патент
live ~ действующий патент
main ~ основной патент
method ~ патент на способ
minor ~ малый патент
modification ~ патент на усовершенствование
obtained ~ полученный патент
parent ~ основной патент
prior ~ патент с более ранней датой выдачи
process ~ патент на способ
product ~ патент на изделие
questionable ~ спорный патент
registered ~ оформленный патент
reinstated ~ возобновленный патент
related ~ родственный патент
scarecrow ~ отпугивающий патент
secret ~ секретный патент
small ~ малый патент
subordinate ~ зависимый патент
subsequent ~ патент с более поздней датой выдачи
unexpired ~ действующий патент
universal ~ универсальный патент
unjustified ~ незаконный патент
valid ~ действующий патент
valuable ~ ценный патент
void ~ недействительный патент
youngest ~ последний патент
~ for a design патент на промышленный образец
~ for improvement патент на усовершенствование
~ in addition дополнительный патент
~ on an invention патент на изобретение
◊ to abandon a ~ отказываться от патента
to annual a ~ аннулировать патент
to apply for a ~ заявлять патент
to assign a ~ передавать патент
to attack a ~ оспаривать патент
to avoid a ~ 1) оспаривать патент 2) аннулировать патент
to cancel a ~ см. to avoid a ~ 2)
to cede a ~ передавать патент
to circumvent a ~ обходить патент
to contest a ~ оспаривать патент
to deliver a ~ выдавать патент
to dispute a ~ оспаривать патент
to dodge a ~ обходить патент
to drop a ~ отказываться от патента
to exploit a ~ пользоваться патентом
to extend a ~ продлевать срок действия патента
to file a ~ оформлять патент
to forfeit a ~ лишаться права на патент
to get a ~ получить патент
to grant a ~ выдавать патент
to have the right to a ~ иметь право на патент
to hold a ~ иметь патент
to infringe a ~ нарушать патент
to invalidate a ~ признавать патент недействительным
to issue a ~ выдавать патент
to litigate a ~ оспаривать патент
to maintain a ~ in force сохранять патент в силе
to nullify a ~ аннулировать патент
to oppose a ~ противопоставлять патент
to obtain a ~ получать патент
to practise a ~ использовать патент
to put a ~ into practice применять патент
to receive a ~ получать патент
to refuse a ~ отказывать в выдаче патента
to reject a ~ см. to refuse a ~
to reinstate a ~ возобновлять патент
to renew a ~ см. to reinstate a ~
to retain a ~ сохранять патент в силе
to revoke a ~ отменять патент
to secure a ~ получать патент
to sell a ~ продавать право на патент
to suppress a ~ препятствовать осуществлению запатентованного изобретения
to surrender a ~ отказываться от патента
to take out a ~ брать патент
to transfer a ~ передавать патент
to use a ~ использовать патент
to vend a ~ продавать патент
to violate a ~ нарушать патент
to withdraw a ~ отменять патент
to withhold a ~ приостанавливать выдачу патента
PATENT *v* патентовать
PATENTABILITY *n* патентоспособность
PATENTABLE *adj* патентоспособный
PATENTEE *n* патентовладелец
foreign ~ иностранный патентовладелец
individual ~ индивидуальный патентовладелец
joint ~s совладелец патента
prior ~ предшествующий патентовладелец

PATENTING *n* патентование
  double ~ дублирующее патентование
  foreign ~ зарубежное патентование
  joint ~ совместное патентование
  multiple ~ многократное патентование
  ~ **of inventions** патентование изобретения
  ◇ **abroad** патентование за границей
PATH *n* 1. путь; траектория; линия 2. продолжительность
  activity ~ продолжительность операции
  comparison ~ сравнительная траектория
  critical ~ критический путь
  cycle ~ ход цикла
  expansionary ~ повышательная тенденция цен
  growth ~ траектория экономического роста
  least cost ~ путь оптимальной стоимости
  optimal ~ оптимальная траектория
  possible ~ возможная траектория
  slackless ~ критический путь
  steady-state ~ устойчивая траектория
  transition ~ траектория перехода
PATRIMONY *n* наследие, родовое имение
PATRON *n* 1. постоянный покупатель, клиент 2. патрон, заступник
PATRONAGE *n* 1. приверженность покупателей; постоянная клиентура 2. покровительство
  ◇ **to have a large** ~ иметь большую клиентуру
PATTERN *n* 1. образец; модель 2. схема, диаграмма 3. структура 4. характер; линия поведения
  age ~ возрастная структура
  age-sex ~ возрастно-половая структура
  behaviour ~ характер поведения
  chance ~ случайная модель
  competitive ~ характер конкуренции
  consistent ~ закономерность
  cropping ~ структура посевных площадей
  cyclical ~ схема периодической изменчивости
  demographic ~ демографическая модель
  distribution ~ схема распределения
  economic ~ хозяйственная структура
  economical ~ *см.* economic ~
  expenditure ~ структура расходов
  export ~ структура экспорта

  family ~ модель семьи
  farm ~ тип организации сельскохозяйственного производства
  foreign trade ~ структура внешней торговли
  inventory balance ~ модель равновесия запасов
  model ~ типовой план
  occupational ~ структура занятости; профессиональный состав
  preference ~ система предпочтений
  price ~ структура цен
  pricing ~ система ценообразования
  sales ~ структура сбыта
  seasonal ~ структура сезонных колебаний
  service ~ система обслуживания
  social behaviour ~ модель социального поведения
  test ~ опытная модель
  trade ~ товарная структура торговли
  ~ **of calculation** схема вычисления
  ~ **of choice** схема выбора
  ~ **of consumption** структура потребления
  ~ **of demand** структура спроса
  ~ **of distribution** схема распределения
  ~ **of financial assets** структура финансовых активов
  ~ **of foreign trade** структура внешней торговли
  ~ **of growth** модель роста
  ~ **of information** информационная схема
  ~ **of investment** структура капиталовложений
  ~ **of organization** тип организации
  ~ **of prices** структура цен
  ~ **of production** структура производства
  ~ **of requirements** структура потребностей
  ~ **of results** характер результатов
  ~ **of trade** структура торговли
  ~ **of use** характер использования
  ~ **of utilization** *см.* ~ of use
  ~ **of variability** модель изменчивости
  ◇ **according to** ~ в соответствии с образцом
  to correspond to ~ соответствовать образцу
  to make to ~ изготовлять по образцу
PAUPER *n* бедняк, нищий
PAUPERISM *n* нищета
PAUSE *n* перерыв

PAV   **PAY**   **P**

pay ~ приостановка повышения заработной платы
PAVILION *n* павильон
  demonstration ~ демонстрационный павильон
  exhibition ~ выставочный павильон
  fair ~ ярмарочный павильон
  firm's ~ павильон фирмы
  foreign ~ иностранный павильон
  indoor ~ закрытый павильон
  industrial ~ отраслевой павильон
  main ~ основной павильон
  open-air ~ открытый павильон
  permanent ~ постоянный павильон
  spacialized ~ специализированный павильон
  ◊ to decorate a ~ оформлять павильон
  to occupy a ~ занимать павильон
PAWN *n* залог, заклад
  ◊ to hold in ~ держать в залоге
  to put in ~ отдавать в залог
  to redeem a ~ выкупать заклад
PAWN *v* закладывать, отдавать в залог
PAWNBROKER *n* ростовщик, выдающий кредит под залог вещей; служащий ломбарда
PAWNEE *n* залогодержатель
PAWNER *n* закладчик
PAWNING *n* заклад
  ~ of property заклад имущества
PAWNSHOP *n* ссудная касса, ломбард
PAY *n* 1. плата, выплата, уплата 2. заработная плата 3. пособие; пенсия
  additional ~ дополнительная плата
  average ~ средняя зарплата
  back ~ задержанная зарплата
  base ~ тарифная ставка
  basic ~ основная зарплата
  call ~ гарантированный минимум зарплаты при простое
  call-back ~ гарантированная оплата за вызов на сверхурочную работу
  call-in ~ гарантированный минимум зарплаты при частичном дневном простое
  deferred ~ отложенная выплата
  dismissal ~ денежное пособие при увольнении
  equal ~ равная оплата труда
  extra ~ дополнительная плата
  full ~ полная зарплата, полный оклад
  half ~ 1) половинный оклад 2) пенсия за выслугу лет
  high ~ высокая плата
  holdback ~ *амер.* задолженность по заработной плате

  holiday ~ *амер.* зарплата за праздничные дни
  hourly ~ почасовая оплата
  incentive ~ поощрительная оплата
  layoff ~ *амер.* гарантированный минимум оплаты за простой смены
  longevity ~ плата за выслугу лет
  monthly ~ помесячная оплата
  overtime ~ плата за сверхурочную работу
  partial ~ частичная оплата
  piecework ~ сдельная оплата
  premium ~ премиальная плата, премиальное вознаграждение
  redundancy ~ временное пособие безработным
  regular ~ регулярная выдача зарплаты
  reporting ~ гарантированный минимум зарплаты при вынужденном простое
  retirement ~ пенсия за выслугу лет
  seniority ~ надбавка к зарплате за выслугу лет
  severance ~ выходное пособие
  sick ~ пособие по болезни
  take-home ~ чистая получка
  vacation ~ оплата за отпуск
  weekly ~ еженедельная зарплата
  week's ~ *см.* weekly ~
  ~ by the day подённая оплата
  ~ by the hour почасовая оплата
  ~ by the piece сдельная оплата
  ~ per hour плата за час
  ◊ without ~ без оплаты
PAY *v* 1. платить 2. выплачивать, расплачиваться 3. приносить выгоду, окупаться
  ~ back выплачивать
  ~ by instalments платить в рассрочку
  ~ in вносить деньги
  ~ in advance платить вперёд
  ~ in full оплачивать полностью
  ~ in kind платить натурой
  ~ in total *амер.* оплачивать полностью
  ~ off 1) полностью рассчитаться 2) уволить, дать расчёт
  ~ on demand платить по первому требованию
  ~ on a piecework basis платить сдельно
  ~ on presentation платить по представлении
  ~ out выплачивать
  ~ over *см.* ~ out
  ~ promptly платить аккуратно
  ◊ carriage paid провоз оплачен
  freight paid фрахт оплачен

499

PAY

postage paid пересылка по почте оплачена

PAYABLE *adj* 1. подлежащий оплате; оплачиваемый 2. доходный, выгодный
~ **at maturity** подлежащий оплате при наступлении срока
~ **at sight** подлежащий оплате по предъявлении
~ **in advance** оплачиваемый авансом
~ **in arrear** оплачиваемый позднее
~ **in cash** подлежащий оплате наличными
~ **on delivery** с уплатой при доставке
~ **on demand** подлежащий оплате по первому требованию
~ **to bearer** с оплатой на предъявителя
~ **to order** оплачиваемый приказу
~ **when due** подлежащий оплате при наступлении срока

PAY-AS-YOU-EARN *n* система сбора подоходного налога, при которой налог автоматически вычитается из зарплаты

PAYBACK *n* окупаемость

PAYCHECK *n* зарплата, выдаваемая чеком

PAYDOWN *n* частичное погашение кредита или облигационного займа

PAYEE *n* получатель денег, получатель платежа, ремитент
alternative ~ один из двух получателей денег по векселю или чеку

PAYER *n* плательщик
dividend ~ компания, выплачивающая дивиденды
inaccurate ~ неаккуратный плательщик
insolvent ~ несостоятельный плательщик
prompt ~ аккуратный плательщик
punctual ~ *см.* prompt ~
slow ~ неисправный плательщик
tax ~ налогоплательщик

PAYING *n* платеж

PAYING *adj* выгодный, доходный, рентабельный

PAYLOAD *n* 1. полезная нагрузка 2. полезный груз

PAYMASTER *n* кассир

PAYMENT *n* 1. платеж, плата, уплата, оплата; погашение (*долга*) 2. взнос 3. вознаграждение
additional ~ дополнительный платеж
advance ~ авансовый платеж
amortization ~ платеж в счет погашения долга; амортизационный платеж

PAY

annual ~ ежегодный платеж
annuity ~ рентный платеж
anticipated ~ предварительная оплата, авансовый платеж
average ~ страховой аварийный взнос
back ~ просроченный платеж
balloon ~ 1) большой одноразовый платеж 2) последний платеж в погашение кредита, превышающий все предыдущие
benefit ~ выплата страховой суммы
bi-annual ~ полугодовой платеж
bilateral ~s двусторонние расчеты
bonus ~ выплата премии
budgetary ~s бюджетные платежи
cash ~ наличный платеж
cash down ~ взнос наличными
cash ~s **in advance** выплата авансовых платежей наличными
cheque ~ оплата чека
clearing ~ платеж по клирингу
collection ~ платеж в форме инкассо
commercial ~s торговые платежи
commission ~ выплата комиссионного вознаграждения
compensation ~ компенсационный платеж
compensatory ~ *см.* compensation ~
compulsory ~ обязательный платеж
consignment ~s оплата партий товара
contract ~s платежи по контракту
contractual ~s *см.* contract ~s
credit ~s расчеты по кредиту
currency ~s валютные расчеты
current ~s текущие платежи
debt service ~ выплата в счет долга
deferred ~ отсроченный платеж
delayed ~ просроченный платеж
demurrage ~ оплата демерреджа
direct ~ прямой платеж
direct bonus ~ прямая премиальная выплата
direct financial ~ наличный платеж
dividend ~ выплата дивидендов
dividend ~s **on equity issues** выплата дивидендов по акциям
down ~ 1) наличный платеж 2) первоначальный взнос
due ~ платеж в обусловленный срок
encouragement ~ поощрительная надбавка
end-of-year ~ заключительные выплаты в конце года
entitlement ~ компенсационная выплата
excess ~ переплата

exchange ~s валютные платежи
ex gratia ~ добровольная выплата страхового возмещения (*при затруднении в выяснении обстоятельств страхового случая*)
extended ~ продленный срок платежа
external ~s внешние расчеты
extra ~ дополнительный платеж
final ~ платеж в окончательный расчет
financial ~ финансовый расчет
first ~ первоначальный взнос
fixed ~s фиксированные платежи
fixed-rate ~ платеж по таксе
foreign ~ платеж за границу
freight ~ платеж за провоз
full ~ полный платеж
guarantee ~ гарантийная выплата
guaranteed ~ гарантированная оплата
immediate ~ немедленный платеж
incentive ~ 1) поощрительные платежи 2) прогрессивная оплата труда
inclusive ~ оплата всех услуг
incoming ~s поступающие платежи
initial ~ первоначальный платеж
instalment ~ платеж в рассрочку
insurance ~ страховой платеж
interest ~ выплата процентов
interim ~ промежуточный платеж
intermediate ~ *см.* interim ~
internal ~s внутренние расчеты
international ~s международные расчеты
irregular ~s нерегулярные платежи
job work ~ сдельная заработная плата
late ~ просроченный платеж
lease ~ лизинговый платеж
licence fee ~ лицензионный платеж
lumpsum ~ паушальный платеж
minimum ~ минимальный взнос; минимальный платеж
monetary ~ денежная оплата
monthly ~ ежемесячный платеж
multilateral ~s многосторонние расчеты
mutual ~s взаимные платежи
net ~ платеж нетто
noncommercial ~ неторговый платеж
nontax ~ неналоговый платеж
other ~s прочие расходы
outstanding ~ непоступивший платеж
overdue ~ просроченный платеж
overtime ~ плата за сверхурочную работу
paperless ~ «безбумажный» расчет
part ~ частичный платеж
partial ~ *см.* part ~

past due ~ просроченный платеж
patent licence ~s выплаты по патентной лицензии
payroll ~ выплата заработной платы
pension ~ выплата пенсии
periodical ~s периодические платежи
preferential ~ первоочередной платеж
premium ~ премиальная выплата
pressing ~ неотложный платеж
previous ~ предыдущий платеж
progress ~s поэтапная оплата
prolonged ~ продленный срок платежа
prompt ~ платеж в срок
proportionate ~s пропорциональные платежи
public welfare ~s государственные пособия
punctual ~ аккуратный платеж
quarter ~ квартальный платеж
quarterly ~ *см.* quarter ~
recovering ~ взыскание
redundancy ~ выходное пособие
rent ~ арендная плата
rental ~ *см.* rent ~
royalty ~ выплата роялти
semi-annual ~ полугодовой платеж
seniority benefits ~ выплата вознаграждения за выслугу лет
separation ~ расчет по окончании срока службы
settlement ~s урегулирование расчетов
severance ~ выходное пособие
short ~ недоплата
sight ~ платеж по предъявлении тратты
single ~ единовременный платеж
social security ~s выплаты по социальному обеспечению
stop ~ приостановка оплаты чека выписавшим его лицом
stopped ~ приостановленный платеж
subsequent ~ последующий платеж
subsidy ~ выплата субсидии
successive ~s последовательные платежи
sundry ~s разовые платежи
superannuation ~s вычеты из зарплаты в фонд социального обеспечения
supplementary ~ дополнительный платеж
tax ~ уплата налогов
terminal ~ *амер.* уплата последнего взноса
threshold ~ вступительный взнос (*напр. нового члена кооператива*)
time ~ повременная оплата

PAY

timely ~ своевременный платеж
token ~ символический платеж
transfer ~s переводные (трансфертные) платежи
unpaid ~ непроизведенный платеж
up front ~ уплата комиссионных при заключении сделки
wage ~ выплата заработной платы
warranty ~ гарантийная плата
weekly ~ еженедельный платеж
yearly ~ ежегодный платеж
~ after delivery платеж после поставки, платеж против поставки
~ against a bank guarantee платеж против банковской гарантии
~ against delivery of documents платеж против предъявления документов
~ against dock receipt платеж против доковой расписки
~ against documents платеж против документов
~ against drafts платеж против тратт
~ against an invoice платеж против предъявления счета-фактуры
~ against a L/C платеж против аккредитива
~ against indebtedness платеж в счет погашения задолженности
~ against payment documents платеж против платежных документов
~ against presentation of documents платеж против предъявления документов
~ against shipping documents платеж против грузовых документов
~ against statement платеж против выписки счета
~ ahead of schedule досрочная оплата
~ ahead of time *см.* ~ ahead of schedule
~ as per tariff расчет по тарифу
~ at sight платеж по предъявлении документов
~ before delivery платеж до поставки товара
~ by acceptance платеж акцептом
~ by cable transfers расчет путем телеграфных переводов
~ by cash плата наличными
~ by cheque платеж чеком
~ by deliveries of products оплата поставками товаров
~ by drafts вексельная форма расчета
~ by the hour почасовая оплата
~ by instalments платеж в рассрочку

PAY

~ by a L/C аккредитивная оплата; расчет по аккредитиву
~ by money transfers платеж путем денежных переводов
~ by the piece сдельная оплата
~ by postal transfers расчет путем почтовых переводов
~ by remittance переводный (трансфертный) платеж
~ by results оплата по результатам
~ by transfers переводный (трансфертный) платеж
~ for breakage оплата убытков от поломки
~ for carriage of goods провозная плата
~ for collection расчет в форме инкассо
~s for credits выплаты по кредитам
~ for deliveries расчет по поставкам
~ for documents оплата документов
~ for goods плата за товар
~ for honour оплата опротестованной тратты
~ for shipments оплата поставок
~ for technical documentation плата за техническую документацию
~ forward наложенный платеж
~ for work оплата работы
~ from abroad платеж из заграницы
~ in advance авансовый платеж
~ in anticipation уплата раньше срока
~ in arrears платеж в погашение задолженности
~ in cash платеж наличными
~ in clearing currency платеж в валюте клиринга
~ in dollars платеж в долларах
~ in favour of smb платеж в пользу кого-л.
~ in foreign currency платеж в иностранной валюте
~ in full полный расчет
~ in gold уплата золотом
~ in kind платеж натурой
~ in lieu of vacation компенсация за отпуск
~ in local currency платеж в местной валюте
~ in national currency платеж в национальной валюте
~ in part частичный платеж
~s in settlement урегулирование расчетов
~ in specie платеж серебром или золотом

PAY

~ into an account платеж на счет
~ into the bank платеж в банк
~ in total полный платеж
~ of an account оплата счета
~ of an advance выплата аванса
~ of an amount выплата суммы
~ of arrears платеж в погашение задолженности
~ of an award выплата страховой премии
~ of the balance платеж в окончательный расчет
~ of a bill оплата векселя
~ of a bonus выплата премии
~ of charges оплата сборов
~ of charter hire плата за наем судна
~ of a cheque оплата чека
~ of a collection оплата инкассо
~ of a commission оплата комиссии
~ of compensation выплата возмещения
~ of costs оплата расходов
~ of custom duties оплата таможенных пошлин
~ of damages оплата убытков
~ of a debt оплата долга
~ of demurrage плата за простой судна
~ of a deposit выплата по депозиту
~ of dispatch выплата диспача
~ of dividends выплата дивидендов
~ of a draft оплата тратты
~ of dues уплата членских взносов
~ of a duty оплата пошлины
~ of expenses оплата расходов
~ of fees оплата пошлин
~ of a fine уплата штрафа
~ of freight оплата фрахта
~ of a guarantee amount выплата гарантийной суммы
~ of an indemnity выплата компенсации
~ of the initial fee уплата первоначального взноса
~ of insurance indemnity выплата страхового возмещения
~ of insurance premium уплата страхового взноса
~ of interest уплата процентов
~ of interest on deposits выплата процентов по вкладам
~ of an invoice оплата счета
~ of money платеж в денежной форме
~ of a note оплата векселя
~ of the penalty уплата штрафа
~ of a premium уплата страхового взноса

PAY

~ of profits выплата прибыли
~ of remuneration выплата вознаграждения
~ of retention money выплата гарантийной суммы
~ of royalty выплата роялти
~ of salary выплата заработной платы
~ of a sum выплата суммы
~ of taxes уплата налогов
~ of transportation charges оплата транспортных расходов
~ of wages выплата заработной платы
~ on account платеж в счет причитающейся суммы
~ on cheque платеж по чеку
~ on a clearing basis безналичный платеж
~ on a collection basis платеж в форме инкассо
~ on a deferred basis платеж с отсрочкой
~ on delivery платеж против поставки
~ on demand оплата по предъявлении; платеж по требованию
~ on dividends оплата дивидендов
~ on an invoice оплата по предъявлении счета
~ on an open account платеж по открытому счету
~ on open account billing *см.* ~ on an open account
~s on orders платежи по заказам
~ on presentation платеж по предъявлении
~ on request платеж по требованию
~ on the spot немедленная оплата
~ through a bank платеж через банк
~ through clearing платеж по клирингу
~s under a contract платежи по контракту
~s under loans платежи по займам
◇ in ~ в зачет платы
~ received поступивший платеж
to accelerate ~ ускорять платеж
to accept as ~ принимать в счет платежа
to adjust ~s урегулировать платежи
to anticipate ~ платить раньше срока
to apply for ~ обращаться за платежом
to approve ~ утверждать платеж
to arrange ~ договариваться о платеже
to authorize ~ утверждать к платежу
to be behind with one's ~s запаздывать с платежами
to cease ~s прекращать платежи

503

PAY

to claim ~ требовать уплаты
to collect ~ получать платеж по инкассо
to complete ~s завершать платежи
to defer ~ отсрочивать платеж
to delay ~ задерживать платеж
to demand ~ требовать платеж
to do ~ *амер.* осуществлять платеж
to effect ~ *см.* to do ~
to enforce ~ взыскивать платеж
to exempt from ~ освобождать от платежа
to expedite ~ ускорять платеж
to fix ~ устанавливать платеж
to forward ~ направлять платеж
to fulfil ~ осуществлять платеж
to guarantee ~ гарантировать платеж
to hold up ~ задерживать платеж
to impose ~ возлагать платеж
to make ~ осуществлять платеж
to negotiate ~ of fees договариваться об оплате гонорара
to pass for ~ утверждать к платежу
to postpone ~ переносить срок платежа, отсрочивать платеж
to present for ~ предъявлять к платежу
to press for ~ настаивать на платеже
to process ~ оформлять платеж
to prolong ~ продлевать срок платежа
to put off ~ отсрочивать платеж
to receive ~ получать платеж
to refuse ~ отказываться от платежа
to release from ~ освобождать от платежа
to remit ~ переводить платеж
to request ~ требовать платеж
to require ~ *см.* to request ~
to resume ~s возобновлять платежи
to secure ~ обеспечивать платеж
to settle ~s урегулировать платежи
to speed up ~ ускорять платеж
to spread ~s рассрочивать платежи
to stop ~s прекращать платежи
to stretch out ~s продлевать срок платежей
to suspend ~s приостанавливать платежи; прекращать платежи
to transact ~ производить платеж
to transfer ~ переводить платеж
to withhold ~ воздерживаться от платежа

PAYOFF *n* 1. *амер.* выплата 2. награда, вознаграждение 3. доход по ценным бумагам 4. взятка
PAYOUT *n* выплата

PAY

high ~s большие выплаты
subsidy ~ выплата субсидии
~s on claims выплаты по требованиям страхового возмещения
◊ to cut the ~ сокращать выплаты

PAY-PACKET *n* конверт с зарплатой; общая сумма заработка
PAYROLL *n* платежная ведомость
gross ~ 1) общая сумма выплаченной заработной платы 2) фонд заработной платы
hourly ~ расчет почасовой зарплаты
net ~ 1) расчетная ведомость 2) чистая зарплата
◊ off the ~ *амер.* безработный
on the ~ в списочном составе предприятия
to meet the ~ покрывать расходы, связанные с выплатой зарплаты

PAYUP *n* разница в стоимости между продажей пакета ценных бумаг и покупкой другого пакета по более высокой цене

PEAK *n* пик, высшая точка
business cycle ~ высшая точка экономического цикла
cyclical ~ *см.* business cycle ~
labour ~ период наиболее интенсивной работы
labour requirement ~ период наибольшей потребности в рабочей силе
sales ~ рекордный сбыт
seasonal ~ сезонный пик
temporary ~ временный подъем
~ of activity максимум активности
~ of work период наиболее интенсивной работы
◊ to reach the ~ достичь пика

PEASANT *n* крестьянин
PEASANTRY крестьянство
PECULIAR *adj* специфический, особенный
PECULIARITY *n* 1. специфичность, особенность 2. характерная черта
PECUNIARY *adj* денежный; финансовый
PEDDLE *v* торговать вразнос
PEDDLER *n* *амер.* уличный торговец
PEDDLING *n* торговля вразнос; мелочная торговля
PEDLAR *n* уличный торговец
PEG *n* 1. поддержка (*цены, курса*); фиксация цены на определенном уровне 2. база, ориентир
adjustable ~ система фиксации валют-

ного курса, позволяющая периодическое корректирование его уровня
crawling ~ «ползучая привязка», система фиксации валютного курса с регулярным его изменением на определенную величину
sliding ~ см. crawling ~
PEGGING n привязка цены или курса к определенному уровню
~ of exchanges государственная фиксация национальной денежной единицы относительно иностранных валют
~ of prices поддержка цен на определенном уровне
PELF n деньги, богатство, доставшееся нечестным путем
PENAL adj штрафной
PENALIZATION n 1. штраф, наложение штрафа 2. браковка
PENALIZE v 1. штрафовать, накладывать штраф 2. браковать
PENALIZING n наложение штрафа
PENALTY n штраф; неустойка; пеня
average ~ средний штраф
contractual ~ договорный штраф, договорная неустойка
conventional ~ обычный штраф
customs ~ таможенный штраф
delay ~ штраф за задержку
delivery ~ неустойка за задержку в поставке
error ~ уменьшение суммы заработной платы в результате ошибки
exclusive ~ исключительная неустойка
fiscal ~ налоговая неустойка
heavy ~ большая неустойка
overestimated ~ завышенная неустойка
pecuniary ~ денежный штраф
shortage ~ штраф за наличие дефицита в запасах
stock-out ~ см. shortage ~
tax ~ налог
~ for breach of a contract штраф за нарушение условий контракта
~ for delay штраф за задержку
~ for infringement штраф за нарушение
~ for nonperformance of a contract штраф за невыполнение контракта
~ for violation штраф за нарушение
~ under a contract договорная неустойка
◊ to charge a ~ начислять штраф
to calculate a ~ см. to charge a ~
to collect a ~ взыскивать штраф
to compute a ~ начислять штраф

to deduct a ~ вычитать неустойку
to impose a ~ налагать штраф
to incur a ~ подвергаться штрафу
to inflict a ~ назначать штраф
to pay a ~ уплатить штраф
PENDENCY n 1. состояние неопределенности 2. нахождение на рассмотрении
~ of an application рассмотрение заявки
PENDING adj 1. находящийся на рассмотрении, ожидающий решения 2. предстоящий
PENETRATION n проникновение
economic ~ экономическое проникновение
market ~ доля участия в рыночных операциях
PENSION n 1. пенсия 2. пособие, субсидия
contributory ~ пенсия, выплачиваемая за счет взносов работников предприятия
disability ~ пенсия по инвалидности
disablement ~ см. disability ~
government ~ государственная пенсия
incapacity ~ пенсия по нетрудоспособности
indexed ~ индексируемая пенсия
noncontributory ~ пенсия, выплачиваемая за счет взносов руководителей предприятия
old age ~ пенсия по старости
retirement ~ пенсия за выслугу лет или при выходе в отставку
single-life ~ пожизненная пенсия
superannuation ~ пенсия по старости
supplementary ~ надбавка к пенсии
survivors' ~ пенсия при утрате кормильца
veterans ~ пенсия, выплачиваемая ветеранам войны
PENSIONABLE adj пенсионный
PENSIONARY n пенсионер
PENSIONER n см. PENSIONARY
PEOPLE n 1. народ 2. родные, родственники 3. служащие, персонал
advertising ~ специалисты по рекламе
common ~ простой народ
country ~ деревенские жители
efficient ~ квалифицированный персонал
engineering ~ инженерный персонал
farm ~ сельское население
moneyed ~ богатые люди
old ~ старики

operating ~ технический персонал; обслуживающий персонал; оперативный персонал
operational ~ см. operating ~
qualified ~ квалифицированный персонал
senior ~ руководящий персонал
service ~ обслуживающий персонал
skilled ~ квалифицированный персонал
technical ~ технический персонал
village ~ деревенские жители
PEP *v* стимулировать; оживлять
PER *prep* 1. в, на (*о количестве чего-л. на единицу*) 2. по, через (*о методе передачи или пересылки*)
~ annum *лат.* ежегодно
~ aval гарантийная надпись банка на векселе
~ capita *лат.* на душу населения
~ cent процент, на сотню
~ diem *лат.* за день
~ mensem *лат.* за месяц
PERCENT *n* процент
PERCENTAGE *n* 1. процентное содержание 2. комиссионное вознаграждение в процентах; процентное отчисление 3. процент, доля
commission ~ комиссионный процент
cumulative ~ суммарный процент
dressing ~ *с./х.* убойный выход
earnings ~ прибыль в процентах от номинальной стоимости используемого капитала
fixed ~ твердый процент
high ~ высокий процент
killing ~ убойный выход
large ~ большой процент
low ~ низкий процент
markup ~ процентная надбавка
maximum ~ максимальный процент
minimum ~ минимальный процент
priority ~ приоритетное распределение годовой прибыли
small ~ малый процент
statutory ~ норма процента, установленная законом
stock-out ~ уровень дефицита, выраженный в процентах
~ of breakage уровень (степень) поломки
~ of commission комиссионный процент
~ of a discount процент дисконта
~ of a franchise процент франшизы

~ of gold процентное содержание золота
~ of net sales процент от чистого дохода при продаже
~ of profit процент прибыли
~ of profitability процент рентабельности
~ of recovery процент возмещения
~ of royalty процент роялти
~ of voting участие в выборах (*в процентах*)
◇ to allow a ~ допускать размер прибыли
to assess the ~ определять процент
to express as a ~ выражать в процентах
to yield a ~ приносить процент (*прибыли*)
PERCENTAGEWISE *adv* в процентном отношении
PERCEPTION *n* восприятие
PERFECT *adj* 1. совершенный, идеальный 2. точный
PERFECT *v* совершенствовать, улучшать
PERFECTION совершенствование, усовершенствование
PERFORM *v* исполнять, выполнять; делать
PERFORMANCE *n* 1. выполнение, исполнение 2. работа, функционирование (*о машине*) 3. рабочая характеристика; эксплуатационные качества 4. производительность; эффективность
actual ~ фактический экономический показатель
automatic ~ автоматическая работа, работа в автоматическом режиме
average ~ средний показатель
break-even ~ работа на уровне самоокупаемости
budget ~ исполнение бюджета
collateral ~ работа по совместительству
continued ~ непрерывная работа
continuous ~ см. continued ~
corporate revenue ~ доходность корпорации
dependable ~ надежная работа
design ~ расчетная характеристика
economic ~ функционирование экономики
error-free ~ надежная работа
estimated ~ расчетная характеристика
extra ~ особая работа
fail-safe ~ надежная работа
faithful ~ честное выполнение
fertility ~ плодовитость

field ~ эксплуатационная характеристика
forecasting ~ точность прогнозирования
guaranteed ~ гарантированная производительность
individual ~ индивидуальная работа
in-use ~ эксплуатационная характеристика
labour ~ 1) производительность 2) выполнение норм времени
machine ~ производительность машины
market ~ рыночная конъюнктура; функционирование рынка
maximum ~ максимальная производительность
nominal ~ номинальная характеристика
normal ~ нормальная работа
operational ~ эксплуатационная характеристика
operator ~ производительность оператора
optimal ~ 1) оптимальные рабочие характеристики 2) оптимальный режим
optimum ~ см. optimal ~
overall ~ 1) общая характеристика 2) эффективность работы
part ~ частичное выполнение
partial ~ см. part ~
peak ~ максимальная производительность
product ~ характеристика изделия
profit ~ 1) показатель прибыли 2) прибыльное использование капитала
proper ~ надлежащее исполнение
quality ~ показатель качества
reliable ~ надежная работа
residual ~ остаточная работоспособность
sales ~ показатель продажи, показатель реализации
schedule ~ выполнение программы
smooth ~ бесперебойная работа
specific ~ исполнение в натуре
standard ~ нормативная производительность
substandard ~ производительность ниже нормы
team ~ работа бригады
test ~ проведение испытаний
top ~ наивысшая производительность
transport ~ провозная способность транспортных средств
trouble-free ~ безаварийная работа

uninterrupted ~ бесперебойная работа
unsatisfactory ~ неудовлетворительная работа
~ of an agreement выполнение договора
~ of a contract выполнение контракта
~ of commitments выполнение обязательств
~ of econometric model степень точности эконометрической модели
~ of economic system функционирование экономической системы
~ of engagements выполнение обязательств
~ of equipment работа оборудования
~ of functions результаты работы
~ of a machine работа машины
~ of obligations выполнение обязательств
~ of services выполнение услуг
~ of technology характеристика технологии
~ of tests проведение испытаний
~ of work выполнение работ
◊ to attain the guaranteed ~ достичь гарантийной производительности
to effect ~ достичь производительности
to improve ~ повышать производительность
to increase ~ см. to improve ~
to measure ~ определять эксплуатационные качества
to raise ~ повышать производительность

PERIL n опасность, риск
excepted ~s исключенные риски
expected ~s признаки надвигающейся опасности
extraneous ~s страх. опасность возникновения какого-л. события, от которого проводится страхование
imminent ~ надвигающаяся, грозящая опасность
inflation ~ инфляционный риск
marine ~ морской риск
maritime ~ см. marine ~
sea ~ см. marine ~
◊ at one's ~ на свой страх и риск
to insure against a ~ страховать от риска

PERIOD n период, промежуток времени; срок
accounting ~ отчетный период
actual ~ фактический срок
additional ~ дополнительный срок
adjustment ~ период наладки

annual accounting ~ годовой отчетный период
apprehensive ~ *страх.* период повышенной опасности
audit ~ ревизионный период
average ~ средний срок погашения долгов
base ~ базисный период
bidding ~ период подачи тендеров
blocked ~ блокированный период, в течение которого владелец ценных бумаг не может ими свободно распоряжаться
blocking ~ *см.* blocked ~
booking ~ период букировки
breaking-in ~ период освоения; период обкатки
broken ~ нестандартный срок срочной валютной сделки
budget ~ бюджетный период
budgeting ~ *см.* budget ~
business ~ отчетный период
busy ~ период занятости
calendar ~ календарный срок
collection ~ период инкассации
commissioning ~ срок ввода в действие (*завода*)
commitment ~ время, в течение которого действует обязательство банка о предоставлении кредита
comparable ~ сравнимый период
compensation ~ срок компенсации
consignment ~ период консигнации
contract ~ договорный период
contractual ~ *см.* contract ~
convention priority ~ период конвенционного приоритета
cooling-off ~ *амер.* период обдумывания и переговоров
credit ~ срок кредита
crediting ~ срок кредитования
credit payment ~ срок погашения кредита
current ~ текущий период
cycle ~ продолжительность цикла
delivery ~ срок поставки
depression ~ период депрессии
design ~ срок проектирования
discount ~ период учета (*векселей*)
dispatch ~ срок отправки
earning ~ период эффективного использования
economic ~ хозяйственный период
effective ~ срок действия
emergency ~ период чрезвычайного положения

employment ~ период занятости
erection ~ период монтажа
evaluation ~ период определения стоимости
execution ~ срок выполнения
exhibition ~ время проведения выставки
expired ~ истекший срок
exploration ~ период исследования
fattening ~ период откорма скота
filing ~ срок подачи заявки
financial ~ финансовый период
fiscal ~ бюджетный период
fixed ~ установленный срок
full ~ полный срок
grace ~ льготный период
guarantee ~ гарантийный период
guarantee-covered ~ гарантируемый срок
idle ~ период бездействия
implementation ~ период внедрения
inaction ~ период бездействия
indefinite ~ неопределенный срок
indemnity ~ срок договора имущественного страхования
indicated ~ указанный срок
inexpired ~ неистекший срок
inflationary ~ инфляционный период
installation ~ период монтажа
insurance ~ срок действия договора страхования
insured ~ *см.* insurance ~
intercensal ~ межпереписной период
interest ~ процентный период
interest paying ~ *см.* interest ~
introduction ~ период внедрения
inventory ~ инвентаризационный период
leasing ~ срок аренды
licence ~ срок действия лицензии
life ~ of capital срок использования капитала
loading ~ срок погрузки
long ~ длительный срок
long-run ~ долгосрочный период
maintenance ~ эксплуатационный период
maximum ~ максимальный период
minimum ~ минимальный срок
motion ~ период подачи ходатайства
nonextendable ~ непродлеваемый срок
normal operating ~ эксплуатационная долговечность
normative ~ нормативный срок
observation ~ период наблюдения
off-season ~ несезонное время

operating ~ продолжительность работы; эксплуатационный период
operation ~ см. operating ~
order ~ цикл заказа
organization ~ организационный период
past ~ прошлый период
payback ~ период окупаемости
payment ~ срок платежа
payoff ~ период окупаемости
payout ~ см. payoff ~
payroll ~ период, за который выплачивается заработная плата
peak ~ рекордный период
peak trading ~ период максимального товарооборота
peak traffic ~ час пик
planned ~ планируемый срок
planning ~ плановый период
policy ~ срок действия страхового полиса
prior ~ предшествующий период
priority ~ срок приоритета
probationary ~ испытательный период; период стажировки
processing ~ время обработки
project ~ период проектирования
projected ~ планируемый срок
prolonged ~ продленный срок
qualifying ~ *страх.* срок ожидания выплаты страховой суммы; период отсрочки ответственности страховщика
quoted ~ указанный срок
recessionary ~ период экономического спада
recoupment ~ период окупаемости
redemption ~ период погашения
reference ~ базисный период
renewal ~ период пролонгации
reorder ~ цикл заказа
repayment ~ период погашения
replenishment ~ период пополнения запасов
reporting ~ отчетный период
reproduction ~ период воспроизводства
rest ~ период отдыха; время отдыха
review ~ период контроля
running ~ 1) текущий период 2) период обкатки
running-in ~ период обкатки
scheduling ~ период календарного планирования
service ~ период обслуживания
shipping ~ срок отгрузки
short ~ короткий период
shutdown ~ время простоя

slack ~ застой
specified ~ установленный срок
standard ~ базисный период
standby ~ нерабочий период, период простоя
starting ~ пусковой период
start-up ~ см. starting ~
stated ~ указанный срок
subscription ~ срок подписки
succeeding ~ последующий период
taxable ~ налоговый период
tendering ~ период подачи тендеров
tender validity ~ срок действия тендера
test ~ испытательный срок
testing ~ см. test ~
time ~ период времени
training ~ период обучения
transitional ~ переходный период
trial ~ испытательный период
turnover ~ период оборачиваемости капитала
unemployment ~ период безработицы
usage ~ продолжительность использования
useful life ~ срок нормальной эксплуатации
validity ~ срок действия
waiting ~ период отсрочки ответственности страховщика
warranty ~ *амер.* гарантийный период
wearout ~ срок износа
working ~ рабочий период, период работы
write-off ~ срок начисления полного износа
~ for exchange срок обмена
~ for making a claim срок подачи претензии
~ of adjustment период наладки
~ of an agreement срок действия соглашения
~ of availability срок действия (*документа, удостоверения*)
~ of cancellation период, в который договор страхования может быть расторгнут
~ of circulation период обращения
~ of consignment срок консигнации
~ of a contract срок действия контракта
~ of credit срок кредита
~ of delay продолжительность задержки
~ of delivery время поставки
~ of designing период проектирования

~ of dispatch срок отправки
~ of distribution период размещения ценных бумаг
~ of employment период занятости
~ of execution of a contract срок выполнения контракта
~ of forecast период прогнозирования
~ of grace льготный период
~ of guarantee гарантийный период
~ of high demand период повышенного спроса
~ of inflation период инфляции
~ of insurance период действия договора страхования
~ of a licence срок действия лицензии
~ of a licence agreement срок действия лицензионного соглашения
~ of limitation срок исковой давности
~ of migration период миграции населения
~ of nonuse период неиспользования
~ of notice срок для подачи заявления
~ of operation время работы (машины)
~ of probation испытательный срок; срок стажировки
~ of production время производства
~ of recession период спада
~ of reconstruction восстановительный период
~ of recoupment срок окупаемости
~ of rehabilitation восстановительный период
~ of repayment срок погашения
~ of service срок службы
~ of storage срок хранения
~ of storing см. ~ of storage
~ of studies период обучения
.~ of survey operation период обследования
~ of time период времени
~ of training период обучения
~ of transportation время транспортировки
~ of turnover период оборачиваемости капитала
~ of unemployment период безработицы
~ of upward tendency бирж. период действия повышательной тенденции
~ of upward trend см. ~ of upward tendency
~ of use срок пользования
~ of validity срок действия
~ of warranty амер. гарантийный период

~ under report рассматриваемый период
~ under review см. ~ under report
◇ for a ~ of ... на срок ...
over a ~ за период, в течение периода
within the prescribed ~ в указанный период
~ allowed for appealing период для подачи апелляции
to exceed a ~ превышать срок
to extend a ~ продлевать срок
to grant an additional ~ предоставлять дополнительный срок
to prolong a ~ продлевать срок
to quote a ~ указывать срок

PERIODIC *adj* 1. периодический 2. циклический

PERIODICAL *n* периодическое издание, журнал

PERIODICAL *adj* периодический

PERISHABLE *adj* скоропортящийся (*товар*)

PERISHABLES *n pl* скоропортящиеся продукты

PERISHING *n* порча, гибель
~ of goods гибель товара

PERJURI *n* лжесвидетельство

PERMANENCE неизменность, прочность, постоянство

PERMANENT *adj* постоянный; долговременный; бессрочный

PERMISSIBLE *adj* допустимый

PERMISSION *n* разрешение
government ~ правительственное разрешение
~ for work разрешение на работу
◇ by special ~ с особого разрешения
without ~ без разрешения
without express ~ без специального разрешения
to accord ~ давать разрешение
to get ~ получать разрешение
to give ~ давать разрешение
to grant ~ см. to give ~
to have ~ иметь разрешение
to obtain ~ получать разрешение
to secure ~ см. to obtain ~
to withhold ~ отказывать в разрешении

PERMIT *n* 1. разрешение (*документ*) 2. лицензия 3. пропуск
additional ~ дополнительное разрешение
alien's labour ~ разрешение на работу для иностранца
alien's residence ~ вид на жительство

building ~ разрешение на строительство
customs ~ разрешение таможни на ввоз или вывоз
delivery ~ *амер.* разрешение на выдачу груза со склада
discharge ~ разрешение на разгрузку
dock ~ разрешение на выход судна из дока
entry ~ разрешение на ввоз
exchange ~ валютное разрешение
excise ~ документ об уплате акцизного сбора
exit ~ разрешение на выезд
export ~ разрешение на вывоз
global ~ генеральное разрешение
housing ~ разрешение на жилищное строительство
import ~ разрешение на ввоз
labour ~ разрешение на право работы
loading ~ разрешение на погрузку
marketing ~ разрешение на продажу
official ~ официальное разрешение
overtime ~ разрешение на сверхурочную работу
payment ~ разрешение на оплату
preliminary ~ предварительное разрешение
removal ~ разрешение на вывоз
residence ~ вид на жительство
shipping ~ разрешение на отправку груза
special ~ специальное разрешение
specific ~ *см.* special ~
transit ~ разрешение на транзит
travel ~ разрешение на рейс
work ~ разрешение на работу
~ for export экспортная лицензия, разрешение на экспорт
~ for exportation разрешение на вывоз
~ for import разрешение на импорт
~ to load разрешение таможни на погрузку
~ to unload разрешение таможни на разгрузку
◊ without a ~ без разрешения
to get a ~ получать разрешение
to obtain a ~ *см.* to get a ~
to secure a ~ *см.* to get a ~
to take out a ~ брать пропуск
PERMIT *v* разрешать
PERPETUITY *n* 1. бессрочное владение 2. пожизненная рента
PERQUISITE *n* случайный доход; побочный доход
PERSON *n* лицо, человек

adult ~ взрослый человек
aged ~ пожилой человек
artificial ~ 1) юридическое лицо 2) корпорация, фирма
authorized ~ уполномоченное лицо
displaced ~ перемещенное лицо
employed ~ человек, работающий по найму
handicapped ~ лицо, страдающее физическим недостатком
honoured ~ почетное лицо
illiterate ~ неграмотный человек
incapacitated ~ нетрудоспособный человек
injured ~ обиженный, оскорбленный человек
insured ~ застрахованное лицо
interested ~ заинтересованное лицо
juridical ~ юридическое лицо
juristic ~ *см.* juridical ~
legal ~ физическое или юридическое лицо
native ~ коренной житель
natural ~ физическое лицо
natural-born ~ урожденный подданый
naturalized ~ натурализованный гражданин
no-contact ~ лицо, отсутствовавшее при опросе
official ~ официальное лицо
partly incapacitated ~ частично нетрудоспособный человек
private ~ частное лицо
responsible ~ ответственное лицо
retired ~ пенсионер
self-employed ~ самостоятельный работник
self-supporting ~ лицо, обеспечивающее себе доход
stateless ~ лицо без гражданства
third ~ третье лицо
unemployed ~ безработный
very important ~ важное лицо
PERSONAL *adj* личный, персональный
PERSONALITY *n* личность, индивидуальность
legal ~ юридическое лицо
PERSONNEL *n* 1. персонал, штат; кадры 2. личный состав
additional ~ дополнительный персонал
administrative ~ административный персонал
armed forces ~ военнослужащие
auxiliary ~ вспомогательный персонал
buyer's ~ персонал продавца
duty ~ дежурный персонал

efficient ~ высококвалифицированный персонал
engineering ~ инженерный персонал
executive ~ управленческий аппарат
experienced ~ опытный персонал
fabrication ~ производственный персонал
field ~ специалисты по эксплуатации, эксплуатационный персонал
flight ~ летный состав
foreign ~ заграничный аппарат
highly-qualified ~ высококвалифицированные кадры
highly-skilled ~ см. highly qualified ~
information ~ персонал информационной службы
inspection ~ контролирующий персонал
key ~ ведущие специалисты
maintenance ~ специалисты по техобслуживанию и ремонту
management ~ управленческий персонал
managerial ~ руководящий персонал, руководящие кадры
managing ~ см. managerial ~
military ~ военнослужащие
office and management ~ административно-хозяйственный персонал
operating ~ обслуживающий персонал
operational ~ амер. производственный персонал
production ~ см. operational ~
professional ~ профессиональные кадры
qualified ~ квалифицированный персонал
quality assurance ~ специалисты по обеспечению качества
quality control ~ специалисты по контролю качества
reliability assurance ~ специалисты по обеспечению надежности
salaried ~ служащие
sales ~ торговый персонал
scientific ~ научные кадры
seller's ~ персонал продавца
service ~ обслуживающий персонал
shipping ~ работники экспедиции
skilled ~ квалифицированный персонал
supervisory ~ специалисты по техническому контролю
support ~ вспомогательный персонал
technical ~ технический персонал
trade ~ работники торговли

trained ~ обученные кадры
PERSPECTIVE n перспектива
PEST n сельскохозяйственный вредитель
crop ~s вредители сельскохозяйственных культур
PESTISIDES n пестициды
PETITION n ходатайство, заявление, просьба
debtor's ~ предложение, сделанное должником на конкурсе по банкротству
voluntary ~ объявление о банкротстве, сделанное самим должником
winding up ~ заявление о ликвидации
~ for cancellation ходатайство об аннулировании
~ for reconsideration ходатайство о пересмотре решения
~ for rehearing см. ~ for reconsideration
~ for review ходатайство о пересмотре решения
~ for the winding up of a company предложение о ликвидации компании
~ in bankruptcy возбуждение дела о банкротстве
◇ to file one's ~ объявлять о банкротстве
to grant a ~ удовлетворять ходатайство
to lodge a ~ подавать ходатайство
to make a ~ см. to lodge a ~
PETROL n 1. бензин 2. очищенная нефть
PETROLEUM n нефть
PETROCURRENCY n нефтевалюта
PETRODOLLARS нефтедоллары
PHARMACEUTICALS n pl фармацевтические товары
PHASE n фаза, стадия, период, этап
acquisition ~ этап приобретения
active ~ период активной деятельности
business cycle ~s фазы конъюнктурного цикла
construction ~ период строительства
contract definition ~ этап подготовки контракта
customer service ~ стадия обслуживания потребителей
cyclical ~ фаза цикла
definition ~ этап разработки технико-экономических обоснований
design and development ~ этап конструирования и разработки
design selection ~ этап выбора конструкции

design study ~ этап изучения конструкции
development ~ этап разработки
disposal ~ этап использования
evaluation ~ этап оценки
exploration ~ стадия исследования
final ~ конечный этап
information ~ этап сбора информации
investigation ~ стадия исследования
learning ~ стадия обучения
operational ~ этап эксплуатации
ordering ~ этап подачи заказа
peak productive ~ этап максимальной производительности
preliminary design ~ этап предварительного проектирования
preproduction ~ этап подготовки производства
processing ~ стадия обработки
production ~ этап производства
project definition ~ этап подготовки проекта
prosperity ~ стадия экономического подъема
reporting ~ этап составления отчета
research ~ стадия исследования
salvage ~ 1) аварийно-спасательные работы 2) этап реализации устаревшего оборудования
training ~ этап обучения
validation ~ стадия утверждения
~ of contraction период депрессии
~ of cycle фаза цикла
~ of the manufacturing process стадия производственного процесса
~ of a programme этап выполнения плана
~ of reproduction этап воспроизводства
~ of a test стадия проведения испытания
~ of work стадия работы
PHASE *v* осуществлять постепенный переход
~ down постепенно сокращать; свертывать
~ in вводить в эксплуатацию, вводить в строй
~ out постепенно сокращать; снимать с производства
PHASE-DOWN *n* постепенное сокращение; постепенное сворачивание
~ of foreign investments сокращение зарубежных инвестиций
PHASEOUT *n* постепенное прекращение производства; постепенное прекращение работ

~ of contracts завершение работ по контрактам
PHASING *n* поэтапное распределение
~ of investments поэтапное распределение капиталовложений
~ of orders поэтапное распределение заказов
~ of work поэтапное распределение работы
PHILOSOPHY *n* 1. философия 2. основные принципы
design ~ основные принципы проектирования
engineering ~ основные принципы конструирования
marketing ~ принципы маркетинга
training ~ методы подготовки кадров
PHYSICAL *adj* физический, материальный
PHYSICALS *n pl* реальные товары
PICK *n* выбор
PICK *v* выбирать; подбирать
~ out выбирать, отбирать
~ up 1) поднимать 2) забирать
PICKING *n* сортировка
PICKUP *n* 1. оживление, подъем 2. вывоз (*груза*) 3. прибыль, полученная в результате покупки одних облигаций и одновременной продажи других
pier ~ вывоз груза с пирса
seasonal ~ сезонный подъем
~ in orders увеличение заказов
~ of cargo вывоз груза
~ of foods *см.* ~ of cargo
PICTURE *n* 1. картина, состояние 2. информация о курсах покупателя и продавца и сумме сделки по конкретной ценной бумаге
biased ~ тенденциозная картина
one-man ~ биржевая котировка, обе стороны которой объявлены одним и тем же лицом
PIECE *n* 1. штука, кусок 2. отдельный предмет 3. место (*груза*) 4. монета определенного достоинства
damaged ~ поврежденное место
finished ~ готовая деталь
made ~ *см.* finished ~
production ~ промышленный образец
repair ~ ремонтная деталь
semifinished ~ полуфабрикат
test ~ испытательный образец
work ~ обрабатываемая деталь
~ of land участок земли
~ of money денежная единица
~ of news новость

PIE

◇ by the ~ поштучно
per ~ на единицу продукта
to work by the ~ работать сдельно
PIECE-GOODS *n pl* штучный товар
PIECEWORK *n* сдельная работа
PIECEWORKER *n* сдельщик
PIER *n* 1. пирс 2. пристань, причал
automated ~ механизированный причал
mechanized ~ *см.* automated ~
◇ to deliver goods to the ~ доставлять товар к пирсу
PIERAGE *n* плата за пользование местом швартовки
PIGEON-HOLE *n* часть упаковочного ящика, коробки
PIGGYBACK *n* контрейлер
PILE *n* штабель; кипа; пачка, связка
PILE *v* складывать; нагружать
~ up штабелевать
PILFERAGE *n* мелкая кража
PILING *n* укладка; штабелирование
PILING-UP *n* накопление
~ of materials накопление материалов
PILL *n* таблетка, пилюля
poison ~ параграф устава корпорации, дающий право в случае поглощения её враждебной компанией принять обязательства, которые сделают эту операцию чрезмерно дорогостоящей
PILOT *n* 1. лоцман 2. летчик, пилот
chief ~ старший лоцман
coast ~ прибрежный лоцман
coasting ~ *см.* coast ~
commercial ~ пилот гражданской авиации
river ~ речной лоцман
sea ~ морской лоцман
second ~ второй пилот
PILOT *v* 1. проводить (*суда*) 2. пилотировать (*самолет*)
~ in проводить суда (*к берегу*)
~ out выводить суда
PILOT *adj* опытный, экспериментальный
PILOTAGE *n* 1. проводка судов 2. лоцманский сбор 3. пилотаж
~ inwards ввод судна лоцманом
~ outwards вывод судна лоцманом
◇ to pay ~ оплачивать проводку
PINCH *n бирж.* внезапное повышение курсов или цен на бирже
PIPELINE *n* 1 трубопровод, магистраль 2. нефтепровод; газопровод
gas ~ газопровод
oil ~ нефтепровод

PLA

petroleum ~ *см.* oil ~
◇ to lay a ~ прокладывать трубопровод
PIRACY *n* 1. нарушение авторского права 2. перехват; переманивание
labour ~ переманивание рабочих
~ of design нарушение права на промышленный образец
~ of intellectual property нарушение права на интеллектуальную собственность
~ of an invention нарушение патента на изобретение
PIRATING *n* переманивание кадров
labour ~ переманивание персонала
PIT *n* 1. яма 2. место в помещении срочной биржи, где проводится торг, «яма» 3. шахта
cargo ~ грузовой отсек
coal ~ угольная шахта
wheat ~ *амер.* пшеничная биржа
PITTANCE *n* 1. низкооплачиваемая работа 2. грошовая зарплата
PLACE *n* 1. место 2. город; населенный пункт
delivery ~ место поставки
discharging ~ место выгрузки
dwelling ~ место жительства
eating ~ предприятие общественного питания
exhibition ~ место выставки
fair ~ место ярмарки
individual working ~ рабочее место
landing ~ пристань
loading ~ место для погрузки
siding ~ место стоянки судов
unloading ~ место выгрузки
working ~ рабочее место
~ of abode место жительства
~ of acceptance место приемки
~ of accident место, где произошел несчастный случай
~ of arbitration место арбитража
~ of arrival место прибытия
~ of birth место рождения
~ of business местонахождение предприятия
~ of consignment место консигнации
~ of contract место заключения контракта
~ of delivery место поставки, место сдачи товара
~ of departure прежнее место проживания
~ of destination место назначения
~ of discharge место выгрузки

~ of drawing место выставления (чека)
~ of employment место работы
~ of fabrication место изготовления
~ of issuance место выпуска (ценных бумаг)
~ of issue см. ~ of issuance
~ of loading место погрузки
~ of manufacture место изготовления
~ of origin место происхождения
~ of payment место платежа
~ of performance местонахождение предприятия
~ of presentation место предъявления
~ of protest место опротестования (векселя)
~ of registration место регистрации
~ of reloading перевалочный пункт
~ of residence место жительства
~ of shipment место отгрузки
~ of storage место складирования
~ of training место обучения
~ of transfer перевалочный пункт
~ of transhipment см. ~ of transfer
~ of unloading разгрузочный пункт, место разгрузки
~ of work место работы
◇ to look for a ~ искать работу
to take ~ происходить
to take the ~ of заменять кого-л.; занимать чье-л. место

PLACE v 1. помещать; размещать 2. помещать, вкладывать деньги; зачислять на счет 3. размещать заказ 4. продавать товар; размещать акции 5. назначать судно

PLACEMENT n размещение (капитала, акций и т. п.)
contract ~ размещение контрактов
direct ~ прямое размещение новых выпусков ценных бумаг
private ~ частное размещение ценных бумаг
public ~ предложение ценных бумаг для продажи широкой публике
safe ~ надежное помещение денег
~ of capital помещение капитала
~ of contracts размещение контрактов
~ of orders размещение заказов

PLACING n размещение, помещение
initial ~ of securities первоначальное размещение ценных бумаг
order ~ размещение заказов
overseas share ~ размещение акций за границей
private ~ частное размещение
share ~ размещение акций

~ of cargo размещение груза, укладка груза
~ of contracts размещение заказов
~ of a deposit взнос вклада
~ of employees расстановка кадров
~ of a loan размещение займа
~ of orders размещение заказов
~ of shares размещение акций
~ of a vessel under loading подача судна под погрузку
~ to an account зачисление на счет

PLAINT n иск

PLAINTIFF истец

PLAN n 1. план, программа 2. проект 3. план, схема
adaptation ~ план адаптации
additional ~ дополнительный план
advertisement ~ план рекламы
advertising ~ план рекламной кампании
allocation ~ план распределения
amended ~ уточненный план
annual ~ годовой план
approved ~ утвержденный план
assistance ~ план помощи
balanced ~ сбалансированный план
basic ~ опорный план
bonus ~ система поощрения
buffer stock ~ амер. план буферных запасов
business ~ план деловой активности
capacity ~ план вместимости
capital investment ~ план капиталовложений
capital spending ~ см. capital investment ~
cargo ~ каргоплан, план размещения груза на судне
cash profit sharing ~ амер. система распределения прибыли, при которой часть прибыли выплачивается наличными
coherent ~ единый увязанный план
combined ~ смешанный план
common ~ единый план
complete ~ комплексный план
comprehensive ~ см. complete ~
concrete ~ конкретный план
constant-ratio ~ план постоянного соотношения
consumption ~ план потребления
conversion ~ план конверсии
coordinated ~ скоординированный план
cost accounting ~ калькуляционная система учета

cost finding ~ система калькуляционных ведомостей
counter ~ встречный план
credit ~ кредитный план
cropping ~ план размещения сельскохозяйственных культур
current ~ текущий план
daily ~ суточный план
delivery ~ план поставок
development ~ план развития
dividend rollover ~ метод покупки акций в период выплаты дивиденда для получения дивиденда и последующей продажи акций
draft ~ проект плана
economic ~ экономический план, хозяйственный план
elaborate ~ тщательно продуманный план
employment ~ план занятости
enterprise ~ план предприятия
export ~ план экспорта
extra ~ дополнительный план
family assistance ~ *амер.* план помощи многодетным семьям
feasible ~ осуществимый план
finance ~ финансовый план
financial ~ *см.* finance ~
financial incentive ~ система финансового поощрения
financing ~ план финансирования
fixed ~ жесткий план
general ~ общий план
general building ~ общий план строительства
general work ~ генеральный план
housing development ~ план жилищного строительства
health insurance ~ план медицинского страхования
import ~ план импорта
inspection ~ план приемочного контроля
instalment ~ план покупок в рассрочку
interlocking cost ~ калькуляционная система учета
investment ~ программа капиталовложений
lease ~ план аренды
loading ~ план погрузки, грузовой план
long-range ~ долгосрочный план
long-term ~ *см.* long-range ~
management ~ план организационной деятельности
marketing ~ план сбыта

master ~ сводный план
medium-term ~ среднесрочный план
multiple time ~ сдельно-прогрессивная система заработной платы
multistage ~ поэтапная программа
national economic ~ народнохозяйственный план
objectionable ~ неприемлемый план
operating ~ производственный план
operational ~ оперативный план
optimal ~ оптимальный план
organization ~ 1) организационный план; график 2) организационная структура
organizing ~ *см.* organization ~ 1)
output ~ план выпуска продукции
overall ~ всеобъемлющий план
package ~ комплексный план; пакет мероприятий
packaged mortgage ~ закладная на недвижимость и домашнее имущество
pay ~ порядок выплаты зарплаты
pay-as-you-go ~ программа выплаты (*пенсий и т. п.*) из текущих доходов
pension ~ пенсионный план
periodic average inventory ~ метод периодической оценки товарно-материальных запасов по средневзвешенным ценам
perspective ~ перспективный план
piece rate ~ сдельная система оплаты
practicable ~ осуществимый план
preliminary ~ предварительный план
procurement ~ *амер.* план закупок
production ~ производственный план
profit ~ план прибыли
profit-sharing ~ программа участия служащих в прибылях компании
projected ~ план на будущее
promotion ~ план мероприятий по стимулированию сбыта
promotional ~ *см.* promotion ~
purchase ~ план закупок
qualification ~ план оценки качества продукции
quality assurance ~ план по обеспечению качества продукции
quarterly ~ квартальный план
quota ~ план нормирования
redemption ~ план погашения
research ~ план научно-исследовательских работ
retirement ~ пенсионная программа
revised ~ пересмотренный план
rough ~ примерный (ориентировочный) план

sales ~ план запродаж, план сбыта
sample ~ план выборочного контроля
sampling ~ *см.* sample ~
selective driver ~ *амер.* план поощрительного страхования водителей автомашин
sequential sampling ~ план последовательного выборочного контроля
short-range ~ краткосрочный план
short-term ~ *см.* short-range ~
single-sample ~ план однократного выборочного контроля
site ~ план строительной площадки
slack ~ гибкий план
specific cost inventory ~ метод оценки товарно-материальных запасов по ценам приобретения
spending ~ программа капиталовложений
standard cost inventory ~ метод нормативной оценки товарно-материальных запасов
state ~ государственный план
stowage ~ план размещения груза в грузовых помещениях судна
summary ~ сводный план
supply ~ план поставок
support ~ план помощи
technical development ~ план технического развития
time-off ~ система предоставления выходных дней в качестве компенсации за сверхурочную работу
tonnage ~ план грузовых помещений
turnover ~ план оборота
unacceptable ~ неприемлемый план
underestimated ~ заниженный план
understated ~ *см.* underestimated ~
wage ~ система заработной платы
wage-incentive ~ система поощрительной заработной платы
weighted average inventory ~ метод оценки товарно-материальных запасов по средневзвешенным ценам
workable ~ осуществимый план
yearly ~ годовой план
~ for a year *см.* yearly ~
~ of deliveries план поставок
~ of development программа развития
~ of distribution план распределения; план размещения
~ of diversification план диверсификации
~ of measures план мероприятий
~ of production and sales программа производства и сбыта
~ of shipments план перевозок
~ of supplies план поставок
◊ above ~ сверхплановый
according to ~ согласно плану
to abandon a ~ отказываться от плана
to adhere to a ~ придерживаться плана
to adjust a ~ корректировать план
to approve a ~ утверждать план
to build ~s строить планы
to carry out a ~ выполнять план
to coordinate ~s координировать планы
to draw up a ~ составлять план
to elaborate a ~ разрабатывать план
to execute a ~ выполнять план
to finance a ~ финансировать план
to fit into ~s совпадать с планами
to fulfil a ~ выполнять план
to fund a ~ финансировать план
to go ahead with one's ~s реализовывать планы
to implement a ~ выполнять план
to incorporate in a ~ включать в план
to interfere with ~s расстраивать планы
to launch a ~ приступать к выполнению плана
to make ~s строить планы
to map up a ~ составлять план
to negotiate a ~ обсуждать план
to offer a ~ предлагать план
to outline a ~ намечать план в общих чертах
to overfulfil a ~ перевыполнять план
to prepare a ~ подготавливать план
to project a ~ составлять план
to propose a ~ предлагать план
to put forward a ~ выдвигать план
to realize a ~ реализовывать план
to reconsider a ~ пересматривать план
to refine a ~ уточнять план
to revise a ~ пересматривать план
to shape a ~ намечать план
to spoil ~s расстраивать планы
to submit a ~ представлять план
to upset ~s расстраивать планы
to work out a ~ разрабатывать план
PLAN *v* 1. составлять план, планировать 2. проектировать 3. строить планы
~ ahead планировать заранее
PLANE *n* уровень; стадия (*развития*)
~ of living уровень жизни
PLANNED *adj* плановый
PLANNER *n* плановик
chief ~ главный плановик

process ~ инженер-технолог
production ~ *см.* process ~
project ~ специалист по подготовке проекта
PLANNING *n* 1. планирование; проектирование 2. разработка технологии
advanced ~ перспективное планирование
agricultural ~ планирование сельского хозяйства
budget ~ бюджетное планирование
business ~ планирование выпуска и сбыта продукции
calendar production ~ оперативно-производственное планирование
capacity ~ планирование производственных мощностей
city ~ градостроительство
corporate ~ внутрифирменное планирование
cost ~ планирование расходов
currency ~ валютное планирование
current ~ текущее планирование
current calendar ~ оперативно-календарное планирование
development ~ планирование развития
economic ~ хозяйственное планирование, экономическое планирование
educational ~ планирование в области образования
family ~ планирование семьи; контроль рождаемости
farm ~ планирование сельскохозяйственного производства
financial ~ финансовое планирование
fiscal ~ *см.* financial ~
forward ~ перспективное планирование
inaccurate ~ планирование с ошибками
indicative ~ индикативное планирование
interbranch ~ межотраслевое планирование
intrafactory ~ внутризаводское планирование
long-range ~ долгосрочное планирование
long-term ~ *см.* long-range ~
management ~ планирование управленческой деятельности
manpower ~ планирование трудовых ресурсов
manufacturing ~ производственное планирование

medium-term ~ среднесрочное планирование
network ~ сетевое планирование
operational ~ оперативное планирование
optimal ~ оптимальное планирование
optimum ~ *см.* optimal ~
organization ~ организационное планирование
overall ~ общее планирование
product ~ планирование ассортимента изделий
production ~ производственное планирование
profit ~ планирование прибыли
programme ~ программное планирование
project ~ проектирование
regional ~ территориальное планирование
resource ~ планирование ресурсов
routine ~ текущее планирование
sales ~ планирование сбыта
short-range ~ краткосрочное планирование
short-term ~ *см.* short-range ~
state ~ государственное планирование
strategic ~ стратегическое планирование
system ~ 1) системное планирование 2) планирование разработки системы
tactical ~ тактическое планирование
technological ~ технологическое планирование
town ~ градостроительство
traffic ~ транспортное планирование
work ~ планирование работы
PLANT *n* 1 завод; фабрика; предприятие 2. установка; агрегат 3. основные производственные средства 4. растение
assembly ~ 1) сборочный завод 2) сборочный цех
atomic power ~ атомная электростанция
automobile ~ автомобильный завод
canning ~ консервный завод
chemical ~ химический завод
computer-controlled ~ завод с автоматическим управлением
concentrating ~ 1) обогатительная фабрика 2) обогатительная установка
contractor's ~ завод подрядчика
crop ~ сельскохозяйственная культура
cultivated ~ культивируемое растение
dairy ~ молочный завод
dressing ~ обогатительная фабрика

engineering ~ машиностроительный завод
experimental ~ экспериментальный завод
factory ~ заводская (фабричная) установка
fertilizer ~ завод по производству удобрений
fixed ~ стационарная установка
forage ~ кормовое растение
going ~ действующий завод
heavy engineering ~ завод тяжелого машиностроения
heavy machine-building ~ *см.* heavy engineering ~
high-producing ~ высокопроизводительное предприятие
idle ~ бездействующее предприятие
industrial ~ промышленное предприятие
individual ~s отдельные установки
integrated ~ комбинат
large ~ крупное предприятие
leading ~ головное предприятие; ведущее предприятие
machine-tool ~ 1) станкостроительный завод 2) механический цех
major ~ крупный завод
maker's ~ завод изготовителя, завод-изготовитель
manufacturer's ~ *см.* maker's ~
manufacturing ~ завод-изготовитель
mechanical ~ механическая установка
modern ~ современный завод
motor ~ автомобильный завод
nuclear power ~ атомная электростанция
oil-processing ~ нефтеперерабатывающий завод
packaged ~ комплектная установка
packing ~ фасовочно-упаковочная фабрика
petrochemical ~ нефтехимический завод
pilot ~ опытное предприятие, опытный завод
pilot-producing ~ *см.* pilot ~
power ~ электростанция
process ~ технологическая установка
processing ~ *см.* process ~
producing ~ завод-изготовитель
production ~ производственное предприятие
representative ~ типовой завод
standby ~ резервная установка
steam ~ паросиловая установка

steam-electric ~ тепловая электростанция
subcontractor's ~ завод субподрядчика
supplier ~ завод-поставщик
supplier's ~ *см.* supplier ~
textile ~ текстильная фабрика
utility ~ коммунальное предприятие
~ in action действующий завод
◊ to bring a ~ up-to-date модернизировать завод, предприятие
to close a ~ закрывать завод, предприятие
to direct a ~ руководить заводом, предприятием
to modernize a ~ модернизировать завод, предприятие
to operate a ~ эксплуатировать предприятие
to reconstruct a ~ реконструировать завод, предприятие
to run a ~ руководить заводом, предприятием
to shut down a ~ закрывать завод, предприятие
PLANTATION *n* 1. насаждение, лесонасаждение 2. плантация 3. *pl* ценные бумаги плантационных компаний
PLANTER *n* 1. *с.-х.* сеялка 2. плантатор
PLANTING *n* сев, посадка
PLANT-MOUNTED *adj* смонтированный на заводе
PLATE *n* 1. пластинка 2. табличка 3. номерной знак
manufacturer's ~ заводской паспорт
name ~ табличка с заводской характеристикой
rating ~ паспорт (*гравировка на оборудовании*)
registration ~ номерной знак
PLATFORM *n* платформа; площадка
accommodation ~ плавучая платформа для проживания обслуживающего персонала (*напр. буровой вышки*)
cargo ~ грузовая платформа
drilling ~ буровая платформа
goods ~ грузовая платформа
jacket ~ *мор.* стальная платформа на сваях
load-carrying ~ грузовая платформа
loading ~ погрузочная платформа
oil ~ буровая платформа
roll on-roll off ~ платформа «ро-ро»
ro-ro ~ *см.* roll on-roll off ~
shipping ~ погрузочная платформа
unloading ~ разгрузочная платформа

PLATFORM-CAR *n амер.* железнодорожная платформа
PLAY *n* 1. игра 2. действие; деятельность
  fair ~ честная игра
  foul ~ нечестная игра, коварство
PLAYBACK *n* 1. воспроизведение 2. считывание
PLAYER *n* игрок
PLAYING *n* игра
  role ~ ролевая игра
PLEA *n* 1. *юр.* заявление, утверждение 2. *юр.* заявление ответчика или защиты, сделанное лично им или от его имени
  respondent's ~ заявление ответчика
  ~ of nullity признание недействительности патента
  ~ of tender заявление в суде о том, что ответчик всегда был готов удовлетворить требование истца и принес требуемую сумму в суд
PLEAD *v* 1. выступать в суде; представлять чьи-л. интересы 2. подавать возражение по иску
PLEDGE *n* 1. залог, заклад 2. обеспечение кредита 3. обязательство
  documentary ~ залог в виде документов
  forfeited ~ конфискованный залог
  negative ~ обязательство заемщика не принимать обязательства перед третьими лицами без согласия кредитора
  unredeemed ~ невыкупленный залог
  ~ on goods закладная на товар
  to accept as ~ принимать в качестве залога
  ◇ to be in ~ быть в залоге
  to carry out one's ~ выполнять обязательство
  to claim a ~ истребовать залог
  to deposit a ~ вносить залог
  to discharge a ~ выплачивать залог
  to hold a ~ держать в качестве залога
  to put in ~ отдавать в залог
  to redeem a ~ выкупать (*товар*) из залога
  to take out of ~ *см.* to redeem a ~
  to transfer a ~ передавать залог
PLEDGEABLE *adj* приемлемый для залога
PLEDGEE *n* залогодержатель
PLEDGER *n* залогодатель
PLEDGING *n* передача ценных бумаг, различных видов собственности в качестве обеспечения кредита
  ~ of securities залог ценных бумаг

PLOT *n* 1. план; схема 2. участок земли
  building ~ строительный участок
  log ~ график в логарифмическом масштабе
  ~ of function график функции
  ~ of land участок земли
PLOUGH *n* 1. плуг 2. пашня
PLOUGH *v* пахать
  ~ back реинвестировать прибыль в основные фонды
PLOUGHING-BACK *n* реинвестирование прибыли в основные фонды
PLOW *n амер.* 1. плуг 2. пашня
PLOW *v амер.* пахать
  ~ back реинвестировать прибыль в основные фонды
PLOWBACK *амер.* реинвестирование прибыли в основные фонды
PLUM *n* чрезвычайно высокая прибыль или дивиденд
PLUMMET *v* резко падать (*о ценах и курсах акций*)
PLUNDER *n* хищение; кража
PLUNDER *v* грабить; воровать
PLUNDERING *n* хищение, расхищение
  ~ of natural resources расхищение природных ресурсов
PLUNGE *n амер.* крупная биржевая спекуляция
PLUNGER *n* спекулянт, рискующий в ожидании прибыли
PLUTOCRACY *n* плутократия
PLUTOCRAT *n* плутократ
PLY *v* 1. заниматься работой, ремеслом 2. совершать регулярные рейсы (*о судах*) 3. искать клиента; предлагать услуги
POACHER *n* 1 браконьер 2. оптовый торговец, продающий также товар непосредственно потребителю
POACHING *n* 1. браконьерство 2. браконьерство в торговле
POCKET *n* 1. карман 2. богатство 3. *амер.* район (*бедствия, безработицы*)
  air ~ 1) воздушная яма 2) *бирж.* резкое падение курсов ценных бумаг после получения неблагожелательной информации
  assembly ~ место в здании, где в случае пожара или опасности должны собираться люди
  ◇ to be in ~ быть при деньгах; быть в выигрыше
  to be out of ~ нуждаться в деньгах; прогадать, быть в убытке
  to dip into one's ~ раскошеливаться

POINT *n* 1. место, пункт 2. граница тарифного участка (*на городских транспортных линиях*) 3. момент (*времени*) 4. вопрос, дело 5. минимально допустимое изменение цены контракта в срочной биржевой торговле 6. пункт, единица изменения цены в торговле акциями или облигациями 7. дополнительные комиссионные сборы по ипотечным и другим кредитам
basing ~ базисный пункт
basis ~ *см.* basing ~
border ~ пограничный пункт
border crossing ~ пограничный переходный пункт
boundary ~ пограничная точка
break bulk ~ пункт выгрузки
break-even ~ 1) точка критического объема производства 2) цена, при которой продажи компании равны издержкам 3) цена сделки, при которой нет ни прибыли, ни убытков
bullion ~ золотая точка
collecting ~ место сбора, сборный пункт
control ~ контрольный пункт; контрольная величина, заданное значение
corner ~ угловая точка
costing ~ учетно-калькуляционный пункт
critical ~ критическая точка
crossing ~ переход
decimal ~ десятичная запятая, десятичная точка
delivery ~ пункт поставки
discharging ~ пункт разгрузки
dispatching ~ пункт отправки
export gold ~ экспортная золотая точка (*состояние валютного курса, когда выгодно вывозить золото*)
final ~ конечный пункт
flash ~ точка возгорания
frontier ~ пограничный пункт
frontier crossing ~ пограничный переходный пункт
gold ~ золотая точка
gold export ~ экспортная золотая точка
gold import ~ импортная золотая точка (*состояние валютного курса, когда выгодно ввозить золото*)
import bullion ~ *см.* gold import ~
import gold ~ *см.* gold import ~
interchange ~ передаточный пункт
intermediate ~ промежуточный пункт
lifting ~ место строповки
limit ~ предельная точка
limiting ~ *см.* limit ~
loading ~ место погрузки
main ~ узловой пункт
originating ~ место происхождения
parity ~ точка паритета
peril ~ предельный уровень снижения импортных таможенных пошлин
receiving ~ пункт назначения
reloading ~ пункт перегрузки (перевалки)
resistance ~ точка сопротивления
sample ~ выборочная точка
saturation ~ точка насыщения
selling ~ момент целесообразности продажи
shipment ~ пункт отгрузки, место отгрузки
shipping ~ *см.* shipment ~
shutdown ~ точка убытка
split-off ~ точка разделения издержек производства
starting ~ исходный пункт, отправная точка
stop-off ~ пункт остановки в пути следования
stop-over ~ *см.* stop-off ~
stopping ~ 1) остановочный пункт 2) конечный пункт; крайняя точка
support ~ уровень поддержки, уровень курса национальной валюты, при котором центральный банк начинает валютную интервенцию
transfer ~ перевалочный (перегрузочный) пункт
transhipment ~ *см.* transfer ~
turning ~ поворотный пункт
unloading ~ разгрузочный пункт, место разгрузки
vital ~ жизненно важный вопрос
watch ~ наблюдательный пункт
weak ~ слабое место
~ **at issue** предмет обсуждения
~s **of claim** исковое заявление
~ **of crossing** пункт перехода
~s **of defence** *юр.* возражение ответчика
~ **of delivery** пункт доставки
~ **of departure** пункт отправления
~ **of destination** пункт назначения
~ **of entry** пункт ввоза
~ **of exit** пункт вывоза
~ **of handling** пункт транспортной обработки груза
~ **of indifference** точка безразличия
~ **of loading** пункт погрузки

~ of order важный процедурный вопрос
~ of origin пункт происхождения
~ of purchase место покупки
~ of sale место совершения продажи
~ of saturation температура насыщения
~ of shipment пункт отгрузки
~ of transfer пункт перевалки
~ of transhipment *см.* ~ of transfer
~ of unloading место выгрузки, разгрузочный пункт
~ of view точка зрения
◇ to be up several ~s повышаться на несколько пунктов
to broach a ~ поднимать вопрос
to decline (several) ~s падать на несколько пунктов
to gain (several) ~s повышаться на несколько пунктов
to rise (several) ~s *см.* to gain (several) ~s
to settle a ~ решать вопрос
to shed a ~ понижаться на один пункт
POLIC|Y *n* 1. политика 2. политика, линия поведения 3. страховой полис
accounting ~ учетная политика
additional ~ дополнительный полис
adjustable ~ регулируемый полис
adjustment ~ политика регулирования
aggressive working capital ~ политика предпочтения доходности перед ликвидностью
agricultural ~ аграрная политика
«all loss or damage» ~ полис страхования от любой утраты или повреждения
«all risks» ~ полис страхования от всех рисков
anti-inflationary ~ антиинфляционная политика
antirecession ~ антикризисная политика
antitrust ~ антитрастовская политика
balance-of-payments ~ политика регулирования платежного баланса
bank ~ учетная политика
blanket ~ бланковый полис
block ~ блок-полис
business ~ деловая политика
cargo ~ полис страхования грузов
clean ~ чистый полис
commercial ~ торговая политика
compensatory ~ компенсационная политика

compensatory fiscal ~ компенсационная фискальная политика
comprehensive ~ полис комбинированного страхования
comprehensive insurance ~ страхование экспортного кредита одновременно от политического и кредитного риска
consistent ~ последовательная политика
corporate ~ корпорационная политика
credit ~ кредитная политика
currency ~ валютная политика
customs ~ таможенная политика
declaration ~ *мор.* полис без указания названия судна
deflationary ~ дефляционная политика
discount ~ учетная (дисконтная) политика
discriminatory ~ дискриминационная торговая политика
disinflationary ~ дезинфляционная политика
dividend ~ дивидендная политика
domestic ~ внутренняя политика
easy credit ~ политика дешевого кредита; политика дешевых денег
easy money ~ *см.* easy credit ~
economic ~ экономическая политика
embargo ~ политика эмбарго
endowment insurance ~ страхование на дожитие
equity-linked ~ies страховые полисы, доход от которых страховщик вкладывает в различные акции
excess ~ страховой полис, по которому держатель полиса обязан покрыть определенную часть страховой суммы при наступлении страхового случая, а остаток выплачивается страховщиком
expectant ~ политика выжидания
expired insurance ~ страховой полис с истекшим сроком
export ~ экспортная политика
export cargo insurance ~ полис страхования экспортных грузов
farm ~ аграрная политика
financial ~ финансовая политика
fire insurance ~ полис страхования от пожара
first-loss ~ страховой полис, в котором страхуемая сумма меньше стоимости товара
fiscal ~ фискальная политика
fixed order ~ политика фиксированного размера заказа

fleet ~ генеральный полис
floating ~ *см.* fleet ~
foreign ~ внешняя политика
foreign economic ~ внешнеэкономическая политика
foreign exchange ~ валютная политика
foreign trade ~ внешнеторговая политика
franchise ~ *страх.* франшиза
free of particular average ~ полис на условиях «свободно от частной аварии»
freight ~ фрахтовый полис
general ~ общий полис, генеральный полис
general insurance ~ *см.* general ~
goods ~ полис страхования груза
government ~ правительственная политика
green ~ политика защиты окружающей среды
group ~ групповой полис
home ~ внутренняя политика
immigration ~ иммиграционная политика
incomes ~ политика регулирования доходов
«increased value» ~ страховой полис с правом увеличения стоимости страхового объекта
individual ~ полис индивидуального страхования от несчастных случаев
ineffective ~ недействительный полис
inflationary ~ политика, ведущая к инфляции
insurance ~ полис страхования
interest ~ политика регулирования процентных ставок
interest rate ~ *см.* interest ~
internal ~ внутренняя политика
international ~ международная политика
investment ~ инвестиционная политика
lapsed ~ полис, действие которого прекращено досрочно
lending ~ кредитная политика
licence ~ лицензионная политика
life ~ полис страхования жизни
life assurance ~ *см.* life ~
life insurance ~ *см.* life ~
loan ~ кредитная политика
loss-of-profit ~ полис страхования упущенной выгоды в результате стихийного бедствия

management ~ управленческая политика
marine insurance ~ полис морского страхования
marketing ~ маркетинг
master ~ групповой полис
merchandising ~ торговая политика
mixed ~ смешанный полис
monetary ~ валютная политика, денежно-кредитная политика
named ~ разовый полис
open ~ открытый [генеральный] полис
open market ~ политика открытого рынка
overall ~ генеральный полис
paid-up ~ оплаченный полис
participating ~ полис, дающий право участия в прибылях страховой компании
patent ~ патентная политика
patent law ~ патентно-правовая политика
personal accident ~ полис личного страхования от несчастных случаев
population ~ демографическая политика
price ~ политика цен, ценовая политика
price control ~ политика регулирования цен
price support ~ политика поддержания цен
pricing ~ ценовая политика
public ~ государственная политика
real ~ реальная политика
replacement ~ политика замены
responsibility insurance ~ полис страхования ответственности
restrictive ~ политика ограничений
restrictive credit ~ политика ограничения кредита
retirement ~ пенсионная политика
running ~ генеральный полис
safe ~ осторожная политика
sales ~ стратегия сбыта
service ~ политика обслуживания
short-sighted ~ недальновидная политика
social ~ социальная политика
stabilization ~ политика стабилизации
speculation ~ биржевая политика
standard ~ стандартный полис
state ~ государственная политика
tariff ~ тарифная политика
taxation ~ налоговая политика
ticket ~ типовой полис

tight credit ~ политика жесткого кредита
time ~ полис на срок
tough ~ жесткая политика
trade ~ торговая политика
trading ~ *см.* trade ~
transport ~ транспортная политика
unvalued ~ невалютированный полис
valued ~ валютированный полис
vessel ~ судовой полис
void ~ недействительный полис
voidable ~ *см.* void ~
voyage ~ рейсовый полис
wage ~ политика в области заработной платы
wait-and-see ~ выжидательная политика
warranty ~ гарантийное обязательство
whole life ~ пожизненное страхование, страхование на случай смерти
with-profits ~ полис страхования жизни с правом участия в прибылях страховой компании
~ of boycott политика бойкота
~ of containment политика сдерживания
~ of controlling prices политика регулирования цен
~ of economy политика экономии
~ of free trade политика свободный торговли
~ of insurance полис страхования
~ of marine insurance полис морского страхования
~ of regulating prices политика регулирования цен
~ of reinsurance полис перестрахования
~ of sea insurance полис морского страхования
~ of standardization политика стандартизации
~ of temporization выжидательная политика
~ of trade expansion политика расширения торговли
◇ to amend a ~ изменять полис
to borrow on a ~ брать ссуду под страховой полис
to cancel a ~ аннулировать полис
to carry out a ~ проводить политику
to effect a ~ of insurance оформлять страховой полис
to follow a ~ проводить политику
to implement a ~ осуществлять политику

to issue a ~ оформлять страховой полис
to make out a ~ выдавать страховой полис
to pursue a ~ проводить политику
to reinstate a ~ восстанавливать страховой полис
to renew a ~ продлевать страховой полис
to revise a ~ пересматривать политику
to subscribe to a ~ оформлять страховой полис
to support a ~ поддерживать политику
to take out a ~ получать страховой полис
to underwrite a ~ подписывать полис морского страхования

POLITICS *n pl* политика
current ~ текущая политика
domestic ~ внутренняя политика
practical ~ реальная политика
world ~ мировая политика

POLL *n* опрос
exit ~ опрос зрителей после просмотра фильма
Gallup ~ социологический опрос населения по различным вопросам, проводимый институтом общественного мнения Гэллапа
opinion ~ выяснение мнения путем выборочного опроса
public opinion ~ выяснение общественного мнения

POLLUTANT *n* загрязняющее вещество; примесь

POLLUTE *v* загрязнять окружающую среду

POLLUTER *n* завод, предприятие, загрязняющие окружающую среду
heavy ~ завод, предприятие, сильно загрязняющие окружающую среду

POLLUTION *n* загрязнение окружающей среды
air ~ загрязнение воздуха
atmospheric ~ атмосферное загрязнение
bacterial ~ бактериальное загрязнение
environmental ~ загрязнение окружающей среды
industrial ~ промышленное загрязнение
land ~ загрязнение земли
noise ~ зашумленность
river ~ загрязнение рек
sewage ~ загрязнение сточными водами

stream ~ загрязнение рек
traffic ~ загрязнение от автотранспорта
water ~ загрязнение воды
~ of the air загрязнение воздуха
~ of the atmosphere загрязнение атмосферы
~ of rivers загрязнение рек
~ of the sea загрязнение моря
◇ to avoid ~ избегать загрязнения
to prevent ~ предотвращать загрязнение
to protect from ~ предохранять от загрязнения

POLYMETALISM *n* полиметаллизм
POLYOPOLY *n* полиополия
POOL *n* **1.** общий фонд; объединенные запасы; пул **2.** пул, объединение (*соглашение картельного типа между конкурентами*)
bear ~ *бирж.* объединение спекулянтов, играющих на понижение
blind ~ *амер.* товарищество с ограниченной ответственностью, не раскрывающее заранее объект инвестиций
«bobtail» ~ формальное объединение участников финансовых рынков, действующих независимо друг от друга
bonus ~ премиальный фонд
buffer ~ буферный запас
bull ~ *бирж.* объединение спекулянтов, играющих на повышение
cargo ~ грузовой пул
commodities ~ товарный пул
dollar ~ долларовый пул
gold ~ золотой пул
licensing ~ лицензионный пул
money ~ *амер.* денежный пул
motor ~ автокомбинат
pallet ~ пул проката поддонов
patent ~ патентный пул
pension ~ пенсионный фонд
purchasing ~ закупочная организация
shipping ~ судоходный пул
spare parts ~ склад запчастей
wheat ~ пшеничный пул

POOL *v* объединять в пул
POOLING *n* объединение, концентрация
~ of financial resources объединение финансовых ресурсов
~ of interests слияние компаний
~ of technology общее использование технологий

POOR *adj* бедный
◇ cash ~ испытывающий дефицит наличности

POPULAR *adj* **1.** популярный, пользующийся спросом **2.** общедоступный
POPULARITY *n* популярность
increasing ~ растущая популярность
◇ to enjoy ~ пользоваться популярностью
to gain ~ приобретать популярность
POPULARIZE *v* популяризировать
POPULAR-PRICED *adj* умеренной цены
POPULATION *n* **1.** население **2.** *стат.* совокупность
able-bodied ~ трудоспособное население
aboriginal ~ коренное население, аборигены
adult ~ взрослое население
aged ~ население старшего возраста
alien ~ иностранные граждане, проживающие в данной стране
average ~ средняя численность населения
cattle ~ поголовье крупного рогатого скота
child ~ дети
civilian ~ гражданское население
employed ~ занятое население
estimated ~ оценка численности населения
excess ~ избыточная заселенность
farm ~ сельское население
general ~ общая численность населения
home ~ численность населения данной страны
immigrant ~ численность иммигрантов
indigenous ~ коренное население
industrial ~ промышленное население
livestock ~ поголовье скота
local ~ местное население
migrating ~ мигрирующее население
native ~ коренное население
occupied ~ занятое население
old ~ население старшего возраста
product ~ совокупность изделий
rural ~ сельское население
surplus ~ перенаселение
underemployed ~ неполностью занятое население
unemployed ~ безработные
unoccupied ~ незанятое население
urban ~ городское население
working ~ работающее население
working age ~ население трудоспособного возраста

PORT *n* порт, гавань
accessible ~ доступный порт

adjacent ~ близлежащий порт
agreed ~ согласованный порт
autonomous ~ самоуправляемый порт
barge ~ порт, в котором суда швартуются у барж
base ~ базовый порт
basic ~ основной порт
blockaded ~ блокированный порт
bonded ~ порт, имеющий таможню
call ~ порт захода
cargo ~ грузовой порт
channel ~s порты, расположенные на южном побережье Великобритании и на севере Франции
close ~ *брит.* речной порт, порт для морских судов на реке
closed ~ закрытый порт
coaling ~ угольный порт
commercial ~ торговый порт
container ~ контейнерный порт
continental ~ континентальный порт
convenient ~ удобный порт
craft ~ порт, в котором суда швартуются у барж
deep water ~ глубоководный порт
designated ~ указанный порт
destination ~ порт назначения
direct ~ порт захода
direct ~ of call базисный порт захода
discharging ~ порт разгрузки
domestic ~ внутренний порт
entrepôt ~ порт со складскими помещениями
estuarine ~ порт в устье реки
final ~ конечный порт захода, порт назначения
fishing ~ порт рыболовного флота, рыболовецкая гавань
foreign ~ иностранный порт
free ~ свободный порт, порто-франко
general cargo ~ порт генеральных грузов
home ~ порт приписки
inland ~ внутренний порт
intermediate ~ промежуточный порт
lading ~ *амер.* порт погрузки
loading ~ *см.* lading ~
main ~ основной порт
major ~ *см.* main ~
maritime ~ морской порт
named ~ обусловленный порт
natural ~ естественный порт
nonscheduled ~ порт, не указанный в расписании
ocean ~ океанский порт
open ~ открытый порт

operating ~ действующий порт
optional ~ порт выгрузки по выбору отправителя или грузополучателя
origin ~ порт происхождения
outer ~ порт ввоза
outside ~ *см.* outer ~
packet ~ порт, которым пользуются пакетботы и паромы
principal ~ основной порт
principal ~ of call основной порт захода
quay ~ порт, в котором происходит выгрузка товаров на причал
railway ~ железнодорожный порт
river ~ речной порт
roads ~s порты рейда
safe ~ безопасный порт
sailing ~ порт отправления
sea ~ морской порт
seasonal ~ сезонный порт
shallow ~ порт с недостаточными глубинами
shipping ~ порт отгрузки
specified ~ указанный порт
surf ~ порт, в котором суда швартуются у барж
terminal ~ конечный порт
timber ~ лесной порт
trading ~ торговый порт
transhipment ~ порт перевалки (перегрузки)
transit ~ транзитный порт
treaty ~ договорный порт
~ **of arrival** порт прибытия
~ **of call** порт захода
~ **of delivery** порт поставки
~ **of departure** порт отправления
~ **of destination** порт назначения
~ **of discharge** порт разгрузки
~ **of disembarkation** порт выгрузки
~ **of distress** порт вынужденного захода
~ **of documentation** *амер.* порт приписки (регистрации)
~ **of embarkation** порт погрузки
~ **of entry** порт ввоза
~ **of exit** порт отправления
~ **of exportation** порт вывоза
~ **of forced discharging** порт вынужденной выгрузки
~ **of loading** порт погрузки
~ **of origin** порт происхождения
~ **of refuge** порт вынужденного захода
~ **of registration** порт приписки (регистрации)
~ **of registry** *см.* ~ **of registration**

~ of shipment порт отгрузки
~ of transhipment порт перевалки (перегрузки)
~ of transit транзитный порт
~ of unloading порт разгрузки
◇ at a ~ в порту
to arrive at a ~ прибывать в порт
to blockade a ~ блокировать порт
to call at a ~ заходить в порт
to clear a ~ покидать порт после таможенного контроля
to designate a ~ назначать (номинировать) порт
to enter a ~ входить в порт
to leave a ~ выходить из порта
to lie in a ~ стоять в порту
to make ~ входить в порт
to name a ~ назначать (номинировать) порт
to put into a ~ заходить в порт
to reach a ~ прибывать в порт
to sail from a ~ выходить из порта
to touch at a ~ заходить в порт
to use a ~ пользоваться портом

PORTAGE *n* 1 переноска, доставка груза 2. плата за доставку груза 3. переправа волоком

PORTAGE переправлять грузы и мелкие суда волоком

PORTERAGE *n* 1. переноска, доставка груза 2. плата за доставку груза

PORTFOLIO *n* портфель
advances ~ кредитный портфель банка
agressive ~ агрессивный портфель ценных бумаг
defensive ~ портфель ценных бумаг с низким уровнем риска
discretionary ~ портфель ценных бумаг, которым брокер управляет от имени клиента
efficient ~ портфель ценных бумаг с максимальным доходом при любом риске или с минимальным риском при любом доходе
insurance ~ страховой портфель
investment ~ инвестиционный портфель, портфель ценных бумаг
securities ~ портфель ценных бумаг
~ of bills вексельный портфель
~ of products портфель изделий

PORTION *n* 1. часть, доля 2. порция
agressive ~ *амер.* рисковая доля (*о ценных бумагах*)
defensive ~ не связанная с риском доля (*ценных бумаг*)
fixed ~ фиксированная доля

PORTO-FRANCO порто-франко, порт беспошлинного ввоза и вывоза

POSITION *n* 1. позиция, положение, расположение 2. должность, место 3. состояние; финансовое положение компании, банка 4. остаток средств на счете 5. *бирж.* сумма контрактов по сделкам на срок, позиция
bear ~ позиция спекулянтов, играющих на понижение
brand ~ положение торговой марки
bull ~ позиция спекулянтов, играющих на повышение
cargo ~ расположение груза
cash ~ 1) наличная позиция 2) цена «спот»
closed ~ закрытая позиция
competitive ~ конкурентоспособная позиция
creditor ~ кредиторская позиция
current ~ настоящее положение
debtor ~ дебиторская позиция
delivery ~ положение с поставками
economic ~ экономическое положение
equal ~ равноправное положение
equitable ~ *см.* equal ~
exchange ~ положение с инвалютой
executive ~ руководящее положение
financial ~ финансовое положение
firm ~ твердая позиция
foreign exchange ~ валютное положение
futures ~ фьючерсная позиция
initial ~ начальное положение
inventory ~ состояние запасов
key management ~ ключевая руководящая должность
leading ~ ведущее положение
long ~ длинная позиция
long option ~ длинная опционная позиция
market ~ положение на рынке
naked ~ рыночная позиция, не защищенная от ценового риска
net ~ нетто-позиция: 1) разница между стоимостью контрактов по закупкам и запродажам 2) срочная позиция, не зачтенная противоположной позицией
normal ~ нормальное положение
offsetting ~ компенсирующая позиция
open ~ открытая позиция
operating ~ рабочее положение
outright ~ срочная валютная позиция, образовавшаяся в результате форвардной сделки, позиция аутрайт

527

overnight ~ длинная или короткая позиция в конце рабочего дня
present ~ настоящее положение
price ~ состояние цен на рынке
privileged ~ привилегированное положение
reserve ~ сальдо резервов
rigid ~ жесткая позиция
senior executive ~ руководящее положение
service ~ рабочее положение
short ~ короткая позиция
social ~ социальное положение
starting ~ исходное положение
stock ~ состояние запасов
strong ~ сильная позиция
technical ~ состояние рынка ценных бумаг
trading ~ состояние торговли
unique ~ исключительное положение
working ~ рабочее положение
~ of an account состояние счета в банке
~ of an advertisement расположение рекламы
~ of constraint стесненное положение
~ of an order ход выполнения заказа
~ of stock состояние запасов
~ of a vessel позиция судна (*время, к которому судно может прибыть в порт*)
◇ to apply for a ~ подавать заявление о приеме на работу
to carry a ~ *бирж.* иметь позицию
to change ~ изменять положение
to clarify a ~ уточнять положение
to confirm the ~ подтверждать положение
to consolidate ~s закреплять позиции
to fix a ~ укреплять положение
to give up one's ~ отказываться от должности
to hold a ~ занимать положение
to maintain a ~ стоять на определенной позиции
to modify the ~ изменять позицию
to reconsider the ~ пересматривать позицию
to redeem the ~ спасать положение
to review the ~ пересматривать позицию
to substantiate the ~ обосновывать положение
to take a ~ 1) занять должность 2) *бирж.* открыть позицию

POSITIONER *n:*

block ~ *амер.* дилерская фирма, продающая пакеты ценных бумаг объединенным в группы клиентам

POSITIONING *n* позиционирование
dynamic ~ фиксация судна на месте с помощью гребных винтов, управляемых компьютером
market ~ позиционирование на рынке
~ of goods on the market позиционирование товара на рынке

POSSESS *v* владеть
~ jointly владеть совместно

POSSESSION *n* 1. владение, обладание 2. *обыкн. pl* имущество, собственность
actual ~ непосредственное владение
adverse ~ владение на основе правового титула вопреки притязаниям другого лица
constructive ~ законное владение собственностью
exclusive ~ исключительное право собственности
foreign ~s иностранные владения
incorporeal ~ владение патентом или авторским правом
joint ~ совместное владение
limited ~ ограниченное право собственности
naked ~ фактическое владение при отсутствии правооснования
personal ~s личное имущество
vacant ~ дом, подлежащий продаже
◇ to be in ~ владеть
to enter into ~ вступать во владение
to give ~ вводить во владение
to go into ~ вступать во владение
to maintain ~ сохранять право собственности
to obtain ~ получать во владение
to pass into ~ переходить во владение
to retain ~ сохранять право собственности
to take ~ 1) стать владельцем 2) захватить
to transfer ~ передавать право собственности

POSSESSOR *n* владелец, обладатель
adverse ~ владелец собственности на основе утверждения правового титула
licence ~ владелец лицензии

POSSIBILIT|Y *n* 1. возможность, вероятность 2. *часто pl* перспективы
accommodation ~ возможность размещения (*вещей, людей*)
business ~ies деловые возможности

demonstration ~ies возможность участия в выставке
export ~ies экспортные возможности
market ~ies возможности рынка
sales ~ies перспективы запродаж
selling ~ies *см.* sales ~ies
POST *n* 1. почта 2. почта, корреспонденция 3. пост, должность 4. место в торговом зале фондовой биржи
air parcel ~ отправление посылок авиапочтой
book ~ почтовая бандероль
customs ~ таможенный пост
established ~ штатная должность
incoming ~ входящая почта
key ~ ключевой пост, руководящее положение
parcel ~ бандероль
provisional ~ временная должность
registered ~ заказное почтовое отправление
temporary ~ временная должность
trading ~ *амер.* место в торговом зале биржи, где торгуют ценными бумагами со сходными характеристиками
◇ by parcel ~ посылкой
by return of ~ с обратной почтой
by separate ~ отдельной посылкой
to advertise a ~ объявлять конкурс на замещение должности
to apply for a vacant ~ добиваться вакансии
to hold a ~ занимать должность
to obtain a ~ получать должность
to retire from a ~ уходить в отставку
to send by ~ отправлять, пересылать почтой
to take up a ~ вступать в должность
to throw up a ~ отказываться от должности
POST *v* делать проводку; разносить счета; заносить в бухгалтерскую книгу
~ up *см.* POST *v*
POSTAGE *n* почтовый сбор; почтовые расходы
extra ~ дополнительная почтовая оплата
foreign ~ почтовый сбор за международные отправления
inland ~ почтовый сбор внутри страны
ordinary ~ обычный почтовый сбор
prepaid ~ оплаченный почтовый сбор
return ~ оплата ответа
◇ ~ free 1) не облагаемый почтовым сбором 2) оплаченный отправителем

~ included с включением стоимости пересылки
~ paid пересылка по почте оплачена
~ underpaid пересылка по почте оплачена неполностью
to collect the ~ взимать за пересылку по почте
to pay the ~ оплачивать почтовый сбор
to prepay the ~ *см.* to pay the ~
POSTAL *adj* почтовый
POSTAUDIT *n* периодическая проверка расходов различных учреждений
POSTDATE *v* датировать более поздним числом
POSTDATING *n* датировка более поздним числом
POSTENTRY *n* последующая дополнительная проводка по счету
POSTER *n* рекламный плакат, постер
POSTE RESTANTE *фр.* до востребования
POSTIL *n* примечание к статье в бухгалтерской книге или журнале
POSTING *n* 1. отправка корреспонденции по почте 2. почтовое отправление 3. перенос информации в бухгалтерскую книгу; проводка
credit ~ кредитовая проводка
debit ~ дебетовая проводка
ledger ~ запись в главную бухгалтерскую книгу
POSTPONE *v* откладывать; отсрочивать, переносить сроки
POSTPONEMENT *n* 1. отсрочка 2. откладывание
maturity ~ продление срока платежа
~ of delivery отсрочка поставки
~ of payment продление срока платежа
POST-SALE *adj* послепродажный
POSTSCRIPT *n* приписка в письме, постскриптум
POSTTESTING *n* анализ эффективности рекламы после ее распространения
POT *n* 1. банка 2. сумма ставок (*в играх*) 3. часть нового выпуска ценных бумаг, оставленная для продажи по специальным заказам
institutional ~ *см.* POT 3.
POTENTIAL *n* потенциал
commercial ~ торговый потенциал
economic ~ экономический потенциал
export ~ экспортный потенциал
growth ~ потенциал экономического роста

POU

industrial ~ производственный потенциал
investment ~ инвестиционный потенциал
market ~ потенциал возможностей сбыта; потенциал рынка
production ~ производственный потенциал
productive ~ *см.* production ~
raw materials ~ ресурсный потенциал, сырьевой потенциал
resource ~ *см.* raw materials ~
sales ~ ожидаемая реализация продукции
scientific ~ научный потенциал
◇ to establish the ~ создавать потенциал

POUCH *n*:
captain's ~ капитанская почта
diplomatic ~ дипломатическая почта
ship's ~ судовая почта

POUND *n* 1. фунт (*денежная единица*) 2. *брит.* мера веса (0, 4536 кг)
Australian ~ австралийский фунт
Cyprus ~ кипрский фунт
Egyptian ~ египетский фунт
Irish ~ ирландский фунт
New Zealand ~ новозеландский фунт
Syrian ~ сирийский фунт
~ sterling фунт стерлингов

POUNDAGE *n* 1. отчисление с прибылей, идущее на выплату зарплаты и премий 2. пошлина с веса 3. общий вес в фунтах 4. плата за перевод денег

POVERTY *n* бедность; нищета

POWER *n* 1. сила, мощь; мощность 2. власть 3. возможность; способность 4. право, полномочие 5. *юр.* доверенность
active ~ активная мощность
actual ~ эффективная мощность
atomic ~ атомная энергия
average ~ средняя мощность
bargaining ~ власть, позволяющая отстаивать свои интересы
bond ~ документ передачи права собственности на именные облигации
borrowing ~s полномочия, предоставленные директору компании в соответствии с ее уставом, для привлечения финансовых ресурсов
buying ~ покупательная способность
competitive ~ конкурентоспособность
earning ~ 1) способность зарабатывать 2) способность приносить прибыль; прибыльность

POW

economic ~ 1) хозяйственная власть 2) дешевая электроэнергия
effective ~ эффективная мощность
emergency ~s чрезвычайные полномочия
enforcement ~s полномочия для проведения в жизнь законов
estimated ~ проектная мощность
executive ~ исполнительная власть
full ~ полное право
full ~ of attorney общая доверенность
general ~ of attorney *см.* full ~ of attorney
general purchasing ~ всеобщая покупательная способность
gross ~ полная мощность
high ~ большая мощность
judicial ~ судебная власть
labour ~ рабочая сила
legislative ~ законодательная власть
low ~ малая мощность
market ~ рыночная власть
mean ~ средняя мощность
monopoly ~ монопольная власть
natural ~ сила природы
net ~ полезная мощность
nominal ~ номинальная мощность
nuclear ~ атомная энергия
official ~s 1) официальные власти 2) официальные полномочия
operating ~ рабочая мощность
placing ~ способность разместить выпускаемые ценные бумаги
planned ~ проектная мощность
plenary ~ неограниченные полномочия
political ~ политическая власть
productive ~ производительная сила
projected ~ проектная мощность
pulling ~ 1) тяговая сила 2) притягательная сила
purchase ~ покупательная способность, покупательная сила
purchasing ~ *см.* purchase ~
purchasing ~ of the currency покупательная способность валюты
rated ~ номинальная мощность
redundant purchasing ~ избыточная покупательная способность
service ~ эксплуатационная мощность
special ~ of attorney доверенность, ограниченная определенными функциями
spending ~ покупательная способность
standby ~ резервная мощность
starting ~ пусковая мощность
state ~ государственная власть

trust ~s доверенность
unlimited ~s неограниченные полномочия
unrestricted ~s см. unlimited ~s
useful ~ полезная мощность
veto ~ право вето
wide ~s широкие полномочия
~ of an arbiter полномочия арбитра
~ of attorney доверенность
~ of consumption потребительская способность
~ of redemption право выкупа, право обратной покупки
~ of sale право продажи
~ of supervision право надзора, право контроля
◇ within ~ в пределах полномочий
within the limits of ~ см. within ~
~ to sign право подписи
to be beyond one's ~ быть не под силу
to be in one's ~ иметь власть, распоряжаться
to cancel a ~ of attorney аннулировать доверенность
to come into ~ прийти к власти
to delegate ~s делегировать полномочия
to exercise monopoly ~ осуществлять монопольную власть
to give a ~ of attorney выдавать доверенность
to grant a ~ of attorney см. to give a ~ of attorney
to have ~ over smth иметь власть над чем-л.
to hold a ~ of attorney иметь доверенность
to invest smb with a ~ of attorney выдавать доверенность
to invest smb with full ~s наделять кого-л. полномочиями
to revoke a ~ of attorney отменять доверенность
to transfer ~s делегировать полномочия
to withdraw a ~ of attorney отменять доверенность
POWERFUL adj 1. сильный, мощный 2. могущественный, влиятельный
POWERLESS adj бессильный, беспомощный; маловлиятельный
PRACTICABILITY n осуществимость
~ of a project осуществимость проекта
PRACTICABLE adj осуществимый, реальный
PRACTICAL adj см. PRACTICABLE

PRACTICALITY практичность, целесообразность
~ of a project целесообразность проекта
PRACTICE n 1. практика, применение на практике 2. обычай, установившийся порядок 3. технология, метод, способ
accepted ~ принятая практика
accounting ~s учетная практика, методы бухгалтерского учета
administration ~s административная практика
administrative ~s см. administration ~s
arbitration ~ арбитражная практика
banking ~ банковские обычаи
business ~ деловая практика
commercial ~ торговая практика
common ~ общепринятая практика
concerted ~s согласованные действия
contracting ~ практика заключения контрактов
corrupt ~s коррупция
crop production ~s практика выращивания сельскохозяйственных культур
cultivation ~s см. crop production ~s
customary ~ общепринятая практика
established ~ установившаяся практика
fabrication ~ технология изготовления
fair ~s честная практика
general ~ общепринятая практика
industrial ~ промышленная практика
insurance ~ страховая практика
international ~ международная практика
licensing ~s лицензионная практика
management ~ управленческая практика
manufacturing ~ способ производства, производственная практика
marketing ~ практика маркетинга
normal ~ обычная практика
operational ~s практика эксплуатации
past ~ прошлая практика
patent ~ патентная практика
predatory ~s грабительские методы
pricing ~ практика ценообразования
production ~ способ производства
restrictive ~s ограничительная практика; ограничение свободы конкуренции
restrictive business ~s ограничительная деловая практика
restrictive trade ~s см. restrictive business ~s

safe operating ~s практика безопасной эксплуатации
sharp ~ мошенничество, надувательство
standard ~ обычная практика
trade ~s торговая практика, торговые обычаи
unfair ~s нечестная деловая практика
unfair business ~s см. unfair ~s
unfair competitive ~s нечестные методы конкуренции
unfair labour ~s нечестные действия нанимателя или профсоюзных работников
unfair trade ~s нечестная торговая практика
usual ~ общепринятая практика
usual commercial ~ обычная деловая практика
wrong ~ неправильная практика
~ in trade торговая практика
~ of law правовая практика
◇ to depart from ~s отступать от практики
to discontinue the ~ прекращать практику
to follow the ~ следовать практике
to put into ~ осуществлять на практике
to stop the ~ прекращать практику
PRACTISE v осуществлять, применять на практике
PRACTITIONER n практикующий специалист
PRAGMATISM n прагматизм; практичность, практицизм
PRATIQUE n мор. снятие карантина; разрешение на сообщение с берегом
free ~ мор. свободная практика
◇ to admit to ~ снять карантин
PREAMBLE n преамбула
PREAUDIT n предварительная проверка
PRECAUTION n 1. предосторожность; предусмотрительность 2. мера предосторожности
industrial safety ~s техника безопасности
safety ~s см. industrial safety ~s
PRECEDENCE n 1. предшествование 2. первоочередность
◇ to have ~ 1) предшествовать 2) занимать более высокую должность
to take ~ 1) см. to have ~ 1) 2) см. to have ~ 2) 3) иметь преимущественное право; предшествовать
PRECEDENT n прецедент

◇ to set a ~ установить прецедент
PRECEPT n предписание, приказ о выплате денег
PRECIOUS adj драгоценный
PRECISE adj точный
PRECISION n точность
control ~ точность контроля
forecast ~ точность прогнозирования
PRECOMPENSATION n товарная сделка, при которой продавец обязуется купить позднее у другой стороны товары на равную сумму
PRECOMPUTED adj заранее вычисленный
PRECONDITION n предварительное условие
PREDATING n датировка более ранним числом
PREDECESSOR n предшественник
~ in title предшественник по праву
PREDECISION n предварительное решение
PREDESIGN n 1. предварительный проект 2. предварительный расчет
PREDESIGNED adj заранее запланированный
PREDETERMINE v заранее определять; заранее подсчитывать
PREDETERMINED adj заранее установленный
PREDICT v предсказывать; прогнозировать
PREDICTABILITY n предсказуемость
PREDICTABLE adj предсказуемый, прогнозируемый
PREDICTION n предсказание; прогноз; прогнозирование
approximate ~ приближенный прогноз
conditional ~ условный прогноз
demographic ~ демографический прогноз
feasibility ~ прогнозирование технической осуществимости
linear ~ линейный прогноз
long-range ~ долгосрочный прогноз
long-term ~ см. long-range ~
maintainability ~ прогнозирование ремонтопригодности
medium-range ~ среднесрочный прогноз
multiperiod ~ многопериодное прогнозирование
multiple ~ множественный прогноз
nonlinear ~ нелинейный прогноз
performance ~ прогнозирование эксплуатационных характеристик

reliability ~ прогнозирование надежности
short-range ~ краткосрочный прогноз
short-term ~ см. short-range ~
single ~ единичный прогноз
statistical ~ статистическое прогнозирование
unconditional ~ безусловный прогноз
PREDOMINANCE *n* превосходство; преобладание
PREEMINENCE *n* превосходство; преимущество
economic ~ экономическое превосходство
PREEMPT *v* 1. покупать прежде других 2. завладевать чем-л. раньше других
PREEMPTION *n* 1. преимущественное право покупки 2. *амер.* преимущественное право на покупку участка земли
PREEMPTIVE *adj* преимущественный (*о праве на покупку*)
PREFABRICATE *v* изготавливать заводским способом
PREFABRICATION *n* изготовление заводским способом
PREFER *v* предпочитать
PREFERABLE *adj* предпочтительный
PREFERENCE *n* 1. предпочтение; преимущество 2. выбор 3. преимущественное право 4. льготная таможенная пошлина, преференция
consumers' ~ потребительское предпочтение
individual ~ индивидуальное предпочтение
tariff ~s тарифные льготы
time ~ временное предпочтение
trade ~s торговые преференции
PREFERENTIAL *adj* 1. предпочтительный; преимущественный 2. льготный, преференциальный
PREJUDICE *n* вред, ущерб, причиненный несправедливым решением; несправедливость
without ~ to the right без ущерба права
PRELIMINARY *adj* предварительный
PRELIMINARIES *n pl* 1. подготовительные мероприятия 2. предварительные переговоры
PRELIST *v* составлять предварительный список
PREMARKETING *n* предварительное размещение (*акций*)
PREMISES *n pl* 1. помещение, здание, дом 2. недвижимость (*дом с прилегающими постройками*)
bonded ~ помещение под таможенным надзором
business ~ 1) помещение фирмы 2) торговое помещение
exhibition ~ помещение выставки
factory ~ территория фабрики
idle ~ неиспользуемое помещение
industrial ~ производственное помещение
office ~ служебное помещение
shop ~ помещения магазина
store ~ складское помещение
◇ to acquire ~ приобретать помещение
to lease ~ арендовать помещение
to move to separate ~ переезжать в отдельное помещение
to rent ~ арендовать помещение
to vacate ~ освобождать помещение
PREMIUM *n* 1. премия; вознаграждение 2. надбавка к курсу или цене 3. цена опциона 4. страховая премия
acceleration ~ программа увеличения зарплаты рабочим при увеличении производства
actual ~ фактическая премия
additional ~ добавочная премия
advance insurance ~ авансовая страховая премия
annual ~ годичный страховой взнос
average ~ средний страховой взнос
basic ~ страховой взнос на основе тарифной ставки
buyer's ~ премия покупателя
call ~ 1) премия за досрочное погашение займа 2) премия в сделке с опционом
conversion ~ конверсионная премия (*за досрочный выкуп облигаций*)
deferred ~ страховая премия, выплачиваемая частями
deposit ~ 1) первичный страховой взнос 2) любой страховой платеж, осуществляемый периодически
earned ~ заработанная премия
exchange ~ валютная премия
extra ~ дополнительный страховой платеж
first ~ первый страховой взнос
fixed ~ страховой взнос в постоянном размере
flat rate ~ единообразный страховой взнос
forward ~ форвардная премия

gross ~ брутто-ставка
initial ~ первый страховой взнос
insurance ~ страховой взнос
instalment ~ очередной страховой взнос
life insurance ~ премия по страхованию жизни
lumpsum ~ паушальная премия
option ~ опционная премия
outstanding ~ неуплаченный страховой взнос
overtime ~ надбавка за сверхурочную работу
procurement ~ премия за закупку
redemption ~ выкупная премия
reinsurance ~ премия за страхование кредита
renewal ~ взнос по восстановленному договору страхования
return ~ возвращаемый страховой взнос
risk ~ дополнительное вознаграждение за риск
share ~ надбавка к номинальной цене акций при их выпуске на рынок
shift ~ надбавка за сменную работу
single ~ единовременный страховой взнос
supplementary ~ дополнительный взнос
time ~ срочная премия опциона
unearned ~ страховой взнос, уплаченный авансом
voyage ~ премия по страхованию туристов
~ for an additional insurance премия за дополнительное страхование
~ for the call предварительная премия
~ for guarantee плата за предоставление гарантии
~ for the put обратная премия
~ in arrears неуплаченный взнос
~ on exchange надбавка к установленному курсу или цене
~ on foreign exchange лаж на инвалюту
~ on gold лаж на золото
~ on a policy премия по полису
~ on shares премия на акции
~ over bond value премия сверх стоимости облигации
~ over conversion value премия сверх конверсионной стоимости
◇ at a ~ выше номинала
to be at a ~ стоять выше номинала

to buy at a ~ покупать с надбавкой, покупать по цене выше номинала
to charge a ~ взимать премию
to calculate a ~ рассчитывать премию
to command a ~ продаваться по цене выше номинала
to compute a ~ вычислять премию
to fetch a ~ продаваться по цене выше номинала
to fix a ~ устанавливать размер страхового взноса
to pay a ~ уплачивать премию
to return the ~s возвращать уплаченные страховые взносы
to sell at a ~ продавать с надбавкой, продавать по цене выше номинала
to stand at a ~ стоять выше номинала
PREPACK *v* расфасовывать продукт или товар
PREPACKAGE *v см.* PREPACK
PREPACKED *adj* расфасованный
PREPAID *adj* оплаченный заранее
PREPACKAGING *n* расфасовка
PREPACKING *n см.* PREPACKAGING
PREPARATION *n* 1. подготовка 2. оформление (*документов*)
advance ~ предварительная подготовка
budget ~ подготовка бюджета
documents ~ подготовка документации
land ~ подготовка земли к севу
payroll ~ расчет заработной платы
report ~ подготовка отчета
~ of an application оформление заявки
~ of documents оформление документов; подготовка документов
~ of drawings подготовка чертежей
~ of an exposition подготовка экспозиции
PREPARATORY *adj* подготовительный; предварительный
PREPAY *v* оплачивать заранее
◇ charges prepaid провозная плата оплачена в порту отправления
freight prepaid фрахт оплачен в порту погрузки
PREPAYMENT *n* предварительная оплата, предоплата
~ of charges франкирование; оплата за провоз в пункте отправления
~ of postage предварительная оплата стоимости пересылки
PREPLAN *v* планировать заранее
PREPLANNING *n* разработка предварительного плана
PREPRODUCTION *n* подготовка производства

PREREQUISITE *n* предпосылка; предварительное условие
PRESALES *adj* предпродажный
PRESCHEDULE *adj* досрочный
PRESCRIBE *v* предписывать
PRESCRIPTION *n* 1. предписание, распоряжение 2. *юр.* право давности
~ of a bill просрочка векселя
◇ to become invalid by ~ потерять силу за давностью
PRESENT *adj* 1. настоящий; современный 2. данный 3. наличный
PRESENT 1. передавать, вручать 2. показывать, демонстрировать 3. представлять, вручать
PRESENTATION *n* 1. подача, вручение 2. показ, демонстрация, презентация 3. представление, предъявление
data ~ представление данных
product ~ презентация изделия
sales ~ демонстрация товара потенциальным покупателям
~ for acceptance представление документов к акцепту
~ for payment представление документов к платежу
~ of a bill предъявление векселя
~ of a claim предъявление претензии
~ of documents представление документов
~ of exhibits показ экспонатов
~ of information представление информации
~ of products презентация продукции
◇ against ~ of documents против представления документов
on ~ по представлении, по предъявлении
to arrange a ~ организовывать показ, презентацию
to give a product ~ представлять новый товар
to handle ~ of goods организовывать презентацию товара
to make ~ совершать представление
PRESENT-DAY *adj* современный
PRESENTMENT *n* предъявление
PRESERVATION *n* сохранение
~ of cargo сохранение груза
~ of goods *см.* ~ of cargo
~ of order охрана порядка
~ of nature охрана природы
PRESERVE *v* 1. хранить 2. охранять, предохранять
PRESIDE *v* председательствовать

PRESIDENT *n* 1. председатель 2. президент
~ of the board председатель правления
~ of a steamship company начальник пароходства
PRESIDENTIAL *adj* президентский
PRESS *n* пресса, печать
business ~ отраслевая пресса
commercial ~ коммерческая печать
foreign ~ зарубежная печать
economic ~ экономическая печать
kept ~ зависимая печать
local ~ местная печать
periodical ~ периодическая печать
regional ~ районная, областная пресса
technical ~ техническая печать, пресса
trade ~ отраслевая пресса
yellow ~ желтая пресса
◇ to have a good ~ получить благоприятный отзыв в печати
to publish in the ~ публиковать в печати
PRESS *v* 1. теснить, оказывать давление 2. стеснять, затруднять 3. настаивать 4. навязывать
PRESSING *n* прессинг
financial ~ финансовый прессинг
PRESSING *adj* 1. неотложный, срочный 2. настоятельный; настойчивый
PRESSURE *n* 1. давление, воздействие; нажим 2. трудное положение 3. неотложность, безотлагательность; напряжение
consumer ~ давление со стороны покупателей
financial ~ финансовые трудности
group ~ давление со стороны групп людей
high ~ высокое напряжение
inflationary ~ инфляционное давление
inventory ~ давление товарных запасов
market ~ напряженность рынка
money ~ недостаток денег
population ~ демографическое давление
price ~ давление цен
selling ~ наплыв предложений на продажу
wage ~ требование повышения зарплаты
~ for money недостаток денег
~ in the credit market стеснение на рынке кредита
~ of business загруженность делами
~ of competition давление кокуренции
~ of demand давление спроса

~ of taxation налоговый пресс
~ of work загруженность работой
~ on the money market напряженное состояние денежного рынка
◇ to be under ~ испытывать давление
to be subjected to ~ *см.* to be under ~
to give way to ~ уступать под давлением
to put ~ оказывать давление
to withstand ~ выдерживать давление

PRESTIGE *n* престиж
PRESTIGEOUS *adj* престижный
PRESUMPTION *n* 1. предположение 2. *юр.* презумпция
inconclusive ~ *юр.* опровержимая презумпция
irrebuttable ~ *юр.* неопровержимая презумпция
rebuttable ~ *юр.* опровержимая презумпция
~ of innocence *юр.* презумпция невиновности
~ of law *юр.* правовая презумпция

PRETAX *adj* до вычета налога
PRETEST *n* предварительный анализ; предварительное обследование
PRETESTING *n* анализ эффективности рекламы до ее распространения
PREVAILENT *adj* преобладающий, превалирующий; господствующий
PREVALENT *adj см.* PREVAILENT
PREVENTION *n* 1. предотвращение; предохранение 2. предупредительная мера
accident ~ 1) техника безопасности 2) предупреждение несчастных случаев
loss ~ меры по предотвращению потерь
~ of damage предупреждение повреждения
~ of fire противопожарная защита
~ of loss меры по предотвращению потерь

PREVIEW *n* предварительный просмотр
exhibition ~ предварительный осмотр выставки

PRICE *n* 1. цена 2. курс ценных бумаг
acceptable ~ приемлемая цена
accounting ~ расчетная цена
accurate ~ точная цена
acquisition ~ цена приобретения
actual ~ действительная цена
adjustable ~s дифференцированные цены
adjusted ~ скорректированная цена
administered ~ управляемая цена, регулируемая цена
advanced ~ повышенная цена
advertized ~ справочная цена
after ~ цена, зафиксированная после закрытия биржи
after hours ~ *см.* after ~
agreed ~ согласованная цена
agreed-upon ~ *см.* agreed ~
aggregate ~ итоговая цена
agricultural product ~s цены на сельскохозяйственные продукты
all-in ~ 1) полная цена; 2) паушальная цена
all-round ~ *см.* all-in ~
American Selling P. американская продажная цена (*для исчисления таможенной пошлины на импортируемые химические товары*)
anticipated ~ ожидаемая цена
applicable ~ подходящая цена
approximate ~ приблизительная цена
asked ~ запрашиваемая цена
asking ~ *см.* asked ~
attractive ~ привлекательная цена
average ~ средняя цена
bargain ~ цена, выгодная для покупателей, низкая цена
base ~ базисная цена
basic ~ *см.* base ~
basic point ~ цена, исчисляемая на основе издержек производства и транспортных затрат в базисном пункте
basis ~ базисная цена
bedrock ~ крайняя (*минимальная*) цена
best ~ крайняя (*максимальная*), наилучшая цена
bid ~ цена покупателя
black market ~ цена черного рынка
blanket ~ общая цена (*со всеми надбавками*)
book ~ справочная цена
boom ~ повышающийся курс
bottom ~ минимальная цена
budget ~ сметная цена
buy back ~ выкупная цена
buyers' ~ цена покупателя
buying ~ покупная цена
calculative ~ расчетная цена
call ~ цена, по которой могут быть досрочно выкуплены облигации
carry-over ~ процентное вознаграждение за отсрочку сделки
cash ~ цена на рынке наличных сделок

catalogue ~ цена по каталогу
ceiling ~ максимальная цена
cheap ~ «дешевая» цена
clearing ~ цена, по которой расчетная палата осуществляет расчеты по сделкам
close ~s цены, незначительно отличающиеся друг от друга
closing ~ цена, зарегистрированная при закрытии срочной биржи
coming out ~ цена, по которой выпускаются новые акции
commodity ~ цена товара
common ~ единая цена
comparable ~s сопоставимые цены
comparative ~s *см.* comparable ~s
competitive ~ конкурентная цена
competitor's ~ цена конкурирующей фирмы
constant ~ неизменная (постоянная) цена
consumer ~s цены на потребительские товары
contract ~ контрактная цена; договорная цена
contracted ~ *см.* contract ~
controlled ~s регулируемые цены
convention ~ обычная цена
conventional ~ *см.* convention ~
conversion ~ цена конверсии: цена, по которой производится обмен облигаций
correct ~ правильная цена
corrected ~ скорректированная цена
cost ~ производственная цена; себестоимость производства
cost-plus ~ цена, исчисляемая по формуле «средние издержки плюс прибыль»
cost related ~s переменные цены
curb ~ цена на внебиржевом рынке
current ~ действующая цена
cut ~ сниженная цена
cutthroat ~ непомерно высокая цена
daily settlement ~ ежедневная цена при закрытии срочной биржи
dealer ~ дилерская цена
decontrolled ~s неконтролируемые цены
delivered ~ цена с доставкой
demand ~ цена спроса
derived target ~ конечная получаемая цена
determined ~ определенная цена
differential ~s различные цены на один и тот же продукт, но на разных рынках
dirt cheap ~ непомерно низкая цена
disbursing ~ отпускная цена
discount ~ цена со скидкой
discounted ~ *см.* discount ~
domestic ~ цена внутреннего рынка
dropping ~s снижающиеся цены
dual ~ двойная цена
dumping ~ демпинговая цена
duty-paid ~ цена, включающая пошлину
effective ~ действующая цена
effective threshold ~ фактически запрашиваемая цена
end ~ окончательная цена
entry ~ цена на импортируемые ЕС товары на их границах
entry-preventing ~ цена, препятствующая появлению конкурентов
equation ~ цена товара при совпадении спроса и предложения
equilibrium ~ *см.* equation ~
equitable ~ справедливая цена
equity ~ курс ценных бумаг
escalating ~s растущие цены; скользящие цены
escalation ~s *см.* escalating ~s
escalator ~ s *см.* escalating ~s
established ~ установленная цена
estimate ~ сметная цена
estimated ~ *см.* estimate ~
estimated total ~ предварительная итоговая цена
exact ~ точная цена
exceptional ~ особая цена
excessive ~ чрезмерно высокая цена
exchange ~ биржевая цена, биржевой курс
exclusive ~ монопольная цена
exercise ~ цена, по которой держатель опциона может купить или продать ценную бумагу
exhaust ~ цена, по которой биржевой брокер вынужден продавать ценные бумаги, чтобы не понести потерь
existing ~ действующая цена
exorbitant ~ чрезмерно высокая цена
external ~s внешнеторговые цены
extra ~ особая цена, дополнительная цена
factor ~ цена факторов производства
factory ~ цена завода-изготовителя
factory list ~ цена по прейскуранту завода-изготовителя
fair ~ справедливая цена

falling ~s снижающиеся цены
fancy ~ дутая цена
farm ~s цены на сельскохозяйственные продукты
farm commodity ~s см. farm ~s
farm produce ~s см. farm ~s
favourable ~ разумная, приемлемая цена
final ~ окончательная цена
firm ~ твердая цена; твердый курс
first ~ покупная цена
fixed ~ назначенная цена; фиксированная цена
flat ~ одинаковая цена
flexible ~s гибкие цены
floor ~ минимальная цена
fluctuating ~ колеблющаяся цена
foreign ~ цена за рубежом
forward ~ курс по сделкам на срок
free market ~ цена свободного рынка
full-cost ~ цена, включающая себестоимость плюс удовлетворительную прибыль
global ~ глобальная цена
going ~ существующая цена
going market ~ существующая рыночная цена
gross ~ брутто-цена
grower's ~ фермерская цена
guaranteed ~ гарантированная цена
guide ~ целевая (ориентировочная) цена
guideline ~ см. guide ~
guiding ~ см. guide ~
half ~ полцены
hard ~s устойчивые высокие цены
heavy ~ высокая цена
high ~ см. heavy ~
highest ~ максимальная цена
hire ~ цена найма
hire purchase ~ брит. цена при покупке с платежом в рассрочку
home ~ цена внутреннего рынка
home market ~ см. home ~
House ~ биржевой курс
identical ~ одинаковая цена
implicit ~ скрытая цена
import ~ импортная цена
inbound ~ цена без включения пошлины
increased ~ повышенная цена
individual ~ отдельная цена
individual ~ of production индивидуальная цена производства
individual cost ~ индивидуальные издержки производства

inflated ~ вздутые цены
initial ~ исходная цена
inside ~ внутренняя цена
internal ~ цена внутреннего рынка
intervention ~ цена интервенции
invoice[d] ~ цена, указанная в счете
irregular ~s цены ниже обычных прейскурантных
issue ~ цена, по которой продаются ценные бумаги нового выпуска
item ~ позиционная цена
itemized ~ см. item ~
job ~s цены за выполненные работы
just ~ справедливая цена
keen ~ низкая цена
kerf ~s цены на неофициальной бирже
knockdown ~ самая низкая, крайняя цена
knockout ~ бросовая (демпинговая) цена
laid-down ~ цена с доставкой
land ~ цена земли
landed ~ цена с выгрузкой на берег
last ~ окончательная цена
leading ~ цена, установленная фирмой-лидером
limit ~ предельная цена; предельный курс
limited ~ см. limit ~
list ~ прейскурантная цена
listed ~ см. list ~
live market ~ цена убойного скота
livestock ~ см. live market ~
loaded ~ дутая цена
local ~ местная цена
local market ~ цена местного рынка
loco ~ цена локо
low ~ низкая цена
lowest ~ крайняя (*минимальная*) цена
lump ~ паушальная цена
lumpsum ~ см. lump ~
making-up ~ расчетная цена
manufacturer's ~ цена завода-изготовителя
manufacturing ~ цена производителя; цена завода-изготовителя
marginal ~ предельная цена
markdown ~ сниженная цена
marked ~ обозначенная цена
market ~ рыночный курс; рыночная цена
market-determined ~ конъюнктурная цена
maximum ~ максимальная цена
mean ~ средняя цена

medium ~ *см.* mean ~
mercantile ~ торговая цена
middle ~ *бирж.* средняя цена ценной бумаги
minimum ~ минимальная цена
moderate ~ умеренная цена
monopoly ~ монопольная цена
national ~ цена внутреннего рынка
natural ~ естественная цена
negotiated ~ договорная цена
net ~ чистая цена акции, котируемой биржевым брокером клиенту
new ~s новые цены
nominal ~ номинальная цена
nonflexible ~ негибкая цена
normal ~ нормальная цена
normalized ~ нормированная цена
notional ~ условная цена
offered ~ предлагаемая цена
official ~ официальная цена
open ~ свободная цена
opening ~ цена, зарегистрированная при открытии срочной биржи
option ~ цена опциона
original ~ первоначальная цена
outside ~ крайняя (*максимальная*) цена
overestimated ~ завышенная цена
overhead ~ полная цена
package ~ цена тары
packing ~ *см.* package ~
parity ~ паритетная цена
peak ~ максимальная цена
pegged ~ искусственно поддерживаемая цена
piece ~ поштучная цена
popular ~s общедоступные цены
posted ~ официально объявленная цена
preferential ~ льготная цена
pre-increase ~ цена до повышения
preliminary ~ предварительная цена
premium ~ цена выше номинала
present ~ существующая цена
prevailing ~s преобладающие цены
probate ~ цена акций при начислении налогов
procurement ~ закупочная цена
producer's ~ цена производителя
prohibitive ~ недоступная цена
public offering ~ цена, по которой предлагаются новые ценные бумаги
published ~ официально объявленная цена
purchase ~ закупочная цена; покупная цена

purchasing ~ *см.* purchase ~
put ~ курс по сделке с обратной премией
put-and-call ~ курс по стеллажным сделкам
quantity ~ цена при крупных закупках
quoted ~ котировальная цена
ration ~ цены в условиях распределения товаров по карточкам
raw material ~ цена на сырьевые товары
real ~ действительная цена
reasonable ~ доступная цена
receding ~s снижающиеся цены
receiving ~ цена при поступлении
recent ~s новые цены
recommended ~ рекомендуемая цена
redemption ~ цена погашения, выкупная цена
reduced ~ сниженная цена
reference ~ справочная цена
regular ~ обычная цена
relative ~s относительные цены
remunerative ~ выгодная цена
rent ~ стоимость аренды
replacement ~ цена замены
resale ~ цена при перепродаже
reservation ~ резервированная цена
reserve ~ *см.* reservation ~
retail ~ розничная цена
revised ~ пересмотренная цена
rising ~s растущие цены
rock-bottom ~ крайняя (*минимальная*) цена
ruinous ~ разорительная цена
ruling ~ действующая цена
sale ~ цена распродажи, сниженная цена
seasonal ~ сезонная цена
sagging ~ умеренно снижающаяся цена; умеренно снижающийся курс
saleable ~ цена, обеспечивающая сбыт
secondhand ~ цена на подержанные товары
security ~ курс ценных бумаг
sellers' ~ цена, выгодная для продавцов
selling ~ запродажная цена
sensitive ~s гибкие цены
set ~ назначенная цена
setting ~ расчетная цена
settlement ~ *см.* setting ~
shadow ~ скрытая цена
share ~ цена акции
sinking ~ цена реализации опциона
sliding ~ скользящая цена

sliding-scale ~ *см.* sliding ~
sluice gate ~ импортная цена СИФ на ряд сельскохозяйственных товаров в ЕС, шлюзовая цена
skyrocketing ~ стремительно растущая цена
soaring ~ *см.* skyrocketing ~
special ~ отдельная цена
specific ~ конкретная цена
split ~s разные цены на один и тот же товар, но на разных рынках
spot ~ наличная цена товара или ценной бумаги
stable ~ устойчивая цена
standard ~ стандартная цена
standard list ~ цена по прейскуранту
standard unit ~ стандартная цена за единицу
starting ~ *бирж.* начальная цена
state ~ государственная цена
stated ~ специально оговоренная цена
state-set ~ государственная цена
stationary ~ стабильная цена
steady ~s устойчивые цены
sticker ~ прейскурантная цена
stiff ~ высокая цена
stipulated ~ обусловленная цена
stock ~ цена акции
stock exchange ~ биржевая цена
stopout ~ *амер.* самая низкая цена, по которой казначейские векселя продаются на аукционе
store ~s цены в магазине
street ~ цена акций вне фондовой биржи
strictly net ~ цена строго без скидки
strike ~ цена, по которой держатель опциона может купить или продать ценную бумагу
striking ~ 1) *см.* strike ~ 2) цена, по которой удовлетворяются заявки участников аукциона новых ценных бумаг
strong ~ устойчивая цена
subscription ~ цена, по которой выпускаются новые акции
suggested ~ цена, предлагаемая для розничной торговли
supply ~ цена поставки
support ~ цена поддержки, управляемая цена
tape ~s цены, указываемые на ленте котировального аппарата
target ~ целевая (базовая) цена, контрольная цена
tariff ~ цена по тарифу

tender ~ цена при продаже с торгов
threshold ~ запрашиваемая [пороговая] цена
top ~ высшая цена
total ~ общая цена
trade ~ торговая цена
trading ~ цена сделки с ценными бумагами
transaction ~ цена продажи, цена сделки
transfer ~ трансфертная цена
trigger ~ цена на продукцию сельского хозяйства в ЕС, при которой осуществляется интервенция
two-tier ~ двойная цена
typical ~ типичная цена
uncontrollable ~s неконтролируемые цены
underestimated ~ заниженная цена
underselling ~ бросовая цена
uniform ~ единая цена
unit ~ цена за единицу товара
unrealistic ~ нереальная цена
unreasonable ~ слишком высокая цена
unsettled ~ неустойчивая цена
unstable ~ *см.* unsettled ~
upset ~ минимальная цена на аукционе
variable ~s изменяющиеся цены
wholesale ~ оптовая цена
wide ~s разрыв между курсами ценных бумаг, предлагаемых продавцом и покупателем
world market ~ цена мирового рынка
zone ~ зональная цена
~ **after hours** цена акций, зафиксированная после закрытия биржи
~ **at the current exchange rate** цена по текущему валютному курсу
~ **ex store** цена с немедленной поставкой
~ **ex warehouse** цена со склада
~ **for the account** курс по сделкам на срок
~ **for cash** цена при уплате наличными
~ **for a quantity unit** цена за количественную единицу
~ **for the settlement** курс по сделкам на срок
~ **in foreign currency** цена в валюте
~ **in gold** цена в золоте
~ **in a price list** цена по прейскуранту
~ **in the quotation** цена в предложении
~s **in the region of ...%** цены в пределах ...%

~ of call курс по сделкам с премией
~ of currency цена валюты
~ of day *бирж.* курс дня
~ of delivery цена поставки
~s of farm products цены на сельскохозяйственные продукты
~ of freight цена фрахта
~ of gold цена золота
~s of industrial goods цены на промышленные изделия
~ of labour power цена рабочей силы
~ of land цена земли
~ of money ссудный процент
~ of option курс по сделкам с премией
~ of production цена производства
~ of services цена услуг
~s on the quotation цены в предложении
~s on the world market цены на мировом рынке
~ per metric ton цена за метрическую тонну
~ per piece цена за штуку
~ per set цена за комплект
~ per unit цена за единицу
◇ at the ~ по цене
at a high ~ дорого, по высокой цене
at a low ~ дешево, по низкой цене
at all ~s по разным ценам
in comparable ~s в сопоставимых ценах
~ current прейскурант
~ excluding цена без включения
~ exclusive *см.* excluding ~
~ less discount цена за вычетом скидки
~ plus markup цена с надбавкой
~ subject to change without notice цена, подлежащая изменению без предупреждения
~ subject to final confirmation цена, подлежащая окончательному подтверждению
to accept a ~ акцептовать цену
to adjust ~s корректировать, регулировать цены
to advance a ~ повышать цену
to advance in ~ повышаться в цене
to alter a ~ изменять цену
to amend a ~ *см.* to alter a ~
to arrive at a ~ приходить к цене
to ask the ~ прицениваться
to ask for the ~ запрашивать цену
to bargain over a ~ уторговывать цену
to base a ~ базировать цену
to beat down ~s снижать цены

to break down ~s разбивать цены
to bring down ~s снижать цены
to bring ~s in line with the cost приводить цены в соответствие со стоимостью
to calculate ~s калькулировать цены
to change a ~ изменять цену
to charge a ~ назначать цену
to command a high ~ идти по более высокой цене
to control ~s контролировать цены
to correct a ~ корректировать цену
to cut ~s снижать цены
to decrease ~s *см.* to cut ~s
to deduct from a ~ вычитать из цены
to determine a ~ устанавливать цену
to differ in ~s различаться в ценах
to drop in ~ понижаться в цене
to establish a ~ устанавливать цену
to estimate a ~ подсчитывать цену
to exceed a ~ превышать цену
to fall in ~ падать в цене
to fetch a high ~ продаваться по высокой цене
to finalize a ~ окончательно договориться о цене
to fix a ~ назначать цену, расценивать
to force down ~s сбивать цены
to force up ~s взвинчивать цены
to freeze ~s замораживать цены
to give a firm ~ назначать твердую цену
to go down in ~ падать в цене
to go up in ~ повышаться в цене
to guarantee a ~ гарантировать цену
to hold in ~ держаться в цене
to hold out for a higher ~ не уступать в цене
to hold up ~s завышать цены
to increase ~s повышать цены
to increase in ~ повышаться в цене
to keep ~s down сдерживать рост цен
to keep ~s up удерживать цены на высоком уровне
to kick against high ~s протестовать против высоких цен
to level ~s down понижать цены до определенного уровня
to level ~s up поднимать цены до определенного уровня
to lift ~s поднимать цены
to list ~s составлять прейскурант
to maintain ~s поддерживать цены
to make a ~ *бирж.* постоянно котировать цены продавца и покупателя

541

PRI

to mark a ~ назначать цену; котировать курс
to mark down the ~ снижать цену
to meet the ~ платить цену
to modify a ~ изменять цену
to negotiate a ~ договариваться о цене
to offer a ~ предлагать цену
to outbid the ~s предлагать более высокую цену
to pay the ~ платить цену
to prop up ~s поддерживать цены
to push up ~s взвинчивать цены
to publish ~s опубликовывать цены
to put down ~s снижать цены
to put up ~s повышать цены
to quote a ~ назначать цену; устанавливать расценку
to raise ~s повышать цены
to realize a ~ выручать цену
to recalculate ~s пересчитывать цены
to recover the ~ возмещать цену
to reduce ~s снижать цены
to refund the ~ возвращать уплаченную цену
to revise ~s downwards пересматривать цены в сторону понижения
to revise ~s upwards пересматривать цены в сторону повышения
to rise in ~ подниматься в цене, дорожать
to retrieve the ~ *бирж.* получать информацию о курсе ценных бумаг из централизованной компьютерной системы
to scale down ~s снижать цены
to save on ~s экономить на ценах
to sell at a high ~ продавать по высокой цене
to sell below ~ продавать ниже установленной цены
to sell under ~ *см.* to sell below ~
to send ~s up взвинчивать цены
to set a ~ назначать цену
to settle a ~ договариваться о цене
to shore up ~s поддерживать цены
to show ~s in dollars указывать цены в долларах
to squeeze ~s down снижать цены
to stabilize ~s стабилизировать цены
to suggest a ~ предлагать цену
to support ~s поддерживать цены
to take off the ~ снижать цену
to tender a ~ предлагать цену
to undercut ~s продавать по цене, ниже установленной
PRICE *v* назначать цену, расценивать

PRI

PRICE-FIXING *n* установление цен
PRICELESS *adj* бесценный, очень дорогой
PRICE-LIST *n* прейскурант
advertising ~ рекламный прейскурант
base ~ базисный прейскурант
construction work ~ прейскурант на строительные работы
consumer goods ~ прейскурант на потребительские товары
current ~ текущий прейскурант
detailed ~ подробный прейскурант
export ~ прейскурант на экспортные товары
home market ~ прейскурант на товары на внутреннем рынке
new ~ новый прейскурант
outdated ~ устаревший прейскурант
out-of-date ~ *см.* outdated ~
services ~ прейскурант на услуги
standard ~ стандартный прейскурант
works ~ прейскурант работ
~ for consumer goods прейскурант на потребительские товары
~ for services прейскурант на услуги
◇ to draw up a ~ составлять прейскурант
to issue a ~ выпускать прейскурант
to make up a ~ составлять прейскурант
PRICE-NURSING *n* поддержание стабильности курса ценной бумаги путем рыночных операций
PRICEY *n* явно завышенная или заниженная цена
PRICING *n* установление цен, расценка; ценообразование
acceptable ~ приемлемая расценка
average cost ~ ценообразование по формуле «средние издержки плюс прибыль»
basing-point ~ установление цен применительно к базисному пункту
break-even ~ расчет цены на основе принципа безубыточности
competitive ~ конкурентная расценка
cost plus ~ ценообразование по формуле «средние издержки плюс прибыль»
delivered ~ установление цен с включением транспортных расходов
detailed ~ подробная расценка
discriminatory ~ установление дискриминационных цен
dual ~ двойная система цен
equitable ~ справедливая расценка

expected ~ ожидаемая расценка
factor ~ установление цен на факторы производства
freight absorption ~ установление цен с включением расходов по доставке
full cost ~ ценообразование по формуле «средние издержки плюс прибыль»
going-rate ~ расценка на основе уровня текущих цен
keen ~ приемлемая расценка
limit ~ установление сдерживающих цен
marginal cost ~ установление цен на основе предельных издержек
market penetration ~ стратегия прочного внедрения на рынок путем установления низких цен на новый товар
markup ~ установление цен путем надбавки к издержкам производства
negotiated ~ определение цены в результате переговоров
net ~ назначение цен нетто
perceived-value ~ установление цены на основе ценности товара
predictable ~ предполагаемая расценка
product ~ установление цен на продукцию
promotional ~ установление цен с целью стимулирования сбыта
reasonable ~ разумная расценка
reverse ~ обратное ценообразование
rule-of-thumb ~ ценообразование по формуле «средние издержки плюс прибыль»
sealed-bid ~ установление цен на основе закрытых торгов
stay-out ~ установление сдерживающих цен
term-limit ~ повышение цен, допускаемое до определенного предела
transfer ~ установление трансфертных цен
trial-and-error ~ установление цен путем метода проб и ошибок
uniform ~ установление единой цены
uniform delivered ~ установление единой цены с учетом расходов по доставке
unit ~ установление цены на весовую единицу
zone ~ установление зональных цен
~ by the piece сдельная расценка
~ of productive factors установление цен на факторы производства
~ on a delivery basis установление цен с учетом стоимости доставки

PRIMAGE *n* 1. вознаграждение капитану судна с фрахта 2. таможенная пошлина на импортные товары в ряде стран
PRIMARY *adj* 1. основной; важнейший 2. первоочередной, преимущественный 3. первичный; сырьевой
PRIME *adj* 1. главный, важнейший 2. превосходный, первоклассный
PRIMING *n* стимулирование
pump ~ стимулирование деловой активности путем бюджетного «вливания»
PRINCIPAL *n* 1. глава; начальник; принципал 2. ректор университета; директор колледжа; *амер.* директор школы 3. доверитель; комитент 4. основная сумма; капитал
undisclosed ~ неназванный принципал
well-established ~ авторитетный принципал
◇ ~ and agent принципал и торговый агент
~ and charges капитал и издержки
~ and interest капитал и проценты
to invade the ~ расходовать капитал
PRINCIPLE *n* принцип; закон
accounting ~ принцип бухгалтерского учета
averaging ~ принцип усреднения
broad ~s общие принципы
ceiling ~ принцип максимального размера взноса
compensation ~ принцип компенсации
credit ~ правила кредитования
floor ~ принцип минимального размера взноса
fluctuating ~ фактор, вызывающий колебания курсов
fullcost ~ принцип ценообразования на основе учета полных издержек
functional ~ функциональный принцип
generally accepted accounting ~s общепризнанные принципы учета
generally accepted audit ~s общепризнанные принципы аудита
guiding ~ руководящий принцип
just wage ~ принцип справедливой оплаты
maximum ~ принцип максимума
minimax ~ принцип минимакса
minimum ~ принцип минимума
operating ~ режим работы
rating ~s *страх.* принципы применения тарифных ставок

superposition ~ принцип поэтапности
uncertainty ~ принцип неопределенности
~ of choice принцип выбора
~ of classifying принцип классификации
~ of comparability принцип сопоставимости
~ of comparative advantage принцип сравнительной выгоды
~ of comparative cost принцип сравнительных издержек
~ of conflicts of law принцип коллизионного права
~s of cooperation принципы сотрудничества
~s of design основы конструирования
~ of efficiency принцип сдельной оплаты труда; принцип эффективности труда
~ of equal advantage принцип равной выгоды
~ of equality принцип равенства
~ of equity принцип справедливости
~ of an invention принцип изобретения
~s of management принципы управления
~ of material incentive принцип материального стимулирования
~ of optimality принцип оптимальности
~s of price formation принципы ценообразования
~ of priority принцип приоритета
~ of reciprocity принцип взаимности
~ of scientific management принцип научного руководства
~ of sufficiency принцип достаточности
~ of taxation принцип налогообложения
◊ in ~ в принципе
to establish a ~ установить принцип
to outline ~s наметить принципы
PRINT *n* 1. *амер.* печатное издание 2. шрифт, печать 3. типографский оттиск
advance ~ предварительное опубликование
black-and-white ~ черно-белая печать
multicolour ~ цветная печать
◊ in ~ в печати (*о книге, печатном издании*)

out of ~ распроданный (*о книге, печатном издании*)
PRINT *v* печатать
PRINTER *n* 1. печатник, типографский рабочий 2. владелец типографии 3. печатающее устройство, принтер
office ~ принтер для офиса
PRINTING *n* 1. печатание, печать 2. печатное издание
advertising ~ рекламная брошюра; рекламный буклет
banknote ~ эмиссия банкнот
PRINTOUT *n* компьютерная распечатка
PRIOR *adj* предшествующий
PRIORIT|Y *n* 1. приоритет 2. предшествование; порядок очередности
absolute ~ абсолютный приоритет
application ~ приоритет заявки
convention ~ конвенционный приоритет
dynamic ~ динамический приоритет
first ~ первоочередность
high ~ высокий приоритет
national ~ies национальные приоритеты
partial ~ частичный приоритет
patent ~ приоритет патента
relative ~ относительный приоритет
rigid ~ жесткий приоритет
top ~ высший приоритет
~ of an application приоритет заявки
~ of authorship авторский приоритет
~ of a claim приоритет претензии
~ of creditors преимущественное право кредиторов
~ of debts очередность требований по долгам
~ of an invention приоритет изобретения
~ of lien преимущественное право удержания
~ of mortgages преимущественное право на закладную
~ of a trademark приоритет товарного знака
◊ of high ~ первоочередной, неотложный
to assign ~ies назначать приоритеты
to claim ~ заявлять приоритет
to establish ~ установить приоритет
to give ~ предоставлять первоочередное право

to have ~ пользоваться приоритетом
to lay down the order of ~ устанавить приоритет
to reserve ~ сохранять приоритет
to set up ~ies устанавливать первоочередность

PRIVACY n 1. уединенность; обеспечение уединенности 2. тайна
~ of deposits тайна вкладов

PRIVATE adj 1. частный 2. закрытый; неофициальный

PRIVATELY-OWNED adj см. PRIVATE 1.

PRIVATIZATION n приватизация

PRIVATIZE v приватизировать

PRIVILEGE n привилегия; преимущество; льгота
commercial ~ торговая привилегия
exclusive ~ исключительная привилегия
intercorporate ~s привилегии членов корпорации
tax ~s налоговые льготы
temporary ~ временная привилегия
trade ~ торговая привилегия
transit ~ транзитная льгота
unlisted trading ~s право торговли ценными бумагами, не имеющими официального допуска на биржу
to accord a ~ давать привилегию
to concede a ~ см. to accord a ~
to enjoy a ~ пользоваться привилегией
to grant a ~ предоставлять льготу
to hold special ~s иметь особые привилегии
to secure a ~ добиваться льготы
to waive a ~ отказываться от льготы

PRIVILEGED adj привилегированный; льготный

PRIZE n награда, премия, приз
encouragement ~ поощрительная премия
incentive ~ см. encouragement ~
lottery ~ лотерейный выигрыш

PROBABILIT|Y n вероятность
actuarial ~ies статистические вероятности в области страхования
absolute ~ безусловная вероятность
a posteriori ~ апостериорная вероятность
breakeven ~ вероятность безубыточности
confidence ~ доверительная вероятность
empirical ~ эмпирическая вероятность

equal ~ равная вероятность
estimated ~ оценка вероятности
inverse ~ обратная вероятность
mathematical ~ математическая вероятность
prior ~ априорная вероятность
runout ~ вероятность исчерпания запасов
shortage ~ вероятность дефицита
statistical ~ статистическая вероятность
stockout ~ вероятность дефицита
total ~ полная вероятность
true ~ истинная вероятность
variable ~ переменная вероятность
zero ~ нулевая вероятность
~ of an event вероятность события
~ of error вероятность ошибки
~ of life страх. вероятность длительности жизни
~ of a loss страх. вероятность ущерба
~ of rejection вероятность отклонения
~ of risk вероятность риска
~ of selection вероятность выбора
~ of stockout вероятность дефицита
~ of success вероятность успеха
~ of survival вероятность дожития
~ of total failure вероятность полной неудачи
~ of tying вероятность ничейного исхода игры

PROBABLE adj вероятный; возможный

PROBATE n 1. утверждение завещания 2. заверенная копия завещания

PROBATION n 1. испытание; стажировка 2. испытательный срок
◊ to be employed on ~ поступить на работу с испытательным сроком
to engage on ~ брать на работу с испытательным сроком
to pass a ~ пройти испытание; пройти испытательный срок

PROBATIONARY adj испытательный

PROBE n расследование

PROBE v расследовать; исследовать

PROBLEM n 1. проблема; вопрос 2. задача
allocation ~ задача распределения
anticipated ~s ожидаемые проблемы
apparent ~s очевидные проблемы

PRO

assignment ~ задача о назначениях на должность
bottleneck ~ проблема узких мест
bounded-variable ~ задача с ограниченными переменными
budgetary ~s бюджетные проблемы
cardinal ~ основная проблема
classical transportation ~ классическая транспортная задача
competition ~ проблема конкуренции
congestion ~ проблема перегруженности
cost minimizing ~ задача минимизации затрат
current ~ существующая проблема
decision ~ проблема принятия решения
development ~s проблемы развития
distribution ~ проблема распределения
econometric ~ эконометрическая задача
economic ~ экономическая проблема
environmental ~ проблема защиты окружающей среды
estimation ~ задача оценивания
existing ~ существующая проблема
farm ~s фермерские проблемы
feasible ~ разрешимая проблема
financial ~ финансовая проблема
financing ~ см. financial ~
fundamental ~ основная проблема
global ~ глобальная проблема
great ~ большая проблема
housing ~ жилищная проблема
immediate ~ непосредственная проблема
insaluble ~ неразрешимая проблема
internal ~ внутренняя проблема
inventory ~ задача управления запасами
key ~ ключевая проблема
long-standing ~ давнишняя проблема
major ~ основная проблема
management ~ задача управления
marketing ~ проблема сбыта
maximization ~ задача максимизации
minimization ~ задача минимизации
minor ~ незначительная проблема
mutual ~s общие проблемы
optimization ~ задача оптимизации
optimum ~ см. optimization ~
original ~ исходная задача
outstanding ~ нерешенная проблема
present-day ~s текущие задачи
pressing ~ неотложная задача
prevailing ~ существующая проблема

PRO

pricing ~ задача ценообразования
production ~ проблема производства
production control ~ проблема производственного контроля
production setting ~ задача налаживания производства
product-mix ~ проблема ассортимента продукции
programming ~ задача программирования
reclacement ~ проблема замены
scheduling ~ задача календарного планирования
serious ~ серьезная проблема
service ~s проблемы обслуживания
servicing ~s см. service ~s
statistical ~ статистическая задача
stock-holding ~ задача поддержания запасов на выгодном уровне
take-over ~s проблемы, связанные с присоединением (*фирмы, предприятия*)
technical ~ техническая проблема
transportation ~ транспортная проблема
unforeseen ~ непредвиденная проблема
unresolved ~ неразрешенный вопрос
unsettled ~ неурегулированная проблема
unsolved ~ см. unsettled ~
urgent ~ срочная проблема
~s of common interest вопросы, представляющие общий интерес
~ of pollution проблема загрязнения окружающей среды
◇ to alleviate a ~ облегчать проблему
to anticipate a ~ предвидеть проблему
to avoid ~s избегать проблем
to bring up a ~ поднимать вопрос
to cause a ~ вызывать проблему
to cope with ~s справляться с проблемами
to correct a ~ устранять проблему
to create a ~ создавать проблему
to deal with a ~ разбираться с проблемой
to eliminate a ~ устранять проблему
to encounter a ~ встречаться с проблемой
to examine a ~ рассматривать проблему
to experience a ~ иметь проблему
to face a ~ стоять перед проблемой
to finalize a ~ решить проблему окончательно

to find a ~ встречаться с проблемой
to foresee a ~ предвидеть проблему
to get a ~ off the ground сдвинуть проблему с места
to give a ~ вызывать проблему
to handle a ~ рассматривать проблему
to have a ~ иметь проблему
to investigate a ~ изучать проблему
to meet with a ~ столкнуться с проблемой
to open a ~ поднимать вопрос
to outline a ~ обрисовать проблему
to overcome a ~ преодолевать проблему
to prevent a ~ предотвращать проблему
to put forward a ~ ставить проблему
to raise a ~ поднимать вопрос
to resolve a ~ разрешать проблему
to run into a ~ столкнуться с проблемой
to simplify a ~ облегчать проблему
to solve a ~ разрешать проблему
to tackle a ~ взяться за проблему

PROCEDURE *n* 1. порядок; процесс 2. операция; технологический процесс 3. порядок действий 4. метод; методика 5. *юр.* судебное производство
acceptance ~ методика приемки
accounting ~s методы ведения учета
analog ~ аналоговый метод
appelate ~ процедура обжалования
arbitral ~ арбитражный метод
assessment ~ порядок аттестации
attestation ~ *см.* assessment ~
audit ~ процедура проведения ревизии
auditing ~ *см.* audit ~
bidding ~ процедура торгов
cancellation ~ процедура аннулирования
catalogued ~ каталогизированная процедура
certification ~ порядок аттестации; процедура сертификации
chartering ~ порядок фрахтования
collection ~ правила инкассации
complaint ~ порядок предъявления претензии
credit ~ правила оформления кредита
customs ~ порядок таможенного досмотра
cutoff ~ процедура закрытия регистров бухгалтерского учета
data-handling ~ процесс обработки данных
decision-making ~ процесс принятия решений
design ~ методика проектирования
diagnostic ~ диагностическая процедура
employment ~ процедура принятия на работу
engineering ~ технологический процесс
established ~ установленный процесс
estimation ~ методика оценки
examination ~ порядок проведения экспертизы
forecasting ~ метод прогнозирования
handing-over ~ процедура передачи товара
handling ~ процедура транспортной обработки грузов
hiring ~ процедура принятия на работу
incorporation ~ *амер.* процедура организации и регистрации акционерного общества
insurance ~ порядок страхования
licensing ~ порядок лицензирования
normal ~ обычная процедура
operating ~s методы работы; технологический процесс
operational ~s *см.* operating ~s
optimization ~ метод оптимизации
optimum ~ оптимальный метод
patent ~ порядок выдачи патентов
payment ~ порядок платежей
permit ~ процедура получения разрешения
prediction ~ метод прогнозирования
procurement ~ порядок осуществления закупок
quality control ~ методика контроля качества
registration ~ порядок регистрации
selling ~ способ продажи
settlement ~ порядок расчетов
standard ~ стандартная методика
statistical ~ статистический метод
summary ~ сокращенный метод
testing ~ процедура проведения испытаний
working ~ рабочая процедура
unloading ~ процедура разгрузки
~ for dispute settlement процедура урегулирования конфликтов
~ for payment порядок платежей
~ for registration порядок регистрации
~ in bankruptcy процедура рассмотрения банкротства

PRO

~ of discharging порядок выгрузки
~ of examination порядок проведения экспертизы
~ of registration порядок регистрации
~ of settlement порядок расчетов
~ of work порядок работы
◊ to adopt a ~ принимать порядок действий
to establish a ~ устанавливать порядок
to follow up the ~ следовать процедуре
to prescribe a ~ устанавливать порядок
PROCEED v 1. переходить, приступать к чему-л. 2. юр. возбуждать процесс, привлекать к суду
~ legally возбуждать дело в судебном порядке
PROCEEDING n 1. поведение; поступок 2. pl работа, дела 3. pl юр. судебное разбирательство, судопроизводство
arbitration ~s арбитражное производство
bankruptcy ~s производство по делам о банкротстве, конкурсное производство
interference ~s производство по приоритетному столкновению заявок
issue ~s производство по выдаче (патента)
judicial ~s судебный процесс
legal ~s см. judicial ~s
litigation ~s гражданский судебный процесс
opposition ~s производство по возражениям
patent infringement ~s производство по нарушению патентных прав
reclamation ~s порядок рассмотрения иска
~s for grant производство по выдаче (патента)
~s in appeal производство по апелляции
~s in bankruptcy производство по делам о банкротстве, конкурсное производство
~s on default of a contract судебный процесс в связи с нарушением условий контракта
◊ to carry out ~s осуществлять производство по делу
to initiate ~s возбуждать дело, начинать процесс
to institute ~s см. to initiate ~s
to intervene in ~s вступать в дело
to resume ~s возобновлять производство по делу

PRO

to stop ~s прекращать производство по делу
to suspend ~s временно приостанавливать судебный процесс
to take legal ~s against smb возбуждать судебный процесс против кого-л.
to terminate ~s прекращать производство по делу
PROCEEDS n pl 1. выручка, доход; вырученная сумма; поступления от продажи 2. сумма, вырученная в результате выпуска ценных бумаг
currency ~ валютные поступления
daily ~ суточная выручка
estimated ~ предполагаемая выручка
export ~ поступления от экспорта
foreign exchange ~ валютные поступления
gross ~ валовая выручка
net ~ чистая выручка; нетто поступления от продажи собственности, от кредита
product ~ выручка от продажи продукции
sales ~ выручка от продажи товара
tax ~ налоговые поступления
~ from capital доход (проценты) с капитала
~ from exports поступления от экспорта
~ from privatization доходы от приватизации
~ in cash денежная (наличная) выручка
~ of sales выручка от продажи товара
◊ to expend ~ расходовать выручку
to pay ~ выплачивать выручку
to receive ~ получать выручку
PROCESS n 1. процесс 2. способ; метод; режим
accounting ~ 1) метод бухгалтерского учета 2) запись на счета
acquisition ~ процесс обеспечения поставок
adjustment ~ процесс регулирования
automated ~ автоматизированный процесс
averaging ~ процесс усреднения
bargaining ~ процесс установления цены, процесс уторговывания
basic ~ 1) базовый процесс 2) базовая технология
branching ~ процесс образования отделений, филиалов
budget ~ составление бюджета
budgeting ~ см. budget ~

circular ~ циклический процесс
complex ~ сложный процесс
continuous ~ непрерывный процесс
continuous flow ~ непрерывный производственный процесс
controlled ~ контролируемый процесс
cumulative ~ кумулятивный процесс
current production ~ текущий производственный процесс
cyclic ~ циклический процесс
data-generating ~ процесс получения данных
decision ~ процесс принятия решения
decision-making ~ *см.* decision ~
deterministic ~ детерминированный процесс
economical ~ экономичный процесс
energy-saving technological ~ энергосберегающий технологический процесс
engineering ~ технологический процесс
evening-up ~ *бирж.* выравнивание покупок и продаж ценных бумаг
evolutionary ~ эволюционный процесс
fabrication ~ производственный процесс
feasible ~ практически осуществимый процесс
finishing ~ процесс обработки (*с целью улучшения качества*)
flow ~ производственный процесс
growth ~ процесс роста
immigration ~ процесс иммиграции
improved ~ усовершенствованный процесс
industrial ~ производственный процесс
industrialization ~ процесс индустриализации
industrially applicable ~ процесс, применяемый в промышленности
innovation ~ процесс осуществления нововведений
labour ~ процесс труда
labour-intensive ~ трудоемкий процесс
launching ~ выпуск нового продукта
licensed ~ процесс по лицензии
linear ~ линейный процесс
low-waste ~ малоотходный технологический процесс
manufacturing ~ процесс производства
material production ~ процесс материального производства
material-saving technological ~ материалосберегающий технологический процесс

multistage ~ многоступенчатый процесс
operating ~ производственный процесс
patented ~ запатентованный процесс
pilot ~ опытный процесс
price calculating ~ процесс калькуляции цен
price calculation ~ *см.* price calculating ~
production ~ производственный процесс
productive ~ *см.* production ~
probability ~ вероятностный процесс
random ~ случайный процесс
renewal ~ процесс обновления
replenishment ~ процесс пополнения запасов
reproduction ~ процесс воспроизводства; репродукционный процесс
reproductive ~ процесс воспроизводства населения
screening ~ метод проверки
search ~ метод поиска
service ~ процесс обслуживания
stationary ~ стационарный процесс
storage ~ процесс создания запасов
technological ~ технологический процесс
time-dependent ~ процесс, зависящий от времени
waste-free technological ~ безотходный технологический процесс
~ **of circulation** процесс циркуляции
~ **of creating value** процесс создания стоимости
~ **of development** процесс развития
~ **of manufacture** процесс производства
~ **of manufacturing** *см.* ~ of manufacture
~ **of production** *см.* ~ of manufacture
◊ **to be in the** ~ **of** находиться в процессе
to develop a ~ разрабатывать процесс
to evaluate a ~ оценивать процесс
to implement a ~ осуществлять процесс
to license a ~ предоставлять лицензию на процесс
to master a ~ осваивать процесс
to operate a ~ применять процесс
to patent a ~ патентовать процесс
to practise a ~ применять процесс
to work out a ~ разрабатывать процесс
PROCESS *v* обрабатывать, перерабатывать

PROCESSING *n* **1.** обработка **2.** технологический процесс **3.** технология
automatic data ~ автоматическая обработка данных
batch ~ 1) групповая технология 2) пакетная обработка данных
data ~ обработка данных
electronic data ~ электронная обработка данных
electronic document ~ электронная обработка документов
information ~ обработка информации
industrial ~ промышленная обработка; промышленная переработка
off-line ~ автономная обработка данных
on-line ~ оперативная обработка данных; обработка данных в реальном масштабе времени
order ~ обработка заказов
parallel ~ параллельная обработка данных
priority ~ приоритетная обработка
real-time ~ обработка данных в реальном масштабе времени
secondary ~ вторичная обработка
statistical data ~ обработка статистических данных
~ **of an application** обработка заявки
~ **of claims** *страх.* обработка требований страхового возмещения
~ **of experimental results** обработка результатов эксперимента
~ **of information** обработка информации
~ **of measured data** обработка данных измерений
PROCESSOR *n* **1.** обрабатывающее устройство **2.** процессор
PROCURABILITY *n* доступность, возможность приобретения
PROCURATION *n* **1.** доверенность, полномочие **2.** приобретение, получение
~ **of a loan** получение займа
◊ **by** ~ по доверенности
per ~ *см.* **by** ~
to give a ~ выдавать доверенность
to sign per ~ подписывать по доверенности
PROCURE *v* доставать, добывать, приобретать; заготавливать
PROCUREMENT *n* **1.** приобретение, получение; закупка **2.** обеспечение; поставка
government ~ государственные закупки

material ~ закупка материалов
offshore ~ *амер.* закупки военных материалов за границей
patent ~ приобретение патента
state ~ государственные закупки
subcontracting ~ закупки у субподрядчиков
total package ~ поставка на условии «все в одной упаковке»
~ **of capital** привлечение, мобилизация капитала
~ **of funds** *см.* ~ **of capital**
~ **of labour** привлечение рабочей силы
~ **of materials** закупка материалов
◊ **to handle** ~ заниматься закупками
PRODUCE *n* **1.** продукция, изделия **2.** сельскохозяйственные продукты **3.** результат
agricultural ~ сельскохозяйственные товары
animal ~ продукты животноводства
comparable ~ сравниваемая продукция
dairy ~ молочные продукты
excess ~ избыточная продукция
fancy ~ высококачественные продукты
farm ~ сельскохозяйственные товары
foreign ~ изделия иностранного производства
gross ~ валовой доход; доход брутто
hard ~ долго хранящиеся фрукты и овощи
home ~ продукция отечественного производства
inland ~ *см.* **home** ~
livestock ~ продукты животноводства
net ~ чистый доход
perishable ~ скоропортящиеся продукты
saleable ~ товарная продукция
surplus ~ прибавочный продукт
total ~ общая сумма поступлений; общий доход
PRODUCE *v* **1.** предъявлять, представлять **2.** производить, вырабатывать, выпускать **3.** приносить (*доход, урожай*)
PRODUCER *n* производитель, изготовитель, продуцент
commodity ~ товаропроизводитель
direct ~ непосредственный производитель
domestic ~ отечественный производитель
energy ~ энергетическая компания
food ~ производитель пищевых продуктов

PRO

foreign ~ иностранный производитель
high-cost ~ производитель с высокими издержками производства
home ~ отечественный производитель
immediate ~ непосредственный производитель
industrial ~ производитель промышленных товаров
inland ~ отечественный производитель
key ~ основной производитель
large ~ крупный производитель
livestock ~ животновод
low-cost ~ производитель с низкими издержками производства
major ~ крупный производитель
marginal ~ маржинальный производитель
petroleum ~ нефтедобывающая фирма
primary ~ производитель сырья
small ~ мелкий производитель
PRODUCING *n* предъявление
PRODUCT *n* 1. продукт, продукция, изделие; фабрикат 2. *мат.* произведение
advanced ~s новейшая продукция
agricultural ~s сельскохозяйственные продукты
aircraft ~s продукция авиационной промышленности
all-season ~ *амер.* продукция, не зависящая от сезона
ancillary ~s вспомогательная продукция
animal ~s продукты животноводства
animal and plant ~s продукты растительного и животного происхождения
annual ~ годовой продукт
auxiliary ~ вспомогательный продукт
aviation ~s продукция авиационной промышленности
basic ~s основные продукты
branded ~s *амер.* продукты с фабричной или торговой маркой
bulky ~ громоздкий товар
capital-intensive ~ капиталоемкая продукция
capitalized ~ продукт производственного назначения
certified ~ сертифицируемая продукция
characteristic ~ профилирующий продукт
chemical ~s химические товары
commercial ~ товарная продукция
commodity ~ *см.* commercial ~
comparable ~s сравнимая продукция
comparative ~s *см.* comparable ~s

PRO

competitive ~s конкурентоспособная продукция
complete ~ готовое изделие
conforming ~ кондиционное изделие
consumer ~ потребительские товары
consumption ~ *см.* consumer ~
custom-made ~ изделия, изготовленные по заказу
dairy ~s молочные продукты
defensive ~s продукция военного назначения
delivered ~s поставленные изделия
different ~s различные изделия
differentiated ~s дифференцированные продукты
diversified ~s многономенклатурная продукция
domestic ~s товары отечественного производства
dumped ~s продукция, сбываемая по демпинговым ценам
end ~ конечный продукт
engineering ~s продукция машиностроения
excess ~ избыточный продукт
expensive ~s дорогостоящая продукция
export ~s экспортная продукция
exported ~s *см.* export ~s
factory ~s фабричные изделия
factory-made ~s *см.* factory ~s
farm ~s сельскохозяйственная продукция
final ~ конечный продукт
finished ~ готовое изделие
first-class ~ первоклассный продукт
first-rate ~ *см.* first-class ~
fiexible ~s универсальный продукт
fodder ~s кормовые продукты
food ~s продовольственные продукты
foreign ~s товары иностранного производства
foreign-made ~s *см.* foreign ~s
forest ~s продукция лесной промышленности
fresh ~s свежая продукция
frozen ~s замороженные продукты
good quality ~ высококачественное изделие
gross ~ валовой продукт
gross domestic ~ валовой внутренний продукт
gross national ~ валовой национальный продукт
half-finished ~ полуфабрикат
hard-to-move ~ труднореализуемый товар

551

hard-to-sell ~ *см.* hard-to-move ~
health care ~s продукты ухода за здоровьем
high-grade ~ высококачественное изделие
highly effective ~s высокоэффективная продукция
highly efficient ~s *см.* highly effective ~s
highly technical ~ технически сложное изделие
high-priced ~s дорогостоящая продукция
high-quality ~s высококачественная продукция
high-reliability ~ изделие высокой надежности
high-technology ~s высокотехнологичная продукция
home ~ продукт отечественного производства
home-made ~ *см.* home ~
home-used ~ продукция собственного производства, потребляемая фермером
hottest-selling ~s товар, пользующийся большим спросом
import ~s импортная продукция
imported ~s *см.* import ~s
industrial ~s промышленные изделия
industrialized ~s *см.* industrial ~s
inedible ~s непищевые продукты
inland ~ продукт отечественного производства
intermediate ~ промежуточный продукт
joint ~s 1) продукция совместного производства 2) сопутствующие изделия
labour-intensive ~ трудоемкий продукт
licensed ~ продукция, производимая по лицензии
listed ~s номенклатура изделий
livestock ~s продуты животноводства
low-priced ~s дешевые изделия
made-to-order ~ изделие, изготовленное по заказу
main ~ основной продукт
manufactured ~s товары фабричного производства
marginal ~ предельный продукт
marginal revenue ~ предельный продукт в денежной форме
marginal value ~ *см.* marginal revenue ~
marketable ~ рентабельная продукция

merchantable sales ~ товар, выгодный для продажи
multi-use ~ продукт многоразового пользования
national ~ национальный продукт
net ~ чистый продукт
net domestic ~ чистый внутренний продукт
net material ~ чистый продукт материального производства
net national ~ чистый национальный продукт
newly designed ~ новинка
noncapitalized ~ промежуточный продукт
nonpatentable ~ непатентоспособное изделие
nonstandard ~ нестандартное изделие
nonstorable ~ продукция, не подлежащая хранению
obsolescent ~ устаревшее изделие
off-standard ~ некондиционное изделие
patentable ~ патентоспособное изделие; патентоспособный продукт
patented ~ запатентованное изделие; запатентованный продукт
perishable ~ скоропортящийся товар
pioneer ~ новый продукт
potential gross national ~ потенциальный валовой национальный продукт
primary ~ профилирующий продукт
prime ~ 1) основной продукт 2) первичный продукт
prime quality ~ высококачественный продукт
private label ~ продукт с торговой маркой частной фирмы
processed ~ переработанный продукт
promoted ~ рекламируемый товар
promising ~ перспективный продукт
proprietary ~ патентованное изделие
proven ~ проверенный продукт
purchased ~ покупное изделие
qualified ~ кондиционное изделие
quality ~ *см.* qualified ~
ready-made ~ готовое изделие
real net national ~ реальный национальный продукт
rejected ~ бракованное изделие
related ~s сопутствующие изделия
respective ~s соответствующие изделия
returned ~ возвращенное изделие
revised ~ обновленная продукция
rival ~ конкурентоспособный продукт

PRO   **PRO**   **P**

saleable ~s продукция, имеющая сбыт
science-intensive ~s наукоемкая продукция
secondary ~ вторичный продукт
semifinished ~ полуфабрикат
semimanufactured ~ *см.* semifinished ~
semiprocessed ~ *см.* semifinished ~
semistandard ~ изделие, не отвечающее полностью требованиям стандарта
serial ~s серийная продукция
sideline ~s побочная продукция
similar ~s аналогичная продукция
single-use ~ изделие одноразового использования
slow-moving ~ труднореализуемый товар
social ~ общественный продукт
sold ~s реализованная продукция
sophisticated ~s сложные изделия
special ~s специальная продукция
spoiled ~s бракованные изделия
standard ~s стандартная продукция
standardized ~ нормированный продукт
substandard ~ некондиционное изделие
substitution ~ замена продукта
superior ~ изделие высшего качества
surplus ~ прибавочный продукт
tangible ~ материальный продукт
timber and paper ~s лесобумажные товары
top quality ~ высококачественный продукт
total ~ совокупный продукт
tying ~s сопутствующие товары
unidentified ~ немаркированный продукт
unfinished ~s полуфабрикаты
unified ~ унифицированное изделие
unmarketable ~s труднореализуемые изделия, неликвиды
unpatented ~ незапатентованный продукт
unsaleable ~ продукт, не находящий сбыта
useless ~ негодная продукция
various ~s различные изделия
waste ~s отходы производства
~ of industry продукция определенной отрасли промышленности
~ of labour продукт труда
~s of superior quality изделие высшего качества
~s of vegetable and animal origin продукты растительного и животного происхождения
◊ ~ superior in quality изделие высшего качества
to advertise a ~ рекламировать товар
to assess a ~ оценивать изделие
to deal in ~s торговать товаром
to demonstrate a ~ экспонировать товар
to develop new ~s разрабатывать новую продукцию
to evaluate a ~ оценивать изделие
to exchange ~s обмениваться товарами
to exhibit ~s экспонировать товар
to feature ~s *см.* to exhibit ~s
to freeze ~s замораживать пищевые продукты
to guarantee a ~ гарантировать качество изделий
to introduce a ~ into the market внедрять товар на рынок
to label a ~ маркировать изделие
to launch a ~ начинать выпуск продукции
to list ~s составлять перечень товаров
to manufacture ~s изготовлять продукцию
to process ~s перерабатывать продукцию
to sell ~s продавать товар
to show ~s экспонировать товар
to store ~s хранить продукцию
to turn out ~s выпускать продукцию

PRODUCTION *n* 1. производство, изготовление 2. производительность, выработка 3. продукция, продукт, изделие 4. предъявление (*документа*)
aggregate ~ совокупная (валовая) продукция
agricultural ~ сельскохозяйственное производство
animal ~ 1) животноводство 2) продукция животноводства
annual ~ годовое производство
assembly-flow ~ конвейерное производство
assembly-line ~ *см.* assembly-flow ~
automatic ~ автоматическое производство
back-yard ~ кустарное производство
batch ~ 1) серийное производство 2) изготовление изделий партиями
batched flow ~ *см.* batch ~ 2)
commercial ~ 1) производство в промышленных масштабах 2) промышленная добыча

commercial-scale ~ *см.* commercial ~
commodity ~ товарное производство
competitive ~ конкурентоспособное производство
continuous ~ непрерывное производство
contract ~ изготовление продукции по контракту
controlled ~ контролируемая продукция
cooperative ~ кооперированное производство
crop ~ растениеводство
current ~ 1) текущее производство 2) текущая добыча
curtailed ~ сокращенное производство
daily ~ дневная выработка
defective ~ дефектная продукция
direct ~ примитивное производство, автаркия
domestic ~ продукция отечественного производства
duplicate ~ 1) серийное производство 2) массовое производство
efficient ~ высокая производительность
estimated ~ расчетная производительность
excessive ~ перепроизводство
farm ~ сельскохозяйственное производство
faulty ~ брак, испорченная продукция
field ~ полеводство
flexible ~ гибкое производство
flow ~ поточное производство
flow-line ~ *см.* flow ~
food ~ производство пищевых продуктов
forage ~ выращивание кормовых культур
forage crop ~ *см.* forage ~
fresh ~ свежая продукция
full-scale ~ серийное производство
gross ~ валовая продукция
high ~ высокая производительность
highly remunerative ~ высокорентабельное производство
highly-specialized ~ высокоспециализированное производство
high-value-added ~ производство продукции с высоким уровнем добавленной стоимости
high-volume ~ массовое производство
import ~ импортная продукция
imported ~ *см.* import ~
incomplete ~ незавершенное производство

indirect ~ эффективное производство, опирающееся на специализацию и разделение труда
individual ~ индивидуальное производство
industrial ~ промышленное производство
in-line ~ поточное производство
jerky ~ неритмичность производства
job ~ штучное производство
jobbing ~ изготовление продукции по заказам
job lot ~ 1) мелкосерийное производство 2) штучное производство
job order ~ изготовление продукции по заказам
job shop-type ~ мелкосерийное производство
joint ~ совместное производство
large-lot ~ крупносерийное производство
large-scale ~ *см.* large-lot ~
line ~ поточное производство
livestock ~ производство животноводческой продукции
lot ~ 1) изготовление изделий партиями 2) серийное производство
machine ~ машинное производство
manufacturing ~ продукция обрабатывающей промышленности
marginal ~ маржинальное производство
mass ~ массовое производство
mass-line ~ поточное производство
material ~ материальное производство
material-intensive ~ материалоемкая продукция
medium-size lot ~ среднесерийное производство
monthly ~ месячная производительность
multiple ~ крупносерийное производство
net ~ чистый продукт
nonstandard ~ нестандартная продукция
nonwaste ~ безотходное производство
organized ~ организованное производство
overall ~ валовой объем продукции
per capita ~ объем продукции на душу населения
piece ~ индивидуальное (штучное) производство
pilot ~ 1) опытное производство; изго-

PRO

товление опытных образцов 2) изготовление головной партии изделий
planned ~ плановое производство
plant ~ растениеводство
primary ~ добывающая промышленность, производство сырья
profitable ~ прибыльное производство
programmed ~ программируемое производство
prototype ~ опытное производство
quality ~ производство высококачественных изделий
quantity ~ массовое производство; крупносерийное производство
rejected ~ забракованное изделие
roundabout ~ организация производственного процесса с использованием капитала и средств производства, «косвенное» производство
secondary ~ обрабатывающая промышленность
serial ~ серийное производство
series ~ изготовление изделий партиями
single-item ~ индивидуальное (штучное) производство
single-job ~ *см.* single-item ~
single-part ~ *см.* single-item ~
single-piece ~ *см.* single-item ~
small batch ~ мелкосерийное производство
small commodity ~ мелкое товарное производство
small-lot ~ мелкосерийное производство
small-scale ~ *см.* small-lot ~
small-scale commodity ~ мелкое товарное производство
social ~ общественное производство
specialized ~ специализированное производство
standard ~ стандартное производство
surplus ~ 1) производство прибавочного продукта 2) перепроизводство
tertiary ~ сфера производства услуг
total ~ общий объём производства
volume ~ поточно-массовое производство
wasted ~ производственные потери
waste-free ~ безотходное производство
wasteful ~ убыточное производство
world ~ мировое производство
~ **for export** производство на экспорт
~ **in bulk** массовое производство
~ **in lots** серийное производство; изготовление продукции партиями

PRO P

~ **in lot sizes** *см.* ~ in lots
~ **of commodities** производство товаров
~ **of consumer goods** производство предметов потребления
~ **of documents** предъявление документов
~ **of equipment** изготовление оборудования
~ **of a new model** изготовление новой модели
~ **of proof** представление доказательств
~ **on the line** поточный метод производства
~ **on order** изготовление по заказу
◇ **to be in** ~ работать, действовать
to bring into ~ начинать производство
to boost ~ увеличивать производство
to build up ~ создавать производство
to carry out ~ осуществлять производство
to check ~ тормозить производство
to come into ~ вступать в строй
to commence ~ начинать производство
to curb ~ сокращать производство
to curtail ~ *см.* to curb ~
to cut down ~ *см.* to curb ~
to cut off ~ прекращать производство
to expand ~ расширять производство
to get into ~ начинать производство
to go into ~ поступать в производство; начинать производство
to go out of ~ прекращать производство
to hold back ~ тормозить производство
to increase ~ увеличивать производство
to launch ~ запускать в производство
to master ~ осваивать производство
to organize ~ налаживать производство
to phase back ~ свёртывать производство
to phase out ~ *см.* to phase back ~
to put into ~ пускать в производство
to put into full ~ вводить в серийное производство; развёртывать производство в полном объёме
to raise ~ 1) повышать производительность 2) увеличивать производство
to reduce ~ сокращать производство
to restrict ~ ограничивать производство
to set up ~ налаживать производство
to slow down ~ тормозить производство
to start ~ начинать производство

to speed up ~ ускорять выпуск продукции
to step up ~ ускорять производство
to stop ~ прекращать производство
to switch ~ to переключать производство на (*новую продукцию*)
to switch over ~ *см.* to switch ~ to
to withdraw from ~ снимать с производства

PRODUCTION-ORIENTED *adj* направленный на производство

PRODUCTIVE *adj* производительный, продуктивный

PRODUCTIVENESS *n* производительность, продуктивность

PRODUCTIVITY *n* *см.* **PRODUCTIVENESS**
agricultural ~ производительность сельскохозяйственного производства
average ~ средняя производительность
capital ~ фондоотдача
factor ~ производительность факторов производства
gross ~ брутто-производительность
high ~ высокая продуктивность, высокая производительность
labour ~ производительность труда
land ~ продуктивность земли
low ~ низкая производительность, низкая продуктивность
marginal ~ предельная производительность
milk ~ продуктивность молочного стада
per capita ~ выработка на душу населения
per worker ~ выработка на одного рабочего
target ~ плановая производительность
~ of capital ~ фондоотдача
~ of capital resources эффективность использования основного капитала
~ of equipment производительность оборудования
~ of labour производительность труда
~ of livestock farming продуктивность животноводства
◇ to achieve high ~ добиваться высокой производительности
to increase ~ повышать производительность
to raise ~ *см.* to increase ~

PROFESSION *n* 1. профессия; род занятий 2. *обыкн. pl* лица какой-л. профессии

PROFESSIONAL *adj* профессиональный

PROFESSIONALISM *n* профессионализм

PROFICIENCY *n* опытность, умение

PROFICIENT *n* специалист, эксперт

PROFICIENT *adj* умелый, опытный

PROFILE *n* 1. график, графическое изображение 2. структура
asset ~ структура активов
down-time ~ график времени простоя
earnings ~ структура доходов
floor ~ профиль почвы
haul ~ *ж.-д.* профиль трассы перевозок
market ~ структура рынка
offshore ~ морской профиль
soil ~ почвенный разрез
time ~ временной график
track ~ профиль пути
user ~s параметры пользователя

PROFIT *n* 1. польза, выгода 2. *часто pl* прибыль, доход
aboveplan ~ сверхплановая прибыль
accumulated ~ накопленная прибыль
actual ~ фактическая прибыль
additional ~ добавочная прибыль
adjusted ~ скорректированная прибыль
advertising ~ доход от рекламы
aftertax ~ прибыль за вычетом налога
agricultural ~ сельскохозяйственная прибыль
annual ~ ежегодный доход
anticipated ~ ожидаемая прибыль
anticipatory ~ *см.* anticipated ~
attributable ~ прибыль из определенного источника
balance ~ балансовая прибыль
bare ~ ничтожная прибыль
before-tax ~ прибыль до вычета налога
book ~ книжная прибыль, прибыль, которая существует только на бумаге
boom ~ конъюнктурная прибыль
business ~ торговая прибыль
calculated ~ расчетная прибыль
capital ~ капитальная прибыль (*полученная в результате продажи активов или собственности по цене выше их покупки*)
casual ~ случайная (неожиданная) прибыль
clear ~ чистая прибыль
commercial ~ торговая прибыль
company ~ прибыль компании
compound operating ~ совокупная (сложная) прибыль предприятия
computed ~ расчетная прибыль

consolidated ~ консолидированная прибыль
consolidation ~ *см.* consolidated ~
corporate ~ прибыль корпорации
declared ~ объявленная прибыль
distributable ~ остаток чистой прибыли после перечислений в резерв
distributed ~ распределенная прибыль
earned ~ полученная прибыль
estimated ~ сметная прибыль
excess ~ сверхприбыль
exchange ~ курсовая прибыль
exorbitant ~ чрезмерная прибыль
expected ~ ожидаемая прибыль
extra ~ добавочная прибыль
extraplan ~ сверхплановая прибыль
fair ~ справедливая прибыль
fictitious ~ фиктивная прибыль
gross ~ брутто-прибыль
gross ~ on sales валовая прибыль от продаж
growth ~ прибыль в результате расширения деятельности
high ~ высокая прибыль
huge ~ огромная прибыль
imaginary ~ *страх.* воображаемая прибыль
incidental ~ непредвиденная прибыль
industrial ~ промышленная прибыль
innovational ~ прибыль в результате нововведений
intercompany ~ внутрифирменная прибыль
interest ~ процентная прибыль
inventory ~ складская прибыль
investment ~ прибыль от капиталовложений
lost ~ упущенная выгода
low ~ незначительная прибыль
marginal ~ минимальная прибыль
market ~ курсовая прибыль
marketing ~ рыночная прибыль
maximum ~ максимальная прибыль
mercantile ~ торговая прибыль
merchant's ~ *см.* mercantile ~
middlemen's ~ доход от посреднической деятельности
missed ~ упущенная прибыль
monopoly ~ монопольная прибыль
monthly ~ месячный доход
multiyear ~ многолетняя прибыль
net ~ чистая прибыль
net ~ on sales чистая прибыль от продаж
net trading ~ чистая торговая прибыль
normal ~ нормальная прибыль

operating ~ производственная прибыль, прибыль от производственной деятельности
operational ~ *см.* operating ~
overplan ~ сверхплановая прибыль
paper ~ 1) бумажная прибыль, прибыль, которая существует только на бумаге 2) заработанная, но не реализованная прибыль
percentage ~ прибыль, выраженная в процентах от объема продаж
planned ~ плановая прибыль
ploughed back ~ капитализированная прибыль
pretax ~ прибыль до вычета налогов
promotional ~ учредительная прибыль
pure ~ 1) чистая прибыль 2) прибыль за риск и неопределенность
realized ~ реализованная прибыль от продажи
relative ~ относительная прибыль
retained ~ нераспределенная прибыль
royal ~ огромная прибыль
short-run ~ краткосрочная прибыль
small ~ небольшая прибыль
speculative ~ спекулятивная прибыль
steady ~ устойчивая прибыль
super ~ сверхприбыль
supernormal ~ *см.* super ~
surplus ~ избыточная прибыль
sustained ~ устойчивая прибыль
target ~ целевая, планируемая прибыль
taxable ~ прибыль, облагаемая налогом
total ~ валовая прибыль
trade ~ торговая прибыль
trading ~ *см.* trade ~
unappropriated ~ нераспределенная прибыль
underwriting ~ страховая прибыль
undistributed ~ нераспределенная прибыль
undistributed enterprise ~s нераспределенная прибыль предприятий
undivided ~ нераспределенная прибыль
unexpected ~ непредвиденная прибыль
unit ~ прибыль на единицу продукции
unrealized ~ нереализованная прибыль
windfall ~ непредвиденная прибыль
~ from investments прибыль от капиталовложений
~ on capital invested прибыль на инвестированный капитал

~ on foreign exchange курсовая прибыль
~ on investments прибыль от капиталовложений
~ on a sale прибыль от продажи
~ per acre прибыль в расчете на один акр
◇ at a ~ с прибылью
~ and loss прибыли и убытки
~ earned полученная прибыль
to allot the ~ распределять прибыль
to apportion the ~ *см.* to allot the ~
to bring ~ приносить прибыль
to collect a ~ получать прибыль
to derive a ~ извлекать прибыль
to distribute ~s распределять прибыль
to draw a ~ получать прибыль
to earn ~ давать прибыль
to ensure a ~ обеспечивать прибыль
to expect ~ ожидать прибыль
to fix a ~ определять прибыль
to gain a ~ получать прибыль
to get a ~ *см.* to gain a ~
to increase ~s увеличивать прибыль
to leave a ~ приносить доход; приносить прибыль
to make a ~ извлекать прибыль, получать прибыль
to obtain ~ извлекать выгоду
to operate at a ~ работать с прибылью
to participate in ~s участвовать в прибылях
to plough back ~s инвестировать прибыль
to pocket a ~ присваивать, прикарманивать прибыль
to produce a ~ приносить прибыль; приносить доход
to realize a ~ получать прибыль
to reduce ~s уменьшать прибыль
to render a ~ давать, приносить прибыль
to repatriate ~s репатриировать прибыль
to return a ~ приносить прибыль
to secure a ~ обеспечивать прибыль
to sell at a ~ продавать с прибылью
to share in ~s участвовать в прибылях
to show a ~ быть прибыльным
to turn to ~ извлекать пользу, выгоду
to understate a ~ занижать прибыль
to yield a ~ давать, приносить прибыль

PROFIT *v* 1. пользоваться, быть полезным 2. приносить прибыль
◇ ~ by пользоваться, воспользоваться

PROFITABILITY *n* рентабельность, прибыльность, доходность
calculated ~ расчетная рентабельность
direct and indirect ~ прямая и косвенная рентабельность
high ~ высокая рентабельность
long-term ~ долгосрочная рентабельность
low ~ низкая рентабельность
production ~ рентабельность производства
rated ~ расчетная рентабельность
~ of investments рентабельность капиталовложений
~ of production рентабельность производства
~ of sales рентабельность продаж
~ of spending рентабельность затрат

PROFITABLE 1. полезный 2. рентабельный, прибыльный, доходный

PROFITABLENESS *n* 1. рентабельность, прибыльность, доходность 2. полезность

PROFITEER *n* спекулянт
currency ~ валютный спекулянт

PROFITLESS *adj* 1. невыгодный, бесприбыльный 2. бесполезный

PROFIT-MAKING *adj* рентабельный, прибыльный

PROFIT-SHARING *n* участие в прибылях

PFOFIT-TAKING *n* продажа ценных бумаг, товаров в условиях повышения цен

PROFORMA *adj* 1. примерный, ориентировочный 2. формальный

PROGNOSIS *n* прогноз

PROGNOSTIC *adj* служащий предвестником, предсказывающий; прогнозирующий

PROGNOSTICATE *v* предсказывать, прогнозировать

PROGNOSTICATION *n* прогнозирование, прогноз

PROGRAMME *n* 1. программа 2. план
ad hoc ~ специальная программа
administrative ~ административный план
advertising ~ программа рекламной кампании
advertising and promotional ~ программа мероприятий по рекламе и стимулированию сбыта
allocation ~ программа распределения ресурсов
application ~ прикладная программа

approved ~ утвержденная программа
audit ~ план ревизии
baseline ~ базисная программа
bilateral ~ двусторонняя программа
broadened ~ расширенная программа
buy-out ~ план выкупа
budget ~ бюджетный план
budgeting ~ *см.* budget ~
census ~ программа переписи
certification ~ программа сертификации
commissioning ~ программа ввода в эксплуатацию
common ~ общая программа
comprehensive ~ комплексная программа
construction ~ программа строительства
control ~ программа управления; управляющая программа
cost-effectiveness ~ программа исследования экономической эффективности
crash ~ срочная программа
credit ~ программа кредитования
current ~ текущая программа
demonstration ~ программа демонстрации товара
design ~ программа проектно-конструкторских работ
detailed ~ подробная программа
development ~ план развития
diagnostic ~ диагностическая программа
diversification ~ программа диверсификации
economic ~ экономическая программа
efficient ~ эффективная программа
emergency ~ чрезвычайная программа, программа чрезвычайных мероприятий
engineering ~ программа технических работ
evaluation ~ программа оценки
exhibition ~ программа выставки
expansion ~ программа расширения
experimental ~ экспериментальная программа
exploration ~ 1) программа исследования 2) программа разведывательных работ
export ~ программа экспорта
extended ~ расширенная программа
extension ~ программа расширения
feasible ~ осуществимая программа
financial ~ финансовый план
follow-up ~ программа дальнейших мероприятий
frequent buyer ~ программа увеличения сбыта
general ~ общая программа; стандартная программа
general work ~ генеральный план
harvesting ~ программа уборки урожая
heavy ~ насыщенная программа
import ~ план импорта
industrial ~ промышленная программа
industrialization ~ программа индустриализации
industry-oriented ~ промышленная программа
inspection ~ программа инспектирования
investigation ~ программа исследования
investment ~ программа капиталовложений
joint ~ совместная программа
large-scale ~ крупномасштабная программа
licensed ~ программа работ по лицензии
licensing ~ программа лицензирования
loading ~ грузовой план, план погрузки
long-range ~ долгосрочная программа
long-term ~ *см.* long-range ~
management ~ программа управления
manufacturing ~ производственная программа
marketing ~ программа маркетинга
military ~ программа военного производства
modernization ~ программа модернизации
modified ~ измененная программа
operating ~ рабочая программа
operational ~ программа хозяйственной деятельности
operative ~ оперативная программа
optimum ~ оптимальная программа
original ~ первоначальная программа
output ~ план выпуска продукции
output control ~ программа контроля выпускаемой продукции
package ~ пакет программ
packaged computer ~ комплектная машинная программа
pilot ~ 1) экспериментальная программа 2) программа изготовления экспериментального образца

prepreliminary ~ предварительная программа
price support ~ программа поддержания цен
priority ~ первоочередная программа
privatization ~ программа приватизации
processing ~ обрабатывающая программа, программа обработки данных
product improvement ~ программа улучшения качества изделий
production ~ производственная программа
promotion ~ программа рекламной деятельности
proposed ~ предложенная программа
public housing ~ государственная программа жилищного строительства
public welfare ~ государственная программа социальной помощи
public works ~ программа общественных работ
purchasing ~ программа закупок
purpose-oriented ~ целевая программа
quality ~ программа обеспечения качества изделий
quality check ~ программа контроля качества изделий
rebuilding ~ план реконструкции
recovery ~ план восстановления
reinterview ~ программа повторного обследования
relief ~ программа помощи
research ~ программа научно-исследовательских работ
revised ~ пересмотренная программа
safety ~ программа обеспечения безопасности
sales ~ программа обеспечения сбыта
sales development ~ программа мероприятий по увеличению сбыта
sales promotion ~ программа содействия сбыту
source ~ исходная программа
selling ~ программа обеспечения сбыта
special ~ целевая программа
sponsored ~ программа, финансируемая спонсором
stabilization ~ программа стабилизации
standardization ~ программа стандартизации
target ~ целевая программа
technical ~ техническая программа
technological ~ технологическая программа

test ~ программа испытаний
testing ~ *см.* **test** ~
training ~ программа обучения
updating ~ программа модернизации
user ~ программа пользователя
working ~ рабочая программа
World Food P. Мировая продовольственная программа
zero-defects ~ программа бездефектности
~ **for economic rehabilitation** программа экономического возрождения
~ **for exploration** программа исследования
~ **for investigation** *см.* ~ **for exploration**
~ **for research** *см.* ~ **for exploration**
~ **of action** программа действий
~ **of cooperation** программа сотрудничества
~ **of demonstration** программа демонстрации (*товара*)
~ **of development** программа развития
~ **of financing** программа финансирования
~ **of instruction** программа обучения
~ **of purchases** программа закупок
~ **of training** программа обучения
~ **of a visit** программа визита
~ **of work** программа работ
◇ **to agree upon a** ~ согласовывать план
to approve a ~ утверждать план; утверждать программу
to carry out a ~ осуществлять программу; осуществлять план
to commit smb to a ~ поручать кому-л. выполнение плана
to continue with a ~ продолжать выполнение программы
to coordinate ~s координировать планы
to cooperate in a ~ сотрудничать в выполнении плана
to define a ~ определять программу
to develop a ~ разрабатывать программу
to disclose a ~ знакомить с программой
to draw up a ~ составлять программу; составлять план
to elaborate a ~ разрабатывать план
to endorse a ~ утверждать программу
to establish a ~ создавать программу
to execute a ~ выполнять программу

to finance a ~ финансировать программу
to formulate a ~ формулировать программу
to initiate a ~ предложить программу; предложить план
to implement a ~ осуществлять программу
to launch a ~ приступать к выполнению программы
to lay down a ~ намечать программу
to maintain a ~ поддерживать программу
to make a ~ составлять программу; составлять план
to map out a ~ *см.* to make a ~
to modify a ~ изменять программу
to negotiate a ~ обсуждать план
to offer a ~ предложить план,: предложить программу
to prepare a ~ подготовить программу; подготовить план
to project a ~ составлять план
to propose a ~ предложить программу; предложить план
to realize a ~ реализовывать программу; реализовывать план
to reconsider a ~ пересматривать план
to revise a ~ пересматривать программу
to sponsor a ~ финансировать программу
to work out a ~ разрабатывать план

PROGRAMME *v* составлять программу или план; планировать; программировать

PROGRAMMER *n* 1. программист 2. устройство программирования

PROGRAMMING *n* программирование
automatic ~ автоматическое программирование
computer-aided ~ автоматизированное программирование
diagnostic ~ диагностическое программирование
discrete ~ дискретное программирование
economic ~ хозяйственное планирование
hands-on ~ практическое программирование
heuristic ~ эвристическое программирование
mathematical ~ математическое программирование

◇ to train in ~ обучать программированию

PROGRESS *n* 1. прогресс, развитие 2. успехи, достижения 3. ход, течение; развитие
autonomous technical ~ автономный технический прогресс
capital-augmenting technical ~ капиталоинтенсивный технический прогресс
capital-saving technical ~ капиталосберегающий технический прогресс
capital-using technical ~ капиталоинтенсивный технический прогресс
disembodied technical ~ нематериализованный технический прогресс
economic ~ экономический прогресс
embodied technical ~ материализованный технический прогресс
engineering ~ технический прогресс
labour-augmenting technical ~ трудоинтенсивный технический прогресс
labour-saving technical ~ трудосберегающий технический прогресс
labour-using technical ~ трудоинтенсивный технический прогресс
neutral technical ~ нейтральный технический прогресс
social ~ общественный прогресс
tangible ~ ощутимый прогресс
technical ~ технический прогресс
technological ~ технологический прогресс
~ at the site ход работ на строительной площадке
~ in science and technology научно-технический прогресс
~ of a contract ход выполнения контракта
~ of events ход событий
~ of execution ход выполнения
~ of manufacture ход изготовления товара
~ of an order ход выполнения заказа
~ of a programme ход выполнения программы
~ of a project ход выполнения проекта
~ of a test ход проведения испытания
~ of work ход выполнения работ
◇ to achieve ~ достичь прогресса
to be in ~ происходить, иметь место

PROGRESS *v* 1. развиваться, совершенствоваться 2. делать успехи

PROGRESSION *n* 1. развитие 2. последовательность 3. *мат.* прогрессия

PROGRESSIVE *adj* прогрессивный

PROHIBIT *v* запрещать

PROHIBITION *n* запрет, запрещение
  export ~ запрет на экспорт
  import ~ запрет на импорт
  landing ~ запрещение посадки (*самолета*)
  ~ of export запрет на экспорт
  ~ of import запрет на импорт
  ~ of issue запрещение эмиссии
  ~ of reexport запрет реэкспорта
  ~ of registration запрещение регистрации
  ~ of trade запрет на торговлю
  ~ of transit запрет на транзит

PROHIBITIVE *adj* запретительный

PROJECT *n* 1. проект, план 2. строительный объект
  airport ~ проект строительства аэропорта
  building ~ проект строительства
  capital ~ программа капиталовложений
  civil engineering ~ проект строительства дорог и гражданских сооружений
  construction ~ проект строительства
  contract ~ контрактный проект
  development ~ научно-техническая разработка
  export ~ план экспорта
  final ~ окончательный проект
  follow-on ~ задание на доработку
  industrial ~ проект строительства промышленного объекта
  in-house ~ проект, осуществляемый собственными силами
  international ~ международный проект
  investment ~ 1) программа капиталовложений 2) инвестиционный проект
  joint ~ совместный проект
  large-scale ~ крупномасштабный проект
  licensed ~ лицензированный проект
  long-term ~ долгосрочный проект
  major ~ крупный проект
  overall ~ сводный проект
  pilot ~ экспериментальный проект
  priority ~ приоритетный проект
  promotional ~ проект организации мероприятий по стимулированию сбыта
  representative ~ типовой проект
  short-term ~ краткосрочный проект
  technical ~ технический проект
  turn-key ~ проект «под ключ»
  umbrella ~ всеобъемлющий проект
  ~ in the planning stage проект на начальном этапе разработки
  ~ of modernization проект модернизации
  ~ under construction строящийся объект
  ◇ to abandon a ~ отказываться от плана
  to approve a ~ одобрять проект
  to carry out a ~ осуществлять проект
  to complete a ~ завершать осуществление проекта
  to construct a ~ строить объект
  to develop a ~ разрабатывать проект
  to elaborate a ~ *см.* to develop a ~
  to endorse a ~ одобрять проект
  to evaluate a ~ оценивать проект
  to expand a ~ расширять объект
  to finalize a ~ завершать осуществление объекта
  to finance a ~ финансировать проект
  to fund a ~ *см.* to finance a ~
  to handle a ~ осуществлять проект
  to hand over a ~ передавать объект
  to implement a ~ осуществлять проект
  to launch a ~ начать осуществление проекта
  to operate a ~ эксплуатировать объект
  to outline a ~ обрисовывать проект
  to participite in a ~ участвовать в проекте
  to present a ~ представлять проект
  to review a ~ пересматривать проект
  to revise a ~ *см.* to riview a ~
  to submit a ~ for approval представлять проект на утверждение
  to support a ~ поддерживать проект
  to take over a ~ принимать объект
  to undertake a ~ взяться за проект
  to work out a ~ разрабатывать проект

PROJECT *v* проектировать, планировать

PROJECTION *n* 1. проектирование, планирование 2. прогноз
  demographic ~ демографический прогноз
  economic ~ экономический прогноз
  income ~ прогнозирование дохода
  long-range ~ долгосрочное прогнозирование
  population ~ предполагаемое изменение численности населения
  ~ for next year план на следующий год

PROJECTOR *n* 1. проектировщик 2. проекционная установка

PROLIFERATE *v* расти, распространяться

PROLIFERATION *n* количественный рост; распространение
PROLONG *v* продлевать, пролонгировать, отсрочить
PROLONGATION *n* продление, пролонгация, отсрочка
  ~ of an agreement продление соглашения
  ~ of a bill продление векселя
  ~ of credit продление кредита
  ~ of a guarantee продление срока гарантии
  ~ of leave продление отпуска
  ~ of a L/C продление аккредитива
  ~ of payment продление срока платежа
  ~ of registration продление срока регистрации
  ~ of the term продление срока
  ~ of the time *см.* ~ of the term
  ~ of the time limit *см.* ~ of the term
  ~ of the working day удлинение рабочего дня
PROMISE *n* обещание; обязательство
PROMISE *v* обещать; давать обязательство
PROMISEE *n* векселедержатель; кредитор
  joint ~s сокредиторы, кредиторы, правомочные вместе
  joint and several ~s кредиторы, правомочные вместе и порознь
PROMISING *adj* многообещающий, перспективный
PROMISOR *n* 1. должник (*по договору*) 2. векселедатель
  joint ~s содолжники, должники, обязавшиеся вместе
  joint and several ~s солидарные должники
PROMISSORY *adj* заключающий в себе обязательство; долговой
PROMOTE *v* 1. продвигать, повышать в должности 2. содействовать, способствовать, стимулировать; поддерживать; поощрять 3. учреждать, основывать
PROMOTER *n* 1. лицо, содействующее какому-л. мероприятию 2. учредитель
  company ~ основатель компании
  ~ of an exhibition организатор выставки
PROMOTION *n* 1. содействие; поощрение; поддержка 2. повышение в должности 3. учреждение, основание 4. реклама; рекламный материал

  consumer ~ стимулирование покупательского спроса
  demand ~ стимулирование спроса
  economic activity ~ стимулирование экономической деятельности
  export ~ содействие экспорту, поощрение экспорта
  job ~ продвижение по службе
  industrial ~ содействие развитию промышленности
  industry ~ стимулирование промышленных заказчиков
  sales ~ 1) стимулирование сбыта 2) стимулирование труда торговых работников
  trade ~ 1) стимулирование сбыта 2) стимулирование торговых заказчиков
  ~ by seniority повышение в должности по старшинству
  ~ of economy содействие экономическому развитию
  ~ of investments стимулирование инвестиций
  ~ of progress содействие прогрессу
  ~ of sales стимулирование сбыта
  ~ of trade стимулирование торговли
PROMOTIONAL *adj* 1. поощрительный; стимулирующий 2. рекламно-пропагандистский
PROMPT *n* 1. срок платежа 2. *бирж.* день сдачи товара и осуществления платежа
PROMPT *adj* немедленный, срочный, промптовый
PROMPTITUDE *n* своевременность, аккуратность
  ~ in payment своевременность платежей; аккуратность в платежах
  ~ of delivery своевременность поставки
PROMPTNESS *n* срочность
  ~ of delivery своевременность поставки
PROOF *n* 1. доказательство 2. испытание, проверка, проба 3. корректура, пробный оттиск
  batch ~ система проверки депозитов
  cash ~ кассовый отчет, кассовый документ
  documentary ~ документальное доказательство
  ~ in bankruptcy объявление по суду банкротом
  ~ of ability удостоверение о квалификации
  ~ of claim 1) обоснование претензий в деле о банкротстве 2) *страх.* обоснование требования о возмещении

PRO

~ of debt *см.* ~ of claim 1)
~ of identity удостоверение личности
~ of interest доказательство заинтересованности
~ of loss доказательство ущерба
~ of novelty доказательство новизны
~ of origin доказательство происхождения
~ of ownership титул собственности
~ of qualification удостоверение о квалификации
~ of quality подтверждение качества
~ of service подтверждение доставки, оказания услуги
◇ to afford ~s представлять доказательства
to bring forward ~s *см.* to afford ~s
to furnish ~s *см.* to afford ~s
to give ~s *см.* to afford ~s
to lodge a ~ in bankruptcy *юр.* объявить о начале конкурсного производства
to offer ~s представлять доказательства
to produce ~s *см.* to offer ~s
to show ~s *см.* to offer ~s
PROPENSITY *n* склонность, расположение к чему-л.
marginal ~ to consume предельная склонность к потреблению
marginal ~ to import предельная склонность к импортированию
marginal ~ to invest предельная склонность к инвестированию
marginal ~ to save предельная склонность к сбережению
marginal ~ to spend предельная склонность к расходованию
◇ ~ to consume доля потребительских расходов в общем доходе
~ to invest доля инвестируемого национального дохода
~ to save доля национального дохода, используемого для накопления
PROPER *adj* 1. присущий, свойственный 2. надлежащий, должный
PROPERT|Y *n* 1. собственность, имущество 2. земельная собственность, земельный участок 3. право собственности 4. свойство, качество
agrarian ~ земельная собственность
alien ~ иностранная собственность
beneficial ~ право пользования собственностью для личной выгоды
business ~ собственность фирмы
cargo ~ies свойства груза

PRO

city ~ муниципальная собственность
collective ~ коллективная собственность
common ~ общая собственность
communal ~ 1) общественная собственность 2) муниципальная собственность 3) общинная собственность
community ~ *юр.* общее имущество супругов
company ~ собственность компании
cooperative ~ кооперативная собственность
corporate ~ акционерная собственность
corporation ~ *амер.* собственность корпорации
damaged ~ повреждённая собственность
depreciable ~ изнашиваемое имущество
discarded ~ списанное имущество
exhibition ~ выставочное имущество
external ~ иностранное имущество
financial ~ собственность в виде ценных бумаг
fixed ~ недвижимая собственность
foreign ~ иностранное имущество
freehold ~ полная земельная собственность
government ~ государственная собственность
group ~ групповая собственность
house ~ домовладение
immovable ~ недвижимое имущество, недвижимость
income-yielding ~ доходная собственность
individual ~ личная собственность
industrial ~ промышленная собственность
insurable ~ страхуемое имущество
insured ~ застрахованная собственность
intangible ~ неосязаемая собственность; нематериальные активы
intellectual ~ интеллектуальная собственность
joint ~ совместная собственность
landed ~ земельная собственность
leased ~ арендное имущество
leasehold ~ арендованная земельная собственность
low rise ~ собственность на малоэтажные жилые дома
mixed ~ движимое и недвижимое имущество, смешанная собственность
mortgaged ~ заложенное имущество

movable ~ движимое имущество
municipal ~ муниципальная собственность
national ~ государственная собственность
nationalized ~ национализированная собственность
natural ~ of commodity естественное свойство товара
partnership ~ имущество компании
personal ~ личная собственность
plant ~ владение предприятием, собственность в виде предприятия
pledged ~ заложенное имущество
private ~ частная собственность
public ~ общественная (государственная) собственность
real ~ недвижимое имущество, недвижимость
rented ~ арендуемая собственность
residential ~ жилищная собственность
state ~ государственная собственность
statistical ~ статистический характер
stolen ~ краденое
surplus ~ собственность свыше установленных лимитов
tangible ~ реальная собственность
town ~ городская собственность
trust ~ имущество, находящееся в доверительной собственности
unencumbered ~ незаложенное имущество
wearing ~ изнашиваемое имущество
~ in goods собственность на товар
~ in land собственность на землю
~ of the firm собственность фирмы
~ of state собственность государства
◇ ~ lodged with a bank имущество, депонированное в банке
~ reserved резерв на амортизацию
to acquire real ~ приобретать права на недвижимую собственность
to administer ~ управлять собственностью
to alienate ~ отчуждать имущество
to inherit ~ наследовать собственность
to insure ~ застраховать собственность
to make a ~ over передавать собственность, имущество
to pawn one's ~ заложить имущество
to possess ~ владеть имуществом
to register ~ оприходовать имущество
to surrender ~ отказываться от права на имущество

PROPORTION n 1. пропорция, количественное соотношение 2. пропорциональность 3. часть, доля
economic ~ хозяйственная доля
regional ~ территориальная доля
sizable ~ значительная доля
◇ in ~ to пропорционально, соразмерно
in direct ~ to прямо пропорционально
in inverse ~ to обратно пропорционально
out of ~ to несоразмерно, несоизмеримо
~ between supply and demand соотношение между спросом и предложением

PROPORTIONAL adj пропорциональный, соразмерный

PROPORTIONALITY n пропорциональность, соразмерность

PROPORTIONATE adj пропорциональный, соразмерный

PROPOSAL n 1. предложение 2. *амер.* заявка на торгах 3. *страх.* форма для заполнения страхуемым
acceptable ~ приемлемое предложение
accepted ~ принятое предложение
adjusted ~ скорректированное предложение
advertising ~ предложение рекламы
alternative ~ альтернативное предложение
attractive ~ привлекательное предложение
base ~ базисное предложение
binding ~ твердое предложение
budget ~ бюджетное предложение
budgetary ~ *см.* budget ~
cable ~ предложение по телеграфу
commercial ~ коммерческое предложение
competitive ~ конкурентное предложение
complete ~ полное предложение
compromise ~ компромиссное предложение
concrete ~ конкретное предложение
contractor ~ предложение подрядчика
cost ~ предложение цены
design ~ предложение конструкции
development ~ предложение о разработке
favourable ~ приемлемое предложение
firm ~ твердое предложение
formal ~ формальное предложение
implemented ~ внедренное предложение

PRO

impimprovement ~ предложение усовершенствования
investment ~ предложение об инвестировании
insurance ~s правила страхования
joint-venture ~ предложение о создании совместного предприятия
manufacturing ~ предложение об изготовлении
modified ~ скорректированное предложение
original ~ первоначальное предложение
outline ~ предложение общего характера
package ~ комплексное предложение
patentable ~ патентоспособное предложение
practical ~ практическое предложение
preliminary ~ предварительное предложение
price ~ предложение цены
programme change ~ предложение о внесении изменений в программу
project ~ предложение на проект
revised ~ пересмотренное предложение
supplier ~ предложение поставщика
telex ~ предложение по телексу
telefax ~ предложение по факсу
unacceptable ~ неприемлемое предложение
updated ~ скорректированное предложение
~ for amendment предложение о внесении изменения
~ for consideration предложение для рассмотрения
~ for cooperation предложение сотрудничества
~ for delivery предложение на поставку
~ for financing предложение финансирования
~ for subscription предложение на подписку
~ for supply предложение на поставку
~ for sale предложение на продажу
~ of a programme предложение плана
◇ ~ to supply предложение на поставку
to abandon a ~ отказываться от предложения
to accept a ~ принять предложение
to amend a ~ исправить предложение
to annul a ~ аннулировать предложение
to approach with a ~ обратиться с предложением
to approve a ~ одобрять предложение
to cancel a ~ аннулировать предложение
to concur with a ~ одобрять предложение
to consider a ~ рассматривать предложение
to confirm a ~ подтверждать предложение
to decline a ~ отклонять предложение
to draw up a ~ разрабатывать предложение
to elaborate a ~ *см.* to draw up a ~
to evaluate a ~ рассматривать предложение
to examine a ~ *см.* to evaluate a ~
to formulate a ~ формулировать предложение
to forward a ~ направлять предложение
to make a ~ делать предложение
to make out a ~ разрабатывать предложение
to modify a ~ изменять предложение
to offer a ~ делать предложение
to outline a ~ формулировать предложение в общих чертах
to pass a ~ передавать предложение
to prepare a ~ подготавливать предложение
to put forward a ~ выдвигать предложение
to reconsider a ~ пересматривать предложение
to refuse a ~ отказаться от предложения
to reject a ~ *см.* to refuse a ~
to review a ~ пересматривать предложение
to revise a ~ *см.* to review a ~
to revoke a ~ отзывать предложение
to shelve a ~ положить предложение в долгий ящик; положить предложение под сукно
to study a ~ рассматривать предложение
to take back a ~ отзывать предложение
to turn down a ~ отклонять предложение
to withdraw a ~ отзывать предложение
to work out a ~ разрабатывать предложение

PROPOSE v предлагать
PROPOSITION n предложение; план
  business ~ деловое предложение
  fair ~ подходящее предложение
  paying ~ выгодное предложение
  practical ~ реальное предложение
  profitable ~ выгодное предложение
  ◇ to offer a ~ делать предложение
PROPRIETARY adj 1. составляющий чью-л. собственность 2. патентованный
PROPRIETOR n собственник, владелец
  copyright ~ владелец авторского права
  individual ~ единоличный владелец
  joint ~ совместный владелец
  landed ~ земельный собственник
  large ~ крупный владелец
  loan ~ владелец ссуды
  part ~ совместный владелец
  petty ~ мелкий собственник
  registered ~ зарегистрированный владелец
  sole ~ единоличный владелец
  working ~ владелец предприятия, работающий на нем
  ~ of a business владелец фирмы
  ~ of cargo владелец груза
  ~ of a firm владелец фирмы
  ~ of an enterprise владелец предприятия
  ~ of goods владелец товара
  ~ of a patent владелец патента
  ~ of a trademark владелец товарного знака
PROPRIETORSHIP n собственность; право собственности
  corporate ~ *амер.* капитал акционерного общества
  individual ~ единоличное владение
  single ~ *амер.* единоличное владение, единоличная собственность
  sole ~ *брит. см.* single ~
PRO RATA *лат.* пропорционально, в соответствии
PRORATE n пропорциональная доля, часть
PRORATE v распределять пропорционально
PRORATED adj пропорционально разделенный
PROSECUTE v преследовать судебным порядком
PROSECUTION n судебный процесс
PROSPECT n 1. *часто pl* перспектива, планы на будущее 2. предполагаемый клиент, покупатель
  business ~s торговые перспективы
  crop ~s виды на урожай
  development ~s перспективы развития
  dismal ~s мрачная перспектива
  future ~s перспективы на будущее
  gloomy ~s мрачная перспектива
  good ~s хорошие перспективы
  growth ~s перспективы развития
  harvest ~s виды на урожай
  long-term ~s долгосрочная перспектива
  near-term ~s краткосрочная перспектива
  population ~ перспектива роста населения
  promising ~s многообещающие перспективы
  promotion ~s перспектива повышения по службе
  sales ~ перспективы сбыта
  short-term ~s краткосрочная перспектива
  strong ~s устойчивые перспективы
  trade ~s торговые перспективы
  yield ~s виды на урожай
  ~s for cooperation перспективы сотрудничества
  ~s for economic recovery перспективы оздоровления экономики
  ~s of the market рыночные перспективы
  ~s of marketing перспективы сбыта
  ~s of success вероятность успеха
  ~ of trade торговые перспективы
  ◇ in ~ в перспективе
  to evaluate ~s определять перспективу
PROSPECTIVE adj ожидаемый, предполагаемый, будущий
PROSPECTUS n 1. проспект (*книги, издания*) 2. *бирж.* проспект (*при выпуске акций или облигационного займа*)
  exhibition ~ выставочный проспект
  preliminary ~ предварительный проспект нового выпуска ценных бумаг
  statutory ~ окончательный проспект выпуска ценных бумаг
  ~ of a company фирменный проспект
  ◇ to distribute ~s рассылать проспекты
  to send out ~s *см.* to distribute ~s
PROSPER v преуспевать, процветать
PROSPERITY n процветание, успех
  business ~ экономическое процветание
  ~ of economy *см.* business ~

PROSPEROUS *adj* 1. преуспевающий, процветающий 2. успешный
PROTECT *v* 1. защищать, охранять 2. предохранять 3. акцептовать (*тратту*), оплачивать
PROTECTION *n* 1. защита, охрана 2. покровительство 3. протекционизм 4. акцептование 5. выкуп рэкетирам
adequate ~ достаточная защита
agricultural ~ охрана сельскохозяйственных продуктов
arbitration ~ арбитражная защита
call ~ время, в течение которого ценная бумага не может быть досрочно выкуплена эмитентом
cargo ~ охрана груза
cheque ~ защита чека
consumer ~ охрана прав потребителей
consumer's rights ~ *см.* consumer ~
corrosion ~ защита от коррозии, коррозионная защита
crop ~ защита растений
design ~ охрана промышленных образцов
double ~ двойная защита
efficient ~ эффективная защита
environmental ~ защита окружающей среды
error ~ защита от ошибок
external ~ внешняя защита
fire ~ противопожарная защита
flood ~ защита от наводнения
frost ~ защита от заморозков
health ~ охрана здоровья
individual ~ индивидуальная защита
industrial property ~ охрана промышленной собственности
intellectual property ~ охрана интеллектуальной собственности
internal ~ внутренняя защита
joint ~ совместная защита
labour ~ охрана труда
legal ~ правовая охрана
mortgage ~ страхование погашения ипотечной задолженности
patent ~ охрана патентных прав
plant ~ защита растений
quality ~ охрана качества
radiation ~ радиационная защита
rust ~ защита от коррозии, коррозионная защита
standard ~ стандартная защита
statutory ~ охрана, предусмотренная законом
trademark ~ охрана товарных знаков
weather ~ защита от неблагоприятных погодных условий
~ against accidents защита от несчастных случаев
~ against corrosion защита от коррозии
~ against damage защита от повреждений
~ by copyright защита авторским правом
~ by law защита законом
~ by patent охрана патентом
~ from import competition защита от импортной конкуренции
~ of a bill выкуп векселя
~ of creditors защита интересов кредиторов
~ of designs охрана промышленных образцов
~ of a discovery охрана изобретения
~ of environment охрана окружающей среды
~ of exclusive rights защита монопольных прав
~ of exhibits защита экспонатов на выставке
~ of goods защита товара
~ of home industries защита отечественной промышленности
~ of interests защита интересов
~ of the interior внутренняя защита
~ of an invention охрана изобретения
~ of inventors охрана прав изобретателей
~ of inventor's rights охрана прав изобретателя
~ of know-how охрана ноу-хау
~ of labels охрана ярлыков и этикеток
~ of labour охрана труда
~ of a licensor охрана прав лицензиара
~ of patent rights охрана патентных прав
~ of persons защита лиц
~ of property защита собственности
~ of registered designs охрана полезных моделей
~ of rights защита прав
~ of trademarks охрана товарных знаков
◇ to give ~ предохранять; обеспечивать охрану
to provide ~ *см.* to give ~
to secure ~ *см.* to give ~
PROTECTIONISM *n* протекционизм
rigid ~ жесткий протекционизм

PRO

~ of currency валютный протекционизм
PROTECTIONIST *n* сторонник протекционизма
PROTECTIVE *adj* защитный, покровительственный, протекционистский
PROTEST *n* 1. протест, возражение 2. протест, опротестование (*о векселе*)
  captain's ~ капитанский протест
  past due ~ запоздалый протест
  sea ~ морской протест
  ship's ~ *см.* sea ~
  ~ for nonacceptance протест векселя из-за неакцепта
  ~ for nonpayment протест векселя из-за неплатежа
  ~ of a bill протест векселя
  ◇ noted for ~ опротестованный
  supra ~ по протесту
  to defer a ~ отсрочивать протест
  to delay a ~ *см.* to defer a ~
  to enter a ~ 1) предъявлять рекламацию 2) совершить, учинить протест (*по векселю*)
  to file a ~ заявить протест
  to lodge a ~ 1) *см.* to file a ~ 2) совершить, учинить протест (*по векселю*)
  to make a ~ *см.* to lodge a ~
  to note a ~ заявить морской протест
  to raise a ~ заявить протест
  to withdraw a ~ отозвать протест
PROTEST *v* 1. протестовать 2. опротестовывать
  to have a bill protested опротестовать вексель
PROTESTATION *n* протестование (*векселя*)
  ~ of a bill протест векселя
PROTOCOL *n* протокол
  acceptance ~ протокол приемки
  additional ~ дополнительный протокол
  annual ~ годовой протокол
  final ~ итоговый протокол
  final project acceptance ~ окончательный протокол приемки проекта
  preliminary acceptance ~ предварительный протокол приемки
  preliminary project acceptance ~ предварительный протокол приемки проекта
  supplementary ~ дополнительный протокол
  technical ~ технический протокол
  test ~ протокол испытания
  trade ~ протокол о товарообороте
  yearly ~ годовой протокол

PRO

  ~ of inspection протокол осмотра
  ~ of intentions протокол о намерениях
  ~ of negotiations протокол переговоров
  ~ of a session протокол заседания
  ~ on cooperation протокол о сотрудничестве
  ~ on goods turnover протокол о товарообороте
  ~ on trade *см.* ~ on goods turnover
  ◇ to draw up a ~ составлять протокол
  to execute a ~ выполнять протокол
  to make up a ~ составлять протокол
  to record in a ~ заносить в протокол
  to sign a ~ подписывать протокол
PROTOTYPE *n* опытный образец, макет; модель
PROVE *v* 1. доказывать 2. испытывать, подвергать испытанию
PROVIDE *v* 1. снабжать; обеспечивать 2. предоставлять, давать
PROVINCE *n* 1. область, провинция 2. *pl* периферия
PROVINCIAL *adj* провинциальный; периферийный
PROVISION *n* 1. снабжение, обеспечение 2. заготовка; запас; резерв 3. пищевые продукты 4. положение, условие (*договора, контракта*); оговорка
  additional ~ дополнительное условие
  bad debts ~ резерв для покрытия сомнительных долгов
  blanket ~ общие ассигнования (*без указания цели*)
  budgetary ~ бюджетные ассигнования
  call ~ условие контракта, позволяющее эмитенту выкупить облигации по оговоренной цене
  conversion ~ оговорка об обмене акций
  contractual ~s положения контракта
  depreciation ~ резерв на износ
  fiscal ~s 1) положения о налогообложении 2) общие резервы, создаваемые банками для покрытия потерь
  general ~s общие положения
  general loss ~s общие резервы для покрытия убытков по ссудам
  guarantee ~s условия гарантии
  legal ~s законоположения
  licence ~s лицензионные условия
  mandatory ~s of a contract обязательные условия договора
  margin ~ оговорка о марже
  nonrecurring ~s разовые ассигнования
  permissive ~ допустимые условия

PRO

policy ~s условия договора страхования
standard ~s стандартные условия страхования
warranty ~s условия гарантии
~ for bad debts резервы против плохих долгов
~s for contingencies резерв на непредвиденные расходы
~ for depletion 1) резерв на случай истощения недр 2) резерв на исчерпание товарных запасов
~ for depreciation резерв на амортизацию
~ for doubtful accounts резерв для покрытия сомнительной дебиторской задолженности
~ for doubtful debts резерв на покрытие сомнительных долгов
~ for income tax резерв на уплату подоходного налога
~s for negotiations инструкции о негоциации
~s for outstanding losses резерв по неоплаченным убыткам
~s for payment инструкции о платежах
~ for replacement of inventories *амер.* резерв на пополнение запасов
~ for retirement обеспечение старости
~ for taxation резерв для уплаты налога
~ for taxes *см.* ~ for taxation
~s of an agreement положения соглашения
~ of capital предоставление средств; предоставление ссуды
~ of consulting services предоставление консультационных услуг
~s of a contract положения контракта
~ of credit предоставление кредита
~ of crediting кредитные вложения
~ of data представление данных
~ of employment трудоустройство, предоставление работы
~ of financial resources предоставление финансовых ресурсов
~ of financing предоставление финансирования
~ of funds предоставление средств
~ of goods обеспечение товарами
~s of guarantee условия гарантии
~s of an insurance policy условия страхового полиса
~ of law положение закона, норма закона

PUB

~s of a lease условия арендного договора
~ of a loan предоставление ссуды
~s of a policy условия страхового полиса
~ of services предоставление услуг
~ of technology предоставление технологии
~s of warranty условия гарантии
◊ subject to ~s в зависимости от условий
to accept ~s принимать условия
to apply ~s применять положения
to conform to guarantee ~s соответствовать условиям гарантии
to enjoy warranty ~s пользоваться условиями гарантии
to follow the contractual ~s выполнять условия контракта
to fulfil the contractual ~s *см.* to follow the contractual ~s
to infringe the ~s нарушать условия
to make ~s предусматривать
to observe ~s соблюдать условия
to revise ~s пересматривать условия
to set down ~s записывать условия
PROVISIONAL *adj* 1. временный 2. предварительный
PROVISIONING *n* создание резервов
PROVISO *n* условие, оговорка (*в договоре*)
PROVOKE *v* вызывать; провоцировать
PROXY *n* 1. полномочие, доверенность 2. доверенное лицо, уполномоченный
general ~ доверенность на голосование на нескольких собраниях акционеров компании
special ~ доверенность на голосование на каком-л. определенном собрании акционеров компании
◊ by ~ по доверенности
to appoint as ~ назначать в качестве полномочного представителя
to sign by ~ подписывать по доверенности
PSYCHOLOGY *n* психология
engineering ~ инженерная психология
industrial ~ промышленная психология
social ~ социальная психология
PUBLIC *n* народ; общественность
buying ~ покупатели
general ~ общественность
investing ~ инвесторы
PUBLIC *adj* 1. общественный 2. государственный
PUBLICATION *n* 1. опубликование,

публикация 2. издание, выпуск (*книги*)
advertising ~ рекламная публикация
business ~ публикация для деловых кругов
bimonthly ~ издание, выходящее два раза в месяц
domestic ~ отечественная публикация
foreign ~ зарубежная публикация
free ~ бесплатное издание
international ~ международное издание
limited ~ ограниченное издание
market ~s конъюнктурные издания
mass ~ массовое издание
monthly ~ ежемесячное издание
new ~s новые издания
official ~ официальная публикация
paid ~ платное издание
periodical ~ периодическое издание
previous ~ предшествующая публикация
printed ~ печатное издание
recent ~s последние издания
restricted ~ ограниченное издание
quarterly ~ ежеквартальное издание
scientific ~ научная публикация
specialized ~ специальное издание
subscription ~ подписное издание
technical ~ техническая публикация
trade ~ отраслевое издание
weekly ~ еженедельное издание
◊ ~ gratis бесплатное издание
PUBLICITY *n* 1. гласность 2. реклама, рекламирование 3. паблисити
advance ~ заранее подготовленная реклама
ancillary ~ дополнительная реклама
auxiliary ~ *см.* ancillary ~
broadcast ~ реклама по радио
business ~ коммерческая реклама
collective ~ коллективная реклама
commercial ~ коммерческая реклама
cooperative ~ кооперированная реклама
editorial ~ редакционная реклама
export ~ экспортная реклама
follow-up ~ повторное рекламное письмо (*посылаемое в случае неполучения заказа*)
free ~ бесплатная реклама
group ~ коллективная реклама
industrial ~ реклама в адрес промышленных фирм
joint ~ совместная реклама
loud ~ назойливая реклама

misleading ~ дезориентирующая реклама
outdoor ~ уличная реклама
pictorial ~ изобразительная реклама
poster ~ плакатная реклама
radio ~ радиореклама
sales ~ сбытовая реклама
specialized ~ специализированная реклама
street ~ уличная реклама
television ~ телевизионная реклама
unfair ~ недобросовестная реклама
visual ~ визуальная реклама
window ~ реклама в витринах
◊ to add up to ~ способствовать рекламе
to carry out ~ осуществлять рекламу
to give ~ рекламировать
to run ~ осуществлять рекламу
PUBLICIZE *v* рекламировать
PUBLISH *v* издавать, публиковать, опубликовывать
PUBLISHER *n* издатель
PUBLISHING *n* 1. издательское дело 2. издание
PULL *n* 1. протекция, связи 2. привлекательность, броскость (*рекламы*) 3. преимущество
demand ~ инфляция спроса
long ~ *амер.* спекулятивная сделка на длительный срок
PULL *v* 1. привлекать на свою сторону; пользоваться поддержкой 2. *амер.* привлекать (*внимание*); пользоваться (*успехом*)
~ down 1) упразднять 2) понижать (*в цене*)
~ in сокращать расходы
~ out отказываться от участия в чем-л.
~ through преодолевать трудности
~ together сработаться; сотрудничать
PUNITIVE *adj* карательный
PUNTER *n* мелкий биржевой спекулянт
PURCHASE *n* покупка, закупка, купля; приобретение
additional ~s дополнительные закупки
annual ~s ежегодные закупки
advance ~ заранее оговоренная покупка, «связанная» товарная сделка
bulk ~ оптовая закупка
bull ~ *бирж.* спекулятивная покупка в период повышения фондовой конъюнктуры
cash ~ покупка за наличные
chance ~ случайная покупка
charge ~ покупка в кредит

cheap ~ выгодная покупка
compulsory ~ принудительная покупка
conditional ~ условная покупка
credit ~ покупка в кредит
deferred payment ~ покупка в рассрочку
direct ~ прямая покупка
fictitious ~ фиктивная покупка
first-hand ~ покупка из первых рук
foreign ~ закупка за границей
forward ~ покупка на срок (*с поставкой и расчетом в будущем*)
future ~ *амер.* покупка на срок
government ~s государственные закупки
hire ~ *брит.* покупка в рассрочку
indirect ~ покупка через посредника
initial ~ первоначальная покупка
instalment ~ покупка в рассрочку
intended ~s запланированные закупки
lumpsum ~ покупка с оплатой по соглашению
minimum ~ минимальная закупка
net ~s чистый доход от закупок
outright ~ покупка с немедленной оплатой наличными
overseas ~s закупки за границей
pegging ~s покупки в целях поддержания существующего курса акций
practical ~ практическая покупка
public ~s государственные закупки
seasonal ~ сезонная покупка
security ~ покупка ценных бумаг
state ~s государственные закупки
substantial ~s значительные закупки
supporting ~s покупки с целью поддержания курса
time ~ *бирж.* покупка на срок
trial ~ пробная покупка
uneconomical ~ неэкономная покупка
wholesale ~ оптовая закупка
~ as per sample покупка по образцу
~ by sample *см.* ~ as per sample
~ by weight покупка на вес
~ for cash покупка за наличные
~ for future delivery *бирж.* покупка на срок
~ for settlement *см.* ~ for future delivery
~ in auction покупка на аукционе
~ in bulk закупка оптом
~ of equipment закупка оборудования
~ of goods закупка товаров
~ of land покупка земли
~ of securities покупка ценных бумаг
~ of services покупка услуг

~ on approval покупка на пробу
~ on commission комиссионная покупка
~ on credit покупка в кредит
~ on sample покупка по образцу
~ on trial покупка на пробу
~ without sample покупка без образца
◇ ~s abroad закупки за границей
~ subject to inspection покупка при условии проверки
to conclude a ~ совершать покупку
to discontinue ~s прекращать закупки
to finance a ~ финансировать закупку
to go forward with ~s начинать закупки
to handle ~s заниматься закупками
to make a ~ делать покупку
to withdraw from a ~ отказываться от покупки
PURCHASE *v* покупать, закупать; приобретать
PURCHASER *n* покупатель
big ~ крупный покупатель
bona fide ~ добросовестный покупатель
bulk ~ крупный покупатель
defrauded ~ обманутый покупатель
intending ~ заинтересованный покупатель
large ~ крупный покупатель
mala fide ~ недобросовестный покупатель
major ~ крупный покупатель
marginal ~ маржинальный покупатель
original ~ первоначальный покупатель
potential ~ потенциальный покупатель
privileged ~ привилегированный покупатель
prospective ~ предполагаемый покупатель
solvent ~ платежеспособный покупатель
speculative ~ покупатель-спекулянт
PURCHASING *n* покупка, закупка
bulk ~ массовые закупки
centralized ~ централизованные закупки
exclusive ~ монопольная закупка
forward ~ *бирж.* покупка на срок
offshore ~ *амер.* покупки в других странах
~ by samples покупки по образцу
◇ to arrange ~ организовывать закупку
PURPOSE *n* цель, намерение; назначение

business ~ торговое назначение
commercial ~s коммерческие цели
general ~s общие цели
investment ~ инвестиционное назначение
publicity ~s рекламные цели
~ of a visit цель визита
◊ for advertising ~s с целью рекламы
for demonstration ~s с целью демонстрации
for industrial ~s в промышленных целях
to achieve a ~ достичь цели
to answer the ~ отвечать назначению
to be at cross ~s не понимать друг друга

PURPOSE-ORIENTED *adj* целевой

PURSE *n* 1. деньги, богатство 2. денежный фонд
common ~ общий фонд
fat ~ богатство
joint ~ общий фонд
long ~ богатство
public ~ казна
stock ~ общий фонд

PURSER *n* *мор.* начальник хозяйственной части

PURSUIT *n* поиски; стремление
~ of one's business ведение собственного дела
~ of money охота за деньгами
~ of profit погоня за прибылью
~ of welfare стремление к благополучию

PURVEY *v* снабжать, поставлять (*гл. обр. пищевкусовые товары*)

PURVEYANCE *n* снабжение, поставка; заготовки

PURVEYOR *n* поставщик

PUSH *n* 1. побуждение, импульс 2. поддержка; протекция 3. нажим, давление
big ~ большой толчок
cost ~ финансовое давление

PUSH *v* 1. направлять 2. оказывать поддержку
◊ forward продвигать
~ up увеличивать

PUSHER *n* пробивной человек

PUSHING *n* проталкивание
share ~ «проталкивание» акций, продажа акций сомнительной ценности

PUSHING *adj* предприимчивый, напористый

PUT *n* *бирж.* опцион на продажу; обратная премия; сделка с обратной премией
◊ ~ and call двойной опцион
~ of more опцион, дающий право продажи дополнительного количества акций
to take for the ~ of more купить обратную премию

PUT *v* 1. предлагать 2. назначать цену 3. облагать налогом 4. помещать; вкладывать
~ away откладывать (*деньги*)
~ back тормозить, задерживать
~ down записывать, заносить
~ forward выдвигать, предлагать
~ in 1) назначать (*на должность*) 2) подавать (*документы*)
~ off откладывать, отсрочивать
~ out расходовать, тратить
~ over откладывать
~ up 1) повышать (*цены*) 2) финансировать, вкладывать деньги
~ up with терпеть, мириться

PUTTING-OFF *n* перенос срока
~ of delivery date перенос срока поставки
~ of delivery time *см.* ~ of delivery date

PYRAMID *n* пирамида
financial ~ финансовая пирамида
organization ~ ораганизационная пирамида
population ~ возрастная пирамида

PYRAMIDING *n* приобретение дополнительных ценных бумаг или товаров путем продажи «бумажной» (нереализованной) прибыли

Q

QUALIFICATION *n* 1. квалификация 2. ограничение 3. условие, оговорка 4. ценз
age ~ возрастной ценз
educational ~ образовательный ценз
high professional ~ высокая профессиональная квалификация
income ~ имущественный ценз
necessary ~ необходимая квалификация
professional ~s профессиональная подготовка
property ~ имущественный ценз
residence ~ ценз оседлости
residential ~ *см.* residence ~
tax ~ налоговый ценз
~ for dividend право на получение дивидендов
~ for pension право на получение пенсии
~ in shares обеспечение акциями
~s of personnel квалификация персонала
~ of privileges ограничение привилегий
◇ with ~ с оговоркой
without ~ без оговорок
to improve one's ~ повышать квалификацию

QUALIFIED *adj* 1. квалифицированный 2. ограниченный

QUALIFY *v* 1. обучать; подготавливать 2. получать право на что-л. 3. оценивать, квалифицировать

QUALITATIVE *adj* качественный

QUALIT|Y *n* качество, сорт
acceptable ~ приемлемое качество
adequate ~ доброкачественность
agreed ~ согласованное качество
asset ~ качество активов
average ~ среднее качество
bad ~ плохое качество
basis ~ базисное качество
best ~ лучшее качество
bottom ~ худшее качество
business ~s деловые качества
cheap ~ дешевое качество
choice ~ отборное качество
consistent ~ однородное качество
contract ~ качество, обусловленное контрактом
defective ~ неудовлетворительное качество
delivery ~ качество поставляемой продукции
desired ~ желаемое качество
economic ~ экономически обоснованное качество
economical ~ *см.* economic ~
equal ~ равноценное качество
equivalent ~ *см.* equal ~
established ~ стандартное качество
excellent ~ отличное качество
export ~ экспортное качество
extra ~ высшее качество
fair average ~ справедливое среднее качество
fancy ~ высшее качество
fancy-grade ~ *см.* fancy ~
fine ~ превосходное качество
finest ~ *см.* fine ~
first ~ высшее качество; первый сорт
first-class ~ первоклассное качество, высшее качество
first-rate ~ *см.* first-class ~
good ~ хорошее качество
guaranteed ~ гарантированное качество
high ~ высокое качество
incoming ~ входное качество
inferior ~ низкий сорт
inherent ~ качество, присущее данному изделию
initial ~ первоначальное качество
intermediate ~ промежуточное качество
landed ~ качество выгруженного товара

life ~ жизненный уровень
low ~ низкое качество; ненадлежащее качество
low-grade ~ см. low ~
manager's ~ies качества руководителя
managerial ~ies см. manager's ~ies
marketable ~ 1) торговое (коммерческое) качество 2) рыночный (товарный) сорт
material ~ качество материала
mean ~ среднее качество
medium ~ среднее качество
merchantable ~ торговое (коммерческое) качество
middling ~ среднее качество
midspecification ~ среднее качество, обусловленное спецификацией
negotiable ~ возможность передачи векселя
nonstandard ~ нестандартное качество
off-grade ~ низкое качество
optimal ~ оптимальное качество
optimum ~ см. optimal ~
ordinary ~ среднее качество
outgoing ~ выходное качество
outturn ~ качество, установленное при сдаче товара
overall ~ общее качество (*продукции*)
perfect ~ безупречное качество
performance ~ качество работы
poor ~ плохое качество
premium ~ высшее качество
prime ~ см. premium ~
process ~ качество изготовления
product ~ качество продукции
production ~ см. product ~
programme ~ заданное качество
proper ~ надлежащее качество
required ~ требуемое качество
resultant ~ полученное качество
running ~ рабочая характеристика (*машины*)
satisfactory ~ удовлетворительное качество
second-class ~ второй сорт
service ~ качество обслуживания
shipped ~ качество при погрузке
shipping ~ экспортное качество
soil ~ качество земли
specified ~ качество, обусловленное договором
standard ~ стандартное качество
stipulated ~ согласованное качество
substandard ~ нестандартное качество
suitable ~ приемлемое качество
superior ~ высшее качество

technical ~ техническое качество
tolerance ~ допустимое качество
top ~ высшее качество
uniform ~ однородное качество
unsatisfactory ~ неудовлетворительное качество
~ of cargo качество груза
~ of design качество проекта
~ of exports качество экспорта
~ of goods качество товара
~ of an item качество изделия
~ of a lot качество партии изделий
~ of manufacture качество изготовления
~ of material качество материала
~ of operation качество работы
~ of a product качество изделия
~ of production качество продукции
~ of service качество обслуживания
~ of work качество работы
◊ of equal ~ равноценного качества
of good ~ хорошего качества
of high ~ высококачественный
of inferior ~ недоброкачественный
of low ~ низкого качества
of poor ~ недоброкачественный
of sound ~ доброкачественный
of superior ~ высшего качества
equal in ~ равноценного качества
inferior in ~ низкого качества
~ landed качество выгруженного товара
~ as per sample качество согласно образцу
to approve ~ одобрять качество
to ascertain ~ определять качество
to assess ~ оценивать качество
to be of superior ~ быть высшего качества
to be superior in ~ см. to be of superior ~
to certify ~ удостоверять качество
to check ~ проверять качество
to confirm ~ подтверждать качество
to conform to the ~ соответствовать качеству
to control ~ контролировать качество
to define ~ определять качество
to demonstrate ~ показывать качество
to determine ~ определять качество
to differ in ~ отличаться по качеству
to evaluate ~ оценивать качество
to examine ~ проверять качество
to guarantee high ~ гарантировать высокое качество
to improve ~ повышать качество

QUA

to inspect ~ проверять качество
to lower ~ снижать качество
to maintain ~ поддерживать качество
to modify ~ изменять качество
to monitor ~ контролировать качество
to specify ~ обусловливать качество
to test ~ проверять качество
to upgrade ~ повышать качество
QUANGO *n* 1. полуавтономный комитет в правительственных органах 2. *амер.* полуавтономная неправительственная организация
◇ to create a ~ создавать комитет
QUANTIFICATION *n* определение количества
QUANTIFY *v* определять количество
QUANTITATIVE *adj* количественный
QUANTIT|Y *n* 1. количество 2. размер; величина 3. доля, часть
actual sales ~ фактический объем продаж
admissible ~ допустимое количество
agreed ~ согласованное количество
ample ~ большое количество
annual ~ годовое количество
appreciable ~ ощутимое количество
available ~ количество, имеющееся в наличии
average ~ средний размер
batch ~ размер партии
bulk ~ большое количество
buying ~ объем закупок
considerable ~ значительное количество
consumed ~ израсходованное количество
contract ~ контрактное количество
contracted ~ количество, указанное в контракте
controlled ~ контролируемая величина
daily ~ суточное количество
definite ~ определенное количество
economic ~ экономичный размер
equal ~ равное количество
estimated ~ подсчитанное количество
fair ~ значительное количество
full ~ общее количество
great ~ большое количество
homogeneous ~ies однородные количества
incalculable ~ бесчисленное количество
information ~ количество информации
initial ~ первоначальное количество
innumerable ~ бесчисленное количество

QUA

input ~ входная величина
insufficient ~ недостаточное количество
intake ~ погруженное количество
intaken ~ *см.* intake ~
least-cost order ~ оптимальный размер заказа
limited ~ ограниченное количество
lot ~ размер партии
make ~ объем выпуска продукции
maximum ~ максимальное количество
minimum commercial ~ минимальное количество, принятое в торговле
minimum cost ~ наиболее экономичный размер (*заказа*)
minute ~ незначительное количество
missing ~ недостающее количество
monthly ~ месячное количество
necessary ~ необходимое количество
negligible ~ незначительное количество
noncommercial ~ количество, непригодное для торговли
optimum ~ оптимальное количество
order ~ размер заказа
ordered ~ заказное количество
original ~ первоначальное количество
output ~ количество выпущенной продукции
outturn ~ выгруженное количество
pilot ~ предварительное количество
poor ~ недостаточное количество
produced ~ количество произведенной продукции
product ~ количество продукции
production ~ *см.* product ~
purchase ~ размер закупок
random ~ случайная величина
reciprocal ~ обратная величина
required ~ необходимое количество
run ~ количество изделий за один период
sanction ~ количество изделий, разрешенное к выпуску
shipped ~ отгруженное количество
significant ~ значительное количество
specified ~ обусловленное количество
substantial ~ значительное количество
supplementary ~ добавочное количество
tentative ~ предварительное количество
tolerance ~ допустимое количество
total ~ общее количество
trial ~ пробное количество
~ by weight количество по весу

QUA QUE Q

~ of cargo количество груза
~ of goods количество товара
~ of imports объём импорта
~ of information количество информации
~ of man-hours количество человеко-часов
~ of money количество денег
~ of output объём выпуска продукции
~ of production объём производства
~ of value величина стоимости
~ of work количество работы
~ on hand количество, имеющееся на руках
◇ in ~ в большом количестве
in excess of the ~ сверх запланированного количества
in large ~ies в больших количествах
in limited ~ies в ограниченном количестве
to check the ~ проверять количество
to decrease the ~ уменьшать количество
to determine the ~ определять количество
to increase the ~ увеличивать количество
to reduce the ~ уменьшать количество
to specify the ~ указывать количество
QUANTUM *n* 1. количество, сумма 2. доля, часть 3. объём
QUARANTINE *n* карантин
◇ to announce ~ объявлять карантин
to detain in ~ задерживать в карантине
to introduce a ~ вводить карантин
to place under ~ подвергнуть карантину
to put in ~ *см.* to place under ~
to raise the ~ снять карантин
to release from the ~ выпустить из карантина
QUARRY *n* открытая горная разработка, карьер
QUART *n* кварта (*брит.* 1,14 л, *амер.* 0,95 л)
QUARTER *n* 1. четверть 2. монета в 25 центов 3. квартал, четверть года 4. городской квартал 5. круги, группа людей
business ~s деловые круги
current ~ текущий квартал
financial ~ финансовые круги
industrial ~ промышленный район города
leading ~s руководящие круги

living ~ 1) жилой квартал 2) *pl* жилое помещение
manufacturing ~ промышленный район города
residential ~ жилой квартал
slum ~s трущобы
workers' ~s рабочий посёлок
QUARTERAGE *n* любые квартальные платежи
QUARTER-DAY *n брит.* дни начала квартала (*сроки платежей*)
QUARTERLY *n* 1. ежеквартальное издание 2. квартальный дивиденд
QUARTERLY *adj* квартальный
QUARTO *n* 1. четверть листа 2. книга в четвертую долю листа
QUASH *v юр.* отменять, аннулировать
QUAY *n* причал; набережная
automated ~ механизированный причал
legal ~ таможенная пристань
mechanized ~ механизированный причал
QUAYAGE *n* плата за стоянку у причала
QUERY *n* вопрос
QUESTION *n* 1. *см.* QUERY 2. проблема
budgetary ~s бюджетные вопросы
economic ~ экономическая проблема
labour ~ рабочий вопрос
outstanding ~ неразрешённый вопрос
pending ~ *см.* outstanding ~
technical ~ технический вопрос
unresolved ~ неразрешённый вопрос
unsettled ~ *см.* unresolved ~
~ of issue спорный вопрос
~ of law вопрос права
~ of principle принципиальный вопрос
◇ to bring up a ~ поднимать вопрос
to consider a ~ рассматривать вопрос
to examine a ~ *см.* to consider a ~
to open a ~ поднимать вопрос
to raise a ~ *см.* to open a ~
QUESTIONNAIRE *n* анкета; опросный лист
basic ~ основная анкета
census ~ опросный лист переписи
mail ~ анкета, посылаемая по почте
population ~ анкета для обследования населения
postal ~ анкета, посылаемая по почте
structured ~ стандартизированная анкета
unstructured ~ произвольная схема опроса

577

QUEUE *n* очередь
◇ to form a ~ образовывать очередь
to join a ~ встать в очередь
to stand in a ~ стоять в очереди
QUEUE *v* становиться в очередь; стоять в очереди
QUICK *adj* 1. быстрый, скорый 2. быстрореализуемый, ликвидный
QUICK-SELLING *adj* быстрореализуемый
QUIETUS *n* 1. освобождение от выплаты долга, от обязательств 2. увольнение со службы
QUINQUENNIUM *n* пятилетний период
QUIT *n* *амер.* увольнение с работы
QUIT *adj* свободный, отделавшийся от чего-л.
◇ to get ~ рассчитаться, расплатиться
QUIT *v* 1. *амер.* бросать. кончать (*занятие, дело*) 2. *амер.* увольняться с работы 3. выплачивать (*долг*) 4. выполнять (*обязательство*)
QUITCLAIM *n* отказ от права
QUITCLAIM *v* отказываться от права
QUITREND *n* компенсация аренды
QUITTANCE *n* 1. освобождение (*от обязательства, платы*) 2. квитанция; расписка 3. возмещение, уплата долга
~ from obligations освобождение от обязательств
~ of a debt возмещение долга
QUORUM *n* кворум
QUOTA *n* 1. доля, часть 2. квота; контингент 3. норма
advance ~ предварительная квота
amortization ~ норма амортизации
bargaining ~ контингент, установленный с целью получения торговых уступок
basic ~ основной контингент
bilateral ~s двусторонние квоты
building ~ строительная квота
buying ~ закупочная квота
country-by-country ~ квота для каждой страны
current ~s текущие квоты
duty-free ~s квоты, не облагаемые пошлиной
established ~ установленная квота
excessive ~s завышенные нормы
export ~ экспортная квота
foreign exchange ~ валютный лимит
global ~ общая квота
immigration ~ иммиграционная квота
import ~ импортная квота
International Monetary Fund ~ квота в Международном валютном фонде
marketing ~ рыночная квота
maximum ~ максимальная квота
minimum ~ минимальная квота
negotiated price ~s квоты для торговли по договорным ценам
output ~ норма выработки
production ~ *см.* output ~
purchase ~ квота на закупку
quantitative ~ количественная квота
sales ~ квота на продажу
sea freight ~ квота морского фрахта
special ~ специальный контингент
tariff ~ тарифная квота
tax ~ налоговая квота
taxable ~ доля товаров или доходов, облагаемых налогом
yearly ~ годовой контингент
~ of expenditure доля расходов
~s of exports экспортные контингенты
~s of imports импортные контингенты
~ of profits дивиденд
◇ to allocate ~s распределять квоты
to establish a ~ устанавливать квоту
to exceed a ~ превышать квоту
to fix a ~ устанавливать квоту
to increase a ~ увеличивать квоту
to operate ~s применять систему квот
to raise a ~ увеличивать квоту
to reduce a ~ снижать квоту
to secure duty-free ~s получать квоты, свободные от пошлины
to set a ~ устанавливать квоту
to take up a ~ выбирать (использовать) квоту
QUOTATION *n* 1. *бирж.* котировка, курс; цена 2. предложение
additional ~ дополнительная котировка
alternative ~ альтернативное предложение
asked ~ курс продавцов
bid ~ курс покупателей
binding ~ твердое предложение
bond ~ котировка облигаций
closing ~ заключительный курс
competitive ~ конкурентное предложение
currency ~ валютная котировка
daily ~ курс дня
direct ~ прямая котировка валюты
exchange ~ биржевой курс; валютная котировка
final ~ последняя котировка
firm ~ твердое предложение
first ~ начальная котировка

flat ~ котировка без учета процентов
foreign exchange ~ валютная котировка
formal ~ официальная котировка
high ~ максимальный курс
indirect ~ косвенная котировка валюты
itemized ~ позиционная котировка
last ~ окончательная котировка
marine insurance ~ предложение на морское страхование
market ~ рыночная котировка
marketing ~ *см.* market ~
nominal ~ номинальный курс
official ~ официальный курс
opening ~ курс при открытии биржи
over-the-counter ~ котировка на внебиржевом рынке
previous ~ предыдущая котировка
price ~ котировка цен
proforma ~ ориентировочная котировка
rate ~ тариф на перевозку
revised ~ пересмотренная котировка
share ~ котировка акций
specimen ~ примерная котировка
split ~ котировка акций, разбитых на несколько бумаг с меньшими номиналами
spot ~ курс по сделкам с немедленной поставкой; котировка товара с немедленной сдачей
standard ~ единый курс
stock ~ котировка акций
stock exchange ~ биржевой курс; валютная котировка
tape ~ биржевой курс, показанный на бумажной ленте тикера
telexed ~ котировка, переданная по телексу
today's ~ котировка сегодняшнего дня
uniform ~ единый курс
~ for a foreign currency котировка иностранной валюты
~ for a foreign exchange *см.* ~ for a foreign currency
~ for forward delivery котировка при сделках на срок
~ for futures *см.* ~ for forward delivery
~ of the day курс дня
~ of exchange rates валютная котировка
~ of prices предложение цен
~ of shares котировка акций
~ of stocks *амер. см.* ~ of shares
~ on a foreign market котировка на зарубежном рынке
◊ at the present ~ по корсу дня
to apply for official ~ обратиться за получением официальной котировки
to examine a ~ рассматривать предложение
to modify a ~ изменять предложение
to prepare a ~ 1) подготовить котировку 2) подготовить предложение
to provide a ~ предоставлять котировку
to receive a ~ получать предложение
to request a ~ запрашивать предложение
to revise a ~ пересматривать предложение
to submit a ~ представлять котировку
to update a ~ корректировать котировку

QUOTE *n* 1. котировка 2. *амер.* предложение
closing ~ последняя котировка цены в конце рабочего дня биржи
QUOTE *v* котировать, назначать цену
QUOTIENT *n* отношение, коэффициент
intelligence ~ показатель умственных способностей
similarity ~ показатель сходства (*товарных знаков*)
QUOTING *n* котирование

R

RACE *n* 1. состязание; гонка 2. раса
RACIAL *adj* расовый; национальный
RACK *n* 1. полка; стеллаж 2. разорение; гибель
  display ~ стенд для выставки товаров
  pallet ~ транспортный стеллаж
RACK *v* 1. эксплуатировать 2. брать очень высокую плату
  ~ **up** увеличивать, наращивать (*капитал, запасы*)
RACKET *n* шантаж, вымогательство, рэкет
  currency ~ валютные махинации
RACK-RENT *n* непомерная плата (*арендная, квартирная*)
RAFFLE *n* вещевая лотерея
RAFT *n* плот, паром
RAID *n* 1. налет; облава 2. *бирж.* попытка понизить курс
  bear ~ интенсивная продажа товаров, валюты и ценных бумаг с целью понижения цен
  dawn ~ *брит.* скупка крупного пакета акций сразу после открытия биржи
  ~ **on a bank** налет на банк
  ~ **on the reserves** расходование резервов
RAIDER *n* 1. участник налета 2. лицо, скупающее акции с целью получения контрольного пакета, рейдер
RAIL *n* 1. железная дорога 2. поручень судна, релинг 3. *pl* акции железнодорожных компаний
  ship's ~ *см.* RAIL 2.
RAILAGE *n* плата за перевозку по железной дороге
RAILCAR *n* *амер.* железнодорожный вагон
RAILHEAD *n* ж.-д. конечный пункт
RAILROAD *n* 1. *амер.* железная дорога 2. *pl* акции железнодорожных компаний
RAILWAY *n* железная дорога
  harbour ~ портовая железная дорога

  high speed ~ высокоскоростная линия железной дороги
  industrial ~ заводская железная дорога
  port ~ портовая железная дорога
  underground ~ метро
RAISE *n* 1. повышение, увеличение 2. *амер.* прибавка к зарплате
  ~ **in prices** повышение цен
  ~ **in salary** повышение жалованья
  ~ **in wages** повышение заработной платы
RAISE *v* 1. повышать, увеличивать 2. поднимать (*вопрос*) 3. добывать (*деньги*); собирать (*налоги*); получать (*ссуду*) 4. *амер.* подделывать сумму (*на более высокую*)
RAISER *n* лицо, занимающееся сбором средств
  stock ~ животновод
RAISING *n* 1. повышение 2. разведение; выращивание 3. подделка
  cattle ~ животноводство
  price ~ повышение цен
  stock ~ скотоводство
  tariff ~ повышение тарифов
  ~ **of a bank** повышение банковской ставки
  ~ **of capital** заем капитала
  ~ **of a cheque** подделка чека
  ~ **of credit** получение кредита
  ~ **of living standards** повышение уровня жизни
  ~ **of a loan** получение займа
  ~ **of railroad rates** *амер.* повышение цен на железнодорожные билеты
  ~ **of railway rates** *брит. см.* ~ **of railroad rates**
  ~ **of the rate of interest** повышение процентной ставки
  ~ **of rent** повышение арендной платы
  ~ **of tariff rates** повышение тарифов
RAKE-OFF *n* 1. доля прибыли 2. скрытый, незаконный доход; взятка
RALLY *n* 1. собрание, митинг 2. повы-

шение курсов или цен после их снижения 3. восстановление экономической активности после спада
technical ~ подъем на финансовом рынке
RALLY v оживляться (*о спросе*); крепнуть (*о ценах*)
RAMP n место погрузки; погрузочная платформа
RAMPING n скупка ценных бумаг на вторичном рынке с целью получить спекулятивную прибыль
~ of an issue см. RAMPING
RANDOM adj случайный; произвольный
◇ at ~ наугад; произвольно
RANGE n 1. серия, ряд 2. сфера, зона 3. пределы; диапазон; размах 4. номенклатура; ассортимент; коллекция 5. рейндж (*порты определенного района*)
Antwerp—Hamburg ~ рейндж Антверпен—Гамбург
average ~ средний размах
capacity ~ диапазон производительности
commercial ~ of goods товарный ассортимент
complete ~ полный ассортимент
comprehensive ~ обширный ассортимент
control ~ диапазон регулирования
economic batch ~ диапазон наиболее экономичных размеров партии
economic lot ~ см. economic batch ~
employment ~ пределы занятости
full ~ полный ассортимент
inventory ~ пределы изменения уровня запасов
manufacturing ~ ассортимент продукции
market ~ область сбыта
Northern ~ северный рейндж
opening ~ цены при открытии биржи
price ~ движение цен
process ~ пределы изменения качества при определенном процессе
product ~ ассортимент продукции
production ~ см. product ~
rate ~ шкала заработной платы
salary ~ шкала заработной платы служащих
sampling ~ размах выборки
spring ~ весенний ассортимент
target ~s запланированные пределы
trading ~ разброс цен на фондовой бирже в течение рабочего дня

wide ~ широкий ассортимент
~ of action сфера деятельности
~ of activity масштаб деятельности
~ of application область применения
~ of articles in stock ассортимент
~ of commodities ассортимент продукции
~ of discretion диапазон решений
~ of error диапазон ошибок
~ of exhibits ассортимент экспонатов
~ of export goods экспортный ассортимент
~ of goods ассортимент товаров
~ of machines ассортимент машин
~ of manufacture номенклатура производства
~ of patterns коллекция образцов
~ of prices размах колебаний цен
~ of products ассортимент продукции; сортимент (*в металлургической промышленности*)
~ of production номенклатура продукции
~ of samples коллекция образцов
~ of services объем услуг
~ of sizes сортамент (*в металлургической промышленности*)
~ of use область применения
~ of variation область изменения
~ of work масштаб работ
◇ out of the ~ вне пределов
over a wide ~ в широких пределах
to have a wide ~ of goods иметь большой ассортимент
RANGE v изменяться, колебаться в определенных пределах
RANK n 1. звание; должность, служебное положение 2. категория, разряд, класс
first ~ первый класс
second ~ второй класс
~ of a mortgage вид ипотеки
RANKING n расположение; ранжирование; классификация
creditor ~ ранжирование кредиторов
RANSOM n выкуп
RATA:
pro ~ *лат.* пропорционально, в соответствии
RATABLE adj 1. подлежащий обложению налогом 2. оценочный 3. соразмерный, пропорциональный
RATE n 1. норма; размер 2. ставка, тариф; такса; расценка 3. курс; цена 4. скорость, темп 5. процент, доля; коэф-

фициент 6. разряд, сорт 7. местный налог; коммунальный налог
accession ~ 1) темп прироста (*населения*) 2) уровень принятия (*на работу*)
accident ~ частота несчастных случаев в течение определенного времени
accident frequency ~ *см.* **accident** ~
actuarial ~ страх, актуарный тариф
ad valorem *лат.* ~ адвалорный тариф
advertising ~ тариф за публикацию рекламы
advertisement ~ *см.* **advertising** ~
agreed ~ условленный процент
air freight ~**s** тарифы воздушных грузовых перевозок
all-commodity ~ тариф для любых грузов
amortization ~ норма погашения кредита; процент погашения долга
annual ~ годовой показатель
annual average growth ~ среднегодовой темп роста
annual interest ~ годовой процент
annual production ~ годовая производительность
anticipated ~ **of expenditures** предполагаемый размер расходов
anticipation ~ скидка, ожидаемая до установленного платежа
any-quantity ~ тариф для любого количества груза
area ~ зональный тариф
average ~ средняя норма
average annual ~ среднегодовой показатель
average tax ~ средняя налоговая ставка
average weighted ~ средневзвешенная ставка
backwardation ~ скидка, предоставляемая при пролонгации сделки
baggage ~ багажный тариф
bank ~ учетная ставка банка
bank discount ~ *см.* **bank** ~
base ~ базисная ставка
basic ~ *см.* **base** ~
basing ~ *см.* **base** ~
berth ~ фрахтовая ставка, взимаемая судоходной линией за провоз груза
bill ~ процентная ставка при учете векселей
birth ~ коэффициент рождаемости
blanket ~ единый тариф; аккордная ставка
blend ~ 1) реальная процентная ставка 2) прибыльность финансового инструмента

blended ~ *см.* **blend** ~ 1)
bond ~ курс облигаций
bonus ~**s** нормативы начисления премий
borrowing ~ ставка процента на ссудный капитал
bridge ~ промежуточный тариф
bulk cargo ~ тариф на навалочные грузы
burden ~ норма распределения накладных расходов
buyer's ~ курс покупателей
buying ~ *см.* **buyer's** ~
cable ~**s** ставки комиссионных, взимаемых при телеграфных денежных переводах
call ~ ставка по онкольным ссудам
call loan ~ *см.* **call** ~
capacity ~ удельная грузовместимость судна
capitalization ~ процентное отношение дохода к капитальным затратам
carload ~ фрахтовый тариф в расчете на вагон груза
carrier ~ фрахтовая ставка
carrying over ~ размер процентной ставки по репортным сделкам
cash ~ чековый курс
ceiling ~ предельная норма процента
central ~ курс национальной валюты по отношению к европейской валютной единице ЭКЮ
cheque ~ чековый курс
check ~ *амер. см.* **cheque** ~
class ~ классный тариф
clearing ~ расчетный курс
closing ~ курс при закрытии биржи
column ~ льготный тариф
combination ~ комбинированный тариф
combination freight ~ комбинированная фрахтовая ставка
combination through ~ сквозная фрахтовая ставка
combined ~ комбинированная норма
commission ~ размер комиссионных
commodity ~ *амер.* тариф на перевозку определенных штучных грузов воздушным транспортом
Common freight ~ общая фрахтовая ставка
Compound growth ~ темп роста прибыли за ряд лет
composite ~ составная налоговая ставка

concessionary interest ~ льготный процент
conference ~ картельная фрахтовая ставка
consumption ~ норма расхода
container ~ контейнерная ставка
contango ~ размер процентной ставки по репортным сделкам
conventional ~ условленный процент
conventional ~ of interest обычная норма процента
conversion ~ курс перевода
cost ~ ставка накладных расходов
coupon ~ гарантированная ставка процента на облигацию
credit ~s ставки по кредитам
cross ~ обменный курс одной валюты к другой, рассчитанный через их курсы к третьей валюте, кросс-курс
crude ~ общий коэффициент
curb ~ курс внебиржевого рынка
currency ~ курс валюты
current ~ текущая ставка; текущий курс
current ~ of exchange см. current ~
customs ~ ставка таможенного тарифа
cutback ~ тариф на перевозку груза до транзитного пункта
daily ~ однодневная ставка
daily wage ~ дневная ставка заработной платы
day ~ 1) см. daily wage ~ 2) бирж. курс дня
death ~ коэффициент смертности
deck cargo ~ тариф на палубный груз
deferred ~ скидка, предоставляемая судоходной компанией клиентам при условии исключительного права перевозок их товаров
demand ~ 1) объём потребностей 2) бирж. курс покупателей 3) бирж. курс покупки краткосрочных векселей в иностранной валюте
demurrage ~ ставка демерреджа
departmental overhead ~ норма накладных расходов подразделения
deposit ~ ставка процента по вкладам
deposit interest ~ см. deposit ~
depreciation ~ норма амортизации
discharging ~s ставки разгрузочных работ
discount ~ учётная ставка, учётный процент
dispatch ~ ставка диспача
distress ~ вынужденная низкая ставка
dividend ~ размер дивиденда

double exchange ~ двойной курс
downtime ~ коэффициент простоя
drawing ~ бирж. курс продавцов
dual ~ двойная ставка
duty ~ ставка таможенной пошлины
earned ~ почасовая зарплата
earning ~ норма выручки
economic expansion ~ темп экономического роста
effective ~ реальная (действительная) процентная ставка
effective annual ~ действующая ставка, выплачиваемая ежегодно
effective exchange ~ эффективный валютный курс
effective tax ~ средняя ставка подоходного налога, взимаемая с валовых доходов после вычета части доходов, не облагаемых налогом
employment ~ процент занятости
enrollment ~ норма набора рабочих
equilibrium exchange ~ валютный курс равновесия
equilibrium growth ~ темп равновесного роста
estimated ~ ориентировочная оценка
evaluated wage ~ тариф заработной платы, учитывающий оценку работы
exchange ~ валютный курс; обменный курс; биржевой курс
existing ~s существующие ставки
exorbitant ~ чрезмерная ставка
exorbitant interest ~ чрезмерная ставка процента
expansion ~ темп роста
expenditure ~ скорость расходования
export ~ экспортный тариф
express ~ транспортный тариф скоростных авто- и железнодорожных магистралей
extraction ~ соотношение сырья и готового продукта
failure ~ частота отказов; частота повреждений
fair ~ of exchange благоприятный курс
favourable ~ см. fair ~ of exchange
final ~ окончательный показатель
fine ~ низкая ставка ссудного процента
first ~ первый разряд
fixed ~ фиксированная ставка
fixed ~ of exchange фиксированный курс
fixed ~ of intetest постоянный процент
fixed ~ of royalty твёрдый размер роялти

flat ~ единая ставка
flexible exchange ~ гибкий курс валюты
floating ~ плавающий (колеблющийся) валютный курс
floating exchange ~ см. floating ~
floating interest ~ плавающая процентная ставка
floating prime ~ плавающая учетная ставка для первоклассных заемщиков
fluctuant ~ неустойчивый курс
fluctuating ~ см. fluctuant ~
forced ~ of exchange принудительный курс валюты
foreign ~ почтовый сбор за международные отправления
foreign exchange ~ валютный курс
forward ~ валютный курс по сделке на срок
forward exchange ~ см. forward ~
free ~ плавающий (колеблющийся) валютный курс
free exchange ~ см. free ~
freight ~ грузовой тариф
future ~ курс по сделкам на срок
general ~s общие ставки оплаты коммунальных услуг
general ~ of profit общая норма прибыли
general cargo ~s ставки за провоз генерального груза
going ~ действующая ставка; текущий курс
going market ~ текущий рыночный курс
going wage ~s существующие ставки зарплаты
goods ~ грузовой тариф
group ~ групповой тариф
growth ~ темп роста
guaranteed wage ~ гарантированная заработная плата
handling ~ норма обработки грузов
high ~ высокая ставка; высокий тариф
high ~ of exchange высокий курс валюты
high ~ of productivity высокая производительность
higher ~ повышенный курс
hiring ~ норма набора рабочих
hotel ~s плата за проживание в гостинице
hourly ~ почасовая ставка
hourly wage ~ почасовая ставка зарплаты
hurdle ~ минимальная ставка доходности, требуемая для одобрения финансового проекта
illiteracy ~ процент неграмотного населения
illness frequency ~ показатель частоты заболеваний
import ~ импортный тариф
incidence ~ показатель частоты заболеваний
income tariff ~s доходные тарифные ставки
inflation ~ темп инфляции
info ~ курс для сведения
inland ~ тариф, действующий в пределах страны
insurance ~ страховая ставка, ставка страховой премии
insurance premium ~ см. insurance ~
interbank ~ межбанковская ставка процента
interbank overnight ~ межбанковская однодневная ставка процента
interest ~ ставка процента
interest ~ on loan capital ставка процента по ссудному капиталу
job ~s производственные нормы
key ~s основные ставки
labour ~s рабочие ставки
legal ~ of interest процентная ставка, установленная законом
lending ~ ставка процента по ссудам
less-than-carload ~ тариф на сборные грузы
liner ~s линейные тарифы, тарифы на перевозки на линейных судах
liner freight ~s см. liner ~s
literacy ~ процент грамотного населения
loading ~s нормы погрузки
loan ~ ставка процента по ссудам
local ~ местная ставка
Lombard ~ ломбардная ставка
long ~ 1) ставка процента, по которой центральный банк предоставляет кредиты банкам под залог ценных бумаг 2) курс покупки долгосрочных векселей в иностранной валюте
low ~ низкая ставка
lower ~ сниженная норма
margin ~ размер маржи
marginal ~ предельная (маржинальная) ставка
marginal tax ~ предельная (маржинальная) ставка налога
marine ~ ставка морского страхования грузов

RAT

marine transport ~ морской тариф
market ~ рыночная ставка процента
market ~ of interest *см.* market ~
marriage ~ процент браков
marriage dissolution ~ процент разводов
maximum ~ максимальная ставка
mean ~ of exchange средний курс
mean annual ~ среднегодовой показатель
measured day ~ 1) *бирж.* курс прошедшего дня 2) сдельная оплата, рассчитанная на базе работы, произведенной в предшествующий день
members ~ комиссия за выполнение поручения от имени члена фондовой биржи
minimum ~ минимальная ставка
mixed cargo ~ тариф для смешанного груза
minimum lending ~ минимальная ставка процента по ссудам
mobility ~ показатель миграции
moderate ~ умеренная ставка
monetary exchange ~ денежный курс
money ~ of interest ставка процента по денежным операциям
money market ~ ставка процента денежного рынка
monthly ~ месячная норма
monthly ~ of remuneration месячное вознаграждение
mortality ~ коэффициент смертности
mortgage ~ процентная ставка по закладной
mortgage interest ~ *см.* mortgage ~
multiple ~ множественный валютный курс
multiple exchange ~ *см.* multiple ~
municipal ~s ставки оплаты коммунальных услуг
national ~ of interest национальная ставка процента
natural ~ of growth естественный темп роста
natural ~ of interest естественная норма процента
negative interest ~ отрицательный процент
net ~ чистый коэффициент
New York interbank offered ~ ставка процента на межбанковском рынке в Нью-Йорке
nominal interest ~ номинальная ставка процента

RAT

nonconference ~ некартельная фрахтовая ставка
nonresponse ~ 1) процент отказов при обследовании 2) процент невозвращенных анкет
obsolescence ~ степень морального устаревания
occupational mortality ~ коэффициент профессиональной смертности
offered ~ предлагаемый курс
official ~ официальная ставка; официальный курс
official ~ of discount официальный учетный курс
official exchange ~ официальный обменный курс
one-time ~ одноразовая расценка
opening ~ курс при открытии биржи
open-market ~s ставки процента на открытом рынке
operating ~ 1) производительность 2) коэффициент использования производственных мощностей
operation ~ *см.* operating ~
option ~ *бирж.* курс премий
ordinary ~ обычный почтовый сбор
output ~ 1) норма выработки 2) производительность
outstripping growth ~ опережающий темп роста
overdraft ~ процент по овердрафту
overhead ~ ставка накладных расходов
overnight ~ ставка процента по однодневным вкладам
overtime ~ размер вознаграждения за сверхурочную работу
paper ~ *амер.* тариф, существующий только на бумаге
parallel ~ рыночный курс валют
parcel ~ почтовый сбор за посылки
par exchange ~ валютный паритет
parity ~ паритетный курс
par price ~ курс ценной бумаги
part-load ~ тариф для генеральных грузов
passenger ~ пассажирский тариф
pay ~s ставки заработной платы
pegged ~ валютный курс, привязанный к другой валюте; искусственно поддерживаемый валютный курс
pegged exchange ~ *см.* pegged ~
penalty ~ размер штрафа
per diem ~s суточные
piece ~ сдельная ставка зарплаты
piecework ~ *см.* piece ~

population growth ~ темп роста населения
port ~s портовые ставки
postal ~ почтовый тариф
posted ~ справочный курс; ежедневная котировка по продаже иностранной валюты
power ~ тариф на электроэнергию
preferential ~ льготная ставка; льготный тариф
preferential railroad ~ *амер.* льготный железнодорожный тариф
preferential railway ~ *см.* preferential railroad ~
present ~ существующий курс
prevailing ~ существующая ставка
prime ~ *амер.* учетная ставка для первоклассных денежных обязательств, прайм-рэйт
priority ~s опережающие темпы
private ~ of discount банковская учетная ставка
private market ~s ставки частного рынка
production ~ 1) производительность 2) норма выработки
profit ~ норма прибыли
profitability ~s нормы рентабельности
profitable exchange ~ выгодный валютный курс
proportional ~ пропорциональный тариф
provisional ~ предварительный показатель
purchasing ~ of exchange *бирж.* курс покупки
rail ~s ставки железнодорожного тарифа
railroad ~s *амер. см.* rail ~s
railway ~s *см.* rail ~s
real economic growth ~ реальный темп экономического роста
real effective exchange ~ эффективный валютный курс
real exchange ~ реальный валютный курс
real interest ~ реальная ставка процента
redemption ~ 1) процент погашения (*долга*) 2) норма погашения (*кредита*)
rediscount ~ ставка переучета
reduced ~ льготная ставка; пониженный курс
reject frequency ~ процент брака

renewal ~ ставка по пролонгируемой ссуде
rent ~ ставка арендной платы
rental ~ *см.* rent ~
response ~ процент возвращенных анкет (*при обследовании*)
retention ~ доля нераспределяемой прибыли
retirement ~ of discount размер скидки при досрочной оплате тратты
royalty ~ размер роялти
ruling ~ действующая ставка
sampling ~ доля выборки
scrap frequency ~ процент брака
seasonal ~s сезонные ставки
second ~ второй разряд, второй сорт
sellers' ~ курс продавцов
selling ~ *см.* sellers' ~
settlement ~ расчетный курс
shipping ~ фрахтовая ставка
short ~ курс покупки краткосрочных векселей в иностранной валюте
short-term interest ~ ставка процента по краткосрочным займам
sight ~ курс покупки краткосрочных векселей в иностранной валюте
single consignment ~ фрахтовая ставка для мелких отправок
space ~ плата за объявления
special ~ 1) дифференцированная норма 2) особый тариф
specific ~ *см.* special ~ 1)
specified ~ номинальный показатель
spot ~ наличный курс валюты
stable exchange ~ устойчивый курс
standard ~ стандартный курс
standard fixed overhead ~s стандартные фиксированные ставки по накладным расходам
standard variable overhead ~s стандартные меняющиеся ставки по накладным расходам
standard wage ~ основная ставка зарплаты
steady exchange ~ устойчивый курс
stevedoring ~s ставки погрузочно-разгрузочных работ
stock depletion ~ интенсивность расходования запасов
straight-line ~ пропорциональный тариф
survival ~ коэффициент выживаемости, выживаемость
swap ~ премия или скидка с наличного курса при сделках на срок
tariff ~ тарифная ставка

tax ~ ставка налога
taxation ~ *см.* tax ~
telegraphic transfer ~ валютный курс при телеграфных переводах
temporary ~ временная ставка
third ~ третий разряд, третий сорт
through ~ сквозная ставка
through freight ~ сквозная фрахтовая ставка
time ~ 1) норма времени 2) повременный тариф
time wage ~ повременная ставка зарплаты
today's ~ курс дня
top ~ максимальная ставка
total ~ общий коэффициент
traffic ~ 1) интенсивность движения 2) транспортный тариф
tramp freight ~ тариф на перевозки на трамповых судах
transit ~ транзитный тариф
transportation ~ транспортный тариф
treasury bill ~ ставка по казначейским векселям
turnover ~ скорость оборота
two-tie ~ of exchange двойной курс
unacceptable ~ неприемлемая ставка
unemployment ~ процент безработных
uniform ~s единые ставки
unofficial ~ рыночный курс валют
utilization ~ коэффициент использования
variable ~ колеблющийся курс; меняющаяся ставка
variable interest ~ меняющаяся ставка процента
volume ~ тариф для массовых грузов
wage ~ ставка зарплаты
wage ~ per hour почасовая ставка зарплаты
wastage ~ норма отходов
wear ~ 1) интенсивность изнашивания 2) норма износа
wear-out ~ *см.* wear ~ 2)
worker's ~ тарифный разряд работника
zone ~ зональный тариф
~ for advances against collateral ломбардная ставка
~ for advances on securities *см.* ~ for advances against collateral
~ for cable transfers курс телеграфных переводов
~ for a cheque чековый курс
~s for currency allocations нормативы валютных отчислений

~s for credits ставки по кредитам
~ for loans курс по ссудам
~ for loans on collateral ломбардная ставка
~ for mail transfers курс почтовых переводов
~ for telegraphic transfers курс телеграфных переводов
~ in the outside market внебиржевой курс
~ of accumulation темп накопления; норма накопления
~ of allowance размер уценки
~ of assessment ставка коммунального налога
~ of balanced growth темп сбалансированного роста
~s of cargo operations нормы грузовых работ
~ of change степень изменения
~ of charge ставка сбора
~ of commission ставка комиссионного вознаграждения
~ of compensation размер компенсации
~ of competitiveness показатель конкурентоспособности
~ of conversion обменный курс, курс перевода
~ of cover размер страховой премии
~ of currency курс валюты
~ of the day курс дня
~ of demurrage ставка демерреджа
~ of dependency степень зависимости
~ of depletion скорость расходования запасов
~ of deposit turnover скорость оборачиваемости депозитов
~ of depreciation норма амортизации; степень обесценения
~ of development темп развития
~ of discharge скорость разгрузки; норма выгрузки
~ of discharging *см.* ~ of discharge
~ of discount учетный курс
~ of dispatch ставка диспача
~ of duty ставка таможенной пошлины
~ of exchange курс иностранной валюты
~ of expenditures размер расходов
~ of expenses *см.* ~ of expenditures
~ of foreign exchange курс иностранной валюты
~ of freight фрахтовая ставка
~ of full value полноценный курс
~ of growth темп роста

~ of increase темп увеличения
~ of increment темп прироста
~ of inflation темп инфляции
~ of input норма запуска в производство
~ of insurance ставка страховой премии
~ of interest ставка процента
~ of interest on advance ломбардная ставка
~ of interest on deposits размер процента по вкладам
~ of investment инвестиционная квота
~ of issue курс выпуска
~s of loading нормы погрузки
~s of loading and discharging нормы погрузочно-разгрузочных работ
~ of migratory increase коэффициент увеличения мигрирующего населения
~ of natural increase норма естественного увеличения населения
~s of natural loss нормы естественной убыли
~ of option *бирж.* размер премии
~ of pay ставка заработной платы
~ of premium размер премии
~s of a price-list расценки прейскуранта
~ of production уровень производства
~ of profit норма прибыли
~ of profitability норма рентабельности
~ of reduction размер уценки
~ of remuneration размер вознаграждения
~ of return 1) норма прибыли 2) норма рентабельности 3) коэффициент окупаемости
~ of return on capital норма прибыли на капитал
~ of return on net worth норма прибыли на собственный капитал
~ of royalty размер роялти
~ of securities курс ценных бумаг
~ of stevedoring operations норма обработки грузов
~s of storage ставки за хранение
~ of subscription подписная цена (*на акции*)
~ of surplus value норма прибавочной стоимости
~ of taxation ставка налога
~ of turnover скорость оборота
~ of unloading норма разгрузки
~ of use коэффициент использования
~ of wages размер заработной платы

~ of work темп работы
~s on credit ставки по кредитам
~ on the day of payment курс на день платежа
~ on the exchange биржевой курс
~ per hour почасовая норма
~ per kilometre километровый тариф
◇ at the ~ of в размере; по курсу; по ставке
at a growing ~ в ускоренном темпе; в возрастающем размере
at a high ~ 1) дорого 2) быстро
at a low ~ 1) дешево 2) медленно
below the ~ ниже курса
to accelerate the ~ ускорять темп
to advance the ~ of discount повышать учетный процент
to apply tariff ~s применять тариф
to cut ~s снижать ставки
to determine a ~ устанавливать ставку; устанавливать норму; устанавливать курс
to establish a ~ *см.* to determine a ~
to fix a ~ *см.* to determine a ~
to grant special ~s предоставлять особые ставки
to increase ~s повышать ставки
to maintain high interest ~s поддерживать высокий процент
to levy ~s повышать коммунальные налоги
to mark down the ~ of discount понижать учетный процент
to mark up the ~ of discount повышать учетный процент
to prescribe ~s устанавливать тариф
to quote a ~ назначать ставку
to raise a ~ повышать ставку
to reduce a ~ снижать ставку
to revise ~s пересматривать нормы
to set ~s устанавливать нормы
to step up the ~ of growth увеличивать темп роста
to upvalue the current ~ of banknotes повышать курс бумажных денег
to slow down the ~ замедлять темп
RATE *v* 1. оценивать 2. тарифицировать 3. облагать местным налогом
RATED *adj* 1. номинальный; расчетный; проектный 2. имеющий разряд
RATEPAYER *n* налогоплательщик
RATE-FIXING *n* нормирование; тарификация
RATE-SETTING *n см.* **RATE-FIXING**
RATIFICATION *n* утверждение; ратификация

conditional ~ условная ратификация
partial ~ частичная ратификация
~ of a convention ратификация конвенции
RATIFY v утверждать, ратифицировать
RATING n 1. оценка; рейтинг 2. оценка; установление разряда; тарификация 3. квалификационная оценка 4. параметр; характеристика 5. *pl.* паспортные данные 6. нормирование; хронометраж 7. мощность; производительность
bond ~ рейтинг облигации
capacity ~ паспортная мощность
classification ~ класс груза
composite ~ сводный рейтинг
credit ~ рейтинг, показатель кредитоспособности заемщика
designed ~ проектная мощность
efficiency ~ *амер.* оценка результатов работы (*служащих*), аттестация
employee ~ *см.* efficiency ~
employer ~ оценка, аттестация рабочих (*предпринимателем*)
financial ~ оценка финансового положения
fleet ~ особая цена на услуги, предоставляемые владельцу транспортных средств при условии исключительного права на их обслуживание
high ~ высокая оценка
individual ~ *страх.* соотнесение страховой премии с конкретными рисками
investment ~ инвестиционная классификация ценных бумаг
job ~ оценка работы
lot ~ качественная оценка партии изделий
merit ~ оценка качества
performance ~ 1) оценка интенсивности труда 2) *pl* номинальные значения рабочих параметров
priority ~ разряд очередности
profit ~ расчет рентабельности
quality ~ оценка качества
security ~ рейтинг ценных бумаг
speed ~ оценка темпа работы
split ~ двойной рейтинг
vessel ~ классификация судов
RATIO n 1. отношение; соотношение; пропорция 2. коэффициент
accounting ~s бухгалтерские коэффициенты
acid-test ~ отношение текущих активов компании к текущим пассивам
age ~ соотношение возрастных групп по численности
availability ~ коэффициент готовности
average ~ средний коэффициент
balance sheet ~ балансовые коэффициенты, основные показатели деятельности компании, ее финансового состояния
benefit-cost ~ отношение дохода к издержкам
capacity ~ коэффициент использования производственных мощностей
capital ~ отношение капитала к активам
capitalization ~ соотношение элементов структуры капитала компании
capital-output ~ отношение капитала к стоимости выпускаемой продукции
cash ~ 1) отношение наличности к общей сумме обязательств по банковским депозитам 2) отношение наличности и других активов к сумме обязательств
cash-deposit ~ отношение наличности к депозитам
collection ~ средний срок инкассации поступлений
common stock ~ доля обыкновенных акций
concentration ~ показатель концентрации
conversion ~ конверсионное соотношение
corn-hog ~ соотношение между продажной ценой свиньи и продажной ценой зерна, требующегося на ее откорм
correlation ~ корреляционное отношение
cost-effectiveness ~ коэффициент эффективности затрат
cost-to-performance ~ коэффициент экономической эффективности
cost-utility ~ отношение затрат и результатов
cover ~ коэффициент покрытия пассивов собственным капиталом
current ~ соотношение текущих активов (оборотного капитала) и текущих пассивов (краткосрочных обязательств)
current assets ~ *см.* current ~
current liquidity ~ текущий коэффициент ликвидности
debt-equity ~ соотношение собственных и заемных средств

RAT

debt-service ~ коэффициент обслуживания долга
debt-to-assets ~ отношение обязательств компании к активам
debt-to-equity ~ отношение собственных и заемных средств
debt-to-total-assets ~ отношение суммарных обязательств компании к суммарным активам
defect ~ процент брака
deposit-currency ~ отношение суммы депозитов к наличности
depreciation reserve ~ коэффициент резерва на амортизацию
design ~ расчетный коэффициент
dividend payment ~ коэффициент выплаты дивиденда
downtime ~ коэффициент простоя; относительное время простоя
earning ~ коэффициент доходности
earning power ~ доходность
effectiveness ~ коэффициент эффективности
equity ~ отношение акционерного капитала к общей сумме активов
exchange ~ меновое отношение
expense ~ отношение затрат к доходу
feed ~ соотношение между рыночной ценой животного и стоимостью его откорма
feedback ~ *см.* feed ~
fund-creating ~ фондообразующий показатель
gross profit ~ коэффициент валовой прибыли
growth ~ показатель роста; темп роста
hedge ~ соотношение между хеджевой и фьючерсной позициями, хеджевый коэффициент
interest coverage ~ коэффициент покрытия процентов
inventory-income ~ отношение инвестиций в товарно-материальные запасы к доходу
inventory turnover ~ оборачиваемость товарно-материальных запасов
investment ~ инвестиционная квота
labour-population ~ отношение числа работающих к численности населения
labour-saving ~ коэффициент экономии трудовых затрат
liquid ~ отношение ликвидных статей баланса банка к депозитам
liquid assets ~ коэффициент ликвидности
liquidity ~ *см.* liquid assets ~

RAT

loan-deposit ~ отношение суммы ссуд к депозитам
loss ~ коэффициент убыточности
margin of profit ~ коэффициент прибыльности
market ~ соотношение рыночной стоимости золота и серебра
mortality ~ показатель смертности
net profit ~ коэффициент рентабельности
operation ~ 1) коэффициент использования 2) коэффициент готовности
operating ~ *см.* operation ~
output-input ~ коэффициент полезного действия
payout ~ коэффициент выплаты прибыли в виде дивидендов
percentage ~ процентное соотношение
placement ~ отношение суммы размещенных акций ко всему выпуску
preferred stock ~ удельный вес привилегированных акций
price ~ соотношение цен
price-cost ~ соотношение цен и издержек
price-earnings ~ отношение рыночной цены акции к доходу от одной акции
profit ~ процент прибыли
profit-and-loss-sharing ~ план распределения прибылей и убытков
put-call ~ соотношение опционов «пут» и «колл»
quick ~ отношение текущих активов компании к текущим пассивам
quick assets ~ *см.* quick ~
reserve ~ норма резерва
return ~ коэффициент окупаемости
risk assets коэффициент рисковых активов
savings ~ норма сбережения
self-financing ~ коэффициент самофинансирования
solvency ~ коэффициент платежеспособност
stock-sales ~ отношение товарных запасов к товарообороту
subscription ~ *амер.* подписной коэффициент
till cash ~ коэффициент кассовой наличности
transportation ~ транспортный коэффициент
turnover ~ оборотный коэффициент
utilization ~ коэффициент использования
vacancy-unemployment ~ соотношение

вакантных рабочих мест и безработицы
working capital ~ соотношение оборотного капитала и краткосрочных обязательств
~ **of allotment** подписная квота
~ **of capital turnover** коэффициент оборачиваемости капитала
~ **of reserves to liabilities** отношение резервов к обязательствам
~ **of working expenses** коэффициент издержек производства

RATION *n* 1. рацион, паёк 2. *pl* продовольствие
balanced ~ сбалансированный рацион
emergency ~ неприкосновенный запас
feed ~ кормовой рацион
food ~ пищевой рацион

RATIONAL *adj* рациональный; целесообразный

RATIONALITY *n* рациональность

RATIONALIZATION *n* рационализация
~ **of the export** рационализация экспорта
~ **of production** рационализация производства

RATIONALIZE *v* рационализировать

RATIONING *n* рационирование; нормирование
credit ~ рационирование кредита
food ~ нормирование продовольственных продуктов
foreign exchange ~ контингентирование валюты

RAW *adj* сырой, необработанный

REACH *n* охват; кругозор; уровень знаний

REACH *v* распространяться, охватывать

REACTION *n* 1. реакция 2. влияние, воздействие 3. противодействие

REACTIVATE *v* 1. возобновлять 2. оживлять

REACTIVATION *n* 1. возобновление; восстановление 2. оживление

READDRESS *v* переадресовывать

READDRESSING *n* переадресовка

READINESS *n* готовность
operational ~ эксплуатационная готовность
~ **for acceptance** готовность к приёмке
~ **for delivery** готовность поставки
~ **for inspection** готовность к проверке
~ **for loading** готовность судна к погрузке
~ **of cargo** готовность груза

~ **of goods for shipment** готовность товара к отгрузке

READING *n* показание (*прибора*)
~ **of the scale** показание шкалы
◇ **to take a** ~ снимать показания прибора

READJUST *v* перестраивать, реорганизовывать

READJUSTMENT *n* перестройка, реорганизация

READY *adj* 1. готовый 2. наличный; ликвидный
~ **for operation** готовый к эксплуатации
~ **for sale** готовый к продаже
~ **for shipment** готовый к перевозке
~ **for service** готовый к эксплуатации
~ **for use** готовый к использованию
◇ **to have smth** ~ заготавливать
to make ~ подготавливать

REAL *adj* 1. действительный, реальный 2. недвижимый (*об имуществе*)

REALIGNMENT *n* 1. перестройка, реконструкция 2. пересмотр
currency ~ пересмотр валютных курсов
~ **of the exchange rates** *см.* **currency** ~

REALITY *n* действительность, реальность

REALIZABLE *adj* 1. осуществимый, выполнимый 2. могущий быть реализованным, ликвидный

REALIZATION *n* 1. осуществление, реализация 2. продажа
value ~ реализация стоимости
~ **of goods** реализация товара
~ **of a method** реализация метода
~ **of output** реализация продукции
~ **of a plan** выполнение плана
~ **of pledged property** реализация заложенного имущества
~ **of a process** осуществление процесса
~ **of products** реализация продукции
~ **of a programme** выполнение программы
~ **of a project** реализация проекта

REALIZE *v* 1. осуществлять, выполнять 2. реализовывать, продавать

REALLOCATE *v* перераспределять

REALLOCATION *n* перераспределение
~ **of duties** перераспределение обязанностей
~ **of import quotas** перераспределение импортных контингентов
~ **of resources** перераспределение средств

REALTOR n *амер.* агент по продаже недвижимости
REAPPORTION v заново распределять
REAPPORTIONMENT n перераспределение
  overhead ~ перераспределение накладных расходов
  ~ of costs *см.* overhead ~
REAPPRAISAL n переоценка
REAPPRAISE v переоценивать
REARRANGE v 1. переставлять, передвигать 2. перестраивать, переделывать
REARRANGEMENT n 1. перестановка; перегруппировка 2. перестройка, переделка
REASON n причина; основание; мотив
  financial ~s финансовые мотивы
  main ~ главная причина
  major ~ *см.* main ~
  primary ~ *см.* main ~
  sole ~ единственная причина
  technical ~ техническая причина
  valid ~ уважительная причина
  ~ beyond smb's control причина, не зависящая от кого-л.
  ~ for a claim основание для предъявления претензии
  ~ for complaint *см.* ~ for a claim
  ~ for a decision основание для решения
  ~ for a defect причина дефекта
  ~ for delay причина задержки
  ~ for an error причина дефекта
  ~ for refusal основание для отказа
  ~ for rejection *см.* ~ for refusal
  ~ for trouble причина неисправности
  ◇ with ~ не без основания, с полным основанием
  to find the ~ находить причину
  to state the ~ указывать причину
REASONABLE adj 1. разумный 2. обоснованный 3. приемлемый 4. умеренный, недорогой
REASSESS v 1. производить переоценку 2. подвергать пересмотру
REASSESSMENT n 1. переоценка 2. пересмотр
  ~ of a problem пересмотр проблемы
REASSORT v пересортировать
REASSORTING n пересортировка
REBALANCE v перебалансировать, изменить баланс
REBATE n 1. скидка, уступка 2. вычет процентов 3. возврат переплаты
  annual ~ скидка по итогам года

  bonus ~ бонусная скидка
  conference ~ *мор.* конференциальная скидка
  dealer ~ дилерская скидка
  deferred ~ отсроченная скидка
  export ~ экспортная скидка
  export merchant's ~ *см.* export ~
  freight ~ фрахтовая скидка
  incentive ~ поощряющая, стимулирующая скидка
  interest ~ процентная скидка
  premium ~ уменьшение страхового взноса
  price ~ скидка с цены
  quantity ~ скидка за количество, количественная скидка
  rate ~ 1) возврат переплаты по тарифу 2) скидка с тарифа
  simple ~ простая скидка
  special ~ специальная скидка
  tax ~ налоговая скидка
  ~ for reduced quality скидка за более низкое качество
  ~ of customs duty снижение таможенной пошлины
  ~ of interest возврат процентов при досрочном погашении ссуды
  ~ of shipments скидка с фрахта
  ~ on the price скидка с цены
  ~ on shipments скидка с фрахта
  ◇ to allow a ~ предоставлять скидку, давать скидку
  to extend a freight ~ делать скидку с фрахта
  to grant a ~ предоставлять скидку, давать скидку
REBILLING n переоформление накладной
REBUILDING n 1. восстановление; капитальный ремонт 2. реконструкция
REBUTTAL n опровержение обвинения
RECALCULATE v пересчитывать
RECALCULATION n пересчет; перерасчет
RECALL n 1. отзыв (*специалиста*) 2. отмена, аннулирование 3. снятие с продажи
  ◇ beyond ~ 1) непоправимый; окончательный 2) безотзывный
  past ~ *см.* beyond ~
  valid until ~ действителен до отмены
RECALL v 1. отзывать, вызывать обратно 2. отменять, аннулировать
RECALLABLE adj могущий быть изъятым
RECAPITALIZATION n рекапитализа-

REC

ция, изменение структуры капитала компании
RECAPITALIZE *v* рекапитализировать
RECAPITULATION *n* **1.** краткое повторение **2.** суммирование; резюме **3.** условие кредитного соглашения о досрочном погашении кредита **4.** условие лизингового соглашения о выплате арендодателю процента от прибыли
RECAPITULATE *v* **1.** кратко повторять **2.** суммировать, резюмировать
RECAPTURE *n* **1.** восстановление; возврат **2.** восстановление налоговых льгот
~ **of deferred taxes** уплата отложенных налогов
~ **of earnings** перевод в госказну прибыли, полученной сверх обусловленной нормы
RECEDE *v* падать, понижаться (*о ценах, курсах акций*)
RECEIPT *n* **1.** получение **2.** расписка в получении; квитанция **3.** *pl* денежные поступления; выручка; доход
accountable ~ оправдательный бухгалтерский документ; отчетный документ
actual ~s фактические поступления
additional ~s дополнительные поступления
air mail ~ квитанция авиапочтового отправления
American depositary ~ американская депозитная квитанция
annual ~s годовой доход
application ~ квитанция о подписке на акции
baggage ~ багажная квитанция
bank ~ квитанция банка
bank deposit ~ *см.* **bank** ~
banker's ~ *см.* **bank** ~
budget ~s бюджетные поступления
budgetary ~s *см.* **budget** ~s
business ~s поступления от продаж
cargo ~ получение груза
carrier's ~ накладная
cash ~s кассовые поступления, поступления наличных денег
clean ~ чистая расписка
clean dock ~ чистая доковая расписка
compiled ~s совокупные доходы
consignee's ~ расписка получателя в приеме груза
continental depositary ~ континентальная депозитная расписка

REC

contract ~s выручка за работы по контрактам
currency ~s валютные поступления
current ~s текущие поступления
custodianship ~ *амер.* квитанция о депонировании ценностей в банке
custody ~ *брит. см.* **custodianship** ~
customs ~ квитанция таможни об уплате пошлины
daily ~s дневная выручка
day's ~s *см.* **daily** ~s
delayed ~ **of cargo** получение груза с опозданием
delayed ~ **of payment** задержка платежа
delivery ~ расписка в получении товара
deposit ~ депозитное свидетельство
depositary ~ *см.* **deposit** ~
dock ~ доковая расписка
duplicate ~ двойная расписка
duty ~ квитанция таможни
excess ~s сверхплановые поступления
export ~s экспортная выручка
filing ~ квитанция о принятии заявки
foreign exchange ~s валютные поступления
goods ~ грузовая квитанция
government ~s государственные доходы
gross ~s валовой доход
inland revenue ~s *брит.* налоговые поступления
interest ~s доходы по процентам
interim ~ временная квитанция
late ~ задержка в получении
loan ~ расписка в получении займа
luggage ~ багажная квитанция
master's ~ расписка капитана
mate's ~ расписка помощника капитана в принятии груза
net ~s чистые поступления
official ~ официальная расписка
original ~ оригинал квитанции
other ~s прочие поступления
parcel ~ квитанция о приеме посылки, квитанция на почтовую посылку
parcel post ~ *см.* **parcel** ~
port authorities ~ расписка портовых властей
post ~ почтовая квитанция
postal ~ *см.* **post** ~
post-office ~ *см.* **post** ~

premium ~ квитанция об уплате страхового взноса
proprietary ~s доход от имущества
provisional ~ временная квитанция
public ~s государственные доходы
quay ~ квитанция об уплате причального сбора
railway ~ железнодорожная квитанция
register ~ кассовый чек
registered mail ~ *амер.* квитанция на заказное почтовое отправление
rent ~s доход от аренды
revenue ~s налоговые поступления
stock ~ расписка о получении акций
subscription ~ квитанция о подписке (*на акции, облигации*)
tallyman's ~ тальманская расписка
tax ~s налоговые поступления
temporary ~ временная расписка
terminal ~ складская расписка
total ~s общая сумма поступлений
transfer ~ квитанция о трансферте акций, трансфертная расписка
transhipment ~ свидетельство о перегрузке
trust ~ расписка в получении имущества в доверительное управление
warehouse ~ складская квитанция
warehouse-keeper's ~ *см.* warehouse ~
wharfinger's ~ расписка товарной пристани в принятии груза для отправки
withdrawal ~ документ о снятии денег со счета, расходный ордер
yearly ~s годовой доход
~ for the balance документ, удостоверяющий остаток на счете
~ for depositor депозитная квитанция
~ for the premium квитанция об уплате страхового взноса
~ for a sum расписка в получении суммы
~s from freight поступления от фрахта
~s from trade торговая выручка
~ from a warehouse получение со склада
~ in full расписка о получении полностью
~ in part расписка о частичном получении
~ of an advice получение извещения
~ of cargo получение груза
~ of competitive offers получение конкурентных предложений
~ of a consignment получение партии (*товара*)
~ of a credit получение кредита

~ of a deposit 1) получение вклада 2) депозитное свидетельство
~ of documents получение документов
~ of documents for collection получение документов на инкассо
~ of funds получение денег
~ of goods получение товара
~ of a licence получение лицензии
~ of money получение денег
~ of a notice получение извещения
~ of a notification *см.* ~ of a notice
~ of an order поступление заказа
~ of a patent получение патента
~ of payment получение платежа
~ of transfer получение перевода
~ of a visa получение визы
◊ against ~ под расписку
on ~ *см.* against ~
pending ~ до получения
prior ~ *см.* pending ~
~s and expenditures приход и расход
to acknowledge ~ подтвердить получение; расписаться в получении
to confirm ~ *см.* to acknowledge ~
to give a ~ выдавать (выписывать) квитанцию
to issue a ~ *см.* to give a ~
to make out a ~ *см.* to give a ~
to present ~ а предъявлять квитанцию
to register ~ регистрировать получение
to submit a ~ предъявлять квитанцию
RECEIVABLE *adj* подлежащий получению
◊ accounts ~ счета дебиторов; дебиторы
bills ~ векселя к получению
notes ~ *амер. см.* bills ~
RECEIVABLES *n pl* дебиторская задолженность; счета к получению; причитающиеся суммы
accrued ~ антиципированные активы
ageing ~ неоплаченные счета, расклассифицированные по срокам давности
contingent ~ сомнительные долги
current ~ оборотный капитал
factoring ~ перепродажа неоплаченных счетов
uncollectable ~ просроченная дебиторская задолженность; безнадежные долги
RECEIVE *v* получать
RECEIVER *n* 1. получатель 2. грузополучатель, товарополучатель 3. официальное лицо, назначенное судом, для ликвидации компании, потерпевшей банкротство

fund ~ заемщик
tax ~ *амер.* сборщик налогов
~ of the failed bank ликвидатор обанкротившегося банка
RECEIVERSHIP *n* управление имуществом по доверенности
RECEPTION *n* 1. прием, получение 2. прием, встреча 3. конторка портье
official ~ официальный прием
unofficial ~ неофициальный прием
~ of cargo прием груза
~ of deposits прием вкладов
◊ to arrange a ~ устроить прием
to hold a ~ *см.* to arrange a ~
RECEPTIONIST *n* регистратор; портье гостиницы
RECEPTIVE *adj* восприимчивый
RECESSION *n* 1. отступление от чего-л. 2. падение, спад, рецессия
business ~ падение деловой активности; падение конъюнктуры
economic ~ экономический спад
inflationary ~ инфляционный спад
long-lived ~ долгосрочный спад
short-lived ~ краткосрочный спад
trade ~ спад в торговле
~ in demand падение спроса
◊ to avert a ~ предотвратить спад
RECIPIENT *n* получатель
credit ~ получатель кредита
exempt ~ получатель платежа, имеющий право на освобождение от уплаты налога
final ~ конечный получатель
welfare ~ получатель государственного пособия
~ of a deposit получатель вклада
~ of a dividend получатель дивиденда
~ of a grant получатель субсидии
~ of a loan получатель займа
~ of a pension получатель пенсии
~ of payment получатель платежа
~ of public relief получатель пособия по социальному обеспечению
~ of unemployment benefit получатель пособия по безработице
RECIPROCAL *adj* взаимный
RECIPROCITY *adj* взаимность
RECKON *v* 1. считать, подсчитывать 2. считать, рассматривать 3. расплатиться с долгами
RECKONING *n* счет, подлежащий оплате (*особ. в гостинице или ресторане*)
RECLAIM *v* 1. исправлять; ремонтировать 2. осваивать (*земли*) 3. требовать обратно 4. предъявлять претензию
RECLAMATION *n* 1. рекламация 2. исправление; переделка 3. освоение (*земли*)
land ~ освоение земли
RECOGNITION *n* 1. признание, одобрение 2. *юр.* официальное признание
de facto ~ признание де-факто
de jure ~ признание де-юре
fast-growing ~ быстро растущее признание
international legal ~ международно-правовое признание
legal ~ правовое признание
~ in the international law международно-правовое признание
~ in the market признание на рынке
~ of a claim признание претензии
~ of legitimate rights признание законных прав
◊ to receive ~ получать признание
to win ~ завоевывать признание
RECOGNIZANCE *n юр.* 1. признание 2. обязательство, данное суду
RECOMMEND *n* рекомендовать
RECOMMENDATION *n* рекомендация
concerted ~s согласованные рекомендации
listed ~s перечисленные рекомендации
packing ~s рекомендации по упаковке
◊ to accept ~s принимать рекомендации
to adopt ~s *см.* to accept ~s
to give ~s давать рекомендации
to make ~s *см.* to give ~s
to provide ~s *см.* to give ~s
RECCOMENDATORY *adj* рекомендательный
RECOMPENSE *n* 1. компенсация, возмещение 2. вознаграждение
◊ as a ~ в возмещение; в виде вознаграждения
to claim ~ требовать компенсацию
RECOMPENSE *v* возмещать, компенсировать
RECONCILE *v* 1. улаживать, урегулировать 2. согласовывать; выверять (*финансовые документы*)
RECONCILIATION *n* 1. улаживание; урегулирование 2. согласование; сверка, выверка (*финансовых документов*)
bank ~ банковская выверка
~ of an account выверка счета
~ of cash ревизия кассы

REC

~ of net worth выверка акционерного капитала
RECONDITION v приводить в исправное состояние, ремонтировать
RECONDITIONING n ремонт, восстановление
RECONSIDER v пересматривать; ревизовать (*решение*)
RECONSIDERATION n пересмотр, отмена (*решения*)
  price ~ пересмотр цен
  ~ of a decision пересмотр решения
  ~ of norms пересмотр норм
  ~ of a plan пересмотр плана
  ~ of prices пересмотр цен
  ~ of a programme пересмотр программы
  ~ of rates изменение норм выработки
  ~ of standards пересмотр стандартов
RECONSIGN v переадресовывать груз, находящийся в пути
RECONSIGNMENT n переадресовка груза в пути следования
RECONSTRUCT v 1. перестраивать, реконструировать 2. восстанавливать
RECONSTRUCTION n 1. перестройка, реконструкция 2. восстановление
  fundamental ~ коренная реконструкция
  radical ~ *см.* fundamental ~
  technical ~ техническая реконструкция
  ~ of industry восстановление промышленности
  ~ of a plant реконструкция завода
  ~ of a port реконструкция порта
  ◇ to carry out ~ осуществлять реконструкцию
RECONVERSION n реконверсия, перевод предприятия на выпуск иной продукции
RECONVERT n проводить реконверсию
RECORD n 1. запись 2. протокол 3. регистрация, учет 4. *pl* документация; учетные документы 5. картотека 6. факты, данные о ком-л.; репутация
  accounting ~s бухгалтерские счета
  book ~s записи в бухгалтерских книгах
  cash ~ кассовый документ
  consumption ~s учет расхода материалов
  cost ~s 1) учет ценных бумаг 2) документы, фиксирующие различные виды издержек

REC

credit ~ кредитовая запись, запись по кредиту
daily ~ суточная ведомость
daily performance ~ учет рабочего времени
debit ~ дебетовая запись, запись по дебету
delivery ~ акт сдачи-приемки
demand ~s учет спроса
departure ~ регистрация выбытия
deposit ~s документация по депозитам
earnings ~ справка о зарплате
expenditure ~s учет расходов
financial ~s финансовая документация
handing-over ~ протокол сдачи-приемки
income ~s данные о доходах
inspection and maintenance ~ карта учета контроля и техобслуживания
internal ~s внутрифирменный регистр
inventory ~s учет товарно-материальных ценностей
job ~ отчет о работе
loading ~ регистр загрузки
material consumption ~s документация расхода материалов
official ~ протокол
operation ~s эксплуатационные данные
ordering ~s документация по заказу
patent ~ регистрация патентов
payroll ~ платежная ведомость
performance ~ отчет о работе
personnel ~s учет кадров
purchase ~s учет закупок
repair ~ ремонтная ведомость
sales ~s торговый учет
stock ~s учет товарных запасов
supporting ~ вспомогательная ведомость
test ~ протокол испытаний
working ~ ведомость работ
~s in the log book записи в монтажном журнале
~ in a protocol запись в протокол
~ of acceptance протокол приемки
~ of an application регистрация заявки
~s of a bank документация банка
~s of billings регистр выписанных счетов
~ of a discovery регистрация открытия
~ of hearings протокол заседаний
~ of an invention регистрация изобретения
~ of measurements акт замера
~ of a patent регистрация патента

~s of performance отчёт о работе
◊ to enter on the ~ записывать, приобщать к делу; заносить в протокол
to inspect ~s проверять записи
to keep ~s вести записи
to put on ~ фиксировать
to take a ~ вести протокол
RECORD *v* 1. записывать 2. протоколировать 3. регистрировать
RECORDER *n* регистрирующее устройство, регистратор
data ~ регистратор данных
RECORDING *n* регистрация, запись
RECOUP *v* 1. компенсировать, возмещать 2. вычитать, удерживать
RECOUPMENT *n* 1. компенсация, возмещение; окупаемость 2. вычет
~ of capital investments окупаемость капитальных вложений
~ of manufacturing costs возмещение издержек производства
~ of operating costs *см.* ~ of manufacturing costs
~ of production costs *см.* ~ of manufacturing costs
RECOURSE *n* 1. обращение за помощью 2. регресс; право регресса, право оборота
~ to arbitration обращение в арбитраж
~ to the endorser обращение к индоссанту
◊ with ~ с регрессом
without ~ без регресса
without ~ to the drawer без оборота на трассанта
without the right of ~ без права регресса
to claim ~ требовать право оборота
to have ~ to the drawer иметь право регресса в отношении трассанта
to realize the ~ осуществлять право регресса
to renounce the right of ~ отказываться от права регресса
RECOURSE *v* обращаться за помощью
RECOVER *v* 1. получать обратно 2. возмещать, покрывать 3. оживляться, улучшаться 4. собирать (*долги*); взыскивать, инкассировать 5. утилизировать (*отходы*); улавливать (*газы*)
RECOVERABLE *adj* 1. возместимый 2. подлежащий возмещению 3. могущий быть взысканным, инкассированным
RECOVERY *n* 1. возврат 2. оживление; подъём; восстановление 3. возмещение 4. взыскание; инкассирование 5. утилизация (*отходов*) 6. регенерация; восстановление
business ~ оживление деловой конъюнктуры
cost ~ возмещение издержек производства
credit ~ возвратность кредита
economic ~ оживление экономики
financial ~ финансовое оздоровление
full ~ полное возмещение
loss ~ возмещение потерь
materials ~ утилизация отходов производства
partial ~ частичное возмещение
weak ~ вялое оживление
~ by enforcement принудительное взыскание
~ in business оживление в торговле
~ in kind возмещение в натуре
~ of an amount возмещение суммы
~ of business оживление торговли
~ of damages взыскание убытков
~ of debts взыскание долгов
~ of the economy оживление экономики
~ of losses возмещение потерь
~ of manufacturing costs возмещение издержек производства
~ of money взыскание денег
~ of money invested возврат инвестированного капитала
~ of operating costs возмещение издержек производства
~ of outstanding amounts взыскание неуплаченных сумм
~ of prices повышение цен
~ of a sum взыскание суммы
~ of trade оживление торговли
◊ ~ over регресс, обратное требование
to facilitate economic ~ способствовать восстановлению экономики
RECRUIT *n* 1. новый член или участник 2. новичок
RECRUIT *v* набирать (*на работу, в организацию*)
RECRUITMENT *n* комплектование личным составом
labour ~ вербовка рабочей силы; набор рабочих
personnel ~ набор кадров
staff ~ *см.* personnel ~
RECTIFICATION *n* исправление; поправка
~ of a price поправка цены
~ of a record исправление записи

~ of a register внесение исправлений в реестр
RECTIFY v исправлять; уточнять
RECTO n 1. лицевая сторона документа 2. правая страница книги
RECUPERATION n восстановление уровня (*о ценах*)
RECURRENT adj периодический, повторяющийся
RED n задолженность; дефицит
in the ~ с убытком
◇ to be in the ~ иметь задолженность
to get out of the ~ выбраться из долгов, покрыть задолженность; покрыть дефицит
to operate in the ~ работать с убытком
REDEEM v 1. выкупать 2. погашать, выплачивать (*долг*)
REDEEMABLE adj подлежащий выкупу, погашению, погашаемый (*о ценных бумагах*)
REDELIVERY n 1. возврат поставки 2. возврат зафрахтованного судна
REDEMPTION n 1. выкуп; погашение (*ценных бумаг*); 2. возврат, выплата (*долга*)
bond ~ погашение облигаций
capital ~ выплата по привилегированным акциям
credit ~ погашение кредита
debt ~ погашение долга
gross yield ~ брутто доход по ценной бумаге при ее погашении
loan ~ возврат ссуды, погашение займа
mandatory ~ обязательное погашение эмитентом части выпущенных ценных бумаг до срока их погашения
prior ~ досрочный выкуп
scheduled ~ плановое погашение
~ in gold погашение золотом
~ of an annuity выплата ежегодной ренты
~ of banknotes погашение банкнот
~ of bonds погашение облигаций
~ of credit погашение кредита
~ of a debt погашение долга
~ of documents выкуп документов
~ of a loan погашение займа, возврат ссуды
~ of a mortgage выкуп закладной
~ of a pledge выкуп залога
~ of stock выкуп акций
REDEPLOY v производить перемещение, перегруппировку; переводить на другую работу

REDEPLOYMENT n 1. перегруппировка, перемещение, перевод на другую работу 2. реорганизация
~ of staff перемещение кадров
REDEPOSIT n передепонирование
REDEPOSIT v передепонировать
REDESIGN n переработка (*проекта или конструкции*)
REDESIGN v перерабатывать (*проект или конструкцию*)
REDEVELOP v реконструировать (*жилые районы*)
REDEVELOPMENT n реконструкция (*жилых районов*)
REDHIBITION n отмена договора купли-продажи покупателем
REDISCOUNT n переучет (*векселей*)
~ of a bill переучет векселя
REDISCOUNT v переучитывать (*векселя*)
REDISTRIBUTE v перераспределять
REDISTRIBUTION n перераспределение
~ of assets перераспределение активов
~ of income перераспределение дохода
REDRAFT n ретратта
REDRAW v выставлять ретратту
REDRESS n 1. исправление 2. *юр.* возмещение, компенсация
legal ~ законное возмещение
◇ to give ~ возмещать ущерб
to obtain ~ получать компенсацию
REDRESS v 1. возмещать, компенсировать 2. *юр.* возмещать ущерб
RED-TAPE n волокита, бюрократизм
REDUCE v 1. уменьшать; сокращать; понижать 2. переводить (*в другие, более мелкие единицы*)
REDUCTION n 1. снижение, понижение; уменьшение, сокращение 2. скидка 3. перевод (*в другие, более мелкие единицы*)
across-the-board ~ линейное сокращение статей расходов
actual ~ фактическое сокращение
cost ~ снижение себестоимости
credit ~ сокращение кредита
customs ~ снижение таможенной пошлины
debt ~ сокращение задолженности
dividend ~ снижение дивиденда
freight ~ снижение платы за провоз груза; скидка с фрахта
import ~ сокращение импорта
price ~ 1) скидка с цены 2) снижение цен
rate ~ снижение тарифов

seasonal price ~ сезонная скидка с цены
sharp profit ~ резкое сокращение прибыли
simple ~ простая скидка
staff ~ сокращение кадров
stock ~ сокращение запасов
tariff ~ снижение тарифа
tax ~ снижение налога
variety ~ сокращение ассортимента
wage ~ снижение зарплаты
~ for children скидка с налога для детей
~ in the discount снижение учетной ставки
~ in consumption of materials снижение материалоемкости
~ in defence сокращение военных расходов
~ in imports сокращение импорта
~ in input of materials снижение материалоемкости
~ in metal consumption снижение металлоемкости
~ in prices снижение цен
~ in production сокращение производства
~ in profits сокращение прибыли
~ in rates снижение коммунальных налогов
~ in salaries сокращение зарплаты
~ in taxes снижение налогов
~ in weight уменьшение в весе
~ in yield сокращение дохода
~ of allocations сокращение ассигнований
~ of barriers to trade сокращение торговых барьеров
~ of capital уменьшение основного капитала
~ of capital stock см. ~ of capital
~ of consumption сокращение расхода, потребления
~ of customs duties снижение таможенных пошлин
~ of the discount понижение учетной ставки
~ of deliveries сокращение поставок
~ of duties снижение размера пошлин
~ of employment сокращение занятости
~ of expenses снижение расходов
~ of fees снижение размера пошлин
~ of interest снижение процентной ставки
~ of personnel сокращение кадров

~ of prices снижение цен
~ of rates снижение ставок; снижение коммунальных налогов
~ of the rate of interest снижение ставки процента
~ of rent сокращение арендной платы
~ of share capital уменьшение акционерного капитала
~ of taxes снижение налогов
~ of the value снижение стоимости
~ of wages сокращение зарплаты
~ of weight уменьшение веса
~ of working hours сокращение рабочего дня
~ on profit margins ограничение размера прибыли
◊ at a ~ со скидкой
at a ~ of... со скидкой в размере...
to allow a ~ давать скидку
to grant a ~ см. to allow a ~
to make a ~ см. to allow a ~
to sell at a ~ продавать со скидкой

REDUNDANCY n 1. излишек, избыток 2. излишек рабочей силы 3. сокращение штатов; увольнение рабочих или служащих
~ of manpower избыток рабочей силы

REDUNDANT adj 1. излишний, избыточный 2. уволенный, потерявший работу

REEDUCATE v переобучать, переквалифицировать

REEDUCATION n переобучение, переквалификация

REEF n 1. рудная жила 2. золотоносный пласт

REEFER n 1. рефрижераторное судно 2. вагон-холодильник

REEQUIP v переоборудовать; переоснащать; модернизировать

REEQUIPMENT n переоборудование; переоснащение; модернизация
capital ~ увеличение капитала
technical ~ техническое переоснащение

REESTABLISH v 1. восстанавливать 2. исправлять

REESTABLISHMENT n восстановление; исправление
~ of currency оздоровление валюты

REEXAMINATION n 1. пересмотр; новый подход 2. повторный опрос, осмотр

REEXAMINE v пересматривать; искать новый подход

REEXCHANGE *n* сумма обратного переводного векселя (ретратты)
REEXPORT *n* 1. реэкспорт 2. *pl* реэкспортированные товары
REEXPORT *v* реэкспортировать
REEXPORTATION *n* реэкспорт
REFER *v* 1. направлять, отсылать к кому-л. или чему-л. 2. обращаться 3. наводить справку (*где-л.*) 4. ссылаться на кого-л. или что-л.
REFEREE *n* арбитр; третейский судья
REFERENCE *n* 1. ссылка на кого-л. или что-л. 2. справка 3. рекомендация, отзыв; референция 4. круг полномочий, компетенция 5. *юр.* передача на рассмотрение 6. соотношение, отношение
 bank ~ банковская референция
 banker's ~ *см.* **bank** ~
 credit ~ сведения о выполнении заемщиком обязательств по кредитам
 file ~ номер (шифр) документа, регистрационный номер
 first class ~ первоклассный отзыв
 patent ~ ссылка на патент
 posting ~ *бухг.* ссылка на перенос
 qualifying ~ уточняющая ссылка
 supporting ~ дополнительная ссылка
 trade ~ справка о кредитоспособности
 ~ **to arbitrators** обращение к арбитрам
 ◇ **to give good** ~ дать хороший отзыв
REFINANCE *v* рефинансировать
REFINANCING *n* рефинансирование; погашение долгов на основе новых заимствований
REFINE *v* 1. улучшать, совершенствовать, повышать качество; доводить (*конструкцию*) 2. перерабатывать (*нефть*)
REFINER *n* нефтеперерабатывающий завод
REFINERY *n см.* **REFINER**
REFINING *n* 1. улучшение, совершенствование; доводка (*конструкции*) 2. переработка нефти
 oil ~ очистка нефти и нефтепродуктов
 petroleum ~ *см.* **oil** ~
REFLATE *v* проводить рефляцию
REFLATION *n* рефляция
REFLOAT *v* заново выпускать облигационный заем
REFLUX *n* отток, отлив
 ~ **of capital** отлив капитала
 ~ **of money** отлив денежной массы
REFORM *n* реформа
 agrarian ~ аграрная реформа
 currency ~ денежная реформа

 economic ~ экономическая реформа
 fiscal ~ финансовая реформа
 land ~ земельная реформа
 monetary ~ денежная реформа
 tariff ~ реформа таможенной политики
 tax ~ налоговая реформа
 ~ **of land tenure** реформа землепользования
 ◇ **to carry out a** ~ проводить реформу
 to implement a ~ осуществлять реформу
 to initiate a ~ начинать реформу
REFORWARD *v* переотправлять
REFORWARDING *n* переотправка
REFRIGERATE *v* охлаждать; замораживать
REFRIGERATION *n* охлаждение; замораживание
REFRIGERATOR *n* 1. холодильник 2. вагон-холодильник
REFUELLING *n* заправка топливом
REFUGEE *n* беженец
REFUND *n* возврат, возмещение (*денег за товар в случае претензий*)
 cash ~ денежное возмещение
 direct ~ прямое возмещение затрат
 patronage ~ скидка клиентам
 rate ~ возврат переплаты по тарифу
 tax ~ возврат уплаченного налога; скидка с налога
 ~ **of a deposit** возврат депозита
 ~ **of a duty** возврат уплаченной пошлины
 ~ **of a fee** *см.* ~ **of a duty**
 ~ **of payment** возврат суммы
 ~ **of premium** возврат страховой премии
 ~ **of a purchase price** возврат уплаченной цены
 ~ **of a sum** возврат суммы
 ~ **of travel expenses** возмещение путевых расходов
 ◇ **in** ~ в возмещение
 to demand a ~ требовать возврата суммы
 to make a ~ возвращать (*сумму*); погашать (*долг*)
REFUND *v* 1. возвращать, возмещать (*деньги, убытки*) 2. рефинансировать
REFUNDABLE *adj* подлежащий возврату, возмещению
 ◇ **to be** ~ подлежать возврату, возмещению
REFUNDING *n* 1. возврат денег покупателю (*в случае претензий*) 2. выпуск

новых ценных бумаг для замены выпущенных ранее
advance ~ досрочное рефинансирование облигаций путем выпуска новых облигаций; предварительное рефинансирование
bonds ~ обмен старых облигаций на облигации нового выпуска
debt ~ рефинансирование задолженности
REFUSAL *n* 1. отказ 2. право первого выбора
first ~ право первого выбора
flat ~ категорический отказ
justified ~ обоснованный отказ
licence ~ отказ в предоставлении лицензии
loan ~ отказ в предоставлении ссуды
reasonable ~ обоснованный отказ
well-grounded ~ *см.* **reasonable ~**
~ of acceptance отказ от акцептования
~ of an application отклонение заявки
~ of a licence отказ в предоставлении лицензии
~ of a loan отказ в предоставлении ссуды
~ of a patent отказ в выдаче патента
~ of payment отказ от платежа
~ of a petition отклонение ходатайства
~ of a request отказ в просьбе
~ of a visa отказ в выдаче визы
◊ **~ to pay** отказ в платеже
to get a ~ получать отказ
to give the first ~ давать право первого выбора
to meet with a ~ получать отказ
REFUSE *v* отказываться; отклонять
REGIME *n* режим
customs ~ таможенный режим
economy ~ режим экономии
preferential tax ~ льготный налоговый режим
statutory ~ *амер.* торговое право
REGION *n* 1. область, район; регион 2. сфера, область
administrative ~ административный район
agricultural ~ сельскохозяйственный район
border ~ пограничный район
census ~ территориально-статистический район
coastal ~ прибрежный район
confidence ~ доверительная область
decision ~ область решения

depressed ~s районы хронической безработицы
distant ~ отдаленный район
economic ~ экономический район
food deficit ~ область с хроническим дефицитом продуктов питания
industrial ~ промышленный район
irrigated ~ орошаемый район
outlying ~ отдаленный район
overcrowded ~ перенаселенный район
populated ~ населенный район
sparsely populated ~ малонаселенный район
underdeveloped ~ слаборазвитый район
REGIONAL *adj* 1. областной, районный 2. региональный
REGISTER *n* 1. журнал (*записей*) 2. официальный список, реестр, регистр 3. запись
acceptance ~ книга учета акцептов
accounts receivable ~ регистр дебиторской задолженности
address ~ адресная книга
bond ~ журнал регистрации сделок с облигациями
Business Names R. реестр наименований фирм
card ~ картотека
cash ~ кассовый журнал
census of production ~ *брит.* реестр зарегистрированных промышленных предприятий
check ~ регистр платежных документов
classification ~ *мор.* регистр судов
commercial ~ официальный регистр компаний; торговый регистр
company ~ *см.* **commercial ~**
customer's ~ список клиентов
daily transaction ~ журнал ежедневной регистрации сделок
land ~ поземельная книга, поземельный кадастр
Lloyd's R. Регистр Лллойда
loan ~ журнал учета ссуд
mortgage ~ *амер.* ипотечная книга
national savings ~ *брит.* национальный сберегательный регистр
note ~ *амер.* журнал векселей
Official R. *амер.* официальный бюллетень
payroll ~ платежная ведомость
patent ~ патентный реестр
principal ~ основной реестр
property ~ опись имущества

proprietorship ~ список владельцев собственности (*адреса, имена и т. п.*)
purchase ~ журнал учета кредиторской задолженности
sales ~ журнал отпуска товаров
share ~ список владельцев акциями
shareholders' ~ *см.* share ~
ship's ~ судовой регистр
stock ~ *амер.* регистр акций
trade ~ торговый реестр
trademark ~ реестр торговых знаков
transaction ~ реестр операций
transfer ~ книга регистрации трансфертов
voucher ~ журнал регистрации ваучеров
~ of charges книга расходов (*предприятия*)
R. of companies Регистр акционерных компаний
~ of copyright реестр авторских прав
~ of corporations *амер.* реестр корпораций
~ of designs реестр промышленных образцов
~ of directors список директоров компании
~ of holders of debentures список владельцев долговых обязательств
~ of members список владельцев акций
~ of patents патентный реестр
~ of shareholders список акционеров
~ of shipping морской регистр
~ of trademarks реестр товарных знаков
◇ R. General *брит.* начальник службы регистрации актов гражданского состояния
to enter in a ~ включать в список; регистрировать
to keep a ~ вести журнал
to strike off the ~ исключать, вычеркивать из списка

REGISTER *v* 1. регистрировать, вносить в список, в книгу 2. регистрироваться 3. сдавать багаж 4. отправлять письмо заказным

REGISTERED *adj* 1. зарегистрированный 2. именной

REGISTRAR *n* 1. регистратор 2. лицо, ведущее регистры акций и облигаций компании 3. лицо, ведущее регистр компаний 4. регистрационное бюро
~ in bankruptcy судья в конкурсном производстве

~ of companies бюро регистрации акционерных компаний
~ of transfers регистратор трансфертов акций

REGISTRATION *n* 1. регистрация 2. регистрационная запись 3. постановка на учет
accelerated ~ ускоренная регистрация
alien's ~ регистрация иностранцев
civil ~ учет гражданского населения
collective ~ коллективная регистрация
compulsory ~ обязательная регистрация
design ~ регистрация промышленного образца
foreign ~ зарубежная регистрация
improper ~ незаконная регистрация
incontestable ~ неоспоримая регистрация
invalid ~ недействительная регистрация
land ~ земельная регистрация
marriage ~ регистрация брака
motor vehicle ~ регистрация транспортных средств
official ~ официальная регистрация
piggyback ~ *амер.* размещение новых акций компании одновременно с партиями старых акций, принадлежащих частным инвесторам
sample ~ выборочная регистрация
strict ~ точная регистрация
vital ~ запись актов гражданского состояния
~ of a company регистрация компании
~ of a consortium регистрация консорциума
~ of a design регистрация промышленного образца
~ of documents регистрация документов
~ of a letter оформление заказного письма
~ of a licence регистрация лицензии
~ of a mortgage регистрация закладной
~ of papers регистрация документов
~ of participants регистрация участников
~ of patents регистрация патентов
~ of securities регистрация ценных бумаг
~ of a trademark регистрация товарного знака
~ of users регистрация пользователей
~ of visitors регистрация посетителей

◇ to annul ~ аннулировать регистрацию
to cancel ~ *см.* to annul ~
REGISTRY *n* 1. отдел записей актов гражданского состояния 2. регистрация 3. регистрационная запись 4. журнал записей, реестр
  land ~ отдел земельной регистрации
  marine ~ регистрация судов в судовом регистре
  mortgage ~ отдел регистрации ипотек
  ~ of deeds *амер.* отдел земельной регистрации
  ~ of a ship регистрация судна в судовом регистре
REGRESS *n* 1. регресс, упадок 2. обратное требование по векселю
REGRESSION *n* регрессия
  linear ~ линейная регрессия
  nonlinear ~ нелинейная регрессия
  simple ~ простая регрессия
  weighted ~ взвешенная регрессия
REGRESSIVE *adj* регрессивный
REGROUP *v* перегруппировывать
REGULAR *n* постоянный клиент; постоянный сотрудник
REGULAR *adj* 1. регулярный; нормальный 2. обычный, принятый; надлежащий 3. постоянный; штатный; кадровый 4. очередной
REGULARITY *n* правильность; регулярность
  statistical ~ статистическая закономерность
  ~ of documents правильность документов
  ~ of records правильность записей
  ~ of supplies регулярность поставок
REGULARIZE *v* 1. упорядочивать 2. урегулировать (*конфликт*)
REGULATE *v* регулировать, упорядочивать, контролировать
REGULATION *n* 1. регулирование 2. правило, инструкция; предписание; регламент 3. постановление, распоряжение
  administrative ~s административные распоряжения
  allocation ~s правила распределения
  budget ~ бюджетное регулирование
  cartel ~s правила функционирования картеля
  census ~s инструкции о проведении переписи
  compulsory ~ обязательное постановление

  control ~s правила контроля
  currency ~s валютный контроль, валютное регулирование
  currency exchange ~s *см.* currency ~
  customs ~s правила таможенного контроля
  departmental ~s ведомственные инструкции
  dispatch ~s инструкции по отправке
  duty ~s должностная инструкция
  economic ~ экономическое регулирование
  environmental ~s природоохранное законодательство
  exchange ~s 1) валютные правила 2) биржевой устав
  exchange control ~s *см.* exchange ~s 1)
  export ~s регулирование экспорта
  export control ~s правила экспортного контроля
  factory ~s правила внутреннего распорядка на предприятии
  financial ~s финансовый регламент
  fire safety ~s требования пожарной безопасности
  fiscal ~ налоговое регулирование
  food products ~s санитарные правила производства пищевых продуктов
  foreign exchange ~ валютное регулирование
  government ~ государственное регулирование
  harbour ~s портовые правила
  immigration ~s закон об иммиграции
  import ~ регулирование импорта
  insurance ~s правила страхования
  legal ~ правовое регулирование
  licence ~s лицензионные правила
  maintenance ~s инструкция по техобслуживанию оборудования; нормы проведения технического обслуживания
  market ~s регулирование рынка
  marking ~s правила маркировки
  permit ~s правила оформления разрешения
  plant ~ правила внутреннего распорядка на заводе
  pollution control ~s природоохранное законодательство
  port ~s портовые правила
  port authority ~s *см.* port ~s
  price ~ регулирование цен
  price ~s правила установления цен
  public ~ государственное регулирование

quantitative ~ of imports контингентирование импорта
quantitative ~ of trade turnover контингентирование товарооборота
rate ~ регулирование тарифов
safety ~s правила безопасности
sanitary ~s санитарные правила
securities ~s правила сделок с ценными бумагами
service ~s правила обслуживания; правила эксплуатации
servicing ~s см. service ~s
state ~ государственное регулирование
statutory ~s правила, установленные законом
stock exchange ~s правила фондовой биржи
storage ~s правила хранения
tariff ~s тарифные правила
taring ~s правила определения веса тары
tax ~s налоговое законодательство, налоговый режим
technical ~s технические правила; технические условия
trade ~s правила торговли
traffic ~s правила движения транспорта
wage ~ регулирование уровня зарплаты
working ~s правила внутреннего распорядка
~ of export регулирование экспорта
~ of import регулирование импорта
~s of participation правила участия
~ of payments порядок осуществления платежей
~ of prices регулирование цен
~ of production регулирование производства
~s on the use правила применения
◇ according to ~s согласно правилам
contrary to ~s в нарушение правил
to develop ~s разрабатывать правила
to infringe ~s нарушать правила
to observe ~s соблюдать правила
to violate ~s нарушать правила
to work out ~s разрабатывать правила
REGULATOR n регулятор
REGULATORY adj нормативный
REHABILITATE v 1. восстанавливать; ремонтировать 2. восстанавливать в правах 3. восстанавливать трудоспособность
REHABILITATION n 1. восстановление; ремонт 2. восстановление в правах 3. реабилитация, восстановление трудоспособности 4. трудоустройство (беженцев, бывших заключенных) 5. переподготовка (иммигрантов)
monetary ~ оздоровление денежного обращения
~ of industry восстановление промышленности
REHIRE v вновь принимать на работу
REHYPOTHECATE v перезакладывать
REHYPOTHECATION v перезакладывание
REIMBURSABLE adj подлежащий возврату, оплате, рамбурсированный
REIMBURSE v возмещать, компенсировать, покрывать, оплачивать, рамбурсировать
REIMBURSEMENT n возмещение, оплата, компенсация, покрытие; возврат
credit ~ возвращение кредита
direct ~ прямое покрытие
partial ~ частичное возмещение
tax ~ возврат налога
warranty ~ возврат гарантийной суммы
~ of charges возврат сборов
~ of commercial credits возврат коммерческих кредитов
~ of costs возмещение издержек
~ of credit возврат кредита
~ of damages возмещение убытков
~ of a debt возврат долга
~ of a duty возврат пошлины
~ of expenditures возмещение расходов
~ of expenses см. ~ of expenditures
~ of a fee возврат пошлины
~ of a loan погашение ссуды
~ of outlay возмещение издержек, возмещение расходов
~ of overhead costs покрытие накладных расходов
~ of payments возмещение суммы платежа
~ of taxes возврат налогов
◇ in ~ в возмещение
to effect ~ возмещать, компенсировать; рамбурсировать
to make ~ см. to effect ~
to pay off ~ возмещать, оплачивать
to receive ~ получать возмещение
REIMPORT n 1. реимпорт 2. pl реимпортируемый товар
REIMPORT v реимпортировать
REIMPORTATION n реимпорт

REINSTATEMENT *n* восстановление в правах
REINSURANCE *n* перестрахование
  cargo ~ перестрахование груза
  excess ~ перестрахование риска на сумму, превышающую первоначально обусловленную сумму
  property ~ перестрахование имущества
  quota ~ квотное перестрахование
  share ~ *см.* quota ~
  surplus ~ перестрахование риска на сумму, превышающую первоначально обусловленную сумму
  vessel ~ перестрахование судна
  ◇ to effect ~ производить перестрахование
REINSURE *v* перестраховывать
REINSURER *n* перестраховщик
REINVEST *v* реинвестировать
REINVESTMENT *n* реинвестирование
REISSUE *n* 1. повторный выпуск 2. переиздание
  ~ of a patent замена патента
REISSUE *v* 1. повторно выпускать 2. переиздавать
REJECT *n* 1. отходы; брак 2. бракованное изделие 3. отказ
REJECT *v* 1. браковать 2. отклонять (*предложение, законопроект*) 3. отказывать
REJECTION *n* 1. браковка 2. отклонение (*предложения, законопроекта*); отказ
  blanket ~ полный отказ
  flat ~ категорический отказ
  goods ~ отказ от товара
  groundless ~ необоснованный отказ
  justified ~ обоснованное отклонение
  loan ~ отказ в предоставлении ссуды
  ~ of an application отклонение заявки
  ~ of a cassation отклонение кассации
  ~ of a claim отклонение претензии
  ~ of a consignment отказ от партии товара
  ~ of defective articles браковка товара
  ~ of goods *см.* ~ of defective articles
  ~ of a lot отказ от партии товара
  ~ of an offer отклонение предложения
  ~ of a proposal *см.* ~ of an offer
RELAPSE *n бирж.* падение (*курсов*)
RELAPSE *v* падать (*о биржевых курсах*)
RELATION *n* 1. отношение, связь, зависимость 2. *pl* отношения
  business ~s деловые связи
  commercial ~s торговые отношения
  commodity ~s товарные отношения
  commodity-money ~s товарно-денежные отношения
  contract ~s договорные отношения
  contractual ~s *см.* contract ~s
  correspondent ~s корреспондентские отношения
  credit ~s кредитные отношения
  cultural ~s культурные связи
  currency ~s валютные отношения
  currency and financial ~s валютно-финансовые отношения
  economic ~s экономические связи
  established ~s установившиеся связи
  exchange ~s рыночные отношения
  existing ~s существующие отношения
  export ~s хозяйственные связи
  external ~s международные отношения
  external commercial ~s внешнеторговые связи
  external economic ~s внешнеэкономические отношения
  financial ~s финансовые отношения
  foreign ~s международные отношения
  foreign economic ~s внешнеэкономические отношения
  foreign trade ~s внешнеторговые связи
  human ~s взаимоотношения в коллективе
  industrial ~s 1) взаимоотношения между руководством предприятия и рабочими 2) производственные отношения
  international ~s международные отношения
  interstate ~s межгосударственные отношения
  labour ~s отношения между администрацией и профсоюзом
  legal ~s правовые отношения
  long-standing ~s длительные отношения
  manufacturing ~s производственные связи
  market ~s рыночные отношения
  monetary ~s валютно-финансовые отношения
  money ~s денежные отношения
  mutual ~s взаимные отношения
  mutually advantageous ~s взаимовыгодные отношения
  mutually profitable ~s *см.* mutually advantageous ~s
  personal ~s личные связи
  personnel ~s управление кадрами
  production ~s производственные отношения

profitable ~s полезные взаимоотношения

property ~s имущественные отношения

public ~s связи с общественными организациями и отдельными лицами

social ~s общественные отношения

stable ~s устойчивые отношения, устойчивые связи

trade ~s торговые отношения, торговые связи

trade and economic ~s торгово-экономические связи

trading ~s торговые отношения, торговые связи

value ~ of commodities стоимостное соотношение товаров

world economic ~s мирохозяйственные связи

~ of costs соотношение затрат

◇ to broaden ~s расширять связи, отношения

to break off ~s разрывать отношения

to develop ~s развивать отношения

to enter into ~s вступать в отношения

to establish ~s устанавливать отношения

to expand ~s расширять, развивать отношения

to extend ~s см. to expand ~s

to foster ~s содействовать развитию отношений

to have business ~s иметь деловые связи

to improve ~s улучшать отношения

to keep up business ~s поддерживать деловые отношения

to maintain business ~s см. to keep up business ~s

to open business ~s устанавливать связи

to promote ~s развивать отношения

to renew ~s возобновлять отношения

to restore ~s см. to renew ~s

to resume ~s см. to renew ~s

to set up ~s устанавливать связи

to strengthen ~s укреплять отношения

to suspend ~s прерывать отношения

RELATIONSHIP n 1. родство, родственные отношения 2. отношение, взаимоотношение, связь

close ~ тесная связь

collateral value-to-loan ~ соотношение между стоимостью обеспечения и размером ссуды

competitive ~ конкурирующие отношения

contractual ~ контрактные отношения

cost ~ соотношение издержек

cost-performance ~ см. cost ~

direct ~ непосредственное отношение

employer-employee ~ взаимоотношение между нанимателем и рабочей силой

exchange rate ~ соотношение валютных курсов

legal ~ правоотношения

licensing ~ лицензионные отношения

mutually beneficial ~ взаимовыгодные отношения

working ~ сотрудничество

~ between costs and selling prices соотношение затрат и доходов

◇ to break off ~ разрывать отношения

to expand ~ расширять сотрудничество

to extend ~ см. to expand ~

to promote ~ способствовать развитию отношений

RELATIVE n индекс, показатель

price ~ индекс цен

quantity ~ количественный показатель

RELATIVE adj 1. относительный 2. касающийся чего-л.

RELAX v 1. ослаблять, уменьшать (напряжение) 2. уменьшаться, спадать

RELAXATION n ослабление, уменьшение (напряжения)

credit ~ предоставление льгот по кредиту

~ of credit restrictions ослабление кредитных ограничений

~ of tension ослабление напряжения

RELEASE n 1. освобождение 2. разрешение (на выдачу, выпуск, публикацию, отгрузку) 3. выпуск новой продукции 4. выпуск в продажу 5. публикация 6. разблокированная сумма

advertisement ~ выпуск рекламы

customs ~ разрешение таможни (на ввоз)

freight ~ разрешение на выдачу груза

general ~ отказ от всех притязаний

joint press ~ совместный пресс-релиз

press ~ пресс-релиз

product ~ выпуск продукции

tax ~ освобождение от налогов

warehouse ~ разрешение на выдачу товара со склада

~ for shipment разрешение на отгрузку

~ from liability освобождение от ответственности
~ from an obligation освобождение от обязательства
~ from responsibility освобождение от ответственности
~ of a blocked account разблокирование счета
~ of capital высвобождение капитала
~ of a document выдача документа
~ of funds высвобождение капитала
~ of goods выпуск товара в продажу
~ of holdback monies разблокирование удержанных денег
~ of liquid funds высвобождение ликвидных средств
~ of property возвращение имущества
~ of tie-up of capital высвобождение капитала
◇ to expedite the ~ of funds ускорять разблокирование фондов
to issue a press ~ выпускать пресс-релиз
to obtain a customs ~ получать разрешение таможни
RELEASE v 1. освобождать 2. разрешать 3. выпускать новую продукцию 4. выпускать в продажу 5. опубликовывать 6. высвобождать (*сумму*)
RELEVANT adj соответствующий; относящийся к делу
RELIABILITY n надежность; прочность
customs ~ надежность таможенного обеспечения
design ~ расчетная надежность
fabrication ~ надежность изготовления
financial ~ финансовое положение, репутация
operational ~ техническая надежность
operating ~ *см.* operational ~
technical and operational ~ технико-эксплуатационная надежность
~ of operation техническая надежность
~ of work надежность работы
RELIABLE adj надежный
RELIEF n 1. освобождение (*от ответственности, уплаты*) 2. помощь; пособие
age ~ не облагаемый налогом минимум доходов для людей пенсионного возраста
child ~ повышенный размер суммы, не облагаемой подоходным налогом (*для семей с детьми*)
compensatory ~ компенсационная выплата

debt ~ освобождение от долгов
double taxation ~ освобождение от двойного налогообложения
earned income ~ налоговая льгота на трудовой доход
freight ~ фрахтовая льгота
group ~ компенсация убытков компании, входящей в группу компаний, за счет прибыли остальных членов
life insurance ~ скидка со взноса на страхование жизни
marginal ~ предельный размер суммы, не облагаемой налогом
personal ~ сумма личного дохода, не облагаемая налогом
public ~ социальное обеспечение
reduced rate ~ прогрессивное налогообложение
small incomes ~ налоговая льгота при малом доходе
tax ~ налоговая льгота
unemployment ~ пособие по безработице
work ~ создание рабочих мест
~ from duties освобождение от пошлин
~ from liability освобождение от ответственности
~ from responsibility *см.* ~ from liability
◇ to be on ~ получать пособие
to offer compensatory ~ предлагать компенсацию
RELIEVE v 1. оказывать помощь 2. освобождать от чего-л.
RELOAD v перегружать
RELOADING n перегрузка; перевалка
RELOCATE v перемещать, переселять; перебазировать
RELOCATION n перемещение, переселение; перебазирование
REMAINDER n остаток
~ of a debt остаток долга
~ of stock остаток запасов
REMARGIN n *бирж.* внесение дополнительной суммы для пополнения маржинального счета
REMARKETING n ремаркетинг
REMEDY n 1. средство (*против чего-л.*) 2. средство правовой защиты
REMINDER n 1. напоминание; памятка 2. повторное письмо
collection ~ напоминание о погашении задолженности
final ~ последнее напоминание
premium ~ напоминание о выплате премии

~ of due date напоминание об истечении срока

REMISSION *n* 1. освобождение (*от уплаты штрафа, налога*); скидка с налога 2. *юр.* отказ от права 3. перевод, пересылка денег. 4. официальное извинение
~ of charges освобождение от уплаты сбора
~ of customs duty освобождение от уплаты таможенной пошлины
~ of a debt освобождение от уплаты долга
~ of duty освобождение от уплаты пошлины
~ of a fee *см.* ~ of duty
~ of taxes налоговая льгота, скидка с налогов

REMIT *v* 1. освобождать (*от штрафа, налога*) 2. переводить, пересылать, перечислять (*деньги*)

REMITTANCE *n* 1. пересылка, перевод, ремитирование (*денег, чека и т. п.*) 2. денежный перевод, римесса
accounts payable ~ выписка из счета кредиторской задолженности
balance ~ денежная компенсация
bank ~ банковский перевод
banker's ~ *см.* bank ~
bank post ~ почтовый перевод по поручению банка
cash ~ денежный перевод
documentary ~ документарный перевод
foreign ~ перевод за границу; перевод из заграницы
immigrant ~s денежные переводы иммигрантов на родину
mail payment ~ почтовый перевод
money ~ денежный перевод
overdue ~ просроченный перевод
personal ~ частный перевод
return ~ обратный перевод
telegraphic ~ телеграфный перевод
~ against an invoice перевод против счета
~ by a bank draft перевод в форме банковской тратты
~ by mail пересылка по почте
~ by post *см.* ~ by mail
~ by return of mail пересылка обратной почтой
~ in foreign currency перевод в иностранной валюте
~ in payment перевод в счет платежей
~ in settlement перевод в покрытие

~ into an account перевод на счет
~ of a bill пересылка векселя
~ of cover перевод покрытия
~ of a currency перевод валюты
~ of funds перевод денежных средств
~ of money денежный перевод
~ of payment перевод платежа
~ of sale proceeds пересылка выручки от продажи
~ through a bank пересылка через банк
~ through banking channels *см.* ~ through a bank
◊ ~ abroad перевод за границу
to effect a ~ делать перевод
to mail a ~ посылать перевод по почте
to make a ~ делать перевод
to pay by ~ платить переводом

REMITTEE *n* переводополучатель, ремитент

REMITTER *n* отправитель денежного перевода

REMNANT *n* остаток

REMOTENESS *n* отдаленность, удаленность
~ of market удаленность рынка

REMOVAL *n* 1. перемещение; переезд 2. удаление; устранение 3. вывоз
~ from office увольнение
~ from the register устранение из реестра товарных знаков
~ from service вывод из эксплуатации
~ from the stock exchange list исключение из списка ценных бумаг, котирующихся на бирже
~ of business перебазирование предприятия
~ of goods from a warehouse вывоз товара со склада
~ of import surcharge отмена налога на импорт
~ of refuse *амер.* вывоз мусора
~ of a seal повреждение пломбы

REMOVE *v* 1. перемещать; передвигать 2. устранять, удалять 3. вывозить 4. снимать с должности

REMUNERATE *v* вознаграждать; возмещать, компенсировать

REMUNERATION *n* вознаграждение; возмещение, оплата, компенсация
appropriate ~ соответствующее вознаграждение
fixed ~ твердый размер вознаграждения
gross ~ брутто вознаграждение
guaranteed ~ гарантированная оплата

licence ~ лицензионное вознаграждение
lumpsum ~ единовременное вознаграждение
material ~ материальное вознаграждение
maximum ~ максимальное вознаграждение
minimum ~ минимальное вознаграждение
net ~ чистое вознаграждение
noncash ~ натуральная плата, оплата в натуральной форме
~ by a share of profits вознаграждение в виде доли прибыли
~ for overtime вознаграждение за сверхурочную работу
~ for salvage вознаграждение за спасение
~ for work вознаграждение за работу
~ in kind вознаграждение натурой
~ in money денежное вознаграждение
~ of labour оплата труда
◇ for ~ за вознаграждение
without ~ без вознаграждения
to be entitled to a ~ иметь право за вознаграждение
to cut the ~ сокращать размер вознаграждения
to determine the ~ уточнять размер вознаграждения
to fix the ~ устанавливать размер вознаграждения
to pay a ~ выплачивать компенсацию
to reduce the ~ сокращать размер вознаграждения
REMUNERATIVE adj выгодный; доходный; хорошо оплачиваемый
RENAME v переименовывать
RENAMING n переименование
RENDER v 1. отдавать, платить 2. представлять (счет, отчет и т. п.) 3. оказывать (помощь, услугу)
RENDERING n 1. представление (счета, отчета и т. п.) 2. оказание (помощи, услуг)
~ of accounts представление отчетности, отчетность
~ of assistance оказание помощи
~ of services предоставление услуг
~ of technical aid оказание технической помощи
RENEGOTIATION n пересмотр (условий договора, контракта)
price ~ пересмотр цен
RENEW v 1. обновлять; восстанавливать,
реставрировать 2. возобновлять 3. пополнять (запасы) 4. продлевать (срок), пролонгировать
RENEWAL n 1. обновление; восстановление, реставрация 2. возобновление 3. пополнение (запасов) 4. продление (срока), пролонгация
capital ~s обновление основных фондов
tacit ~ молчаливое продление срока (без возражений)
urban ~ реконструкция города
~ of activities возобновление деятельности
~ of an agreement возобновление соглашения
~ of assortment обновление ассортимента
~ of a bill продление векселя
~ of a business возобновление дела
~ of a concession продление концессии
~ of a contract возобновление контракта
~ of coverage пролонгация страхования
~ of credit продление кредита
~ of credit facilities см. ~ of credit
~ of the credit term см. ~ of credit
~ of a draft пролонгация тратты
~ of fixed production assets обновление основных производственных фондов
~ of an insurance contract возобновление договора страхования
~ of an insurance policy возобновление страхового полиса
~ of a lease возобновление аренды
~ of a L/C пролонгация аккредитива
~ of papers обмен документов
~ of a patent продление срока действия патента
~ of a plant обновление производства
~ of production см. ~ of a plant
~ of a policy возобновление страхового полиса
RENOUNCE v 1. формально отказываться (от права, собственности) 2. отвергать, отклонять
RENOUNCEMENT n отказ (от права)
~ of a right отказ от права
RENOVATE v 1. ремонтировать; реконструировать 2. восстанавливать; обновлять
RENOVATION n 1. реконструкция 2. восстановление; возобновление

complete ~ восстановительный ремонт
radical ~ коренное обновление
~ of basic production assets обновление основных производственных фондов
~ of equipment реновация оборудования
~ of a factory реконструкция завода
~ of fixed capital обновление основного капитала
~ of a plant реконструкция завода
~ of production обновление производства
~ of productive capacities обновление производственных мощностей

RENT *n* 1. арендная плата; квартирная плата 2. рента 3. доход с недвижимости и капитала 4. *амер.* прокат 5. плата за прокат
absolute ~ абсолютная рента
agricultural ~ сельскохозяйственная рента
average ~ per year средняя годовая сумма ренты
back ~ задолженность по квартирной плате
building lot ~ рента за строительные участки
capitalized ~ капитализированная рента
chief ~ небольшая, символическая рента
contractual ~ периодические платежи за использование недвижимости в течение короткого периода времени
dead ~ арендная плата, выплачиваемая за неиспользуемую собственность, «мертвая рента»
deferred ~ отсроченная рента
differential ~ дифференциальная рента
dock ~ аренда дока
economic ~ дифференциальная рента
fertility ~ дополнительная рента, выплачиваемая за плодородие почвы
ground ~ земельная рента
implicit ~ подразумеваемая, ожидаемая рента
labour ~ отработочная рента
land ~ земельная рента
long ~ долгосрочная аренда
lot ~ рента за строительный участок
maximum ~ максимальная рента
money ~ денежная рента
monopoly ~ монопольная рента
natural ~ натуральная рента

nominal ~ номинальная (очень низкая) квартирная плата
office ~ аренда площади для офиса
peppercorn ~ номинальная арендная плата (*для утверждения факта аренды*)
pure ~ чистая рента
quasi ~ квазирента
rack ~ *амер.* очень высокая арендная плата
royalty ~ *брит.* процентные отчисления от дохода горнопромышленных предприятий
scarcity ~ рента в условиях дефицита земли
shop ~ аренда магазина
short ~ краткосрочная аренда
situation ~ рента за выгодное местоположение
spatial ~ *см.* situation ~
total ~ общая сумма ренты
warehouse ~ сбор за хранение на складе
~ in advance арендная плата, уплаченная вперед
~ in kind натуральная рента
~ of equipment аренда оборудования
~ of space аренда площади
◇ for ~ 1) внаем 2) напрокат
~ due рента, подлежащая уплате
~ owing неуплаченная рента
~ prepaid рента, уплаченная вперед
~ receivable рента, подлежащая получению
to collect a ~ взимать арендную плату
to finance the ~ финансировать аренду
to fix a ~ устанавливать арендную плату
to give in ~ сдавать в аренду
to pay a ~ платить арендную плату
to recover a ~ получать арендную плату
to yield a ~ приносить доход с аренды

RENT *v* 1. сдавать в аренду, внаем 2. арендовать, снимать помещение 3. *амер.* брать напрокат; давать напрокат

RENTABLE *adj* 1. могущий быть сданным в аренду, напрокат 2. приносящий доход в виде ренты

RENTAL *n* 1. арендная плата 2. доходы от аренды 3. *амер.* дом, квартира, сдаваемые внаем; вещь, выдаваемая напрокат
car ~ прокат автомобилей
furniture ~ прокат мебели

pasture ~ сбор за пользование пастбищем
residential ~ *амер.* квартирная плата
space ~ плата за аренду помещения
store ~ *амер.* плата за аренду магазина
subscription ~ основной тариф (*за пользование телефоном*)
~ of equipment прокат оборудования
~ of premises плата за аренду помещения
RENT-FREE *adj* предоставленный в аренду бесплатно
RENTIER *n* рантье
RENTING *n* аренда; сдача в аренду; рентинг
~ of equipment прокат оборудования
~ of exhibition grounds аренда выставочного помещения
◇ ~ back продажа собственности финансовому учреждению при условии сдачи ее в аренду продавцу
RENTLESS *adj* освобожденный от квартирной (арендной) платы
RENT-ROLL *n* 1. список земельных владений и имущества, сданных в аренду 2. доход от аренды
RENUNCIATION *n* отказ (*от права*)
~ of fulfilment of obligations отказ от выполнения обязательств
~ of a right отказ от права
~ of a trademark отказ от товарного знака
REOPEN *v* 1. открывать вновь 2. возобновлять
REOPENING *n* возобновление
~ of a L/C возобновление аккредитива
REORDER *n* повторный заказ
REORDER *v* 1. повторять заказ 2. перестроить, реорганизовать
REORGANIZATION *n* 1. реорганизация 2. оздоровление, санация (*убыточного предприятия*)
~ of a corporation *амер.* санация корпорации
~ of management организационная перестройка
REORGANIZE *v* реорганизовывать
REORIENTATION *n* переориентация
~ of the investment policy переориентация инвестиционной политики
~ of the policy переориентация политики
REPACK *v* перепаковать
REPACKAGING *n* перепаковка
REPACKER *n* переупаковщик

REPACKING *n* перепаковка
REPAIR *n* 1. *часто pl* ремонт; ремонтные работы 2. годность; исправность
capital ~s капитальный ремонт
complete ~s *см.* capital ~s
current ~s текущий ремонт
damage ~s аварийный ремонт
deferred ~s отложенный ремонт
emergency ~s аварийный ремонт
extensive ~s капитальный ремонт
guarantee ~s гарантийный ремонт
heavy ~s капитальный ремонт
maintenance ~s профилактический ремонт
major ~s капитальный ремонт
manufacturing ~s ремонт в процессе производства
medium ~s средний, промежуточный ремонт
minor ~s мелкий ремонт
off-schedule ~s внеплановый ремонт
operating ~s текущий ремонт
ordinary ~s *см.* operating ~s
partial ~s частичный ремонт
planned ~s плановый ремонт
preventive ~s профилактический ремонт
routine ~s текущий ремонт
running ~s *см.* routine ~s
rush ~s срочный ремонт
scheduled ~s плановый ремонт
temporary ~s временный ремонт
thorough ~s капитальный ремонт
unscheduled ~s внеплановый ремонт
warranty ~s гарантийный ремонт
◇ beyond ~ ремонт невозможен
in good ~ в исправном состоянии
in need of ~ нуждающийся в ремонте
out of ~ *см.* in need of ~
under ~ в ремонте
to accomplish ~s производить ремонт
to be in want of ~ нуждаться в ремонте
to be out of ~ *см.* to be in want of ~
to be under ~s ремонтироваться
to carry out ~s производить ремонт
to effect ~s *см.* to carry out ~s
to execute ~s *см.* to carry out ~s
to make ~s *см.* to carry out ~s
to perform ~s *см.* to carry out ~s
to return for ~ возвращать для ремонта
to undergo ~s ремонтироваться
REPAIR *v* 1. ремонтировать 2. исправлять; возмещать
REPAIRER *n* ремонтный рабочий

REPAIRMAN n см. REPAIRER
REPARATION n 1. компенсация, возмещение 2. исправление, ремонт
~ of damage возмещение ущерба
~ of losses возмещение убытков
REPARTITION n перераспределение
REPATRIATE v репатриировать
REPATRIATION n репатриация
~ of capital возврат капитала, репатриация капитала
~ of profits репатриация прибыли
~ of returns см. ~ of profits
REPAY v 1. возвращать (*долг*) 2. возмещать (*ущерб*) 3. вознаграждать
REPAYABLE adj подлежащий возмещению, погашению
REPAYMENT n 1. возмещение, вознаграждение 2. возврат (*денег*), уплата, погашение (*долга*)
advanced ~ досрочное погашение
anticipated ~ см. advanced ~
credit ~ погашение кредита
debt ~ погашение задолженности
final ~ окончательное погашение долга
instalment ~ погашение в рассрочку
loan ~ выплата займа
unscheduled ~ внеочередное погашение
~ by instalments погашение долга в рассрочку
~ in due time погашение в срок
~ of bonds оплата облигаций
~ of credit погашение кредита
~ of debts оплата задолженности
~ of a duty возврат таможенной пошлины
~ of a loan погашение ссуды
~s on loans платежи по займам
◇ to guarantee ~ гарантировать возмещение
to stretch out the ~ of debt продлевать срок выплаты долга
REPEAL n аннулирование, отмена
REPEAL v аннулировать, отменять
REPEAT n 1. повторение 2. pl повторные, дополнительные заказы
~ of an order повторение заказа
REPEATED adj неоднократный; повторный
REPLACE v 1. возвращать 2. заменять, замещать
REPLACEABLE adj заменяемый; взаимозаменяемый
REPLACEMENT n 1. замена, подмена, смена 2. замещение, выбытие (*основного капитала*) 3. pl запасные части

free-of-charge ~ бесплатное возмещение
holiday ~ замена отпускников
loss ~ возмещение потерь
vacation ~ *амер.* замена отпускников
warranty ~ замена по гарантии
~ in kind возмещение натурой
~ of assets замена основных средств
~ of capital возмещение капитала
~ of cargo замена груза
~ of a consignment замена партии
~ of defective parts замена неисправных деталей
~ of equipment замена оборудования
~ of goods замена товара
~ of outdated equipment замена устаревшего оборудования
~ of substandard items замена некачественных изделий
~ of the value возмещение стоимости
◇ to effect ~ производить замену
REPLENISH v пополнять (*запасы*)
REPLENISHMENT n пополнение (*запасов*)
constant-frequency ~ пополнение через постоянные промежутки времени
continuous ~ постоянное пополнение
random ~ случайное пополнение
~ of inventories пополнение запасов, восстановление уровня запасов
~ of stocks см. ~ of inventories
~ of supplies см. ~ of inventories
REPLEVIN n *юр.* иск о возвращении личной собственности, виндикация
REPLY n ответ
affirmative ~ утвердительный ответ
immediate ~ немедленный ответ
negative ~ отрицательный ответ
official ~ официальный ответ
positive ~ положительный ответ
prompt ~ немедленный ответ
provisional ~ предварительный ответ
~ by return of post ответ обратной почтой
~ by telex ответ по телексу
~ on receipt срочный ответ
◇ in ~ в ответ
~ point by point подробный ответ
to receive a ~ получать ответ
REPLY v отвечать
REPORT n 1. доклад; сообщение; отчет 2. отзыв, заключение 3. отсрочка расчета по фондовой сделке, контанго, репорт
acceptance ~ акт приемки

acceptance test ~ акт окончательных испытаний
accounting ~ бухгалтерский отчет
accountant's ~ *см.* accounting ~
action ~ отчет о деятельности
actuarial ~ доклад актуария
annual ~ годовой отчет
appraisal ~ акт оценки основного капитала
audit ~ аудиторский отчет
auditor's ~ *см.* audit ~
board of directors ~ отчет правления директоров
budgetary control ~ отчет об исполнении сметы
bullish ~ *бирж.* сообщение о повышении биржевых курсов
business ~ отчет о деятельности фирмы; отчет о работе
call ~ финансовый отчет, предоставляемый по требованию властей на дату требования
cash ~ кассовый отчет
census ~ отчет о результатах переписи
chairman's ~ годовой отчет председателя компании на ежегодном общем собрании
commercial ~ торговый бюллетень
company ~ финансовый отчет компании
confidential ~ конфиденциальное сообщение
conflicting ~ противоречивые сведения
consolidated ~ сводный отчет
contract funds status ~ отчет о состоянии фондов по контракту
contract status ~ отчет о ходе выполнения контракта
corporate ~ отчет о деятельности корпорации
cost information ~ отчетная калькуляция
cost reduction ~ отчет о снижении затрат
credit ~ отчет о кредитных операциях
credit agency ~ справка о кредитоспособности
current industrial ~s текущая статистика отраслей промышленности
customs ~ таможенная декларация
customs surveyor ~ акт таможенного досмотра
daily ~ ежедневный отчет; сводка за сутки
daily cash ~ отчет о дневном обороте

damage ~ отчет об ущербе; акт повреждения; дефектная ведомость
delinquency ~ отчет о неплатежах по ссудам
direct ~ отчет по первичным данным
director's ~ отчет директора компании о деятельности компании
draft ~ проект отчета
earnings ~ *амер.* отчет о прибылях и убытках
establishment ~ статистические данные, касающиеся одного предприятия
evaluation ~ отчет об оценке изделия
examination ~ акт экспертизы
exchange ~ биржевой бюллетень
expense ~ отчет об издержках
expert's ~ акт экспертизы
factory inspection ~ отчет о приемочном контроле на предприятии
failure ~ акт о поломке
fault detection ~ акт дефектации
feasibility ~ технико-экономическое обоснование
final ~ итоговый отчет
financial ~ финансовый отчет
fiscal ~ *см.* financial ~
full ~ полный отчет
government ~ отчет правительства
group ~ отраслевой отчет
guarantee test ~ протокол гарантийного испытания
idle time ~ отчет о простое оборудования
industry ~ отраслевой отчет
inspection ~ отчет о проверке; акт осмотра
interim ~ промежуточный отчет
interview ~ сообщение о результатах опроса
intracompany ~ внутрифирменный отчет
management ~ отчет администрации
manufacturing ~ отчет о производственной деятельности
market ~ 1) обзор состояния рынков 2) биржевой бюллетень
money ~ *см.* market ~ 2)
monthly ~ ежемесячный отчет
official ~ официальное сообщение, коммюнике
operating ~ внутрифирменный отчет
operational ~ оперативный отчет
outturn ~ ведомость выгруженного товара
over-the-counter ~s *амер.* курсовой бюллетень (*внебиржевого оборота*)

performance ~ отчет об исполнении сметы
position ~ сообщение о местонахождении судна
production ~ отчет о выпуске продукции
profit and loss ~ отчет о прибылях и убытках
progress ~ отчет о проделанной работе, отчет о ходе выполнения работ
provisional ~ предварительный отчет
qualified ~ отчет аудитора, содержащий оговорки
quality control ~ отчет о контроле качества
quality survey ~ отчет о проверке качества
quarterly ~ квартальный отчет
receiving ~ отчет о поступлениях
research ~ отчет о научно-исследовательской деятельности
returned stores ~ отчет о возврате материалов на склад
sales ~ отчет о продажах
semi-annual ~ полугодовой отчет
shortage ~ акт о недостаче
situation ~ отчет о состоянии работ
statistical ~ статистический отчет
status ~ отчет о состоянии работ
statutory ~ 1) подробная информация о новой компании, предоставляемая акционерам после регистрации до общего собрания 2) обязательная отчетность компании в соответствии с действующим законодательством
stock market ~ курсовой бюллетень фондовой биржи
stock status ~ 1) отчет о состоянии запасов 2) ведомость наличных товарно-материальных запасов на складе
summary ~ сводный отчет
survey ~ *мор. страх.* акт сюрвейера
surveyor's ~ *см.* survey ~
technical inspection ~ акт технического осмотра
test ~ протокол испытаний
timekeeping ~ отчет о затратах труда
trade ~ торговый бюллетень
travel expense ~ отчет по командировочным
yearly ~ годовой отчет
◇ to approve a ~ утверждать отчет
to certify a ~ удостоверять акт
to draw up a ~ составлять акт; составлять отчет

to issue a test ~ составлять протокол испытаний
to make a ~ составлять протокол
to present a ~ представлять акт
to submit a ~ *см.* to present a ~
REPORT *v* 1. отчитываться 2. подчиняться, находиться в подчинении
REPORTER *n* 1. репортер; корреспондент 2. докладчик 3. подчиненное лицо
floor ~ *бирж.* репортер операционного зала
REPORTING *n* отчетность
consolidated ~ сводная отчетность
corporate ~ отчетность корпораций
internal ~ внутренняя отчетность
semi-annual ~ полугодовая отчетность
statistical ~ статистическая отчетность
summary ~ сводная отчетность
REPOSITORY *n* склад, складское помещение
REPOSSESS *v* 1. восстанавливать во владении 2. снова вступать во владение 3. изымать за неплатежи
REPOSSESSION *n* 1. *юр.* восстановление во владении 2. передача банку имущества, служившего залогом, по невозвращенным ссудам
REPRESENT *v* представлять, быть представителем
REPRESENTATION *n* представительство
agency ~ агентское представительство
balanced ~ паритетное представительство
exclusive ~ представительство с исключительными правами
general ~ генеральное представительство
labour ~ представительство профсоюза рабочих
proportional ~ пропорциональное представительство
trade ~ торговое представительство
◇ ~ abroad представительство за границей
to have ~ иметь представительство
REPRESENTATIVE *n* представитель; уполномоченный
authorized ~ уполномоченный представитель
bank ~ представитель банка
business ~ 1) представитель деловых кругов 2) торговый представитель
buyer's ~ представитель покупателя
buying ~ *см.* buyer's ~

commercial ~ торговый представитель
customer's ~ представитель заказчика
defendant's ~ юр. представитель ответчика
direct sales ~ коммивояжер
employer's ~ представитель предпринимателя
employees' ~ представитель коллектива рабочих и служащих
exclusive ~ представитель с исключительными правами
export sales ~ представитель экспортного отдела
firm's ~ представитель фирмы
foreign ~ иностранный представитель
general ~ генеральный представитель
government ~ представитель правительства
legal ~ юридический представитель
legitimate ~ законный представитель
manufacturer's ~ агент фирмы-изготовителя
official ~ официальный представитель
permanent ~ постоянный представитель
personal ~ личный представитель
registered ~ *амер. бирж.* зарегистрированный представитель
registered commodity ~ *амер.* представитель фирмы, зарегистрированный в торговой комиссии и на биржах
respondent's ~ *юр.* представитель ответчика
responsible ~ ответственный представитель
sales ~ торговый агент
seller's ~ представитель продавца
sole ~ единственный представитель
supplier's ~ представитель поставщика
trade ~ торговый представитель
union ~ представитель профсоюза
~s of business circles представители деловых кругов
~ of a firm представитель фирмы
~ of an insurance company агент страховой компании
◇ ~ abroad представитель за границей
to act as a ~ выступать в качестве представителя
to appoint a ~ назначать представителя
to authorize a ~ уполномочивать представителя
to nominate a ~ назначать представителя
REPRESENTATIVE *adj* 1. характерный,
типичный 2. представительный, репрезентативный
REPRESSION *n* репрессия
REPRESSIVE *adj* репрессивный
REPRICING *n* пересмотр цен
REPRINT *n* перепечатка
REPRISAL *n* *юр.* репрессалия
REPRIVATIZATION *n* денационализация
REPRIVATIZE *v* денационализировать
REPRODUCE *v* воспроизводить
REPRODUCTION *n* воспроизводство
  expanded ~ расширенное воспроизводство
  extended ~ *см.* expanded ~
  facsimile ~ факсимильное воспроизведение
  simple ~ простое воспроизводство
REPRODUCTIVITY *n* способность к воспроизводству
REPUDIATE *v* отказываться от уплаты долга или выполнения обязательств
REPUDIATION *n* отказ от уплаты долга или выполнения обязательств
  ~ of a contract отказ от договора, расторжение контракта
  ~ of a debt отказ от уплаты долга
  ~ of a licence аннулирование лицензии
REPURCHASE *n* покупка ранее проданного продукта, выкуп, обратная покупка
REPURCHASE *v* покупать ранее проданный товар, выкупать
REPUTATION *n* репутация
  business ~ деловая репутация
  commercial ~ коммерческая репутация
  established ~ прочная репутация
  financial ~ финансовая репутация
  high ~ высокая репутация
  impeccable ~ безупречная репутация
  solid ~ солидная репутация
  spotless ~ безупречная репутация
  tarnished ~ запятнанная репутация
  ~ of a firm репутация фирмы
  ◇ to acquire a good ~ завоевать хорошую репутацию
  to build up a ~ создавать репутацию
  to consolidate ~ укреплять репутацию
  to enjoy a good ~ пользоваться хорошей репутацией
  to establish a good ~ завоевать хорошую репутацию
  to gain ~ приобретать репутацию
  to harm smb's ~ вредить чьей-л. репутации

to have a good ~ пользоваться хорошей репутацией
to live up to one's ~ оправдывать репутацию
to maintain ~ поддерживать репутацию
to value one's ~ дорожить своей репутацией
to win a good ~ завоевать хорошую репутацию

REPUTE n 1. репутация 2. известность

REQUEST n 1. просьба; требование 2. ходатайство 3. запрос; заявка 4. спрос
anticipated ~ ожидаемый запрос
credit ~ заявка на кредит
customer's ~ требование заказчика
disposal ~ требование реализации
expected ~ ожидаемый запрос
forecast ~ см. expected ~
imperative ~ настоятельная просьба
official ~ официальный запрос; официальная просьба
payment ~ платежное требование
procurement ~ требование на закупку
purchase ~ см. procurement ~
repeated ~ повторная просьба
substantive ~ просьба по существу
substitution ~ требование замены обеспечения
urgent ~ настоятельное требование
vacation ~ амер. заявление о предоставлении отпуска
written ~ просьба в письменной форме
~ for credit заявка на кредит
~ for delay in payment просьба об отсрочке платежа
~ for examination запрос на проведение экспертизы
~ for information запрос на информацию
~ for participation заявка на участие
~ for payment требование платежа
~ for quotation запрос на котировку
~ for rate запрос на прейскурант тарифов
~ for renewal просьба о продлении срока
~ for respite просьба об отсрочке платежей
~ for time просьба о пролонгации
◇ at ~ по требованию, по просьбе
by ~ см. at ~
on ~ по заявке
available on ~ предоставляемый по требованию
to be in ~ пользоваться спросом

to comply with a ~ удовлетворять просьбу
to decline a ~ отклонять просьбу
to deny a ~ отвечать отказом на просьбу
to make a ~ обращаться с просьбой
to meet a ~ удовлетворять просьбу
to respond to a ~ отвечать на просьбу
to satisfy a ~ удовлетворять просьбу
to withdraw a ~ отзывать заявку

REQUEST v 1. просить; требовать 2. запрашивать

REQUIRE v требовать, нуждаться в чем-л.

REQUIREMENT n 1. требование 2. нужда; потребность; спрос
accommodation ~s спрос на размещение, устройство (людей)
accounting ~s амер. правила бухгалтерской отчетности
actual ~s фактические потребности
additional ~s дополнительные потребности
annual ~s годовая потребность
anticipated ~s ожидаемые потребности
basic ~ основное требование
borrowing ~s потребность в заемных средствах
capital ~s спрос на капитал
cash ~ потребность в наличных средствах
common ~ обычное требование
consumption ~s потребительские потребности; расходные потребности
contract ~s требование контракта, договора
contractual ~s см. contract ~s
credit ~ потребность в кредите
current ~s текущие потребности
customer's ~s требования заказчика
data ~s потребности в информации
debt service ~ коэффициент обслуживания долга
defence ~s оборонные потребности
design ~s требования к конструкции
development ~s требования к разработке
dimensional ~ 1) требование соблюдения размеров 2) требование к размерам
dividend ~ сумма годового дохода компании, необходимая для выплаты дивиденда по привилегированным акциям
domestic ~s потребности внутреннего рынка

employment ~ потребность в рабочей силе
end ~ окончательное требование
engineering ~s технические нормы
environmental ~s требования по охране окружающей среды
essential ~s основополагающие требования
exacting ~s строгие требования
export ~s экспортные потребности
financial ~ потребность в финансовых средствах
financing ~ *см.* financial ~
foreign exchange ~ заявка на инвалюту
four eyes ~ *брит.* требование об управлении деятельностью банка двумя менеджерами
general ~s общие требования
general operational ~s общие эксплуатационные требования
gold backing ~s требование золотого обеспечения
growing ~s растущие потребности
heavy ~s острые потребности
home ~s потребности внутреннего рынка
import ~s потребности в импорте
industrial ~s производственные потребности
job ~ требования, предъявляемые к рабочему месту
labour ~s потребности в рабочей силе
listing ~s условия регистрации ценных бумаг на бирже
local ~s местные потребности
maintenance ~ 1) потребность в техобслуживании 2) требование к техобслуживанию
mandatory ~ обязательное условие
manning ~ 1) потребность в рабочей силе 2) требования к оператору
manpower ~s *см.* manning ~s 1)
manufacturing ~s производственные потребности
margin ~ требование маржи
market ~s требования рынка
material ~s потребности в материалах, в сырье
minimum reserve ~ требование минимального резерва
monthly ~ месячная потребность
national economy ~s потребности национального хозяйства
occasional ~ нерегулярная потребность
one-time ~ разовая потребность

order ~s требования заказа
packaging ~s требования к упаковке
packing ~s *см.* packaging ~s
performance ~s 1) требования к рабочим характеристикам 2) нормы и правила выполнения работ
personal ~s личные потребности
personnel ~s потребности в персонале
potential ~s потенциальные потребности
practical ~s практические потребности
precise ~s точные требования
process ~s технологические требования
product ~s требования, предъявляемые к продукции
production ~s производственные потребности
product quality ~s требования, предъявляемые к качеству изделий
public borrowing ~s *брит.* потребность правительства в заемных средствах для покрытия бюджетного дефицита
purchase ~s потребности в товарах
qualifying ~s квалификационные требования
quality ~s требования к качеству
quantitative ~s количественные требования
raw materials ~s потребности в сырье
registration ~ требование регистрации
reserve ~s резервные требования
safety ~s нормы техники безопасности
sanitary ~s санитарно-гигиенические требования
service ~s 1) требования по обслуживанию 2) потребности в обслуживании
skill ~s 1) требования к квалификации 2) потребности в квалифицированной рабочей силе
social ~s общественные потребности
space ~ потребность в площади
specific ~s специальные требования
staff ~s потребности в персонале
supply ~s потребности в снабжении
technical ~s технические требования
tonnage ~ потребность в тоннаже
total ~s общие потребности
traffic ~s потребности в транспортных услугах
transportation ~s 1) *см.* traffic ~s 2) требования к транспортировке
unit labour ~s затраты живого труда на единицу продукции
unsatisfied ~s неудовлетворенные потребности

REQ

up-to-date ~s современные требования
urgent ~s назревшие (срочные) потребности
use ~s эксплуатационные требования
~s for admission 1) условия приема 2) условия допуска к эксплуатации
~s for goods потребности в товарах
~s for services потребности в услугах
~s of the market требования рынка
~s of raw materials потребности в сырье
◇ to accede to ~s соглашаться с требованиями
to answer ~s отвечать требованиям
to be in keeping with ~s удовлетворять требованиям
to be up to ~s см. to be in keeping with ~s
to carry out ~s выполнять требования
to comply with ~s соответствовать требованиям
to cover ~s удовлетворять требованиям
to cut ~s сокращать потребности
to establish ~s определять требования
to evaluate ~s оценивать потребности
to examine ~s рассматривать потребности
to have ~s иметь потребности
to meet ~s 1) удовлетворять потребности 2) удовлетворять требованиям
to outline ~s намечать требования
to qualify for ~s отвечать требованиям
to satisfy ~s 1) удовлетворять потребности 2) удовлетворять требованиям
to service ~s удовлетворять требования
to set ~s определять требования
to specify ~s перечислять требования
to suit the ~s удовлетворять потребности
to verify ~s подтверждать требования
to work out ~s вырабатывать требования

REQUISITE *n* 1. нужная, необходимая вещь 2. *pl* реквизиты (*документа*)
office ~s конторское оборудование
shipping ~s отгрузочные реквизиты
transport ~s транспортные реквизиты

REQUISITE *adj* необходимый; требуемый

REQUISITION *n* 1. требование, заявка 2. требование, спрос
materials ~ заявка на материалы
purchase ~ закупочное предписание, требование на закупку
storeroom ~ требование на отпуск то-

RER

варно-материальных ценностей со склада
stores ~ см. storeroom ~
~ for materials заявка на материалы
~ for supplies см. ~ for materials
◇ upon ~ по требованию
to be in ~ пользоваться спросом

REQUISITION *v* реквизировать
REQUISITIONING *n* реквизиция
RESALE *n* перепродажа
RESCALING *n* изменение масштаба
RESCHEDULE *v* 1. пересматривать календарный план; изменять график 2. отодвигать сроки погашения долга
RESCHEDULING *n* 1. пересмотр календарного плана 2. пересмотр условий действующих кредитов
RESCIND *v* аннулировать, отменять; расторгать
RESCISSION *n* аннулирование, отмена; расторжение
~ of a contract расторжение контракта
~ of a sale отмена продажи
RESEARCH *n* изучение, исследование; научно-исследовательская работа
advanced ~ перспективные исследования
advertising ~ рекламное исследование
agricultural ~ исследования в области сельского хозяйства
applied ~ прикладные исследования
audience ~ *брит.* анализ аудитории (*слушателей*)
basic ~ фундаментальные исследования
business ~ конъюнктурные исследования
consumer ~ изучение потребительского спроса
development ~ исследования в области разработки новой продукции или нового метода
developmental ~ *см.* development ~
distribution ~ анализ процесса обращения
economic ~ экономические исследования
engineering ~ технические исследования
exploratory ~ поисковое исследование
fundamental ~ фундаментальные исследования
human factors ~ эргономические исследования
industrial ~ технические исследования
joint ~ совместные исследования

laboratory ~ лабораторные исследования
market ~ исследование рынка
marketing ~ исследование маркетинга
marketing operations ~ исследование операций маркетинга
media ~ исследования в области средств массовой информации
merchandising ~ исследование каналов сбыта
motivation ~ мотивационный анализ
operational ~ операционное исследование
operations ~ *амер. см.* operational ~
overseas market ~ изучение зарубежных рынков сбыта
primary ~ первичное исследование
prior ~ предварительное исследование
product ~ исследование потребительских свойств товаров
public opinion ~ изучение общественного мнения
pure ~ фундаментальные исследования
quality ~ исследование качества
sales ~ исследование сбыта
scientific ~ научное исследование
territorial ~ территориальное исследование
RESEARCH *v* исследовать, заниматься исследованиями; проводить научно-исследовательскую работу
RESELL *v* перепродавать
RESELLER *n* лицо, занимающееся перепродажей
RESELLING *n* перепродажа
RESERVATION *n* 1. резервирование; сохранение за собой 2. оговорка 3. *амер.* предварительный заказ
advance ~ предварительное резервирование
tentative ~ *см.* advance ~
ticket ~ заказ на билеты
usual ~ обычная оговорка
~ in a B/L пометка в коносаменте
~ of profits резервирование прибылей
~ of title оговорка о сохранении права собственности
◇ without ~ без оговорок
subject to ~ с оговоркой
to bear a ~ иметь оговорку
to contain a ~ содержать оговорку
to make a ~ сделать оговорку
RESERVE *n* 1. запас, резерв 2. *фин.* резервный фонд 3. оговорка, пометка
actual ~ фактический запас

actuarial ~s страховые резервы
aggregate ~s совокупные резервы
amortization ~ резерв на амортизацию
appropriated ~s целевые резервы
assets valuation ~ резерв оценки имущества
available ~s ликвидные резервы
bad debt ~ резерв на покрытие безнадёжных долгов
bank ~ резерв банка
bonus ~ резерв на льготы по уплате страховых взносов
borrowed ~s заимствованные фонды (*банка*)
business ~s торговые запасы
capacity ~s резерв производственных мощностей
capital ~ капитальные резервы (*резервы, которые не могут быть распределены между акционерами*)
capital redemption ~ резерв для погашения срочных привилегированных акций
cash ~ наличный резерв
claims ~ *страх.* резерв для будущих выплат страхового возмещения
commercial ~s промышленные запасы
contingency ~ резерв на непредвиденные расходы
contingent ~ *см.* contingency ~
currency ~s валютные резервы
deficiency ~ резерв на случай недостачи
depreciation ~ резерв на амортизацию
development ~ резерв на расширение предприятия
distributable ~s резервы компании для различных выплат (*напр. дивидендов*)
dividend equalization ~ резерв для поддержания уровня дивиденда
dwindling ~s сокращающиеся запасы
dormant labour ~s потенциальные рабочие резервы
emergency ~ резерв на непредвиденные обстоятельства
excess ~s избыточные резервы
external ~s валютные резервы
extraordinary ~ резерв для чрезвычайных операций
first line ~s централизованные валютные резервы
food ~s запасы продовольственных продуктов
foreign currency ~s валютные запасы, валютные резервы

foreign exchange ~s *см.* foreign currency ~s
fractional ~ частичный резерв
free ~s *амер.* свободные резервы банков
funded ~ запасный капитал
general ~s общие резервы
gold ~ золотой запас
gold and foreign exchange ~s официальные централизованные золото-валютные резервы в центральных банках и казначействах
government ~s государственные запасы; государственные резервы
hidden ~s скрытые резервы
inflationary ~ запас на случай инфляции
inner ~s скрытые резервы
insurance ~ страховой резерв
interest ~ резерв для уплаты процентов
international monetary ~s международные валютные резервы
investment ~ инвестиционный фонд
labour ~s трудовые резервы
latent ~s скрытые резервы
legal ~ обязательный резерв
legal minimum ~ минимальный обязательный резерв
liability ~s резервы против обязательств
liquid ~s ликвидные резервы
liquidity ~s *см.* liquid ~s
loan loss ~ резерв для покрытия потерь от кредитов
loss ~ банковский резерв для покрытия сомнительных долгов
material ~s материальные резервы
minimum ~ минимальный запас; минимальный резерв
minimum cash ~ минимальный обязательный резерв (*банка*)
monetary ~ валютный резерв (*центрального эмиссионного банка*)
money ~ денежный резерв
net ~ резерв страховых взносов
net borrowed ~s *амер.* заемные резервы
net free ~s *амер.* свободные резервы
net level premium ~ чистый резервный капитал для покрытия
nonborrowed ~s собственные резервы
official ~s официальные резервы в иностранной валюте
operating 1) резерв на финансирование эксплуатационных расходов 2) оперативный резерв
operating cash ~ резервный фонд предприятия
pension ~ пенсионный фонд
personnel ~ кадровый резерв
possible ~s потенциальные резервы
potential mineral ~s потенциальные запасы полезных ископаемых
premium ~ страховой резерв
prescribed ~ резерв, установленный законом
primary ~s первичные резервы (*состоящие из международных активов*)
production ~s резервы производства
productive capacity ~ резерв производственных мощностей
recoverable ~s разведанные и пригодные к эксплуатации запасы углеводородного сырья
redemption ~ резерв для выкупа или погашения
renegotiation ~ резерв на случай пересмотра условий контракта
replacement ~ резерв на замену
required ~s обязательные резервы
revaluation ~ резерв на переоценку
revenue ~s резервы, созданные из прибыли
revolving ~ автоматически возобновляемый резерв
secondary ~s вторичные резервы (*банка*)
secret ~s скрытые резервы
sinking-fund ~ фонд погашения
special ~ резерв специального назначения
statutory ~ 1) уставный резерв 2) резервы, установленные законом
stock ~ складской запас
strategic ~s стратегические запасы
surplus ~ резервный капитал
tax ~ резерв на уплату налогов
taxation ~ *см.* tax ~
time ~ резерв времени
undisclosed ~s скрытые резервы
undistributable ~s капитальные резервы
untapped ~s неиспользованные резервы
valuation ~ резерв на корректировку балансовой стоимости
visible ~s видимые, открытые резервы
voluntary ~s добровольные резервы
working ~ резерв оборотного капитала

world ~s мировые запасы
~ against demand deposits резерв против депозитов до востребования
~ against inventories резерв на случай потерь от уменьшения стоимости запасов
~ for amortization резерв на амортизацию
~ for bad debts резерв на покрытие безнадежных долгов
~ for debt redemption резерв на погашение задолженности
~ for depletion резерв на истощение природных ископаемых
~ for depreciation резерв на амортизацию
~ for doubtful accounts резерв на покрытие сомнительных долгов
~ for doubtful debts см. ~ for doubtful accounts
~s for export запасы экспортных товаров
~ for extensions резерв для расширения предприятия
~ for interest резерв на уплату процентов
~ for loss in investments резерв на убытки по инвестициям
~ for obsolescence резерв на замену устаревающего оборудования
~ for outstandling claims резерв неоплаченных убытков
~ for overheads резерв на покрытие накладных расходов
~ for paymment of future dividends резерв на выплату будущих дивидендов
~ for probable losses резерв на покрытие возможных убытков
~ for taxes резерв на уплату налогов
~ on hand наличный резерв
◇ under the usual ~ с обычной оговоркой
with ~ с оговоркой, содержащий оговорки
without ~ без оговорок
to accumulate ~s накапливать резервы
to build up ~s создавать резервы
to command ~s располагать резервами
to create ~s создавать резервы
to draw on ~s получать из резервов
to hold in ~ держать в резерве
to increase ~s увеличивать резервы
to keep in ~ держать в резерве
to maintain ~s держать резервы
to make ~s создавать резервы
to put aside as a ~ откладывать в качестве резерва
to put in ~ помещать в резерв
to put to ~ см. to put in ~
to raid the ~s расходовать резервы
to replenish the ~s пополнять резервы
to set up ~s создавать резервы
to transfer to ~s перевести в резерв
RESERVE v 1. откладывать, запасать; резервировать 2. бронировать, заказывать заранее 3. оговаривать
RESERVED adj 1. запасный; резервный 2. заказанный заранее
RESHAPE v перестраивать, реорганизовывать
RESHAPING n реорганизация, перестройка
~ of the structure of production перестройка структуры производства
RESHIP v перегружать
RESHIPMENT n перегрузка, перевалка
RESHUFFLE n перестановка, реорганизация
RESHUFFLE v производить перестановку, реорганизацию
RESIDE v жить, проживать
RESIDENCE n 1. местожительство, местопребывание 2. резиденция; квартира; дом
fixed ~ постоянное местожительство
legal ~ официальное местопребывание
permanent ~ постоянное местожительство
RESIDENCY n см. **RESIDENCE**
RESIDENT n 1. постоянно проживающий 2. служащий, живущий при учреждении 3. резидент
RESIDENTIAL adj 1. связанный с местом жительства 2. жилой
RESIDUAL n остаток
RESIDUAL adj остаточный
RESIDUE n остаток
RESIGN v 1. отказываться от должности; уходить в отставку 2. отказываться от права
RESIGNATION n 1. отказ от должности; уход в отставку 2. заявление об отставке
RESILIENT adj 1. эластичный; подвижный 2. легко приспосабливающийся
RESISTANCE n противодействие, сопротивление
consumer ~ падение потребительского спроса
sales ~ см. consumer ~

~ **to high prices** противодействие росту цен
~ **to wear and tear** сопротивление изнашиванию, износостойкость

RESOLUTION *n* 1. постановление, решение, резолюция 2. разрешение (*спора, конфликта*)
corporate ~ *амер.* решение общего собрания акционерного общества
draft ~ проект резолюции
extraordinary ~ *брит.* решение общего собрания акционерного общества большинством в три четверти голосов
joint ~ совместная резолюция
motivated ~ мотивированное постановление
ordinary ~ решение общего собрания акционерного общества, принятое простым большинством голосов
◇ **to adopt a** ~ принимать резолюцию
to approve a ~ одобрять резолюцию
to block a ~ блокировать резолюцию
to carry a ~ принимать резолюцию
to decline a ~ отклонять резолюцию
to defeat a ~ провалить резолюцию
to endorse a ~ одобрять резолюцию
to move a ~ выдвигать резолюцию
to oppose a ~ отклонять резолюцию
to pass a ~ принимать резолюцию
to propose a ~ предлагать резолюцию
to push through a ~ протаскивать резолюцию
to put forward a ~ предлагать резолюцию
to railroad a ~ *амер.* протаскивать резолюцию
to reject a ~ отклонять резолюцию
to submit a ~ предлагать резолюцию
to support a ~ поддерживать резолюцию
to table a ~ предлагать резолюцию
to throw out a ~ отклонять резолюцию
to turn down a ~ *см.* **to throw out a** ~
to vote a ~ принимать резолюцию голосованием

RESOLVE *v* 1. решать, принимать решение, резолюцию 2. разрешать (*спор, конфликт*)

RESORT *n* обращение (*за помощью*)
~ **to arbitration** обращение в арбитраж
◇ **without** ~ **to** не прибегая к

RESORT *v* прибегать к чему-л.; обращаться (*за помощью*)

RESOURCE *n* 1. запасы, ресурсы 2. активы; средства, фонды
adequate ~s достаточные ресурсы

agricultural ~s сельскохозяйственные ресурсы
ample ~s достаточные средства
bank ~s *амер.* активы банка
buying ~s средства для закупок
cash ~s наличные средства
covering ~s средства покрытия
credit ~s кредитные ресурсы
currency ~s валютные ресурсы
domestic ~s внутренние ресурсы
dwindling ~s истощающиеся запасы
economic ~s экономические ресурсы
energy ~s энергетические ресурсы
environmental ~s ресурсы окружающей среды
exhaustible ~s истощаемые ресурсы
farm ~s сельскохозяйственные ресурсы
financial ~s финансовые ресурсы
fishery ~s рыбные запасы
forage ~s кормовые ресурсы
free ~s свободные ресурсы
fuel ~s топливные ресурсы
human ~s людские ресурсы
idle ~s неиспользуемые ресурсы
inadequate ~s недостаточные ресурсы
internal ~s внутренние ресурсы
labour ~s трудовые ресурсы
limited ~s ограниченные ресурсы
liquid ~s ликвидные средства
manpower ~s людские ресурсы
manufacturing ~s производственные ресурсы
material ~s материальные ресурсы
material and technical ~s материально-технические ресурсы
mineral ~s запасы полезных ископаемых
monetary ~s валютные ресурсы
natural ~s природные ресурсы
net cash ~s чистая сумма наличных средств
nonreproducible ~s невоспроизводимые ресурсы
pecuniary ~s денежные ресурсы
personnel ~s кадровые ресурсы
physical ~s материальные ресурсы
power ~s энергетические ресурсы
primary ~s основные ресурсы
productive ~s производственные ресурсы
raw material ~s сырьевые ресурсы
real ~s реальные ресурсы
recoverable ~s вторичные ресурсы, вторичное сырье
recycled ~s *см.* **recoverable** ~s

renewable natural ~s возобновляемые природные ресурсы
reproducible ~s воспроизводимые ресурсы
scanty ~s мизерные ресурсы
scarce ~s ограниченные ресурсы
secondary ~s вторичные ресурсы
speculative ~s предполагаемые запасы
tight ~s дефицитные ресурсы
total ~s общие ресурсы
uncommitted ~s свободные ресурсы
underutilized ~s недостаточно эффективно используемые ресурсы
undiscovered ~s прогнозируемые запасы
untapped natural ~s неиспользованные природные ресурсы
vast ~s большие ресурсы
water ~s водные ресурсы
~ in short supply дефицитные ресурсы
◇ to exhaust ~s истощать ресурсы
to pool ~s объединять ресурсы
to squander ~s растрачивать средства; разбазаривать ресурсы
to tap new ~s осваивать новые ресурсы
to utilize ~s использовать ресурсы

RESPITE *n* отсрочка
additional ~ дополнительная отсрочка
~ for payment отсрочка платежа
◇ to accord a ~ in payment предоставить отсрочку платежа
to grant a ~ продлить срок

RESPOND *v* 1. отвечать 2. реагировать на что-л.

RESPONDENT *n* обследуемый, опрашиваемый; респондент

RESPONDENTIA *n* заем под залог груза или судна, бодмерея

RESPONSE *n* 1. ответ 2. реакция; отклик; обратная реакция
consultary ~ консультативное заключение суда
press ~ отклики в прессе
◇ in ~ to в ответ на

RESPONSIBILIT|Y *n* 1. ответственность 2. обязанность, обязательство
absolute ~ неограниченная ответственность
additional ~ дополнительное обязательство
administrative ~ административная ответственность
civil ~ гражданская ответственность
cost ~ обязанность контролировать динамику издержек

direct ~ непосредственная ответственность
economic ~ экономическая ответственность
financial ~ финансовая ответственность
fiscal ~ *см.* financial ~
full ~ полная ответственность
functional ~ функциональная ответственность
joint ~ солидарная ответственность
limited ~ ограниченная ответственность
management ~ административная ответственность
managerial ~ *см.* management ~
material ~ материальная ответственность
mutual ~ обоюдная ответственность
participant's ~s обязанности участников
pecuniary ~ денежная ответственность
personal ~ личная ответственность
primary ~ основная ответственность
prime ~ *см.* primary ~
private ~ личная ответственность
solo ~ индивидуальная ответственность
undivided ~ безраздельная ответственность
umlimited ~ неограниченная ответственность
warranty ~ гарантийное обязательство
~ for damage ответственность за повреждение
~ for delivery ответственность за поставку
~ for the quality of products ответственность за качество выпускаемой продукции
~ for shortage ответственность за недостачу
~ for transportation ответственность за перевозку
◇ on one's own ~ на свою ответственность
within smb's ~ под чью-л. ответственность
to accept ~ принимать ответственность
to allocate ~ies распределять обязанности
to assume ~ взять на себя ответственность; принимать обязательство
to bear ~ нести ответственность
to be free from ~ быть свободным от ответственности

623

to decline ~ снимать с себя ответственность
to deny ~ не признавать ответственности
to disclaim ~ *см.* to deny ~
to do on one's own ~ делать что-л. на свою ответственность
to entrust smb with ~ возлагать обязанность на кого-л.
to establish ~ устанавливать ответственность
to exempt from ~ освобождать от обязанности
to extend ~ расширять объем ответственности
to free from ~ освобождать от ответственности
to impose ~ возлагать ответственность
to increase ~ повышать ответственность
to limit ~ ограничивать ответственность
to place ~ возлагать ответственность
to release from ~ освобождать от ответственности; освобождать от обязанности
to relieve from ~ *см.* to release from ~
to repudiate ~ не признавать ответственности
to share ~ разделять ответственность
to shift ~ on smb перекладывать ответственность на кого-л.
to shoulder ~ брать на себя ответственность; принимать обязательство
to undertake ~ *см.* to shoulder ~
RESPONSIBLE *adj* 1. ответственный; надежный 2. *амер.* платежеспособный 3. ответственный, важный
equally ~ ответственный в равной степени
jointly ~ солидарно ответственный
to be ~ быть ответственным
to hold smb ~ считать кого-л. ответственным
to make oneself ~ брать на себя ответственность
REST *n* 1. остаток, сальдо 2. резервный фонд
RESTITUTE *v* 1. возмещать (*ущерб, убытки*) 2. *юр.* восстанавливать первоначальное правовое положение
RESTITUTION *n* 1. возмещение (*ущерба, убытков*) 2. *юр.* восстановление первоначального правового положения, реституция
RESTOCK *v* пополнять запасы

RESTOCKING *n* пополнение запасов
RESTORATION *n* восстановление
retroactive ~ восстановление первоначальной суммы договора страхования после уплаты страхового возмещения
~ of currency денежная реформа
~ of industry восстановление промышленности
~ of a lapsed patent восстановление патента, срок действия которого истек
~ to one's rights восстановление в правах
RESTORE *v* восстанавливать
RESTRAIN *v* 1. сдерживать 2. ограничивать
RESTRAINT *n* 1. сдерживание 2. ограничение
budget ~ ограничение бюджетных расходов
budgetary ~ *см.* budget ~
credit ~ ограничение кредита
expenditure ~ ограничение расходов
export ~s экспортные ограничения
monetary ~s кредитно-денежные ограничения
wage ~ замораживание заработной платы
~ of competition ограничение конкуренции
~ of imports импортные ограничения
~ of trade ограничение торговли
~ upon the rate of investments ограничение роста инвестиций
◊ to apply ~s вводить ограничения
to impose ~s *см.* to apply ~s
to introduce ~s *см.* to apply ~s
RESTRICT *v* ограничивать
RESTRICTED *adj* 1. ограниченный 2. запретный 3. для служебного пользования
RESTRICTION *n* ограничение
budget ~s бюджетные ограничения
budgetary ~s *см.* budget ~s
credit ~ ограничение кредита
discriminatory ~s дискриминационные ограничения
distribution ~ ограничение сбыта
exchange ~s валютные ограничения
export ~s экспортные ограничения
foreign exchange ~s система валютных ограничений
global ~s глобальные ограничения
government ~s правительственные ограничения
immigration ~s ограничения иммиграции

import ~s импортные ограничения
income ~ ограничение на размер доходов
licence ~ ограничение лицензии
local ~s локальные ограничения
mercantile ~s торговые ограничения
nontariff ~s нетарифные ограничения
ordering ~ ограничение на размер заказов
qualitative ~s качественные ограничения
quantitative ~s количественные ограничения
quota ~s см. quantitative ~s
tariff ~s тарифные ограничения
trade ~s торговые ограничения
unwarranted ~s необоснованные ограничения
wage-price ~s ограничения цен и заработной платы
~s of activities ограничения деятельности
~ of birth ограничение рождаемости
~ of credit ограничение кредита
~ of investments ограничение капиталовложений
~ of prices ограничение цен
~ of production ограничение производства
~ of rights ограничение прав
~ of trade ограничение торговли
~s on exports ограничения на экспорт
~s on imports ограничения на импорт
◇ to be subject to ~s подлежать ограничениям
to establish ~s вводить ограничения
to free from ~s освобождать от ограничений
to impose ~s вводить ограничения
to introduce ~s см. to impose ~s
to lift ~s снимать ограничения
to raise ~s см. to lift ~s
to relax ~s ослаблять ограничения
to remove ~s снимать ограничения
to withdraw ~s см. to remove ~s
RESTRICTIVE adj ограничительный
RESTRUCTURE v перестраивать, реорганизовывать
RESTRUCTURING n реорганизация
debt ~ реструктуризация долга (пересмотр условий кредитов)
entrepreneurial ~ реорганизация, проводимая предпринимателем
industrial ~ перестройка промышленной структуры

~ of the economy перестройка экономики
RESULT n результат
actual ~ фактический результат
annual ~ годовой результат
assessed ~ оцениваемый результат
collected ~s сводка результатов
comparable ~s сравнимые результаты
desired ~ желательный результат
direct ~ прямой результат
economic ~s экономические результаты; экономические последствия
end ~ конечный результат
eventual ~ см. end ~
examination ~ результат экспертизы
experimental ~ экспериментальный результат
export ~s результаты экспортных операций
final ~ конечный результат
incidental ~ побочный результат
inspection ~ результат проверки
intermediate ~ промежуточный результат
market ~ результат действия рыночных сил
negative ~ отрицательный результат
net ~ окончательный результат
observed ~ наблюдаемый результат
operating ~s эксплуатационные результаты
optimal ~ оптимальный результат
optimum ~ см. optimal ~
partial ~ частичный результат
positive ~ положительный результат
predictable ~ прогнозируемый результат
sampling ~ результат выборки
tangible ~ заметный результат
test ~ результат испытаний
trading ~ результат работы предприятия
ultimate ~ конечный результат
~ of a check-up результат проверки
~ of an examination результат экспертизы
~ of inspection результат проверки
~ of investigation результат исследований
~ of negotiations итоги переговоров
~s of tests результаты испытаний
~ of work результат работы
◇ as a ~ в результате
without ~ без результата
to achieve ~s достигать результатов
to assess ~s оценивать результаты

to bring ~s давать результаты
to evaluate ~s оценивать результаты
to obtain ~s получать результаты
to produce ~s давать результаты
to yield ~s *см.* to produce ~s

RESUMÉ *n* резюме, краткая автобиография, представляемая кандидатом на должность

RESUME *v* возобновлять

RESUMPTION *n* возобновление
~ of activities возобновление деятельности
~ of business возобновление дела
~ of cooperation возобновление сотрудничества
~ of deliveries возобновление поставок
~ of legal action возобновление иска
~ of negotiations возобновление переговоров
~ of work возобновление работы

RETAIL *n* розничная продажа, розница

RETAIL *v* продавать в розницу

RETAILER *n* 1. розничный торговец 2. розничное предприятие
closed-door ~ магазин для ограниченной группы клиентов
food ~ розничная продажа продовольственных товаров
independent ~ индивидуальный розничный торговец
large-scale ~ крупный розничный торговец, розничный торговец, владеющий большим магазином
low-cost ~s предприятия розничной торговли, продающие товары по более низким ценам (*напр., магазины цепного подчинения, магазины, специализирующиеся на продаже товаров со скидкой*)
unit ~ розничный торговец, имеющий только один магазин

RETAILING *n* розничная торговля
discount ~ розничная торговля через магазины, продающие товары со скидкой
franchise ~ розничная торговля на основе патента на концессию
highway ~ розничная торговля в местах, расположенных вблизи автомагистралей
multiple shop ~ розничная торговля через магазины цепного подчинения
self-service ~ розничная торговля через магазины самообслуживания
small-scale ~ мелочная торговля

RETAILMENT *n* розничная торговля

RETAIN *v* 1. удерживать 2. сохранять

RETAINER *n* сумма, выплачиваемая за особые услуги

RETALIATION *n* ответная мера, репрессалия

RETALIATORY *adj* репрессивный, карательный

RETENTION *n* 1. удержание 2. нераспределенная прибыль 3. удержание предприятием-экспортером части вырученной валюты 4. часть новых ценных бумаг, оставшихся у члена эмиссионного синдиката
exporter ~ часть стоимости экспортного контракта, которая финансируется самим экспортером
income ~ удержание из дохода
~ of an amount удержание суммы
~ of a security on the list сохранение котировки ценной бумаги на фондовой бирже
~ of wages удержание из заработной платы

RETIRE *v* 1. уходить в отставку, на пенсию 2. изымать из обращения 3. выкупать; погашать 4. изымать из эксплуатации, списывать

RETIREMENT *n* 1. выход в отставку, на пенсию 2. изъятие из обращения 3. выкуп; погашение 4. изъятие из эксплуатации, списывание
compulsory ~ обязательный выход на пенсию
debt ~ ликвидация задолженности
disability ~ выход на пенсию по инвалидности
early ~ прекращение трудовой деятельности до достижения пенсионного возраста
equipment ~ списывание оборудования за непригодностью
~ of assets выбытие активов
~ of a bill погашение векселя
~ of bonds погашение облигаций
~ of securities выкуп ценных бумаг

RETIRING *n* выход в отставку, на пенсию

RETOOL *v* переоснащать, переоборудовать

RETOOLING *n* переоснащение, переоборудование; модификация
technical ~ техническое перевооружение

RETORSION *n* репрессивные меры, предпринимаемые одним государством против другого, реторсия

RETORTION *n см.* **RETORSION**
RETRAIN *v* переобучать, переподготавливать
RETRAINING *n* переобучение, переподготовка
  occupational ~ профессиональная переподготовка
  professional ~ *см.* occupational ~
  ~ of specialists переподготовка специалистов
RETRANSFER *n* обратный перевод (*денег*)
RETRANSFER *v* переводить, перечислять деньги обратно
RETRENCH *v* сокращать, урезывать расходы; экономить
RETRENCHMENT *n* сокращение расходов; экономия
RETRIEVAL *n* восстановление, возвращение в прежнее состояние
  information ~ поиск информации
  patent ~ поиск патентной информации
RETROACTIVE *adj юр.* имеющий обратную силу
RETROCEDE *v страх.* передавать часть принятых перестраховщиком рисков другим перестраховщикам
RETROCESSION *n* 1. передача перестраховщиком части им рисков другим перестраховщикам, ретроцессия 2. уступка части комиссии, полученной банком, другому банку
RETROCESSIONAIRE *n* перестраховщик, принимающий ретроцессию
RETROFIT *n* модернизация; модификация
RETROFIT *v* модифицировать
RETROGRESSION *n* 1. обратное движение 2. регресс
RETURN *n* 1. возвращение 2. возврат; возмещение 3. оборот 4. доход; прибыль; выручка; поступление 5. отчет; отчетные данные; ведомость 6. отчет о результатах выборов 7. *pl* возвращенный товар; возвращенные чеки, векселя
  after-tax ~ доход после вычета налогов
  annual ~s 1) годовой доход 2) годовой отчет
  average ~s средний размер поступлений
  bank ~ банковский отчет
  Bank of England R. еженедельный отчет о состоянии баланса Банка Англии
  broker's ~ список товаров, погруженных на судно, направляемый брокеру-фрахтователю
  budgeted ~ сметная доходность
  census ~ результаты переписи
  consolidated ~ *амер.* баланс концерна
  current ~ *амер.* доход по ценным бумагам
  daily ~s суточный оборот
  differential ~s различные нормы прибыли
  diminishing ~s убывающая доходность
  estimated ~ предполагаемый доход
  expected ~ средний ожидаемый доход по всем инвестициям
  fair ~ справедливая норма прибыли
  field warranty ~ рекламационный возврат используемого изделия
  fixed ~ постоянная прибыль
  gross ~ валовая прибыль, валовой доход
  income tax ~ налоговая декларация о доходах
  increasing ~s растущая доходность
  interest ~ процентный доход
  interim ~ промежуточный отчет банка о состоянии счетов
  investment ~ начисление процентов на капитал
  marginal ~ предельный доход
  mean ~ средний ожидаемый доход
  merchandise ~ возврат товара; право возврата товара
  monthly ~s поступления за месяц
  net ~ чистый доход
  partial ~ частичный возврат
  poor ~s низкий доход
  profit ~ прибыль
  purchase ~s возврат купленного товара поставщику
  quick ~ быстрый оборот
  sales ~ доход от продаж
  subsequent ~ последующий возврат
  tax ~ налоговая декларация
  total ~ общий доход на вложенный капитал
  trade ~s 1) торговый доход 2) отчет о продажах
  weekly ~ еженедельный отчет
  yearly ~s годовой доход
  ~ of an advance возврат аванса
  ~ of an amount overpaid возврат переплаченной суммы
  ~ of an arbitration fee возврат арбитражного сбора
  ~ of cargo возврат груза
  ~ of charges возврат сборов

~ of commission возврат комиссионного вознаграждения
~ of commodity возврат товара
~ of a consignment возврат партии (груза)
~ of contribution возврат взноса
~ of a debt возврат долга
~ of deposit возврат вклада
~ of documents возврат документов
~ of a drawback возврат уплаченной пошлины
~ of duties налоговые поступления
~ of empties возврат порожней тары
~ of empty pallets возврат пустых паллет
~ of an excess amount возврат переплаченной суммы
~ of expenses сводка расходов
~ of goods возврат товара
~ of payment возврат уплаченной суммы
~ of a premium возврат страхового взноса
~ of production expenses возмещение издержек производства
~ of products возврат товара
~ of rejected goods возврат бракованного товара
~ of security возврат обеспечения
~ of shipment возврат поставки
~ of a sum возврат суммы
~ on assets доход от имущества; доход на активы
~ on capital прибыль на акционерный капитал
~ on capital employed прибыль на инвестированный капитал
~ on equity прибыль на акционерный капитал
~ on invested capital прибыль на инвестированный капитал
~ on investments см. ~ on invested capital
~ on sales доходность продажи
~ on total assets доходность суммарных активов
~ to cooperation возобновление сотрудничества
~s to scale доходы, зависящие от масштаба операций
◇ by ~ of mail с обратной почтой
by ~ of post см. by ~ of mail
to bring a ~ приносить доход
to repatriate ~s репатриировать прибыль
to show good ~s оказываться прибыльным
to yield a ~ приносить доход
RETURN v **1.** возвращать, возмещать **2.** приносить (*доход*)
RETURNABLE *adj* возвратный; обмениваемый
RETURNABLES *n pl* возвратная тара
RETURNEE *n* возвратившийся (*из поездки и т. п.*)
REUSE *n* повторное использование; многократное использование
REUTILIZATION *n* повторное использование (*в производственном процессе*)
REVALIDATE v возобновлять или продлевать действенность, законную силу
REVALIDATION *n* возобновление или продление действенности, законной силы
REVALORIZATION *n* ревалоризация, ревальвация
~ of currency ревалоризация (ревальвация) валюты
REVALORIZE v ревалоризировать, ревальвировать
REVALUATE v ревальвировать; переоценивать
REVALUATION *n* ревальвация; переоценка
~ of assets переоценка активов
~ of currency ревальвация валюты
~ of property переоценка стоимости имущества
REVALUE v ревальвировать; переоценивать
REVAMPING *n* частичное переоборудование, переделка
REVENUE *n* **1.** доход **2.** государственные доходы **3.** *pl* доходные статьи
accrued ~s накопленный доход
annual ~ ежегодный доход
budget ~ бюджетные доходы
casual ~ побочный доход
current ~ текущая выручка
customs ~ таможенные доходы
earned ~ трудовой доход
freight ~ доход от фрахта
government ~ правительственные (государственные) доходы
gross ~ валовой доход
inland ~ бюджетные поступления от внутренних источников (*налоги, сборы*)
interest ~ доход в виде процентов, процентный доход

internal ~ бюджетные поступления от внутренних источников
investment ~ доход на капитал в виде процентов
marginal ~ предельный доход
national ~ государственные доходы
net ~ чистые доходы
nonoperating ~ доход от неосновной деятельности
operating ~ доход от основной деятельности
personal ~ личный доход
public ~s государственные доходы
sales ~ доходы от продаж
surplus ~ избыточный доход
tax ~ налоговые поступления
unearned ~ нетрудовой доход
utility ~ доходы коммунальных предприятий
~ from sales доходы от продаж
~ from taxation налоговые поступления
◇ to derive ~ получать доход
to earmark ~ распределять доходы по назначению
to raise ~s получать доход
to receive ~ *см.* to raise ~

REVERSAL *n* 1. полное изменение; поворот в обратном направлении 2. *юр.* отмена, аннулирование 3. *юр.* отмена судебного решения 4. *бухг.* сторнирование
~ of a judgement кассация судебного решения

REVERSE *n* 1. обратное, противоположное 2. поворот в противоположном направлении 3. неудача; провал

REVERSE *adj* обратный; противоположный

REVERSE *v* 1. полностью изменять; поворачивать обратно 2. *юр.* отменять, аннулировать 3. *бухг.* сторнировать запись, делать обратную, исправительную запись

REVERSING *n бухг.* сторнирование
◇ ~ an entry сторнирование записи

REVERSION *n* 1. возвращение в прежнее состояние 2. *юр.* обратный переход имущественных прав к первоначальному собственнику

REVIEW *n* 1. рассмотрение; обзор 2. рецензия; отзыв 3. *юр.* пересмотр 4. периодическое издание
budgetary ~ бюджетный обзор
design ~ пересмотр конструкции
economic ~ экономический обзор

loan ~ анализ заявки на кредит
market ~ обзор рынков
periodical ~ периодический обзор
price ~ обзор цен; пересмотр цен
quarterly price ~ ежеквартальный пересмотр цен
~ of the market обзор рынка
~ of prices пересмотр цен
~ of a programme пересмотр программы
◇ to be subject to ~ подлежать пересмотру

REVIEWER *n* рецензент

REVISAL *n* 1. проверка 2. пересмотр
~ of standards пересмотр стандартов

REVISE *v* 1. проверять; исправлять 2. пересматривать, изменять

REVISION *n* 1. просмотр, проверка 2. проверка, ревизия 3. модификация
cash ~ ревизия кассы
downward ~ пересмотр в сторону понижения
price ~ пересмотр цен
upward ~ пересмотр в сторону повышения
~ of a decision пересмотр решения
~ of norms пересмотр норм
~ of a plan пересмотр плана
~ of prices пересмотр цен
~ of a programme пересмотр программы
~ of rates пересмотр норм
~ of standards *см.* ~ of rates
◇ to be subject to ~ подлежать пересмотру

REVISORY *adj* ревизионный

REVITALIZATION *n* оживление, восстановление активности
~ of the capital market оживление рынка капиталов

REVITALIZE *v* оживлять, восстанавливать активность

REVIVAL *n* оживление; восстановление
business ~ оживление деловой конъюнктуры
economic ~ оживление экономики
uneven ~ неравномерное оживление
weak ~ вялое оживление
~ of an application восстановление заявки
~ of business восстановление, оживление торговли
~ of the economy оживление экономики
~ of the market оживление рынка
~ of trade оживление торговли

REVIVE v 1. оживлять; восстанавливать 2. оживляться 3. вновь вводить в силу, в действие
REVIVOR n юр. возобновление дела
REVOCABLE adj отзывной; подлежащий отмене
REVOCATION n 1. отзыв 2. отмена, аннулирование; ревокация
~ of agency отмена представительства
~ of a decision отмена решения
~ of an inventor's certificate аннулирование авторского свидетельства (*изобретателя*)
~ of a L/C отзыв аккредитива
~ of a licence аннулирование лицензии
~ of a patent аннулирование патента
REVOKE v 1. отменять, аннулировать 2. отзывать
REVOLUTION n 1. переворот; революция 2. крутая ломка
commercial ~ революция в рыночной экономике
cultural ~ культурная революция
demographic ~ демографическая революция
technological ~ научно-техническая революция
REVOLVER n револьверный кредит
REVOLVING adj револьверный, периодически возобновляемый
REWARD n 1. вознаграждение 2. компенсация
due ~ подобающее вознаграждение
monetary ~ денежное вознаграждение
pecuniary ~ *см.* monetary ~
salvage ~ вознаграждение за спасение
REWEIGH v перевешивать, взвешивать заново
REWORK n 1. дополнительная обработка 2. доводка; доделка
REWORK v повторно обрабатывать
RICHES n pl богатства
RICH adj 1. богатый 2. завышенный (*курс*)
RIDER n 1. дополнение, дополнительный пункт (*к документу*) 2. аллонж, подклейка к векселю
insurance ~ дополнительные условия страхования
RIG n устройство; оборудование; установка
drilling ~ буровая вышка
RIG v 1. оборудовать 2. оснащать
RIGGING n 1. установка; сборка 2. оснащение

~ of the market искусственное вздувание курсов ценных бумаг
RIGHT n 1. право 2. pl истинное положение вещей 3. pl порядок 4. право владельца акций на участие в новых выпусках акций этой компании на льготных условиях
absolute ~s неограниченные права
agent's ~s права агента
application ~ право на подписку на акции
appropriative ~ право присвоения
basic ~s основные права
bonus ~ право на бесплатное получение
buyer's ~ право покупателя
carrier's ~ право перевозчика
civil ~ гражданское право
claimant's ~ право истца
commercial ~ коммерческое право
conversion ~s условия обмена ценной бумаги на другую, конверсионные права
distribution ~ право на продажу
dividend ~ право на получение дивиденда
drawing ~s права заимствования
equal ~s равные права
exclusive ~ of sale исключительное право на продажу
exclusive ~ to use исключительное право пользования
exclusivity ~ монопольное право
franchising ~ право на привилегию
fundamental ~s основные права
human ~s права человека
inalienable ~ неотъемлемое право
incorporeal ~ юр. право требования
industrial ~ промышленное право
industrial property ~ право на промышленную собственность
infringed ~ нарушенное право
inherent ~ неотъемлемое право
innovative ~s новаторские права
inventor's ~ право изобретателя
licensed ~ лицензионное право
lawful ~ законное право
legal ~ *см.* lawful ~
legitimate ~ *см.* lawful ~
manufacturing ~ право изготовления
material ~ материальное право
mercantile ~ торговое право
monopoly ~ монопольное право
natural ~s естественные права
nonexclusive ~ to sell неисключительное право на продажу

option ~ право опциона
ownership ~ право собственности
participating ~ право на участие в прибылях
patent ~ патентное право
patentee's ~ право патентовладельца
patent sales ~ право на продажу патента
preemption ~ преимущественное право акционеров на вновь выпускаемые акции
preemptive ~ *см.* preemption ~
preferential ~ преимущественное право
prescriptive ~ *юр.* право давности
priority ~ право приоритета
procedural ~ процессуальное право
property ~ имущественное право
property ~ to buildings право собственности на здания
property ~ to land право собственности на землю
property ~ to an enterprise право собственности на предприятие
proprietary ~ право собственности, имущественное право
protective ~ право защиты
purchase ~ право закупки
qualified voting ~ квалифицированное право голоса
reciprocal ~ право на основе взаимности
sales ~ право на продажу
seller's ~ право продавца
selling ~ право на продажу
semi-exclusive ~ полуисключительное право
simple ~ простое право
sole ~ to sell исключительное право на продажу
sole voting ~ исключительное право голоса
Special Drawing Rights специальные права заимствования
statutory ~s законные права
stock ~ право на покупку некоторого количества акций по фиксированной цене
subrogation ~s права суброгации
subscription ~ право подписки на акции
tenant ~ право аренды
third-party ~s права третьей стороны
underlying ~ преимущественное право
unqualified ~s неограниченные права
vested ~ законное право

veto ~ право вето
~ of action право предъявления иска
~s of an agent права агента
~ of appeal право обжалования
~ of authorship авторское право
~ of cancellation право аннулирования контракта
~ of a carrier право перевозчика
~ of a charterer право фрахтователя
~ of claim право требования, право претензии
~ of continued use право на непрерывное использование
~ of concurrent use право одновременного пользования
~ of confiscation право конфискации
~ of defence право на защиту
~ of demand право требования
~ of disposal право распоряжения
~ of domicile право поселения
~ of early delivery право досрочной поставки
~ of eminent domain право государства на принудительное отчуждение частной собственности
~ of entry право въезда
~ of establishment право основания предприятия
~ of first refusal право преимущественной покупки
~ of inspection право на осмотр
~ of issuing notes эмиссионное право
~ of joint use право совместного использования
~ of movement право свободного передвижения
~ of offset право банка на арест вкладов заемщика для погашения просроченного кредита
~ of option право замены
~ of owner право владельца
~ of ownership право собственности
~ of passage право проезда
~ of possession право собственности
~ of preemption преимущественное право акционеров на вновь выпускаемые акции
~s of the principal права принципала
~ of priority право приоритета
~ of priority of creditors право приоритета кредиторов
~ of prior use право преждепользования
~ of property право собственности
~ of protection право на защиту
~ of protest право протеста

~ of publication право опубликования
~ of readdressing право переадресовки
~ of recourse право регресса
~ of redemption 1) право на возврат залога путем уплаты долга 2) право выкупа
~ of reexport право реэкспорта
~ of regress право регресса
~ of reproduction право воспроизведения
~ of repurchase право обратной покупки
~ of resale право перепродажи
~ of rescission *амер.* право отказаться от потребительского кредита
~ of retention право удержания
~ of return право возврата
~ of routing право на выбор маршрута
~ of sales право на продажу
~ of signature право подписи
~ of stoppage in transit право на отзыв товара, находящегося в пути, из-за неплатежеспособности покупателя
~ of sublease право на субаренду
~ of substitution право субститута (замены)
~ of suit право предъявления иска
~ of survivorship право совладельца на собственность после смерти партнера
~ of veto право вето
~ of way право проезда
~ to benefits право на социальное обеспечение
~ to cargo право на груз
~ to a claim право не требование; право на претензию
~ to compensation право на компенсацию
~ to contribution in general average право на возмещение убытков по общей аварии
~ to indemnity право на возмещение убытков
~ to an industrial design право на промышленный образец
~ to a patent право на патент
~ to a pension право на пенсию
~ to remuneration право на вознаграждение
~ to substitution право замены судна
◇ all ~s reserved без права переиздания
~s and liabilities права и обязанности
ex ~s без права
with ~s с правом

without the ~ of recourse без права регресса
without any prejudice to the ~ без ущерба права
~ to assign право на переуступку
~ to be reimbursed право на возмещение
~ to claim damages право на возмещение убытков
~ to dispose право распоряжения
~ to distribute право продажи
~ to issue эмиссионное право
~ to manufacture право на производство
~ to pass through право на проезд
~ to recall право отмены
~ to recover damages право на возмещение убытков
~ to sell право на продажу
~ to subscribe to new shares право подписки на новые акции
~ to terminate a contract право аннулирования контракта
~ to use право пользования
to abandon a ~ отказаться от права
to acquire a ~ приобретать право
to affect the ~s затрагивать права
to ascertain ~s определять права
to assert one's ~s отстаивать права
to assign a ~ передавать (переуступать) право
to cede a ~ передавать право в порядке цессии
to contest a ~ оспаривать право
to convey a ~ передавать право
to curtail ~s урезать права
to define ~s определять права
to deny a ~ лишать права
to deprive of a ~ *см.* to deny a ~
to determine ~s устанавливать права
to disclaim a ~ отказаться от права
to encroach on ~s посягать на права
to enjoy a ~ пользоваться правом
to establish a ~ устанавливать право
to exercise a ~ пользоваться правом
to forfeit a ~ лишаться права
to give the ~ to давать право на
to grant the ~ to *см.* to give the ~ to
to have a ~ иметь право
to infringe a ~ нарушать право
to lose a ~ потерять право
to prejudice a ~ наносить ущерб праву
to protect ~s защищать права
to recognize ~s признавать права
to renounce a ~ отказаться от права
to reserve a ~ сохранять право

to resign a ~ отказаться от права
to restore smb to his ~s восстановить кого-л. в правах
to restrict ~s ограничивать права
to retain a ~ сохранять право
to secure a ~ обеспечивать право
to surrender a ~ отказаться от права
to transfer a ~ передавать право
to uphold a ~ защищать право
to use a ~ пользоваться правом
to vest with ~s наделять правами
to vindicate one's ~s отстаивать права
to violate a ~ нарушать право
to waive a ~ отказаться от права

RIGID *adj* 1. строгий, неукоснительный (*об экономии*) 2. негибкий

RIGIDITY *n* 1. строгость, суровость 2. негибкость
price ~ негибкость цен
wage ~ неизменяемость зарплаты
~ of costs неизменность издержек

RING *n* 1. объединение в форме картеля для контроля над рынком 2. биржевой круг (*место для членов биржи, имеющих право заключать сделки*)
bidder ~ незаконный сговор дилеров на рынке с целью понизить цены с последующей перепродажей и получением прибыли
price ~ небольшое объединение компаний для контроля за установленными ценами на их товары или услуги
trading ~ биржевой круг

RISE *n* 1. повышение, увеличение 2. прибавка к заработной плате
discount ~ повышение учетной ставки
modest ~ умеренное повышение
pay ~ повышение зарплаты
pay-for-performance ~ повышение ставок зарплаты в зависимости от качества работы
price ~ рост цен
salary ~ повышение зарплаты
sharp ~ резкое повышение
steady ~ неуклонное повышение
wage ~ повышение заработной платы
~ in the bank rate повышение ставки банковского учетного процента
~ in the cost рост стоимости
~ in the cost of living повышение стоимости жизни
~ in the efficiency of production рост эффективности производства
~ in the exchange rate повышение курса валюты
~ in exports рост экспорта
~ in the market повышение биржевых курсов
~ in pay повышение зарплаты
~ in prices повышение цен
~ in profitability повышение рентабельности
~ in quotations повышение биржевых курсов
~ in rates повышение норм
~ in salary повышение зарплаты
~ in the turnover рост товарооборота
~ in value рост стоимости
~ in wages повышение зарплаты
~ of labour cost повышение стоимости труда
~ of material cost повышение стоимости сырья и материалов
~ of stocks and shares повышение курса акций
◊ to ask for a ~ просить об увеличении зарплаты
to be on the ~ повышаться
to buy for a ~ играть на повышение
to cause a ~ in prices вызывать повышение цен
to gamble on a ~ in prices спекулировать на повышении цен
to go for a ~ играть на повышение
to operate for a ~ *см.* to go for a ~
to produce a ~ in prices вызывать повышение цен
to show a ~ показывать повышение
to speculate for a ~ спекулировать на повышении курсов

RISE *v* повышаться, увеличиваться

RISK *n* 1. риск 2. страховая сумма 3. застрахованное лицо
abnormal ~ чрезвычайный риск
accident ~ риск несчастного случая
actual ~ фактический риск
actuarial ~ актуарный (страховой) риск
additional ~ дополнительный риск
admissible ~ допустимый риск
aggregate ~ совокупный риск
air bill all ~s страховой полис, покрывающий все риски, связанные с транспортировкой грузов авиатранспортом
all ~s все риски
assigned ~ установленный уровень риска
average ~ средний уровень риска
balance sheet ~ балансовый риск
bilateral ~ двусторонний риск
breakage ~ риск поломки
business ~ деловой риск

businessman's ~ риск предпринимателя
buyer's ~ риск покупателя
calculated ~ рассчитанный риск
catastrophe ~ риск, связанный с катастрофами и крупными материальными потерями
charterer's ~ риск фрахтователя
collective ~ коллективный риск
commercial ~ коммерческий риск
company's ~ риск компании
concentration ~ риск, связанный с повышенной концентрацией бизнеса
conditional ~ условный риск
constant ~ постоянный риск
consumer's ~ риск потребителя
contractor's ~ риск подрядчика
conventional ~ условный риск
counterparty failure ~ риск банкротства партнера
country ~ региональный (страновой) риск
credit ~ кредитный риск
currency ~ валютный риск
customary ~ рыночный риск; обычный торговый риск
customer's ~ риск потребителя
default ~ риск непогашения долга
del credere ~ кредитный риск
economic ~ хозяйственный риск
entrepreneurial ~ предпринимательский риск
estimated ~ оценка риска
exchange ~ валютный риск
exchange rate ~ *см.* exchange ~
excluded ~ исключенный риск
extra ~ особый риск
financial ~ финансовый риск
fire ~ риск пожара
foreign exchange ~ валютный риск
freight ~ фрахтовый риск
insurable ~ страхуемый риск
insurance ~ страховой риск
insured ~ *см.* insurance ~
integrated ~ совокупный риск
interest rate ~ процентный риск
inventory ~ риск обесценения запасов
investment ~ инвестиционный риск
irreparable ~ непоправимый риск
land ~ риск при сухопутной транспортировке грузов
leakage ~ риск утечки
legal ~ риск, связанный с нарушением закона
limited ~ ограниченная ответственность акционеров

liquidity ~ риск ликвидности
loading ~ риск при погрузке
manufacturer's ~ риск производителя
manufacturing ~ производственный риск
marine ~ морской риск
maritime ~ *см.* marine ~
market ~ рыночный риск
market liquidity ~ риск рыночной ликвидности
maturity ~ риск несовпадения по срокам привлеченных ресурсов и активов, в которые они размещены
mean ~ средний уровень риска
minimum ~ минимальный риск
mortality ~ риск смертности
noninsurable ~ нестрахуемый риск
noninsured ~ незастрахованный риск
operational ~ операционный риск
overall ~ совокупный риск
owner's ~ риск владельца собственности
policy ~ политический риск
price ~ ценовой риск
producer's ~ риск производителя
production ~ производственный риск
project ~ риск, связанный с подготовкой и реализацией проекта
property ~ имущественный риск
pure ~ чистый риск
reinvestment ~ реинвестиционный риск
riot ~ риск, связанный с социальными конфликтами и беспорядками
road ~ риск уличного движения
savings loss ~ риск потери сбережений
sea ~ морской риск
security ~ *амер.* риск недостаточного обеспечения безопасности
seller's ~ риск продавца
settlement ~ расчетный риск
shipper's ~ риск при разгрузке
sovereign ~ риск предоставления кредита на слишком большую сумму
special ~ особый риск
speculative ~ спекулятивный риск
tenant's ~ риск арендатора
tolerated ~ допустимый риск
transaction ~ операционный валютный риск
transfer ~ риск ограничения перевода средств
transport ~ транспортный риск
underwriting ~ гарантийный риск
unilateral ~ односторонний риск

uninsurable ~ нестрахуемый риск
uninsured ~ незастрахованный риск
unloading ~ риск при разгрузке
usual ~ обычный риск
~ for own account риск на собственной ответственности
~ of accidental loss of goods риск случайной гибели товара
~ of boats риск при доставке груза лихтерами
~ of breakage риск поломки
~ of carriage транспортный риск
~ of collision риск столкновения
~ of conveyance транспортный риск
~ of currency depreciation риск обесценения валюты
~ of damage to goods риск повреждения товара
~ of default of acceptance риск неакцепта
~ of exchange losses валютный риск
~ of fire риск пожара
~ of leakage риск утечки
~ of loss риск потери
~ of loss on loans риск убытка по займам
~ of mistake риск ошибки
~ of moisture риск влажности
~ of nonacceptance риск неакцепта
~ of nonpayment риск неплатежа
~ of principal риск снижения стоимости вложенного капитала
~ of the sea морской риск
~ of seizure риск захвата груза
◇ against all ~s *страх.* от всех рисков
at ~ связано с риском (*об активе или капитальном вложении*)
at smb's ~ на чей-л. риск
for smb's ~ за чей-л. риск
to accept a ~ брать на себя риск
to aggravate the ~ усугублять риск
to assess a ~ оценивать риск
to assume a ~ брать на себя риск
to bear a ~ нести риск
to be a good ~ быть надежным объектом страхования
to be a good credit ~ быть надежным партнером
to be a safe trading ~ *см.* to be a good credit ~
to carry a ~ нести риск
to cover a ~ покрывать риск страхованием
to expose to ~ подвергать риску
to incur a ~ брать на себя риск
to insure a ~ страховать риск

to insure against a ~ страховать от риска
to lessen a ~ уменьшать риск
to prevent a ~ предотвращать риск
to reduce a ~ уменьшать риск
to run a ~ подвергаться риску
to spread a ~ распределять риск
to take a ~ брать на себя риск
to take out of ~ снимать риск
to undertake a ~ перенимать риск
to underwrite a ~ подписывать полис морского страхования

RISK *v* рисковать
RISKINESS *n* рискованность
RISK-TAKING *n* принятие рисков
RISKY *adj* рискованный
RIVAL *n* конкурент
  business ~ деловой конкурент
  commercial ~ торговый конкурент
RIVAL *v* конкурировать, соперничать
RIVALRY *n* конкуренция
  market ~ рыночная конкуренция
  monopolistic ~ монополистическая конкуренция
◇ to enter into ~ конкурировать
RIVER *n* река
  navigable ~ судоходная река
RIVERCRAFT *n* речные суда
ROAD *n* 1. дорога, шоссе 2. *амер.* железная дорога
  access ~ подъездной путь
  approach ~ *см.* access ~
  feeder ~ дорога, ведущая к автостраде
  frontage ~ *амер.* дорога, идущая параллельно автостраде
  internal ~ внутризаводская дорога
  main ~ автомагистраль
  occupation ~ *брит.* частная дорога
  service ~ *амер.* улица, идущая параллельно автостраде
  toll ~ *амер.* платная автострада
  trunk ~ магистральная автострада
  turnpike ~ платная автострада
  ~ under repair ремонт дороги
◇ by ~ по шоссе, машиной
to close a ~ закрывать дорогу
to restrict a ~ вводить ограничение скорости
to transport by ~ перевозить на грузовиках

ROADSTEAD *n* рейд
ROBBERY *n* грабеж, кража
  bank ~ ограбление банка
  mail ~ хищение почтовых отправлений
ROCKET *v* внезапно, резко повышаться

(*о товарных ценах и курсах ценных бумаг*)

ROLL *n* 1. список; реестр; ведомость 2. *амер.* пачка денег
active ~ списочный состав
assessment ~ список налогов
bank ~ *амер.* пачка банкнот
patent ~ патентный реестр
salary ~ ведомость заработной платы
tax ~ налоговый список
trademark ~ реестр товарных знаков

ROLLBACK *n* понижение
~ in price levels понижение уровня цен; возврат к прежним ценам

ROLLDOWN *n бирж.* замена опционной позиции другой, с более низкой ценой

ROLLFORWARD *n бирж.* замена опционной позиции другой, с более далеким сроком

ROLLING-OVER *n см.* ROLLFORWARD

ROLLING-STOCK *n ж.-д.* подвижной состав

ROLL-ON-ROLL-OFF «с колес на колеса» (*перевозка груженых автомобилей морским паромом*)

ROLLOUT *n* выпуск (*новой продукции*)

ROLLOVER *n* пролонгация срока кредита путем выпуска новых долговых обязательств

ROLLUP *n* замена опционной позиции другой, с более высокой ценой

ROOM *n* 1. комната 2. помещение; квартира 3. место, пространство
assembly ~s места в здании для проведения собраний и встреч
auction ~ аукционный зал
baggage ~ *амер.* камера хранения багажа
boiler ~ *амер.* комната, в которой работают дилеры по ценным бумагам
closed ~ закрытое помещение
cold ~ холодильник
conference ~ конференц-зал
left-luggage ~ *брит.* камера хранения багажа
record ~ архив
service ~ служебное помещение
show ~ выставочный зал
stock ~ складское помещение
store ~ *см.* stock ~
strong ~ сейф
waiting ~ помещение для ожидания

ROOT *n* 1. корнеплод 2. причина, источник

RO-RO *n* судно с бескрановой погрузкой

ROTA *n* 1. расписание дежурств 2. очередность

ROTATE *v* 1. чередовать 2. чередоваться, сменяться

ROTATION *n* 1. чередование, ротация 2. кругооборот 3. севооборот
crop ~ севооборот
geographical ~ географическая ротация
job ~ *амер.* смена работ
stock ~ оборот товарных запасов
~ of ports of call чередование портов захода
◇ in ~ по очереди

ROUGH *adj* 1. неотделанный, необработанный 2. черновой 3. приблизительный

ROUND *n* 1. цикл; серия 2. раунд
~ of negotiations раунд переговоров

ROUND *v* округлять
~ downward округлять в меньшую сторону
~ off округлять
~ up округлять в большую сторону

ROUNDUP *n* обзор

ROUTE *n* 1. маршрут; путь, трасса 2. линия связи
air ~ воздушная линия
bus ~ автобусный маршрут
detour ~ *ж.-д.* обходной путь
direct ~ прямой маршрут
emergency ~ обходной маршрут
flow ~ технологический маршрут
freight ~ грузовая линия
haul ~ маршрут перевозки
least-cost ~ наиболее дешевый маршрут
linear ~ транспортная линия
long ~ протяженный маршрут
optimal ~ оптимальный маршрут
regular ~ регулярный маршрут
river ~ речной путь
sea ~ морской путь
shipping ~ *см.* sea ~
shortest ~ кратчайший путь
standard ~ прямой маршрут
through ~ сквозной маршрут
trade ~ торговый путь
trading ~ *см.* trade ~
traffic ~s грузовая линия
transit ~ транзитный путь
transport ~ транспортный путь
truck ~ грузовая линия
trunk ~ *см.* truck ~
water ~ водный путь
◇ en ~ в пути

to deviate from the ~ отклоняться от курса
ROUTE v направлять
ROUTINE n 1. определенный режим; установившаяся практика; распорядок 2. повседневный уход за оборудованием
daily ~ раяпорядок дня
office ~ правила делопроизводства
plant control ~ режим управления предприятием
ROUTING n 1. трасса; курс 2. составление маршрута
ROYALT|Y n 1. авторский гонорар, роялти 2. лицензионный платеж, роялти 3. арендная плата за право разработки недр
author's ~ies авторский гонорар
contractual ~ договорное роялти
copyright ~ies авторский гонорар
fixed sum ~ 1) твердый размер роялти 2) фиксированная арендная плата
graduated scale ~ ступенчатое роялти
know-how ~ роялти за ноу-хау
licence ~ лицензионный платеж
lumpsum ~ 1) твердый размер роялти 2) фиксированная арендная плата
minimum ~ минимальное роялти
nonrecurring ~ разовый лицензионный платеж
production ~ роялти с объема продукции
running ~ текущий лицензионный платеж
unit ~ роялти с единицы продукции
~ on sales роялти с объема продаж
~ per article роялти с единицы продукции
to calculate ~ исчислять размер роялти
◇ to derive ~ies получать лицензионный платеж
to pay ~ выплачивать роялти
RUIN n разорение, крах
RUIN v разорять
RUINOUS adj разорительный
RULE n 1. правило; норма 2. pl инструкции 3. правление; господство 4. pl устав 5. юр. постановление, предписание
accident prevention ~s правила техники безопасности
arbitration ~s правила арбитража
auction ~s аукционные правила
bankruptcy ~s правила определения банкротства

call ~ цена покупателя перед закрытием биржи
competition ~s правила конкуренции
conflict ~ коллизионная норма
constant-level ~ правило постоянного уровня запасов
construction ~s строительные нормы
cost minimizing ~ принцип соблюдения минимальных затрат
credit ~s кредитные правила
customs ~s таможенные правила
decision ~s правила решений
domestic ~s внутренние правила
duality ~ принцип двойственности
established ~s установленные правила
estimation ~ правило оценивания
exchange ~s валютные правила
existing ~s существующие правила
fair trade ~s амер. правила конкуренции
fixed replenishment ~ принцип пополнения запасов партиями постоянного объема
fundamental ~ основное правило
grading ~s правила сортировки
ground ~s основные правила
harbour ~s портовые правила
hard and fast ~s жесткие правила
industrial safety ~s техника безопасности
industry safety ~s см. industrial safety ~s
insurance ~s правила страхования
job safety ~s правила охраны труда
legal ~s правовые нормы
maintenance ~s инструкции по уходу за оборудованием
majority ~ правило простого большинства
marking ~s правила маркировки
matching ~ правило согласования
monopoly ~ власть монополий
nine-bond ~ амер. бирж. правило девяти облигаций
operating ~s правила эксплуатации
ordering ~s правила подачи заказов
patent ~s правила выдачи патентов
plus tick ~ амер. бирж. правило, по которому короткие продажи могут совершаться только при подъеме конъюнктуры
prescribed ~s установленные правила
prudent-man ~ принцип осмотрительности, правило разумного поведения
replenishment ~s правила пополнения запасов

safety ~s правила безопасности
safety-stock ~ правило создания резервного запаса
sanitary ~s санитарные правила
set ~s незыблемые правила
stocking ~ правило создания запасов
stockout ~ правило определения уровня дефицита
strict ~s строгие правила
tariff ~s тарифные правила
uniform ~s единые правила
voting ~s правила голосования
work ~s правила внутреннего распорядка на предприятии
~s at sea правила мореплавания
~s for general average правила общей аварии
~s for the prevention of accidents правила предупреждения несчастных случаев
~s of advertising правила осуществления рекламы
~ of averaging правило усреднения
~s of carriage правила перевозки
~s of court правила судопроизводства
~s of the Exchange биржевые правила; устав биржи
~s of the game правила игры
~s of the house правила внутреннего распорядка
~s of insurance правила страхования
~s of international carriage правила международных перевозок
~s of international law нормы международного права
~s of international transportation правила международных перевозок
~s of law установленные законом правила
~s of participation правила участия
~ of procedure правила процедуры
~s of publication правила публикации
~s of regulation правила регулирования
~s of the road правила уличного движения
~s of safety правила безопасности
~ of thumb 1. практическое правило 2. приближенный подсчет
◊ ~s and regulations правила внутреннего распорядка
according to ~ согласно предписанию
against the ~s против правил
to adhere to ~s придерживаться правил

to comply with ~s подчиняться правилам
to conform to ~s см. to comply with ~s
to depart from ~s нарушать правила
to disregard ~s игнорировать правила
to enact ~s узаконить правила
to establish ~s устанавливать правила
to lay down ~s см. to establish ~s
to obey ~s подчиняться правилам
to observe ~s соблюдать правила
to set ~s устанавливать правила
to suspend ~s приостанавливать действие правил
to violate ~s нарушать правила
to work to ~ работать по правилам
RULE v 1. руководить; управлять 2. управлять, господствовать 3. стоять на уровне (*о ценах, ставках*)
~ off закрыть счет
~ out исключать
RULING n юр. постановление, решение
~ of the court решение суда
RULING adj текущий, действующий
RUMMAGE v производить таможенный досмотр судна; искать контрабанду
RUN n 1. рейс; маршрут 2. переход; перелет; пробег 3. ход, работа; режим работы 4. период; цикл 5. эксплуатация (*оборудования*); выполнение, прогон (*программы*) 6. период, отрезок (*времени*) 7. партия (*изделий*) 8. тираж 9. средний тип, сорт, разряд 10. спрос; наплыв (*требований*) 11. демонстрация, показ; просмотр 12. список ценных бумаг, которыми торгует дилер
economical ~ экономичный режим работы
international ~s международные автомобильные перевозки
large ~ крупная партия изделий
long ~ 1) продолжительный период работы 2) крупная партия изделий 3) большой тираж
long-distance ~ дальняя перевозка
nonload ~ порожний пробег
nonstop ~ непрерывный режим работы
pilot ~ опытная партия изделий
preproduction ~ см. pilot ~
production ~ 1) партия изделий 2) массовое производство 3) производственный цикл
rail ~ железнодорожный рейс
short ~ 1) короткий период работы 2) небольшая партия изделий 3) малый тираж

short distance ~s короткопробежные перевозки
short production ~ небольшая партия изделий
test ~ испытательный пробег
trial ~ см. test ~
variable size ~s партии изделий различного размера
~ of business ход дела
~ of creditors натиск кредиторов
~ of the market тенденция рыночных цен
~ of quality отклонение качества (от стандарта)
~ of units обкатка агрегатов
~ on a bank массовое изъятие вкладчиками депозитов из банка
◊ in the long ~ в конечном счете; в конце концов
in the short ~ в течение короткого отрезка времени
RUN v 1. ходить, курсировать 2. руководить; управлять 3. работать (о машине) 4. эксплуатировать (оборудование) 5. печатать (тираж) 6. демонстрировать, показывать 7. перевозить, транспортировать 8. быть действительным на определенный срок
~ ahead обгонять, опережать
~ low кончаться, иссякать
~ out см. ~ low
~ up повышаться
RUNAWAY adj быстро растущий, безудержный (об инфляции)

RUNDOWN n 1. снижение, сокращение 2. перечень ценных бумаг
~ in tariffs снижение размера пошлин
RUNNER n 1. посыльный, курьер 2. инкассатор
RUNNING n 1. работа; функционирование 2. эксплуатация (оборудования) 3. рейс; пробег
continuous ~ непрерывная работа
idle ~ 1) холостой ход 2) пробег порожняком
machine ~ работа машины
nonload ~ холостой ход
smooth ~ плавный ход; бесперебойная работа
trouble-free ~ безаварийная работа
~ of equipment работа оборудования
~ of trains железнодорожное движение, движение поездов
~ of units обкатка агрегатов
RUNOFF n 1. избыток 2. отходы (промышленности)
RUNUP n 1. рост, повышение 2. подготовка; предварительное мероприятие
RUNWAY n взлетно-посадочная полоса
RUPTURE n разрыв; нарушение
~ of an agreement разрыв соглашения
RURAL adj сельский
RUSH n 1. натиск, наплыв 2. большой спрос
gold ~ золотая лихорадка
~ of customers наплыв покупателей
~ of orders наплыв заказов

S

SACK *n* мешок, куль
SACK *v* увольнять с работы
SACKER *n* 1. упаковщик (*в мешки*) 2. грабитель
SACKCLOTH *n* мешковина
SACKING *n* 1. мешковина 2. упаковка в мешки
SACRIFICE *n* убыток
  interest ~ потеря процента
  ~ of utility потеря полезности
SAFE *n* несгораемый шкаф, сейф
SAFE *adj* 1. безопасный 2. надёжный
SAFEGUARD *n* 1. защита; меры безопасности 2. защитная оговорка
  ◇ as a ~ в качестве гарантии
  to provide a ~ обеспечивать охрану
SAFEKEEP *n* ответственное хранение ценностей
SAFETY *n* 1. безопасность 2. сохранность
  consumer ~ защита потребителей
  farm ~ охрана труда в сельском хозяйстве
  fire ~ пожарная безопасность
  food ~ безвредность пищевых продуктов
  full ~ полная сохранность
  goods ~ сохранность товара
  industrial ~ техника безопасности на производстве
  labour ~ охрана труда
  operating ~ 1) безопасность в эксплуатации 2) безотказность в работе
  package ~ сохранность места (*груза*)
  personnel ~ безопасность персонала
  process ~ технологическая безопасность
  quality ~ сохранность качества
  working ~ эксплуатационная надёжность
  workmen's ~ охрана труда
  ~ from damage сохранность от повреждения

  ~ in operation 1) безопасность в эксплуатации 2) безотказность в работе
  ~ of cargo сохранность груза
  ~ of navigation безопасность мореплавания
  ~ of quality сохранность качества
  ◇ to insure ~ обеспечивать сохранность
  to provide ~ *см.* to insure ~
  to secure ~ обеспечивать безопасность
SAG *n* падение, понижение (*цен*)
SAG *v* падать, понижаться (*о ценах*)
SAGGING *v* падение, понижение (*цен*)
  ~ of prices падение цен
SAIL *v* отплывать, отходить (*о судне*)
  ~ off *см.* SAIL
SAILING *n* 1. отправление, отплытие 2. *pl* расписание движения судов
  express ~s экспресс-рейсы
  scheduled ~s рейсы по расписанию
SALABILITY *n* пригодность для продажи
SALABLE *adj* пользующийся спросом, ходовой (*о товаре*)
SALAR|Y *n* жалованье, оклад
  annual ~ годовой оклад
  base ~ основной оклад
  basic ~ *см.* base ~
  executive ~ies зарплата руководителей
  initial ~ начальный оклад
  monthly ~ ежемесячный оклад
  regular ~ регулярно выплачиваемый оклад
  starting ~ начальный оклад
  top ~ наивысший оклад
SALE *n* 1. продажа; сбыт 2. торговля; торговая сделка 3. распродажа по сниженным ценам
  account ~s отчёт о продаже товара
  advance ~ предварительная продажа
  annual ~s годовой товарооборот
  anticipated ~s ожидаемая продажа
  assets ~ продажа активов
  auction ~ аукцион

autumn ~ осенняя распродажа
average ~s средний объём продаж
back-to-school ~ распродажа в связи с началом учебного года
bargain ~ распродажа по сниженным ценам
bear ~ *бирж.* продажа при игре на понижение
blind ~ продажа без предварительного осмотра
block ~ продажа партии ценных бумаг
brisk ~ оживлённая торговля
bulk ~ массовая продажа
cash ~ продажа за наличные
cash-and-carry ~ продажа без доставки на дом
cash on delivery ~ продажа с оплатой наличными при поставке
cash-only ~ продажа только за наличные
catalogue ~ продажа по каталогу
charge-and-carry ~ продажа без немедленной уплаты (*с записью на счёт покупателя*) и без доставки на дом
charge-and-delivery ~ продажа без немедленной уплаты (*с записью на счёт покупателя*) и с доставкой товара на дом
clearance ~ распродажа по сниженным ценам; распродажа товарных остатков
clearing ~ *см.* clearance ~
closing down ~ распродажа в связи с закрытием предприятия
commercial ~ продажа другим фирмам или на рынке
commission ~ продажа на комиссионной основе
commodity ~ продажа товаров
competitive ~s конкурентоспособная продажа
compulsory ~ принудительная распродажа
conditional ~ условная продажа
consignment ~ продажа на консигнационной основе
consumption ~ продажа потребительских товаров
credit ~ продажа в кредит
cross ~ кроссированная сделка с ценными бумагами
cumulative ~s кумулятивная продажа
daily ~s дневной оборот
day's ~s *см.* daily ~s
deferred payment ~ торговая сделка с отсроченным платежом

delayed ~ отложенная продажа
direct ~ прямая продажа
discount ~ продажа со скидкой
distress ~ продажа по крайне низким ценам
domestic ~s продажи внутри страны
effective ~ *бирж.* цена последней стандартной сделки
emergency ~ экстренная продажа
end-of-season ~ сезонная распродажа
exchange ~ биржевая продажа
exclusive ~ монопольное право продажи
execution ~ *амер.* принудительная распродажа
executory ~ *см.* execution ~
expanding ~s расширение торговли
export ~ продажа на экспорт
faked ~ фиктивная сделка
firm ~ распродажа по фиксированным или согласованным ценам
first ~ первоначальная продажа
fixed ~s продажа с твёрдыми сроками поставки
fleet ~s продажа крупными партиями
floor ~ продажа со стенда
forced ~ принудительная продажа
foreign ~ сбыт за границей
forward ~ продажа на срок с поставкой и расчётом в будущем по заранее согласованной цене
future ~ *амер. см.* forward ~
gross ~s валовая сумма продаж
guaranteed ~ гарантированный сбыт
hire-purchase ~ *брит.* продажа в рассрочку
illicit ~ незаконная продажа, продажа из-под полы
increased ~s расширение сбыта
indirect ~s косвенные запродажи
individual ~ индивидуальная продажа
instalment ~ продажа в рассрочку
intercompany ~s продажа внутри концерна
intermediate ~ промежуточная продажа
jumble ~ распродажа дешёвых товаров
large volume ~s крупномасштабные продажи
mutual ~s взаимные продажи
negotiated ~ выпуск ценных бумаг на условиях, оговорённых между подписчиком и эмитентом
net ~s чистая сумма продаж
off-the-floor ~ продажа со стенда

opening ~ открытие короткой позиции путём продажи опциона
order ~s продажа по заказу
over-the-counter ~ прямая продажа, продажа через прилавок
panic ~ срочная распродажа
partial ~ частичная распродажа
peak ~s максимальный объём продаж
private ~ продажа по частному соглашению
proceeds ~ *амер.* продажа ценных бумаг на внебиржевом рынке с целью использовать выручку для покупки других бумаг
projected ~s планируемые продажи
prompt ~ срочная продажа
property ~ продажа недвижимости
public ~ аукцион
quick ~ быстрая распродажа
ready ~ хороший сбыт
realization ~ *бирж.* ликвидация сделки
record ~s рекордный объём продаж
remnant ~ распродажа товарных остатков
retail ~ розничная продажа
returned ~s возвращённые товары
rummage ~ продажа дешёвых товаров
seasonal ~ сезонная распродажа
security ~s продажа ценных бумаг
short ~ продажа на срок без покрытия
slow ~ плохой сбыт
spot ~ сделка за наличный расчёт с немедленной поставкой
stocktaking ~ распродажа товарных остатков
street ~ уличная продажа
tax ~ принудительная продажа недвижимого имущества с целью взыскания долгов
tied ~ *амер.* продажа товаров с принудительным ассортиментом
tie-in ~ *см.* tied ~
time ~ продажа на срок
total ~s общий объём продаж
trade ~ продажа товаров другому торговцу, а не потребителю
transportation ~s продажа транспортных услуг
tying-in ~ продажа с принудительным ассортиментом
under-the-counter ~ продажа из-под прилавка
volume ~s продажа больших количеств
voluntary ~ добровольная распродажа
wash ~ фиктивная продажа
white ~ распродажа белья

wholesale ~ оптовая продажа
winding-up ~ заключительная (итоговая) распродажа
winter ~ весенняя распродажа
yearly ~s годовой товарооборот
~ at an auction аукционная продажа
~ at harvest time продажа в период уборки урожая
~ at a profit продажа с прибылью
~ at reduced prices продажа по сниженным ценам
~ by auction продажа через аукцион
~ by commission комиссионная продажа
~ by description продажа по описанию
~ by lot продажа партиями
~ by the piece штучная продажа
~ by sample продажа по образцу
~ by weight продажа на вес
~ ex bond продажа с таможенного склада
~ ex stand продажа со стенда
~ ex works продажа с завода
~ for cash продажа за наличные
~ for forward delivery *см.* ~ for future delivery
~ for future delivery продажа на срок
~ for prompt delivery продажа с немедленной поставкой
~ for the settlement *бирж.* продажа на срок
~ from stock продажа со склада
~ from a warehouse *см.* ~ from stock
~ in market overt продажа на общедоступном рынке
~ of engineering consultation services продажа инженерно-консультационных услуг
~ of equipment продажа оборудования
~ of exhibits off the floor продажа образцов с выставки
~ of goods продажа товара
~ of an invention продажа изобретения
~ of a licence продажа лицензии
~ of a loan переуступка займа банком
~ of a patent продажа права на патент
~ of a patent right *см.* ~ of a patent
~ of a pledge продажа залога
~ of services продажа услуг
~ of space продажа места для публикации в печати
~ on approval продажа с сохранением права отказа от товара
~ on arrival продажа товара, находящегося в пути

~ on commission продажа на комиссионной основе
~ on credit продажа в кредит
~ on an open account продажа с уплатой по открытому счету
~ to arrive продажа товара, находящегося в пути
~ to final consumer продажа конечному потребителю
~ with option of repurchase продажа с правом обратной покупки
~ with reservation условная продажа
~ and leaseback продажа с правом взять в аренду
◊ ~ «as is» продажа на условиях «как есть»
for ~ продается
not for ~ не для продажи
of ready ~ ходовой (*о товаре*)
on ~ 1) в продаже 2) продающийся по сниженным ценам
out of ~ распроданный
subject to prior ~ действителен при условии, если товар не будет продан ранее
to approve for ~ одобрять для продажи
to be available for ~ быть в продаже
to be dull of ~ иметь плохой сбыт; плохо продаваться
to be on ~ продаваться
to be slow of ~ плохо продаваться; иметь плохой сбыт
to command a ready ~ быстро продаваться
to conclude a ~ заключать договор о продаже
to develop ~s расширять продажу
to effect ~s совершать продажу
to exhibit for ~ *см.* to expose for ~
to expand ~s расширять продажу
to expose for ~ выставлять на продажу
to extend ~s *см.* to expand ~s
to find no ~s не иметь сбыта
to find a ready ~ иметь хороший сбыт
to handle the ~ совершать продажу
to have a dull ~ плохо продаваться; иметь плохой сбыт
to have no ~ не иметь сбыта
to have a ready ~ быстро продаваться
to increase ~s расширять продажу
to keep for ~ предлагать для продажи
to maintain ~s поддерживать продажу
to make a ~ продавать
to meet with a good ~ иметь хороший сбыт

to meet with a slow ~ плохо продаваться; иметь плохой сбыт
to negotiate ~s вести переговоры о продаже
to offer for ~ выставлять на продажу
to promote ~s содействовать продаже
to put up for ~ выставлять на продажу
to release for ~ разрешать для продажи
to rescind a ~ аннулировать продажу
to sell at a public ~ продавать с аукциона
to specialize in the ~ of smth специализироваться на продаже чего-л.
to stimulate ~s стимулировать продажи
to suspend the ~ прекращать продажу
to undertake the ~ организовывать продажу

SALEABLE *adj* **1.** пользующийся спросом, ходовой **2.** пригодный для продажи, реализуемый

SALEAGE *n* часть продукции, которая может быть продана

SALESMAN *n* **1.** продавец; торговец **2.** *амер.* коммивояжер
combination ~ торговый представитель нескольких фирм
commercial ~ торговый представитель
export ~ торговец экспортными товарами
factory ~ торговый представитель промышленного предприятия
field ~ разъездной торговец
industrial ~ торговый агент по продаже промышленного оборудования и промышленных изделий
rival ~ конкурирующий торговый агент
travelling ~ коммивояжер

SALESMANSHIP *n* **1.** профессия торговца **2.** умение торговать **3.** сбыт, продажа
high pressure ~ навязывание товаров
personal ~ личная продажа

SALESPEOPLE *n* продавцы

SALVAGE *n* **1.** спасение имущества; спасение судна или груза (*на море*) **2.** спасенное имущество; спасенный груз **3.** вознаграждение за спасение **4.** скрап, металлолом **5.** используемые отходы производства
~ of cargo спасение груза
~ of a vessel спасение судна
~ on cargo вознаграждение за спасение груза

~ on ship вознаграждение за спасение судна
◇ to assess the amount payable as ~ определять размер вознаграждения за спасение
SALVAGE *v* 1. спасать 2. использовать отходы производства
SALVOR *n* спасатель; спасательное судно
SAMPLE *n* 1. проба; образец 2. выборка
  additional ~ дополнительный образец
  advertising ~ рекламный образец
  analysis ~ образец для анализа
  arbitration ~ арбитражный образец
  assay ~ образец для анализа
  balanced ~ уравновешенная выборка
  biased ~ смещенная выборка
  check ~ контрольная проба
  combined ~ смешанный образец
  commerce ~ товарный образец
  commercial ~ *см.* commerce ~
  commodity ~ образец товара
  composite ~ смешанный образец
  control ~ контрольный образец; контрольная проба
  discarded ~ забракованный образец
  display ~ демонстрационный образец
  duplicate ~ параллельная проба
  engineering ~ опытный образец
  exhibition ~ выставочный образец
  experimental ~ экспериментальный образец
  free ~ бесплатный образец
  full-size ~ образец в натуральную величину
  give-away ~ пробный образец
  gross ~ проба (*навалочного груза*)
  grouped ~ групповая выборка
  item ~ образец изделия
  laboratory ~ лабораторный образец
  matched ~s парные образцы
  mixed ~ смешанный образец
  multiphase ~ многофазная выборка
  multipurpose ~ многоцелевая выборка
  multistage ~ многоступенчатая выборка
  no commercial value ~ образец без цены
  noncommercial ~ некоммерческий образец
  normal ~ нормальная выборка
  obsolete ~ устаревший образец
  official ~ арбитражная (официальная) проба
  ordered ~ упорядоченная выборка
  periodic ~ периодическая выборка
  pilot ~ опытный образец
  preshipment ~ образец, взятый до отгрузки товара
  product ~ образец изделия
  production ~ серийный образец, серийное изделие
  quality ~ образец продукта для оценки качества
  quasi-random ~ квазислучайная выборка
  random ~ случайная выборка
  representative ~ 1) представительная проба 2) представительная выборка
  saleable ~ образец, предназначенный для продажи
  sales ~ образец продаваемых товаров
  sealed ~ опечатанный образец
  selected ~ отобранный образец
  shipment ~ посылочный образец
  shipping ~ *см.* shipment ~
  simple ~ простая выборка
  single ~ однократная выборка
  standard ~ стандартный образец
  survey ~ группа обследования
  test ~ опытный образец; проба
  trade ~ торговый образец
  unbiased ~ несмещенная выборка
  unique ~ единичный образец
  unit ~ средний образец
  unordered ~ неупорядоченная выборка
  unrepresentative ~ непредставительная выборка
~ of an article образец изделия
~ of display выставочный образец
~ of goods образец товара
~ of a model образец модели
~ of no commercial value образец без цены
~ of a product образец изделия
~ on display экспонат на выставке
~ without commercial value образец без цены
~ without replacement образец без возвращения
~ with replacement выборка с возвращением
◇ according to ~ согласно образцу
as a ~ в качестве образца
as per ~ по образцу
for ~ *см.* as per ~
on ~ *см.* as per ~
~ only образец без цены
~ taken at random произвольная выборка
to assort ~s сортировать образцы

to be in conformity with the ~ соответствовать образцу
to be to ~ *см.* to be in conformity with the ~
to conform to the ~ *см.* to be in conformity with the ~
to correspond to the ~ *см.* to be in conformity with the ~
to draw ~s отбирать образцы; брать пробы
to examine ~s осматривать образцы
to keep ~s хранить образцы
to make ~s изготовлять образцы
to make to ~ изготовлять по образцу
to present ~s представлять образцы
to provide ~s предоставлять образцы
to purchase by ~ покупать по образцу
to sell by ~ продавать по образцу
to submit ~s представлять образцы
to supply ~s прилагать образцы
to take ~s брать пробу
to tally with the ~ совпадать с образцом

SAMPLER *n* сотрудник фирмы, занимающийся образцами

SAMPLING *n* 1. отбор (взятие) проб или образцов 2. изготовление образцов 3. выборка
  acceptance ~ приемочный контроль
  area ~ территориальный выбор
  bulk ~ выбор образцов из навалочного груза
  cluster ~ групповая выборка
  consumer ~ выборочное обследование потребителей
  double ~ двойная выборка
  hand ~ ручной отбор образцов
  manual ~ *см.* hand ~
  mechanical ~ механический отбор проб
  multistage ~ многоступенчатый отбор
  optional ~ произвольный отбор образцов
  proportional ~ пропорциональная выборка
  quota ~ *см.* proportional ~
  random ~ случайный отбор проб
  reduced ~ облегченный выборочный контроль
  repeated ~ повторный отбор образцов
  representative ~ репрезентативная выборка
  restricted ~ ограниченный выборочный контроль
  rotation ~ повторный выбор
  sequential ~ последовательный выбор
  single ~ 1) однократная выборка 2) одноступенчатый выборочный контроль
  skip lot ~ выборка образцов с пропуском партий
  skipping ~ выборка с пропусками
  two-stage ~ двухступенчатая выборка
  unbiased ~ объективный выбор
  ~ by attributes выборочный контроль по качественным признакам
  ~ by taste бесплатная проба (*пищевых продуктов*)
  ~ by variables выборочный контроль по количественным признакам
  ~ without repetition выбор без повторения
  ~ without replacement выбор без возвращения
  ~ with repetition выбор с повторением
  ~ with replacement выбор с возвращением
  ◊ to do ~ брать пробы

SANCTION *n* 1. санкция, ратификация, утверждение 2. *часто pl* санкция; правовая санкция
  contractual ~s договорные санкции
  economic ~s экономические санкции
  harsh ~s жесткие санкции
  legal ~s правовые санкции
  penal ~s штрафные санкции
  trade ~s торговые санкции
  ~s for infringement санкции за нарушение
  ~s for violation *см.* ~s for infringement
  ◊ to apply ~s применять санкции
  to employ ~s *см.* to apply ~s
  to impose ~s вводить санкции
  to lift ~s отменять санкции
  to use ~s применять санкции

SANCTION *v* санкционировать, ратифицировать, утверждать

SANITARY *adj* санитарный

SATELLITE *n* 1. спутник 2. спутниковый ретранслятор
  communications ~ спутник связи
  environment ~ спутник для изучения окружающей среды
  meteorological ~ метеорологический спутник
  telecommunication ~ спутник связи

SATISFACTION *n* удовлетворение
  consumer ~ удовлетворение потребностей потребителей
  job ~ *амер.* удовлетворенность работой
  partial ~ частичное удовлетворение
  work ~ удовлетворенность работой
  ~ of a claim удовлетворение претензии

~ of a creditor удовлетворение кредитора
~ of demand удовлетворение спроса
~ of needs удовлетворение потребностей
~ of requirements см. ~ of needs
~ of wants см. ~ of needs
SATISFACTORY *adj* удовлетворительный
SATISFY *v* 1. удовлетворять 2. соответствовать, отвечать требованиям
SATURATE *v* насыщать
SATURATION *n* насыщение
  demand ~ насыщение спроса
  market ~ насыщение рынка
SAVE *v* 1. экономить 2. сберегать, копить
SAVING *n* 1. экономия, сбережение 2. *pl* сбережения
  bonus ~ выигрышный вклад в сберкассе
  compulsory ~ принудительное сбережение
  contractual ~s договорные сбережения, накопления
  corporate ~ часть прибыли компании, идущая на расширение дела
  cost ~ экономия затрат
  excess ~s избыточные сбережения
  fluid ~s сбережения в ликвидной форме
  forced ~ принудительные сбережения
  gross ~s валовые сбережения
  involuntary ~s принудительные сбережения
  labour ~ рационализация методов работы
  net ~s чистые сбережения
  personal ~s личные сбережения
  purpose ~ целевое сбережение
  space ~ экономия места
  tax ~ экономия за счет уменьшения налоговых платежей
  unintentional ~s непреднамеренная экономия
  voluntary ~ добровольное сбережение
  ~ of expenses экономия в расходах
  ~ of inventory экономия запасов товарно-материальных ценностей
  ~ of labour экономия труда
  ~ of material экономия материала
  ~ of time экономия времени
  ◊ to keep ~s in the bank хранить сбережения в банке
SCALE *n* 1. масштаб 2. размер, охват; размах 3. шкала 4. шкала ставок или комиссий по различным операциям 5. уровень, ступень (*развития*) 6. чашка весов; *pl* весы
accurate ~s точные весы
automatic ~s весы-автомат
bagging ~ весы для автоматической упаковки в мешки
batching ~ весовой дозатор
big ~ крупный масштаб
chart ~ масштаб диаграммы
daily ~ суточная норма
deadweight ~ грузовая шкала
displacement ~ шкала водоизмещения
efficient ~ экономически эффективный масштаб
enlarged ~ увеличенный масштаб
global ~ глобальный масштаб
industrial ~ 1) масштаб производства 2) *pl* промышленные весы
internal ~ внутренняя шкала
large ~ крупный масштаб
national ~s общенациональные масштабы
official ~ официальная шкала
pay ~ шкала заработной платы
pensionable ~ шкала окладов, учитываемая при начислении пенсий
preference ~ шкала предпочтений
production ~ масштаб производства
rate ~ шкала расценок, тарифное расписание
rating ~ шкала оценок
ratio ~ шкала отношений
reduced ~ уменьшенный масштаб
salary ~ шкала окладов, шкала заработной платы
sliding ~ скользящая шкала
standard ~ нормальный масштаб
tariff ~ тарифная сетка
taxation ~ таблица налогов; шкала ставок налогового обложения
testing ~s испытательные весы
time ~ масштаб времени
tonnage ~ шкала вместимости
utility ~ шкала полезности
vast ~ крупный масштаб
wage ~ шкала заработной платы
~ of accumulation масштаб накопления
~ of charges шкала расходов; шкала сборов
~ of charges for carriage грузовой тариф
~ of commissions шкала комиссионного вознаграждения
~ of discharge тарифные ставки по выгрузке
~ of discounts шкала скидок

~ of fees шкала сборов
~ of living уровень жизни
~ of operations масштаб операций
~ of participation масштаб участия
~ of payment шкала ставок оплаты
~ of prices масштаб цен; шкала цен
~ of production масштаб производства
~ of a project масштаб проекта
~ of rates транспортный тариф
~ of taxes шкала ставок налогового обложения
~ of wages шкала ставок заработной платы
◊ on a commercial ~ в промышленных масштабах
on a large ~ в большом масштабе
on a ~ *амер. бирж.* по различным курсам
to buy on a ~ *амер. бирж.* покупать в период понижения курсов
to sell on a ~ *амер. бирж.* продавать в период повышения курсов
SCALE *v* изображать в определенном масштабе
~ down 1) постепенно снижать, сокращать 2) осуществлять покупки в период понижения рыночных цен
~ up 1) постепенно увеличивать, повышать 2) осуществлять покупки в период повышения рыночных цен
SCALING *n* покупка акций по равномерно снижающимся ценам и продажа по равномерно возрастающим ценам
SCALP *n амер. бирж.* небольшая спекулятивная прибыль
SCALP *v амер. бирж.* спекулировать с небольшой прибылью
SCALPER *n амер. бирж.* спекулянт на срочной бирже
SCALPING *n амер. бирж.* спекуляция на срочной бирже с небольшой прибылью
SCARCE *adj* 1. недостаточный; дефицитный 2. редкий
SCARCIT|Y *n* 1. недостаток, нехватка; дефицит 2. редкость
capital ~ нехватка капитала
labour ~ нехватка рабочих рук
money ~ нехватка денег
natural ~ies природная нехватка ресурсов
temporary ~ временная нехватка
~ of capital нехватка капитала
~ of cash недостаток наличных средств
~ of money нехватка денег

~ of raw materials нехватка сырья
~ of shipping facilities нехватка судов
~ of supply недостаточное снабжение
SCATTER *v* разбрасывать, рассыпать
SCATTERING *n* 1. разбрасывание; россыпь 2. раструска; утруска
~ of cargo утруска груза
~ of the means of production раздробление средств производства
SCHEDULE *n* 1. расписание, график; регламент 2. календарный план; программа 3. режим (*работы*) 4. маршрутная карта; технологический маршрут
accumulation ~ план накопления
adjusted ~ согласованный график
advertising ~ план рекламных мероприятий
aging ~ классификация активов по срокам
agreed ~ согласованный график
amortization ~ план амортизации; план погашения
bookkeeping ~ график бухгалтерских операций
busy ~ плотный график
census ~ опросный лист, анкета
comprehensive ~ сводный график
construction ~ график строительных работ
consumption ~ график потребления
contract ~ график контрактных работ
cost ~ таблица издержек производства
curtail ~ график выплаты основной суммы долга
customs ~ *амер.* таможенный график
debt repayment ~ график возмещения долгов
delivery ~ график поставок
demand ~ график спроса
depreciation ~ таблица начисления износа
erection ~ план монтажных работ
exhibition ~ график проведения выставок
feasible ~ осуществимый план
fee ~ прейскурант комиссионных сборов банка
field work ~ график полевых работ
final ~ окончательный график
flat ~ жесткий план
flexible ~ гибкий план
flight ~ расписание рейсов самолетов
inquiry ~ опросный лист, анкета
inventory ~ график движения запасов
job ~ рабочий план

SCH

joint ~ общий план
leave ~ график отпусков
linear ~ линейный график
maintenance ~ график технического обслуживания; график планово-профилактического ремонта
manning ~ штатное расписание
master ~ основной график; основной план
monthly ~ месячный график
operating ~ график работ
operation ~ *см.* operating ~
operative ~ *см.* operating ~
optimal ~ оптимальный график
payment ~ график платежей
plant ~ режим работы предприятия
practicable ~ осуществимый план
preference ~ шкала предпочтений
production ~ производственный график
project ~ график проектных работ
railway ~ расписание движения поездов
rate ~ прейскурант тарифов
repayment ~ график погашения
replacement ~ план замены оборудования
requirement ~ график удовлетворения потребностей
revised ~ пересмотренный график
rolling ~ скользящий календарный план
sailing ~ расписание движения судов
saving ~ график сбережений
seasonal rate ~ прейскурант сезонных тарифов
ship ~ расписание движения судов
shipping ~ график отгрузок
staffing ~ план замещения должностей
supply ~ кривая предложений (*в сопоставляемых ценах*)
tariff ~ прейскурант тарифных ставок
task ~ план выполнения задания
tax ~ шкала ставок налогового обложения
tentative ~ предварительный график
tight ~ уплотненный график
timing ~ календарный план
train ~ расписание движения поездов
training ~ программа обучения
vacation ~ *амер.* график отпусков
wage ~ шкала ставок заработной платы
work ~ рабочий план
workable ~ осуществимый план
working ~ рабочий план

~ of advertising график рекламных мероприятий
~ of charges тарифная сетка
~ of commission charges тариф ставок комиссионного вознаграждения
~ of construction график строительных работ
~ of deliveries график поставок
~ of expenses калькуляция издержек
~ of fees прейскурант сборов
~ of investments перечень инвестиций
~ of materials ведомость материалов
~ of materials on order ведомость заказанных материалов
~ of measures план мероприятий
~ of payments график платежей
~ of per diem rates норма оплаты за день
~ of services график услуг
~ of work график работ
◇ according to ~ точно по графику; в соответствии с планом
ahead of ~ досрочно
on ~ по графику
out of ~ вне графика
to ~ по расписанию
up to ~ по плану
to abide by the ~ придерживаться плана, графика
to adhere to the ~ *см.* to abide by the ~
to agree upon a ~ согласовывать график
to approve a ~ одобрять график
to be ahead of ~ опережать план, график
to be behind ~ отставать от плана, графика
to be on ~ соблюдать расписание
to break a ~ нарушать график
to compile a ~ составлять график, план
to coordinate ~s координировать планы
to draw up a ~ составлять график, план
to elaborate a ~ разрабатывать план
to establish a production ~ устанавливать график работ
to finalize a ~ согласовывать план
to keep to ~ соблюдать график
to maintain a ~ *см.* to keep to ~
to make a ~ составлять план
to map out a ~ *см.* to make a ~
to meet a ~ *амер.* соблюдать график
to operate to ~ работать по графику

to prepare a ~ составлять план, график
to revise a ~ пересматривать план, график
to run on ~ работать по плану, графику
to work out a ~ составлять план, график
to work to ~ работать по графику

SCHEDULED *adj* 1. запланированный; рейсовый 2. тарифный

SCHEDULING *n* 1. составление расписания, графика 2. календарное планирование 3. составление технологического маршрута или технологической карты
inventory ~ планирование движения запасов
job ~ календарное планирование работ
material ~ планирование расходов материалов
operation ~ календарное планирование работ
production ~ производственное планирование
rolling ~ скользящее календарное планирование
time ~ временное планирование
work ~ календарное планирование работ

SCHEME *n* 1. план, проект, программа 2. схема; диаграмма
accounting ~ план счетов
allocation ~ схема распределения
arbitration ~ порядок арбитража
block ~ блок-схема; структурная схема
bonus ~ система участия в прибылях
building ~ план застройки
economic ~ экономика
educational ~ система образования
feasible ~ осуществимый план
flagship ~ наилучший план
floor lay-out ~ планировка производственной площади
incentive ~ система материального стимулирования
land settlement ~ проект застройки поселка
marketing ~ план сбыта
material allocation ~ система распределения материалов
old age pension ~ программа пенсионного обеспечения по старости
pension ~ программа пенсионного обеспечения
pilot ~ экспериментальный проект
practicable ~ осуществимый план
profitsharing ~ система участия в прибылях
registration ~ система регистрации
replacement ~ план замены оборудования
reproduction ~ схема воспроизводства
sales ~ план сбыта
sampling ~ план выборки
share acquisition ~ система участия в прибылях работников предприятия путем выпуска акций
top-hat ~ пенсионный план для руководящих работников компании
wildcat ~ рискованное предприятие
~ of values система ценностей
~ of work план работ
◊ to draw up a ~ намечать план
to elaborate a ~ разрабатывать план
to make a ~ составлять план
to map out a ~ *см.* to make a ~
to offer a ~ предлагать план
to prepare a ~ готовить план
to propose a ~ предлагать план
to work out a ~ разрабатывать план

SCHOOL *n* 1. школа, учебное заведение 2. школа, направление
adult ~ школа для взрослых
Austrian ~ австрийская школа
banking ~ теория банковского дела
boarding ~ школа-интернат
business ~ коммерческая школа
Cambridge ~ кэмбриджская школа
Chicago ~ чикагская школа
classical ~ классическая школа
commercial ~ коммерческая школа
correspondence ~ заочная школа
driving ~ автошкола
elementary ~ *амер.* начальная школа
evening ~ вечерняя школа
factory ~ школа на предприятии
grammar ~ *брит.* средняя классическая школа
high ~ *амер.* средняя школа
Manchester ~ манчестерская школа
modern ~ *брит.* средняя современная школа (*с практической направленностью*)
primary ~ начальная школа
private ~ частная школа
public ~ 1) *брит.* привилегированная частная средняя школа 2) *амер.* государственная школа
secondary ~ средняя школа
technical ~ техническое училище;

средняя общеобразовательная школа с профессиональным уклоном
technical high ~ *амер.* средняя общеобразовательная школа с профессиональным уклоном
technical vocational ~ профессиональное техническое училище
trade ~ *амер.* торговое училище; ремесленное училище
vocational ~ профессиональное училище
SCHOOLING *n* образование, обучение в школе
SCIENCE *n* наука
  agricultural ~ сельскохозяйственная наука
  applied ~ прикладная наука
  economic ~ экономическая наука
  management ~ наука об управлении
  natural ~s естественные науки
  population ~ демография
  social ~s общественные науки
SCIENTIFIC *adj* научный
SCIENTIST *n* ученый
SCISSORS *n pl* ножницы
  price ~ ножницы цен
SCOPE *n* 1. диапазон; размах; охват 2. пределы, рамки, границы
  ~ **of action** сфера деятельности
  ~ **of activities** *см.* ~ **of action**
  ~ **of application** область применения
  ~ **of authority** объем полномочий
  ~ **of business** масштаб коммерческой деятельности
  ~ **of delivery** объем поставок
  ~ **of documentation** объем документации
  ~ **of duties** круг обязанностей
  ~ **of functions** круг задач, компетенция
  ~ **of insurance** предел страхования
  ~ **of an invention** объем изобретения
  ~ **of liability** объем ответственности
  ~ **of a licence** объем лицензии
  ~ **of a market** размер рынка
  ~ **of participation** масштаб участия
  ~ **of patent protection** объем охраны патента
  ~ **of a project** масштаб проекта
  ~ **of a provision** цель оговорки
  ~ **of responsibility** объем ответственности
  ~ **of services** объем услуг
  ~ **of shipment** объем поставки
  ~ **of supply** *см.* ~ **of shipment**
  ~ **of survey** границы обследования

~ **of warranty** объем гарантийных обязательств
~ **of work** объем работы
SCORE *n* счет
  total ~ итоговый показатель
SCORE *v* получать преимущество; одерживать победу
SCORING *n* счет; оценивание
  credit ~ определение платежеспособности заемщика
SCRAP *n* 1. отходы; обрезки 2. скрап; лом
SCREENING *n* просмотр (*ценных бумаг*)
  ~ **of the loan request** первичный просмотр запроса на ссуду
SCRIP *n* 1. временное свидетельство на акцию или облигацию 2. временная акция или облигация 3. любая ценная бумага
  bearer ~ временное свидетельство на предъявителя
  registered ~ именное временное свидетельство
SCRIPHOLDER *n* лицо, владеющее временным свидетельством
SCRIPOPHILY *n* коллекционирование старых облигаций и сертификатов акций, скрипофилия
SCRIPT *n* 1. рукопись 2. *юр.* подлинник документа
SCRIVENER *n* 1. писец 2. ростовщик
SEA море, океан
  closed ~ закрытое море
  continental ~ внутреннее море
  free ~ свободное море
  high ~s открытое море; *юр.* международные воды
  inland ~ внутреннее море
  open ~ открытое море
  territorial ~ территориальное море
  ◇ **at** ~ в море
  to dispatch by ~ отгружать морем
  to put to ~ выходить в открытое море
  to ship by ~ отгружать морем
  to travel by ~ путешествовать по морю
SEA-BORNE *adj* перевозимый морем
SEA-CAPTAIN *n* капитан торгового судна
SEA-CRAFT *n* морское судно
SEAFARER *n* 1. матрос 2. пассажир судна
SEAL *n* печать; клеймо; пломба
  commodity ~ особый знак или символ на официальном документе компании

SEA

с ограниченной ответственностью, равнозначный подписи
common ~ печать фирмы
company ~ *см.* common ~
consignor's ~ пломба отправителя
corporate ~ 1) *амер.* печать фирмы 2) *брит.* печать юридического лица
customs ~ печать таможни; таможенная пломба
official ~ официальная печать
railway ~ железнодорожная пломба
~ of a company печать фирмы
~ of the Customs office печать таможни
◇ to affix a ~ ставить печать; налагать пломбу
to apply a ~ накладывать печать
to attach a ~ ставить печать
to break a ~ срывать пломбу
to place a ~ накладывать пломбу
to put a ~ ставить печать
to remove a ~ снимать пломбу
to set a ~ ставить печать

SEAL *v* 1. ставить печать; скреплять печатью 2. ставить клеймо 3. опечатывать, пломбировать 4. запечатывать

SEALING *n* запечатывание; наложение пломбы

SEARCH *n* 1. поиск 2. исследование
computer ~ автоматизированный поиск
information ~ исследование информации
job ~ поиски работы
novelty ~ поиск при экспертизе на новизну
patent ~ патентный поиск
patentability ~ поиск при экспертизе на патентоспособность
sequential ~ последовательный поиск
~ for markets поиск рынков
◇ to make a ~ проводить поиск

SEARCH *v* 1. искать 2. исследовать, изучать

SEASON *n* сезон
autumn ~ осенний сезон
cropping ~ время уборки урожая
dead ~ мертвый сезон
dull ~ *см.* dead ~
grazing ~ период пастбищного содержания
high ~ разгар сезона
holiday ~ сезон отпусков
navigation ~ период навигации
off ~ мертвый сезон

SEC

off-peak ~ вялый период, сезон затишья
peak ~ часы пик; время максимальной нагрузки
rush ~ сезон наибольшего спроса
selling ~ сезон сбыта
shipping ~ навигационный период
slack ~ мертвый сезон
spring ~ весенний сезон
summer ~ летний сезон
tourist ~ туристический сезон
winter ~ зимний сезон

SEASONAL *adj* сезонный

SEASONALITY *n* сезонность
~ of loan demand сезонность спроса на ссуды

SEAT *n* 1. место 2. местонахождение
reserved ~ забронированное место
stock exchange ~ место на фондовой бирже
~ of a company местонахождение фирмы
~ on the stock exchange место на фондовой бирже
◇ to book a ~ зарезервировать место
to reserve a ~ *см.* to book a ~

SEAWORTHINESS *n* мореходность

SEAWORTHY *adj* мореходный

SECOND *n* 1. помощник; следующий по рангу 2. *pl* товар второго сорта
~ of exchange второй экземпляр тратты, секунда

SECONDARY *adj* 1. вторичный; второстепенный 2. дополнительный

SECOND-HAND *adj* подержанный

SECOND-RATE *adj* 1. второстепенный 2. невысокий (*о качестве товара*)

SECRECY *n* секретность, тайна
banking ~ банковская тайна
investment ~ тайна капиталовложений, обязательство банка не разглашать сведения о клиентах
professional ~ профессиональная тайна

SECRET *n* секрет, тайна
business ~ производственная тайна, секрет фирмы
manufacturing ~ секрет производства
production ~ *см.* manufacturing ~
professional ~ профессиональная тайна
state ~ государственная тайна
trade ~ промышленная тайна
◇ to keep smth a ~ держать что-л. в секрете

SECRETARY *n* 1. секретарь 2. руководитель организации 3. министр
  administrative ~ секретарь учреждения
  assistant ~ 1) *брит.* второй секретарь 2) *амер.* высший чиновник министерства
  chartered ~ дипломированный секретарь
  company ~ финансовый директор; главный бухгалтер фирмы
  executive ~ 1) исполнительный секретарь 2) *амер.* генеральный директор
  Foreign S. *брит.* министр иностранных дел
  honorary ~ почетный секретарь
  paid ~ штатный секретарь
  personal ~ личный секретарь
  private ~ *см.* personal ~
  S. of Agriculture *амер.* министр сельского хозяйства
  S. of Commerce *амер.* министр торговли
  S. of Labor *амер.* министр труда
  S. of State *амер.* государственный секретарь (министр иностранных дел)
SECRETARY-GENERAL *n* генеральный секретарь
SECTION *n* 1. статья (*договора, устава*) 2. отдел; отделение; производственный участок 3. отрезок; участок 4. район; квартал
  account ~ бухгалтерия (*отдел*)
  accounting ~ *см.* account ~
  advertising ~ отдел рекламы
  factory accounting ~ бухгалтерия предприятия
  inventory records ~ отдел учета материально-производственных ценностей
  operation ~ оперативный отдел
  planning ~ плановый отдел
  scheduling ~ отдел календарного планирования
SECTOR *n* 1. сектор 2. участок
  agricultural ~ сельскохозяйственный сектор
  banking ~ банковский сектор
  corporate ~ корпоративный сектор
  economic ~ хозяйственный сектор
  farm ~ сельскохозяйственный сектор
  financial ~ финансовый сектор
  government ~ государственный сектор
  manufacturing ~ обрабатывающая промышленность
  personal ~ частный сектор
  primary ~ добывающая промышленность
  private ~ частный сектор
  public ~ государственный сектор
  rural ~ аграрный сектор
  secondary ~ обрабатывающая промышленность
  secondary banking ~ вторичный банковский сектор
SECTORIAL *adj* секторный
SECURE *adj* надежный, прочный; надежно защищенный
SECURE *v* 1. обеспечивать безопасность, охранять 2. гарантировать 3. получать, приобретать 4. обеспечивать долг; предоставлять обеспечение
SECURITIZATION *n* фондирование
  ~ of debt фондирование долга
SECURIT|Y *n* 1. безопасность 2. защита, охрана 3. обеспечение, гарантия, залог 4. поручительство 5. поручитель 6. *pl* ценные бумаги
  active ~ies ценные бумаги, являющиеся объектом массовой купли-продажи
  additional ~ дополнительное обеспечение
  adequate ~ достаточное обеспечение
  agio ~ies дисконтные ценные бумаги
  ample ~ достаточное обеспечение
  approved ~ies ценные бумаги, признанные банками и другими финансовыми институтами пригодными для инвестиций
  asset-backed ~ies ценные бумаги, обеспеченные активами
  bearer ~ies ценные бумаги на предъявителя
  bid ~ залог подрядчика
  blue chip ~ies ценные облигации первоклассных заемщиков
  book-entry ~ies *амер.* все ценные бумаги в обращении, информация о которых заложена в ЭВМ
  cabinet ~ *амер.* «кабинетная» ценная бумага (*с небольшим оборотом*)
  cash ~ денежное обеспечение
  collateral ~ дополнительное обеспечение займа (кредита) в виде документа на право собственности на недвижимость и т. п.
  convertible ~ies ценные бумаги, которые могут быть обменены на другие
  corporate debt ~ies облигации, выпущенные корпорациями
  credit ~ обеспечение кредита
  currency ~ валютное обеспечение
  dated ~ ценная бумага с фиксированным сроком погашения

dead ~ малоценное обеспечение займа
debt ~ ценная бумага, являющаяся долговым свидетельством
debtor's ~ залог должника
defensive ~ies стабильные ценные бумаги, которые в силу высокой доходности являются надежными инвестициями
digested ~ies ценные бумаги, купленные с целью получения регулярного дохода
discount ~ies дисконтные ценные бумаги
dividend-bearing ~ies ценные бумаги, приносящие дивиденд
dual currency ~ ценная бумага, выраженная в нескольких валютах
economic ~ обеспеченность, экономическая стабильность
equity ~ies ценные бумаги, свидетельствующие об участии в акционерном капитале
exempt ~ies *амер.* ценные бумаги, на которые не распространяются правила Комиссии по ценным бумагам и биржам
financial ~ финансовое обеспечение
first-class ~ies первоклассные ценные бумаги
fixed income ~ies облигации с фиксированной процентной ставкой
fixed interest ~ies *см.* fixed income ~ies
fixed interest bearing ~ies *см.* fixed income ~ies
fixed rate ~ies *см.* fixed income ~ies
fixed redemption value ~ies ценные бумаги с фиксированной выкупной стоимостью
fixed yield ~ies облигации с фиксированным доходом
floating ~ies плавающие ценные бумаги
foreign ~ies иностранные ценные бумаги
foreign currency ~ies ценные бумаги в иностранной валюте
foreign interest payment ~ies ценные бумаги с процентными платежами в иностранной валюте
forward ~ies ценные бумаги, имеющие хождение на рынке срочных сделок
gilt-edged ~ies 1) *брит.* правительственные ценные бумаги с гарантией 2) *амер.* первоклассные облигации
gold ~ золотое обеспечение

government ~ies правительственные ценные бумаги
graduated ~ies акции, получившие высокую котировку
high-grade ~ies первоклассные ценные бумаги
home ~ies первоклассные ценные бумаги, обращающиеся внутри страны
hybrid ~ies смешанные ценные бумаги
industrial ~ies ценные бумаги промышленных компаний
interest-bearing ~ies процентные ценные бумаги
international ~ies международные ценные бумаги
investment ~ies инвестиционные ценные бумаги
investment grade ~ies инвестиционные ценные бумаги высокого качества
investment trust ~ies ценные бумаги инвестиционной компании
irredeemable ~ies ценные бумаги без фиксированной даты погашения
job ~ обеспеченность работой
joint ~ солидарная ответственность
listed ~ies ценные бумаги, котируемые на фондовой бирже
long ~ies ценные бумаги с погашением в будущем
margin ~ies ценные бумаги, частично купленные в кредит
marketable ~ies легкореализуемые ценные бумаги
material ~ материальная обеспеченность
medium-dated ~ies ценные бумаги со средним сроком погашения (5-15 лет)
municipal ~ies муниципальные ценные бумаги
negotiable ~ies свободнообращающиеся ценные бумаги
nonmarketable ~ies нерыночные ценные бумаги
off-board ~ies ценные бумаги, не зарегистрированные на бирже
open-faced ~ies ценные бумаги на предъявителя
outstanding ~ies ценные бумаги, выпущенные в обращение
over-the-counter ~ies ценные бумаги, обращающиеся во внебиржевом обороте
participation ~ies ценные бумаги с правом участия в прибылях компании
personal ~ личная гарантия, личное поручительство

pledged ~ies заложенные ценные бумаги
primary ~ies первичные ценные бумаги
property ~ вещественное обеспечение, обеспечение имуществом
public ~ies государственные ценные бумаги
quoted ~ies ценные бумаги, котируемые на фондовой бирже
real ~ies ценные бумаги по закладным недвижимости
redeemable ~ies ценные бумаги, подлежащие погашению в определенный срок
registered ~ies именные ценные бумаги
repackaged ~ies ценные бумаги, выпущенные на основе старых бумаг, но с новыми характеристиками
residual ~ies остаточные ценные бумаги
restricted ~ies блокированные ценные бумаги
risk-free ~ies ценные бумаги, свободные от риска
seasoned ~ies ценные бумаги с хорошей репутацией
senior ~ies ценные бумаги с преимущественным правом на активы компании в случае ее ликвидации
short-dated ~ies ценные бумаги с коротким сроком погашения (до 5 лет)
social ~ социальное обеспечение
speculative ~ies спекулятивные ценные бумаги
state ~ies государственные ценные бумаги
stock exchange ~ies рыночные ценные бумаги
sufficient ~ достаточное обеспечение
tangible ~ материальное обеспечение
tax-exempt ~ies ценные бумаги, не облагаемые налогом
treasury ~ies казначейские ценные бумаги
trustee ~ies *брит.* ценные бумаги, которые могут использоваться для инвестиций по доверенности
undated ~ies ценные бумаги без фиксированной даты погашения
undigested ~ies нераспроданные ценные бумаги нового выпуска
unlisted ~ies ценные бумаги, обращающиеся во внебиржевом обороте
unquoted ~ies *см.* unlisted ~ies

valueless ~ies ценные бумаги, потерявшие стоимость
variable yield ~ies ценные бумаги с колеблющимся доходом
wildcat ~ies рискованные ценные бумаги
zero coupon convertible ~ конвертируемая ценная бумага с нулевым купоном
~ by mortgage обеспечение с помощью закладной
~ for a claim обеспечение иска
~ for credit обеспечение кредита
~ for a debt обеспечение долга
~ for a loan обеспечение по ссуде
~ for losses гарантия от убытков
~ of employment гарантия занятости
~ of payment гарантия платежа
~ on property *юр. амер.* вещное обеспечение
~ies to bearer ценные бумаги на предъявителя
◇ **against ~** под обеспечение
as a ~ в качестве обеспечения, в обеспечение
on ~ под обеспечение
~ies bearing interest процентные ценные бумаги
~ies lodged as collateral ценные бумаги, заложенные в качестве обеспечения
to become ~ ручаться, поручиться
to borrow on ~ брать ссуду под залог ценных бумаг
to delist a ~ прекращать котировку ценной бумаги (*из-за нарушения правил*)
to deposit ~ies in custody передавать ценные бумаги на хранение в банк
to enforce a ~ *юр.* обращать взыскание на обеспечение
to furnish ~ давать поручительство
to give ~ предоставлять обеспечение
to lend on ~ давать ссуду под обеспечение
to pawn ~ies закладывать ценные бумаги
to pledge ~ies *см.* to pawn ~ies
to provide ~ предоставлять обеспечение
to put up ~ *см.* to provide ~
to serve as ~ служить обеспечением
to stand ~ ручаться, поручиться
to suspend a ~ временно прекращать котировку ценной бумаги
to withdraw ~ies from a deposit брать хранящиеся в банке ценные бумаги

SECURITIZATION *n* процесс трансформации ссуд и других видов дебиторской задолженности в ценные бумаги, секьюритизация
SEGMENT *n* 1. часть; доля 2. сегмент
  market ~ сегмент рынка
  sample ~ участок для обследования
SEGMENTATION *n* деление, сегментация
  benefit ~ сегментация рынка по качеству товара
  demographic ~ демографическая сегментация
  market ~ сегментация рынка
  vertical ~ of equity market вертикальная сегментация финансового рынка
  ~ of the market сегментация рынка
SEGREGATION *n* 1. отделение, изоляция 2. сегрегация
  racial ~ расовая сегрегация
  residential ~ сегрегация населения по месту жительства
  ~ of costs разделение себестоимости
SEIGNIORAGE *n* прибыль государства от права чеканки металлических монет
SEISIN *n* *юр.* владение недвижимостью
SEIZE *v* конфисковывать, налагать арест; реквизировать
SEIZIN *n* *юр.* владение недвижимостью
SEIZURE *n* конфискация, наложение ареста 2. опись (*имущества*)
  ~ of cargo арест на груз
  ~ of contraband изъятие контрабанды
  ~ of goods наложение ареста на товар
  ~ of property наложение ареста на имущество
  ~ of a ship захват судна
  ◊ to lift the ~ снимать арест
SELECT *v* отбирать, выбирать; комплектовать
SELECTION *n* 1. выбор, отбор, подбор 2. селекция
  design ~ выбор проектного решения
  information ~ отбор информации
  large ~ большой выбор
  natural ~ естественный выбор
  ordered ~ обслуживание требований в порядке поступления
  personnel ~ подбор персонала
  random ~ случайный выбор
  range ~ выбор области, зоны
  representative ~ представительный выбор
  rich ~ богатый выбор
  route ~ выбор направления

  site ~ выбор участка
  varied ~ разнообразный выбор
  ~ of a contractor выбор подрядчика
  ~ of exhibits отбор экспонатов
  ~ of goods выбор товара
  ~ of materials подбор материала
  ~ of partners подбор партнеров
  ~ of personnel подбор персонала
  ~ of samples отбор образцов для проверки
  ◊ to make a ~ производить отбор
SELECTIVE *adj* 1. отборный; выборочный 2. селективный
SELF-ACTION *n* собственное действие, личная инициатива
SELF-ADJUSTMENT *n* самонастройка; саморегулировка
SELF-ADMINISTRATION *n* самоуправление
SELF-CHECKING *n* автоматический контроль
SELF-CHEQUE *n* чек, предъявленный в банк, на который он выписан
SELF-CONSUMPTION *n* собственное потребление
SELF-CONTAINED *adj* 1. изолированный 2. самостоятельный
SELF-CONTROL *n* самоконтроль, саморегулирование
SELF-DEPENDENT *adj* самостоятельный, независимый
SELF-DETERMINATION *n* самоопределение; самостоятельность
SELF-EDUCATED *adj* самостоятельно обучавшийся
SELF-EDUCATION *n* самообучение, самообразование
SELF-EMPLOYED *adj* работающий самостоятельно, не по найму
SELF-EMPLOYMENT *n* самостоятельная занятость
SELF-EXPANSION *n* самовозрастание (*напр.* стоимости)
  ~ of capital самовозрастание стоимости капитала
  ~ of value самовозрастание стоимости
SELF-FINANCING *n* самофинансирование
  currency ~ валютное самофинансирование
SELF-GOVERNMENT *n* самоуправление
SELF-INSTRUCTION *n* самообучение
SELF-INSURANCE *n* самострахование
SELF-INTEREST *n* эгоизм; личная выгода

SELF-LIQUIDATING *adj* самоликвидирующийся (*о кредитах, векселях*)
SELF-LOADING *n* самопогрузка
SELF-MADE *adj* самодельный; добившийся успеха своими силами
SELF-MANAGEMENT *n* самоуправление
SELF-RECOUPMENT *n* самоокупаемость
SELF-REGULATING *adj* автоматический, с автоматическим регулированием
SELF-REGULATION *n* саморегулирование
SELF-REPAYMENT *n* самоокупаемость
SELF-SERVICE *n* самообслуживание
SELF-SUFFICIENCY *n* самообеспеченность
  economic ~ экономическая самообеспеченность
  national ~ национальное самообеспечение
SELF-SUFFICIENT *adj* экономически самостоятельный
SELF-SUPPORT *n* 1. хозяйственный расчет 2. независимость, самостоятельность
SELF-SUPPORTING *adj* хозрасчетный; самостоятельный
SELF-SUSTAINED *adj* самостоятельный, самоподдерживающийся
SELF-SUSTAINING *adj* см. **SELF-SUSTAINED**
SELL *n* 1. умение торговать 2. продажа 3. обман, «покупка»
  hard ~ навязывание товара
  soft ~ ненавязывание товара
SELL *v* 1. продавать 2. продаваться
  ~ ahead продавать на срок
  ~ badly плохо продаваться
  ~ for forward delivery продавать на срок
  ~ for future delivery см. ~ for forward delivery
  ~ forward см. ~ for forward delivery
  ~ heavily плохо продаваться
  ~ on closing продавать по ценам на момент закрытия биржи
  ~ on easy terms продавать в рассрочку
  ~ on an instalment plan см. ~ on easy terms
  ~ on opening продавать по ценам на момент открытия биржи
  ~ out распродавать
  ~ off см. ~ out
  ~ plus *бирж.* продавать по цене выше предшествующего уровня
  ~ short продавать без покрытия (*продавать ценные бумаги, не имеющиеся в наличии, в надежде приобрести их по более низкой цене до срока поставки*)

SELLDOWN *n* частичная распродажа выпускаемых ценных бумаг, минуя размещающий бумаги синдикат
SELLER *n* 1. продавец 2. ходовой товар
  bear ~ спекулянт, играющий на понижение
  bull ~ спекулянт, играющий на повышение
  direct ~ фирма, обслуживающая клиентов без посредников
  exclusive ~ монопольный продавец
  intermediate ~ посредник
  marginal ~ маржинальный торговец
  short ~ спекулянт, играющий на понижение
  slow ~ товар, на который нет спроса
SELLING *n* 1. продажа 2. торговля опционами, селинг
  bulk ~ продажа оптом
  cooperative ~ кооперативная продажа
  direct ~ продажа без посредников
  distress ~ вынужденная продажа
  door-to-door ~ продажа вразнос
  field ~ реализация товара
  forced ~ вынужденная продажа ценных бумаг
  forward ~ продажа на срок
  hard ~ настойчивая реклама; навязывание товара
  house-to-house ~ продажа вразнос
  inertia ~ навязывание товара клиенту
  instalment ~ продажа в рассрочку
  mail order ~ продажа через посылочную торговлю
  personal ~ личная продажа
  pyramid ~ продажа через сеть посредников
  selective ~ продажа через посредников, отвечающих требованиям продавца (*в отношении размера заказа, района сбыта и т. п.*)
  short ~ продажа без покрытия (*продажа ценных бумаг, не имеющихся в наличии, в надежде приобрести их по более низкой цене до срока поставки*)
  tax ~ продажа ценных бумаг для уменьшения налогового бремени
  ~ short продажа без покрытия
SELLING-OFF *n* распродажа

SELLING-OUT *n* *брит.* распродажа ценных бумаг, которые не могли быть оплачены
SELL-OFF *n* распродажа
SEMIANNUAL *adj* полугодовой
SEMIDURABLES *n pl* товары с ограниченным сроком пользования
SEMIFINISHED *adj* полуобработанный
SEMIMANUFACTURES *n pl* полуфабрикаты
SEMIOFFICIAL *adj* полуофициальный
SEMIPROCESSED *adj* полуобработанный
SEMIPRODUCT *n* полуфабрикат
SEMIS *n pl* полуфабрикаты
SEMITRAILER *n* полуприцеп
SEND *v* 1. посылать, отправлять 2. направлять; командировать
~ **away** отсылать, посылать обратно
~ **back** посылать обратно; возвращать
SENDER *n* 1. отправитель 2. экспедитор
~ **of a letter** отправитель письма
SENDING *n* 1. посылка, отправление 2. командирование
~ **by mail** отправка почтой
~ **of goods** отправка товара
~ **on consignment** отправка на консигнацию
SENIOR *n* 1. старший (*по положению, званию*) 2. ценная бумага с приоритетными правами
SENIOR *adj* старший; главный
SENIORITY *n* 1. старшинство 2. стаж работы; выслуга лет
◇ **according to** ~ по старшинству
by ~ *см.* **according to** ~
company ~ *амер.* стаж работы на фирме
job ~ *амер.* трудовой стаж
pay ~ заработная плата в зависимости от трудового стажа
SENSITIVE *adj* чувствительный; быстро реагирующий
SENSITIVITY *n* чувствительность
SEPARATE *adj* отдельный, раздельный
SEPARATE *v* 1. отделять 2. сортировать
SEPARATION *n* 1. отделение, разделение 2. сортировка
~ **of cargo** сепарация груза
~ **of goods** *см.* ~ **of cargo**
~ **of powers** разделение властей
SEQUEL *n* результат, следствие
SEQUENCE *n* последовательность
accounting ~ план счетов
control ~ последовательность контрольной деятельности
cropping ~ последовательность выращивая сельскохозяйственных культур
operation ~ последовательность операций
random ~ случайная последовательность
time ~ последовательность во времени
~ **of events** последовательность событий
~ **of numbers** последовательность номеров
~ **of operations** последовательность операций
◇ **in strict** ~ в строгой последовательности
SEQUESTER *n* наложение ареста на имущество; секвестр
SEQUESTER *v* налагать арест; секвестровать
SEQUESTRATE *v см.* **SEQUESTER**
SEQUESTRATION *n* наложение ареста на имущество; секвестр
SERIAL *adj* серийный
SERIALIZATION *n* организация серийного производства
SERIALIZE *v* организовывать серийное производство
SERIES *n* 1. серия; ряд; группа; комплект 2. последовательность
inverted economic ~ обратный экономический временной ряд
matrix ~ матричный ряд
new ~ новая серия
pilot ~ серия опытов
random ~ случайный ряд
statistical ~ статистический ряд
time ~ временной ряд
~ **of advertisements** серия рекламных объявлений
~ **of bonds** серия облигаций
~ **of events** последовательность событий
~ **of prices** ряд цен
SERVANT *n* служащий (*государственного учреждения*)
civil ~ государственный служащий
public ~ *см.* **civil** ~
~ **of a company** служащий фирмы
SERVE *v* 1. служить, быть служащим 2. обслуживать
SERVICE *n* 1. работа; служба; сфера деятельности, род занятий 2. эксплуатация 3. линия связи; сообщение; перевозки 4. обслуживание, сервис 5. услуга; сфера услуг, обслуживание 6. техническое обслуживание и текущий

657

ремонт 7. уплата процентов (*по займам, облигациям*)
accessorial ~ дополнительное обслуживание при перевозках
accommodation ~ размещение (*в гостинице*); бюро по квартирному устройству
accounting system ~s организация системы учета
actuarial ~s страховое обслуживание
additional ~s дополнительные услуги
adequate ~ соответствующее обслуживание
administrative ~s административные услуги
advertising ~ служба рекламы
advisory ~ консультативная служба
aerial ~ воздушное сообщение
aftersale ~ послепродажное обслуживание, послепродажный сервис
aftersale technical ~ послепродажное техническое обслуживание
agency ~s агентское обслуживание
agency ~ **for ships** морское агентирование
agent's ~s услуги агента
agricultural ~s услуги для сельского хозяйства
agricultural quarantine ~ служба сельскохозяйственного карантина
air ~ воздушные перевозки
aircraft ~ *см.* **air** ~
airmail ~ авиапочта
air passenger ~ пассажирская авиалиния
air transport ~s служба воздушного сообщения
auditing ~s аудиторские услуги
auditor ~s аудиторская служба
automatic transfer ~ автоматический перевод средств со сберегательного на текущий счет
auxiliary ~s вспомогательная служба
back-up ~s дополнительные услуги
bank ~s банковские услуги
banking ~s *см.* **bank** ~s
beforesale ~s предпродажное обслуживание
bond ~ выплата процентов по долговым обязательствам
bulk ~ групповое обслуживание
bus ~ автобусное обслуживание
business ~s деловые услуги; предпринимательские услуги
buying ~ служба заказов
car ~ автосервис

cartage ~ транспортная служба
cash ~ кассовое обслуживание
charter ~ чартерное обслуживание
chartering ~ услуги по фрахтованию
city-terminal ~ автобусное сообщение между аэропортом и городом
civil ~ служба в государственном аппарате
cleaning ~s услуги по уборке
coach ~ автобусное сообщение между аэропортом и городом
collection ~ служба инкассации
combined ~s комбинированные перевозки
commercial ~s коммерческие услуги
communication ~ служба связи
commuter ~ пригородное пассажирское обслуживание
company ~ служба найма судовой команды
construction engineering ~s инженерно-строительные услуги
consuler ~ консульская служба
competitive ~s конкурентные услуги
comprehensive ~s комплексные услуги
consultation ~s консультационные услуги
consulting ~s *см.* **consultation** ~s
consumer ~s потребительские услуги
container ~ контейнерное обслуживание
container-on-flatcar ~ контрейлерное обслуживание
continuous ~ постоянное обслуживание
contract ~s бригадный подряд
conventional ~ обслуживание конвенциональными судами
corporate advisory ~s консультативные услуги, оказываемые банком предприятиям
credit and settlement ~s кредитно-расчетное обслуживание
cross-selling banking ~s перекрестная продажа банковских услуг
current ~s **on loans** уплата комиссии и процентов по займам
customer ~ обслуживание покупателей
customs ~ таможенная служба
daily ~ ежедневное обслуживание
debt ~ обслуживание долга, погашение долга
delivery ~ обслуживание при поставке (*оборудования*)
design ~s конструкторские услуги
development and research ~s услуги в

области конструкторских разработок и исследований
distribution ~s услуги по продаже товара
emergency ~ аварийная служба
employee ~s услуги работающему персоналу
engineering ~s 1) инженерные коммуникации 2) инжиниринговые услуги
essential ~ существенные услуги
exchange ~ валютное обслуживание
expert ~s экспертные услуги
export ~s экспортный сервис
export packing ~ услуги по упаковке товара на экспорт
express ~ 1) срочная доставка 2) перевозки большой скоростью, экспресс-сервис
express air freight ~ срочная доставка груза воздушным транспортом
express delivery ~ служба срочной доставки
factory ~s подсобные отделы предприятия
fast freight ~ грузовые перевозки большой скоростью
ferry ~ паромная переправа
fiduciary ~ фидуциарное обслуживание (*обслуживание на доверительных началах*)
field ~ обслуживание на месте; обслуживание в полевых условиях
financial ~ финансовые услуги
financing ~s услуги по финансированию
first aid ~ служба оказания первой помощи
first class ~ первоклассное обслуживание
fishy-back ~ контрейлерные перевозки грузов
forwarding ~ экспедиторское обслуживание
free ~s бесплатные услуги
freight ~ фрахтовое обслуживание
fringe ~s дополнительные услуги
full ~ полный комплекс услуг
full container load ~ перевозки полных контейнерных партий
full table ~ обслуживание за столами (*на предприятиях питания*)
full time ~ обслуживание в течение всего рабочего времени
gate ~ контрольно-пропускная служба
government ~s государственные службы

gratis ~s бесплатные услуги
guard ~ служба охраны
handling ~ транспортная обработка груза
harbour ~s портовые услуги
health ~ здравоохранение
home-delivery ~ доставка товаров на дом
industrial ~s производственно-технические услуги, производственно-техническая помощь
industrial extension ~s *см.* **industrial** ~s
information ~ информационная служба
infrastructure ~s предприятия инфраструктуры (*школы, больницы, гостиницы*)
insurance ~s услуги по страхованию
intercity bus ~ междугородная автобусная линия
inter-city feeder ~s *см.* **intercity bus** ~
interlibrary loan ~ межбиблиотечный абонемент
intermediary ~s посреднические услуги
Internal Revenue S. *амер.* Налоговое управление
investigation ~ 1) следственная служба 2) таможенная служба по борьбе с контрабандой
invisible ~s невидимые услуги
irregular ~ нерегулярная транспортная линия
janitorial ~s обслуживание зданий
joint rail-air freight ~ комбинированные грузовые перевозки железнодорожным и воздушным транспортом
legal ~s юридические услуги
lighter ~ обслуживание лихтерами
liner ~ линейные перевозки
liner freight ~ линейные грузовые перевозки
liner passenger ~ линейные пассажирские перевозки
local ~s местные перевозки грузов
long-distance transport ~ дальние перевозки
loss making ~s убыточное обслуживание
low density ~ малозагруженная транспортная линия
mail ~ почтовое обслуживание, почтовая служба
maintenance ~ техобслуживание
management ~ управленческие услуги

management advisory ~s управленческо-консультативные службы
marketing ~ услуги маркетинга
mass ~ массовое обслуживание
medical ~ медицинское обслуживание
merchant ~ торговое судоходство
military ~ военная служба
mixed ~ смешанные перевозки
municipal ~s коммунальные услуги
National Giro S. система жирорасчетов (*при почтовых отделениях*)
National Health S. Государственная служба здравоохранения
news ~ служба новостей
night ~ ночное дежурство
night depository ~ ночной прием депозитов
nonpreferential ~ обслуживание без приоритетов
nonscheduled ~ транспортное обслуживание не по расписанию
nonstop ~ беспосадочное сообщение
occupational guidance ~ служба профессиональной ориентации
on-board passenger ~ обслуживание на борту (*самолета*)
operating ~s услуги по эксплуатации
outdoor ~ выездные работы
outside ~ *см.* outdoor ~
overland ~ наземные перевозки
paid ~s платные услуги
passenger ~ транспортное обслуживание пассажиров
pensionable ~ трудовой стаж при начислении пенсии
permanent ~ постоянное обслуживание
personal ~ 1) персональное обслуживание 2) *pl* бытовые услуги
phone inquiry ~ телефонная справочная служба
pick-up ~ служба вывоза и доставки грузов
piggyback ~ контрейлерное обслуживание
pilot ~ лоцманская служба
pilotage ~ *см.* pilot ~
placement ~ биржа труда
plant quarantine ~ служба по карантину растений
postmarketing ~ послепродажное обслуживание
postsale ~ *см.* postmarketing ~
preemptive ~ обслуживание с прерыванием
preferential ~ обслуживание с приоритетом

presale ~ предпродажное обслуживание
prior ~s первоочередные услуги
priority ~ обслуживание с приоритетом
processing ~s технологическая служба
professional ~s профессиональные услуги
prompt ~ быстрое обслуживание
proper ~ должное обслуживание
protocol ~ протокольная служба
public ~ 1) государственная служба 2) *pl* коммунальные услуги
Public Health S. *амер.* Министерство здравоохранения
publicity ~ отдел рекламы
public transport ~ служба общественного транспорта
quality control ~ служба проверки качества
quick repair ~ быстрый ремонт
rail ~ железнодорожное сообщение
railroad ~ *амер. см.* rail ~
railway ~ *см.* rail ~
railway ferry ~ железнодорожно-паромное сообщение
reciprocal ~s взаимные услуги
regular ~ регулярное сообщение
rental ~ бюро проката
repair ~s 1) услуги по ремонту 2) ремонтные мастерские
retail ~ розничное обслуживание
road transport ~ уличное движение грузового транспорта
ro-ro ~ обслуживание судами типа «ро-ро»
safe deposit ~s услуги банка по хранению ценностей, документов клиента
safety ~ служба безопасности
sanitary ~ санитарная служба
scheduled ~ регулярная транспортная линия
security ~ охрана
self-dial long-distance ~ автоматическая междугородная телефонная связь
settlement ~ расчетное обслуживание
shipping ~s морские перевозки
ship's agency ~ морское агентирование
shuttle ~ челночная транспортная линия
single ~ 1) обслуживание одиночных требований 2) одиночный абонентский ввод
single-carrier ~ обслуживание одной транспортной компанией

site ~s обслуживание на строительной площадке
social ~s социальные услуги
specialized ~ специализированное обслуживание
statistical ~ статистический учет
supervisory ~s служба контроля
support ~s услуги по поддержанию чего-л.
technical ~ техническая служба
technical control ~ служба технического контроля
technical information ~ служба технической информации
technological ~s технологические услуги
telecommunication ~ связь, телекоммуникация
telephone ~ телефонная связь
through ~ прямое сообщение
ticker ~ *бирж.* непрерывная информация о котировках ценных бумаг на ленте специального аппарата
tourist ~s туристское обслуживание
towage ~ обслуживание буксирами
trade information ~ служба экономической информации
trailer-on-flatcar ~ контрейлерное обслуживание
training ~s услуги по обучению
tramp ~ трамповая линия
transport ~ транспортная линия
transportation ~s транспортные услуги
travel ~ обслуживание пассажиров
trouble-free ~ безаварийная работа
trunk line ~ обслуживание междугородной телефонной связью
trust ~s трастовые услуги; услуги по управлению имуществом
tug ~ проводка судов буксирами; буксирная служба
turnabout ~ челночная транспортная линия
unremunerative ~s низко оплачиваемые (невыгодные) услуги
up-to-date ~ современное обслуживание
urgent ~ срочное обслуживание
warranty ~ гарантийное обслуживание
watchman ~ сторожевая служба
welfare ~s социальные услуги
~ by mail почтовая служба
~ by post *см.* ~ by mail
~s in advertising услуги в сфере рекламы
~ in bulk групповое обслуживание
~s in publicity услуги в сфере рекламы
~s of an agency услуги агентства
~ of loans уплата процентов по займам
~s of personnel услуги персонала
~ on call обслуживание по вызову
~ to customers обслуживание покупателей
~s to visitors обслуживание посетителей
~ without interruption обслуживание без прерывания
~ with waiting обслуживание с ожиданием
◊ in ~ находящийся в эксплуатации
fit for ~ пригодный для эксплуатации
unfit for ~ непригодный для эксплуатации
to bring into ~ приводить в действие; пускать в ход
to charge for ~s взимать за услуги
to complete ~ закончить обслуживание
to do ~s оказывать услуги
to enlist the ~s of smb привлекать к работе кого-л.
to employ ~s пользоваться услугами
to furnish ~s предоставлять услуги
to give ~s оказывать услуги
to go into ~ вводить в эксплуатацию
to maintain a ~ обслуживать (*машины, оборудование*)
to maintain regular ~ поддерживать регулярное движение
to make use of ~s воспользоваться услугами
to offer ~s предлагать услуги
to operate a scheduled ~ осуществлять перевозки регулярными судами
to pay for ~s оплачивать услуги
to perform ~s выполнять услуги
to provide ~s обеспечивать услуги; обслуживать
to publicize ~s рекламировать услуги
to put into ~ вводить в действие, в эксплуатацию
to render ~s оказывать услуги
to require ~s прибегать к услугам
to resort to ~s *см.* to require ~s
to run ~s прокладывать коммуникации
to start ~ начинать обслуживание
to suspend the ~ прекращать работу
to tender one's ~s предлагать услуги
to undertake a ~ брать на себя обслуживание
to utilize ~s пользоваться услугами

SERVICE v 1. обслуживать 2. проводить техобслуживание и текущий ремонт 3. эксплуатировать 4. погашать (*долг*); уплачивать (*сумму, проценты, дивиденды*)

SERVICEABILITY n 1. пригодность к эксплуатации 2. эксплуатационная надёжность 3. ремонтопригодность
impaired ~ снижение практической полезности; снижение пригодности к эксплуатации
~ of a product пригодность, практическая полезность продукта

SERVICEABLE adj исправный, пригодный к эксплуатации

SERVICEMAN n инструктор

SERVICING n 1. обслуживание, сервис 2. техобслуживание 3. погашение (*долга*)
current ~ of loans уплата процентов по займам
debt ~ погашение долга
mortgage ~ обслуживание ипотечного кредита
motor vehicle ~ обслуживание автотранспортных средств

SESSION n 1. заседание, совещание 2. рабочий день биржи
board ~ заседание правления
briefing ~ инструктивное совещание
closed ~ закрытое совещание
private ~ *см.* closed
public ~ открытое заседание
regular ~ очередное заседание
special ~ чрезвычайное заседание
trading ~ часы торговли на бирже

SET n 1. комплект, набор; партия 2. серия, ряд 3. множество; совокупность 4. установка; агрегат; аппарат
choice ~ набор вариантов
complete ~ полный комплект
data ~ массив данных, файл
duplicate ~ двойной комплект
full ~ полный комплект
individual ~ индивидуальный комплект
solution ~ множество решений
standby ~ резервный комплект
universal ~ генеральная совокупность
~ of bills комплект экземпляров переводного векселя
~ of bills of lading комплект коносаментов
~ of documents комплект документов
~ of equipment комплект оборудования

~ of goods набор товаров
~ of patterns коллекция образцов
~ of proposals ряд предложений
~ of rules свод правил, инструкция
~ of samples коллекция образцов
~ of solutions множество решений
~ of spare parts комплект запчастей
~ of statistical data совокупность статистических данных
~ of tools комплект инструментов
~ of variables совокупность переменных
◇ to make up a ~ комплектовать
to pack up a ~ *см.* to make up a ~

SET adj твёрдый; постоянный

SET v 1. ставить, помещать, класть 2. устанавливать, определять, назначать 3. ставить (*задачу, цель*)
~ aside 1) откладывать (*деньги*) 2) отклонять (*предложение*)
~ by откладывать, приберегать (*деньги*)
~ forth излагать; формулировать
~ free освобождать
~ off засчитывать
~ out выставлять на продажу
~ up 1) учреждать, основывать (*фирму*) 2) открывать (*дело*)

SETBACK n 1) регресс, спад 2) понижение (*цен*)
crop ~ неурожай
~ in production спад производства
~ to the crop неурожай
◇ to show a ~ показывать спад
to suffer a ~ испытывать спад

SETOFF n зачёт

SETTING n 1. окружающая обстановка 2. установка; настройка; наладка 3. назначение (*цен*)
demographic ~ демографическая обстановка
manual ~ ручная наладка
price ~ назначение цен
rate ~ нормирование работ
work quota ~ нормирование труда
~ of prices назначение цен

SETTING-UP n 1. учреждение, создание 2. установка; наладка
~ of an account открытие счёта
~ of a company создание компании
~ of equipment наладка оборудования
~ of new capacities создание новых производственных мощностей
◇ to supervise ~ руководить наладкой

SETTLE v 1. решать 2. договариваться, приходить к соглашению 3. расплачи-

SET

ваться, рассчитываться 4. улаживать, урегулировать
~ in full оплачивать полностью; рассчитываться полностью
~ in total *амер. см.* ~ in full
SETTLEMENT *n* 1. расчет; расплата; покрытие, погашение (*долга*) 2. *бирж.* ликвидация сделки 3. урегулирование, разрешение (*спора*)
amicable ~ мирное урегулирование
amicable ~ of a claim мирное урегулирование претензии
annual ~ ежегодный расчет
cash ~ наличный расчет
claim ~ возмещение ущерба
clearing ~ безналичный расчет
consent ~ мировая сделка, компромисс
contract ~s расчеты по контракту
currency ~s валютные расчеты
daily ~ расчет за каждый день
end month ~ расчет на конец месяца
exchange ~s валютные расчеты
final ~ окончательный расчет, платеж в окончательный расчет
fortnightly ~ ликвидация расчетов в середине месяца
full ~ полный расчет
international ~s международные расчеты
judicial ~ урегулирование в судебном порядке
land ~ заселение земель
loss ~ уплата страхового возмещения
lump ~ урегулирование путем выплаты паушальной суммы
mid month ~ расчет на середину месяца
midyear ~ расчет на середину года
monthly ~ ежемесячный расчет
multilateral ~s многосторонние расчеты
mutual ~s взаимные расчеты
overall ~ сводный расчет
partial ~ частичное удовлетворение
prompt ~ быстрое решение
quarterly ~ ежеквартальный расчет
same day ~ *бирж.* расчет в день сделки
skip day ~ *амер.* расчет на один день позже положенного срока
special ~ расчет на особых условиях
speedy ~ быстрое решение
stock exchange ~ *бирж.* ликвидация сделок
trade ~ филиал торгового предприятия
wage ~ соглашение о ставках зарплаты
yearly ~ ежегодный расчет

SET

~ at the end of month расчет в конце месяца
~ for transactions расчеты по банковским сделкам
~ in cash расчет наличными
~ in foreign currency расчет в иностранной валюте
~ in full полный расчет
~ in national currency расчет в национальной валюте
~ in total полный расчет
~ of accounts оплата счета; покрытие задолженности по счету
~ of arrears погашение задолженности
~ of average составление диспаши
~ of a balance покрытие задолженности по счету
~ of a bill 1) платеж по векселю, оплата векселя 2) оплата счета
~ of books заключение бухгалтерских записей
~ of a cheque оплата чека
~ of a claim удовлетворение иска; урегулирование претензии
~ of costs покрытие расходов
~ of a debt погашение долга
~ of debt olligations урегулирование долговых обязательств
~ of demurrage оплата простоя (*судна*)
~ of differences урегулирование разногласий
~ of a dispute разрешение конфликта
~ of an invoice оплата по счету-фактуре (накладной)
~ of losses ликвидация убытков
~ of a note *амер.* оплата векселя
~ of payments урегулирование расчетов
~ of a problem урегулирование проблемы
~ of proceedings урегулирование судебного процесса
~s on a bilateral basis двусторонние расчеты
~s on a multilateral basis многосторонние расчеты
~ with creditors расплата с кредиторами
◊ in ~ в покрытие
in final ~ в окончательный расчет
in full ~ в полный расчет
to arrange ~ договариваться о платеже
to buy for the ~ покупать на срок
to effect ~ производить расчет
to reach ~ достигать соглашения
to sell for the ~ продавать на срок

SETTLER *n* поселенец, колонист
SETTLING *n* расчет
~ of accounts окончательный расчет
~ of a general average покрытие общей аварии
SETTLOR *n* доверитель
SETUP *n* структура, организация
~ for production организация производства
~ of a company структура фирмы
~ of a project состав объекта
SEVER *v* 1. разделять 2. разрывать
SEVERAL *adv* 1. *юр.* каждый в отдельности 2. отдельно, индивидуально
SEVERALLY *adv см.* SEVERAL
~ and jointly *юр.* каждый в отдельности и солидарно
SEVERANCE *n* разрыв
~ of economic ties разрыв экономических связей
~ of relations разрыв отношений
SHADE *v* слегка уменьшать (*цену*)
SHADING *n* *бирж.* незначительное понижение курса
SHADY *adj* подозрительный, не внушающий доверия
SHAKE *v:*
~ out *бирж.* вытеснять с рынка
SHAKE-OUT *n* вытеснение с рынка (*товаров, ценных бумаг*)
SHAKY *adj* неустойчивый; неудовлетворительный (*с финансовой точки зрения*)
SHAPE *n* вид, форма
SHAPEUP *n* *амер.* подбор рабочих для заполнения вакансий
SHARE *n* 1. доля; часть; пай 2. *брит.* акция
"A„ ~s *брит.* обыкновенные акции класса «А», пользующиеся ограниченным правом голоса или полностью без права голоса (*продаются широкой публике*)
agreed ~ согласованная доля
assented ~s согласованные акции (*владельцы которых согласились с какими-л. изменениями в условиях выпуска*)
"B„ ~s *брит.* обыкновенные акции класса «Б», пользующиеся правом голоса (*распределяются среди владельцев предприятия для сохранения контрольного пакета*)
bank ~s банковские акции
bearer ~ акция на предъявителя
bogus ~ поддельная, фиктивная акция
bonus ~ бесплатная акция
budget ~s статьи бюджета
capital ~ доля капитала
commercial ~s акции торговых компаний
controlling ~ доля участия в капитале компании, обеспечивающая контроль за ее деятельностью
convertible preference ~s конвертируемые привилегированные акции
co-op ~ пай в кооперативе
cumulative ~s кумулятивные акции
cumulative preference ~s кумулятивные привилегированные акции
deferred ~s акции с отсроченным дивидендом
directors' ~ доля владения акциями, позволяющая занять руководящий пост в компании
directors' qualification ~ *см.* directors' ~
distributive ~ доля производственных факторов
dominant ~ доминирующая доля
employee ~ доля рабочих и служащих
equal ~ равная доля
equity ~s обыкновенные акции
excess ~s акции, оставшиеся невыкупленными, избыточные акции
factor ~ доля производственных факторов
forfeited ~s частично оплаченные акции, на которые покупатель потерял право из-за неуплаты вовремя полной подписной цены
founders' ~s учредительские акции
fractional ~ неполная акция
fully paid ~s полностью оплаченные акции
fully paid-up ~s *см.* fully paid ~s
gold ~s акции золотодобывающих компаний
growth ~ акция, цена которой повышается
high-priced ~s акции с высоким уровнем рыночных цен
incentive ~s поощрительные акции
income ~s доходные акции
industrial ~s акции промышленных предприятий
investment trust ~s акции инвестиционного фонда
irredeemable preference ~s привилегированные акции, которые компания не имеет права выкупать

SHA

low-priced ~s акции с низким уровнем рыночных цен
market ~ доля рынка
new ~s новые акции
noncumulative ~s некумулятивные акции
nonparticipating ~s привилегированные акции, не дающие права на долю прибыли, но предполагающие получение фиксированных дивидендов
nonvoting ~s безголосые акции
no-par-value ~s акции без номинала
ordinary ~s обыкновенные акции
original ~s подлинные акции
paid-up ~s оплаченные акции
paired ~s парные акции
participating preference ~s привилегированные акции с участием в дивидендах
partly paid ~s частично оплаченные акции
par value ~s акции с нарицательной ценой
perpetual preference ~s бессрочные привилегированные акции
personal ~ именная акция
preference ~s привилегированные акции
preferred ~s *см.* preference ~s
priority ~s приоритетные акции
promoters' ~s учредительские акции
promoting ~s *см.* promoters' ~s
proportional ~ пропорциональная доля
pro rata ~ *см.* proportional ~
qualification ~s количество акций, которое необходимо иметь члену правления
qualifying ~s *см.* qualification ~s
quality ~s качественные, первоклассные акции
quota ~ квота перестрахования
quoted ~s котировка акций
railway ~s акции железнодорожных компаний
redeemable preference ~s привилегированные акции, которые могут быть погашены за счет резервов компании
registered ~s именные акции
small ~ малая доля
speculative ~s спекулятивные акции
split ~ разделенная акция (акция, раздробленная на более мелкие по номиналу)
staff ~s акции работающего персонала
stamped ~s акции с печатью
subscription ~s подписные акции

SHA

term ~s срочные акции
transferable ~s акции, разрешенные к продаже
underpriced ~s акции, продаваемые ниже себестоимости
unquoted ~s акции, не котирующиеся на бирже
voteless ~s акции, не дающие права голоса
voting ~s акции с правом на большее число голосов при голосовании
voting right ~s *см.* voting ~s
wage ~ доля заработной платы
~ in a business доля в предприятии
~ in capital доля в капитале
~ in deliveries доля в поставках
~ in expenses участие в расходах
~ in the loss доля убытка
~ in profits участие в прибылях
~ in property доля собственности
~ of commission комиссионная доля
~ of corporate stock акции; доля в акционерном капитале
~ of profits доля в прибыли
~ of services доля услуг
~ of supplies доля в поставках
~ to bearer акция на предъявителя
~s without par value акции без номинала
◇ in equal ~s равными долями
to allot ~s распределять акции (*по подписке*)
to apply for ~s подписываться на акции
to convert ~s обменивать старые акции на новые
to determine a ~ определять долю
to dispose of ~s продавать акции
to establish a ~ определять долю
to exchange ~s обменивать акции
to float ~s выпускать акции
to go ~s входить в долю
to have a ~ in smth участвовать в чем-л.
to hold ~s иметь акции
to issue ~s выпускать акции
to pay off ~s погашать акции
to pay up ~s оплачивать акции (*полностью*)
to place ~s размещать акции
to recall ~s изымать акции
to split ~s дробить акции
to subscribe for ~s подписываться на акции
to take up ~s *см.* to subscribe for ~s
to trade ~s торговать акциями

to transfer ~s передавать права на акции
SHARE *v* 1. делить, разделять, участвовать в чем-л. 2. иметь долю, быть пайщиком
SHAREBROKER *n* биржевой маклер
SHARECROPPER *n* *амер.* испольщик; издольщик
SHAREHOLDER *n* акционер, держатель акций
  chief ~ крупный акционер
  controlling ~ держатель контрольного пакета акций
  large institutional ~s крупные законные акционеры
  major ~ крупный акционер
  majority ~ акционер, владеющий контрольным пакетом акций
  minority ~ акционер, не имеющий контрольного пакета акций
  ordinary ~ обыкновенный акционер компании
  outside ~ внешний акционер
  principal ~ основной (крупный) акционер
  registered ~ зарегистрированный акционер
  round-lot ~ держатель стандартных партий акций
SHAREHOLDING *n* участие в акционерном капитале; пакет акций
  nominee ~ пакет акций, купленный подставным лицом
SHARE-LIST *n* 1. список акций 2. курсовая таблица на фондовой бирже
SHAREOUT *n* дележ, распределение доходов
SHAREOWNER *n* акционер, держатель акций
SHARE-PUSHING *n* незаконные, мошеннические операции с ценными бумагами
SHARING *n* разделение; распределение
  cost ~ распределение затрат
  employees profit ~ участие рабочих и служащих в прибылях
  gain ~ участие в прибылях
  market ~ раздел рынка
  production ~ 1) доля в продукции 2) компенсация продукцией
  profit ~ участие в прибылях
  revenue ~ разделение доходов
  risk ~ распределение риска
  task ~ разделение функций
  tax ~ распределение налоговых поступлений

work ~ распределение работы в условиях снижения загрузки
SHARK *n* мошенник; вымогатель
  land ~ *амер.* спекулянт земельными участками
  loan ~ *амер.* ростовщик
SHARPENING *n* обострение
  ~ of competition обострение конкуренции
SHED *n* 1. навес; склад 2. гараж; депо
  customs ~ таможенный склад
  freight ~ пакгауз
  transit ~ пакгауз для транзитных грузов
SHEET *n* ведомость; лист; список
  account ~ карточка по счету
  accounting balance ~ бухгалтерский баланс
  annual balance ~ годовой (заключительный) баланс
  audited balance ~ проверочный баланс
  balance ~ баланс, балансовый отчет
  bank ~ банковский баланс
  budgetary ~ бюджетный баланс
  cargo ~ грузовая ведомость
  catalogue ~ проспект
  check ~ контрольная спецификация
  clearing ~ расчетная ведомость
  closing balance ~ заключительный баланс
  composite balance ~ сводный баланс
  condensed balance ~ сжатый (сокращенный) баланс
  consolidated balance ~ сводный баланс
  cost ~ смета расходов, ведомость издержек
  coupon ~ купонный лист
  cumulative balance ~ сводный баланс
  daily time ~ ежедневная ведомость
  detailed balance ~ подробный баланс
  expense ~ расчет издержек
  expense distribution ~ сводный учет затрат предприятия
  fact ~ фактические данные
  flow ~ технологическая карта
  instruction ~ инструкция
  interest ~ шкала процентных ставок
  inventory ~ инвентарная ведомость
  job cost ~ таблица тарифных ставок
  job order ~ 1) производственное задание 2) наряд-заказ
  liquidation balance ~ ликвидационный баланс
  manufacturing cost ~ смета издержек производства
  master balance ~ сводный баланс

SHE   **SHI**

master summary ~ *см.* master balance ~
monthly balance ~ месячный баланс
normal balance ~ стандартный образец баланса
opening balance ~ вступительный баланс
order ~ бланк заказа
overall balance ~ сводный баланс
packing ~ упаковочный лист
pass ~ 1) пропуск через государственную границу для автомашин 2) выписка по счету 3) сберкнижка
pay ~ расчетный лист, платежная ведомость
payment ~ *см.* pay ~
payroll ~ *амер. см.* pay ~
pink ~s *амер.* список акций с указанием их цен на внебиржевом рынке
rating ~ оценочная ведомость
route ~ маршрутная карта
routing ~ *см.* route ~
stock ~ инвентарный список; инвентаризационная опись
supplementary ~ вкладной лист
tally ~ перечень грузовых мест, тальманский лист
tallying ~ *см.* tally ~
time ~ 1) расписание 2) табель (*учета отработанных часов*) 3) таймшит (*ведомость учета времени, затраченного на погрузку и выгрузку*)
trial balance ~ предварительный баланс
verification ~ проверочная ведомость
wages ~ платежная ведомость
white ~s *амер.* список региональных акций с указанием котировки на внебиржевом рынке
work ~ рабочий лист
◊ to draw up a balance ~ составлять баланс
to make up a balance ~ *см.* to draw up a balance ~
to prepare a balance ~ *см.* to draw up a balance ~
to produce a balance ~ *см.* to draw up a balance ~
to restore the balance ~ восстанавливать баланс
SHELF-LIFE *n* срок хранения товаров в розничной сети, на прилавках
SHELTER *n* укрытие, защита
abusive tax ~ использование незаконных методов уменьшения налогов
tax ~ *амер.* налоговая защита; налоговое убежище
SHELTER-DECK *n мор.* судно, обладающее высокими надпалубными надстройками
SHELVE *v* 1. класть на полку 2. откладывать в долгий ящик
SHEX *мор.* «исключая субботы и праздники»
SHIELD *n* защита
tax ~ налоговое убежище
SHIFT *n* 1. перемещение, перестановка 2. сдвиг 3. перевод, переключение 4. смена, рабочий день
day ~ дневная смена
double ~ работа в две смены
extra ~ дополнительная смена; работа сверх смены
first ~ первая смена
fixed ~ постоянная смена
graveyard ~ ночная смена
late ~ *см.* graveyard ~
lobster ~ *см.* graveyard ~
midnight ~ *см.* graveyard ~
morning ~ утренняя смена
night ~ ночная смена
regular ~ первая смена; дневная смена
relief ~ вспомогательная бригада
rotating ~ скользящая смена
second ~ вторая смена
split ~ смена с перерывом
swing ~ 1) переходная смена (*между дневной и вечерней*) 2) подсменка
third ~ третья смена
~ in demand изменение спроса
~ in product mix изменения в ассортименте изделий
~ in tastes изменение вкусов
~ of prices изменение цен
◊ in ~s посменно
per ~ в смену
SHIFTING *n* 1. перемещение, перестановка 2. перемещение грузов, перегрузка 3. перемена стоянки судна, перешвартовка
multiple ~ перевод на многосменную работу
tax ~ переложение налогов
~ of cargo перемещение груза
~ of risk переложение риска
~ of taxation переложение налогов
SHIFTMAN *n* 1. начальник смены 2. подсменный рабочий
SHIFTWORK *n* посменная работа
SHINC *мор.* «включая субботы, воскресенья и праздники»

667

SHIP *n* корабль; судно
  cargo ~ грузовое судно
  carrying ~ судно-перевозчик
  clean ~ судно, прошедшее карантинный осмотр
  coal ~ углевоз
  coaling ~ *см.* coal ~
  coast guard ~ таможенное судно
  coasting ~ каботажное судно
  commercial ~ торговое судно
  conference ~ судно конференциальной линии
  container ~ контейнеровоз
  damaged ~ поврежденное судно
  deckless ~ беспалубное судно
  dry-cargo ~ сухогрузное судно
  export ~ судно для экспортных перевозок
  fluvial cargo ~ судно для перевозки жидкого груза
  foreign-going ~ судно заграничного плавания
  freight ~ грузовое судно
  general cargo ~ судно для перевозки генеральных грузов
  ice-breaker ~ ледокольное судно
  incoming ~ прибывающее судно
  inland ~ судно внутреннего плавания
  laid-up ~ судно, поставленное на прикол
  light ~ плавучий маяк
  merchant ~ торговое судно
  mixed river-sea-going ~ судно смешанного плавания «река-море»
  motor ~ теплоход
  nuclear-powered ~ атомное судно, атомоход
  ocean-going ~ океанское судно
  offloading ~ разгружающееся судно
  oil ~ нефтеналивное судно
  passenger ~ пассажирское судно
  passenger and cargo ~ грузопассажирское судно
  pilot ~ лоцманское судно
  prompt ~ промптовое судно
  reefer ~ рефрижераторное судно, рефрижератор
  refrigerated ~ *см.* reefer ~
  refrigerating ~ *см.* reefer ~
  refrigerator ~ *см.* reefer ~
  rescue ~ спасательное судно
  river ~ судно внутреннего плавания, речное судно
  roll-on/roll-off ~ судно с бескрановой погрузкой и выгрузкой
  ro-ro ~ *см.* roll-on/roll-off ~
  salvage ~ спасательное судно
  salvaging ~ *см.* salvage ~
  sea-going ~ морское судно
  seaworthy ~ мореходное судно
  semi-container ~ полуконтейнерное судно
  sister ~ однотипное судно
  tank ~ наливное судно, танкер
  trading ~ торговое судно
  training ~ учебное судно
  tramp ~ трамповое судно
  twin ~ однотипное судно
  unseaworthy ~ судно, негодное к плаванию
  ~ in ballast судно без груза
  ~ in distress судно, терпящее бедствие
  ~ under average судно, потерпевшее аварию
  ◊ ex ~ с судна
  free alongside ~ франко вдоль борта судна, фас
  to accommodate a ~ обрабатывать судно
  to address a ~ адресовывать судно
  to anchor a ~ ставить судно на якорь
  to arrest a ~ арестовывать судно
  to berth a ~ ставить судно на якорь
  to bring a ~ into harbour вводить судно в гавань
  to charter a ~ фрахтовать судно
  to clear a ~ кларировать судно
  to delay a ~ задерживать судно
  to deliver a ~ at the docks ставить судно в док
  to detain a ~ задерживать судно
  to discharge a ~ разгружать судно
  to dispatch by ~ отправлять на судне
  to divert a ~ переадресовывать судно
  to dock a ~ ставить судно в док
  to examine a ~ осматривать судно
  to handle a ~ обрабатывать судно
  to hire a ~ нанимать судно
  to inspect a ~ осматривать судно
  to lay up a ~ ставить судно на прикол
  to lease a ~ сдавать судно в аренду
  to let a ~ *см.* to lease a ~
  to load a ~ загружать судно
  to load on board a ~ грузить на судно
  to man a ~ укомплектовывать судно экипажем
  to moor a ~ ставить судно к причалу
  to nominate a ~ назначать (номинировать) судно
  to pilot a ~ проводить судно
  to place a ~ under loading ставить судно под погрузку

SHI   **SHI**   **S**

to put a ~ under loading *см.* to place a ~ under loading
to rate a ~ классифицировать судно
to readdress a ~ переадресовывать судно
to repair a ~ производить ремонт судна
to reroute a ~ переадресовывать судно
to salvage a ~ спасать судно
to send by ~ отправлять на судне
to serve a ~ обслуживать судно
to service a ~ *см.* to serve a ~
to store a ~ снабжать судно продовольствием
to substitute a ~ заменять судно (*другим*)
to supply a ~ снабжать судно продовольствием
to take a ~ on lease принимать судно в аренду
to take a lease of a ~ *см.* to take a ~ on lease
to unload a ~ разгружать судно

SHIP *v* 1. перевозить, отправлять, отгружать (*груз*) по воде; *амер.* перевозить (*груз*) любым видом транспорта 2. грузить
~ by air перевозить авиатранспортом
~ by land перевозить наземным транспортом
~ by railway перевозить по железной дороге
~ by sea перевозить морем
~ for export отгружать на экспорт
~ in bags отгружать в мешках
~ in bulk грузить без упаковки
~ in lots отгружать партиями
~ loose грузить без упаковки
~ unpacked *см.* ~ loose
~ unprotected *см.* ~ loose

SHIPAGENT *n* судовой агент
SHIPBROKER *n* судовой маклер
SHIPBUILDER *n* судостроитель, кораблестроитель
SHIPBUILDING *n* судостроение, кораблестроение
SHIPLOAD *n* 1. корабельный груз 2. крупная партия товаров
SHIPMASTER *n* капитан (*торгового судна*)
SHIPMENT *n* 1. груз, партия (*отправленного товара*) 2. погрузка, отгрузка, отправка товаров
air ~ воздушный груз
air freight ~ отправка авиатранспортом
berth ~ линейные перевозки

bulk ~ бестарная перевозка
bulk cargo ~ перевозка навалочного груза
carload ~ 1) вагонная отправка 2) партия груза на вагон
consolidated ~ отправка сборных грузов
container ~ перевозка в контейнерах
containerized ~ *см.* container ~
delayed ~ задержанная отгрузка
direct ~ прямая перевозка
drop ~ поставка без посредника
export ~s экспортные поставки
export goods ~ отгрузка товара на экспорт
foreign trade ~s внешнеторговые перевозки
forward ~ контракт на отгрузку товара на оговоренную дату в будущем
freight ~ партия груза
gross ~ валовая отгрузка
immediate ~ немедленная отгрузка
individual ~s отгрузка отдельных партий
industry ~s отгрузка промышленной продукции
initial ~ первоначальная поставка
insured ~s застрахованный груз
late ~ несвоевременная отгрузка
less-than-carload ~ отправка меньше одного вагона; мелкая партия груза
less-than-case ~ отправка меньше одного ящика
less-than-truckload ~ отправка меньше нормы загрузки грузовика
liner ~ линейная перевозка
mutual ~s взаимные поставки
net ~s чистые отгрузки
onward ~ отгрузка из перевалочного пункта
outgoing ~ отправляемая партия
overdue ~ просроченная отгрузка
oversea ~ морские перевозки
parcel ~ штучный груз
parcel post ~ партия товара, отправляемого почтовой посылкой
partial ~ частичная отгрузка
planned ~ плановая отгрузка
prepaid ~ отгрузка франко
prompt ~ немедленная отгрузка, немедленная отправка
rail ~ перевозка по железной дороге
railroad ~ *амер. см.* rail ~
railway ~ *см.* rail ~
reciprocal ~s взаимные поставки

refrigerated ~ перевозка холодильным транспортом
return ~s взаимные поставки
separate ~s отгрузка отдельных партий
short ~ недопоставка
small ~ небольшая партия
split ~ частичная отгрузка
steady ~s регулярные отгрузки
through ~s сквозные перевозки
total ~s общий объём отгрузок
truckload ~ партия груза на грузовую машину
untimely ~ несвоевременная отгрузка
~ against cash on delivery посылка наложенным платежом
~ as less carload *амер.* отправка штучного груза
~ at regular intervals регулярные отгрузки
~ by containers отгрузка в контейнерах
~ by rail отгрузка по железной дороге
~ by sea отправка морем
~ by waggon повагонная отгрузка
~ in bulk погрузка насыпью, навалом; наливом
~ in equal lots отправка равными партиями
~ in one lot отгрузка одной партией, отправка одной партией
~ of cargo отправка груза
~ of equipment отгрузка оборудования
~ of freight партия груза
~ of general cargo перевозка генерального груза
~ of goods 1) отгрузка, отправка товара 2) партия товара
~ on consignment отправка на консигнацию
~ on deck отгрузка на палубу
~ on time отгрузка в срок
~s on a value-balance basis поставки на сбалансированной по стоимости основе
~ under a charter перевозка по чартеру
~ under a contract отгрузка по контракту
◇ for immediate ~ с немедленной отгрузкой
to accelerate ~ ускорять отгрузку
to accept for ~ принимать к перевозке
to balance ~ обеспечивать сбалансированность поставок
to complete ~ заканчивать отгрузку

to control ~ контролировать погрузку
to delay ~ задерживать отгрузку
to effect ~ осуществлять отгрузку
to execute ~ *см.* to effect ~
to expedite ~ ускорять отгрузку
to make ~ осуществлять отгрузку
to monitor ~ контролировать погрузку
to postpone ~ переносить отгрузку
to put off ~ *см.* to postpone ~
to receive for ~ принимать к перевозке
to speed up ~ ускорять отгрузку
to split up a ~ разбивать партию
to supervise a ~ контролировать погрузку
to suspend ~ приостанавливать отгрузку
SHIPOWNER *n* судовладелец
SHIPPED *adj* отгруженный, отправленный
SHIPPER *n* грузоотправитель
drop ~ оптовое предприятие, распределяющее заказы между розничными предприятиями
SHIPPING *n* 1. суда, морской флот 2. отгрузка, отправка 3. погрузка
coastal ~ каботажное судоходство
coastwise ~ *см.* coastal ~
commercial ~ торговое судоходство
contract ~ контрактные отгрузки
domestic ~ *амер.* внутренние отправки
inland ~ речное судоходство
international ~ международное судоходство
line ~ линейное судоходство
liner ~ *см.* line ~
maritime ~ морское судоходство
merchant ~ торговое судоходство
ocean ~ морское судоходство
river ~ речное судоходство
tramp ~ трамповое судоходство
SHIPWRECK *n* кораблекрушение
SHIPYARD *n* верфь, судостроительный завод
SHOOT *v* 1. сбрасывать, сваливать, сгружать 2. снимать, производить съёмки
~ up быстро расти, повышаться (*о ценах*)
SHOOTING *n*:
trouble ~ нахождение неисправностей
SHOP *n* 1. магазин, лавка 2. цех 3. мастерская 4. профессиональные интересы, дела
basement ~ магазин, расположенный в подвале
branch ~ филиал

bucket ~ организация, ведущая незаконные сделки с товарами или ценными бумагами
closed ~ организация, принимающая на работу только членов данного профсоюза
company ~ фирменный магазин
cooperative ~ магазин потребительской кооперации
development ~ экспериментальный цех
food ~ магазин продовольственных товаров
general ~ универсальный магазин
grocer's ~ бакалейная лавка
grocery ~ *см.* grocer's ~
job ~ предприятие, выполняющее отдельные заказы
junk ~ мелочная лавка
machine ~ механический цех
mobile ~ автолавка
multiple ~ розничный магазин объединения торговых предприятий
nonunion ~ организация, не принимающая на работу членов профсоюза
one-price ~ магазин стандартных цен
open ~ организация, принимающая на работу как членов, так и нечленов профсоюза
pantry ~ небольшой магазин продовольственных товаров в районе местожительства покупателей
pawn ~ ломбард
pawn broker's ~ *см.* pawn ~
personal service ~ мастерская бытового обслуживания
preferential ~ организация, принимающая на работу в первую очередь членов профсоюза
provision ~ продовольственный магазин
repair ~ ремонтная мастерская
retail ~ розничный магазин
self-service ~ магазин самообслуживания
specialized ~ специализированный магазин
specialty ~ специализированный магазин
tied ~ магазин, торгующий товарами по договоренности с определенным поставщиком
travelling ~ автолавка
union ~ организация, в которой все работающие являются членами профсоюза
◊ to keep a ~ держать магазин

SHOPBOARD *n* прилавок
SHOPBOOK *n* книга учета товаров
SHOPBREAKER *n* магазинный вор
SHOPBREAKING *n* взлом магазина
SHOPFOLK *n* персонал магазина
SHOPGIRL *n* продавщица
SHOPKEEPER *n* 1. владелец магазина; розничный торговец 2. залежавшийся товар
SHOPKEEPING *n* 1. занятие торговлей 2. розничная торговля
SHOPLIFTER *n* магазинный вор
SHOPLIFTING *n* магазинная кража
SHOPMAN *n* 1. продавец 2. рабочий 3. владелец магазина
SHOPMARK *n* фирменная марка
SHOPPER *n* 1. покупатель 2. закупщик
SHOPPING *n* покупка, закупка; посещение магазина (*для покупок*)
night ~ покупки в вечернее время
one-stop ~ покупки в одном магазине
out of town ~ покупки на городских окраинах
window ~ рассматривание витрин
SHOPPY *adj* 1. торговый, связанный с розничной торговлей 2. торгашеский, меркантильный 3. изобилующий магазинами 4. узко профессиональный
SHOP-SOILED *adj* потерявший товарный вид
SHOPTALK *n* разговор во внерабочее время на профессиональные, служебные темы
SHOPWALKER *n* дежурный администратор магазина
SHOPWINDOW *n* витрина
◊ to decorate a ~ оформлять витрину
SHOPWOMAN *n* продавщица
SHOPWORKER *n* продавец, работник магазина
SHOPWORN *adj* потерявший товарный вид
SHORT *adj* 1. короткий 2. краткосрочный; кратковременный 3. сокращенный; урезанный 4. неполный; некомплектный 5. «короткий», продающийся без покрытия 6. играющий на понижение
◊ to be ~ of money испытывать недостаток в деньгах
to borrow ~ брать взаймы на короткий срок
to go ~ 1) испытывать недостаток 2) играть на понижение
to run ~ истощать, расходовать (*день-*

SHO

ги, запасы)
to sell ~ продавать на срок без покрытия
to ship ~ загружать неполностью, недогружать
SHORTAGE *n* 1. нехватка, недостаток, дефицит 2. недостача; недочёт
acute ~ острый дефицит
back-ordered ~ недопоставленная продукция
cargo ~ недостача груза
cash ~ недостаток денег
commodity ~ недостаток товаров
currency ~ валютный голод
declared ~ заявленная недостача
energy ~ нехватка электроэнергии
food ~ недостаток продовольствия
housing ~ нехватка жилья
job ~ недостаток вакансий
labour ~ нехватка рабочей силы
manpower ~ *см.* **labour ~**
material ~ недостаток сырья и материалов
resource ~ дефицит ресурсов
staff ~ нехватка кадров
supply ~ недостаточность снабжения
temporary ~ временная нехватка
~ at delivery недостача в поставке
~ in the cash недостача в кассе
~ in weight недостача в весе
~ of availability of goods недостаток в наличии товаров
~ of capital нехватка капитала
~ of cargo недостача груза
~ of cash нехватка наличности, кассовый дефицит
~ of currency нехватка валюты
~ of exchange *см.* **~ of currency**
~ of goods дефицит товаров
~ of land нехватка земли
~ of manpower дефицит рабочей силы
~ of money денежный дефицит
~ of personnel нехватка кадров
~ of raw materials нехватка сырья
~ of ready cash нехватка наличности
~ of supply превышение спроса над предложением
~ of transport нехватка транспортных средств
~ of workers нехватка рабочих рук
◊ **to compensate for ~** компенсировать недостачу
to cover the ~ покрывать недостачу
to make up for ~ возмещать недостачу
SHORTCOMING *n* 1. недостаток; слабое

SHO

место 2. нехватка, дефицит
◊ **to compensate for a ~** компенсировать недостаток
SHORTCUT *adj* сокращённый
SHORT-DATED *adj* краткосрочный; кратковременный
SHORT-DELIVERED *adj* недопоставленный
SHORTEN *v* урезывать, уменьшать, сокращать
SHORTFALL *n* недостача; недобор
SHORTHAUL *adj* короткопробежный
SHORTLIST *n* окончательный список
◊ **to draw up a ~** составлять окончательный список
SHORTNESS *n* недостаток, нехватка
~ of hands нехватка рабочих рук
SHORT-RECEIVED *adj* недополученный
SHORT-RUN *adj* краткосрочный; кратковременный
SHORTS *n pl* 1. дефицитные товары, материалы 2. краткосрочные ценные бумаги 3. ценные бумаги, проданные на срок без покрытия 4. *брит.* ценные бумаги высшего качества, обязательно погашаемые в течение 5 лет 5. спекулянты, играющие на понижение
to cover ~ покрывать короткие позиции
to squeeze the ~ покрывать короткие позиции по завышенной цене для ограничения убытков
SHORT-SHIPPED *adj* 1. недогруженный 2. недопоставленный
SHORT-TERM *adj* краткосрочный; кратковременный
SHOW *n* 1. показ, демонстрация 2. выставка, выставка-ярмарка 3. зрелище, представление, шоу
agricultural ~ сельскохозяйственная выставка; демонстрация изделий сельского хозяйства
automobile ~ выставка автомобилей
collective ~ коллективная выставка
country ~ местная выставка
export sample ~ демонстрация экспортных образцов
foreign ~ зарубежная выставка
goods ~ товарная выставка
industry ~ отраслевая выставка
open ~ открытый показ
sample ~ выставка образцов
trade ~ кустарно-промышленная выставка
~ of equipment выставка оборудования
~ of samples выставка образцов

◊ to arrange a ~ проводить выставку
to inaugurate a ~ открывать выставку
to open a ~ см. to inaugurate a ~
to organize ~ организовывать выставку

SHOW v 1. показывать 2. выставлять, экспонировать; демонстрировать 3. проявлять, обнаруживать 4. предъявлять
~ up сказаться; обнаружиться

SHOWCARD n рекламный щит с образцами товаров

SHOWCASE n витрина
advertising ~ рекламная витрина
illuminated ~ освещённая витрина

SHOWING n показ; экспонирование
◊ to give a ~ to the goods выгодно показать товары

SHOWPIECE n образец для показа

SHOWROOM n выставочное помещение; демонстрационный зал
catalogue ~ магазин-демзал, торгующий по каталогам

SHOW-WINDOW n витрина

SHRINK v 1. уменьшаться 2. усыхать 3. садиться, давать усадку

SHRINKAGE n 1. уменьшение 2. усыхание 3. усадка 4. амер. обесценение
inventory ~ сокращение запасов товарно-материальных ценностей
profit ~ уменьшение прибыли
~ in capacities сокращение производственных мощностей
~ of cargo усушка груза
~ of the dollar обесценение доллара
~ of exports сокращение экспорта
~ of fabric усадка ткани
~ of goods усушка продуктов
~ of markets сужение рынков

SHUNTER n 1. брокер, работающий на нескольких фондовых биржах 2. перевозчик грузов на короткие расстояния

SHUNTING n арбитраж на внутреннем рынке

SHUT v закрывать
~ down закрыть предприятие; прекратить работу

SHUTDOWN n 1. закрытие (*предприятия*) 2. остановка; простой
holiday ~ прекращение работы в связи с праздниками
plant ~ закрытие предприятия
scheduled ~ плановая остановка
vacation ~ уход в отпуск всего рабочего коллектива

SHUTTLE n 1. челночное сообщение 2. челночные перевозки

SHYSTER n мошенник

SIBOR n межбанковская процентная ставка на рынке в Сингапуре

SIDE n 1. часть; сторона 2. область; район
credit ~ кредитовая сторона счета, кредит счета
creditor ~ см. credit ~
debit ~ дебетовая сторона счета, дебет счета
debtor ~ см. debit ~
liability ~ пассив (*в балансе*)
long ~ группа спекулянтов, играющих на повышение
short ~ группа спекулянтов, играющих на понижение

SIDELINE n 1. побочная работа 2. товары второстепенного значения 3. *ж.-д.* боковая ветка

SIDETRACK n 1. запасной путь 2. железнодорожная ветка

SIDING n см. **SIDETRACK**
private ~ частная железнодорожная ветка
railway ~ железнодорожный запасной путь
shed ~ *ж.-д.* погрузочный путь

SIGHT n предъявление (*векселя, тратты*)
◊ after ~ после предъявления
at ~ по предъявлении
payable at ~ подлежащий оплате по предъявлении
to pay at ~ платить по предъявлении

SIGHT v предъявлять (*вексель, тратту*)

SIGN n 1. знак; условный знак; символ 2. вывеска; объявление 3. *юр.* подпись 4. признак
control ~ знак контроля
conventional ~ условный знак
distinguishing ~ отличительный знак
identification ~ опознавательный знак
prohibitive ~ запретительный знак
road ~ дорожный знак
special ~ специальный знак
store ~ фирменный знак магазина
street ~ дорожный знак
traffic ~ см. street ~
warning ~ предупредительный знак
~ of wear признак износа
◊ to show ~s проявлять признаки

SIGN v подписывать; подписываться
◊ authorized to ~ уполномоченный подписать
~ in full подписываться полным име-

~ in the name of smb подписываться за кого-л.
~ off 1) отказываться от чего-л. 2) увольнять с работы, отчислять
~ on 1) наниматься на работу; заключать трудовое соглашение 2) нанимать на работу
SIGNATORY *n* лицо, подписавшее документ
~ to a contract сторона, подписавшая контракт
~ to a treaty сторона, подписавшая соглашение
SIGNATURE *n* подпись
attested ~ заверенная подпись
authentic ~ подлинная подпись
authorized ~ подпись уполномоченного лица
blank ~ бланковая подпись
certified ~ заверенная подпись
corporate ~ *амер.* фирменный знак
facsimile ~ факсимильная подпись
fictitious ~ поддельная подпись
firm's ~ фирменный знак
first ~ первая подпись
forged ~ поддельная подпись
genuine ~ подлинная подпись
illegible ~ неразборчивая подпись
joint ~ совместная подпись
own ~ собственноручная подпись
second ~ вторая подпись
specimen ~ образец подписи
unauthorized ~ подпись неуполномоченного лица
witnessed ~ заверенная подпись
~ by procuration подпись по доверенности
~ by proxy *см.* ~ by procuration
~ in blank бланковая подпись
~ on a bill подпись на векселе
◇ to affix a ~ ставить подпись
to append a ~ представлять образец подписи
to attest a ~ заверять подпись
to authenticate a ~ *см.* to attest a ~
to bear a ~ иметь подпись
to certify a ~ заверять подпись
to counterfeit a ~ подделывать подпись
to forge a ~ *см.* to counterfeit a ~
to put one's ~ ставить подпись
to submit for ~ представлять на подпись
to verify a ~ сверять подпись
to witness a ~ засвидетельствовать подпись

SIGNBOARD *n* 1. вывеска 2. дорожный знак
SIGNED *adj* подписанный
duly ~ подписанный надлежащим образом
properly ~ *см.* duly ~
SIGNIFICANCE *n* 1. значение, смысл 2. важность, значительность
operational ~ реальное значение
physical ~ *см.* operational ~
real ~ *см.* operational ~
SIGNIFICANT *adj* 1. важный, существенный 2. показательный
SIGNING *n* подписание
~ of an act подписание акта
~ of an agreement подписание соглашения
~ of a contract подписание контракта
~ of a protocol подписание протокола
SIGN-POST *n* указатель, указательный столб
SILAGE *n* силос
SILVER *n* 1. серебро 2. серебряные монеты
standard ~ серебро установленной пробы
SIMPLE *adj* простой
SIMPLIFICATION *n* упрощение
job ~ рационализация методов работы
product ~ сокращение модификаций выпускаемого продукта
work ~ рационализация методов работы
~ of a procedure упрощение процедуры
SIMULATE *v* моделировать
SIMULATION *n* моделирование; имитация
analog ~ аналоговое моделирование
business ~ моделирование хозяйственной деятельности
system ~ системное моделирование
SIMULATOR *n* модель; моделирующее устройство
SINECURE *n* синекура, легкая работа
SINGLE *adj* 1. единственный 2. отдельный; обособленный 3. единый, общий 4. одинокий; холостой 5. рассчитанный на одного
SINGLE-CHANNEL *adj* одноканальный
SINGLE-DECKER *n* однопалубное судно
SINGLE-LINE *adj* одноколонный
SINGLE-PURPOSE *adj* специального назначения
SINK *v* 1. падать; понижаться 2. вкладывать (*капитал*) 3. погашать (*долг*)

SINKING *n* 1. падение, понижение 2. помещение (*капитала*) 3. погашение (*долга*)
~ of capital помещение капитала
~ of a loan погашение ссуды

SITE *n* 1. местоположение, местонахождение 2. строительная площадка; строительный участок
advertising ~ место для публикации рекламы
building ~ строительная площадка
built-on ~ застроенный участок
construction ~ строительная площадка
erection ~ место монтажа
exhibition ~ место выставки
fair ~ расположение ярмарки
installation ~ место установки (*оборудования*)
job ~ место работы
nuclear ~ ядерный центр
plant ~ заводская площадка
port ~ территория порта
poster ~ место для наружной рекламы
rocket launching ~ площадка для запуска ракет
serviced ~ участок, оборудованный коммуникациями
~ of arbitration место арбитража
~ of an exhibition место проведения выставки
◇ at ~ на строительной площадке
on ~ *см.* at ~
to allocate a ~ выделять участок
to examine a ~ осматривать площадку
to inspect a ~ *см.* to examine a ~
to prepare a ~ подготавливать площадку
to rent a ~ арендовать место на выставке

SITING *n* размещение
industrial ~ размещение производства
~ of branches размещение филиалов
~ of a plant размещение предприятия

SITTING *n* заседание
closing ~ заключительное заседание
final ~ *см.* closing ~
open ~ открытое заседание
opening ~ открытие, первое заседание

SITUATION *n* 1. ситуация, обстановка, положение (*дел*) 2. место, служба, работа
actual ~ фактическое положение дел
business ~ хозяйственная ситуация
conflict ~ конфликтная ситуация
credit ~ положение на рынке кредита
delivery ~ положение с поставками
detrimental ~ ситуация, наносящая ущерб
economic ~ экономическое положение
favourable ~ благоприятное положение
financial ~ финансовое положение
financing ~ положение с финансированием
general economic ~ общехозяйственная конъюнктура
macroeconomic ~ *см.* general economic ~
manpower ~ положение с рабочей силой
market ~ конъюнктура рынка
material ~ материальное положение
monetary ~ положение на рынке валют
overall ~ положение в целом
precarious ~ непрочное положение
price ~ состояние цен на рынке
satisfactory ~ удовлетворительное положение
socioeconomic ~ социально-экономическое положение
supply ~ положение со снабжением
supply-demand ~ соотношение предложения и спроса
tense ~ напряженное положение
unforeseen ~ непредвиденная ситуация
unstable ~ непрочное положение
~ on the market состояние рынка
◇ ~s required заявления о предоставлении работы
~s vacant предложение работы
~s wanted заявления о предоставлении работы
to aggravate the ~ ухудшать положение
to apply for a ~ подавать заявление о приеме на работу
to clarify the ~ выяснять положение
to ease the ~ облегчать положение
to hold a ~ иметь работу
to improve the ~ улучшать положение
to look for a ~ искать работу
to normalize the ~ оздоровлять ситуацию
to rectify the ~ исправлять положение
to remedy the ~ *см.* to rectify the ~
to review the ~ рассматривать положение
to save the ~ спасать положение
to study the ~ изучать ситуацию
to survey the ~ рассматривать положение

to verify the ~ проверять положение дел
SIZE *n* 1. размер, величина; объём 2. калибр 3. формат
actual ~ фактический размер
basic ~ основной размер; натуральная величина
batch ~ объём партии; объём серии
budget ~ размер бюджета
commercial ~ 1) промышленный масштаб 2) ходовой размер
crew ~ размер рабочей группы
economic lot ~ экономичный размер партии
enterprise ~ размер предприятия
farm ~ размер фермерского хозяйства
herd ~ размер стада
huge ~ громадный размер
intermediate ~ промежуточный размер
irregular ~ нестандартный размер
key ~ популярный размер
limit ~ предельный размер
limiting ~ *см.* limit ~
lot ~ размер партии
medium ~ средний размер
minimum-cost batch ~ размер партии минимальной производственной себестоимости
nominal ~ номинальный размер
nonstandard ~ нестандартный размер
overall ~ общий размер
pallet ~ размер паллета (поддона)
penalty ~ размер штрафа
plant ~ *амер.* размер предприятия
popular ~ популярный размер
population ~ численность населения
prescribed ~ заданный размер
product ~ размер изделия
production lot ~ размер партии
regular ~ обычный размер, стандартный размер
repair ~ объём ремонтных работ
run ~ размер партии, объём партии
specified ~ заданный размер
standard ~ стандартный размер
stock ~ объём запасов (*принятых в торговле*)
unpopular ~ размер, не пользующийся спросом
vast ~ громадный размер
~ of a case размер ящика
~ of commission размер комиссионного вознаграждения
~ of compensation размер компенсации
~ of a container габариты контейнера
~ of damage размер ущерба
~ of a deficit размер дефицита
~ of delivery объём поставки
~ of a discount величина скидки
~ of a dividend размер дивиденда
~ of duty размер пошлины
~ of equipment размеры оборудования
~ of expenses размер расходов
~ of expenditures *см.* ~ of expenses
~ of a family размер семьи
~ of goods размер груза
~ of indebtedness объём задолженности
~ of a loan размер ссуды
~ of losses размер убытков
~ of an order объём заказа
~ of a package размер места груза
~ of a policy размер страховой суммы
~ of tariff размер пошлины
~ of remuneration размер вознаграждения
◊ to ~ по размеру
to determine ~s определять размеры
to increase the ~ увеличивать размер
to reach the ~ достигать размера
to specify the ~ указывать размер
SIZE *v* 1. измерять, определять размер 2. сортировать по размеру
~ up определять величину; оценивать
SIZEABLE *adj* 1. значительных размеров 2. подходящего размера
SIZING *n* 1. измерение, определение размера 2. сортировка по размеру
capacity ~ измерение производительности
SKETCH *n* эскиз; схематический чертёж
SKETCH *v* делать набросок
SKEW *adj* 1. скошенный; наклонный 2. *мат.* асимметричный
SKEWNESS *n* 1. кривизна, наклон 2. *мат.* асимметрия
SKILL *n* 1. квалификация; мастерство; опыт 2. ремесло
commercial ~ квалификация торгового служащего
entrepreneurial ~ предпринимательские способности; предпринимательский опыт
high professional ~ высокое профессиональное мастерство
job ~ профессиональная квалификация
operating ~ рабочее мастерство
professional ~ производственная ква-

лификация, профессиональные навыки
technical ~s техническое мастерство
working ~ профессиональная квалификация
~ of a worker квалификация рабочего
◊ **to improve one's ~** повышать квалификацию
SKILLED *adj* квалифицированный
SKYROCKET *v* быстро расти, подскакивать (*о ценах, курсах*)
SKYROCKETING *n* быстрый рост (*цен, курсов*)
SLACK *n* затишье (*в деловой активности*); спад, застой
economic ~ экономический спад
seasonal ~ сезонное затишье, сезонный спад
total ~ полное затишье, полный простой
~ in industrial capacity недогрузка производственных мощностей
~ in the labour market избыток рабочей силы на рынке труда
~ in the utilization of capacity недогрузка производственных мощностей
SLACKEN *v* замедлять, ослаблять (*темп работы*)
SLACKENING *n* ослабление (*темпа*)
SLACKNESS *n* спад; застой
~ of economic activity вялость хозяйственной деятельности
~ of the market вялость рынка
SLASH *n* резкое сокращение, урезывание (*бюджета, денежных средств*)
price ~ резкое снижение цен
spending ~ резкое сокращение дохода
SLAT *n*:
~ on the stock exchange место на фондовой бирже
SLAUGHTER *n* 1. продажа за бесценок 2. забой (*скота*) 3. массовые увольнения рабочих и служащих
SLEEPER *n* 1. медленно продающийся товар; недооцениваемый товар 2. ценная бумага, не привлекающая внимание инвесторов 3. *амер.* спальный вагон
SLIDE *n* снижение, уменьшение
SLIDE
~ down понижаться (*о ценах, курсах*)
SLIP *n* лист, бланк; регистрационная карточка
charge ~ бланк для записи покупки на счет покупателя
credit ~ приходный ордер

deal ~ бланк регистрации сделки
debit ~ расходный ордер
deposit ~ бланк для взноса депозита
draft ~ вексельный бланк
duplicate deposit ~ дубликат бланка о взносе депозита
luggage ~ багажная квитанция
order ~ бланк заказа
packing ~ упаковочный лист
pay ~ выписка из платежной ведомости на выдачу зарплаты
paying ~ платежная расписка
paying-in ~ *см.* **paying ~**
production ~ бланк отчета о выполнении производственного плана
receipted deposit ~ депозитная квитанция
receiving ~ расписка в получении
remittance ~ бланк перевода
sales ~ кассовый чек, выписываемый продавцом
tonnage ~ *мор.* мерительное свидетельство
wage ~ платежная ведомость
weight ~ карточка с указанием веса
withdrawal ~ документ на выдачу наличных денег с депозита
~ of a cheque корешок чека
◊ **to complete a ~** заполнять бланк
SLIP *v* 1. падать, понижаться (*о ценах*) 2. отставать по срокам
SLIPPAGE *n* отставание по срокам
SLOGAN *n* 1. лозунг 2. легкозапоминающееся рекламное выражение, словосочетание
SLOW *adj* 1. медленный 2. запаздывающий 3. вялый (*о торговле*)
SLOW *v* замедлять, задерживать
~ down *см.* **SLOW**
SLOWDOWN *n* замедление; снижение темпа
business ~ спад деловой активности
economic ~ *см.* **business ~**
labour ~ снижение темпа работы
sales ~ снижение спроса
~ in the growth rate of exports снижение темпов роста экспорта
~ in industry снижение темпов промышленного развития
~ in the rates of economic growth снижение темпов экономического развития
SLUGGISH *adj* вялый, застойный
SLUGGISHNESS *n* вялость, застой
economic ~ вялость хозяйственной деятельности

general ~ of the economy общий спад экономической активности
~ of economic activity застой в экономической активности
~ of price adjustments медленное приспособление цен к меняющимся условиям рынка
SLUM *n обыкн. pl* трущобы
SLUMP *n* резкое падение (*цен, спроса*); внезапный спад (*деловой активности*)
business ~ падение конъюнктуры
housing ~ резкое сокращение жилищного строительства
sales ~ резкое сокращение сбыта
~ in activity спад хозяйственной деятельности
~ in agricultural produce резкое сокращение производства сельскохозяйственной продукции
~ in demand резкое падение спроса
~ in local production резкое сокращение местного производства
~ in prices резкое падение цен
~ in rates резкое падение тарифов (*на рынке трампового тоннажа*)
~ in trade упадок торговли
~ of exchange падение курса
~ of security prices падение курса ценных бумаг
SLUSH *n* фальшивые деньги
SMALL *adj* 1. мелкий; незначительный 2. кратковременный, непродолжительный
SMALLHOLDER *n* мелкий арендатор
SMALLS *n pl* 1. мелкие галантерейные товары 2. груз меньшего веса, чем установлено обычным тарифом
SMALL-SCALE *adj* небольшой, ограниченный
SMALLWARE *n* галантерейные товары
SMASH *n* банкротство; крах
bank ~ банкротство банка
◇ to go to ~ разориться
SMASHUP *n* полный крах; катастрофа
~ of a business банкротство предприятия, фирмы
SMOOTH *v* сглаживать; выравнивать
SMOOTHING *n* сглаживание; выравнивание
production ~ выравнивание производства
SMUGGLE *v* 1. провозить контрабандой 2. заниматься контрабандой
SMUGGLER *n* контрабандист
SMUGGLING *n* контрабанда

SNAKE *n* змея
currency ~ валютная змея
SOAR *v* подскакивать; быстро, стремительно расти (*о ценах*)
SOCIAL *adj* общественный; социальный
SOCIET|Y *n* 1. общество 2. объединение, организация
affiliated ~ 1) дочернее общество, являющееся юридическим лицом (*контролируется материнской компанией*) 2) компания-филиал
affluent ~ общество изобилия
approved ~ сберегательное финансовое учреждение, близкое по характеру к кооперативам
banking ~ies кооперативные банки
beneficial ~ некоммерческая организация, предоставляющая взаимное страхование на случай болезни или несчастного случая
benefit ~ 1) касса взаимопомощи 2) *амер.* общество взаимного страхования
building ~ строительное общество
class ~ классовое общество
collecting ~ общество взаимопомощи, члены которого делают регулярные взносы
consumer ~ потребительское общество
consumers' ~ *см.* consumer ~
cooperative ~ кооперативное общество
credit ~ кредитное товарищество
friendly ~ies общества взаимного страхования
incorporated ~ акционерное общество
industrial ~ промышленное общество
joint stock ~ акционерное общество
loan ~ кредитное товарищество
mutual insurance ~ общество взаимного страхования
plural ~ плюралистическое общество
pluralist civil ~ плюралистическое гражданское общество
registered ~ зарегистрированное общество
retail cooperative ~ потребительская кооперация
sports ~ спортивное общество
trade protection ~ общество защиты торговли
unregistered ~ незарегистрированное общество
welfare ~ общество благосостояния, благоденствия
wholesale ~ оптовая организация
SOCIOECONOMIC *adj* социально-экономический

SOCIOLOGIC *adj* социологический
SOCIOLOGIST *n* социолог
SOCIOLOGY *n* социология
SOFT *adj* 1. вялый; застойный 2. неустойчивый; неконвертируемый
SOFTNESS *n* вялость; застойность
SOFTWARE *n* программное обеспечение; программа
SOIL *n* почва; грунт
 heavy ~s тяжелая почва
 high quality ~ высокоплодородная почва
 marginal ~ маржинальные земли (*на границе рентабельности*)
 productive ~ плодородная почва
 rich ~ богатая, тучная почва
 virgin ~ целина
 ◇ to exhaust the ~ истощать почву
SOLA *n* вексель, выписанный в одном экземпляре, сола-вексель
SOLDER *n*:
 advertising ~ рекламный проспект
SOLDERING *n* намеренное замедление темпов работы или производства
SOLE *n*:
 corporation ~ корпорация, владельцем и членом которой является одно единственное лицо
SOLE *adj* 1. единственный 2. исключительный; монопольный
SOLICITATION *n* ходатайство, просьба
 proxy ~ *амер.* заявление с просьбой о выдаче доверенности
 ~ of membership заявление о приеме в члены
 ~ of proxies заявление с просьбой о выдаче доверенности
SOLICITOR *n* 1. *юр.* поверенный, солиситор; *амер.* юрисконсульт 2. ходатай, проситель
 patent ~ патентный поверенный
SOLUTION *n* решение
 alternative ~ альтернативное решение
 basic ~ основное решение
 complete ~ полное решение
 complex ~ комплексное решение
 compromise ~ компромисс
 equilibrium ~ равновесное решение
 feasible ~ допустимое решение; осуществимое решение
 final ~ окончательное решение
 general ~ общее решение
 graphical ~ графическое решение
 initial ~ первоначальное решение
 near optimal ~ почти оптимальное решение

numerical ~ численное решение
 optimal ~ оптимальное решение
 possible ~ возможное решение
 probabilistic ~ вероятностное решение
 reasonable ~ разумное решение
 sensible ~ *см.* reasonable ~
 trial ~ экспериментальное решение
 trial-and-error ~ решение методом проб и ошибок
 viable ~ эффективное решение
 ~ of game решение игры
 ~ of a problem решение проблемы
 ◇ to achieve ~ of a problem добиваться решения вопроса
 to arrive at a ~ находить решение
 to find a ~ *см.* to arrive at a ~
 to offer a ~ предлагать решение
SOLVABILITY *n* разрешимость
SOLVABLE *adj* разрешимый
SOLVE *v* 1. решать, разрешать 2. выплачивать, платить (*долг*)
SOLVENCY *n* платежеспособность; кредитоспособность
 business ~ платежеспособность; финансовая стабильность
 credit ~ кредитоспособность
 financial ~ финансовая стабильность
SOLVENT *adj* платежеспособный; кредитоспособный
SOPHISTICATED *adj* 1. опытный, умудренный опытом 2. сложный; стоящий на уровне современных требований
SORT *n* вид, род; сорт, разряд; класс
 bottom ~ худший сорт
 choice ~ отборный сорт
 medium ~ средний сорт
 ~ of goods род товаров
 ◇ to blend ~s мешать сорта
SORT *v* сортировать, классифицировать; распределять по категориям
 ~ out сортировать, разбирать по сортам
SORTER *n* 1. сортировщик 2. сортировочная машина
SORTING *n* сортировка, классификация
 data ~ сортировка данных
 hand ~ ручная сортировка
 letter ~ сортировка писем
SOUND *adj* 1. доброкачественный 2. исправный 3. платежеспособный; состоятельный
SOUNDNESS *n* 1. доброкачественность 2. исправность 3. правильность; обоснованность 4. устойчивость (*финансовая*)

financial ~ платежеспособность
~ of a loan обоснованность выдачи ссуды
SOURCE *n* источник
  credit ~ источник кредитования
  credit information ~s источники информации о кредитоспособности
  data ~ источник данных
  external ~s внешние источники
  financing ~s источники финансирования
  information ~ источник информации
  internal ~s внутренние источники
  major ~ основной источник
  primary ~ первоисточник
  private ~s частные источники
  procurement ~ источник поставок
  product supply ~s справочник фирм-поставщиков
  reliable ~ надежный источник
  renewable ~s возобновляемые ресурсы
  ~s of accumulation источники накопления
  ~ of credit источник кредита
  ~ of error источник ошибки
  ~ of finance источник финансирования
  ~ of financing *см.* ~ of finance
  ~ of funds источник денежных фондов
  ~ of income источник дохода
  ~ of information источник информации
  ~ of livelihood источник средств к существованию
  ~ of pollution источник загрязнения
  ~ of profit источник прибыли
  ~ of raw materials источник сырья
  ~s of revenue источники дохода
  ~ of subsistence источник средств к существованию
  ~ of supply источник снабжения
  ◊ to learn from a reliable ~ узнавать из надежного источника
SOURCE *v* использовать в качестве источников снабжения
SOURCING *n* использование в качестве источников снабжения
  local ~ использование местных источников
SOVEREIGN *adj* 1. суверенный, независимый 2. полноправный
SOVEREIGNTY *n* суверенитет, суверенность, независимость
  consumer ~ потребительский суверенитет

financial ~ финансовый суверенитет, финансовая независимость
monetary ~ суверенитет валюты
tax ~ налоговый суверенитет
territorial ~ территориальная независимость, территориальный суверенитет
SPACE *n* 1. пространство; площадь 2. космическое пространство, космос 3. расстояние; интервал
  additional ~ дополнительная площадь
  advertisement ~ место для публикации рекламы
  advertising ~ *см.* advertisement ~
  air ~ воздушное пространство
  baggage-and-cargo ~ багажно-грузовое помещение
  bale ~ киповая грузовместимость
  bin ~ емкость бункера (*для хранения зерна*)
  blank ~ свободное место
  booked ~ зарезервированная площадь выставки
  cargo ~ грузовое помещение
  car parking ~ место для парковки автомашин
  common economic ~ общее экономическое пространство
  decision ~ *мат.* пространство решений
  designated ~ указанное (*в документе*) место
  display ~ выставочная площадь
  dwelling ~ жилая площадь
  error ~ *мат.* пространство ошибок
  estimation ~ *мат.* пространство оценок
  exhibit ~ место для экспонатов
  exhibition ~ место на выставке
  extra ~ дополнительная площадь
  fair ~ площадь ярмарки
  floor ~ площадь (*здания, торгового предприятия и т. п.*)
  freight ~ грузовместимость судна
  grain ~ грузовместимость судна (*для насыпного груза*)
  hall ~ площадь выставочного зала
  housing ~ жилая площадь
  living ~ *см.* housing ~
  loading ~ грузовое помещение
  narrow ~ узкое место
  net exhibition ~ общая площадь выставки
  open ~ открытая местность; незастроенная территория
  outdoor ~ *см.* open ~

outer ~ космическое пространство
plant ~ производственная площадь
processing ~ место для обработки товара
production ~ производственное помещение
public ~ общественная территория; место для публики
range ~ *мат.* пространство значений
reefer ~ рефрижераторное помещение
rented ~ арендуемая площадь
selling ~ торговый зал
service ~ хозяйственное помещение
shipping ~ место для погрузки
solution ~ *мат.* пространство решений
stand ~ площадка ярмарочного стенда
storage ~ складская площадь, место для хранения
stowage ~ грузовое помещение
territorial air ~ суверенитет воздушного пространства
vacant ~ свободная площадь
vital ~ жизненное пространство
waiting ~ место ожидания
warehouse ~ складское помещение
window ~ витрина
working ~ рабочая площадь
~ of time промежуток времени
◇ to allocate ~ выделять выставочную площадь
to allot ~ *см.* to allocate ~
to book cargo ~ арендовать грузовое помещение
to charter ~ in a vessel фрахтовать место на судне
to get freight ~ получать место на судне
to hire ~ фрахтовать место
to lease ~ сдавать помещение в аренду
to provide storage ~ предоставлять площадь
to rent ~ арендовать место на выставке
to reserve exhibition ~ резервировать место на выставке
to save ~ экономить место
to take up ~ занимать место
to utilize ~ *см.* to take up ~
SPACESHIP *n* космический корабль
SPACIOUS *adj* просторный, вместительный
SPAN *n* интервал, промежуток времени
life ~ продолжительность жизни
time ~ промежуток времени, временной интервал
SPARE *adj* запасной; резервный; дополнительный

SPARE *n* 1. запасная часть 2. запас; резерв
after-guarantee ~s запасные части, поставляемые (приобретаемые) после истечения гарантийного периода
alternative ~s заменяющие запчасти
◇ to replenish ~s восполнять наличие запчастей
to supply with ~s снабжать запчастями
SPECIAL *adj* 1. особый 2. специальный
SPECIALISM *n* специализация
niche ~ узкая специализация
SPECIALIST *n* 1. специалист 2. эксперт 3. *амер.* член фондовой биржи
advertising ~ специалист по рекламе
competent ~ компетентный специалист
experienced ~ опытный специалист
export ~ специалист в области экспорта
farm management ~ специалист в области экономики и организации сельского хозяйства
foreign ~ иностранный специалист
highly qualified ~ *см.* highly skilled ~
highly skilled ~ специалист высокой квалификации
inexperienced ~ неопытный специалист
main ~ главный специалист
management ~ специалист в области управления
marketing ~ специалист в области маркетинга
publicity ~ специалист по рекламе
public utility ~ специалист в области коммунальных служб
qualified ~ квалифицированный специалист
skilled ~ опытный специалист
technical ~ специалист по техническим вопросам
visiting ~ командированный специалист
◇ to become a ~ стать специалистом
to recruit ~s нанимать специалистов
to replace a ~ заменять специалиста
to train ~s обучать специалистов
SPECIALITY *n* 1. специальность 2. специализация; основное занятие 3. особенность; отличительная черта 4. специализированный, фирменный товар
industrial ~ 1) производственная специализация 2) производственная специальность
◇ to acquire a ~ приобретать специальность

SPECIALIZATION *n* специализация
  industrial ~ производственная специализация
  international ~ международная специализация
  job ~ рабочая специализация
  ~ in production специализация производства
  ~ of enterprises специализация предприятий
SPECIALIZE *v* специализироваться
SPECIALIZED *adj* специализированный
SPECIAL-PURPOSE *adj* специального назначения
SPECIALTY *n* 1. [узкая] специальность 2. специализированный, фирменный товар 3. новое изделие, новинка 4. *бирж. pl амер.* особые ценные бумаги
SPECIE *n* металлические деньги (*золотые и серебряные*)
SPECIFIC *adj* 1. особый, специальный 2. характерный, специфический 3. точный, определенный
SPECIFICATION *n* 1. спецификация; перечень 2. *часто pl* технические условия 3. *pl* технические характеристики 4. определение, описание
  complete ~ полное описание
  contract ~s технические условия договора
  current ~s действующие нормы
  customer ~s технические условия заказчика
  delivery ~s условия поставки
  design ~ техническое задание на разработку
  detailed ~ подробная спецификация; *pl* частные технические условия
  engineering ~s технические условия
  equipment ~ спецификация на оборудование
  export ~ экспортная декларация
  final ~ окончательное описание
  forwarding ~ спецификация отправленных товаров
  inquiry ~ заказная спецификация
  inspection ~ технические условия приемки
  invoice ~ фактура-спецификация
  job ~ квалификационные требования
  material ~ спецификация материалов
  original ~ первоначальная спецификация
  packing ~ упаковочная спецификация
  patent ~ патентная спецификация
  performance ~ 1) техническое задание
2) *pl* технические условия 3) *pl* технические характеристики
  precise ~ точная спецификация
  price ~ расценочная спецификация
  prior ~ предшествующее описание
  process ~s требования к технологии
  process control ~s технические условия для контроля производственного процесса
  product ~ техническая характеристика изделия
  production ~s *см.* product ~
  project ~ спецификация проекта
  provisional ~ *брит.* предварительное описание изобретения
  provisional technical ~ временные технические условия
  purchasing ~s требования к поставляемой продукции
  quality ~s требования к качеству
  route ~ маршрутная спецификация
  safety ~s технические условия обеспечения безопасности
  shipping ~ отгрузочная спецификация
  spare parts ~ спецификация на запчасти
  standard ~s технические нормативы
  tariff ~ тарифная спецификация
  technical ~ техническая спецификация; *pl* технические условия
  tentative ~s временные технические условия
  weight ~ весовая спецификация
  work ~ техническое задание на выполнение работы
  ~ of cargo спецификация груза
  ~ of goods товарная спецификация
  ~ of an invention описание изобретения
  ~s of an order спецификация заказа
  ~ of products товарная спецификация
  ~ of the range of goods спецификация ассортимента
  ~ of weight отвес
  ~ of a workpiece спецификация изделия
  ~ on machinery спецификация на машинное оборудование
  ~ on primary goods спецификация на сырьевые товары
  ◇ to alter a ~ вносить изменения в спецификацию
  to answer to the ~ соответствовать описанию
SPECIFIED *adj* 1. точно определенный; подробный 2. обусловленный, расчет-

ный; заданный 3. обусловленный, оговоренный (*договором*)
SPECIFY *v* 1. точно определять, устанавливать 2. обусловливать, оговаривать 3. перечислять, указывать
SPECIMEN *n* образец; экземпляр; проба
test ~ образец для испытаний
trademark ~ образец товарного знака
~ of the goods товарный образец
~ of signature образец подписи
~ of a trademark образец товарного знака
SPECTAIL *n* дилер, имеющий дело с мелкими клиентами и создающий свою спекулятивную позицию
SPECTRUM *n* спектр; диапазон
wide ~ of goods большое разнообразие товаров
SPECULATE *v* играть на бирже, спекулировать
SPECULATION *n* биржевая игра; спекуляция
bear ~ игра на понижение
bearish ~ *см.* bear ~
bull ~ игра на повышение
exchange ~ биржевая спекуляция
hazardous ~ рискованная спекуляция
heavy ~ спекуляция в больших размерах
land ~ спекуляция земельными участками
property ~ *см.* land ~
risky ~ рискованная спекуляция
unbridled ~ безудержная спекуляция
~ for a fall игра на понижение
~ for a rise игра на повышение
~ in futures спекуляция на срочных сделках
~ in land спекуляция земельными участками
~ in stocks спекуляция акциями
~ on the stock exchange спекуляция на фондовой бирже
SPECULATIVE *adj* 1. спекулятивный 2. рискованный
SPECULATOR *n* 1. спекулянт 2. биржевик
~ for a fall спекулянт, играющий на понижение
~ for a rise спекулянт, играющий на повышение
land ~ спекулянт земельными участками
professional ~ профессиональный спекулянт

property ~ спекулянт земельной собственностью
SPEED *n* 1. скорость 2. быстродействие
average ~ средняя скорость
calculating ~ скорость вычислений
computing ~ *см.* calculating ~
loaded ~ грузовая скорость
low ~ малая скорость
maximum ~ максимальная скорость
minimum ~ минимальная скорость
operating ~ эксплуатационная скорость
operation ~ быстродействие
service ~ рабочая скорость
slow ~ малая скорость
top ~ максимальная скорость
◇ at a ~ of со скоростью
at full ~ с полной скоростью; на полной скорости
to accalerate the ~ ускорять темп
to cut ~ снижать скорость
to keep up the ~ не снижать темпа
to maintain the ~ *см.* to keep up the ~
to slow down the ~ замедлять темп
SPEEDUP *n* 1. ускорение, форсирование 2. повышение выработки без повышения зарплаты 3. гонка на производстве
SPELL *n* промежуток времени, период
SPEND *v* тратить; расходовать
SPENDING *n* трата; расходование
business ~ затраты на товары производственного назначения
capital ~ вложение капитала (*денежного или ценных бумаг*)
consumer ~ потребительские расходы
currency ~ валютные расходы
deficit ~ дефицитное расходование; дефицитное финансирование
expansion ~ новые капиталовложения; капиталовложения в новое строительство
government ~ государственные расходы
military ~ военные расходы
public ~ государственные расходы
social ~ расходы на социальные нужды
~ of money расход денег
SPENDTHRIFT *n* расточитель, транжира
SPHERE *n* сфера, область (*деятельности*)
nonmaterial ~ непроизводственная сфера
production ~ производственная сфера
~ of action область деятельности

~ of activity *см.* ~ of action
~ of application область применения
~ of business сфера деятельности
~ of circulation сфера обращения
~ of cooperation область сотрудничества
~ of duties круг задач, компетенция
~ of influence сфера влияния
~ of interest область интересов
~ of operation область деятельности
~ of responsibility круг обязанностей, сфера ответственности

SPILLOVER *n* 1. избыток 2. перелив, выход за пределы

SPIN-OFF *n* 1. дополнительная выгода; дополнительный источник дохода 2. побочный результат или продукт 3. создание новой компании путем отделения от существующей компании и передачи ей части активов

SPIN-OUT *n см.* SPIN-OFF

SPIRAL *n* спираль, постепенно ускоряющееся падение или повышение (*цен, зарплаты*)
 inflationary ~ инфляционная спираль
 wage-price ~ спираль заработной платы и цен

SPLIT *n* 1. дробление, деление 2. деление прибыли 3. дробление акций корпорации на большее число акций, сплит
 account ~ дробление счетов
 income ~ дробление дохода
 profit ~ разделение прибылей
 reverse ~ обратный сплит, трансформация ряда акций в одну акцию
 stock ~ выпуск новых акций для бесплатного распределения между акционерами пропорционально доле каждого акционера

SPLIT *v* делить, дробить, разбивать на части

SPLIT-OFF *n* 1. разделение 2. создание новой компании путем отделения от существующей компании и передачи ей части активов

SPLITTING *n* дробление акций, сплит
 share ~ дробление акций на большее число акций, сплит

SPLIT-UP *n* 1. разделение корпорации на две или более дочерних 2. создание новой компании путем отделения от существующей и передачи ей части активов 3. дробление акций

SPOIL *v* 1. портить 2. портиться

SPOILAGE *n* испорченный товар; брак

SPOKESMAN *n* представитель; делегат
 government ~ представитель правительства

SPONSOR *n* 1. поручитель, гарант 2. спонсор, финансирующее лицо или организация 3. фирма, заказывающая рекламную передачу 4. устроитель, организатор
 loan ~ гарант займа
 programme ~ организатор программы
 ~ for a loan гарант займа
 ~ of an exhibition организатор выставки

SPONSOR *v* 1. финансировать 2. гарантировать

SPONSORSHIP *n* 1. финансирование 2. поддержка 3. поручительство; гарантия

SPOT *n* 1. место 2. наличный товар 3. *бирж.* действительный или реальный товар; товар по кассовым сделкам 4. рекламный ролик
 advertising ~ рекламный ролик
 soft ~ ценные бумаги с понижательной тенденцией цен
 trouble ~ что-л., вызывающее постоянное беспокойство
 value ~ сделка «спот» с расчетом на 2-ой рабочий день после ее заключения
 ◊ on the ~ сразу, немедленно
 over ~ *брит.* надбавка на курс при сделках на срок, репорт
 under ~ *брит.* скидка с курса при сделках на срок, депорт

SPREAD *n* 1. распространение, рост 2. протяженность; размах 3. разница, разрыв (*между ценами, курсами и т. п.*) 4. срочная арбитражная сделка, состоящая из одновременной покупки и продажи финансовых инструментов с разными сроками исполнения 5. разница между доходами от активов и стоимостью привлеченных фондов
 alligator ~ опционный спред с большими комиссионными расходами, исключающими прибыль инвестора
 back ~ фондовая арбитражная сделка при незначительном отклонении цен или курсов
 bear ~ двойной спред в расчете на падение конъюнктуры, спред «медведей»
 bid-asked ~ разница между ценами предложения и спроса
 bull ~ двойной спред в расчете на подъем конъюнктуры, спред «быков»
 butterfly ~ двойной спред на основе

комбинации спреда «быков» и спреда «медведей»
credit ~ кредитный спред, разница в цене двух опционов
gross ~ общая разница, спред
gross distributive ~ разница между оптовой и розничной ценой
gross-margin ~ *см.* gross distributive
interdelivery ~ спред между разными сроками поставки
interest ~ процентный спред
money ~ вертикальный спред
option ~ двойной опцион
price ~ разница в ценах
quotation ~ разница между ценами покупателя и продавца
random ~ случайное рассеивание
risk ~ распределение риска
split ~ еврокредит с разным размером маржи сверх базовой ставки Либор для разных сроков кредита
time ~ двойной спред с одинаковой ценой, но разными сроками исполнения, временной спред
underwriting ~ разница между рыночной стоимостью ценных бумаг и поступлениями компании, подписной спред
vertical ~ вертикальный спред
~ in values разброс значений
~ of incomes различие в доходах
~ of risk распределение риска
◊ to buy a ~ купить спред, купить ближайший по сроку фьючерский контракт и продать контракт на далекий срок
to carry a ~ иметь маржу сверх базовой ставки Либор
to narrow the ~ сокращать разрыв между ценами продавцов и покупателей
to sell a ~ продать спред, продать фьючерский контракт на ближайший срок и купить контракт на далекий срок

SPREAD *v* 1. распространять 2. давать рассрочку, отсрочивать (*платеж*) 3. растягивать (*сроки*)

SPREADING *n* 1. распространение 2. растягивание, продление (*сроков*)
~ of payments продление сроков платежей
~ of risk распределение риска

SPREE *n* оживление, бум
buying ~ покупательский бум

hoarding ~ скупка продуктов в ожидании их подорожания
shopping ~ покупательский бум
spending ~ рост потребительских расходов

SPUR *n* стимул, побуждение
~ of competition стимул, даваемый конкуренцией

SPURT *n* неожиданное повышение
sales ~ внезапный рост продаж

SPURT *v* неожиданно повышаться

SQUANDER *v* проматывать, расточать

SQUARE *adj* справедливый, честный

SQUARE *v* рассчитываться, расплачиваться

SQUEEZE *n* 1. давление, принуждение 2. стеснение, ограничение (*кредита*) 3. тяжелое положение; узкое место
bear ~ ситуация на рынке, когда «медведи» сталкиваются с повышением цен
credit ~ ограничение кредита
financial ~ финансовое затруднение
food ~ нехватка продовольственных продуктов
import ~ ограничение импорта
money ~ ограничение кредита
profit ~ уменьшение прибыли
short ~ ситуация на рынке, когда «медведи» сталкиваются с повышением цен

STABILITY *n* устойчивость, стабильность
currency ~ устойчивость валюты
economic ~ экономическая стабильность
exchange ~ устойчивость валютного курса
financial ~ финансовая стабильность
market ~ стабильность рынка
monetary ~ устойчивость валютного курса
price ~ стабильность цен
rate ~ устойчивость курса
share ~ стабильность распределения
wage-price ~ стабильность соотношения заработной платы и цен
~ of currency устойчивость валюты
~ of exchange rate устойчивость курса
~ of norms стабильность нормативов

STABILIZATION *n* стабилизация
currency ~ стабилизация валюты
economic ~ экономическая стабилизация
market ~ стабилизация рынка
price ~ стабилизация цен
~ of currency стабилизация валюты

~ **of exchange** стабилизация валютного курса
~ **of prices** стабилизация цен
STABILIZE *v* стабилизировать, упрочить
STABILIZER *n* стабилизатор
  automatic ~ автоматический стабилизатор
  built-in ~ встроенный стабилизатор
STABLE *adj* стабильный; прочный
STACK *n* 1. пакет; набор; комплект 2. штабель
STACK *v* 1. пакетировать 2. укладывать в штабель, штабелировать
STACKING *n* укладка в штабель, штабелирование
  block ~ укладка блоками
  document ~ хранение документации
STAFF *n* 1. штат (*служащих*) 2. персонал, личный состав
  administrative ~ административный персонал
  attendant ~ дежурный персонал
  catering ~ обслуживающий персонал
  clerical ~ служащие офиса
  competent ~ компетентный персонал
  coordinating ~ персонал по координации работ
  directing ~ руководящий персонал
  editorial ~ редакция
  efficient ~ высококвалифицированный персонал
  executive ~ средний руководящий персонал
  fabrication ~ производственный персонал
  farm ~ работники фермы
  field ~ выездной персонал
  general ~ персонал, занимающийся вопросами координации и планирования
  highly qualified ~ высококвалифицированный персонал
  incompetent ~ некомпетентный персонал
  indoor ~ персонал внутренней службы
  junior ~ младший персонал
  key engineering ~ основной инженерный состав
  local ~ местный персонал
  maintenance ~ обслуживающий персонал
  management ~ старший руководящий персонал
  managerial ~ *см.* management ~
  managing ~ *см.* management ~
  medical ~ медицинский персонал
  office ~ персонал офиса
  operating ~ оперативный персонал; обслуживающий (*оборудование*) персонал
  operational ~ *см.* operating ~
  operative ~ *см.* operating ~
  part-time ~ персонал, работающий неполную рабочую неделю
  permanent ~ постоянный персонал
  process control ~ персонал, обеспечивающий контроль технологического процесса
  production ~ производственный персонал
  qualified ~ квалифицированный персонал
  regular ~ постоянный персонал
  salaried ~ персонал, получающий жалованье
  sales ~ торговый персонал
  senior ~ старший персонал
  service ~ обслуживающий персонал
  skilled ~ квалифицированный персонал
  substantive ~ оперативный персонал
  supervision ~ персонал, обеспечивающий технический контроль
  supervisory ~ *см.* supervision ~
  teaching ~ обучающий персонал
  technical ~ технический персонал
  temporary ~ временный персонал
  trained ~ обученный персонал
  training ~ обучающий персонал
  voluntary ~ добровольный персонал
  ◊ **to appoint** ~ нанимать персонал
  to be on the ~ быть в штате
  to be short of ~ испытывать нехватку персонала
  to dismiss ~ увольнять служащих
  to employ ~ нанимать персонал
  to engage ~ *см.* to employ ~
  to recall the ~ отзывать персонал
  to replace the ~ заменять персонал
STAFF *v* укомплектовать персоналом
STAG *n бирж.* спекулянт ценными бумагами
STAG *v бирж.* спекулировать ценными бумагами
STAGE *n* стадия, фаза, период; этап
  analysis ~ аналитический этап
  design ~ стадия проектирования
  development ~ стадия разработки
  dream ~ стадия теоретической проработки
  engineering ~ период, предшествую-

щий оформлению проектной документации
experimental ~ этап экспериментальных работ; стадия испытаний
fabrication ~ производственная стадия
final ~ конечная стадия
initial ~ начальная стадия
intermediate ~ промежуточный этап
manufacturing ~ стадия изготовления
operational ~ производственная стадия
pilot ~ этап создания опытного образца
planning ~ 1) этап планирования 2) перспективное проектирование
preparatory ~ подготовительная стадия
production ~ стадия производственного процесса
prototype ~ 1) этап создания опытного образца 2) стадия испытаний опытного образца
research ~ стадия научных исследований
testing ~ стадия испытаний
working ~ рабочая стадия
~ of economic development стадия экономического развития
~ of education ступень образования
~ of manufacture стадия изготовления
~ of negotiations этап переговоров
~ of proceedings этап судебного процесса
~ of production стадия производственного процесса
~ of a project стадия проекта
~ of work стадия работы
◇ at the ~ на стадии
in the initial ~ в начальной стадии
to proceed by ~s продвигаться постепенно, шаг за шагом
STAGFLATION n стагфляция
STAGNANCY n застой
STAGNANT adj застойный
STAGNATION n застой, вялость, стагнация
general ~ общий застой
secular ~ длительный застой
~ of business застой в деловой активности
~ of economic activity вялость хозяйственной деятельности
~ of the market вялость рынка
~ of production стагнация производства
~ of retail trade стагнация розничного товарооборота
STAKE n доля, часть (в чем-л.)

equity ~ доля акционера в капитале предприятия
minority ~ доля меньшинства
proprietors' ~ средства акционеров
shared ownership ~ участие в общей собственности
substantial ~ значительная доля
~ in business доля в деле
~ in a company доля в акционерной компании
~ in ownership доля в собственности
~ in property см. ~ in ownership
◇ to acquire a ~ приобрести долю
to have a ~ in smth быть заинтересованным в чем-л.
to take a ~ вложить долю во что-л.
STALE adj 1. потерявший законную силу, устаревший 2. просроченный
STALEMATE n безвыходное положение
STALL n 1. ларек, киоск; палатка 2. прилавок
book ~ книжный киоск
market ~ рыночная палатка
news ~ газетный киоск
STALLAGE n 1. право возведения на рынке или ярмарке ларька, палатки, киоска 2. плата за право возведения ларька, палатки, киоска
STALLHOLDER n владелец ларька, палатки, киоска
STALLKEEPER n см. **STALLHOLDER**
STAMP n 1. штамп, штемпель, печать 2. клеймо 3. пломба 4. марка
acceptance ~ приемочное клеймо
airmail ~ авиамарка
bank ~ печать банка
bill ~ печать на векселе
business ~ фирменная печать
contract ~ гербовый сбор
date ~ штамп с датой
departmental ~ ведомственная печать
facsimile ~ штемпель факсимиле
firm ~ фирменная печать
inspection ~ клеймо технического контроля
inspector's ~ см. inspection ~
letter ~ 1) почтовая марка 2) почтовый штемпель
mail ~ амер. см. letter ~
official ~ гербовая печать
post ~ почтовый штемпель
postage ~ почтовая марка
quality status ~ знак качества
receipt ~ печать на квитанции
received ~ печать регистрации поступления

687

STA

revenue ~ гербовая марка
rubber ~ резиновая печать
saving ~s сберегательные марки
signature ~ факсимиле
weight ~ штемпель о весе
~ of a maker клеймо изготовителя
~ on securities *амер.* печать на ценных бумагах
◊ to press a ~ ставить печать
STAND *n* 1. киоск, ларек 2. стенд на выставке; выставочная витрина
advertising ~ рекламный стенд
bare ~ необорудованный стенд
check-out ~ контрольно-кассовый пункт в магазине самообслуживания
closed ~ стенд в помещении
collective ~ коллективный стенд
combined ~ *см.* collective ~
demonstration ~ демонстрационный стенд
display ~ *см.* demonstration ~
exhibition ~ выставочный стенд
information ~ информационный стенд
joint ~ совместный стенд
market ~ рыночная палатка
national ~ национальный стенд
news ~ газетный киоск
open air ~ стенд на открытой площадке
outdoor ~ *см.* open air ~
permanent ~ постоянный стенд
◊ to allot a ~ выделять стенд
to arrange a ~ оформлять стенд
to assign a ~ выделять стенд
to book a ~ резервировать стенд
to buy from a ~ покупать со стенда на выставке
to decorate a ~ оформлять стенд
to install a ~ монтировать стенд
to lay out a ~ проектировать стенд
to occupy a ~ занимать стенд
to run a ~ обслуживать стенд
to sell off a ~ продавать со стенда
STAND *v* 1. стоять 2. находиться, располагаться 3. не работать, простаивать 4. выдерживать, выносить, терпеть
~ by быть наготове, быть в резерве
~ for выступать за что-л.
~ off отстранять от работы (*на время*)
~ up for отстаивать, защищать что-л.
STANDARD *n* 1. стандарт, норма, норматив 2. образец; эталон 3. *pl* технические условия; технические требования 4. денежный стандарт 5. стандарт (*единица измерения лесных грузов*) 6. проба (*драгоценного металла*)

STA

ABC ~ стандарт, единый для США, Великобритании и Канады
acceptable ~ приемлемый стандарт
accepted ~ принятый стандарт
applicable ~ применимый стандарт
approved ~ утвержденный стандарт
automatic ~ саморегулирующаяся денежная система
basic ~s основные нормативы
basic reference ~ исходный эталон
branch ~ отраслевой стандарт
commercial ~ торговый стандарт
company ~ внутрифирменный стандарт
consumption ~ уровень потребления
contractual ~ стандарт, основанный на договоре
cost ~s нормы затрат, нормативные затраты
credit ~s стандарты кредитоспособности
current ~ существующий стандарт
design ~ уровень проектирования
direct labour ~ норма выработки на основные виды работ
double ~ биметаллизм
draft ~ проект стандарта
economic ~s экономические нормативы
engineering ~ технический стандарт
enterprise ~ стандарт предприятия
environmental ~s нормы по охране окружающей среды
established ~ установленный стандарт
existing ~ существующий стандарт
factory ~ заводской стандарт
fiat ~ 1) денежная система, в которой основная денежная единица устанавливается декретом государства 2) *амер.* бумажные деньги, не обеспеченные золотом
fiduciary ~ бумажно-денежный стандарт
flexible ~ гибкий норматив
general ~ общий стандарт
gold ~ золотой стандарт
gold-bullion ~ золотослитковый стандарт
gold-coin ~ золотомонетный стандарт
gold-exchange ~ золотодевизный стандарт
guaranteed ~ гарантированный стандарт
health protection ~s нормативы охраны здоровья
high ~ высокий стандарт

home ~s стандарты внутри страны
industrial ~ 1) промышленный стандарт 2) рабочий эталон
industry ~ *см.* industrial ~
international ~ 1) международный стандарт 2) международный эталон
labour efficiency ~ норма интенсивности труда; норма производительности
labour performance ~ *см.* labour efficiency ~
legal ~ 1) узаконенный стандарт 2) *амер.* национальный эталон
limping ~ неустойчивая валюта
loading ~s нормы погрузки
local ~ стандарт предприятия
loose ~s заниженные нормы
lot quality ~ стандарт качества партии
maintainability ~ норма ремонтопригодности
managerial performance ~ уровень эффективности работы руководящего персонала
mandatory ~ обязательный стандарт
manufacturing ~ промышленный стандарт
marketing ~ рыночный стандарт
metallic ~ металлическая валюта
metric ~ метрический стандарт
minimum ~s минимальные нормы
monetary ~ денежный стандарт
national ~ национальный стандарт
normal ~ принятый стандарт
occupational ~s правила техники безопасности
operating ~s действующие стандарты
outdated ~ устаревший стандарт
output ~ норма выработки
packing ~s стандарты упаковки
paper ~ бумажный стандарт
parallel ~ биметаллизм
performance ~ 1) стандарт качества работы 2) норма выработки; норма производительности
permissive ~ необязательный стандарт
precise ~ точный стандарт
price ~ стандарт цен
product ~ стандарт на продукцию
production ~ стандарт на продукцию
productivity ~ норма производительности
professional ~ уровень профессиональной подготовки
prohibitory ~ неразрешенный стандарт
qualitative ~ качественный стандарт
quality ~ стандарт качества
recognized ~ признанный стандарт

recommended ~ рекомендованный стандарт
replacement-cost ~ норма восстановительной стоимости
safety ~s правила техники безопасности
sanitary engineering ~ сантехническая норма
silver ~ серебряный стандарт
single ~ монометаллизм
state ~ государственный стандарт
statutory ~ узаконенный стандарт
summary ~s сводные нормативы
synthetic time ~ расчетно-аналитическая норма времени
target ~ плановая норма
tariff ~ денежная система, допускающая хождение иностранных денежных единиц по фиксированному курсу
technical ~s технические нормы
temporary ~ временный стандарт
tentative ~ *см.* temporary ~
tight ~s жесткие нормы
time ~ эталон времени
trading ~ торговый стандарт
universal ~ всеобщий стандарт
unloading ~s нормы разгрузки
up-to-date ~ современный стандарт
voluntary ~ необязательный стандарт
weight ~ весовой стандарт
working ~ 1) рабочий эталон 2) *pl* нормы выработки
workmanship ~ стандарт качества изготовления
world ~ мировой стандарт
~ of accumulation норма накопления
~ of alloy проба сплава
~ of behaviour стандартный режим работы
~ of consumption норма потребления
~ of emergency funds норма обязательных резервов банков
~ of life жизненный уровень
~ of living *см.* ~ of life
~s of manufacturing нормы производства
~ of money денежный стандарт
~ of prices масштаб цен
~ of quality стандарт качества
~ of safety стандарт, устанавливающий правила техники безопасности
~ of usage норма потребления
~ of value мера стоимости
~ of workmanship стандарт качества изготовления
◊ above the ~ выше нормы

according to ~ в соответствии с нормой
at the established ~ по установленной норме
below the ~ ниже нормы
up to ~ на уровне стандарта
to abandon the gold ~ отказываться от золотого стандарта
to be above the world ~s быть выше уровня мировых стандартов
to be below the world ~s быть ниже уровня мировых стандартов
to be up to ~ соответствовать стандарту
to come under a ~ *см*. to be up to ~
to comply with a ~ *см*. to be up to ~
to conform to a ~ *см*. to be up to ~
to depart from the gold ~ отойти от золотого стандарта
to introduce ~s вводить нормы
to lay down ~s устанавливать нормы
to make to ~ выпускать согласно стандарту
to reach market ~s достигать рыночных стандартов
to revise ~s пересматривать нормы
to serve as a ~ служить стандартом
to set ~s устанавливать нормы
to violate a ~ нарушать стандарт

STANDARDIZATION *n* **1.** стандартизация **2.** нормирование
job ~ нормирование работ
~ of packaging стандартизация тары
~ of tariffs унификация тарифов

STANDARDIZE *v* **1.** стандартизировать **2.** нормировать

STAND-BY *n* **1.** заместитель **2.** дублер

STAND-BY *adj* запасной, резервный

STANDHOLDER *n* участник выставки; экспонент

STANDING *n* **1.** финансовое положение; репутация **2.** длительность, продолжительность
business ~ деловая репутация
commercial ~ коммерческая репутация
credit ~ кредитоспособность
financial ~ финансовое положение
good ~ хорошая репутация
legal ~ правовое положение
social ~ общественное положение
◊ to be of good ~ пользоваться хорошей репутацией

STANDING *adj* постоянный, непрерывный

STANDSTILL *n* бездействие; застой
◊ to be at a ~ бездействовать

STAPLE *n* **1.** основной товар; основной продукт **2.** сырье, материал

START *n* **1.** начало **2.** отправление; вылет
~ of interest entitlement дата, с которой появляется право на получение процентов по ценным бумагам

START *v* **1.** начинать **2.** отправляться в путь **3.** учреждать

STARTING *n* **1.** начало **2.** пуск
trial ~ пробный пуск

STARTREK *n* облигации, цена которых ранее не фиксировалась

STARTUP *n* **1.** пуск, ввод в действие **2.** создание новой компании **3.** вновь созданная компания
immediate ~ срочный пуск
plant ~ пуск предприятия
trial ~ пробный пуск
~ of a plant пуск завода
~ of a project пуск объекта в эксплуатацию

STASH *n* убежище, укрытие; тайник

STASH *v* прятать, припрятывать

STATE *n* **1.** государство **2.** *амер*. штат **3.** состояние, положение
active ~ рабочее состояние; активное состояние
bad ~ плохое состояние
disequilibrium ~ состояние неравновесия
equilibrium ~ состояние равновесия
external ~ внешнее состояние
federal ~ федеративное государство
industrial ~ промышленное государство
intact ~ целостное состояние
marketable ~ товарный вид
multinational ~ многонациональное государство
sovereign ~ суверенное государство
stable ~ устойчивое состояние
stagnant ~ застойное состояние
target ~ заданное состояние
terminal ~ окончательное состояние
unchanged ~ неизменное состояние
undamaged ~ неповрежденное состояние
welfare ~ государство всеобщего благосостояния
~ of an account состояние счета
~ of affairs положение дел
~ of the art уровень технологии
~ of business состояние торговли; экономическая ситуация
~ of cargo состояние груза

STA

~ of emergency чрезвычайное положение
~ of goods состояние товара
~ of health состояние здоровья
~ of the market состояние рынка, рыночная конъюнктура
~ of origin страна происхождения (*товара*)
~ of packages состояние груза
~ of production состояние производства
~ of the roads состояние дорог
~ of trade состояние торговли
◊ in a nonmarketable ~ в нетоварном виде
in a useless ~ в негодном состоянии
to render marketable ~ придавать товарный вид

STATE *v* 1. сообщать; заявлять; утверждать 2. формулировать

STATE-CONTROLLED *adj* контролируемый государством

STATELESS *adj* без гражданства

STATEMENT *n* 1. заявление, утверждение 2. отчет 3. *амер.* баланс 4. выписка счета 5. ведомость; расчет; смета; счет

account ~ выписка из банковского лицевого счета
accounts receivable ~ выписка счетов дебиторов
audited ~ проверенный отчет
average ~ 1) аварийный акт 2) диспаша
bank ~ выписка из банковского счета
bank reconciliation ~ подтверждение правильности ведения банковского счета
budget ~ проект бюджета
carrier's ~ акт перевозчика (*об обнаружении дефектов или недостачи груза в пункте назначения*)
cash ~ кассовый отчет
chartering ~ фрахтовая смета
circulation ~ *амер.* отчет об обращении наличных средств
closing ~ заключительный отчет
comparative ~ сравнительный (сопоставительный) баланс компании за ряд последовательных лет
completion ~ заключительный счет при продаже недвижимости
consolidated ~ сводная консолидированная отчетность
consolidated financial ~ *см.* consolidated ~

STA

contract work ~ отчет о работе по договору
daily ~ ежедневный отчет
damage ~ дефектная ведомость
departmental ~ цеховая смета производственных затрат
detailed ~ подробный баланс
draft average ~ проект диспаши
earnings ~ учет прибылей и убытков
examiners' ~ акт экспертизы
experts' ~ *см.* examiners' ~
final ~ окончательная смета
financial ~ финансовый отчет за определенный период
funds flow ~ отчет об источниках и использовании средств; отчет о движении фондов
general ~ генеральный акт
general average ~ аварийный акт
income ~ отчет о доходах; отчет о прибылях и убытках
interest ~ расчет процентов
interim ~ промежуточный отчет
interim financial ~ промежуточный финансовый отчет
joint ~ совместное заявление
liquidation ~ ликвидационный отчет
manufacturer's ~ заводской акт
manufacturing ~ производственный баланс
monthly ~ ежемесячный отчет
objective ~ пообъектный [бухгалтерский] отчет
operating ~ 1) отчет о прибылях и убытках 2) отчет о производственных расходах
outturn ~ ведомость выгруженного товара
preliminary ~ предварительное заявление
premium ~ расчет премий
profit and loss ~ отчет о прибылях и убытках
proforma financial ~ предварительный финансовый отчет
project ~ задание на проектирование
proxy ~ заявление о доверенности
purchase and sale ~ выписка о покупках и продажах, представляемая фьючерским брокером клиенту
quarterly ~ квартальный отчет
reconciliation ~ подтверждение клиентом правильности ведения банковского счета

record ~ опись материалов
record group ~ опись материалов по группам
registration ~ *амер.* регистрационный документ, представляемый в Комиссию по ценным бумагам и биржам
remittance ~ извещение о переводе
salvage ~ распределение вознаграждения за спасение
securities trading ~ подготовленная брокером выписка об операциях клиента
statistical ~ статистический отчет
sworn ~ заявление под присягой
verification ~ подтверждение сальдо
work ~ отчет о работе
written ~ письменное заявление
~ by witness показание свидетеля
~ for the press заявление для прессы
~ of account выписка из банковского лицевого счета клиента
~ of accounts отчет о состоянии счетов
~ of affairs отчет о результатах ревизии
~ of assets and liabilities *амер.* бухгалтерский баланс
~ of average диспаша
~ of the bank отчет о состоянии счетов
~ of charges расчет издержек
~ of claim заявление претензии
~ of condition документ о финансовом состоянии компании на определенную работу
~ of corrections ведомость исправлений
~ of costs расчет издержек
~ of damage 1) дефектная ведомость 2) протокол аварии
~ of deposit выписка о состоянии депозитного счета
~ of equipment инвентарная ведомость
~ of expenses расчет издержек
~ of goods ведомость наличных товаров
~ of income *амер.* счет прибылей и убытков
~ of interest расчет процентов
~ of operating results *амер.* отчет о результатах
~ of operations счет прибылей и убытков
~ of prices прейскурант

~ of a problem постановка задачи
~ of profit and loss счет прибылей и убытков
~ of retained earnings отчет о нераспределенной прибыли
~ of shortage акт о недостаче
~ of source and application of funds отчет о фондах и их использовании
~ of value стоимостные данные
~ of work отчет о работе
◇ as per enclosed ~ согласно приложенному счету
to bear out a ~ подтверждать показание под присягой
to contest a general ~ оспаривать диспашу
to contradict a ~ отказываться от заявления; опровергать заявление
to draw a ~ of account делать выписку из лицевого счета
to draw up a ~ составлять ведомость
to file a ~ of claim составлять исковое заявление
to issue a ~ публиковать заявление
to make a ~ делать заявление
to make up a ~ составлять ведомость
to make up an average ~ составлять диспашу
to prepare a general ~ подготавливать диспашу
to render a ~ предоставлять баланс
STATE-OWNED *adj* государственный, принадлежащий государству
STATER *n:*
average ~ диспашер
STATION *n* 1. место; стоянка 2. станция; железнодорожная станция; вокзал 3. авиабаза 4. *амер.* почтовое отделение 5. общественное положение
border ~ пограничная станция
cargo ~ грузовая станция
central ~ центральная станция
customs ~ 1) таможенный пункт 2) таможенный склад
delivery ~ станция поставки
dispatch ~ станция отправления
dispatching ~ *см.* dispatch ~
entry ~ пограничная железнодорожная станция для въезда в страну
farm ~ сельскохозяйственная станция
filling ~ автозаправочная станция
fire ~ пожарная станция
forwarding ~ станция отправления
freight ~ грузовая станция

STA

frontier ~ пограничная станция
full-service ~ станция автообслуживания с полным набором услуг
gas ~ *амер.* автозаправочная станция
gasoline service ~ *см.* gas ~
goods ~ товарная станция
harbour ~ морской вокзал
health ~ медпункт
intermediate ~ промежуточная станция
junction ~ узловая станция
loading ~ станция погрузки
local ~ остановочный пункт
main ~ главная станция
medical ~ медпункт
medical-aid ~ *см.* medical ~
originating ~ станция отправления
quarantine ~ карантинный пункт
passenger ~ пассажирская станция
petrol ~ автозаправочная станция
power ~ электростанция
principal ~ главная станция
railroad ~ *амер.* железнодорожная станция
railway ~ *см.* railroad ~
relay ~ передающая станция
repair ~ ремонтная мастерская (*в цехе*)
service ~ станция обслуживания
shipping ~ станция отправления
space ~ космическая станция
starting ~ станция отправления
terminal ~ конечная станция
through ~ промежуточная станция
trading ~ торговое агентство
transhipment ~ перевалочная станция
transhipping ~ *см.* transhipment ~
transit ~ транзитная станция
veterinary ~ ветеринарный пункт
way ~ *амер.* промежуточная станция
~ of arrival станция прибытия
~ of departure станция отправления
~ of destination станция назначения
~ of origin станция отправления

STATIONARY *adj* постоянный, неизменный, устойчивый, стабильный

STATIONERY *n амер.* канцелярские товары

STATIST *n* статистик

STATISTIC *n* 1. *обыкн. pl* статистика 2. статистик
  accident ~s статистика несчастных случаев
  actuarial ~s статистика страхования
  area ~s территориальная статистика
  banking ~s статистика банковских операций

STA

banking and monetary ~s статистика банковских и денежных операций
business ~s коммерческая статистика
commercial ~s коммерческая статистика, торговая статистика
comparative ~s сравнительная статистика
criminal ~s статистика преступности; уголовная статистика
demographic ~s демографическая статистика
economic ~s хозяйственная статистика
efficient ~ 1) эффективная оценка 2) *pl* эффективная статистика
employment ~s статистика занятости
financial ~s финансовая статистика
foreign trade ~s внешнеторговая статистика
general ~s общая статистика
health ~s медицинская статистика
housing ~s жилищная статистика
industry ~s статистика отраслей экономики
information ~s информационная статистика
insurance ~s статистика страхования
labour ~s статистика труда
loss ~s статистика страховых случаев
management ~s статистика фирмы, предприятия
mathematical ~s математическая статистика
migration ~s статистика миграции
monetary ~s валютная статистика
mortality ~s статистика смертности
national income ~s статистика национального дохода
occupation ~s статистика профессиональной занятости
official ~s официальная статистика
operational ~s статистика фирмы, предприятия
patent ~s патентная статистика
plant ~s внутризаводская статистика
population ~s демографическая статистика
product ~s статистика изделий
profits ~s статистика прибылей
published ~s публикуемая статистика
quality ~s статистика качества
quantity ~s количественная статистика

reported ~s публикуемая статистика
sales ~s статистика сбыта
summary ~s сводная статистика
trade ~s торговая статистика
transport ~s статистика транспорта
vital ~s демографическая статистика
world ~s мировая статистика
STATISTICAL *adj* статистический
STATISTICIAN *n* статистик
STATUS *n* 1. общественное положение 2. *юр.* статус; гражданское состояние 3. состояние
acceptability ~ соответствие изделия предъявляемым требованиям
activity ~ род деятельности
citizenship ~ гражданство
civil ~ семейное положение
commercial ~ коммерческий статус
credit ~ показатель кредитоспособности
delivery ~ статус поставки
disability ~ нетрудоспособность
economic ~ экономическое положение
educational ~ образовательный уровень
employment ~ занятость
ethnic ~ национальность
financial ~ финансовое положение
inactive ~ положение безработного
interim ~ временный статус
inventory ~ состояние запасов
legal ~ правовой статус
marriage ~ семейное положение
marital ~ *см.* marriage ~
military ~ отношение к военной службе
Most Favoured Nation S. режим наибольшего благоприятствования
national ~ гражданство
price ~ статус цены
social ~ общественное положение; социальное положение
stock ~ состояние запасов
work ~ занимаемая должность
~ in employment степень занятости; нагрузка
~ of a firm статус фирмы
~ of mutual accounts состояние взаимных расчетов
STATUTE *n* 1. *юр.* статут, законодательный акт 2. устав
bankruptcy ~ правила объявления банкротства
common law ~ законы обычного права

patent ~ патентный закон
penal ~ уголовный закон
statutes at large свод законов
~ of association устав акционерного общества
~ of limitation закон об исковой давности
◇ to be within the ~ подпадать под закон
to come under the ~ *см.* to be within the ~
to fall under the ~ of limitation терять силу за давностью, подпадать под действие закона об исковой давности
to fall within the ~ of limitation *см.* to fall under the ~ of limitation
STATUTE *adj* законный, легальный
STATUTORY *adj* установленный законом, подлежащий исполнению согласно закону
STAY *n* задержка; остановка
~ of execution *юр.* приостановление исполнения решения
~ of proceedings *юр.* приостановление производства по делу
STEADINESS *n* устойчивость, стабильность (*о ценах*)
STEADING *n* земельный участок; ферма, усадьба
STEADY *adj* устойчивый, стабильный (*о ценах*)
STEADY *v* укреплять; стабилизировать
STEAMBOAT *n* пароход
STEAMER *n см.* STEAMBOAT
STEAMSHIP *n см.* STEAMBOAT
STEEL *n* 1. сталь 2. *амер.* акции сталелитейных компаний
STEEP *adj* чрезмерный, завышенный (*о ценах*)
STEERAGE *n* наиболее дешевые места на пассажирском судне, палубные места
STELLAGE *n* стеллаж (*вид биржевой сделки*)
STEP *n* 1. стадия; этап; ступень 2. мера, шаг 3. операция 4. повышение по службе
immediate ~s безотлагательные меры
prompt ~s срочные меры
urgent ~s *см.* prompt ~s
◇ by ~ постепенно, шаг за шагом
to take legal ~s передавать дело в суд
STEPPING-UP *n* увеличение, расширение
~ of production увеличение производства

STEP-UP *n амер.* повышение
STERLING *n* 1. английская валюта; фунт стерлингов 2. серебро установленной пробы
  pound ~ фунт стерлингов
STEVEDORAGE *n* работы по погрузке и выгрузке, стивидорные работы
STEVEDORE *n* стивидор, портовый грузчик
STEVEDORE *v* грузить или разгружать корабль
STEVEDORING *n*:
  cargo ~ обработка грузов
STEWARD *n* 1. заведующий хозяйством, завхоз 2. распорядитель
  land ~ управляющий имением
  shop ~ избранный представитель профсоюзной организации цеха
  union ~ *амер. см.* shop ~
STICK *v* наклеивать, приклеивать
STICKER *n* 1. этикетка, ярлык 2. афиша 3. штрафная наклейка на ветровом стекле автомашины
STICKINESS *n* негибкость, неподвижность
  price ~ негибкость цен
STICKY *adj* 1. липкий 2. труднореализуемый
STIFFEN *v* повышаться (*о цене*)
STIFFENING *n* повышение (*о ценах*)
  ~ of prices повышение цен
STIMULANT *n* стимулирующее средство, стимулятор
  sales ~ стимулятор сбыта
STIMULATE *v* 1. поощрять 2. стимулировать
STIMULATION *n* 1. стимулирование 2. поощрение
  ~ of industry стимулирование промышленности
STIMULUS *n* стимул, побудительная причина
STIPEND *n* 1. регулярное пособие, пенсия 2. *амер.* стипендия
STIPULATE *v* оговаривать, ставить условием
STIPULATION *n* оговорка, условие 2. соглашение
  ~ of conditions определение условий
  ~s of a contract условия контракта
STOCK *n* 1. запас, резерв, фонд 2. ассортимент (*товаров*) 3. инвентарь, имущество 4. сырье 5. капитал; *амер.* акционерный капитал 6. *амер.* акция, акции 7. ценные бумаги; облигации 8. пай; денежный фонд; оборотный капитал торговой фирмы 9. парк (*автомобилей, вагонов*) 10. скот; поголовье скота
  accounting ~ учтенный запас
  accumulated ~s накопившиеся запасы
  accumulative ~s *см.* accumulated ~s
  active ~ акции, котирующиеся ежедневно в газетах
  air pocket ~ акция, резко падающая в цене после сообщений неблагоприятного характера
  assented ~ согласованные акции, владельцы которых согласились на изменение условий выпуска
  authorized ~ разрешенный капитал
  authorized capital ~ уставный капитал
  bank ~ *амер.* акционерный капитал банка; *брит.* капитал Банка Англии
  barometer ~ акция, цена которой отражает состояние конъюнктуры рынка
  basic ~ базовый запас
  bearer ~ акция на предъявителя
  bellweather ~s наиболее прибыльные акции, определяющие движение цен на фондовой бирже
  bonus ~ бесплатная акция
  breeding ~ племенной скот
  buffer ~ резервный запас
  cabinet ~ *амер.* ценная бумага с незначительным оборотом
  callable preferred ~ отзывная привилегированная акция
  capital ~ 1) *амер.* акционерный капитал 2) основные фонды за вычетом амортизации и списаний
  carry-over ~s переходящие запасы
  cash ~ запас, резерв денег
  certificated ~s товары, прошедшие проверку и признанные годными к поставке
  certified ~s *см.* certificated ~s
  classified ~s классифицированные акции
  closed ~ остаток, сальдо
  closing ~ запас в конце отчетного периода
  commodity ~s товарные запасы
  common ~ обыкновенная акция
  consignment ~ консигнационный склад

consolidated ~s государственные ценные бумаги
consumable ~ расходуемый запас
consumed ~ см. consumable ~
contingency ~ резервный запас на случай непредвиденных обстоятельств
control ~ участие в капитале компании, дающее право контроля за ее деятельностью
conversion ~s *брит.* правительственные облигации, выпущенные для замены старых
convertible ~ конвертабельные акции (обмениваемые на другие)
corporation ~ 1) акционерный капитал корпорации 2) *брит.* облигации местных органов власти
credit ~ товар, продаваемый в кредит
cumulative ~ кумулятивные акции
cumulative preferred ~ *амер.* кумулятивные привилегированные акции
curb ~ акции, котирующиеся на неофициальной бирже
cushion ~ резервный запас
cyclical ~s циклические ценные бумаги
dated ~ ценная бумага с фиксированным сроком погашения
dead ~ 1) товар, не пользующийся спросом 2) неизрасходованный запас
debenture ~ 1) ценная бумага без специального обеспечения 2) *амер.* привилегированные акции
defensive ~ защищенные акции
deferred ~ отсроченная акция
deliverable ~s товары, прошедшие проверку на качество и признанные годными к поставке
distributed ~s производственные запасы у потребителей
distributing ~ товарный склад; сбытовая база
distribution ~ пакет акций, продаваемых таким образом, чтобы не сбить цену
dividend-paying ~ ценные бумаги, приносящие дивиденд
dollar ~ ценные бумаги США и Канады
donated ~ полностью оплаченные акции, возвращенные эмитенту в качестве дара

emergency ~ неприкосновенный запас
equity ~ обыкновенная акция
excess ~ избыточный запас
excessive ~ см. excess ~
exhausted ~ исчерпанный запас
existing ~s существующие запасы
extra ~ дополнительный запас
factory ~ заводской запас
fancy ~s *амер.* сомнительные ценные бумаги
farm ~ 1) поголовье скота 2) сельскохозяйственный инвентарь
feed ~ сырье, идущее на переработку
final ~ конечный запас
finished ~ запас готовой продукции
firm ~ надежная ценная бумага
fixed capital ~ основной капитал
floating ~ оборотный капитал
fluctuation ~ резервный запас на случай колебаний спроса
food ~s запасы продовольствия
foreign ~ иностранные акции
founders' ~ учредительские акции
free ~ неизрасходованный запас
fully paid ~ полностью оплаченные акции
fully paid-up ~ см. fully paid ~
general ~ *амер.* обыкновенные акции
gilt-edged ~ первоклассные акции надежных компаний
glamour ~ акции, пользующиеся повышенным спросом, выигрышные акции
go-go ~ 1) акции, пользующиеся повышенным спросом 2) ходовой товар
gold ~ золотой запас
gold reserve ~ см. gold ~
government ~s правительственные облигации и ценные бумаги с государственной гарантией
gross ~ брутто-запас
growth ~ акции, цена которых повышается
guaranteed ~ *амер.* привилегированные акции с гарантированной выплатой дивидендов
half ~ *амер.* обыкновенная или привилегированная акция с номиналом в 50 долларов
hauling ~ подвижной состав
heavy ~ большой запас
high-flying ~s акции, высоко котирующиеся на бирже
hot ~s ценные бумаги, которые, как

STO

ожидается, будут пользоваться большим спросом
inactive ~ 1) неходовые акции 2) неходовой товар
incoming ~s вновь прибывающие товары
industrial ~ акции промышленных предприятий
initial ~ начальный запас
inscribed ~ ценные бумаги, существующие только в записи в регистре; именные ценные бумаги
insurance companies' ~ акции страховых компаний
intangible capital ~ фонд нематериальных капитальных активов
international ~s ценные бумаги, обращающиеся на международных рынках
interprocess ~ запасы на цеховых складах
irredeemable ~ бессрочная правительственная облигация
issued ~ выпущенные акции
joint ~ акционерный капитал
landed ~s выгруженные товары
large ~ большой запас
leveraged ~ ценные бумаги, купленные в кредит
limited-life preferred ~ привилегированные акции с ограниченным сроком обращения
listed ~ акции, котирующиеся на фондовой бирже
loan ~ 1) необеспеченная облигация 2) залоговый запас
loaned ~ полученные брокером взаймы ценные бумаги для покрытия обязательств по «коротким» продажам
long ~ акции, купленные при игре на повышение
low ~s незначительные запасы
low-par ~ акция с небольшим номиналом
major ~s большие запасы
management ~ директорские акции
mining ~ акции горнодобывающих компаний
model ~ образцовый запас товаров
monetary ~ 1) запас денег 2) *амер.* общая сумма денег в обращении 3) капитал финансовых и страховых компаний
money ~ *см.* **monetary** ~
municipal ~ муниципальные облигации

STO

national ~s государственные запасы
nationalization ~ облигации национализированных предприятий
nonassented ~ облагации, держатели которых не согласились на изменение условий займа
noncumulative ~ некумулятивные акции
noncumulative preferred ~ некумулятивные привилегированные акции
nondistributed ~s производственные запасы у поставщиков
nonparticipating preferred ~ привилегированные акции, не дающие права на дополнительный дивиденд
nonvoting ~ неголосующая акция, акция, не дающая права голоса
no-par ~ акция без номинала
no-par value ~ *см.* **no-par** ~
old ~s старые запасы
open ~ товары, выставленные в витринах или на полках
opening ~ начальный запас
option ~s ценные бумаги с премией
ordinary ~ обыкновенные акции
original ~ акции первого выпуска
over-norm ~s сверхнормативные запасы
paid-up ~ полностью оплаченные акции
participating preferred ~ *амер.* привилегированные акции, дающие право на дополнительный дивиденд
partly paid ~ частично оплаченные акции
part-paid ~ *см.* **partly paid** ~
par value ~ акция с номиналом
penny ~ мелкие акции
performance ~ акции с потенциалом быстрого роста стоимости
permanent ~ неприкосновенный запас
physical ~ реальный запас
planned ~ плановый запас
pool ~ общие запасы
potential ~ потенциальный капитал, представляющий собой разницу между уставным капиталом и стоимостью выпущенных акций
preference ~ привилегированные акции
preferred ~ *амер. см.* **preference** ~
preferred ordinary ~ привилегированные обыкновенные акции
preferred redeemable ~ привилегированные акции, могущие быть предъявленными к погашению

prior preferred ~ *амер.* привилегированные акции, имеющие преимущество в случае ликвидации компании
privatization ~ акции приватизированных компаний
promoters' protection ~ *амер.* учредительские акции
protective ~ резервный запас
public ~s государственные ценные бумаги
quarter ~ *амер.* акция с номиналом в 25 долларов
railroad ~ акции железнодорожных компаний
registered ~ ценные бумаги, существующие только в записи в регистре; именные ценные бумаги
remaining ~s оставшиеся запасы
remnant ~ остаточный запас
reserve ~ резервный запас
residual ~ 1) остаточное сырьё 2) остаточный продукт
residue ~ остаточный запас, остаток запасов
retailers' ~ запасы в розничной торговле
rolling ~ подвижной состав
safety ~ резервный запас
security ~s гарантийные запасы
semiprocessed ~ запас полуфабрикатов
shelf ~s остатки товаров на полках магазина
silver ~ запас серебра
slow-moving ~ медленно расходуемые запасы
speculative ~ спекулятивные акции
standard ~s ценные бумаги ведущих компаний
standard inventory ~ стандартный уровень запасов
stapled ~ парные акции
strategic ~ стратегические запасы
street-name ~ акции, зарегистрированные на имя брокера
subscribed capital ~ неоплаченная доля акционерного капитала
substantial ~s большие запасы
surplus ~ избыточный запас
tangible capital ~ фонды материальных активов
tap ~s ценные бумаги, выпускаемые по мере спроса по установленной цене
total ~ общий запас

trading ~ товарный запас
transit ~ переходный запас
treasury ~s 1) *брит.* казначейские ценные бумаги 2) собственные акции компании
trust ~s акции в доверительном управлении
undated ~s бессрочные ценные бумаги без фиксированной даты погашения
underpriced privatization ~ обесцененные приватизационные акции
unlisted ~ ценные бумаги, которые не котируются на основной бирже
unregistered ~ облигация, официально не зарегистрированная
unregulated ~ нерегулируемый запас
unsalable ~ залежалые товары
unsecured ~ необеспеченная облигация, предоставляемая взаймы на фондовом рынке
unvalued ~ акции без номинала
vast ~s большие запасы
voting ~ акция, дающая держателю право голоса
watered ~ разводнённый акционерный капитал
working ~ текущий запас
world food ~ мировые запасы продовольствия
~ in the bank банковские вклады
~s in the till деньги в кассе
~ in transit груз, находящийся в пути
~ of bills of exchange пакет векселей
~ of capital goods основной капитал
~ of commodities запас товаров
~ of equipment запасы оборудования
~ of gold запас золота
~ of goods запас товаров
~ of material запас материалов
~ of merchandise запас товаров
~ of orders портфель заказов
~ of products запас продуктов
~ of raw materials запасы сырья
~ of spare parts резерв запчастей
~ of tangible assets фонд материальных активов
~ of wealth накопленное богатство
~ on hand наличный запас
~ on order заказ, заказанная продукция
◊ from ~ со склада

to absorb ~s использовать ценные бумаги
to accumulate ~s создавать запас
to allot ~s распределять акции (*по подписке*)
to be in ~ иметься в наличии
to be long of ~ запасаться акциями
to be out of ~ не иметь в наличии
to bear the ~s продавать ценные бумаги или товары с целью понижения их цен и последующей покупки на более выгодных условиях
to bond a ~ закладывать имущество
to breed ~ разводить племенной скот
to build up ~s создавать запасы
to carry in ~ *амер.* иметь в наличии
to clear the ~s распродавать запасы
to deplete ~s истощать запасы
to dispose of ~s реализовывать запасы
to draw on ~s расходовать запасы
to float ~s выпускать акции
to have ~s иметь запасы
to have in ~ иметь в наличии, иметь на складе
to hold a ~ держать запас товара
to hold in ~ иметь в наличии, иметь на складе
to increase the capital ~ увеличивать акционерный капитал
to issue ~s выпускать акции
to keep a ~ держать запас товара
to keep goods in ~ держать товар на складе
to lay in ~ создавать запасы
to order from ~ заказывать со склада
to pay off ~s погашать акции
to raise ~ разводить скот
to recall ~s изымать акции
to renew ~s пополнять запасы
to replenish ~s *см.* to renew ~
to run down ~s сокращать запасы
to sell from ~ продавать со склада
to speculate in ~s and shares спекулировать ценными бумагами
to split ~s дробить акции
to subscribe for ~s подписываться на акции
to supply from ~ поставлять со склада
to take ~ переучитывать (*товары*)
to take in ~ принимать на склад
to withdraw ~s изымать запасы

STOCKBREEDING *n* скотоводство, животноводство
STOCKBROKER *n* биржевой брокер
STOCKBROKERAGE *n* осуществление операций на фондовой бирже
STOCKBROKING *n см.* STOCKBROKERAGE
STOCKBUILDING *n* создание запасов
STOCKHOLDER *n* акционер; пайщик
  chief ~ главный акционер
  controlling ~ держатель контрольного пакета акций
  major ~ крупный акционер
  majority ~ держатель контрольного пакета акций
  nonresident ~ иностранный акционер
  preferred ~ привилегированный акционер, держатель привилегированных акций
  principal ~ крупный акционер
  registered ~ зарегистрированный акционер
STOCKHOLDING *n* 1. владение акциями 2. пакет акций
STOCKING *n* накопление, создание товарных запасов
  full ~ создание полного запаса
  shelf ~ пополнение запаса на полках
STOCK-IN-TRADE *n* товарный запас
STOCKIST *n* стокист
STOCKJOBBER *n* биржевой брокер, совершающий операции за свой счет
STOCKJOBBERY *n* спекулятивные сделки с ценными бумагами
STOCKJOBBING *n см.* STOCKJOBBERY
STOCKKEEPER *n* кладовщик; заведующий складом
STOCKLIST *n* биржевой бюллетень
STOCKNOTE *n* стокнота (*спецификация на пиломатериалы*)
STOCKOUT *n* дефицит, отсутствие запасов
  total ~ фактический дефицит
  virtual ~ *см.* total ~
STOCKOWNER *n* акционер
STOCKPILE *n* запас, резерв
  national ~ государственные запасы
  ~s of cargo накопление грузов в порту
STOCKPILE *v* 1. складировать 2. накапливать, делать запасы
STOCKPILING *n* 1. накопление, создание запасов 2. складирование

STOCK-ROOM *n* 1. склад 2. торговое помещение

STOCK-SPLIT *n* дробление акций компании

STOCKTAKING *n* 1. инвентаризация; переучет товара 2. пополнение запасов

   annual ~ ежегодная инвентаризация
   continuous ~ постоянная инвентаризация
   perpetual ~ непрерывное пополнение запасов

STOCKTURN *n* оборачиваемость товарных запасов

STOCKYARD *n* 1. склад 2. шихтовый двор 3. рудный двор 4. скотобаза

STOP *n* остановка, задержка
   bus ~ автобусная остановка
   price ~ замораживание цен
   wage ~ замораживание заработной платы
   ◇ to sell at ... ~ продавать ценные бумаги на бирже по достижении определенного уровня цены
   to bring to a ~ прекращать

STOP *v* приостанавливать; прекращать

STOP-GO *n* экономическая политика, характеризующаяся чередованием ограничений и стимулирования деловой активности

STOP-OFF *n* остановка в пути (с сохранением права использования билета)

STOPOVER *n* см. STOP-OFF

STOPPAGE *n* 1. остановка, задержка 2. забастовка 3. приостановление платежей 4. вычет, удержание
   unforeseen ~ непредвиденная задержка
   work ~ прекращение работы
   ~ in transit задержка груза в пути следования
   ~ of business прекращение работы
   ~ of credit кредитная блокада; прекращение выдачи кредитов
   ~ of deliveries прекращение поставок
   ~ of lending прекращение выдачи кредитов
   ~ of payments приостановка платежей
   ~ of service прекращение обслуживания
   ~ of trade прекращение работы
   ~ of traffic затор в уличном движении
   ~ of work прекращение работы
   ~ on wages удержание из заработной платы

STORABLE *adj* непортящийся, способный хорошо храниться

STORAGE *n* 1. хранение; складирование 2. хранилище; склад 3. площадь склада или хранилища 4. плата за хранение; складские расходы
   additional ~ дополнительное хранилище
   adequate ~ соответствующее хранилище
   awaiting-repair ~ хранение требующих ремонта изделий, хранение ремонтного фонда
   bonded ~ хранение на таможенном складе
   bulk ~ бестарное хранение, хранение навалом или насыпью
   cargo ~ грузовой склад
   carryover ~ хранение с переходящим остатком
   dead ~ 1) длительное хранение 2) резервный склад
   disorderly ~ небрежное хранение
   extended ~ длительное хранение
   freight ~ грузовой склад
   ground ~ хранение под открытым небом
   inadequate ~ несоответствующее хранение
   indefinite ~ длительное хранение
   indoor ~ хранение в закрытом помещении
   in-process ~ хранение полуфабрикатов
   limited ~ ограниченное хранение
   live ~ склад текущего расхода
   long-time ~ длительное хранение
   negligent ~ небрежное хранение
   normal ~ нормальное хранение
   oil ~ нефтехранилище
   open ~ открытая площадка для складирования
   open air ~ хранение под открытым небом
   outside ~ см. open air ~
   parts ~ хранение запчастей
   prolonged ~ длительное хранение
   proper ~ соответствующее хранение
   shelf ~ хранение на складе
   short-term ~ кратковременное хранение
   small-lot ~ хранение товаров малыми партиями

standard ~ нормальное складирование
standby ~ резервное хранение
stationary ~ длительное хранение
temporary ~ временное хранение
terminal ~ хранение у терминала
warehouse ~ складское хранение
~ in bags хранение в мешках
~ of cargo хранение груза
~ of goods хранение товаров
~ of materials and products складирование материалов и изделий
~ of spare parts хранение запчастей
~ on hand количество товара на складе
◇ ~ free бесплатное хранение
to accept for ~ принимать на хранение
to arrange ~ обеспечивать складирование
to provide ~ *см.* to arrange ~
to put in ~ помещать на склад
to turn in for ~ сдавать на склад

STORE *n* **1.** запас, резерв **2.** *pl* материально-производственные запасы **3.** хранилище, склад **4.** *амер.* лавка, магазин **5.** универсальный магазин

appraiser's ~ *амер.* таможенный склад для оценки поступающих товаров
automated ~ 1) автоматизированный склад 2) *амер.* магазин-автомат
bantam ~ *амер.* крошечный магазин продовольственных товаров с самообслуживанием
basement ~ *амер.* отдел универсального магазина в подвальном помещении
bonded ~ *амер.* приписной таможенный склад
branch ~ филиал
bulk ~ склад для навалочного груза
bulk goods ~ *см.* bulk ~
cash and carry ~ оптовая торговля со склада за наличные
chain ~ сеть магазинов общего подчинения
combination ~ магазин по продаже смешанных товаров
company ~ фирменный магазин
convenience ~ магазин товаров повседневного спроса
cooperative ~ кооперативный магазин
customs ~ таможенный склад
department ~ универмаг
department branch ~ *амер.* филиал универмага

dime ~ *амер.* магазин дешевых товаров
discount ~ магазин, торгующий по сниженным ценам
drive-in ~ *амер.* магазин самообслуживания для владельцев автомашин
drug ~ *амер.* аптека
dry cleaning ~ предприятие химчистки
emergency ~ неприкосновенный запас, аварийный запас
empties ~ склад тары
export sample ~ склад экспортных образцов
family-operated ~ магазин, обслуживаемый членами одной семьи
food ~ *амер.* продовольственный магазин
forward ~ склад посылочной торговли
free port ~ склад в вольной гавани
general ~ *амер.* магазин со смешанным ассортиментом товаров
general merchandise group ~ *см.* general ~
grocer's ~ магазин бакалейных товаров
grocery ~ *см.* grocer's ~
independent ~ автономный магазин
industrial ~ магазин при промышленном предприятии
industrial retail ~ *см.* industrial ~
joint department ~ универмаг, организованный рядом специализированных предприятий
junior department ~ небольшой магазин с ограниченным ассортиментом
limited line ~ магазин с ограниченным ассортиментом, представленным товарами какой-л. отрасли
limited price ~ *амер.* магазин стандартных цен
main ~ главный склад
material ~ производственные запасы
membership ~ 1) *брит.* магазин потребительского общества 2) закрытый магазин, магазин для определенного круга покупателей
midget ~ крошечный магазин
multiple ~ сеть магазинов цепного подчинения
nonservice ~ магазин самообслуживания
off-center ~ магазин розничной торговли на окраине города
one price ~ магазин стандартных цен

operation material ~s склад производственных материалов
outware ~ магазин готового платья
parent ~ центральный магазин
proprietary ~ частный магазин
public ~ государственный таможенный склад
push-button ~ магазин-автомат
quay ~ портовый склад
ready-to-wear ~ магазин готового платья
retail ~ магазин розничной торговли
secondhand ~ *амер.* магазин подержанных вещей
self-service ~ магазин самообслуживания
ship's ~s судовые запасы
single-line ~ *амер.* специализированный магазин
spare parts ~ склад запчастей
specialized ~ специализированный магазин
specialty ~ *см.* specialized ~
variety ~ небольшой магазин по продаже продовольственных, галантерейных или хозяйственных товаров
village ~ сельский магазин
wholesale ~ оптовый магазин
~ for goods in transit перевалочный склад
◇ ex ~ со склада
to have in ~ иметь на складе
to hold goods in ~ держать товар на складе
to keep in ~ держать про запас
to lay a ~ делать запас
to protect ~s предохранять запасы
to put in ~ складировать
to set up a ~ хранить на складе
to take in a ~ делать запас
to take out of ~ забирать со склада

STORE *v* 1. хранить; складировать 2. запасать

STORED *adj* находящийся на складе, складированный

STOREHOUSE *n* склад; хранилище
automated ~ механизированный склад
central ~ центральный склад
consignment ~ консигнационный склад

STOREKEEPER *n* 1. управляющий складом 2. работник склада

STOREKEEPING *n* хранение запасов

STORING *n* хранение; складирование
~ of empty cases хранение порожней тары
~ of goods хранение товаров

STOW *v* укладывать, размещать (*груз*)

STOWAGE *n* укладка груза, штивка
bulk ~ погрузка навалом, насыпью
~ of cargo укладка груза

STOWDOWN *n* укладка груза на борту судна или в трюме, штивка

STOWER *n* укладчик груза, грузчик

STOWING *n* укладка, размещение груза, штивка
~ of cargo укладка груза

STRADDLE *n* 1. одновременная покупка одного товара с продажей другого 2. *бирж.* двойной опцион, стеллаж
long ~ одновременная покупка опционов «пут» и «колл» с одинаковыми ценами и сроками исполнения
short ~ одновременная продажа опционов «пут» и «колл» с одинаковыми ценами и сроками исполнения
tax ~ комбинирование опционов и фьючерсов для уменьшения налогообложения

STRAIGHT *adj* 1. простой, обычный 2. объективный; честный

STRAIGHT-LINE *adj* прямолинейный; поточный

STRAIN *n* 1. напряжение, перегрузка; переутомление 2. механическая деформация
social ~ социальная напряженность
~ on credit стеснение кредита
~ on liquidity нехватка ликвидности

STRANGLE *n* покупка или продажа опционов на одни и те же ценные бумаги с разными ценами и одинаковыми сроками исполнения
long ~ одновременная покупка опционов «пут» и «колл» с разными ценами и одинаковыми сроками исполнения
short ~ одновременная продажа опционов «пут» и «колл» с разными ценами и одинаковыми сроками исполнения

STRAP *n* 1. ремень 2. *мор.* строп 3. *бирж.* тройной опцион

STRAP *v* 1. стягивать ремнем 2. *мор.* стропить

STRAPPING n 1. крепление 2. *мор.* строповка
STRATEGIC adj стратегический
STRATEGY n стратегия; оперативное искусство
  advertising ~ стратегия рекламы
  bargaining ~ стратегия переговоров
  behaviour ~ стратегия поведения
  bidding ~ стратегия торгов
  business ~ стратегия коммерческой деятельности
  forecasting ~ стратегия прогнозирования
  forward ~ наступательная стратегия
  management ~ стратегия управления производством
  marketing ~ стратегия маркетинга
  monopoly ~ монополистическая стратегия
  order ~ порядок подачи заказов
  ordering ~ *см.* order ~
  production ~ 1) производственная стратегия 2) технологическая концепция
  replacement ~ стратегия замены; стратегия обновления
  scheduling ~ 1) стратегия календарного планирования 2) стратегия оперативного управления производством
  thrifty ~ экономичная стратегия
STRATIFICATION n стратификация, расслоение
  social ~ классовый состав населения
  ~ by size деление по величине
STREAM n поток
  migration ~ поток мигрантов
  migratory ~ *см.* migration ~
  reverse ~ обратный поток (*мигрантов*)
  ~ of refugees поток беженцев
  ~ of traffic транспортный поток
  ◇ to go on ~ *тех.* вступать в действие, в эксплуатацию
STREAMLINE v 1. упорядочивать; рационализировать 2. упрощать
STREET n 1. улица 2. неофициальная биржа
  business ~ торговая улица
  high ~ главная улица (*маленького города*)
  main ~ главная улица
  one-way ~ улица с односторонним движением
  principal ~ главная улица
  shopping ~ торговая улица
  through ~ *амер.* улица сквозного движения
STRENGTH n 1. прочность; крепость 2. эффективность 3. численность, количество
  bargaining ~ прочность позиции на торгах
  competitive ~ конкурентоспособность
  economic ~ 1) экономическая стабильность 2) экономический потенциал
  economical ~ *см.* economic ~
  effective ~ эффективность
  liquid ~ прочность ликвидной позиции
  reserve ~ превышение актива над краткосрочными обязательствами
  structural ~ прочность конструкции
STRENGTHENING n укрепление
  ~ of cooperation укрепление сотрудничества
  ~ of prices стабилизация цен
  ~ of relations укрепление связей
STRESS n давление, нажим; напряжение
  environmental ~ воздействие на окружающую среду, экологический стресс
  operating ~ рабочее напряжение
  ~ of competition воздействие конкуренции
  ◇ to stand the ~ выдерживать напряжение
STRETCH n 1. промежуток времени 2. отрезок; участок
  period ~ промежуток времени
STRETCH v растягивать, удлинять
STRETCHING-OUT n растягивание, удлинение
  ~ of payments продление срока платежей
STRETCH-OUT n *амер.* выполнение дополнительной работы без дополнительной оплаты
STRIKE n забастовка, стачка
  economic ~ экономическая забастовка
  general ~ всеобщая забастовка
  go-slow ~ забастовка в виде преднамеренного замедления темпа работы
  jurisdictional ~ юрисдикционная забастовка
  lightening ~ забастовка, начатая без предупреждения
  nationwide ~ общенациональная забастовка
  official ~ официальная забастовка
  organized ~ организованная забастовка
  outlaw ~ неофициальная забастовка
  protest ~ забастовка в знак протеста

quicky ~ *амер.* прекращение работы без предупреждения в знак протеста против действий администрации
sit-down ~ сидячая забастовка
slow-down ~ забастовка в виде преднамеренного замедления темпа работы
stay-down ~ сидячая забастовка
stay-in ~ *см.* stay-down ~
sympathetic ~ забастовка солидарности
sympathy ~ *см.* sympathetic ~
token ~ предупредительная (символическая) забастовка
unofficial ~ неофициальная забастовка
warning ~ предупредительная забастовка
wildcat ~ неофициальная забастовка
work-to-rule ~ забастовка в виде педантичного выполнения всех правил
◊ to be on ~ бастовать
to call a ~ объявлять забастовку
to call off a ~ прекращать забастовку
to come out on ~ бастовать

STRIKEBOUND *adj* охваченный забастовкой

STRIKEBREAKER *n* штрейкбрехер

STRIKER *n* забастовщик

STRIKING *n*:
~ of a balance подведение баланса

STRINGENCY *n* нехватка, недостаток денег
credit ~ стесненный кредит
financial ~ финансовая напряженность
foreign exchange ~ нехватка валюты
labour ~ нехватка рабочей силы
money ~ недостаток денег
~ in money *см.* money ~
~ on the money market напряженность на денежном рынке

STRINGENT *adj* стесненный, испытывающий денежный дефицит

STRIP *n* 1. удаление; сдирание; снятие верхнего слоя 2. покупка акции с целью получения дивиденда 3. форма тройного опциона
~ fishing хищнический лов рыбы
~ mining разработка недр открытым способом

STRIPE *n* полоса, полоска; лента
magnetic ~ магнитная полоса на обороте кредитной карточки с закодированной информацией для компьютера

STRIPPING *n* 1. *тех.* разборка; демонтаж 2. снятие, отделение; очистка
asset ~ поглощение компании путем распродажи не приносящих прибыли активов этой компании

bond ~ отделение купонов облигаций с целью торговли ими в качестве самостоятельных ценных бумаг
loan ~ продажа банковского кредита в форме краткосрочных элементов
~ of equipment разборка оборудования

STRONG *adj* 1. крепкий, прочный 2. устойчивый (*о ценах*) 3. растущий (*о ценах*)

STRONGROOM *n* особое помещение в банке для хранения ценностей и документов

STRUCTURE *n* 1. структура 2. сооружение; конструкция 3. здание, строение
age ~ возрастная структура
age ~ of assets возрастная структура активов
agrarian ~ аграрная структура
agricultural ~ *см.* agrarian ~
balance sheet ~ структура баланса
banking ~ банковская структура
budgetary ~ структура бюджета
business ~ структура предприятия
capital ~ структура капитала
class ~ классовая структура
commercial ~ торговое помещение и сооружения
customer salesforce ~ торговый аппарат, ориентированный на клиента
cost ~ структура затрат
demographic ~ демографическая структура
economic ~ структура экономики
export ~ структура экспорта
family ~ состав семьи
financial ~ финансовая структура
fixed ~s стационарные сооружения
government ~s правительственные здания и сооружения
group ~ групповая структура
hierarchial ~ иерархическая структура
import ~ структура импорта
industrial ~s промышленные здания и сооружения
job ~ 1) профессиональная структура 2) структура рабочих мест
management ~ управленческая структура
market ~ структура рынка
marketing ~ структура маркетинга
occupational ~ профессиональная структура
organizational ~ организационная структура
patent ~ патентная структура

payoff ~ структура платежей в погашение задолженности
population ~ состав населения
price ~ структура цен
producer salesforce ~ торговый аппарат, построенный по товарному принципу
realistic market ~ реалистическая рыночная структура
residential ~s жилые здания и сооружения
revenue ~ структура государственных доходов
reward ~ структура заработной платы; структура прибыли
simple capital ~ простое строение капитала
social ~ социальный строй
tax ~ структура налогообложения
territorial sales ~ торговый аппарат, построенный по территориальному признаку
wage ~ структура заработной платы
~ of a company структура фирмы
~ of earnings структура доходов
~ of economic management структура хозяйственного управления
~ of economy структура экономики
~ of exports структура экспорта
~ of imports структура импорта
~ of industry структура промышленности
~ of an organization структура организации
~ of output производственный профиль
~ of production структура производства
~ of rates структура тарифов
~ of society структура общества
~ of trade товарная структура торговли

STRUGGLE n борьба
business ~ конкуренция
class ~ классовая борьба
competitive ~ конкурентная борьба
economic ~ борьба в области экономики
export ~ экспортная конкуренция
~ for existence борьба за существование
~ for markets борьба за рынки

STUDY n 1. исследование, изучение; анализ 2. учение, занятия
analog ~ исследование методом моделирования
careful ~ тщательный анализ
case ~ анализ конкретного случая
check ~ контрольное исследование
comparative ~ сравнительное изучение
computer-aided ~ исследование с помощью ЭВМ
consumer ~ изучение потребительского спроса
demographic ~ демографическое исследование
design ~ конструкторская проработка
economic feasibility ~ анализ экономической целесообразности
economy ~ экономический анализ
empirical ~ эмпирическое исследование
engineering economy ~ технико-экономический анализ
environmental ~ исследование окружающей среды
experimental ~ экспериментальное исследование
feasibility ~ 1) разработка технико-экономического обоснования 2) технико-экономическое обоснование 3) анализ технической осуществимости проекта
field ~ полевое исследование
financial ~ финансовое исследование
in-depth ~ глубокий анализ
industry ~ изучение отрасли промышленности
market ~ изучение рынка
methods ~ изучение методов
model ~ исследование с помощью модели
on-site ~ изучение на месте
on-the-spot ~ см. on-site ~
population ~ демографическое исследование
preinvestment ~ анализ экономической целесообразности капиталовложений
production ~ исследование производственного цикла
retrospective ~ ретроспективное исследование
time ~ хронометраж
time and motion ~ хронометраж трудовых движений
work ~ технологическая проработка
◊ to carry out research ~ проводить изыскания
to conduct a ~ on smth проводить изучение *чего-л.*

STUDY v изучать, исследовать; анализировать

STUFF *n* 1. материал 2. сырье; полуфабрикат
money ~ денежный материал
STUFFER *n* непокрытый чек
STUMER *n* 1. фальшивый чек 2. поддельная монета 3. мошенник
STYLE *n* 1. стиль 2. сорт, вид, род 3. официально признанное наименование или торговый знак
business ~ деловой стиль
commercial ~ *см.* business ~
life ~ образ жизни
marketable ~ товарный вид
old ~ устаревший стиль моды
SUBACCOUNT *n* субсчет
SUBAGENCY *n* субагентство
SUBAGENT *n* субагент
SUBCHARTER *n* субчартер, субчартер-партия, договор субфрахтования
SUBCHARTER-PARTY *n* *см.* **SUBCHARTER**
SUBCLAUSE *n* раздел параграфа
SUBCOMMITTEE *n* подкомитет
SUBCOMPANY *n* подконтрольная компания
SUBCONTRACT *n* договор с субподрядчиком
SUBCONTRACT *v* заключать договор с субподрядчиком
SUBCONTRACTING *n* заключение договора с субподрядчиком
SUBCONTRACTOR *n* субподрядчик
first-tier ~ субподрядчик первой ступени; предприятие, получающее субподряд от головной организации
lower-tier ~ субподрядчик низшей ступени; предприятие, получающее субподряд от субподрядчика более высокой ступени
second-tier ~ субподрядчик второй ступени; предприятие, получающее субподряд от субподрядчика первой ступени
SUBDIVIDE *v* подразделять
SUBDIVISION *n* подразделение
~s of profit компоненты прибыли
SUBEMPLOYMENT *n* неполная занятость
SUBGROUP *n* подгруппа
SUBHEADING *n* подзаголовок
SUB-INDEX *n* субиндекс, подстрочный индекс
SUBINDUSTRY *n* подотрасль
SUBJECT *n* 1. предмет, вопрос 2. предмет, дисциплина 3. подданный
foreign ~ иностранный подданный

natural-born ~ подданный по рождению
~ of an agreement предмет соглашения
~ of an application предмет заявки
~ of a contract предмет контракта, договора
~ of delivery предмет поставки
~ of discussion тема обсуждения
~ of an invention предмет изобретения
SUBJECT *adj* подлежащий
~ to зависящий, обусловленный
~ to authorization подлежащий утверждению, требующий специального разрешения
~ to call подлежащий возврату по первому требованию
~ to negotiation подлежащий согласованию
~ to redemption подлежащий погашению
~ to seasonal influences обусловленный сезоном
~ to taxation подлежащий налогообложению
SUBLEASE *n* субаренда
SUBLEASE *v* передавать в субаренду
SUBLET *n* субаренда
SUBLETTING *n* передача в субаренду
SUBLICENCE *n* сублицензия
SUBLICENSEE *n* сублицензиат
SUBLICENSOR *n* сублицензиар
SUBMANAGER *n* временно исполняющий обязанности управляющего
SUBMARGINAL *adj* субмаржинальный
SUBMARKET *n* субрынок
SUBMISSION *n* 1. представление, предъявление (*документов*) 2. *юр.* передача на рассмотрение
~ of an application подача заявления
~ of a claim предъявление претензии
~ of documents представление документов
~ of evidence предъявление доказательств
~ of samples представление образцов
~ of a tender представление заявки на участие в торгах
SUBMIT *v* 1. представлять, предъявлять (*документы*) 2. передавать на рассмотрение 3. подчиняться
SUBNET *n* подсеть
SUBOFFICE *n* субконтора
SUBOPTIMAL *adj* субоптимальный
SUBOPTIMIZATION *n* частичная оптимизация

SUB

SUBORDINATE *adj* 1. зависимый, подчиненный 2. второстепенный
SUBORDINATION *n* подчинение, зависимость
SUBPARAGRAPH *n* раздел параграфа
SUBPARTNERSHIP *n* участие в компании в качестве пассивного партнера
SUBPOENA *n* повестка, вызов в суд
SUBPOINT *n* подпункт
SUBPOPULATION *n* группа населения
SUBPROBLEM *n* частная проблема
SUBPROGRAMME *n* подпрограмма
SUBPURCHASER *n* перекупщик
SUBREGISTER *n* раздел реестра
SUBREQUIREMENT *n* частичное требование
SUBROGATION *n* суброгация
SUBROUTINE *n* подпрограмма
SUBSAMPLE *n* проба для составления представительного образца
SUBSCRIBE *v* 1. подписываться 2. жертвовать деньги 3. соглашаться присоединяться
SUBSCRIBER *n* подписчик
  ~ for a newspaper подписчик на газету
  ~ for shares подписчик на акции
  ~ to a loan подписчик на заем
SUBSCRIPTION *n* 1. подписка 2. стоимость подписки
  annual ~ ежегодная подписка
  initial ~ первоначальная подписка
  life ~ разовая подписка
  minimum ~ минимальная подписка
  ~ for a loan подписка на заем
  ~ for a periodical подписка на периодическое издание
  ~ for shares подписка на акции
  ~ for stocks *амер. см.* ~ for shares
  ~ to a loan подписка на заем
  ~ to a newspaper подписка на газету
  ~ to shares подписка на акции
  ~ to stocks *амер. см.* ~ to shares
  ◊ by ~ по подписке
  to be offered for ~ предлагать подписку
  to give up one's ~ отказываться от подписки
  to invite ~ for a loan предлагать подписку на заем
  to renew a ~ возобновлять подписку
  to sell on ~ продавать по подписке
  to take out a ~ for a newspaper *амер.* выписывать газету
SUBSHARE *n* часть акций иностранной компании

SUB

SUBSIDE *v* падать; ослабевать (*о ценах, спросе*)
SUBSIDENCE *n* спад, снижение; ослабление
SUBSIDIARITY *n* принцип, согласно которому решение хозяйственных проблем должно осуществляться в первую очередь на местном уровне
SUBSIDIARY *n* дочерняя компания; филиал
  banking ~ филиал банка
  branch ~ филиал фирмы
  foreign ~ заграничный филиал
  manufacturing ~ субпоставщик, поставщик промежуточной продукции
SUBSIDIZATION *n* субсидирование
SUBSIDIZE *v* субсидировать
SUBSID|Y *n* субсидия, дотация; денежное ассигнование
  budgetary ~ бюджетная субсидия
  export ~ экспортная субсидия
  family ~ пособие многодетным семьям
  government ~ государственная дотация
  industrial ~ies промышленные субсидии
  promotional ~ экспортная субсидия
  public ~ государственная субсидия
  rent ~ жилищная субсидия
  state ~ies государственные субсидии
  training ~ дотация на образование
  ~ for unprofitable services дотация неприбыльным предприятиям обслуживания
  ~ on exports экспортная субсидия
SUBSIST *v* 1. существовать 2. жить, кормиться
SUBSISTENCE *n* 1. существование 2. средства к существованию; содержание
  reasonable ~ средний прожиточный уровень
SUBSTANDARD *adj* нестандартный; некондиционный; некачественный
SUBSTANTIAL *adj* существенный, важный, значительный
SUBSTANTIATE *v* обосновывать, приводить доказательства
SUBSTANTIATION *n* обоснование, подтверждение правильности
SUBSTATION *n* подстанция
SUBSTITUTABILITY *n* заменяемость; взаимозаменяемость
SUBSTITUTE *n* 1. заменитель, суррогат 2. замена, субститут
  cheap ~ дешевый заменитель
  close ~ близкий субститут

SUB

distant ~ отдаленный субститут
money ~ заменитель денег
SUBSTITUTION *n* 1. замена; замещение 2. *юр.* субституция
import ~ замещение импорта производством внутри страны
material ~ замена материала
product ~ замена продукта
SUBSYSTEM *n* подсистема
SUBTASK *n* часть задания
SUBTENANCY *n* субаренда, поднаем
SUBTOTAL *n* промежуточный итог
SUBUNDERWRITER *n* вторичный гарант нового выпуска ценных бумаг, субандеррайтер
SUBURB *n* пригород, окраина
dormitory ~ жилая окраина, «спальный район»
SUBURBAN *n* житель пригорода
SUBURBAN *adj* пригородный, окраинный
SUBVENTION *n* субвенция
SUBWAY *n* 1. *амер.* подземная железная дорога 2. *брит.* подземный переход
SUCCESS *n* 1. успех, удача 2. процветание, благосостояние
business ~ деловой успех
sales ~ успешная продажа
~ in business успех в делах
SUCCESSION *n* 1. последовательность 2. *юр.* наследование; правопреемство
crop ~ севооборот
intestate ~ наследование при отсутствии завещания
legal ~ наследование по закону
natural ~ наследование по родству
partial ~ частичное наследование
perpetual ~ непрерывное правопреемство
testamentary ~ наследование по завещанию
vacant ~ неистребованное наследство
~ by inheritance *амер.* порядок наследования
~ in office преемственность на посту
~ in title правопреемство
~ of crops севооборот
~ of modes of production последовательность способов производства
~ to an office преемственность на посту
SUCCESSOR *n* правопреемник; наследник
SUE *v* предъявлять иск

SUM

SUFFICIENCY *n* достаточность; достаток
~ of documents полнота документов
~ of packing достаточность упаковки
SUFFICIENT *adj* достаточный
SUIT *n* 1. набор, комплект 2. иск; судебное дело
civil ~ гражданский иск
criminal ~ уголовное дело
nullity ~ дело о признании недействительным (*документа, брака*)
strike ~ иск, связанный с забастовкой
~ at law *амер.* гражданский процесс
~ for a debt иск в связи с задолженностью
◊ to bring a ~ against smb предъявлять иск кому-л.
to carry on a ~ вести процесс
to institute a ~ возбуждать иск
SUITABILITY *n* пригодность
◊ to evaluate the ~ оценивать годность
SUITABLE *adj* подходящий, соответствующий; годный
SUM *n* сумма, количество, итог
advance ~ авансовая сумма
agreed ~ согласованная сумма
available ~ сумма, имеющаяся в наличии, наличная сумма
check ~ контрольная сумма
contract ~ сумма контракта
deposited ~ депонированная сумма
equivalent ~ эквивалентная сумма
fixed ~ фиксированная сумма
flat ~ паушальная сумма
gross ~ общая сумма
guarantee ~ гарантийная сумма
guaranteed ~ гарантированная сумма
insurance ~ страховая сумма
insured ~ *см.* insurance ~
large ~ большая сумма
lump ~ единовременно выплачиваемая сумма, паушальная сумма
nominal ~ номинальная сумма
partial ~ часть суммы
principal ~ 1) основная сумма (*кредита, займа*) 2) сумма, выплачиваемая бенефициару по страховому полису
purchase ~ сумма покупки
recoverable ~ возмещаемая сумма
remaining ~ оставшаяся сумма
retention ~ гарантийная сумма
round ~ округленная сумма
substantial ~ значительная сумма
total ~ валовая сумма, общая сумма
uncalled ~ невостребованная сумма

~ in dispute спорная сумма
~ in excess излишняя сумма
~ in words сумма прописью
~ of collection сумма инкассо
~ of compensation сумма компенсации
~ of a contract сумма контракта
~ of credit сумма кредита
~ of currency сумма валюты
~ of earnest money сумма задатка
~ of expenses сумма расходов
~ of freight сумма фрахта
~ of indemnity сумма компенсации
~ of insurance страховая сумма
~ of interest сумма процентов
~ of a L/C сумма аккредитива
~ of money денежная сумма
~ of an order сумма заказа
~ of payment сумма платежа
~ of recovery сумма взыскания
◊ ~ assured страховая сумма
~ deposited депонированная сумма
~ due причитающаяся сумма
~ insured страховая сумма
~ of less than сумма менее, чем
~ owing причитающаяся сумма
~ paid выплаченная сумма
~ payable сумма, подлежащая уплате
~ receivable сумма, подлежащая получению
~ total общая, итоговая сумма
to allocate a ~ выделять сумму
to allow a ~ см. to allocate a ~
to assign a ~ ассигновывать сумму
to call in a ~ требовать возврата суммы
to charge a ~ to an account относить сумму на счёт
to come to a ~ составлять сумму
to determine a ~ определять сумму
to enter a ~ to smb's debit вносить сумму в дебет счета
to insure for a ~ страховать на сумму
to make up a ~ составлять сумму
to pay a ~ платить сумму
to pay out a ~ выплачивать сумму
to realize a ~ выручать сумму
to refund a ~ возмещать сумму
to reimburse a ~ см. to refund a ~
to remit a ~ перечислять сумму
to retain a ~ удерживать сумму
to return a ~ возвращать сумму
to subscribe to a ~ подписываться на сумму
to transfer a ~ переводить сумму
to work out at a ~ составлять сумму
SUM v суммировать; подводить итог
~ up см. SUM

SUMMARIZE v см. SUM
SUMMARY n краткое изложение, сводка, резюме
 annual ~ годовая сводка
 brief ~ краткое резюме
 financial ~ финансовая сводка
 income ~ суммарная сводка доходов
 labour cost distribution ~ ведомость затрат на рабочую силу
 news ~ сводка новостей
SUMMATION n суммирование
SUMMING-UP n суммирование
SUMMON v 1. вызывать (в суд) 2. созывать
SUMMONS n pl 1. вызов в суд 2. судебная повестка
 judgement ~ судебный приказ о вызове должника, не выполнившего вынесенное против него решение
 misfeasance ~ вызов в суд в связи с иском о злоупотреблении властью
SUMPTUARY adj касающийся расходов; регулирующий расходы
SUNDRIES n pl различные предметы, товары, всякая всячина
SUPERABUNDANCE n чрезмерное изобилие, избыток
 ~ of capital избыток капитала
SUPERANNUATION n 1. увольнение по старости; увольнение по выслуге лет 2. пенсия по старости; пенсия по выслуге лет
 ◊ entitled to ~ имеющий право на получение пенсии
SUPERBURDEN n чрезмерно высокие накладные расходы
SUPERCARGO n суперкарго (1. представитель фрахтователя на тайм-чартерном судне 2. представитель владельца груза, сопровождающий его в пути)
SUPERDIVIDEND n дополнительный дивиденд
SUPERETTE n суперетта, небольшой продовольственный магазин самообслуживания
SUPERFINE adj высшего качества
SUPERINTENDENT n управляющий, заведующий, руководитель, директор
 building ~ комендант здания
 inspection ~ начальник отдела технического контроля
 plant ~ начальник производственного отдела
 traffic ~ руководитель транспортной службы

~ of a port начальник порта
SUPERIOR adj 1. лучший, высшего качества, превосходный 2. высший (по должности или званию)
SUPERIORITY n 1. превосходство, преимущество 2. юр. преимущественное право
economic ~ экономическое превосходство
technological ~ технологическое превосходство
SUPERMARKET n супермаркет, универсам
SUPERMART n амер. см. SUPERMARKET
SUPERNORMAL adj необычный; превышающий норму
SUPERNUMERARY adj лишний, дополнительный; сверхкомплектный
SUPERPROFIT n сверхприбыль
SUPERSCRIBE v надписывать
SUPERSCRIPTION n надпись; адрес (на конверте или письме)
SUPERSEDE v заменять; смещать (с поста)
SUPERSESSION n замена; смещение; вытеснение
SUPERSIZE adj большегрузный
SUPERSTORE n универсам широкого профиля
SUPERSTRUCTURE n надстройка
SUPERTARE n сверхтара
SUPERTAX n 1. налог на сверхприбыль 2. дополнительный подоходный налог
SUPERVISE v наблюдать; контролировать; руководить
SUPERVISION n надзор, наблюдение; контроль; руководство
accounts ~ проверка счетов
bank ~ контроль над банковской деятельностью
contract ~ руководство монтажом, шефмонтаж
customs ~ таможенный контроль
engineering ~ технический контроль
government ~ государственный надзор
manufacturing ~ производственный контроль
operational ~ технико-эксплуатационный надзор
plant ~ производственный контроль
public ~ государственный контроль
state ~ см. public ~
technical ~ технический контроль
~ of commissioning руководство пуском в эксплуатацию

~ of erection надзор за выполнением монтажных работ
~ of loading контроль за погрузкой
~ of maintenance надзор за техническим обслуживанием
~ of manufacture производственный контроль
~ of premises охрана помещения
~ of tests надзор за испытаниями
~ of work контроль за работой
SUPERVISOR n инспектор, контролер
customs ~ таможенный инспектор
safety ~ инженер по технике безопасности
site ~ амер. прораб, производитель работ
traffic and transportation ~ начальник транспортного отдела
SUPPLEMENT n 1. дополнение 2. приложение
advertisement ~ рекламное приложение
advertising ~ см. advertisement ~
commercial ~ торговое приложение
contract ~ приложение к контракту
free ~ бесплатное приложение
newspaper ~ приложение к газете
special ~ специальное приложение
~ to a contract приложение к контракту
SUPPLEMENTARY adj дополнительный
SUPPLIER n поставщик, завод-поставщик, фирма-поставщик
big ~ крупный поставщик
competitive ~ конкурентоспособный поставщик
creative ~ поставщик, занимающийся самостоятельной разработкой новых видов продукции
exclusive ~ исключительный поставщик
foreign ~ иностранный поставщик
general ~ генеральный поставщик
leading ~ ведущий поставщик
local ~ местный поставщик
major ~ крупный поставщик
manufacturing ~ поставщик-изготовитель
overseas ~ заокеанский поставщик
principal ~ главный поставщик
sole ~ единственный поставщик
~ of capital фирма, предоставляющая капитал
~ of equipment поставщик оборудования

~ **of foodstuffs** поставщик продовольствия
~ **of goods** поставщик товаров
~ **of services** фирма, предоставляющая услуги

SUPPL|Y *n* **1.** снабжение, поставка **2.** *pl* запас, запасы, продовольствие, ресурсы **3.** *pl* денежное содержание **4.** предложение
  adequate ~ достаточная поставка
  aggregate ~ совокупное предложение товаров и услуг
  ample ~ies достаточный запас
  assured ~ies гарантированные поставки
  available ~ies наличные запасы
  balanced ~ комплектное снабжение
  competitive ~ предложение со стороны конкурентов
  complementary ~ies взаимодополняющие поставки
  composite ~ совокупное предложение
  contractual ~ies поставки по контракту
  credit ~ объём кредитных ресурсов
  critical ~ies критический уровень запасов
  currency ~ валютные поступления
  deficient ~ недостаточный запас
  direct ~ies прямые поставки
  elastic ~ эластичное предложение
  electricity ~ электроснабжение
  excess ~ превышение предложения над спросом
  excessive ~ *см.* excess ~
  excessive money ~ чрезмерная денежная масса
  export ~ экспортная поставка
  factory ~ies расходные материалы
  farm ~ies поставки для сельского хозяйства (*машины, удобрения*)
  fixed ~ies фиксированные поставки
  floating ~ ценные бумаги или товары, свободно обращающиеся на рынке
  food ~ продовольственное снабжение
  fuel ~ поставки топлива
  goods ~ предложение товаров
  guaranteed ~ies гарантированные поставки
  high-quality ~ies продовольственные товары высокого качества
  industrial ~ies обеспечение потребностей промышленности
  inelastic ~ неэластичное предложение
  invisible ~ невидимые запасы
  large ~ies большие поставки
  low ~ недостаточное снабжение
  marginal ~ маржинальное предложение
  market ~ предложение на рынке
  material ~ материальное снабжение
  money ~ денежная масса
  mutual ~ies взаимные поставки
  office ~ies канцелярские товары
  operating ~ies производственное сырьё
  overall ~ies общий объём предложения
  parts ~ поставки запчастей
  planned ~ плановое снабжение
  potential ~ возможная поставка
  power ~ электроснабжение; энергоснабжение
  regressive ~ увеличение предложения на рынке по мере снижения цен
  renewable ~ возобновляемые источники снабжения
  reserve ~ies резервный запас
  scanty ~ies недостаточное снабжение
  short ~ недостаточный запас
  technical ~ техническое снабжение
  uninterrupted ~ies бесперебойное снабжение
  urgent ~ срочная поставка
  visible ~ 1) наличный запас товаров 2) *амер.* вновь выпущенные муниципальные облигации, поступающие на рынок в течение 30 дней со дня выпуска
  water ~ водоснабжение
  ~ **of capital** предложение капитала
  ~ **of commodities** предложение товаров
  ~ies **of commodities** запасы товаров
  ~ **of export products** поставка продукции на экспорт
  ~ **of foodstuffs** снабжение продовольствием
  ~ **of goods** обеспечение товарами
  ~ **of goods on credit** поставка товаров в кредит
  ~ **of labour** предложение рабочей силы; наличие рабочей силы
  ~ **of land** земельный фонд
  ~ **of materials and machinery** материально-техническое снабжение
  ~ **of money** предложение денег; денежные резервы
  ~ **of resources** обеспечение ресурсами
  ~ies **on hand** наличные запасы
  ~ **on the market** снабжение рынка
  ~ies **through an agent** поставки через посредника
  ~ies **under a contract** поставки по контракту
  ◇ ~ies **and services** вспомогательные материалы и услуги

in short ~ дефицитный
to accumulate ~ies создавать запасы
to adjust ~ies to demand регулировать поставки в соответствии со спросом
to arrange for a ~ организовывать снабжение
to be in short ~ быть дефицитным
to be in surplus ~ иметься в избытке
to build up ~ies создавать запасы
to curtail ~ies сокращать поставки
to cut off ~ сокращать снабжение
to depend on foreign ~ies зависеть от поставок из-за границы
to hoard ~ies накапливать запасы
to lay in a ~ создавать запас
to offer ~ предлагать поставку
to reconcile ~ and demand приводить в соответствие спрос и предложение
to renew ~ies пополнять запасы
to replenish ~ies *см.* to renew ~ies
to run short of ~ies истощать запасы
to stop ~ies прекращать поставки
to take in ~ies создавать запас
to tender for a ~ участвовать в торгах
to withhold ~ies приостанавливать поставки

SUPPLY *v* снабжать, поставлять

SUPPORT *n* 1. поддержка, помощь 2. средства к существованию 3. экономическая интервенция
advertising ~ поддержка рекламой
backing ~ обеспечение выпуска банкнот золотом или серебром
banking ~ интервенция банка
cash ~ денежная поддержка
development ~ обеспечение конструкторских работ
engineering ~ инженерно-техническая помощь
financial ~ финансовая поддержка
material ~ материальная поддержка
pool ~ *бирж.* покупка в целях поддержания существующего курса (*акций, валюты*) членами пула
price ~ *амер.* минимальная цена, гарантируемая правительством фермерам
professional ~ профессиональная поддержка
promotional ~ стимулирование сбыта различными средствами
prompt ~ своевременная поддержка
sales ~ стимулирование сбыта различными средствами
selling ~ *см.* sales ~
technical ~ техническая поддержка

wide ~ широкая поддержка
◇ in ~ of в поддержку
to enjoy ~ пользоваться поддержкой
to find ~ находить поддержку
to give ~ оказывать поддержку
to lend ~ *см.* to give ~
to meet with ~ получать поддержку
to obtain ~ *см.* to meet with ~
to pledge one's ~ гарантировать поддержку
to provide engineering ~ оказывать техническую поддержку
to receive ~ *см.* to meet with ~
to render ~ оказывать поддержку

SUPPORT *v* поддерживать, оказывать помощь

SUPPORTER *n* 1. помощник; лицо, оказывающее поддержку 2. кормилец

SUPPRESS *v* 1. запрещать 2. конфисковывать

SUPPRESSION *n* запрещение, подавление
~ of documents изъятие документов
~ of evidence умалчивание фактов
~ of information замалчивание информации

SURCHARGE *n* 1. дополнительная нагрузка; перегрузка 2. дополнительная плата 3. дополнительный налог 4. штраф, пеня 5. перерасход, издержки сверх сметы
freight ~ дополнительная плата за провоз груза
import ~ дополнительный налог на импорт
investment income ~ дополнительный налог на доходы от инвестиций
seasonal ~ сезонная надбавка
valuable-cargo ~ дополнительная плата за ценный груз
~ on bulky goods доплата за громоздкий груз
~ on the freight надбавка к фрахту
◇ to bear a ~ включать надбавку

SURCHARGE *v* 1. назначать завышенную цену 2. штрафовать

SURETY *n* 1. поручительство, гарантия; залог 2. поручитель, гарант
bill ~ поручитель по векселю, авалист
corporate ~ гарантия корпорации
export ~ экспортная гарантия
joint ~ совместное поручительство
~ for a bill 1) аваль 2) гарант, поручитель
~ on a bill авалист
◇ as ~ в качестве поручителя

to act as ~ выступать поручителем
to be ~ *см.* to act as ~
to become ~ *см.* to act as ~
to stand ~ *см.* to act as ~
SURETYSHIP *n* поручительство
SURFACE *n* поверхность
SURGE *n* повышение
  ~ in consumer credit рост потребительского кредита
  ~ in profits резкое увеличение прибыли
  ~ of inflation волна инфляции
SURGE *v* повышаться
SURPLUS *n* 1. излишек, избыток 2. активное сальдо (*бюджета, платежного баланса*) 3. нераспределенная прибыль
  accounting ~ кредитовое сальдо по счету
  accumulated ~ накопленная прибыль
  agricultural ~ излишек сельскохозяйственной прибыли
  appropriated ~ удержанная часть прибыли
  available ~ нераспределенная прибыль
  budget ~ бюджетный избыток
  budgetary ~ *см.* budget ~
  capital ~ избыточный капитал
  cash ~ излишек наличности в кассе
  consumer's ~ потребительская выгода
  current ~ активное сальдо по текущим расчетам
  demand ~ избыток спроса
  earned ~ нераспределенная прибыль
  export ~ превышение экспорта над импортом
  external ~ внешний активный баланс
  farm ~ излишек сельскохозяйственной продукции
  import ~ превышение импорта над экспортом
  labour ~ избыток рабочей силы
  lendable ~ резерв для предоставления займов
  manpower ~ избыток рабочей силы
  marketable ~es товарные излишки
  net ~ нераспределенная прибыль
  production ~ производственный излишек
  restricted ~ часть нераспределенной прибыли компании, которая не может использоваться для выплаты дивидендов по обыкновенным акциям
  seasonal ~es сезонные излишки
  ~ of currency излишки валюты
  ~ of exports превышение экспорта над импортом

  ~ of goods товарные излишки
  ~ of imports превышение импорта над экспортом
  ~ of labour избыток рабочей силы
  ~ of population избыток населения
SURRENDER *n* 1. отказ от чего-л. 2. *юр.* уступка; отказ (*от права*) 3. представление, вручение; передача
  ~ of documents передача документов
  ~ of know-how отказ от ноу-хау
  ~ of a lease отказ от права на аренду (*до истечения срока*)
  ~ of rights отказ от прав
  ~ of shares возврат акций компании
  ~ of value сумма возврата страхования жизни в случае отказа от полиса
  ◊ against ~ против передачи
SURRENDER *v* 1. отказываться от чего-л. 2. передавать, вручать; сдавать
SURTAX *n* 1. *брит.* добавочный подоходный налог 2. *амер.* добавочная импортная пошлина
SURVEILLANCE *n* 1. надзор, наблюдение 2. обследование; инспектирование
  customs ~ таможенный надзор
  quality control ~ контроль за качеством
  state ~ государственный надзор
SURVEY *n* 1. осмотр 2. инспектирование, обследование 3. обзор
  attitude ~ изучение администрацией компании настроений ее рабочих и служащих
  budget ~ бюджетное обследование
  business ~ обзор хозяйственной деятельности
  cadastral ~ кадастральное обследование
  comparative ~ сравнительное обследование
  consumer ~ обследование потребителей
  current ~ текущее статистическое обследование
  damage ~ осмотр повреждения
  dealer ~ опрос дилеров
  demographic ~ демографическое обследование
  economic ~ экономический обзор
  establishment ~ обследование предприятий
  exploratory ~ предварительное обследование
  exhaustive ~ исчерпывающий обзор
  family living ~ обследование условий жизни в семье

farm ~ обследование сельскохозяйственного предприятия
field ~ обследование потребителей; обследование на месте
follow-up ~ повторное обследование
foreign market ~ обзор зарубежных рынков
general ~ общий обзор
geodetic ~ геодезический обзор
geophysical ~ геофизический обзор
habit ~ исследование поведения потребителей
household ~ обследование хозяйства
industrial ~ исследование положения, потребностей отраслей промышленности
mail ~ обзор почты
market ~ обзор рынков; изучение рынка
marketing ~ *см.* market ~
official ~ страховой акт
opinion ~ опрос общественного мнения
partial ~ частичное обследование
patent ~ патентный обзор
periodic ~ периодическое обследование
periodical ~ *см.* periodic ~
pilot ~ предварительное обследование
population ~ обследование населения
quality ~ контроль качества
questionnaire ~ обследование с помощью анкет
regular ~ регулярная проверка
repeated ~ повторное исследование
retrospective ~ ретроспективное изучение
sampling ~ выборочное обследование
sociological ~ социологическое изучение
special ~ *брит.* обязательный периодический осмотр судна
statistical ~ статистический обзор
test ~ контрольное обследование
testing ~ *см.* test ~
trade ~ обзор торговли
user satisfaction ~ обследование степени удовлетворенности потребителей
valuation ~ инвентаризация
verification ~ контрольное обследование

SURVEY *v* 1. осматривать 2. исследовать, изучать 3. проверять, инспектировать 4. делать обзор

SURVEYOR *n* 1. инспектор 2. *мор.* сюрвейер 3. таможенный инспектор 4. оценщик страхового общества
average ~ аварийный комиссар

customs ~ таможенный инспектор
insurance ~ инспектор страхового общества
land ~ землемер
Lloyds S. инспектор страховой ассоциации Ллойд
~ of customs таможенный инспектор
~ of the port портовый инспектор
~ of taxes налоговый инспектор
~ of weights and measures заведующий клеймением

SURVIVAL *n* 1. выживание 2. продолжительность жизни; дожитие
~ of the firm выживание фирмы

SURVIVE *v* 1. выживать 2. сохранять работоспособность; оставаться в исправном состоянии

SUSPEND *v* 1. приостанавливать, временно прекращать 2. временно отстранять (*от работы*)

SUSPENSION *n* 1. приостановка, временное прекращение 2. временное отстранение от должности
unilateral ~ односторонняя приостановка
~ of contractual obligations приостановка выполнения обязательств по контракту
~ of earnings *амер.* временная приостановка выдачи заработной платы
~ of execution отсрочка исполнения судебного решения
~ of the gold standard отмена золотого стандарта
~ of nuclear tests прекращение ядерных испытаний
~ of operations прекращение коммерческой деятельности
~ of payments прекращение платежей
~ of privileges отмена привилегий
~ of quotas отмена квот
~ of salary временная приостановка выдачи заработной платы
~ of the statute of limitation приостановление действия закона об исковой давности
~ of work прекращение работы

SUSTAIN *v* 1. переносить, испытывать 2. выдерживать, противостоять

SUSTAINABILITY *n* устойчивость, способность выдержать

SWAP *n* 1. обмен 2. обмен обязательствами или активами, своп 3. покупка или продажа валюты на условиях «спот» с одновременным заключением обратной форвардной сделки

amortizing ~ своп, по которому основная сумма уменьшается в соответствии с графиком
applied proceeds ~ *амер.* использование выручки от продажи облигаций для покупки других облигаций
asset ~ обмен активами
asset-based ~ своп на основе активов
bond ~ покупка одних облигаций с одновременной продажей других
cocktail ~ соглашение, включающее несколько разных свопов с разными партнерами
commodity ~ обмен товарами
currency ~ валютный своп
equity ~ обмен пакетами акций, ценных бумаг
extendable ~ кредитный своп с правом продления срока действия
extension ~ *см.* extendable ~
forward ~ своп, который вступает в действие через некоторое время после заключения
long-dated currency ~ долгосрочный валютный своп
maturity ~ обмен облигаций на ценные бумаги с более длительными сроками
option ~ опцион на заключение операции своп на определенных условиях
plain vanilla ~ простой процентный своп
reverse ~ обратный своп
step-up ~ ступенчатый своп
subordinated ~ одновременная операция по продаже и покупке облигаций
tax ~ налоговый своп
zero coupon ~ своп с нулевым купоном
◇ **to reverse a ~** ликвидировать своп путем проведения обратной операции
SWAPTION *n* опцион на заключение операции своп на определенных условиях, «свопцион»
SWEAT *v* 1. работать в нечеловеческих условиях 2. жестоко эксплуатировать
SWEATSHOP *n* предприятие, в котором рабочие работают в чрезвычайно тяжелых условиях
SWELL *v* увеличиваться, усиливаться
SWINDLE *v* обманывать, надувать
SWINDLER *n* мошенник, жулик
SWINDLING *n* 1. обман, выманивание чего-л. обманным путем 2. продажа через подставных лиц сомнительных ценных бумаг
insurance ~ страховое мошенничество

SWING *n* 1. колебание *(курса на бирже)* 2. предел взаимного кредитования, свинг
cyclical ~ циклическое колебание
~ in activity колебание хозяйственной активности
~ in the balance of payments колебание платежного баланса
~ in production колебание объема производства
~s of demand колебания спроса
SWINGLINE *n* кредитная линия сроком до 10 дней
SWITCH *n* 1. переключение, переход, перемена 2. *бирж.* свитч *(1. продажа одних активов и покупка других для получения априбыли 2. использование сальдо на клиринговом счете в торговле с третьими странами)*
coupon ~ купонный свитч
policy ~ стратегический свитч
~ in methods of production переход к новому методу производства
SWITCH *v* переходить; менять, переключать
~ over переводить, переключать *(с одного процесса на другой)*
SWITCHING *n* 1. переход, переключение 2. *ж.-д.* маневровая работа 3. *бирж.* свитч
emergency ~ аварийное отключение
manual ~ отключение или включение вручную
portfolio ~ изменение состава портфеля ценных бумаг
programme ~ переключение программ
remote ~ дистанционное переключение
SWITCHOVER *n* переключение, переход
~ to cost accounting переход на хозрасчет
SYMBOL *n* 1. символ, эмблема 2. знак, обозначение
commercial ~ торговый символ
currency ~ условное обозначение валюты
graphical ~ графический символ, графическое обозначение
letter ~ буквенное обозначение
status ~ символ общественного положения
stock ~ условно сокращенное название ценных бумаг
stock ticker ~ *см.* stock ~
ticker ~ *см.* stock ~

SYMPOSIUM *n* симпозиум
  private ~ закрытый (конфиденциальный) симпозиум
  ◊ to hold a ~ проводить симпозиум
SYNDICATE *n* синдикат; консорциум
  banking ~ банковский консорциум
  buying ~ закупочный кооператив
  finance ~ финансовый синдикат
  financial ~ *см.* finance ~
  financing ~ *см.* finance ~
  issue ~ консорциум-эмитент, эмиссионный консорциум
  machinery ~ машинный синдикат
  market ~ биржевой консорциум
  promoting ~ учредительный консорциум
  purchase ~ закупочный консорциум (*ценных бумаг*)
  underwriting ~ эмиссионный консорциум
  ◊ to form a ~ образовывать консорциум
SYNDICATION *n* объединение в синдикаты
SYNFUEL *n* синтетическое горючее
SYSTEM *n* 1. система; комплекс 2. система; порядок; классификация 3. метод; способ 4. сеть (*дорог*)
  accounting ~ система учета; система счетов
  actual cost ~ система учета по фактическим издержкам
  administrative ~ административная система
  advanced ~ передовая система
  airline ~ сеть воздушного сообщения
  appointment ~ система назначений
  assessment ~ система оценки
  automated control ~ автоматизированная система управления
  automated management ~ *см.* automated control ~
  automatic conveyor ~ автоматический конвейер
  automatic data processing ~ система автоматической обработки данных
  automatic transfer ~ автоматическая система переводов
  banking ~ банковская система
  batch ~ система обработки чеков в кассах банка
  bidding ~ система открытых торгов
  bilateral clearing ~ двусторонняя система клиринговых расчетов
  bimetallic monetary ~ биметаллическая денежная система

bonus ~ премиальная система
budgetary control ~ система контроля исполнения сметы
cash ~ система платежей наличными
centralized control ~ централизованная система управления
central record ~ система централизованного учета
chain store ~ *амер.* сеть магазинов
checking ~ система контроля
classification ~ система классификации
clearing ~ система клиринговых расчетов
clearing house interbank payment ~ *амер.* компьютеризованная система межбанковских расчетов
closed ~ замкнутая система
closed ~ of finance замкнутая финансовая система
communication ~ система связи
computerised ~ автоматизированная система, система, управляемая ЭВМ
computerised ~ of payments электронная система платежей
conference ~ *мор.* система конференций
constrained ~ система с ограничениями
constraint ~ система ограничений
container ~ контейнерная система
contract ~ система контрактов, подрядная система
contractual vertical marketing ~ договорная вертикальная маркетинговая система
control ~ система контроля
controlled ~ управляемая система; регулируемая система
corporate vertical marketing ~ корпоративная вертикальная маркетинговая система
cost accounting ~ система учета расходов
cost control ~ система регулирования затрат
cost distribution ~ система распределения минимальной стоимости
credit ~ кредитная система
crediting ~ система кредитования
credit scoring ~ система оценки потенциальных заемщиков
credit transfer ~ система безналичных денежных переводов
cropping ~ система полеводства
currency ~ валютная система

data ~ информационная система
data acquisition ~ система сбора данных
data collection ~ *см.* data acquisition ~
data interchange ~ система обмена данными
data processing ~ система обработки данных
data transmission ~ система передачи данных
decentralized ~ децентрализованная система
decimal ~ десятичная система
deferred rebate ~ система последующей скидки с фрахта
department incentive ~ цеховая премиальная система
dual ~ сдвоенная система
dual-pay ~ система двойного расчета заработной платы
dual price ~ система двойных цен
dual standard cost ~ система двойного учета
dynamic ~ динамическая система
economic ~ экономическая система
educational ~ образовательная система
electronic fund transfer ~ электронная система платежей
engineering ~ техническая система
equilibrium ~ система равновесия
estimate cost ~ система оценочного расчета затрат
evaluation ~ оценочная система
European monetary ~ Европейская валютная система
exchange ~ система обмена
factory ~ фабричная система
farming ~ система фермерского хозяйства
farm price ~ система цен на сельскохозяйственную продукцию
Federal Reserve S. *амер.* Федеральная резервная система
feedback ~ система с обратной связью, замкнутая система
financial ~ финансовая система
fiscal ~ фискальная система
forecasting ~ система прогнозирования
free enterprise ~ система свободного предпринимательства
generalized ~ of preferences обобщенная система преференций
giro ~ система жиросчетов
hauling ~ система перевозок
hire purchase ~ система оплаты покупки в рассрочку

historical cost ~ система калькуляции на основе фактических издержек производства
household ~ патриархальная система
import quota ~ система импортных квот, импортных контингентов
imprest ~ система денежного аванса
industrial ~ промышленный комплекс; промышленная система
information ~ информационная система
information retrieval ~ информационно-поисковая система
in-plant ~ внутризаводская система
inspection ~ система контроля
integrated accounting ~ система объединенного бухгалтерского учета
integrated record ~ система централизованного учета
inventory control ~ система управления запасами
irrigation ~ оросительная система
job order cost ~ система учета рабочих заказов
judicial ~ судебная система
land tenure ~ система землевладения
land-use ~ система землепользования
legal ~ 1) правовая система 2) судебная система
licence ~ лицензионная система
linear ~ линейная система
lump ~ система поденной оплаты труда
machine ~ 1) станочная система 2) система управления станком
macroeconomic ~ макроэкономическая система
management ~ система административного управления
managerial ~ *см.* management ~
market ~ 1) рыночная система 2) система маркетинга
marketing ~ *см.* market ~ 2)
master ~ эталонная система
measuring ~ измерительная система
mechanical accounting ~ система машинного учета
mercantile ~ торговая система; меркантилизм
metric ~ метрическая система
monetary ~ денежная система
monitoring ~ система текущего контроля
multichannel ~ многоканальная система

717

multicomputer ~ многомашинный вычислительный комплекс
multidepot ~ система с несколькими складами
multiitem ~ многопродуктовая система
multilateral ~ of settlements система многосторонних расчетов
multilevel ~ многоуровневая система
multiple ~ сеть магазинов цепного подчинения
multiproduct manufacturing ~ многопродуктовая система управления запасами
multipurpose ~ многоцелевая система
multirobot ~ система роботов
multiserver ~ многоканальная система массового обслуживания
multistage ~ многоступенчатая система
multiuser computer ~ вычислительная система коллективного пользования
national banking ~ система национальных банков
normalized ~ нормированная система
office ~ комплексное конторское оборудование
one-crop ~ монокультура
one-price ~ система стандартных цен
open price ~ система обмена информацией о ценах
operating ~ действующая система
operational ~ *см.* operating ~
order ~ система подачи заказов
ordering ~ *см.* order ~
par value ~ валютная система, основанная на фиксированных паритетах
patent ~ патентная система
pay ~ система заработной платы
pay-as-you-earn ~ система сбора налогов путем удержания из заработной платы
pay-as-you-go ~ система выплаты пенсий из текущих доходов
payment ~ система платежей
petty cash ~ система учета мелких денежных расходов
piecework ~ сдельная оплата труда
planning ~ система планирования
postal ~ почтовая система
post giro ~ почтовая система жиросчетов
power ~ энергосистема
premium ~ премиальная система
price ~ система цен
priority ~ система приоритетов
private enterprise ~ система свободного предпринимательства

process control ~ автоматизированная система управления технологическими процессами
processing ~ 1) система обработки данных 2) оборудование для технологической обработки
production ~ производственная система
product testing ~ система контроля обработанных изделий
programme ~ программная система; комплекс программ
programme development ~ система программирования
programming ~ *см.* programme development ~
protectionist ~ протекционистская система
protective ~ система защиты
public-address ~ система оповещения по радиотрансляционной сети
quality ~ система критериев качества
quality intelligence ~ система определения качества
quality rating ~ система нормирования показателей качества
queueing ~ система массового обслуживания
quota ~ система квот
railroad ~ *амер.* железнодорожная сеть
railway ~ *см.* railroad ~
rating ~ рейтинговая система
rationing ~ 1) система фондирования сырья и материалов 2) карточная система
real-time ~ система, работающая в реальном масштабе времени
recording ~ регистрирующая система
record keeping ~ система учета
registration ~ регистрационная система
reference ~ эталонная (справочная) система
relay ~ релейная система
remote-control ~ система дистанционного управления
retail trade ~ система розничной торговли
retrieval ~ информационно-поисковая система
rotation ~ система ротации
savings bank ~ система сберегательных банков
scoring ~ система количественных показателей
selection ~ система отбора
service ~ система массового обслуживания

servo ~ 1) система автоматического регулирования 2) сервосистема
sewage ~ канализационная система
shared resource ~ система с ресурсами коллективного пользования
shuttle ~ транспортная система челночного типа
single ~ автономная система
single-channel ~ одноканальная система
social ~ общественный строй
stable ~ устойчивая система
stand-alone ~ автономная система
standard ~ 1) стандартная система 2) стандартная установка
standard cost ~ система нормативного учета и оперативного контроля издержек производства
standby ~ резервная система
state ~ государственный строй
static ~ статическая система
stationary ~ стационарная система
storage ~ система хранения товара
storekeeping ~ *см.* storage ~
supply ~ система снабжения
sweating ~ потогонная система
tariff ~ тарифная система
tax ~ система налогов
taxation ~ система налогообложения
telecommunication ~ система связи
telephone ~ система телефонной связи
telephone answering ~ телефонный автоответчик
tender ~ система участия в торгах
tenure ~ система землевладения
test ~ испытательная система
testing ~ *см.* test ~
time-shared ~ система, работающая в режиме разделения времени
timesharing ~ *см.* time-shared ~
transfer ~ система транспортировки
transmission ~ 1) система передачи электроэнергии 2) радиопередающая система
transport ~ транспортная система
transportation ~ *см.* transport ~
trial ~ экспериментальная система
truck ~ система оплаты труда в натуральной форме
two-shift ~ двухсменная производственная система
two-tier gold ~ система двухъярусной цены золота
underwriting ~ система гарантий при эмиссии ценных бумаг
uniform ~ of accounts унифицированная система бухгалтерского учета
universal time ~ система единого времени
unstable ~ неустойчивая система
value ~ система ценностей
vertical marketing ~ вертикальная маркетинговая система
voucher ~ система учета на основании ваучеров
wage ~ система оплаты труда
wage labour ~ система наемного труда
warehousing ~ система хранения товаров на складе таможни
waste disposal ~ система удаления отходов
waste handling ~ система обработки отходов
waste treatment ~ *см.* waste handling ~
water ~ система водоснабжения
weighting ~ система весов
working ~ рабочая система, режим работы
world ~ мировая система
~ of accounts система бухгалтерского учета
~ of administration административная система
~ of bookkeeping система бухгалтерского учета
~ of classification система классификации
~ of control система управления
~ of disribution система распределения
~ of information система информации
~ of levies система сборов (налогов)
~ of management система управления
~ of marketing система маркетинга
~ of marking система маркировки
~ of protective tariffs система протекционистских таможенных пошлин
~ of sales система сбыта
~ of settlements система расчетов
~ of tariffs система пошлин
~ of taxation система налогообложения
~ of transportation система перевозок
~ of units система единиц
~ of weights and measures система мер и весов
◊ to convert to a metric ~ переводить на метрическую систему
to design a ~ проектировать систему
to operate a ~ применять систему
SYSTEMATIC *adj* систематический, регулярный
SYSTEMATIZATION *n* систематизация
SYSTEMATIZE *v* систематизировать

T

TABLE *n* 1. таблица 2. табель 3. расписание
  abridged ~ сокращенная таблица
  acceptance ~ таблица допустимых погрешностей
  actuarial ~ страховая таблица
  adjustment ~ таблица поправок; таблица пересчета
  amortization ~ таблица амортизационных отчислений
  birth rate ~ таблица рождаемости
  bond ~ таблица начисления процентов на ценные бумаги
  bridge ~ сопоставительная таблица
  calculation ~ расчетная таблица
  capital ~ таблица капитала
  combined ~ сводная таблица
  comparison ~ сравнительная таблица
  compound interest ~ таблица сложных процентов
  computational ~ расчетная таблица
  consolidation ~ сводная таблица
  conversion ~ переводная таблица; таблица пересчета
  correlation ~ корреляционная таблица
  cost ~ таблица затрат
  cross-classification ~ перекрестная таблица
  current ~ таблица текущего учета
  decision ~ таблица решений
  double entry ~ таблица с системой двойной записи
  flow-of-funds ~ таблица финансовых операций
  four-fold ~ четырехпольная таблица
  function ~ таблица функций
  income tax ~ таблица подоходного налога
  individual ~ детализированная таблица
  input-output ~ таблица «затраты—выпуск»
  interest ~ таблица исчисления процентов
  life ~ 1) таблица сроков службы 2) таблица смертности
  loss ~ таблица потерь
  lot tolerance ~ таблица допустимого брака
  manning ~ штатное расписание
  mortality ~ таблица смертности
  normal curve ~ таблица нормального распределения
  ordering ~ таблица заказов
  payoff ~ таблица выигрышей
  present value ~s таблица дисконтированной стоимости будущих платежей
  quality control ~ таблица контроля качества
  questionnaire ~ анкетная таблица
  redemption ~ таблица погашения
  reference ~ справочная таблица
  statistical ~ статистическая таблица
  summary ~ сводная таблица
  supply and disposition ~ таблица ресурсов и их использования
  survival ~ таблица дожития
  tariff ~ таблица тарифных ставок
  tariff rate ~ *см.* tariff ~
  tax ~ налоговая таблица
  time service ~ таблица срока службы
  transportation ~ матрица условий транспортной задачи
  two-way ~ таблица с группировкой по двум признакам
  wage ~ таблица ставок заработной платы
  worksheet ~ балансовая таблица
  yield ~ таблица начисления процентов на ценные бумаги
  ~ **of charges** таблица начисления пошлин
  ~ **of exchanges** курсовая таблица (*пересчета валют*)
  ~ **of fares** таблица стоимости проезда по железной дороге
  ~ **of interest** таблица процентов
  ~ **of normal distribution** таблица нормального распределения
  ~ **of par values** таблица паритетов
  ~ **of parities** *см.* ~ **of par values**

ТAB

~ of random numbers таблица случайных чисел
~ of rates тариф
~ of weights таблица веса
~ of working life таблица продолжительности трудовой жизни
◇ to compile a ~ составлять таблицу
TABULAR *adj* табличный, в виде таблицы
TABULATE *v* составлять таблицу; вносить в таблицу
TABULATION *n* 1. составление таблицы, табулирование 2. табличные данные
TABULATOR *n* табулятор
TACHOGRAPH *n* тахограф, самопишущий тахометр
TACHOMETER *n* тахометр
TACK *n* направление, курс
 bear ~ действия дилеров, направленные на понижение цен
TACTICS *n* тактика, действия
 licensing ~ тактика лицензирования
 marketing ~ маркетинговая тактика
 promotional ~ использование средств стимулирования сбыта
TAG *n* ярлык, этикетка, бирка; метка
 baggage ~ багажная бирка
 identification ~ маркировочная этикетка
 luggage ~ багажная бирка
 manufacturing ~ метка производителя
 metal ~ металлическая бирка
 paper ~ бумажная бирка
 price ~ ценник
 shipping ~ транспортная бирка
 special ~ специальная бирка
 ◇ to attach a ~ прикреплять бирку
TAIL *n* 1. очередь, «хвост» 2. обратная сторона монеты 3. *амер.* разница между средним курсом нового выпуска казначейских векселей и нижним допустимым курсом на аукционах казначейства 4. *юр.* заповедное имущество
 fee ~ земельная собственность, полученная в наследство, с ограниченным правом передачи
 ~ of distribution область больших отклонений
TAKE *n* 1. выручка; сбор 2. реализованная прибыль 3. получка 4. улов (*рыбы*) 5. аренда земли
 cash ~ наличная выручка
TAKE *v* 1. брать 2. доставать, добывать

TAK

3. выручать (*сумму*) 4. снимать, арендовать (*помещение*)
~ apart разбирать, демонтировать
~ away вычитать, отнимать
~ back брать назад; возвращать
~ down записывать
~ for granted считать само собой разумеющимся
~ in брать (*груз*)
~ off уменьшать, сбавлять
~ on 1) нанимать (*рабочих*) 2) брать на борт
~ out 1) вывозить (*товары*) 2) получать (*документ*)
~ over 1) принимать (*должность, руководство*) 2) купить компанию, выкупив большую часть акций
~ through провозить
~ up 1) принять (*пассажиров*) 2) взяться за что-л. 3) выкупать, оплачивать
TAKE-DOWN *n* 1. разборка 2. доля участника эмиссионного синдиката 3. покупка партии ценных бумаг на первичном рынке
TAKE-IN *n* получение ставки контанго
TAKE-OFF *n* 1. подъем, рост 2. отправной пункт, исходная точка 3. скидка
TAKE-OUT *n* 1. прибыль от продажи партии акций по одной цене и покупке другой партии по более низкой цене 2. изъятие клиентом средств со счета у брокера
TAKE-OVER *n* 1. приемка (*товара*) 2. поглощение (*компании*)
 final ~ окончательная приемка
 plant ~ присоединение, поглощение предприятия
 reverse ~ обратное поглощение (*крупной компании более мелкой*)
TAKER *n* 1. получатель; покупатель 2. лицо, вступающее во владение 3. *бирж.* продавец опциона 4. *бирж.* продавец ценных бумаг
 census ~ счетчик при переписи населения
 risk ~ лицо, берущее на себя риск
 ~ for a call брокер, продающий предварительную премию
 ~ of a bill получатель платежа по векселю
 ~ of an option получатель опциона
TAKING *n* 1. захват, овладение 2. *pl* выручка, сбор
 inventory ~ инвентаризация
 profit ~ *бирж.* получение прибыли

721

TAK

risk ~ принятие риска
unlawful ~ незаконное изъятие, конфискация
◊ to check the day's ~s проверять суточную выручку

TAKING-OVER *n* принятие; приемка
~ of equipment приемка оборудования
~ of a plant приемка завода

TALK *n* 1. разговор, беседа 2. *pl* переговоры
all-round ~s переговоры по всем вопросам
bilateral ~s двусторонние переговоры
confidential ~s секретные переговоры
constructive ~s конструктивные переговоры
economic ~s переговоры по экономическим вопросам
final ~s завершающие переговоры
informal ~s неофициальные переговоры
multilateral ~s многосторонние переговоры
preliminary ~s предварительные переговоры
private ~s закрытые переговоры
sales ~s переговоры о продаже, торговые переговоры
summit ~s переговоры на высшем уровне
top-level ~s *см.* summit ~s
trade ~s торговые переговоры
◊ to begin ~s начинать переговоры
to be in ~s проводить переговоры
to boycott ~s бойкотировать переговоры
to break off ~s прерывать переговоры
to carry on ~s вести переговоры
to conduct ~s *см.* to carry on ~s
to enter into ~s вступать в переговоры
to hold ~s вести переговоры
to participate in ~s участвовать в переговорах
to resume ~s возобновлять переговоры
to start ~s начинать переговоры
to suspend ~s прерывать переговоры

TALLY *n* 1. число, группа, серия 2. бирка, этикетка, ярлык 3. сверка, подсчет мест груза (*при погрузке и выгрузке*)
ship outturn ~ счет выгруженного товара
~ of cargo подсчет мест груза
◊ by the ~ на счет

TALLY *v* подсчитывать, проверять, сверять количество груза (*при погрузке и выгрузке*)

TAR

TALLYMAN *n* 1. счетчик, отметчик (*при погрузке и выгрузке*), тальман 2. торговец, продающий товары в рассрочку

TALON *n* талон

TANGIBLE *adj* осязаемый, материальный

TANK *n* 1. бак, цистерна 2. резервуар
oil ~ нефтехранилище
◊ in ~s наливом

TANKER *n* 1. танкер, наливное судно 2. вагон-цистерна 3. автоцистерна
bunkering ~ танкер-бункеровщик
chemical ~ танкер для перевозки химических продуктов
dirty ~ танкер для перевозки темных нефтепродуктов
fleet replenishment ~ танкер-заправщик
oil ~ нефтевоз
public ~ танкер, сдаваемый внаем
◊ to carry in ~s перевозить в танкерах
to load a ~ загружать танкер

TAP *n* 1. сорт, марка (*пива, вина*) 2. выманивание денег или подарков
long ~ выпуск правительственных облигаций на регулярной основе
short ~ выпуск правительственных облигаций в зависимости от спроса

TAP *v* 1. мобилизовывать средства путем выпуска ценных бумаг на рынок 2. выманивать деньги

TAPE *n* лента
broad ~ *амер.* линия связи для передачи основной информации о товарах и ценных бумагах
consolidated ~ объединенная система информации о сделках по ценным бумагам на Нью-Йоркских и региональных фондовых биржах
deletter ~ *бирж.* выборочная лента
narrow ~ *амер.* линии связи для передачи биржевой информации
red ~ волокита; бюрократизм
ticker ~ лента тикера

TAPER *n* ослабление, спад

TAPER *v* 1. ослабевать 2. продвигаться по служебной лестнице, делать карьеру

TARE *n* 1. тара 2. вес тары 3. скидка на тару
actual ~ фактический вес тары
average ~ средний вес тары
cumputed ~ предполагаемый вес тары

customary ~ вес тары, установленный обычаем
customs ~ вес тары по-тарифу
damaged ~ поврежденная тара
estimated ~ предполагаемый вес тары
excess ~ вес тары, превышающий нормальный
extra ~ сверхтара
invoice ~ фактурный вес тары
legal ~ вес тары по тара-тарифу
net ~ вес тары всех мест партии товара
nonreturnable ~ тара, не подлежащая возврату
real ~ действительный вес тары
returnable ~ многооборотная тара
reusable ~ см. returnable ~
schedule ~ вес тары по тара-тарифу
super ~ вес тары, превышающий нормальный
throwaway ~ тара, не подлежащая возврату
uso ~ вес тары, установленный обычаем
usual ~ см. uso ~
◇ ~ and tret скидка на тару и утечку
to obtain ~ получать тару
to pack in ~ упаковывать в тару
TARE v определять вес тары
TARGET n 1. цель 2. плановое задание; контрольная цифра
designated ~ намеченная цифра
export ~s план экспорта
import ~s план импорта
key ~ основное задание
output ~ производственный план
plan ~ плановое задание
production ~ производственный план
profit ~ плановая норма прибыли
sales ~ плановое задание по реализации продукции
specific ~ конкретная задача
work ~ рабочее задание
◇ to beat the ~ перевыполнять план
to exceed the ~ см. to beat the ~
to hit the ~ выполнять план
to outstrip the ~ перевыполнять план
TARIFF n 1. тариф, расценка; шкала ставок, шкала сборов; прейскурант 2. пошлина 3. тарифный сборник
ad valorem ~ пошлины «ад валорем», стоимостной тариф
advertisement ~ такса за объявления
agency ~ агентский тариф
agricultural ~ таможенный тариф на сельскохозяйственную продукцию
all-in ~ универсальный, единый тариф
autonomous ~ автономный тариф
basic ~ основной (базисный) тариф
basing ~ жесткий тариф
blanket ~ единый тариф
bulk ~ оптовый тариф
cargo ~ грузовой тариф
class ~ прейскурант классных тарифов
class and commodity ~ прейскурант классных и товарных тарифов
commercial ~ коммерческий тариф
compensating ~ компенсационный тариф
compound ~ смешанный тариф
conference ~ конференциальный тариф
consolidated ~ общий тариф
conventional ~ конвенционный тариф
customs ~ таможенный тариф
differential ~ дифференциальный тариф
discriminating ~ дискриминационный тариф
discriminatory ~ см. discriminating ~
discriminatory customs ~ дискриминационный таможенный тариф
double ~ двухколонный тариф
double-column ~ см. double ~
double-rate ~ двухставочный тариф
export ~ экспортный тариф
flat-rate ~ простой тариф
flexible ~ гибкий тариф
foreign ~ таможенный тариф иностранного государства
freight ~ грузовой тариф
general ~ простой (одноколонный) тариф
goods ~ грузовой тариф
government ~ государственный тариф
graduated ~ дифференциальный тариф
import ~ импортный тариф
insurance ~ шкала ставок страховых взносов
international ~ международный тариф
international navigation ~s тарифы международного судоходства
invisible ~ невидимый тариф
maximum ~ максимальный тариф
midland ~ комбинированный тариф
minimum ~ минимальный тариф
mixed ~ смешанный тариф
most-favoured-nation ~ тариф для стран, пользующихся режимом наибольшего благоприятствования
multiliner ~ многоколонный тариф

multiple ~ *см.* multiliner ~
multiple column ~ *см.* multiliner ~
multirate ~ многоставочный тариф
nondiscriminatory customs ~ недискриминационный таможенный тариф
nonprohibitive ~ незапретительный тариф
nonschedule ~ тариф вне расписания
off-pick ~ низкие ставки платежа за электричество в определенные часы
passenger ~ прейскурант тарифных ставок для пассажирских перевозок
penalty ~ карательный тариф; карательные пошлины
postal ~ почтовый тариф
preferential ~ льготный тариф
prohibitive ~ запретительный тариф
protection ~ покровительственный тариф
protective ~ *см.* protection ~
published ~ средний тариф
railway ~ железнодорожный тариф
rebate ~ льготный тариф
reduced ~ *см.* rebate ~
retaliation ~ карательный тариф
retaliatory ~ *см.* retaliation ~
revenue ~ фискальный тариф
seasonal ~ сезонный тариф
single ~ простой (одноколонный) тариф
single-column ~ *см.* single ~
single-line ~ *см.* single ~
single-schedule ~ *см.* single ~
sliding ~ скользящий тариф; дифференциальный тариф
sliding-scale ~ *см.* sliding ~
special ~ особый тариф
specific ~ специфические пошлины
state ~ государственный тариф
statutory ~ установленный законом тариф
step ~ ступенчатый тариф
transhipment ~ перевалочный тариф
transit ~ транзитный тариф
transport ~ транспортный тариф
transportation ~ *см.* transport ~
unified ~ унифицированный тариф
uniform ~ единый тариф
unilinear ~ простой (одноколонный) тариф
use ~ сбор за пользование чем-л.
zone ~ зональный тариф
~ for carriage тариф на перевозки
~ for single consignments тариф мелких отправок

~ for tare carriage тариф для перевозки порожней тары
~ for the transit тариф на транзитные грузы
◇ according to ~ по тарифу
as per ~ *см.* according to ~
to abolish a ~ отменять тариф
to adapt a ~ изменять тариф
to apply a ~ применять тариф
to change a ~ изменять тариф
to decrease a ~ снижать тариф
to increase a ~ поднимать тариф
to lift a ~ *амер. см.* to increase a ~
to raise a ~ *см.* to increase a ~
to reduce a ~ снижать тариф
TARIFF v 1. включать в тариф 2. устанавливать расценку, тарифицировать
TASK n 1. задание, задача 2. *амер.* норма (*рабочего*) 3. комиссия по изучению определенного вопроса
allotted ~ данное задание
current ~ текущая задача
feasible ~ выполнимое задание
immediate ~ очередная задача
key ~ основное задание
maintenance ~ задание на техническое обслуживание
major ~ основная задача
obligatory ~ обязательное задание
practical ~ практическая задача
pressing ~ неотложная задача
production ~s производственные задачи
quality ~ задание на обеспечение качества
research ~ задача исследования
urgent ~ неотложная задача
◇ to assign a ~ давать задание
to give a ~ *см.* to assign a ~
to perform a ~ выполнять задание
to set a ~ поставить задачу
TASKMASTER n бригадир, старший мастер
TASKWORK n сдельная, урочная работа
TASTE n вкус
consumer ~s вкусы потребителей
public ~s вкусы покупателей
TASTING n дегустация
TAX n 1. налог, сбор; пошлина 2. *амер.* размер счета 3. *амер.* членские взносы
accrued ~ накопившаяся задолженность по выплате долгов
accumulated-earnings ~ налог на нераспределенную прибыль

ad valorem ~ налог со стоимости, с указанной цены
alcohol ~ налог на спиртные напитки
alcoholic beverage ~ *амер. см.* alcohol ~
amusement ~ налог на развлечения
assessed ~ поимущественный налог
business ~ налог на предпринимательство
capital ~ налог на капитал
capital gains ~ налог на прирост капитала
capital transfer ~ налог на передачу капитала
capitation ~ подушная подать
cargo ~ грузовой сбор
chain-store ~ налог на сеть розничных магазинов цепного подчинения
company income ~ налог на прибыль предприятий
consumption ~ налог на потребление
corporate ~ налог на прибыль корпораций
corporation ~ *см.* corporate ~
corporation income ~ *см.* corporate ~
death ~ налог на наследство
death and gift ~ налог с наследства и дарений
deferred ~s отсроченные налоги
deferred income ~s отсроченные подоходные налоги
degressive ~ уменьшающиеся ставки налога в зависимости от состояния доходов
direct ~ прямой налог
discriminatory ~ дискриминационный налог
double ~ двойной налог
earned income ~ налог на доход от производственной деятельности
employment ~ взнос в фонд страхования по безработице
equalization ~ уравнительный налог
estate ~ 1) налог на наследство 2) налог на недвижимость
excess profits ~ налог на сверхприбыль
excise ~ акцизный сбор
export ~ экспортная пошлина
federal ~ федеральный налог
flat ~ фиксированный подоходный налог
franchise ~ налог на монопольные права и привилегии
general property ~ налог на все виды собственности

general sales ~ общий налог на продажу
gift ~ налог на дарения
graded ~ налог с дифференцированной ставкой
graduated ~ прогрессивный налог
graduated income ~ прогрессивный подоходный налог
head ~ подушная подать
hidden ~ косвенный налог
highway ~ сбор на строительство шоссейных дорог
import ~ импортная пошлина
import equalization ~ *амер.* импортная уравнительная пошлина
import turnover ~ налог с оборота импорта
imposed ~ взимаемая пошлина
income ~ подоходный налог
income ~ on corporations *амер.* подоходный налог на корпорации
income ~ on individuals подоходный налог с физических лиц
indirect ~ косвенный налог
inheritance ~ налог на наследство
land ~ земельный налог
land-value ~ *см.* land ~
legacy ~ налог с наследств и дарений
local ~s местные налоги
lumpsum ~ аккордный налог
luxury ~ налог на предметы роскоши
matured ~ налог, по которому наступил срок платежа
motor vehicle ~ налог на автотранспортные средства
multiple stages ~ многоступенчатый налог
municipal ~es муниципальные налоги
national ~ общегосударственный налог
net worth ~ налог на собственность
nuisance ~ налог, раздражающий налогоплательщиков и приносящий ничтожный доход
occupation ~ налог на профессию
occupational ~ *см.* occupation ~
payroll ~ налог на зарплату
personal property ~ налог на личное имущество
profits ~ налог на прибыли
progressive ~ прогрессивный налог
property ~ поимущественный налог
proportional ~ пропорциональный налог
purchase ~ налог на покупки
real estate ~ налог на недвижимость
receipts ~ налог с оборота

TAX

regressive ~ регрессивный налог
retail sales ~ налог с розничного оборота
sales ~ *амер.* налог с оборота, налог с продаж
securities ~ налог на ценные бумаги
severance ~ налог на добычу полезных ископаемых
single ~ единый налог
specific ~ специфический налог
stamp ~ гербовый сбор
state ~ 1) правительственный налог 2) *амер.* налог, взимаемый в штатах США
stockhoder's ~ налог на доходы по акциям
stock transfer ~ налог на операции по трансферту акций
sumptuary ~ налог на предметы роскоши
tonnage ~ корабельный сбор
trade ~ промысловый налог
transaction ~ налог с оборота
transfer ~ 1) налог на денежные переводы за границу 2) *амер.* федеральный налог на дарения и наследства 3) *амер.* налог на передачу собственности
turnover ~ налог с оборота
undistributed profit ~ налог на нераспределенную прибыль
use ~ налог на пользование
value-added ~ (VAT) налог на добавленную стоимость
wage ~ налог на зарплату
wealth ~ налог на имущество
withholding ~ подоходный налог, взимаемый путем регулярных вычетов из зарплаты
~ in kind натуральный налог
~ on cargo грузовой сбор
~ on corporation налог на доходы корпорации
~ on importation налог на импорт
~ on motor vehicles налог на автотранспортные средства
~ on a patents патентная пошлина
~ on personal income подоходный налог
~ on profits налог на прибыль
~ on trade промысловый налог
◊ after ~es после удержания налогов
before ~es до вычета налогов
exempt from ~s *амер.* не облагаемый налогом
free of ~s *см.* exempt from ~s

TAX

liable to ~ подлежащий обложению налогом
subject to ~ *см.* liable to ~
to abate a ~ снижать налог
to abolish a ~ отменять налог
to charge a ~ взимать налог
to collect ~s собирать налоги
to cut down ~es снижать налоги
to deduct ~es удерживать налоги
to dodge ~es уклоняться от уплаты налогов
to evade ~es *см.* to dodge ~es
to exempt from ~es освобождать от уплаты налогов
to impose a ~ облагать налогом
to increase ~es повышать налоги
to kick against ~es протестовать против налогов
to lay a ~ облагать налогом
to levy a ~ *см.* to lay a ~
to pay a ~ платить налог
to raise ~es повышать налоги
to reduce ~es снижать налоги
to withhold ~es удерживать налоги

TAX *v* облагать налогом или пошлиной

TAXABLE *adj* облагаемый налогом или пошлиной

TAXATION *n* налогообложение
concessional ~ льготное налогообложение
consumption ~ налогообложение потребителей
deferred ~ отложенное налогообложение
direct ~ прямое налогообложение
double ~ двойное налогообложение
equitable ~ справедливое налогообложение
flat ~ пропорциональное налогообложение
graduated ~ прогрессивное налогообложение
heavy ~ тяжелое налогообложение
increased ~ возросшее налогообложение
indirect ~ косвенное налогообложение
multiple ~ многократное налогообложение
progressive ~ прогрессивное налогообложение
proportional ~ пропорциональное налогообложение
regressive ~ регрессивное налогообложение
~ of costs таксация судебных издержек

TAX

~ of income налогообложение доходов
~ of property налогообложение собственности
◇ exempt from ~ не облагаемый налогом
subject to ~ подлежащий обложению налогом
TAX-COLLECTOR *n* сборщик налогов
TAX-DODGER *n* неплательщик налогов
TAX-EXEMPT *adj* свободный от уплаты налогов, не облагаемый налогом
TAX-FREE *adj см.* **TAX-EXEMPT**
TAXLESS *adj см.* **TAX-EXEMPT**
TAXPAYER *n* налогоплательщик
TEAM *n* 1. бригада; группа 2. команда
development ~ группа разработчиков
economic ~ группа экономических советников
emergency ~ аварийная бригада
emergency repair ~ *см.* emergency ~
maintenance ~ ремонтная бригада
management ~ управленческая группа
negotiating ~ делегация, прибывшая для ведения переговоров
project ~ проектная группа
repair ~ ремонтная бригада
research ~ научно-исследовательская группа
working ~ рабочая бригада
TEAMWORK *n* бригадная работа
TECHNICAL *adj* 1. технический, промышленный 2. специальный
TECHNICIAN *n* 1. техник 2. специалист
TECHNIQUE *n* 1. техника; методика; метод; способ 2. технология 3. техника; технические средства
advanced ~ передовая технология
analysis ~ метод анализа
assembly line ~ поточная сборка
computing ~ методика вычислений
Delphi ~ метод «Дельфи»
design ~ методика проектирования
energy conservation ~ способ сохранения энергии; энергосберегающая технология
energy-saving ~ *см.* energy conservation ~
evaluation ~ методика оценивания
exploratory ~ поисковая методика
fast ~ скоростной метод
forecasting ~ методика прогнозирования
industrial engineering ~s методы организации производства
inspection ~ метод контроля
management ~ методы управления

TEC

manufacturing ~ технология производства; технология изготовления
marketing ~ методика маркетинга
market research ~ методика изучения рынков
mass production ~ технология массового производства
material handling ~ методы транспортной переработки грузов
merchandising ~ товароведение
operation ~ техника работы
packaging ~s методы упаковки
processing ~ 1) технология производства 2) метод обработки
production ~ технология производства; технология изготовления
programming ~ методика программирования
quality control ~ методы контроля качества
research ~ методика исследований
sampling ~ выборочный метод
scheduling ~ метод календарного планирования
selling ~ методы обеспечения сбыта
statistical ~ статистический метод
storage ~ метод хранения
survey ~ метод обследования
transport ~ методы перевозок
trial-and-error ~ метод проб и ошибок
~ of estimation методика оценивания
~ of random sampling метод случайного выбора
~ of sampling метод выборочного контроля
TECHNOCRACY *n* технократия, технократы
TECHNOLOGICAL *adj* технологический
TECHNOLOGIST *n* технолог
TECHNOLOGY *n* 1. техника 2. технология 3. технические средства; аппаратура 4. метод; способ; методика
advanced ~ 1) передовая технология 2) передовая техника
agricultural ~ агротехника
appropriate ~ экологически чистая технология
basic ~ базовая технология
capital-intensive ~ капиталоемкая технология
capital-saving ~ капиталосберегающая технология
communication ~ техника связи
computer ~ вычислительная техника
electrical ~ электротехника
electronic ~ электронная техника

energy-saving ~ энергосберегающая технология
high ~ передовая технология; наукоемкая технология
general ~ общая технология
intensive ~ интенсивная технология
labour-intensive ~ трудоемкая технология
labour-saving ~ трудосберегающая технология
management ~ методы административного управления
manufacturing ~ производственная технология
new ~ новая технология
nonwaste ~ безотходная технология
novel ~ новая технология
pollution reducing ~ технология снижения загрязнения окружающей среды
production ~ технология производства
renewable supply ~ техника непрерывного снабжения
resource-saving ~ ресурсосберегающая технология
vanguard ~ передовая техника
waste-free ~ безотходная технология
wasteless ~ *см.* waste-free ~
◇ **to acquire** ~ приобретать технологию
to apply ~ применять технологию
to assess ~ оценивать технологию
to develop ~ разрабатывать технологию
to employ ~ применять технологию
to possess ~ владеть технологией
to practise ~ применять технологию
to purchase ~ покупать технологию
to update ~ обновлять технологию
to use ~ применять технологию
to utilize ~ использовать технологию
TELEFAX *n* телефакс, телефаксимильная связь
TELEGRAPH *n* телеграфная связь
TELEPHONE *n* телефон
TELEPRINTER *n* телетайп
TELEVISION *n* телевидение
TELEX *n* телекс, абонентское телеграфирование
TELLER *n* кассир (*в банке*); банковский служащий
collection ~ служащий в банке, принимающий документы на инкассо
coupon ~ служащий банка, обменивающий купоны на наличные
first ~ первый кассир

loan ~ служащий в отделе кредитов
mail ~ служащий банка, оформляющий почтовые депозиты, операционист банка
note ~ кассир, отвечающий за инкассо векселей и тратт
paying ~ первый кассир
receiving ~ второй кассир
second ~ *см.* receiving ~
TEMPORARY *adj* временный
TENANCY *n* 1. владение (*недвижимостью*) 2. владение на правах аренды 3. срок аренды 4. арендованное имущество
agricultural ~ аренда земли
cash ~ арендная плата
joint ~ совместное владение
life ~ пожизненное владение
TENANT *n* 1. владелец недвижимости 2. наниматель, арендатор, съемщик
agricultural ~ 1) землевладелец 2) сельскохозяйственный арендатор
cash ~ арендатор, выплачивающий аренду деньгами
joint ~ совместный владелец
life ~ пожизненный владелец; пожизненный арендатор
share ~ испольщик
sole ~ единоличный арендатор
statutory ~ охраняемый законом арендатор
yearly ~ арендатор сроком на один год
~ **at sufferance** владелец с согласия собственника
~ **at will** бессрочный арендатор
~ **for life** пожизненный владелец; пожизненный арендатор
~ **for years** арендатор на определенный срок
~ **in common** соарендатор; *амер.* совладелец
~ **in fee simple** владелец на правах неограниченной собственности
~ **in tail** собственник имущества с ограниченными правами наследования
TEND *v* иметь тенденцию
TENDENCY *n* тенденция; направление
basic ~ основная тенденция
bearish ~ *бирж.* тенденция к понижению
bullish ~ *бирж.* тенденция к повышению
downward ~ тенденция к понижению
falling ~ *см.* downward ~
inflationary ~ инфляционная тенденция

market ~ тенденция рынка
movement ~ развитие конъюнктуры
price ~ развитие цен
rising ~ тенденция к повышению
short-term ~ кратковременная тенденция
stronger ~ тенденция к повышению
upward ~ повышательная тенденция
weaker ~ тенденция к понижению
TENDER n 1. предложение; тендер; заявка на торгах 2. заявка на подряд 3. заявление о подписке на ценные бумаги 4. торги 5. платежное средство
closed ~ закрытые торги
competitive ~ конкурентные торги
full ~ полный тендер, полное предложение
good ~ действительное предложение
international ~ международные торги
invited ~ объявленные торги
legal ~ законное платежное средство
low ~ предложение по низкой цене
lowest ~ предложение по самой низкой цене
open ~ открытые торги
qualification ~ переквалификационные торги
~ for a contract заявка на подряд
~ for the delivery of equipment предложение на поставку оборудования
◇ by ~ путем торгов
to announce ~s объявлять торги; назначать торги
to call for ~s см. to announce ~s
to hold ~s проводить торги
to invite ~s объявлять торги
to lose a ~ проигрывать торги
to make a ~ делать предложение
to participate in a ~ участвовать в торгах
to put out to ~ выставлять на торги
to send in a ~ посылать предложение на торги
to submit a ~ см. to send in a ~
to win a ~ выигрывать торги
TENDER v 1. предлагать 2. делать заявку на торгах 3. подавать заявление о подписке на ценные бумаги
TENDERER n участник торгов
TENDERING n участие в торгах
collusive ~ тайный сговор участников торгов
dummy ~ см. collusive ~
evil ~ см. collusive ~
joint ~ совместное участие в торгах
TENEMENT n недвижимая собственность (*земля и здания*) во владении одного лица
TENOR n 1. смысл, содержание (*документа*) 2. текст документа 3. срок (*векселя*)
~ of a bill срок векселя
~ of a draft срок тратты
TENURE n 1. владение недвижимостью 2. землевладение 3. пребывание в должности 4. срок (*владения, пребывания в должности*)
agricultural ~ сельскохозяйственное землевладение
land ~ землевладение
leasehold ~ владение на правах аренды
life ~ пожизненное владение
~ by lease владение на правах аренды
~ of a licence срок владения лицензией
~ of office срок пребывания в должности
TERM n 1. период, срок 2. pl условия 3. аренда на срок 4. термин 5. *мат.* член
acceptable ~s приемлемые условия
attractive ~s привлекательные условия
barter ~s условия бартера
basic ~s базисные условия
basis ~s см. basic ~s
berth ~s причальные условия
business ~s коммерческая терминология
buying ~s условия покупки
cash ~s условия платежа наличными
charter ~s условия чартера
charter-party ~s см. charter ~s
collection ~s условия инкассо
commercial ~s коммерческие условия
concessionary ~s льготные условия
conference ~s *мор.* конференциальные условия
consignment ~s условия консигнации
contract ~s условия контракта
credit ~s условия предоставления кредита
credit payment ~s условия погашения кредита
current ~s условия, действующие в данное время
delivery ~s условия поставки
discharging ~s условия разгрузки
discount ~s условия дисконтирования
easy ~s льготные условия
easy ~s of payment льготные условия платежа

easy tax ~s льготный налоговый режим
equal ~s одинаковые условия
exact ~s точные условия
exacting ~s обременительные условия
expired ~ истекший срок
exploration ~ период исследования
extended ~ продленный срок
extended payment ~ продленный срок платежа
fair ~s справедливые условия
favourable ~s благоприятные условия
financial ~s финансовые условия
financing ~s условия финансирования
general ~s общие условия
general delivery ~s общие условия поставки
granted ~ предоставленный срок
guarantee ~s условия гарантии
implied ~s подразумеваемые условия
inequitable ~s неравноправные условия
initial ~s первоначальные условия
insurance ~s условия страхования
landed ~s франко-берег
legal ~s юридические условия
licence ~ срок действия лицензии
licensing ~s условия лицензионного договора
liner ~s *мор.* линейные условия
local ~s местные условия
long ~ длительный срок
normal ~s нормальные условия
overriding ~ главное, основное условие
payment ~s условия платежа
preferential ~s льготные условия
priority ~ срок приоритета
prolonged ~ продленный срок
purchase ~s условия покупки
quay ~s *мор.* условия погрузки и выгрузки у стенки
regular ~s обычные условия
rye ~s *мор.* гарантия обусловленного состояния товара по прибытии
sale ~s условия продажи
selling ~s *см.* sale ~s
settlement ~s условия расчета
short ~ короткий срок
soft ~ льготные условия
special ~s специальные условия
standard ~s стандартные условия
technical ~s технические условия
trade ~s 1) условия торговли 2) условия скидки оптового торговца розничным торговцам
trading ~s торговые условия

unacceptable ~s неприемлемые условия
unequal ~s неравноправные условия
uniform ~s единые условия
usual ~s обычные условия
~s for the supply условия поставки
~s of acceptance условия приемки
~ of an agreement срок действия соглашения
~ of an appeal срок подачи апелляции
~ of an application срок подачи заявки
~s of auction условия аукциона
~s of an average bond условия аварийного бонда
~ of a bill срок векселя
~s of cancellation условия аннулирования
~s of carriage условия перевозки
~s of a charter условия чартера
~s of collection условия инкассо
~s and conditions of a contract *см.* ~s of a contract
~s of consignation условия консигнации
~s of consignment *см.* ~ of consignation
~s of a contract условия контракта
~s of conveyance условия перевозки
~ of credit срок кредита
~s of debenture условия долгового обязательства
~ of delivery срок поставки
~s of delivery условия поставки
~s of exchange условия обмена
~ of execution of a contract срок выполнения контракта
~s of financing условия финансирования
~s of freight условия фрахта
~ of grace льготный срок
~s of a guarantee условия гарантии
~s of interest условия начисления процентов
~s of a lease условия аренды
~ of a licence срок действия лицензии
~ of licence validity *см.* ~ of a licence
~ of limitation *юр.* срок давности
~ of a loan срок займа
~ of lodging a protest срок для заявления претензии
~ of a note срок векселя
~s of an offer условия предложения
~ of office срок полномочий
~ of a patent срок действия патента
~ of patent protection срок патентной охраны

~s of payment условия платежа
~ of a policy срок действия полиса
~ of powers срок полномочий
~ of a promissory note срок векселя
~s of a proposal условия предложения
~s of reference круг полномочий
~s of reinsurance условия перестрахования
~s of sale условия продажи
~s of security условия обеспечения
~ of service срок службы
~s of settlement условия расчета
~s of shipment условия отгрузки
~s of trade условия торговли
~s of transport условия транспортировки
~s of transportation см. ~s of transport
~s of a treaty условия договора
~ of validity срок действия
~ of a warrant срок действия доверенности
~s of a warranty условия гарантии
◇ for a ~ of на срок
for a stated ~ на оговоренный срок
in ~s of в пересчете на
in ~s of dollars в пересчете на доллары
in ~s of gold в золотом исчислении
in percentage ~s в процентном исчислении
in physical ~s в натуральном выражении
in real ~s в реальном исчислении
in value ~s в стоимостном выражении
on advantageous ~s на выгодных условиях
on contract ~s на условиях подряда
on credit ~s на условиях кредита
on easy ~s на льготных условиях
on equal ~s на равных условиях
on favourable ~s на приемлемых условиях
on mutually agreed ~s на взаимосогласованных условиях
on turn-key ~s на условиях под ключ
on usual ~s на обычных условиях
under the ~s of a contract по условиям контракта
to accept ~s принимать условия
to agree on ~s согласовывать условия
to alter ~s изменять условия
to buy on easy ~s покупать на выгодных условиях
to come to ~s достигать соглашения
to come within the ~s of a contract подпадать под условия контракта

to comply with the ~s соответствовать условиям
to define ~s определять условия
to exceed a ~ не соблюдать срок, просрочить
to extend a ~ продлевать срок
to fix a ~ назначать срок
to grant a ~ предоставлять срок
to hold to ~s придерживаться условий
to honour payment ~s выполнять условия платежа
to keep the ~ соблюдать срок
to maintain the ~ см. to keep the ~
to meet ~s выполнять условия
to negotiate ~s договариваться об условиях
to observe ~s соблюдать условия
to offer ~s предлагать условия
to outline ~s намечать условия
to propose ~s предлагать условия
to quote ~s назначать условия
to reduce a ~ сокращать срок
to revise ~s пересматривать условия
to sell on easy ~s продавать на выгодных условиях
to set a ~ устанавливать срок
to specify ~s оговаривать условия
to spread payment ~s растягивать сроки платежа
to stipulate ~s оговаривать условия
to stretch payment ~s растягивать сроки платежа
TERMINABLE *adj* ограниченный сроком, срочный
TERMINAL *n* 1. конечная станция; конечный пункт; терминал 2. аэропорт назначения 3. порт назначения 4. причал
air cargo ~ грузовой комплекс аэропорта
airport ~ аэровокзал
cargo handling ~ грузовой терминал
container ~ контейнерный терминал
for-hire ~ терминал, сдаваемый в аренду
freight ~ грузовая станция
freight-liner ~ терминал для грузовых судов
marine ~ причал для морских судов
multipurpose ~ многоцелевой терминал
passenger ~ крупная пассажирская станция
private ~ частный причал
petroleum ~ терминал нефтепровода

TER

roll-off ~ терминал с горизонтальной разгрузкой
specialized ~ специализированный терминал
transmitting ~ передающая станция
TERMINATE *v* 1. прекращать, класть конец 2. ограничивать
TERMINATION *n* 1. прекращение; конец 2. истечение срока
contract ~ прекращение действия контракта
~ of an agreement аннулирование договора
~ of circumstances прекращение действия обстоятельств
~ of a contract прекращение действия контракта; аннулирование контракта
~ of a licence прекращение действия лицензии
~ of a patent прекращение действия патента
~ of a period истечение срока
~ of the power of attorney истечение срока доверенности
~ of proceedings прекращение процесса по делу
~ of risk прекращение риска
~ of a treaty аннулирование договора
~ of work прекращение работы
TERRITORIAL *adj* территориальный
TERRITORY *n* территория
agreement ~ территория, включенная в соглашение
customs ~ таможенная территория
exclusive ~ исключительная территория
licensed ~ лицензированная территория
rate ~ тарифная зона
sales ~ район сбыта, сбытовая территория
self-governing ~ самоуправляющаяся территория
selling ~ район сбыта, сбытовая территория
unincorporated ~ территория за пределами городской черты
urbanized ~ территория, включенная в городскую черту
~ under a contract договорная территория
TEST *n* 1. испытание, испытания 2. контроль, проверка 3. анализ, проба
ability ~ профессиональный отбор, проверка пригодности
acceptance ~ приемочное испытание

TES

acid ~ отношение кассовой наличности и дебиторской задолженности к текущим обязательствам
actual-service ~ натурные (полевые) испытания; испытания в реальных условиях эксплуатации
actual-use ~ *см.* actual-service ~
adaptability ~ проверка соответствия условиям эксплуатации
approval ~s приемо-сдаточные испытания
assessment ~ оценочные испытания
balance ~ проверка сальдо
certification ~ аттестационные испытания
check ~ проверочные испытания
commercial ~s промышленные испытания
commissioning ~s пусковые испытания
comparison ~ сравнительные испытания
comprehensive ~s всесторонние испытания
consumer risk ~ оценка риска заказчика
credit ~ оценка кредитного риска
customer-request ~ испытания по требованию заказчика
day-to-day ~ ежедневная проверка
developmental ~ испытания на этапе разработки
doubling ~ повторное испытание
duplicate ~ *см.* doubling ~
economy ~ оценка экономичности
efficiency ~ определение коэффициента полезного действия
engineering ~ технические испытания
engineering development ~ испытания в период технической разработки
engineering evaluation ~ технические оценочные испытания
engineering feasibility ~ проверка технической осуществимости
equipment ~ испытание оборудования
evaluation ~ оценочные испытания
experimental ~ экспериментальная проверка
exploratory ~ поисковое исследование
factory ~ заводское испытание
field ~ полевые испытания; эксплуатационные испытания
final ~ окончательное испытание
formal ~ официальное испытание
full depth ~ полные испытания
fundamental ~ углубленное исследование

graphic ~ графическая проверка
graphical ~ см. graphic ~
guarantee ~ гарантийные испытания
in-process ~ испытания в процессе производства
inspection ~ приемочные испытания
intelligence ~ критерий умственных способностей
job-knowledge ~ проверка годности к работе
life ~ испытание на долговечность
material ~ испытание материалов
means ~ проверка нуждаемости
multisample ~ многовыборочный критерий
normal service ~ испытание в нормальных условиях эксплуатации
objective ~ объективный критерий
odd ~ выборочный критерий
official ~ официальное испытание
one-tailed ~ односторонний критерий
operating ~ производственное испытание
operational ~ эксплуатационные испытания
operational stability ~ испытание на устойчивость в условиях эксплуатации
output ~ определение коэффициента полезного действия
overall ~ комплексное испытание
performance ~ 1) эксплуатационные испытания 2) испытание для определения рабочих характеристик
preliminary ~ предварительное испытание
preproduction ~ испытание опытного образца
product ~ выходной контроль готовых изделий
production ~ производственное испытание
production acceptance ~ приемочные испытания серийной продукции
production line ~ проверка технологической линии
production reliability ~ проверка надежности выпускаемой продукции
proof ~ пробное испытание
prototype ~ испытание опытного образца
proving ~ контрольное испытание
qualification ~ проверка профессиональной пригодности
quality ~ проверка качества
random ~ выборочное испытание
reliability ~ испытание на надежность

repeat ~ повторное испытание
repeated ~ см. repeat ~
repetition ~ см. repeat ~
road ~ дорожное испытание; ходовое испытание
routine ~ контрольное испытание
running ~ эксплуатационные испытания
sample ~ выборочное испытание
serial ~ серийные испытания
service ~ эксплуатационные испытания
shop ~ заводские испытания
single-tailed ~ односторонний критерий
standard ~ стандартное испытание
taking-over ~ приемочные испытания
technical ~ технические испытания
two-sided ~ двусторонний критерий
two-tailed ~ см. two-sided ~
warranty ~ гарантийное испытание
wearout ~ испытание на износ
~ of business capacity критерий надежности делового предприятия
~ of independence критерий независимости
~ of infringement проверка нарушения патентных прав
~ of patentability проверка патентоспособности
~ of samples испытание образцов
~ of similarity of goods проверка сходства товаров
~ of validity критерий достоверности
~ on model испытание на модели
~ on site проверка на месте, проверка на строительной площадке
◇ to be under ~ подвергаться испытанию
to carry out a ~ проводить испытания
to conduct a ~ см. to carry out a ~
to delay a ~ задерживать испытание
to fail a ~ не выдержать испытания
to make a ~ проводить испытание
to operate a ~ см. to make a ~
to pass a ~ пройти испытание
to perform a ~ проводить испытание
to put to the ~ подвергать испытанию
to put off a ~ переносить испытание
to run a ~ проводить испытание
to sponsor ~s организовывать испытания
to start a ~ начинать испытание
to undergo a ~ проходить испытание
to witness a ~ наблюдать за проведением испытания

TEST *v* проводить испытания; проверять
TESTAMENT *n* юр. завещание
TESTAMENTARY *adj* завещательный, основанный на завещании
TESTATE *n* завещатель (*умерший*)
TESTIFY *v* 1. свидетельствовать 2. служить свидетельством
TESTIMONIAL *n* 1. свидетельство, сертификат; аттестат 2. рекомендация, рекомендательное письмо 3. награда
TESTIMONY *n* свидетельское показание
  sworn ~ показание под присягой
TESTING *n* испытание; проверка; контроль
  acceptance ~ приемочный контроль
  accuracy ~ проверка точности
  copy ~ анализ эффективности рекламы
  econometric ~ эконометрическая проверка
  empirical ~ эмпирическая проверка
  hypothesis ~ проверка гипотезы
  market ~ 1) испытание в рыночных условиях 2) исследование рынка
  material ~ испытание материалов
  mechanical ~ механические испытания
  product ~ испытание изделия
  production ~ производственное испытание
  quality control ~ контроль качества
  simulation ~ испытание путем моделирования
  site ~ проверка, испытание на месте
  state ~ государственные испытания
TEXTILE *n* текстиль; текстильное изделие
THEFT *n* воровство; кража
  large-scale ~ крупная кража
  mail ~ почтовая кража
THEORETIC ~ *adj* теоретический
THEORETICAL *adj см.* **THEORETIC**
THEORY *n* 1. теория 2. методика; метод; способ
  capital ~ теория капитала
  comparative cost ~ теория сравнительных издержек
  competitive price ~ теория конкурентных цен
  decision ~ теория принятия решений
  decision-making ~ *см.* decision ~
  diffusion ~ of taxation теория рассредоточения налогообложения
  diminishing return ~ теория уменьшения прибыли
  diminishing utility ~ теория уменьшения полезности
  estimation ~ теория оценивания
  Dow ~ теория Доу (*теория колебания курсов*)
  game ~ теория игр
  general ~ общая теория
  group ~ теория групп
  individual risk ~ теория индивидуального риска
  information ~ теория инфомации
  labour ~ of value трудовая теория стоимости
  linear programming ~ теория линейного программирования
  liquidity preference ~ теория предпочтения ликвидности
  macroeconomic ~ макроэкономическая теория
  marginal productivity ~ теория предельной производительности
  marginal utility ~ теория предельной полезности
  mathematical economic ~ математическая экономика
  minimum risk ~ теория минимального риска
  model ~ теория моделей
  population ~ теория населения, демографическая теория
  prediction ~ теория прогнозирования
  price ~ теория ценообразования
  probability ~ теория вероятностей
  production ~ теория производства
  queuing ~ теория массового обслуживания
  rational behaviour ~ теория рационального поведения
  sampling ~ теория выборочного метода
  search ~ теория поиска
  stability ~ теория устойчивости
  system ~ теория систем
  tax ~ теория налогообложения
  utility ~ теория полезности
  wage fund ~ теория фонда заработной платы
  welfare ~ теория общего благосостояния
THIN *adj* слабый, вялый
THIRD *n* третий экземпляр переводного векселя
  ~ of exchange *см.* **THIRD**
THOROUGHFARE *n* 1. главная улица города; транспортная магистраль 2. водная магистраль 3. проезд; путь общего пользования
  principal business ~ главная торговая улица

THRESHOLD *n* 1. порог 2. критический уровень
  low-income poverty ~ *амер.* порог бедности
  profit ~ нижний предел нормы прибыли
  ruin ~ порог разорения
  tax ~ нижний предел доходов, облагаемых налогом
THRIFT *n* 1. бережливость, экономия 2. *pl амер.* сберегательные кассы
THRIFTY *adj* бережливый, экономный
THRIVE *v* процветать, преуспевать
THROUGHPUT *n* объем выпуска; производительность; пропускная способность
  customer ~ количество обслуживаемых покупателей
  information ~ пропускная способность каналов связи
TICK *n бирж.* движение цены вверх или вниз, тик
  down ~ нижняя отметка (*о цене сделки, совершенной по цене более низкой, чем цена предыдущей сделки*)
  minus ~ *см.* down ~
  plus ~ верхняя отметка (*о цене сделки, совершенной по цене более высокой, чем цена предыдущей сделки*)
  up ~ *см.* plus ~
  zero down ~ отметка «ноль минус тик» (*о цене сделки, совершенной по цене, равной цене предыдущей сделки, которая в свою очередь была ниже цены предыдущей сделки*)
  zero minus ~ *см.* zero down ~
  zero plus ~ отметка «ноль плюс тик» (*о цене сделки, совершенной по цене, равной цене предыдущей сделки, которая в свою очередь была выше цены предшествующей сделки*)
  zero up ~ *см.* zero plus ~
  ◊ to buy on ~ покупать в кредит
  to mark with a ~ отмечать галочкой
  to put a ~ against smth поставить галочку против чего-л.
  to sell on ~ продавать в кредит
TICKER *n* тикер
  Exchange ~ тикер Нью-Йоркской фондовой биржи
  quotation ~ тикер
  stock ~ *см.* quotation ~
TICKET *n* 1. билет 2. этикетка, ценник 3. удостоверение, карточка, билет 4. предварительная регистрация биржевых операций
  admission ~ входной билет
  air ~ билет на самолет
  baggage ~ багажная квитанция
  charge ~ расходный бухгалтерский ордер
  commutation ~ сезонный билет
  credit ~ кредит-авизо
  debit ~ дебет-авизо
  deposit ~ депозитная квитанция
  economy ~ *авиа* билет второго класса
  entrance ~ входной билет
  entry ~ бухгалтерский отчетный документ
  excursion ~ экскурсионный (*льготный*) билет
  first-class ~ билет первого класса
  inspection ~ талон о прохождении технического контроля
  job ~ заказ-наряд
  move ~ маршрутный ярлык
  order ~ бланк заказа, оформляемый брокером
  parcel ~ квитанция на мелкие партии груза
  passage ~ проездной билет
  pawn ~ залоговая квитанция
  permanent ~ постоянный пропуск
  plane ~ билет на самолет
  price ~ бирка с указанием цены, ценник
  railway ~ железнодорожный билет
  return ~ обратный билет
  round trip ~ *амер. см.* return ~
  sales ~ кассовый чек
  season ~ сезонный билет
  single ~ проездной билет (*на проезд в одном направлении*)
  subscription ~ квитанция на подписку
  time ~ *амер.* талон (карточка) для контрольных часов
  withdrawal ~ документ на выдачу наличных денег с депозита
  work ~ рабочий наряд
TICKLER *n амер.* памятная книжка
TIDE *n* прилив и отлив
TIE *n* 1. *pl* связь 2. долг, обязательство
  all-round ~s всесторонние связи
  business ~s деловые связи
  close ~s тесные связи
  cultural ~s культурные связи
  direct ~s прямые связи
  economic ~s экономические связи
  foreign economic ~s внешнеэкомические связи
  foreign trade ~s внешнеторговые связи
  long-range ~s длительные связи

TIE

long-term ~s *см.* long-range ~s
manufacturing ~s производственные связи
production ~s *см.* manufacturing ~s
scientific ~s научные связи
◇ to broaden ~s расширять связи
to develop economic ~s развивать хозяйственные связи
to establish ~s устанавливать связи
to maintain ~s поддерживать связи
to set up ~s устанавливать связи
TIE *v* 1. связывать 2. ограничивать условиями
~ up 1) препятствовать; замораживать; накладывать ограничения 2) вкладывать деньги во что-л.
TIE-IN *n* принудительный ассортимент
TIER *n* ряд; уровень
TIE-UP *n* 1. остановка, задержка 2. прекращение работы 3. реклама товаров в прессе
TIGHT *adj* 1. трудный, тяжелый; стесненный; напряженный 2. строгий, жесткий, ограниченный
TIGHTEN *v* ужесточать; делать напряженным
TIGHTENING *n* ужесточение; усиление напряжения
~ of credit ужесточение кредитной политики
~ of the money market усиление напряжения на денежном рынке
TIGHTNESS *n* 1. напряженность 2. недостаток денег (*в обращении*)
manpower ~ нехватка рабочей силы
~ of money нехватка денег
TILL *n* денежный ящик, касса
empty ~ пустая касса
TILL *v* 1. класть деньги в кассу 2. обрабатывать землю, пахать
TILLABLE *adj* пахотный; пригодный для пахоты
TILLAGE *n* 1. подготовка земли к посеву; пахота 2. обработанная земля; пашня
TILLER *n* земледелец
TIMBER *n* 1. лес на корню 2. лесоматериалы, бревна
TIMBER *v* 1. строить из лесоматериалов 2. плотничать; столярничать
TIME *n* время; период; срок; момент
active ~ продолжительность работы
actual ~ фактическое время
additional ~ дополнительный срок
administrative ~ организационное время

TIM

allowed ~ допустимое время
application ~ срок годности
appointed ~ назначенное время
arrival ~ время прибытия
assembly ~ время сборки
attack ~ время с момента получения сигнала до начала тушения пожара
attendance ~ присутственное время
average ~ средний срок
bad ~ время простоя
base ~ нормативное время
basic ~ *см.* base ~
berthing ~ время стоянки у причала
break ~ перерыв для отдыха
busy ~ период занятости
calculating ~ время вычисления
calendar ~ календарное время
changeover ~ продолжительность переходного процесса
check ~ время проверки
check-in ~ время регистрации (*пассажиров на вылет*)
closing ~ время закрытия магазина, учреждения
computing ~ время вычисления
critical ~ предельное время
customer waiting ~ время, затраченное покупателем на ожидание
cycle ~ продолжительность цикла
dead ~ нерабочее время, время простоя
delay ~ время задержки
delivery ~ срок поставки
demand usage ~ плановый срок эксплуатации
demurrage ~ время простоя судна
departure ~ время отправления
detention ~ сверхсталийное время
disbursement float ~ время осуществления выплат
discharging ~ срок разгрузки
dispatch ~ время отправления
down ~ нерабочее время, время простоя
effective ~ фактическое время
estimated ~ расчетное время
execution ~ время выполнения
exhibition ~ время проведения выставки
expired ~ истекший срок
external idle ~ время простоя по внешним причинам
forwarding ~ время отправки груза
free ~ 1) нерабочее время, запланированное время простоя 2) время погрузки, не облагаемое сбором

TIM

free storage ~ срок бесплатного хранения
full ~ полный рабочий день
game ~ продолжительность игры
guarantee ~ срок гарантии
handling ~ 1) время обработки 2) время транспортировки
idle ~ нерабочее время, время простоя
improvement ~ период модернизации
in-commission ~ время эксплуатационной готовности
in-service ~ время эксплуатации
interest ~ процентный период
interrepair ~ межремонтный срок службы
job ~ время изготовления одной детали
labour ~ рабочее время
lay ~ сталийное время
lead ~ срок разработки новой продукции
leasure ~ свободное время
lie ~ нерабочее время, время простоя
life ~ срок службы
loading ~ погрузочное время
local ~ местное время
long ~ долгий срок
lost ~ потерянное время
lunch ~ обеденный перерыв
machine ~ машинное время
machine idle ~ простой оборудования
machining ~ длительность обработки
maintenance ~ продолжительность технического обслуживания; продолжительность ремонта
make-ready ~ подготовительное время
manual ~ время ручной работы
maximum ~ максимальный период
mean ~ среднее время
necessary labour ~ необходимое рабочее время
net ~ чистое время
net working ~ чистое рабочее время
nonproductive ~ непродуктивное время
normal ~ расчетное время
off ~ нерабочее время; время выключения
opening ~ время открытия (*магазина и т. п.*)
operating ~ 1) рабочее время 2) время выполнения операции
operation ~ *см.* operating ~
order ~ время выполнения заказа
outage ~ нерабочее время, время простоя
out-of-commission~ продолжитель-

TIM

ность нахождения в неисправном состоянии
overall ~ общее время (*работы*)
part ~ неполный рабочий день
payback ~ срок окупаемости
payoff ~ время выплаты
processing ~ длительность обработки, технологическое время
procurement ~ сроки закупок; сроки материально-технического снабжения
production ~ срок изготовления
productive ~ полезное (эффективное) время
programming ~ время программирования
queuing ~ время ожидания очереди
random ~ случайное время
readiness ~ время готовности
real ~ 1) реальное время 2) реальный масштаб времени
reasonable ~ разумный срок
reference ~ начальный момент, время начала отсчета
repair ~ длительность ремонта
running ~ продолжительность работы (*о машине*)
sampling ~ время получения выборки
scheduled ~ запланированное время
service ~ 1) продолжительность обслуживания 2) продолжительность эксплуатации
servicing ~ *см.* service ~
setup ~ 1) время монтажа 2) время подготовки к работе; время наладки
setting-up ~ пусковой период
shipping ~ продолжительность транспортировки товара
short ~ короткий срок
slack ~ период спада
spare ~ свободное время
standard ~ 1) норма времени 2) время цикла обработки
standby ~ нерабочее время, время простоя
standing ~ *см.* standby ~
startup ~ время ввода в действие; пусковой период
stopping ~ 1) время прекращения работы 2) время стоянки, остановки
storage ~ длительность хранения
straight ~ *амер.* нормальное рабочее время
subsidized ~ перерасход времени
survival ~ 1) время дожития 2) долговечность
swing ~ перерыв в рабочем времени

throughput ~ общее время производственного цикла
total ~ общее время
transit ~ время транспортировки
travel ~ время поездки
turnaround ~ время на оборот судна в порту
uninterrupted working ~ период непрерывной работы
unproductive ~ непродуктивное время
up ~ 1) полезное (эффективное) время 2) продолжительность работоспособности
usable ~ время эксплуатации
usage ~ *см.* usable ~
waiting ~ время ожидания
warming-up ~ время готовности
work ~ продуктивное время
working ~ рабочее время
~ for acceptance срок акцептования (векселя)
~ for appeal срок для подачи апелляции
~ for application срок для подачи заявки
~ for complaint срок для предъявления претензии
~ for consideration срок рассмотрения
~ for delivery сроки поставки
~ for dispatch срок отправки
~ for loading время погрузки
~ for payment срок платежа
~ for presentation срок для предъявления
~ for protesting срок для предъявления протеста
~ for repayment срок погашения
~ of arrival время прибытия
~ of circulation время обращения
~ of delivery время доставки; сроки поставки
~ of departure время отправления
~ of dispatch срок отправки
~ of execution время выполнения
~ of flight время полета
~ of loading время погрузки
~ of manufacture срок изготовления
~ of maturity срок платежа по векселю; срок ценной бумаги
~ of nonuse период бездействия
~ of operation продолжительность работы
~ of payment срок платежа
~ of performance of a contract срок исполнения договора
~ of presentation срок предъявления

~ of production период изготовления
~ of redemption срок погашения
~ of sailing время отплытия
~ of shipment срок отгрузки
~ of transportation время транспортировки
~ of turnover время оборота (*капитала*)
~ of validity период действия
~ of a visit время визита
~ of waiting время ожидания
◇ at the present ~ в настоящее время
for some ~ в течение некоторого времени
for the ~ being пока, до поры до времени
in ~ вовремя, в срок
in due ~ согласно сроку, в положенное время
in good ~ 1) заранее, заблаговременно 2) своевременно
on ~ в срок
out of ~ не в срок, с опозданием
~ out перерыв в работе
~ required необходимое время
~ worked проработанные часы
to adhere to the ~ of delivery выдерживать сроки поставки
to allow ~ предоставлять срок
to buy on ~ покупать в кредит
to change the ~ изменять срок
to charge ~ взимать повременную плату
to curtail the ~ сокращать время
to exceed the ~ превышать срок
to extend the ~ продлевать срок
to fix a ~ назначать время
to keep the ~ выдерживать срок
to make up for lost ~ компенсировать потерянное время
to mark ~ занимать выжидательную позицию
to observe the ~ выдерживать срок
to pay ahead of ~ платить раньше срока
to pay on ~ платить в срок
to postpone the delivery ~ переносить срок поставки
to reduce the ~ сокращать срок
to revise the ~ изменять срок
to save ~ экономить время
to set a ~ назначать срок
to specify a ~ *см.* to set a ~
to stipulate a ~ *см.* to set a ~
to take ~ занимать время
to take ~ out делать перерыв в работе

TIM

to waste ~ терять время
to work half ~ работать неполную рабочую неделю
TIMEBILL *n* расписание (*поездов*)
 railway ~ расписание поездов
 train ~ *см.* railway ~
TIMECARD *n* хронометражная карта
TIMED *adj* рассчитанный по времени
TIME-DEPENDENT *adj* зависящий от времени
TIME-INDEPENDENT *adj* не зависящий от времени
TIME-KEEPING *n* 1. хронометрирование 2. табельный учет
TIME-LIMIT *n* установленный предельный срок
 expired ~ истекший срок
 set ~ нормативный срок
 ◊ within the ~ в срок
 to extend the ~ продлевать срок
TIMESAVING *adj* экономящий время
TIMETABLE *n* 1. расписание 2. график
 maintenance ~ график текущего ремонта
 railway ~ железнодорожное расписание
 sailing ~ расписание отправления судов, расписание движения судов
 ship ~ *см.* sailing ~
 train ~ расписание движения поездов
 ◊ according to the ~ по расписанию
 to keep to the ~ соблюдать расписание
TIME-TAKING *adj* трудоемкий
TIME-VARYING *adj* зависящий от времени
TIMEWORK *n* поденная работа
TIME-ZONE *n* часовая зона
TIMING *n* 1. расчет времени 2. хронометраж
 accurate ~ точный расчет времени
 continuous ~ непрерывное хронометрирование
 cycle ~ хронометрирование путем измерения длительности цикла
 flyback ~ хронометрирование отдельных операций
 ~ of payments сроки платежей
TIP *n* 1. сведения о состоянии курсов акций на бирже, полученные частным путем 2. чаевые 3. совет, намек
 stock exchange ~ информация о курсах акций на бирже
TIPSTER *n* человек, сообщающий сведения частным образом
TITLE *n* 1. титул, звание 2. право; правовой титул 3. название, заглавие

TON

absolute ~ безусловное право собственности
clear ~ чистый правовой титул
good ~ законный титул
imperfect ~ неполный правовой титул
job ~ *амер.* название профессии
legal ~ правовой титул
marketable ~ правовой титул, могущий быть переданным
paper ~ документ, подтверждающий право владения
registered ~ *брит.* правовой титул, зарегистрированный в земельном регистре
short ~ краткое название
tax ~ правовой титул, приобретенный при продаже имущества за неуплату долгов
~ of an invention название изобретения
~ of ownership право на имущество
~ to goods право собственности на товар
~ to personal property право на движимое имущество
◊ to acquire ~ приобретать право собственности
to reserve ~ to the goods сохранять право собственности на товар
to transfer ~ to smb передавать право собственности кому-л.
TOIL *n* тяжелый труд
TOIL *v* усиленно работать, трудиться
TOILER *n* труженик
TOKEN *n* 1. знак; символ 2. талон, жетон
TOLERABLE *adj* допустимый; приемлемый
TOLERANCE *n* допуск, допустимое отклонение
 fabrication ~ допуск на изготовление
 manufacturing ~ *см.* fabrication ~
 overload ~ допустимая перегрузка
 wear ~ допуск на износ
 ~ of the mint допустимое отклонение от стандартного веса и размера монеты
TOLL *n* пошлина, сбор
 bridge ~ сбор за проезд через мост
 canal ~ сбор за проход через канал
 port ~ *амер.* сбор за стоянку в порту
 road ~ дорожный сбор
TOMBSTONE *n* информационное объявление в прессе о выпуске ценных бумаг
TON *n* тонна

cargo ~ фрахтовая (обмерная) тонна
freight ~ *см.* cargo ~
gross register ~ брутто-регистровая тонна
long ~ длинная тонна
measurement ~ обмерная тонна
metric ~ метрическая тонна
net register ~ нетто-регистровая тонна
register ~ регистровая тонна
short ~ короткая тонна

TONE *n* 1. общая атмосфера, обстановка 2. настроение (*рынка*); тенденция
cheerful ~ дружественная атмосфера
market ~ настроение рынка
prevailing ~ господствующее настроение

TONNAGE *n* 1. тоннаж 2. суда 3. корабельный сбор
cargo ~ грузовой тоннаж
chartered ~ зафрахтованный тоннаж
cleared ~ тоннаж, свободный от пошлин
deadweight ~ полная грузоподъемность судна
displacement ~ тоннаж по весовому водоизмещению
dry cargo ~ сухогрузный тоннаж
freight ~ грузовой тоннаж
gross ~ брутто-тоннаж
idle ~ бездействующий тоннаж
inland ~ речные суда
lightweight ~ вес судна без груза и топлива
liner ~ линейный тоннаж
maximum ~ максимальный тоннаж
net register ~ чистый регистровый тоннаж
passenger ~ пассажирские суда
prompt ~ промптовый тоннаж
refrigerated ~ холодильный тоннаж
register ~ регистровый тоннаж
sea ~ морской тоннаж
small ~ суда небольших размеров
tanker ~ наливной тоннаж
total ~ общий тоннаж
tramp ~ трамповый тоннаж
underdeck ~ грузовое помещение под нижней палубой
uneconomical ~ неэкономичный тоннаж
waste ~ неиспользованный тоннаж
works-owned ~ суда, принадлежащие заводу
~ for frozen goods суда для перевозки замороженных продуктов

~ for sale суда, предлагаемые на продажу
◊ to book ~ букировать тоннаж
to charter ~ фрахтовать тоннаж
to freight ~ *см.* to charter ~
to lay up ~ ставить суда на прикол
to register ~ регистрировать тоннаж
to secure ~ обеспечивать тоннаж

TOOL *n* 1. инструмент 2. станок 3. средство
computational ~ вычислительный аппарат
erection ~ монтажные инструменты
fiscal ~ мероприятия налоговой политики
maintenance ~s инструмент для ремонта
policy ~ средство проведения политики
sales ~s методы сбыта

TOOLING *n* технологическая оснастка; инструментальная оснастка

TOP *n* 1. вершина 2. высшая ступень; высшая точка

TOP *adj* верхний; максимальный

TOPHEAVINESS *n* 1. *мор.* наивысшая грузоподъемность 2. *бирж.* завышенная оценка ценных бумаг

TOPHEAVY *adj* 1. перегруженный 2. переоцененный

TORT *n юр.* гражданское правонарушение, деликт
property ~ имущественный деликт

TORTFEASOR *n юр.* правонарушитель

TOTAL *n* сумма, итог
balance sheet ~ балансовый итог
estimated ~ итог по смете
final ~ общая сумма, общий итог
grand ~ *см.* final ~
hash ~ контрольная сумма
intermediate ~ промежуточный итог
material ~ общее количество материалов
progressive ~ нарастающий итог
running ~ *см.* progressive ~
sub ~s групповые суммы
sum ~ общий итог
summary ~ *см.* sum ~
turnover ~ оборотная сумма
ultimate ~ конечный итог
weighted ~ взвешенная сумма

TOTAL *v* подсчитывать; суммировать; подводить итог

TOTALITY *n* вся сумма; все количество

TOTALIZE *v* подводить итог; суммировать

TOUR *n* 1. путешествие; поездка 2. объ-

езд; обход 3. смена (*на производстве*) 4. цикл
business ~ деловая поездка
circular ~ экскурсионная поездка
fact-finding ~ ознакомительная поездка
formal ~ официальная поездка
guided ~ коллективная поездка
official ~ официальная поездка
optimal ~ оптимальный цикл
organized ~ коллективная поездка
package ~ организованная туристическая поездка; комплексное турне
partial ~ частичный цикл
publicity ~ рекламная поездка
sight-seeing ~ экскурсия по городу
~ of an exhibition осмотр выставки
~ of the fair grounds осмотр территории ярмарки
~ of inspection инспекционная поездка
TOURISM *n* туризм
business ~ деловой туризм
congress ~ конгрессный туризм
foreign ~ иностранный туризм
international ~ международный туризм
TOURIST *n* турист
TOUT *n* коммивояжер, розничный торговец
TOUT *v* навязывать товар, настойчиво сбывать товар
TOW *n* буксировка
◇ to have in ~ буксировать
TOW *v см.* to have in ~
TOWAGE *n* 1. буксировка 2. плата за буксировку
TOWBOAT *n* буксир, буксирное судно
TOWN *n* город
border ~ приграничный город
company ~ поселок для работников предприятия
county ~ районный центр; *брит.* главный город графства
home ~ родной город
industrial ~ промышленный город
manufacturing ~ *см.* industrial ~
maritime ~ приморский город
market ~ *брит.* город с правом рыночной торговли
satellite ~ город-спутник
trading ~ торговый город
TOWNSCAPE *n* вид города, городской ландшафт
TOWNSHIP *n* 1. поселок; городок 2. *амер.* местечко; район
TOXICITY *n* токсичность
~ of products токсичность продукции

TRACE *n* след
TRACE *v* 1. следить, прослеживать 2. искать; локализовать
TRACER *n* 1. следящее устройство 2. запрос о местонахождении груза
cargo ~ *см.* TRACER 2.
TRACING *n* 1. слежение 2. поиск; локализация
trouble ~ поиск места повреждения
~ of reserves нахождение резервов
TRACK *n* 1. дорога; путь 2. маршрут; трасса
freight ~ грузовой железнодорожный путь
house ~ складской путь
industry ~s внутризаводские подъездные пути
loading ~ железнодорожный погрузочный путь
overhead ~ надземный рельсовый путь
passing ~ обгонный путь
railway ~ железнодорожный путь
side ~ запасной путь
storage ~ *см.* side ~
team ~ путь для погрузочно-разгрузочных работ
TRACKAGE *n* железнодорожная сеть
TRACT *n* участок (*земли, леса, воды*)
census ~ переписной район
~ of land участок земли
TRADABLE *adj* 1. товарный, рыночный 2. ходовой (*товар*)
TRADE *n* 1. торговля 2. отрасль торговли 3. занятие, ремесло, профессия 4. розничная торговля 5. торговые круги
advantageous ~ выгодная торговля
ancillary ~ вспомогательная отрасль торговли
autumn ~ торговля товарами осеннего сезона
balanced ~ нетто-баланс
barter ~ бартерная торговля
bilateral ~ двусторонняя торговля
book ~ книжная торговля
border ~ приграничная торговля
brisk ~ оживленная торговля
building ~ строительная промышленность
bulk cargo ~ перевозки массовых грузов
buyback ~ компенсационная торговля
carrying ~ транспортная торговля; транспортное дело
cash ~ торговля за наличные
catering ~ система предприятий общественного питания

TRA

coastal ~ каботажная торговля
coasting ~ *см.* coastal ~
coastwise ~ *см.* coastal ~
commission ~ комиссионная торговля
commodity ~ торговля товарами
compensation ~ компенсационная торговля, товарообменные сделки
compensatory ~ *см.* compensation ~
competitive ~ конкурентоспособные торговые предприятия
continental ~ континентальная торговля
contraband ~ контрабандная торговля
cooperative ~ кооперативная торговля
cross ~ 1) *амер.* взаимные брокерские сделки; кроссированные сделки с ценными бумагами 2) *мор.* перевозка грузов между двумя зарубежными портами за счет зарубежных отправителей
crossed ~s *см.* cross ~
day ~ *бирж.* дневная операция (*покупка и продажа в течение одного дня*)
depressed ~ застойная торговля
diplomatic ~ профессия дипломата
direct transit ~ прямая транзитная торговля
distributing ~ оптово-розничная торговля
distributive ~s все виды экономической деятельности, способствующие доставке товара от продуцента до потребителя
domestic ~ внутренняя торговля
entrepôt ~ транзитная торговля
exclusive ~ монопольная торговля
export ~ экспортная торговля
external ~ внешняя торговля
fair ~ торговля на основе взаимной выгоды
fall ~ *амер.* торговля товарами осеннего сезона
floating ~ морская торговля; морская перевозка грузов
foreign ~ внешняя торговля
forwarding ~ транспортно-экспедиционные услуги
free ~ свободная торговля
freight ~ грузовые перевозки
frontier ~ приграничная торговля
general ~ общая торговля
general-cargo ~ перевозка генеральных грузов
handicraft ~s ремесленное производство
hire-purchase ~ продажа в рассрочку
home ~ внутренняя торговля

TRA

illicit ~ незаконная торговля
import ~ импорт
improvement ~ торговля товаров с переработкой
indirect transit ~ косвенная транзитная торговля
inland ~ внутренняя торговля
instalment ~ продажа в рассрочку
interior ~ внутренняя торговля
intermediary ~ посредническая торговля
intermediate ~ *см.* intermediary ~
internal ~ внутренняя торговля
international ~ международная торговля
interstate ~ межгосударственная торговля
invisible ~ невидимая торговля
key ~s ведущие профессии
land ~ сухопутная торговля
lawful ~ законная торговля
licence ~ лицензионная торговля
liner ~ линейные перевозки
luxury ~ торговля предметами роскоши
mail-order ~ посылочная торговля
maritime ~ морская торговля
multilateral ~ многосторонняя торговля
mutual ~ взаимная торговля
national ~ национальная торговля
overseas ~ внешняя торговля
preferential ~ преференциальная торговля
private ~ частная торговля
produce ~ торговля продуктами
profitable ~ выгодная торговля
rag ~ торговля одеждой
reciprocal ~ торговля на основе взаимности
reexport ~ реэкспортная торговля
regional ~ региональная торговля
retail ~ розничная торговля
retail delivery ~ развозная торговля
seaborne ~ морская торговля
seasonal ~ сезонная торговля
service ~ торговля услугами
small-scale ~s мелкие предприятия
sole ~ монопольная торговля
special ~ специальная торговля
specialized ~ специализированная торговля
spring ~ торговля товарами весеннего сезона
stagnant ~ вялая торговля
state ~ государственная торговля
stock ~ торговля акциями

substantial ~ значительный объем торговли
successful ~ успешная торговля
tally ~ торговля с рассрочкой платежа
tourist ~ туризм
tramp ~ трамповые суда
transit ~ транзитная торговля
triangular ~ трехсторонняя торговля
trilateral ~ *см.* triangular ~
two-way ~ двусторонняя торговля
unhealthy ~ вредное производство
visible ~ видимая торговля
wholesale ~ оптовая торговля
world ~ мировая торговля
~ by barter меновая торговля
~ in commodities торговля товарами
~ in futures торговля фьючерсами
~ in licences торговля лицензиями
~ in patents торговля патентами
~ in products торговля товарами
~ in services торговля услугами
~ in toxic waste торговля токсичными отходами производства
~ on cash торговля на наличные
~ through agents торговля через посредников
◇ to be in the ~ иметь дело
to carry on ~ вести торговлю
to develop ~ развивать торговлю
to do ~ вести торговлю
to encourage ~ поощрять торговлю
to expand ~ расширять торговлю
to extend ~ *см.* to expand ~
to further ~ содействовать развитию торговли
to hamper ~ препятствовать развитию торговли
to hinder ~ *см.* to hamper ~
to increase ~ развивать торговлю
to monopolize ~ монополизировать торговлю
to open ~ начинать торговлю
to promote ~ содействовать развитию торговли
to pursue a ~ заниматься промыслом, ремеслом
to reanimate ~ оживлять торговлю
to restrain ~ ограничивать торговлю
to restrict ~ *см.* to restrain ~
to revive ~ возобновлять торговлю

TRADE *v* торговать

TRADE-IN *n* встречная продажа (*старого изделия в счет покупки нового*)

TRADEMARK *n* товарный знак; фабричная марка

certification ~ зарегистрированный товарный знак
distinctive ~ отличительный знак
forged ~ поддельный знак
jointly owned ~ общий товарный знак
registered ~ зарегистрированный товарный знак
unregistered ~ незарегистрированный товарный знак

TRADE-OFF *n* 1. компромисс 2. уступка

TRADER *n* 1. торговец 2. биржевой брокер; спекулянт; трейдер
competitive ~ член Нью-Йоркской фондовой биржи, торгующий акциями за свой счет
credit ~ *брит.* торговец, продающий в кредит
day ~ однодневный трейдер
floor ~ член биржи, участвующий в торге за свой счет
free ~ сторонник свободной торговли
good ~ добротный товар
independent ~ самостоятельный торговец
large ~ крупный биржевой брокер
market ~ рыночный торговец
petty ~ мелкий торговец
pit ~ брокер товарной биржи
registered ~ член Нью-Йоркской фондовой биржи, торгующий акциями за свой счет
registered option ~ член Американской фондовой биржи, работающий по опционам
retail ~ розничный торговец
rival ~ торговый конкурент
single ~ независимый торговец
sole ~ единоличный торговец
street ~ уличный торговец
wholesale ~ оптовый торговец

TRADESMAN *n* торговец

TRADING *n* 1. торговля 2. торговля ценными бумагами
after hours ~ торговля акциями после официального закрытия рынка
block ~ продажа крупными партиями
coastal ~ каботажная торговля
computer-aided ~ компьютеризованная торговля
curb ~ 1) внебиржевой рынок 2) заключение сделок после официального закрытия рынка
day ~ *бирж.* дневная торговля, операционный день (*открытие и закрытие позиций в течение одного дня*)
daylight ~ *см.* day ~

forward ~ заключение сделок на срок
free ~ in exchange свободная торговля валютой
futures ~ заключение сделок на срок
illicit ~ незаконная торговля, торговля из-под полы
insider ~ незаконные сделки с ценными бумагами с использованием конфиденциальной информации
instalment ~ торговля в рассрочку
kerb ~ 1) внебиржевой рынок 2) заключение сделок после официального закрытия рынка
marginal ~ биржевая сделка на разницу в курсе в сделках на реальный товар
municipal ~ сделки с ценными бумагами местных властей
odd lot ~ операции с небольшими партиями ценных бумаг
position ~ позиционная торговля на рынке срочных сделок
reciprocal ~ взаимные поставки
retail ~ розничная торговля
ring ~ свободный биржевой торг
security ~ торговля ценными бумагами
side-by-side ~ торговля ценной бумагой и опционами на нее на одной бирже
spot ~ продажа с немедленной оплатой и поставкой
state ~ государственная торговля
street ~ уличная торговля
suspended ~ приостановка торговли на бирже
unlisted ~ торговля на бирже некотируемыми ценными бумагами
TRADING-OFF n обмен
TRADITION n традиция
TRAFFIC n 1. движение; сообщение; транспорт 2. перевозки; грузооборот 3. торговля 4. фрахт; грузы
air ~ воздушное сообщение
aircraft ~ *см.* air ~
airline ~ *см.* air ~
border ~ перевозки через границу
cargo ~ грузовые перевозки
city ~ городское движение транспорта
coastal ~ каботажные перевозки
coastwise ~ *см.* coastal ~
commercial ~ торговые перевозки
container ~ контейнерные перевозки
containerized ~ *см.* container ~
contraband ~ контрабанда
direct ~ прямые перевозки
domestic ~ внутренние перевозки

export ~ экспортные перевозки по железной дороге
express ~ скоростное движение транспорта
fast ~ *см.* express ~
fast freight ~ *амер.* скоростные перевозки грузов
fast goods ~ *брит. см.* fast freight ~
feeder ~ фидерные перевозки
ferry ~ паромные перевозки
freight ~ грузовые перевозки
frontier ~ пограничное сообщение
full container load ~ перевозки полных контейнерных партий
general cargo ~ перевозки генеральных грузов
goods ~ транспортировка грузов
groupage ~ отправка сборных грузов
heavy ~ интенсивное движение
heavy lorry ~ интенсивное грузовое движение
high-rated ~ перевозки, оплачиваемые по высокому тарифу
high-value commodity ~ перевозки ценных грузов
highway ~ движение по скоростным трассам
illegal ~ контрабанда
inland ~ внутреннее сообщение
intercity ~ междугородное сообщение; междугородные перевозки
intermodal ~ смешанное сообщение
international ~ международные перевозки
interurban ~ междугородное сообщение; междугородные перевозки
line ~ линейное судоходство
liner ~ *см.* line ~
local ~ местное сообщение
long-distance ~ дальние перевозки
long-distance goods ~ *брит.* перевозки грузов на дальние расстояния
long haul freight ~ *амер. см.* long-distance goods ~
maritime ~ морские перевозки
merchandise ~ грузовые перевозки
mixed ~ смешанное сообщение
oceangoing ~ морское сообщение
one-way ~ одностороннее движение
overseas ~ морское сообщение
outwards ~ перевозки за границу
packaged cargo ~ перевозки пакетированных грузов
passenger ~ пассажирские перевозки
perishable ~ перевозки скоропортящихся грузов

TRA

piggyback ~ комбинированные автомобильно-железнодорожные перевозки
rail ~ железнодорожные перевозки
railroad ~ *амер. см.* rail ~
railway ~ *см.* rail ~
railway transit ~ железнодорожные транзитные перевозки
refrigerated ~ перевозки холодильным транспортом
river ~ речные перевозки
road ~ дорожные перевозки
sea ~ морские перевозки
shipping ~ пароходное сообщение
short-distance ~ местное сообщение
short-distance goods ~ *брит.* перевозки грузов на близкие расстояния
short haul freight ~ *амер. см.* short-distance goods ~
suburban ~ пригородное сообщение
through ~ сквозное сообщение; сквозные перевозки
transit ~ транзитные перевозки
trunk ~ магистральные перевозки
~ in transit транзит
~ of goods поток товаров
~ of the port движение судов в порту
◇ to bypass ~ направлять транспорт по другому пути
to carry on ~ вести торговлю
to divert ~ направлять транспорт по другому пути
to stop ~ прекращать движение
TRAFFICKER *n* торговец; делец
TRAIL *n* след
audit ~ бухгалтерский контроль
TRAILER *n* 1. трейлер 2. прицеп 3. рекламный ролик
cargo ~ грузовой трейлер
container ~ контейнер-прицеп
truck ~ *амер.* грузовой прицеп
TRAIN *n* поезд
boat ~ поезд, расписание которого согласовано с движением пароходов
commuter ~ пригородный поезд
connecting ~ поезд, расписание которого согласовано с расписанием поездов примыкающей линии
container ~ контейнерный поезд (*перевозка контейнеров железнодорожным транспортом*)
direct ~ прямой поезд
down ~ поезд, уходящий из столицы страны или большого города
express ~ курьерский поезд
extra ~ дополнительный поезд
fast ~ скорый поезд

TRA

freight ~ *амер.* товарный поезд
goods ~ *см.* freight ~
local ~ местный поезд
mail ~ почтовый поезд
mixed ~ товаро-пассажирский поезд
passenger ~ пассажирский поезд
piggyback ~ железнодорожные платформы для перевозки контрейлеров
railway ~ железнодорожный паром
refrigerator ~ рефрижераторный поезд
regular ~ регулярный поезд
relief ~ поезд вне расписания
repair ~ ремонтный поезд
road ~ автопоезд
scheduled ~ регулярный поезд
sea ~ железнодорожный паром
stopping ~ пассажирский поезд
through ~ поезд прямого сообщения
truck ~ *амер.* автопоезд
underground ~ *брит.* поезд метро
up ~ поезд, идущий в большой город, столицу страны
way ~ *амер.* пассажирский поезд
wild ~ поезд, идущий не по расписанию
work ~ строительно-монтажный поезд
TRAIN *v* 1. обучать, готовить к чему-л. 2. тренировать
TRAINED *adj* квалифицированный; обученный
TRAINEE *n* обучающийся
business ~ слушатель коммерческой школы
commercial ~ *см.* business ~
management ~ стажер на фирме
TRAINING *n* 1. обучение, подготовка 2. тренировка
additional ~ дополнительная подготовка
adequate ~ достаточная подготовка
advanced ~ повышение квалификации
advanced vocational ~ повышение профессиональной квалификации
agricultural ~ сельскохозяйственная подготовка
appropriate ~ соответствующее обучение
basic ~ первичная профессиональная подготовка
cold-storage ~ *амер.* подготовка резервов руководящих работников
continuation ~ дальнейшее обучение
conversion ~ переобучение
correspondence ~ заочное обучение
customer ~ обучение специалистов заказчика

day release ~ обучение с отрывом от работы
executive ~ подготовка руководителей и специалистов
free ~ бесплатное обучение
further ~ дальнейшая подготовка
general ~ общая подготовка
group ~ групповое обучение
hands-on ~ практическое обучение
individual ~ индивидуальное обучение
industrial ~ производственное обучение
in-plant ~ 1) производственное обучение 2) подготовка без отрыва от работы
in-service ~ *см.* in-plant ~ 2)
job ~ обучение профессии
legal ~ юридическое образование
management ~ подготовка руководящих кадров
mercantile ~ коммерческая подготовка
occupational ~ профессиональное обучение
on-the-job ~ обучение по месту работы
orientation ~ профессиональная ориентация
personnel ~ обучение персонала
plant ~ обучение по месту работы
practical ~ практическое обучение, производственная практика
preemployment ~ подготовка до поступления на работу
prejob ~ профессиональная подготовка; предварительное обучение
preliminary ~ предварительная подготовка
preparatory ~ подготовительное обучение
previous ~ предшествующее обучение
professional ~ профессиональное обучение; профессиональная подготовка
safety ~ обучение технике безопасности
sales ~ подготовка торговых работников
shop ~ обучение по месту работы
skills ~ профессиональное обучение
special ~ специальная подготовка
specialized ~ *см.* special ~
staff ~ подготовка кадров
supervisory ~ подготовка среднего руководящего персонала
technical ~ техническое обучение
vocational ~ профессионально-техническое обучение
~ for a calling обучение профессии

~ of a crew обучение команды
~ of personnel подготовка кадров; обучение персонала
~ of specialists подготовка специалистов
~ on the job обучение по месту работы
◇ to be in ~ проходить практику
to complete ~ пройти курс обучения
to conduct ~ проводить обучение
to extend ~ продлить обучение
to get practical ~ пройти курс практического обучения
to provide ~ обеспечивать обучение
to receive ~ получать подготовку
TRAMP *n* 1. трамп (*судно для перевозки грузов по любым направлениям*) 2. бродяга, бомж
cargo ~ трамповое судно
TRAMPING *n* трамповая перевозка грузов
TRANCHE *n* 1. транша, часть, доля 2. часть квоты страны-члена МВФ
credit ~ часть кредитной линии; кредитная транша МВФ
gold ~ золотая транша (*часть квоты страны-члена МВФ, оплаченная золотом*)
reserve ~ резервная транша
small ~ небольшая часть выпуска облигаций
◇ to provide a ~ обеспечивать долю (*выплаты*)
TRANSACT *v* 1. вести (*дела*) 2. заключать (*сделки*)
TRANSACTION *n* 1. ведение дел 2. сделка, дело
accounting ~ бухгалтерская операция; проводка
arbitrage ~ арбитражная операция
bank ~ банковская операция
banking ~ *см.* bank ~
barter ~ бартерная сделка
bear ~ *бирж.* игра на понижение
bilateral ~ двусторонняя сделка
bill ~s вексельные операции
black market ~ сделка на черном рынке
bridging ~ краткосрочный заем
bull ~ *бирж.* игра на повышение
business ~ деловая сделка
buy-back ~ компенсационная сделка
call ~ онкольная сделка
capital ~ капитальная операция
carry-over ~ операция с контанго
cash ~ сделка за наличный расчет
cheque ~ чековая операция

clearing ~ клиринговая операция
closing ~ *бирж.* закрытие открытой позиции обратной операцией
commercial ~ коммерческая операция
compensation ~ компенсационная сделка
compensatory ~ *см.* compensation ~
covering ~ сделка покрытия (*покрытие рисков или обязательств по «короткой» продаже*)
credit ~ кредитная сделка
currency ~ валютная операция
current ~ текущая операция
discount ~ операция по дисконтированию
exchange ~ валютная операция
ex-pit ~ внебиржевая сделка
export ~ экспортная сделка
fictituous ~ фиктивная сделка
fiduciary ~ доверительная операция
financial ~ финансовая операция
financing ~ операция по финансированию
floor ~ сделка, заключенная в торговом зале срочной биржи
foreign currency ~ сделка в иностранной валюте
foreign exchange ~ *см.* foreign currency ~
foreign trade ~ внешнеторговая сделка
forward ~ сделка на срок
forward exchange ~ срочная валютная сделка
forwarding ~ транспортно-экспедиторская сделка
fund ~ фондовая операция
future ~ сделка на срок
import ~ импортная операция
instalment ~ сделка в рассрочку
insurance ~ операция страхования
inventory ~s операции с товарно-материальными ценностями
invisible ~ невидимая сделка
issuing ~ эмиссионная операция
large-scale ~ крупномасштабная сделка
legal ~ законная операция
licence ~ лицензионная операция
market ~ рыночная сделка
mercantile ~ торговая сделка
monetary ~ денежная операция
money ~ *см.* monetary ~
noncash ~ безналичный расчет
noncommercial ~ некоммерческая операция
on-call ~ онкольная сделка

offset ~ офсетная сделка
option ~ опционная сделка
outright ~ сделка «аутрайт» (*обычная срочная валютная сделка на межбанковском рынке*)
parallel ~ параллельная сделка
payment ~ расчетная операция, платеж
profitable ~ выгодная сделка
promising ~ многообещающая сделка
reciprocal ~ сделка по взаимовыгодному обмену товарами
reexport ~ реэкспортная сделка
riskless ~ операция, не несущая риска
self-financing ~ самофинансируемая сделка
single ~ разовая сделка
speculating ~ спекулятивная сделка
speculative ~ *см.* speculating ~
speculative security ~s спекулятивные операции с ценными бумагами
spot ~ сделка с немедленным расчетом, наличная сделка
stock exchange ~ сделка на фондовой бирже
swap ~ сделка «своп», обменная сделка
terminal ~ срочная сделка
unprofitable ~ невыгодная сделка
zone ~ сделка в зоне свободной торговли
~ for cash сделка за наличный расчет
~ for the settlement срочная сделка с ценными бумагами
~ in foreign exchange сделка в иностранной валюте
~ on commission комиссионная сделка
~ on a compensation basis сделка на компенсационной основе
~ on credit кредитная операция
~ on the exchange биржевая сделка
◊ to cancel a ~ аннулировать сделку
to carry out a ~ осуществлять операцию
to close a ~ заключать сделку
to conclude a ~ *см.* to close a ~
to conduct a ~ проводить торговую операцию
to consummate a ~ *амер.* заключать сделку
to effect a ~ *см.* to consummate a ~
to enter into a ~ *см.* to consummate a ~
to handle a ~ осуществлять сделку
to initiate a ~ предлагать сделку
to make a ~ заключать сделку

to negotiate a ~ договариваться о сделке
to settle a ~ рассчитаться по сделке
to withdraw from a ~ отказываться от сделки

TRANSCONTAINER *n* специализированный контейнер для перевозки только одного типа грузов

TRANSFER *n* 1. перенос; перемещение 2. *юр.* уступка; передача (*права, имущества*); цессия 3. трансферт; документ о передаче 4. денежный перевод; перечисление денег 5. *амер.* перевозка грузов (*со склада на склад*) 6. *бухг.* перенос

airmail ~ перевозка авиапочтой
bank ~ банковский перевод
banker's ~ *см.* bank ~
blank ~ бланковый трансферт
cable ~ телеграфный перевод
capital ~ перевод капитала
cash ~ денежный перевод
certified ~ перевод согласно документу (сертификату)
compensation-free ~ безвозмездная передача
conditional ~ обусловленный перевод
cost ~ перечисление издержек
credit ~ кредитный перевод
currency ~ перевод валюты
data ~ передача информации
electronic fund ~ электронный перевод платежей
gratuitous ~ безвозмездная передача
income ~s перераспределение доходов
information ~ передача информации
interbank money ~ межбанковский перевод денежных средств
mail ~ почтовый перевод
money ~ денежный перевод
patent ~ передача права на патент
population ~ перемещение населения
postal ~ почтовый перевод
postal giro ~ безналичный перевод денег между двумя почтовыми счетами
postal money ~ почтовый денежный перевод
post-office ~ почтовый перевод
profit ~ перевод прибыли
share ~ трансферт акций
staff ~ штатные перемещения
stock ~ *амер.* передача акций
taxable ~ of profits abroad перевод прибыли за границу с обложением налогом
technology ~ передача технологии

telegraphic ~ телеграфный перевод
unconditional ~ безусловная переуступка
wire ~ телеграфный перевод
~ by bank draft перевод в форме банковской тратты
~ by cheque перевод чеком
~ by endorsement перевод с помощью индоссамента
~ by exchange переуступка путем обмена
~ by mail пересылка по почте
~ by post *см.* ~ by mail
~ by sale переуступка путем продажи
~ by way of gift дарение
~ from an account перечисление со счета
~ in blank бланковый трансферт
~ in foreign currency перевод в иностранной валюте
~ in payment перевод в счет платежа
~ into an account перевод на счет
~ of an amount перевод суммы
~ of authority передача полномочий
~ of the balance перенос сальдо
~ of business перевод предприятия (*в другое место*)
~ of capital abroad перевод капитала за границу
~ of cargo перемещение грузов
~ of currency перевод валюты
~ of data передача информации
~ of debentures трансферт облигаций
~ of a debt переуступка требования
~ of an entry перенесение бухгалтерских записей с одного счета на другой
~ of experience передача опыта
~ of funds перевод денежных средств
~ of information передача информации
~ of invention rights переуступка изобретения
~ of money перевод денег
~ of money from deposit перечисление денег с депозита
~ of money on deposit перечисление денег на депозит
~ of ownership передача права собственности
~ of patent rights передача прав на патент
~ of payment перевод платежа
~ of a policy передача полиса
~ of profits перевод прибыли
~ of profits abroad перевод прибыли за границу

~ of property rights передача прав на имущество
~ of resources передача ресурсов
~ of rights передача прав
~ of shares передача акций
~ of stocks *амер. см.* ~ of shares
~ of sums перечисление сумм
~ of technical documentation передача технической документации
~ of technical information передача технической информации
~ of technology передача технологии
~ of tenancy переуступка аренды
~ of title передача права на имущество
~ through a bank перевод через банк
~ to an account перечисление на счет
~ under a contract перевод в счет контракта
◇ to effect ~ делать перевод
to make ~ *см.* to effect ~
to pay by ~ платить переводом
TRANSFER *v* 1. переносить, перемещать; переставлять 2. *юр.* передавать, уступать 3. переводить (*деньги*); перечислять (*суммы*) 4. *амер.* перевозить (*со склада на склад*) 5. *бухг.* делать перенос
TRANSFERABLE *adj* переводимый; переводный
TRANSFEREE *n* правопреемник; цессионарий; индоссат
TRANSFERENCE *n* 1. передача; перенос 2. перевод денежных сумм 3. *юр.* передача, уступка
risk ~ перевод риска
~ of patent rights передача прав на патент
TRANSFEROR *n* лицо, передающее право; цедент; индоссант
TRANSFORM *v* трансформировать; преобразовывать
TRANSFORMATION *n* трансформация; преобразование
~ of rent in kind into money rent преобразование натуральной ренты в денежную
~ of surplus profit into rent превращение добавочной прибыли в ренту
TRANSHIP *v* перегружать, переваливать; переотправлять
TRANSHIPMENT *n* перегрузка, перевалка; переотправка
~ of cargo перевалка груза
◇ to effect ~ производить перевалку
to transport goods with ~ перевозить грузы с перевалкой

TRANSIT *n* перевозка, транзит
controlled ~ регулируемые перевозки
international ~ международные транзитные перевозки
regular ~ регулярные перевозки
sea ~ морские перевозки
~ of goods перевозки товаров
TRANSITION *n* переход; превращение; трансформация
TRANSITIONAL *adj* 1. переходный 2. промежуточный
TRANSLATION *n* 1. перевод 2. пересчет, перевод из одних мер в другие
TRANSMISSION *n* 1. передача 2. пересылка
automatic data ~ автоматическая передача данных
long-distance ~ передача электроэнергии на большое расстояние
~ of credit передача аккредитива
~ of goods отправка товаров
~ of money пересылка денег
~ of news передача новостей
~ of parcels пересылка пакетов
~ of shares передача акций
~ through a bank пересылка через банк
~ through banking channels *см.* ~ through a bank
TRANSMIT *v* 1. передавать 2. пересылать
TRANSMITTER *n* 1. отправитель 2. передатчик, передающее устройство
TRANSNATIONAL *adj* транснациональный
TRANSPORT *n* 1. перевозка, перевозки, транспорт 2. транспортные средства
air ~ воздушный транспорт
all-water ~ перевозки по внутренним водным путям
bulk cargo ~ перевозки массовых грузов
cargo ~ грузовое транспортное средство
city ~ городской транспорт
combined ~ смешанные перевозки
factory ~ внутризаводской транспорт
freight ~ 1) грузовые перевозки 2) грузовой транспорт
goods ~ *см.* freight 1)
industrial ~ промышленный транспорт
inland ~ внутренний транспорт
inland water ~ внутренний водный транспорт
inland waterway ~ *см.* inland water ~
intercity ~ междугородный транспорт

interior ~ транспортное сообщение внутри страны
intermodal ~ смешанные перевозки
interstate ~ 1) межгосударственные перевозки 2) *амер.* перевозки между штатами
interurban ~ междугородные перевозки
long-distance ~ дальние перевозки
marine ~ морские перевозки
maritime ~ *см.* marine ~
motor ~ автомобильный транспорт
multimodal ~ смешанные перевозки
ocean ~ *амер.* морской транспорт
onward ~ дальнейшая перевозка
open ~ открытая перевозка
outwards ~ перевозки за границу
overland ~ сухопутное сообщение
passenger ~ пассажирский транспорт
pipeline ~ трубопроводный транспорт
public ~ общественный транспорт
rail ~ 1) железнодорожные перевозки 2) железнодорожный транспорт
railway ~ *см.* rail ~
refrigerated ~ перевозки холодильным транспортом
return ~ обратная перевозка
river ~ 1) речные перевозки 2) речной транспорт
road ~ 1) автомобильные перевозки 2) автомобильный транспорт
sea ~ 1) морские перевозки 2) морской транспорт
town ~ городской транспорт
truck ~ грузовой транспорт
urban ~ городской транспорт
water ~ 1) водные перевозки 2) водный транспорт
~ by air воздушные перевозки
~ by land наземные перевозки
~ by rail железнодорожные перевозки
~ by road автомобильные перевозки
~ by sea морские перевозки
◇ to subsidize public ~ субсидировать общественный транспорт

TRANSPORT *v* перевозить, транспортировать; переносить, перемещать
~ by air перевозить авиатранспортом
~ by rail перевозить железнодорожным транспортом
~ by road перевозить автомобильным транспортом
~ by sea перевозить морским транспортом
~ over long distances перевозить на большие расстояния

~ to destination перевозить к месту назначения
TRANSPORTATION *n* 1. транспортировка, перевозка, перевозки 2. транспортные средства, транспорт 3. *амер.* стоимость перевозки
air ~ воздушные перевозки
bulk ~ перевозки массовых грузов
cargo ~ грузовые перевозки
civil ~ гражданский транспорт
combined ~ смешанные перевозки
container ~ контейнерные перевозки
containerized cargo ~ *см.* container ~
direct ~ прямые перевозки
export-import ~ экспортно-импортные перевозки
ferry ~ паромные перевозки
for-hire ~ перевозка по найму
foreign trade ~ внешнеторговые перевозки
free ~ бесплатная перевозка
gas pipeline ~ газопроводный транспорт
ground ~ автобусное сообщение, доставляющее пассажиров в аэропорт и обратно
highway ~ *амер.* грузовые перевозки по улицам
inland ~ внутренние перевозки
intercity bus ~ междугородное автобусное сообщение
internal ~ транспортировка внутри страны
international ~ международные перевозки
land ~ перевозки сухопутным транспортом
local ~ местные перевозки
local air ~ перевозки местными авиалиниями
mixed ~ смешанные перевозки
motor ~ автомобильные перевозки
overland ~ перевозки сухопутным транспортом
overseas ~ морские перевозки
palletized ~ пакетные перевозки
public ~ общественный транспорт
railroad ~ *амер.* железнодорожный транспорт
railway ~ *см.* railroad ~
river ~ речные перевозки
sea ~ морские перевозки
surface ~ наземные перевозки
~ by air авиационный транспорт
~ by combined transport транспортировка разными видами транспорта

TRA TRE

~ by ferry перевозка на пароме
~ by goods train перевозка малой скоростью
~ by road автомобильные перевозки
~ by sea морские перевозки
~ by water водные перевозки
~ in both directions транспортировка в обоих направлениях
~ in containers контейнерные перевозки
~ of cargo перевозки грузов
~ of equipment транспортировка оборудования
~ of goods перевозки грузов
~ of materials транспортировка материалов
~ of oversized equipment перевозка негабаритного оборудования
~ of packeted goods перевозка пакетированных грузов
~ of palleted goods перевозка грузов на поддонах
~ under a contract перевозка по контракту
~ with transhipment перевозка с перевалкой
◇ during ~ во время перевозки
to arrange for ~ обеспечивать перевозку
to carry out ~ осуществлять перевозку
to furnish ~ обеспечивать перевозку
to handle ~ осуществлять перевозку
to provide ~ обеспечивать перевозку
to secure ~ *см.* to provide ~
to stand ~ выдерживать перевозку
to withstand ~ *см.* to stand ~

TRANSPORTER *n* 1. перевозчик 2. крупногабаритное транспортное средство для перевозки других транспортных средств
general ~ генеральный перевозчик

TRAVEL *n* путешествие; поездка
business ~ деловая поездка
official ~ служебная поездка
space ~ космический полет
surface ~ движение наземного транспорта

TRAVELLER *n* 1. путешественник, турист 2. коммивояжер
air ~ пассажир воздушного транспорта
business ~ коммивояжер
commercial ~ *см.* business ~

TRAWLER *n* траулер, рыболовное судно

TREASURE *n* 1. сокровище; драгоценность 2. *pl* краткосрочные казначейские векселя

art ~s сокровища искусства

TREASURER *n* 1. казначей 2. *амер.* кассир, заведующий кассой 3. секретарь акционерной корпорации
assistant ~ помощник казначея
honorary ~ почетный казначей

TREASURY *n* 1. казна 2. казначейство 3. *амер.* казначейские сертификаты

TREAT *v* 1. обращаться с кем-л. 2. обрабатывать, подвергать технологической обработке

TREATMENT *n* 1. обращение; обхождение 2. режим 3. технологическая обработка
analytical ~ аналитическая обработка
anticorrosion ~ антикоррозионная обработка
customs ~ таможенный режим
discriminatory ~ дискриминационный режим
duty-free ~ беспошлинный режим
empirical ~ эмпирическое исследование
equal ~ режим равноправия
favourable ~ благоприятный режим
improper ~ неправильное обращение
mathematical ~ математическая обработка
most favoured nation ~ режим наибольшего благоприятствования
national ~ национальный режим
nonpreferential ~ обслуживание без приоритета
preferential ~ 1) льготный режим 2) обслуживание с приоритетом
proper ~ правильное, соответствующее обращение
statistaical ~ статистическая обработка
unfavourable ~ неблагоприятный режим
◇ to accord favourable ~ предоставлять благоприятный режим
to grant MFN (most favoured nation) ~ предоставлять режим наибольшего благоприятствования
to undergo ~ подвергаться обработке

TREATY *n* 1. договор 2. переговоры 3. соглашение путем компромисса
bilateral ~ двусторонний договор
civil law ~ гражданско-правовой договор
commercial ~ торговый договор
draft ~ проект договора
economic ~ хозяйственный договор
equal ~ равноправный договор
equitable ~ *см.* equal ~

751

inequitable ~ неравноправный договор
multilateral ~ многосторонний договор
private ~ 1) соглашение, достигнутое путем личных переговоров 2) частное соглашение
reciprocal ~ договор на основе взаимности
trade ~ торговый договор
unequal ~ неравноправный договор
~ on commerce договор о торговле
~ on cooperation договор о сотрудничестве
◊ to accede to a ~ присоединяться к договору
to annul a ~ аннулировать договор
to break a ~ нарушать договор
to cancel a ~ аннулировать договор
to conclude a ~ заключать договор
to denounce a ~ денонсировать договор
to enter into a ~ вступать в договор
to initial a ~ парафировать договор
to infringe a ~ нарушать договор
to join a ~ присоединяться к договору
to keep a ~ соблюдать договор
to make a ~ заключать договор
to observe a ~ соблюдать договор
to prolong a ~ продлевать договор
to ratify a ~ ратифицировать договор
to renounce a ~ отказываться от договора
to repudiate a ~ аннулировать договор
to rescind a ~ *см.* to repudiate a ~
to revoke a ~ *см.* to repudiate a ~
to terminate a ~ *см.* to repudiate a ~
to violate a ~ нарушать договор
to withdraw from a ~ выходить из договора

TREND *n* 1. общее направление развития, тенденция; тренд 2. *мат.* тренд
aggregate ~ совокупная тенденция
cyclical ~ циклический тренд
definite ~ определенная тенденция
demand ~ тенденция изменения спроса
demographic ~ демографическая тенденция
downward ~ тенденция к понижению
downward business ~ спад деловой конъюнктуры
economic ~ хозяйственная конъюнктура
falling ~ тенденция к понижению
flat ~ устойчивая тенденция
general ~ общая тенденция
growth ~ тенденция роста

inflationary ~s инфляционная конъюнктура
linear ~ линейный тренд
liquidity ~ тенденция движения ликвидности
long-run ~ долговременная тенденция
long-term ~ *см.* long-run ~
major ~ главная тенденция
market ~ тенденция рынка
minor ~ незначительные колебания на рынке, не имеющие влияния на тенденцию развития рыночной конъюнктуры
Money growth ~ тенденция роста денежной массы
Population ~ тенденция изменения структуры и численности населения
prevailing ~ преобладающая тенденция
price ~ тенденция цен
primary ~ первичная тенденция движения цен или курсов
quality ~ тенденция изменения качества
rising ~ тенденция к повышению
sales ~ тенденция сбыта
secular ~ долговременная тенденция
short-term ~ кратковременная тенденция
stable ~ устойчивая тенденция
stronger ~ тенденция к повышению
upward ~ повышательная тенденция
weaker ~ тенденция к понижению
~ in prices тенденция развития цен
~s in technology тенденции в развитии техники
~ of business ход дела
~ of the market тенденция рынка
◊ to buck the ~ выступать против тенденции рынка

TRENDY *adj* супермодный

TRESPASS *v* 1. *юр.* нарушать право владения 2. посягать на что-л.

TRESPASSER *n* правонарушитель

TRET *n* скидка на утечку, рефакция

TRIAL *n* 1. испытание; проба 2. попытка 3. судебный процесс
acceptance ~s приемочные испытания
assessment ~s оценочные испытания
check ~ контрольное испытание
civil ~ гражданское судопроизводство
commissioning ~s пусковые испытания
comparative ~s сравнительные испытания
criminal ~ уголовное судопроизводство
development ~s испытания на этапе разработки

doubling ~ повторное испытание
duplicate ~ *см.* doubling ~
evaluation ~s оценочные испытания
factory ~ заводское испытание
field ~ полевое испытание
inspection ~s приемочные испытания
laboratory ~ лабораторное испытание
manufacturer's ~ испытание, проводимое заводом-изготовителем
performance ~s ходовые испытания
preliminary ~ предварительное испытание
production ~ производственное испытание
proof ~ проверочное испытание
proving ~ *см.* proof ~
random ~ случайное испытание
repeat ~ повторное испытание
repetition ~ *см.* repeat ~
service ~s эксплуатационные испытания
shop ~ заводское испытание
speed ~s ходовые испытания
test ~s пробные испытания
user ~ испытание, проводимое заказчиком
~ of an action слушание гражданского дела
~ of a case *см.* ~ of an action
~ of the pyx проба монет
~ of samples испытание образцов
◇ to bring to ~ передавать дело в суд
to buy on ~ покупать на пробу
to carry out ~s проводить испытания
to complete ~s завершать испытания
to do ~s проводить испытания
to have smth on ~ опробовать что-л.
to postpone ~s откладывать испытания
to put on ~ подвергать испытанию
to stand the ~ выдержать испытание

TRIBUNAL *n* суд; трибунал
appeal ~ апелляционный суд
arbitration ~ арбитраж
commercial arbitration ~ торговый арбитраж

TRICK *n* хитрость; обман
confidence ~ злоупотребление доверием

TRIGGER *n* условие соглашения, невыполнение которого влечет за собой определенные действия
adjustment ~ объективный критерий, вызывающий необходимость изменения экономической политики
procurement ~ уровень запасов, обуславливающий необходимость закупок

TRIM *n* 1. порядок 2. *мор.* правильное размещение груза
~ of the hold надлежащее размещение груза в трюме

TRIM *v* 1. приводить в порядок 2. размещать груз (*на судне*)

TRIP *n* поездка, путешествие; рейс; экскурсия
air ~ путешествие на самолете
business ~ командировка, деловая поездка
cargo ~ грузовой рейс
empty container ~s порожние пробеги контейнеров
ferry ~ перегон транспортного средства (*с завода к получателю*)
inspection ~ инспекционная поездка
maiden ~ первый рейс (*судна*)
instructional ~ ознакомительная поездка
official ~ служебная командировка
round ~ круговой рейс
return ~ обратная поездка
selling ~ поездка с целью продажи чего-л.
single ~ рейс в один конец
trial ~ пробный рейс
◇ to arrange a ~ организовывать поездку
to make a ~ совершать поездку
to postpone a ~ откладывать поездку

TRIPARTITE *adj* трехсторонний, тройственный

TRIPCHARTER *n* рейсовый чартер

TRIPLICATE *n* одна из трех копий
◇ in ~ в трех экземплярах

TROLLEY *n* тележка

TROLLEY-CAR *n амер.* любое транспортное средство на электрической тяге

TROPICAL *adj* тропический

TROUBLE *n* 1. затруднение 2. труд, хлопоты 3. неисправность; повреждение; авария
operating ~ 1) нарушение производственного процесса 2) отказ при эксплуатации; авария

TROUBLE-FREE *adj* бесперебойный; безаварийный

TROUBLEPROOF *adj* безаварийный

TROUBLESHOOT *v* находить и устранять неисправности

TROUBLESHOOTER *n* 1. устройство для выявления неисправностей 2. аварийный рабочий

TROUBLESHOOTING *n* нахождение и устранение неисправностей

TROUGH *n* самая глубокая точка падения (*производства, цен*)

TROVER *n* 1. присвоение найденной чужой собственности 2. иск владельца собственности о возвращении имущества

TRUCK *n* 1. тележка, вагонетка 2. *ж.-д.* открытая железнодорожная платформа 3. *амер.* грузовик 4. обмен товарами, бартер 5. оплата труда товарами, натурой

   closed ~ крытый грузовик

   container ~ грузовой автомобиль или железнодорожный вагон для перевозки контейнеров

   delivery ~ грузовик для доставки покупок на дом

   dump ~ самосвал

   electric lift ~ электропогрузчик

   fork-lift ~ вилочный погрузчик

   fuel ~ автоцистерна для горючего

   heavy ~ тяжелый грузовик

   light-duty ~ грузовик малой грузоподъемности

   pickup ~ пикап, грузовой автомобиль на легковом шасси

   refuse ~ мусоровоз

   ◇ to discharge a ~ разгружать грузовик

   to ship by ~ отправлять грузовиком

   to unload a ~ разгружать грузовик

TRUCKAGE *n* 1. перевозка на грузовиках 2. плата за перевозку на грузовиках 3. обмен

TRUCKING *n* перевозка автотранспортом

   piggyback ~ перевозки грузовых прицепов с грузом на специальных платформах на дальние расстояния

TRUCKLOAD *n* партия груза на грузовую автомашину

TRUNK *n* магистраль (*железнодорожная, телефонная, телеграфная*)

TRUNKER *n* транспортное средство для дальних перевозок грузов

TRUNKING *n* транспортировка грузов на дальние расстояния, включая соответствующие услуги

TRUST *n* 1. вера, доверие 2. доверительная собственность 3. рапоряжение имуществом на началах доверительной собственности; доверительный фонд; траст; опека 4. кредит

   active ~ активный кредит

   bank ~ доверительные операции банков

   bare ~ пассивный траст

   business ~ *амер.* деловой траст

   charitable ~ благотворительный траст

   closed-end investment ~ инвестиционная компания закрытого типа

   community ~ общественный траст

   constructive ~ доверительная собственность на основе судебного решения

   corporate ~ траст, учрежденный корпорацией

   court ~ доверительная собственность, учрежденная решением суда

   debenture ~ облигационный траст

   discretionary ~ траст, дающий доверенному лицу свободу в распоряжении имуществом

   express ~ траст, учрежденный по согласованию сторон и соответствующим образом зафиксированный

   financial ~ финансирующая компания

   fixed ~ траст с ограничением инвестиций в определенные ценные бумаги

   fixed investment ~ *см.* fixed ~

   flexible ~ гибкий траст, траст со свободным выбором инвестиций

   general management ~ *см.* flexible ~

   horizontal ~ горизонтальный траст

   implied ~ подразумеваемая доверительная собственность

   inactive ~ траст, по которому доверенное лицо выступает только как носитель титула

   industrial ~ *амер.* компания, финансирующая промышленность

   insurance ~ траст, состоящий из полисов по страхованию жизни

   inter vivos ~ траст, вступающий в силу при жизни учредителя

   investment ~ инвестиционная компания

   irrevocable ~ траст, условия которого не могут быть изменены доверителем

   living ~ траст, вступающий в силу при жизни учредителя

   open-end investment ~ инвестиционная компания открытого типа

   passive ~ пассивный траст

   public ~ благотворительный траст

   real estate investment ~ траст инвестиций в недвижимость

   resulting ~ доверительный траст на основе судебного решения

   savings bank ~ доверительная операция сберегательного банка

simple ~ простой траст
special ~ траст, учрежденный для специальной цели
spendthrift ~ траст, по которому предусмотрена гарантия против расточительности бенефициария
testamentary ~ траст, установленный завещанием
unit ~ паевой траст
vertical ~ вертикальный траст
wasting ~ траст, состоящий из имущества, которое постепенно уменьшается

TRUSTEE *n* доверенное лицо, доверительный собственник; опекун
corporate ~ учреждение, выполняющее функции доверительного лица
funds ~ менеджер доверительного фонда
joint ~ совокупный опекун
private ~ доверительный собственник
public ~ публичный доверительный собственник
testamentary ~ доверительный собственник в силу завещания
~ in bankruptcy управляющий конкурсной массой
~ of an estate *см.* ~ in bankruptcy
◇ to act as a ~ выступать в качестве доверительного собственника
to appoint a ~ назначать опекуна
to remove a ~ снимать опеку

TRUSTEESHIP *n* опека
◇ to be under ~ находиться под опекой
to establish ~ over учреждать опеку над

TRUSTWORTHINESS *n* кредитоспособность

TRUSTWORTHY *adj* 1. кредитоспособный 2. заслуживающий доверия

TRY-OUT *n* проба; проверка; испытание

TUBE *n* подземная железная дорога, метрополитен

TUG *n* буксир
harbour ~ портовый буксир
ocean ~ морской буксир
◇ to pay ~s платить за буксировку

TUG *v* буксировать

TUG-BOAT *n* буксир

TUGGAGE *n* 1. буксировка 2. плата за буксировку

TUITION *n* 1. обучение 2. плата за обучение

TUMBLE *v* падать (*о ценах, курсе*)

TURKEY *n амер.* 1. провал, неудача 2. неудачная инвестиция

TURN *n* 1. оборот 2. поворотный пункт 3. очередь 4. разница между ценами покупки и продажи ценных бумаг
business cycle ~s поворотные пункты экономического цикла
jobber's ~ прибыль джоббера
loading ~ очередь на погрузку
round ~ завершенная фьючерсная операция
by ~ по очереди, в порядке очереди
in ~ *см.* by ~
out of ~ вне очереди
free of ~ независимо от очереди
next in ~ на очереди

TURN *v* 1. поворачивать 2. менять направление
◇ ~ down отклонять, отвергать
~ out оказываться
~ over препоручать

TURNAROUND *n* покупка и продажа ценных бумаг с урегулированием расчетов в тот же день

TURN-KEY *n* контракт на условиях «под ключ»

TURNOUT *n* выпуск (*продукции*)
production ~ выпуск продукции

TURNOVER *n* 1. оборот; оборачиваемость 2. текучесть
active ~ оживленный товарооборот
annual ~ годовой оборот
asset ~ оборачиваемость активов
average ~ средний оборот
capital ~ оборачиваемость капитала
cargo ~ грузооборот
cash ~ оборот наличных денег
deposit ~ оборачиваемость депозитов
domestic ~ оборот внутри страны
export ~ оборот по экспорту
finished goods ~ оборачиваемость готовой продукции
foreign trade ~ внешнеторговый оборот
freight ~ грузооборот
goods ~ товарооборот
gross ~ валовой оборот
gross plant ~ оборачиваемость основного капитала
import ~ оборот импорта
inventory ~ оборачиваемость товарных запасов
investment ~ оборот инвестированного капитала
labour ~ текучесть рабочей силы
merchandise ~ товарный оборот
minimum ~ минимальный оборот
money ~ денежный оборот

plant ~ оборачиваемость основного капитала
raw material ~ оборот сырьевых материалов
retail ~ розничный товарооборот
route ~ оборачиваемость транспортных средств
sales ~ оборот по продажам
staff ~ текучесть кадров
stock ~ 1) оборачиваемость товарных запасов 2) оборот акций
total ~ общий оборот
trade ~ торговый оборот
wholesale ~ оптовый товарооборот
working capital ~ оборачиваемость оборотных средств
~ of capital оборачиваемость капитала
~ of commodities товарный оборот
~ of funds оборачиваемость оборотных средств

TURNPIKE *n* 1. магистраль; шоссе 2. платная дорога

TURN-ROUND *n* оборот, оборачиваемость (*валюты, судна*)

TUTELAGE *n* 1. опекунство, опека 2. нахождение под опекой
◇ to place under ~ поместить под опеку

TUTOR *n* 1. опекун, попечитель 2. наставник в школе 3. *амер.* младший преподаватель в высшем учебном заведении

TUTORAGE *n* 1. опека, попечительство 2. преподавательская работа 3. плата за обучение

TUTORSHIP *n* 1. опекунство, попечительство 2. должность наставника 3. должность преподавателя

TWEENDECKER *n* многопалубное судно

TWIST *n* 1. поворот в сторону, отклонение 2. искажение смысла

TWIST *v* 1. менять направление; сворачивать 2. искажать смысл

TWISTING *n* искажение смысла

TYCOON *n амер.* магнат

TYING-UP *n* замораживание; ограничение пользования
~ of capital вложение капитала

TYPE *n* 1. тип 2. род, класс, группа 3. модель; образец
development ~ опытный образец
order ~ тип заказа
standard ~ стандартный образец
~ of account вид счета
~ of business характер деятельности
~ of cargo тип груза
~ of contract вид подряда
~ of conveyance вид транспортировки
~ of enterprise тип предприятия
~ of error характер ошибки
~ of merchandise вид товара
~ of products тип продукции
~ of transportation вид транспортировки
~ of work характер работы

TYPICAL *adj* типичный; типический; типовой

U

ULLAGE *n* 1. утечка, нехватка, недостача 2. *мор.* расстояние между поверхностью груза и крышкой люка
ULTIMATE *adj* 1. последний, окончательный 2. основной; первичный
ULTIMO *лат.* прошлого месяца
UMBRELLA *n* зонт
   tax ~ «налоговый зонтик» (*зачет прошлых потерь компании при начислении налогов*)
UMPIRAGE *n* решение суперарбитра
UMPIRE *n* суперарбитр; третейский судья
UNACCEPTABLE *adj* неприемлемый
UNACCEPTED *adj* непринятый; неакцептованный
UNACCOMPLISHED *adj* незавершенный
UNACKNOWLEDGED *adj* неподтвержденный
UNADDRESSED *adj* неадресованный
UNADJUSTED *adj* 1. неурегулированный 2. нескорректированный
UNAFFECTED *adj* незатронутый, не подвергшийся влиянию
UNALLOTTED *adj* нераспределенный
UNAMORTIZED *adj* неамортизированный
UNANIMOUS *adj* единогласный, единодушный
UNAPPROPRIATED *adj* неассигнованный; нераспределенный
UNASSESSABLE *adj* не подлежащий обложению
UNASSORTED *adj* несортированный, бессортный
UNAUTHORIZED *adj* 1. неразрешенный 2. неуполномоченный
UNAVAILABILITY *n* отсутствие
   ~ of information отсутствие информации
UNAVAILABLE *adj* 1. не имеющийся в наличии 2. недействительный

UNAVOIDABLE *adj* неизбежный, неминуемый
UNBALANCE *n* несоответствие; дисбаланс
UNBALANCED *adj* несбалансированный
UNBIASED *adj* непредубежденный, объективный
UNBONDED *adj* разрешенный для выдачи с таможенного склада, разбондированный
UNBREAKABLE *adj* небьющийся; неломкий, нехрупкий
UNBRANDED *adj* без клейма
UNBRIBABLE *adj* неподкупный, непродажный
UNBUSINESSLIKE *adj* неделовой, непрактичный
UNCALCULABLE *adj* неисчислимый
UNCALLED *adj* невостребованный
UNCERTAIN *adj* 1. неопределенный 2. сомнительный
UNCERTAINTY *n* 1. неопределенность 2. нерешительность, неуверенность
   statistical ~ статистическая неопределенность
UNCERTIFIED *adj* незаверенный, незасвидетельствованный
UNCHANGEABLE *adj* 1. неизменный, неизменяемый 2. неразменный
UNCHANGED *adj* неизменившийся
UNCLAIMED *adj* невостребованный
UNCLASSIFIED *adj* 1. неклассифицированный 2. несекретный
UNCLEARED *adj* 1. непогашенный (*о долге*) 2. неочищенный, не прошедший через таможню (*о грузе*)
UNCOLLECTED *adj* неполученный, невзысканный, неинкассированный
UNCOMPENSATED *adj* невозмещенный, некомпенсированный
UNCONDITIONAL *adj* безусловный
UNCONFIRMED *adj* неподтвержденный

UNCONSOLIDATED *adj* 1. необъединенный 2. неконсолидированный
UNCONSTITUTIONAL *adj* неконституционный, противоречащий конституции
UNCONTROLLABLE *adj* неконтролируемый
UNCONTROLLED *adj* см. UNCONTROLLABLE
UNCONVERTIBLE *adj* неконвертируемый, не подлежащий свободному обмену
UNCOVERED *adj* необеспеченный, непокрытый
UNCROSSED *adj* некроссированный
UNDAMAGED *adj* неповрежденный
UNDATED *adj* недатированный
UNDATEDS *n pl* ценные бумаги без фиксированной даты погашения
UNDECIDED *adj* нерешенный, неразрешенный
UNDECLARED *adj* необъявленный; задекларированный; непредъявленный при прохождении через таможню
UNDELIVERABLE *adj* не подлежащий поставке
UNDELIVERED *adj* недоставленный
UNDERBID *n* предложение по цене, ниже существующей
UNDERBID *v* сделать предложение по цене, ниже существующей
UNDERBILL *v амер.* указать слишком низкую цену
UNDERBUY *v* купить слишком мало
UNDERCAPACITY *n* недостаточная мощность
  mechanical ~ недостаток производственных фондов
  production ~ недогрузка производственных мощностей
UNDERCAPITALIZATION *n* недостаточная капитализация
UNDERCAPITALIZED *adj* недостаточно капитализированный
UNDERCHARGE *n* 1. занижение цены 2. заниженный расход
UNDERCHARGE *v* 1. назначать слишком низкую цену 2. недогружать
UNDERCONSUMPTION *n* недостаточное потребление
UNDERCUT *v* занижать цены; сбивать цены
UNDERCUTTING *n* занижение цен
UNDERDECLARATION *n* занижение [доходов] при декларации
  ~ of income занижение доходов

UNDERDEVELOPED *adj* слаборазвитый
UNDERDEVELOPMENT *n* экономическая отсталость
UNDEREMPLOYED *adj* занятый неполный рабочий день, частично занятый
UNDEREMPLOYMENT *n* неполная занятость
UNDERESTIMATE *n* недооценка
UNDERESTIMATE *v* недооценивать
UNDERESTIMATION *n* недооценка
UNDERGRADE *adj* невысокого качества
UNDERINSURANCE *n* неполное страхование
UNDERINSURE *v* застраховать на сумму ниже стоимости вещей
UNDERINVESMENT *n* недостаток инвестиций
UNDERLEASE *n* субаренда, поднаем
UNDERLEASE *v* сдавать в поднаем
UNDERLESSEE *n* субарендатор
UNDERLESSOR *n* арендодатель, сдающий в субаренду
UNDERLET *v* сдавать в субаренду
UNDERLETTING *n* субаренда
UNDERLOAD *v* недогружать
UNDERLOADING *n* недогрузка
  ~ of a car недогрузка вагона
  ~ of a vessel недогруз судна
UNDERLYING *adj* лежащий в основе, основной
UNDERMAINTENANCE *n* низкое качество обслуживания и ремонта
UNDERMAN *v* укомплектовывать неполностью
UNDERMANAGED *adj* имеющий плохое руководство, плохо управляемый
UNDERMANNED *adj* неукомплектованный
UNDERMANNING *n* неукомплектованный штат
UNDERMINE *v* разрушать, подтачивать
UNDERNOURISHMENT *n* недостаточное питание, недоедание
UNDERPAID *adj* низкооплачиваемый
UNDERPAY *v* оплачивать слишком низко, недоплачивать
UNDERPAYMENT *n* слишком низкая оплата, недоплата
UNDERPIN *v* поддерживать (*спрос, цены*)
UNDERPOPULATED *adj* малонаселенный
UNDERPOPULATION *n* малая населенность; малочисленное население
UNDERPRICE *v* устанавливать слишком низкую цену

UNDERPRICING *n* установление цены, не дающей прибыли
UNDERPRIVILEGED *adj* лишенный привилегий, прав
UNDERPRODUCE *v* 1. производить в недостаточном количестве 2. недовыполнять производственный план
UNDERPRODUCTION *n* недопроизводство
UNDERPRODUCTIVE *adj* малопроизводительный
UNDERPRODUCTIVITY *n* недостаточная производительность
UNDERQUOTE *v* назначать более низкую цену (*чем конкуренты*)
UNDERRATE *v* недооценивать
UNDERRATING *n* недооценка
UNDERREPORT *v* занижать сведения
UNDERREPORTING *n* занижение сведений
 ~ of capital занижение величины размеров капитала
UNDERRUN *n* 1. недогрузка; работа с недогрузкой 2. недопоставка 3. неполный тираж
 cost ~s издержки производства ниже расчетных
UNDERRUNNING *n* работа с недогрузкой
UNDERSAVING *n* недостаточность сбережений
UNDERSECRETARY *n амер.* помощник министра
UNDERSELL *v* продавать по пониженной цене, ниже стоимости; продавать дешевле других
UNDERSELLING *n* продажа по пониженной цене
UNDERSHOOT *v* недостаточно расти (*о ценах, курсе*)
UNDERSHOOTING *n* период заниженного валютного курса
UNDERSIGN *v* 1. подписывать 2. подписываться
UNDERSTAFFED *adj* неукомплектованный
UNDERSTANDING *n* 1. согласие, взаимопонимание 2. договоренность
 private ~ частная договоренность
 verbal ~ устная договоренность
 ◊ to come to an ~ достичь договоренности
 to reach ~ *см.* to come to an ~
UNDERSTATE *v* занижать, преуменьшать

UNDERSTATEMENT *n* занижение, преуменьшение
 age ~ занижение возраста
 ~ of capital занижение величины размеров капитала
UNDERSTOCK *v* недостаточно снабжать товарами; недостаточно пополнять запасы
UNDERSTOCKING *n* недостаточный запас товаров
UNDERSUBSCRIBE *v* подписываться (*на акции, облигации*) не в полном объеме; иметь недостаточную подписку
UNDERSUBSCRIPTION *n* недостаточная подписка на акции
UNDERTAKE *v* 1. предпринимать 2. брать на себя (*обязательство*)
UNDERTAKER *n* предприниматель
UNDERTAKING *n* 1. предприятие, дело 2. обязательство; гарантия
 agricultural ~ сельскохозяйственное предприятие
 artisan ~ кустарное предприятие
 business ~ коммерческое предприятие
 commercial ~ *см.* business ~
 definite ~ твердое обязательство
 foreign ~ иностранное предприятие
 handicraft ~ ремесленное предприятие
 industrial ~ промышленное предприятие
 insurance ~ страховая организация
 joint ~ совместное предприятие
 licensed ~ предприятие, имеющее лицензию
 municipal ~ муниципальное предприятие
 nationalizad ~ национализированное предприятие
 personal ~ персональное обязательство
 private ~ частное предприятие
 public ~ государственное предприятие
 voluntary ~ добровольное обязательство
 ~s of the seller обязательства продавца
 ◊ ~ to pay обязательство произвести платеж
 to enter into an ~ взять на себя обязательство
 to give an ~ *см.* to enter into an ~
 to operate an ~ руководить предприятием
 to share in an ~ участвовать в предприятии
UNDERTENANCY *n* субаренда
UNDERTENANT *n* субарендатор

UNDERTONE n основное настроение (*рынка*)
  market ~ настроение рынка
UNDERUTILIZATION n 1. незагруженность, недогрузка 2. недостаточно эффективное использование
  capital ~ 1) недогрузка производственных мощностей 2) неполное использование основного капитала
  ~ of capacity недогрузка производственных мощностей
  ~ of equipment недостаточно эффективное использование оборудования
UNDERVALUATION n недооценка, низкая оценка
UNDERVALUE v недооценивать, оценивать слишком низко
UNDERWEIGHT n недостача в весе, недовес
UNDERWORK n работа менее квалифицированная; работа худшего качества
UNDERWORK v 1. недостаточно работать 2. недостаточно загружать работой 3. работать за более низкую плату
UNDERWRITE v 1. гарантировать размещение (*займа, ценных бумаг*) 2. принимать на страхование 3. подписывать полис морского страхования
UNDERWRITER n 1. гарант размещения (*займа, ценных бумаг*), андеррайтер 2. страховщик (*обыкн. морской*)
  cargo ~ страховщик грузов (*особ. при морском страховании*)
  hull ~ страховщик каско
  individual ~ индивидуальный страховщик
  investment ~s *амер.* инвестиционные дома
  leading ~ первый страховщик
  Lloyd's ~ член корпорации Ллойд, осуществляющий операции страхования
  managing ~ ведущий андеррайтер
  marine ~ морской страховщик
UNDERWRITING n 1. гарантированное размещение ценных бумаг, андеррайтинг 2. страхование
  direct ~ твердая гарантия займа
  firm ~ *см.* direct ~
  ~ of a policy прием на страхование
UNDEVELOPED adj 1. неразвитый 2. необработанный (*о земле*) 3. незастроенный
UNDISCHARGED adj 1. неразгруженный 2. неуплаченный 3. не восстановленный в правах (*о банкроте*)

UNDISCLOSED adj нераскрытый; тайный
UNDISCOUNTABLE adj не принимаемый банком к учету
UNDISTRIBUTED adj нераспределенный
UNDIVIDED adj 1. неразделенный, целый 2. нераспределенный
UNDO v аннулировать; расторгать
UNDOCUMENTED adj недокументированный
UNDUE adj 1. неподходящий; несвоевременный 2. непросроченный, по сроку не подлежащий оплате
UNDUPLICATED adj без дублирования
UNDURABLE adj недлительный
UNEARNED adj незаработанный
UNECONOMIC adj 1. неэкономичный 2. нерентабельный 3. небережливый
UNECONOMICAL adj неэкономный, небережливый
UNEDUCATED adj необразованный
UNEFFICIENT adj неэффективный
UNEMPLOYABLES n pl нетрудоспособные (*люди, не могущие работать по найму по состоянию здоровья, возрасту и т. п.*)
UNEMPLOYED adj 1. безработный 2. незанятый; неиспользованный
  ◇ the ~ безработные
UNEMPLOYMENT n 1. безработица 2. число безработных
  casual ~ временная безработица
  chronic ~ хроническая безработица
  concealed ~ скрытая безработица
  cyclical ~ циклическая безработица
  disguised ~ скрытая безработица
  floating ~ текущая безработица
  fluctuating ~ неустойчивая занятость
  frictional ~ временная безработица, вызванная переподготовкой рабочих
  general ~ общая безработица
  hidden ~ скрытая безработица
  involuntary ~ вынужденная безработица
  latent ~ скрытая безработица
  long-term ~ длительная безработица
  mass ~ массовая безработица
  residual ~ остаточная безработица (*количество безработных, главным образом, из числа рабочих низкой квалификации*)
  seasonal ~ сезонная безработица
  stagnant ~ застойная безработица
  structural ~ безработица, вызванная

структурными изменениями в экономике
technological ~ технологическая безработица
voluntary ~ добровольная безработица
◇ to combat ~ сражаться с безработицей
UNENCUMBERED adj 1. необремененный (*долгами*) 2. незаложенный (*об имуществе*)
UNENDORSED adj неиндоссированный (*без передаточной надписи*)
UNENDOWED adj 1. материально необеспеченный 2. не имеющий дотации
UNENTERED adj 1. незарегистрированный 2. необъявленный (*на таможне*)
UNEQUAL adj 1. неравный, неравноценный 2. неравноправный
UNEQUIPPED adj неподготовленный; неоснащенный; необорудованный
UNEVEN adj 1. неравномерный 2. нерегулярный 3. *мат.* нечетный
UNEVENNESS n неравномерность
~ of development неравномерность развития
UNEXECUTED adj 1. невыполненный, неисполненный 2. неоформленный (*о документе*)
UNEXPENDED adj неизрасходованный
UNFAIR adj 1. несправедливый 2. нечестный
UNFAVOURABLE adj неблагоприятный
UNFINISHED adj 1. незаконченный 2. необработанный
UNFIT adj неподходящий, непригодный
UNFITNESS n непригодность
~ for work неспособность к работе
UNFORESEEN adj непредвиденный, непредусмотренный
UNFOUNDED adj необоснованный; несостоятельный
UNFRANCHISED adj непривилегированный
UNFREEZE v размораживать
UNFULFILLED adj невыполненный
UNFUNDED adj краткосрочный (*займ*); текущий (*долг*)
UNGRADED adj 1. несортированный; нестандартный 2. низкого качества
UNHEALTHY adj вредный, нездоровый, пагубный
UNIFICATION n 1. объединение 2. унификация
~ of documents унификация документов
~ of goods унификация изделий
~ of products *см.* ~ of goods
~ of rules унификация правил
UNIFORM adj единообразный; однородный
UNIFORMITY n единообразие; однородность
product ~ однородность изделий
UNIFY v 1. объединять 2. унифицировать
UNILATERAL adj односторонний
UNILINEAR adj одноколонный
UNINCORPORATED adj некорпоративный
UNINSURABLE adj не подлежащий страхованию
UNINSURED adj незастрахованный
UNINTERRUPTED adj 1. непрерываемый 2. непрерывный
UNION n 1. объединение, союз 2. профсоюз
affiliated trade ~ профсоюз, входящий в объединение профсоюзов
amalgamated ~ объединенный союз
branch ~ местное отделение профсоюза
clearing ~ клиринговое объединение, клириговый союз
closed ~ закрытый профсоюз
company ~ профсоюз, созданный по инициативе руководства компании
craft ~ *амер.* отраслевой профсоюз
credit ~ *амер.* кредитный союз
customs ~ таможенный союз
economic ~ хозяйственное объединение
employers' ~ союз предпринимателей
entrepreneurs' ~ *см.* employers' ~
European Payments U. Европейский платежный союз
general ~ профсоюз общего типа
horizontal ~ горизонтальное объединение
independent ~ независимый профсоюз
industrial ~ производственный профсоюз
industrialists' ~ объединение промышленников (предпринимателей)
international ~ международный союз
International U. for Conservation of Nature and Natural Resources Международный союз охраны природы и природных ресурсов
International U. for Scientific Study of Population Международный союз по научным исследованиям проблем народонаселения
International U. of Marine Insurers

UNI

Международный союз морских страхователей
International Telecommunication U. Международный союз электросвязи
labour ~ профсоюз
local ~ *амер.* местное отделение профсоюза
monetary ~ денежный союз; валютный союз
national ~ *амер.* центральный профсоюз
open ~ открытый профсоюз
payments ~ платежный союз
public employees' ~ профсоюз государственных служащих
tariff ~ таможенный союз
trade ~ профсоюз, тред-юнион
vertical ~ вертикальный профсоюз

UNIONISM *n* профсоюзное движение
UNIQUE *adj* уникальный
UNISSUED *adj* невыпущенный
UNIT *n* 1. единица; целое 2. единица измерения 3. организационная единица 4. агрегат; блок; узел
accountability ~ объект учета; единица учета
accounting ~ учетная единица; хозяйственная единица с самостоятельным балансом
auxiliary ~ вспомогательное подразделение
basic ~ основная единица
British Thermal U. британская тепловая единица
business ~ хозяйственная организация, хозяйственная ячейка
capital ~s элементы капитала
capitalization ~ единица капитализации
consumer ~ потребительская единица
contract ~s стандартная система показателей качества
conventional ~ условная единица
cost ~ единица калькуляции издержек
currency ~ валютная единица
dairy ~ молочное хозяйство
defective ~ дефектное изделие
depreciation ~ единица начисления износа
economic ~ хозяйственная единица
equivalent ~ эквивалентная единица
European currency ~ Европейская валютная единица
evaluation ~ демонстрационный образец (*нового изделия*)
factory ~ фабрика, завод

UNI

family farm ~ семейная ферма
fixed assets ~ единица реального основного капитала
functional ~ функциональная единица
housing ~ *амер.* жилищная единица
Imperial ~s единицы британской (имперской) системы мер и весов
international ~s международные единицы
local ~ 1) территориальная единица 2) территориально обособленная часть предприятия
machine ~ 1) станок 2) узел станка
measurement ~ единица физической величины
metric ~ метрическая единица
monetary ~ денежная единица
money ~ *см.* monetary ~
offshore banking ~ офшорное банковское учреждение
payment ~ расчетная единица
physical ~ натуральная единица
product ~ единица продукции
production ~ 1) производственная установка; единица оборудования 2) единица измерения продукции 3) завод 4) цех
prototype ~ опытный образец
registration ~ единица учета
remote ~ передвижная телевизионная станция
remote service ~ *амер.* электронные терминалы, установленные банками в торговых центрах для оперативных платежей клиентами банков
replacement ~ 1) сменный блок; сменный узел 2) заменяющая единица (*основного капитала*)
retirement ~ единица выбытия (*основного капитала*)
sales ~ единица торговли
sample ~ элемент выборки
sampling ~ *см.* sample ~
self-financing ~ хозрасчетная единица
service ~ единица измерения выполненной работы
SI ~s Международная система единиц, СИ
spare ~ 1) резервный блок 2) резервный агрегат
standard ~ условная единица
standby ~ 1) резервный блок 2) резервный агрегат
statistical ~ единица статистического учета
stock-keeping ~ единица учета запасов

762

structural ~ 1) структурная единица 2) строительный элемент
test ~ 1) испытательная установка 2) диагностическое устройство
time ~ единица времени
transport ~ транспортная единица
transportation ~ см. transport ~
U. S. customary ~s амер. система единиц мер и весов, основанная на имперской системе
work ~ единица измерения выполненной работы
workday ~ трудодень
~ in service обслуживаемое требование
~ of account расчетная единица
~ of currency валютная единица
~ of equipment единица оборудования
~ of inventory единица учета запасов
~ of measure единица измерения
~ of measurement см. ~ of measure
~ of output единица продукции
~ of production см. ~ of output
~ of quantity количественная единица
~ of trading единица контракта
~ of value единица стоимости
~ of weight единица веса
◊ per ~ на единицу
UNITARY adj 1. единичный 2. унитарный, единый
UNITE v 1. соединять; соединяться 2. объединять; объединяться
UNITIZATION n:
~ of cargo объединение грузов
UNITY n 1. единство 2. совместное владение (имуществом) 3. единица
UNIVERSAL adj 1. всеобщий 2. всемирный 3. универсальный
UNIVERSALITY n универсальность
UNIVERSE n 1. совокупность 2. генеральная совокупность (в статистике)
~ of population генеральная совокупность
UNJUSTIFIED adj неоправданный
UNLADE v разгружать, выгружать
UNLADEN adj без груза (о весе транспортного средства)
UNLAWFUL adj незаконный, противоправный
UNLAWFULNESS n незаконность
UNLEVERAGED adj с небольшой долей заемных средств
UNLICENSED adj не имеющий разрешения
UNLIMITED adj с неограниченной ответственностью

UNLIQUIDATED adj неликвидированный; неоплаченный
UNLISTED adj не котирующийся на бирже (о ценных бумагах)
UNLOAD v 1. разгружать, выгружать 2. выбрасывать, сбывать (ценные бумаги)
UNLOADING n разгрузка
automatic ~ автоматическая разгрузка
early ~ досрочная разгрузка
efficient ~ производительная разгрузка
optional ~ опцион выгрузки
~ of cargo выгрузка груза, товара
~ of goods см. ~ of cargo
~ of a vessel разгрузка судна
◊ to damage by ~ повреждать при разгрузке
to delay ~ задерживать разгрузку
to place a vessel under ~ ставить судно под разгрузку
to postpone ~ задерживать разгрузку
to supervise ~ наблюдать за разгрузкой
to tie up for ~ становиться под разгрузку
to terminate ~ прекращать разгрузку
UNMANUFACTURED adj необработанный; невыделанный
UNMARKETABLE adj 1. непригодный для торговли 2. нетоварный 3. неликвидный
UNMERCHANTABLE adj непригодный для торговли
UNMORTGAGED adj незаложенный
UNNAVIGABLE adj несудоходный
UNOBTAINABLE adj недоступный
UNOCCUPIED adj незанятый
UNOFFICIAL adj неофициальный
UNORGANIZED adj неорганизованный
UNPACK v распаковывать
UNPACKED adj 1. неупакованный, без упаковки; навалом 2. распакованный
UNPACKING n распаковка
◊ to do ~ распаковывать
UNPAID adj неоплаченный, непогашенный
UNPATENTABLE adj непатентоспособный
UNPATENTED adj незапатентованный
UNPEGGED adj неподдерживаемый (искусственными мерами)
UNPLACED adj неразмещенный (о займе)
UNPLEDGED adj незаложенный
UNPOLLUTED adj незагрязненный
UNPOPULAR adj не пользующийся спросом, неходовой

UNPRECEDENTED *adj* беспрецедентный

UNPREDICTABLE *adj* непредсказуемый, непрогнозируемый

UNPREJUDICED *adj* непредубежденный, объективный

UNPREPACKED *adj* нерасфасованный

UNPRODUCTIVE *adj* непродуктивный; непроизводительный

UNPROFITABILITY *n* нерентабельность

UNPROFITABLE *adj* невыгодный, неприбыльный, нерентабельный

UNPROTESTED *adj* неопротестованный

UNPROVIDED for *adj* непредусмотренный

UNPUBLISHED *adj* неопубликованный

UNPURCHASEABLE *adj* 1. недоступный (*о товаре*) 2. неподкупный

UNQUALIFIED *adj* 1. безоговорочный, безусловный 2. неквалифицированный

UNQUOTED *adj* не котирующийся на бирже

UNRATED *adj* 1. не облагаемый налогом 2. нетарифный

UNRATIONED *adj* ненормированный

UNREALIZABLE *adj* не могущий быть реализованным, проданным 2. неосуществимый

UNREASONABLE *adj* чрезмерный; необоснованный

UNREDEEMABLE *adj* не подлежащий выкупу

UNREDEEMED *adj* 1. невыкупленный 2. неоплаченный, непогашенный

UNREGISTERED *adj* 1. незарегистрированный 2. неименной, выданный на предъявителя

UNRELIABILITY *n* ненадежность

UNRELIABLE *adj* ненадежный

UNREMUNERATIVE *adj* невыгодный; неприбыльный; нерентабельный

UNREQUITED *adj* некомпенсированный

UNRESTRICTED *adj* неограниченный

UNSAFE *adj* ненадежный

UNSALEABLE *adj* не пользующийся спросом, неходовой

UNSALARIED *adj* не получающий жалованья

UNSATISFACTORY *adj* неудовлетворительный

UNSATISFIED *adj* неудовлетворенный

UNSCHEDULED *adj* незапланированный

UNSEAL *v* вскрывать, распечатывать

UNSEALED *adj* незапечатанный

UNSEASONABLE *adj* несезонный

UNSEAWORTHINESS *n* непригодность для плавания

UNSEAWORTHY *adj* негодный для плавания

UNSECURED *adj* необеспеченный; непокрытый

UNSERVICEABLE *adj* непригодный для использования; ненадежный в эксплуатации

UNSETTLED *adj* 1. неустойчивый 2. нерешенный; неурегулированный 3. неоплаченный

UNSHIP *v* выгружать груз (*с корабля*)

UNSHIPPED *adj* 1. выгруженный 2. неотправленный

UNSHIPMENT *n* разгрузка, выгрузка

UNSIGNED *adj* неподписанный

UNSKILLED *adj* неквалифицированный

UNSOLD *adj* непроданный

UNSOLICITED *adj* 1. незатребованный 2. сделанный добровольно, по собственной инициативе

UNSOLVED *adj* нерешенный, неразрешенный

UNSOUND *adj* 1. ненадежный 2. недоброкачественный, дефектный

UNSPENT *adj* неизрасходованный

UNSTABLE *adj* неустойчивый; изменчивый, колеблющийся

UNSTAMPED *adj* 1. без штемпеля, без печати 2. без марки, не оплаченный маркой

UNSTEADINESS *n* неустойчивость

UNSTEADY *adj* 1. неустойчивый 2. непостоянный, изменчивый

UNSUCCESSFUL *adj* неудачный, безуспешный

UNSUITABILITY *n* негодность

UNSUITABLE *adj* неподходящий, несоответствующий, негодный

UNSUPPORTED *adj* неподдержанный, без помощи

UNSYSTEMATIC *adj* несистематический

UNTAXED *adj* не облагаемый налогом

UNTRANSFERABLE *adj* непередаваемый, без права передачи

UNTRUSTWORTHY *adj* ненадежный

UNUSED *adj* неиспользованный

UNVALUED *adj* неоцененный

UNWARRANTED *adj* 1. негарантированный 2. необоснованный, неоправданный

UNWIND *v бирж.* произвести зачет, закрыть позицию

UNWINDING *n* закрытие позиции

UP:
◊ ~ to date до настоящего времени
~s and downs of a business cycle подъемы и падения экономического цикла
to be ~ in быть опытным, сведущим в чем-л.
to be ~ to отвечать, соответствовать
UPDATE v 1. модернизировать, доводить до уровня современности 2. корректировать, обновлять (*данные*)
UPDATING n 1. модернизация, усовершенствование 2. корректировка, обновление данных
~ of products обновление продукции
UPGRADE v 1. повышать (*квалификацию, качество продукции*) 2. переводить на более высокооплачиваемую работу
UPGRADING n 1. повышение квалификации 2. повышение разряда 3. повышение качества
UPHOLD v 1. поддерживать 2. защищать, поощрять 3. утверждать
UPKEEP n 1. ремонт, уход, обслуживание 2. содержание 3. стоимость содержания
~ of buildings содержание зданий
~ of roads содержание дорог
UPLIFT n подъем (*цен*)
UPLIFT v поднимать, повышать (*цены*)
UPSTREAMING n чрезмерное изъятие наличных средств у дочерней компании в пользу материнской
UPSURGE n быстрое повышение, подъем
populataion ~ рост населения
~ in the market повышение рыночных цен
~ in prices резкий рост цен
~ of liquidity повышение ликвидности
UPSWING n внезапный подъем, скачок
cyclical ~ циклический подъем
economic ~ рост экономики
to be on the ~ быстро развиваться
UP-TO-DATE adj современный, отвечающий современным требованиям
UPTREND n повышательная тенденция движения цены
UPTURN n подъем, улучшение
economic ~ экономический подъем
UPVALUE v повышать стоимость
UPWARD adj повышательный
UPWARD adv вверх
◊ to move ~ повышаться
URBAN adj городской
URBANIZATION n урбанизация

URBANIZE v превращать сельский район в город
URGENCY n срочность, безотлагательность
URGENT adj срочный, неотложный
USAGE n 1. употребление 2. обычай, обыкновение 3. *юр.* торговый обычай, узанс
above-standard ~ сверхплановый расход
additional ~ *см.* above-standard ~
business ~ торговый обычай
commercial ~ *см.* business ~
excess ~ сверхплановый расход
fertilizer ~ использование удобрений
foreign ~s иностранные обычаи
international ~ международный обычай
local ~ местный обычай
market ~ рыночная практика
material ~ расход материала
total ~ общее потребление, суммарный расход
trade ~ торговый обычай
~ of the port обычай порта
~ of trade торговый обычай
USANCE n установленный торговым обычаем срок для оплаты векселей
~ of a bill срок векселя, установленный обычаем
USE n 1. употребление, использование, применение 2. польза, выгода
civilian ~ гражданское применение
commercial ~ коммерческое использование
considerable ~ значительное использование
daily ~ ежедневное пользование
dual ~ двойное использование
economical ~ экономное использование
effective ~ эффективное использование
efficient ~ *см.* effective ~
end ~ конечное применение
exclusive ~ исключительное пользование
fraudulent ~ of an account использование средств на банковском счете путем подлога
free-of-charge ~ бесплатное пользование
improper ~ of a patent неправомерное использование патента
industrial ~ промышленное применение
intended ~ целевое использование
internal ~ внутреннее использование
joint ~ совместное пользование

USE

land ~ землепользование
limited ~ срочное пользование
long ~ длительное пользование
nonexclusive ~ неисключительное пользование
official ~ служебное пользование
ordinary ~ обычное использование
personal ~ личное пользование
practical ~ хозяйственное использование
previous ~ преждепользование
prior ~ *см.* previous ~
private ~ личное пользование
public ~ муниципальное пользование
rational ~ рациональное использование
repeated ~ многократное использование
temporary ~ временное использование
thrifty ~ экономное использование
token ~ символическое пользование
unauthorized ~ неразрешенное пользование
uneconomical ~ неэкономное расходование
unlicensed ~ использование без разрешения
unlimited ~ бессрочное пользование
~ of capital использование капитала
~ of credit использование кредита
~ of currency использование валютных средств
~ of experience использование опыта
~ of a fund использование фонда
~ of an invention использование изобретения
~ of a licence использование лицензии
~ of material resources использование материальных ресурсов
~ of materials использование материалов
~ of a patent использование патента
~ of production capacities загрузка производственных мощностей
~ of raw materials расходование сырья
~ of resources расходование ресурсов
~ of a right использование права
~ of a road пользование дорогой
~ of trade customs применение торговых обычаев
◊ for daily ~ для ежедневного применения
for general ~ для общего пользования
for official ~ для служебного пользования
for personal ~ для личного пользования

for public ~ для общественного пользования
for service ~ для вооруженных сил
in ~ применяемый
in general ~ общего пользования
of little ~ малопригодный
under normal ~ при нормальном использовании
unfit for ~ непригодный для использования
to authorize the ~ разрешать использование
to be in smb's ~ находиться в чьем-л. пользовании
to make ~ применять; использовать
to put to ~ вводить в действие

USE *v* 1. пользоваться, применять 2. потреблять, расходовать

USED *adj* 1. использованный 2. подержанный, старый

USEFUL *adj* полезный, пригодный

USEFULNESS *n* полезность, пригодность

USELESS *adj* бесполезный; непригодный

USELESSNESS *n* непригодность

USER *n* 1. пользователь; потребитель 2. *юр.* право пользоваться собственностью беспрепятственно

bona fide ~ добросовестный пользователь
business ~ промышленный потребитель
chief ~ главный потребитель
commercial ~ *амер.* коммерческий потребитель; конечный пользователь
concurrent ~ одновременный пользователь
end ~ конечный потребитель
final ~ *см.* end ~
first ~ первый пользователь
household ~ *амер.* бытовой потребитель
industrial ~ промышленный потребитель
information ~ потребитель информации
joint ~ совместный пользователь, сопользователь
land ~ землепользователь
marginal ~ предельный пользователь
potential ~ потенциальный пользователь
previous ~ предыдущий пользователь, преждепользователь
principal ~ основной потребитель
prior ~ предыдущий пользователь,

преждепользователь
registered ~ зарегистрированный пользователь
road ~s участники движения (*водители и пешеходы*)
second ~ второй пользователь
would-be ~ потенциальный потребитель
~ of equipment пользователь оборудования
~ of a process пользователь процесса
~ of a product пользователь продукции
~ of proprietary equipment пользователь патентного оборудования
~ of a trademark пользователь товарного знака
◊ to register a ~ зарегистрировать пользователя

USUFRUCT *n* *юр.* узуфрукт (*право пользования чужим имуществом и доходами от него*)

USUFRUCTUARY *n* *юр.* лицо, пользующееся узуфруктом

USURER *n* ростовщик

USURIOUS *adj* ростовщический

USURY *n* ростовщичество

UTILIT|Y *n* 1. полезность; эффективность 2. *pl* предприятия общественного пользования, коммунальные предприятия 3. *pl* коммунальные услуги 4. *pl* акции и облигации предприятий общественного пользования
consumer ~ полезность для потребителя
diminishing ~ убывающая полезность
household ~ies бытовые удобства
investor-owned electric ~ частная электростанция
life ~ полезный срок службы изделия
marginal ~ предельная полезность
public ~ies коммунальные услуги
publicly-owned electric ~ электростанция общего пользования
service ~ полезность услуги
social ~ общественная полезность
transportation ~ies общественный транспорт

UTILIZATION *n* 1. использование, применение; расходование 2. коэффициент использования
capacity ~ 1) использование производственных мощностей 2) коэффициент использования производственных мощностей
capital ~ использование основного капитала

efficient ~ эффективное использование
full capacity ~ полное использование производственных мощностей
irrational ~ нерациональное использование
labour ~ использование рабочей силы
land ~ землепользование
limited ~ срочное пользование
machine ~ коэффициент использования оборудования
material ~ использование материалов
mean ~ средний коэффициент использования
multipurpose ~ комплексное использование
partial ~ частичное использование
rational ~ рациональное использование
refuse ~ использование отходов
scrap ~ *см.* refuse ~
system ~ коэффициент использования системы
temporary ~ временное пользование
unlimited ~ бессрочное пользование
waste ~ использование отходов
~ of a budget исполнение бюджета (сметы)
~ of capacity использование производственных мощностей
~ of cash использование наличных денег
~ of credit использование кредита
~ of equipment использование оборудования
~ of experience использование опыта
~ of an invention использование изобретения
~ of labour resources использование трудовых ресурсов
~ of a loan использование займа
~ of managerial experience использование управленческого опыта
~ of manpower resources использование трудовых ресурсов
~ of materials использование материалов
~ of production capacities использование производственных мощностей
~ of reserves использование резервов
~ of resources использование ресурсов
~ of technology применение технологии

UTILIZE *v* использовать; утилизировать

UTMOST *adj* предельный, крайний

UTTER *v* пускать в обращение (*особ.* фальшивые деньги); публиковать с целью ввести в заблуждение

V

VACANCY *n* 1. вакансия, незанятая должность 2. сдающееся внаем помещение
casual ~ случайная, временная вакансия
◇ to advertise a ~ объявлять вакансию
to fill a ~ занять должность

VACANT *adj* 1. незанятый, свободный 2. вакантный 3. неиспользуемый, незанятый (*о земле*)

VACATE *v* 1. освободить (*квартиру и т. п.*) 2. уходить в отставку; освобождать должность 3. *юр.* отменять, аннулировать

VACATION *n* 1. каникулы; отпуск 2. уход с должности; отставка
payless ~ *амер.* отпуск без оплаты содержания
~ without pay *амер.* отпуск без оплаты содержания
~ with pay *амер.* оплаченный отпуск
◇ to be on ~ быть в отпуске
to take a ~ брать отпуск

VACUITY *n* незаполненный объем (*бочки, цистерны и т. п.*) при грузовых перевозках

VALID *adj* 1. действительный, имеющий силу 2. веский, обоснованный
◇ ~ until cancelled действительный до отмены
~ until recalled *см.* ~ until cancelled
legally ~ юридически действительный
statistically ~ статистически обоснованный
to be ~ иметь силу, быть действительным
to remain ~ оставаться в силе

VALIDATE *v* 1. утверждать, ратифицировать 2. объявлять действительным

VALIDATION *n* 1. утверждение, ратификация 2. придание юридической силы

VALIDITY *n* 1. законность; юридическая сила; действительность 2. вескость, обоснованность 3. правильность

statistical ~ статистическое обоснование
territorial ~ территориальные пределы действия
~ of an agreement срок действия соглашения
~ of a claim обоснованность претензии
~ of a complaint обоснованность жалобы
~ of a contract срок действия контракта
~ of a document действительность документа
~ of a guarantee срок действия гарантии
~ of a licence действительность лицензии
~ of an offer срок действия предложения
~ of a patent действительность патента
~ of a proposal срок действия предложения
~ of rights действительность прав
~ of a trademark действительность товарного знака
◇ to acknowledge the ~ (*of a document*) признавать действительность (*документа*)
to contest the ~ оспаривать действительность
to dispute the ~ *см.* to contest the ~
to extend the ~ продлевать действие
to lose ~ терять силу
to prolong the ~ продлевать действие

VALORIZATION *n* 1. установление цены 2. ревалоризация (*валюты*)
~ of currency ревалоризация валюты

VALORIZE *v* 1. устанавливать цены 2. ревалоризировать (*валюту*)

VALUABLE *adj* 1. ценный; дорогостоящий 2. полезный 3. промышленный (*о руде*)

VALUABLES *n pl* ценности; драгоценности

VALUATION *n* 1. оценка; определение стоимости 2. *с.-х.* таксация; бонитировка
accounting ~ оценка по записи в бухгалтерской книге, бухгалтерская оценка
accrual ~ оценка на основе начислений
actuarial ~ страховая оценка; актуарная оценка
agreed ~ согласованная оценка
assessed ~ оценочная стоимость
capital ~ оценка стоимости капитала
customs ~ таможенная оценка
insurance ~ страховая оценка
inventory ~ инвентарная оценка
marginal ~ предельная оценка
merchandise ~ торговая оценка
official ~ официальная оценка
pecuniary ~ денежная оценка
probate ~ оценка иммущества умершего лица
professional ~ оценка активов компании квалифицированным специалистом
quinquennial ~ оценка стоимости недвижимого имущества каждые пять лет в целях взимания муниципальных налогов
risk ~ оценка риска
security ~ оценка инвестиционных активов
social product ~ исчисление совокупного общественного продукта
stock ~ инвентарная оценка
tariff ~ таможенная оценка
~ of a patent оценка патента
~ of property оценка имущества
~ of risk оценка риска
VALUATOR *n* оценщик
VALUE *n* 1. ценность 2. стоимость 3. цена 4. валюта; сумма векселя или тратты 5. величина, значение
acquisition ~ покупная стоимость
actual ~ действительная стоимость
added ~ добавленная стоимость
added at factor ~s добавленная стоимость в факторных ценах
advertising ~ действенность рекламы
aggregate ~ совокупная стоимость
appraisal ~ оценочная стоимость
appraised ~ *см.* **appraisal ~**
approximate ~ приблизительная стоимость
approximate basic ~ ориентировочная факторная стоимость
assessed ~ оценочная стоимость
asset ~ номинальная стоимость активов компании
asset ~ per share стоимость чистых активов компании в расчете на одну акцию
auction ~ аукционная стоимость
average ~ средняя стоимость
balance-sheet ~ балансовая стоимость
base ~s базисные показатели
base market ~ базовая рыночная стоимость
basic ~ базисная (факторная) величина
billed ~ стоимость счета-фактуры
book ~ балансовая стоимость
book ~ of capital балансовая стоимость капитала
break-even ~ рентабельная стоимость
breakup ~ ликвидационная стоимость
bullion ~ золотое содержание (*монеты*)
capital ~ стоимость капитала
capitalized ~ капитализированная стоимость
cargo ~ стоимость груза
carrying ~ балансовая стоимость
cash ~ денежная стоимость
cash surrender ~ сумма, выплачиваемая страховой компанией при аннулировании полиса
collateral ~ стоимость обеспечения
commercial ~ рыночная стоимость
commitment ~ стоимость резервации
commodity ~ стоимость товара
commuted ~ текущая стоимость будущего платежа или платежей, вычисленная на основе определенной процентной ставки
computed ~ подсчитанная стоимость
contract ~ стоимость контракта
conversion ~ конверсионная стоимость
cost ~ стоимость издержек
critical ~ критическое значение
currency ~s валютные ценности
current ~ 1) текущая стоимость 2) *pl* текущие цены
current ~ of assets текущая стоимость активов
current exit ~ текущая ликвидационная стоимость
current market ~ текущая рыночная стоимость
customs ~ таможенная стоимость
damaged ~ стоимость (*изделия*) в поврежденном состоянии

declared ~ объявленная стоимость
denominational ~ номинальная стоимость
depreciable ~ амортизируемая стоимость
depreciated ~ стоимость актива минус аккумулированная амортизация
discounted ~ дисконтированная стоимость
desired ~ заданная величина
disposal ~ ликвидационная стоимость
dutiable ~ таможенная (облагаемая) стоимость
effective ~ фактическая стоимость
end ~ конечная стоимость; конечная величина
equivalent ~ эквивалентная стоимость
estimated ~ вычисленная стоимость, расчетная стоимость
exchanged ~ меновая стоимость
existing-use ~ стоимость недвижимости, оцененная на базе текущих рыночных цен
expected ~ ожидаемое значение
export ~ стоимость экспорта
face ~ номинальная стоимость
face ~ of stock capital — номинальная стоимость акционерного капитала
fair ~ обоснованная стоимость
fair market ~ стоимость в текущих ценах
final ~ конечная стоимость; конечная величина
finite ~ конечное значение
full ~ полная стоимость
future ~ будущая стоимость
going ~ коммерческая стоимость
gold ~ стоимость золота
gross ~ валовая стоимость
gross book ~ первоначальная стоимость актива
historical ~ стоимость в ценах приобретения
home ~ стоимость в стране производства
import ~ стоимость импорта
imputed ~ условно начисленная стоимость
increasing ~ возрастающая стоимость
individual ~ индивидуальная стоимость
initial ~ первоначальная стоимость; начальное значение
insurance ~ стоимость страхования
insured ~ страховая стоимость
intrinsic ~ 1) внутренняя стоимость (*золота*) 2) действительная стоимость

inventory ~ стоимость товарно-материальных запасов; инвентарная стоимость
investment ~ инвестиционная стоимость
invoice ~ фактурная стоимость
invoiced ~ *см.* invoice ~
land ~ стоимость земли
legal ~ официально установленная таможенная стоимость
licence ~ стоимость лицензии
limit ~ предельная стоимость
liquidating ~ ликвидационная стоимость
liquidation ~ *см.* liquidating ~
loan ~ стоимость займа; размер кредита
manpower ~ стоимость рабочей силы
marginal ~ предельная стоимость
market ~ рыночная стоимость; биржевая цена
material ~ материальная ценность
maturity ~ срок наступления оценки
mean ~ среднее значение
measured ~ измеренное значение
minimum ~ минимальная стоимость
money ~ денежная оценка
mortgage ~ залоговая стоимость
net ~ чистая стоимость
net asset ~ чистая стоимость актива
net asset ~ of securities чистая номинальная стоимость ценных бумаг
net asset ~ per bond чистая номинальная стоимость активов в расчете на облигацию
net asset ~ per share of preferred stock чистая номинальная стоимость активов в расчете на привилегированную акцию
net book ~ чистая балансовая стоимость
net depreciated ~ остаточная стоимость
net present ~ чистая текущая стоимость будущего платежа, исчисленная на основе определенной процентной ставки
net realizable ~ чистая реализационная стоимость
net selling ~ *амер.* чистая продажная стоимость
nominal ~ номинальная стоимость
numerical ~ численное значение
nutritional ~ питательная ценность
nutritive ~ *см.* nutritional ~
order ~ стоимость заказа

VAL

original ~ первоначальная стоимость
output ~ стоимость выпуска продукции
overall ~ общая стоимость
par ~ 1) номинальная стоимость 2) паритет валюты
par ~ of currencies валютный паритет
parity ~ паритетный курс
peak ~ максимальное значение
permissible ~ допустимое значение
policy ~ сумма, возвращаемая владельцу страхового полиса в случае досрочного расторжения договора
predicted ~ прогнозируемая величина
prescribed ~ заданная величина
present ~ текущая стоимость будущего платежа, исчисленная на основе определенной процентной ставки
price adjusted ~ стоимость в скорректированных ценах
rateable ~ облагаемая стоимость
real ~ действительная стоимость
realization ~ реализованная стоимость
recovery ~ ликвидационная стоимость
redemption ~ выкупная стоимость
relative ~ относительная стоимость
replacement ~ восстановительная стоимость
residual ~ остаточная стоимость
sale ~ продажная стоимость
salvage ~ ликвидационная стоимость
scarcity ~ стоимость, определяемая превышением спроса над предложением
scrap ~ стоимость отходов, лома
shipped ~ стоимость отгруженного товара
standing ~ постоянная стоимость
standardized ~ нормированная величина
stated ~ объявленная стоимость
stock ~ стоимость запасов
surplus ~ прибавочная стоимость
surrender ~ сумма, возвращаемая владельцу страхового полиса в случае досрочного расторжения договора
table ~ табличное значение
tabular ~ *см.* table ~
tabulated ~ *см.* table ~
target ~ заданная величина
taxable ~ сумма, облагаемая налогом
time ~ 1) срочная стоимость опциона 2) норма времени
total ~ общая стоимость
total ~ of a contract общая стоимость контракта

trade ~ продажная цена
trade-in ~ стоимость изделия при встречной продаже
trading ~ продажная цена
true ~ истинная стоимость
underpreciated ~ первоначальная стоимость
unit ~ стоимость единицы продукта
use ~ потребительская стоимость
use ~ of gold потребительская стоимость золота
written-down ~ стоимость актива за вычетом амортизации
written-off ~ остаточная стоимость основного капитала
zero ~ нулевое значение
~ for customs purposes таможенная стоимость
~ for insurance страхуемая ценность
~ in exchange меновая стоимость
~ in foreign currency стоимость в иностранной валюте
~ in use потребительская стоимость
~ of a business стоимость активов предприятия
~ of cargo стоимость груза
~ of commodity стоимость товара
~ of a contract стоимость контракта
~ of credit стоимость кредита
~ of currency стоимость валюты
~ of a deal стоимость контракта
~ of delivery стоимость поставки
~ of exports стоимость экспорта
~ of finished goods inventories стоимость запасов готовых изделий
~ of function значение функции
~ of gold стоимость золота
~ of goods стоимость груза
~ of imports стоимость импорта
~ of an invention ценность изобретения
~ of labour стоимость работы; стоимость рабочей силы
~ of machinery стоимость машинного оборудования
~ of manpower стоимость рабочей силы
~ of materials стоимость материалов
~ of money денежная стоимость
~ of an order стоимость заказа
~ of output стоимость произведенной продукции
~ of production *см.* ~ of output
~ of products стоимость изготовленных изделий
~ of property стоимость собственности

~ of purchases стоимость закупок
~ of returns сумма прибыли
~ of shipments объем отгрузок в денежном выражении
~ of supply стоимость поставки
~ of tare стоимость тары
~ of utility значение полезности
~ of work стоимость работ
~ on band стоимость наличных запасов
~ per machine стоимость единицы оборудования
◇ above the ~ выше стоимости
above face ~ выше номинала
at ~ по цене дня
at face ~ по номинальному курсу
at nominal ~ *см.* at face ~
at par ~ *см.* at face ~
at producers' ~s в ценах производителей
at purchasers' ~s в ценах покупателей
for ~ за плату
of ~ ценный, драгоценный
of equal ~ равноценный
of full ~ полноценный
of little ~ малоценный
of small ~ *см.* of little ~
of stable ~ со стабильной ценностью (*о ценных бумагах*)
~ added добавленная стоимость
~ compensated компенсированная стоимость
~ insured застрахованная стоимость
to assess the ~ оценивать стоимость
to compensate for the ~ компенсировать стоимость
to compute the ~ оценивать стоимость, калькулировать стоимость
to declare the ~ заявлять стоимость
to decline in ~ понижаться в стоимости
to decrease in ~ *см.* to decline in ~
to determine the ~ оценивать стоимость
to establish the ~ устанавливать стоимость
to exceed the ~ превышать стоимость
to exceed in ~ превосходить по стоимости
to fall in ~ понижаться в стоимости
to fluctuate in ~ колебаться в стоимости
to increase in ~ повышаться в стоимости
to lose in ~ терять стоимость
to maintain its ~ сохранять стоимость

to offset the ~ компенсировать стоимость
to preserve ~ сохранять стоимость
to put ~ on smth оценивать что-л
to realize the ~ реализовывать стоимость
to recompense the ~ компенсировать стоимость
to reduce the ~ снижать стоимость
to reduce in ~ понижаться в стоимости
to refund the ~ возмещать стоимость
to rise in ~ повышаться в стоимости
to state the ~ валютировать
to take on a ~ повышаться в стоимости
to transmit ~ переносить сумму
VALUE *v* оценивать, производить оценку
VALUED *adj* ценный
VALUELESS *adj* не представляющий стоимости; бесполезный
VALUER *n* оценщик; эксперт
VAN *n* 1. фургон 2. багажный вагон 3. товарный вагон
baggage ~ *амер.* багажный вагон
delivery ~ автомобиль для перевозки мелких партий грузов, пикап
first-aid service ~ передвижной автомобиль технической помощи
goods ~ товарный вагон
lift ~ контейнер для перевозки мебели
luggage ~ багажный вагон
mail ~ *амер.* почтовый вагон
motor ~ грузовой автомобиль, грузовик
parcel ~ почтовый вагон
postal ~ *см.* parcel ~
post-office ~ передвижная почта
refrigerated ~ рефрижераторный вагон
refrigerator ~ *см.* refrigerated ~
removal ~ мебельный автофургон
sales ~ *амер.* автолавка
VARIABILITY *n* изменчивость
VARIABLE *n* переменная величина; параметр
analog ~ аналоговая переменная
auxiliary ~ вспомогательная переменная
bound ~ связанная переменная
chance ~ случайная переменная
complex ~ комплексная переменная
controlled ~ регулируемая переменная
cost-determining ~ переменная, определяющая величину издержек
dependent ~ зависимая переменная
dual ~ сопряженная переменная
dummy ~ фиктивная переменная
economic ~ экономический показатель

error ~ случайная ошибка
fictitious ~ фиктивная переменная
free ~ свободная переменная
independent ~ независимая переменная
input ~ входная переменная
manufacturing ~s переменные производственного процесса
output ~ выходная переменная
planning ~ плановый показатель
process ~ технологический параметр
random ~ случайная величина
simple ~ простая переменная
status ~ переменная состояния
stock ~ переменная, характеризующая величину запаса
surplus ~ избыточная переменная
system ~ системная переменная
time ~ функция времени
unbound ~ несвязанная переменная

VARIANCE *n* 1. отклонение (*от нормы*); расхождение 2. *стат.* дисперсия 3. изменчивость
budget ~ бюджетное отклонение
capacity ~ отклонение производственных мощностей от нормы
expense ~ расхождение между фактическими и сметными издержками
internal ~ внутренняя дисперсия
labour ~ отклонение от нормативных затрат труда
overhead volume ~ накладные расходы на колебание величин
population ~ дисперсия генеральной совокупности
price ~ отклонение цены
residual ~ остаточная дисперсия
sample ~ дисперсия выборки
sampling ~ *см.* sample ~
universe ~ дисперсия генеральной совокупности
zero ~ нулевая дисперсия

VARIATION *n* 1. изменение 2. отклонение 3. колебание 4. вариант 5. разброс (*параметров*)
accidental ~ случайное отклонение
admissible ~ допустимое отклонение
allowable ~ *см.* admissible ~
bounded ~ ограниченное изменение
chronological ~s изменения во времени
cost ~ изменение стоимости
cyclical ~s периодические изменения
linear ~ линейное изменение
nonlinear ~ нелинейное изменение
permissible ~ допустимое изменение

price ~s разница в ценах
random ~ случайное изменение
regular ~ регулярное изменение
reliability ~ изменение надёжности
sales ~s колебания сбыта
seasonal ~s сезонные колебания
tolerable ~ допустимое отклонение
~ in prices колебание цен
~ in quantities расхождение в количестве
◊ adjusted for seasonal ~s с устранением сезонных колебаний

VARIED *adj* разнообразный

VARIETY *n* 1. разнообразие 2. вид; разновидность 3. сорт 4. *амер.* галантерейный магазин; универсальный магазин
broad ~ of goods большое разнообразие товаров
commercial ~ товарный сорт
commercial ~ of goods товарный ассортимент
crop ~ies сорта сельскохозяйственных культур
great ~ широкий ассортимент
high-yielding ~ высокоурожайный сорт
large ~ богатый ассортимент
wide ~ широкий ассортимент
~ of goods разнообразие товаров

VARIOUS *adj* различный, разнообразный

VARY *v* 1. менять, изменять 2. отклоняться, отличаться

VARYING *adj* 1. переменный 2. меняющийся

VAULT *n* хранилище; сейф
bank ~ банковское хранилище
money ~ сейф для хранения кассы
night depository ~ хранилище вечерней кассы
safe deposit ~ хранилище ценностей, депонированных в банке
safety ~ *амер. см.* safe deposit ~
steel ~ стальной сейф

VEHICLE *n* 1. автотранспортное средство (*автомобиль, вагон, тележка*) 2. *pl* транспорт, уличное движение 3. средство, орудие
commercial ~s грузовые автомобили и автобусы
delivery ~ автомобиль для перевозки мелких партий грузов, пикап
investment ~ инвестиционный механизм
motor ~ автомобиль

public ~ общественный транспорт
space ~ космический корабль
transport ~s транспортные средства
VEIN n бирж. тенденция
VELOCITY n скорость; быстродействие
 income ~ скорость обращения доходов
 money ~ скорость обращения денег
 price ~ скорость изменения цен
 transaction ~ скорость заключения сделок
 ~ of circulation скорость обращения
VENAL adj продажный; подкупленный; корыстный
VENALITY n коррупция
VEND v юр. продавать; торговать
VENDEE n юр. покупатель
VENDIBILITY n товарность, годность для продажи, товарный вид
VENDIBLE n товар, предназначенный для продажи
VENDIBLE adj годный для продажи, товарный
VENDING n 1. продажа с помощью торговых автоматов 2. торговля, продажа
 ~ of an invention продажа изобретения
 ~ of a licence продажа лицензии
VENDOR n юр. продавец
VENDUE n аукцион
VENT n выход
VENTURE n 1. рискованное предприятие 2. коммерческое предприятие 3. спекуляция
 business ~ деловое предприятие
 contractual joint ~ совместное предприятие на договорной основе
 cooperative ~ кооперативное предприятие
 equity joint ~ совместное акционерное предприятие
 high risk ~ рискованное предприятие
 joint ~ совместное предприятие
 manufacturing ~ производственное предприятие
 merchant ~ торговый дом
 real estate ~ спекуляция недвижимостью
 solid ~ солидное предприятие
 ◊ to form a joint ~ организовать совместное предприятие
 to participate in a ~ участвовать в предприятии
 to run a ~ руководить предприятием
VENTURER n 1. предприниматель, идущий на риск 2. спекулянт

VENTURING n создание новых предприятий
 corporate ~ создание и финансирование новых предприятий корпорациями
VERIFIABILITY n проверяемость
VERIFICATION n проверка; контроль; удостоверение
 delivery ~ подтверждение получения поставки
 detailed ~ подробная проверка
 empirical ~ эмпирический стиль
 physical ~ физическая проверка (осмотр аудитором физических активов компании)
 ~ of a bill проверка счета
 ~ of credit standing проверка кредитоспособности
 ~ of evidence проверка доказательства
 ~ of financial position проверка финансового положения
 ~ of forecast проверка прогноза
 ~ of genuineness of signature проверка подлинности подписи
 ~ of an invoice проверка счета-фактуры
 ~ of powers проверка полномочий
 ◊ after ~ после проверки
 in ~ of the account в подтверждение счета
VERIFY v 1. проверять, контролировать 2. удостоверять
VERSATILE adj разносторонний
VERSATILITY n разносторонность
VERSION n 1. разновидность; вариант 2. модификация
 export ~ экспортный вариант
 new ~ новый вариант
 production ~ серийный вариант
VESSEL n судно
 cargo ~ грузовое судно
 clean oil ~ танкер для перевозки очищенных нефтепродуктов
 coastal ~ каботажное судно
 coast guard ~ таможенное судно
 coasting ~ каботажное судно
 combination ~ грузопассажирское судно
 commercial ~ торговое судно
 conference ~ конференциальное судно
 container ~ контейнеровоз
 damaged ~ поврежденное судно
 dirty oil ~ судно для перевозки сырой нефти
 documented ~ амер. судно, занесенное в судовой регистр

export ~ судно для экспортных перевозок
fishing ~ рыболовное судно
foreign-going ~ судно дальнего плавания
freight ~ грузовое судно
heavy-tonnage ~ крупнотоннажное судно
high speed ~ быстроходное судно
hydrofoil ~ судно на подводных крыльях
incoming ~ прибывающее судно
laid-up ~ судно, поставленное на прикол
light ~ плавучий маяк
low-tonnage ~ судно малой грузовой емкости
merchant ~ торговое судно
modern ~ современное судно
motor ~ моторное судно
ocean-going ~ океанское судно
offloading ~ разгружающееся судно
oil ~ нефтеналивное судно
passenger ~ пассажирское судно
passenger and cargo ~ грузо-пассажирское судно
pilot ~ лоцманское судно
prompt ~ промптовое судно
refrigerated ~ рефрижераторное судно
refrigerating ~ *см.* refrigerated ~
refrigerator ~ *см.* refrigerated ~
revenue ~ таможенное судно
roll-on/roll-off ~ судно с бескрановой погрузкой и выгрузкой
ro-ro ~ *см.* roll-on/roll-off ~
salvage ~ спасательное судно
sea-going ~ морское судно
seaworthy ~ мореходное судно
self-propelled ~ самоходное судно
semi-container ~ полуконтейнерное судно
shallow-drafted ~ судно с низкой осадкой
single deck ~ однопалубное судно
sound ~ неповреждённое судно
specialized ~ специализированное судно
tank ~ наливное судно
three-deck ~ трёхпалубное судно
trading ~ торговое судно
tramp ~ трамповое судно
transport ~ транспортное судно
two-deck ~ двухпалубное судно
unseaworthy ~ судно, негодное к плаванию
war ~ военный корабль

wood cargo ~ лесовоз
~ in ballast судно без груза
~ in distress судно, терпящее бедствие
~ of inland navigation речное судно
~ of ... tons displacement судно водоизмещением в ... тонн
◇ **to accommodate a ~** обрабатывать судно
to address a ~ адресовать судно
to anchor a ~ ставить судно на якорь
to arrest a ~ арестовывать судно
to berth a ~ ставить судно на якорь
to bring a ~ alongside the cargo berth ставить судно к причалу
to bring a ~ alongside the quay *см.* to bring a ~ alongside the cargo berth
to bring a ~ into dock ставить судно в док
to bring a ~ into harbour вводить судно в гавань
to charter a ~ сдавать судно внаем по чартеру
to clear a ~ кларировать судно
to deliver a ~ at the docks ставить судно в док
to detain a ~ задерживать судно
to discharge a ~ разгружать судно
to divert a ~ переадресовывать судно
to dock a ~ ставить судно в док
to examine a ~ осматривать судно
to handle a ~ обрабатывать судно
to hire a ~ нанимать судно
to inspect a ~ осматривать судно
to lay up a ~ ставить судно на прикол
to lease a ~ сдавать судно в аренду
to let a ~ *см.* to lease a ~
to load a ~ грузить судно
to load on board a ~ грузить на судно
to man a ~ укомплектовывать судно экипажем
to moor a ~ ставить судно к причалу
to navigate a ~ проводить судно
to nominate a ~ назначать судно
to pilot a ~ проводить судно
to place a ~ under loading ставить судно под погрузку
to place on board a ~ грузить на судно
to provide a ~ предоставлять судно
to put a ~ alongside the quay ставить судно к причалу
to put a ~ under loading ставить судно под погрузку
to put on board a ~ грузить на борт судна
to readdress a ~ переадресовывать судно

to repair a ~ производить ремонт судна
to reroute a ~ переадресовывать судно
to salvage a ~ спасать судно
to serve a ~ обрабатывать судно; обслуживать судно
to service a ~ обслуживать судно
to ship by the first ~ available отправлять первым судном
to substitute a ~ заменять судно
to take a ~ on lease принимать судно в аренду
to unload a ~ разгружать судно
VEST v 1. наделять полномочиями 2. переходить (*об имуществе, наследстве*)
VESTED *adj* 1. принадлежащий; закрепленный 2. наделенный правами 3. инвестированный
VESTING *n* 1. введение во владение 2. наделение правами, полномочиями
~ with authority предоставление полномочий
~ with powers *см.* ~ with authority
VETERINARY *adj* ветеринарный
VETO *n* 1. вето 2. запрет, запрещение
◇ to impose ~ on importation запретить импорт
to override a ~ не считаться с запретом
to put a ~ налагать вето
VETO v 1. налагать вето 2. запрещать, налагать запрет
VIABILITY *n* жизнеспособность
VIABLE *adj* жизнеспособный
VICE *n* 1. порок 2. недостаток; дефект
inherent ~ 1) внутренний порок 2) *страх.* риск порчи товаров во время транспортировки
internal ~ *см.* inherent ~
~ in goods порок в товаре
VICE-CHAIRMAN *n* заместитель председателя, вице-председатель
VICE-CHANCELLOR *n* вице-канцлер
VICE-CONSUL *n* вице-консул
VICE-MANAGER *n* заместитель управляющего
VICE-PRESIDENT *n* заместитель президента, вице-президент
VICTUAL v поставлять, снабжать пищевыми продуктами
VICTUALS v пищевые продукты
VIDEOCLIP *n* видеоклип
advertising ~ рекламный ролик
VIEW *n* мнение, суждение; точка зрения
general ~ общий план (*на чертеже*)

◇ true and fair ~ полная и достоверная информация
to exchange ~s обмениваться мнениями
to express one's ~ выражать свою точку зрения
VILLAGE *n* 1. деревня, село, поселок 2. *амер.* городок 3. жители села
VILLAGER *n* сельский житель
VINTAGE *n* 1. дата производства или выпуска 2. сбор винограда 3. вино урожая определенного года
~ of capital equipment капитальное оборудование одного срока изготовления
~ of technology *см.* ~ of capital equipment
VINTAGER *n* сборщик винограда
VINTNER *n* виноторговец
VIOLATE v нарушать
VIOLATION *n* нарушение
currency ~s валютные нарушения
direct ~ прямое нарушение
frontier ~ нарушение границы
gross ~ грубое нарушение
law ~ нарушение закона
patent ~ нарушение патента
traffic ~ нарушение дорожного движения
~ of an agreement нарушение договора
~ of the border нарушение границы
~ of conditions нарушение условий
~ of a contract нарушение условий контракта
~ of the customs law нарушения таможенных правил
~ of delivery time нарушение сроков поставки
~ of formalities нарушение формальностей
~ of international law нарушение международного права
~ of a law нарушение закона
~ of obligations нарушение обязательств
~ of a patent нарушение патента
~ of patent rights нарушение патентных прав
~ of provisions нарушение правил
~ of the quality standard отклонение качества от стандарта
~ of requirements нарушение требований
~ of a right нарушение права
~ of rules нарушение правил

~ of rules of safety regulations нарушение правил техники безопасности
~ of safety regulations *см.* ~ of rules of safety regulations
~ of secrecy нарушение секретности
~ of a standard нарушение стандарта
~ of terms нарушение условий
~ of a trademark нарушение товарного знака
◇ to avoid ~s избегать нарушений

VIOLATOR *n* нарушитель
~ of the right нарушитель права

VIREMENT *n* право перераспределения бюджетных средств между статьями расходов

VISA *n* 1. виза 2. разрешительная подпись, виза 3. кредитная карточка объединения банков «Виза»
business ~ виза для деловой поездки
consular ~ консульская виза
entrance ~ выездная виза
entry ~ *см.* entrance ~
exempt ~ привилегированная виза
exit ~ выездная виза
multiple ~ многократная виза
ordinary ~ обыкновенная виза
permanent ~ постоянная виза
re-entry ~ повторная въездная виза
tourist ~ туристская виза
transit ~ транзитная виза
~ of passport разрешительный гриф на паспорте
◇ to apply for a ~ обращаться за визой
to extend a ~ продлевать визу
to get a ~ получать визу
to give a ~ выдавать визу
to grant a ~ *см.* to give a ~
to issue a ~ *см.* to give a ~
to obtain a ~ получать визу
to refuse a ~ отказывать в выдаче визы
to secure a ~ получать визу

VISA *v* 1. проставлять визу на паспорте, визировать 2. ставить разрешительную подпись на документе

VISIBLE *adj* 1. видимый 2. имеющийся в наличии, реальный

VISIBLES *n pl* видимые статьи (*экспорта*)

VISIT *n* визит, посещение
brief ~ короткий визит
business ~ деловой визит
courtesy ~ визит вежливости
fact-finding ~ ознакомительный визит
follow-up service ~ визит для организации послепродажного обслуживания
forthcoming ~ предстоящий визит
friendly ~ дружеский визит
goodwill ~ *см.* friendly ~
long ~ длительный визит
official ~ официальный визит
planned ~ запланированный визит
private ~ частный визит
quick ~ короткий визит
regular ~ очередной визит
return ~ ответный визит
wasted ~ неудачный визит
~ of inspection инспекционная поездка
~ to an exhibition посещение выставки
to adjourn a ~ откладывать визит
to arrange for a ~ договориться о визите
to cancel a ~ отменять визит
to defer a ~ откладывать визит
to expedite a ~ ускорять визит
to make a ~ наносить визит
to pay a ~ *см.* to make a ~
to plan a ~ запланировать визит
to put off a ~ откладывать визит
to return a ~ наносить ответный визит

VISIT *v* посещать; наносить визит

VISITOR *n* 1. посетитель 2. приезжий, временный житель
alien ~ иностранец, временно проживающий в стране
commercial ~ посетитель-коммерсант
foreign ~ зарубежный посетитель
overseas ~ *см.* foreign ~
regular ~ постоянный посетитель
technical ~ посетитель-специалист
transit ~ транзитный пассажир
~ to an exhibition посетитель выставки

VISUAL *adj* 1. визуальный 2. наглядный

VITAL *adj* насущный, существенный; жизненноважный

VITALS *n pl* наиболее существенная часть чего-л.

VOCATION *n* профессия

VOCATIONAL *adj* профессиональный

VOGUE *n* мода

VOID *v юр.* делать недействительным, аннулировать

VOID *adj* не имеющий юридической силы

VOIDABLE *adj* 1. оспоримый 2. не обязательный к исполнению

VOLATILE *adj* изменчивый, неустойчивый

VOLATILITY *n* изменчивость, непостоянство

VOL

~ of currencies изменчивость валютных курсов
VOLUME *n* 1. объем, количество 2. значительное количество 3. емкость, вместительность
actual ~ фактический объем
approximate ~ приблизительный объем
average annual ~ среднегодовой объем
bidding ~ объем подрядов
budget ~ размер бюджета
cubic ~ кубатура
employment ~ количество занятых по найму
export ~ объем экспортных поставок
foreign trade ~ объем внешней торговли
full ~ полный объем
import ~ объем импорта, объем импортных поставок
information ~ объем информации
large ~ большой объем
load ~ объем груза
market ~ емкость рынка
net ~ полезный объем
overall ~ общий объем
premium ~ размер премии
sales ~ объем реализованной продукции
stand ~ размеры лесных запасов
standard ~ **of production** плановый объем производства
substantial ~ большой объем
total ~ общий объем
total industry ~ общий объем производства
trade ~ объем торговли
traffic ~ объем перевозок
~ **of business** торговый оборот
~ **of carriage** объем перевозок
~ **of credit** объем кредита
~ **of currency in circulation** объем денежных средств в обращении
~ **of damage** размер повреждения
~ **of delivery** объем поставки
~ **of documentation** объем документации
~ **of exchanges** объем торговых операций
~ **of expenditures** объем расходов
~ **of expenses** *см.* ~ **of expenditures**
~ **of exports** объем экспорта
~ **of export sales** объем экспортных поставок
~ **of foreign trade** объем внешней торговли

VOT

~ **of general cargo** объем перевозок генерального груза
~ **of goods** объем груза
~ **of gross output** объем валовой продукции
~ **of imports** объем импорта
~ **of information** объем информации
~ **of a licence** объем лицензии
~ **of a market** емкость, размер рынка
~ **of migration** размер миграции
~ **of operations** объем деловых операций
~ **of an order** размер заказа
~ **of output** объем выпуска продукции
~ **of production** объем производства; объем продукции
~ **of products sold** объем реализованной продукции
~ **of purchases** объем закупок
~ **of sales** объем сбыта; объем реализованной продукции; объем закупок
~ **of services** объем услуг
~ **of shipment** объем поставки
~ **of stocks** объем запасов
~ **of supply** объем поставки
~ **of trade** объем торговли
~ **of transactions** размер торговых сделок
~ **of transhipments** объем перевалок
~ **of transportation** объем перевозок
~ **of work** объем работы
~ **of world trade** объем мировой торговли
◊ **in terms of** ~ по объему
to determine the ~ определять объем
to estimate the ~ *см.* **to determine the** ~
to maintain the ~ **of sales** сохранять объем продаж
VOLUMETRIC *adj* объемный
VOLUNTARY *adj* добровольный
VOTE *n* 1. голосование 2. голос 3. право голоса
casting ~ решающий голос
close ~ незначительное меньшинство голосов (*при голосовании*)
final ~ заключительное голосование
invalid ~ недействительный голос
negative ~ голосование «против»
proportional ~ пропорциональные выборы
proxy ~ голосование по доверенности
rising ~ *амер.* голосование вставанием с мест
straw ~ *амер.* предварительное голосование

total ~ общее число голосов
unanimous ~ единогласное голосование
VOTING *n* 1. голосование 2. участие в общем собрании акционеров
absentee ~ голосование по почте
cumulative ~ голосование акционеров путем сложения голосов по акциям
direct ~ прямой выбор
majority ~ голосование большинством
open ~ открытое голосование
plural ~ право акции на несколько голосов
secret ~ тайное голосование
~ by ballot голосование избирательными бюллетенями
~ by mail голосование по почте
~ by proxy голосование по доверенности
◊ to abstain from ~ воздержаться от голосования
VOUCH *v* 1. ручаться 2. подтверждать (*документами*)
VOUCHER *n* 1. свидетель, поручитель 2. письменное свидетельство, удостоверение 3. денежный оправдательный документ, расписка 4. контрольный талон; корешок 5. ваучер
audited ~ сличенный счет-фактура
baggage ~ *амер.* багажная квитанция
bookkeeping ~ оправдательный бухгалтерский документ
cash ~ расписка в получении денег
check ~ *амер.* контрольный талон чека
credit ~ документ, удостоверяющий выдачу кредита
disbursement ~ оправдательный документ о произведенных расходах
expenditure ~ расходный ордер
expense ~ оправдательный документ о произведенных расходах
exportation ~ экспортное удостоверение
gift ~ подарочный ваучер на определенную сумму
importation ~ импортное удостоверение
interest ~ купон процентной ценной бумаги

jacket ~ конверт с отметкой данных операции, в который вкладывается счет
luggage ~ багажная квитанция
luncheon ~ талон, выдаваемый некоторыми фирмами, на оплату обеда в определенных ресторанах или кафе
material ~ документ на материалы
parking ~ пропуск на автостоянку
payment ~ платежное поручение
petty cash ~ денежный оправдательный документ на небольшую сумму
receipt ~ приходный ордер
purchase ~ ордер на покупку
subscription ~ квитанция на подписку
travel ~ проездной билет
unaudited ~ несличенный счет-фактура
~ for payment свидетельство платежа; платежный ордер
~ for receipt расписка в получении
◊ to make out a ~ оформлять квитанцию
to submit a ~ предъявлять квитанцию
VOUCHING *n* аудиторская практика изучения документарного обоснования торгово-финансовых операций
VOYAGE *n* путешествие; рейс
charter ~ чартерный рейс
coastwise ~ прибрежный рейс
home ~ рейс туда и обратно
homeward ~ обратный рейс
foreign ~ путешествие за границу
freight ~ грузовой рейс
inward ~ внутренний рейс
maiden ~ первый рейс
outward ~ рейс за границу
return ~ обратный рейс
round ~ круговой рейс
scheduled ~ рейс по расписанию
sea ~ морское путешествие
single ~ одиночный рейс
special ~ специальный рейс
◊ ~ abroad рейс за границу
~ out рейс (*туда*)
to make a ~ выполнять рейс
to proceed on a ~ сниматься в рейс

W

WAGE *n обыкн. pl* заработная плата рабочих
accord ~s аккордная заработная плата
actual ~s реальная заработная плата
annual ~s годовая заработная плата
average ~s средняя заработная плата
average monthly ~s средняя месячная заработная плата
base ~s основная заработная плата
basic ~s *см.* base ~s
cash ~s зарплата в денежном выражении
contractual ~s договорная заработная плата
daily ~s дневная заработная плата
day ~s *см.* daily ~s
dismissal ~s выходное пособие
efficiency ~s сдельная заработная плата
farm ~s заработная плата сельскохозяйственного рабочего
fixed ~s твердая заработная плата
gross ~s номинальная заработная плата
guaranteed annual ~s гарантированная годовая заработная плата
guaranteed minimum ~s гарантированный минимум заработной платы
hourly ~s почасовая заработная плата
hour's ~s *см.* hourly ~s
implicit ~s условно начисляемая заработная плата
incentive ~s поощрительная заработная плата
index ~s индексируемая заработная плата
individual ~s индивидуальная заработная плата
inflationary ~s инфляционная заработная плата
living ~s прожиточный минимум
maximum ~s максимальная заработная плата
minimum ~s минимальная заработная плата

money ~s заработная плата в денежном выражении
monthly ~s ежемесячная заработная плата
month's ~s *см.* monthly ~s
net ~s заработная плата к выплате
nominal ~s номинальная заработная плата
piece ~s сдельная (поштучная) заработная плата
piecework ~s *см.* piece ~s
real ~s реальная заработная плата
set ~s твердая заработная плата
severance ~s выходное пособие
standard ~s договорная заработная плата
starvation ~s нищенская заработная плата
statutory ~s заработная плата, установленная законом
subsistence ~s прожиточный минимум
terminal ~s выходное пособие
time ~s повременная заработная плата
top ~s максимальная заработная плата
total ~s совокупная заработная плата
weekly ~s еженедельная заработная плата
week's ~s *см.* weekly ~s
~s in kind натуральная выплата
~s payable задолженность по заработной плате
~s per hour почасовая заработная плата
◊ to adjust ~s выравнивать выплаты
to curb ~s сокращать заработную плату
to cut ~s *см.* to curb ~s
to deduct from the ~s удерживать из заработной платы
to detain ~s задерживать заработную плату
to freeze ~s замораживать заработную плату
to get ~s получать заработную плату

to increase ~s повышать заработную плату
to lower ~s снижать заработную плату
to pay ~s выплачивать заработную плату
to raise ~s повышать заработную плату
to reduce ~s снижать заработную плату
to retain ~s задерживать заработную плату
to stop ~s прекратить выплату заработной платы

WAGE-CEILING *n* потолок заработной платы
WAGE-EARNER *n* наемный рабочий
WAGEWORK *n* работа по найму
WAGEWORKER *n* наемный рабочий
WAGGON *n* ж.-д. вагон-платформа; железнодорожный вагон
closed ~ закрытый вагон
goods ~ товарный вагон
groupage ~ вагон для сборных грузов
high capacity railway ~ большегрузый вагон
refrigerator ~ вагон-холодильник
supersize railway ~ большегрузый вагон
tank ~ вагон-цистерна
◇ free into ~ франко-вагон
to load onto a freight ~ грузить в товарный вагон

WAGGONAGE *n* 1. транспортировка грузов вагонами 2. плата за транспортировку грузов вагонами
WAGGONLOAD *n* вес или объем груза на вагон
◇ by the ~ вагонами
WAIT *n* ожидание
limited ~ ограниченное время ожидания
machine ~ простой машины
mean ~ среднее время ожидания
~ in queue ожидание в очереди
WAITING *n* ожидание
~ for a berth ожидание причала
~ for high tide ожидание полной воды
~ for high water см. ~ for high tide
WAIVE *v* отказываться (*от права*)
WAIVER *n* 1. отказ (*от права, иска*) 2. документ об отказе от права
~ of damages отказ от права на возмещение
~ of demand отказ от протеста векселя
~ of a fee освобождение от уплаты сбора

~ of notice отказ от протеста векселя
~ of premium освобождение от уплаты страховых взносов
~ of protest отказ от протеста
WALKOUT *n* забастовка
WALKS *n pl* чеки, которые подлежат оплате банками, не входящими в Лондонскую клиринговую палату
WALL *n* барьер, преграда
customs ~s таможенные барьеры
tariff ~s тарифные барьеры
WALLFLOWER *n* ценная бумага, которая непопулярна среди инвесторов
WANT *n* 1. недостаток, нехватка, отсутствие 2. нужда, необходимость 3. *pl* потребности
consumer ~s запросы потребителей
cultural ~s культурные запросы
human ~s человеческие потребности
individual ~s индивидуальные запросы
intellectual ~s интеллектуальные потребности
material ~s материальные потребности
physical ~s физические потребности
primary ~s основные потребности
social ~s общественные потребности
~ of capital потребность в капитале
~ of confidence отсутствие доверия
~ of funds нехватка средств
~ of goods недостаток товаров, нехватка товаров
~ of money недостаток денег, нехватка денег
◇ for ~ of smth за недостатком чего-л.
in ~ of repair требующий ремонта
to be in ~ of smth испытывать недостаток в чем-л.
to satisfy one's ~s удовлетворять свои потребности
WANTAGE *n* 1. нехватка 2. утруска; утечка
WAR *n* война
civil ~ гражданская война
cold ~ холодная война
credit ~ кредитная война
currency ~ валютная война
monetary and financial ~ валютно-финансовая война
price ~ ценовая конкуренция
rate ~ тарифная война, таможенная война
tariff ~ см. rate ~
trade ~ торговая война
wage ~ борьба за повышение заработной платы

WAR

WARD *n* 1. опека; попечительство 2. лицо, находящееся под опекой, подопечный 3. административный район города 4. избирательный округ

WARDEN *n* 1. смотритель, надзиратель 2. начальник
port ~ начальник порта
traffic ~ инспектор дорожного движения

WARDSHIP *n* опека; попечительство

WARE *n* 1. товар, товары 2. изделия

WAREHOUSE *n* 1. склад; пакгауз; хранилище 2. оптовый магазин; большой розничный магазин
automated ~ механизированный склад
bonded ~ приписной таможенный склад
cash and carry ~ магазин-склад
commodity ~ товарный склад
consignee's ~ склад грузополучателя
consignment ~ консигнационный склад
customs ~ таможенный склад
factory ~ заводской склад
first-class ~ первоклассный склад
locked ~ таможенный склад
overstocked ~ переполненный склад
perishable food ~ склад для скоропортящихся продуктов
port ~ портовый склад
private ~ частный склад
privately-owned *см.* private ~
public ~ склад общего пользования
queen's ~ государственный склад
railroad ~ железнодорожный склад
railway ~ *см.* railroad ~
regional ~ региональный склад
refrigerated ~ холодильный склад
regular ~ склад, пригодный для использования при осуществлении поставок по контрактам
self-service wholesale ~ оптовый склад продовольственных товаров, работающий по принципу самообслуживания
shop ~ склад магазина
show ~ демонстрационный склад
specialized ~ специализированный склад
station ~ товарный склад
transit ~ склад транзитных товаров
uptown ~ приписной таможенный склад, находящийся в отдалении от таможенной границы
wholesale ~ оптовый склад
~ of spare parts склад запчастей

WAR

~ of unbonded goods склад неразбондированных товаров
◇ ex ~ франко-склад, со склада
to deposit in a ~ помещать на склад
to lodge in a ~ *см.* to deposit in a ~
to place in a ~ *см.* to deposit in a ~
to store in a ~ *см.* to deposit in a ~
to withdraw from a ~ брать со склада

WAREHOUSE *v* хранить на складе; складировать

WAREHOUSEMAN *n* 1. кладовщик; рабочий или служащий склада 2. владелец склада 3. оптовый торговец

WAREHOUSING *n* 1. хранение на складе; складирование 2. плата за хранение на складе
intermediate ~ промежуточное хранение
public ~ хранение на складах общественного пользования
◇ to arrange ~ обеспечивать складирование
to provide ~ *см.* to arrange ~

WARFARE *n* борьба, столкновение; война
economic ~ экономическая война
price ~ ценовая конкуренция

WARN *v* предупреждать; предостерегать

WARNING *n* предупреждение; предостережение
written ~ письменное предупреждение

WARRANT *n* 1. доверенность, полномочие 2. гарантия, ручательство 3. варрант, удостоверение, свидетельство, расписка 4. право купить или продать ценные бумаги в течение некоторого периода, варрант 5. купон (*облигации, акции*) 6. складское свидетельство, варрант 7. патент 8. *юр.* ордер; судебное распоряжение
bearer ~ ордер на предъявителя
bond ~ *брит.* таможенное свидетельство
currency ~ валютный варрант
customs ~ таможенное свидетельство
deferred ~ отсроченный варрант
delayed ~ *см.* deferred ~
deposit ~ расписка о принятии на хранение
distress ~ документ, дающий право судебному исполнителю конфисковать имущество для оплаты долга, штрафа и т. п.
dividend ~ чек, по которому выплачивается дивиденд
dock ~ доковый варрант

equity ~ облигационный варрант, дающий право на покупку акций заемщика
freight ~ товаросопроводительная квитанция
general ~ документ, дающий право на арест подозреваемых лиц
income ~ доходный варрант
interest ~ процентный варрант, процентный купон
order ~ ордерное складское свидетельство
perpetual ~ бессрочный варрант
reinvestment ~ реинвестиционный варрант
search ~ документ, дающий право совершения обыска
share ~ сертификат акции на предъявителя
stock ~ акция на предъявителя
stock purchase ~ варрант на покупку ценных бумаг
subscription ~ подписной варрант
terminal ~ складская расписка
warehouse ~ складской варрант
wharfinger's ~ складской варрант, выданный товарной пристанью
window ~ варрант, используемый только в определенный день или период
~ for receipt доверенность на получение
~ of arrest ордер на арест
~ of attachment судебный приказ о наложении ареста на имущество
~ of attorney доверенность
◇ to cash a ~ получать деньги по купону
to draw up a ~ оформлять доверенность

WARRANT v 1. ручаться, гарантировать 2. *юр.* давать право; уполномочивать

WARRANTEE n лицо, которому дается гарантия

WARRANTHOLDER n владелец варранта

WARRANTOR n гарант, поручитель

WARRANTY n 1. гарантия, поручительство 2. разрешение, санкция 3. условие, оговорка (*контракта*) 4. *брит. юр.* простое условие
basic ~ основная гарантия
express ~ договорная гарантия
implied ~ подразумеваемая гарантия
price ~ гарантия цены
product ~ гарантия качества изделия
quality ~ гарантия качества
seller's ~ гарантия продавца
standard ~ стандартная гарантия
vendor's ~ гарантия продавца
~ against defects гарантийное обязательство
~ of fitness гарантия годности товара
~ of goods гарантийное обязательство
~ of merchantability гарантия годности для продажи
~ of quality гарантия качества
~ of performance гарантия работы (*машины*)
~ of production производственная гарантия
◇ under the ~ по гарантии
to be under ~ находиться на гарантии
to extend ~ продлевать срок гарантии
to make ~ давать гарантию

WARRANTY-COVERED adj гарантируемый

WASTAGE n 1. потери 2. утруска, утечка груза в пути 3. изнашивание; износ

WASTE n 1. непроизводительная растрата; расточительство 2. потери, убыль; ущерб, убыток; неисправимый брак 3. отходы, отбросы
animal ~ отходы животноводства
aqueous ~ сточные воды
city ~ городские отходы
commercial ~ использованная упаковка, тара
construction ~ строительный мусор
domestic ~ 1) бытовые отходы 2) коммунально-бытовые сточные воды
farm ~ сельскохозяйственные отходы
food ~ пищевые отходы
hazardous ~ опасные отходы
heat ~ тепловые потери
industrial ~s 1) промышленные отходы 2) промышленные сточные воды
livestock ~ отходы животноводства
manufacturing ~s производственные отходы
municipal ~ 1) городские отходы 2) городские сточные воды
paper ~ макулатура
processing ~ производственные отходы
production ~ *см.* processing ~
radioactive ~ радиоактивные отходы
refinery ~ нефтезаводские отходы
toxic ~ токсичные отходы
untreated ~ неочищенные сточные воды
unusable ~ неиспользуемые отходы
~ of money растрата денег

~ of resources непроизводительное расходование ресурсов
~ of time непроизводительная трата времени

WASTEFUL *adj* 1. расточительный, неэкономный 2. разорительный

WASTER *n* 1. расточитель; бездельник 2. брак; бракованное изделие

WATCH *n* 1. вахта; дежурство 2. сторож; часовой
night ~ ночное дежурство

WATER *n* 1. вода 2. *pl* воды; море; океан
boundary ~s пограничные воды
coastal ~s прибрежные воды
customs ~s морской таможенный район
deep ~ полная вода
domestic ~s внутренние воды
enclosed ~s *см.* domestic ~s
full ~ высокая вода
ground ~ грунтовые воды
home ~s территориальные воды
industrial ~ 1) вода для промышленного водоснабжения; техническая вода
industrial waste ~ промышленные сточные воды
inland ~s внутренние воды
internal ~s *см.* inland ~s
international ~s международные воды
national ~s территориальные воды
navigable ~s судоходные воды
neutral ~s нейтральные воды
open ~ открытая вода
potable ~ питьевая вода
sea ~ морская вода
sewage ~ сточные воды
territorial ~s территориальные воды
waste ~ сточные воды

WATERAGE *n* 1. провоз грузов по воде 2. плата за провоз грузов по воде

WATER-COOLED *adj* охлаждаемый водой

WATERING *n* 1. орошение 2. разводнение (*капитала*) 3. санаторий на минеральных водах
stock ~ разводнение акционерного капитала
~ of stock *см.* stock ~

WATER-LOGGED *adj* пропитавшийся водой, промокший (*о товаре*)

WATERPROOF *adj* водонепроницаемый; водостойкий

WATER-REPELLANT *adj* водоотталкивающий

WATER-RESISTANT *adj* водостойкий

WATER-RESISITING *adj* *см.* WATER-RESISTANT

WATERWAY *n* водный путь
inland ~ внутренний водный путь

WATERWORKS *n* водохозяйственная система

WAVE *n* подъем, волна
bying ~ давка покупателей
merger ~ волна слияний (*компаний*)
~ of inflation волна инфляции

WAY *n* 1. путь; дорога 2. направление 3. метод, способ 4. обычай, особенность
alternative ~ альтернативный путь
each ~ комиссия, которую получает брокер от обеих сторон операции
regular ~ *бирж.* стандартная процедура сделки
test ~ метод испытаний
testing ~ *см.* test ~
usual ~ обычный способ
~ of communication путь сообщения
~ of compensation способ вознаграждения
~ of conveyance способ перевозки
~ of dispatch способ отправки
~ of life образ жизни
~ of paying порядок осуществления платежей
~ of payment *см.* ~ of paying
~ of remuneration способ вознаграждения
~ of reward *см.* ~ of remuneration
~ of settlement метод расчетов
~ of settling disputes порядок разрешения споров
~ of traffic путь сообщения
~ of transportation способ транспортировки
◇ to find a ~ найти путь
to give ~ 1) отступать; уступать 2) падать (*о курсах, ценах*)
to pay one's ~ 1) жить по средствам 2) выполнять свои обязательства
to pay its ~ окупаться

WAYBILL *n* 1. транспортная накладная 2. путевой лист
air ~ авиагрузовая накладная
liner ~ морская накладная
railroad ~ *амер.* железнодорожная накладная
railway ~ *см.* railroad ~
road ~ автодорожная накладная
sea ~ морская накладная
◇ to draw up a ~ оформлять накладную
to make out a ~ *см.* to draw up a ~

WAYLEAVE *n* 1. право прохода, проезда (*по чужой земле*) 2. плата за право прохода, проезда
WEAK *adj* 1. понижающийся (*о ценах*) 2. вялый, слабый (*о спросе*)
WEAKEN *v* ослабнуть, понизиться (*о ценах, курсах*)
WEAKNESS *n* 1. понижение (*цен, курсов*) 2. вялое, бездеятельное настроение (*рынка*)
   price ~ понижение курсов
WEALTH *n* 1. богатство 2. изобилие 3. материальные ценности
   accumulated ~ накопленное богатство
   material ~ материальное благополучие
   national ~ национальное богатство
   personal ~ личное имущество
WEALTHY *adj* 1. богатый, состоятельный 2. обильный
WEAR *n* износ; изнашивание
   mechanical ~ механический износ
   natural ~ естественный износ
   normal ~ and tear нормальный износ
   service ~ эксплутационный износ
   ◇ ~ and tear 1) износ 2) амортизация
   subject to ~ подверженный износу
WEARIBALITY *n* износостойкость; изнашиваемость
WEARING *n* износ
   ~ of equipment износ оборудования
WEAROUT *n* износ; изнашивание
WEAR OUT *v* изнашиваться
WEATHER *v* 1. подвергаться атмосферным влияниям 2. выдерживать, выносить
WEATHERIZE *v* герметизировать, изолировать от атмосферных воздействий
WEATHERSTRIPPING *n* уплотнение окон, дверей (*для тепла*)
WEEK *n* неделя
   short ~ неполная рабочая неделя
   working ~ рабочая неделя
WEEKDAY *n* рабочий день
WEIGH *n* 1. взвешивать 2. весить
WEIGHAGE *n* плата за взвешивание
WEIGHER *n* 1. весы; дозатор 2. весовщик
   official ~ официальный весовщик
   sworn ~ присяжный весовщик
WEIGHING *n* взвешивание
   check ~ контрольное взвешивание
   control ~ *см.* check ~
   empty ~ взвешивание пустой тары
   net ~ определение массы нетто
   test ~ контрольное взвешивание
   ◇ to do ~ взвешивать

WEIGHT *n* 1. вес; масса 2. единица веса или массы 3. груз, нагрузка 4. гиря
   actual gross ~ реальная масса брутто
   actual net ~ реальная масса нетто
   allowable ~ допустимая масса
   average ~ средняя масса
   bill of lading ~ коносаментная масса
   body ~ *с.-х.* живая масса
   bulk ~ насыпная масса; объемная масса
   cargo ~ масса груза
   chargeable ~ оплачиваемая масса груза
   charged ~ рассчитанная (оцененная) масса
   check ~ контрольная масса
   commercial ~ торговая гиря
   dead ~ *с.-х.* убойная масса
   delivered ~ поставленная масса
   dry ~ масса в сухом состоянии
   excess ~ избыточная масса
   extra ~ *см.* excess ~
   gross ~ масса брутто
   gross ~ for net масса брутто за нетто
   intake ~ погруженная масса
   intaken ~ *см.* intake ~
   landed ~ масса при разгрузке, выгруженная масса
   landing ~ *см.* landed ~
   legal ~ легальная (законная) масса
   live ~ живая масса
   luggage ~ масса багажа
   maximum ~ максимальная масса груза
   minimum ~ минимальная масса груза
   missing ~ недостающая (неполная) масса
   natural ~ натурная масса
   net ~ масса нетто
   outturn ~ выгруженная масса
   package ~ масса грузового места
   packed ~ масса брутто
   preshipment ~ масса до отгрузки
   preslaughter ~ *с.-х.* предубойная масса
   shipped ~ масса при погрузке
   shipping ~ *см.* shipped ~
   short ~ недовес
   slaughter ~ убойная масса
   standard ~ стандартная масса
   tare ~ масса тары
   total ~ общая масса
   troy ~ монетный (тройский) вес
   true ~ точная масса
   unit ~ масса единицы одного изделия
   wet ~ масса во влажном состоянии
   ~ at discharge масса при разгрузке
   ~ of cargo масса груза

~ of load см. ~ of cargo
~ of a unit масса единицы изделия
◇ by ~ на вес
under ~ неполновесный
~ loaded масса груза
~ specified заданная масса
~ when empty масса тары
to adjust ~ корректировать массу
to check the ~ проверять массу
to declare the ~ заявлять массу
to sell by ~ продавать по весу
WEIGHTED *adj* взвешенный
WEIGHTING *n* взвешивание
WEIGHTSHEET *n* весовая ведомость
WELFARE *n* 1. благосостояние 2. благотворительность
consumer ~ благосостояние потребителя
general ~ всеобщее благосостояние
maternity and child ~ работа по обеспечению благосостояния матери и ребёнка
material ~ материальное благополучие
public ~ общественное благосостояние
social ~ *амер.* социальное обеспечение
WELL *n* 1. колодец 2. источник 3. скважина
development ~ эксплуатационная скважина
WELL-BEING *n* благополучие; процветание
WELL-GROUNDED *adj* обоснованный
WELL-OFF *adj* состоятельный; обеспеченный; зажиточный
WELL-PAID *adj* высокооплачиваемый
WELL-PRICED *adj* недорогой
WELL-TO-DO *adj* состоятельный; обеспеченный; зажиточный
WET *adj* мокрый; влажный; сырой
WHARF *n* 1. верфь 2. причал, пристань 3. набережная
riverside ~ речной причал
WHARFAGE *n* 1. пристанский (причальный) сбор 2. хранение грузов на пристани 3. плата за перевозку груза в пределах порта
WHARFINGER *n* владелец пристани; управляющий пристанью
WHEREWITHAL *n* необходимые средства, деньги
WHOLESALE *n* оптовая торговля
to buy by ~ покупать оптом
to sell by ~ продавать оптом
WHOLESALE *adj* оптовый

WHOLESALE *adv* оптом
to buy ~ покупать оптом
to sell ~ продавать оптом
WHOLESALE *v* вести оптовую торговлю; покупать или продавать оптом
WHOLESALER *n* оптовый торговец; оптовое предприятие
catalogue ~ предприятие оптовой посылочной торговли
general line ~ оптовое предприятие с широким ассортиментом товаров
merchant ~ оптовик-покупатель
speciality ~ оптовое узкоспециализированное предприятие
WHOLESALING *n* оптовая торговля; оптовый сбыт
WIDEN *v* 1. расширять; распространять 2. расширяться; распространяться
WIDENING *n* расширение; распространение
~ of deficit рост дефицита
WILDCAT *adj* 1. рискованный 2. незаконный; неразрешённый
WILL *n* *юр.* завещание
WIN *n* 1. выигрыш 2. *pl* выигранные деньги
WIN *v* выигрывать, побеждать
WINCHMEN *n* плата за судовую лебёдку
WIND *v*:
~ up 1) заканчивать; завершать 2) ликвидировать (*компанию*)
WINDFALL *n* непредвиденная прибыль
WINDING-UP *n* ликвидация (*компании*)
compulsory ~ принудительная ликвидация
voluntary ~ добровольная ликвидация
~ by court ликвидация по постановлению суда
~ of a company ликвидация компании
~ of a consortium ликвидация консорциума
~ of a partnership ликвидация товарищества
WINDOW *n* 1. окно, окошко; окно кассы 2. витрина 3. кратковременное улучшение рыночной конъюнктуры
discount ~ заемные средства, предоставляемые центральным банком кредитным институтам, «учетное окно»
display ~ витрина
drive-in ~ *амер.* банковское обслуживание клиентов в автомобиле
information ~ справочное окно

WIN

parcel post ~ *амер.* окошко для приема посылок
show ~ *амер.* витрина
soft-loan ~ возможность получения кредита на льготных условиях наименее развитыми странами
store ~ *амер.* витрина
ticket ~ *амер.* билетная касса
WINDOW-CASE *n* витрина
WINNER *n* 1. победитель 2. акция с повышающейся ценой
WINNING *n* 1. выигрыш; победа 2. *pl* выигранные деньги
WIRE *n* телеграмма
WIRE *v* телеграфировать
WITHDRAW *v* 1. брать назад; отзывать; отменять; аннулировать 2. снимать со счета
WITHDRAWAL *n* 1. отзыв; изъятие 2. отказ; отмена, аннулирование 3. снятие со счета; изъятие вклада
bank ~ изъятие банковского вклада
cash ~ снятие денег со счета
owner's ~ изъятие средств собственником
~ from an agreement отказ от соглашения
~ from a bank изъятие из банка
~ from circulation изъятие из обращения
~ from a contract отказ от контракта
~ from membership выход из членства
~ of an attachment отмена ареста (*на судно, имущество*)
~ of an application отзыв заявки
~ of banknotes изъятие банкнот
~ of a bill аннулирование, отзыв векселя
~ of capital изъятие капитала
~ of a cheque отзыв чека
~ of credit закрытие кредита
~ of a deposit изъятие вклада
~ of the driving licence лишение водительского удостоверения
~ of an exhibitor отказ экспонента от участия в выставке
~ of funds изъятие вклада; снятие средств со счета
~ of gold вывоз золота; расходование золотого запаса
~ of money снятие денег со счета
~ of an order аннулирование заказа
~ of power of attorney отзыв доверенности
~ of stocks ликвидация запасов

WOR

WITHHOLD *v* 1. отказывать в чем-л. 2. удерживать (*из зарплаты*)
WITHHOLDING *n* удержание, вычет (*налога, платежей*)
tax ~ удержание налогов
~ of a patent приостановка выдачи патента
~ of wages удержание из заработной платы
WITNESS *n* свидетель; очевидец
WITNESS *v* 1. быть свидетелм, очевидцем 2. свидетельствовать
WITNESSING *n* засвидетельствование
~ of a signature засвидетельствование подписи
WORD *n* слово
◇ in ~s прописью
WORD *v* формулировать
WORDING *n* формулировка
~ of a clause формулировка статьи контракта
~ of a claim редакция формулы изобретения
~ of a contract текст контракта
WORK *n* 1. работа; труд; дело 2. место работы; должность, занятие 3. действие, функционирование 4. изделие; изделия, продукция 5. заготовка; обрабатываемое изделие 6. *pl* завод, фабрика, мастерские 7. *pl* инженерное сооружение
actual ~ фактическая работа
additional ~ дополнительная работа
adjustment ~ наладочные работы
administrative ~ административная работа
agency ~ посредническая деятельность
agricultural ~ сельскохозяйственные работы
aircraft ~s авиационный завод
ancillary ~ подсобная работа
art ~ художественные работы
artistic ~ произведение искусства
assembly ~ монтажные работы
auxiliary ~ вспомогательная работа; подсобная работа
building ~s строительные работы
casual ~ случайная работа
civil ~ строительные работы
civil engineering ~s строительство подземных сооружений
clerical ~ канцелярская работа
commercial ~ производство на коммерческой основе

787

commission ~ работа на комиссионной основе
commissioning ~ пуско-наладочные работы
construction ~s строительные работы
contract ~ подрядные работы
contractor's ~s завод подрядчика
daily ~ повседневная работа
day ~ 1) дневная работа, дневная смена 2) дневная выработка
day-to-day ~ повседневная работа
decorating ~ художественно-оформительские работы
decoration ~ см. decorating ~
defective ~ дефектная работа
design ~ конструкторская работа; проектная работа
double-shift ~ работа в две смены
efficient ~ продуктивная работа
engineering ~ проектно-конструкторские работы
engineering ~s машиностроительный завод
field ~ полевые работы
fine ~ точная работа
finishing ~ отделочная работа
full-capacity ~ работа при полной нагрузке
full-time ~ работа полный рабочий день
future ~ предстоящая работа
hand ~ ручной труд
heavy engineering ~s завод тяжелого машиностроения
high-class ~ высококачественная работа
highly mechanized ~ высокомеханизированная работа
highly skilled ~ высококвалифицированная работа
hired ~ работа по найму
incentive ~ работа с поощрительной оплатой
installation ~ монтажные работы
integrated ~s комбинат
intellectual ~ умственная работа
iron and steel ~s металлургический завод
joint ~ совместная работа
laboratory ~ лабораторная работа
labour-intensive ~ трудоемкая работа
lorry ~s автомобильный завод, завод грузовых автомобилей
low-paid ~ низкооплачиваемая работа
machine ~ механическая обработка

maintenance ~ техническое обслуживание и текущий ремонт
maker's ~s завод изготовителя
managerial ~ управленческая работа
manual ~ ручная работа
manufacturer's ~s завод-изготовитель
mechanical ~ механическая работа
metallurgical ~s металлургический завод
mounting ~ монтажные работы
multishift ~ работа в несколько смен
night ~ работа в ночное время
nonshift ~ работа в одну смену
office ~ канцелярская работа
one-shift ~ работа в одну смену
on-site ~ работа на строительной площадке
outdoor ~ работа на открытом воздухе
outstanding ~ невыполненная работа
overtime ~ сверхурочная работа
packing ~ упаковочная работа
paid ~ платная работа, оплачиваемый труд
paper ~ канцелярская работа
partial ~ частичная занятость
part-time ~ см. partial ~
patent ~ патентная работа
permanent ~ постоянная работа
piece ~ сдельная работа
planned ~ работа по плану, плановая работа
planning ~ работа по планированию
practical ~ практическая работа
preliminary ~ предварительная работа
preparatory ~ подготовительная работа
productive ~ производительная работа, производительный труд
published ~ опубликованная работа
reconstruction ~ работы по восстановлению
regular ~ постоянная работа
remedial ~ работа по устранению дефектов; ремонтные работы
repair ~ ремонтные работы
rescue ~ спасательные работы
research ~ научно-исследовательская работа
routine ~ повседневная работа
rush ~ срочная работа
rythmical ~ ритмичная работа
salvage ~ спасательные работы
satisfactory ~ удовлетворительная работа
scheduled ~ работа по графику; работа по плану
scientific ~ научная работа

seasonal ~ сезонная работа
second-shift ~ работа во вторую смену
serial ~ серийное производство
service ~ обслуживание
shift ~ сменная работа
short-time ~ работа с сокращенным рабочим днем
smooth ~ ритмичная работа
spare-time ~ работа по совместительству
stevedore ~ стивидорные работы
stevedoring ~ *см.* stevedore ~
subcontract ~ субподрядные работы
subcontractor's ~s завод субподрядчика
subsidiary ~ подсобная работа
survey and research ~ исследовательские и изыскательские работы
task ~ аккордная работа
team ~ бригадная работа
temporary ~ временная работа
test ~ проверочная работа
testing ~ *см.* test ~
time ~ временная работа
two-shift ~ работа в две смены
unhealthy ~ вредное производство
unskilled ~ неквалифицированная работа
wage ~ работа по найму
well-paid ~ хорошо оплачиваемая работа
~ according to the book *амер.* работа строго по правилам
~ at normal working hours работа в обычное рабочее время
~ at piece rates сдельная работа
~ at time rates повременная работа
~ by contract подрядная работа
~ by hire работа по найму
~ by the piece сдельная работа
~ by the rules работа строго по правилам
~ for hire работа по найму
~ in process незавершенная работа
~ in progress выполняемая работа
~s of art произведения искусства
~ of development опытно-конструкторская работа
~ of a fair работа ярмарки
~ of equipment работа оборудования
~ of an exhibition работа выставки
~ on a contract работа по трудовому договору
~ on a contractual basis *см.* ~ on a contract
~ on hand выполняемая работа

~ on a project работы по проекту
~ on schedule работа по графику; работа по плану
~ on the site работа на строительной площадке
~ under way выполняемая работа
◇ ex ~s франко-завод, с завода
out of ~ без работы
fit for ~ годный к работе
unfit for ~ непригодный к работе
~ done выполненная работа
~ performed *см.* ~ done
to accept ~ принимать работу
to accomplish ~ завершать работу
to alter ~ переделывать работу
to assess ~ оценивать работу
to be at ~ работать
to be behind with one's ~ иметь задолженность по работе
to begin ~ начинать работу
to bill ~ выставлять счет за проделанную работу
to be on short time ~ работать неполный рабочий день
to be thrown out of ~ оказаться безработным
to carry out ~ выполнять работу
to cease ~ прекращать работу
to close down the ~s закрывать предприятие
to commence ~ начинать работу
to complete ~ завершать работу
to control ~ управлять работой
to coordinate ~ координировать работу
to correct ~ исправлять работу
to do ~ выполнять работу
to employ on ~ поручать работу
to entrust with ~ *см.* to employ on ~
to evaluate ~ оценивать работу
to execute ~ выполнять работу
to expedite ~ ускорять работу
to finalize ~ завершать работу
to finish ~ *см.* to finalize ~
to fulfil ~ выполнять работу
to get ~ находить работу
to get down to ~ приступать к работе
to give out ~ by contract выдавать подряд
to go ahead with ~ начинать работу
to hold up ~ приостанавливать работу
to improve ~ улучшать работу
to inspect ~ контролировать работы
to insure ~ страховать работу
to interfere with ~ мешать работе
to interrupt ~ приостанавливать работу
to leave off ~ прекращать работу

to look for ~ искать работу
to organize ~ организовывать работу
to pay for ~ оплачивать работу
to perform ~ выполнять работу
to postpone ~ откладывать работу
to proceed with ~ приступать к работе
to provide ~ обеспечивать работу
to put off ~ откладывать работу
to rate ~ оценивать работу
to rectify defective ~ исправлять дефектные работы
to reject ~ браковать работу
to remedy defective ~ исправлять дефектные работы
to resume ~ возобновлять работу
to retire from ~ уходить со службы
to speed up ~ ускорять работу
to start ~ начинать работу
to step up ~ ускорять работу
to stop ~ прекращать работу
to superintend ~ управлять работой
to supervise ~ наблюдать за работой
to suspend ~ приостанавливать работу
to take over ~ принимать работу
to take up ~ приступать к работе
to terminate ~ прекращать работу
to undertake ~ брать на себя работу
WORK *v* 1. работать 2. действовать, функционировать 3. обрабатывать
~ off 1) распродать, сбыть 2) отработать (*долг*)
~ out разрабатывать
~ over перерабатывать, переделывать
~ overtime работать сверхурочно
~ to rule работать строго по правилам
~ up обрабатывать, отделывать
WORKABLE *adj* 1. рентабельный 2. подходящий для работы 3. выполнимый, осуществимый, реальный
WORKDAY *n* рабочий день
WORKER *n* 1. рабочий 2. работник, сотрудник
agricultural ~ сельскохозяйственный рабочий
auxiliary ~ подсобный рабочий
average ~ рабочий средней квалификации
blue-collar ~ производственный рабочий
brain ~ работник умственного труда
casual ~ временный рабочий
clerical ~ канцелярский служащий
day ~ поденный рабочий
dock ~ портовый рабочий
efficient ~ квалифицированный рабочий

engineering ~ машиностроитель
experienced ~ опытный рабочий
factory ~ фабричный рабочий
farm ~ сельскохозяйственный рабочий
field ~ лицо, занимающееся опросом, интервьюер
foreign ~ иностранный рабочий
full-time ~ работник, занятый полный рабочий день
general ~ неквалифицированный рабочий
heavy ~ рабочий, занятый на тяжелой работе
highly qualified ~ высококвалифицированный рабочий
highly skilled ~ *см.* highly qualified ~
hired ~ наемный рабочий
indigenous ~s рабочие из числа местного населения
industrial ~ промышленный рабочий
inexperienced ~ неопытный рабочий
key ~ рабочий высшей квалификации
low-income ~ низкооплачиваемый рабочий
low-salaried ~ низкооплачиваемый работник, служащий
low-skilled ~ малоквалифицированный рабочий
manual ~ работник физического труда
migrant ~ рабочий-отходник
nonmanual ~ работник умственного труда
nonunion ~ рабочий, не являющийся членом профсоюза
odd-job ~ неквалифицированный рабочий
office ~ канцелярский служащий
on-site ~s рабочие на местах
opportunity ~ случайный рабочий
part-time ~ рабочий, занятый неполный рабочий день
permanent ~ постоянный рабочий
piece ~ рабочий, работающий на условиях аккордной оплаты (сдельно)
piece-rate ~ *см.* piece ~
production ~ производственный рабочий
productive ~ рабочий, выполняющий большую норму
professional ~ профессиональный рабочий
qualified ~ квалифицированный рабочий
redundant ~ уволенный рабочий
regular ~ постоянный рабочий
research ~ научный работник

salaried ~ служащий
seasonal ~ сезонный рабочий
semiskilled ~ полуквалифицированный рабочий
short-time ~ рабочий, занятый неполный рабочий день
skilled ~ квалифицированный рабочий
temporary ~ временный рабочий
threshold ~ *амер.* неопытный работник
trained ~ обученный рабочий
transport ~ транспортный рабочий
underpaid ~ низкооплачиваемый рабочий
unskilled ~ неквалифицированный рабочий
wage ~ наёмный рабочий
warehouse ~ складской рабочий
welfare ~ работник отдела социального обеспечения
white collar ~ служащий
◇ to discharge ~s увольнять рабочих
to dismiss ~s *см.* to discharge ~s
to employ ~s нанимать рабочих
to fire ~s увольнять рабочих
to hire ~s нанимать рабочих
to lay off ~s увольнять рабочих
to recruit ~s нанимать рабочих
to sack ~s увольнять рабочих
to take on ~s нанимать рабочих
WORK-IN *n* вид забастовки, когда рабочие отказываются покидать свои рабочие места
WORKING *n* 1. работа 2. обработка 3. разработка
continuous ~ бесперебойная работа; работа в непрерывном режиме
continuous-shift ~ непрерывная многосменная работа
dependable ~ надёжная работа
double-shift ~ работа в две смены
fail-safe ~ надёжная работа
full shift ~ непрерывная сменная работа
overtime ~ сверхурочная работа
reliable ~ надёжная работа
safe ~ безопасная работа
shift ~ сменная работа
short time ~ работа неполный рабочий день
underground ~ подземные работы
~ below capacity неполная загрузка
~ of mines разработка месторождений
~ to capacity работа на полную мощность
~ to rules работа строго по правилам

WORKING-OUT *n* детальная разработка
~ of a plan разработка плана
~ of a process разработка процесса
WORK-IN-PROGRESS *n* незавершенное производство
WORKMAN *n* 1. рабочий 2. работник
WORKMANSHIP *n* 1. качество изготовления 2. профессиональное мастерство
bad ~ плохое качество изготовления
faulty ~ изготовление с браком
first-class ~ работа первоклассного качества
high ~ высокое качество изготовления
high quality ~ *см.* high ~
poor ~ плохое качество изготовления
precision ~ точная работа
superior ~ качественное изготовление
WORKPIECE *n* обрабатываемая деталь; заготовка; обрабатываемое изделие
WORKPLACE *n* рабочее место
mobile ~ перемещающееся рабочее место
stationary ~ закреплённое (неподвижное) рабочее место
WORKROOM *n* рабочее помещение; мастерская
WORKSHARING *n* равномерное распределение работы между работающими в условиях сокращения объёма производства
WORKSHEET *n* рабочая ведомость
WORKSHOP *n* 1. цех; производственный участок 2. мастерская
WORKTIME *n* рабочее время
WORKWEEK *n* рабочая неделя
WORLD *n* 1. мир, свет 2. мир, круги
banking ~ финансовые круги
business ~ деловой мир, деловые круги
commercial ~ *см.* business ~
financial ~ финансовые круги
WORLDWIDE *adj* мировой, всемирный
WORSENING *n* ухудшение
~ of the economic situation ухудшение конъюнктуры
WORTH *n* 1. цена, стоимость 2. ценность
deficit net ~ избыток пассивов сверх активов компании
money's ~ стоимость, выраженная в деньгах
net ~ чистая стоимость (*компании*)
net assets ~ стоимость чистых активов в расчёте на одну акцию
◇ to equal ~ равноценный
WORTH *adj* 1. стоящий, имеющий оп-

ределенную цену 2. имеющий ценность, важность
WORTHINESS *n* стоимость
  credit ~ кредитоспособность
WORTHLESS *adj* не имеющий никакой ценности; негодный
WORTHLESSNESS *n* негодность
WRAP *v* обертывать; упаковывать
WRAPPER *n* 1. оберточный материал 2. обертка; упаковка 3. упаковщик 4. упаковочная машина
WRAPPING *n* 1. упаковывание 2. обертка; упаковка
  gift ~ подарочная упаковка
  inner ~ внутренняя упаковка
  polythene ~ упаковка в полиэтиленовую пленку
WRECK *n* крушение; катастрофа; авария
  ◇ to suffer a ~ потерпеть крушение
WRECKAGE *n* 1. крушение, гибель 2. обломки крушения
WRECKING *n* 1. авария 2. аварийно-спасательные работы
WRIT *n* судебный приказ
  judicial ~ приказ суда
  ~ of arrest распоряжение о наложении ареста на товары
  ~ of attachment судебный приказ о наложении ареста на имущество
  ~ of debt *амер.* приказ о вызове в суд по иску о взыскании долга
  ~ of execution исполнительный лист

  ~ of possession судебный приказ о вводе во владение
WRITE *n* писать
  ~ back отвечать письменно
  ~ down 1) уценять (*товар*) 2) производить частичное списание
  ~ off списывать со счета
  ~ out выписывать, выставлять (*чек, вексель*)
  ~ up повышать стоимость
WRITE-DOWN *n* частичное списание
WRITE-OFF *n* 1. полное списание со счета 2. сумма, списанная
  fast tax ~ списание налогов; списанные суммы налогов
  net loan ~s списанные кредиты
WRITER *n* 1. продавец опциона 2. андеррайтер
  covered ~ продавец покрытого опциона
  naked ~ продавец непокрытого опциона
WRITE-UP *n* повышение цены
WRITING *n* продажа опциона
WRITING-OFF *n* списание (*со счета*)
  ~ of an account списание со счета
  ~ of debts списание долгов
WRONG *n* 1. неправильность, ошибочность 2. *юр.* правонарушение
WRONG *adj* 1. неправильный; ошибочный 2. неправомерный
WRONGFUL *adj* незаконный, неправомерный

Y

YARD *n* 1. судостроительная верфь 2. сортировочная станция, площадка 3. склад 4. лесной склад; лесная биржа
assembling ~ сборочная площадка
container ~ контейнерный терминал
farm ~ усадьба; хутор
freight ~ *амер.* грузовая станция
goods ~ товарная станция
lumber ~ лесной двор с розничной продажей пиломатериалов
material storage ~ складская площадка
marshalling ~ сортировочная станция
railway sorting ~ *см.* marshalling ~
ship-building ~ судостроительный завод
shunting ~ сортировочная станция
sorting ~ *см.* shunting ~
storage ~ складская площадка
timber ~ лесной склад

YARDAGE *n* 1. складирование, [открытое] хранение 2. плата за пользование складом

YEAR *n* год
accounting ~ отчетный год
audit ~ ревизионный год
balance ~ балансовый год
basal ~ базисный год
base ~ *см.* basal ~
boom ~ год высокой конъюнктуры
budget ~ бюджетный год
business ~ хозяйственный год
calendar ~ календарный год
contract ~ договорный год
current ~ текущий год
economic ~ хозяйственный год
farming ~ сельскохозяйственный год
financial ~ финансовый год
fiscal ~ *см.* financial ~
half ~ полугодие
leap ~ високосный год
present ~ настоящий (данный) год
previous ~ предыдущий год
production ~ хозяйственный год
report ~ отчетный год

tax ~ налоговый год
taxable ~ *амер. см.* tax ~
trading ~ операционный год
working ~ производственный год
~ of account отчетный год
~ of foundation год основания
~ of manufacture год изготовления
~ under report отчетный год
~ under review *см.* ~ under report

YEARLING *n* муниципальная ценная бумага сроком на один год

YEARLY *adj* ежегодный

YELLOWBACK *n амер.* золотой сертификат

YIELD *n* 1. урожай 2. выработка; выход (*продукции*); добыча 3. доход; доходность 4. доход по ценным бумагам
average ~ средний урожай
bond ~ доходность облигации
capital ~ доход на капитал
coupon ~ купонный доход
crop ~ урожайность
current ~ текущий доход по ценным бумагам
discount ~ доходность дисконтной ценной бумаги
dividend ~ дивидендный доход
earning ~ показатель доходности
effective ~ реальный доход
effective interest ~ реальный процентный доход
estimated ~ плановый доход
expected ~ *см.* estimated ~
flat ~ текущий доход по ценным бумагам
gross ~ доход до уплаты налогов
gross ~ to redemption *брит.* доход по ценным бумагам до их выкупа
interest ~ процентный доход
livestock ~ продуктивность скота
marginal ~ предельный доход
net ~ чистая выручка
net flat ~ текущий доход по ценной бумаге после вычета налога

net redemption ~ чистый доход по ценной бумаге при ее погашении
peak ~ наивысший доход
positive ~ положительная доходность
product ~ выход продукции
production ~ см. product ~
prospective ~ ожидаемый доход
redemption ~ доход по ценной бумаге при ее погашении
running ~ текущий доход по ценным бумагам
tax ~ налоговый доход

~ of capital доход на капитал
~ of capital investment фондоотдача
~ of a product выход продукта
~ on capital доход на капитал
~ on shares доход по акциям
~ to maturity доходность на момент погашения облигации
YIELD v 1. давать урожай 2. давать доход
YIELDING adj приносящий (*доход, урожай*)

Z

ZERO *n* нуль, ноль
ZERO-DEFECTS *adj* бездефектный
ZONE *n* зона, пояс; район
  blockaded ~ запретная зона
  business ~ *амер.* торговый район
  city ~ городской район
  coastal ~ прибрежная зона
  currency ~ валютная зона
  development ~ зона промышленного развития
  dollar ~ долларовая зона
  duty-free ~ беспошлинная зона
  economic ~ экономическая зона
  export ~ зона экспорта
  farming ~ сельскохозяйственный район
  free ~ свободный порт; порто-франко
  free economic ~ свободная экономическая зона
  free trade ~ зона свободной торговли
  frontier ~ пограничная зона
  monetary ~ валютная зона
  parcel post ~ тарифная зона для почтово-посылочных перевозок
  preferential tariff ~ зона преференциальных тарифов
  residential ~ *амер.* жилой район
  storage ~ территория для складирования
  time ~ часовой пояс
  trade ~ экономическая зона
  trading ~ *см.* trade ~
  unrestricted ~ *амер.* район без запрета на строительство
  ~ of exclusive rights зона исключительного права
  ~ of preference область предпочтения
ZONING *n* районирование; распределение по поясам, зонам
  rural ~ сельскохозяйственное зонирование

Некоторые латинские и другие иноязычные слова и словосочетания, встречающиеся в экономической литературе

Латинские

Ad diem в назначенный день
ad hoc для данного случая, для данной цели
ad interim тем временем; на время
ad referendum *юр.* для дальнейшего рассмотрения
ad valorem с объявленной цены; со стоимости
a fortiori тем более
annum год
ante до
a posteriori по опыту, из опыта
a priori заранее, наперед
bona fide добросовестный, честный
caveat 1. предостережение, предупреждение 2. ходатайство о приостановлении судебного производства
caveat emptor пусть покупатель остерегается; качество на риске покупателя
caveat venditor пусть продавец остерегается
cestui que trust бенефициарий
contra против
corrigendum (*pl.* corrigenda) опечатка
cum с
curriculum vitae биография
de facto фактически, на деле, де-факто
de jure юридически, де-юре
dies день
dies-non неприсутственный день
dies-non juridicus *см.* dies-non
erratum (*pl.* errata) ошибка
ex 1. с; франко 2. без
ex gratia в качестве любезности
ex officio по должности, по служебному положению
gratis безвозмездно, бесплатно
ibidem там же, в том же месте
idem то же самое (*об одном и том же документе, книге, пункте и т.п.*)

in camera при закрытых дверях, в закрытом заседании
in extenso полностью, целиком; в несокращенном виде
in loco на месте
in praesenti в настоящее время
in propria persona лично
in situ в месте нахождения
inter alia в числе других; между прочим
in toto полностью, всецело
in transitu в пути, при перевозке
intra vires в пределах полномочий; в пределах компетенции
ipso facto по самому факту, в силу самого факта
ipso jure в силу закона
loco в месте нахождения
locum tenens временный заместитель
locus место, местоположение
locus sigilli место для печати
locus standi 1. подсудность 2. право обращения в суд
mille тысяча
modus vivendi образ жизни
mora *юр.* задержка
nisi если не
nota bene примечание; отметка на полях
nulli secundus непревзойденный
obiter dictum 1. *юр.* неофициальное мнение 2. замечание мимоходом
onus бремя; ответственность, долг
pari passu наравне; в равной мере; в равной доле
per с помощью; в соответствии с
per capita на душу населения
per contra 1. напротив, наоборот 2. в качестве встречного удовлетворения
per diem за день
per mille промиль
per pro (per procurationem) по доверенности
persona grata персона грата

prima facie с первого взгляда; по первому впечатлению
pro за, для, ради
pro et contra за и против
pro forma ради формы; для проформы
pro rata пропорционально, в соответствии
pro tanto соответственно, в соответствующем размере
pro tempore временно, пока
proximo в следующем месяце
quantum meruit справедливое вознаграждение за работу
quid pro quo услуга за услугу; компенсация
re 1. по вопросу, по делу 2. относительно, касательно
sine без
sine die на неопределенный срок
sine loco без указания местонахождения
sine qua non обязательное условие
situs положение, позиция
status quo существующее положение, статус кво
status quo ante положение, существовавшее ранее
sub judice на рассмотрении в суде
sub rosa тайно; конфиденциально
uberrima fides наивысшая добросовестность
ultimo 1. прошлого месяца 2. *бирж.* конец месяца
ultra по ту сторону, сверх, в высшей степени
ultra vires за пределами полномочий; вне компетенции
verbatim дословный
versus против

via через, путем; с заходом
vice versa наоборот, обратно
videlicet а именно

Французские

agent de change биржевой брокер
banque d'affaires деловой банк
bon marché дешевый
carte blanche карт-бланш, свобода действий
clientele клиентура
corvée тяжелая нудная работа, подневольный труд
coulisse неофициальная фондовая биржа
en bloc оптом, целиком
en detail подробно; в розницу
en route в пути
entrepôt склад для транзитных грузов, пакгауз
laissez-faire невмешательство
laissez-passer пропуск, разрешение
métayage оплата аренды натурой
métayer фермер, выплачивающий арендную плату натурой
procés-verbal протокол
rentier рантье
resumé резюме, итог
sans recours без оборота
tel quel тель-кель, на условиях «как есть»

Итальянские

a dato со дня подписи
al pari аль пари
del credere делькредере
franco бесплатный

Список некоторых сокращений, встречающихся в экономической литературе и документах

A

A.1 — first-class 1-й класс; первоклассный

A.A., a.a. — always afloat всегда на плаву

AAA — American Arbitration Association Американская арбитражная ассоциация

AAAA — Association of Advertising Agencies Американская ассоциация рекламных агентств

AAR, a.a.r. — against all risks против всех рисков

A/B — air freight bill авиагрузовая накладная

ABA — American Bankers' Association Американская банковская ассоциация

ABCC — Association of British Chambers of Commerce Ассоциация британских торговых палат

AC — 1. account current текущий счет 2. Appeal court апелляционный суд

a/c — account счет

acc. 1. account счет 2. acceptance акцепт 3. accepted акцептованный, принятый 4. according to согласно

acct. — account счет

Acpt — acceptance 1. акцепт 2. акцептование

A/cs Pay. — accounts payable счета кредиторов

A/cs Rec. — accounts receivable счета дебиторов

ad. 1. advertisement объявление 2. advice извещение, авизо

A.D. — Anno Domini лат. новой эры

a/d — after date от сего числа

ADB — 1. African Development Bank Африканский банк развития 2. Asian Development Bank Азиатский банк развития

add. 1. addition дополнение 2. address адрес

adds — address адрес

adj. — 1. adjustment корректировка 2. adjusted скорректированный

adm. 1. administration администрация; управление 2. administrative административный

A.D.P. — automatic data processing автоматическая обработка данных

ADR — American Depositary Receipt расписка на иностранные акции, депонированная в банке США

adt — advertisement рекламное объявление

Adv. — advance кредит

adv. — advice извещение, авизо

ad. val. — ad valorem с объявленной цены; со стоимости

advt — advertisement рекламное объявление

AEA — American Economic Assiciation Американская экономическая ассоциация

A.F. — air freight воздушные перевозки

AFB — air freight bill авиагрузовая накладная

Afft — affidavit письменное показание под присягой, аффидевит

Ag — agent агент, посредник

Agcy — agency 1. агентство, представительство 2. посредничество

A.G.M. — annual general meeting ежегодное общее собрание акционеров

agr. — 1. agriculture сельское хозяйство 2. agricultural сельскохозяйственный

agric. см. agr.

Agt — 1. agent агент, посредник 2. agreement соглашение

A/H Antwerp/Hamburg Антверпен и Гамбург

A.I.D. — Agency for International Development амер. Агентство международного развития

A.M. — air mail воздушная почта

a.m. — ante meridiem лат. до полудня

AMA — American Management Association

Американская ассоциация совершенствования методов управления
AMC — 1. Agricultural Mortgage Corporation *брит.* сельскохозяйственная ипотечная корпорация 2. Association of Management Consultants Ассоциация консультантов по организации производства
Amex — American Stock Exchange Американская фондовая биржа
Amt — amount сумма; количество
Anny — annuity рента; аннуитет
ans. — answer ответ
a.o., a/o — account of за счет кого-л.
a/or — and/or и/или
AP — 1. American patent американский патент 2. authority to pay разрешение на платеж 3. authority to purchase разрешение на закупку
A.P. — additional premium дополнительный страховой взнос
ap. — appendix приложение, дополнение
API — American Petroleum Institute Американский нефтяной институт
appl. — application заявка
appro. — 1. approval одобрение, утверждение 2. approved одобренный, утвержденный
appx. — appendix приложение, дополнение
AR — annual returns отчетные данные за год
A/R — against all risks против всех рисков
art. — article статья
arrgt — arrangement соглашение, договоренность
arrvl — arrival прибытие
arrvls — arrivals новые поступления товаров
A/S — account sales отчет о продаже товара
a/s — after sight после предъявления
ASA — 1) American Standards Association Американская ассоциация по стандартизации 2) American Soybean Association Американская ассоциация производителей соевых бобов
ASE — American Stock Exchange Американская фондовая биржа
assigt — assignment передача, переуступка
Assn. — association ассоциация; объединение
asst. — assistant помощник; референт; заместитель

A.T. — 1. air transport воздушный транспорт 2. American terms американские технические условия
ATM — automatic teller machine банковский автомат
ATS — Automatic Transfer System система автоматического перевода средств
Att. — attention внимание
Atty — attorney уполномоченный; доверенный; юрист
aud. — auditor бухгалтер-ревизор
Av. — average средняя величина; в среднем
A/V — ad valorem с объявленной цены; со стоимости
Aw — airway авиалиния
a.w. — actual weight фактический вес
A.W.B. — авианакладная

B

B. — 1. bale кипа, тюк 2. bid предложение цены 3. bill of exchange тратта 4. board комиссия, комитет; правление; министерство
b. — barrel баррель
BA — Bankruptcy Act закон о банкротстве
B.A. British Association Британская ассоциация
Bal. — balance остаток, сальдо; баланс
bar. — barrel баррель
Barg. — bargain сделка, договор о покупке; биржевая сделка
B.B. — bill book вексельная книга
b.b. — 1. bank book банковская книжка 2. bearer bonds предъявительские облигации 3. bill book вексельная книга
b & b — bed and breakfast ночлег и завтрак (*условия проживания*)
BBA — British Bankers' Association Британская банковская ассоциация
BC — 1. bank clearing банковский клиринг 2. Before Christ до нашей эры
B.C., b.c. — bulk cargo насыпной, навалочный или наливной груз
B/C — bill for collection вексель на инкассо
B.D., B/D — 1. bank draft банковская тратта 2. bills discounted учтенные векселя
Bd. — board комиссия, комитет; правление; министерство
bd — 1. bond облигация, залог 2. bound направляющийся
B/d — brought down сниженный

bdgt — budget бюджет
B.E. — 1. Bank of England Английский банк 2. bill of exchange тратта
B/E — 1. bill of exchange тратта 2. bill of entry декларация по приходу
b.e. — *см.* В/Е
BEA — British European Airways Британская корпорация европейских воздушных сообщений
B/Ex. — bill of exchange тратта
B/F, b/f — brought forward *бухг.* с переноса
bg — bag мешок
B/g — bonded goods товары на таможенном складе, не оплаченные пошлиной
bght — bought купленный
B.O.T. — Board of Trade 1. *брит.* Министерство торговли 2. *амер.* Торговая палата
B.P. — 1. bill of parcels накладная 2. British patent британский патент
B/P — 1. bill of parcels накладная 2. bills payable векселя к платежу
B. Pay — bills payable векселя к платежу
BR — British Rail *брит.* сеть национализированных дорог
Br. — British британский, английский
B.R. — Bank rate учетная ставка Английского банка
b.r. — bank rate учетная ставка банка
B/R — bills receivable векселя к получению
brd — board 1. комиссия, комитет 2. правление 3. министерство
B. Rec. — bills receivable векселя к получению
Brit. — 1. Britain Великобритания 2. British британский, английский
brl — barrel баррель
Br. P. — British patent британский патент
B.S. — 1. bill of sale купчая 2. British Standard британский стандарт
B/S, b/s — 1. bill of sale купчая 2. balance sheet баланс
B/s — 1. bags мешки 2. bales кипы, тюки 3. balance sheet баланс
B.S.I. — British Standards Institution Британский институт стандартов
BSFF — buffer stock financing facility резерв финансировая МВФ
BT — Board of Trade 1. *брит.* Министерство торговли 2. *амер.* Торговая палата

bt — bought купленный
bt. fwd. — brought forward *бухг.* с переноса
B.T.U. — British Thermal Unit британская тепловая единица
bgt — *см.* bght
B/H — bill of health карантинное свидетельство
BIM — British Institute of Management Британский институт управления
BIMCO — Baltic and International Maritime Conference Балтийская и международная морская конференция
BIS — Bank for International Settlements Банк международных расчетов
Bk — 1. bank банк 2. book книга
bkg — banking банковское дело
bkge — brokerage брокерская комиссия
bkrp — bankrupt банкрот
bl — 1. bale кипа, тюк 2. bill счет; вексель
B/L — bill of lading коносамент
B.M. British manufactured изготовлено в Великобритании
B/M — bill of materials список материалов
B.M.N. — British Merchant Navy английский торговый флот
BN, B.N. — banknote банкнота
bnd — bound направляющийся
B.O., b.o. — 1. branch office отделение 2. buyer's option опцион покупателя
BOA — British Overseas Airways Corporation Британская корпорация трансокеанских воздушных сообщений
BOD, B.O.D. — buyer's option to double двойной опцион покупателя
B. of E. — Bank of England Английский банк
B. of T. — Board of Trade 1. *брит.* Министерство торговли 2. *амер.* Торговая палата
BOP — balance of payments платежный баланс
BOT — 1. balance of trade торговый баланс 2. Board of Trade *брит.* Министерство торговли 3. *амер.* Торговая палата
bot. — bought купленный
Bu. — bureau бюро; отдел
bus — business торговля; сделка; предприятие
B.V. — book value балансовая стоимость

B.W. — bonded warehouse приписной таможенный склад
b.w. — by weight — по весу
Bx. — box ящик

C

C — 1. cent цент 2. currency валюта 3. contract контракт 4. capacity производительность

С. — 1. cargo груз 2. company компания 3. coupon купон 4. copy экземпляр 5. cost стоимость

CA — civil aviation гражданская авиация

С.А. — 1. chartered accountant дипломированный бухгалтер 2. chief accountant главный бухгалтер 3. commercial agent торговый агент 4. court of appeal апелляционный суд

C/A, c/a — 1. capital account счет основного капитала 2. commercial agent торговый агент

C/a — 1. currant account текущий счет 2. capital account счет основного капитала 3. credit account счет с кредитовым сальдо

С.А.С., c.a.c. — cash and carry продажа за наличный расчет без доставки на дом

C.A.D., c.a.d. — 1) cash against documents платеж наличными против документов 2) Computer Aided Design система автоматизированного проектирования

C. & F. — cost and freight стоимость и фрахт

cal. — calculated подсчитанный

calc. — calculate вычислять, подсчитывать

CAP, С.А.Р. — Common Agricultural Policy единая сельскохозяйственная политика

cap. — 1. capital капитал 2. capacity производительность; мощность

capy — capacity производительность; мощность

carr. — carriage перевозка

carr. pd. — carriage paid за перевозку уплачено

cat. — 1. catalogue каталог 2. category категория

С.В., С/В — cash book кассовая книга

C.B.D., c.b.d. — cash before delivery платеж наличными до доставки товара

С.В.I. — Confederation of British Industry Конфедерация английской промышленности

СВОЕ — Chicago Board Options Exchange Чикагская фондовая биржа

СВОТ — Chicago Board of Trade Чикагская торговая палата

СС — 1. Chamber of Commerce Торговая палата 2. cash credit кредит в наличной форме

ССС — Community Credit Corporation Товарно-кредитная корпорация США

ССТ — Common Community Tariff тариф ЕС

CD, C/D — 1. certificate of deposit депозитный сертификат 2. Customs Directive таможенная директива

C/D cash against documents платеж наличными против документов

c.d. cum dividend с дивидендом

Cd. fwd. — carried forward бухг. к переносу

cert. — certificate сертификат; свидетельство

CF — carriage free франко место назначения

C/F, c/f — carried forward бухг. к переносу

CFR — Cost and Freight стоимость и фрахт, СФР

cge — carriage перевозка

cgo — cargo груз

СН, С.Н. — 1. Customs House таможня 2. Clearing House расчетная палата

ch. — charges расходы

ch. fwd. — charges forward расходы подлежат оплате грузополучателем

chgs — charges расходы

CHIPS — Clearing House Interbank Payments System электронная система межбанковских клиринговых расчетов

chn — chairman председатель

ch. pd. — charges paid расходы оплачены

ch. ppd. — charges prepaid расходы оплачены заранее

chq — cheque чек

CI — consular invoice консульская фактура

C/I — certificate of insurance страховое свидетельство

CICOM — International Marketing Centre Международный центр по сбыту; СИКОМ

CIF, c.i.f. — Cost, Insurance, Freight — стоимость, страхование, фрахт, СИФ

C.I.F. & c. — Cost, Insurance, Freight and commission СИФ, включая комиссию
CIP — Carriage and Insurance Paid To провозная плата и страхование оплачены до
CK — check *амер.* чек
CL — clearing клиринг
cl — 1. class класс 2. clause статья, пункт 3. carload масса груза, оплачиваемая по грузовому тарифу
class. — classification классификация
cml — commercial торговый, коммерческий
CN, C/N — 1. consignment note транспортная накладная 2. credit note кредитовое авизо
cntr. — container контейнер
CO, C/O — 1. cash order приказ об оплате наличными 2. certificate of origin сертификат происхождения
Co — 1. company компания 2. country страна
c/o — 1. care of по адресу; через 2. carry-over *бухг.* перенос
C.O.D. — cash on delivery, collect on delivery наложенный платеж
coll. — collection инкассация
Com. — 1. commission комиссионное вознаграждение 2. комиссия, комитет 3. commercial торговый, коммерческий
Comex — Commodity Exchange Нью-Йоркская товарная биржа
Comp. — 1. company компания 2. compensation компенсация
Con. — consolidated консолидированный
cond. — 1. condition условие 2. conditional условный
Conf. — conference конференция, совещание
Cons. — consolidated консолидированный
cons't — consignment 1. партия груза 2. консигнация
cont. — container контейнер
Cont. — contract контракт; договор; подряд
Conv. — convention конвенция; соглашение
c.o.p. — custom of port обычай порта
Corp. — corporation корпорация
Coty — commodity товар
Cov. — covered покрытый
Coy — company компания
C.P. 1. carriage paid провоз оплачен 2. charter party чартер-партия

C/P — charter party чартер-партия
cp — charges prepaid расходы оплачены заранее
ср. — coupon купон
c/p — портовый обычай
CPA, C.P.A. — certified public accountant дипломированный бухгалтер
C.P.I. — consumer price index индекс цен на потребительские товары
CPT — Carriage Paid To провозная плата оплачена до
CQS — consolidate quotation system система сбора и передачи сведений об акциях, зарегистрированных на биржах США
C.R. — 1. company's risk на риск компании 2. carrier's risk на риск перевозчика
Cr., cr. — 1. credit кредит 2. creditor кредитор 3. credit record кредитовая запись
C.R.M. — cash on receipt of merchandise оплата наличными по получении товара
CS — 1. capital stock акция; акционерный капитал 2. common stock обыкновенные акции
C.S. — capital stock обыкновенные акции
C.T. — cable transfer телеграфный перевод
ct — current текущий
c/t — conference terms *мор.* линейные условия
Cr — current rate текущая ставка 2. credit кредит 3. credited кредитованный 4. creditor кредитор
C.T.L. — constructive total loss полная конструктивная гибель
Cum — cumulative кумулятивный
cum D. — cum dividend с дивидендом
cum Pref. — cumulative preference кумулятивные привилегированные акции
cur — 1. currency валюта 2. current текущий
cv. — convertible конвертируемый
c.v. — commercial value рыночная стоимость
c/v — certificate of value заявление о стоимости
C.W.O. — cash with order наличный расчет при выдаче заказа
Cy — 1. currency валюта 2. company компания 3. city город

D

D — 1. deadweight полная грузоподъемность 2. delivered доставленый 3. department отдел; *амер.* министерство 4. deputy заместитель 5. director директор 6. district район 7. division отдел, отделение

d. — 1. date дата 2. delivered доставленый 3. double двойной 4. data данные

D.A. — deposit account депозитный счет

D/A — 1. deposit account депозитный счет 2. ... days after acceptance через ... дней после акцепта 3. documents attached документы приложены 4. documents against acceptance документы против акцепта

D/a, d/a — ... days after acceptance через ... дней после акцепта

da. — date дата

DAF — Delivered At Frontier франко-граница

D/B — documentary bill документарная тратта

dbk. — drawback возврат пошлины

D/C — 1. documents against cash документы против уплаты наличными 2. delivery clause пункт о поставке

dc — direct costs прямые издержки

d/c — 1. discount скидка 2. documents against cash документы против уплаты наличными

DCF — discounted cash flow метод определения эффективности проектов исходя из сравнения ожидаемых поступлений с современной стоимостью инвестиций

dcl. — declaration декларация

dct. — document документ

D.D. — demand draft тратта с оплатой по предъявлении

D/D — 1. demand draft тратта с оплатой по предъявлению 2. documentary draft документарная тратта

D/d, dd., d/d, d.d. — ... days after date через ... дней от сего числа

d/d — 1. delivered доставленный 2. dated датированный 3. ... days' date через ... дней от сего числа

dd — 1. dated датированный 2. delivered доставленный

DDP — Delivered Duty Paid поставка с оплатой пошлины

DDU — Delivered Duty Unpaid поставка с пошлиной за счет покупателя

DE, de — double entry двойная запись

DEA — Department of Economic Affairs *брит.* Министерство экономики

Deb., deb. — debenture облигация

dec. — 1. decrease снижение 2. declaration декларация

decl. — declaration декларация

Def., def. — 1. deferred отсроченный 2. deficit дефицит

del. — 1. delivery доставка; поставка 2. delivered доставленный

deld. — delivered доставленный

dely — delivery доставка; поставка

dem. — 1. demand спрос 2. demurrage простой; плата за простой

DEP — Department of Employment and Productivity *брит.* Министерство занятости и производительности труда

Dep. — 1. department отдел; *амер.* министерство 2. deputy заместитель

dep. — 1. departure отъезд, отправление 2. deposit вклад

Dept — department отдел; *амер.* министерство

DEQ — Delivered Ex Quay поставка с пристани

DES — Delivered Ex Ship поставка с судна

dev — deviation отклонение

DF, d.f. — dead freight мертвый фрахт

dft — draft тратта

dif. — 1. difference разница, различие 2. different различный

difce *см.* — dif.

Diff., diff. — *см.* dif.

Dir. — director директор

Dis. — discount скидка

dis. — 1. a) discount скидка b) учет векселей 2. district район

disbs. — disbursements расходы; издержки

disc. — discount скидка

displ. — displacement водоизмещение судна

disposable income — доход после уплаты налогов

Div. — 1. dividend дивиденд 2. division отдел, отделение

div. — dividend дивиденд

DJIA — Dow-Jones Industrial Average промышленный индекс Доу-Джонса

DJTA — Dow-Jones Transportation Average транспортный индекс Доу-Джонса

DJUA — Dow-Jones Utility Average ин-

декс Доу-Джонса для компаний общественного пользования
DL. — 1. demand loan ссуда до востребования 2. driver's licence водительское удостоверение
d/l — demand loan ссуда до востребования
DM — 1. direct mail advertising прямая почтовая реклама 2. Deutsche Mark марка ФРГ
DN, D/N — 1. debit note дебетовое авизо 2. delivery note транспортная накладная
D/O, d/o — delivery order деливери-ордер
DOC — direct operating costs прямые эксплуатационные расходы
doc. — document документ
docs — documents документы
DOT — Department of Overseas Trade брит. Департамент внешней торговли
Doz, doz — dozen дюжина
DP — data processing обработка данных
D/P — 1. documents against presentation документы против предъявления 2. documents against payment документы против оплаты (за наличный расчет)
D.R., D/R, d.r. — deposit receipt депозитное свидетельство
Dr., dr. — 1. debit дебет 2. debit record дебетовая запись 3. drawer трассант 4. debtor должник, дебитор
dr — drawer трассант
DS, d/s, d.s. — days after sight через ... дней после предъявления (векселя)
DST — drill stem test буровое испытание
dt — date дата
Dup., dup. — duplicate дубликат
D/W, d/w — 1. deadweight полная грузоподъемность судна 2. dock warrant доковый варрант
DWT deadweight — см. D/W, d/w
DY, d/y — delivery доставка; поставка
dz — dozen дюжина

E

e. — 1. efficiency производительность, КПД 2. equivalent эквивалент 3. error ошибка
ea. — each каждый
EBRD — European Bank for Reconstruction and Development Европейский банк реконструкции и развития
EC — 1. Eurocheque еврочек 2. European Community Европейское Сообщество
ECE — Economic Commission for Europe Экономическая комиссия ООН для Европы
ECOSOS — Economic and Social Council Экономический и социальный совет ООН, ЭКОСОС
ECU — European currency unit европейская валютная единица, ЭКЮ
ED, E.D.. e.d. — ex dividend без дивиденда
EDD — estimated delivery date предполагаемая дата поставки
EDF — European Development Fund Европейский фонд развития
EDP — electronic data processing электронная обработка данных
E.E. — errors excepted исключая ошибки
eff. — efficiency производительность, КПД
EFTA — European Free Trade Association Европейская ассоциация свободной торговли, ЕАСТ
EFTS — electronic funds transfer system электронная система платежей
EGM — extraordinary general meeting чрезвычайное общее собрание акционеров
EIB — European Investment Bank Европейский инвестиционный банк
EMA — European Monetary Agreement Европейское валютное соглашение
emb. — embargo эмбарго
EMP — end-of-month payment платеж в конце месяца
EMS — European Monetary System Европейская валютная система
Enc. — enclosure приложение
encd — enclosed приложенный
encl. — 1. enclosed приложенный 2. enclosure приложение
enclo. — enclosure приложение
end. — 1. endorsed с передаточной надписью 2. endorsement передаточная надпись
eng — engineer инженер
Engl. — 1. England Англия 2. English английский
e.o.d. — every other day через день, раз в два дня
E.O.M. — end of month конец месяца 2. every other month раз в два месяца
EPA — Environmental Protection Agency Управление по охране окружающей среды

E.P. — English Patent английский патент

E.P.D. — excess profits duty налог на сверхприбыль

EPS — earnings per share доход в расчете на одну акцию

E.P.T. — excess profits tax налог на сверхприбыль

EPU, E.P.U. — European Payment Union Европейский платежный союз

Epu. — European payment unit расчетная единица Европейского платежного союза

Eq. — equivalent эквивалент

eq. — equal равный

e.r. — en route в пути

ESF — Exchange Stabilization Fund валютный стабилизационный фонд

est — 1. established установленный 2. estimate оценка, смета

ETA — estimated time of arrival расчетное время прибытия

EU — European Union Европейский Союз

Ex. — exchange биржа

ex. — 1. exchange обмен 2. биржа 3. валюта 4. extract выписка 5. export экспорт 6. extra дополнительно

exam. — 1. examination осмотр 2. examined осмотренный, проверенный

exc. — 1. except исключая 2. exchange биржа

exch. — exchange валюта

Excl. — exclusive, excluding исключая

ex cp — ex coupon без купона

ex d — ex dividend без дивиденда

exd. — examined осмотренный; проверенный

ex div. — ex dividend без дивиденда

exec — executive 1. руководитель 2. исполнительный

exes — expenses расходы

Eximbank — Export-Import Bank амер. Экспортно-импортный банк

ex. i. — ex interest без процентов

ex int. — см. ex i.

exp — 1. export экспорт 2. exported экспортный 3. exporter экспортер

expend. — expenditure расходы

expn. — expiration истечение срока

exps — expenses расходы

Exs., exs. — см. exps

exptr — exporter экспортер

EXT, Ext — extended амер. продленный

EXW — ExWorks «с завода», франко-завод

F

F — flat без процентов

F. — 1. finance финансы 2. financial финансовый 3. flat без процентов

F. A.A., F.a.a. — free of all average свободно от всякой аварии

FAC — fast as can мор. насколько возможно быстро

FAO, F.A.O. — Food and Agricultural Organization Продовольственная и сельскохозяйственная организация ООН

f.a.q. — fair average quality справедливое среднее качество

FAS, f.a.s. — free alongside ship франко-вдоль борта судна

FCA — Free Carrier франко-перевозчик, ФСА

FCIA — Foreign Credit Insurance Association Ассоциация по страхованию заграничных кредитов

Fco — franco франко

Fd — forward форвардный, срочный

Fed. — 1. federal федеральный 2. Federal Government федеральное правительство 3. Federal Resrve System амер. Федеральная резервная система, ФДС

FFB — Federal Financing Bank федеральный банк финансирования

FGA — free of general average свободно от общей аварии

fgn — foreign иностранный

fgt — freight фрахт, груз

FI — fire insurance страхование от огня

Fid — fiduciary фидуциарный

FIFO — first in, first out правило обслуживания в порядке поступления

fin — 1. finance финансы 2. financial финансовый

Fin. div. — final dividend окончательный дивиденд

FIO — free in and out погрузка и выгрузка оплачиваются фрахтователем

fis. — fiscal фискальный; финансовый

FIT — Federal Income Tax федеральный подоходный налог 2. free of income tax не облагаемый подоходным налогом

F.i.t. — см. FIT 2.

FNMA — Federal National Mortgage Association Федеральная национальная ипотечная ассоциация

FO — Foreign Office брит. Министерство иностранных дел

F.O. — firm offer твердое предложение
FOB, f.o.b. — free on board свободно на борту, ФОБ
FOC, F.O.C., f.o.c. — free of charge бесплатно
Folg. — following следующий
F.O.Q. — free on quay франко-набережная
For. — foreign иностранный
forex — foreign exchange иностранная валюта
FOT, f.o.t. — free of tax освобождено от обложения налогом
FP — 1. floating policy генеральный полис 2. fully paid полностью оплачено
F/p — fire policy полис страхования от огня
F.P.A., f.p.a. — free of particular average свободно от частной аварии
fr. — freight фрахт, груз
F.R.A. — Federal Reserve Act *амер.* закон о федеральной резервной системе
F.R.B. — Federal Reserve Bank федеральный резервный банк
FRC — free container франко-контейнер
frgt — freight фрахт, груз
Frt. fwd. — freight forward фрахт, уплачиваемый в порту разгрузки
Frt. ppd. — freight prepaid фрахт оплачен заранее
FS — final settlement окончательный расчет
f.s. — full size натуральная величина
FT — Financial Times газета «Файнэншл таймз»
F.T. Index — Financial Times Index индекс промышленных акций, рассчитываемый газетой «Файнэншл таймз»
FT-SE — Financial Times — Stock Exchange Index индекс промышленных акций, рассчитываемый газетой «Файнэншл таймз» совместно с Лондонской фондовой биржей
fut. — futures сделки на срок
fwd. — forward будущий; на срок
fwdd. — forwarded отправленный
FX, fx — foreign exchange иностранная валюта
FY — fiscal year financial year финансовый год
FYI — for your information в порядке информации

G

g. — 1. gold золото 2. grain зерно 3. guarantee гарантия
G.A., G/A — 1. general average общая авария 2. general agent генеральный агент
GAI — guaranteed annual income гарантированный годовой доход
gal [l] — gallon галлон
GATT — General Agreement on Tariffs and Trade Генеральное соглашение о тарифах и торговле
G.B. — Great Britain Великобритания
G.C., g.c. — general cargo генеральный груз
G.C.E. — General Certificate of Education аттестат об общем образовании
G.D.P. — gross domestic product валовой внутренний продукт
gds — goods товары
GE — gilt-edged первоклассный, с «золотым обрезом» (*об акциях*)
gen. — general главный; генеральный; общий
Gen. Led. — General Ledger *бухг.* Главная книга
Gen. Man. — General Manager главный управляющий
G.F.A. — general freight agent генеральный агент по фрахтовым операциям
g.f.a. — good fair average хорошее среднее качество
g.i.b. — goods in bond товары на таможенном складе, не оплаченные пошлиной
GIP — general insurance policy полис общего страхования
GM — General Manager главный управляющий
g.m. — general merchandise смешанный груз
G.M.B., g.m.b. — good marketable brand хороший коммерческий сорт
G.M.Q. — good merchantable quality хорошее коммерческое качество
G.M.T. — Greenwich Mean Time гринвичское среднее время
GN — gross for net брутто за нетто
GNI — gross national income валовой национальный доход
GNMA (Ginnie MAE) — Government National Mortgage Association *амер.* Государственная национальная ассоциация ипотечного кредита

G.N.P. — gross national product валовой национальный продукт
GO — general obligation bond муниципальная облигация, обеспеченная гарантией муниципальных властей
G.O.B., g.o.b. — good ordinary brand обычный коммерческий сорт
Gov. — 1. government правительство 2. governor управляющий
Govt — government правительство
GP — general purpose общего назначения
G.P.O. — General Post Office главный почтамт
gr, gr. — 1. grade сорт 2. grain зерно 3. gross гросс 4. group группа
grd. — guaranteed гарантированный
GRO — General Register Office брит. Управление актов гражданского состояния
GRT — gross register tons брутто регистровые тонны
gr. wt. — gross weight масса брутто
GS — government stock государственные бумаги
G.S. — gold standard золотой стандарт
GSP — Generalized System of Preferences общая система преференций
GT, g.t. — gross tonnage валовая регистровая вместимость
G.T. — general terms общие условия
GTC, g.t.c. — good till cancelled действителен до отмены
GTD, gtd — guaranteed гарантированный
g.t.m. — good this month действителен до конца месяца
g.t.w. — good this week действителен до конца недели
guar. — 1. guarantee гарантия 2. guaranteed гарантированный
Gvt. — government правительство
g.w. — gross weight масса брутто

H

h — 1. harbour гавань, порт 2. hour час 3. hundred сто, сотня
H. H. — 1. highest price наивысшая цена 2. наивысший курс
hbr — harbour гавань, порт
H.C. — House of Comons брит. Палата общин
hdlg — handling 1. управление; обращение 2. переработка грузов
hf — half половина
HG — heavy grain сильное зерно
H.L. — House of Lords брит. Палата лордов
H.O. — 1. head office главная контора 2. Home Office брит. Министерство внутренних дел
Hon. — honorary; honorable почетный
H/P, h.p. — 1. half pay половина оклада 2. half price полцены 3. hire purchase покупка в рассрочку
H.P., H/P, h.p. — 1. hire purchase покупка в рассрочку 2. horse power лошадиная сила; мощность в лошадиных силах
H.R. — House of Representatives амер. Палата представителей
H.Q. — headquarters главное управление; руководство
hund — hundred сто, сотня
hy. — heavy тяжелый

I

i — 1. inch дюйм 2. interest проценты
IADB — Inter-American Development Bank Межамериканский банк развития
i.b. — in bond находящийся на таможенном складе до уплаты пошлины
IBEC — International Bank for Economic Cooperation Международный банк экономического сотрудничества
IBRD — International Bank for Reconstruction and Development Международный банк реконструкции и развития
IC — Information Centre информационный центр
i/c — in charge заведующий
ICA — International Cooperative Alliance Международный кооперативный альянс
ICAO — International Civil Aviation Organization Международная организация гражданской авиации
ICC — International Chamber of Commerce Международная торговая палата
ICFC — International and Commercial Finance Corporation Промышленная и торговая финансовая корпорация
ICCH — International Commodities Clearing House Международная товарная клиринговая палата
ICIA — International Credit Insurance Association Международная ассоциация страхования кредитов

ICS — International Chamber of Shipping Международная палата по судоходству
ID — income duty подоходный налог
IDA — International Development Association Международная ассоциация развития
IEFC — International Emergency Food Council Всемирный продовольственный совет
I/F — classified funds классифицированные фонды
i.f. — in full полностью
IFB — invitation for bids объявление торгов
IFC — International Finance Corporation Международная финансовая корпорация
IIB — International Investment Bank Международный инвестиционный банк, МИБ
I/L — import licence импортная лицензия
IL/C — irrevocable letter of credit безотзывный аккредитив
ILO — International Labour Organization Международная организация труда, МОТ
IMCO — Intergovernmental Maritime Consultative Organization Международная морская консультативная организация
I.M.F. — 1. International Monetary Fund Международный валютный фонд, МВФ 2. International Marketing Federation Международная маркетинговая федерация
IMM — International Monetary Market Международный денежный рынок
imp. — 1. import импорт 2. imported импортированный 3. importer импортер
impli — import licence импортная лицензия
impt. — important важный
IMT — immediately немедленно
in — 1. inch дюйм 2. income доход 3. insurance страхование 4. interest проценты
Inc., inc. — Incorporated акционерный; зарегистрированный как корпорация
Ince. — insurance страхование
incl. — including, inclusive включительно
incld — included включенный
Incor. — incorporated акционерный; зарегистрированный как корпорация
incorp. — см. Incor.
Incoterms — International Commercial Terms Международные коммерческие термины
incr. — 1. increase увеличение 2. increasing растущий
Ind. — index индекс
ind. — 1. indirect косвенный 2. independent независимый 3. industrial промышленный 4. industry промышленность
indus — industrial промышленный
inf. — 1. inferior низший, худший 2. information информация
INFO — information информация
ins. — insurance страхование
inst. — 1. instalment частичный платеж; очередной взнос 2. instant текущего месяца 3. institute институт; учреждение
int — 1. interest проценты 2. internal внутренний 3. international международный 4. interval интервал, промежуток времени
int. — interim промежуточный
inv. — 1. inventory инвентарная ведомость 2. invoice фактура, счет
IOU, i.o.u. — I owe you долговая расписка
I.P. — instalment paid очередной взнос уплачен
i.p.a. — including particular average включая частную аварию
IPO — initial public offering первоначальное публичное предложение акций
ipv. — improved усовершенствованный
I.Q. — intelligence Quotient показатель умственных способностей
I.R. — inland revenues внутренние бюджетные поступления
IRA — Individual Retirement Account амер. индивидуальный пенсионный счет
irr. — irredeemable не подлежащий погашению
irred. — см. irr.
IRG — interest rate guarantee гарантия процентной ставки
ISE — International Stock Exchange Международная фондовая биржа
I.S.F. — International Shipping Federation Международный союз судовладельцев
ISI — International Statistical Institute Международный статистический институт
ISIC — International Standard Industrial Classification Международная стандартная промышленная классификация

ISO — International Organization for Standardization Международная организация по стандартизации, ИСО
iss. — issued выпущенный в обращении
IT — 1. information technoligy информационная техника 2. immediate transportation срочная перевозка 3. income tax подоходный налог
I.T. — income tax подоходный налог
i.t. — in transit в пути
ITO — International Trade Organization Международная организация торговли
I.U. — international unit международная единица
I.V., i.v. — 1. increased value возросшая стоимость 2. invoice value фактурная стоимость
IWC — International Wheat Council Международный совет по пшенице

J

j — joint объединенный, совместный
J.A., J/A — joint account совместный счет; объединенный счет
JIT — just-in-time system система «только в срок» (*обеспечение предприятия материальными ресурсами*)
jnt — joint объединенный, совместный
jnt. stk. — joint stock акционерный капитал
Jun., jun. — junior младший
JP — justice of peace мировой судья
Jr., jr. — *см.* Jun., jun.
JSB — joint-stock bank акционерный банк

K

K.D. — knock down минимальная цена на аукционе

L

L, L. — 1. lowest price минимальная цена; самый низкий курс 2. law закон 3. listed котируемый на бирже 4. legal законный
L/A — 1. letter of authority доверенность 2. letter of attorney доверенность 3. letter of advice извещение, авизо
l.a. — letter of advice извещение, авизо
LAFTA — Latin-American Free Trade Area Латиноамериканская зона свободной торговли
l. & d. — loss and damage убытки

l. & u. — loading and unloading погрузка и разгрузка
LAP — London airport лондонский аэропорт
LASH — lighter aboard ship баржевоз
lb. — pound фунт (*масса*)
LBO — leveraged buyout выкуп за счет заемного капитала
L.C., L/C — letter of credit аккредитив
l.c. — legal currency законное платежное средство
LCC — London Chamber of Commerce Лондонская торговая палата
LCE — London Commodity Exchange Лондонская товарная биржа
L.C.L., l.c.l. — 1. less than carload партия груза меньше, чем грузовместимость вагона 2. less than containerload партия груза меньше, чем грузовместимость контейнера
l. cr. — letter of credit аккредитив
ld. — load груз
ldg — loading 1. погрузка 2. груз
Ldg & Dely — loading and delivery погрузка и доставка
L.E. — Labour Exchange биржа труда
le — lease аренда
Led., led. — ledger бухгалтерская книга
leg — legal законный
let. — letter письмо
l.g. — low grade низкий сорт
L/H — letter of hypothecation залоговое письмо
L/I — letter of intent письмо-заказ
l.i. — letter of introduction рекомендательное письмо
lic — licence лицензия
LIFFE — London International Finance Futures Exchange Лондонская международная биржа финансовых фьючерсов
LIFO — last in, first out правило обслуживания в обратном порядке
LILO — last in, last out правило обслуживания в порядке поступления
lim. — limit предел, лимит
lin. — linear линейный
LIP, L.I.P. — life insurance policy полис страхования жизни
liq. — liquid 1. жидкость 2. жидкий
l.i.w. — loss in weight потеря массы
lkg — leakage утечка
Lkg. & Bkg. — leakage and breakage утечка и поломка
LLC — limited liability company компания с ограниченной ответственностью

lmb — lumber лесоматериалы
LME — London Metal Exchange Лондонская биржа металлов
l.n. wt. — legal net weight легальная масса нетто
LOC — letter of commitment гарантийное письмо
loc. cur. — local currency местная валюта
LP — limited partnership компания с ограниченной ответственностью
L.P. — life policy полис страхования жизни
L.R.S. — Lloyd's Register of Shipping регистр Ллойда
L.S. — lightship плавучий маяк
l.s. — listed securities ценные бумаги, котируемые на фондовой бирже
Ls/c. — letters of credit аккредитивы
LSE — London Stock Exchange Лондонская фондовая биржа
L.Stg — pound sterling фунт стерлингов
LT — letter-telegram письмо-телеграмма
L/T — letter of transmittal сопроводительное письмо
Ltd — limited с ограниченной ответственностью
ltr. — letter письмо
LUXIBOR — Luxembourg interbank offered rate Люксембургская межбанковская ставка
L.V. — light vessel плавучий маяк
l. wt. — landed weight выгруженная масса

M

M. — 1. money деньги 2. mille *лат.* тысяча 3. million миллион 4. month месяц 5. monthly ежемесячно
m. — 1. metre[s] метр, метры 2. mile[s] миля, мили 3. medium средний 4. million миллион 5. month месяц 6. monthly ежемесячно 7. money деньги 8. mistake ошибка
Mag., mag. — magazine журнал
main. — maintenance эксплуатация; уход
man. — 1. management управление; руководство 2. администрация 3. manager управляющий 4. manufacture производство 5. manufactured изготовленный 6. manufactuar производитель 7. manufacturing производство
manf. — manufacture производство
manuf. — 1. manufacture производство 2. manufacturer производитель 3. manufacturing производство

manufg — manufacturing производство
marg. — 1. margin предел 2. marginal предельный, маржинальный
mart. — market рынок
mat. — maturity срок платежа
Max, max — 1. maximum максимум 2. максимальный
MC — marginal costs предельные издержки
Mcht., mcht. — merchant торговый, коммерческий
mdl. — model модель, образец
Mdse, mdse — merchandise товары
measd — measured измеренный
med. — medium средний
Mem — memorandum меморандум
memo — *см.* Mem
mer. — mercantile торговый 2. merchandise товар
mess. — message сообщение
mf — manufacturer производитель
mfd — manufactured изготовленный
mfg. — manufacturing производство
MFN, M.F.N. — most-favoured nation наиболее благоприятствуемая нация
mfr. — 1. manufacture производство 2. manufacturer производитель
mfst — manifest судовой манифест
mg — 1. magazine журнал 2. message сообщение
mge — 1. mortgage ипотека; закладная 2. message сообщение
Mgr. — manager управляющий, менеджер
mgt — management 1. управление; руководство 2. администрация
mil — mileage расстояние в милях
min — mining горная промышленность
min. — 1. minimum минимум 2. минимальный 3. minute минута
min. prem. — minimum premium минимальная страховая премия
min. wt. — minimum weight минимальная масса
M.I.P. — marine insurance policy полис морского страхования
mkd — marked помеченный
Mkt, mkt. — market рынок
Ml. — mail почта
m/l — more or less более или менее
M.L.R. — minimum lending rate минимальная ставка по ссудам на денежном рынке
MM — money market денежный рынок
M.M. — merchant (mercantile) marine торговый флот

MN, M.N. — merchant navy торговый флот

mn — main главный; основной 2. minimum минимум 3. минимальный 4. minute минута

MO, M.O. — money order 1. платежное поручение 2. денежный перевод по почте 3. mail order заказ по почте

Mo., mo. — month месяц

mod. — 1. model модель, образец 2. modern современный 3. modernized модернизированный

MOF — ministry of Finance Министерство финансов

M.O.L. — Ministry of Labour Министерство труда

m.o.m. — middle of month середина месяца

mon. monetary денежный, валютный

mort. — mortrage ипотека; закладная

mortg. — см. mort.

M.O.T. — Ministry of Transport Министерство транспорта

Mos., mos. — months месяцы

M.P. — member of Parliament *брит.* член парламента

M/P — 1. mail payment почтовый перевод 2. memorandum of partnership договор об учреждении товарищества

m/p — months after payment через ... месяцев после платежа

M.P.H., m.p.h. — miles per hour миль в час

MR — marginal revenue предельный доход

M/R — mate's receipt расписка помощника капитана в приеме груза

M.S. — motor ship теплоход, дизельное судно 2. merchant shipping торговое судоходство 3. margin of safety запас прочности

M/S, m.s., m/s — months sight через ... месяцев после предъявления

MSB — mutual savings bank взаимосберегательный банк

msg — message сообщение

M. sh. — merchant ship торговое судно

mst. — measurement измерение

MT, m.t. — 1. mail transfer почтовый перевод 2. measured time измеренное время 3. magnetic tape магнитная лента

mt — empty пустой

mtg. — mortgage ипотека; закладная

mtgd — mortgaged заложенный

mtge — mortgage ипотека; закладная

mtgee — mortgagee кредитор по закладной

mth — month месяц

mties — empties порожняя тара

MU — monetary unit денежная единица

Mun., mun. — minicipal муниципальный; городской

munic. — см. Mun., mun.

MV — market value рыночная стоимость

M.V., M/V — 1. motor vessel теплоход 2. merchant vessel торговое судно

m.v. — market value рыночная стоимость

N

N. — 1. name имя 2. national национальный 3. note заметка; примечание 4. number номер; число

n. — 1. note заметка; примечание 2. net нетто

NA — national association национальная ассоциация

N/A — 1. new account новый счет 2. no account нет счета 3. no advice нет извещения 4. nonacceptance неакцептование

n/a — 1. no account нет счета 2. not available нет в наличии

NAIB — National Association of Insurance Brokers *амер.* Национальная ассоциация страховых брокеров

NASA — National Aeronautics and Space Administration *амер.* Национальное управление по аэронавтике и исследованию космического пространства, НАСА

NASD — National Association of Security Dealers *амер.* Национальная ассоциация дилеров с ценными бумагами

Natl. — national национальный; государственный

Natl. Bk — national bank *амер.* Национальный банк

NAV — net asset value стоимость чистых активов

NB, n.b. — new bonds новые облигации

NBS — National Bureau of Standards *амер.* Национальное бюро стандартов

NC — no charge без оплаты

N/C — new charter новый чартер

NCV, n.c.v. — no commercial value не имеет коммерческой ценности

N.D., n.d. — 1. no date без даты 2. nondelivery непоставка

NEDC — National Economic Development

Council *брит.* Совет национального экономического развития
neg. ins. — negotiable instrument оборотный документ
n.e.t. — not earlier than не раньше, чем
N.F., N/F, n/f — no funds нет покрытия
NFA — National Futures Association *амер.* Национальная фьючерская ассоциация
n.l.t. — not later than не позднее, чем
n/n — not negotiable не подлежащий передаче
No — number номер; число
NOL — net operating loss чистый убыток от основной деятельности
Nom. — 1. nominal номинальный 2. nomenclature номенклатура
Nom. Cap. — nominal capital разрешенный к выпуску акционерный капитал
Nos. — numbers номера; числа
not. — notice извещение, уведомление
NP — national product национальный продукт
N.P. — nonparticipating не участвующий
N/P — net price цена нетто
n.p. — 1. no profit без прибыли 2. net proceeds чистая выручка 3. notes payable векселя к оплате 4. nonparticipating не участвующий 5. nonpayment неуплата 6. net price цена нетто
n/p — 1. net proceeds чистая выручка 2. nonpayment неуплата
NPV, n.p.v. — 1. no par value без номинала 2. net present value чистая текущая стоимость будущего платежа
N.R., N/R, n.r. — no risk без риска
NRDC — National Research and Development Corporation *брит.* Национальная корпорация научных исследований и разработок
NRT — net registered tons чистая регистровая вместимость судна
N.S. — new series новая серия
n/s — not sufficient нет достаточного покрытия
NSF, n.s.f. — not sufficient funds нет достаточного покрытия
NTB — nontariff barriers нетарифные барьеры
nt. wt. — net weight масса нетто
N.V. — 1. nominal value нарицательная цена; номинал 2. nonvoting без права голоса (*об акциях*)
n.v.d. — no value declared без объявленной стоимости

NW — net weight масса нетто
NYCE — New York Cotton Exchange Нью-Йоркская хлопковая биржа
NYCSCE — New York Coffe, Sugar and Cocoa Exchange Нью-Йоркская биржа кофе, сахара и какао
NYFE — New York Futures Exchange Нью-Йоркская биржа срочных сделок
NYME — New York Mercantile Exchange Нью-Йоркская товарная биржа
NYSE — New York Stock Exchange Нью-Йоркская фондовая биржа

O

O. — 1. offer предложение 2. office контора 3. order порядок 4. owner владелец 5. occupation занятие
o. — origin происхождение
O/A — open account открытый счет
o/a — 1. old account старый счет 2. outstanding account неоплаченный счет 3. on account в счет причитающейся суммы 4. on account of за чей-л. счет
O.A.P. — old age pension пенсия по старости
OAPEC — Organization of Arab Petroleum Exporting Countries Организация арабских стран-экспортеров нефти
obs. — obsolete вышедший из употребления
OBU — off-shore banking unit офф-шорное банковское финансовое учреждение
OC — 1. open cover открытый полис 2. order cancelled заказ аннулирован 3. over-the-counter внебиржевой
O.C. — official classification официальная классификация
o/c — overcharge завышенная цена; завышенный расход
Oc. B/L — ocean bill of lading морской коносамент
O.D., O/D, o/d — 1. overdraft овердрафт 2. overdrawn превышенный (*о кредите*) 3. on demand по требованию
OE, o.e. — omissions excepted исключая пропуски
OECD — Organization for Economic Cooperation and Development Организация экономического сотрудничества и развития
OEEC — Organization for European Economic Cooperation Организация ев-

ропейского экономического сотрудничества

OES — Office of Economic Stabilization *амер.* Управление экономической стабилизации

Off. — office контора

off — 1. offer предложение 2. offered предложенный 3. office контора

OGL, o.g.l. — open general licence открытая общая лицензия

o/h — overhead накладные расходы

O.I.T. — Office of International Trade *амер.* Управление международной торговли

o.l. — overload перегрузка

O.M.O. — ordinary money order обычный денежный перевод

OMS, o.m.s. — output per manshift выработка на одного рабочего за смену

O/o — [by the] order of по поручению

o/o — our order наш заказ

OO — ore/oil carrier судно для перевозки насыпных и наливных грузов

OOO — out of order неисправный

OP — operator оператор

O.P. — 1. open policy невалютированный полис 2. original premium первоначальная премия

Op — operation 1. работа; функционирование 2. эксплуатация

OPEC — Organization of Petroleum Exporting Countries Организация стран-экспортеров нефти

opn. — operation 1. работа; функционирование 2. эксплуатация

oppy — opportunity возможность

opr — operator оператор

OPS, O.P.S. — Office of Price Stabilization Управление стабилизации цен

opt. — option 1. право выбора; право замены 2. optional необязательный, факультативный

OR — operational research исследование операций

O.R., o.r. — owner's risk на риск владельца

O/R, o.r. — on request по просьбе, по требованию

Ord — ordinary share обыкновенная акция

ord — 1. order заказ 2. ordinary обыкновенный

orig. — 1. origin происхождение 2. original подлинный

O/S, o.s. — 1. on sale в продаже 2. on sale or return на условиях «продажа или возврат» 3. on sample по образцу 4. on the spot на месте 5. out of stock распродано 6. outsize нестандартного размера 7. outstanding неуплаченный; просроченный

O/T, o.t. — 1. old terms прежние условия 2. out of turn вне очереди 3. overseas trade *брит.* внешняя торговля 4. overtime сверхурочная работа

O.T. — oil tanker танкер

OTC — 1. Organization for Trade and Cooperation *амер.* организация торгового сотрудничества 2. over-the-counter внебиржевой 3. outward cargo экспортный груз

o.w.h. — ordinary working hours обычные рабочие часы

P

P. — 1. part часть 2. patent патент 3. perishable скоропортящийся 4. port порт 5. protest протест 6. provisional предварительный

p. — 1. page страница 2. pattern образец, модель 3. pint пинта 4. price цена

PA, P.P., P/A, p.a — 1. particular average частная авария 2. per annum в год, ежегодно 3. personal assistant личный помощник 4. power of attorney доверенность 5. private account частный счет 6. purchasing agent агент по закупкам 7. public accountant аудитор

PAC, P. & Pac., p.a.c. — put and call двойной опцион

p. & d. — pickup and delivery вывоз и доставка грузов

P. & L. — profit and loss прибыль и убыток

Par. — paragraph параграф

part — partial частичный, неполный

part. — 1. participant участник 2. participating участвующий 3. particular частный

pass — passenger пассажир

pass. tr. — passenger train пассажирский поезд

Pat. — patent патент

pat, pat. — *см.* Pat.

Pat. Off. — Patent Office *амер.* Патентное ведомство

P/Av. — particular average частная авария

paymt. — payment платеж

payt — *см.* paymt.

813

P.B. — 1. post-office box почтовый ящик 2. passbook банковская расчетная книжка

PC, P.C. — 1. paid cash уплачено наличными 2. petty cash мелкие наличные деньги 3. participation certificate сертификат участия 4. prime costs основные затраты 5. process control управление технологическим процессом 6. private contract частное соглашение

P/C — 1. paid cash уплачено наличными 2. petty cash мелкие деньги 3. current price существующая цена

pc — 1. payment in cash уплата наличными 2. piece штука; изделие

pc. — price цена

p.c. — 1. paid cash уплачено наличными 2. per cent проценты 3. prime costs основные затраты

pce — piece штука; изделие

pchs — purchase покупка

pchsr — purchaser покупатель

pcl. — parcel пакет; посылка

pcs — 1. pieces штуки 2. packages места груза

pct, p. ct. — per cent процент

PD — 1. pickup and delivery вывоз и доставка грузов 2. period период 3. paid уплачено 4. port dues портовые сборы

P.D. — 1. port dues портовые сборы 2. paid уплачено 3. partial delivery частичная поставка

P/D — post-dated датированный более поздним числом

pd. — 1. paid уплачено 2. period период

p.d. — 1. paid duty оплаченная пошлина 2. per day в день

pdn — production производство

P.E. — permissible error допустимая ошибка

PER — price/earnings ratio отношение рыночной цены акции к чистой прибыли

Per an., per an., per ann — per annum лат. в год, ежегодно

Per Cap. — per capita лат. на душу населения

per M. — by the thousand по тысяче

per pro — per procurationem лат. по доверенности

PF — preferred stock привилегированная акция

pf. — 1. preference предпочтение 2. preferential преференциальный 3. preferred привилегированный (об акциях)

PFD — preferred stock привилегированная акция

PG — professional group профессиональная группа

PH, ph — phone телефон

p.h. — per hour в час

p. hr. — см. p.h.

Pkg., pkg. — package место (груза)

pckge — см. Pkg., pkg.

PL — price list прейскурант

P.L. — 1. partial loss частная авария 2. profit and loss прибыль и убыток

P/L — profit and loss прибыль и убыток

P.L.A. — Port of London Authority Управление лондонского порта

PLC, plc — public limited company компания с ограниченной ответственностью

PM — 1. purpose-made целевой 2. premium премия

P.M. — 1. Post master заведующий почтовым отделением 2. prize money денежный приз 3. purpose-made целевой

Pm, pm — premium премия

pmk — postmark почтовый штемпель

PN, P/N, p.n. — promissory note простой вексель, долговое обязательство

P.O. — 1. postal order почтовый перевод 2. post office почтовое отделение 3. prepaid order заказ с предоплатой

P/O — purchase order заказ на поставку

P.O.B., P.O. Box — post-office box почтовый ящик

POC — port of call порт захода

POD, P.O.D., p.o.d. — 1. pay on delivery наложенный платеж 2. payable on delivery наложенным платежом

POL — port of loading порт погрузки

POP — point-of-purchase [advertising] реклама на месте покупки

p.o.r. — payable on receipt наложенным платежом

POS — point-of-sale кассовый автомат; торговый терминал

POSS — point-of-sale system система торговых терминалов для производства платежей на месте покупки

P.P. — 1. parcel post почтово-посылочная служба 2. postage paid почтовые расходы оплачены 3. purchase price покупная цена

P/P — partial payment частичный платеж

pp — parcel post почтово-посылочная служба

p.p. — per procurationem по доверенности

PPD, ppd — prepaid оплаченный заранее

pprs. — papers документы, ценные бумаги

ppt — prompt срочный

ppty — property собственность, имущество

PR — 1. public relations связь с общественными организациями и отдельными лицами 2. preferred stock привилегированные акции

pr. — 1. pair пара 2. payment received платеж получен 3. price цена

Pref. — 1. preference предпочтение 2. preferred привилегированный

Prem. — premium премия

prev. — previous предыдущий

Pro. — 1. professional профессиональный 2. protest протест

pro. — progressive прогрессивный

prod. — 1. producer производитель 2. product продукт 3. production производство

Prof. — professor профессор

prop. — property собственность, имущество 2. proprietor владелец

PROV — provisional предварительный

prox. — proximo лат. в следующем месяце или году

P.S., P/S — public sale аукцион

ps — pieces штуки

p.s. — per sample по образцу

PSA — Public Securities Association Ассоциация дилеров по государственным ценным бумагам

PSBR — Public Sector Borrowing Requirements брит. разница между государственными доходами и расходами

psgr — passenger пассажир

p. sh. — preferred shares привилегированные акции

P.T. — preferential tariff льготный тариф

Pt — patent патент

pt. — 1. part часть 2. patent патент 3. payment платеж 4. point пункт 5. port порт

ptble — portable переносный

ptd. — patented запатентованный

pt/dest, pt./dest. — port of destination порт назначения

pt/disch, pt./disch. — port of discharge порт разгрузки

Pte — private частный

P.T.O., p.t.o. — please turn over смотри на обороте

Pty — proprietary company частная компания с ограниченной ответственностью

PU — 1. public utilities предприятие общественного пользования 2. Postal Union почтовый союз

pub — 1. publicity реклама 2. public общественный; государственный

PUR, pur — purchase покупка

P.W. — packed weight массса брутто

pymt — payment платеж

Q

Q — 1. quality качество 2. quantity количество 3. quarter четверть 4. квартал 5. quarterly квартальный 6. quay набережная

q. — 1. quantity количество 2. quarter квартал 3. query вопрос

Q.D. — quick dispatch быстрая отправка

Q.E.D. — quod erat demonstrandum лат. что и требовалось доказать

Q.E.R. — quod erat faciendum лат. что и требовалось сделать

QI — quarterly index квартальный индекс

q.l. — quantum libet лат. сколько угодно

Qlty, qlty — quality качество

QR., qr. — 1. quarter четверть 2. квартал 3. четвертная облигация 4. quarterly квартальный

qt — 1. quantity количество 2. quarter четверть 3. квартал 4. quarterly квартальный

qtn. — quotation котировка

Qtr., qtr. — quarter 1. четверть 2. квартал 3. четвертная облигация

qty — quantity количество

qu — quotation котировка

qu. — quarter 1. четверть 2. квартал 3. quarterly квартальный

quar. — quarterly квартальный

Quot., quot. — quotation котировка

qy — query вопрос

R

R. — 1. register книга записей 2. registered заказной 3. railway, амер. railroad железная дорога

R. — road дорога

r. — receipt расписка; квитанция

R/A — refer to acceptor обратитесь к акцептанту
R & D — research and development исследования и опытные разработки
RC — rent charge арендная плата
rcd. — received получено
rcpt. — receipt поступления, доход
rct — receipt расписка; квитанция
rcts. — поступления, доход
RD — 1. reserach and development исследования и опытные разработки 2. refer to drawer обратитесь к чекодателю
R/D — refer to drawer обратитесь к чекодателю
Rd. — railroad *амер.* железная дорога
rd. — reduced сниженный; сокращенный
r.d. — running days сплошные дни
R.E. — real estate недвижимое имущество
R/E, r.e. — 1. rate of exchange обменный курс 2. real estate недвижимое имущество
rec. — receipt расписка; квитанция
Recd., recd. — received получено
recr. — receiver получатель
Rect., rect. — receipt расписка; квитанция
Red — redemption погашение
red. — 1. redeemable погашаемый 2. reduced сниженный; сокращенный
Ref. — reference ссылка
ref. — 1. refund возврат, возмещение 2. refunding рефинансирование 3. reference ссылка
reg. — registered зарегистрированный; именной; заказной
Rem., rem. — remittance денежный перевод
remr — remainder остаток
remun — remuneration вознаграждение
Rep. — represenative представитель
rept. — receipt расписка; квитанция
req. — 1. request просьба 2. required требуемый 3. requisition требование
res — restricted ограниченный
res. — 1. reserve резерв 2. residue остаток 3. residence местожительство
resp. — respecting относительно, касательно
ret. — 1. retired изъятый из обращения; оплаченный (*вексель*) 2. вышедший на пенсию 3. returned возвращенный
retd. — *см.* ret.
rev — 1. revenue доход 2. revised проверенный; исправленный 3. revision проверка; пересмотр 4. received получено
revr — receiver получатель
rgd — registered зарегистрированный; именной; заказной
RI, R/I — reinsurance перестрахование
Rly — railway железная дорога
R.M. — registered mail заказная почта
ROC — return on capital прибыль на капитал
ROE — return on equity прибыль на акционерный капитал
ROI — return on investment прибыль на инвестиции
ROS — return on sales прибыль от продаж
R.P. — return of post обратная почта 2. reply paid ответ оплачен
r/p — 1. retail price розничная цена 2. rates of postage тариф почтовых сборов
RPI — retail price index индекс розничных цен
rptd — repeated повторный
rqmts — requirements потребности
RR — railroad *амер.* железная дорога
R.T. — return ticket обратный билет
RTM — registered trademark зарегистрированный товарный знак
RTS — return to sender возврат отправителю
Rw. — railway железная дорога
Rwy. — *см.* Rw.
Ry, Ry. — *см.* Rw.
RYC — reply to your cable в ответ на вашу телеграмму

S

S. — I. Seller продавец 2. series серия 3. share акция 4. ship судно 5. shipment погрузка; партия груза 6. society общество 7. stock a) запас b) *брит.* ценные бумаги; *амер.* акции 8. stock dividend дивиденд, выплачиваемый акциями 9. store склад 10. suit судебный процесс 11. supply снабжение; поставка 12. surplus излишек
s. — 1. secondary второстепенный 2. series серия 3. section отдел; раздел 4. service обслуживание 5. share акция 6. signed подписано
SA — Securities Act *амер.* Акт о ценных бумагах
s.a. — semi-annual полугодовой
s/a — subject to approval при условии одобрения

SAE, s.a.e. — stamped addressed envelope конверт с адресом и маркой
sal. — salvage 1. спасение 2. вознаграждение
S. & H — Sundays and holidays excepted
SAYE — save-as-you-earn «сберегайте по мере получения дохода»
sap — as soon as possible как можно скорее
SB — 1. savings bank сберегательный банк 2. savings bond сберегательная облигация 3. short bill краткосрочный вексель
S.B. — 1. sales book книга учета продаж 2. savings bank сберегательный банк 3. short bill краткосрочный вексель 4. steamboat пароход
S.b., s.b. — 1. sales book книга учета продаж 2. separately billed с отдельной накладной 3. short bill краткосрочный вексель
S/C, s.c. — salvage charges расходы по спасанию
sc. — scale масштаб; размер
Sch. — 1. schedule список; таблица; расписание 2. school школа
sched. — schedule список; таблица; расписание
scp. — scrip временная расписка о принятии вклада
scr. — см. scp.
S.D., S/D — 1. sea damaged поврежденный морской водой 2. sight draft предъявительская тратта
sd — signed подписано
s.d. — 1. sailing date день отплытия (судна) 2. sea damage повреждение морской водой 3. short delivery недопоставка
SDR — Special Drawing Rights специальные права заимствования, СДР
SE, S.E. — 1. shareholders' equity акционерный капитал 2. stock exchange фондовая биржа
Sec. — 1. secondary — вторичный 2. second of exchange второй экземпляр тратты 3. secretary секретарь 4. section отдел, раздел
Secr. — secretary секретарь
secs — securities ценные бумаги
Secy — secretary секретарь
sect. — section отдел, раздел
Sen. — senior старший
sen. clk. — senior clerk старший клерк
Senr. — senior старший
sep. — separate отдельный

ser. — 1. series серия 2. serial серийный 3. service служба; обслуживание
SER. NO — serial number порядковый номер
Sess. — session сессия; заседание
SF — 1. sinking fund фонд погашения 2. sea flood морское течение
s.f. — semi-finished полуобработанный
SG — ship and goods судно и товары
sg. — 1. signature подпись 2. signed подписано
sgd. — signed подписано
sh. — 1. share акция 2. ship судно 3. shipment отгрузка 4. sheet лист
Shex — Saturdays, holidays excepted мор. исключая субботы и праздники
Shinc — Saturdays, Sundays, holidays included мор. «включая субботы, воскресения и праздники»
ship. — shipment отгрузка; партия груза
shipt. — см. ship.
shr. — shortage недостача, нехватка
sh. wt. — short weight нехватка массы
SIAC — Security's Industry Automation корпорация по вопросам автоматизации процессов управления и расчетов
SIB — Securities and Investment Board Управление по ценным бумагам и инвестициям
SID — single decker однопалубное судно
SIC — Standard International Trade Classification Международная стандартная классификация товаров
Sl — sold продано
Sld — см. Sl
slgs — sailings расписание отправления судов
sls mgr — sales manager коммерческий директор
slsmn — salesman продавец
S.M. — stock market фондовая биржа
S.N., S/N, s/n — shipping note ордер на погрузку
SO, S/O, S/o., s.o. — seller's option опцион продавца 2. shipowner судовладелец
Soc — society общество
s.o.l. — shipowner's liability на ответственность судовладельца
SP — 1. stop payment прекращение платежа 2. supra protest для спасения кредита
s.p. — selling price продажная цена
SPEC. — specification спецификация
spec. — см. SPEC.
specif. — см. SPEC.

SPT — spout trimmed *мор.* уравновешенная загрузка
sq. — square 1. квадрат 2. квадратный
sqre — *см.* sq.
SS, S.S., S/S, ss. s.s., s/s — steamship пароход
ss — 1. steamship пароход 2. sworn statement заявление под присягой
ST — start начало, старт
S.T. — standard time нормативное время
St. — 1. standard time нормативное время 2. station станция 3. street улица
st — stable стабильный, устойчивый
STA — scheduled time of arrival расчетное время прибытия
STAN — standard стандарт
STD — scheduled time of departure расчетное рвемя отправления
Std, std. — standard стандарт
stdd. — *см.* Std, std.
STDBY — standby резерв
St. Ex. — Stock Exchange фондовая биржа
Stg — shortage недостача, нехватка
stge — *см.* Stg
Stk, stk — 1. stock запас 2. *брит.* ценные бумаги; *амер.* акция
STN — station станция; вокзал
stor, stor. — storage хранение; складирование
st. wt. — standard weight стандартная масса
sub. — substitute субститут, заместитель
subs. — 1. subsidiary вспомогательный 2. subscription подписка
subst. — substitute субститут, заместитель
sup. — 1. supplement дополнение 2. supplementary дополнительный
supp. — supplement дополнение
suppl. — *см.* supp.
supor. — supervisor инспектор; контролер
Surv. — 1. survey обзор; обозрение 2. surveyor инспектор
s.v. — sailing vessel отплывающее судно
svc — service служба
SX — Sundays excepted *мор.* исключая воскресенья
sy — supply снабжение; поставка
syst. — 1. system система 2. systematic систематический

T

T — 1. telegraph телеграф 2. telephone телефон 3. terminal конечный пункт 4. territorial территориальный 5. territory территория 6. test испытание 7. transfer перевод; перечисление; трансферт 8. transit транзит; транзитный 9. transport перевозка; транспорт 10. Treasury казначейство
t — 1. ton тонна 2. total общий; весь 3. time время 4. terminal конечный пункт
t. — ton тонна
TA — 1. trade acceptance акцептованный вексель 2. telegraphic address телеграфный адрес
T.A. — 1. technical adviser технический консультант 2. transferable account переводный счет
tab. — table таблица
taw — twice a week дважды в неделю
TB — Treasury bill казначейский билет
T.B. — 1. tourist bureau туристическое бюро 2. traffic bureau транспортное бюро 3. trial balance пробный баланс
TBL — through bill of lading сквозной коносамент
TC — till cancelled до отмены
TCT — timecharter trip рейс на условиях тайм-чартер
TD — time deposit срочный депозит
T.D. — Treasury Department *амер.* Министерство финансов
T.E. — 1. tax exempted освобожденный от налога 2. trade expenses торговые расходы
Tel., tel. — 1. telegram телеграмма 2. telephone телефон
TF — time of flight время в полете
TFC — 1. дорожное движение 2. traffic транспорт; перевозки
tfr. — transfer перевод; перечисление; трансферт
thou — thousand тысяча
thro B/L — through Bill of Lading сквозной коносамент
tkf — take-off вылет
T.L. — 1. time loan ссуда на срок 2. *страх.* total loss полная гибель
T/L — 1. time loan ссудна на срок 2. time loss потеря времени 3. total loss *страх.* полная гибель
T.L.O. — total loss only *страх.* только в случае полной гибели
tlr — trailer трейлер
T.M., tm — trademark торговый знак; фабричная марка
TMO — 1. telegraphic money order телеграфное платежное поручение 2. total outlay общие издержки
TMW — tomorrow завтра

T.N. — trade name фирменное название
tnge — tonnage тоннаж
TO — telegraphic money order телеграфное платежное поручение
T.O. — turnover оборот
TOD — 1. time of delivery срок поставки 2. time of departure время отправления
tonn — tonnage тоннаж
TP — third party третья сторона
tpt — transport транспорт
TQ — tel quel такой, какой есть
TR — 1. total revenue совокупный доход 2. trust receipt сохранная расписка
T/R — trust receipt сохранная расписка
Tr. — 1. treasurer казначей 2. Treasury казначейство 3. trustee доверенное лицо; опекун
tr — train поезд
tr. — 1. tare тара; вес тары 2. transit транзит 3. trust траст
trans. — 1. transaction сделка 2. transfer перевод; перечисление; трансферт 3. transit транзит
transf. — transfer перевод; перечисление; трансферт
trc — truck грузовик
Tr. Co. — trust company траст-компания
Treas., treas. — 1. treasurer казначей 2. Treasury казначейство
Tree, tree — trustee доверенное лицо; опекун
Trf — transfer перевод; перечисление; трансферт
trf — 1. tariff тариф 2. transfer перевод; перечисление; трансферт
trsf. — transfer перевод; перечисление; трансферт
T.S. — test sample испытательный образец
TSB — trustee savings banks доверительно-сберегательные банки
TT — technology transfer передача технологии
T.T. — 1. telegraphic transfer телеграфный перевод 2. terms of trade условия торговли
TTC — tender to contract заявка на контракт
TU, T.U. — trade union профсоюз
T.V. — tank vessel танкер

U

U — 1. unit единица 2. комплект
U. — 1. union союз 2. universal всеобщий; универсальный

u. — 1. unified объединенный 2. united объединенный 3. unpaid неоплаченный
U/A, u.a. — 1. unassorted несортированный 2. underwriting account счет расходов по страхованию
u.c. — usual conditions обычные условия
u/c — under construction в процессе строительства
UCC — Uniform Commercial Code единый коммерческий кодекс
UI — unemployment insurance страхование против безработицы
U.K. — United Kingdom Великобритания
ULCC — ultra large crude carrier супертанкер
ult. — ultimo 1. прошлого месяца 2. бирж. конец месяца
u.m. — under-mentioned нижеследующий, ниже упоминаемый
UN — United Nations Организация Объединенных Наций, ООН
UNAEC — United National Atomic Energy Commission Коммссия ООН по атомной энергии
UNCTAD — United Nations Conference on Trade and Development Конференция ООН по торговле и развитию, ЮНКТАД
undld — undelivered непоставленный
UNESCO — United Nations Educational, Scientific and Cultural Organization Организация ООН по вопросам образования, науки и культуры, ЮНЕСКО
UNIDO — United Nations Industrial Development Organization Организация Объединенных Наций по промышленному развитию, ЮНИДО
univ — universal всеобщий; универсальный
UNO — United Nations Organization Организация Объединенных Наций
UNSCC — United Nations Standards Coordinating Committee Координационный комитет ООН по вопросам стандартизации
UPU, U.P.U. — Universal Postal Union Всемирный почтовый союз
U/R — under repair в ремонте
urgt — urgent срочный
urlet — your letter ваше письмо
urtel — your telegramme ваша телеграмма
U.S. — United States Соединенные Штаты Америки, США
U.S.A. — United States of America — см. U.S.

USCC — United States Chamber of Commerce Торговая палата США
USDA — United States Department of Agriculture Министерство сельского хозяйства США
USDC — United States Department of Commerce Министерство торговли США
USM — unlisted securities market рынок некотируемых ценных бумаг (*при Лондонской фондовой бирже*)
USP, U.S.P. — United States Patent американский патент
USPO, U.S.P.O. — United States Patent Office Патентное ведомство США
USS, U.S.S. — United States Standard американский стандарт
usu — 1. usual обычный 2. usually обычно
u.t. — usual terms обычные условия
u.u.p. — dunder usual reserve с обычной оговоркой
UW, U.W., U/W, u.w., u/w — 1. undrwriter страховщик 2. андеррайтер, гарант

V

V — value 1. ценность 2. величина
V. — 1. vessel судно 2. volume объем
v. — 1. versus *лат.* против 2. via *лат.* через, с заходом
V.A. — Veterans' Administration *амер.* Ведомство по делам ветеранов
vac. — vacation отпуск
val. — value 1. ценность 2. величина
vald — valued ценный
valn — valuation оценка
var. — 1. various разный 2. variety разнообразие
VAT, V.A.T. — value added tax налог на добавленную стоимость
V.C. — 1. vice-chairman вице-председатель 2. vice-chancellor вице-канцлер 3. Vice-Consul вице-консул
v.g. — very good очень хороший
VIC — very important cargo очень важный груз
VIP, V.I.P. — very important person очень важное лицо
viz. — videlicet *лат.* а именно
vol. — volume 1. объем 2. том
V.P. — Vice-President вице-президент
Vr — voucher ваучер, расписка, оправдательный документ

W

W — weight масса
W. — 1. wanted требуется 2. week неделя 3. weight масса 4. work работа 5. worker рабочий
W.A. — with average включая частную аварию
War., war. — warrant 1. варрант, гарантия 2. свидетельство
w.a.r. — with all risks включая все риски
wartd — warranted гарантированный
WB, W.B., W/B — 1. warehouse book складская книга 2. waybill транспортная накладная
WC — working capital оборотный капитал
W.C., w.c., w/c — without charge бесплатно
wd — warranted гарантированный
w.e.f. — with effect from вступающий в силу с ...
WFAW — World Federation of Agricultural Workers Всемирная федерация сельскохозяйственных рабочих
WFC — World Food Council Всемирный продовольственный совет, ВПС
WFSW — World Federation of Scientific Workers Всемирная федерация научных работников, ВФНР
WFTU — World Federation of Trade Unions Всемирная федерация профсоюзов, ВФП
w.g. — weight guaranteed масса гарантируется
wgt. — weight масса
wh. — wharf товарная пристань
whf. — см. wh.
whfg — wharfage причальный сбор
WHO — World Health Organization Всемирная организация здравоохранения, ВОЗ
whs — warehouse склад
whsl — wholesale 1. оптовая торговля 2. оптовый
whsle — см. whsl
whs. rec. — warehouse receipt складская квитанция
W.I.P. — work in progress работа продолжается
WIPO — World Intellectual Property Organization Всемирная организация интеллектуальной собственности, ВОИС
wkds — weekdays будние дни

wkly — weekly 1. еженедельный 2. еженедельно
W/M — 1. weight or measurement масса или размеры 2. without margin без оплаты разницы
W.P. — 1. without prejudice без ущерба для кого-л. или чего-л. 2. weather permitting при условии благоприятной погоды
w.p. — weather permitting при условии благоприятной погоды
W.P.A., w.p.a. — with particular average включая частную аварию
WPI — wholessable price index индекс оптовых цен
WR., W/R, W.R. — warehouse receipt складская квитанция
WT, wt — warrant 1. варрант, гарантия 2. свидетельство
Wt. — 1. warranted гарантированный 2. weight масса
WW, W.W., W/W — warehouse warrant складской варрант
wwd — weather working days *мор.* погожие рабочие дни

X

X — ex interest без процентов
x. — exclusive исключая
xb — ex bonus без права получения бесплатной акции
XC — ex capitalization без права на бесплатное получение акций, выпускаемых с целью капитализации резервов
x.c. — ex coupon без купона
x. cp. — *см.* x.c.
XD, xd, x.d., x-d., x. div., x-div. — ex dividend без дивиденда
XI, x.i. — ex interest без процентов
x. in. — *см.* XI, x.i.
X-int. — *см.* XI, x.i.
XN — ex new исключая право на покупку новых акций
X pr. — ex privileges без привилегий
x pri — *см.* X pr.
XR — ex rights исключая право на покупку новых акций
XS — excess избыток, излишек
XW, xw — ex warrants без варрантов

Y

Y. year год
y. — 1. yard ярд 2. year год
y/c — your cable ваша телеграмма
YB — year book ежегодник
Yd. — 1. yard ярд 2. yield доходность
yday — yesterday вчера
y/l — your letter ваше письмо
YLD — yield доходность
y/o — 1. your order ваш заказ 2. yearly output годовое производство; годовая добыча
yr — 1. your ваш 2. year год

Z

Z — zero нуль
z — 1. zero нуль 2. zone зона
ZR — zero coupon с нулевым купоном

УКАЗАТЕЛЬ НА РУССКОМ ЯЗЫКЕ

А

абандон 7
абсентизм 7
авалист 54
аваль 52
аванпорт 484
аванс 19, 339
авансировать 19
аварийно-спасательные работы 792
аварийный рабочий 753
авария 9, 52, 82, 105, 177, 287, 303, 753, 792
авиабаза 692
авиакомпания 27
авиалайнер 27
авиалиния 27, 28, 292
авиапочта 27
авиафрахт 27
авиация 53
авизо 22, 53, 457
авизовать 22
автаркия 51
автоколонна 163
автомагистраль 331
автоматизация 52
автоматизированный 52
автоматизировать 52
автоматический 52, 656
автоматический контроль 655
автомобиль 52, 99
автономия 52
автономный 52, 471
автономный режим 471
автопогрузчик 302
автор 482
авторитет 51
авторский гонорар 637
авторское право 165
авторство 52
автостоянка 493
автотранспортная перевозка грузов 104

автотранспортное средство 773
автоцистерна 722
авуары 333
агент 83, 94, 196, 234, 238, 286, 432; ~ по продаже недвижимости 592
агентство 23, 103, 234
агитировать 94
агрегат 44, 518, 662, 762
агроном 27
адаптация 17
адвокат 22, 49, 61, 163, 174, 384
адекватность 17
административный 19, 416
администратор 19, 271, 299, 415, 671
администрация 18, 51, 414
адмиралтейство 19
адрес 17
адресант 151
адресат 17, 150
адресная книга 226
адресов[ыв]ать 17, 49, 225
ажио 24
ажиотаж 79
аккордный 72
аккредитация 13
аккредитив 178
аккуратность 563
акселерация 8
акт 14, 91, 107, 358
акт засвидетельствования 109
активист 15
активное сальдо 713
активность 15
активный 15
активы 45, 622
актуальный 16
актуарий 16

акцепт 8
акцептант 9
акцептование 8, 568
акцептованный 9
акцептовать 8, 334, 568
акциз 270
акционер 666, 699
акционерное общество 165
акционерный 375
акционерный капитал 166, 262, 695
акция 133, 262, 300, 371, 378, 382, 407, 580, 647, 664, 666, 694, 695, 767, 787
алименты 28
аллонж 28, 174, 630
алфавитный указатель 345
альтернатива 30, 119
амбар 61
амортизационное списание 30
амортизационные отчисления 485
амортизация 30, 217
амортизировать 30
амортизируемый 217
анализ 34, 44, 529, 536, 705, 732
анализировать 34, 705
аналитик-профессионал 34
аналитический 34
аналог 33
андеррайтер 760, 792
андеррайтинг 760
анкета 302, 577
анкетер 367
аннуитет 34
аннулирование 7, 35, 53, 94, 461, 577, 592, 612, 618, 629, 630, 760, 768, 777, 787

аннулировать 7, 35, 53, 94, 461, 577, 592, 612, 618, 629, 630, 760, 768, 777, 787
антидемпинговый 35
антиинфляционный 35
антикартельный 35
антимонопольный 35
антитрестовский 35
апартеид 35
апеллянт 35
апелляция 35
аппарат 35, 411, 662
аппаратное обеспечение 284
аппаратные средства 329
аппаратура 329, 483
аппроксимация 39
аппроксимировать 39
аптека 241
аптека-закусочная 241
арбитр 39, 40, 443, 600
арбитраж 39
арбитраж на внутреннем рынке 673
арбитражные операции 39
арбитражный 39
аргумент 41
аренда 386, 388, 610, 611, 721
аренда на срок 729
арендатор 55, 252, 386, 388, 467, 610, 678, 728
арендатор земельного участка 382
арендатор-издольщик 182
арендная плата 610
арендованное имущество 333, 728
арендованный участок земли 333
арендовать 721
арендодатель 388, 758
арест 42, 148, 655
арестовывать 148
арматура 297, 329
архив 294
аспект 44
ассемблер 44
ассигнование 28, 38, 46
ассигнования 28, 246
ассигно[вы]вать 28, 38, 46, 246
ассигнуемый 46
ассиметричный 676
ассиметрия 676

ассортимент 48, 54, 119, 581, 695
ассоциация 47, 73, 289
ассоциированный 47
атмосфера 27, 292
атмосферное влияние 785
атташе 49
аттестат 107, 734
аттестация 49, 266
аукцион 50, 774
аукционист 50
аукционный зал 426
аудитор 50
«аутрайт» 485
аутсайдер 485
афера 84
афиша 695
аффидевит 22
аэробус 27
аэропорт 28
аэропорт назначения 73

Б

багаж 54, 315, 602
багажный вагон 772
база 62, 65, 504
базар 64
базировать 62
базис 62
базисный 62
бак 722
бакалейная лавка 323
бакалейные товары 323
баланс 55, 57, 414, 691
балансирование 57
балансировать 57
балласт 58
баллон 80, 188, 297
бандероль 79
банк 14, 58, 60, 127
банка 94, 529
банк-депозитарий 216
банкир 60
банкирский дом 60
банкнота 60, 67, 457
банковские операции 60
банковский билет 457
банковский служащий 728
банковское дело 60
банкрот 60, 89, 204, 237
банкротство 60, 177, 287, 355, 678
банк-хранилище 216

барабан 241
баратрия 61
баржа 61
барометр 61
баррель 61
барристер 61
бартер 61, 754
барьер 61, 781
бассейн 62
бегство 273, 298
бедность 440, 530
бедный 338, 385, 525
бедняки 330, 498
бедствие 226, 233
беженец 600
безаварийный 9, 290, 753
безвозмездно 323
безвозмездный 252, 323
безвыходное положение 196, 687
безграмотный 337
безграничный 350
бездействие 337, 690
бездействующий 337, 340, 354
безденежный 338
бездефектный 290, 795
бездеятельный 340
безземельный 382
безлицензионный 395
безналичные расчеты 127
безналичный 105, 455
безоговорочный 338
безопасность 640, 652
безопасный 640
безответственный 371
безотзывный 371
безотлагательность 535
безотлагательный 338, 356
безработица 760
безработный 375, 484, 760
безрельсовая перевозка 241
безубыточность 82
безубыточный 409
безудержный 639
безупречный 298
безусловный 338, 764
бейлиф 55
бенефициар 65
бензин 314, 512
береговая охрана 129
бережливость 173, 247, 336, 393, 735
бережливый 735
бесконечный 350

бесконкурентный 141
бесперебойный 155, 290, 753
бесперспективный сотрудник 196
бесплатная раздача 328
бесплатно 84, 323
бесплатный 84, 176, 304, 323
бесполезность 234
бесполезный 558, 766, 772
беспомощный 531
беспорядки 137, 149, 234
беспорядок 149, 230
беспошлинный 304
беспрецедентный 764
бесприбыльный 456, 558
беспристрастность 262
беспристрастный 262, 338
беспроцентный 366
бессильный 531
бессортный 757
бессрочное владение 511
бессрочный 510
бесхозяйственность 440
бесценный 367, 542
бесчисленный 354
бизнес 87
бизнесмен 89
билет 67, 100, 735
биллион 71
биметаллизм 71
биомасса 71
биота 71
биотехнология 71
биотопливо 71
биоэкономика 71
биржа 80, 110, 269, 378, 420
биржевая авантюра 298
биржевая игра 683
биржевая спекуляция 520, 571
биржевик 196
биржевой брокер 196, 699, 743
биржевой бюллетень 699
биржевой круг 630
биржевой маклер 475, 666
биржевые операции 209
биржевые спекулянты 79, 128, 312
бирка 380, 721, 722
бихевиористический 65
благо 65, 315
благополучие 22

благоприятная возможность 475
благоприятные условия 284
благоприятный 20, 147, 290
благоприятствовать 290
благосостояние 330, 708, 786
благотворительная деятельность 116
благотворительное общество 116
благотворительность 116, 786
благотворительный 116, 252
благотворительный вклад 238
бланк 71, 302, 677; ~ накладной 71; ~ счета 71
блок 28, 72; ~ акций 492
блокада 72
блокирование 72, 385
блокированный 72, 307
блокировать 72, 305
богатство 8, 22, 283, 304, 520, 573, 630, 785
богатый 330, 630, 785
бодмерея 80, 623
бой 81; 82
бойкот 81
бойкотировать 71, 81
болезнь 229, 337
больница 334
большегрузный 710
большинство 413
большой 67, 282, 330
бона фиде 74
бонд 74
бондовый 77
бонитировка 769
бонификация 29, 77
бонус 77
бордеро 80
борт 7, 72, 383
бортовой 487
бортовой журнал 406
борьба 705, 782; ~ с конкурентами 398
бот 73
бочка 61, 105, 332
бочонок 61, 332
брак 605, 684, 784
бракованное изделие 605
бракованный 290, 455

браковать 226, 505, 605
браковка 81, 505, 605
браковщик 268
браконьер 520
браконьерство 520
брать 721; ~ взаймы 80; ~ на заметку 110; ~ на себя обязательство 135, 759; ~ судно внаем по чартеру 117
брезент 94
бремя 87
бригада 313, 727
бригадир 301, 724
бригадная работа 727
бройлер 83
брокер 71, 83, 84, 183, 196, 673
брокерская комиссия 83
брокерские операции 83
бронировать 621
бросать (*работу, дело, занятие*) 387, 578; ~ вызов 110
брошюра 79, 83, 300, 385
брусок 60
брутто 323
будущий 304, 567
букет 298
букировать 79
букировка 79, 95
буклет 79
буксир 741, 755
буксирное судно 741
буксировать 329, 755
буксировка 329, 741, 755
бум 79
бумага 491
бумажные деньги 491
бункер 71, 87, 471
бункерный 87
бункеровка 87, 307
бурение 241
бурный рост 280
бутылка 80
бутыль 80, 297
бухгалтер 79, 112
бухгалтер-аналитик 161
бухгалтерия 79
бухгалтер-контролер 143
бухгалтер-ревизор 50
бухгалтерская книга 78, 387
бухгалтерская проводка 257, 440
бухгалтерские счета 9

бухгалтерский регистр 387
бухгалтерский учет 79
бухта 64
«бык» 86
быстродействие 683, 774
быстрореализуемый 425, 578
быстрый 290, 578
бэрбоут 60
бюджет 84
бюджетный 85, 297
бюллетень 58, 86
бюро 87, 107, 219
бюрократизм 471, 598
бюрократия 87

В

вагон 81, 102
вагон-платформа 297
вагон-холодильник 599, 600
вагон-цистерна 722
важность 674
важный 674, 707
вакансия 768
вакантный 768
валовой 323
валовой сбор урожая 182
валюта 184, 221, 269, 769
валютная змея 678
валютный паритет 493
вариант 773, 774
варрант 782
ваучер 779
вахта 784
введение 353, 367; ~ в заблуждение 120; ~ в строй 133
ввод в строй 135, 354
вводить 367; ~ в действие 134; ~ в заблуждение 120, 206; ~ в строй 135; ~ плавающий курс валюты 298
ввоз 338
ввозить 83, 339, 367
ведение (дел, переговоров) 61, 147, 746
ведомость 375, 627, 636, 666, 691
ведомственный 215
ведомство 18, 213, 469
ведущий 385

векселедатель 563
векселедержатель 413, 563
вексель 8, 183, 227, 679
величина 24, 224, 282, 307, 411, 412, 576, 769
вентиль 290
верительные грамоты 178
вероисповедание 212
вероятность 290, 545
вероятный 545
вертикальная обработка грузов 406
верфь 236, 670, 786
верх 330
вес 722, 723, 785
вес груза на вагон 781
весовая видимость 786
весовой контроль 118
весовщик 785
вести (дела) 18, 241, 746; ~ (записи, счета) 378; ~ (переговоры) 61
вестибюль 145
весы 55, 646, 785
ветвь 84
ветеринарный 776
вето 776
ветхое состояние 224
вещевая лотерея 580
взаимное погашение обязательств 454
взаимность 595
взаимные уступки 314
взаимный 450, 595
взаимный обмен 363
взаимодействие 163, 363
взаимодействовать 163, 363
взаимозаменяемость 139, 311, 363, 707
взаимозаменяемый 363
взаимоотношение 606
взаимопонимание 759
взаимоприемлемый 8, 612
взаимопроникновение 366
взаимосвязь 363
взаймы 388, 405
взвешенный 786
взвешивание 785, 786
взвешивать 786
взвинчивание (цен) 58
взвинчивать (цены) 58, 350
вздувать (цены) 58, 350
вздутие цен 86

взимание 116, 131, 392; ~ излишней платы 485
взимать 116, 131
взлетно-посадочная полоса 639
взлом 671
взнос 159, 216, 291, 354, 356, 500
взрослый 19
взыскание 116, 131, 255, 267, 597
взыскивать 131, 255, 267
взятие проб или образцов 645
взятка 83, 322, 378, 504, 580
взяточник 322
взяточничество 83, 322
вид 218, 302, 378, 441, 664, 679, 706
видеоклип 776
видимые статьи 777
видимый 777
виза 777
визит 93, 777
визуальный 777
вина 290
виндикация 612
виноторговец 776
витаминизация 256
витаминизировать 256
витрина 671, 673, 786, 787
вице-канцлер 776
вице-консул 776
вице-председатель 776
вице-президент 776
вклад 159, 215, 238, 254, 333
вкладчик 216, 370
вкладывать 235, 253, 355, 573, 674
вкладыш 355
вклейка 355
включать 105, 341, 343, 367
включение 341, 355, 367
вкус 288, 724
владелец 64, 189, 332, 378, 382, 426, 488, 508, 567, 671, 687, 782, 783, 786
владелец страхового полиса 49
владелец фондовых ценностей 311

владелец предприятия 475
владение 211, 332, 467, 488, 528, 655, 728, 729, 333
владение на правах аренды 728
владеть 332, 488, 528
влажность 191, 336
влажный 191, 336
власти 51
власть 51, 133, 327
влияние 249, 338, 351, 591
влиятельный 531
вложение (*денег, капитала*) 369
вменение 340
вмененный 340
вменять 340
вместимость 95, 155, 778
вместительный 95, 681
вмешательство 366
вмешательство в судебный процесс 110
вмешивать 371
вмешиваться 366
внаем (*брать, сдавать*) 386, 388
внебиржевой 469, 487
внебюджетный 467
внедоговорный 283, 455
внедрение 338, 367
внедрять 143, 367
вненациональный 456
внесение (*денег; в список*) 216, 256, 406, 607
внешнеэкономический 301
внешний 282, 301, 483
внешняя сторона 282
внеэкономический 455
вносить 126, 166; ~ в дебет 198; ~ в список, каталог 105, 166
внутренний 239, 334, 354, 366
внутризаводской 367
внутрифирменный 367
вовлекать 381
вода 784
водитель 102
водить машину 241
водная магистраль 734
водный путь 784
водоизмещение 231
водонепроницаемый 784

водоотталкивающий 784
водостойкий 784
водохозяйственная система 784
военно-морской 452
военно-морской флот 452
возврат 103, 133, 240, 593, 597, 598, 600, 604, 612, 627
возврат переплаты 592
возвратная тара 628
возвратный 628
возвращаться 600, 612, 628
возвращать (*о чеке*) 80
возвращение 133, 627
возвращенный товар, чеки, векселя 627
возглавлять 110, 330, 385
воздействие 249, 338, 351, 591
воздействовать 392
возделывание 183
возделывать 183
воздух 27
воздухонепроницаемый 28
воздушное судно 27
возместимый 597
возмещать (*убытки, ущерб*) 140, 345, 471, 595, 597, 598, 600, 604, 608, 611, 612, 624, 628
возмещение (*ущерба, убытков*) 140, 150, 189, 220, 345, 471, 578, 595, 597, 598, 600, 604, 608, 612, 624, 627
возможность 119, 150, 203, 284, 290, 466, 527, 530
возможный 267, 545
вознаграждать 608, 612
вознаграждение 77, 140, 144, 252, 291, 378, 471, 500, 504, 533, 543, 595, 608, 612, 630, 643
возникновение 451
возобновление 591, 609, 611, 626, 630
возобновлять 591, 609, 611, 626
возражать 344
возражение 35, 464; ~ по иску 520; ~ по протесту 174

возраст 23
возрастать 344
воинская повинность 149
война 781, 782
вокзал 692
волнения 137, 234
волнорез 375
волокита 598
волокно 293
вооруженные силы 300
вопрос 128, 428, 521, 545, 577, 706
воспламенение 133
восприимчивый 595
восприятие 506
воспроизводить 615
воспроизводство 520, 615
восстанавливаемость 412
восстанавливать 596, 599, 604, 609, (*во владении*) 614, 624
восстановление 591, 593, 596, 597, 599, 604, 624, 627; ~ экономической активности 581; ~ налоговых льгот 593; ~ уровня цен 598; ~ в правах 605, 609, 614
вписывать 256
вред 220, 329, 353, 533
вредители сельскохозяйственных культур 512
вредный 220, 761
временная акция 650
временное свидетельство на акцию 650
временные инвестиции 493
временный 366, 570, 728
временный рабочий 105
время 192, 334; 736, 739; ~ вне часов пик 493; ~ простоя 239; ~ работы 334; ~ сенокоса 330
вручать 207, 328, 535, 713
вручение 135, 328, 535
всемирный 763, 791
всемогущество 472
всеобщий 763
всеобъемлющий 14, 472
всеохватывающий 485
всесторонний 14, 143
вспомогательные работы 9
вспомогательный 34, 52
вставка 355

встреча 433, 595
встречная закупка 174
встречная продажа 174, 743
встречная торговля 174
встречное требование 174, 183
встречные перевозки 183
встречный иск 174, 183
вступать 256; ~ в противоречие, в конфликт 132
вступающий 131, 439
вступление 9, 256, 257
вторичный 651
второсортный 439
второсортный товар 439
второстепенный 131, 439, 651, 707
вход 19, 257, 314
входить 256
входная плата 314
входящий 353
вхождение 257
выбирать 119, 251, 513
выбор 48, 119, 476, 513, 533
выборка 644, 645
выборочный 655
выборы 251
выбрасывание 226; (груза за борт) 375
выбрасывать 226; (груз за борт) 375
выброс нефтяного фонтана 326
выбытие (основного капитала) 612
выведение (сорта) 221
выверка 595
выверять 93, 595
вывеска 673, 674
вывод 144, 150, 295, 350
выводить (сорт, породу) 221
вывоз 280, 281, 513, 608
вывозить 281, 608
выгода 20, 52, 65, 66, 363, 556, 765
выгодное предприятие 74
выгодный 20, 65, 66, 247, 312, 410, 500, 609
выгон 71
выгружать 227, 328, 763, 764
выгруженный 764
выгрузка 227, 382, 764

выдавать 196, 314, 372
выдача 51, 109, 371, 372; ~ заказа 53, 481; ~ субконтракта 332
выдвигать 19
выделение 28, 29, 38, 46
выделывать 242
выделять 28, 37, 38
выдерживать 714
выдержка 334
выезд 273
выживание 714
выживать 714
вызов 93, 94, 110; ~ в суд 709
вызывать 106, 371; ~ в суд 709
выигрывать 786
выигрыш 312, 786, 787
выкладка 143
выключатель 71, 666
выключение 187
выкуп 91, 371, 568, 581, 598, 615, 626
выкупать 598, 615, 626
вылет 215, 690
вымаливание (денег, подарков) 722
вымаливать деньги 722
вымирание 282
вымогательство 580
выморочное и конфискованное имущество 264
вынужденный 80
выписка 7, 71, 80, 240, 268, 283, 371, 691
выписывать 240, 372
выплата 226, 499, 504, 598
выплаченный 490
выплачивать 226, 499, 578, 598
выполнение 9, 104, 249, 270, 294, 338, 506, 638
выполнимый 591
выполнять 227, 250, 334, 338, 506, 578, 591
выпуск (продукции) 226, 312, 471, 484, 550, 601, 606, 636, 755; (в продажу) 606; (денег, ценных бумаг) 371, 372; (издание) 371, 462, 571
выпускать (продукцию) 383, 550, 601, 607;

(деньги) 252; (заем, акции) 298, 372
вырабатывать 550
выработка 191, 484, 553, 793
выравнивание 18, 259, 267, 391, 400, 678
выравнивать 259, 267, 678
выражать приближенно 39
выращивание 182, 183, 325, 580
выращивать 183
вырезка 128
вырубка леса 206
выручка 71, 312, 548, 593, 627, 721
высадка на берег 382
высвобождать (сумму) 607
выселение 267, 281
выселять 251
выслуга лет 657
высокий 283, 331
высококачественный 283, 295, 331
высокооплачиваемый 786
высокопродуктивный 332
высокопроизводительный 331
высокоэффективный 331
выставка 231, 272, 281, 672
выставка-ярмарка 287, 672
выставление (тратты) 371, 414
выставлять 231, 272, 673; (тратту, чек) 240, 372
выставочное помещение 673
выступление 17
высшая ступень 740
высшая точка 740
высшее учебное заведение 132
высший 331
высший уровень 331
вытеснение с рынка 664
вытеснять 482, 483; (с рынка) 664
выторговывать 331
выход 273; 314; (в отставку, на пенсию) 626, 774; (продукции) 793; (из строя) 82, 287

827

выходить из строя 287
выходное пособие 329
вычеркивание 207
вычеркивать 207
вычет 118, 203, 536, 592, 597
вычисление 92, 143
вычисленный 92
вычислительная машина 143
вычислительная техника 143
вычислять 92, 143
вычитать 203, 597
вышедший из употребления 196
въезд 257
выяснение 44, 337
выяснять 44
вялое настроение рынка 785
вялость 242, 297, 330, 677, 679, 687
вялый 242, 297, 340, 401, 677, 679, 734, 785

Г

габариты 224
гавань 329, 330, 525
газета 189, 314, 454
газетная вырезка 128
газолин 314
газопровод 514
галантерейные товары 327, 678
галантерейный магазин 327
«галочка» 118
гараж 666
гарант 325, 326, 684, 712, 783
гарантийный взнос 419
гарантирование 54
гарантировать 49, 131, 256, 325, 652, 684, 768, 783
гарантия 48, 54, 74, 183, 325, 345, 652, 684, 712, 759, 760, 782
генеральная совокупность 763
генеральный секретарь 652
генерирование 314

генетика 314
генофонд 314
гербицид 331
гериартрический 314
гериартрия 314
герметизировать 785
герметический 28, 243
геронтолог 314
геронтология 314
гибель 407, 510, 580, 792
гибкий 251, 298
гибкость 298
гид 240, 326
гидропоника 39
гильдия 320
гипердефляция 336
гиперинфляция 336
гистограмма 332
глава 330, 336, 543
главная книга 387
главное управление 330
главный 62, 99, 412, 543, 657
главный бухгалтер-контролер 12
гласность 571
глобальный 72, 315
глубина 218
гниение 200
говядина 64
год 793
годиться 297
годичный 34
годность 290, 611; ~ к эксплуатации 28; ~ для продажи 774
годный 270, 297, 315, 708; ~ к эксплуатации 28; ~ для продажи 425
годовой 34
голод 289
голос 778
голосование 58, 778, 779
гонка на производстве 683
гонорар 291, 334
горение 133
горизонт 334
горизонтальный 334
горнодобывающая промышленность 439
горное дело 439
горнорабочий 132
город 121, 161, 514, 741
городская пошлина 467
городской 450, 765
городской квартал 577

горячее 307
горючий 133, 350
госпитализация 334
госпитализировать 334
господство 239
господствующий 536
гостеприимство 257
государственные ценные бумаги 308, 321
государственный 321, 570, 692
государственный служащий 375
государство 137, 451, 690
готовность 591
готовый 591
грабеж 635
грабить 407, 520
градуировать 314, 322
градуировка 322
гражданин 121, 451
гражданка 121
гражданский 121, 455
гражданское лицо 121
гражданское население 121
гражданское правонарушение 740
гражданское состояние 694
гражданство 121, 212, 451
граница 80, 306, 398, 650
~ тарифного участка 521
грант-элемент 322
график 116, 183, 313, 323, 618, 647, 739
графство 175
громоздкий 86
гросс 323
грошовая зарплата 514
груз 27, 100, 133, 150, 185, 222, 299, 305, 315, 375, 382, 402, 669, 678, 744, 785
грузить 252, 306, 328, 382, 669, 695
грузиться 252
грузовик 407, 754
грузовместимость 306
грузовое судно 80, 306
грузооборот 744
грузоотправитель 151, 306, 670
грузоподъемник 402
грузополучатель 150, 593

грузчик 702
грунтовая вода 324
группа 81, 120, 129, 130, 183, 324, 363, 490, 491, 657, 707, 722, 727, 756
группировка 28, 324
губернатор 321
гуманизм 336
гуманность 336
гуманный 336
гурт 331

Д

давать 29, 216, 314
давление 243, 535, 573, 685, 703
далекий 483
дальний 406
данные 191, 267, 286, 295, 426, 596
данный 535
дар 239, 254, 314, 322
даритель 239, 314, 323
дарить 322
дарование 7, 254
дарственная 322
дата 192, 776
датирование 194, 440
датированный более поздним числом 22, 529
датированный задним числом 35
датировать 194; ~ задним числом 54
датировка 194; ~ более поздним числом 529; ~ задним числом 54, 532
дважды в год 327
дважды в неделю 327
движение 449, 744
движимое имущество 118, 449
движущая сила 450
двоичный 71
двойной 241
двойной опцион 702
двойственный 241
двор 176, 290
дворник 100
двусторонний 67
двухпалубное судно 239
двухэтажный автобус 239
дебаты 197, 232
дебентура 197

дебет 113, 198, 200
дебетование 198
дебетовать 116, 198
дебетовая сторона счета 200
дебитор 200
дебиторская задолженность 593
девалоризация 220
девалоризовать валюту 221
девальвация 221
девальвированный 221
девальвировать 221
деградация 206
дегустация 724
дедвейт 196
дееспособность 95
дезинтеграция 230
дезинфекция 230
дезинформация 440
дезорганизация 230
дезориентировать 440
деиндустриализация 206
действенность 250, 300, 768
действенный 250, 251
действие 14, 15, 135, 300, 472
действительность 591
действительный 16, 250, 591, 768
действия 15, 71, 721
действовать 145, 472
действующий 250, 638
декартелизация 200
деквалификация 219
декларация судового груза 417
декларировать 202
декодирующее устройство 202
деконцентрация 202
декоратор 241
декорировать 202
дела 22
делать 143, 413; ~ вывод 144; ~ взнос 159, 216
делегат 207, 684
делегация 207, 440
делегировать 207
деление 236
деление прибыли 684
делец 89
деликт 740
делитель 236

делить 235, 327, 684
дело 22, 87, 60, 104, 106, 255, 294, 375, 428, 666, 746
деловая женщина 89
деловое общение 363
деловой 89, 308
деловой район 239, 745
делькредере 207
демаркетинг 211
демерредж 212
демографические показатели 212
демографический 212
демография 212
демонстрационный зал 673
демонстрация 211, 212, 231, 272, 281, 535, 672
демонстрировать 212, 231, 639, 673
демонтаж 226, 230, 704
демонтировать 230
демпинг 242
денатурализация 202
денатурализовать 202
денационализация 212, 615
денационализировать 202
денежное затруднение 371
денежное обращение 184
денежное пособие 323
денежные обязательства 392
денежные поступления 354, 593
денежные средства 308
денежные суммы 443
денежный 443, 504
денежный перевод 608, 748
денежный сбор 131
денежный стандарт 688
денежный фонд 573, 695
денонсация 213
денонсирование 213
день 191, 194, 334
деньги 19, 60, 84, 104, 105, 110, 131, 184, 186, 294, 443, 454, 505, 573, 786
департамент 213
депеша 230
депозит 215
депозитарий 55, 216, 217
депозитная книжка 60

829

депозитор 216
депонент 55
депонирование 216
депонировать 216
депопуляция 215
депорт 54, 215
депрессия 217, 330
депутат 218
держатель 64, 77, 332, 459, 666
держать 332, 378
дестабилизация 219
десятая часть 200
десятичный 200
десятка 200
десятник 301
детализация 220
деталь 9, 220, 375, 493, 494
детальная разработка 250
детальный 494
детские ясли 178
детский сад 378, 463
дефект 204, 290, 298, 338, 776
дефектный 205, 290, 338, 764
дефектоскопия 290
дефицит 205, 313, 381, 598, 647, 672, 699
дефицитные товары 672
дефицитный 181, 647
дефлятор 206
дефляционный 205, 230
дефляция 206, 230
деформация 206, 233
децентрализация 200, 202
децентрализовать 202
дешевизна 118
дешевый 118, 350, 410
дешевый рынок 239
деятельность 15, 87, 116, 520
диагностика 222
диагностический 222
диаграмма 116, 185, 222, 243, 323, 649
диапазон 58, 581, 650, 683
диверсификация 234
диверсифицированная компания 149
диверсифицировать 235
дивиденд 42, 77, 235, 433
диета 223
дизажио 226

дизайн 218
дизайнер 219
дилер 196, 683
динамика 245
диополия 242
дипломат 225
директива 225, 326
директор 330, 415, 543, 709
дирекция 225, 226, 414
дисбаланс 757
дисбурсментские расходы 226
дисквалификация 232
дисконт 227
дисконтер 227
дисконтирование 227
дискредитировать 143
дискреционный 229
дискриминационный 229
дискриминация 229
дискуссия 41, 197, 229, 232
дискутировать 197
диспач 230
диспашер 17, 692
дисперсия 773
диспетчер 230, 274
диспетчеризация 230
дисплей 231
диспропорция 232, 413
дистиллят 232
дистилляция 232
дистрибьютер 234
дисциплина 706
дифференциальный тариф 223
дифференциация 224
дифференцировать 224
дифференцироваться 224
длина 388
длительного пользования 243
длительность 243
длительный 406
дневная выработка 196
дно 80
добавлять 17
добавочная импортная пошлина 713
добавочный 17, 141, 283
добавочный подоходный налог 713
добиваться 14, 110
добро 315
добровольный 477, 778

доброжелательность 321
доброкачественность 679
доброкачественный 315, 679
добросовестный 74
добывать 240, 550, 580, 721
добытый открытым способом 472
добыча 793
доверенное лицо 216, 293, 570, 755
доверенность 133, 416, 530, 550, 570, 782
доверенный 293
доверие 148, 178, 229, 293, 754
доверитель 543, 664
доверительная собственность 754
дловерительный фонд 754
доверять 257
довод 41
доводить (*конструкцию*) 600
доводка 221, 295, 600, 630
договариваться 24, 61, 453, 662
договор 24, 42, 60, 155, 176, 345, 386, 706, 751
договоренность 24, 42, 759
договорный 159
доделка 296, 630
дожитие 714
дозатор 785
дозревание 23
док 236
доказательство 41, 267, 563
доказывание 569
докер 236
доклад 612
докладчик 614
доктрина 236
документ 14, 44, 67, 102, 203, 236, 264, 294, 334, 358, 491, 748
документальный 238
документарный 238
документация 238, 596
документировать 238
долг 42, 126, 198, 243, 254, 344, 392, 464, 735
долгий 406

долговая расписка 74, 457, 464
долговечность 406
долговечный 243
долговое обязательство 74, 113, 197, 464
долговой 563
долговременный 510
долголетие 406
долгосрочная аренда земли 252
долгосрочный 406
должник 60, 465; ~ по закладной 449; ~ по ссуде 129, 200, 563
должностное лицо 308, 334, 470, 471
должностной 471
должность 37, 95, 469, 527, 787
должный 241, 564
доллар 84, 104, 238, 323
долларизация 238
доля 74, 155, 235, 262, 304, 443, 493, 506, 527, 565, 576, 577, 578, 580, 581, 655, 664, 687, 721, 746
дом 60, 244, 334, 335, 610, 621
домашнее хозяйство 336
домашний скот 402
доминировать 239
доминирующий 239
домициллий 239
домицилированный 239
домицилировать 239
домицильный 239
домовладелец 334, 336, 382
домоводство 336
доплата 23
дополнение 17, 30, 34, 35, 141, 630, 710
дополнительная информация 300
дополнительная плата 712
дополнительное вознаграждение 487
дополнительное обеспечение 131
дополнительное распоряжение к завещательному документу 129
дополнительные льготы 306

дополнительный 17, 141, 283, 344, 651, 710
дополнительный дивиденд 709
дополнительный источник дохода 684
дополнительный налог 712
допуск 19, 29, 739
допускать 14, 19, 48
допустимость 19
допустимый 8, 19, 29, 510, 739
допущение 48
допущенный 29
дорога 183, 635, 741, 784
дороговизна 197, 279
дорогой 197, 279, 331
дорогостоящий 197, 279
дорожка 300
дорожный знак 674
досматривать 355
досмотр 355
досрочный 35, 535
доставать 466, 721
доставка 54, 102, 103, 104, 207, 329, 527
доставляемый 207
доставлять 83, 207, 311, 329
достаток 8, 708
достаточность 708
достаточный 17, 288, 708
достигать 9, 14, 110
достижение 9, 14, 49, 312, 561
достижимый 466
достоверность 51, 288
достоинство 212, 435
доступ 9, 19, 257
доступность 550
доступный 9, 52, 466
досуг 386
досье 294
дотация 239, 322, 707
доход 34, 246, 264, 294, 312, 341, 343, 363, 504, 548, 556, 593, 610, 611, 627, 628, 793, 794
доходность 558, 793
доходные статьи 628
доходный 133, 312, 410, 500, 558, 609
дочернее общество 22
дочерний 22, 47
дочерняя компания 471, 707

драгоценность 751
драгоценный 331, 532
дробить 684
дробление акций 684, 700
дробный 304
дробь 304
дублер 690
дубликат 164, 174, 242
дублирование 54, 242
дуопсония 242
дутый вексель 375
дюйм 341

Е

евроакция 266
евробанк 266
евровалюта 266
евроденьги 266
евродоллар 266
еврокапитал 266
еврокарточка 266
евроклиринг 266
еврокредит 266
еврооблигация 266
еврорынок 266
еврофедеральные средства 266
еврочек 266
единица 257, 762, 763; ~ веса или массы 785; ~ измерения 762; ~ торговли на срочных биржах 155
единовременная выплата 322
единовременная сумма 410
единовременный 456
единогласный 757
единодушие 149
единодушный 757
единообразие 334
единообразный 297, 761
единственный 674
единство 763
единый 347, 674, 763
ежегодная рента 34
ежегодный 34, 793
ежедневная газета 189
ежедневный 189
ежеквартальное издание 577
емкость 95, 155, 778
естественная среда 327
естественный 452

831

Ж

жалоба 35, 141
жалованье 640
жаловаться 141
жатва 329
железная дорога 580, 635
железнодорожная ветка 292, 673
железнодорожная платформа 297, 754
железнодорожная сеть 741
железнодорожная станция 692
железнодорожный вагон 81, 99, 580, 781
железнодорожный паром 293
жеребьевка 58
жесткий 736
жестокость 329
жетон 739
животновод 83
животноводство 699
животное 34
жидкий 300
жизненноважный 776
жизнеспособность 776
жизнеспособный 776
жизнь 273, 396
жилище 334, 335
жилищное строительство 336
жилищные условия 336
жилое помещение 244
жилой 327, 621
жилье 406
жир 290
жирант 254
жират 254
жиро 254
жиробанк 314
жирорасчет 314
жирочек 314
житель 121, 327, 353, 467
жить 353, 621, 707
жульническое предприятие 84
журнал 223, 375, 412, 510, 601
журналист 132

З

забастовка 703, 704, 781, 791

забастовщик 704
забирать 131
заболевание 337
забраковывать 145
забронированный 246
заведование 414
заведовать 414
заведующий 119, 321, 415
заверение 48
завершать 141, 144, 294
завершение 9, 142, 294
заверять 49
завещание 734, 786
завещатель 734
завещательный 734
завещательный отказ 66, 387
завещать 66, 387
зависеть 215
зависимая страна 215
зависимость 215, 281, 605, 707
зависимый 707
завладение 467
завод 232, 287, 417, 439, 518, 524, 787
завод-изготовитель 413, 418
завод-поставщик 710
завышать 487
завышение 485, 487, 488
завышенная оценка 486, 740
завышенная цена 485, 712
завышенный расход 485, 630, 694
заглавие 330
заголовок 487
загон для откорма скота 241
заготавливать 550
заготовка 509, 573, 787, 791
заграничный 301, 487
загрузка 294, 354, 402
загрязнение 154
загрязнение окружающей среды 524
загрязнять 226
загрязнять окружающую среду 524
загрязняющее вещество 524
задание 46, 724
заданный 683
задаток 215, 216, 246, 328

задача 315, 464, 545, 724
задержание 42
задержанный 207
задерживание 333, 338
задерживать 72, 207, 220, 677
задержка 206, 220, 332, 334, 338, 694, 700, 736
задолжать 488
задолженность 42, 54, 198, 344, 392, 598
заем 80, 83, 388, 402
заемщик 80, 405
займодавец 180, 388, 405
займодержатель 405
заимствование 80, 240
заинтересованность 363
заказ 53, 66, 79, 186, 187, 294, 477, 481, 611
заказанный 481, 621
заказчик 128, 186
заказывать 79, 481, 621
заканчивать 141, 144, 220, 254, 294
заклад 449, 499, 520
закладная 74, 254, 448
закладчик 499
закладывать 336, 449, 499
заключать (*договор, контракт*) 128, 144, 158, 250, 413, 453, 746
заключение (*договора, контракта*) 61, 144, 150, 159, 250, 378, 612; (*вывод*) 144, 350, 475
заключение аудитора 50
заключение счетов 57
заключительный 145, 294
закон 203, 383, 543, 694
законность 768
законный 384, 387, 388, 694
законодатель 384, 520
законодательная власть 388
законодательный 388
законодательство 387
законопроект 67
законченность 142, 387, 388
законченный 141
закрепление 290, 297
закрывать 673; ~ позицию 674
закрытие 128, 763; ~ биржи 128; ~ позиции 764

закрытый 545
закупать 572
закупка 90, 174, 550, 571, 572, 671
закупщик 671
зал 145, 327
залежавшийся товар 241, 671
залог 55, 74, 131, 215, 312, 325, 328, 336, 448, 499, 520, 652
залоговое право 396
залогодатель 55
залогодержатель 499, 520
залогополучатель 55
замедление 677
замедлять 677
замена 224, 231, 612, 636, 707, 708, 710
заменимый 62
заменитель 707
заменяемый 612
заменять 612, 710
замер 431
заместитель 218, 690, 776
заметка 457
заметный 38
замечание 133, 466
замещать 612
замещение 612, 708
замок 406
замораживание 305, 600, 756
замораживать 72, 305, 600
замороженный 307
замороженный капитал 406
замысел 27
занесение 257
занижать 758, 759
занижение 758, 759
заниженный расход 758
занимать (место, должность) 80, 332, 467
заниматься 79, 84, 255, 520
занятие 87, 94, 253, 255, 741, 787
занятия 22
занятость 253, 336
занятый 89, 467
занятый неполный рабочий день 758
заносить 79, 103, 495
заокеанский 487

запаздывание 206, 382
запаздывать 382
запаздывающий 677
запас 54, 58, 85, 308, 332, 333, 368, 419, 569, 619, 622, 624, 681, 695, 699, 701
запасать 332, 621, 702
запасной 30, 621, 681, 689
запасной путь 673
запасные части 681, 612
запечатывание 651
запечатывать 651
запирать 406
записка 119
записная книжка 459
записывать 375; ~ в дебет 198; ~ в кредит 180; ~ на счет 116
записываться 256
запись 9, 257, 375, 457, 596, 597, 601; ~ на счет 9
запланированный 649
заплатить долг 126
заповедное имущество 721
заполнение 142
заполнять 141
запор 406
заправка топливом 87, 600
запрашивать 354, 617
запрет 58, 60, 252, 353, 363, 562, 776
запретительный 562
запретный 624
запрещать 71, 561, 712, 776
запрещение 58, 60, 252, 363, 562, 712, 776
запрещенный 60, 337
запрос 354, 452, 485, 616, 741
запугивание 72
запуск 383
запутывать 142
зарабатывать 246, 413
заработная плата 499, 500, 780
заработок 246, 312, 341
зарегистрированный 343, 602
зарезервированный 246
зарубежный 301
засвидетельствование 49, 51, 787

заседание 433, 662, 675
засекреченный 124
заслуживать 246
заставлять 301
застой 191, 196, 217, 242, 297, 677, 687, 690
застойность 679
застойный 242, 247, 677, 679, 687
застрахованное лицо 633
застрахованный 362
застраховаться 362
застраховывать 362
застройка 221
застройщик 221
засуха 241
засушливый 241
засылать груз 440
затаривание 105
затишье 410, 677
затихать 223
затоваривание 487
затоваривать 315, 487
затопление 298
затор 72, 149, 375
затрата 153
затратный 283
затраты 166, 173, 275, 354, 369, 483
затруднение 224, 254, 466, 753
затруднительное положение 334, 371
затруднительный 343
затруднять 254, 327, 535
затухать 223
затягивание работы 92
зафиксированный 406
зафрахтованный 117
захват 721
захватывать 99
заход 93
заходить в порт 93
зачаточный 341
зачет 471, 662
зачисление 180, 250
зачислять 256, 515
защита 205, 568, 652, 667
защита потребителей 153
защитная оговорка 640
защитник 22, 174
защитный 205
защищать 205, 568, 765
заявитель 36
заявка 36, 66, 656, 616, 618, 728

833

заявление 22, 36, 44, 121, 201, 459, 520, 691, 728
заявлять 44, 123, 202, 691; ~ отвод 110
звание 581, 739
зверь 34
звонить по телефону 93
звонкий 329
звонок по телефону 93
здание 86, 152, 335, 533, 704
здоровье 330
зеленый пояс 323
земельная собственность 291, 292, 382, 564
землевладение 728
землевладелец 382, 736
земледелие 27, 314, 336
земледельческий 27
земля 137, 323, 382, 736
зерно 165, 322
зерновоз 322
зерновые 107
зерновые культуры 182
зерновые хлеба 165
злоупотребление 8, 440
злоупотреблять 8
знак 219, 420, 673, 715, 739
знание 379, 385
знаток 149
значение 150, 674
значительность 674
значительный 38
знающий 130
золото 315
золотовалютный 315
"золотое дно" 74
золотой самородок 461
золотой сертификат 793
золотоносный пласт 599
зона 40, 65, 581, 795; ~ действия 177
зондирование почвы 292
зрелище 672
зрелый 428

И

игнорирование 231
игра 312, 313, 520
играть 312, 683; ~ на понижение 64
играющий на понижение 671

игрок 520
идентификационный номер владельца кредитной карточки 491
идентификация 337
идентифицировать 337
идентичность 337
идентичный 337
идея 144, 337
иерархия 331
иждивенец 215
избавление 231
избегать 53, 266
избиратели 151
избирательный округ 151
избирать 251
избыток 268, 485, 486, 487, 599, 639, 684, 709, 713
избыточная мощность 385
избыточное предложение товаров 487
избыточное финансирование 486
избыточный 467, 485, 488, 499
известность 616
извещать 22, 34, 461
извещение 22, 34, 459, 461
извлекать (*выгоду, прибыль*) 66, 133, 240, 312
изготовитель 52, 413, 418, 550
изготовление 284, 413, 414, 417, 418, 533, 553, 645
изготовлять 284, 413, 418, 533
издавать 571
издание 249, 284, 300, 371, 448, 571
издатель 571
издательское дело 571
изделие 42, 315, 334, 417, 550, 551, 553, 782, 787
издержки 87, 113, 116, 173, 226, 275, 483
издержки-плюс 173
издольщик 666
излишек 268, 485, 599, 713
излишний 485, 599
излишний запас 487
излишняя плата за провоз 486

изменение 29, 30, 110, 112, 225, 235, 331, 385, 449, 457, 618, 773
изменчивость 772, 773, 777
изменчивый 777
изменять 29, 30, 112
изменяться 112, 449
измерение 431
измерительный 432
измерительный прибор 312, 314
измерять 314, 431
изнашиваемость 785
изнашивание 50, 783, 785
изнашиваться 785
износ 217, 220, 783, 785
износостойкость 243, 785
изобилие 8, 283, 293, 785
изобильный 293
изображение 72
изобретатель 368
изобретать 367
изобретение 367
изолированный 655
изолировать 359, 371
изоляция 359, 371, 655
изучать 280, 385, 651, 705, 714
изучение 267, 280, 285, 466, 618, 705
изъятие 148, 787; (*средств*) 126, 235, 721; (*из обращения*) 212, 626
изымать 270
изыскание 368
иллюстрация 337
иллюстрировать 337
имение 265
именной 455, 602
иметь 332; ~ силу 332
имеющий силу 250
имидж 337
имитация 338
иммигрант 338
иммиграция 338
иммигрировать 338
импичмент 338
импорт 338, 339
импортер 339
импортирование 339
импортировать 339
импортные товары 338
имущество 45, 118, 120, 211, 233, 264, 265,

331, 333, 528, 564, 695
инвалидность 367
инвариантность 367
инвентаризационная опись 368
инвентаризация 368, 700
инвентарь 297, 338, 368, 695
инвестирование 369
инвестированный 776
инвестировать 368
инвестиции 369, 440
инвестиционная организация 308
инвестор 370
индекс 52, 345, 606
индексация 347
индент 345
индикативный 347
индоссамент 254
индоссант 254, 749
индоссат 749
индоссатор 254
индоссировать 254
индустриализация 348
индустрия 348
инжекция 353
инженер 255, 412
инженер-механик 255
инжиниринг 255
инициатива 353, 655
инициатор 353, 450, 482
инкассатор 132
инкассация 253
инкассирование 105, 597
инкассировать 131, 453, 597
инкассо 131
иностранец 28
иностранная валюта 269
иностранного производства 301
иностранный 282, 301, 487
инсайдер 355
инспектирование 355, 713
инспектировать 714
инспектор 268, 356, 710, 714
институт 356
инструктаж 83
инструктировать 357
инструктор 358, 417, 662
инструкции 225, 357, 603, 637

инструмент 338, 358, 740
инструментальная оснастка 740
инструменты денежного рынка 491
интеграция 24, 30, 362
интеллектуальная элита 81
интеллигент 362
интеллигенция 362
интенсивность 363
интенсивный 89, 362, 363
интенсификация 362
интервал 313, 366, 680, 681
интервенция 366
интервью 366, 367
интервьюер 367
интерес 363
интернационализация 366
интерполировать 366
интерполяция 366
интерпретировать 366
инфлятор 351
инфляционный 351
инфляция 350
информативный 352
информационный бюллетень 454
информация 83, 137, 191, 351, 362, 513
информировать 351
инфраструктура 353
ипотека 337, 448
ипотечный 336
ипотечный залог 336
ипотечный кредит 448
иск 48, 121, 141, 174, 183, 384, 515, 708, 754
искажение 440, 456
искать 651, 741
исключать 252, 270
исключение 226, 252, 268, 270, 281
исключительное право 270, 446
исключительность 270
исключительный 268, 270, 679
исковая давность 398
искусственно выращиваемый 183
искусственный 42, 418
искусство 42
исполнение 226, 270, 307, 506

исполнитель 270
исполнительная власть 270
исполнять 270, 394, 506
исполняющий обязанности 15
использование 36, 240, 253, 271, 280, 329, 767
использовать 37, 252, 272, 280, 767
испорченный 19, 290, 450
исправление 18, 30, 66, 166, 595, 597, 698, 699, 612
исправлять 17, 30, 166, 252, 281, 595, 598, 599, 611
исправность 477, 611, 679
исправный 662, 679
испытание 44, 545, 563, 732, 734, 752, 755
испытатель 369
испытательный 545
испытательный срок 545
испытывать 569
исследование 267, 280, 368, 618, 651, 705
исследовать 268, 280, 545, 619, 651, 705
истекать 280
истец 123, 515
истечение 280, 382, 732
истечение срока займа 469
истолковывать 152
история 332
источник 112, 461, 636, 680, 786
истощать 215, 272
истощение 50, 215, 272
истэблишмент 264
исходный 353
исчезновение 282
исчерпание 215
исчерпывание 215
исчерпывать 215, 272
исчерпывающий 143
исчисление 92
исчислять 29
итог 30, 708, 709, 740
итоговый 294

К

кабель 93
кабинет 93

каблограмма 93
каботаж 93
каботажное судно 129
каботажное судоходство 129
каботажный 129, 363
кадастр 93
кадровый 603
кадры 81, 511
каждый в отдельности 664
каждый в отдельности и солидарно 664
казна 751
казначей 751
казначейские векселя 751
казначейские сертификаты 751
казначейский билет 67
казначейство 75, 270
календарное планирование 649
календарный план 647
календарь 92
калибр 312, 314, 676
калибрование 93
калибровать 93, 322
калькулировать 92
калькулятор 92, 143
калькуляция 92, 173, 265, 266
камера 110
кампания 94, 241
канал 94, 112, 120, 284
каникулы 334
канистра 94
канцеллинг 94
канцелярия 469
канцелярские товары 693
канцелярский 127
канцлер 110
капитал 45, 83, 97, 166, 543, 695
капитализация 99
капитализировать 99
капитализм 99
капиталист 99
капиталистический 99
капиталовложения 363, 369, 440, 483
капиталоемкий 99
капитальные затраты 369
капитальный 99
капитальный ремонт 486, 592
капитан 99, 426, 650, 669
капитанская почта 530

карантин 577
карательный 571, 626
каркас 304
карта 418
картелизация 104
картелировать 104
картель 104, 133
картельное соглашение 147
картотека 294, 596
карточка 100, 735
карьер 577
карьера 100, 722
касаться 37
касса 105, 736
кассация 105
кассир 105, 500, 728, 751
каталог 105, 345, 368
катастрофа 226, 678, 792
категория 81, 105, 123, 212, 581
кафедра 110
качественный 574
качество 49, 81, 112, 123, 252, 288, 321, 410, 435, 564, 574, 591
каюта 93
квазиденьги 452
квалификация 54, 250, 475, 676
квалифицированный 251, 574, 677, 744
квалифицированный бухгалтер 12
квалифицированный рабочий 412, 475
квалифицировать 574
квартал 72, 577, 652
квартальный 577
квартальный дивиденд 577
квартальный платеж 577
квартира 35, 621
квартирная плата 610
квитанция 573, 593
квитанция об уплате таможенной пошлины 236
кворум 578
квота 74, 155, 578
кибернетика 187
кибернетический 187
килевой сбор 378
киножурнал 455
кинолента 294
кинохроника 455
киоск 79, 455

кипа 57, 514
клавиатура 378
кладовщик 699, 782
класс 123, 212, 378, 452, 581, 679, 756
классификация 28, 123, 132, 234, 581, 679, 716
классифицированный 124
классифицировать 48, 105, 123, 235, 679
класть 662
клаузула 124
клеймить 339, 420
клеймо 81, 327, 339, 420, 425, 650, 651, 687
клиент 128, 186, 196, 498, 520
клиентура 128, 151, 186
"клика" 128
климат 128
клиринг 127
клиринговый банк 127
клуб 128
ключ 378, 385
книга 9, 78, 671
книжка 60, 118
коалиция 129
ковариация 176
когорта 130
код 129
кодекс 129
кодирование 129
кодировать 129
кодирующее устройство 129
кодификация 129
кодифицировать 129
колебание 298, 299, 326, 482, 715, 773
колебаться 298, 336, 482, 581
колеблющийся 764
количественный 576
количество 30, 74, 86, 105, 149, 196, 239, 350, 462, 471, 576, 577, 703, 703, 778
коллега 131, 148
коллегия 60, 72, 132
колледж 132
коллектив 73, 132
коллекция 131, 581
колокол 65
колониализм 132
колониальный 132
колонизатор 132

колонизация 132
колонизировать 132
колонист 132, 664
колония 132
колонка 132
команда 181, 727
командирование 657
комбайн 329
комбинация 132
комбинированное судно 133
комендант 186
комиссар 133
комиссионер 23, 286, 438
комиссионное вознаграждение 506
комиссионные 133, 287
комиссионные сборы 521
комиссия 83, 133, 135, 175, 291, 491, 724
комитент 128, 186, 543
комитет 133, 135
комментарий 133
коммерсант 89
коммерциализация 133
коммерция 133
коммерческая деятельность 87
коммерческие документы 491
коммерческий 133, 434
коммерческое предприятие 774
коммивояжер 133, 643, 741, 751
коммунальные предприятия 767
коммунальные услуги 767
коммунальный налог 582
коммутатор 269, 378
коммюнике 137
компания 87, 132, 137, 149, 257, 304, 494
компания-филиал 22
компаньон 47, 137, 494
компенсационная сделка 90
компенсационный 54, 140
компенсация 140, 150, 252, 345, 471, 485, 578, 595, 597, 598, 604, 608, 612, 630
компенсировать 140, 174, 345, 471, 595, 597, 598, 604, 608
компетентный 140

компетенция 95, 140, 376, 600
компилятор 141
комплекс 22, 73, 142, 716
комплексный 29, 72, 143, 489
комплект 44, 63, 141, 378, 657, 662, 686, 708
комплектность 142
комплектный 489
комплектование личным составом 597
комплектовать 655
композит 142
композитные материалы 142
компонент 142, 251, 353
компромисс 143, 743
компромиссное соглашение 142
компрометировать 143
компьютер 143
компьютерная распечатка 544
конвейер 398
конвенционный 162
конвенция 161
конверсия 151, 162
конверт 258, 504
конвертировать 168
конвертируемость 162, 270
конвертируемый 162
конгломерат 149
конгресс 149
кондиционер 27
конец 220, 254; ~ операционного дня 128
конечная станция 731
конечный 267, 294
конечный пункт 580, 731
конкурент 141, 155, 635
конкурентный 141
конкурентоспособность 141
конкурентоспособный 141
конкуренция 140, 635
конкурировать 140, 630
конкурс 155
консалтинг 153
консенсус 149
консервация 150
консервирование 150
консигнант 151
консигнатор 150
консигнация 150

консоли 151
консолидация 151
консолидирование 311
консолидированная рента 151
консолидированный 151
консолидировать 151
консорциум 151, 716
конспект 7
константа 151
конституционный 151
конституция 151
конструирование 219
конструировать 152
конструктивный 152
конструктор 152, 219, 255
конструкция 152, 218, 704
консул 152
консульский 152
консульский сбор 152
консультант 22, 152
консультативный 22, 153
консультационная фирма 152
консультация 22, 152
консультирование 22
консультировать 22
консультироваться 152
контакт 149, 153
котанго 612
контейнер 154, 298, 748
контейнеризация 154
контейнезированный 154
контейнеровоз 154
контингент 130, 155, 578
континентальный 155
контора 469
конторский 127
контрабанда 155, 638, 678
контрабандист 678
контрагент 166, 174, 494
контракт 24, 155, 268, 344; ~ на условиях "под ключ" 755
контактация 159
контрактный 159
контарссигнант 174
контрассигновать 174
контрафакция 174
контрмера 174
контролер 143, 268, 356, 710
контролировать 118, 161, 603, 710, 774
контролируемый государством 691

контроль 118, 133, 159, 300, 327, 355, 431, 710, 732, 734, 774
контрольная цифра 723
контрольно-измерительное устройство 447
контрольно-пропускной пункт 118
контрольный список 118
контроферта 174
контрпредложение 174
конфедерация 147
конференция 147
конфиденциальность 148
конфиденциальный 148
конфискация 148, 281, 301, 655
конфискованная вещь 301
конфискованный 302
конфликт 123, 232
конфликтующий 148
концентрат 143
концентрация 143, 149, 525
концентрированный корм 143
концерн 144
концессионер 144
концессионный 144
концессия 144
конурбация 161
конъюнктура 149
кооперант 163
кооперативное общество 164
кооперативный магазин 164
кооператор 164
кооперация 163, 164
кооперироваться 163
координатор 164
координация 164
координирование 164
координировать 164
копирование 242, 338
копировать 338
копить 332
копия 164, 174, 242
корабельный груз 669
корабельный сбор 740
кораблекрушение 670
кораблестроение 669
кораблестроитель 669
корабль 73, 668
коренной 452
коренной житель 452

корешок 118, 174
корзина 63
корм 143, 292, 300
кормилец 82
кормовой 300
кормовой продукт 292
корнеплод 636
корнер 165
коробка 80, 104
короткий 671
короткопробежный 672
корпоративный 165, 166
корпорационный 165
корпорация 165, 343
корпус судна 336
корректировать 17, 166, 765
корректировка 18, 166, 765
корректура 563
корреспондент 166, 614
корреспонденция 166
коррумпированный 166
коррупция 166, 774
корыстный 774
косвенные издержки 472
косвенный 347
космический корабль 681
космос 680
котирование 579
котировать 579
котировка 183, 332, 425, 578
кочевой образ жизни 455
коэффициент 129, 286, 293, 579, 582, 589, 767; ~ полезного действия 250, 331
краеугольный камень 165
кража 87, 383, 514, 520, 635, 734
крайний 283
крайность 283
крановый сбор 177
кратковременный 671, 672, 678
краткосрочный 671, 672, 761
кратное число 450
крах 82, 131, 177, 239, 678
кредит 178, 229, 284, 388, 402, 754
кредитная линия 715
кредит-нота 180

кредитно-финансовый инструмент 358
кредитная линия 715
кредитный билет 457
кредитование 180, 288, 472
кредитовать 180
кредитор 129, 180, 200, 388, 405, 449, 465, 563
кредитоспособность 180, 679, 755
кредитоспособный 315, 679, 755
крепежная деталь 290
крепить 71, 81
крепление 81, 290
крепнуть 581
крестьянин 504
крестьянство 504
кривая 185
кризис 181, 217
критерий 181, 340
критика 184
критическая статья 181
критический 181
критический уровень 735
кроссирование 183
кроссировать 183
круг 120, 600
круги 264, 577, 791
кругозор 334, 591
кругооборот 120, 636
крупная сделка 433
крупномасштабный 383
крупномасштабный проект 433
крупносерийный 383
крупноформатный 383
крупный 67, 330, 383, 413
крупный рогатый скот 106
крушение 131, 792
крытый товарный вагон 102
крышка 396
кукуруза 165
культивация 183
культивирование 325
культивируемый 39
культурный сорт 183
кумулятивный 13, 183
кумуляция 183
купец 425, 434
купля 571
купон 782

купюра 212
курс 175, 269, 298, 298, 536, 578, 581, 721
курсировать 639
курсовая таблица на фондовой бирже 666
курсовой бюллетень 639
курьер 175, 435
куртаж 176
кустарный 334
кустарный промысел 334

Л

лаборатория 380
лавочник 110
лаж 24
лазейка 407
лайнер 400
легализация 387
легальный 694
легкий 247
легко портящийся 191
лекарство 241, 432
лента 58, 722
лес на корню 736
лесная биржа 793
лесной склад 793
лесозаготовки 410
лесоматериалы 736
лесонасаждения 519
лесопромышленник 410
летчик 514
лжесвидетельство 510
либерализация 394
ЛИБОР 394
лидер 385
лизинг 386
ликвидатор 400
ликвидация 128, 200, 231, 232, 252, 400, 663, 786
ликвидировать 232, 252, 400
ликвидность 337, 400
ликвидный 300, 400, 578, 591
лимит 394
лимузин 128
линейный 399
линия 103, 175, 398, 498; ~ кредита 266; ~ связи 120, 636
лист 300, 385, 666, 677
листинг 401
лифт 332

лихорадка 293
лихорадочный 293
лихтер 397
лицевая сторона 284, 598
лицензиар 396
лицензиат 322, 395
лицензионный платеж 637
лицензирование 183, 395
лицензия 51, 394, 510
лицо 7, 19, 30, 34, 39, 47, 54, 55, 62, 65, 106, 121, 137, 159, 163, 238, 266, 293, 313, 325, 347, 396, 455, 468, 483, 511, 580, 602, 674
личная выгода 656
личная собственность 249
личность 151, 293, 347, 511
личный 511
личный состав 141, 417, 511, 686
лишать гражданства 212; ~ законной силы 367; ~ права 301; ~ собственности 232
лишаться права 302
лишение 212, 218, 329; ~ гражданства 212; ~ дееспособности 363; ~ права 232, 266, 281, 301; ~ собственности 232, 235, 267, 301
лишенный привилегий 758
лишний 467
Ллойдс 402
лобби 405
логотип 406
лодка 73
лозунг 677
локализация 741
локализовать 741
локаут 406
локо 406
лом 82, 650
ломать 82
ломаться 82
ломбард 499
ломбардный 406
ломкий 82, 83, 304
лот 409
лотерея 240, 409
лоцман 514
лоцманский сбор 514

лошадиная сила 334
лояльность 288, 410
лучший 66, 331
льгота 20, 65, 144, 271, 284, 304, 306, 321, 338, 545
льготный 290, 533, 545
людские ресурсы 417

М

магазин 64, 79, 80, 164, 189, 327, 471, 670, 701
магазин-автомат 52
магазинная кража 671
магазинный вор 671
магистраль 514, 754, 756
магистральный 406
магнат 411, 756
маис 165
макет 569
маклер 83
макродемография 412
макроклимат 412
макромаркетинг 412
макроэкономика 412
максимальная цена 106
максимальность 428
максимальный 428, 740
максимизация 429
максимизировать 429
максимин 429
максимум 106, 331, 429
малодоходный 410
малонаселенный 758
малопроизводительный 759
малочисленное население 758
мандат 178
манипулирование 417
маржа 262, 419, 426
маржинальный 420
марка 81, 413, 441, 687, 722
маркер 420
маркетизация 425
маркетинг 425
маркировать 380
маркировка 380, 425
маркировщик 420
мародерствовать 407
марочный 82
маршрут 329, 374, 636, 637, 741

839

маршрутная карта 647
масло 471
маслодельня 189
масса 86, 323, 426, 786
массовый 323
массы 323
мастер 177, 301, 426
мастеровой 42
мастерская 417, 670, 787, 791
мастерство 268, 328, 426, 676
масштаб 430, 646, 647
математика 428
материал 142, 242, 426, 428, 706
материализация 252
материально-производственные запасы 701
материальные ценности 785
материальный 513, 722
матрица 488
матрос 650
махинации 183, 417
машина 17, 411
машинист 102, 255
машинной работы 411
машинный 432
машинный час 411
машиностроение 256
машиностроитель 412
мегалополис 433
"медведь" 64
медицина 432
медицинский 432
межбанковская ставка 394, 673
межбанковский рынок 363
межбиржевой 363
межведомственный 363
межгосударственный 366
междугородний 406
международный 366
межзональный 367
межотраслевой 366
межправительственный 366
межпроизводственный 366
межфирменный 363
мелиорация 433
мелиорировать 433
мелкая монета 71
мелкая партия груза 492
мелкие деньги 110

мелкий арендатор 181
мелкое хозяйство 181
мелочная торговля 504
мелочной торговец 110
мелочь 110
мельница 439
меморандум 434
менеджер 415
меньшинство 439
менять 112, 773
меняться 112
мера 282, 312, 314, 430, 532, 694
мерило 181, 430
мерка 430
меркантильный 671
мероприятие 42, 267, 430
мертвый 196
меры 51, 251, 640
местная авиалиния 292
местного производства 334
местность 175, 406
местный 239, 334, 347, 405
местный налог 582
место 106, 405, 514, 521, 636, 651, 684; ~ багажа, груза 104, 489, 513; ~ назначения 219; ~ обитания 327; ~ рождения 71; ~ службы 375, 787; ~ стоянки 66, 448; ~ погрузки 581
местожительство 406, 621
местонахождение 406, 651, 675
местоположение 406, 675
местопребывание 621
месторождение 215, 293, 467
месяц 447
металл 435
металлизм 435
металлические деньги 131, 682
металлический 435
металлорежущий станок 412
металлургический 435
металлургия 435
метод 42, 53, 117, 383, 429, 435, 441, 547, 548, 716, 727, 734, 784
методика 547, 727, 734
методический 438

метрический 438
метрополитен 755
механизация 432
механизированный 432
механизм 312, 411, 432
механик 412, 432, 475
механическая деформация 702
механический 432
мешать 327, 332, 338
мешковина 55, 640
мешок 54, 640
мигрант 439
миграция 439
мигрировать 439
мигрирующий рабочий 79
микроанализ 438
микродемография 438
микроклимат 438
микроперепись 438
микрофильм 438
микроэкономика 438
микроэкономический 438
микроэкономическое равновесие 438
миллион ф. ст. 60
миля 439
минерал 439
минеральное сырье 439
минимакс 439
минимаксимизировать 439
минимизация 439
минимум 439
министерство 19, 72, 213, 439, 469
министр 439, 652
минута 439
мир 791
мировой 791
мировой судья 411
миссия 387, 440
митинг 314, 580
младший (*по должности*) 376
мнение 475
мнимый покупатель на аукционе 263, 297
многозначный 450
многоканальный 450
многократный 306
многонациональный 450
многообещающий 563
многоотраслевой 235
многопалубное судно 758
многопродуктовый 450

840

многосторонний 418, 450
многофункциональный 450
многочисленный 463
многоэтапный 450
множество 463, 662
мобилизация 441
мобилизация капитала 311, 441
мобилизовывать средства 722
мобильность 440
мода 290, 777
моделирование 443, 674
модель 413, 428, 441, 498, 569, 674, 756
модельер 219
модем 443
модернизация 443, 599, 627, 765
модернизировать 443, 599, 765
модификация 443, 626, 627, 629, 774
модный 288, 290
"мозговая атака" 81
молоток 314, 327
молочная ферма 189
молочное хозяйство 189
молочный магазин 189
молочный скот 189
момент 736
монета 71, 130, 246, 315, 455, 513, 577
монетаризм 443
монетарный 443
монетизация 443
монетная система валюты 443
монетный двор 443
монитор 446, 447
мониторинг 446
монокультура 447
монометаллизм 447
монополизация 447
монополизировать 447
монополист 447
монополистический 447
монополистическое объединение 447
монополия 447
монопольный 470, 679
монопсония 447
монтаж 263, 297
монтажник 17, 44, 263
монтер 297

монтировать 44, 263, 284, 356
моральный износ 217, 466
море 650, 784
мореплаватель 452
мореходность 651
мореходный 651
морозостойкий 131, 307
морское судно 650
морской 420, 452
морской флот 420, 670
мост 83
мотив 323, 449, 592
мотивировка 449
мошенник 149, 182, 304, 666, 673, 706, 715
мошенничество 304, 334
мощность 95, 243, 284, 334, 354, 362, 530, 589
мощный 531
мощь 530
моющее средство 220
мультивалютный 450
мультипак 450
мультипликатор 450
муниципальная ценная бумага 793
муниципальный 450
мясо 64, 132

Н

набавление 67
набавлять 66
набережная 64, 577
набирать 597
наблюдать 466, 710
наблюдение 466, 710, 713
набор 48, 63, 362, 378, 450, 662, 686, 708
набросок 483, 676
навалом 761
навалочный 407
наведение справок 354
навес 666
навигационный 452
навигация 452
наводнение 298
наводнять рынок 242
навязывание 339
навязывать 339, 535, 741
награда 53, 504, 545, 734
нагружать 402, 514
нагрузка 62, 402
нагул 290

надбавка 17, 29, 66, 77, 154, 155, 223, 343, 344, 402, 426, 533
надежность 215, 607
надежный 215, 315, 607, 624, 640, 652
наделение полномочиями 51, 776
наделять полномочиями 776
надзор 159, 710, 739
надлежащий 241, 564, 603
надомная работа 334, 485
надомник 336
надомный рабочий 485
надписывать 390
надпись 99
надстройка 710
наем 332
наемный рабочий 881
нажим 375, 353, 573, 703
название 451, 739
назначать (*цену*) 38, 46, 116, 135, 173, 297, 451, 485, 573, 662, 758; (*на должность*) 455; (*судно*) 515
назначение 28, 29, 36, 37, 46, 67, 297, 455, 572, 662, 674
назначенный 37, 455
называть 66, 219, 257, 451
наименование 212, 257, 451
накапливать 183, 699
накапливаться 13
накладная 457
накладные расходы 87, 472, 486, 709
наклеивать 380, 695
наклейка 380, 695
накопительство 447
накопление 86, 183, 514, 699
накопленный 13, 183
налагать (*штраф, наказание*) 351, 384
наладка 18, 662
налаживать 482
налет 580
наливать 294
наличие 52
наличная сделка 104
наличность 104

841

наличные деньги 104
наличные товары 368
наличный 52, 239, 535, 591
налог 44, 109, 113, 242, 304, 339, 710, 724, 726
налоговое убежище 667
налоговый зонтик 757
налоговый сертификат 28
налогообложение 725
налогоплательщик 588, 727
наложение (*ареста*) 49, 233, 252; (*штрафа, наказания*) 351
намереваться 362
намерение 27, 363, 572
намечать 258
наниматель 253, 332, 386, 728
нанимать 252, 255, 332
нанимающийся на работу 257
наплыв 299, 351, 638, 639
наполнение 294
наполнять 294
напоминание 607
направление 175, 241, 398, 721, 728
направлять 17, 231, 326, 330, 637
направляющийся 80
напрокат 332, 610
напряжение 736, 535
напряжённость 363, 736
напряжённый 89, 362, 736
нарастать 13
наращивание 13, 86
нарицательная стоимость 284
нарицательная цена 457
нарицательный 455
наркотик 241
народ 451, 505
народное хозяйство 247
наросший 13
нарочный 175
наружный 282
нарушать 82, 234, 353, 752, 777
нарушение 82, 204, 232, 234, 353, 384, 467, 514, 639, 777
нарушитель 353, 777
население 121, 525

населённый пункт 514
населять 353
наследие 130, 331, 398
наследник 331, 387, 708
наследование 353, 708
наследовать 353
наследственная вещь 331
наследственность 331
наследственный 331
наследство 331, 353, 387
наследуемый 331
настаивать 535
настойчивый 535
настоятельный 273, 535
настроение 292, 448, 740, 760
наступать 428
наступление 428, 472
насыпать 294
насыпка 294
насыщать 646
насыщение 646
натурализация 452
натурализовать 452
натуральный 452
наука 650
научно-исследовательская работа 618, 619
научный 650
находить 220, 229
находиться в обращении 120
находящийся на рассмотрении 506
нахождение на рассмотрении 505
нахождение неисправности 290, 754
наценка 426
национализация 452
национализировать 452, 703
национальная принадлежность 451
национальный 580
нация 451
начало 133, 341, 383, 472, 690
начальник 330, 543, 573, 667, 682
начальный 353
начинание 341
начинать 133, 353, 383, 690
начинаться 133
начисление 113, 116

начислять 116
неадресованный 757
неакцептованный 757
неамортизированный 757
неассигнованный 757
небанковский 455
неблагоприятный 761
небрежность 453
небрежный 453
небьющийся 757
невзысканный 757
невмешательство 382
невозместимый 456
невозмещаемый 456
невозмещённый 757
невозможность 340
невостребованный 757
невыгодное положение 226
невыгодный 50, 558
невыполнение 109, 204, 287, 455, 456
невыполненный 339, 485, 761
невыполнимость 339, 350
невыполнимый 350
невыход на работу 455
негабарит 485
негабаритный 486, 487
негарантированный 764
негибкий 350, 351
негибкость 695
негодность 764, 792
негодный 764, 792
неготовность к работе 455
неграмотность 337
недатированный 758
не дающий права голоса 457
недвижимая собственность 729
недвижимое имущество 211, 338
недвижимость 533
недвижимый 338, 591
недееспособность 226
недействительность 368, 461
недействительный 367, 383, 461, 757
недействующий 354
неделимый 347
неделя 785
недискриминационный 455
недлительный 760

недобор 672
недоброкачественность 350
недоброкачественный 764
недоверие 229
недовес 760
недовольство 227, 232
недогружать 758
недогруженный 672
недогрузка 758, 759, 760
недозволенный 337
недоимки 42
недокументированный 760
недооценивать 758, 759, 760
недооценка 758, 759, 760
недоплата 758
недоплачивать 758
недополученный 672
недопоставка 759
недопоставленный 762
недопроизводство 759
недопустимый 337
недоразумение 440
недорогой 85, 350
недосмотр 487
недоставать 382
недоставленный 758
недостаток 197, 205, 226, 240, 290, 338, 359, 381, 452, 647, 672, 704, 736, 776, 781, 750
недостаточная капитализация 758
недостаточная производительность 759
недостаточное питание 758
недостаточность 340, 359, 758
недостаточный 205, 340, 647
недостаточный запас 760
недостача 672, 757
недостающий 205
недоступный 340, 764
недочет 672
недоходный 312
незаверенный 757
незавершенное производство 791
незавершенность 343, 455
незавершенный 343, 757
независимость 345, 656, 680

независимый 345, 655, 680
незагруженность 760
незагруженный 196
незагрязненный 761
незадекларированный 758
незаконное распоряжение собственностью 162
незаконность 337, 384, 763
незаконные операции с ценными бумагами 666
незаконный 337, 763, 792
незаконченность 455
незаконченный 343, 761
незаложенный 761, 763
незанятый 304, 337, 761
незапатентованный 761
незапланированный 764
незаполненный 72
незаработанный 760
незарегистрированный 761, 764
незастрахованный 761
незастроенный 760
незатронутый 757
незащищенность 281
незначительный 678, /439, 453/
неизбежность 338
неизбежный 338, 757
неизменность 367, 757
неизменный 367, 757
неизрасходованный 761
неиндексированный 761
неинкассированный 757
неисключительный 455
неиспользование 457
неиспользованный 761
неисправность 85, 200, 204, 287, 290, 414, 753
неисправный 205, 290
неисчислимый 354, 757
нейтральный 454
некартелированный 455
некартельный 455
некачественный 707
неквалифицированный 764
неквотированный 456
неклассифицированный 757
некоммерческий 455, 456, 457
некомпетентность 343
некомпетентный 343

некомплектный 671
неконвертируемый 343, 455, 679, 758
некондиционный 456, 707
неконкурентный 455
неконкурентоспособность 455
неконкурентоспособный 455
неконсолидированный 758
неконституционный 758
неконтролируемый 758
некорпоративный 761
не котирующийся на бирже 761
некроссированный 758
некумулятивный 455
неликвидированный 761
неликвидный 337, 456, 761
нематериальные активы 362
нематериальный 362
немедленный 338, 356, 536
немецкая марка 236
немощь 350
ненадежность 354, 761
ненадежный 354, 761
ненадлежащий 339
ненормированный 764
необеспеченный 758, 761, 764
не облагаемый налогом, пошлиной 455, 456, 764
необорудованный 761
необоснованность 324
необоснованный 324, 760, 764
необработанный 591, 761, 763, 636
необразованный 337, 760
необратимость 343
необратимый 343
необходимость 273, 452, 781
необходимый 264, 347, 452, 618
необъединенный 758
необъявленный 758, 761
необязательный 477
неограниченный 761, 763
неоднократный 612
неоплаченный 764
неопределенность 757
неопределенный 757

843

неопротестованный 764
неопубликованный 764
неопытный 350
неорганизованный 467, 761
неоснащенный 761
неосуществимость 339, 350
неосуществимый 339, 350, 764
неосуществленный 287
неотложность 535
неотложный 273, 535
неотраслевой 456
неотъемлемый 340, 353, 362
неофициальная биржа 378, 703
неофициальный 351, 456, 545, 761
неоформленный 761
неоцененный 764
неочищенный 757
непарный 476
непатентоспособный 761
непередаваемый 456, 457, 764
неплатеж 456
неплатежеспособность 226, 353
неплатежеспособный 60, 355, 456
неплательщик 456, 727
неплодородный 61
неподверженный 362, 758
непогашаемый 456
непогашенный 7575, 764
неподготовленный 761
неподкупный 757
не подлежащий выкупу 764
не подлежащий вычету 455
не подлежащий обложению налогами 455, 757
не подлежащий оплате отдельными взносами 456
не подлежащий поставке 758
не подлежащий продаже 456
не подлежащий страхованию 761
неподписанный 764
неподтвержденный 757

неподходящий 340
непокрытый 758, 764
непокрытый чек 706
неполадки 200
неполная занятость 706, 758
неполная рабочая неделя 327
неполное страхование 758
неполнота 343
неполноценность 340
неполноценный 340
неполный 304, 343, 359, 494, 671
неполный рабочий день 327
неполный тираж 759
неполучение данных 456
не пользующийся спросом 764
непомерная плата 580
непомерный 273
непортящийся 456, 700
непоследовательность 343
непоследовательный 343
непоставка 455
неправильная адресовка 440
неправильное использование 440
неправильность 371
неправильный 290, 339
неправомерный 792
неправоспособность 340
неправоспособный 340
непрактичный 757
непредвиденная прибыль 786
непредвиденное обстоятельство 155
непредвиденные расходы 155
непредвиденный 252, 761
непредусмотренный 467, 761
непредъявление 456
непрерывность 155
непрерывный 155, 690, 761
неприбыльный 312
неприбытие 455
непривилегированный 761
непригодность 341, 455, 761, 764, 766
непригодный 196, 340, 341, 367, 764, 776, 761

неприемлемый 337, 455, 757
непризнание 227
неприкосновенность 338
не принимаемый к учету 760
непринятие 455
непринятый 757
неприязнь 53
непрогнозируемый 764
непроданный 485
непродовольственные товары 456
непроизводительный 456, 764
непроизводственный 456
непропорциональность 231
непропорциональный 231
непрочность 354
непрочный 304, 354
неработающий 337, 457
нерабочий день 334
неравенство 230, 350, 467
неравномерный 761
неравноправный 761
неравноценный 761
нерадивость 321
неразбериха 149
неразвитый 760
незагруженный 760
неразменный 371, 757
неразмещенный 761
неразрешенный 757, 758
нераспределенная прибыль 626, 713
нераспределенный 757, 760
нерасфасованный 764
нереальный 485
нерегулярный 371, 456, 761
нерезидент 456
нерентабельность 764
нерентабельный 760, 764
несбалансированность платежей 230
несбалансированный 757
несвоевременный 760
несезонный 471, 764
несекретный 757
несистематический 764
нескорректированный 757
неслучайный 456
несоблюдение 352, 455, 456

несовершеннолетний 439
несовершенство 338
несовместимость 343
несовместимый 343
несогласованность 455
несоответствие 159, 226, 229, 230, 337, 340, 343, 414, 440, 455, 757
несоответствующий 340, 359
несоразмерность 231
несоразмерный 231
несортированный 575
несостоятельность 60, 287, 340, 355, 367
несостоятельный 60, 324, 355
несостоятельный должник 60
несочетающийся 343
неспособность 340, 341
неспособный 340
несправедливость 533
несправедливый 350, 761
нестандартный 456, 485, 707, 761
нестандартный размер 487
несудоходный 761
нести (*расходы, убытки*) 64, 344
несчастный случай 9, 105
нетарифный 456
нетоварный 761
неторговый 455, 457
неточность 340
неточный 340
нетрудовой 456
нетрудоспособность 226, 341, 367
нетрудоспособный 226, 760
нетто 454
неуверенность 757
неудача 239, 299, 629, 755
неудачная инвестиция 755
неудобный 343
неудобство 234, 343, 461
неудовлетворенность 227, 232
неудовлетворительный 664, 764
неузаконенность 337
неузаконенный 337
неукомплектованный 758, 759

неукомплектованный штат 758
неуместность 350
неуместный 340, 350
неупакованный 407, 761
неуплата 203, 207, 456
неуплаченный 207, 485, 760
неуполномоченный 757
неупотребление 457
неурегулированный 757, 764
неустойка 505
неустойчивость 299, 337, 356, 764
неустойчивый 664, 679, 764, 777
неустранимый 371
неучаствующий 456
нефтевалюта 512
нефтевоз 471
нефтедоллары 512
нефтеперерабатывающий завод 600
нефтепровод 514
нефть 183, 471, 512
нехватка 197, 205, 381, 452, 647, 672, 704, 757, 781
неходкий 242
неходовой 764
нецелесообразность 350
нецелесообразный 350
нецикличный 455
нечеткий 337
нечеткость 337
нечетный 467
нештатный 305
неэкономичность 229
неэкономичный 760
неэкономный 760
неэластичность 350, 351
неэластичный 350, 351
неэффективность 350
неэффективный 350, 760
неявка 455
нижестоящий 376
низкий 350, 409
низкооплачиваемая работа 514
низкооплачиваемый 758
низкосортный 410, 469
ниша 455
нищета 233, 440, 498, 530
нищие 330, 498
новатор 354

новаторский 354
новация 461
новизна 35, 461
новинка 354, 461, 682
новичок 454, 597
новобранец 149
нововведение 354
новое издание 682
новости 454, 461
новшество 354
ноль 795
номенклатура 455, 581
номер 371, 462
номерной знак 519
номерок 118
номинал 492
номинальная стоимость 284
номинальный 455, 588
норма 29, 91, 420, 457, 578, 581, 637, 688, 724
нормализация 457
нормализовать 457
нормальный 457, 603
норматив 457, 688
нормативный 457, 604
нормирование 588, 589, 591, 690
нормировать 690
нотариальный 457
нотариус 457
нотис 459
нотификация 461
ноу-хау 379
нужда 209, 233, 273, 329, 452, 616, 781
нуждаться 382, 616
нулевой 461
нуллификация 461
нумерация 463
нумеровать 463

О

обанкротившийся 60
обанкротиться 82, 189, 287
обвинительное заключение 347
обеззараживать 755
обертка 258, 375, 792
обёрточная бумага 792
обеспечение 54, 86, 131, 177, 284, 520, 550, 652
обеспеченный 786

обеспечивать 49, 131, 177, 254, 526, 569, 652
обесценение 217, 673
обесцененный 217
обесценивать 217
обесцениваться 217
обещание 563
обещать 563
обжалование 35
обжаловать 35
обзор 7, 488, 629, 636, 713, 714
обивать 399
обильный 8, 330, 785
обитаемый 327
обитатель 353, 467
облава 580
облагаемый налогом или пошлиной 186, 243, 330, 726
облагать 44, 339, 392, 487, 573, 588, 726
обладание 528
обладатель 528
областной 601
область 40, 120, 234, 238, 569, 601, 673, 683; техники 42
облегчать 397
облегчение 284, 397
облигационный 77
облигация 74, 197, 298, 464, 690, 695
обложение налогом 44, 339, 392
обложка 375
обман 72, 120, 200, 206, 238, 283, 304, 315, 321, 331, 656, 715, 753
обманщик 182, 304
обманывать 120, 206, 715
обмен 62, 110, 112, 137, 162, 269, 714, 744
обмениваемый 62
обменивать 62
обмениваться 62
обмер 431
обнаружение 220, 229, 290
обнаруживать 220, 227, 229, 673
обновление 609
обновлять 609
обобщать 314
обогащать 256
обогащение 356

обозначать 219
обозначение 212, 219, 715
обозреватель 132
оборачиваемость 755; (товарных запасов) 700; (валюты, судна) 756
оборот 627, 755, 756
оборотный 453
оборотный капитал торговой фирмы 695
оборудование 260, 284, 311, 329, 411, 483, 630
оборудовать 260, 630
обоснование 324, 377, 449, 707
обоснованность 768
обоснованный 377, 592, 768, 786
обосновывать 377, 449, 707
обособление 359
обособленный 674
обособляемость 371
обострение 666
обрабатываемый 183
обрабатываемость 183, 241, 328, 410, 418, 549, 630, 736, 751, 790
обрабатывающее устройство 550
обработанная земля 736
обработка 183, 296, 412, 417, 418, 550; ~ грузов 695, 791
образ 290; ~ действий 417; ~ жизни 402
образец 44, 302, 426, 441, 498, 644, 673, 683, 688, 756
образование 54, 249, 303, 650
образовательный 249
образовывать 314
обратимость 162, 270
обратимый 162
обратная покупка 90, 615
обратная премия 573
обратная связь 292
обратное поручительство 174
обратное требование по векселю 603
обратный вексель 183
обратный перевод 627
обращаемость 453

обращаться 328, 597, 600, 622, 651
обращение 17, 120, 184, 185, 315, 328, 597, 622, 651
обременительный 471
обременять долгами 471
обрешетка 177, 304
обследование 713
обслуживание 49, 100, 383, 657, 662
обслуживать 105, 412, 657, 662
обстановка 49, 145, 259
обстоятельство 104, 120, 145, 155, 252, 286
обсуждать 150, 197, 229, 453
обсуждение 150, 174, 197, 229, 453
обусловленный 683
обусловливать 129, 147, 683
обучать 357, 574, 745
обучающийся 745
обучение 38, 249, 357, 650, 745, 755
обход 91, 207, 741
обходить 91
обходной путь 91
обчистить 298
обшивать (тканью) 128, 399
обширный 282, 472
общаться 137
общая сумма риска 177
общегосударственный 452
общедоступный 525
общеизвестный 137
общенациональный 452
общение 363
общепринятый 9, 19, 137, 162
общественное питание 106
общественное положение 145, 692, 694
общественные беспорядки 149
общественный 336, 570, 678
общество 73, 116, 122, 132, 137, 164, 356, 678
общий 137, 314, 375, 485, 674
общинная земля 137
общинный выгон 137

объединение 30, 47, 132, 133, 137, 151, 165, 291, 311, 356, 362, 363, 525, 678, 761
объединенный 30, 47, 149, 151, 375, 481, 633
объединять 30, 151, 290, 362, 761, 763
объединяться 291, 763
объезд 91, 741
объездной путь 91
объект 464
объективный 338, 702, 757, 764
объем 30, 95, 155, 282, 484, 577, 676, 778
объявление 16, 20, 34, 201, 356, 459, 461; (*банкротом*) 327; (*о недействительности*) 367
объявлять 20, 34, 202, 461, 483, 739; (*банкротом*) 327; (*недействительным*) 367
обыкновение 137
обыкновенная акция 262
обыкновенный 137
обычай 161, 186, 327, 383, 531, 765, 784
обычай 137, 162, 186, 481, 603, 702
обязанность 243, 392, 464, 623
обязанный 80, 344, 394
обязательный 71, 80, 143, 264, 347, 416, 454, 465
обязательство 74, 113, 135, 176, 198, 254, 255, 392, 455, 464, 520, 563, 595, 623, 735, 759
обязывать 71
обязывающий 71
овердрафт 486
овеществление 252
овладевать 385, 426
овощная лавка 323
"овца" 382
огнеопасные грузы 133
огнестойкий 296, 297
огнеупорный 296
оговаривать 621, 683, 695
оговорка 124, 126, 145, 569, 570, 574, 619, 695, 783
ограничение 60, 151, 187, 240, 574, 624, 685; ~ в правах 229, 398
ограниченный 398, 451, 574, 623, 678, 736
ограничивание 184
ограничивать 184, 398, 624, 732, 736
ограничительный 625
одинаковый 259, 297
одновременная покупка и продажа валюты 304
одноканальный 674
одноколонный 674, 761
однопалубное судно 674
однородность 334
однородный 334, 761
односторонний 472, 761
одобрение 38, 39, 595
одобрять 38, 39, 145
одолжение 290
оживление 15, 83, 87, 449, 629
оживленный 15, 83, 87
оживлять 629, 630
оживляться 581, 597, 630
ожидание 35, 273, 781
ожидать 35, 273
оздоровление 611
ознакомление 288
оказание (*помощи, услуги*) 609
оказывать (*помощь, услугу*) 609
оканчивать 220
оканчиваться 280
океан 650, 784
океанский 467
оклад 640
окончание 142, 144, 220, 254, 280, 322
окончательное решение 294
окончательный 267, 294, 757
округ 234, 236
окружать 39, 636
окружающая обстановка 259, 662
окружающая среда 259
окупаемость 500, 597
окупаться 499
олигархия 471
олигополия 471
олигопсония 471
опасность 330, 507
опасный 191, 330

опека 186, 754, 755, 756, 782
опекун 186, 326, 755, 756
опекунство 756
оперативный 475
оперативный режим 472
оператор 475
операции 39, 60, 83, 140, 472, 547, 694; ~ на фондовой бирже 699; ~ с иностранной валютой 269
операционное подразделение 219
операционный зал биржи 298
опережать 301, 484, 485
опечатка 263, 440
опечатывать 651
описание 218, 440, 682
описывать 218
опись 368; (*имущества*) 655
оплата 126, 177, 206, 500, 604, 608; ~ натурой 754
оплаченный 244, 490; ~ заранее 534
оплачиваемый 500
оплачивать 126, 206, 226, 334, 433, 568, 604; ~ заранее 534
опорочение новизны изобретения 35
оппозиция 475
оправдание 270, 377
оправдательные документы 302
оправдывать 377
определение 200, 206, 220, 266, 337, 682, 576
определенный 206, 682
определять 44, 129, 206, 219, 220, 266, 576, 683
опровергать 155
опровержение 159, 212, 592
опрос 94, 354, 366, 524
опросный лист 577
опротестование (*векселя*) 461, 569
опротестовывать 230, 569
оптимальный 475
оптимальный режим 476
оптимизация 475, 706
оптовая продажа 234
оптовое предприятие 786

847

оптовое распределение 234
оптовый 786
оптовый магазин 782
оптовый сбыт 786
оптовый торговец 234, 375, 520, 782, 786
оптом 410, 786
опубликование 570
опубликовывать 607
опцион 93, 476, 573
опыт 279, 676
опытность 556
опытный 279, 556, 679
опытный образец 569
орган 23, 51, 73, 481
организатор 482, 684
организация 23, 42, 74, 103, 257, 264, 324, 326, 356, 481, 483, 664, 678
организовывать 303, 482
ордер 477, 782
оригинал 296, 426, 482
оригинальный 482
ориентация 482
ориентир 326, 504
ориентирование 482
ориентированный 482
ориентировочный 558
ориентировочный расчет 48, 127
орошение 784
орудие 338, 357, 773
осадка судна 239
осваивать 385, 426, 595
осведомленный 130
освобождать 14, 305, 607; ~ от налогов 218, 271, 608
освобождение 14, 271, 394, 578, 606, 607, 608; ~ от налогов 338
освобожденный 271; ~ от налогов 304
освоение 221, 426, 595
ослабевать 297, 707, 722
ослабление 186, 200, 224, 247, 606, 677, 707, 722
ослаблять 247, 606
осложнение 24, 142
осложнять 24, 142, 371
осматривать 355, 714
осмотр 118, 267, 355, 713
осмотрительность 106, 229
оснастка 9
оснащать 260, 630

оснащение 260, 358, 483, 630
основа 62, 304, 323
основание 62, 106, 264, 304, 323, 324, 353, 466, 563, 592
основанный 62
основатель 304
основная сумма 30, 97, 543
основной 62, 99, 311, 543, 758
основной продукт 690
основные производственные средства 518
основывать 62, 151, 264, 304, 356, 563
особенность 112, 290, 504
особенный 504
особый 270, 494, 628, 681
оспаривать 155
оставлять 7, 387
остановка 327, 390, 673, 700, 736
остаток 55, 104, 419, 467, 527, 607, 608, 621, 623
остаточный 621
осторожность 106, 229
осуждение 145
осуществимость 290, 531
осуществимый 291, 531, 591, 790
осуществление 104, 249, 252, 271, 272, 307, 591
осуществлять 250, 338, 532, 591
отбирать 119, 655
отбор 119, 183; ~ проб или образцов 645, 655
отборный 655
отбракованный скот 183
отбраковка 183, 322
отбрасывать 241
отбросы 783
отвергать 213, 609
отверстие 334
ответ 35, 612, 623
ответный визит 93
ответный звонок 93
ответственность 30, 392, 623, 763
ответственный 12, 35, 624
ответчик 205; ~ по апелляции 35
отвечать 34, 166, 612, 623; ~ требованиям 646

отвечающий требованиям 17
отвлечение 235
отвод 110
отговорка 270
отграничение 211
отгружать 382
отгруженный 670
отгрузка 669
отдавать 609
отдаленный 483
отдел 41, 213, 234, 603, 651
отделение 41, 81, 213, 220, 234, 651, 655, 657
отделка 241. 295, 296
отделочное покрытие 295
отделяться 241, 295
отделять 220, 359, 657
отечественного производства 334
отечественный 239, 334
отечество 175
отзыв 119, 592, 612, 629, 630, 787
отзывать 592, 630, 787
отзывной 630
отказ 7, 66, 212, 230. 287, 467, 601, 605, 611, 781, 787; (в платеже) 230, 615; (от должности) 601; (в иске) 456; (от права) 15, 202, 578, 609
отказывать (в платеже) 213, 230
отказываться 7, 202, 226, 601, 609, 713, 781; (от должности) 621; (от уплаты долга) 615; (от права) 578
откармливать 290
откладывание 529
откладывать 17, 205, 529, 621, 667
отклонение 202, 212, 215, 222, 224, 230, 234, 235, 241, 440, 605, 609, 756, 773
отклонять 202, 230, 601, 605, 609
отклоняться 213, 222, 234, 773
отключение 187
откорм 290

открывать 81, 227, 383; (аккредитив) 264
открытие 229, 472
открытое хранение 793
открытый 472 487
отлив 240, 298, 483, 600
отличаться 223, 773
отличие 232, 235
отличительный 232
отличительный признак 232
отличный 223
отмена 7, 35, 53, 94, 218, 787
отменять 7, 35, 53, 94, 218, 577
отметчик (при погрузке и выгрузке) 722
отмывание денег 383
относительный 606
относить к чему-л. 50
отношение 49, 579, 589, 600, 605, 606
отношения 153, 197, 605
отопление 330
отпечаток 339
отправитель 749
отправитель денежного перевода 608
отправка 230, 304, 412, 529, 669, 670; ~ на консигнацию 150
отправление 215, 640, 657, 690
отправленный 670
отправлять 304, 602
отправной пункт 721
отпуск 334, 386
отрасль 81, 398, 417
отрасль промышленности 348
отрицание 212, 227
отрицательный стимул 230
отрезок 652
отрицать 213, 227
отрывной талон 175
отрывок 268
отсроченные поставки 232
отсроченный 205
отсрочивать 205, 207, 268, 529, 563, 623
отсрочка 17, 205, 206, 321, 529, 563 623
отставание 54, 382, 677

отставать 205, 382, 677
отставка 621, 626, 768
отсталость 54
отсталый 54
отстранение (от должности) 714
отстранять (от должности) 714
отступать 213
отступление 215, 222, 224, 595
отсутствие 7, 381, 455, 757, 781; ~ ликвидности 337
оттиск 339
отток 483, 600
отход 215, 224
отходы 605, 639, 643, 650, 783
отцепление 220
отцеплять 220
отчет 9, 57, 494, 612, 627, 691
отчетливость 233
отчетливый 126
отчетность 9, 12, 13, 614
отчисление 28, 203, 530
отчислять 28, 203
отчитываться 614
отчуждать 28
отчуждение 28, 281
отъезд 215
оферент 468
оферта 467
офицер 470
официальное признание 595
официальный 303, 308, 471
оформитель 241
оформление 202, 218, 241, 250. 270, 371, 534
оформлять 202, 241, 250, 270, 343
офсетная сделка 471
оффшорный 471
охват 177, 591, 650
охватывать 591
охлаждение 163
охота 336
охотник 336
охотничье угодье 336
охрана 129, 150 326, 568
охранный 150
охранять 326, 535, 568, 652

оцененный 38
оценивание 650
оценивать 38, 44, 266, 314, 574, 578
оценимый 38
оценка 37, 38, 44, 80, 264, 266, 376, 475, 589, 769
оценочный 581
оценщик 38, 266, 769, 772
очевидец 283
очередной 603
очередность 636
очередь 82, 578, 721, 755
очистка от пошлин 126
очищать 126
очковтирательство 283
ошибаться 440
ошибка 72, 85, 183, 263, 290, 340, 440
ошибочная классификация 440
ошибочность 792
ошибочный 263, 290, 339, 340

П

паблисити 571
павильон 499
падать (о ценах, курсах) 202, 217, 288, 406, 520, 593, 605, 640, 674, 677, 707, 755
падающий 239
падение 82, 202, 239, 241, 520, 599, 605, 640, 675, 678
паек 591
пай 664, 695
пайщик 666, 699
пакгауз 782
пакет 54, 72, 489, 490, 492, 686; ~ акций 666, 699
пакетирование 490
пакетированный 104, 489
пакетировать грузы 490, 686
палата 110, 127, 335
палатка 79, 687
палета 491
палуба 201
памятка 607

памятная записка 434
памятная книжка 735
панглобальный 491
паника на бирже 300
папка 300
пара 491
параграф 42, 372, 492
параметр 492, 589, 772
парафировать 353
паритет 692, 493
парк 493
парк транспортных средств 298, 695
паром 292, 298, 580
пароход 694
партия 42, 63, 150, 356, 398, 409, 492, 638, 662, 669
партия груза на вагон 102, 402
партия груза на грузовую машину 754
партиями 64
партнер 47, 494
парусина 94
парцеллярное земледелие 181
парцель 492
паспорт 107, 495, 496
паспортные данные 589
пассажир 289, 496, 650
пассажирский вагон 102
пассив 20, 340
пастбище 71, 323, 331, 496
патент 496, 782
патентная формула 754
патентование 498
патентованный 567
патентовать 497
патентовладелец 497
патентоспособность 497
патентоспособный 497
патрон 498
паушальный платеж 410
пахать 520, 736
пахота 736
пахотный 39
пашня 520
пачка 489, 492, 514, 636
пачкать 226
пенопласт 300
пенсионер 505
пенсионный 505
пенсия 65, 499, 505, 626, 695, 709

пеня 295, 505, 712
первичный 757
первоисточник 482
первоклассная ценная бумага 314
первоклассный 297, 314, 543
первоначальный 482
первоочередной 543
первоочередность 532
первосортный 297
первостепенный 487
первый 297
первый платеж 328
переадресовка 235, 591, 596
переадресовывать 591, 596
перебазирование 607
перебазировать 607
перебалансировать 592
перебивать цену 482, 485
перебой в работе 287, 290, 482
переваливать 482, 749
перевалка 607, 621, 749
перевалочный пункт 314
перевешивать 488, 630
перевод (денег) 608, 667, 749; (в другие единицы) 162, 239, 598; (на другой язык) 366
переводимый 749
переводить (деньги) 608, 627, 749; (в другие единицы) 239, 598; (на другой язык) 366
переводный 749
переводный вексель 239, 269
переводополучатель 608
переводчик 240, 366
перевозить 103, 162, 292, 329, 639, 669, 749, 750
перевозка 102, 103, 104, 162, 163 183, 241, 305, 306, 329, 472, 491, 657, 748, 749, 750, 754
перевозочное средство 162
перевозчик 103, 163, 673, 751
перевыполнение 486
перевыполнять 486
переговоры 453
перегон самолетов 292
перегонка 232

перегонять 292, 483
перегружать 485, 487, 607, 621, 749
перегруженность 149
перегруженный 149, 740
перегрузка 485, 487, 488, 607, 621, 667, 712, 749
перегруппировка 592, 598
перегруппировывать 603
передаваемый 46, 453
передавать 46, 106, 137, 162, 207, 314, 328, 435, 535, 627, 749; ~ в арбитраж 39; ~ по радио 83
передаточная надпись 254
передатчик 749
передача 46, 55, 109, 120, 135, 137, 162, 207, 222, 227, 231, 314, 453, 627, 713, 749; (на рассмотрение) 600
передвигать 592, 608
переделка 17, 29, 592, 595
переделывать 29, 592
предепонирование 598
предепонировать 598
передовой 19, 304
переезд 449, 495, 608
перезакладывание 604
перезакладывать 604
переиздавать 605
переиздание 605
переименование 609
переименовывать 609
переквалификация 599
переквалифицировать 599
переключать 715
переключение 715
перекрестная гарантия 183
перекрестная ссылка 183
перекрестная эластичность 183
перекрестное владение акциями 183
перекрестное лицензирование 183
перекресток 183
перекупать 482
перекупка акций 323
перекупщик 707
перелет 638
перелив 684
переманивание кадров 524

перемена 110, 449
переменный 773
перемещать 607, 608, 749, 750
перемещение 231, 598, 607, 608, 667, 748
перенапряжение 488
перенаселение 485
перенаселенность 149
перенаселенный 149
перенасыщать 315
перенасыщение 315
перенесенный 103
перенимать 19
перенос 104, 205; (срока) 573, 748, 749
переносить 103, 207, 749, 750
переоборудование 599, 626, 628
переоборудовать 599, 626
переобучать 599, 626
переобучение 599, 626
переориентация 611
переоснащать 599, 626
переоснащение 599, 626
переотправка 600, 749
переотправлять 600, 749
переоформление накладной 592
переоцененный 488, 740
переоценивать 426, 486, 487, 592, 628
переоценка 420, 426, 486, 487, 488, 592, 628
перепаковать 611
перепаковка 611
перепечатка 615
переписка 166
переписывать 258
переписываться 166
перепись 106, 258
переплата 487
переплачивать 484, 487
переплетающийся 366
переподготавливать 627
переподготовка 604, 627
переполнение 298, 486, 487
переполнять 485, 486
переправа 292, 527
переправлять 292
перепроверять 183
перепродажа 287, 472, 618, 619
перепроизводство 315, 487

перерабатывать 549, 598, 600
переработка 328, 598, 600
перераспределение 591, 592, 598, 612
перераспределять 591, 598
перерасход 457, 486, 487, 712
перерасходовать 487
перерасчет 592
перерыв 82, 366, 486, 498
пересекающая дорога 183
переселенец 338, 439
переселение 449, 607
переселять 607
переселяться 439
пересматривать 596, 599, 629
пересмотр 591, 592, 596, 599, 609, 615, 618, 629
пересортировать 592
пересортировка 592
переставлять 592, 749
перестановка 231, 592, 621, 667
перестраивать 162, 591, 592, 596, 611, 621, 625
перестрахование 174, 605
перестраховщик 605, 627
перестраховывать 605
перестройка 591, 592, 596, 621
пересчет 34. 162, 592
пересчитывать 162, 592
пересылать 304, 608, 749
пересылка 304, 608, 749
переулок 91
переупаковщик 611
переуступаемый 46, 453
переуступать 46, 453
переуступка 46, 453
переутомление 702
переучет 368, 598
переучитывать 598
перехват 514
перехитрить 120
переход 112, 162, 200, 222, 438, 495, 496, 638, 715, 749
переходить 715
переходный 749
переходящий остаток 104
перечень 258, 400, 491, 639, 682
перечеркивать 183
перечисление 258, 748

перечислять 258, 374, 608, 627, 683, 749
перешвартовка 667
период 9, 187, 192, 297, 327Ю 334, 507, 512, 638, 683, 686, 729, 736
периодическая проверка 529
периодический 510, 598
периферийный 569
периферия 569
персонал 491, 505, 512, 670, 686
персональный 511
перспективный 563
перспективы 334, 483, 512, 528, 563
пестициды 512
печатание 544
печатать 544
печатающее устройство 544
печатник 544
печатное издание 544
печать 339, 535, 650, 651, 687
пик 504
пиломатериалы 410
пилотаж 514
пилотировать 514
пирамида 573
пирс 236, 375
письменное долговое обязательство 197
письменное свидетельство 779
письменный отзыв
письмо 178, 389
письмо-телеграмма 390
пищевой концентрат 143
пищевые продукты 300, 569, 776
плавающий курс 298
план 72, 218, 483, 515, 520, 558, 562, 567, 649
планирование 219, 518, 562
планировать 85, 219, 517, 534, 561, 562
планировка 385
плановик 517
плановый 517
плантатор 519
плантация 519
пластинка 519
плата 113, 327, 499, 500,

580; (*за перевозку*) 241, 298, 305, 527, 580, 741, 755, 784; (*за прокат*) 73, 177, 332, 397, 514, 610; (*за проезд*) 289, 495; (*за услуги*) 106, 236, 291, 448, 577, 789, 793; (*за простой*) 212; (*за обучение*) 755, 756; (*за перевод*) 530
платеж 23, 206, 287, 328, 354, 500
платежеспособность 181, 679
платежеспособный 624, 679
платежная ведомость 504
платежное средство 443, 729
плательщик 500
платить 226, 499, 609, 679
платная дорога 756
платный 490
платформа 64, 236, 297, 519, 520
плодородие 293
плодородный 293
пломба 650, 651, 687
пломбировать 651
плот 298
плотничать 736
плотность 212
площадка 176, 323, 519
площадь 40, 298, 299, 680
плуг 520
плутократ 520
плутократия 520
побочная работа 673
побочные расходы 282, 341
побочный 131, 341, 452, 456
побочный доход 511
побочный продукт 684
побочный эффект 81, 91
побуждать 347
побуждение 347, 573
поведение 64, 147, 548
поверенный 23, 49, 116, 679
поверхность 713
повестка 709;] дня 23
повод 106, 449
поворачивать 755
поворот 629

поворотный пункт 755
повреждение 85, 109, 189, 220, 287, 753
поврежденный 205, 290
повременная работа 196
повторное использование 628
повторное письмо 607
повторный заказ 611, 612
повторный осмотр 599
повышательная тенденция 765
повышательный 86, 87, 329, 765
повышать 19, 79, 256, 563, 580, 765
повышаться 19, 79, 128, 329, 339, 407, 633, 635, 685, 695, 713, 765
повышающийся 79
повышение 19, 38, 79, 86, 128, 256, 397, 514, 563, 514, 563, 694, 765, 792
погашаемый 598
погашать (*долг*) 400, 626, 662, 674
погашение (*долга*) 30, 58, 282, 454, 500; (*ценных бумаг*) 598, 612, 626, 662, 663, 675
поглощать 7, 315
поглощение 7, 14, 721
пограничный 307
погрешность 263
погруженный на палубу 201
погрузка 102, 252, 382, 402, 669, 670
погрузочная платформа 236, 581
погрузочное устройство 402
погрузочно-разгрузочные работы 328
погрузочный поддон 298
погрузчик 402
подавать (*документы*) 294; (*иск*) 141, 406
подарок 314
подача 294, 354, 406, 535
подбирать 48, 119
подбор 655, 664
подведение итога 414
подвижность 298, 440
подводить итог 740
подвозить 83, 207, 329

подвозка 102
подгонка 297
подготавливать 574
подготовительные мероприятия 533
подготовительный 534
подготовка 54, 250, 357, 534, 639, 736, 745
подгруппа 706
подданный 451, 706
подданство 451
поддающийся учету 92
подделка 163, 174, 284, 288, 302, 338, 378, 580
поддельная монета 706
поддельный 74, 174, 288, 302
поддержание 412
поддерживать 54, 74, 84, 205, 254, 412, 563, 712, 758, 765
поддержка 54, 254, 290, 504, 563, 571, 573, 712
поддон 297, 298
поденная работа 739
поденщик 195
подержанный 651, 766
поджог 42
подзаголовок 706
подзаконный акт 91
подземная железная дорога 708
подземный переход 708
подкладка 186
подклейка 174
подкомитет 706
подконтрольная компания 706
подкрепление 54
подкреплять 54
подкуп 83
подлежать погашению 428
подлежать скидке 227
подлежащий 706
подлежащий взысканию 93
подлежащий возмещению 597, 600
подлежащий выкупу 93, 598
подлежащий выплате 241
подлежащий вычету 23
подлежащий доставке 207
подлежащий обложению налогом 44, 116, 581

подлежащий оплате 116, 428, 500
подлежащий погашению 598
подлежащий получению 514
подлинник 482, 650
подлинность 51, 314, 337
подлинный 51, 314, 482
подложный 174
подмастерье 38
подмена 612
подмешивание 19
поднаем 708, 758
поднимать 580, 765
подниматься 128, 376
подозрительный 664
подопечный 782
подотрасль 706
подотчетная сумма 339
подотчетность 12
подотчетный 12
подписание 674
подписанный 674
подписка 487, 707
подписчик 707
подписывать 673, 759, 760
подписываться 673, 707, 759
подпись 99, 174, 254, 673, 674
подпрограмма 707
подражание 338
подражать 338
подразделение 213, 215, 219, 706
подразделять 235, 706
подразумеваемый 338
подробность 220, 494
подробный 494, 682
подрыв 224
подряд 155
подрядчик 86, 159
подсеть 706
подсистема 708
подскакивать 376, 678
подсобный рабочий 331, 667
подстанция 707
подстилка 186
подстилочный материал 242
подсудность 130, 376
подсчет 92, 143, 174, 266, 722

подсчитывать 143. 174, 264, 595, 722, 740
подтасовка 58
подтверждать 14, 22, 49, 71, 109, 148, 779
подтверждение 14, 22, 49, 148, 254
подход 34, 38
подходить 38
подходящий
подчинение 707
подчиненный 215, 707
подчинять 314
подчиняться 614
подъезд 38
подъем 79, 332. 376, 397, 513, 597, 721, 765
подъемное устройство 332
поезд 745
поездка 376, 740, 751, 753
пожертвования 80, 239, 254
пожизненная рента 511
поземельный налог 109
позиционирование 528
позиция 49, 527
позолота 314
 поиск 336, 573, 651, 741
показ 211. 212, 231, 272, 385, 535, 638, 672, 673
показания 347, 591;] под присягой 22
показатель 212 220, 293, 347, 450, 606
показательный 647
показывать 212, 272, 290, 347, 535, 639, 673
покидать 213
поколение 314
покорение 329
покорять 329
покровительственный 569
покровительство 51, 498, 569
покрывать 7, 177, 206, 597, 604
покрытие '. 54, 177, 604, 663
покупатель 67, 90, 91, 105, 186, 211, 406, 425, 567, 572, 671, 721, 755, 744
покупать 89, 425, 485, 533, 572

покупка 53, 60, 89, 90, 267, 572, 647, 671, 704, 721
полагать 150, 174, 376
полагаться 215
полезная нагрузка 500
полезность 52, 558, 766, 767
полезный 65, 558, 766, 768
полезный груз 500
полет 298
полиметаллизм 525
полиопопия 525
полис страхования 298, 336
политика 522, 524
полезная грузоподъемность судна 196
полная ставка 307
полномочие 51, 133, 229, 416, 530, 550, 570, 782
полнота 141
полный 141, 485
полный рабочий день 307
половина 327
положение 95, 120, 145, 206, 527, 569, 690
поломка 82, 189
полоса 58, 65, 704
полставки 327
полуавтономная организация 576
полугодовой 327, 657
полуобработанный 657
полуофициальный 657
полуприцеп 657
полуфабрикат 657, 706
полцены 327
получатель 65, 594, 595, 721
получать 246, 312, 466; (деньги, ссуду) 105, 126, 131, 240, 449, 580, 593, 652; (пользу) 66; (право) 574
получение 466, 593, 595; (денег) 105, 240, 253, 550, 721;] незаконным путем 66
получка 721
польза 20, 52, 65, 66, 315, 363, 556, 765
пользование 386, 467, 624
пользователь 766
пользоваться 558, 571, 766

853

пользующий спросом 525
поместье 265
пометка 619
помеха 61, 85, 240, 328, 332, 338, 366, 466
помечать 246;] задним числом 35
помещать 368, 406, 515, 573, 662
помещение 9, 383, 406, 515, 533, 636; (*капитала*) 675
помогать 9, 284
помощник 47, 331, 651, 712;] министра 759;] капитана 426
помощь 27, 47, 290, 331, 607, 712
понижательный 64
понижать 217, 239, 598
понижаться 202, 241, 288, 593, 640, 674, 677, 785
понижение 202, 217, 220, 239, 241, 288, 409, 598, 636, 640, 662, 664, 675, 785
понятие 144, 337
понятийный 144
поощрение 253, 341, 563, 695
поощрительная премия 80
поощрительный 563
поощрять 253, 304, 563, 695, 765
попадать в худшее финансовое положение 239
пополнение 362, 609, 612, 624, 700
пополнять 609, 612, 624
поправка 18, 30, 166, 597
поправочный 166
популяризировать 525
популярность 525
популярный 525
порог 735
порода 83
порождать 314
порожний 253
порожняк 196, 253
порожняя тара 253
порок 205, 297, 776
порочащий новизну изобретения 35
порочить новизну 35
порт 328, 525, 731

портить 191, 197, 353, 684
портиться 220, 684
портовая пошлина 378
портовый грузчик 406
портовый рабочий 236
порто-франко 527
портфель 54, 83, 527;] ценных бумаг 135
порты стран ЕС 266
портье 595
портящийся 191
поручать 135, 257, 357
поручение 133, 135, 357
порученный 253
поручень 328, 580
поручитель 54, 55, 325, 326, 652, 684, 712, 779, 783
поручительство 55, 174, 325, 652, 684, 712, 713
порция 527
порча 189, 220, 510
порядок 41, 477, 481, 547, 630, 753
посадка (*на корабль*) 252; (*самолета*) 382; (*с.-х.*) 519
поселенец 664
поселок 327, 741, 776
посетитель 94, 777
посещать 49, 93
посещение 49, 93
послание 435
последовательность 130, 151, 561, 657, 708
последовательный 149, 151, 322
последствие 150, 288, 482
последующий 149
послепродажный 23, 529
посменная работа 667
пособие 65, 238, 499, 505, 607
посол 30
посольство 252
посредник 23, 83, 196, 315, 366, 432, 439, 443, 454
посредничать 432
посреднический 366, 432
посредничество 23, 363, 366, 432
посредственный 432, 443
пост 529
поставить подпись 22

поставка 207, 232, 440, 550, 573
поставлять 105, 207, 311, 573, 710
поставщик 105, 311, 413, 418, 573, 710
постановка к причалу 66
постановление 15, 200, 203, 231, 253, 603, 622, 637, 638
постепенное прекращение (*работ, производства*) 513
постепенный 322
постер 529
постный 385
постоянная клиентура 498
постоянное представительство 440
постоянный 367, 510, 603, 663, 690, 693
постоянный клиент 603
постоянный покупатель 498
постоянный сотрудник 603
постоянство 510
построенный на скорую руку 375
постройка 152, 263
построчная оплата рекламных объявлений 399
поступать 42
поступающий 343
поступление 42, 246, 254, 341, 343, 548, 627
поступок 449, 548
посылать 207, 304, 412, 657;] на сонсигнацию 150
посылка 230, 274, 492
посыльный 81, 175, 435, 639
потенциал 529
потери 226, 315, 783
потерпевший 407
потеря 7, 218, 301, 302, 407
потерявший силу 196
потерявший товарный вид 671
потерять доверие 229
поток 298, 299, 300, 703
потолок 106, 781
поточная линия 398

поточный 702
потребитель 153, 211
потребление 153, 274, 275, 485, 655
потребляемый 153, 274
потреблять 153, 766
потребность 209, 273, 452, 616, 781
почва 323, 382, 679
почта 412, 529
почтовая корреспонденция 412
почтовое отделение 692
почтовые отправления 428, 529
почтовые расходы 529
почтовый 529
почтовый сбор 529
пошлина 186, 242, 243, 291, 530, 723, 724, 739
поэтапное распределение 513
пояс 65
правила 91, 129, 383, 603, 637
правильное размещение груза 753
правильность 13, 166, 603, 679, 768
правительственный 290, 321
правительство 18, 92, 321
правление 72, 225, 414, 637
право 165, 257, 383, 530, 630, 739, 766
право выбора или замены 476
право голоса 778
право давности 535
право досрочного выкупа облигаций 83, 93
право досрочного погашения ценных бумаг 93Ю 472
право на изобретение 252
право на совместное пользование 137
право оборота 597
право пастбища 331
право первого выбора 601
право перераспределения бюджетных средств 777
право прохода, проезда 785
право распоряжаться 231

право регресса 597
право собственности 292, 564, 567
право удержания имущества 396
правовая санкция 645
правовой 387
правовой титул 739
правонарушение 467, 792
правонарушитель 740, 752
правопреемник 46, 109, 708, 749
правопреемство 708
правоспособность 95
правосудие 375
правящие круги 264
прагматизм 532
праздник 334
прайм-рейт 371
практика 531
практикующий специалист 532
практицизм 532
практичность 531, 532
преамбула 532
превосходить 66, 268, 482, 483, 485, 487
превосходный 543, 710
превосходство 268, 533, 710
превышать 66, 268, 485, 486, 487
превышение 268, 486, 487
преграда 60, 61
предварительная проверка 532, 535
предварительные переговоры 533
предварительный анализ 536
предварительный план 534
предварительный проект 532
предварительный просмотр 536
предварительный расчет 532
предварительный список 533
предвидение 35
предвидеть 35
предвыборный митинг 106
предел 80, 82, 106, 397, 398, 419, 581, 650; ~

взаимного кредитования 715
предельный 283, 420, 767
предельный срок 196, 739
предлагать 468, 567, 573, 729
предложение 66, 67, 242, 467, 469, 567, 578, 728, 758; (*на аукционе*) 66; (*на собрании*) 449
предложенный 468, 565
предмет 42, 44, 131, 136, 264, 280, 300, 336, 410, 428, 452, 464, 706
предназначать 28, 219, 246, 362
предназначение 482
предок 34
предоплата 304, 534
предоставление 20, 281, 311, 323, 405
предоставлять 28, 29, 281, 311, 314, 569
предостережение 106
предосторожность 532
предотвращение 536
предохранение 536
предохранять 535, 568
предписание 225, 353, 477, 535, 603, 637
предписывать 535
предполагаемый 266, 535, 567
предполагаемый клиент 567
предполагать 48, 273
предположение 48, 149, 536
предпосылка 535
предпочитать 533
предпочтение 290, 533
предпочтительный 533
предприимчивость 257
предприимчивый 573
предприниматель 80, 89, 257, 347, 759, 774
предпринимательская деятельность 87
предпринимательство 256, 257
предпринимать 252
предприятие 25, 87, 74, 132, 137, 256, 284, 323, 483, 518, 714, 759, 767
предпродажный 64, 535
председатель 110, 535, 684

855

председательство 110
председательствовать 535
предсказание 532
предсказуемый 532
предсказывать 532
представитель 23, 46, 94, 207, 218, 614
представительный 615
представительство 23, 293, 614
представление 337, 367, 535, 609
представлять 367, 520, 535, 550, 609, 614
предстоящий 505
предубеждение 66
предупреждать 301, 782
предупреждение 106, 459, 461, 782
предусматривать 85, 259
предусмотрительность 532
предшественник 532
предшествование 532, 544
предшествовать 532
предшествующий 544
предшествующий владелец 34
предыдущий владелец 35
предъявитель 64, 332
предъявление 406, 535, 551, 553, 673, 706
предъявлять 211, 406, 550, 595, 673, 706
преемственность 155
преждевременный 35
презентация 535
президент 535
президентский 535
презумпция 536
преимущественное право 533, 543, 710
преимущественный 533
преимущество 20, 65, 247, 435, 467, 533, 545, 571, 710
прейскурант 542, 723
прейскурантный 401
прекращать 106, 218, 227, 230, 254, 700, 732
прекращение 109, 128, 218, 227, 230, 307, 382, 385, 390, 732, 736
премия 24, 77, 80, 323, 533, 545
пренебрежение 231
преобладание 239, 533

преобладающий 536
преобразование 749
преобразовывать 749
препятствие 60, 61, 81, 224, 328, 332, 338, 466
препятствовать 254, 327, 332, 338, 366, 466
прерывать 227, 366
преследовать судебным порядком 567
пресса 535
прессинг 535
престиж 337, 536
престижный 536
преступление 181
преступный 181
претендент 123
претензия 44, 121
прецедент 532
преувеличивать 487
преуспевать 567, 735
преуспевающий 568
преференциальный 533
преференция 533
прибавка 332, 580, 633
прибавление 17
прибавлять 17, 50
приближаться 39
приближение 39
приблизительный 39, 266, 636
прибор 35, 222, 357
приборное оснащение 357
прибрежный 129
прибывать 42
прибывающий 340, 343, 353
прибыль 65, 66, 126, 133, 246, 312, 341, 371, 378, 419, 513, 520, 556, 627, 655, 721
прибыльность 558
прибыльный 133, 312, 410, 558
приватизация 545
приватизировать 545
приведение в соответствие 18, 147
приведение в исполнение 254
привилегированный 545
привилегия 65, 271, 304, 338, 545
привлекательность 35, 571
привлекательный 49
привлекать 548, 571

привлечение 49
приводить в исполнение 254
приводить в надлежащее состояние 147
приводить к застою 191
привозить 83
привычка 327
привязка цены к определенному уровню 505
привязывать 290
приглашать 370
приглашение 370
пригодность 36, 39, 52, 297, 425, 435, 640, 708, 766
пригодный 36, 183, 736, 766, 435
пригодный к эксплуатации 662
пригород 708
пригородный 708
придерживаться 17
приезд 42
прием 222, 253, 256, 257, 595
приемка 8, 355, 721, 722
приемлемость 252
приемлемый 8, 19, 24, 252, 592, 739
приемочный контроль 355
приемщик 356
приз 545
признавать 14, 19, 227; ~ виновным 145; ~ негодным 145
признак 112, 290, 347, 673
признание 14, 19, 595; ~ недействительным 461
призыв на военную службу 149
приказ 353, 477, 532
приказывать 481
прикладной 37
прикрепление 49
прикреплять 49, 290, 297
прилавок 174, 219, 671, 687
прилагать 35, 49, 253
прилив 299, 300, 351; ~ и отлив 735
приложение 34; 35, 253, 710
приманка 55
применение 36, 253, 271, 765

применимый 36
применяемый 37
применять 37, 252, 272, 766
применяться 37
пример 268
примесь 19, 191, 524
примечание 133, 457, 529
примирение 144
примирительная процедура 144
примирять 144
принадлежности 9, 311, 338
принимать 8, 19, 48, 200, 257, 495, 760; ~ участие 67
приносить (*доход, прибыль*) 83, 103, 550, 558, 628; ~ пользу 66
принтер 544
принудительное взыскание 255
принудительный ассортимент 736
принуждать 137, 255, 301
принуждение 243, 255, 685
принципал 543
принципы 129, 304, 543
принятие 8, 19, 46, 48, 201, 253, 722
приобретать 14, 312, 466, 550, 571
приобретение 14, 49, 91, 466, 550, 571
приоритет 544
приостанавливать 366, 714
приостановка 206, 366, 714
приостановление 226, 700
приписка 17, 529
приписываемый 340
приписывание 340
приписывать 17, 49, 50, 340
приплата 283
природа 452
природный 452
прирост 9, 17, 51, 312, 343, 344
присваивать 38, 220, 252
присвоение 38, 82, 252, 754; ~ ученой степени 322

присоединение 22, 49
присоединять 343
присоединяться 375
приспосабливаемость 414
приспосабливать 17, 297
приспосабливающий 414
приспособление 17, 222
приспособляемость 17, 222
пристань 66, 375, 513, 786
пристрастие 66
присуждать 53
присуждение 17
присутствие 49
присущий 353, 564
присяга 464
приток 351; ~ денежных средств 105
притягательность 35, 49
притягательный 49
притяжение 49
притязание 44, 121
приусадебный участок 181, 289
приход 200
приходить в упадок 202
приходить к соглашению 41
прицеп 745
причал 66, 577, 236, 513, 731, 786
причаливать 66
причальный сбор 66, 786
причина 106, 282, 323, 466, 592, 636
причинение ущерба 351
причинять 106, 191, 351
причитающаяся сумма 593
причитающийся 241
проба 44, 295, 327, 563, 644, 683, 688, 707, 732, 752, 755
пробег 638
пробивной человек 573
пробирное клеймо 327
"пробка" 72, 149
проблема 110, 545, 577
пробный оттиск 563
пробный шар 292
провал 287, 299, 629, 755
проведение 54, 147, 333; ~ ревизии 50
проверка 50, 93, 118, 159, 267, 355, 563, 732, 734
проверяемость 774

проверять 93, 118, 161, 268, 355, 629, 714, 734, 774
провизия 105
провинциальный 569
провинция 569
проводка 529, 629, 755, 774; (*судов*) 514
проводить 94, 118, 332; (*бухгалтерскую запись*) 495; (*суда*) 514
провоз 104
провоцировать 570
прогноз 301, 532, 558, 562
прогнозирование 301, 558
прогнозировать 301, 532, 558
прогнозирующий 558
прогон 638
программа 72, 515, 558, 647, 649, 679
программирование 581
программировать 581
программное обеспечение 679
прогресс 19, 20, 315, 558
прогрессивный 19, 304, 354, 558
прогул 455
продавать 53, 231, 233, 425, 449, 453, 487, 515, 591, 656, 759, 774; (*с аукциона*) 50, 378
продаваться 449, 485, 656
продавец 189, 425, 643, 656, 671, 721, 774, 792
продавщица 671
продажа 77, 105, 174, 233, 234, 267, 378, 400, 425, 453, 471, 558, 591, 640, 643, 656, 677, 715, 774, 792; ~ с торгов 66; ~ с условием аренды 386
продажность 166
продажный 166
продвигать (*в должности*) 563
продвижение 19
продлевать 281, 563, 609
продление 281, 563, 685
продовольственные продукты 300
продовольственный 300
продовольственный магазин 420
продовольствие 300, 591

857

продолжительность 242, 388, 498, 690; ~ жизни 23, 397, 714
продолжительный 406
продукт 91, 136, 300, 550, 551, 553
продуктивность 250, 556
продуктивный 556
продукция 105, 417, 484, 550, 551, 553, 787
продуцент 550
проезд 495, 734
проект 72, 218, 239, 515, 562, 649
проектирование 219, 221, 255, 518, 562
проектировать 219, 517, 562
проектировщик 219, 562
проектный 588
проекционная установка 562
проживание 327
проживать 232, 621
производитель 418, 550
производитель-лицензиар 418
производительность 95, 242, 250, 484, 506, 553, 556, 589, 735
производительный 556
производить 284, 314, 413, 418, 550, 758
производственная площадь 298
производственные мощности 284
производственные помещения 284
производственный 347
производственный участок 652
производство 314, 413, 414, 417, 418, 553, 556
произвольный 39, 581
происходить 482
происхождение 399, 482
прокат 332, 610
прокатный стан 439
прокатный цех 439
прокладка 490
прокладочный материал 490
прокладывать 84, 490
пролонгация 194, 281, 563, 636

проматывать 232
промедление 206
промежуток 313, 366
промежуточный 366, 749
промежуточный итог 708
промптовый 563
промысел 177, 293
промышленник 347, 475
промышленного значения 133
промышленность 348
промышленный 347, 418, 727, 768
проникновение 353, 505
пропорциональная доля 567
пропорциональное распределение 37
пропорциональное снижение 206
пропорциональность 133, 565
пропорциональный 133, 565, 581
пропорция 565, 589
пропуск 71, 126, 381, 471, 495, 491
пропускать 471
пропускная способность 757
прорыв 83
просачивание 385
просачиваться 385
просить 37, 44, 616
просмотр 638, 650
проспект 120, 300, 567
просроченный 207, 485, 486, 687
просрочка 42, 206, 207, 268
простаивать 688
простаивающий 337
простой *сущ.* 212, 220, 239, 337, 673
простой *прил.* 252, 674
простой вексель 457
пространство 27, 680
просьба 37, 512, 616
проталкивание 573
протекционизм 368
протекционистский 369
протекция 571, 573
протест 464, 569
протестование 569
протестовать 378, 459, 464, 569

противиться 475
противная сторона 174
противодействие 591, 621, 745
противодействовать 475
противозаконность 337
противопожарный 296
противоправный 337, 343, 763
противоречие 159, 343
протокол 439, 569, 596
протоколировать 597
протяженность 684
профессионализм 556
профессиональное мастерство 791
профессиональные интересы 670
профессиональный 467, 556, 671, 777
профессия 84, 94, 253, 467, 556, 741, 777
профсоюз 761
проходить (*испытание, досмотр*) 495
процветание 283, 330, 567, 708, 786
процветать 567, 735
процветающий 568
процедура 144
процент 506, 581
процентное отчисление 506
процентное содержание 506
процентный 366
проценты 42, 363
процесс 300, 472, 547, 548
процессор 550
прочность 243, 510, 607, 703
прочный 243, 290, 652, 704
прямой 338
прятать 690
психология 570
птица 71
публикация 606
публиковать 571
публичный выпуск новых акций 469
публичный показ товара 211
пул 525
пункт 42, 118, 124, 174, 219, 372, 457, 521

пуск 383, 690; ~ в эксплуатацию 83
пускать (*в ход, в обращение*) 298, 372
пустой 253
путаница 149
путеводитель 326
путевой лист 784
путешественник 751
путешествие 376, 740, 751, 753, 779
путь 38, 91, 498, 636, 741, 784
пучок 86
пчеловод 64
пчеловодство 64

Р

работа 15, 87, 91, 196, 243, 375, 380, 384, 413, 448, 472, 506, 520, 548, 638, 639, 657, 675, 787, 791
работать 304, 315, 472, 639, 760, 781, 790
работающий 246, 252
работник 189, 327, 790, 791
работодатель 80, 253
рабочая ведомость 791
рабочая неделя 791
рабочая площадка 375
рабочая сила 417
рабочая характеристика 506
рабочее время 791
рабочее место 791
рабочее помещение 791
рабочий 79, 105, 118, 236, 252, 307, 327, 328, 380, 414, 790, 791
рабочий день 334, 667, 785, 790
рабочий класс 380
равенство 259, 492, 493
равновесие 55, 259, 483
равномерный 267
равноправие 259
равноправный 259
равноценность 263
равноценный 263
равный 259
равнять 259
равняться 31, 53

радио 83
радиовещание 83
разбавленный 19
разбивать по позициям 374
разбивка 82
разбирательство 39
разбирать 230
разбондированный 757
разборка 226, 230, 721
разбрасывание 647
разбрасывать 647
разброс 773
развал 82
разведение 83, 183, 378, 580
развивать 221, 273
развиваться 19, 221, 273, 561
развитие 20, 221, 256, 267, 273, 325, 561
развитой 221
развлечение 257
разводнение капитала 784
разводненный 485
разглашать 227, 236
разграничение 211, 223, 229
разграничивать 223
разгружать 227, 695, 763
разгрузка 226, 227, 471, 763
раздавать 230
раздаточное устройство 230
раздел 706, 707; ~ рынков 425
разделение 211, 236, 657, 666, 684
раздельный 657
разделять 220, 664
разливать 61
различать 229
различаться 223
различение 229
различие 223, 229, 230, 232
различительный 233
различный 234, 773
разложение 200, 202
размах 581, 650, 646, 684
размен 110, 112, 269
разменивать 270
размер 44, 224, 282, 412, 430, 431, 576, 581, 646, 676

размещать 28, 79, 233, 406, 515, 702, 753
размещение 28, 79, 215, 233, 298, 406, 515, 675, 702, 753
размораживать 761
разница (*между ценами, курсами и т. п.*) 24, 61, 105, 223, 350, 419, 467, 684, 721, 755
разновидность 773, 774
разногласие 223, 224, 226, 227, 232, 236, 306
разнообразие 235, 773
разнообразить 235
разнообразный 234, 235, 773
разносить счета 529
разносторонний 29, 774
разносторонность 774
разность 419
разносчик 331, 336
разобранный 455
разовая тара 231
разовый 297, 456
разорение 219, 239, 580, 637
разорившийся 83
разорительный 637, 784
разориться 82, 89
разоружение 226
разорять 298, 637
разрабатывать 219, 221, 251, 280, 472
разработанный 221, 251
разработка 221, 241, 251, 255, 280, 439, 472, 518, 791
разработчик 221
разрешать 29, 52, 109, 128, 511, 607, 622, 679
разрешение 19, 29, 39, 51, 315, 394, 395, 477, 510, 606, 622, 783
разрешенный 52
разрешимость 679
разрешимый 679
разрушать 758
разрушение 183, 219, 232, 263
разрыв 82, 232, 313, 639, 664
разрывать 232, 664
разряд 81, 105, 123, 224, 239, 378, 382, 581, 582, 638, 679

разумный 592
разъединение 220
разъездной представитель 293
рай 330
район 40, 82, 234, 239, 332, 406, 601, 652, 673, 741, 795
районирование 795
районный 601
рама 304
рамбурсированный 604
рамбурсировать 604
рамки 304
ранжирование 581
рантье 611
раса 580
расовый 580
распад 183, 230
распаковка 763
распаковывать 763
расписание 640, 647, 720, 739
расписка 457, 578, 593, 779, 782
расплата 663
расплачиваться 14, 499, 595, 663, 685
располагать 406
располагаться 688
расположение 42, 384, 385, 406, 581
расположенный 62
распорядитель 695
распорядок 637
распоряжаться 481
распоряжение 129, 162, 203, 225, 231, 357, 477, 603
распределение 28, 46, 37, 82, 215, 233, 234, 414, 666
распределительная организация 234
распределительный 234
распределять 28, 37, 105, 123, 196, 230, 233, 235, 567, 592
распродавать 126
распродажа 126, 127, 128, 235, 640, 656, 657
распроданный 484
распространение 120, 224, 231, 232, 233, 563, 684, 685, 786
распространять 224, 233,

685, 786
распространяться 562, 591
распускать 230
рассеивание 231
расследование 354, 368, 545
расследовать 545
рассматривать 159, 268, 595
рассмотрение 150, 267, 368
рассортировывать 48
рассредоточение 231
расстояние 232, 439, 388, 680
расстраивать 234, 307
расстройство 307
рассчитывать 92, 215, 273
рассчитываться 663, 685
рассылать 230, 233, 304
рассылка 230, 233, 304
рассыльный 81
растение 518
расти 19, 79, 221, 273, 325, 562, 677
расторгать 94, 232, 618, 760
расторжение 35, 83, 94, 212, 232, 618
расточать 232, 685
расточитель 683, 784
расточительный 784
расточительство 783
растрата 204, 252, 440
растратчик 204
растрачивание 232
растрачивать 224, 232, 252, 440
растурска 647
растущий 79, 704
растягивание (сроков) 685, 703
растягивать (сроки) 685, 703
расфасованный 490, 534
расфасовка 490, 534
расфасовывать 490, 534
расформирование 232
расхищение 520
расход 153, 483
расходование 230, 274, 683
расходовать 153, 224, 274, 483, 683, 766
расходуемый 153, 274
расходы 87, 113, 155,

166, 226, 274, 283, 483
расхождение 223, 226, 229, 236, 313, 337, 440, 773
расценивать 173, 542
расценка 420, 542, 581, 723
расчет(ы) 48, 92, 127, 143, 266, 663, 691, 739
расчетная палата 127
расчетный 92, 266, 588, 683
расширение 256, 273, 694, 786
расширять 221, 256, 273, 786
расширяться 221, 273
расшифровка 202
расшифровывать 202
ратификация 588, 645, 768
ратифицировать 148, 589, 645, 768
раунд 636
рацион 591
рационализация 591
рационализировать 354, 591
рациональность 591
рациональный 251, 591
рационирование 591
реабилитация 604
реагировать 623
реакция 591, 623
реализация 133, 231, 252, 307, 338, 591
реализованная прибыль 721
реализовывать 338, 453, 591
реализуемость 425
реализуемый 643
реальность 591
реальный 290, 531, 591, 777, 790
реальный товар 684, 513
ребенок 119
ревалоризация 628, 768
ревалоризировать 628, 763
ревальвация 628
ревальвировать 628
ревизионный 50, 629
ревизия 50, 118, 355, 629
ревизовать 118, 355, 596
ревизор 161, 268, 356

ревокация 630
револьверный 630
револьверный кредит 630
революция 630
регенерация 597
регион 601
региональный 601
регистр 601, 375
регистратор 595, 597, 602
регистрационная запись 602, 603
регистрационная карточка 677
регистрационное бюро 602
регистрация 256, 294, 343, 596, 597, 602, 603
регистрировать 72, 443, 602, 619
регистрироваться 602
регламент 603, 647
регресс 597, 603, 627, 662
регрессивный 603
регрессия 603
регулирование 18, 159, 443, 603, 619
регулировать 17, 161, 321
регулировка 18, 159
регулировщик 17
регулируемый 17
регулирующийся 17
регулярность 603
регулярный 603
регулятор 604
редактировать 249
редактор 249
редкий 647
редкость 647
реестр 400, 601, 603, 636
режим 64, 243, 472, 548, 601, 638, 647, 751
резерв 54, 308, 509, 619, 681, 695, 699, 700
резервирование 54
резервировать 79, 246, 621
резервный 690, 621
резервный запас 85
резервный фонд 624
резервуар 722
резидент 621
резиденция 621
резолюция 622
результат 150, 249, 254, 482, 550, 625, 657
резюме 224, 593, 626, 709

резюмировать 593
реимпорт 604
реимпортировать 604
реимпортируемый товар 604
реинвестирование 520, 605
реинвестировать 605
рейд 635
рейдер 580
рейка 64
рейндж 581
рейс 183, 298, 495, 638, 639, 753
рейсовый 649
рейсовый чартер 753
рейтинг 589
река 635
рекамбио 183
рекапитализация 593
рекапитализировать 593
реквизировать 148, 618, 655
реквизиты 618
реквизиция 148, 618
реклама 16, 20, 71, 79, 86, 563, 571, 736
рекламация 121, 141, 595
рекламирование 20, 571
рекламировать 20, 58, 290, 571
рекламная листовка 385
рекламная радио- или телепередача 133
рекламная шумиха 58
рекламное письмо 300
рекламно-пропагандистский 563
рекламный вкладыш 355
рекламный листок 238, 298, 300, 327
рекламный ролик 133, 684, 745
рекламный щит 71, 673
рекламодатель 20
рекомендательное письмо 178, 734
рекомендательный 595
рекомендация 595, 600, 734
рекомендовать 22, 595
реконверсия 596
реконструировать 596, 598, 609
реконструкция 591, 596, 598, 609

релинг 580
ремаркетинг 607
ремень 58
ремесленник 42, 177, 328
ремесло 177, 328, 530, 676, 741
ремитент 500, 608
ремитирование 608
ремонт 224, 596, 612, 765
ремонтировать 386, 595, 596, 609, 611
ремонтные работы 611
ремонтный рабочий 611
ремонтопригодность 412, 662
рента 34, 151, 520, 610
рентабельность 558
рентабельный 133, 247, 500, 558, 790
рентинг 611
реорганизация 591, 611, 621, 625
реорганизовывать 591, 611, 621, 625
репатриация 612
репатриировать 612
репорт 612
репортер 454, 614
репрезентативный 615
репрессалия 615, 626
репрессивные меры 626
репрессивный 615, 626
репрессия 615
репутация 112, 334, 337, 596, 615, 616, 690
респондент 623
республика 137
реставрация 609
реставрировать 609
ресторан 128
ресурсы 622
ретратта 598
рефакция 752
референция 600
рефинансирование 600
рефинансировать 600
рефляция 600
реформа 600
рефрижераторное судно 599
рецензент 629
рецензия 629
рецессия 595
речные суда 635
решать 17, 39, 128, 200, 622, 662, 679

861

решающий фактор 220
решение 15, 35, 200, 203, 621, 638, 679; (*судебное*) 17, 53, 314, 376, 757
решетка 323, 611
реэкспорт 600
реэкспортированные товары 600
реэкспортировать 600
римесса 608
риск 281, 330, 507, 633, 635
рискованное предприятие 25, 312, 774
рискованный 191, 330, 635, 683, 786
рисковать 451, 635
род 218, 384, 467, 657, 398, 452, 679, 706, 756
родина 334
родословная 399
родственники 505
родство 606
рождаемость 451
розничная торговля 626, 671, 741
розничное предприятие 626
розничный торговец 447, 626, 671, 741
россыпь 647
россыпью 407
рост 19, 173, 229, 256, 273, 280, 312, 325, 332, 343, 639, 677, 684, 721
ростовщик 446, 499, 650, 767
ростовщический 767
ростовщичество 767
ротация 636
роялти 637
рубрика 81, 330
руда 439
рудная жила 439
рудник 439
рудный двор 700
руководитель 119, 225, 371, 326, 330, 358, 385, 415, 651, 789
руководить 162, 225, 321, 326, 385, 414, 638, 639
руководство 18, 51, 159, 225, 226, 301, 326, 328, 385, 414, 416

руководствоваться 300
руководящий 385
рукопись 650
ручательство 782
ручаться 256, 326, 779, 783
ручная работа 329
ручная тележка 104
ручное доение 328
рыболовство 297
рынок 23, 239, 253, 287, 420, 425, 483
рыночная лихорадка 293
рыночный 133, 741
рычаг 391
рэкет 580
ряд 581, 657, 736

С

садоводство 313, 334
сальдирование 57
сальдировать 57
сальдо 55, 624
самовозрастание 655
самодельный 656
самоконтроль 655
самолет 27, 28
самоликвидирующийся 656
самонастройка 655
самообеспеченность 656
самообразование 655
самообслуживание 656
самообучение 655
самоокупаемость 656
самоопределение 655
самопогрузка 656
саморегулирование 656
самосвал 334
самостоятельная занятость 655
самостоятельность 345, 655, 656
самостоятельный 345, 655, 656
самострахование 655
самоуправление 655, 656
самофинансирование 655, 656
санация 611
санитарный 432
санкционировать 38, 39, 645
санкция 38, 39, 645, 783

санпропускник 385
сбавлять 7
сбалансированность 259
сбалансированный 57
сбалансировать 57
сберегательная касса 735
сберегательная книжка 60, 496
сберегать 646
сбережения 232, 247, 646
сбивать цену 64, 327, 378, 758
сбор 14, 34, 66, 94, 95, 113, 131, 159, 177, 242, 243, 291, 324, 329, 392, 721, 724, 739; (*урожая*) 182, 329, 776
сборка 44, 263, 284, 297, 630
сборщик 297, 727, 776
сброс 226, 251
сбыт 425, 640, 643
сведения 351, 379
свекла 64
сверка 595, 722
сверток 485, 492
свертывание 185
сверхактивность 485
сверхкапитализация 485
сверхкомплектный 710
сверхмощный 330
сверхприбыль 710
сверхпрочный 330
сверхсметный 283
сверхтара 710
сверхурочная работа 487, 488
сверхурочное время 487
сверять 722
свидетель 283
свидетельское показание 267, 734
свидетельство 107, 109, 126, 129, 236, 734, 782, 787
свидетельствовать 49, 734, 787
свитч 715
свободное колебание курса 298
свободный 231, 304, 578
свободный от пошлины 244
свободный от расходов по доставке 304

свободный от уплаты налогов 727
свод законов 129
сводный 151
сводный график 183
своевременность 274, 563
свойство 49, 64, 290, 564
"свопцион" 715
связанность 130
связи 149, 153
связка 86, 489, 490, 492, 514
связующее звено 400
связывать 71, 87, 149, 290, 736
связь 130, 137, 149, 153, 363, 400, 605, 606, 735
сгибать 300
сглаживание 678
сглаживать 267, 678
сговор 378
сгружать 670
сдача 110, 207; (в аренду) 211; (в эксплуатацию) 135
сдавать (внаем) 117, 388; (на хранение) 406
сдвиг 66, 241
сделанный на заказ 186, 187, 412
сделка 54, 60, 87, 89, 90, 104, 128, 196, 197, 297, 746; ~ на срок 311, 487; ~ с премией 476; ~ с обратной премией 573; ~ с предварительной премией 93
сдельная работа 514
сдельщик 514
сдерживание 184, 443, 624
сдерживать 184, 443, 624
сдерживающий фактор 151
себестоимость 160
сев 519
севооборот 636
сегмент 655
сегментация рынка 455, 655
сегрегация 655
сейф 640, 773
сезон 651
сезонность 651
сезонный 651
секвестр 657

секвестровать 657
секрет 651
секретарь 652, 751
секретность 651
секретный 124, 148
сектор 236, 652
секторный 652
секьюритизация 655
селективный 655
селекционер 83
селекция 655
селинг 656
сельская местность 175
сельский житель 776
сельское хозяйство 27, 336
сельскохозяйственная культура 182
сельскохозяйственный 27
семена 107
семейство 288
семья 288, 335, 336
сенокос 330
сенсация 79
сервис 657
сервитут 247
серебро 674
серебряные монеты 674
серебряный доллар 104
середина месяца 439
серийное производство 657
серийный 133, 657
серия 398, 409, 581, 636, 657, 722
сертификат 28, 107, 734
сертификация 109
сеть 323, 454, 716; ~ магазинов цепного подчинения 109
сжигание газа 297
сигнализация 35
"с иголочки" 82
сила 196, 300, 376, 530
силос 674
символ 673, 715, 739
симпозиум 716
синдикат 133, 716
синекура 674
синтетическое горючее 716
система 41, 60, 247, 391, 425, 430, 431, 716
систематизация 42, 719
систематизированный 124
систематизировать 41, 719

систематический 438, 719
ситуация 675
скачок 80, 376, 385, 765
скважина 334, 786
скидка 7, 29, 54, 82, 144, 203, 217, 223, 227, 239, 592, 721, 722, 752
склад 216, 217, 257, 332, 333, 614, 666, 700, 701, 702, 782, 793
складирование 699, 700, 782, 793
складированный 702
складировать 699, 702, 782
складские расходы 700
складское свидетельство 782
складывать 300, 514
склонность 288, 564
скользящая шкала 264
скоропортящиеся продукты 520
скоропортящийся 520
скорость 489, 581, 683, 774
скорректированный 17
скорый 290, 578
скот 106, 183, 189, 695
скотный двор 61
скрап 643, 650
скреплять 71, 81, 290
скрипофилия 650
скрывать 143, 230
скрываться 7
скрытые запасы 332
скрытый 383
скрытый доход 580
скудный 385
скупать 53, 165, 301
скупка 84, 165, 581
скупость 52
скупщик 90, 165
след 741, 744
следить 300, 741
следователь 369
следствие 150, 254, 267, 368, 657
следящее устройство 741
слежение 741
слив 226
сливать 30, 435
сливаться 435
слиток 60, 86, 353
сличать 131
слияние 311, 435

сложение 17
сложная смесь 142
сложность 142
сложный 142, 679
служащий 127, 252, 470, 471, 505, 657
служба 213, 253, 469, 657, 675
служебное положение 581
служебные обязанности 471
служебный 471
служить 657; ~ поводом 106
случай 9, 104, 105, 110, 155, 267, 356
случайная работа 375
случайность 110
случайный 39, 341, 581
слушание дела 330, 376
слушательская аудитория 402
смена 612, 667, 741
смертность 448
смерть 197
смесь 72, 142, 440
смета 84, 92, 143, 265, 266, 486, 691
сметные предположения 265
сметный 266
смешивать 148
смещать 710
смещение 24, 710
смонтированный на заводе 519
смотритель 186, 782
смягчать 247, 397, 443
смягчение 186, 247, 397, 440
снабжать 9, 207, 311, 569, 573, 712
снабжение 573
снаряжать 260
снаряжение 260
снашивание 30
снашиваться 217
снижать 7, 187, 206, 217, 239, 409
снижаться 202, 203, 241
снижение 7, 187, 197, 202, 206, 215, 217, 239, 247, 288, 409, 420, 467, 639, 677, 707
снимать (*деньги со счета*) 240; (*с должности*) 86,

608; (*урожай*) 314; (*фильм*) 670
снятие денег со счета 240, 787
снятие контроля 202
снятие ограничений 247, 394
снятие с должности 231
снятие с продажи 592
соарендатор 173
собенефициар 128
собирание 94, 131, 141, 314
собирать 44, 131, 141, 161, 314, 392, 580
собираться 314
соблюдать 17, 300, 466
соблюдение 17, 465
собрание 44, 106, 149, 161, 163, 314, 433, 490, 580
собственник 488, 567
собственность 45, 74, 249, 291, 488, 528, 564, 657
собственные средства 262
собственный 488
событие 221, 267
совершать 137, 250
совершение индоссамента 254
совершеннолетие 413
совершеннолетний 19, 413
совершенный 506
совершенство 268
совершенствование 66, 221, 506, 600
совершенствовать 221, 339, 506, 600
совершенствоваться 561
совесть 149
совет 22, 72, 173, 739
советник 22, 174
советовать 22
советоваться 152
совещание 147, 173, 174, 433, 662
совладелец 47, 164
совладение 164
совместимость 139
совместимый 151
совместно 375
совместное владение 147, 164, 173, 763
совместное наследие 130
совместное проживание 130

совместное производство 164
совместное финансирование 130, 166
совместный 137, 145, 149, 450, 375
совокупная величина 24
совокупность 24, 72, 142, 525, 662, 763
современный 16, 19, 185, 535, 765
содействие 9, 27, 47, 159, 290, 563
содействовать 159, 290, 563
содержание 28, 378, 729, 765
содержащий оговорки 126
содержимое 155
содружество 137
соединение 400, 435
соединенный 47
соединять 149, 366, 435, 763
соединяться 375, 435, 763
созаявитель 129
создавать 178, 303
создание 178, 264, 414; (*запасов*) 570, 699; (*предприятия*) 332, 684, 690, 774
создатель 482
созидательный 151
сознание 149
созревание 23, 314
созыв 94, 163
созывать 161
соизмеримость 133
соизмеримый 133
сокращать 158, 185, 187, 206, 225, 439, 598, 627, 672
сокращаться 158, 225, 245
сокращение 159, 185, 187, 202, 219, 225, 230, 245, 598, 599, 627, 639, 677
сокращенный 671, 672
сокрытие 143
сола-вексель 679
солиситор 679
сомневаться 338
сообщать 137, 351, 691
сообщение 34, 137, 230, 297, 362, 435, 461, 612; (*связь*) 657, 744

сообщество 137
сооружать 85, 152, 263
сооружение 86, 152, 263, 284, 704
соответствие 17, 142, 148, 166, 297, 329, 426
соответственно 242
соответствовать 24, 35, 148, 166, 297, 426, 433, 646
соответствующий 17, 24
соответствующий требованиям 297
соотношение 166, 314, 589, 600
сопоручитель 166, 173
сопоставимость 139
сопоставимый 139
сопоставление 139
сопоставлять 131, 139
сопроводительный 9
сопровождение 163
сопротивление 621
соразмерность 323, 565
соразмерный 565, 581
соревнование 140, 155
соревноваться 140
сорт 81, 123, 321, 378, 413, 452, 574, 582, 638, 679, 706, 722, 773
сортамент 48
сортимент 48
сортировальная машина 322
сортировать 48, 124, 322, 426, 657, 679
сортировка 48, 123, 322, 426, 513, 657, 675, 679
сортировочная станция 793
сортировщик 123, 322, 679
сословие 265
сослуживец 131
состав 142, 151, 377, 413, 440
составитель 165, 240
составление 85, 141, 240, 241, 414, 649
составлять 31, 53, 141, 151, 269, 413
составная часть 151
состояние 64, 145, 224, 264, 429, 513, 690, 694
состоятельный 679, 786
сострахование 131

состязание 140, 155, 580
сосуществование 130
сотрудник 131, 196, 470, 790
сотрудничать 131, 163
сотрудничество 131, 163
соуправляющий 132
социально-экономический 678
социальный 336, 678
социолог 779
социологический 779
социология 779
сочетание 132
сочетаться 426
сохранение 150, 535
сохранность 640
сохранять 378, 412, 626
союз 129, 132, 147, 291, 326, 761
спад 202, 206, 239, 288, 662, 677, 678, 707, 722
спадать 606
спасатель 644
спасательное судно 644
спасать 644
спасение (*имущества, груза*) 643
спектр 683
спекулировать 312, 647, 683, 686
спекулянт 79, 128, 332, 375, 382, 520, 558, 647, 683, 743, 774
спекулянт, играющий на повышение 86, 406
спекулянт, играющий на понижение 64, 672, 686
спекулятивная прибыль 647
спекулятивные сделки 699
спекулятивные ценные бумаги 440
спекулятивный 683
спекуляция 20, 312, 375, 647, 683, 774
специализация 681, 682
специализированный 682
специализироваться 682
специалист 51, 279, 426, 556, 681, 727; ~ по валютным операциям 94; ~ по охране природы 150, 257; ~ по эконометрике 247
специального назначения

682
специальность 87, 413, 681, 682
специальный 681, 682, 727
специальный уполномоченный 135
спецификация 682
специфический 494, 504, 682
специфичность 504
спираль 684
списание 30, 116, 626, 792
список 67, 71, 92, 118, 256, 368, 400, 401, 491, 636, 666, 672
сплит 684
спонсор 684
спор 41, 128, 155, 226, 232
спорный 485
спорный вопрос 371, 428
способ 42, 413, 429, 432, 441, 531, 548, 716, 727, 734, 784
способность 7, 95, 530
способный 95
способствовать 159, 284, 563
способствующий 147
справедливость 262, 377
справедливый 262, 288, 377, 685
справка 600
справочник 226, 328, 417
спрашивать 44
спрос 93, 209, 485, 616, 618, 638, 639
спутник 645
спутниковый ретранслятор 645
спутывать 148
сравнение 139
сравнивать 65, 131, 139
сравнимый 139
сравнительный 139
среднего размера 432
среднее арифметическое 52
среднее число 429
среднесрочный 432, 433
средняя величина 429
средства 26, 45, 54, 429, 622; ~ к существованию 402, 707, 701; ~ массо-

вой информации 432; ~ обслуживания 284
средство 103, 112, 222, 262, 358, 429, 432, 607, 740, 773; ~ правовой защиты 607
срок 192, 243, 334, 428, 507, 728, 736; ~ аренды 386, 728; ~ давности 394; ~ действия 397; ~ жизни 23, 397; ~ платежа 563; ~ службы 23, 243, 396, 397, 406; ~ хранения товаров 667
срочная арбитражная сделка 684
срочная пересылка 281
срочное почтовое отправление 281
срочный 273, 304, 338, 535, 563, 731, 765
срыв 234
срывать 234, 307
ссуда 9, 19, 197, 388, 402
ссудная касса 499
ссудный процент 363
ссудодатель 405
ссужать 9, 19, 405
ссылка 120, 183, 457, 600
ссылаться 121, 600
стабилизатор 686
стабилизация 329, 685
стабилизировать 686, 694
стабилизироваться 329
стабилизирующий 329
стабильность 297, 685, 694
стабильный 686, 693, 694
ставить вторую подпись 174; ~ расценку 420; ~ цель 662
ставка 227, 394, 581
стагнация 687
стагфляция 687
стадия 512, 517, 686, 694
стадо 330, 331
стаж 396, 657
стажировка 545
сталкиваться 132
сталь 694
стандарт 74, 420, 457
стандартизация 83, 680
стандартизировать 457, 690
стандартный 186, 457, 471

стандартный образец 457
станок 740
станочный парк 411
станция 692
старение 23
старомодный 483
старший 657
старший мастер 724
старшинство 657
статистик 693, 694
статистика 693
статистический 694
статус 694; ~ иностранца 28
статут 694
статья 42, 124, 181, 370, 372; ~ в балансе 45, 104; ~ вывоза 280; ~ договора 176, 492, 652; ~ импорта 338; ~ расхода 275
стачка 703
стекловолокно 293
стеллаж 580; (*биржевая сделка*) 649, 702
стенд на выставке 79, 688
степень 206, 282, 321
стеснение (*кредита*) 685
стесненный 451, 703, 736
стеснять 535
стивидор 695
стивидорные работы 695
стиль 706
стимул 230, 294, 341, 347, 685, 695
стимулирование 79, 253, 543, 695
стимулировать 253, 347, 449, 506, 563, 695
стимулятор 695
стипендия 322, 695
стирание 207
стирать 207
стихийный 323
стоимость 19, 102, 103, 150, 166, 212, 224, 284, 306, 329, 386, 750, 769, 791, 792
стоить 173
сток 251
стокист 699
стокнота 699
стол 219
столица 97
столкновение 123, 132, 148

столовая на предприятии 94
столярничать 736
сторож 100, 784
сторнирование 629
сторнировать 629
сторона 204, 282, 284, 495, 673
сточные воды 251
стоянка 34, 629
стоять на уровне (*о ценах*) 638
стоящий 791
страна 175, 215, 382, 451
страна-участник 434
стратегия 703
стратегический 703
стратификация 703
страхование 34, 48, 131, 760, 359
страхователь 49, 362
страховать 49, 177, 345, 362
страховаться 362
страховая премия 359, 533
страховая сумма 633
страховой полис 336, 359, 522
страховщик 49, 362, 760
страхуемый 359
строгий 633, 736
строгость 633
строение 86, 151
строитель 86
строительная площадка 675
строительный 152
строительный объект 562
строительный участок 675
строительство 86, 152, 221
строить 85, 152, 263, 736
строп 702
стропить 702
строповка 703
структура 142, 284, 303, 304, 413, 440, 498, 556, 664, 704
ступень 646, 694
субагент 706
субагентство 706
субандеррайтер 708
субаренда 706, 708, 758, 759
субарендатор 758, 759

субвенция 708
субиндекс 706
субконтора 706
субконтракт 332
сублицензиар 706
сублицензиат 706
сублицензия 706
субмаржинальный 706
субоптимальный 706
субподрядчик 706
суброгация 707
субрынок 706
субсидирование 54, 707
субсидировать 54, 707
субсидия 39, 322, 505, 706
субститут 707
субституция 708
субсчет 706
субчартер 706
суверенность 680
суверенный 680
суд 39, 176, 377, 753
судебная повестка 709
судебное дело 15, 104, 384, 708
судебное производство 547
судебное распоряжение 782
судебный 376
судебный исполнитель 297
судебный приказ 729
судебный процесс 402, 567, 752
судейский 376
судить 376
судно 27, 60, 73, 80, 129, 133, 177, 239, 241, 306, 334, 336, 472, 667, 668, 774
судно-паром 293
судовладелец 670
судовой агент 669
судовой журнал 406
судовой маклер 669
судоремонтный завод 236
судопроизводство 548
судостроение 669
судостроитель 669
судостроительная верфь 793
судостроительный завод 670
судоходность 452
судоходный 452

судоходство 129, 452
судья 376
суета 89
суетливость 89
суждение 476
суживание 159
сумма 17, 30, 42, 52, 97, 150, 257, 339, 344, 462, 529, 577, 600, 708, 740, 792
суммирование 17, 593, 709
суммировать 593, 709, 740
суперарбитр 757
суперетта 709
суперкарго 709
супермаркет 710
супермодный 752
суперобложка 375
сутки 194
суточный 189
сухой 241
сухопутный 487
суша 382
существенность 428
существенный 38, 262, 674, 707, 777
существо 264
существование 273, 707
существовать 473, 707
сущность 264, 452
сфера 40, 120, 238, 293, 341, 581, 601, 657, 683
схема 116, 222, 284, 498, 515, 520, 649
сходный по цене 85
сцеплять 366
счет 9, 116, 174, 337, 595, 650, 691
счета к получению 593
счетная машина 78
счетовод 79
счетоводство 13, 79
счет-фактура 371
счетчик 722
считать 50, 143, 150, 174, 376, 595
считывание 520
съезд 161
съемка 670
съемщик 336, 386, 728
сырая нефть 183
сыроварня 189
сырой 191, 591
сырость 191, 336

сырье 292, 690, 695, 706
сырьевой 543
сюрвейер 714

Т

табель 720
табельный учет 739
таблетка 514
таблица 116, 418, 428, 720, 721
табличный 721
табулирование 721
табулятор 721
тайна 545, 651
тайное соглашение 132
тайный 760
тайный сговор 132
такса 581
таксация 769
такси 92, 327
тактика 721
талон 174, 175, 722, 739, 779
тальман 722
таможенная декларация 201, 256, 257
таможенная пошлина 186
таможенное свидетельство 126
таможенный досмотр 375, 638
таможенный инспектор 714
таможня 187, 467
танкер 722
тара 87, 154, 231, 253, 722
тариф 23, 289, 581, 723
тарификация 588
тарифицировать 724
тарифный 649
тарифный сборник 723
тахограф 721
тахометр 721
твердый 662
творческая способность 178
творческий 152, 178
тезаврация 332
текст 328, 728
текстиль 734
текучесть 755
текучий 300
текущий 185, 638, 761

867

текущий контроль 447
телевидение 728
телеграмма 93, 787
телеграфировать 787
телеграфная связь 728
"телеграфный" язык 93
тележка 753, 754
телекс 728
телесное повреждение 353
телетайп 728
телефакс 728
телефаксимильная связь 728
телефон 728; ~ доверия 334
телефонная связь 334
телефонный вызов 93
темп 489, 581
тенденция 66, 239, 241, 387, 740, 752, 774
тендер 729
теоретический 734
теория 734
теплица 232
тепло 330
термин 729
терминал 731
территориальный 732
территория 94, 175, 732
терпеть неудачу 287
терпеть убытки 349
терять 383, 407
теснить 241
техник 432, 727
техника 255, 727; ~ проведения валютных операций 94
техническая новинка 312
технические характеристики 682
технические средства 284, 727
технические требования 688
технические условия 682, 688
технический 727
технический осмотр 118
техническое обслуживание и ремонт 412, 658, 662
технократия 727
технолог 727
технологическая обработка 751

технологическая операция 472
технологическая оснастка 740
технологический 727
технологический маршрут 647
технологический процесс 547, 550
технология 255, 531, 550, 727
техобслуживание 662
течение 175, 300
тик 735
тикер 735
тип 212, 413, 441, 452, 756
типический 756
типичный 615, 756
типовой 457, 756
типографский оттиск 544
тираж 120, 638
титул 739
ткань 284
товар 42, 136, 241, 290, 314, 315, 327, 368, 385, 343, 651, 673, 677, 774, 782
товарищество 494
товарная сделка 532
товарно-материальные запасы 368
товарность 774
товарный 741, 774
товарный вагон 772
товарный вид 774
товарный знак 772
товарообмен 61
товарообменные операции 140
товарополучатель 594
товары не первой необходимости 455
товары с ограниченным сроком пользования 485, 657
тождественный 337
токсичность 741
толкование 206, 366
толковать 366
тонна 739
тоннаж 740
топливо 307
торгаш 327
торгашеский 671
торги 66, 67, 728

торговать 328, 330, 331, 504, 743, 774
торговаться 61, 327, 331
торговая операция 472
торговая сделка 104, 197, 640
торговая точка 483
торговая фирма 434
торговец 79, 110, 196, 234, 245, 297, 323, 327, 330, 331, 425, 434, 643, 743, 745
торговец-импортер 197
торговля 79, 87, 133, 174, 297, 330, 420, 434, 425, 504, 640, 656, 741, 743, 744, 774
торговое помещение 700
торговое судно 435
торговые круги 741
торговый 133, 434, 671
торговый автомат 230
торговый агент 196
торговый дом 335
торговый обычай 765
торговый путь 331
торговый центр 253, 426
торжественное введение в должность 340
торжественное открытие 340
тормоз 81
точка зрения 44, 776
точка падения 753
точность 13, 166, 267, 532
точный 100, 506, 532, 682
традиция 744
траектория 498
трамп 746
трамповая перевозка грузов 746
транснациональная корпорация 49, 450
транснациональный 749
транспорт 744, 749, 750, 773
транспортировать 103, 162, 329, 639, 750
транспортировка 102, 162, 306, 329, 781, 750, 754
транспортная линия 103
транспортная магистраль 734
транспортная накладная 784

транспортная организация 103
транспортное агентство 103
транспортное средство 103, 162, 411, 749, 750, 751, 753, 754
транспортно-экспедиционные операции 304
транспортный стеллаж 297, 491
трансферт 748
трансформация 749
трансформировать 749
трапа 746
трасса 27, 28, 636, 637, 741
трассант 240
трассат 240
траст 754
трата 232, 274, 683
тратить 232, 274, 483, 683
тратта 8, 67, 239, 269
требование 93, 121, 174, 184, 209, 211, 472, 477, 616, 618
требовать 93, 123, 211, 595, 616
требуемый 618
трейдер 643
трейлер 745
тренд 752
тренировка 745
трения 306
третейский 39
третейский суд 39
третейский судья 600, 757
третий экземпляр переводного векселя 734
трехстороннее соглашение 264
трехсторонний 753
трещина 177
трибунал 753
тройной опцион 702, 704
тройственный 753
тропический 753
труд 79, 375, 380, 739, 753, 787
трудиться 739
трудная работа 110
труднореализуемый 329, 695
трудность 224, 329
трудный 267, 329, 330, 736

трудосберегающий 381
трудоемкий 381, 739
трудоспособность 604
трудоспособный 7
трудоустройство 604
труженик 739
трущобы 678
трюм 332
туземный 347
тупик 196
туризм 741
турист 741, 751
тщательный 100
тюк 57, 489
тяжеловес 283
тяжеловесный 330
тяжелый 329, 330, 736

У

убедительный 145
убежище 329, 330, 690
уборка 314, 329
уборочная машина 329
уборщица 117
убыль 783
убыток 82, 189, 226, 407, 640, 783
уведомление 22, 459
уведомлять 22, 461
увеличение 9, 13, 51, 265, 273, 612, 332, 343, 344, 580, 633, 694
увеличивать 50, 256, 325, 344, 580, 633
увеличиваться 344, 715
уверять 49
увиливать 238
уволенный 599
увольнение 26, 381, 385, 578, 599, 677, 709
увольнять 230, 251, 296, 640
увольняться 578
увязывать в кипы 57
угодье 323
углевоз 129
угол зрения 34
уголовный 181
угольная шахта 129
угольщик 132
удаление 608
удаленность 608
удалять 608
удача 332

удваивать 239
удержание 118, 202, 203, 626, 700, 787
удерживать 202, 203, 220, 597, 626
удешевление 118
удешевлять 118
удлинение 703
удлинять 703
удобрение 27, 241, 393
удобрять 290, 293
удобство 9, 30, 161
удовлетворение 645
удовлетворительный 646
удовлетворять 35, 433, 495, 646
удостоверение 49, 51, 107, 109, 735, 774, 782; ~ личности 178
удостоверять 49, 51, 109, 774
удочеренный 19
удочерять 19
уезжать 213
ужесточение 736
ужесточать 736
узаконение 387
узанс 765
узел 762
узкое место 80, 685
узуфрукт 767
указ 202
указание 225, 347, 357, 385, 425
указатель 326, 345, 417, 674
указывать 347, 451
указывающий 347
укладка (*груза*) 491, 514, 702
укладчик груза 702
укладывать 67, 491, 702
уклонение 53, 238, 267
уклоняться 53, 222, 238, 266
укомплектование 417
укомплектованный 141
укомплектовывать 141, 758
украшать 202
укрепление 703
укрупнение 24, 362, 435
укрупнять 30
укрытие 667, 690
улаживание 595
улаживать 595, 663

869

улица 81
уличная торговля 330
уличный торговец 330, 504
улов 721
уловка 238, 407
улучшать 66, 256, 339, 433, 506, 600
улучшаться 597
улучшение 60, 19, 340, 433, 600

умелый 556
умение 250, 556, 656
уменьшать 185, 187, 203, 225, 409, 598, 606, 664, 672
уменьшаться 202, 225, 244, 297, 606, 673
уменьшающийся 206
уменьшение 185, 187, 202, 218, 224, 225, 440, 598, 606, 673, 677
умеренность 443
умеренный 592
умерший 200
универсальный 298, 763, 701, 713
уникальный 762
унифицировать 761
уничтожать 35
уничтожение 35. 252
упадок 206, 239, 288, 603
упакованный 489, 490
упаковка 55, 81, 178, 489, 490, 640, 792
упаковочная корзина 177
упаковочная машина 792
упаковочная фирма 490
упаковочный материал 490
упаковщик 55, 490, 640, 792
упаковывание 792
упаковывать 58, 489, 792
уплата 14. 226. 499, 500, 578
уплаченный 490
уплачивать 662
уполномоченный 46, 52, 135, 570, 614
уполномочивание 51
уполномочивать 52, 207, 253
упорядоченный 42, 481
упорядочивать 603

употреблять 252
управление 18, 51, 159, 213, 225, 414, 415, 440, 472, 595
управлять 18, 161, 225, 385, 414, 440, 472, 638, 639
управляющий 55, 100, 321, 415, 416, 702, 709
упрощать 247
упрощение 674
упущение 453
уравнение 259
уравнивание 257, 259
уравнивать 259
уравновешенный 57
уравновешивать 174, 259
урбанизация 765
урегулирование 126, 595
урегулировать 595, 603, 663
урезывание 185
урезывать 185, 672
уровень 298, 306, 331, 390, 409, 451, 517, 646, 736
урожай 22, 182, 329, 793, 794
уроженец 452
урон 407
усадьба 334
усадка 673
усиливать 74, 363
усиливаться 325, 715
усилия 251
ускорение 8, 683
ускорять 274
условие 124, 147, 176, 284, 569, 570, 574, 593, 695, 753, 729, 783
условный 147
услуга 290, 469, 657
успех 19, 20, 332, 567, 708
успешный 568
усреднение 53
устав 42, 117, 694, 637
уставные нормы 91
устанавливать 44, 206, 219, 220, 263, 297, 356
установка 297, 518, 630, 662
установление 44, 220, 297, 542ё
установленный 357
устаревание 466

устаревающий 466
устаревший 466, 483, 484, 487
устарелый 471
устное обязательство 493
устойчивость 297, 679, 685, 694, 714
устойчивый 693, 694, 704
устраивать 332, 482
устранение 200, 608
устранять 200, 252, 608
устроитель 482, 684
устройство 202, 222, 284, 481, 446, 630
уступать 106
уступка 109, 144, 203, 240, 592, 743, 748, 749
усыновление 19
усыновленный 19
усыновлять 19
усыхание 673
усыхать 673
утаивание 143
утаивать 143
утверждать 37, 39, 44, 109, 123, 148, 495, 589, 691, 765
утверждение 22, 38, 39, 44, 121, 148, 315, 545, 588, 645, 691
утерянный 409
утечка 240, 298, 385, 482, 483, 757, 781, 783
утилизация 597
утилизировать 597, 767
уторговывание цены 331
уточнять 597
утрата 218, 407
утратить кредит 229
утруска 482, 647, 781, 783
уход 49, 100, 637, 765
ухудшать 24
ухудшаться 202, 220
ухудшение 24, 151, 202, 206, 220, 338, 791
уценка 29
участвовать 131, 155, 159, 494, 666
участие 159, 67, 494, 558, 666, 707, 728
участник 67. 155, 159, 166, 272, 454. 494, 495, 580, 728, 779
участок 29, 40, 234, 289,

33, 409, 492, 520, 652, 703, 741
учащийся 385
учебное заведение 356, 649
ученая степень 206
учение 705
ученик 38
ученичество 38
ученый 650
учет 12, 13, 79, 227, 228, 453, 596
учетная ставка 227
учетно-плановый график 313
учитывать 150, 341
учредитель 304, 563
учреждать 151, 264, 303, 304, 356, 563
учреждение 23, 264, 304, 353, 356, 483, 563, 662, 690
ущерб 189, 191, 220, 226, 329, 353, 407, 533, 783

Ф

фабрика 287, 417, 439, 518, 787
фабрикант 475
фабрикат 284, 551
фабриковать 163
фабричная марка 81, 420, 743
фабричное клеймо 81
фаза 512, 686
файл 294
факс 290
факсимиле 286
фактор 151, 220, 286
факторинг 287
факты 191, 286, 426, 596
фактура 371
фактура-лицензия 371
фактурирование 71, 371
фальсификация 19, 58, 163
фальсифицированный 288
фальсифицировать 19
фальшивка 284
фальшивомонетчик 131, 302
фальшивые деньги 678
фальшивый 74
фальшивый чек 706

фамильная ценность 331
фарватер 288
фармацевтические товары 512
фасовка 490
федеральный 290
федерация 137, 291
ферма 181, 189, 289, 290, 334, 694
фермер 27, 182, 336
фермерское хозяйство 289
"фигура" 328
фидуциарный 293
физический 513
физический износ 217
физический недостаток 350
фиксация 297
фиксирование 297
фиксированный 297
фиксировать 297
фиктивный 293
фиктивный чек 378
филиал 81, 294, 471, 707
философия 513
фильм 294
финансирование 54, 130, 295, 311, 684
финансировать 54, 295, 684
финансист 295
финансовое дело 294
финансовое положение 527, 690
финансовый 295, 297, 504
финансы 294
фирма 14, 67, 80, 105, 137, 152, 296, 335
фирма-арендодатель 388, 413
фирма-подрядчик 159
фирменная марка 451, 671
фирменный товар 681
флаг 297
флот 298, 420
фляга 297
фон 54, 324
фонд 58, 254, 304, 308, 695
фондирование 652
фондовая арбитражная сделка 54
фондовая биржа 80, 184, 335
фонды 45, 97, 308, 622

форма 302, 441, 664
формализм 471
формальность 303
формальный 303, 558
формат 676
формация 303
формирование 303, 314
формула 121, 303
формулирование 303
формулировать 303, 690, 787
формулировка 303, 787
формуляр 100
форс-мажор 301
форфейтинг 301
франкирование 304
франкировать 304
франко 267, 304
франко-бункер 293
франко-бурт 300
франко-набережная 289
франшиза 304
фрахт 54, 305, 382, 744
фрахтование 22, 117, 297, 306
фрахтователь 22, 117
фрахтовать 22, 117, 306
фрахтовая сделка 297
фрахтовщик 305
функционирование 308, 506, 639, 787
функционировать 790
функция 307
фунт 530
фунт стерлингов 695
фургон 772
фьючерсные сделки 311

X

халатность 381, 453
халатный 453
характер 112, 498
характеризовать 206
характерная особенность 112
характерная черта 112
характеристика 112, 589
хедж 300
хеджер 330
хеджирование 330, 331
химикаты 27, 118
хитрость 120, 753
хищение 252, 440, 520
ход 175, 449, 561, 638

871

ходатай 679
ходатайство 36, 106, 512, 616, 679
ходкий 290, 425
ходкий товар 290
ходовой 640, 643
ходовой товар 450, 656, 741
хождение 315
хозрасчет 656
хозрасчетный 656
хозяин 426
хозяйственная организация 257
хозяйственные принадлежности 336
хозяйство 27, 181, 189, 247
хозяйствование 247
холодильник 600
холст 94
хранение 186, 378, 640, 700, 702, 786
хранилище 216, 217, 332, 333, 700, 701, 702, 773, 782
хранитель 55, 216, 378
хранить 103, 131, 332, 378, 535
хроника 451
хронометраж 589, 739
хронометражная карта 739
хронометрирование 739
хрупкий 82, 83, 304
художественное оформление 202, 218

Ц

цвет 132
цедент 323, 749
цедировать 106
целевой 573
целесообразность 22, 274, 531
целесообразный 250, 274, 531
цель 27, 254, 315, 363, 464, 572, 723
цена 38, 44, 66, 67, 106, 113, 166, 284, 293, 420, 533, 536, 542, 578, 581, 695, 758, 759, 769, 791
ценз 574

ценить 38, 331
ценник 735
ценность 769, 791
ценные бумаги 54, 83, 105, 162, 312, 331, 334, 348, 409, 450, 491, 519, 626, 650, 657, 672, 677, 682, 758, 781
ценный 331, 768, 772
ценообразование 542
центр 107, 336, 438
централизация 107
централизовать 107
центральный 107
цепочка 109
цепь
цессионарий 46, 749
цессия 46, 109, 748
цех 670
цикл 187, 188, 636, 638, 741
циклический 188, 510
циркулировать 120
циркуляр 120
циркуляция 120
цистерна 722
цитировать 121
цифра 224, 293, 462, 463
цифровой 224, 463
цокольный этаж 62

Ч

чартер 117
чартер-партия 117
час 334
часовая зона 739
частичное перекрытие 487
частичное погашение кредита 500
частичное совпадение 487
частичное требование 707
частичный 494, 304
частность 220, 306
частота 306
частый 306
часть 151, 235, 356, 493, 514, 527, 565, 576, 577, 578, 655, 664, 673, 687
чек 118, 341, 655, 781
чеканка монет 131
чеканщик монет 131, 439
чековая книжка 118

челночное сообщение 673
челночные перевозки 673
человек 347, 511, 414
человеко-день 416
человеко-неделя 418
человеко-час 416
человечество 336
человечный 336
чередование 636
чередовать 636
чередоваться 636
чернорабочий 238
черный список 71
чертеж 218, 240, 293
чертежник 240
честность 288, 362
честный 288, 347, 545
честь 334
четверть 577
численность 703
число 192, 462, 722
числовой 463
чистая сумма 454
чистить 126
чистовая обработка 295, 296
чистовая отделка 292
чистый 126
чистый доход 454
член 433, 729
член городского магистрата 412
член законодательного собрания 44
член комиссии 135
член конгресса 149
член правления 225
член совета 174
член страхового общества Ллойда 451
член фондовой биржи 681
членские взносы 724
членство 434
чрезвычайные обстоятельства 252
чрезвычайный 283
чрезмерная задолженность 487
чрезмерная эмиссия банкнот 487
чрезмерное использование 487
чрезмерное кредитование 486
чрезмерное накопление 485, 487

чрезмерное расширение производства 486
чрезмерный 269, 273, 283, 694, 764
чувствительность 657
чувствительный 657
чудо 439

Ш

шанс 304
шантаж 71, 580
шахта 128, 132, 334, 439, 514
шахтер 128, 132, 439
швартовка 66, 448
ширина колеи 314
широкие массы 323
шифр 120
шифрованный 129
шифровка 120, 129
шкала 264, 646, 723
шкала надбавок и скидок 264
шкала ставок или комиссий 646, 723
школа 649
шлюз 406
шлюзовой сбор 406
шлюпка 73
шоссе 331, 635, 756
шоу 672
шпионаж 264
шрифт 544
штабелирование 514, 686
штабелировать 491, 686
штабель 514, 686
штаб-квартира 330
штамп 390, 687
штат 137; (*личный состав*) 487, 511, 686, 690
штатный 603
штатский 121
штемпелевать 339
штемпель 339, 687
штивка 702
шторм 312
штраф 44, 295, 301, 505, 712
штрафной 505
штрафовать 295, 505, 712
штрейкбрехер 71, 296, 704

штука 513
штурман 452
шурф 334

Щ

щит 71, 72, 491

Э

эволюция 267
эквивалент 174, 263
эквивалентность 263
эквивалентный 263
экзамен 267
экзаменовать 268
экземпляр 164, 296, 683
экипаж 327
экологическая система 249
экологический 247
экология 247
эконометрика 247
эконометрический 247
экономика 247
экономист 247
экономист-аналитик 117
экономить 247, 627
экономическая единица 257
экономическая интервенция 712
экономическая отсталость 758
экономическая политика 700
экономический 247
экономический бум 487
экономное хозяйствование 247
экономность 307, 493
экономный 447, 735
экономия 51, 247, 336, 627, 646, 735
экскурсия 753
экскурсовод 326
экспансия 273
экспедитор 304
экспедиционное агентство 304
эксперимент 279
экспериментальный 279, 514

эксперт 34, 45, 152, 268, 279, 772
экспертиза 37, 267, 279, 556, 681
эксплуатационная надежность 412, 662
эксплуатационные качества 506
эксплуатация 280, 439, 472, 638, 639, 657
эксплуатировать 280, 472, 580, 639, 662, 714
экспозиция 231, 272, 281
экспонат 272
экспонент 272, 690
экспонирование 673
экспонировать 272, 673
экспорт 280
экспортер 281
экспортирование 280, 281
экспортировать 281
экспортная премия 80
экспортный 281, 482
экстенсивный 282
экстраполировать 283
экстраполяция 283
эластичность 251, 414
эластичный 251, 298, 414, 621
эластичный контейнер 298
элемент 106, 251
элементарный 252
элита 81
эмбарго 252
эмблема 715
эмигрант 252
эмиграция 252
эмигрировать 252
эмиссия 252, 371
эмитировать 252
эмпирический 252
энергетическая система 323
эргономика 263
эрозия 263
эрудиция 385
эскиз 218, 239, 676
этаж 62
эталон 688
этап 387, 512, 686, 694
этикетка 236, 380, 695, 721, 722, 735
эффект 81, 249

эффективность 173, 250, 506, 703, 767
эффективный 250, 251

Ю

юридическая сила 768, 777
юридический 376, 377, 387
юридический документ 203
юридическое лицо 257
юрисдикция 130, 376, 377
юрисконсульт 174, 679
юрист 377, 384

Я

язык 92; ~ ассемблера 44
якорный сбор 34
якорь 34
"яма" 514
ярлык 100, 118, 236, 380, 695, 721, 722
ярмарка 288
ясность 233
ясный 126
ячейка 106
ящик 71, 80, 104, 241

Справочное издание

ЖДАНОВА
Ирина Федоровна

ВАРТУМЯН
Эдуард Леонович

**АНГЛО-РУССКИЙ
ЭКОНОМИЧЕСКИЙ
СЛОВАРЬ**

Зав. редакцией
Т. М. НИКИТИНА

Редакторы
Т. М. НИКИТИНА
Л. В. РЫСЕВА
М. Ю. КИЛОСАНИДЗЕ

Художественный редактор
Н. И. ТЕРЕХОВ

Технический редактор
Н. И. ГЕРАСИМОВА

Подписано в печать 14.04.95. Формат 60x90/16. Бумага кн.-журн. Гарнитура таймс. Печать офсетная. Усл. печ. л. 55,0. Усл. кр.-отт. 55,0. Уч.-изд. л. 81,32. Тираж 10060 экз. Заказ № 413. С 029.

Издательство «Русский язык» Комитета Российской Федерации по печати.
103012 Москва, Старопанский пер., 1/5.

А/О «Астра семь».
121019 Москва, Аксаков пер., 13.

ДЛЯ ЗАМЕТОК

ДЛЯ ЗАМЕТОК

ДЛЯ ЗАМЕТОК

ДЛЯ ЗАМЕТОК

ДЛЯ ЗАМЕТОК